Helmuth James von Moltke

Briefe an Freya

1939–1945

Helmuth James von Moltke

Briefe an Freya
1939–1945

Herausgegeben von
Beate Ruhm von Oppen

Zweite, durchgesehene und
erweiterte Auflage

Verlag C.H.Beck München

Die zweite Auflage wurde erweitert durch Briefe des Jahres 1944 aus dem Gefängnis (S. 597–610) mit Einleitungen von Freya von Moltke sowie durch ihren Bericht: „Die letzten Monate in Kreisau", der hier abgedruckt wird mit freundlicher Genehmigung des Henssel Verlags Berlin.

Mit 10 Abbildungen und einem Faksimile im Text

CIP-Titelaufnahme der Deutschen Bibliothek

Moltke, Helmuth James Graf von:
Briefe an Freya : 1939–1945 / Helmuth James von Moltke. Hrsg. von Beate Ruhm von Oppen. – 2., durchges. und erw. Aufl. – München : Beck, 1991
Enth. ausserdem: Die letzten Monate in Kreisau / Freya von Moltke
ISBN 3 406 35279 0
NE: Moltke, Freya von [Adressatin]; Moltke, Helmuth James Graf von: [Sammlung]; Moltke, Freya von: Die letzten Monate in Kreisau

ISBN 3 406 35279 0

Zweite, durchgesehene und erweiterte Auflage. 1991

Satz: H. Mühlberger GmbH, Gersthofen
Druck und Bindung: May + Co., Darmstadt
Printed in Germany

Inhalt

Einleitung

Zu dieser Ausgabe

Als Freya von Moltke im Herbst 1945 mit ihren beiden kleinen Söhnen Kreisau verließ,[1] nahm sie die Briefe ihres Mannes mit, der im Januar vom Volksgerichtshof zum Tode verurteilt und hingerichtet worden war. Es waren etwa 1600 Briefe, die sich über die Jahre 1929 bis Anfang 1945 erstreckten. Ihre eigenen ließ sie zurück.

Was sie mitnahm war ein erstaunlich handlicher Packen. Bis 1935 schrieb Moltke meistens auf Papier im Quartformat, ab 1936, bis auf wenige Ausnahmen, z. B. seine langen Reiseberichte, auf Oktavformat. Selbst auf diesen kleinen Bögen ließ er übrigens große Ränder. Und doch steht in den Kriegsjahren auf einer Seite, in seiner winzigen Schrift, soviel wie auf einer durchschnittlichen Druckseite, manchmal mehr.

Die Originale bleiben Eigentum von Freya von Moltke.

Zur Vorgeschichte der Edition

Im Juni 1946 erschienen die Briefe, die Moltke bei und nach seinem Prozeß am 10. und 11. Januar 1945 geschrieben hatte, in englischer Übersetzung in der Vierteljahresschrift ‚The Round Table' und, wenig später, zweisprachig, als Büchlein der Oxford University Press. Unter dem Titel ‚A German of the Resistance: Count Helmuth James von Moltke' erschienen sie 1946, 1947 und 1948. Später wurde die englische von der deutschen Fassung getrennt und beide erschienen und erscheinen weiter im Karl H. Henssel Verlag, Berlin, die deutsche als ‚Letzte Briefe aus dem Gefängnis Tegel'.

In seinem grundlegenden Werk ‚Neuordnung im Widerstand. Der Kreisauer Kreis innerhalb der deutschen Widerstandsbewegung' (München 1967) hat Ger van Roon viel aus Moltkes früheren Briefen zitiert, unter denen Freya von Moltke inzwischen eine Auswahl getroffen und transkribiert hatte. Auch die englische Biographie ‚Helmuth von Moltke: A Leader Against Hitler' von Michael Balfour und Julian Frisby

1. s. die ungemein lebendige und eindringliche Beschreibung dieser Zeit nach dem Tod ihres Mannes: ‚Die letzten Monate in Kreisau: ein Bericht von Freya von Moltke aus dem Jahr 1961'. In: Freya von Moltke/Michael Balfour/Julian Frisby, Helmuth James von Moltke 1907–1945. Anwalt der Zukunft. Stuttgart 1975 und Berlin 1984, S. 317–346.

(London 1972) benutzt viel von diesem Briefmaterial. Etwa um die Zeit, als die deutsche Fassung dieser Biographie in Vorbereitung war,[2] übertrug mir Freya von Moltke die Edition der Briefe. Es hatte sich inzwischen herausgestellt, daß die selbständige Veröffentlichung der Briefe, dessen, was George Kennan die ,,epistolary evidence" nannte, ein dringendes Desiderat war.

Es war klar, daß die Briefe aus der Kriegszeit die wichtigsten waren. Die Briefe aus der Zeit der Haft nahm Freya von Moltke – abgesehen von den Briefen über den Prozeß,[3] denen Moltke, wie er selbst schrieb, eine weitere Verbreitung wünschte – von der Veröffentlichung aus.

Selbst bei den – meist täglichen – Briefen vor der Verhaftung war aus praktischen Gründen eine Beschränkung unumgänglich. Die Dichte und Kontinuität mußte jedoch gewahrt, dem Historiker durfte nichts vorenthalten werden. Bei den durch ... gekennzeichneten Auslassungen handelt es sich um historisch Belangloses, sich Wiederholendes, um Anfangs- und Schlußfloskeln.

Dieses Buch wendet sich jedoch nicht nur an ,,Benutzer" oder Wissenschaftler jeder Art, sondern auch an Leser. So ist von familiären, finanziellen, selbst kulinarischen Dingen viel erhalten geblieben – hoffentlich genug um z. B. zu zeigen, welch guter Koch der Schreiber war; ebenso erhalten bleibt vieles, was den Kreisauer Haushalt und Betrieb angeht, so etwa Freyas Bienen, die er einmal als sein ,,liebstes Meditationsobjekt" bezeichnete, auch Beobachtungen oder Betrachtungen zum Wetter – nicht alle, aber doch genug, da sie für die Landwirtschaft oder auch für den Krieg zu Lande und in der Luft und manchmal für die Stimmung relevant waren. Überhaupt war mein Bestreben, den Charakter der Korrespondenz in all seinen Facetten zu wahren und nur das Entbehrlichste wegzulassen. Manches, was dem *Leser* außerdem entbehrlich erscheinen mag, ist gedruckt, um den Quellenwert des Buches nicht zu beeinträchtigen. So fehlt z. B. *keine* Stelle, an der ein Name aus dem engeren oder weiteren Kreisauer Kreis steht.[4]

Daß manchmal mehrere Auslassungen in einem Brief vorkommen, weil es mir um die Erhaltung von ,,Einsprengseln" ging, hat noch einen anderen Grund: den häufigen Themenwechsel innerhalb eines Briefes. Aber es sind hinreichend viele Beispiele von vollständigen Briefen ge-

2. s. Anm. 1. Vgl. die italienische Version der deutschen Ausgabe, die das Briefmaterial jedoch in strikt chronologischer Reihenfolge bringt: Helmuth James von Moltke 1907–1945. Futuro e resistenza. Brescia 1984.

3. s. Briefe vom 10. und 11. 1. 45.

4. Meine – wesentlich umfangreicheren – Abschriften können künftig im Bundesarchiv Koblenz und im Institut für Zeitgeschichte in München eingesehen werden.

blieben, die zeigen, daß solche „Sprünge" einerseits spontan und assoziativ waren, andererseits – absichtlich oder unabsichtlich – dazu angetan, politisch heikle Stellen einem möglichen Zensor nicht allzu deutlich zu präsentieren und sie lieber unter Kraut und Rüben, Mahlzeiten und Wetter verschwinden zu lassen.

Tatsächlich sind – abgesehen von Auslandsbriefen – die Briefe vor der Haft nie aufgehalten oder zensiert worden; aber das Bestehen auf Eingangsbestätigungen oder Erwähnungen vom Ausbleiben oder der Verspätung eines der täglichen Briefe von Freya zeigen, wie der Hintergedanke an „Umwege" und Zensur immer da war. Spuren der Selbstzensur zeigen das ebenfalls.[5]

Editionsgrundsätze

Moltkes Schreibweise ist hier beibehalten. Er schrieb lateinisch, ohne „ß", außer bei „daß" und „sodaß", schrieb „ein Mal" statt des jetzt üblichen „einmal", „garkein" statt „gar kein", „irgendjemand" statt „irgend jemand". Soweit seine Zusammen- und Getrenntschreibung in sich einheitlich ist, habe ich sie beibehalten, es sei denn, daß es sich um ein zusammengesetztes Verb handelt, das in ursprünglichem oder übertragenem Sinne gebraucht werden kann, z. B. sicher gehen/sichergehen; das ist dann sinngemäß korrigiert. Groß- und Kleinschreibung ist den heutigen Regeln angepaßt, zumal in den Briefen dieselben Wörter manchmal unterschiedlich geschrieben sind; es handelt sich aber mit Ausnahme der Tageszeitangaben um eine geringe Zahl von Korrekturen. Groß- und Kleinschreibung nach einem Doppelpunkt ist nicht geändert, sondern, wie im Original, uneinheitlich gelassen worden. Orthographische Fehler sind stillschweigend berichtigt; bei Eigennamen waren sie häufig. Er schrieb Namen nach dem Gehör. Charakteristische Schreibungen – wie „totmüde" – habe ich stehen lassen. Die angelsächsischen Genitive mit Apostroph sind beibehalten, der Apostroph nur in den wenigen Fällen getilgt, wo es sich um einen Plural handelt. Alle Satzzeichen sind beibehalten. In ganz seltenen Fällen ist ein Komma in eckiger Klammer hinzugefügt, um die Lesbarkeit zu erleichtern. Der Lesbarkeit zuliebe sind andererseits Auslassungen nur durch ..., ohne eckige Klammern, gekennzeichnet. Bei den verschwindend wenigen Fällen, wo die Punkte von Moltke selbst stammen, wird dies besonders vermerkt. Buchstabenkontraktionen wurden aufgelöst.

Oberster Editionsgrundsatz war die Wahrung der Eigenheiten des

5. s. etwa die Briefe vom 30. 6. 42, 1. 7. 42, 20. 6. 43.

Originals. Stellenweise ist Moltkes Schrift schwer zu entziffern, ein- oder zweimal handelt es sich sogar um eine wichtige Stelle, wie beim Brief vom 2. 4. 43. In jedem Zweifelsfalle habe ich Freya von Moltke konsultiert, und wir haben gemeinsam meine Abschriften mit den Originalen verglichen. Aber auch sie konnte manches – so diese Stelle – nicht mit Sicherheit entziffern. Kein Zweifel bestand hingegen z. B. bei dem Namen des SS-Gewaltigen, an dessen Krankenbett Moltke um das Leben von Geiseln rang.[6]

Als so wichtig wurde der Quellenwert der Briefe angesehen, daß zuerst das amerikanische Endowment for the Humanities (für eine englische Edition, die nun später erscheinen wird), sodann, durch freundliche Vermittlung von Professor Hans Mommsen, die Stiftung Volkswagenwerk, zuletzt die Harrison and Eliza Kempner Stiftung finanzielle Unterstützung gewährten. Ihnen allen sei gedankt, ebenso dem Royal Institute of International Affairs, dem Public Records Office, der Bodleian Library (Curtis Collection), dem Archiv in Lambeth Palace (Bell Papers), den Bundesarchiven in Koblenz und Freiburg, dem Politischen Archiv des Auswärtigen Amts, vor allem aber dem Institut für Zeitgeschichte in München.

Der größte Dank gebührt Freya von Moltke: für den Entschluß, die Briefe veröffentlichen zu lassen, für ihre nie endende Gastfreundschaft in der Zeit der Abschrift und Übersetzung, für die Hilfe beim Vergleich meiner Abschriften mit den Originalen, für ihre stete Bereitschaft, Auskünfte zu geben, für ihre Freundschaft.

Ändern die Briefe das bisherige Bild von Moltke?

Die Virulenz des Nationalsozialismus und die Wirkung Hitlers scheinen mir kaum erklärlich, wenn man sich weigert, seine ,,Weltanschauung" als Religionsersatz oder Gegenreligion zu sehen. Was mich zuerst zu Freya von Moltke führte, war eine Arbeit an dem Thema Religion und Widerstand,[7] bei der ich immer wieder auf Moltke stieß. Sei es Bonhoeffer, sei es der ,,bekennende" oder ,,intakte" Protestantismus, seien es die Katholiken – so viele Fäden liefen bei Moltke zusammen, daß es geradezu unvertretbar gewesen wäre, den Spuren dieses Menschen nicht nachzugehen.

Die ,Letzten Briefe' kannte ich seit ihrem Erscheinen, Ger van Roons ungeheuer reichhaltiges Buch ebenfalls, auch Michael Balfours und Ju-

6. s. Brief vom 5. 6. 43.
7. s. Beate Ruhm von Oppen, Religion and Resistance to Nazism. Princeton 1971.

lian Frisbys Biographie, die durch viel weiteres Briefmaterial angereichert waren. George Kennan schilderte Moltke als „eine so große moralische Figur und zugleich ein[en] Mann mit so umfassenden und geradezu erleuchteten Ideen, wie mir im Zweiten Weltkrieg auf beiden Seiten der Front kein anderer begegnet ist".[8] In seinen Memoiren zeichnet er ein „Bild dieses einsam ringenden Menschen, eines der wenigen protestantischen Märtyrer unserer Zeit, der mir in all den folgenden Jahren eine moralische Stütze und eine stete Quelle politischer und geistiger Inspiration geblieben ist".[9] Dabei erwähnte er auch die politische Komponente: einerseits die systematische Beschäftigung mit den Voraussetzungen und Erfordernissen einer demokratischen Zukunft Deutschlands, wobei Moltke auch die ‚Federalist Papers', die Dokumente der Gründer der amerikanischen Demokratie, studierte; andererseits die frühe Erkenntnis der Wahrscheinlichkeit kommender deutscher Gebietsverluste, darunter Schlesiens.[10]

Dieses Zeugnis fand nun in den zugänglich gemachten Akten des Foreign Office aus der Kriegszeit ein eindrucksvolles Gegenstück: ein Memorandum des britischen Diplomaten und Europäers Con O'Neill, in dem er die Charakterisierung Moltkes als eines „Nationalisten" richtigstellte. John Wheeler-Bennett[11] hatte sie in einem ebenfalls internen Memorandum leichtfertig vorgebracht. Die Richtigstellung war angesichts der alliierten Reserve gegenüber deutschen Gegnern des Hitlerregimes, ihren Friedensfühlern und Nachkriegsplänen wichtig und nötig. In der Tat war ja – wie diese Briefe zeigen – Moltke nicht nur kein Nationalist, sondern nicht einmal ein Patriot im üblichen Sinne. Das drückte er selbst in dem Brief über seinen Prozeß knapp und deutlich aus, als er schrieb, er habe vor seinem Richter gestanden „nicht als Protestant, nicht als Großgrundbesitzer, nicht als Adliger, nicht als Preusse, nicht als Deutscher ... sondern als Christ und als garnichts anderes".[12] Davor hatte er es die Vertretung „menschheitlicher" Interessen genannt.[13]

Während Wheeler-Bennett Moltke von ein paar Vorkriegsbegegnungen nur flüchtig kannte, kannte ihn Con O'Neill seit seiner Zeit bei der britischen Botschaft in Berlin sehr gut. Er bekräftigte dann auch noch mündlich mir gegenüber, was er im Krieg geschrieben hatte, und sprach

8. s. George F. Kennan, Memoiren eines Diplomaten. Stuttgart 1968, S. 127.

9. a. a. O., S. 128.

10. s. auch S. 47 (Brief an Curtis) und den Brief vom 13. 11. 41.

11. s. auch John W. Wheeler-Bennett, The Nemesis of power. The German army in politics 1918–1945. London, New York ^{2}1964, S. 442f.

12. s. Brief vom 10. 1. 45.

13. s. den ersten Brief vom 10. 1. 45; vgl. auch Anm. 94 (Kennan).

im übrigen über Moltkes Realismus und über seine Tatkraft in der Hilfe für Verfolgte, besonders für Juden nach dem Pogrom des November 1938.

Zu Kennans Beschreibung von Moltke ist zweierlei zu sagen. Moltke war nicht ganz so ,,einsam", denn abgesehen von der Zweisamkeit, von der die Briefe an Freya beredtes Zeugnis ablegen, sammelte er um sich einen Kreis Ähnlichdenkender, und die Arbeit mit diesen Freunden war eine Gemeinsamkeit von großem Wert. Nur was seine amtliche Arbeit betraf, mußte er eben immer wieder der sein, der allein voranging, um dem mörderischen Regime entgegenzuwirken.[14] Zu dem ,,protestantischen Märtyrer" sagte Moltke selbst das Nötige in seinem Abschiedsbrief: scherzhaft, daß er als ,,Märtyrer für den heiligen Ignatius" sterbe, ernsthaft, daß er ,,als Protestant vor allem wegen [s]einer Freundschaft mit Katholiken attackiert und verurteilt" werde.[15]

Es ist der ökumenische Aspekt, dessen zentrale Wichtigkeit die Kirchengeschichtsschreibung vernachlässigt und die Literatur über Moltke, wie mir scheint, nicht genügend hervorgehoben hat. Die Literatur über den Kirchenkampf marschiert meist konfessionell getrennt. Wenn Protestanten von ,,Ökumene"[16] in jener Zeit sprechen, denken sie selten über den (protestantischen) Vorläufigen Weltkirchenrat und Genf hinaus. Vergleichende Studien sind rar.[17]

Bei dieser Sachlage ist das Zeugnis eines furcht- und vorurteilslosen Zeitgenossen unschätzbar. Die Briefe zeigen nicht nur, wie wichtig Moltke der christliche Glaube wurde – mitsamt seiner politischen Relevanz[18] –, sondern auch, wie klar er sah, daß die Glaubensspaltung in Deutschland, die Hitler und seine Leute so virtuos ausnützten, überwunden werden mußte. Darüber theoretisiert Moltke nicht – er läßt sich nur einmal von Gerstenmaier über das Konzil von Trient, das Augsburger Glaubensbekenntnis und Karl Barth aufklären[19] –, vielmehr handelt er.

14. s. Brief vom 13. 11. 41.

15. s. Brief vom 10. 1. 45.

16. s. Armin Boyens, Kirchenkampf und Ökumene 1933–1945. 2 Bände. München 1969 und 1973.

17. s. etwa Friedrich Zipfel, Kirchenkampf in Deutschland 1933–1945. Berlin 1963 und John S. Conway, Die nationalsozialistische Kirchenpolitik. München 1968. Der frühe Tod von Klaus Scholder, der nur bis zum zweiten Jahr des Dritten Reichs gekommen war, ist ein großer Verlust. S. Klaus Scholder, Die Kirchen und das Dritte Reich. Band 1: Vorgeschichte und Zeit der Illusionen 1918–1934. Frankfurt, Berlin, Wien 1977; Band 2: Das Jahr der Ernüchterung 1934: Barmen und Rom. Berlin 1985.

18. s. unten S. 47ff.

19. s. Brief vom 8. 9. 42. In Gerstenmaiers Augen führten die theologischen ,,Dialektiker" mit Barth an der Spitze ein ,,nicht nur harsches, sondern herrisches Regiment" – s. Eugen Gerstenmaier, Streit und Friede hat seine Zeit. Ein Lebensbericht.

Am Tage der Kriegserklärung liest dieser protestantische Sohn von zwei Anhängern der antikatholischen Christlichen Wissenschaft päpstliche Sozialenzykliken, im Sommer des deutschen Angriffs auf Rußland beginnen seine regelmäßigen Besuche bei dem katholischen Bischof von Berlin, Konrad von Preysing. Dieser frühe, klare und unbeirrbare Erkenner des unüberbrückbaren Gegensatzes zwischen Christentum und nationalsozialistischem Regime und der Notwendigkeit entschiedener Opposition saß seit 1935 zum Glück in Berlin, nachdem er schon als Bischof von Eichstätt regimekritisch hervorgetreten war. Im Herbst 1941 beginnen Moltkes Beziehungen zu den Münchener Jesuiten, zuerst Rösch, dann 1942 Delp und König. 1942 kamen noch Fühlungnahmen mit dem Bischof von Fulda, J. B. Dietz, und dem Erzbischof von Freiburg, Konrad Gröber, hinzu. Preysing, Rösch, König, Gröber und Dietz – letzterer als Vorsitzender – waren Mitglieder des zehnköpfigen aktivistischen Ausschusses für Ordensfragen, der 1941 ins Leben gerufen wurde, um die durch den Vorsitzenden der Fuldaer Bischofskonferenz, den Breslauer Erzbischof Kardinal Bertram, hervorgerufene Lähmung jeder offenen gemeinsamen Widerstandsregung des deutschen Episkopats zu überwinden. Hinter dem Namen des Ausschusses verbarg sich eine – keineswegs auf Ordensfragen beschränkte – Initiativgruppe mit einem eigenen Kurierdienst, welche informelle Zusammenarbeit zwischen Bischöfen, Ordensleuten und Laien möglich machte, nachdem Preysing schon lange die Einbeziehung des Widerstandspotentials des Kirchenvolks befürwortet hatte.[20]

Als Roland Freisler, der Präsident des Volksgerichtshofs, gegen die Jesuiten geiferte und gegen die, die sich ihre ,,Befehle" bei den ,,Hütern des Jenseits", und damit ,,beim Feind",[21] holten, wußte er nicht, was das wahre Verhältnis war; es hätte auch sein Fassungsvermögen überstiegen. Nicht die Bischöfe waren die ,,Befehlsstelle", sondern das Gewissen. Das war es, was Moltke meinte, als er seinem amtlichen Vorgesetzten gegenüber jedes Argument für die Zweckmäßigkeit ,,eines reinen

Frankfurt/Main, Berlin, Wien 1981, S. 35. In seinem Buch spricht Gerstenmaier über Barths ,,eigensinnigen Calvinismus" S. 73, s. auch S. 45–52, 54ff., 85 und 159, sowie zum Nachkriegskonflikt zwischen Barth und Gerstenmaier S. 236, 244f. und 287. Die bleibenden wunden Punkte für Gerstenmaier und sein Verhältnis zum werdenden Weltkirchenbund und dessen Generalsekretär Visser 't Hooft (,,ein entschiedener Jünger Karl Barths", S. 85) waren deren Argwohn gegen Hans Schönfeld, den – deutschen – Direktor der Forschungsabteilung, den Moltke auch kannte, und gegen Theodor Heckels Kirchliches Außenamt. Andererseits war Visser 't Hooft mit Adam Trott befreundet, sympathisierte mit den Bestrebungen des Kreisauer Kreises und half, Verbindungen nach England herzustellen.

20. s. Volk, Aufsätze, S. 67f., 82, 95, 138 und 264–276.

21. s. den ersten Brief vom 10. 1. 45.

Mordbefehls des Führers" ablehnte. Er sprach von Befehlen, ,,die durch keinen Führerbefehl aufgehoben und denen auch gegen einen Führerbefehl Folge geleistet werden muß".[22] Diese kamen nicht von Bischöfen, wurden von ihnen aber von Amts wegen in der Sprache der Bibel und der Kirche vertreten.

In seinem großen Brief an Lionel Curtis über die deutschen Zustände und Probleme schrieb Moltke 1943 geradezu, daß die deutsche Opposition die *Kirchen* mobilisiere. Dieser Passus war leider in der ,,memorierten Kurzfassung", die allein den Adressaten erreichte, nicht zu finden.[23] Die Briefe an Freya zeigen ganz deutlich, was er damit meinte und daß er u. a. auf Preysing im Sinne größerer Deutlichkeit bei kirchlicher Kritik am Regime einwirkte. Ebenso klar ist, daß der Austausch ein gegenseitiger war und daß z. B. Informationen über die Judenverfolgung von Preysing, seinem Hilfswerk und dessen Quellen stammten.[24]

Zuletzt ist erwähnenswert, daß der protestantische Bischof Wurm von Württemberg erst später dazukam – wie er sich auch selbst erst spät zu eindeutiger Opposition gegen das Regime durchrang. Aber engagierte protestantische Laien und der Konsistorialrat Gerstenmaier – auch er relativ spät – gehörten zum Kreis, ebenso wie engagierte katholische Laien.

Noch etwas machen die Briefe klarer – und das hängt mit dem Vorausgegangenen zusammen –: wie ernst Moltke die Verfolgung und Vernichtung der Juden nahm. Es wird ,,dem deutschen Widerstand" oft vorgeworfen, daß er sich wenig um die Juden gekümmert habe. Es ist etwas Wahres an dem Vorwurf, obgleich dabei meist das Wissen und die Möglichkeiten der so Angeklagten überschätzt werden; auch wird die Schwierigkeit, oppositionelle Tätigkeit mit Hilfsaktionen und Protesten zu kombinieren, unterschätzt.[25] Selbst Moltke, der wissen *wollte*, hörte

22. s. Brief vom 3. 11. 42.

23. vgl. den Text des höchst wichtigen Briefes in Henrik Lindgren, Adam von Trotts Reisen nach Schweden 1942–1944, VfZ 1970, S. 283–289 (Wiederabdruck in Balfour/Frisby, Moltke, S. 215–224, deutsche Übersetzung in Moltke/Balfour/Frisby, Moltke, S. 212–220) mit der Kurzfassung in Ger van Roon, Resistance to Hitler. Count von Moltke and the Kreisau Circle. Translated by Peter Ludlow. London 1971, S. 364ff.

24. s. Brief vom 12. 11. 42, Anm. 2.

25. Die Vorgeschichte der Verhaftung Dohnanyis und der Brüder Bonhoeffer ist ein Beispiel für die Gefährlichkeit von Hilfsaktionen für die Helfer und deren andere Widerstandsarbeit sowie für ihre Bundesgenossen. – s. Eberhard Bethge, Dietrich Bonhoeffer. München 1967, S. 878. Die Vorgeschichte der Verhaftung Edith Steins ist ein Beispiel für die Gefährlichkeit von Protesten für die bisher verschonten Opfer. Vgl. Johan M. Snoek, The Grey Book. A collection of protests against anti-Semitism and the persecution of Jews issued by non-Roman Catholic churches and church

vor dem Oktober 1942 nur *Gerüchte* über Vernichtungslager.[26] Das hinderte ihn nicht, von Anfang an zu tun, was er konnte, und das reichte von Auswanderungshilfe, solange Auswanderung noch möglich war, und von seinem verzweifelten Kampf gegen die 11. (Deportations-)Verordnung zum Reichsbürgergesetz im November 1941[27] bis zum Vorschlag, das Tischgebet wieder einzuführen, um die Idee der Gleichheit aller Menschen im Gemüt der Kinder zu verankern.[28]

In dem Brief, in dem er im Oktober 1941 seinen eigenen inneren Wandel beschreibt,[29] erwähnt er, daß er noch immer den Mörder für bedauernswerter halte als den Gemordeten. Und doch tat er alles, was nur irgend in seinen Kräften stand – selbst wenn es sinnlos schien –, um die Deportationen und die Morde zu verhindern. Das zeigen die Briefe – besonders des November 1941 – sehr klar.[30] Er stieß dabei an Grenzen, die das diabolische System errichtet hatte. Erstaunlich ist, wie er selbst da manchmal etwas erreichen konnte – und sei es nur ein Aufschub von Tagen.[31]

Biographie

Die beste Quelle für Moltkes Kindheit und die Atmosphäre von Kreisau ist der lange Brief, den er nach seiner Verhaftung im Gestapo-Gefängnis in der Prinz-Albrecht-Straße an seine sechs und zwei Jahre alten Söhnchen schrieb und der, nach der Hektik der vorangegangenen Wochen, bezeichnend mit den Worten beginnt: „Meine Lieben, da ich gerade Zeit habe, will ich Euch erzählen, wie alles war als ich klein war, denn vielleicht findet Ihr das schön."[32] Es folgt eine höchst anschauliche Schilderung Kreisaus, wie es damals war, der Menschen dort, des Vaters und vor allem der Mutter.

Die junge Dorothy Rose Innes (1885–1935) war mit ihrer Mutter aus Südafrika nach Europa und, als paying guests, nach Kreisau – bis 1930

leaders during Hitler's rule. Introduction by Uriel Tal. Assen 1969, S. XXV und 128 ff.

26. s. Brief vom 10. 10. 42.

27. s. Briefe vom 8., 10., 11. und 14. 11. 41.

28. s. Brief vom 5. 11. 41.

29. s. Brief vom 11. 10. 41.

30. s. Briefe vom 11. 10. und 8. 11. 41, besonders auch zur Frage der „Sinnlosigkeit allen Handelns".

31. s. Brief vom 8. 11. 41, Anm. 2 und 3.

32. s. Moltke/Balfour/Frisby, Moltke (wie Anm. 1), S. 9–28. Es ist klar, daß die hier zum Verständnis der Briefe skizzierte Biographie diesem Buch viel verdankt. Der Leser, der mehr erfahren will, sei nachdrücklich darauf hingewiesen. Natürlich sind meine Perspektiven und Akzente andere.

noch Creisau – gekommen. Ihr Vater, Sir James Rose Innes (1855–1942), war südafrikanischer Justizminister, Richter, und zum Schluß Chief Justice der südafrikanischen Union, ein bedeutender Jurist, auf englisch-burischen Ausgleich und die Rechte der Schwarzen bedacht, ein Mann mit äußerst sensiblem Rechtsempfinden. Dorothy war das einzige Kind ihrer Eltern, für die es ein großes Opfer war, die Tochter nach Deutschland heiraten zu lassen. Sie war eine anhängliche Tochter und vorzügliche Korrespondentin und berichtete regelmäßig über ihr Leben mit dem Y. T. (Young Teuton) und ihren fünf Kindern, die in Abständen von jeweils zwei Jahren kamen. Vor dem Krieg war alles noch üppig, und sie regierte einen großen Haushalt im Schloß. Im Kriege wurde es spärlicher, nach dem Krieg mußte an allen Ecken und Enden gespart werden. 1928 zog die Familie vom Schloß in das nahegelegene „Berghaus" um.

Auch zu den politischen und wirtschaftlichen Vorgängen in Deutschland äußerte sie sich. Über die Versailler Friedensbedingungen war sie ebenso bestürzt wie ihr Vater, warb viel um Verständnis für Deutschland, trauerte aber dem Kaiserreich nicht nach, sondern war für die neugeschaffene Republik, etwa auf der liberalen Linie der Deutschen Demokratischen Partei.

Den 29jährigen Majoratsherrn Graf Helmuth von Moltke hatte sie 1905 geheiratet. Anfang 1906 zog das jungverheiratete Paar nach Kreisau in Schlesien, das, zusammen mit Wierischau und Nieder-Gräditz – alles in allem etwa 400 Hektar –, von dem „großen" Moltke, dem Feldmarschall, der es mit einer Schenkung des dankbaren Vaterlandes erworben hatte, als er kinderlos starb, auf die Nachkommen seines Bruders Adolf als Fideikommiß übergegangen war. Des Feldmarschalls Großneffe, Graf Helmuth von Moltke (1876–1939) – die ältesten Söhne hießen nun immer Helmuth – war Mitglied des Herrenhauses und hatte auch eine Wohnung in Berlin. Er und seine junge südafrikanische Frau waren überzeugte Anhänger der Christian Science, er später sogar Heilpraktiker und Lehrer dieser amerikanischen Sekte, deren Grundwerk, Mary Baker Eddys ‚Science and Health', das Ehepaar Moltke zusammen mit einer Freundin, Ulla Oldenbourg, ins Deutsche übersetzte, zu welchem Zwecke sie 1912 für einige Monate nach Amerika gingen. Ihr ältester Sohn Helmuth James, der am 11. März 1907 geboren war, sowie seine zwei und vier Jahre jüngeren Brüder Joachim Wolfgang (Jowo) und Wilhelm Viggo (Willo) blieben in guter Obhut zu Hause. In den Jahren 1913 und 1915 kamen dann noch zwei Geschwister hinzu: Carl Bernd und Asta.

Zunächst hatte der kleine Helmuth Unterricht zu Hause. Ostern 1916 kam er mit seinem gleichaltrigen und ebenfalls in Kreisau geborenen Vetter Carl Dietrich von Trotha[33] nach Schweidnitz in die Sexta.

Seine Erziehung erschöpfte sich keineswegs in der Schule. Ob man reich war oder arm an Mitteln – und nach dem Weltkrieg mußte sehr gespart werden –, das Leben in Kreisau ermöglichte Begegnungen mit vielen Menschen und bot viel Abwechslung; es war ein gastliches Haus. Außerdem wurde er schon in zartem Alter „gefordert", lernte mit fünf Jahren reiten und kutschieren, lernte mit neun selbst ein- und ausspannen und mußte bei jedem Wetter selbst in die Schule fahren. Mit vierzehn und fünfzehn fielen ihm sowohl das Fahren als auch die Schule leichter. Mit dem Pastor, der ihm lutherischen Konfirmandenunterricht gab, hatte er „große Disputationen". Im Winter wurde Theater gespielt, wobei die Kinder immer spielten, die Erwachsenen nur bei großen Stücken wie ‚Faust I', ‚Tor und Tod', ‚Hamlet'. Er hatte wenig schauspielerische Neigung, dafür umso mehr für Regie.

1923 kam er in das Landerziehungsheim Schondorf am Ammersee, weil seine Eltern meinten, er verbauere und verschlesiere sonst zu sehr. Er haßte diese Schule, hatte großes Heimweh und setzte sich gegen den dortigen Kollektivgeist zur Wehr. Zu einer kleinen Gruppe Gleichgesinnter gehörte Carl Deichmann, der ältere Bruder von Hans und Freya.

Schondorf war das jähe Ende einer Kindheit, die ihm rückblickend wie vergoldet erschien, „ein unerschöpflicher Born von Liebe und anhänglichen Gedanken", obwohl es auch Schmerzen gegeben hatte, aber eben in „einem Rahmen des Behütetseins und der zärtlichen Fürsorge".[34] Er meinte übrigens, daß sein Vater deshalb ein schwieriger Mensch war, weil er eine weniger warme und zugleich disziplinierte Kindheit gehabt hatte, und danach viel Geld, ohne es verdient zu haben.[35]

Seine letzten anderthalb Schuljahre verbrachte der junge Moltke in Potsdam, wo er bei Verwandten wohnte, sein Abitur machte und nebenher in Berlin für zwei amerikanische Journalisten des ‚Christian Science Monitor' und der American Press Association übersetzte und dolmetschte. Mittlerweile überragte er, zwei Meter groß, die meisten Zeitgenossen mindestens um Haupteslänge.

In seinen Studienjahren schwebte ihm eine politische Tätigkeit vor – er bewarb sich zwanzigjährig beim Völkerbund. Er erwog aber auch, Richter zu werden, um seinem bewunderten Großvater nachzueifern.

Da die Großeltern in Kreisau zu Besuch waren und er zu Hause blei-

33. s. Brief vom 4. 9. 39, Anm. 9.
34. a. a. O., S. 27.
35. a. a. O., S. 24.

ben wollte, belegte er zunächst Vorlesungen in Breslau, dann ging er nach Berlin, studierte neben Jurisprudenz auch Geschichte, Sozialgeschichte und Geschichte des Sozialismus und besuchte Vorlesungen über Politik und Zeitungswesen.

In diese Zeit fällt die Begegnung mit Dr. Eugenie Schwarzwald, der genialen Schulreformerin und Philanthropin,[36] und ihrem Mann, Dr. Hermann Schwarzwald, der hoher österreichischer Staatsbeamter und Leiter der Anglo-American Bank gewesen war. Eugenie Schwarzwald stammte aus Czernowitz und hatte ihren Doktor in Zürich gemacht. Entsetzt darüber, daß in Wien keine Möglichkeit für Mädchen bestand, sich auf ein Universitätsstudium vorzubereiten, gründete sie dort eine Schule, später auch eine Grundschule für Mädchen und Knaben, wo es höchst anregend zuging und Koryphäen der Künste wie Egon Wellesz und Oskar Kokoschka zu den Lehrern gehörten. Die Schwarzwaldschule wurde berühmt. Außerdem gingen im Schwarzwaldschen Hause in Wien Künstler, Wissenschaftler und Schriftsteller ein und aus, darunter Bert Brecht und seine Frau Helene Weigel, Carl Zuckmayer und Alice Herdan (die die Schwarzwaldschule besucht hatte), Karl Kraus, Karin Michaelis, Adolf Loos, Arnold Schönberg, der ganz junge Rudolf Serkin und viele andere. In einem Sommerhaus, dem alten Hotel „Seeblick“ in Grundlsee, luden sie ihre zahlreichen Freunde, darunter viel Jugend, in den Sommerferien zum Selbstkostenpreis ein.

In Berlin gründete Eugenie Schwarzwald im Hungerjahr 1923 nach ihrem eigenen Wiener Modell vier Gemeinschaftsküchen. Die erste und wichtigste, die „Schloßküche“, hauptsächlich für Studenten der nahen Universität gedacht, wurde von Moltke frequentiert, und dort lernte er Eugenie Schwarzwald kennen. Sie lud ihn nach Wien und Grundlsee ein. Er studierte dort 1926/27 ein Semester und gehörte schnell zum Schwarzwaldkreis, dessen Mitglieder sich auch im späteren Leben treu blieben.

Eine ähnliche Treue entwickelte sich in einer ganz anders gearteten Gruppe in Schlesien, der Löwenberger Arbeitsgemeinschaft. Moltke hatte von dem Elend im Waldenburger Kohlengebiet erfahren und in den Osterferien 1927 im dortigen Landratsamt bei dem sozialdemokratischen Landrat Ohle gearbeitet. Der zwanzigjährige Moltke veranlaßte die dänische Schriftstellerin Karin Michaelis, etwas über die Zustände im Waldenburger Gebiet zu schreiben und brachte auch amerikanische Journalisten dorthin. Er kehrte an die Breslauer Universität zurück, tat sich mit seinem Vetter Carl Dietrich von Trotha und dessen Freund Horst von

36. Hier sei Hans Deichmann für detaillierte Auskünfte gedankt.

Einsiedel[37] zusammen, und sie besprachen eine Hilfsaktion für das Elendsgebiet. Sie fanden Hilfe bei ihren Professoren Eugen Rosenstock-Huessy, Gerhart Schulze-Gaevernitz und Hans Peters.[38] Im Volksschulheim Boberhaus in Löwenberg, nicht weit von Waldenburg, traf dann die Löwenberger Arbeitsgemeinschaft Vorbereitungen für ein freiwilliges Arbeitslager für junge Bauern, Arbeiter und Studenten, das soziale, politische und konfessionelle Gegensätze überbrücken sollte. Das Lager, das etwa hundert Teilnehmer hatte, fand in der zweiten Märzhälfte 1928 statt. Morgens sprach Rosenstock, der nicht nur Professor für Rechtsgeschichte, sondern vor allem auch ein feuriger Sozialreformer und Förderer der Erwachsenenbildung war; dann gab es gemeinsame körperliche Arbeit und Diskussionen.

Das Lager gab es bis 1930. Moltke selbst war nur 1928, aber in dem Jahr sehr intensiv, an der Vorbereitung und am Lager selbst beteiligt, hatte über den späteren Reichskanzler Heinrich Brüning, der damals Reichstagsabgeordneter für Waldenburg war, Unterstützung für die Hilfsaktion bekommen, zog sich aber dann von der Unternehmung zurück, obgleich er mit Beteiligten in Kontakt blieb und später eine ganze Reihe von ihnen und von anderen Sympathisanten der freiwilligen Arbeitslager zu den „Kreisauer" Diskussionen heranzog: Peters, Trotha, Einsiedel, Reichwein[39], Christiansen-Weniger[40], Gablentz[41] und Steltzer[42].

Im Sommer 1929 traf der zweiundzwanzigjährige Helmuth Moltke die achtzehnjährige Freya Deichmann, Tochter des Kölner Bankiers Carl Theodor Deichmann, bei Schwarzwalds in Grundlsee. (Ihr Bruder Hans gehörte zum Schwarzwaldkreis.) Am 1. September schrieb Moltke an sie: „Liebe, allerliebste Freya, seit ich Sie auf dem Bahnhof Aussee aus den Augen verlor, habe ich mich auf diesen Brief gefreut ... Es ist der erste Brief meines Lebens, auf den ich mich so gefreut habe." So beginnt der Briefwechsel, der ihm sein Leben lang Freude und Trost war.

Das Selbstportrait, das er Freya im ersten Jahr der Korrespondenz liefert, wie unbeabsichtigt und doch vollkommen, beginnt gleich mit einem wesentlichen Punkt: „Ich habe ständig unter meinem überbildeten Intellekt gelitten; ich habe ihn verachtet und ihn überschätzt; verach-

37. s. Brief vom 22. 8. 39, Anm. 5.
38. s. Brief vom 10. 2. 40, Anm. 2.
39. s. Brief vom 28. 6. 40, Anm. 2.
40. s. Brief vom 30. 6. 42, Anm. 6.
41. s. Brief vom 19. 7. 40, Anm. 4.
42. s. Brief vom 17. 9. 41, Anm. 1.

tet, weil er mir alle meine Hemmungen, alle Komplikationen verursachte, überschätzt, weil ich ihm erlaubte, solche Hemmungen zu schaffen. Sie haben Herz und Sinne bei mir entwickelt, so entwickelt, daß ich eingesehen habe, daß alles, was der Intellekt ist, was er schafft, nur Ornamente sind und nicht Träger des Lebens. Seither brauche ich ihn nicht zu verachten sondern kann mich der Ornamente freuen, die eine Bereicherung darstellen." Das war jugendlicher Überschwang – der „Intellekt" kam weiter zu seinem mehr als ornamentalen Recht. Aber die gegenseitige Ergänzung in dieser Partnerschaft, die Moltke noch in seinem Abschiedsbrief als Einheit sah, als er von Freya und sich als *einem* Schöpfungsgedanken sprach, war ihm von Anfang an klar. Dieser erste Brief schließt prophetisch: „... Was ich jetzt empfinde, ist nur ein Beginn, der Anfang einer Entwicklung, die alles aus mir zu machen im Stande ist."

Er hatte erwogen, nach dem Studium bei Edgar Mowrer,[43] dem Berliner Korrespondenten der ‚Chicago Daily News', den er durch die amerikanische Journalistin Dorothy Thompson kennengelernt hatte, Assistent zu werden oder nach New York zur ‚New York Evening Post' zu gehen. Statt dessen beschloß er, ein halbes Jahr als Volontär in der Statistischen Abteilung der Berliner Handelsgesellschaft zu arbeiten und trat diese Arbeit im Herbst 1929 an. Außerdem nahm er weiter eifrig auf, was das Berlin der Weimarer Republik zu bieten hatte. So berichtete er am 28. September sowohl über einen Abend bei Freunden („... es war ein reiner Männerklub und wir haben uns glänzend über unser Geschäft – Politik und Wirtschaft – unterhalten; aber bis 2 Uhr nachts! und nur Männer! das war wirklich schlimm.") als auch über zwei Theaterabende, ‚Zwei Krawatten' von Georg Kaiser und Mischa Spolianski („Allerdings nicht so gut gespielt, wie man es sonst von hier gewohnt ist") und ‚Happy End' („... ein furchtbar schlechtes Stück, Musik und Text ein mäßiger zweiter Aufguß der Dreigroschen-Oper, aber hinreißend gespielt ... Leider verliert der Abend sehr durch einen aufgepappten marxistischen Schluß.") Seine Arbeit fand er „brennend interessant".

Das Ende der schönen Zeit kam schnell und plötzlich. Ende September erhielt er die Anzeige vom Tode des Kreisauer Inspektors. „Gleichzeitig kam die Nachricht von meinem Vater", schrieb er Anfang Oktober, „ich solle nach Creisau kommen, weil der Inspektor die Wirtschaft in völliger Unordnung hinterlassen hatte. Ich habe bis gestern abend wie

43. s. Edgar Ansel Mowrer, Germany puts the clock back. New York 1933, und erweitert, als Penguin Special, Harmondsworth Middlesex England 1937.

irrsinnig gearbeitet, um wenigstens das Nötigste in Ordnung zu bringen...“

Am 10. Oktober schrieb er aus Kreisau: „Die Sache steht nicht nur schlecht, sie steht sehr schlecht. Abgesehen von den sehr erheblichen Schulden, die der Inspektor ohne unser Wissen gemacht hat, hat er unerfüllbare Verträge abgeschlossen, die wir jetzt lösen müssen, was uns nicht nur Geld sondern, was viel unangenehmer ist, jeden Kredit kostet... Ich habe meinem Vater gesagt, daß ich nur für ein Jahr nach Creisau gehe und daß er dann hin muss; daß ich über dieses Jahr hinaus nur bleiben werde, wenn es mir nicht gelingt, in dieser Zeit unseren Kredit wiederherzustellen.“

Er wurde Generalbevollmächtigter seines Vaters. Am 20. Oktober schrieb er: „Das Schlimme ist eben, daß alles klappen muss; daß, wenn auch nur eine Sache ausfällt, das Ganze nicht geht. Das Schöne ist, daß es eine Arbeit ist, die einen ganz erfordert und die mit beiden Händen getan sein will.“ Und dann erkundigt er sich: „Was macht Ihr Abitur?“

Weihnachten sah die Sache so kritisch aus, daß er den Konkurs vorbereitete. „Der 24. war also ein Grosskampftag: um 8 Uhr früh rief ich meine Sachverständigen, Rechtsanwälte, Landwirte, Kaufleute u.s.w. an und teilte ihnen mit, daß ich sie heute den ganzen Tag müsse erreichen können. Dann ging ich zum Konkursrichter und teilte ihm mit, daß ich wahrscheinlich in ein paar Tagen den Konkurs eröffnen würde und vorher alles mit ihm besprechen wollte; dann einigten wir uns über die Person des Konkursverwalters und ich liess ihn gleich kommen. Am 24. habe ich schliesslich bis 6 Uhr abends ohne Unterbrechung an der Vorbereitung des Konkurses gearbeitet, sämtliche von mir geschlossenen Verträge auf ihre Stichhaltigkeit und Erfüllbarkeit für den Fall eines Konkurses geprüft und z.T. umredigiert. Ich habe alle meine Mitarbeiter veranlasst, den von ihnen bearbeiteten Teil als Zeugenaussage schriftlich niederzulegen, diese Aussagen habe ich miteinander verglichen und Differenzen aufgeklärt, sämtliche möglichen Konkursprozesse vorbereitet, und die nötigen Zeugenaussagen beschafft. Um 6 Uhr war ich zu Hause und dann haben wir ein so angenehmes, fröhliches und ruhiges Weihnachten gefeiert wie noch nie.“ Am nächsten Tag ging es weiter. „Der 25. war unsinnig anstrengend, weil ich meine ganze Tätigkeit seit dem 12. Oktober hier in Creisau und ihre buchmässige Dokumentation durcharbeiten musste, um sie auf eventuelle Anfechtungsmöglichkeiten zu prüfen. Denn jeder Fehler konnte unschuldige Menschen um ihr Geld bringen.“ Am 26. war er in Leipzig und fand die Leute in der Zentrale des Hauptgläubigers „im Gegensatz zu dem Breslauer Vertreter sehr gescheit, grosszügig und überlegt“. So hatte er „mal wieder ein klein wenig Hoffnung, die Sache trotz allem wieder in Ordnung zu bringen".[44]

Im Februar 1930 wurden dann die Verträge unterschrieben, im März gelang es ihm, ,,das unangenehmste Kapitel hier endgültig zu liquidieren". Der verstorbene Inspektor hatte Land an kleine Bauern verkauft, ohne die Hypothekengläubiger zu befriedigen, die 35 000,– Mark verlangten, bevor diese Bauern Eigentümer des gekauften Landes werden konnten. ,,Durch ständige Verhandlungen, durch Manipulationen im Grundbuch, durch Verlegungen von Hypotheken von einem Grundbuchblatt auf das andere, durch alle möglichen Kniffe" gelang es ihm, den Bargeldbedarf für die Abschreibung auf RM 7000 zu drücken. Die konnte er beschaffen und so ein ganzes Dorf voll Bauern vor Überschuldung und Verarmung bewahren.[45]

Auch die Notwendigkeit, Löhne zu reduzieren und Entlassungen vorzunehmen, ließ ihn an der Existenzberechtigung von Großgrundbesitz zweifeln. Er haßte es, ,,Vollstrecker des kapitalistischen Systems" sein zu müssen.[46] Zu anderen Zeiten war es ihm ,,eine ungeheure Befriedigung, ... so aus dem Chaos etwas schaffen" zu können.[47] Er verlor nie die Nerven und lernte, ,,daß man, wenn es losgeht, nie Angst haben darf, sondern daß das schon überstanden sein muss".[48]

Seine ungeheure Arbeitskapazität und -disziplin bekam bald noch eine zusätzliche Belastung. Im Juni 1930 kam zu der übrigen Arbeit noch die Tätigkeit als Referendar. Es gelang ihm, ein Tagespensum von 18–19 in 14 Stunden zu komprimieren. Diese eiserne Arbeitsdisziplin mitsamt seinem Sinn für das Wesentliche ermöglichten es ihm auch später bei seinen juristischen Studien in England, ein Zweijahrespensum in sechs Wochen zu bewältigen – noch dazu während der Sudetenkrise.

Im Oktober 1930 war das Ärgste überstanden, und die neue Arbeit des Aufbauens, Rationalisierens, Finanzierens und Wirtschaftens freute ihn.[49]

Im August hatten sich Helmuth und Freya wieder in Grundlsee getroffen; danach duzten sie sich. Unter Freyas segensreichem Einfluß war er jetzt eher geneigt, Ansprüche an das Leben zu stellen. Davor wäre er,

44. Brief vom 28. 12. 29. Näheres über die Kreisauer Wirtschaft und Schwierigkeiten s. Moltke/Balfour/Frisby, Moltke, S. 42–45. Die Kreisauer Betriebsgesellschaft, die Moltke jetzt, mit einem neuen Inspektor, leitete, arbeitete zugunsten der Gläubiger; der Eigentümer verzichtete auf alle Einnahmen oder Lieferungen aus dem Betrieb.

45. s. Brief vom 8. 3. 30, a. a. O., S. 47.

46. Brief vom 22. 6. 30, a. a. O., S. 49.

47. s. Brief vom 19. 3. 30, a. a. O., S. 48.

48. Brief vom 15. 6. 30, a. a. O., S. 49.

49. Brief vom 3. 10. 30, a. a. O., S. 51.

wie er am 27. August schrieb, bereit gewesen, wenn ihm jemand 100.– Taschengeld und freie Station irgendwo auf dem Lande angeboten hätte, „mich zu verpflichten, nie wieder etwas zu tun und mich nie von diesem Ort fortzubewegen".[50]

Freya hatte ihn mit ihrem Bruder Hans im Frühjahr 1930 in Kreisau besucht, im Juni 1931 besuchte er sie im Rheinland. Heiraten wollte er nicht und nicht dafür verantwortlich sein, Kinder in die Welt zu setzen. Auch Freya, die erst 20 war, hatte es damit nicht eilig.

Am 18. Oktober 1931 heirateten sie dann doch, in aller Stille und im engsten Familienkreis. Nur die Eltern Moltke und der Bruder Willo konnten es sich leisten, ins Rheinland zu kommen. Die Deichmannbank stand vor der Liquidation und Freyas Vater lag im Sterben.

Praktische Gründe scheinen den Ausschlag für Eheschließung zu diesem Zeitpunkt gegeben zu haben: Helmuths Mutter wollte für sechs Monate zu ihren Eltern nach Südafrika fahren und Freya konnte den Haushalt im Berghaus in Kreisau übernehmen. Noch am 17. Juni hatte Helmuth Ehe „ein zu grosses Wort" gefunden und gefragt: „Wirst Du damit zufrieden sein, daß wir nur zwei Studenten sind, die lieber zusammen als allein leben?"

Im Oktober 1932 zogen die beiden Studenten in eine winzige Wohnung in der Bendlerstraße in Berlin. Freya setzte ihre in Köln begonnenen juristischen Studien in Berlin fort. Sie promovierte 1935 bei Martin Wolff.

Die Krise in Kreisau war mit der Weltwirtschaftskrise zusammengefallen, und nun kam die tödliche Krise der Weimarer Republik.

Franz Josef Furtwängler,[51] der ihn in dieser Zeit kennenlernte, beschrieb später, wie Moltke die allgemeine Misere und das kommende Unheil sah: „Kein Politiker sah so klar wie der geniale junge Jurist ... hinter der Millionenarbeitslosigkeit die kommende Revolution und das Grauen des Krieges emporsteigen. In den unbeschäftigten Arbeitermillionen, den auf die Straße geworfenen jungen Akademikern, den gepfändeten Bauern und bankrotten Geschäftsleuten erblickte er damals schon das Ende der überkommenen Gesellschaftsordnung mit allen ‚weltrevolutionären' Folgerungen, die sich ‚so oder so' daraus ergeben mußten."[52]

Bis Hitler an die Macht kam, arbeitete Moltke als Referendar im Büro von Erich Koch-Weser und Alfred Carlebach, dann tat er sich als Anwalt

50. a. a. O., S. 51.
51. s. Brief vom 10. 3. 40, Anm. 1.
52. s. Franz Josef Furtwängler, Männer, die ich sah und kannte. Hamburg 1951, S. 127.

besonders für Internationales Privatrecht mit Karl von Lewinski[53] zusammen, ab Juli 1938 mit Paul Leverkühn.[54] Unter den Nazis wollte er nicht Richter werden. Furtwängler beschreibt die Veränderung: ,,Als ich später nach Ungarn auswanderte, schmuggelte er mir gelegentlich ,Lageberichte' zu, in denen er das Abdorren der Menschenwerte als die schlimmste Folge des totalitären Regimes darstellte. Aus dem lebensfrohen Jüngling war ein ernster Mann geworden. Die treibende Kraft in seinem Wesen war ein tiefreligiöses Gefühl für seine Mitmenschen. Dabei war er der schärfste Juristenintellekt, der mir je begegnet ist."[55]

,,Lebensfroh" konnte er eigentlich auch vor 1933 nur einem Außenstehenden erscheinen, der ihm sympathisch war. Er war, wie er in seinem Abschiedsbrief sagte, ein komplizierter Mensch,[56] der sich aber nicht erlaubte, seinem periodischen Zweifel am Sinn des Lebens nachzugeben. Seine ungeheure Tatkraft könnte darüber hinwegtäuschen.

Nach 1933 kam die politische Komplikation hinzu, die Frage nicht nur, ob es Zweck hatte in Deutschland zu bleiben und tätig zu sein, sondern zunehmend auch, ob das Dableiben – bei allem inneren und äußeren Abstand vom Regime – nicht schuldhaft sei, da es der Aufrechterhaltung einer Fassade diente, hinter der sich die fürchterlichsten Dinge abspielten.[57] Andererseits konnte er Verfolgten helfen und tat es auch. Vor allem hing er an Kreisau, das – trotz der Schuldenlast und nun auch der Feindseligkeit der nationalsozialistischen Bauernführung – nicht nur eine wirtschaftliche Basis der relativen Unabhängigkeit war, sondern auch immer mehr zur Oase wurde.

Der Anfang des Dritten Reichs fiel in seine Referendarzeit und er mußte im Winter 1933/34 ein Referendarlager in Jüterbog absolvieren, das der ,,weltanschaulichen Schulung" und militärischen Ertüchtigung der jungen Juristen dienen sollte. Er gewann ihm ironisch Reize ab, so z. B. dem vorgeschriebenen ,,zackigen" Gegröhle von Liedern, bei denen er, seiner Länge wegen, als Flügelmann anstimmen und deshalb das Repertoire – zumindest die ersten Zeilen – lernen mußte. ,,Die Lieder sind so", schrieb er am 12. Dezember, ,,daß sich der selige Heine im Grabe umgedreht hätte...". Bei der ideologischen Belehrung hatte er genug Gesinnungsgenossen, um gemeinsam den vorgesetzten Nazi in Verlegenheit zu bringen, besonders bei der Rassenlehre d. h. der rassenkundlichen Interpretation der Geschichte. Die ,,Lesestunden" – Partei-

53. s. Brief vom 26. 1. 40, Anm. 1.
54. s. Brief vom 2. 9. 39, Anm. 5.
55. s. Furtwängler a. a. O., S. 127f.
56. s. Brief vom 11. 1. 45.
57. Brief vom 2. 8. 38.

programm und ,Mein Kampf' – wurden mittels einer kleinen Verschwörung, bei der noch dazu demokratisch abgestimmt wurde, durch Schallplattenstunden ersetzt. Militärische und Leibesübungen fand er leicht, die Einweihung in die moderne Artillerie und die militärische Theorie interessant – wie er eben immer, wenn das Menschliche nicht allzusehr beeinträchtigt war, alles mit Interesse aufnahm und treffend und oft witzig beschrieb. Dabei sah er eine Katastrophe vom Tage der „Machtergreifung" an voraus.

Was Jüterbog außerdem erträglicher machte, war die Vorfreude auf eine gemeinsame Halbjahresreise nach Südafrika im Frühjahr 1934, nach seinem Assessorexamen. Das junge Paar genoß sie in vollen Zügen – das schöne Land, die Leute, vor allem die Großeltern. Verglichen mit der wachsenden Unfreiheit in Deutschland war es die Freiheit. Sie begann schon auf dem Schiff. Er benutzte die Schiffsreise, um, am 7. März 1934, ohne Furcht vor Zensur, drei enggetippte, jeweils zwei Quartseiten lange Briefe an drei Freundinnen aus dem Schwarzwaldkreis zu schreiben: an Karin Michaelis, Helene Weigel und Maria Lazar. Die Briefe ergänzen sich gegenseitig, und alle drei Briefe waren für alle drei Damen und „die Gemeinde" gemeint, d. h. auch für andere Freundinnen und Freunde im Ausland.

An die Schriftstellerin Karin Michaelis schrieb er über den Niedergang der Jurisprudenz, von Gerechtigkeit und Menschlichkeit in Deutschland. Er würde die Juristerei vorläufig wohl aufgeben, meinte er. Es würde Jahrzehnte dauern, die „alten Rechtfindungsmethoden ... unter dem Schutt hervorzuholen". So würde er sich wohl ganz der Landwirtschaft widmen und sie von Grund auf lernen. Sie habe den Vorteil, international zu sein.[58]

Der zweite Schiffsbrief war an Helene Weigel gerichtet. Er ist der „brechtischste" und schildert witzig und dramatisch die Renitenz, den aggressiven Widerstand der Mehrzahl der Referendare gegen den „ weltanschaulichen" Unterricht im Lager und die Substituierung von Bach, Beethoven und Brahms für Hitlers Buch und Feders Parteiprogramm. Auch diesen Brief schließt er, wie den an Karin Michaelis, mit einem Angebot der Hilfe: „Solltet Ihr jemand in Süd-Afrika haben, der Hilfe braucht, so kann ich ja mal hingehen und einen Versuch machen, obwohl ich natürlich nicht viel tun kann."[59]

Der dritte Brief vom 7. März, an Maria Lazar, ist der ironischste und politisch interessanteste. Er handelt von denen, „die in Deutschland

58. ein Ausschnitt aus dem Brief bei Moltke/Balfour/Frisby, Moltke, S. 56.

59. der – allerdings nicht ganz vollständige – Text bei Ger van Roon, Helmuth James Graf von Moltke: Völkerrecht im Dienste der Menschheit. Berlin 1984, S. 81 ff.

nicht verfolgt werden" und um die die Partei noch werben müsse. Als Mitglieder „dieser bevorzugten Kaste" sah er „die hohe katholische Geistlichkeit und die niedere katholische Geistlichkeit in Süd- und Westdeutschland, die evangelischen Geistlichen des Pfarrernotbundes;[60] die Grossgrundbesitzer; einzelne katholische Professoren jeder Fakultät; einzelne Privatbankiers und grosse Industrielle, diese letzten aber nur sehr vereinzelt, und schliesslich einige unabhängige Leute, die einen ererbten oder erworbenen Namen haben".[61] Es ist ziemlich klar, daß er hier weniger ein Zuwachspotential für die Partei und ihr Programm sieht als Gegnerschaft und tatsächlichen oder potentiellen Widerstand. Das Militär wird dabei nicht erwähnt.

Die Rückkehr im Herbst war von den Entwicklungen der Zwischenzeit überschattet. Noch fünf Tage vor der blutigen „Säuberungsaktion" des 30. Juni hatte Dorothy von Moltke in einem Brief an ihre Eltern gemeint, daß die Nazis schon im Abstieg begriffen seien und daß das Kartenhaus einmal zusammenstürzen würde. Inzwischen seien die Unkosten zu tragen. Nur durch praktische Mißerfolge könnten die Leute vom Glauben an die bösartige Doktrin abgehalten werden. Organisierter geistiger und physischer Widerstand sei so gut wie unmöglich.[62]

Bevor dieser Brief in Südafrika ankam, hatte am Wochenende des 30. Juni die Mordaktion gegen Ernst Röhm und andere SA-Führer, gegen General von Schleicher – Hitlers Vorgänger als Reichskanzler – und Frau von Schleicher, gegen zwei Mitarbeiter des anderen Vorgängers und nunmehrigen Vizekanzlers Franz von Papen, gegen Erich Klausener von der Katholischen Aktion und viele andere stattgefunden. Bis Moltke nach Deutschland zurückkehrte, hatte die viel gefährlichere Rivalin der SA, Himmlers SS, ihren Aufstieg begonnen, der über die autoritäre Gleichschaltung hinausging und die allmähliche Umschaltung auf den Totalitarismus brachte. Anfang August war der greise Reichspräsident von Hindenburg gestorben, und Hitler hatte selbst das Präsidentenamt übernommen und die Wehrmacht, entgegen der republikanischen Gepflogenheit, nicht auf die Verfassung, sondern auf sich persönlich vereidigen lassen.

Nach der Rückkehr im Herbst war die Frage, was er tun sollte, für

60. ein im Herbst 1933 von einer Gruppe um Martin Niemöller gegründeter Zusammenschluß, der sich gegen die Nazifizierung der evangelischen Kirche und die Anwendung des „Arierparagraphen", d. h. „rassischer" Kriterien, zwecks Entfernung bereits ordinierter und amtierender protestantischer Geistlicher wandte und der 1934 in die Bekennende Kirche überging.

61. Zum Text dieses Briefes s. Moltke/Balfour/Frisby, Moltke, S. 60f. und van Roon a. a. O., S. 83–86.

62. s. van Roon a. a. O., S. 86.

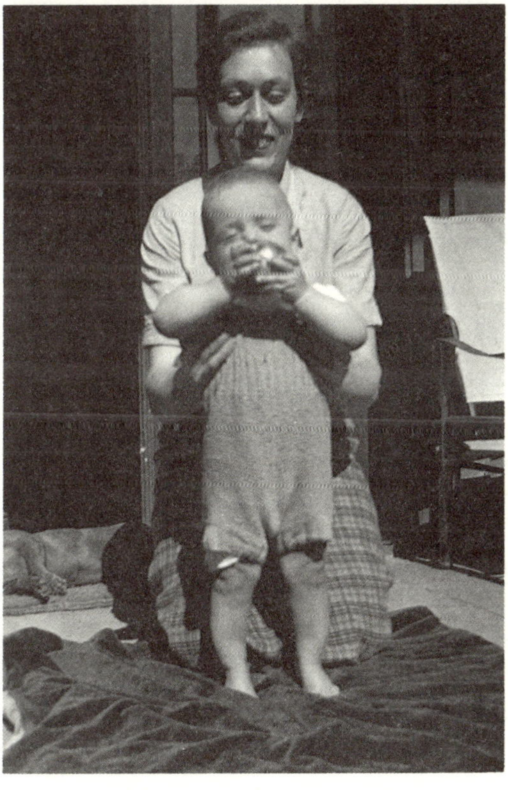

Helmuth James von Moltke 1934 in Südafrika

Freya von Moltke 1938 mit dem Sohn Caspar

Moltke ernster, ihre Beantwortung schwieriger geworden. Er hatte das Gefühl, nun auch in Südafrika heimisch zu sein, vielleicht heimischer als im fremder werdenden Deutschland. Er erkundete die Möglichkeiten internationaler Betätigung in Europa. Kreisau blieb als Basis – auch für die Geschwister –, und er konnte sich dort nun auf eine Kontrollfunktion beschränken, wobei Adolf Zeumer, der neue Inspektor, eine große Hilfe war, sowohl in landwirtschaftlicher als auch in politischer Hinsicht, denn obwohl er Gutes von dem neuen Regime erwartete, blieb er den Moltkes gegenüber loyal.

Im Frühjahr 1935 unternahm Moltke eine Erkundungsreise in die Schweiz, nach Holland und England, um zu sehen, was es im Ausland an Arbeitsmöglichkeiten für ihn gab. In Bern hatte er ein langes aber wenig ergiebiges Gespräch mit dem deutschen Gesandten Ernst von Weizsäker. Am 28. März schrieb er an Freya: ,,Ich habe von W. und heute auch von dem deutschen Konsul alle die Bedenken erfahren, die meinen hiesigen Plänen entgegenstehen und habe eindrücklich gelernt, wie vorsichtig ich mich bewegen muss. Das ist natürlich sehr wichtig für mich zu wissen, und darum war der Besuch bei W. doch sehr fruchtbar, abgesehen davon, daß ich mich später leichter wieder an ihn wenden kann. W. sagte mir, daß ich in Genf sicherlich als deutscher Spitzel betrachtet werde, wenn ich nicht sehr zurückhaltend sei. Ich habe natürlich verschwiegen, daß ich Kelsen [63] kenne und durch ihn als Nichtspitzel eingeführt werden kann, wenn ich will."

Vom Völkerbund war Moltke enttäuscht. Zwar war die Völkerbundsbibliothek nützlich und der Bibliothekar sehr nett, und es gab auch ,,einige ganz gute Unterhaltungen über allgemeine Fragen", zwar saßen im Sekretariat ,,allerhand gute Gelehrte", aber ,,keine einzige Persönlichkeit. Es wimmelt von Bürokraten, aber es fehlen Menschen von Format völlig". Jeder fühle sich ,,als Vertreter seines Landes und nicht als Beamter des Völkerbundes" und arbeite dementsprechend um seiner weiteren Karriere willen. Die einzigen Internationalisten seien ,,diejenigen Deutschen, Russen und Italiener, die nicht Nazis, Bolschis oder Fascisten sind und ihre Beziehungen zu ihren Heimatregierungen abgebrochen haben ohne das Sekretariat zu verlassen" – deren Bewegungsfreiheit aber beschränkt sei, da ihre Pässe nicht erneuert würden. Allenfalls könne man Genf als eine Art Arche ansehen, in der Menschen säßen, ,,die mit aller Macht daran arbeiten, die Voraussetzungen zu schaffen,

63. Professor Hans Kelsen kannte er aus Wien. Ein weiterer Brief vom 28. 3. 35 erwähnt ein Gespräch mit dem deutschen Konsul in Genf. ,,Er hat mir gesagt – er ist sicher kein Nazi – Kelsen und Welsberg, die beiden bedeutendsten deutschen Professoren hier, dürfe ich nicht kennen."

unter denen nach der Sintflut Dämme gebaut werden können". Der Völkerbund habe trotzdem einen beschränkten – und vielleicht auch nur potentiellen – Wert. „Sein Hauptwert wäre der, wenn es gelänge, unter seinem Schutze Zeit für den Aufbau und Ausbau der internationalen Gerichtsbarkeit zu finden." Natürlich könnte der Völkerbund etwas werden, „wenn man es riskierte, an seine Spitze einen Mann zu stellen – oder eine Frau, entschuldigen Sie, mein P.[im] – der oder die Format hat und entschlossen ist, den V.B. coûte que coûte aus seinen technischen Hemmungen herauszumanövrieren und ihn zu einer unabhängigen Macht zu gestalten, wie sie die katholische Kirche ist. Aber keiner wird das tun wollen".

Nach dieser Enttäuschung in Genf war der Besuch bei der Cour Permanente, dem internationalen Gerichtshof in Den Haag, ein Lichtblick. Mit dem Sekretär der Cour, dem Schweden Åke Hammarskjöld,[64] hatte Moltke ein gutes Gespräch, zumal dieser von dem früheren Rechtsprofessor und demokratischen Reichstagsabgeordneten Walther Schücking über Moltke informiert war und gleich erfaßte, wie dessen Lage der seines früheren nächsten Mitarbeiters, Berthold Stauffenberg,[65] ähnelte, welcher unter deutschem Druck seine Stellung hatte aufgeben müssen. Hammarskjöld schlug Moltke eine Arbeit über die Stellung des britischen Geheimen Staatsrats, des Privy Council im Empire unter völkerrechtlichem Gesichtspunkt vor, da er meinte, die Stellung des Internationalen Gerichtshofs im Völkerrecht müsse allmählich der des Privy Council angeglichen werden.[66] Indessen gab Moltke den Plan während seines nachfolgenden Besuchs in England auf, als ihm klar wurde, daß englische Rechtsstudien mit dem Ziel der Zulassung als Anwalt in England mehr versprachen.

Er beschloß, sich in einer der Rechtsgilden, dem „Inner Temple", einzuschreiben und sich auf Zulassung als Barrister, d. h. Anwalt, der vor englischen Gerichten plädieren konnte, vorzubereiten. Das bedeutete nicht nur Examina in englischem Recht, sondern auch Anwesenheit bei einer Mindestzahl von Pflichtmahlzeiten im Inner Temple. So fuhr er in den folgenden Jahren immer wieder nach London.

Schon bei der Rückreise aus Südafrika im Herbst 1934 hatte Moltke – zum ersten Mal in seinem Leben – in England Station gemacht. Er lernte dabei vor allem Lionel Curtis kennen, einen Freund der Familie Rose Innes, Mitbegründer des (Royal) Institute of International Affairs (auch

64. Bruder von Dag Hammarskjöld, dem späteren Generalsekretär der Vereinten Nationen.
65. s. Brief vom 15. 9. 39, Anm. 2.
66. nicht ganz vollständiger Abdruck bei van Roon a. a. O., S. 106f.

Chatham House genannt) und Fellow von All Souls College in Oxford.[67] Er erzählte Curtis von den Arbeitslagern und hörte von diesem einiges über seine Zeit als junger Mann bei Lord Milner in Südafrika und später bei den Waffenstillstands- und Friedensverhandlungen 1918/19. Diesem Gespräch sollten bis zum Krieg noch viele folgen. Von Curtis in All Souls eingeführt, benutzte Moltke die dadurch gebotenen Möglichkeiten, sich zu informieren wie auch dortige Beschwichtigungspolitiker[68] über den wahren Charakter und die Ziele des Dritten Reichs aufzuklären. Mit Lord Lothian,[69] dem Freund und Mitarbeiter von Lionel Curtis, hatte er 1935 ein nur zehn Minuten langes Gespräch, so daß er ihm zwar kaum antworten konnte, dafür aber Curtis in einem Brief vom 12. Juli 1935 seine Gegenargumente in einer Weise darlegte, die offensichtlich nicht nur für Lothian bestimmt war. Auch der väterliche Freund Curtis wußte wenig über das neue Deutschland. Moltke hielt Lothians Voraussetzungen für falsch, nämlich erstens, daß es kein internationales Recht gebe, nur eine internationale Anarchie; zweitens, daß die Nachkriegsfehler Englands und Frankreichs, besonders in Versailles und an der Ruhr, schuld am Anwachsen der Nazis seien; drittens, daß die Nazis fest an der Macht seien und keine Revolution oder Machtveränderung möglich sei; viertens, daß die Nazis langsam aber sicher eine anständige Regierung (respectable government) werden würden; und fünftens, daß eine Politik der Konzessionen diese Entwicklung fördern würde. Dem hielt er entgegen: Zum ersten sei der letzte Krieg eine Art Sanktionskrieg der Alliierten gegen deutsche Verletzungen der internationalen Regeln und Sitten gewesen; zweitens sei es ganz falsch, obgleich deutscherseits oft behauptet, daß Fehler anderer Länder viel mit dem deutschen Nationalsozialismus zu tun hätten – Lothian überschätze den Einfluß der Außen- auf die Innenpolitik; natürlich sei die Ruhrbesetzung nicht gut gewesen – sie habe aber nur in geringem Maße die deutsche Innenpolitik beeinflußt. Drittens glaubte er, daß Lothian ein Opfer der deutschen Propaganda geworden sei, wenn er meine, eine Entwicklung zu demokratischen Formen sei in Deutschland ohne zweite Revolution möglich. Viertens könnten sich vielleicht die äußeren Formen der Nazis bessern, nicht aber die Möglichkeiten für Ausländer, etwas bei ihnen zu erreichen. In Deutschland selbst würde sich wenig ändern. Fünftens mache Nachgiebigkeit gegenüber Drohungen weitere Kriegsdrohungen nur wahrscheinlicher.

Er hoffte, all das mit Lord Lothian besprechen zu können. Er befürch-

67. s. Brief vom 19. 11. 39, Anm. 1.
68. s. A. L. Rowse, All Souls and Appeasement. London 1961.
69. s. Brief vom 17. 12. 39, Anm. 4.

tete, daß dessen Politik in England Anklang finden und bei der deutschen Regierung den Glauben an die britische Neutralität im Kriegsfalle hervorrufen werde – und das sei die größte Gefahr: daß England sich als Schiedsrichter geriere, während es doch in Wirklichkeit Partei ergreifen müsse.[70]

Lord Lothian brauchte noch lange, bis er von seinen Illusionen geheilt war. Noch jahrelang war er – auch durch seine Freundschaft mit der ebenfalls der Christlichen Wissenschaft angehörigen und dem Appeasement huldigenden, aus Amerika gebürtigen Parlamentsabgeordneten Lady Astor – ein Mitglied von deren Kreis der ,,deutschfreundlichen" Friedensstifter, gemeinhin nach dem Landsitz der Astors ,,Cliveden Set" genannt. Dort kehrte der junge, angehende Diplomat Adam von Trott zu Solz[71] – ein Rhodesstipendiat, den Moltke in England kennengelernt hatte – noch im Juni 1939 ein und verfaßte einen langen, für Hitler bestimmten Bericht, der diesen vom Krieg abhalten sollte.[72]

Lionel Curtis hielt weiter seine schützende und fördernde Hand über Moltke und führte ihn bei einer wachsenden Zahl von interessanten und einflußreichen Engländern ein. Für den Endspurt vor seinem Examen lieh er ihm seine kleine Londoner Wohnung in der Duke of York Street, um die Ecke von Chatham House. Die Großeltern taten von Südafrika aus ein übriges und halfen finanziell, was bei den immer schärfer werdenden deutschen Devisenbestimmungen sehr nützlich war.

Er bemühte sich weiter, prominente Engländer von der Irrigkeit der Appeasement-Politik zu überzeugen, traf aber nicht immer auf Verständnis. So meinte Arthur Headlam, der anglikanische Bischof von Gloucester und Vorsitzende des Auslandsausschusses der Church of England, daß Moltke, als Gegner des Hitlerregimes, sich nur deshalb für den Kirchenkampf in Deutschland interessiere, weil er ihn als schädlich für den Nationalsozialismus ansähe. Dieser Vertreter der englischen Staatskirche war den Argumenten des deutschen (protestantischen) Bischofs Theodor Heckel, des Leiters des ,,Kirchlichen Außenamts", d. h. der Vertretung der Reichskirche, viel geneigter. Er hielt die von Heckel bekämpfte Bekennende Kirche, ganz im Sinne der Hitler-Regierung und der Deutschen Christen, für politisch – nicht religiös – motiviert.[73]

Zum Glück gab es auch noch andere anglikanische Kleriker, zum Beispiel George Bell, den Bischof von Chichester, der engen Kontakt mit Bonhoeffer und mit Genf hielt, und dessen Dekan zum Niemöller-

70. s. van Roon, a. a. O., S. 89ff.
71. s. Brief vom 19. 9. 39, Anm. 3.
72. s. ADAP, Serie D, Band 6, Nr. 497, S. 562–570.
73. s. van Roon, a. a. O., S. 92ff.

Prozeß nach Deutschland kam und das erste englische Buch über den deutschen Kirchenkampf schrieb.[74]

Moltke hatte schon Anfang November 1935 vor einer bevorstehenden Verschärfung der nationalsozialistischen Kirchenpolitik gewarnt, die allerdings erst 1937, nach Ablauf der Berliner Olympiade, eintreten würde. Während der olympischen Spiele präsentierte das Dritte Reich ein respektables, „würdiges" (wenn auch etwas anmaßendes) und „freundliches" Gesicht. Streichers antisemitisches (und antiklerikales) Hetzblatt ‚Der Stürmer' verschwand aus den Straßenkästen. Gerade der verlogene „Internationalismus" widerte Moltke an.

Im März 1936 ging die deutsche Besetzung der entmilitarisierten Zone des Rheinlands ohne ein Einschreiten Frankreichs über die Bühne. Schon 1935 hatte Hitler die allgemeine Wehrpflicht eingeführt – auch das eine Verletzung des Versailler Vertrags; 1936 wurde die Dienstzeit auf zwei Jahre erhöht. Am 25. August schrieb Moltke: „Ich bin erleichtert über die zweijährige Dienstzeit. Die irrsinnige antirussische Propaganda hatte mich viel Schlimmeres erwarten lassen und ich bin sehr erleichtert, daß es nur eine Verlängerung der Dienstzeit ist. Das bedeutet, daß wir wenigstens bis nach dem Parteitag nichts mehr zu fürchten haben." Der Parteitag 1935, der „Parteitag der Freiheit", hatte die sogenannten Nürnberger Gesetze gebracht.[75] Beim „Parteitag der Ehre" kündigte Hitler im September 1936 einen Vierjahresplan für die Aufrüstung und Wirtschaftsautarkie Deutschlands an.

Aber die Olympiade hatte „die Jugend der Welt" nach Berlin gerufen, und „die Welt" kam. Moltke war entsetzt. So schrieb er am 27. Juli: „Berlin ist fürchterlich. Unter den Linden schiebt sich eine geschlossene Masse Menschen vorbei, um die Fahnen zu besehen. Und was für Menschen. Ich habe nie gewußt, daß es so etwas gibt. Wahrscheinlich sind das die Nationalsozialisten, die ich ja auch nicht kenne." Am 4. August: „Berlin ist fürchterlich. Eine Fülle von Kraft durch Freude[76] gemischt

74. A. S. Duncan-Jones, The struggle for religious freedom in Germany. London 1938. Ihm folgte das Buch eines englischen Methodisten über den Konflikt des Nationalsozialismus mit der katholischen Kirche: Nathaniel Micklem, National Socialism and the Roman Catholic Church. London, New York, Toronto 1939. S. auch Bethge, Bonhoeffer, sowie Scholder, Kirchen.

75. das „Gesetz zum Schutze des deutschen Blutes und der deutschen Ehre" (RGBl. I, S. 1146), das Eheschließung und außerehelichen Verkehr zwischen Juden und „Staatsangehörigen deutschen oder artverwandten Blutes" verbot, und das „Reichsbürgergesetz", das nur „arischen" Deutschen den Status des „Reichsbürgers" verlieh (RGBl. I, S. 1146), und das, trotz seiner Verschwommenheit, in späteren Verordnungen mörderische Folgen zeitigte – s. Brief vom 8. 11. 41, Anm. 3.

76. „Kraft durch Freude" war der Name der nationalsozialistischen Organisation, die für „Freizeitgestaltung" und billige Reisen sorgte.

mit dem Pofel anderer Nationen füllt die Straße, welche zum Jahrmarkt geworden ist und auf der pausenlos Lautsprecher gurgeln." Aber es war nicht nur Ekel, es war Entsetzen. Am 12. August: „Gestern war ich mit Asta in dem saudummen Film, den ich wegen eines Copyright-Prozesses ansehen mußte. Dabei sahen wir einen Film von den olympischen Spielen, auf den ich mal wieder so reagierte, daß ich dachte, möglichst sofort auszuwandern. Ich habe seit langem nichts gesehen, was mich so deprimiert: Masse Mensch in Vollendung. Und was das schlimmste ist, ist daß so viele Leute, von denen ich etwas halte, dabei mitmachen und nicht merken, wie widerlich und degradierend das alles ist. Es war für mich als sähe ich den Antichrist[77] personifiziert. Dagegen müssen die Gladiatorenkämpfe geradezu Kulturtaten gewesen sein. – Ich kam mir so vor, wie ich mir bisher nur zwei Mal in meinem Leben vorgekommen bin: das eine Mal, als ich als Kind bei Muizenberg badete und aus dem Dösen erst aufwachte, als die Flut rapide stieg und schon zu hoch war um mir das Zurückkommen zu ermöglichen. Die anderen hatten mich vergessen und holten mich erst als ich schrie. Das zweite Mal habe ich das gefühlt als ich im Tonschacht versank.[78] – Ich kann Dir versichern, daß das das Letzte ist, wozu Menschen fähig sind: zur völligen Selbstaufgabe an einen viehischen Nervenkitzel unter dem gewünschten Einfluß der Massensuggestion. Ich ziehe Opium vor, denn das zerstört wenigstens die äußere Hülle in der vorher der Mensch war und verhindert dadurch diese Hülle nachher Übles zu tun. – Jedenfalls bin ich froh, daß ich die Fahrkarten nach Capetown bestellt habe." Am Heiligen Abend waren sie auf dem Schiff, um ihre zweite Südafrika-Reise zu unternehmen.

Dorothy von Moltke, die innig geliebte Mutter, war am 11. Juni 1935, nur 51jährig, plötzlich und unerwartet bei einem Besuch in Pommern gestorben. Sie hatte davor wochenlang an Kopfschmerzen gelitten und mag einem Gehirntumor erlegen sein. Ihr Tod war, besonders für ihre Eltern, die sie kurz davor noch besucht hatte, und für ihren ältesten Sohn ein schmerzlicher und unersetzlicher Verlust. Sie ließ einen einsamen Witwer zurück. Im Dezember 1937 heiratete der verwitwete Vater eine „Scientistin". Als er seinem ältesten Sohn im Herbst seine Absicht mitteilte, war dieser bestürzt. Am 19. September schrieb er an Freya:

77. Dies ist die einzige Erwähnung des „Antichrist" in den Briefen und sicher ohne Gedanken an Stefan George, der Moltke fremd war. Später rezitierte Claus Stauffenberg Georges Gedicht ‚Der Widerchrist' öfters, um Bundesgenossen gegen den „Fürst des Geziefers" zu werben – s. Christian Müller, Oberst i. G. Stauffenberg – eine Biographie. Düsseldorf o. J., S. 300f.

78. Ein herbeigeeiltes Kindermädchen hatte ihn gerade noch rechtzeitig gerettet.

„Gestern abend habe ich mit Papi und meiner zukünftigen Stiefmutter gegessen. Sollte Papi Dir seine Absicht zu heiraten noch nicht anvertraut haben, so stärke Dich. Sie ist seine Schülerin, geschieden, lahm, mit einem Sohn von 11 Jahren, ohne Geld und aus Memel. Dies ist ein Jahr des Unglücks auf dem Gebiet des Familienstandes und das Einzige, was noch fehlt, ist, daß mein Pim stirbt und mich mit Stiefmutter und Sohn hinterlässt. ... Vorläufig sehe ich gar keinen Ausweg in der Angelegenheit, weder familienmäßig noch finanziell." Bis er eine Lösung gefunden hatte, die das Berghaus und seinen Frieden für ihn und die Geschwister, für Freya und den kleinen Caspar,[79] erhielt und wirtschaftlich haltbar machte, gab es schwere Auseinandersetzungen mit dem Vater. Dieser starb im März 1939; seine Witwe überlebte den Krieg.

Wie Moltke vorausgesehen hatte, führte die Politik des Appeasement zu weiteren Drohungen. Im März 1938 wurde Österreich „angeschlossen" und Teil des Großdeutschen Reichs, im September wurde die Tschechoslowakei mit der Einwilligung Englands und Frankreichs zerstückelt, und das strategisch wichtige Sudetenland kam zu Deutschland. Hitler versicherte, daß er nun keine territorialen Forderungen mehr habe, marschierte aber doch im März 1939 in Prag ein. Das war der Wendepunkt. Großbritannien und Frankreich verbanden sich mit dem offensichtlich nächsten Opfer, Polen, zu einem Beistandspakt und erklärten dementsprechend am 3. September 1939 Deutschland, nach dem deutschen Einmarsch in Polen, den Krieg.

Auch die innenpolitische Radikalisierung, die Moltke als Folge der britischen Nachgiebigkeit vorausgesehen hatte, trat ein. Der Strom der Flüchtlinge aus dem Reich schwoll an, besonders nach den Pogromen des November 1938.

Während der Sudetenkrise war Moltke in London mit der intensiven Vorbereitung seiner englischen Rechtsexamen befaßt gewesen. Er bewunderte die Mündigkeit und Einigkeit des Volks und bedauerte die Schwäche der Regierung. Wie hoch oder niedrig er die Chancen der geplanten Erhebung in Deutschland bei einem Kriegsausbruch 1938 einschätzte, geht aus den Briefen nicht hervor. Er erwähnt nur den Rücktritt des Generalstabschefs Beck. Allerdings mußten Briefe von England nach Deutschland mit Zensur rechnen.

Als der Krieg dann kaum ein Jahr später kam, hatte Moltke seine englischen Examina bestanden und bereits für ein Büro in London gesorgt. Er machte das Beste aus seiner Erfahrung im internationalen,

79. Der Sohn Helmuth Caspar von Moltke wurde am 2. November geboren.

besonders dem englischen Recht und wurde Völkerrechtsexperte in der Abwehr.

Den Pakt des Dritten Reichs mit der Sowjetunion sah er, was die Ideologien anging, sarkastisch, das russische Vordringen im Baltikum und auf dem Balkan sachlich. Die apokalyptische Wende, die später mit dem deutschen Angriff auf den Paktpartner kam, erfaßte er ganz klar, obgleich auch er, wie so viele, in den ersten Wochen des deutschen Vormarschs mit einer russischen Niederlage rechnete.

Zunächst jedoch kam die Teilung Polens, kamen die Greuel der SS gegen die polnische geistige und geistliche Führungsschicht, gegen Aristokraten und Juden, kam die Errichtung des „Generalgouvernements Polen" und die Annektion anderer Gebiete. Die Verschwörung gegen Hitler lebte wieder auf, d. h. der Versuch, ihn zu stürzen und zu einem Vergleichsfrieden mit England zu kommen, bevor Hitler den Krieg ausweiten konnte. Die wichtigsten Fühlungnahmen liefen über den Vatikan, wurden dann aber durch die deutschen Angriffe auf Dänemark und Norwegen, auf Holland, Belgien, Luxemburg und Frankreich zunichte gemacht. Frankreich fiel innerhalb von fünf Wochen. Das war für Gegner des Regimes in Deutschland ein unerwarteter und schwerer Schlag. Die Opposition war entwaffnet, Hitlers Popularität stand im Zenit. Auch das, vor allem das, war es, was Moltke mit dem „Triumph des Bösen"[80] meinte, als er im Sommer 1940 daran ging, einen Kreis zu sammeln, der bereit war, sich gemeinsam Gedanken um ein besseres Deutschland in einem besseren und befreiten Europa zu machen. Mit manchen von diesen Männern hatte er schon in den Monaten und Jahren davor Gespräche gehabt. Mehr als die Hälfte kannte er schon aus der Zeit der Löwenberger Arbeitsgemeinschaft.

Von nun an beschäftigte ihn nicht nur die Arbeit in seinem Amt in der Abwehr und, in geringerem aber doch nützlichen Maße, in seinem Anwaltsbüro, sondern auch die Arbeit im „Kreisauer Kreis", wie der Sicherheitsdienst vier Jahre später diese oppositionelle Arbeitsgemeinschaft nannte, als er ihr – allerdings erst nach dem 20. Juli 1944 – auf die Spur kam.

Der Inhalt seiner amtlichen Tätigkeit bestand für Moltke weitgehend darin, die Abscheulichkeiten des Regimes einzudämmen so gut er konnte.[81] Er bekleidete, nicht kriegs-, aber büroverwendungsfähig, die

80. s. van Roon, Neuordnung, S. 479 und Brief vom 1. 6. 40.

81. Diese Anstrengungen sind reich dokumentiert bei van Roon, Völkerrecht. Zur internen Organisation der Abteilung Ausland, ihre Geschichte und Vorgeschichte, sowie Moltkes Rolle dort s. Ger van Roon, Graf Moltke als Völkerrechtler im OKW. In: VfZ 1970, S. 12–61. S. auch Wilhelm Wengler, Vorkämpfer der Völkerverständi-

relativ bescheidene Stellung eines Kriegsverwaltungsrats. Uniform trug er nie.

Vor dem Krieg hatte er Beiträge für die Zeitschrift des Kaiser-Wilhelm-Instituts für ausländisches öffentliches Recht und Völkerrecht geschrieben. Jetzt war der stellvertretende Direktor des Instituts, der Hauptmann d. R. Ernst Martin Schmitz, sein Kollege in der völkerrechtlichen Gruppe der Abteilung Ausland der Amtsgruppe Abwehr des Oberkommandos der Wehrmacht. Chef der Abteilung war der politisch farblose und anpassungsfähige Kapitän zur See Leopold Bürkner, Chef der Abwehr der alles andere als farblose Admiral Canaris, der, obgleich ein Meister der Tarnung, seine Opposition gegen die Nazis und seine Rivalität mit Heydrich, Himmler und dem Sicherheitsdienst der SS kurz vor Kriegsende mit dem Leben bezahlte. Auch Moltkes Verhaftung im Januar 1944 ist, wie die seines Kollegen Wilhelm Wengler, im Zusammenhang mit dem Kampf der SS gegen Canaris zu sehen, der spätestens im April 1943 mit der Verhaftung des Sonderführers in der Abwehr, Hans von Dohnanyi, begann.

In den ersten Kriegswochen verschafften sich Moltke und Schmitz ,,Ellbogenfreiheit".[82] Wenig später meinte der älteste der Gruppe nach Einsicht in die bisher angesammelten Papiere Moltkes schon, ,,daß das Schwergewicht unserer Kriegsführung in die Gruppe Völkerrecht verlegt" worden sei. Für Moltke war Mitte November ,,die aufregendste Woche [s]eines bisherigen Lebens". Er saß zwar ,,immer noch am kurzen Hebelarm, am Stümpchen des Hebels" und konnte nur durch große Anstrengungen und Diplomatie etwas erreichen, dessen Urheber der ,,lange Arm" noch dazu nicht als solchen bemerken durfte. Die völkerrechtliche Gruppe war nicht weisungsbefugt und konnte nur mit Gutachten kämpfen. Bis zu seiner Verhaftung und vielleicht noch darüber hinaus – denn in den ersten Wochen der ,,Schutzhaft" durfte er noch weiter Akten bearbeiten – war Moltke, energisch, listenreich und unermüdlich, bestrebt, ,,durch sorgfältige Arbeit und durch Anspannung aller Kräfte Unglück [zu] verhüten oder [zu] verschieben".[83] Später kämpfte er auch zuweilen mit offenerem Visier.[84]

Das Objekt dieser Anstrengungen wechselte mit dem Lauf des Krieges. In den ersten Monaten ging es um Einhaltung des Kriegs- und

gung und Völkerrechtsgelehrte als Opfer des Nationalsozialismus: 9. H. J. Graf von Moltke (1907–1945). In: Die Friedenswarte, Jg. 48, 6, S. 247–605, gekürzt wiederabgedruckt bei van Roon, Völkerrecht, S. 319–327.

82. s. Brief vom 28. 9. 39.

83. s. Brief vom 18. 11. 39.

84. s. etwa die Briefe vom 7. 3. 40 und 3. 11. 42.

Völkerrechts, um die Verhinderung der Ausweitung des Krieges und der Verletzung der Neutralität Belgiens und Hollands. Wie weit und in welcher Weise Moltke an den Bemühungen um einen Staatsstreich und Vergleichsfrieden beteiligt war, ist schwer zu sagen. Ihr Hauptrepräsentant in der Abwehr, der später mit Canaris hingerichtete Hans Oster, wird erst 1941 erwähnt.[85] Der Münchener Anwalt und Angehörige der Abwehr, Josef Müller, der als Verbindungsmann zum Vatikan fungierte, wird namentlich in den Briefen nie erwähnt, obwohl Moltke, jedenfalls später, mit ihm zu tun hatte.[86] Die Briefe enthalten nicht mehr als diskrete Andeutungen.

Heinrich Brüning, mit dem Moltke bis kurz vor dessen Auswanderung noch bis zur Jahreswende 1933/34 in Deutschland und danach in England weiter in Kontakt geblieben war, hatte von ihm einiges über den nach dem Münchener Abkommen und dem Einmarsch in Prag geschwächten Widerstand im deutschen Heer erfahren: In Deutschland war er geschwächt durch Entlassung von führenden Generälen und das Einschleusen von Gestapospitzeln; im Ausland durch die Unglaubwürdigkeit von Chamberlain und seinen Leuten.[87]

Im Oktober 1939 erwähnte Brüning, der nun in Amerika lebte, daß er die erste direkte Information aus Deutschland seit Kriegsausbruch von einem Mann bekommen habe, der im Auftrag Moltkes ,,gemeinsame Anliegen" besprechen wollte. Es war Adam von Trott zu Solz, der ihm über die Bereitschaft der Generäle Alexander von Falkenhausen und Kurt von Hammerstein zu einem Putsch berichtete. Hammerstein wurde Mitte Oktober entlassen; mit Falkenhausen hatte Moltke später noch viel zu tun. Schon im Sommer 1939 hatte ihn Moltke Brüning gegenüber als Planer eines Aufstands der Generäle gegen Hitler erwähnt, ,,falls er das Land in den Krieg treiben würde".[88]

Die Hoffnungen, die Moltke auf umstürzlerische Generäle gesetzt haben mag, schwanden mit dem Krieg, als es Hitler immer wieder gelang, sie sich dienstbar zu machen oder sie kaltzustellen.[89] Außerdem

85. s. Brief vom 15. 10. 41 mit Anm. 3, und 19. 1. 40, Anm. 1.

86. s. Brief vom 25. 10. 42, Anm. 3, sowie Brief vom 11. 1. 43.

87. s. Claire Nix (Hg.), Heinrich Brüning, Briefe und Gespräche 1934–1945. Stuttgart 1974, S. 250f., wo allerdings die erste Wiederbegegnung in England mit 1937 zu spät datiert ist – sie fand spätestens 1936 statt, wie sich aus Moltkes Briefen vom 18. 1. und 24. 6. 36 ergibt. Brüning selbst erwähnt alljährliche Begegnungen mit Moltke seit 1936 – s. Claire Nix (Hg.), Heinrich Brüning, Briefe 1946–1960. Stuttgart 1974, S. 87.

88. a. a. O., S. 15. S. auch Brünings Brief vom 29. 4. 39 in Claire Nix (Hg.), Briefe 1934–1945, S. 291f.

89. In dem langen Brief an Lionel Curtis vom Frühjahr 1943 schrieb Moltke auch von den Fehlern der deutschen Opposition. ,,Der Hauptirrtum war, sich auf eine

kam Moltke zu der Überzeugung, daß zu viele Deutsche an Hitler glaubten und vom Nationalsozialismus infiziert waren, als daß die Beseitigung der Führung grundlegende Besserung versprechen konnte – und blutige Beseitigung noch weniger als unblutige. Es gab Momente, wo er doch noch auf einen Staatsstreich hoffte oder ihn rückblickend für möglich oder wünschbar gehalten hätte – so etwa im Dezember 1941, sowohl vor als auch nach der deutschen Kriegserklärung an Amerika.[90] Aber im wesentlichen verwandte er seine Energie auf Bemühungen um Einschränkung des Krieges und der Leiden der Opfer.

Der wichtigste Einschnitt war der deutsche Angriff auf die Sowjetunion. Moltke hatte den Hitler-Stalin-Pakt vom August 1939 erst ernstgenommen, als sich herausstellte, daß er in der Tat die Teilung Polens und den Krieg bedeutete.[91] Daß das Ausbleiben eines Angriffs der Westalliierten mit diesem Pakt zusammenhing, erwähnt er kaum; er kommentiert nur die unbegreifliche Untätigkeit Frankreichs und Englands in der ersten Phase des Krieges. Ein Grund mag seine Überschätzung der britischen Kräfte und Möglichkeiten zu dieser Zeit – wie auch später – gewesen sein. Über Frankreich äußerte er sich wenig, kam aber nach der deutschen Westoffensive des Mai-Juni 1940 zu dem Schluß, daß Frankreich, trotz oder vielleicht auch wegen der Maginotlinie, so gut wie kampflos gefallen war.[92]

In dem Jahr zwischen dem Fall Frankreichs und dem deutschen Angriff auf Rußland bewunderte er die britische Standhaftigkeit unter der Leitung von Churchill, den er auch vor dem Krieg mit Interesse beobachtet hatte. Er wußte, was von dem Ausgang der Kämpfe zwischen der Luftwaffe und der Royal Air Force abhing: Die deutsche Invasion Englands wurde unmöglich gemacht. In welche Bedrängnis die Insel damals und später durch Schiffsverluste geriet, spiegelt sich in den Briefen kaum wider.

Wie er vor dem Krieg in England bemüht gewesen war, die Irrigkeit und Gefährlichkeit der Appeasement-Politik darzulegen, wirkte er jetzt auf den amerikanischen Geschäftsträger in Berlin in ähnlichem

Aktion der Generäle zu verlassen. Diese Hoffnung war von vornherein aussichtslos, aber die meisten konnten nicht rechtzeitig davon überzeugt werden ... Der wichtigste soziologische Grund ist, daß wir eine Revolution brauchen, nicht einen Staatsstreich; und eine solche Revolution wird den Generälen niemals denselben Spielraum und dieselbe Stellung geben, wie sie ihnen von den Nazis eingeräumt worden sind und noch heute eingeräumt werden." (Moltke/Balfour/Frisby, Moltke, S. 217).

90. s. Briefe vom 28. 9., 17. 11. und 10. 12. 41, sowie 8. 2. 42.

91. s. Briefe vom 22. und 23. 8. 39.

92. s. Reisebericht vom 13. bis 15. 8. 40.

Sinne ein, bis Alexander Kirk[93] im Oktober 1940 Deutschland verließ und diesen „heikelsten und wertvollsten seiner heimlichen ‚Kontakte' zum deutschen Widerstand" George Kennan übergab.[94]

Die neue Ostfront brachte die Wende, allerdings erst nach Jahren und nach dem Eintritt Amerikas in den Krieg. Sie brachte aber auch den Weltanschauungs- und damit den totalen Krieg, wenn man es noch Krieg nennen kann. Solange der Hitler-Stalin-Pakt bestand, hatte das nationalsozialistische Deutschland gegen die „Plutokratien" gekämpft. Nun kam der Kampf gegen den „jüdischen Bolschewismus", d. h. der Kampf nicht nur um das Gebiet, Getreide, die Rohstoffe und Arbeitskraft der Sowjetunion, sondern um die „Liquidierung" des Bolschewismus und seiner „Träger". Dazu wurden nicht nur kommunistische Kommissare gerechnet, nicht nur Partisanen und widersetzliche Zivilisten, sondern auch Juden schlechthin. Diese wurden den Einsatzgruppen der Sicherheitspolizei und des SD überlassen, ohne daß allerdings das Heer ganz unbeteiligt blieb.

In den Berichten der Einsatzgruppen fiel die Fiktion der Kriegsbedingtheit der Massenexekutionen von jüdischen Männern, Frauen und Kindern sehr rasch. Bald handelte es sich nicht mehr nur um Juden in der Sowjetunion, sondern auch um Juden aus allen von Deutschen besetzten Gebieten. Im Oktober begannen die Deportationen aus Berlin.[95] Im Januar 1942 wurde die „Endlösung der Judenfrage" für ganz Europa eingeleitet.[96] Schon vorher hatte Moltke von zusammengebrochenen SS-Männern in einem Nervensanatorium gehört,[97] im Oktober 1942 hörte er den ersten zuverlässigen Bericht über ein Vernichtungslager, eine der Mordeinrichtungen, die mit Giftgas arbeiteten.[98] Im Mai 1943 sah er die

93. s. Brief vom 22. 8. 39.

94. Joseph Kennedy, der amerikanische Botschafter in London, vertrat derweil die gegenteilige Ansicht. – Kennan schrieb später: „Es war großenteils Moltke, durch den [Kirk] zu der Ansicht gekommen war, daß der Krieg, ungeachtet aller militärischen Triumphe für Deutschland böse enden würde ... Sogar damals schon – in den Jahren 1940 und 1941 – hatte er über die ganze schmutzige Arroganz und die scheinbaren Triumphe des Hitlerregimes hinweg die endgültige Katastrophe erblickt, ihre Qualen durchlitten, sie akzeptiert, sich innerlich darauf eingestellt, und er bereitete sich nun selber auf die Notwendigkeit vor – so wie er gern später auch seine Mitbürger vorbereitet hätte –, wieder ganz von vorne damit zu beginnen, durch Niederlage und Demütigung hindurch ein neues staatliches Gebäude auf einem neuen und besseren moralischen Fundament zu errichten. Besonderen Eindruck machte mir, wie Moltke in seinen inneren Kämpfen über die Engstirnigkeit und Primitivität des modernen Nationalismus hinausgewachsen war." (Kennan, Memoiren – wie Anm. 8 – S. 126f.).

95. s. Brief vom 21. 10. 41.

96. s. Brief vom 14. 1. 42, Anm. 1.

97. s. Brief vom 12. 11. 41.

98. s. Brief vom 10. 10. 42.

von dem wochenlangen Kampf im Ghetto herrührende Rauchwolke über Warschau, als er bei seiner einzigen Reise ins besetzte Polen dort einen kurzen Aufenthalt hatte.[99]

Für den Krieg gegen die Juden war die Abwehr und die völkerrechtliche Gruppe nicht zuständig – die als „Evakuierung", „Umsiedlung" oder „Abwanderung" und auch noch mit anderen Vokabeln getarnten Judenmorde waren Angelegenheit der SS. Nur einmal wurde Moltke zu einer Sitzung der beteiligten Bürokraten hinzugezogen und setzte alle Kraft ein, die Maschinerie der Deportation aufzuhalten oder zumindest ihrer Legalisierung zu berauben – und es gelang ihm für einige Tage.[100]

Zur gleichen Zeit kämpfte er um das Leben von russischen Kriegsgefangenen, die ebenfalls massenweise starben.[101] Auch hier erwähnte er, daß die Abteilung Ausland/Abwehr an den einschlägigen Befehlen nicht beteiligt worden war.[102] Dabei handelte es sich vornehmlich um den sogenannten „Kommissarbefehl" und den „Gerichtsbarkeitserlaß ‚Barbarossa'". Wirkungsvoller als Plädoyers für Legalität oder Menschlichkeit war dabei das Argument der Gegenseitigkeit. Erst als bewiesen werden konnte, daß es deutsche Gefangene in russischen Händen gab, die der Fürsorge des Internationalen Roten Kreuzes bedurften, wurde diesem Einblick in deutsche Kriegsgefangenenlager für Russen ge-

99. s. Brief vom 4. 5. 43.

100. s. Briefe vom 8.–14. 11. 41.

101. s. Brief vom 26. 7. 41.

102. s. Brief vom 28. 9. 41, Anm. 6. Die von Moltke entworfene und von Canaris gezeichnete Vortragsnotiz für den Chef OKW vom 15. 9. 41 schließt damit, daß das Amt Ausland/Abwehr vor Erlaß der Anordnung für die Behandlung sowjetischer Kriegsgefangener oder ihrer Vorgangsverfügung nicht beteiligt worden war, und fährt fort: „Gegen sie bestehen nach Ansicht Amt Ausl/Abw. sowohl vom grundsätzlichen Standpunkt aus als auch wegen der sicherlich eintretenden nachteiligen Folgen in politischer und militärischer Hinsicht schwere Bedenken." Die Hinweise auf die Gültigkeit des allgemeinen Völkerrechts für die Behandlung von Kriegsgefangenen (obwohl das Genfer Kriegsgefangenenabkommen zwischen Deutschland und der UdSSR nicht gelte), auf die Ausschaltung der Wehrmacht bei der Aussonderung der Zivilpersonen und politisch unerwünschten Kriegsgefangenen und der Entscheidung über ihr Schicksal, die den Einsatzkommandos überlassen sei, auf einen beigefügten russischen Erlaß über Kriegsgefangene, „der den Grundsätzen des allgemeinen Völkerrechts und weitgehend auch denen des Genfer Kriegsgefangenenabkommens entspricht", sowie auf die Unmöglichkeit, angesichts der deutschen Verlautbarungen und Praktiken, „sich gegen schlechte Behandlung deutscher Wehrmachtangehöriger in sowjetischer Kriegsgefangenschaft zu wenden", quittierte Keitel am 23. 9. mit der Randbemerkung: „Diese Bedenken entsprechen den soldatischen Auffassungen vom ritterlichen Krieg. Hier handelt es sich um die Vernichtung einer Weltanschauung. Deshalb billige ich die Maßnahmen und decke sie." S. Christian Streit, Keine Kameraden: Die Wehrmacht und die sowjetischen Kriegsgefangenen 1941–1945. Stuttgart 1978, S. 182. Dieses Dokument, eines der wenigen, die aus Moltkes Arbeit in der Abwehr erhalten blieben, spielte im Nürnberger Prozeß noch eine Rolle.

währt.[103] Die deutschen Methoden änderten sich auch etwas unter dem Druck kriegswirtschaftlicher Notwendigkeiten: Die Gefangenen wurden zur Arbeit gebraucht und sollten deshalb nicht verhungern.[104] Trotzdem starben Millionen von ihnen.[105]

Auch andernorts wurde jetzt jeglicher Widerstand als ,,kommunistische Aufstandsbewegung" behandelt. So wurden Monarchisten und Kommunisten in Jugoslawien zeitweise paritätisch umgebracht, wurde nationale oder religiöse oder caritative Widersetzlichkeit im Westen ähnlich geahndet. Deutsche Repressalien konnten Ortschaften und ihre Bevölkerung vernichten oder zur Hinrichtung von Geiseln führen.[106]

Moltkes Anstrengungen befaßten sich zunehmend mit der Verhinderung von Geiselerschießungen – und da verhandelte er nicht nur mit Generälen der Wehrmacht, sondern auch mit solchen der SS, wie Wilhelm Harster in Holland[107] und Werner Best in Dänemark.[108] Der Besuch bei Best, dem Reichsbevollmächtigten in Dänemark, fiel mit der dortigen Judenrazzia zusammen, zu deren weitgehender Vereitelung Moltke beitrug, wenn auch weniger als der ortsansässige deutsche Schiffahrtsattaché Duckwitz.[109]

Die Reisen ins besetzte oder neutrale Ausland dienten immer mehr als einem Zweck. Überall hielt er Ausschau nach Gesinnungsgenossen, Leuten, die gewillt waren, der Eskalation des Krieges und den deutschen Schreckensmaßnahmen entgegenzuwirken.

Dabei fand er, besonders in Holland und Skandinavien, Anklang für die Bestrebungen der ,,Kreisauer" und ihre Pläne für die Nachkriegszeit.[110] Dieser geheime Arbeitskreis hatte sich seit dem Sommer 1940 erheblich erweitert, vor allem durch die Hinzuziehung von Sozialdemokraten und Kirchenmännern. Außerdem begann, wie schon erwähnt, im Sommer 1941 Moltkes regelmäßiger Informations- und Gedanken-

103. s. Brief vom 14. 11. 41.
104. s. Brief vom 6. 11. 41.
105. s. Streit, Keine Kameraden, S. 10.
106. s. Brief vom 21. 10. 41.
107. s. Brief vom 5. 6. 43.
108. s. Briefe vom 4. und 5. 10. 43.
109. s. Brief vom 5. 10. 43, Anm. 5.
110. Hierzu s. van Roon, Neuordnung; Moltke/Balfour/Frisby, Moltke; und Wilhelm Ernst Winterhager (Hg.), Der Kreisauer Kreis: Porträt einer Widerstandsgruppe. Begleitband zu einer Ausstellung der Stiftung Preußischer Kulturbesitz. Berlin und Mainz 1985, S. 164–174, 222–227 und 230–234. S. auch Klemens von Klemperer, Nationale oder internationale Außenpolitik des Widerstands. In: Jürgen Schmädecke und Peter Steinbach (Hgg.), Der Widerstand gegen den Nationalsozialismus. Die deutsche Gesellschaft und der Widerstand gegen Hitler. München, Zürich 1985. S. 639–651.

austausch mit Graf Konrad von Preysing, dem (juristisch geschulten) katholischen Bischof von Berlin,[111] der auch über die ,,Kreisauer" Arbeit auf dem laufenden gehalten wurde und kommentierend dazu beitrug.

Zu den ersten Mitgliedern der Gruppe – Yorck, Einsiedel, Peters, Gablentz, Trott, Reichwein und anderen – kam 1941 Carlo Mierendorff,[112] der Sozialdemokrat, der bald besonders aktiv an den Auseinandersetzungen mit dem Gewerkschaftsführer Wilhelm Leuschner[113] beteiligt war, oder mit dessen Vertreter im Kreise, Hermann Maass.[114] Mierendorffs Freund Theo Haubach,[115] den Moltke schon vor dem Krieg kennengelernt hatte, wird im Kreisauer Zusammenhang erst 1942 erwähnt. 1941 kam auch Hans Berndt von Haeften[116] vom Auswärtigen Amt hinzu, ein engagierter protestantischer Laie, ferner der evangelische Gefängnispfarrer Harald Poelchau,[117] sowie der in Norwegen stationierte Theodor Steltzer.[118] Karl Ludwig Guttenberg[119] brachte die Verbindung zu den Münchener Jesuiten, deren Provinzial, Augustin Rösch, im Herbst 1941 zur ersten Besprechung kam;[120] die Jesuiten Alfred Delp[121] und Lothar König[122] folgten 1942, wie auch der protestantische Konsistorialrat Eugen Gerstenmaier.[123] Der Katholik und ehemalige Zentrumsmann Paulus van Husen[124] hielt den Kontakt zu Hans Lukaschek[125] und war später maßgeblich an der Ausarbeitung der Pläne für die ,,Bestrafung der Rechtsschänder" beteiligt.[126]

Die ,,Kreisauer" trafen sich meist in kleinen Gruppen – oft nur zu zweit oder dritt – in der kleinen, zentralgelegenen Garagenwohnung, die Moltke mit seinem – meist abwesenden – Schwager Carl Deichmann teilte, oft auch, besonders wenn es mehr Leute waren, bei Yorcks in der Hortensienstraße nahe dem Botanischen Garten. Dort war im Januar

111. s. Brief vom 20. 7. 41, Anm. 1.
112. s. Brief vom 24. 6. 41, Anm. 1.
113. s. Brief vom 15. 12. 41, Anm. 2.
114. s. Brief vom 15. 7. 42, Anm. 2.
115. s. Brief vom 26. 10. 42, Anm. 1.
116. s. Brief vom 13. 5. 41, Anm. 1.
117. s. o., Anm. 3.
118. s. Brief vom 17. 9. 41, Anm. 1.
119. s. Brief vom 9. 5. 41, Anm. 3.
120. s. Brief vom 15. 10. 41, Anm. 1.
121. s. Brief vom 31. 7. 42, Anm. 4.
122. s. Brief vom 9. 5. 42, Anm. 1.
123. s. Brief vom 4. 6. 42, Anm. 1.
124. s. Brief vom 15. 6. 42, Anm. 2.
125. s. Brief vom 3. 7. 41, Anm. 2.
126. s. Brief vom 19. 6. 43, Anm. 1.

1943 das denkwürdige Treffen mit der Gruppe um Carl Goerdeler, deren Pläne Moltke als „Kerenski-Lösung" ablehnte.[127]

Bei dem ersten der drei großen Treffen in Kreisau im Mai 1942, an dem die Ehepaare Moltke und Yorck sowie Asta von Moltke und Peter Yorcks Schwester Irene, Peters, Poelchau, Reichwein, Rösch und Steltzer teilnahmen, wurden Fragen des Staatsaufbaus, der Erziehung und Hochschulreform sowie des Verhältnisses von Staat und Kirche besprochen.[128] Dabei ging es auch um die Wahl zwischen Bekenntnisschule oder christlicher Gemeinschaftsschule.

Dem zweiten großen Treffen gingen intensive Vorgespräche voraus, besonders zwischen den Sozialisten Mierendorff, Leuschner und Maass und den Jesuiten Rösch, Delp und König, um die Ansichten der von ihnen vertretenen sozialdemokratischen und christlichen Gewerkschafter und Kirchenleute abzustimmen. In Kreisau wurden im Oktober 1942 Fragen des Staats- und Wirtschaftsaufbaus besprochen.[129] Diesmal waren die Teilnehmer die drei Moltkes und die drei Yorcks – wie schon zu Pfingsten – sowie Delp, Einsiedel, Gerstenmaier, Haubach, Maass, Peters und Steltzer. Hermann Maass, als Vertreter Leuschners und der von ihm angestrebten Einheitsgewerkschaft, hatte besondere Schwierigkeiten mit dem Vorschlag von Betriebsgewerkschaften. Diese sollten, wie auch die föderalistischen Verfassungspläne, einem neuen Zentralismus entgegenwirken und im Wirtschaftsleben die auch im politischen Leben befürworteten „kleinen Gemeinschaften" aktivieren.[130]

Vorbesprechungen für das dritte und letzte Kreisauer Treffen, Pfingsten 1943, begannen schon, während die Ergebnisse des zweiten weiterdiskutiert wurden. Was jetzt hinzukam, war die außenpolitische, zum Teil schon besatzungspolitische Komponente und „die Übersetzung auf das europäische Niveau".[131] Schon 1941 hatte sich Moltke in einer schriftlichen Ausarbeitung mit der Friedensregelung nach einer vorausgesetzten deutschen Niederlage befaßt. Damals postulierte er „eine einheitliche europäische Souveränität von Portugal bis zu einem möglichst

127. s. Brief vom 9. 1. 43; Hassells Tagebucheintragung vom 22. 1. 43 in: Vom andern Deutschland: Aus den nachgelassenen Tagebüchern von Ulrich von Hassell. Zürich 1946; und KB, S. 264, 537 und 704.

128. zu Einzelheiten s. van Roon, Neuordnung, passim – zum schriftlichen Niederschlag, S. 542 ff.; Moltke/Balfour/Frisby, Moltke, S. 188 f.

129. s. Brief vom 21. 10. 42, Anm. 2.

130. zu den vereinbarten Texten s. van Roon, Neuordnung, S. 545–550 und Eugen Gerstenmaier, Streit, S. 156. S. auch Hans Mommsen, Gesellschaftsbild und Verfassungspläne des deutschen Widerstandes. In: Hermann Graml (Hg.), Widerstand im Dritten Reich. Probleme, Ereignisse, Gestalten. Frankfurt 1984, S. 14–91.

131. s. Brief vom 17. 11. 42.

weit nach Osten vorgeschobenen Punkt, bei Aufteilung des gesamten Festlandes in kleinere nicht-souveräne Staatsgebilde". Außerdem sah er damals eine angelsächsische Union voraus.[132]

Bis zum Juni 1943 hatte sich die außenpolitische Landschaft stark verändert. Die deutschen Niederlagen in Stalingrad und Tunesien, die in Casablanca von Roosevelt und Churchill aufgestellte Forderung bedingungsloser deutscher Kapitulation, der nach dem Leichenfund in Katyn ausgebrochene Konflikt zwischen den Londoner Exilpolen und der Sowjetunion,[133] die Spannungen zwischen der Sowjetunion und den Westalliierten und das russische Werben um die Deutschen,[134] das sich im Juli in der Gründung des Nationalkomitees ,,Freies Deutschland" und im September mit der des ,,Bundes deutscher Offiziere" manifestieren sollte, waren einige der Faktoren, die nun berücksichtigt werden mußten. Auch hatte die deutsche Politik im besetzten Europa jede von Deutschen ausgehende Planung für eine europäische Einigung nach dem Kriege schwergemacht. Gerade hier jedoch zeigte sich, daß auch im europäischen Widerstand die Einsicht in die Notwendigkeit eines freiheitlich geeinten Europa mit deutscher Beteiligung durchaus vorhanden war.[135]

Wenig davon wird in den Kreisauer Dokumenten ausdrücklich erwähnt, doch spiegelt sich vieles in den Briefen. Zwei der ,,Kreisau, den 14. 6. 43" datierten Dokumente befassen sich mit der ,,Fragestellung zur Wirtschaftspolitik in ihrer Beziehung zur Außenpolitik" und mit ,,Grundlagen einer Außenpolitik für die Nachkriegszeit".[136] Ein drittes Dokument desselben Datums befaßt sich mit der Bestrafung der ,,Rechtsschänder". Diese konsequent beibehaltene Bezeichnung (und die Vermeidung der Vokabel ,,Verbrecher") zeigt schon die Spannung zwischen Naturrecht und positivem Recht, die auch bald zu einer Neufassung führte, welche jedoch die gleiche Terminologie beibehielt. (Diese Spannung sollte sich später auch noch in den Nürnberger und Nachfolge-Prozessen in der Verlegenheitslösung der ,,crimes against humanity", verdeutscht ,,Verbrechen gegen die Menschlichkeit", zeigen.) Für die ,,Wiederaufrichtung des Rechts und damit des Friedens in

132. s. van Roon, Neuordnung, S. 511 f.

133. s. Briefe vom 7. und 14. 4. 43.

134. s. Brief vom 27./28. 7. 43.

135. s. Briefe vom 17. 9. 42 und 5. 6. 43; vgl. Walter Lipgens (Hg.), Europa-Föderationspläne der Widerstandsbewegungen 1940–1945. München 1968.

136. s. van Roon a. a. O., S. 550–553. Zu den Teilnehmern dieses letzten Treffens s. Brief vom 15. 6. 43, Anm. 1. Mierendorff, der – aus polizeilichen Gründen – wieder nicht dabei sein konnte, steuerte ein ,,sozialistisches Aktionsprogramm" bei, das Zusammenarbeit auch mit Kommunisten vorsah. Text a. a. O., S. 589.

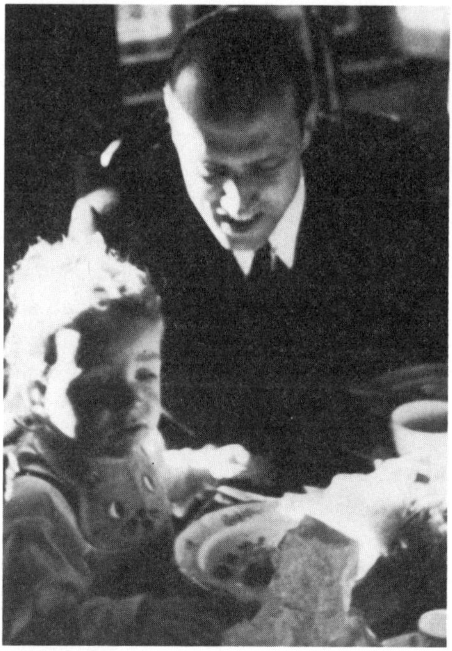

Moltke 1943 mit dem Sohn Konrad

Freya von Moltke in den vierziger Jahren

Deutschland und in der Völkergemeinschaft" verlangt der Entwurf vom 14. 6. 43 deutsche Beteiligung an der Bestrafung und hält eine rückwirkende deutsche Strafbestimmung für nötig. „Als Rechtsschänder ist zu bestrafen, wer wesentliche Grundsätze des göttlichen oder natürlichen Rechts, des Völkerrechts oder des in der Gemeinschaft der Völker übereinstimmenden positiven Rechts in einer Art bricht, die erkennen läßt, daß er die bindende Kraft dieser Rechtssätze freventlich mißachtet." Es fordert ein Gemeinsames Gericht aller am Kriege, gleich auf welcher Seite, beteiligten Völker, das allein die nötige Autorität und Überzeugungskraft haben würde. Die rückwirkende Strafbestimmung wird in der Neufassung vom 23. Juli nicht mehr erwähnt. Der Grundsatz „nulla poena sine lege", auf dem Moltke und andere bestanden, hatte sich durchgesetzt. Sie sieht für „rückwirkende Fälle" nur eine „rein deklaratorische Feststellung der Rechtsschändung" durch das Gericht vor. Auch diese würde das Rechtsbewußtsein wiedererwecken und als eine gewisse Sühne empfunden werden. Außerdem sei die „Mehrzahl der Rechtsschänder des Dritten Reiches so mit gemeinen Verbrechen, insbesondere wegen Mittäterschaft, belastet, daß das Strafmaß für die Rechtsschändung auch so erreicht" werden würde. Beiden Fassungen ist gemein, daß sie bei einer auf Befehl begangenen Rechtsschändung – außer bei „unmittelbarer Bedrohung von Leib und Leben des Täters" – einen Befehl nicht als Strafausschließungsgrund ansehen. Der Entwurf vom 23. Juli sagt im übrigen: „Rechtsschänder ist auch, wer den Befehl zu einer rechtsschänderischen Handlung gibt, in verantwortlicher Stellung dazu auffordert oder allgemeine Lehren und Weisungen rechtsschänderischer Art erteilt." Außerdem erwähnt der Entwurf eine gesondert zu behandelnde Wiedergutmachung.[137] Der zusätzliche Entwurf einer „Instruktion für Verhandlungen über die Bestrafung von Rechtsschändern durch die Völkergemeinschaft" vom 23. 7. 43 rät, unter Beziehung auf die revolutionäre Geschichte Englands im 17. Jahrhundert, zu Konzentration auf die maßgeblichen Übeltäter und Milde gegenüber der irregeleiteten Bevölkerung.[138]

Während Dietrich Bonhoeffer in seinem Rückblick ‚Nach zehn Jahren' des Dritten Reiches Weihnachten 1942, wenige Monate vor seiner Verhaftung, die Belehrung der Dummen oder vielmehr der durch den überwältigenden Eindruck der Machtentfaltung Dummgemachten für unmöglich hielt, wenn ihr nicht ein Akt der Befreiung vorausging, den

137. s. a. a. O., S. 553–558.
138. s. a. a. O., S. 558.

er von einem Staatsstreich erhoffte,[139] sah Moltke darin die Gefahr einer neuen Dolchstoßlegende. Deshalb hielt er eine klare militärische Niederlage Deutschlands für nötig. Vor allem für diesen Fall arbeiteten die Kreisauer im Sommer 1943 weiter an konkreten Plänen für ein neues Deutschland in einem neuen Europa[140] und suchten nach geeigneten Personen, „Landesverwesern", die, wenn es so weit war, in der Übergangszeit regionale Verantwortung übernehmen konnten.

All diese Pläne und Personalfragen erforderten Reisen, die, wie schon frühere, meist mit Dienstreisen verbunden oder als solche getarnt waren, so auch zwei Reisen in die Türkei im Juli und Dezember 1943,[141] bei denen sich Moltke vergeblich um ein Treffen mit Alexander Kirk bemühte. Zur Hektik des zweiten Halbjahrs 1943 trugen auch die sich ständig steigernden Bombenangriffe der Alliierten bei. Die Abwehrzentrale setzte sich, wie viele andere Behörden, von Berlin ab und zog nach Zossen. Moltke gelang es, mit seiner kleinen Gruppe in Berlin zu bleiben. Als er im November aus der Wohnung in der Derfflingerstraße ausgebombt wurde, zog er, wie auch Eugen Gerstenmaier, ganz zu Yorcks, bei denen er auch vorher schon oft übernachtet hatte. So war er in der Hortensienstraße 50 in Lichterfelde-West wohnhaft, als er am 19. Januar 1944 verhaftet wurde.[142]

Anlaß war die vorausgehende Verhaftung von Otto Kiep,[143] den er gewarnt hatte, daß er überwacht würde. Die Warnung kam zu Ohren der Gestapo und war Anlaß genug zur Verhaftung des Warners. Der eigentliche Grund lag tiefer: in dem Kampf des SD gegen Canaris und in der nicht zu übersehenden Opposition des bisher verschonten Trägers des illustren Namens Moltke gegen die Prinzipien und Praktiken des Dritten Reichs.

Nach einigen Tagen im Reichssicherheitshauptamt in der Prinz-Albrecht-Straße kam er, als „Schutzhäftling", nach Ravensbrück, in einen neben dem Konzentrationslager gelegenen Zellenbau, wo er bald Freundinnen und Freunde traf. Freya durfte ihn dort ein paarmal besuchen, und sie konnten nicht nur Familienangelegenheiten und den Kreisauer Betrieb besprechen, sondern sich auch über seine jetzige Lage verständi-

139. s. Eberhard Bethge (Hg.), Dietrich Bonhoeffer: Widerstand und Ergebung. Briefe und Aufzeichnungen aus der Haft. Neuausgabe. München 1970, S. 18.

140. s. die Entwürfe ‚Grundsätze für die Neuordnung', ‚Erste Weisung an die Landesverweser' und ‚Sonderweisung' vom 9. 8. 43 bei van Roon, a. a. O., S. 561–571.

141. s. Briefe vom 6./7. 7. 43 und 9. 12. 43.

142. s. Marion Yorck von Wartenburg, Die Stärke der Stille. Erzählung eines Lebens aus dem deutschen Widerstand. Köln 1984, S. 58ff.

143. s. Brief vom 2. 9. 39, Anm. 7.

gen. Auch vom Amt bekam er noch Akten zur Bearbeitung, und es sah so aus, als ob er entlassen werden könnte.

Das änderte sich am 20. Juli. Yorck und andere Kreisauer waren nach seiner Verhaftung zur Gruppe der von Claus Stauffenberg geführten Putschisten gestoßen; Yorck war schon unter den Opfern des ersten der Volksgerichtshofsprozesse, die dem mißlungenen Attentat folgten.[144] Im Laufe der späteren – zum Teil „verschärften", d. h. mit Folter verbundenen – Verhöre erfuhr die Gestapo immer mehr Namen derer, mit denen Moltke – der wiederholt aber nie „verschärft" verhört wurde, es sei denn, daß man Schlafentzug dazu rechnet – gegen das Regime gearbeitet hatte. Zwar war er am 20. Juli schon sechs Monate in Haft gewesen, zwar war seine kritische Einstellung zu den Staatsstreichplänen von Goerdeler und seiner Gruppe bekannt, Moltke wurde trotzdem immer mehr als führender Geist und treibende Kraft angesehen, wie Roland Freisler später auch im Prozeß sagte: „Der Moltke-Kreis war bis zu einem gewissen Grade der Geist des Grafen-Kreises, und der wieder hat die Vorbereitungen für den 20. Juli gemacht; denn der Motor des 20. Juli war ja keineswegs Herr Goerdeler, der wahre Motor steckte in diesen jungen Männern."[145] Als sich dieser Verdacht erhärtete, wurde Moltke im September wieder nach Berlin, und nun ins Gefängnis Tegel, gebracht, wo er wiederum viele, allzu viele Freunde und Bekannte vorfand, wo aber bei verschärften Haftbedingungen, mit Fesselung, Gespräche so gut wie unmöglich waren. Aber der findige und unerschrockene Harald Poelchau konnte, als Gefängnisgeistlicher, alle besuchen und für die gegenseitige Abstimmung der Aussagen und Verteidigung sorgen. Auch Briefe vermittelte er zwischen Helmuth und Freya, die ihren Mann auch noch ein paarmal besuchen durfte. Der Prozeß fand vom 9. bis 11. Januar 1945 statt,[146] die Hinrichtung am 23. Januar. Die Briefe über

144. Yorcks Prozeß zeichnete sich durch ähnliche Offenheit aus wie Moltkes und erlaubte es dem Angeklagten zu sagen, wofür er sein Leben eingesetzt hatte. So herrschte ihn Freisler erstaunlich unverblümt an: „Sie haben, um es konkret zu sagen, ihm [Stauffenberg] erklärt: ‚In der Judenfrage passe Ihnen die Judenausrottung nicht, die nationalsozialistische Auffassung vom Recht hätte Ihnen nicht gepaßt.'" Yorck antwortete: „Das Wesentlichste ist, was alle diese Fragen verbindet, der Totalitätsanspruch des Staates gegen den Staatsbürger unter Ausschaltung seiner religiösen und sittlichen Verpflichtungen Gott gegenüber." S. Hans-Adolf Jacobsen (Hg.), 20. Juli 1944, Bonn 1969, S. 215.

145. s. den ersten Brief vom 10. 1. 45; vgl. auch Detlef Graf Schwerin, Der Weg der ‚jungen Generation' in den Widerstand. In: Schmädecke/Steinbach (Hgg.), Widerstand, s. o. Anm. 110, S. 460–471.

146. s. Briefe vom 10. und 11. 1. 45; vgl. Gerstenmaier, Streit, S. 215–221 mit der Schilderung des mitangeklagten Freundes; zu dem Bericht des Pg. Dr. Lorenzen für Martin Bormann im Führerhauptquartier KB, S. 701–706.

Helmuth James von Moltke vor dem Volksgerichtshof

den Prozeß sind die einzigen, die zwar an Freya gerichtet, aber auch für die Umwelt und Nachwelt gedacht waren.

Wenn also die Prozeß- und Abschiedsbriefe die zwar *auch* privaten, aber doch auch für die Mitwelt gedachten Briefe sind, sind die Briefe zwischen Verhaftung und Prozeß die privatesten und deshalb nicht zur Publikation freigegeben.

Die erste Zeit verbrachte Moltke im relativ „geselligen" und – wenn man von den merklichen Vorgängen im danebengelegenen Konzentrationslager absieht – komfortablen Ravensbrücker Zellenbau. Er tat sich besonders mit Marie-Louise („Puppi") Sarre[147] und mit der Freundin seines Bruders Willo, Isa Vermehren,[148] zusammen, sie sangen und pfiffen – auch, aber nicht nur, Kirchenlieder – für und miteinander und heiterten sich gegenseitig auf, so gut sie konnten. Er war nicht nur der Gefängnisdisziplin unterworfen, sondern hielt ein eigenes Pensum von Lektüre und Leibesübungen durch, da er weder geistig noch leiblich verkommen wollte. Die Lektüre ging vom Obstbau und den Briefen des Feldmarschalls Moltke bis zur Bibel, auch zu Luther und sonstiger Theologie. In Tegel wurde es ernster, die Lektüre stärker konzentriert auf Bibel und Gesangbuch. Beide kannte er annähernd auswendig. Bei der

147. s. Brief vom 19. 7. 40.
148. s. Isa Vermehren, Reise durch den letzten Akt. Ein Bericht. Hamburg 1947.

Lektüre des Gesangbuchs wußte er manchmal besser als die Herausgeber, auf welche Bibelstellen sich ein Lied bezog. Sicher war auch die Gegenwart von Poelchau, Gerstenmaier und Delp in Tegel eine Hilfe.[149]

Er bereitete sich äußerlich, was seine Verteidigung anging, aber auch innerlich auf den Prozeß vor. Der Haftbefehl kam im Oktober. Er beschuldigte ihn, daß er und andere (erwähnt waren Haubach, Gerstenmaier, Steltzer, Sperr[150] und Fugger[151]) ,,gemeinschaftlich es unternommen haben, mit Gewalt die Verfassung des Reiches zu ändern und den Führer seiner verfassungsmäßigen Gewalt zu berauben und damit zugleich im Inland während des Krieges gegen das Reich der feindlichen Macht Vorschub zu leisten", was Verbrechen gegen §§ 80, Abs. 2, 81, 91 b, 73 und 47 des Strafgesetzbuchs darstelle. Das hieß Hochverrat, auf den Todesstrafe stand.[152]

In dem Abschiedsbrief an seine Söhnchen vom 11. Oktober, dem Tage dieses Haftbefehls, als er erwartete, in wenigen Tagen nicht mehr am Leben zu sein, schrieb er über die Ursache seines Todes: ,,Ich habe ein ganzes Leben lang, schon in der Schule, gegen einen Geist der Enge und der Gewalt, der Unfreiheit, der Überheblichkeit und der mangelnden Ehrfurcht vor Anderen, der Intoleranz und des Absoluten, erbarmungslos Konsequenten angekämpft, der in den Deutschen steckt und der seinen Ausdruck im nationalsozialistischen Staat gefunden hat..." Trotzdem habe er Gewaltakte wie den des 20. Juli 1944 nie gewollt oder gefördert, weil er sie mißbilligte ,,und vor allem glaubte, daß damit das geistige Grundübel gerade nicht beseitigt würde". Acht Tage später, am 19. Oktober, schrieb er den Kindern noch einmal und legte ihnen noch einmal

149. s. den Abschnitt ,Im Totenhaus von Tegel' bei Gerstenmaier, Streit, S. 211–214. Delps Schriften aus dem Gefängnis – von Aufsätzen bis zu Kassibern – füllen den vierten Band seiner von Roman Bleistein herausgegebenen Gesammelten Schriften (Frankfurt am Main 1984). In dem Band ist auch das Urteil abgedruckt, sowie ein ermunternder Brief von Moltke an Delp nach dem Urteil (S. 436f.). Dieser schließt mit einem bezeichnenden Postskriptum: ,,Im Übrigen hoffe ich, daß Sie einen Bericht geschrieben haben, der jenes Moment des unüberbrückbaren Gegensatzes zum Christentum klar hervortreten lässt, denn wir wollen, wenn man uns schon umbringt, doch auf alle Fälle Samen streuen." Dem Empfänger wird die – bewußte oder unbewußte – Anspielung auf Tertullian nicht entgangen sein: *semen est sanguis Christianorum*.

150. s. Brief vom 10. 1. 45, Anm. 3.

151. s. Brief vom 10. 1. 45, Anm. 4.

152. s. van Roon, Neuordnung, S. 594f. Diese Paragraphen erscheinen nicht im Urteil – s. Brief vom 10. 1. 45, Anm. 6 – stattdessen §§ 83 und 139 StGB (Nichtanzeige hochverräterischer Bestrebungen) und § 5 KSSVO. Diese Paragraphen lagen auch Delps Todesurteil zugrunde, während die anderen allein wegen Vergehens gegen § 139 verurteilt wurden: Sperr zum Tode, Gerstenmaier und Reisert zu 7 und 5 Jahren Zuchthaus und Fugger zu 3 Jahren Gefängnis.

ihre Mutter ans Herz: ,,Noch eines muß ich Euch sagen, weil niemand es Euch sonst sagen kann. Seitdem der Nationalsozialismus zur Macht gekommen ist, habe ich mich bemüht, seine Folgen für die Opfer zu mildern und einer Wandlung den Weg zu bereiten. Dazu hat mich mein Gewissen getrieben und schliesslich ist das eine Aufgabe für einen Mann. Von 1933 an habe ich deswegen materielle Opfer bringen und persönliche Gefahren laufen müssen. In diesen ganzen Jahren hat Freya, die ja vor allem unter den materiellen Opfern litt und immer in Sorge sein musste, daß ich verhaftet, eingesperrt oder getötet würde, niemals mich in dem, was ich für nötig hielt gehindert oder auch nur belastet. Sie hat alles bereitwillig auf sich genommen; sie ist immer bereit gewesen auch, wenn es sein musste, zu opfern. Und ich sage Euch, das ist viel mehr als ich getan habe. Denn selbst Risiken laufen, die man nicht kennt, ist garnichts gegen die Bereitschaft, den, mit dem man sein Leben verbunden hat, Risiken laufen zu lassen, die man nicht übersehen kann. Und es ist auch viel mehr als eine Kriegerfrau auf sich nimmt, denn sie hat ja keine Wahl; und ein Wort von Freya hätte mich von mancher Sache zurückgehalten, die ich unternahm . . .“[153]

Das also war die Frau, an die die hier veröffentlichten Briefe gerichtet waren. Sie war durchaus an dem, was er unternahm, beteiligt.

Von beidem, dem Bestreben, den Opfern zu helfen und der Wegbereitung eines Wandels, steht viel, und doch bei weitem nicht alles, in den Briefen. Realistisch wie er war, hatte Moltke sich nie in Lamentationen über die Schlechtigkeit seiner Zeitgenossen ergangen, wenn er auch manchmal seinem Gram und seinem Ingrimm Luft machte. Aber er handelte von Anfang an so, wie er denkfaulen, opportunistischen und verantwortungsscheuen Mitmachern vorwarf, nicht zu handeln, Chamäleons und bloßes Füllsel zu sein, das sich patriotisch rechtfertigte. In seinen Augen waren *sie* das Übel, nicht die Verbrecher, denn, wie er sagte, die gab und gibt es immer und überall. Es war, so hat er in dem fürchterlichen Herbst 1941 geschrieben, ,,die unabweisbare Aufgabe aller Rechtschaffenen, die Verbrechen klein zu halten“. Wer sich dieser Aufgabe entzog, war in seinen Augen ,,mehr schuld als der Verbrecher selbst“.[154]

Das machte ihn dennoch nicht zum Misanthropen. Wenn er 1936 betrübt darüber war, daß so viele Menschen, die er schätzte, bei den Nazis mitmachten,[155] so freute er sich doch über jeden, der später mehr

153. Abschriften im Besitz von Freya von Moltke.
154. s. Briefe vom 8. und 6. 11. 41.
155. s. o., S. 30.

Einsicht hatte,[156] noch mehr, wenn diese Einsicht zur Bereitschaft führte, etwas zu wagen. Das war es, was ihn an seinen Freunden freute: sie wußten, daß sie das Leben einsetzten. Das war sogar, wie er schrieb, bessere Gesellschaft, als er in „normalen" Zeiten hätte erwarten können.[157] So fand er Grund, auch noch in der todesgefährlichen Zeit dankbar zu sein.

Auch für die Monate der Haft war er dankbar, weil er während dieser Zeit so viel lernte. Daß er glauben lernte, rechnete er sich nicht als Verdienst an, sondern als Geschenk. Schon im Herbst 1941 konstatierte er seinen eigenen inneren Wandel, den Glauben, der ihm Hemmungen nahm und zu handeln erlaubte.[158] Im nächsten Frühjahr schrieb er in ähnlichem und doch anderem, mehr nach außen gewandten Sinne an Lionel Curtis, er habe vor dem Krieg gemeint, „daß der Glaube an Gott nicht wesentlich sei", um zu Curtis' Schlüssen zu kommen (das bezog sich auf dessen Buch ‚Civitas Dei'), und fuhr fort: „Heute weiß ich, daß ich unrecht hatte, ganz und gar unrecht. Sie wissen, daß ich die Nazis vom ersten Tage an bekämpft habe; aber der Grad von Gefährdung und Opferbereitschaft, der heute von uns verlangt wird und vielleicht morgen von uns verlangt werden wird, setzt mehr als gute ethische Prinzipien voraus, besonders, da wir wissen, daß der Erfolg unseres Kampfes wahrscheinlich den totalen Zusammenbruch unserer nationalen Einheit bedeuten wird..."[159] Das klingt so, als ob das Rettende mit der willig angenommenen Gefahr gewachsen war. Das ist aus jener Zeit vielfach bezeugt.

Es war wohl auch die Erkenntnis der politischen Relevanz des Christentums, die Sozialisten, selbst einige Kommunisten in der Zeit der Herausforderung, trotz aller Fehler und Schwächen der Kirchen, von ihnen mehr Heil erwarten ließ als vorher, sie weniger antiklerikal, toleranter, manche sogar – wie die Kreisauer Sozialdemokraten – geradezu kirchenfreundlich machten und gewillt, den kommenden Staat auf eine christliche Grundlage zu stellen.[160]

156. s. Brief vom 23. 1. 43.

157. s. Brief vom 13. 9. 41 und vom 14. 6. 42.

158. s. Brief vom 11. 10. 41.

159. Englischer Text zuerst veröffentlicht in ‚A German of the Resistance', s. o., S. 7; wiederabgedruckt in Balfour/Frisby, Moltke, S. 184 ff., deutsch in Moltke/Balfour/Frisby, Moltke, S. 184 ff.

160. vgl. Dietrich Bonhoeffers Fazit aus den Erfahrungen der Zeit in Dietrich Bonhoeffer, Ethik. Zusammengestellt und herausgegeben von Eberhard Bethge. München 1966, S. 59. Vgl. auch meine Monographie über das Thema Religion und Widerstand – s. Anm. 7 – und Klemens von Klemperer, Glaube, Religion, Kirche und der deutsche Widerstand gegen den Nationalsozialismus. In: VfZ, Jg. 28, 1980, wiederabgedruckt in Graml (Hg.), Widerstand, S. 140–156.

Es ist erstaunlich, daß Bonhoeffer, der Christ von Beruf, noch dazu ein Protestant, der sich von Luthers Zwei-Reiche- und Obrigkeitslehre hätte gehemmt fühlen können, Putsch und Staatsstreich bejahte, während Moltke, der Laie, meinte, gerade Gewalttätigkeit könne das Grundübel nicht beheben. Er hielt sie für unchristlich und unklug – und doch besprach er sich mit dem norwegischen Bischof Berggrav über ihre Erlaubtheit. Dieser meinte, daß sie zu diesem Zeitpunkt – März 1943 – zwar erlaubt, aber nicht mehr geraten war.[161] Moltkes mindestens so wichtiges Argument gegen einen Umsturzversuch war die Gefahr einer neuen Dolchstoßlegende. Der „Dolchstoß" kam denn auch in seinem Prozeß vor.[162] Nur hatte es für Freisler keiner Gewalttätigkeit bedurft, um von Dolchstoß zu sprechen. Wer sich seine „Befehle" bei den „Hütern des Jenseits" holte, holte sie sich beim Feind. Und damit war „das Feigenblatt ab".[163] Das war es, allerdings nicht im Freislerschen Sinne, sondern dem gegenteiligen: Moltke war glücklich über diese Erklärung der Unvereinbarkeit von Christentum und Nationalsozialismus, die das Regime nie offen zugeben wollte und durch deren Verschleierung es Millionen irregeführt und Millionen gemordet hatte. So konnte es immer – solange Christen ihm nicht widersprachen, was sie manchmal mutig taten – allein auf den Bolschewismus als atheistisch hinweisen; Deutsche hatten entweder „positive Christen" im Sinne des Parteiprogramms[164] oder, wenn richtig nationalsozialistisch-fortschrittlich, „gottgläubig" – d. h. neuheidnisch oder bestenfalls pantheistisch – zu sein. In einem Prozeß, der „geheime Reichssache" war, meinte aber Freisler wohl, sich den Ausspruch leisten zu können: „Eines haben das Christentum und wir

161. s. Winterhager (Hg.), Kreisauer Kreis, S. 232 f.
162. s. Bleistein (Hg.), Delp, Band 4, S. 426.
163. s. Briefe vom 10. und 11. 1. 45.
164. Punkt 24: „Wir fordern die Freiheit aller religiösen Bekenntnisse im Staat, soweit sie nicht dessen Bestand gefährden oder gegen das Sittlichkeits- und Moralgefühl der germanischen Rasse verstoßen. Die Partei als solche vertritt den Standpunkt eines positiven Christentums, ohne sich konfessionell an ein bestimmtes Bekenntnis zu binden. Sie bekämpft den jüdisch-materialistichen Geist *in* und *außer* uns und ist überzeugt, daß eine dauernde Genesung unseres Volkes nur erfolgen kann von *innen* heraus auf der Grundlage: *Gemeinnutz vor Eigennutz.*" (Walther Hofer, Hg., Der Nationalsozialismus. Dokumente 1933–1945. Frankfurt 1957, S. 30 f.) Es dauerte lange, bis Viele merkten, wohin „das Sittlichkeits- und Moralgefühl der germanischen Rasse" führte, und daß diese Einschränkung des „positiven Christentums" dem Christentum widersprach. Zur Veränderung der Bedeutung dieses „Begriffs" s. Oskar Katann, Zur Geschichte des Schlagwortes ‚Positives Christentum'. In: Geschichte in Wissenschaft und Unterricht, Jg. 7, S. 103–110. Das übergeordnete und in nationalsozialistischer Sicht überlegene germanische Sittlichkeits- und Moralgefühl als Basis des neuen und besseren deutschen Rechts schleuderte Freisler noch Yorck in dessen Prozeß entgegen – s. Jacobsen (Hg.), 20. Juli – wie Anm. 144 – S. 215.

Nationalsozialisten gemeinsam, und nur dieses eine: Wir verlangen den ganzen Menschen."[165] Moltke nannte das den entscheidenden Satz.

Gerstenmaier, der seine Rolle als etwas dümmlicher und weltfremder Kirchenmensch so gut gespielt hatte, daß Freisler – wohl auch wegen der Intervention einer attraktiven Frau und ihres Mannes[166] – ihn mit sieben Jahren Zuchthaus davonkommen ließ, beschrieb den Prozeß in einem Brief an seine Frau ganz ähnlich wie Moltke. Er schildert auch die Fahrt im Polizeiwagen nach der Urteilsverkündung. Sie ging nicht wie üblich und erwartet nach Plötzensee und zur Hinrichtung. ,,Die Fahrt bleibt mir unvergeßlich", schreibt Gestenmaier. ,,Moltke war von bezwingender Wärme und Brüderlichkeit."[167] Später konnte Gerstenmaier durch die Freundlichkeit des Hauptwachtmeisters und eines Sanitätswachtmeisters noch ein letztes Gespräch mit Moltke führen. Er wollte ihn noch jetzt überzeugen, daß der Putschversuch des 20. Juli richtig und nötig war. ,,Das Gespräch ging hin und her. Helmuth Moltke sprach ohne jenen moralischen Rigorismus, der ihm bei ähnlichen Gesprächen in den Jahren zuvor eigen war." Gerstenmaier wies auf die Opfer des Regimes hin, denen man den Versuch schuldete. ,,Helmuth Moltke widersprach nicht mehr. Er sagte nicht ja. Er sagte auch nicht nein. Wir nahmen brüderlich Abschied."[168]

Gerstenmaier spielte nach dem Krieg eine große politische Rolle.[169] Wenn Moltke überlebt hätte, wäre die seine wohl nicht minder groß gewesen, – und auch er wäre dann vielleicht ins politische Schußfeld geraten. Sicher hätte sich der Internationalist Moltke der Außen- und Europapolitik mehr gewidmet als der Innenpolitik. Die innenpolitischen Pläne der Kreisauer sind im Rückblick schwer zu verstehen und zu analysieren;[170] die außenpolitischen sind zugänglicher.[171]

Die hier veröffentlichten Briefe bringen auch für die Analyse der Kreis-

165. s. Briefe vom 10. und 11. 1. 45, S. 597 und 607. Vgl. auch Yorcks ähnliche Feststellung – s. Anm. 144.

166. s. Gerstenmaier, Streit, S. 221, 585 und 604.

167. a. a. O., S. 221.

168. a. a. O., S. 222.

169. Er wurde auch dementsprechend bekämpft. Hier sei nur gesagt, daß das Argument, er habe sein Leben mit dem Verrat seiner Freunde erkauft, ebenso infam wie unbelegt ist. Kurt Finker macht es sich zu eigen – s. Kurt Finker, Graf Moltke und der Kreisauer Kreis. Berlin (Ost) 1978, S. 121, 260, 262, 269 f. Jedoch die Quellen, die er angibt, beweisen nichts dergleichen.

170. s. Hans Mommsen (Anm. 130).

171. s. Hermann Gramls treffliche Analyse und Synthese: Die außenpolitischen Vorstellungen des deutschen Widerstands. In: Walter Schmitthenner und Hans Buchheim (Hgg.), Der deutsche Widerstand gegen Hitler. Köln 1966; wiederveröffentlicht in Hermann Graml (Hg.), Widerstand im Dritten Reich (s. Anm. 130), S. 92–139.

auer Dokumente viele neue Anhaltspunkte. Vor allem aber zeigen sie, wie dieser ganze Mensch beschaffen war, der eine äußerst seltene Kraft, Fähigkeit und Bereitschaft zum Widerstand hatte und den man nicht auf das Prokrustesbett der Ideologien und Ismen legen sollte. Er war, bei aller Beständigkeit im Prinzipiellen, wandlungsfähig.

Briefe 1939

Berlin, den 22. August 1939

Mein Lieber, gestern abend war ich bei Kirk[1] und während ich noch da war, klingelte das Telephon und die Nachricht von dem Deutsch-Russischen Pakt[2] wurde durchgesagt. In der pessimistischen Atmosphäre dieser Stadt wirkt jede Neuigkeit dieser Art als Erleichterung. Das Gefühl ist: Gott sei Dank, es geschieht wenigstens etwas. Ich habe noch nichts über die Sache gehört und bin in jedem Fall sehr skeptisch. Ich neige der Auffassung zu, daß es ein Theater-Reklamecoup ist, der nicht viel ändert. Aber es gibt hier Meinungen, die soweit gehen, es sei eine richtige Teilung Polens vereinbart. – Im übrigen ist die Atmosphäre hier so, daß alle glauben, der Krieg werde in wenigen Tagen, gewiss noch diese Woche ausbrechen. Ich bin nicht bereit das zu glauben und fühle mich dabei sehr wohl.

Gestern habe ich mich den ganzen Nachmittag elend gefühlt. Warum weiss der liebe Himmel. Ich werde wohl noch zu Suchantke[3] gehen. – Die Sache, wegen derer ich bereits Sonntag gefahren war, stellte sich als noch völlig unreif heraus, sodaß ich garnichts tun konnte. Das war sehr ärgerlich. – Heute mittag esse ich bei Hülsens[4] und am Abend kommt Einsiedel[5] mich besuchen. Morgen hoffe ich eigentlich Hans-Adolf[6] zu erwischen, um meine Nachrichten aufzufrischen und Donnerstag mittag esse ich wieder mit Kirk. Das ist im Augenblick sehr nützlich für mich.

Vorläufig habe ich weder wegen der Schweiz noch wegen London neue Pläne gefasst. Ich werde heute abend ein Mal mit Einsiedel sprechen und beraten, der ja am Sonntag nach Kreisau kommen wollte. – Auf Wiedersehn mein Lieber, lassen Sie es sich wohl ergehen und behalten Sie lieb Ihren Ehewirt Jäm.[7]

3 Stunden später: ich arbeite gerade einen Stoss Papiere durch, die A. M.[8] mir geschickt hatte, [Powell?] betreffend. Und siehe, was ich fand. Ich glaube mich zu erinnern, daß Onkel Helmuth[9] diese Rede gehalten hat.

1 *bei Kirk:* M. hatte den neuen amerikanischen Geschäftsträger, Alexander Comstock Kirk, im Mai bei seinem Freund Wallace Deuel, dem Korrespondenten der Chicago Daily News, kennengelernt. Daraus wurde ein häufiger Gedankenaustausch. Am 26. 7. 39 hatte M. die Szene geschildert: „Gestern mit Kirk war es

sehr nett. Er hat jetzt das Haus von Frau v. Pannwitz gemietet: ein Riesensaal am anderen und darin ganz alleine er. Sehr komisch; ein wenig wie auf dem Theater: in einem der großen Säle mit Wintergarten hinter französischen Fenstern und Blick auf den Park darüber hinaus stand in der Mitte ein Tisch mit Kerzenbeleuchtung und daran sassen wir uns gegenüber und drei Diener bedienten uns, die nur italienisch sprechen. Wie ein Film. Er ist aber ein netter Mann.“ 2 *Pakt:* Der Deutsch-Sowjetische Nichtangriffspakt wurde am 23. 8. von Ribbentrop und Molotow in Moskau unterzeichnet. Das geheime Zusatzprotokoll über Interessensphären und den „Fall einer territorial-politischen Umgestaltung Polens“ wurde erst später bekannt. 3 *Suchantke:* Arzt. 4 *Hülsens:* Leonore von Hülsen (1875–1961), Schwester von M.s Vater, und ihr Sohn Hans Carl, M.s Vetter. 5 *Einsiedel:* Horst von Einsiedel (1905–48?), alter Freund aus der Zeit der freiwilligen Arbeitslager; Volkswirtschaftler; arbeitete in der Reichsstelle Chemie und Wirtschaftsgruppe Chemische Industrie; nahm am 2. und 3. Treffen in Kreisau teil; entging der Verhaftung durch die Gestapo nach dem 20. Juli 1944, nicht aber der Verhaftung durch die sowjetischen Behörden kurz nach seiner Übernahme der Abteilung Planung für die Industrie bei den Zentralverwaltungen der sowjetischen Besatzungszone 1945; starb laut Häftlingsberichten 1948 im Lager Sachsenhausen/Oranienburg. 6 *Hans Adolf:* Hans Adolf von Moltke (1884–1943), Vetter von M.s Vater; deutscher Botschafter in Warschau bis zum Kriegsausbruch, später in Madrid, s. auch 12. 1. 43. 7 *Ehewirt Jäm:* Den „Ehewirt“ – bzw. Wirt, auch Wirtin – hatte F. M. von der Stauffacherin aus Schillers Wilhelm Tell, I, 2 übernommen und eingeführt. „Jäm“ stand für James, den Namen, den er von dem geliebten und verehrten Vater seiner Mutter hatte. Dieser Briefschluß wiederholt sich ständig. Im Folgenden werden nur Variationen abgedruckt. 8 *A. M.:* Anne-Marie – laut Gotha Elisabeth – Gräfin Moltke, seit zwanzig Monaten die zweite Frau, seit März 1939 Witwe seines Vaters; in den Briefen auch „Rentenannie“ genannt. 9 *Onkel Helmuth:* Helmuth von Moltke (1848–1916), Onkel von M.s Vater; Generaloberst und Chef des deutschen Generalstabs zu Beginn des Ersten Weltkriegs, Neffe des „großen“ Moltke.

Berlin, den 23. 8. 39

Heute morgen war ich erst 2 Stunden bei Hans Adolf. Erstens haben wir uns über die allgemeine Lage unterhalten und zweitens haben wir uns nun über Wernersdorf[1] geeinigt. Wir haben jetzt eine einheitliche Meinung, und damit werden wir es wohl durchsetzen. Ich hoffe, daß das nun rasch[2] gehen wird. – Dann war ich bei Suchantke. Er hat mir besser gefallen als die Frau Wittgenstein;[3] aber ich werde zu beiden gehen und vergleichen, was sie raten. Suchantke meint, daß meine ganze Mittelpartie, die sich mit dem Stoffwechsel befasst sehr delikat ist und zwar so sehr, daß von dort her insbesondere Nieren und Lunge gefährdet wären. Er meint, mein Normalzustand sei labil und dort müsse er gehalten werden. Mich hat die Meinung interessiert; er wird wohl eine ganze Serie von Versuchen mit mir anstellen und sich erst nach längerer Zeit schlüssig werden.

Die allgemeine Lage ist ungeklärt. Ich bin nach wie vor der Auffassung, daß sich nichts geändert hat, es sei denn, daß mit den Russen eine Teilung Polens verabredet ist. Das ist durchaus möglich und ich habe diese Meinung aus guter Quelle gehört. Mir aber erscheint das so offenbar blödsinnig, von den Russen aus gesehen, daß ich mir nicht vorstellen kann, daß das wahr ist.

Die innerpolitischen Folgen des neuen Kurses sind abenteuerlich und für uns im höchsten Grade unangenehm. Die wirtschaftliche Lage wird sich durch das Frühstück einiger Millionen Polen schwerlich verbessern, die Verdauungsstörungen werden zunehmen und allmählich wird es immer ungemütlicher werden. Vielleicht bedeutet das praktisch, daß der Rhein die Grenze Europas wird. – Aber all das sehe ich auch noch nicht, weil ich nicht glaube, daß die Polen kampflos die Waffen strecken werden, wenn die Russen nicht mit uns ein regelrechtes Angriffsbündnis abschliessen. Und ich glaube auch nicht, daß die Engländer und Franzosen nicht mitmachen werden. Immerhin wir werden es sehen.

1 *Wernersdorf:* Vom Feldmarschall nach Kreisau erworben und in die Familienstiftung eingebracht; an Hans-Adolf von Moltke verpachtet, dessen Familie dort lebte und der es 1942 kaufte. 2 *rasch:* Kreisau und Wernersdorf zu „Erbhöfen" zu machen, s. 20. 11. 39, Anm. 3. 3 *Frau Wittgenstein:* Ärztin..

Berlin, den 24. 8. 39

Es ist jetzt 8.15 am Abend. Ich will Dir für alle Fälle noch ein Briefchen schreiben. Es ist nämlich möglich, daß ich doch nicht morgen nachmittag fortkomme. Die Kriegsgefahr macht allen Fortschritt fast unmöglich; es ist niemand zu erreichen und man sitzt und wartet. So komme ich mit nichts voran und eine Sache, an der mir sehr viel liegt, nämlich die Peilegeschichte[1] kann ich einfach nicht in die richtige Form bekommen. Ich will nun morgen versuchen Wense[2] zu erreichen. Gelingt mir das nicht bis nachmittag, aber ist am Abend eine Aussicht vorhanden, so will ich warten.

Die Stadt ist voller Gerüchte. Die neueste Meinung ist, daß es bereits heute nacht losgeht, und daß wir mit den Russen Wiederherstellung der Vorkriegsgrenzen vereinbart haben. Dein Ehewirt scheint mit seiner Meinung, daß, abgesehen von der allgemeinen Nervosität, kein Grund besteht, von der früheren Beurteilung der Lage abzugehen, in Berlin völlig allein zu stehen. Das Auswärtige Amt insbesondere scheint einer Massenpsychose erlegen zu sein, daß der Krieg kommt, kommen muss und zwar sofort oder fast sofort. Mir scheint das alles Unfug zu sein.

Im Laufe des Tages habe ich ganz nett geschafft; besonders habe ich eine eingehende Unterhaltung mit Prof. Schmitz,[3] dem Vertreter von Bruns,[4] über Fragen der englischen Rechtsprechung gehabt, die mich sehr interessiert hat. Sonst habe ich eine Besprechung gehabt und aufgeräumt.

1 *Peilegeschichte:* Das Peileflüßchen machte wegen ständiger Überschwemmungsgefahr in Kreisau Sorge; ihr sollte durch Kanalisation abgeholfen werden. 2 *Wense:* landwirtschaftlicher Berater der Umschuldungs- bzw. Landstelle, aber auch des Betriebs Kreisau. 3 *Schmitz:* Dr. Ernst Martin Schmitz, Hauptmann d. R., stellvertretender Direktor des Kaiser-Wilhelm-Instituts für ausländisches öffentliches Recht und Völkerrecht; im Krieg bei der völkerrechtlichen Gruppe der Abwehr. 4 *Bruns:* Professor Dr. Viktor Bruns, Direktor des Instituts, s. Anm. 3.

Berlin, den 2. 9. 39

Die Reise[1] ging grossartig. Ich stieg in Liegnitz in den bereits dastehenden Berliner Zug und zwar in einen völlig überfüllten Wagen, in dem die Leute im Gang standen.[2] Trotzdem entdeckte ich wie durch ein Wunder einen freien Eckplatz und auf dem habe ich ohne mich zu rühren bis Berlin gesessen, wo ich um ¾ 1 Uhr ankam. – Die Stadt macht einen leeren und deprimierten Eindruck. Noch sind aber die Botschafter von England und Frankreich da; ihre Abreise wird für heute abend erwartet.

Nun kommen einige Einzelpunkte. Ich kann meinen Wehrpass nicht finden. Ich dachte, er sei in Berlin; da ist er aber nicht. Sieh doch bitte ein Mal in meinem Schreibtischschub nach. Er könnte dort in dem Umschlag mit meinen anderen Papieren sein. – Zweitens: Rudolf und Rudolf haben angerufen; sie wollen wissen, wo die Werte Ada Deichmann,[3] Godesberg hingebracht werden sollen; der Herr, der den Auftrag übernommen hatte, ist eingezogen.

Ich habe bisher wenig gehört. Die Entwicklung scheint völlig wahnwitzig gewesen zu sein, und sie scheinen im letzten Augenblick die Nerven verloren zu haben. Im übrigen hat man stark den Eindruck, daß niemand sich eine Vorstellung davon macht, wie denn eigentlich ein grosser europäischer Krieg aussehen wird. Mangel an Phantasie und Mangel an Kenntnis scheinen sich zu paaren. – Heute mittag habe ich mit Deuel[4] gegessen. Morgen früh kommt Einsiedel, dann gehe ich zu Hans Adolf, mittags wahrscheinlich zu Kirk, nachmittags zu Wense. – Montag mittag ist noch Leverkühn.[5] – Richtig, frage doch bitte Zeumer,[6] ob er die RM 150.- an Wense am 15. 8. überwiesen hat. Ich vergass, ihn daran zu erinnern. – Kiep[7] und Hans Carl[8] will ich auch am Sonntag sehen.

Über die weitere Entwicklung scheint man hier folgendes zu vermuten: die Engländer und Franzosen werden morgen anfangen zu schiessen;

man hofft, daß Italien neutral bleiben und nicht zu den Franzosen übergehen wird; das scheint aber garnicht ausgeschlossen. – Die Verzögerung um eine Woche hat sich daraus erklärt, daß die Italiener am vergangenen Freitag, den 25. 8., plötzlich erklärten, sie wollten nicht mitmachen. Es soll so gewesen sein, daß Ciano[9] sich telephonisch nicht hat sprechen lassen, sondern immer wieder sagen liess, er sei nicht zu sprechen und daß er auch den deutschen Botschafter nicht empfangen hat.

1 *Reise:* Rückreise von Kreisau. 2 *Gang standen:* zunächst *Abteil standen*, gestrichen. 3 *Ada Deichmann:* Ada Deichmann, geb. von Schnitzler, F. M.s Mutter; in den Briefen zumeist als „Mütterchen" oder mit der Abkürzung M. D. = Mütterchen Deichmann bezeichnet – s. 12. 11. 39, Anm. 3. 4 *Deuel:* s. 22. 8. 39, Anm. 1. 5 *Leverkühn:* Paul Leverkühn, Berliner Rechtsanwalt, Bürogenosse; im Krieg bei der Abwehr. 6 *Zeumer:* Adolf Zeumer, Inspektor in Kreisau. 7 *Kiep:* Otto Kiep (1886–1944), Gesandter und Major d. R.; deutscher Generalkonsul New York 1931–34; 1936–38 deutscher Vertreter beim Nichteinmischungsausschuß im Spanischen Bürgerkrieg; 1939–44 Verbindungsoffizier zwischen dem Auswärtigen Amt und dem Oberkommando der Wehrmacht. Verhaftet 16. 1., hingerichtet 26. 8. 1944. 8 *Hans Carl:* s. 22. 8. 39, Anm. 4. 9 *Ciano:* Graf Galeazzo Ciano (1903–1944), italienischer Außenminister; Schwiegersohn Mussolinis.

Berlin, [Sonntag] den 3. 9. 39

Heute ist also Sonntag. Man ist noch nicht in der rechten kriegsmassigen Gemütsverfassung; es ist einem nur mies. Ich bin gestern früh ins Bett gegangen, habe noch einige Times gelesen und dann etwas in den Enzykliken von Leo XIII & Pius XI[1] und habe dann mässig geschlafen. Heute früh kam Einsiedel. Sichtlich gedrückt. Dann habe ich Hans Adolf gesehen und mit ihm die Möglichkeit meiner Verwendung besprochen. Er war aber eher ablehnend. Immerhin soll ich ihm eine Notiz darüber machen, was ich besonders kann und er will sich im Amt ein Mal umhören. Er scheint der Meinung zu sein, daß Flak die richtige Tätigkeit für mich ist. – Die Leute hier scheinen tatsächlich zu glauben, daß sie mit diesem ohnehin schon brüchigen Verwaltungsapparat auch noch einen Krieg führen können.

Sage bitte Zeumer folgendes: es ist damit zu rechnen, daß die Herstellung aller künstlichen Düngemittel eingeschränkt und die von Stickstoff vielleicht eingestellt wird, weil es die für die dazu erforderliche Elektrizitätserzeugung notwendige Kohle nicht mehr gibt. Er soll daher nicht nur Futtermittel kaufen, sondern auch Düngemittel. Wir werden das schon irgendwie finanzieren.

Die Atmosphäre hier ist schrecklich. Ein Gemisch von Ausweglosigkeit und Trauer. Es ist aber garnichts Positives darin enthalten. – Ich habe übrigens inzwischen einwandfrei festgestellt, daß wir am Sonnabend,[2] den 26. früh marschieren wollten. Die Befehle waren schon gegeben und der Marsch ist erst Freitag abend abgeblasen worden. Ob es wahr ist, daß es geschah, weil Musso[lini] sich geweigert hat, mitzumachen, weiss ich nicht. Das andere Datum weiss ich aber so genau, wie man so etwas nur wissen kann.

Ich werde meine Briefe immer erst abends einwerfen. So früh, daß sie noch wegkommen und am gleichen Tag transportiert werden, kann ich sie doch nicht fort bekommen und so werden sie eben immer am darauffolgenden Tag transportiert und auch einen Tag später ausgetragen.

[PS] Bitte verwahre Du das Testament[3] und gib die Karte an Zeumer.

1 *Leo XIII & Pius XI:* höchstwahrscheinlich die Sozialenzykliken „Rerum Novarum" (1891) und „Quadragesimo Anno" (1931), vielleicht auch die gegen den Nationalsozialismus gerichtete Enzyklika „Mit brennender Sorge" (1937). 2 *Sonnabend:* zunächst *Freitag*, gestrichen. 3 *Testament:* sein eigenes, das nach dem Tode seines Vaters neu geschrieben werden mußte.

Berlin, den 4. September 1939

Hier ist ein rührender Brief von Daddy.[1] Bitte schicke ihn wieder an mich zurück, damit ich im einzelnen darauf antworten kann. Ich hatte geschrieben, daß ich bei der Entwicklung der letzten Monate für Asta's[2] Geschäft schwarz sähe und daß ich das Gefühl hätte, C. B.[3] sei in seiner Sache festgefahren. Wenn ich Carl[4] sehe, dann werde ich ihn bitten, für mich auf den finanziellen Teil zu antworten. – Ausserdem schicke ich die Quittung von Franke und eine der Kreisbank.

Hier herrscht eine Stimmung, die sich bis zum physischen Übelsein steigert. Es könnte garnicht schlimmer sein. Ich glaube jetzt folgendes zu wissen: die Aufmarschpläne und alles andere waren auf zwei aussenpolitischen Voraussetzungen aufgebaut, die das A.A. dem Heer und dem Führer zugesagt hatte: *a.* daß die Engländer und Franzosen nicht kämpfen würden, *b.* daß die Italiener mit uns kämpfen würden. Unter diesen Voraussetzungen war der Angriff für Sonnabend, den 26. 8. früh geplant. Erst im Laufe des 25. 8. erlangte das A.A. die Überzeugung, daß die Voraussetzung *a.* falsch sei und erst am Nachmittag des 25. die weitere Erkenntnis, daß auch Voraussetzung *b.* falsch sei. Darauf erklärte das Heer, daß dann der Angriff vertagt werden müsse, weil die Aufmarschpläne geändert werden müssten. So wurde alles um fast eine Woche verschoben. Das Heer war aber der Überzeugung, daß die Zeit jetzt für die Anderen arbeite, daß England plane uns abzuwürgen und daß es daher falsch sei, die Massnahmen etwa um einige Monate zu verschieben. So begnügte sich das Heer mit den wenigen Tagen. Auf Deutsch[,] wir sind ganz einfach in diesen Krieg gestolpert.

Gestern habe ich mittags allein im Adlon gegessen, weil ich mich mit gutem Essen befriedigen wollte. Ein paar Tische von mir saßen Henderson,[5] Coulondre,[6] Kirk, an einem anderen Tisch Miss Webb[7] mit zwei Sekretären der Botschaft.[8] Ich habe mich aber nicht sehen lassen. Ein merkwürdiges Gefühl. Heute morgen als ich ins Büro kam, fuhren gerade die Franzosen ab.

So, jetzt ist es ½ 1. Inzwischen habe ich einiges gearbeitet; ich war bei C. D.[9] um mich mal nach seiner Ansicht über eine Verwendung im R.W.M.[10] oder bei dem Beauftragten für die Wirtschaft zu erkundigen; das wird aber alles nicht leicht sein. Heute mittag esse ich mit Leverkühn. Ich werde mal sehen, was er denkt, aber ich meine, daß wir das Büro auflösen sollten. Es hat doch garkeinen Sinn, diese Sache weiter zu betreiben. Das Wahre wäre es natürlich, an irgendjemanden unterzuvermieten.

Ich habe den Eindruck, daß niemand eine Vorstellung davon hat, wie dieser Krieg eigentlich geführt werden soll. Man wartet wohl darauf zu sehen, welche Form die Angriffe der Engländer und Franzosen nun annehmen werden; ob sie einen grossen Luftkrieg im Westen in Gang bringen, oder was sonst. – Rosig aber beurteilt niemand die Lage.

1 *Daddy:* Sir James Rose Innes (1855–1942), der Großvater in Südafrika, s. Einleitung, S. 16 und 22. 8. 39, Anm. 7. 2 *Asta:* die Schwester Asta Maria, geb. 1915. 3 *C. B.:* der jüngste Bruder, Carl Bernd (1913–1941), auch „Engel" genannt. 4 *Carl:* Carl Deichmann (1906–1985), M.s Schwager, mit dem er die kleine Garagenwohnung in der Derfflingerstraße teilte und der geschäftlich viel im Ausland war, später meist als „Herr Deichmann" erwähnt; s. auch 20. 9. 39. Anm. 1. 5 *Henderson:* Sir Neville Henderson, der britische Botschafter. 6 *Coulondre:* Robert Coulondre, der französische Botschafter. 7 *Miss Webb:* englische Bekannte. 8 *Botschaft:* der britischen Botschaft. 9 *C. D.:* der Vetter Carl Dietrich von Trotha (1907–1952); in Kreisau geboren und aufgewachsen, eng mit Horst von Einsiedel befreundet, auch an der Organisation der Arbeitslager beteiligt sowie später an der „Kreisauer" Arbeit; Wirtschaftsfachmann, seit 1935 im Reichswirtschaftsministerium. 10 *R. W. M.:* Reichswirtschaftsministerium.

Berlin NW 7 Pariser Platz 7[1]

5. 9. 39

Heute kamen zu gleicher Zeit die Briefe vom 3. und 4. Ich bin also heute sehr verwöhnt. – Dieser Krieg hat etwas gespenstisch Unwirkliches. Die Menschen stützen und tragen ihn nicht. Gestern als Henderson abfuhr, ging ich gerade in der Wilhelmstr. vorbei. Vielleicht 3 oder 400

Menschen standen da, aber kein Laut des Missfallens, kein Pfiff, kein Wort ertönte; man hatte das Gefühl, sie werden jeden Augenblick klatschen. Völlig unverständlich. Die Menschen sind apathisch. Es ist wie ein danse macabre, auf der Bühne von Unbekannten getanzt und keiner scheint das Gefühl zu haben, daß er der nächste ist, der von der Maschine zertrümmert werden wird. Es ist das Maschinelle, menschlich Unbeteiligte, das diesem Krieg den Schwung nimmt. Es wird dem Sieg jedenfalls die Begeisterung, vielleicht auch der Niederlage den Stachel nehmen. Welch ein Krieg, der mit Drohungen an die Adresse derer beginnt, die ihr Hab und Gut, ihr Leben, ihre Freunde, Männer, Frauen, Söhne und Töchter opfern sollen.

Und an der Spitze, die dieses gigantische Unternehmen leiten soll, fehlt es an allem. Hast Du bemerkt, daß in der letzten Note der deutschen Regierung an die englische Palästina als Protektorat[2] bezeichnet ist? Wer macht solche Noten; wie kann dort ein Mann sitzen, der nicht weiss, daß Palästina ein Mandat ist, ein Fehler, den Fräulein Breslauer[3] mir nicht durchlassen würde, wenn er mir im Diktat unterliefe. – Nichts ist vorbereitet, an nichts ist gedacht ausser an die militärische Maschine. Diesen Krieg können aber die Soldaten nie und nimmer gewinnen; sie können ihn verlieren; gewinnen können ihn nur die Zivilisten. – Kein Mensch scheint sich überlegt zu haben, wie wir überseeische Rohstoffe bekommen können, wie wir deutsches Eigentum im neutralen Ausland vor feindlichen Zugriffen schützen wollen. – Gestern ist folgendes geschehen: die englischen Nachrichtenbüros haben gemeldet, wir hätten bei den Hebriden einen Dampfer versenkt,[4] ohne die Passagiere in Sicherheit zu bringen, also im Widerspruch zu dem Abkommen über den U-Boot-Krieg. Wir haben das dementiert. Aber wie: fünf verschiedene Regierungsstellen haben an fünf verschiedene amerikanische Journalisten fünf verschiedene Versionen ausgegeben, in denen Dinge behauptet werden, die *a.* sich widersprechen und die *b.* der berichtenden Stelle nicht bekannt sein konnten. Ausserdem haben wir aber den Telephon- und Telegraphenverkehr auch für die ausländischen Journalisten abgeschnitten, sodaß keine dieser Geschichten früher als nach 48 Stunden nach U.S.A. kommen konnte, also zu einer Zeit, zu der die englische Version bereits 2 Tage lang alle Zeitungen beherrscht hat. Erfolg: ganz Amerika glaubt an den zweiten Lusitania-Fall.[5] Richtig, ich habe vergessen zu sagen, daß das Schiff zwar englisch war, daß aber die Passagiere Amerikaner waren, die nach U.S.A. zurückkehren wollten.

Gestern habe ich mittags mit Leverkühn gegessen, der mich für seine Dienststelle[6] haben will und nachher habe ich Schmitz getroffen, der mich für das Institut[7] haben wollte, das ja für die Bearbeitung der Völkerrechtsfragen herangezogen werden soll. Ich weiss nicht, ob aus dieser Sache etwas werden kann, aber es ist nicht ausgeschlossen. Derweilen wickle ich meine Praxis ab. Da ich am 1. 10. nach London gehen wollte, wird sich das wahrscheinlich leicht machen lassen.

Heute morgen war ich bei Suchantke. Abgesehen von Pillen und einem Badesalz ist folgende Diät vorgesehen: morgens Porridge, kein Tee, kein Brot. Bitte lass mal etwas Hafer quetschen und studiere ein Mal, wie man ihn geniessbar kochen kann. Garkeine Säure, besonders kein Essig; kein Fleisch, in dem Harnsäure enthalten ist: fliegendes Wild, Pute, Taube. Positiv folgendes: Fett in jeder Form, Eier, Gemüse, Obst, Kalbfleisch, Hammel, Gänse, Enten, Hühner, Fisch und abends als letztes: geriebene Mohrrüben mit Äpfeln. Du siehst eine sehr luxuriöse Diät. – Kannst Du Dir das merken? Sobald ich weiss, was endgültig aus mir wird, können wir überlegen, wie ich danach leben kann.

So, mein Lieber, jetzt muss ich etwas tun.

1 *Pariser Platz 7:* Bürobriefpapier. 2 *Protektorat:* s. ADAP, D, Bd. 7, Nr. 561. 3 *Breslauer:* Katharina Breslauer, seine Sekretärin. 4 *versenkt:* Die Athenia, ein britisches Dampfschiff, wurde 200 Meilen nordwestlich von Irland von einem deutschen Unterseeboot versenkt. Von den dabei umgekommenen 112 Passagieren waren 28 Amerikaner. 5 *Lusitania-Fall:* Auch 1915 hatte die deutsche Propaganda die Versenkung des amerikanischen Schiffes Lusitania durch ein deutsches U-Boot Churchill zur Last gelegt. 6 *Dienststelle:* die Abwehr. 7 *Institut:* s. 24. 8. 39, Anm. 3.

Berlin NW 7 Pariser Platz 7
6. 9. 39

Gestern habe ich den ersten wirklichen Fortschritt in der Suche nach einer geeigneten Arbeit erzielt, aber es ist noch nicht definitiv, sondern eröffnet nur Möglichkeiten. Erstens hat die Abteilung Wehrmachtspropaganda beim Oberkommando der Wehrmacht ihre Personalabteilung gebeten zu prüfen, ob ich [...][1] werden könnte, da sie mich brauchte; zweitens hat C. D. erreicht, daß das R.Wi.M. sich für mich interessiert; drittens aber, habe ich durch meinen Bericht wegen des Dampfers Athenia erreicht, daß Kiep zum Abteilungsleiter im Oberkommando der Wehrmacht für eine neu zu gründende Abteilung Völkerrecht kommandiert ist. Kiep weiss es noch nicht; aber ich nehme an, daß er mich dann anfordern wird; viertens hat Bruns mich für das Institut angefordert; fünftens hat der Reichskommissar für das Prisenwesen gesagt ich „solle mich zur Verfügung halten". Ich habe keine Ahnung, was aus all diesen Sachen werden wird, aber ich kann mir nicht vorstellen, daß sie alle danebengehen. – Es ist also wahrscheinlich, daß ich sofort mit der Arbeit anfangen muss und daher hier bleiben werde. Ich wollte Dich nun bitten, am Sonnabend herzukommen und ein paar Tage zu bleiben, damit wir alles besprechen können. Sollte bis Sonnabend noch nichts geklärt sein können, so rufe ich am Freitag abend an, und bitte Dich etwas später zu kommen; denn es hat nur Sinn, wenn ich endgültig weiss, was geschehen wird. Wenn ich nicht anrufe, erwarte ich Dich am Sonnabend mittags. Ich würde diese Woche für sehr erwünscht halten, weil dann Doktoren noch erreichbar sein werden, sodaß ich Dich bei einem Augenarzt ansagen kann. Ich werde Suchantke nach einem fragen.

Augenblicklich bin ich von dem Plan, die völkerrechtliche Beratung von Heer, Marine, Wirtschaftsministerium und Auswärtigem Amt bei Bruns zu koordinieren und mir die englische Abteilung und das Prisenrecht zuteilen zu lassen, wie von einem Phantom verfolgt. Ich hoffe, es ist keine Fata Morgana. Seit gestern nachmittag kann ich an nichts anderes mehr denken, weil ich dort eine grosse, interessante und segensreiche Aufgabe wittere. Verzeih die Eingleisigkeit Deines Ehewirts, aber behalte ihn lieb. ...

1 [...] unleserliches Wort.

Berlin NW 7 Pariser Platz 7
7.9.1939

Weder gestern noch heute ist ein Brief von Dir gekommen. Was soll das heissen? Gibt es jetzt keine Postverbindung mehr von Schlesien; das ist doch kaum möglich.

Seit gestern breitet sich in der bekannten massenpsychologisch ansteckenden Art ein Gefühl des Optimismus aus, das davon ausgeht, daß das französische Volk sich zu kämpfen weigere; es wird behauptet, daß die französischen Soldaten an ihre Bunker grosse Schilder in deutscher Sprache gehängt hätten, und auf denen stünde ,,Wenn Ihr nicht schiesst, werden wir nicht mit Schiessen anfangen". Die Geschichte scheint zu phantastisch. Immerhin ist richtig, daß heute, fast eine Woche nach Kriegsausbruch die Franzosen und Engländer noch nichts unternommen haben, um ihrem Bundesgenossen zu Hilfe zu kommen. Noch erkläre ich es mir mit Aufmarschvorbereitungen und ähnlichen Erwägungen. Sehr lange lässt es sich damit aber nicht mehr erklären und dann ist es nur noch eine unvorstellbar schlechte Politik der Anderen, indem sie ihren Feinden erlauben, jeden Gegner selbständig und sukzessive zu erledigen. – Aber wir werden es sehen.

Meine Pläne habe ich jetzt wohl soweit gefördert, wie ich überhaupt etwas tun kann. Bruns und Schmitz verhandeln jetzt mit den verschiedenen Dienststellen der Wehrmacht um zu erreichen, daß das Institut geschlossen der Wehrmacht unterstellt wird. Sobald das erreicht sein wird, und damit rechne ich eigentlich, wird Bruns mich als Hilfsarbeiter anfordern – vielmehr das ist dem Heer gegenüber bereits geschehen – und ich werde dann unter dem Institut, also in einer ganz harmlosen Stelle arbeiten. Bruns hat mir aber weiter versprochen, und darauf hoffe ich, wenn auch nicht zu stark, daß er das Büro hier, Räume und Frl. Breslauer, übernehmen und mich darin sitzen lassen will. Daran besteht deswegen ein Interesse, weil das Reich dann gegenüber dem etwa zugezogenen neutralen Anwalt durch einen deutschen Anwalt auftreten kann und nicht gezwungen ist, sich eines Beamten zu bedienen. ...

Berlin, den 14. 9. 39

Heute war nett und interessant zu tun. Sehr deprimierend; aber das Erfreuliche ist, daß Sch. und ich so lange bohren, bis der üble Tatbestand auch herauskommt. Wir hatten einen sehr schönen Entwurf für eine Veröffentlichung gemacht und die ist auf dem üblichen Wege gestrichen und dafür etwas Unmögliches gesetzt worden. Da das vor 2 Tagen passiert war und die dann veröffentlichte Erklärung am Tage darauf wörtlich von allen ausländischen Zeitungen auf der ersten Seite als ihre beste Propaganda abgedruckt war, hatten wir eigentlich gehofft, man hätte daraus etwas gelernt. Aber weit gefehlt! Am Nachmittag tagte dann der neugebildete Seekriegsausschuss. Es war nicht so gut wie ich gehofft hatte aber doch ganz erfreulich. Jetzt verbringe ich den Abend mit Wirtschaftskrieg. ...

Der Reichskriegsminister und Oberbefehlshaber der Wehrmacht
Berlin W 35, den 15. September 1939
Tirpitzufer 72–76 Fernsprecher: B 1 Kurfürst 8191

Du siehst wer Dir schreibt.[1] Ich habe heute plötzlich erfahren, daß ich Nachtdienst habe, sodaß ich nicht ins Büro kann, um Dir zu schreiben. Heute morgen war ich im Institut und habe dort bis 12 gearbeitet; dann bin ich hierher gefahren und hier werde ich erst morgen früh wieder wegkommen; dafür werde ich dann am Sonnabend zu Hause essen und Schmitz und Stauffenberg[2] einladen.

Mein Porridge, den ich heute das erste Mal ohne Tee trank oder vielmehr ass, gefällt mir sehr gut. Ich esse danach noch ein graues und ein Knäcke. Das ist gerade richtig. Heute ist eine Verfügung gekommen, in der steht, daß Beamte auf Kriegsdauer keine Uniform zu tragen brauchen. Ein Segen! – Meine Arbeit füllt mich augenblicklich stark an, weil es so wichtig ist sie richtig zu organisieren. Hier mehrt sich die Arbeit allmählich. Man gewöhnt sich daran, uns zu fragen, um dann unseren Rat in alle Winde zu schlagen.

So, mein Lieber, jetzt muss ich schleunigst arbeiten. ...

1 *wer Dir schreibt:* Seit Februar 1938 gab es keinen Reichskriegsminister mehr, nur noch sein Briefpapier. 2 *Stauffenberg:* Marineoberrichter Berthold Schenk Graf von Stauffenberg (1905–1944), Mitglied des Kaiser-Wilhelm-Instituts und Mitherausgeber von dessen Zeitschrift, mit besonderem Interesse für Kriegsrecht und Prisenrecht. Während des Krieges arbeitete er im Völkerrechtsreferat der Seekriegsleitung. August 1944, als Vertrauter und Helfer seines Bruders Claus, hingerichtet.

Berlin, den 16. September 1939

Die Nacht war friedlich. Dafür kamen am Morgen die Zeitungen und zeigten uns, daß in der Antwort an Chamberlain[1] alle unsere wiederholten Ratschläge in den Wind geschlagen worden waren. Nun, daran haben wir uns eigentlich gewöhnt. – Ich ging dann so um 10 nach Hause. ... Um ½ 2 kamen Schmitz und Stauffenberg. Ich hoffe, daß ich mit Hilfe der Derfflingerstr. 10[2] alle Querverbindungen der Völkerrechtler untereinander aufrechterhalten und verbessern und stärken kann. Vom Essen bin ich ins Institut geeilt und jetzt um 7.30 bin ich hier gelandet. Nun will ich noch ein paar Sachen fertig machen und dann hoffe ich süss zu pümpeln.[3] Ach nein, Einsiedel kommt noch dazwischen.

Morgen gehe ich früh kurz ins Amt, esse zu Hause und verbringe Nachmittag und Abend im Institut. Ich habe dort jetzt einen Adepten[4] bekommen, den ich anzulernen hoffe.

Es ist sehr wenig zu berichten. Die Arbeit füllt augenblicklich meinen Horizont. Es war sehr schön mit Ihnen hier und ich hoffe, Sie kommen bald zurück. ...

1 *Chamberlain:* Neville Chamberlain (1869–1940), britischer Premierminister 1937–40. 2 *Derfflingerstr. 10:* s. 4. 9. 39, Anm. 4. 3 *pümpeln:* Bezeichnung seines Sohnes Caspar für „schlafen". 4 *Adepten:* Günther Jaenicke, Leutnant d. R.

Berlin, [Sonntag] den 17. 9. 39

... Einsiedel war gestern abend noch da und leistete mir beim Abendbrot Gesellschaft, er ging aber dann bald. Er meint, daß er noch etwa 14 Tage lang schwer zu arbeiten haben wird, daß es dann aber allmählich abflauen wird. Er ist der Meinung, daß wir in eine erhebliche Arbeitslosigkeit hineinsteuern, weil die Rohstoffknappheit zu einem Aufhören jeder nicht wehrwirtschaftlich absolut erforderlichen Tätigkeit führen wird, und die dort freigesetzten Leute nicht anderswo verwertbar sein werden. ...

Berlin, den 18. 9. 39

... Marinka[1] rief heute morgen an; ich habe verabredet daß sie morgen zum Essen kommen soll, nein zum Abendbrot, weil ich zum Essen andere Pläne habe. Sie sagt, sie hätte ein grosses Paket und einen Brief vom Pim,[2] vielen Dank, mein Lieber, Sie sorgen sehr liebenswürdig für mich.

Sonst habe ich garnichts zu berichten, weil garnichts Interessantes geschehen ist.[3] Es geht alles sehr langsam voran, aber vorläufig geht es wenigstens voran. Das O.K.W. ist eben mit Schmitz sehr erträglich. Wie es ohne ihn wäre, wenn ich also den zum Teil sehr törichten Leuten ganz allein ausgeliefert wäre, das weiss ich nicht.

1 *Marinka:* seine Schwester Asta Maria. 2 *Pim:* Spitzname für Freya. 3 *geschehen ist:* Allerdings waren die Russen am 17. 9. in Ostpolen einmarschiert.

Berlin, den 19. 9. 39

Die Nachtwache war nur mit einem Ereignis ausgefüllt, das mit der Abreise deutscher Offiziere nach Moskau zusammenhing.[1] Das war hochdramatisch und ich bin sehr gespannt, wie diese Sache ausgehen wird. Ich fühle mich so etwas wie Hannibal ante portas, und bin sehr gespannt zu sehen, ob die Volksgenossen das auch so empfinden werden, wenn sie den Tatbestand erfahren.[2] ...

Um 1 Uhr kamen Trott[3] und Bielenberg[4] zum Essen; wir haben etwa die Hälfte des Huhnes gegessen. Ich hatte es in der Küche bereits zerlegt und es wurde gleich in Teilen um den Reis garniert aufgetragen, sodaß die Hälfte ganz viel aussah. Es war ein sehr leckeres Huhn. Sei aber nicht so grosszügig und wirf nicht so mit Hühnern. Ihr müsst doch auch welche haben.

Ich bin nach Tisch noch ein Mal kurz im Amt gewesen, wo nicht viel los war und dann im Büro, wo ich tüchtig zu korrigieren und aufzuräumen hatte. Jetzt ist es ¾ 7 und ich muss nach Hause eilen, wo um ½ 8 Asta zum Essen erscheint. Morgen früh muss ich zum Heeresarzt, um mich untersuchen zu lassen, dann gehe ich ins Amt und nach Tisch bis abends ins Institut. Langsam wird sich wohl alles einlaufen. ...

1 *zusammenhing:* s. ADAP, D, Bd. 8, Nr. 70. 2 *erfahren:* Die Teilung Polens – s. 22. 8. 39, Anm. 2. 3 *Trott:* Adam von Trott zu Solz (1909–1944) kannte M. schon von Begegnungen in England, wo Trott Rhodes-Stipendiat war; im Krieg in der Informationsabteilung des Auswärtigen Amts und Leiter des Indienreferats

(s. 12. 7. 41, Anm. 1). Die hierdurch ermöglichten Auslandsreisen benutzte er, um nicht nur für den Kreisauer Kreis, sondern ganz allgemein für die innerdeutsche Opposition zu arbeiten. Er wurde im August 1944 vom Volksgerichtshof zum Tode verurteilt und hingerichtet. (S. Sykes, Trott; Furtwängler, Männer – wie Einleitung, Anm. 52 – S. 221–229; Malone, Trott.) Er war jetzt im Begriff, mit Unterstützung sowohl durch den Rhodes Trust als auch durch das Auswärtige Amt nach Amerika zu fahren, wo er zu einer Tagung des Institute for Pacific Relations eingeladen war (s. Sykes a. a. O., S. 225–270). 4 *Bielenberg:* Peter Bielenberg, Rechtsanwalt, dann Jurist im Wirtschaftsministerium, Freund von Trott. S. Christabel Bielenberg, The Past is Myself, London 1968; deutsch: Als ich Deutsche war, 1934–1945. Eine Engländerin erzählt. Autorisierte deutsche Fassung von Christian Spiel, München 1968.

Berlin, den 20. 9. 39

Eben kam ein Brief von Herrn Deichmann,[1] er wolle in dieser Woche herkommen. Das wäre sehr nett. Heute morgen beim Truppenarzt bin ich büroverwendungsfähig aber nicht kriegsdienstfähig geschrieben worden. Wieso weiss ich nicht, aber es wird sich schon alles entwickeln. Der Morgen war mit reichlich dramatischen und wenig erfreulichen Nachrichten ausgefüllt. Aber es wird wohl noch eine Woche dauern, bis man Genaueres feststellen kann. ...

1 *von Herrn Deichmann:* Carl Deichmann, der jetzt hauptsächlich in Holland lebte, s. 4. 9. 39, Anm. 4.

Berlin, den 21. 9. 39

... Die Ereignisse sind noch unverändert dramatisch. Mir scheint, daß das große Ereignis des Jahres 1939 weder die Einverleibung Böhmens noch die Zerschlagung Polens sein wird, sondern die Tatsache, daß Russland auf die baltischen Staaten und den Balkan seine Hand legen wird, um uns an einer Expansion nach Nordost oder Südost, auch wirtschaftlich zu hindern. So jedenfalls sieht es aus und mir scheint, wir haben jetzt die Einkreisung strategisch möglich gemacht, die wegen der Ferne Russlands vorher nicht möglich war.

Sonst ist nichts Neues geschehen. Dein Wirt arbeitet friedlich vor sich hin, er hat viel zu tun, im ganzen freut es ihn und ausserdem hat er die Hoffnung, daß es bald auch mal etwas besser wird.

Der Reichskriegsminister und Oberbefehlshaber der Wehrmacht
Berlin W 35, den 23. September 1939

Gestern habe ich meinen Wehrsold als Major[1] erhalten. Ich bekomme 4.80 je Tag. Das nennt man ein fürstliches Gehalt; es ist darauf berechnet, daß man von irgendeiner Stelle ein Gehalt weiterbezieht. Aber das ist ja gleichgültig. Inzwischen bin ich auch vereidigt[2] worden. ...

Von hier ist eigentlich wenig zu berichten. Die Stimmung hier ist weiter schlecht. Dafür habe ich vorgestern einige Leute vom Wirtschaftsministerium gesprochen, die alle voller Optimismus sind. Es ist geradezu komisch. Die Guten werden ja ein Erwachen[3] erleben und das wohl in ganz wenigen Tagen. ...

Fritsch ist gefallen.[4] Ich weiss nicht, ob das bei uns bekanntgegeben wird. Er ist, da er nicht verwandt wurde, mit dem ihm verliehenen Regiment ausgerückt – in dem er aber garkeine Befehlsstelle innehat und hat sich bei Warschau an die Spitze einer Infanteriesturmkolonne gestellt; dort ist er gefallen. Man hat eine Kompagnie einsetzen müssen, um den Leichnam zu bergen. – Letztlich ist es doch ein Triumph für die Epigonen. ...

1 *Major:* Er blieb bis zum Schluß Kriegsverwaltungsrat, brauchte keine Uniform zu tragen und tat es auch nicht, trotz wiederholter Aufforderung, es zu tun.
2 *vereidigt:* Dies ist die einzige Erwähnung des Eides in den Briefen.
3 *Erwachen:* In diesen Tagen begann die Intensivierung des deutschen Handelskrieges zur See. – Am 28. 9. wurde der deutsch-sowjetische Grenz- und Freundschaftsvertrag in Moskau unterzeichnet.
4 *gefallen:* Generaloberst Werner Freiherr von Fritsch war bis zum 4. 2. 38 Chef der Heeresleitung gewesen. Sein durch eine üble Intrige erzwungener Rücktritt war ein wichtiges Ereignis bei der Festigung des Hitlerregimes.

Berlin, [Sonntag] den 24. September 1939

... Wir hatten eine stürmische Nacht und wäre das A.A. nicht so träge gewesen, so wäre es noch viel stürmischer gewesen. Aber über die eiligste Sache sind die eingeschlafen. Immerhin, der Nachtdienst, der um 1 Uhr mittags begann, hat mich bis 1.30 nachts pausenlos beschäftigt und danach gab es auch nur eine kurze Ruhe. – Als ich nach Hause kam, fand ich Herrn Deichmann noch vor, der gerade erst dabei war, sich ein Frühstück zu kochen. So haben wir denn zusammen gebreakfasted und dann habe ich gebadet und gepümpelt. Als es 11 war, weckte mich Frl. S.[1] und um kurz nach ½ 2, also gerade nachdem ich mit dem Pim telephoniert hatte, kam Herr Jaenicke.[2] Er wollte mit mir essen und dann ins Institut gehen. Dort ist er für meine Abteilung „Wirtschaftskrieg“

mein Hauptmitarbeiter. Ich hoffe, daß ich hier allmählich meinen eigenen Stab bekomme, der mich entlastet. Aber dazu muss erst die Arbeit noch mehr werden.

Verteidige die Mädchen nur mit Energie. Man rechnet hier mit ganz erheblichen Arbeitslosenzahlen und das wird sich in absehbarer Zeit auch bei den Arbeitsämtern herumsprechen. Ist das erst ein Mal soweit, dann wird das Arbeitsamt von ganz alleine Dir die Mädchen lassen. – C. und ich glauben den Schatten einer Möglichkeit für Dr. Deichmann[3] gefunden zu haben. Ich hoffe es ist so. ...

1 *Frl. S.:* Fräulein Saager, die Haushaltshilfe in der Derfflingerstraße bis Juni 1942. 2 *Jaenicke:* s. 16. 9. 39, Anm. 4. 3 *Dr. Deichmann:* Hans Deichmann, Bruder von Freya und Carl. Er fand eine Stellung bei der I. G. Farben, zu der durch seine Mutter (s. 2. 9. 39, Anm. 3) verwandtschaftliche Beziehungen bestanden. Er benutzte seine spätere Tätigkeit für die I. G. und den Vierjahresplan in Italien für Unterstützung des italienischen Widerstands – s. 7. 9. 42.

Berlin, den 25. 9. 39

... Schmitz und ich haben jeder ein grösseres Gutachten fertiggestellt, er über Fragen des Landkrieges, ich über Art. 36 des Statuts des Internationalen Gerichtshofes im Haag.[1] Ich zeige sie Dir, wenn Du herkommst. Deine Anwesenheit in Berlin ist am günstigsten von Dienstag den 3. oder Mittwoch den 4. bis Montag den 9. Oktober. In der Zeit habe ich nämlich in der Nacht vom 6./7. Nachtdienst, und das bedeutet, daß ich am Sonnabend früh bis Montag frei bin. ...

1 *im Haag:* Sein Artikel ‚Die Lossagung Großbritanniens, Frankreichs, Australiens, Neuseelands, Südafrikas und Indiens von den Verpflichtungen der Fakultativklausel, Art. 36 des Statuts des Ständigen Internationalen Gerichtshofs' erschien in Band IX (1939/40) der Zeitschrift für ausländisches öffentliches Recht und Völkerrecht, S. 620–626; Wiederabdruck bei van Roon, Völkerrecht, S. 122–7.

Der Reichskriegsminister und Oberbefehlshaber der Wehrmacht
Berlin W 35, den 26. 9. 39

... Jetzt ist es mal wieder still. Ich ackere im Institut den Trading with the Enemy Act[1] durch und hoffe, Mitte der nächsten Woche damit im wesentlichen fertig zu sein. – Hier im OKW ist sehr wenig zu tun. Die Initiative ist gering und wenn nicht von höchster Stelle Interesse für eine völkerrechtliche Frage gezeigt wird, dann ruht hier alles. Dafür läuft sich die Maschine ein und man gewöhnt sich daran, uns im laufenden Geschäftsverkehr zu fragen, wenn auch regelmässig zu spät. ...

1 *Trading with the Enemy Act:* das grundlegende britische Gesetz für den Wirtschaftskrieg. Für M.s vorläufigen Bericht hierüber s. Aktennotiz vom 12. 10. 39 in van Roon, Völkerrecht, S. 217–221.

Der Reichskriegsminister und Oberbefehlshaber der Wehrmacht
Berlin W 35, den 27. September 1939

... Mein Lieber, ich freue mich schon sehr darauf, daß Sie kommen. Mittwoch bin ich immer um 2 frei: wir könnten also schon zusammen Mittag essen. Der einzige Nachtdienst, den ich während Deiner Anwesenheit habe ist dann von Freitag zu Sonnabend. – Hat mein Lieber irgendwelche Wünsche; will er jemanden sehen? Mein Lieber gefällt mir doch so gut.

Ich habe übrigens garnichts zu berichten. Augenblicklich ist wenig zu tun und die Sache, die ich fördern sollte, also insbesondere die Verbindung mit dem Wirtschaftsministerium liegt völlig still. Man macht sich keine Vorstellung davon, wie langsam jetzt alles geht. Die Maschine holpert schrecklich. Das Schlimme ist nur, daß man dadurch alle Lust verliert. Man muss sich den grösseren Teil des Tages mit überflüssigen Dingen beschäftigen, und andere Leute an die Erledigung von irgendwelchen Sachen erinnern. Es ist zum Verzweifeln. Es ist ein Trost, daß ich durch das Institut die Möglichkeit zu wissenschaftlicher Arbeit habe.

Berlin, den 28. 9. 39

... Ich habe wieder eine ganze Reihe von Bitten. Bitte bringe die Akte Hoffmann mit; es ist ein kleiner, ich glaube roter, Rücken, der von dem Tausch von Land zwischen Hoffmann und uns handelt; zweitens die Unterlagen über den Kauf von Land von Frau Berndt unten an der Peileregulierung; die Unterlagen sind wahrscheinlich in der Peileakte.

Dann lasse Dir, bitte, eine Aufstellung der Schulden und Forderungen zum 1. 9. und zum 1. 10., wenn bereits erhältlich, geben und bring sie mit. Stell' auch mal den Stand des Kreisbankkonto's fest. – Zeumer soll doch als Ersatz für die Pferde, die das Militär genommen hat, entweder andere Pferde kaufen – aber das würde ich nicht für vorteilhaft halten – oder für die Hälfte des Geldes Fohlen und für die andere Hälfte Zugochsen. – Dann lass Dich bitte von Zeumer über die Frage unterrichten, ob er Gefangene will. Ich habe den Eindruck, daß es besser wäre keine Gefangenen zu nehmen und auf polnische Zivilisten, besonders Frauen, zu warten.

Wegen des Graben's am Hang entlang, sprich doch mal mit dem

Landrat, wenn nichts Anderes hilft. Gerade bei nassem Wetter ist der Graben doch wichtig.

So, das sind aber viele Aufträge. Mein Lieber, mein Generalbevollmächtigter. ... Von hier ist wenig zu berichten. Hans Adolf hat mich neulich im OKW besucht und war sichtlich beeindruckt von dem martialischen Gehabe. Ich habe mich sehr amüsiert. Jedenfalls hat er mir gesagt, wir wollten doch ein Mal zusammen essen, und so kommt er morgen, oder übermorgen in die Derfflingerstr. Frl. Saager hat schon ein Huhn kaltgelegt. Der kleine Schatten von neulich ist also durch die Obersten, Admiräle, Hauptleute, Majore, Kapitäne – alle mit roten Streifen[1] –, die gerade durchs Zimmer rutschten, als H. A. kam, weggewischt.

Die Arbeit ist noch längst nicht befriedigend und unsere Hauptaufgabe ist nach wie vor, daß Schmitz und ich versuchen, uns Ellbogenfreiheit zu verschaffen, um wirklich etwas leisten zu können. Es wird aber noch lange dauern, denn in dem allgemeinen Durcheinander kann sich keiner herausfinden. ...

1 *roten Streifen:* Generalstäbler trugen rote Streifen an den Hosen.

Berlin, den 29. 9. 39

... Mittags war H. A. in der Derfflingerstr. Er war, glaube ich, von seinem Essen befriedigt: es gab ein köstliches Huhn, das Frl. Saager irgendwo erbeutet hatte; er war gesprächiger als sonst, insbesondere auch über die Regelung im Osten.[1] Er sagte, er wollte nächste Woche wieder anrufen. Mir wäre es durchaus recht, daraus einen regelmässigen Umgang zu machen. Er ist natürlich auch deshalb gesprächiger, weil ich ja jetzt auch unter Schweigepflicht stehe und weil er von mir die militärische Seite erfahren will. Ich bin sehr gespannt, wie sich das entwickelt.

Nachher war ich bei Hans Carl,[2] der als Verbindungsmann des OKW in der Reichsbank sitzt. Wir hatten dienstlich etwas miteinander zu bereden. – So in 4 Wochen werde ich mich wohl allmählich auskennen. Dann bin ich ins Institut gegangen, wo wir bis ½ 7 Organisationsfragen besprechen mussten, sodaß ich nur 1 ½ Stunden für die Arbeit bisher gehabt habe. Ich werde aber Sonnabend nachmittags und Sonntag vormittag bis zum Essen hier verbringen und das wird mich hoffentlich fördern.

Heute bin ich genau 3 Wochen beim OKW. Mir kommt es vor wie ein Jahr, und alle, die ich frage haben das Gefühl, daß wir seit Ewigkeiten im Kriege sind. Wenn man dabei bedenkt, daß es ja in Wirklichkeit noch garnicht angefangen hat, daß es wohl erst in 6 Monaten richtig losgehen wird, da kann einem schlecht werden. Es ist zu grauenhaft um es zu realisieren. Man kann es nur durch Nicht-denken bekämpfen. – Gestern habe ich übrigens mit Kiep und einigen Herren der Abteilung gegessen. Es war ganz nett. ...

1 *Regelung im Osten:* für seine offizielle Ansicht hierzu s. ADAP, D, Bd. 8, Nr. 137; Text des deutsch-sowjetischen Grenz- und Freundschaftsvertrags vom 28. 9. 39 mit seinen vertraulichen und geheimen Zusatzprotokollen a. a. O., Nr. 157–160; s. auch Hitlers Weisung vom 30. 9. 39, a. a. O., Nr. 170. 2 *Hans Carl:* von Hülsen.

Berlin, den 30. September 1939

... Heute war ein rasend anstrengender Tag. Am frühen Morgen war eine grosse seekriegsrechtliche Sache,[1] über die ich direkt in Rage geraten bin. Eine Dummheit ganz erster Klasse. Ich bin dabei in offener Feldschlacht unterlegen, aber immerhin haben wir getan, und besonders ich, was getan werden konnte. Du wirst es von morgen an in den Zeitungen anlaufen sehen. Kaum war das vorüber, kam eine luftrechtliche Frage, anschliessend eine wirtschaftskriegsrechtliche und schliesslich eine landkriegsrechtliche. Diese Umstellung ist unglaublich anstrengend. ...

Jetzt bin ich schon 1½ Stunden im Büro und nachher gehe ich ins Institut. Das ist mir immer das liebste. Da sitze ich dann friedlich meine 4, 5 Stunden, keine Telephon ist in der Nähe und niemand kann unmittelbar etwas von mir wollen. Das ist sehr angenehm und bringt den gestörten Frieden wieder in Ordnung. – Übrigens was den Frieden anlangt: ich fürchte, daß innerhalb eines Monats der Krieg anfangen wird.[2] Ich kann es mir noch immer nicht vorstellen. Gut daß Schlesien ist wo es ist.

1 *seekriegsrechtliche Sache:* wahrscheinlich Lockerung der Einschränkungen für den U-Bootkrieg gegen feindliche Handelsschiffe in den Gewässern um England.
2 *Krieg anfangen wird:* Am 27. 9. hatte Hitler die Befehlshaber der drei Wehrmachtsteile mit der Mitteilung überrascht, daß er beabsichtige, an der Westfront einen großen Angriff zu führen, s. KTB/OKW, Bd. 1, S. 951.

Berlin, den 9. 10. 39

Der Morgen im O.K.W. war stark beschäftigt. Mittags habe ich mit Schmitz und Bruns gegessen, und jetzt bin ich rasch ins Büro geeilt um dem Pim zu schreiben. Von hier gehe ich zu Sonntag einen Kaffee trinken und von da ins Institut. Dort werde ich heute lange arbeiten müssen, denn eben ist der Trading with the Enemy Act[1] gekommen und ich will bis morgen einen Bericht darüber fertig haben.

Mein Lieber, es war sehr lieb, daß Sie hier waren. Es waren sehr schöne Täglein und ich glaube, daß es so ganz gut gehen wird. Es ist nämlich so im Grunde besser, als wenn Du ganz hier bist und dafür Deinen Ehewirt immer nur im ermüdeten Zustand siehst. Findest Du nicht auch? ...

1 *Act:* s. 26. 9. 39, Anm. 1.

Berlin, den 10. 10. 39

... Seit gestern gibt es Nachrichten, die darauf hindeuten, daß der Krieg vielleicht doch zu Ende[1] geht. Das wäre wirklich eine Annehmlichkeit, selbst wenn es nur ein kurzer Friede werden sollte. Denn dieser eine Monat hat durchaus gereicht. Aber ich weiss nicht, ob etwas daraus werden wird, oder ob das nur Schwalben sind. Das Argument in der englischen Regierung scheint zu sein, daß selbst nach einem gewonnenen Kriege der Bolschewismus in irgendeiner Form bis zum Rhein käme und ihn vielleicht überschritte. Das sei unerträglich und selbst eine Niederlage im Kriege sei besser als das. – Vielleicht bedeutet das, daß wir uns jetzt mit etwas grösserer Energie gegen die russischen Zumutungen wenden. ...

1 *Zu Ende:* In seiner Reichstagsrede hatte Hitler am 6. 10. den Westmächten ein „Friedensangebot" gemacht (s. Domarus, Hitler, S. 1390–3). Er wiederholte dieses mit Drohungen verbundene Angebot im Berliner Sportpalast am 10. 10. Am selben Tage wies es Frankreich zurück, am 12. 10. Chamberlain in einer Unterhausrede. Die deutschen Regimegegner versuchten eine deutsche Westoffensive zu verhindern und, besonders über den Vatikan, Friedensmöglichkeiten mit England und Frankreich zu sondieren. – S. Deutsch, Verschwörung gegen den Krieg, und Hoffmann, Widerstand, S. 146–219; s. auch Kettenacker (Hg.), Das „Andere Deutschland", besonders die Beiträge von Peter Ludlow, S. 9–48 und Lothar Kettenacker, S. 49–74, sowie Peter Ludlow, Papst Pius XII., die britische Regierung und die deutsche Opposition im Winter 1939–40, in VfZ 3/1974, S. 299–341. Vgl. auch Owen Chadwick, Britain and the Vatican during the Second World War, Cambridge 1986.

Berlin W 35 Derfflingerstr. 10
12. 10. 39

... Heute mittag war Kiep bei mir, jetzt sitze ich in Stauffenberg's Zimmer im Institut. Das ist mir zugeteilt worden, weil es neben Schmitz's Zimmer liegt und Telephon hat. St. ist eigentlich niemals hier.

Die Katastrophe vollendet sich rasch und gewinnt täglich an Momentum.[1] Es erscheint heute möglich, daß der Konflikt sich bereits in wenigen Tagen erheblich ausdehnen wird und die leichte Friedenshoffnung scheint verflogen, obwohl die für Frieden sprechenden Gründe eher stärker geworden sind. – Es scheint aber als sollte das Unglück sich vollenden. – Arbeit ist weiter reichlich. Ich hoffe heute noch eine grössere Sache über Luftneutralität abschliessen zu können, morgen will ich laufende Sachen bearbeiten und über Sonnabend/Sonntag wieder zum Wirtschaftskrieg zurückkehren. Leider habe ich am Sonntag Sonntagsdienst. Abends aber rufe ich Dich an.

1 *Momentum:* zu Hitlers Weisungen vom 9. und 18. 10. s. Hubatsch (Hg.), Weisungen, S. 37f. und 39–42. Sie betrafen die unverzügliche Vorbereitung einer Westoffensive.

Berlin, den 13. 10. 39

Die Katastrophe rast auf uns zu. Jetzt bin ich soweit, daß ich nicht mehr sehe, was denn zwischen uns und dieser Katastrophe steht. Nur ein Wunder kann uns noch einen kurzen Aufschub verschaffen, also einen Aufschub von wenigen Monaten. Sieht so jemand wie Zeumer schon, was geschehen ist, oder sieht er es noch immer nicht? Ich muss gestehen, daß ich mir das Ausmass dessen, was bevorsteht doch nicht so vorgestellt habe. Bleib nur bei der Arbeit in Kreisau und guck weg, das ist das Beste, was man tun kann.

Von hier ist wenig zu erzählen. Der Tag ist mit Arbeit angefüllt. Die Arbeit ist sehr interessant und gewinnt eigentlich täglich an Interesse. Das ist das Beste an der gegenwärtigen Lage. Hoffentlich bleibt es so. – Heute ass ich mit Leverkühn, und wir haben allerhand Fragen des Büros besprochen. Morgen kommen wahrscheinlich Inge und Jowo.[1] ...

1 *Inge und Jowo:* der Bruder Joachim Wolfgang (geb. 1909) und seine Frau Inge, geb. von Dippe.

Berlin, den 14. 10. 39

Es ist wenig zu berichten. Gestern habe ich bis um 8 etwas hier im Büro gearbeitet; um ½ 9 kam Einsiedel in die Derfflingerstr. und wir haben bis etwa 10 uns unterhalten, dann habe ich bis zum Morgen gepümpelt, bin ins Amt gegangen, habe dort noch gegessen und befinde mich seit 20 Minuten hier im Büro, wo ich auf Strindberg[1] warte, der morgen früh nach Dänemark und Schweden fährt und dem ich deswegen Nachrichten mitgeben will.

Die letzten 24 Stunden waren insofern interessant, als ich zwei heftige Wortgefechte in der Abteilung hatte, das eine über Seekriegsfragen, das andere über die Pflicht, die Vorgesetzten und besonders die oberste Leitung der Wehrmachtsteile auch über ungünstige Nachrichten zu unterrichten. Bei der ersten Unterhaltung waren die Marineleute[2] unglaublich stur und uneinsichtig. Die zweite war sensationell, weil mir erklärt wurde, daß man verhindern müsse, daß eine Nervenkrise entstehe, und daß man daher nur mit Auswahl auch nach oben weitergeben dürfe. Schön, nicht wahr? Ich bin wirklich glücklich, daß ich in meiner rein technischen Arbeit auf all diesen Gebieten keine Verantwortung zu tragen habe. ...

1 *Strindberg:* Freund aus dem Schwarzwaldkreis, wie auch dessen Frau, die geborene Maria Lazar. 2 *Marineleute:* Der Oberbefehlshaber der Kriegsmarine, Großadmiral Raeder, hatte nicht nur am 10. 10. bei Hitler Vortrag über die Wünschbarkeit einer Besetzung Norwegens gehalten, sondern war auch bestrebt, den Seekrieg gegen England unter Mißachtung des bestehenden Seekriegsrechts und der Rechte der Neutralen aggressiver zu führen.

Berlin, den 16. 10. 39

... übermorgen haben wir Jubiläum.[1] Ich werde es eingehend feiern, habe ich beschlossen, wenn es irgend geht. Und zwar indem ich nach Tisch nach Hause gehe und den ganzen Nachmittag über zu Hause bleibe und mir ein Teechen koche. Dazu komme ich nämlich nie und habe noch keine einzige Tasse Tee getrunken, seit der Pim fort ist. Am Abend werde ich Sie dann anrufen, mein Lieber.

Von hier ist sonst eigentlich nichts Interessantes zu berichten. Die Sorge vor dem was bevorsteht beherrscht alle und man kann sich davon garnicht frei machen. Ich will übrigens dieser Tage mich um den Weihnachtsurlaub kümmern und mich ein Mal erkundigen, wie die Aussichten dafür sind.

1 *Jubiläum:* Sie hatten am 18. 10. 31 geheiratet.

Berlin, den 17. 10. 39

Heute war bisher ein langweiliger Tag. Die kommen so immer dazwischen. An diesen Tagen hat man den Eindruck, daß nicht ein Mal das Unglück weitergeht, sondern daß alles stagniert. Es ist nicht weiter unangenehm, aber es ist so ein vergeudeter Tag. Jetzt ist es 5 und ich bin gerade erst im Institut gelandet; es kam so allerhand dazwischen. ...

Berlin, den 18. 10. 39

Dies ist ein merkwürdiges Stück Papier für ein Jubiläumsbriefchen. Aber ich will mir kein anderes holen und das kommt so. Heute zur Feier des Jubiläums habe ich beschlossen nach Tisch zu Hause zu bleiben und auch schon hier Mittag zu essen. Ich will aber natürlich hier arbeiten. Nun habe ich gerade gegessen und sitze an dem Schreibtisch der Bendlerstr.[1] Nur hat er kein Schreibpapier. Verlasse ich aber das Zimmer, um mir an Deinem Schreibtisch von Herrn Deichmann Papier zu stehlen, so bin ich sofort dem Redeschwall von Frl. S. ausgesetzt, die herauseilen wird, um mir etwas zu sagen.

Ja, mein Lieber, das ist insofern ein trauriges Jubiläum, als die Aussicht, das eigene Schicksal aus der allgemeinen Katastrophe herauszuhalten für die Zukunft doch recht gering ist. Aber es bleibt doch ein Jubiläum, das durch die Verbindung mit den Grosseltern und mit Mami nur gewonnen hat.[2] Mein Lieber, ich hoffe, daß Du bei mir zufrieden bleibst, denn sonst steht plötzlich der Ehewirt ganz klein und zittrig da. Bitte bleiben Sie bei mir. – Heute Abend rufe ich an. ...

Heute ist mir unter boshaften Bemerkungen von Schmitz und Tafel[3] die Ernennungsurkunde zum Kriegsverwaltungsrat[4] ausgehändigt worden. Sonst ist im Amt nichts passiert. Ungünstige Nachrichten gibt es in Menge, aber daran werden wir uns ja gewöhnen müssen. – Ich soll ein Referat über die Beschlagnahme feindlichen Eigentums vor den Referenten der zuständigen Ministerien halten. Es wird wohl aber erst in einer Woche etwa soweit sein. Im Grunde freut mich das; man kann dabei doch manchen Unfug verhüten.[5] Sonst ist auf diesem Gebiet nicht viel geschehen. ...

1 *Bendlerstr.:* In der Bendlerstraße hatte das junge Ehepaar eine winzige Wohnung gehabt. 2 *gewonnen hat:* Der 18. Oktober war auch der Hochzeitstag seiner Mutter und von deren Eltern. 3 *Tafel:* Major Dr. Wilhelm Tafel, Leiter der völkerrechtlichen Gruppe; Regimegegner und mit den Bonhoeffers verwandt. 4 *Kriegsverwaltungsrat:* vgl. 23. 9. 39, Anm. 1. 5 *verhüten:* Es handelt sich offenbar um eine in Vorbereitung begriffene Verordnung zur Abwesenheitspflegschaft. M. hatte schon vor dem 28. 9. dafür plädiert, bei der Regelung des Umgangs mit feindlichem Vermögen die Wirkung auf Neutrale zu berücksichtigen (vgl. van Roon, Völkerrecht, S. 221 f.).

Berlin, den 19. 10. 39

Ich hatte so spät angerufen weil Waetjen[1] bis um 8 bei mir war. Nach dem Telephon habe ich gegessen, mir dann ein Konzert – Klavierkonzert aus Zürich – vorgespielt und mich dann so um ½ 10 noch einmal auf 1½ Stunden an die Arbeit begeben. Die Tatsache, daß ich ein Referat über Trading with the Enemy halten soll zwingt mich dazu doch ganz anders und viel gründlicher diese ganze Materie durchzuackern. Zum grossen Teil muss ich noch ein Mal von vorne anfangen, zum mindesten im historischen Teil.

Heute morgen habe ich im Büro diktiert. Unendlich lange. Um 11 bin ich ins Institut gegangen und um 1 war ich hier im Amt. Da ich Nachtdienst habe, komme ich erst morgen früh wieder heraus. – Während der

Kampfespause jetzt soll der Nachtdienst wegfallen und durch einen Bereitschaftsdienst zu Hause ersetzt werden. Das ist viel vernünftiger und für uns angenehmer. ...

1 *Waetjen:* Eduard Waetjen, befreundeter Rechtsanwalt, später Bürogenosse, im Krieg auch in der Abwehr tätig, meistenteils in der Schweiz, wo er Kontakt mit Allen Welsh Dulles und der amerikanischen „Abwehr", dem Office for Strategic Services (O.S.S.) hatte (s. Walter Laqueur und Richard Breitman, Der Mann, der das Schweigen brach, Frankfurt/Berlin 1986, S. 162, 164, 199ff., 226, 228 und 251f.).

Berlin, den 20. 10. 39

Dein Paket ist gekommen. So ein liebes Paketchen mit Leckers. Sie verwöhnen Ihren Ehewirt sehr, mein schöner Freund, mein Lieber. Ausserdem kam das Briefchen vom 18. Ich fand es, als ich heute früh vom Nachtdienst kam, und habe mich zunächst ein Mal daran erfreut und gelabt. Ich habe aber nicht schlafen gehen können, weil ich um ½ 1 zu einer Sitzung gehen musste und so lohnte es sich mir nicht. Von dieser Sitzung kam ich erst um ¾ 2 wieder und traf bereits Einsiedel, C. D. und Gauger[1] an. Wir haben lieb gegessen und uns über die Aussichten der christlichen Welt unterhalten. C. D. sah elend aus. ...

Erfreuliches ist nicht zu berichten. Jetzt beginnt sich im Süden das zu entwickeln, was im Nordosten bereits im Gange oder abgeschlossen[2] ist. Vielleicht mehr gegen Russland und unter dem Druck der von Russland drohenden Gefahr; aber doch auch gegen uns, da die Kleinen da unten gesehen haben, daß wir andere Kleine dem Freunde geopfert haben. Es wird dort aber wohl nicht so schnell gehen.

1 *Gauger:* Martin Gauger (1905–1941), Freund aus der Studenten- und Arbeitslagerzeit, jetzt Justitiar der Bekennenden Kirche. Er täuschte Anfang Mai 1940 einen Selbstmord vor (vgl. 1. 6. 40), um nach Holland zu entfliehen, wurde aber nach der deutschen Invasion gefangen und später umgebracht. 2 *abgeschlossen ist:* Die Sowjetunion hatte mit den baltischen Staaten Beistandspakte geschlossen und dort Stützpunkte besetzt. Jetzt begann sich der Druck auf die Balkanstaaten bemerkbar zu machen.

Berlin, den 21. 10. 39

... Heute früh war ich im Amt, ohne viel zu tun. Um 1 habe ich mit Waetjen gegessen in der Derfflingerstr. und jetzt bin ich im Institut. In einer Viertelstunde wird wahrscheinlich Frl. Breslauer erscheinen, der ich hier diktieren will. – Das Institut ist überhaupt meine Haupterfrischung, weil man hier dem widerlichen Kompetenzenstreit, der im Amt herrscht, entrückt ist. Das Durcheinander dort ist zu grässlich. ...

Berlin, [Sonntag] den 22. 10. 39

Hier sitze ich im Institut und warte auf das Telephon mit dem Pim. Es ist schon nach 7 und ich habe es bereits um 6 angemeldet. So wird es wohl bald kommen; und darauf freut sich der Ehewirt. ...

Die Erwartung des Schrecklichen lastet – so das war der erste Versuch, mit dem Pim zu sprechen, er wird wohl wiederkommen, da ist er, nein, er ist wieder weg – auf allen; bei einigen zeigt es sich in Depressionen, bei anderen in dem Bedürfnis so lustig zu sein wie nur möglich und möglichst viel zu essen und zu trinken. Auch das Geschäft der Damen auf dem Kurfürstendamm scheint zu blühen. Als ich jedenfalls vorigen Sonntag ging, um Jowos zu treffen, funkte mich alle paar Schritt eine mit einer Blinkzeichen gebenden roten Lampe an. ...

Berlin, den 24. 10. 39

... Heute gab es zum ersten Mal im Kasino nichts zu essen. Nur Suppe und Apfelmus und 2 Stück Kuchen. Hoffentlich kommt das nicht zu oft vor. – Ich habe jetzt mal wieder rasend zu tun. Erstens einiges im Büro, zweitens täglich zwei Anfragen im Institut, drittens mal wieder etwas Richtiges im OKW und viertens die Vorbereitung für mein Referat. ...

Berlin, den 25. 10. 39

Gleich ist es Mittag und ich will mit Wense essen gehen. Da es heute abend sicher spät werden wird, werde ich lieber jetzt schreiben. Gestern war ein toller Tag, denn ich habe bis 8 Uhr Leute im Büro gehabt und nachher habe ich bis kurz nach 12 noch gearbeitet. Ich sollte ein Gutachten über den englisch-französisch-türkischen Vertrag[1] machen. Ich behalte eine Abschrift für den Pim hier.

Heute bin ich denn auch erst um 7 aufgestanden und seit 9 sitze ich hier im Institut und arbeite. Ich bleibe den ganzen Tag hier, gehe jetzt nur mit Wense essen. Heute abend rufe ich den Pim an, weil ich wieder etwas zu bestellen habe. Ich hatte einige Anfragen an das Institut zu erledigen und nachher habe ich die ganze Zeit Trading with the Enemy[2] gemacht. Es ist doch eine sehr interessante Materie, weil es so innig mit Fragen der Strategie und des allgemeinen Rechts verflochten ist. ...

Hier geht sonst alles weiter. Mehr und mehr Leute erkennen das Unglück, das auf uns losrollt[3] und im Verhältnis zur Verschlechterung der allgemeinen Stimmung verbessert sich meine. Übrigens, wenn Du das nächste Mal kommst, dann bringe die Gasmaske mit. Lasse sie Dir von Schwester[4] geben ohne daß sonst jemand etwas davon erfährt. Ich halte es nicht für ausgeschlossen, daß es dann schon losgeht und Kreisau braucht wirklich keine. ...

1 *Vertrag:* Am 19. 10. hatten die drei Mächte einen gegenseitigen Beistandsvertrag geschlossen. 2 *Enemy:* s. 26. 9. 39, Anm. 6. 3 *losrollt:* Inzwischen hatte das Oberkommando des Heeres seinen Aufmarschplan für die Westoffensive formuliert. 4 *Schwester:* Ida Hübner, Diakonisse, Gemeindeschwester, die 1907 nach Kreisau gekommen war und dort als Fürsorgerin, besonders für Kinder, arbeitete.

Berlin, den 26. 10. 39

Es war sehr lieb mit Ihnen zu telephonieren. Ihr Stimmchen klang munter. Hoffentlich geht es Ihnen auch gut. Mit Ihrem halben Hahn habe ich heute für Üx[1] und Hans Adolf ein Fest gegeben. Frl. Saager hatte sich unglaublich dafür angestrengt und alles war bestens gelungen. Es gab insbesondere einen riesigen schönen Blumenkohl dazu und H. A. und Üx haben unglaublich viel gegessen. Dann haben die beiden eine ganze Flasche Mosel allein ausgetrunken, woraus ich entnehme, daß er nicht schlecht ist. H. A. sah aber elend aus.

Gestern habe ich ganz munter hintereinander weggearbeitet. Es war im ganzen ein angenehmer Tag. Heute morgen bin ich schon um ½ 6 aufgesprungen, um eine Sache fertig zu machen, die noch am Vormittag geschrieben werden sollte. Jetzt ist es 7 und mit Ausnahme des Essens habe ich schon wieder 12 Stunden hinter mir. Es ist angenehm, weil man dann doch die Verantwortung weniger fühlt. ...

1 *Üx:* Edgar Freiherr von Uexküll (1882–1952); Versicherungskaufmann, im Kriege bei der Abwehr; unterhielt oppositionelle Verbindungen mit Schweden und in den baltischen Staaten.

Berlin, den 27. 10. 39

Der Tag ist schon fast um und es war nichts als Brassel. Das hatte sich so angehäuft, weil ich 2 Tage lang fast garnicht da war. So habe ich fast den ganzen Tag Nachrichten gelesen und ähnliche Dinge gemacht. Jetzt bin ich im Institut und während der ganzen ersten eineinhalb Stunden habe ich eine Besprechung nach der anderen gehabt. So wird heute nicht viel mehr aus der Arbeit werden. Ich bin auch müde, obwohl dafür garkein Grund besteht. Es ist wohl nur die Folge der Lustlosigkeit.

Morgen gehe ich wieder früh hierher und werde den Tag über arbeiten; allerdings nur bis 4, denn danach gehe ich zum Tee zu Kieps. Daran liegt mir, weil dort die ganzen Leute von Kiep's Gruppe sind, und ich halte es für erwünscht, möglichst viele von dieser Abteilung zu kennen. – Sonst ist seit gestern garnichts passiert. ...

[PS] An Granny[1] schreibe ich alle Wochen; abwechselnd über Carl, Willo[2] und Frau v. Dippe.[3]

1 *Granny:* Jessie Rose Innes, geb. Pringle, die Großmutter in Südafrika. 2 *Willo:* Der Bruder Wilhelm Viggo (1911–1987) wanderte aus politischen Gründen aus und arbeitete in Schweden als Architekt; er ging später nach Amerika und wurde zum Schluß Professor für Architektur in Harvard und Städteplaner. 3 *Frau v. Dippe:* die damalige Schwiegermutter seines Bruders Joachim Wolfgang (Jowo), die in der Schweiz lebte.

Berlin, den 28. 10. 39

Heute um ½ 9 war Dein Ehewirt hier im Institut und ist nicht von seinem Pult aufgestanden ausser um sich hie und da ein Buch zu holen bis jetzt – und jetzt ist es halb 4. Das hat heute erfreulich gefleckt und ich habe jetzt die Hoffnung, die erste vollständige Fassung meines Referats über Trading with the Enemy[1] morgen fertig zu bekommen. Steht dieser erste Bau ein Mal, dann wird der Rest nicht mehr so zeitraubend und schwierig sein. Es hat mir viel Arbeit schon jetzt gemacht, weil jede Darstellung englischen Rechts schwierig ist. – Ich hatte gehofft, daß ich würde durcharbeiten können, und so hatte ich mich reichlich mit Schnitten versorgt. Jetzt werde ich zu Sonntag gehen, einige Kuchen zu mir nehmen und nachher gehts zu Kieps zum Tee.

Gestern abend kam Deuel[2] herüber; wir spielten auch die ihm gehörige 5te von Beethoven und dann noch etwas Bach. Ihn freut es und mich auch. Da ich aber erst um 8 zu Hause war, war es schliesslich 11 Uhr als ich ins Bett kam. ...

Sonst ist wenig zu erzählen. Es regnet und auf allen anderen Gebieten ist es [...?].[3] Man graust sich vor dem was kommt und um einen herum scheinen alle Stützen fortzufallen, die einem so entscheidend wichtig erschienen oder erscheinen. Aber was soll man machen. ...

1 *Enemy:* s. 26. 9. 39, Anm. 6. 2 *Deuel:* s. 22. 8. 39, Anm. 1. 3 zwei Worte unleserlich.

Berlin, [Sonntag] den 29. 10. 39

Eben kam Dein etwas unglückliches Briefchen. Mein Armer, die Zeiten sind schlecht und es ist keine Aussicht darauf, daß sie besser werden. Mit dem Kopf kann ich keinen Grund finden, warum sich irgendetwas bessern sollte in vielen Jahren. Und leider kann ich reichlich Gründe finden, warum die Zeiten noch wesentlich schlechter werden. Es wäre doch gut gewesen, wenn Ihr beide bei den Grosseltern wäret. Das wäre zwar jetzt im Augenblick schlimmer aber die Aussichten wären weniger beängstigend.

Die Gasmaske sollst Du für Dich mitbringen. Ich habe meine eigene vom OKW. Im Augenblick sieht es übrigens so aus, als sei wieder ein kleiner Aufschub[1] erreicht worden. Wenn es wenigstens bis zum Frühjahr wäre. Im Sommer sind alle Sachen leichter zu ertragen als im Winter.

Gestern bei Kieps war so ein richtiger Tee, also garnichts für mich. K. hatte mir gesagt, seine Leute, d. h. die aus seiner Abteilung würden da sein. Das war auch so. Daneben aber eine Fülle anderer Leute, die mich garnicht interessierten. Immerhin habe ich bei dieser Gelegenheit Warlimont[2] kennengelernt. Das ist der Canaris[3] gleichgestellte Chef der operativen Abteilung des O.K.W. Dabei stellte sich heraus, daß er im Jahre 26 von Weigelsdorf aus in Kreisau war. Ausserdem stellte Elka[4] einen Lichtblick dar. Sie schien den Verhältnissen auch keine Reize abgewinnen zu können. Wir haben dann zusammen noch in der Taverne zu Abend gegessen.

Heute habe ich Sonntagsdienst, d. h. ich muss bei mir in der Derfflingerstr. bleiben. Nachher kommen Wehl[5] und Leverkühn, um die Zukunft des Büros zu besprechen. Sobald die weg sind, werde ich anfangen, an dem Referat zu arbeiten, damit es heute im Aufbau fertig wird. – Vorläufig ist noch kein Datum für das Referat angesetzt. Es findet nicht vor dem R.Wi.M. statt sondern vor einem Ausschuss für Kriegsrecht und Kriegswirtschaftsrecht.[6]

Ich habe übrigens inzwischen gehört, daß gegen einen Urlaub vom 22. 12. bis 4. 1. keine Bedenken bestehen. Endgültig wird das natürlich erst nach der Lage im Dezember entschieden. Aber es ist sehr viel wert, wenn nicht das Ansinnen als solches mit Empörung zurückgewiesen wird.

Mein Lieber, heute abend telephoniere ich wieder mit Ihnen und in wenigen Tagen kommen Sie schon. Mein Lieber, wir müssen diese Trauerjahre jetzt überstehen, das hilft nun nichts, und dann kommt das Schlimmste noch. Und ob dann überhaupt noch etwas ist, das weiss der liebe Himmel.

1 *Aufschub:* Die Westoffensive wurde immer wieder aufgeschoben, bis sie dann am 10. 5. 40 begann. 2 *Warlimont:* Oberst i. G., später General Walter Warlimont, Chef der Abteilung Landesverteidigung im Wehrmachtsführungsstab/OKW. Auch er versuchte in dieser Zeit Kontakte mit Belgien und Holland zur Eindämmung oder Beendigung des Krieges herzustellen. 3 *Canaris:* Admiral Wilhelm Canaris (1887–1945), Chef der Abwehr seit 1935; Gegner des Regimes; Februar 1944 abgesetzt, am 9. 4. 45 in Flossenbürg erhängt (S. Einleitung, S. 36). 4 *Elka:* Elka von Wedel, Cousine zweiten Grades von F. M. 5 *Wehl:* Berliner Rechtsanwalt, Bürogenosse von Leverkühn und M. 6 *Kriegswirtschaftsrecht:* Gemeint ist wohl der soeben gegründete Sonderstab für Handelskrieg und Wirtschaftliche Kampfmaßnahmen (HWK).

Berlin, den 30. 10. 39

Aus einem ruhigen Tag, den ich erwartet hatte, ist ein stürmischer Tag geworden. Am Morgen um 10 kam der Entwurf eines neuen Gesetzes auf meinen Tisch geflattert, das noch heute erledigt werden sollte, und mit dem ich ganz und gar uneinverstanden war. Ich habe mich masslos querlegen müssen und das hat bisher zu dem Erfolg geführt, daß morgen eine Sitzung aller beteiligten Ministerien stattfindet, in der Dein Ehewirt als Hauptakteur erscheinen muss. Ich bin gespannt, wie das ausgehen wird. So ist es jetzt 7 Uhr und ich habe noch fast nichts von den Sachen getan, die ich heute erledigen wollte. ...

Berlin, den 31. 10. 39

Also übermorgen bist Du da und dies ist der letzte Brief. Der Tag ist auch schon um, und Dein Ehewirt ist müde. Es ist allerdings erst 7 Uhr, aber ich habe heute nachts nur mässig gepümpelt und so fühle ich mich müde und abgebraucht. Den grösseren Teil des Morgens habe ich mich in den verschiedenen Ministerien herumgeschlagen. Ich bin dabei entsetzt gewesen über die Leichtfertigkeit und Schlamperei, mit der heute Gesetze gemacht werden. Das ist wirklich erschütternd. Es kommt garnicht so genau darauf an, denn es wird ja niemand einen Beamten zur Rechenschaft ziehen. ...

Berlin W 35 Derfflingerstr. 10
9. 11. 39

Wie lieb war es, daß Sie hier waren. Die friedlichen Tage sind nun wieder zu Ende und die normale Arbeit ist wieder im Gange. Es ist 10 Uhr und ich bin gerade erst nach Hause gekommen. Am Tage reihte sich eine Arbeit an die andere und mir blieben keine Minütchen oder Sekündchen, um Ihnen zu schreiben.

So bin ich jetzt müde und ich kann mich nicht mehr aufraffen, richtig zu schreiben. Ich will Ihnen nur sagen, daß Sie sehr lieb hat Ihr Ehewirt
Jäm.

Berlin, den 10. 11. 39

Heute ist wieder ein sehr langer Tag, der auch noch längst nicht zu Ende ist. Ich bin durch die neue Aufgabe[1] tatsächlich mit einer der allergrössten Fragen der Gesamtführung befasst und vielleicht in der Lage, im Detail Unglück zu verhüten. Bei der Grösse der Frage ist allerdings das Detail auch noch von einem Ausmass, das ich mir nie hätte träumen lassen und das Tausende und Zehntausende von Menschen betrifft. Ich habe die Sache heute morgen in die Hand bekommen und sitze seitdem daran; jetzt ist es 7. Jetzt geht es an die Ausarbeitung, und ehe die fertig ist, ist der grösste Teil der Nacht um. Dann muss ich meine Meinung durch all die Stellen durchkämpfen und vor Mitte nächster Woche ist kein Ende abzusehen.

Glücklicherweise ist mein Referat jetzt fertig; heute habe ich die letzten Bogen korrigiert und der Anfang geht heute zur Vervielfältigung. Ende nächster Woche wird das Referat wohl steigen. Ich bin gespannt, was daraus wird. – Wenn ich aber an die schönen friedlichen Tage denke, die erst vorgestern zu Ende gegangen sind, so kommen mir die schon ganz weit weg vor, weil jetzt plötzlich alles auf ein Mal auf mich einstürzt. – Aber es war sehr lieb und ohne das wäre die Zeit jetzt nur mühsam. Mein Lieber, Sie sind ja so ein Lieber. . . .

1 *Aufgabe:* s. 11. 11. 39, Anm. 1.

Berlin, den 11. 11. 39

Ein reichlicher Tag ist noch nicht zu Ende. Gestern war um 11 Schluss. Heute morgen habe ich um 6 angefangen und pausenlos bis 10 vor 1 gearbeitet und dann ohne Essen oder Pause von 1 bis 6 Stiftungssitzung gehabt; dann bin ich nach Hause gegangen um einen Tee zu trinken und seit 7 sitze ich wieder hier im OKW. Es wird aber nicht mehr als eine Stunde dauern. Jetzt ist es ½ 9. Dann kann ich nur noch essen und pümpeln. Hoffentlich pümpele ich. In letzter Zeit, d. h. seit Mittwoch habe ich schlecht geschlafen, weil mich die Aufgaben zu sehr aufgeregt haben. Die Notwendigkeit um Menschenleben[1] kämpfen zu müssen ist zwar erfreulich, aber wahnsinnig aufregend. – Morgen werde ich bei den Chefs praktisch wohl den ganzen Tag Vortrag halten und damit beginnt der eigentliche Grosskampf.

Die Sitzung der Stiftung war verärgernd weil Klässel[2] sich sowohl Hans Adolf als mir gegenüber so widerlich benahm; überdies waren auch sachliche Schwierigkeiten aufgetaucht. Als garkeine Einigung mehr möglich erschien, machte ich dann den Vorschlag, man sollte die Sitzung vertagen und H. A. und mir überlassen, einen Vorschlag auszuarbeiten. Als die Anderen 10 Minuten fort waren, hatten H. A. und ich uns geeinigt; wir haben nun einen Vorschlag gemacht, der m. E. von der Stiftung angenommen werden wird. Ergebnis für uns: RM 270 000.–, davon den die Industriebankhypothek übersteigenden Teil in bar, also etwa RM 70 000.–. Verschlechterung gegenüber den früheren Vorschlägen: RM 25 000.– Hypothekenübernahme und RM 5000.– bar. – Die RM

4000 für mich entfallen, die RM 1200.– im Jahr für das Schloss bleiben.[3] . . .

1 *Menschenleben:* Möglicherweise handelte es sich um die Frage der polnischen Militärinternierten in neutralen Ländern oder die Ausreisemöglichkeit aus dem Generalgouvernement, die besonders für Juden eine Überlebensfrage war. Vgl. Niederschrift einer Sitzung im Auswärtigen Amt, 18. 11. 39, in van Roon, Völkerrecht, S. 250f. 2 *Klässel:* Präsident der Moltke-Stiftung. 3 *Schloß bleiben:* Es handelte sich um die Regelung über Wernersdorf (vgl. 23. 8. 39, Anm. 1) und die Ablösung der letzten Hypothek.

Berlin, [Sonntag] den 12. 11. 39

Heute morgen bin ich um 9 ins OKW gegangen und jetzt um 5 bin ich von dort fortgekommen; aber ich habe, soweit das heute möglich war, einen Erfolg davongetragen. Das wird jetzt wohl jeden Tag dieser Woche so gehen. Die Besprechung habe ich mit einem Vortrag eröffnet, der allein fast 2 Stunden dauerte, und sich zum großen Teil mit Fragen der Strategie befassen musste, ein Gebiet, in dem ich mich nicht gerade wohl fühle. Aber es ging gut, und die Leute meiner Abteilung, auf die es zunächst ankommt, sind überzeugt. Das ist ein wichtiger Schritt, weil ich von jetzt an nicht mehr nur meine eigene Meinung vertrete sondern die der Abteilung. – Die nächste Etappe ist, daß ich die beiden anderen Abteilungen[1] des OKW überzeuge und dann ist meine Meinung glücklich zu der des OKW geworden. Darüber wird eine Woche noch hingehen. Immerhin habe ich die Sache so vorbereitet, daß ich eigentlich durchkommen muss.

Dauernd kommen jetzt schlechte Nachrichten über das mich am meisten besorgende Gebiet.[2] Sehr schlechte sogar. Ich telephonierte heute deswegen mit M. D.[3] Sie scheint aber den Ernst der Lage nicht begriffen zu haben, und idylliert munter weiter. Ich habe den Eindruck, daß Du auf ihren Besuch wohl erst in knapp 14 Tagen zu rechnen brauchst. Herr Deichmann ist bereits in Moyland[4] eingekehrt, aber wohl zu früh.

Ich habe jetzt Bereitschaftsdienst. Erst kommt Hans Held[5] zum Tee und nachher kommen Hülsens zum Abendbrot. Es gibt überbackenen Blumenkohl und Kalbfleisch in Sahnensosse.

Ich fange an, müde zu werden. Ich glaube, ich werde mich an die neue Verantwortung erst gewöhnen müssen. Ich hoffe, daß ich dann lerne, sie besser zu tragen, als ich es jetzt tue. Augenblicklich regt es mich zu sehr auf; auf die Dauer könnte ich das nicht aushalten. Es ist ein Segen, daß ich Schmitz neben mir habe. So habe ich immer jemanden, mit dem ich Sachen besprechen kann.

Mein Lieber, eben ist Hans gekommen.

1 *Abteilungen des OKW:* wahrscheinlich die Wehrmacht-Rechtsabteilung und das Wehrwirtschafts- und Rüstungsamt oder das völkerrechtliche Referat beim Wehrmachtführungsstab. 2 *besorgende Gebiet:* die geplante Westoffensive; am 7. 11. war sie für den 15. festgesetzt, am 9. wiederum verschoben worden. Die Sorge war groß, seit Hitler am 5. 11. gegenüber Brauchitsch, dem Oberbefehlshaber des Heeres, der von der Offensive abraten wollte, sehr scharf geworden war. 3 *M. D.:* Mütterchen Deichmann, s. 2. 9. 39, Anm. 3. 4 *Moyland:* Carl Deichmann war mit der Baronin Steengracht von Moyland befreundet. 5 *Held:* Freund, der später fiel.

Berlin, den 13. 11. 39

... Heute morgen habe ich schon wieder einen Vortrag in dieser Sache gehabt; jetzt ist es 12 und damit wird über Mittag eine kleine Pause eintreten. Um 3 geht der Kampf weiter. Ich bin sehr gespannt, was ich durchsetzen werde. Das schlimmste Unglück, das bevorstand, scheint abgeblasen[1] zu sein. Es erscheint noch wie ein Wunder, und man wagt noch nicht daran zu glauben. Aber es scheint richtig zu sein. Dann hätten wir immerhin etwas Zeit gewonnen und könnten hoffen, daß das Schlimmste auf dem Gebiet uns erspart bliebe. ...

1 *abgeblasen:* ein weiterer Aufschub der Westoffensive, die nun auch wegen ungünstiger Wetterbedingungen unwahrscheinlicher wurde.

Berlin, den 15. 11. 39

Heute morgen erschien Herr Deichmann, der wohl morgen abend wieder nach Rotterdam fahren wird. Er will die kleine Pause benutzen, um noch ein Mal hinzufahren. Leider scheint es nicht mehr zu sein, als eine sehr kurze Pause. Die Hoffnung, die ich gestern hatte, daß dieses schlimmste Unglück an uns vorübergehen würde, hat sich verflüchtigt. Es ist nur ganz wenig davon übriggeblieben. ...

Gestern kam ich so kurz nach 9 nach Hause. Ich hatte den Mantel noch nicht ausgezogen als Hans Adolf anrief und mich zum Abendbrot einlud. Wir assen sehr nett in der Taverne und unterhielten uns über die allgemeine Lage bis 12 Uhr. Er war aufgeschlossener als sonst und, glaube ich, ganz befriedigt von dem Abend.

Ich schreibe heute erst am Abend, weil ich am Tage einfach nicht dazu gekommen bin. Ich kam um ½ 9 zurück und Herr Deichmann und ich assen friedlich zu Abend. Jetzt ist es ¾ 10. Ich will noch etwas über das amerikanische Neutralitätsgesetz[1] schreiben. ...

1 *Neutralitätsgesetz:* Der Kongreß hatte das amerikanische Neutralitätsgesetz durch eine „Cash-and-Carry"-Klausel abgeändert. Am 4. 11. 39 hatte der Präsident das neue Gesetz unterschrieben, das den Export von Waffen nach Großbritannien und Frankreich möglich machte.

Berlin, den 16. 11. 39

... Wir haben 3 Stunden vorgetragen. Dein Ehewirt war tüchtig erschöpft, aber er scheint sich durchgesetzt zu haben. Langsam sehe ich mich in der Lage, eine der wüsten Massnahmen wenigstens zu torpedieren.[1] Es wird aber noch weiterer Arbeit bedürfen. – Nach dem Vortrag bin ich ins Büro gegangen und habe dort eineinhalb Stunden diktiert und jetzt bin ich richtig und gründlich müde. Ich werde nach Hause eilen, Abendbrot essen, vielleicht noch mit Herrn Deichmann sprechen. Eben höre ich, daß Einsiedel mich noch sehen will. So wird es wieder nicht früh werden. ...

Mein Lieber, ich will jetzt gehen. Es scheint mir ein kümmerliches Briefchen zu sein, aber ich habe augenblicklich den Kopf so voll von den Möglichkeiten wenigstens auf Teilgebieten das Schlimmste zu verhüten, daß ich jetzt kaum noch etwas anderes denken kann.

1 *torpedieren:* Am 15. 11. unterzeichnete Keitel, der Chef des OKW, einen Befehl, der für die Westoffensive eine vorsorgliche Besetzung „möglichst viel holländischen Raumes" vorsah – s. Hubatsch (Hg.), Weisungen, S. 41 f. „Massnahmen" deuten allerdings eher auf Vorgänge oder Pläne im Osten (vgl. 18. 11. 39), andere Indizien auf die Entwicklung des Seekriegs hin.

Berlin, den 17. 11.39

Ich habe miserabel geschlafen, weil ich augenblicklich über die Möglichkeit, die Katastrophe, die unmittelbar bevorzustehen schien, abzuwenden, zu aufgeregt bin. In den letzten Tagen hat sich diese Möglichkeit ein wenig aufgetan und vielleicht lässt sie sich nutzen. Aber bei mir sind alle anderen Gedanken einfach ausgelöscht. – Der Tag ist fast um; es ist 6 Uhr abends; dem Ziel bin ich heute mehrere Schritte näher gekommen. Da ich aber nicht selbst handeln kann, sondern mich darauf beschränken muss, anderen Argumente zu liefern, die diese zum Handeln treiben, so ist jeder Schritt mit einer unsäglichen Anstrengung verbunden. – Jetzt bin ich hier fertig. Ich gehe noch in das Institut und versuche mich auf einige Gutachten zu konzentrieren, die ich dort erledigen muss.

Heute morgen habe ich in meinem Zimmer hier dem Schreibtisch gegenüber wieder die Karten aufgehängt, die der Pim mir geschenkt hatte und die im Büro hingen. Langsam wohnen Schmitz und ich das

Zimmer überhaupt ein. An die Rauchwolken Schmitz's habe ich mich inzwischen auch schon gewöhnt. – Er ist nur sehr unglücklich, weil er so deprimiert ist. Mich deprimiert das alles im Grundsätzlichen schon nicht mehr und ich bin bestrebt, aus diesem Unglück zu retten und zu lernen. Ihn aber bedrückt es sehr. ...

Berlin, den 18. 11. 39

Die aufregendste Woche meines bisherigen Lebens ist vorüber. Und das Unglück ist aufgeschoben.[1] Ich weiss nicht, was das bedeutet, ich weiss nicht, wieviel ich dazu beigetragen habe, aber das Ergebnis ist da. Ich fühle mich heute richtig wie Sonnabend nachmittag. Morgen muss ich aufräumen, was in der Woche hat liegenbleiben müssen. Ich sitze natürlich immer noch am kurzen Hebelarm, am Stümpchen des Hebels, und wenn ich den Hebel, also dessen langes Ende bewegen will, muss ich ganz unverhältnismässige Kraftanstrengungen machen und überdies darf der lange Arm es nicht bemerken. – Trotz dieser Einschränkung ist die Möglichkeit für mich, manches abzuwenden so gross wie noch nie. Während dieser Woche habe ich eigentlich nur mit Schmitz gesprochen; als gestern abend geschehen war, was ich wollte, habe ich die Akte, in der meine Bemühungen in Notizen, Gutachten und Schreiben ihren Niederschlag gefunden hatten, dem ältesten der Gruppe, Oberst Fonck[2] zu lesen gegeben, der von meiner Tätigkeit bisher keine Ahnung gehabt hatte. 10 Minuten später, er konnte nur einen ganz oberflächlichen Überblick über den Akteninhalt gewonnen haben, kam er herein und sagte ganz aufgeregt: Sagen Sie, mir scheint, daß das Schwergewicht unserer Kriegführung in die Gruppe Völkerrecht verlegt worden ist. So übertrieben und direkt blödsinnig dieser Ausspruch auch ist, so hat er mir doch klar gemacht, wie sich meine Stellung in eineinhalb Wochen verändert hat. – Heute aber gehe ich früh zu Bett und pümpele mit einem Phanodörmchen.

Was meine Person anlangt, so steht es so: ich pflege mich und lasse mir nichts abgehen, esse reichlich und gut und tue nicht mehr als absolut nötig ist. Aber solange ich das Gefühl habe, daß ich durch sorgfältige Arbeit und durch Anspannung aller Kräfte Unglück verhüten oder verschieben kann, das Zehntausende und vielleicht Hunderttausende bedroht, solange geht das vor. Das lässt sich nun ein Mal nicht ändern.

Mein Referat wird am nächsten Donnerstag stattfinden. Ich bin gespannt, wie das werden wird. ...

1 *aufgeschoben:* entweder ein neuer Aufschub der Westoffensive oder Aufschub der Intensivierung des Seekriegs gegen Handelsschiffe – s. Aufzeichnung Ritter vom 17. 11. 39 in ADAP, D, Bd. 8, Nr. 367. 2 *Fonck:* Dieser hatte das Völkerrechtsreferat im Reichskriegsministerium schon einige Jahre vor dem Krieg inne.

Berlin, [Sonntag] den 19. 11. 39

Heute früh kam Ihr strenger Brief. Ich habe ja gestern schon darauf geantwortet. – Die Magenschmerzen habe ich nur gehabt, weil mir irgendetwas nicht bekommen ist. Aus keinem anderen Grunde. Die Hauptschwierigkeit ist, daß ich schlecht schlafe. Gehe ich früh zu Bett, wie z. B. gestern, dann wache ich um 12 oder ½1 auf und brüte bis 3 oder 4; gehe ich spät zu Bett, so ist es besser aber ich bin nicht richtig ausgeschlafen. Ich kann garnichts dagegen machen. Heute bin ich um ½ 1 aufgewacht und habe sofort ein Phanodorm genommen, was nichts genutzt hat. Als ich das letzte Mal auf die Uhr sah war es kurz vor 3.

Hier ist ein Brief von Granny über Fr. von Dippe. Ich freue mich, daß Nachrichten von Curtis[1] und Julian[2] da sind. Carl nimmt von mir wieder Briefe mit nach Schweden. Wir haben grosse Pläne geschmiedet, über die ich Dir berichten werde. ...

1 *Curtis:* Lionel Curtis (1872–1955), Fellow of All Souls College, Oxford, Mitbegründer der Vierteljahrszeitschrift ‚The Round Table' und der damit verbundenen einflußreichen Gruppe desselben Namens, die den Belangen des britischen Weltreichs, später des Commonwealth, gewidmet war; Gründer des Royal Institute of International Affairs. Als junger Mann Mitglied von „Milners Kindergarten", einer Gruppe junger Leute, die in Oxford studiert hatte und nach dem Burenkrieg für den Generalgouverneur Lord Milner arbeitete und deren Zusammenhalt auch später weiterbestehen blieb. So war z. B. Philip Kerr, der spätere Lord Lothian (s. d.), Mitbegründer und Herausgeber des ‚Round Table'. Curtis' Interesse und Engagement richtete sich zunächst auf das Zustandekommen der Südafrikanischen Union, dann auf die Föderierung der britischen Dominien, zuletzt auf eine Weltföderation (s. Brief vom 7. 9. 41). Seine gewichtigste Publikation war eine dreibändige Weltgeschichte, betitelt ‚Civitas Dei' (London, 1934–37). S. auch Einleitung, S. 29 ff. 2 *Julian:* Julian Frisby, alter Freund der Familie Moltke und Mitautor der Biographie Balfour/Frisby, Helmuth von Moltke, A Leader Against Hitler, London 1972 (deutsche Fassung: Moltke/Balfour/Frisby, Helmuth James Graf von Moltke 1907–1945, Stuttgart 1975). S. auch 15. 12. 39, Anm. 1.

Berlin, den 20. November 1939

... Heute ist weniger zu tun. Ich will es mir diese Woche überhaupt bequem machen, weil ich am Donnerstag das Referat[1] habe und dafür frisch sein will. Das Auditorium besteht im wesentlichen aus den oberen Referenten der Ministerien, einigen Admirälen und Botschaftern. Also ein sehr erlauchter Kreis. Es wird sehr komisch werden.

Ich esse heute mit Reimer.[2] Ich will bei ihm Weisheit über einen Lizenzvertrag schnorren. – Gestern habe ich an dem Erbhofantrag[3] gearbeitet und will ihn nachher diktieren. Aber, wie gesagt, das soll eine faule Woche werden.

1 *Referat:* beim Sonderstab für Handelskrieg und Wirtschaftliche Kampfmaßnahmen (HWK). Vgl. van Roon, Völkerrechtler, S. 24–31. 2 *Reimer:* Berliner Rechtsanwalt. 3 *Erbhofantrag:* Er wurde aus politischen Gründen erst nach langer Verzögerung bewilligt. Für das Reichserbhofgesetz vom 29. 9. 33 s. RGBl., I, 1933, S. 685.

Berlin, den 21. 11. 39

... Heute war ein mittlerer Tag. Nicht sehr viel Arbeit, manches nett, manches langweilig. Um ½ 5 kam dann schliesslich noch eine grosse Besprechung, die mich bis 6 festhielt; seither bin ich im Institut, wo ich Sachen mit Schmitz zu besprechen hatte. Jetzt, um 8, gehe ich nach Hause. Auch da habe ich noch etwas zu erledigen.

Morgen kommt ein ganz fauler Tag. Am Morgen habe ich stramm zu arbeiten, sehr stramm sogar. Mittags esse ich mit Hans Held und fahre dann mit ihm nach Potsdam, wo ich einen Spaziergang zu tun gedenke. Nach dem Dunkelwerden gehe ich zu Mirbachs,[1] esse bei denen gegen ein Viertel Pfund von Herrn Deichmann's Butter und fahre früh nach Hause. Das ist alles bereits Vorbereitung für das Referat am Donnerstag Abend. ...

1 *Mirbachs:* Magnus Freiherr von Mirbach (1875–1955) und seine Frau Margarethe, geb. Moltke (1884–1976), Verwandte in Potsdam, bei denen M. in seiner letzten Schulzeit gewohnt hatte.

Berlin, den 23. 11. 39[1]

... Gestern habe ich bis 10 etwa ganz friedlich gearbeitet, in der Absicht, dann an meinen Pim zu schreiben und danach so kurz nach 1 nach Potsdam zu fahren. Um 10 kam aber eine ganz grosse Viecherei und so habe ich bis um 2 hier gearbeitet. Um ½ 4 war ich in Potsdam. Es war ein herrlicher Tag. Ich bin mit Hans im Schnellschritt durch Sans Souci gewandert. Von der Terrasse oben hatten wir, als gerade die Sonne unterging einen unendlich weiten Blick. Zwei Stunden sind wir im ganzen gelaufen. Dann haben wir eine Chokolade in der Stadt getrunken und sind beim Mondenschein noch durch den neuen Park geschlendert, wo wir uns trennten. Ich habe dann einen sehr netten Abend bei Mirbach's verbracht. Ich hatte ihnen von Carl ¼ ℔ Butter mitgebracht und bekam einen herrlichen Hasenbraten.

Onkel Max[2] geht morgen nach Tschenschtochau. Er sagte mir, „ich rette jeden den ich kann" und fragte, ob er sich für Jowo umtun sollte, was ich erbat. Also keine sonderlich kriegerische Stimmung. Jella[3] ist doch ein nettes Mädchen. Um ½ 9 bin ich nach Hause gefahren, habe dann noch ein Bad genommen und danach von ½ 11 bis ½ 7 herrlich gepümpelt. So ist alles nach Wunsch gegangen und ich sollte heute abend in ausreichend guter Verfassung für das Referat sein.

Ich habe nun noch einige geschäftliche Bitten. ...

1 *23. 11. 39:* An diesem Tage gab Hitler in einer Ansprache an die Oberbefehlshaber bekannt, daß es sein unabänderlicher Beschluß sei, Frankreich und England anzugreifen und daß die Verletzung der Neutralität von Belgien und Holland dabei bedeutungslos sei. (Zum Text s. Domarus, S. 1421–1427, besonders S. 1426.) 2 *Onkel Max:* Mirbach (s. 21. 11. 39, Anm. 1); er war ein pensionierter Offizier. 3 *Jella:* Mirbach, seine Tochter Gabriele.

Berlin, den 25. 11. 39

Gestern habe ich nicht geschrieben. Von früh an habe ich bis spät in die Nacht in einer Minorität von 1 : 25 eine Kriegsmassnahme bekämpft. Es war eine viehische Anstrengung, zumal die anderen mir immer mit einem bereits vorliegenden Führerbefehl[1] operierten. Es wurde also gestern gegen mich entschieden. Heute morgen habe ich die Sache meinem Chef[2] vorgetragen, der mich voll gedeckt hat und mit dieser Deckung habe ich heute morgen den Kampf wieder aufgenommen und so gegen 2 Uhr erreicht, daß einige Ressorts schwankend wurden und die Angelegenheit nochmals bei ihren Ministern vortragen wollten. Sobald das geschehen ist, soll eine neue Besprechung stattfinden und zwar entweder heute abend oder morgen früh. – Inzwischen habe ich die Juristen der anderen Ressorts mobilisiert. Die würden zwar von alleine nie den Mut gefunden haben zu revoltieren, aber die Tatsache, daß mein Chef mich deckt, und daß damit ein hoher Militar dahinterstand, hat ihnen den nötigen Mut gegeben. Jetzt steht die Sache so, daß es mir gelungen ist, die Leute wankend zu machen und so hoffe ich, daß ich mich doch noch gegen die fünfundzwanzigfache Übermacht durchsetzen kann. Es ist mir selbst schon fast unglaublich, daß es mir gelungen ist, soweit zu kommen; nachdem dieses schwerste Stück Weges aber erfolgreich durchschritten ist, hoffe ich. Ich fühle mich aber grässlich erschöpft.

Ich habe sonst garnichts zu erzählen. Ich habe mit mir geschwankt, ob ich Dich nicht bitten sollte den Baron[3] unter den Arm zu nehmen und hierher zu kommen, weil eine neue Krise im Anrollen[4] ist, und ich nicht weiss, wie alles übernächste Woche aussehen wird. Ich habe es aber sein lassen. Im übrigen, Du musst eine etwaige Änderung Deiner Reisepläne damit begründen, daß ich zu dem ursprünglich vorgesehenen Zeitpunkt eine besondere Häufung von Arbeit haben würde.

Heute ist es hier nach nächtlichem Schneefall wärmer. Ob das Wetter Arbeit auf dem Felde erlaubt, kann ich nicht beurteilen; aber eigentlich müsste es gehen. Hoffentlich kommen die Rüben dann noch raus.

Auf Wiedersehen, mein Lieber, hier ist ein abgekämpfter Ehewirt; er hofft aber sich bald zu erholen und ausserdem freut ihn der bisherige Erfolg.

1 *Führerbefehl:* vgl. „Weisung für die Kriegführung" vom 18. 10. und „Weisung Nr. 9: Richtlinien für die Kriegführung gegen die feindliche Wirtschaft" vom 29. 11. in Hubatsch (Hg.), Weisungen S. 39 ff. und 46–49. Zur Westoffensive war am 20. 11. die Weisung Nr. 8 ergangen (a. a. O., S. 42). 2 *meinem Chef:* Kapitän zur See Leopold Bürkner, Chef der Abteilung Ausland in der Abwehr. 3 *Baron:* Spitzname des Söhnchens Helmuth *Caspar,* geb. 1937. 4 *im Anrollen:* Der Angriffstermin für die Westoffensive war vom 15. auf den 19., dann auf den 22. November verschoben worden, dann auf den 3. Dezember frühestens.

Berlin, [Sonntag] den 26. 11. 39

Ich schreibe erst jetzt, kurz vor dem Zubettgehen, weil ich erst ein Mal das Ergebnis unserer Telephone abwarten wollte. Was nun diese Pläne anlangt, so bin ich dafür, wir lassen es so wie es war. Komm' nur nicht vor dem 4. abends, denn bis mittags wird sich unzweifelhaft geklärt haben, ob meine Besorgnis berechtigt war oder nicht. Bitte sage aber davon auch nur andeutungsweise niemandem ein Wort, sondern sage, ich hätte in der Woche, die mit dem 4. anfängt, ausserordentlich viel zu tun, und hätte deswegen angefragt, ob Du früher kommen könntest. ...

Berlin, den 27. 11. 39

Heute habe ich in meiner Sache[1] gesiegt. Aber es war wie ein Sieg über die Hydra. Einen Kopf habe ich dem Ungeheuer abgehauen und 10 neue sind gewachsen. Jedenfalls habe ich mich nach diesem Sieg so elend gefühlt, daß ich nach Hause gegangen bin und habe Thee getrunken. Hier sitze ich jetzt und schreibe auf den Knien und warte auf Frl. Breslauer, die zur Arbeit herkommt. Ich habe mich einfach schwach gefühlt. Ich gehe bald ins Bett und nehme ein Phanodörmchen.

Hier giesst es in Strömen. Gestern und vorgestern war es genau so. Morgens und abends ist es Schnee-Matsch und über Tag Regen. Das Wetter ist in etwa ein Trost, aber ob es etwas helfen wird, weiss ich nicht. Mir scheint, daß nur noch Wunder helfen können. ...

1 *meiner Sache:* s. 25. 11. 39.

Berlin, den 28. 11. 39

Nach den hektischen Ereignissen der letzten Tage, deren Ergebnis heute zur letzten Entscheidung kommt – in einer Stunde beginnt die Besprechung beim Führer – kommt es mir wie ein[e] Antiklimax vor, mich wieder mit den Dingen des normalen Alltags zu befassen. Gestern besonders hatte ich das Gefühl, daß ich dazu nicht mehr die nötige Spannkraft haben würde. Heute aber habe ich mich wieder daran gewöhnt und vielleicht bleibt morgen schon nichts weiter übrig als daß ich meinen Panzerschrankschlüssel sorgsamer noch hüte als bisher.

Heute habe ich am Morgen mit einem der Männer, mit denen ich sehr viel zu tun habe, eine sehr nette und erfreuliche Unterhaltung gehabt. Dann habe ich nur noch wenig getan, bin dann nach Hause essen gegangen, wo ich mit Waetjen verabredet war und jetzt sitze ich hier im Institut. Gleich kommt Frl. Breslauer zum Diktieren, dann lese ich die Eingänge der letzten 14 Tage und versuche aufzuholen, was fehlt. Ich hoffe auf einigermassen friedliche Tage bis etwa Ende der Woche. ...

Berlin, den 8. 12. 39

Heute bist Du schon wieder weg und die normale Zeit beginnt wieder. Hoffentlich hast Du in Kreisau alles wohl und munter vorgefunden und hoffentlich kommst Du mit Deiner Arbeit gut voran. Mein Lieber, es war alles sehr lieb mit Dir. Aber ich komme ja auch bald zu Euch.

Gestern habe ich die ganze Zeit gearbeitet. Ich muss heute bei Schuster[1] ein Referat halten und darauf musste ich mich vorbereiten. Es soll nur 5 Minuten dauern. ...

Heute ist ein mühsamer Tag, denn um ½ 5, also in einer halben Stunde muss ich mich wieder zu den bekannten Kämpfen bewegen. Immerhin sind heute nicht ganz so umstrittene Fragen dran wie bisher. Ich hoffe daher, daß es etwas milder abgehen wird.

Heute morgen war schönes Wetter aber seit kurzer Zeit hat es sich wieder bezogen; es regnet noch nicht, aber ich nehme an, daß es bald wieder regnen wird [,] und in jedem Fall hindert dieses Wetter, bei dem das Land nicht abtrocknet jede Operation.

Mein Lieber, ich habe heute keine rechte Schreiblust. Mir steckt der bevorstehende Streit in den Gliedern oder vielmehr im Kopf und ich habe keine Ruhe.

1 *Schuster:* Admiral Karlgeorg Schuster, Leiter des Sonderstabs HWK bis Mai 1940, dann Admiral Südost, später Oberbefehlshaber des Marineobergruppenkommandos Süd.

Berlin, den 9. 12. 39[1]

Gestern abend habe ich ohne wesentliche Tätigkeit einen Sieg über Ritter[2] erfochten, der in einer immerhin wichtigen Frage sich unter dem konzentrischen Angriff aller zurückziehen musste. Er hatte seine Karten ganz einfach überspielt. Wieviel das für die Zukunft bedeuten wird, ist allerdings noch nicht klar.

Montag ist wieder ein Grosskampftag. Ich habe deswegen heute die

Montagsschlacht eingehend vorbereitet und werde morgen, Sonntag, früh zum Chef gehen. Die Aussichten für diese Schlacht scheinen mir im ganzen besser zu sein als die Aussichten bisher waren. Jedenfalls hat die letzte Woche doch einige Leute auf meine Seite gebracht,[3] die ursprünglich nicht auf meiner Seite waren.

C. B. war inzwischen hier. Er ist jetzt fortgegangen zu Freunden zum Tee und kommt nachher[4] um ½ 8 zum Essen wieder. Er schien ganz munter. Ich werde morgen gegen Mittag mit ihm zu einer geschäftlichen Besprechung gehen und ihn dann verlassen. Ich will morgen am frühen Nachmittag ein paar Briefe im Büro schreiben, an Nan[5] und Granny, und nachher für den Rest des Tages ins Institut gehen, es sei denn, daß ich zu Kiep gehe, was noch nicht ganz feststeht.

Sonst habe ich eigentlich garnichts zu berichten. Ich bin noch müde, weil ich die Erkältung noch nicht ganz los bin, aber sonst ist alles in bester Ordnung. Vor allem freue ich mich darauf, bald nach Hause zu kommen.

1 *9. 12. 39:* irrtümlich 8. 12. 39 datiert. 2 *Ritter:* Dr. Karl Ritter, Botschafter z. b. V., war als Wirtschaftsfachmann der Vertreter des Auswärtigen Amts im Sonderstab HWK; befürwortete die Umgehung des internationalen Rechts; im Wilhelmstraßenprozeß zu vier Jahren Gefängnis verurteilt. 3 *auf meine Seite gebracht:* s. 11. 12. 39, Anm. 3. 4 *nachher:* davor *morg*, gestrichen. 5 *Nan:* Dr. Petronella van Heerden, Freundin der Familie in Südafrika.

Berlin, [Sonntag] den 10. Dezember 1939

Gestern nachmittag hat mir Schuster einen seiner Leute herübergeschickt und hat mir sagen lassen, er habe sich in der von mir so heftig umkämpften Frage meinem Standpunkt angeschlossen; da das ein Novum sei, wolle er diese Frage nochmals am Montag – wo andere Fragen zu besprechen sind – auf die Tagesordnung setzen; ich sollte meinen Standpunkt noch ein Mal formulieren. – Nun bin ich neugierig, wie diese Sache weitergehen wird. Damit verlegt sich die Hauptlast des Kampfes von meinen Schultern auf die des Admirals, der zwar mehr Durchschlagskraft hat, aber auch verwundbarer ist, weil er etwas zu verlieren hat. ...

Willst Du nicht Frau Ohle[1] mit Mann einladen, nach Neujahr eine Zeitlang nach Kreisau zu kommen. Wenn es Dir nicht zuviel ist, finde ich, daß wir es tun müssten; d. h. Du hast alle Last davon. ...

1 *Frau Ohle:* Witwe des früheren sozialdemokratischen Landrats von Waldenburg in Schlesien, Karl Ohle; in zweiter Ehe Frau von zur Mühlen.

Berlin, den 11. Dezember 1939

Den Brief an das K.G.[1] von Spindel[2] habe ich erledigt. Das hat nichts zu bedeuten. Ich glaube nicht, daß ich deswegen extra hingehen muss.

Heute haben wir eine Sitzung von 12.30 bis 3.30 gehabt, aus der ich befriedigend als Sieger hervorgegangen bin. Ritter hat sich mit der Bemerkung zurückgezogen, in der Kriegskunst müsse man geschmeidig sein, in der Wirtschaftskriegskunst auch. Dieses Kapitel ist nun hoffentlich geschlossen.[3] – Wir haben zugleich ein neues Kapitel eröffnet, bei dem ich mit mehr Glück operieren konnte. Die Sache wird neu bearbeitet und ich hoffe zuversichtlich, daß diese Geschichte besser läuft. Nachdem ich mich mit dem ersten Eklat durchgesetzt habe, wird das andere wohl leichter gehen. Jedenfalls hatte es den Anschein und Ritter war bereits viel zahmer.

Gestern abend war ich mit C. B. bei Kiep. Planck[4] und Graf Trautmannsdorf[5] waren auch noch da. Wir haben uns gut unterhalten und unser Engel schien sehr befriedigt. Er ist dann noch am gleichen Abend abgefahren. ...

1 *K.G.:* Kammergericht. 2 *Spindel:* katholischer Pastor. 3 *geschlossen:* Bei der neuerlichen Erörterung deutscher Gegenmaßnahmen auf eine englische Order in Council vom 28. 11. 39, die deutsche Ausfuhr auf neutralen Schiffen zu unterbinden suchte, hielt es „das OKW" (d. h. die Abteilung Ausland) für „fraglich, ob überhaupt eine Gegenmaßnahme ... ratsam sei", machte aber Anregungen für den Fall, daß sie ergriffen würde. Admiral Schuster teilte mit, daß er dem Führer Vortrag halten und seine Entscheidung herbeiführen würde, „ob Gegenmaßnahmen erfolgen sollen, und gegebenenfalls welche". Das noch offene Kapitel befaßte sich mit einem Vorschlag des Auswärtigen Amts, für einzelne an England vercharterte Schiffe „die gesamte Tonnage des betreffenden Landes verantwortlich zu machen". OKW Ausland lehnte das als völkerrechtswidrig ab. (S. die 2 Aufzeichnungen von Legationsrat Lohmann vom 11. 12. 39 in van Roon, Völkerrecht, S. 225 f.) 4 *Planck:* Staatssekretär a. D. Erwin Planck (1893–1945), Sohn des Physikers Max Planck; nach 1933 in der Wirtschaft tätig, Direktor der Eisengroßhandelsfirma Otto Wolff; aktiver Gegner des Regimes; am 23. 1. 45 hingerichtet. 5 *Trautmannsdorf:* vielleicht Maximilian Karl Graf Trauttmansdorff, Dr. jur., Regierungsrat.

Berlin, den 12. 12. 39

Also heute sind es nur noch 10 Tage. Heute ist ein verhältnismässig friedlicher Tag. Nach den stürmischen Tagen ist so manches aufzuräumen. So lese ich heute hier die aufgestapelten Eingänge. Ich hatte auch einiges mit Schmitz zu besprechen, und sonst war ich nur zu einer Besprechung fort. Der Tag ist aber schon bald herum; es ist 4 Uhr. Ich schreibe jetzt nur noch dieses Briefchen und dann gehe ich ins Institut. ...

Deinem Ehewirt geht es gut. Er hat keine große Aktivität mehr in sich, und keine grosse Lust vor Weihnachten noch viel zu tun. Er möchte lieber wenig oder nichts tun und sich ins – Ausgerechnet an dieser Stelle klingelte das Telephon und ich wurde zu einer Sitzung abgerufen, die gerade jetzt um ½ 7 zu Ende ist. D. h. sie war früher zu Ende aber ich bin gerade jetzt ins Institut gelangt. – Immerhin ist inzwischen das zweite Projekt von Ritter geplatzt. – Mit der Ruhe war also wieder nichts und morgen um 10.30 ist schon wieder eine Sitzung. ...

Berlin, 13. 12. 39

Sieh mal, mein Lieber, welch schöne Briefchen heute kamen. Sie sind an Carl gegangen, der sie von Cöln geschickt hat. Das Rührendste finde ich die beiden letzten Worte in Daddy's Brief. – Das war also heute morgen meine Hauptfreude. Im übrigen habe ich überhaupt einen angenehmen Tag, weil meine Hoffnung auf eine baldige Beendigung dieses Krieges ordentlich Nahrung[1] bekommen hat. Ich bin jetzt schon bereit zu wetten, daß wir nächstes Weihnachten im Nachkriegsschlamassel feiern.

Heute ist ein wirklich schlecht verteilter Tag und da mir eine Besprechung so in den Nachmittag hineinragt, daß ich doch nichts Gescheites machen kann, so habe ich beschlossen, mittags allein zu Hause zu essen. Um ½ 4 kommt Sarre,[2] um 5 habe ich eine Besprechung im Wirtschaftsministerium und um 6 eine bei mir – und so habe ich jetzt gerade gut gegessen und schreibe an den Pim. ...

Heute fällt die Entscheidung,[3] von der es abhängt, ob es einen Weihnachtsurlaub gibt. Ich nehme an, daß ich morgen oder spätestens übermorgen weiss, ob die Pläne so bleiben können. Es sind jetzt nur noch 9 Tage bis zur Abreise. Ich hoffe sehr darauf.

1 *Nahrung:* Zu den Nachrichten über die SS-Greuel in Polen war seit dem 30. 11. der Krieg der Sowjetunion gegen Finnland als weiterer Grund für einen Umsturz gekommen. Die Anstrengungen der Regimegegner, Werner von Brauchitsch, den Oberbefehlshaber des Heeres, und Franz Halder, den Chef des Generalstabs, zum Handeln zu bewegen, scheiterten jedoch (s. Groscurth, Tagebücher, S. 234–7). 2 *Sarre:* Dr. Friedrich Carl Sarre, Berliner Rechtsanwalt und Notar, Schwager und Bürogenosse von Waetjen. Anfang 1940 schloß sich M. dem Büro Sarre/Waetjen an (s. 15. 12. 39 und 16. 1. 40). 3 *Entscheidung:* vermutlich wieder eine Entscheidung über den Angriff im Westen (s. Halder, Kriegstagebuch, Bd. 1, S. 137 und 139 ff.).

Berlin, den 14. 12. 39

Morgen in einer Woche fahre ich hoffentlich hier ab. Ich hoffe sehr, daß alles dabei bleibt. – Gestern habe ich ziemlich spät Besprechungen gehabt und dann bin ich noch zu Willem Bekkers[1] gegangen, die ihren ganzen Club Holländische N.S.B. Leute[2] dahatten. Das sind nette Leute und es war eigentlich ganz nett. ...

1 *Willem Bekkers:* Willem und Irmgard Bekker, holländisch-deutsches Ehepaar, er Klient von M., sie mit Carl Deichmann befreundet. 2 *N.S.B. Leute:* Anhänger der von Anton Mussert 1931 gegründeten holländischen „Nationaal Socialistische Beweging". Daß M. sie als „nette Leute" empfand, ist erstaunlich. Später kamen ihm bezüglich Bekkers politischer Tätigkeit starke Zweifel (s. 15. 12. 42).

Berlin, den 15. 12. 39

... Gestern habe ich so etwa bis 9 Uhr angenehm im Institut gearbeitet. Ich habe hauptsächlich Times gelesen und sonstige englische Nachrichten, insbesondere Artikel von Michael.[1] Es war nicht weiter aufregend, aber im ganzen angenehm. – Gestern war ein Tag der Hiobsbotschaften zur See[2] und das drückt stets die allgemeine Stimmung. Darum war der friedliche Abend besonders angenehm. ...

Mittags kommt Hans Adolf zum Essen. Ich will mal hören, was er über die Kriegslage denkt. Deswegen ist er allein. Um 4 habe ich eine Sitzung und danach hoffe ich auf einen friedlichen Abend.

Sonst ist garnichts von Interesse zu berichten. Die Annehmlichkeit, daß vor Weihnachten nichts mehr geschehen wird, wirkt einschläfernd und es geschieht nichts. Bürkner ist ausserdem fort. – Von Frl. Breslauer höre ich, daß mein Umzug nach der Viktoriastr. zu Waetjen doch vor Neujahr stattfinden wird. ...

1 *Michael:* M. las die Times und die Quartalsschrift ‚The Round Table' regelmäßig. Offenbar glaubte er – unzutreffenderweise –, daß gewisse anonyme Artikel dort von seinem Freund Michael Balfour stammten. Dieser arbeitete im Krieg in der Political Warfare Executive und war später Professor für Geschichte an der University of East Anglia. Balfour veröffentlichte u. a., mit Julian Frisby (s. 19. 11. 39, Anm. 2) die Biographie: Helmuth von Moltke, A Leader Against Hitler, London 1972 (deutsche Fassung Moltke/Balfour/Frisby, Helmuth James Graf von Moltke 1907–1945, Stuttgart 1975). 2 *zur See:* Das deutsche Panzerschiff Admiral Graf Spee wurde am 13. 12. in einem Gefecht vor der La-Plata-Mündung dermaßen beschädigt, daß es in Montevideo Zuflucht nahm und sich am 17. 12. selbst vernichtete.

Berlin, den 16. 12. 39

Heute ist ein ganz fauler Tag. Hier habe ich friedlich meine Sachen gelesen, die Nachrichten studiert, mich über die traurige Schlacht des Grafen Spee unterrichten lassen und so ist der Morgen umgegangen. Ich kann mich zu einer richtigen Arbeit nicht aufraffen. Jetzt gehe ich gleich mit Stauffenberg essen und nachher ziehe ich ins Büro. Dort habe ich eine Menge richtige Arbeit zu tun und das wird mich reichlich bis zum Abend beschäftigen. Dann gehe ich zum Abend aus und hoffe nicht gar zu spät wieder nach Hause zu kommen. Dieses Mal werde ich aber keine Zigarren[1] bekommen.

Gestern haben wir bis fast 7 Uhr getagt. Ich war jedenfalls erst um 7 Uhr 15 zu Hause. Dann kam Einsiedel und anschliessend Herr Mayer[2] aus Muffendorf. Der ging um 10.30. Mit dem friedlichen Abend war es also nichts. Vielleicht wird es ein friedlicher Sonntag. – Heute in einer Woche bin ich glücklicherweise schon zu Hause.

Von hier ist sonst eigentlich garnichts zu berichten. Ich sehe weiter Lichtblicke und mir erscheint, daß im Augenblick alles ganz leidlich geht. Ich habe es nur im Augenblick satt ohne Rücksicht darauf, ob es gut geht oder nicht. –

1 *Zigarren:* bei Kirk; M. war Nichtraucher. 2 *Mayer:* oder Meyer; Muffendorf lag nahe bei dem Deichmannschen Besitz in Godesberg.

Berlin, [Sonntag] den 17. 12. 39

... Gestern abend[1] war es sehr nett wie immer. Ich ernte jetzt bereits die ersten Früchte meiner Saat[2] in den Monaten September und Oktober. Überhaupt wenn ich die 4 Monate übersehe, so finde ich, daß ich noch nie so viel Übel verhütet und so viel Gutes erreicht habe. Es erstaunt mich. Und das Angenehme ist, daß es nie jemand erfahren wird oder bemerken wird, sodaß man nicht sieht, daß etwas dagegen unternommen werden kann. Überhaupt hält die Ferienstimmung an. Es ist sehr unrecht von mir, aber nach der Anspannung der letzten Monate und besonders der letzten Wochen muss ich mich etwas gehenlassen, wenn ich nicht gänzlich überdreht werden will. – Ich kämpfe noch mit mir, ob ich in der nächsten Woche eine Sache im Institut anfangen soll oder nicht. Ich muss mal sehen.

Heute wird ein ganz friedlicher Tag. Ich werde hier im Büro bis Mittag arbeiten, wohl so bis 2 oder 3. Dann gehe ich nach Hause essen und arbeite und lese zu Hause weiter, trinke Tee, telephoniere mit dem Pim, essen Abendbrot und gehe schlafen. Die einzige menschliche

Stimme, die ich am ganzen Tag hören werde wird die meines Pim am Telephon sein. Das sind Tage, die ich sehr schätze. Man ist dann ein Mal 36 Stunden in völliger Ruhe und kann garnicht abgelenkt werden. Merkwürdigerweise kann ich solche Tage nur bei schönem Wetter geniessen. Bei Regen irritieren sie mich.

Ich habe gerade die Protokolle über die Sitzung in Sydney im September 1938[3] bekommen, bei der Curtis, Lothian[4] und andere waren. Ich will sie eigentlich über Weihnachten studieren. – Hoffentlich haben wir aber zu Weihnachten schönes Wetter, denn ich möchte möglichst viel raus gehen, wo ich doch jetzt immer in der Stube hocke.

Ja, mein Lieber, ich bin sehr gespannt zu sehen, wie alles aussieht. Ich bin schon in grosser Vorfreude. – Dies ist der letzte Sonntag, an dem ich hier im Büro sitzen werde. Wenn ich im Januar wiederkomme, wird alles weitere sich in der Viktoriastr.[5] abspielen. Das wird also ein neues Kapitel werden. ...

1 *Abend:* bei Kirk. 2 *Saat:* „Kirk hatte sich von Zeit zu Zeit diskret mit Moltke zu einem allgemeinen Gedankenaustausch über die politische Lage getroffen. Es war großenteils Moltke, durch den er zu der Ansicht gekommen war, daß der Krieg ungeachtet aller militärischer Triumphe für Deutschland böse enden würde." (Kennan, Memoiren, S. 216). 3 *September 1938:* Es handelte sich um die Commonwealth-Konferenz in Sydney Anfang September 1938. 4 *Lothian:* Philip Henry Kerr (1882–1940), seit 1930 Marquess of Lothian; in jungen Jahren in Südafrika tätig (Mitglied von „Milner's Kindergarten"), 1910–16 Herausgeber der Zeitschrift ‚The Round Table'; arbeitete 1916–21 unter Lloyd George; seit 1925 Sekretär des Rhodes Trust; 1939–40 britischer Botschafter in Washington. S. auch Einleitung, S. 30f. und Brief vom 19. 11. 39, Anm. 1. 5 *Viktoriastr.* vgl. 13. 12. 39, Anm. 2.

Berlin, den 19. 12. 39

... Gestern abend war Einsiedel da, mit dem ich einiges bereden wollte. Um 10 ging er und ich eilte ins Bett. Heute bin ich früh im O.K.W. gewesen und habe hauptsächlich Nachrichten gelesen und sonst Informationen gesammelt. Es war ein ganz interessanter Tag von diesem Standpunkt aus. Sonst war wenig los, d. h. ich habe sonst eigentlich nichts getan als mich mit Schmitz unterhalten. Kurz vor 5 bin ich hierher in die Derfflingerstr. gegangen, um Tee zu trinken, weil wir mal wieder nichts zu Mittag bekommen hatten. Ausserdem habe ich heute Nachtdienst. Ich habe eine grössere Arbeit für heute abend über Hoheitsgewässer vor und mache das besser zu Hause als im Institut, wo doch alle Augenblicke irgend jemand etwas von mir wissen will. Ich werde gegenwärtig in etwa als Auskunftsstelle über alle möglichen Punkte des englischen Rechtes verwandt. ...

Berlin, den 20. 12. 39

Ich habe heute alleine zu Hause gegessen und dabei Dein Briefchen mit all den Informationen gelesen. Dumm ist diese Erkältung. Hoffentlich wirst Du sie noch los. Jetzt ist es gerade nach Tisch, aber schon drei. Ich schreibe noch dieses Briefchen, lese ein Gutachten über Kriegsflugzeuge durch und trinke ein Teechen. Dann gehe ich ins Büro. Es wird wohl mein letzter Gang nach dem Pariser Platz 7 sein.

Gestern packte mich plötzlich die Angst, daß eine bestimmte Sache, die ich immerzu hingehalten habe – nicht in offener Feldschlacht sondern so durch meine blosse Anwesenheit –, während meiner Abwesenheit gemacht werden würde. Ich glaubte ein Anzeichen dafür bemerken zu können, daß meine Abwesenheit bewusst benutzt werden sollte. Ich habe mich also daran gesetzt, noch schnell ein Gutachten[1] darüber zu machen und mindestens meine Abteilung auf diesen Standpunkt festzulegen. So habe ich plötzlich noch ein Mal alle Hände voll zu tun. Auch sonst hat sich noch so manches angesammelt.

Heute räume ich im Büro alles auf; morgen früh gehe ich ins Institut, nachmittags ins OKW und gegen Abend ins Auswärtige Amt. Freitag muss ich den ganzen Tag im OKW verbringen, weil ich da auch eine ganze Menge aufzuräumen habe.

So, mein Lieber, jetzt werde ich mich sputen. Ich eile zu Ihnen und ganz bald bin ich da. Werden Sie wieder gesund und behalten Sie mich lieb.

1 *Gutachten:* Es handelte sich wahrscheinlich um die internierten polnischen Militärpersonen und die zivilen polnischen Flüchtlinge im neutralen Ausland, denen Hereinnahme nach Deutschland als Kriegsgefangene oder, wenn sie nicht als Kriegsgefangene anerkannt wurden, als politische Häftlinge drohte, und damit Internierung in deutschen Konzentrationslagern (vgl. van Roon, Völkerrecht, S. 250f., Canaris an Himmler 24. 12. 39, a. a. O., S. 251f. und Bürkner an A. A. 14. 2. 40, a. a. O., 252f.).

Briefe 1940

[Berlin], 5. 1. 40

Nur ein Grüsschen. Ich bin heute geröndget worden. Der eine Knochen hat eine Ausbuchtung bekommen. Sonst ist nichts zu sehen. Am Montag soll ich Heissluftbäder nehmen und massiert werden.

Wir sind gut gereist, pünktlich abgefahren und nur mit ½ Std. Verspätung angekommen. Während meiner Abwesenheit ist eine Sache verkorkst worden, sonst ist alles in Ordnung.

Mein Arm fängt an zu mucken.

[Berlin], 6. 1. 40[1]

Fräulein Saager ist noch nicht da; sie wird wohl am Montag kommen. Dafür macht mir Frau Kohn[2] die Zimmer und ich esse möglichst auswärts. Das geht sehr gut. Morgen gehe ich mittags in die Stadt und esse auf dem Wege.

Das Schreiben geht noch nicht gut, aber sonst ist der Arm so gut wie normal. Ich kann ja schliesslich nicht mit dem linken Arm kochen und mein Frühstück machen.

Die Stimmung ist schlecht wie immer. Heute in einer Woche sind wir sicher in einer der sich wiederholenden Krisen und man hat nie eine Ahnung wie es danach aussehen wird. – Entsetzt bin ich über die Anzeichen beginnender Disziplinlosigkeit. Im Wartesaal II in Breslau sassen Inge und ich an einem Tisch mit einem Major und zwar an der Tür. Es gingen an uns sicher 200 Soldaten vorüber, die auch im Wartesaal sassen und von diesen grüssten etwa 10. Der Rest sah den Major mit Neugier an und ging grusslos vorbei. – Gestern war ich bei Herrn Becker und liess mir um 7 die Haare schneiden. Er tat es selbst, weil ihm fast alle Leute eingezogen sind. Plötzlich stellte sich an den Tisch neben mich sein Gehilfe und rasierte sich selbst. Herr Becker sagte nichts. Nachdem sich der junge Mann noch frisiert und abgebürstet hatte ging er fort[,] und dann entschuldigte sich Herr B bei mir mit ganz rotem Kopf. Er könne ja nichts sagen, denn die liefen ihm sofort weg und zur Arbeitsfront.[3]

1 *6. 1. 40:* irrtümlich 6. 1. 39 datiert. 2 *Frau Kohn:* die – vermutlich nichtjüdische – Frau von Herrn Kohn, der die Heizung versorgte. 3 *Arbeitsfront:* Die Deutsche Arbeitsfront (DAF) war die nationalsozialistische Einheitsgewerkschaft.

Berlin, [Sonntag] den 7. 1. 40

... Dein Briefchen kam, das erste. Ja, die Zeit war kurz; aber sie war sehr lieb und schliesslich ist doch nicht zu ändern daß Krieg ist. Mein Lieber aber wird mich lieb behalten und das ist die Hauptsache.

Jetzt um ½ 7, bin ich wieder zu Hause. Ich war nach dem Essen kurz im Büro und dann noch 2 Stunden im O.K.W. Danach habe ich hier Tee getrunken und jetzt werde ich mich wieder an die Arbeit setzen, die im wesentlichen darin besteht, einen Extrakt aus einem sehr guten Artikel im Round Table[1] über die Strategie im Wirtschaftskrieg für Schuster herzustellen. Der Round Table ist überhaupt wieder sehr gut geworden.

Die allgemeine Lage erscheint unverändert. Das wichtigste Ereignis ist im Grunde die russische Niederlage in Finnland.[2] Aus diesem Komplex werden sich wohl in 2 Monaten etwa wichtige Ereignisse entwikkeln. – Wir werden jedenfalls unsere Nerven noch tüchtig zusammenhalten müssen in den nächsten Monaten.

1 *Round Table:* die von Lord Milner, Lionel Curtis und Philip Kerr (später Lord Lothian) 1910 ins Leben gerufene Quartalsschrift ‚A quarterly review of the politics of the British Empire'. 2 *Finnland:* die Russen hatten bei Suomussalmi zwei Schlachten verloren. Vgl. 13. 12. 39, Anm. 1.

Berlin, den 8. 1. 40[1]

Heute war ein friedlicher Tag. Ich bin schon früh am Morgen ins OKW gegangen und habe munter vor mich hin gearbeitet. Ich bin dort jetzt wieder im laufenden und eigentlich geht alles ganz gut. Die Lektüre der aufgelaufenen Sachen war auch angenehm, da sie meine Siege bei Schuster[2] in formeller Form wiedergaben.

Mittags habe ich mit Kessel[3] gegessen, einem der Adlati von Weizsäkker,[4] der jetzt auf 3 Monate nach Genf geht. We compared notes without finding much difference. Um 4 war ich wieder im O.K.W.[,] habe aber nicht viel getan und bin um 5 ins Büro gegangen. ...

Politisch anscheinend nichts Neues. Alles läuft noch im alten Fahrwasser weiter, Italien[5] eher etwas weniger gut. – An eine militärische Aktivität irgendeiner Seite scheint mit voller Überzeugung für die nächsten 2 Monate niemand zu glauben.

1 *8. 1. 40:* irrtümlich 8. 1. 39. 2 *Siege bei Schuster:* s. 16., 18., 25., 27. und 28. 11. und 8., 9. und 10. 12. 39. 3 *Kessel:* Legationsrat Albrecht von Kessel, spätestens seit Genf 1935 bekannt – s. Einleitung, S. 28 f. 4 *Weizsäcker:* Ernst Freiherr von Weizsäcker (1882–1951), seit 1938 Staatssekretär im Auswärtigen Amt, 1943–45 deutscher Botschafter beim Heiligen Stuhl; Protektor und Helfer von Regimegegnern im Auswärtigen Amt, trotzdem 1949 im Wilhelmstraßen-

prozeß zu 5 Jahren Gefängnis verurteilt, jedoch 1950 entlassen. M. kannte ihn seit Bern, 1935, wo W. damals Gesandter war – s. Einleitung S. 28. 5 *Italien:* Mussolini hatte gerade einen Brief an Hitler geschrieben, in dem er nicht nur Italiens Zurückhaltung im Kriege und die Mißbilligung der deutschen Politik gegenüber der Sowjetunion erklärte, sondern auch für die Anerkennung eines neuen, wenn auch verkleinerten polnischen Staates und für einen kurzen Krieg plädierte. Italiens Beziehungen zu Frankreich seien „korrekt, aber kühl". S. ADAP, D, Bd. 8, Nr. 504.

Berlin, den 9. 1. 40[1]

... Deinem Ehewirt geht es unverändert gut. Er hat jetzt hier im OKW wieder eine größere Arbeit, die ihm angenehm ist und ihn wieder mit den allgemeinen und großen Problemen in Berührung bringt. Das ist eine viel bessere Arbeit als das Murksen im Kleinkram. – Im Büro soll am Freitag umgezogen werden. Einen so merkwürdigen Umzug habe ich noch nie erlebt. Ich bin nicht ein einziges Mal in dem neuen Büro gewesen und habe mich um keine einzige Sache gekümmert. Das ist wirklich sehr angenehm. ...

[PS] Die Karte von Alice[2] hat mich gefreut. Sie ist in Irland eingesteckt, das ja neutral ist.

1 *9. 1. 40:* irrtümlich 9. 1. 39. 2 *Alice:* Alice Roughton und ihren Mann – sie war Ärztin – kannte M. seit seinem ersten Besuch in England 1934.

Berlin, den 10. 1. 40[1]

... Ich habe wieder ein wenig Arbeit im Büro. Nicht viel, aber doch so, daß ich hoffen kann wenn es so anhält gerade meine Spesen zu verdienen und mir dadurch Frl. B. durchhalten zu können. ...

1 *10. 1. 40:* irrtümlich 10. 1. 39.

Berlin, den 15. 1. 40[1]

Das Wunder,[2] welches uns gerettet hat, hat erstaunliche, geradezu katastrophale Ausmasse. Es lässt sich noch nicht übersehen, welche Folgen es haben wird. – Hier ist entsetzlicher Matsch und an den Stufen auf dem Wege zur Wohnung steht eine grosse Lache, in die ich bereits gestern feste getreten bin. Da es auf dem Rückweg war, machte es aber nichts oder fast garnichts.

Ich bin heute den ganzen Tag im O.K.W. gewesen; allerdings war ich zum Essen mit Waetjen und Carl zu Hause und jetzt, um 5, bin ich wieder zu Hause, weil Willo's Freund von Planta mit seiner Frau kommt. Ich bin gespannt, wie sie sein werden und was sie von Willo zu erzählen haben. Ich schreibe nachher, wenn sie da waren, weiter. ...

Nun bist Du schon einen ganzen Tag fort. Wie magst Du alles vorgefunden haben; war der Baron lieb und freundlich? War Asta gnädig? Taut es auch in Kreisau? In Finnland sind auch nur noch 2 Grad unter 0. Vielleicht trocknet es noch ein Mal ab, sodaß man auf's Feld kann. So, ich höre auf, denn Planta scheint zu kommen.

Plantas waren da. Es sind nette Schweizer Leute. Sie haben mir sehr freundlich von Willo berichtet, dem es gut zu gehen scheint wenn er auch keine Arbeitserlaubnis mehr hat. Aber Arbeit scheint er noch zu haben. Plantas sind Architekten, die auch in Schweden gearbeitet haben und jetzt zurück müssen, weil sie keine Arbeit mehr in Schweden finden. ...

1 *15. 1. 40:* irrtümlich 15. 1. 39. 2 *Wunder:* Durch eine Notlandung von zwei Majoren der Luftwaffe waren Dokumente über die für den 17. 1. festgesetzte Westoffensive in belgische Hände gefallen. Hierdurch wurde der Bereitschaftszustand in Belgien und Holland ausgelöst. Hitler befahl die Einstellung des Aufmarsches und verschob am 16. 1. den Angriff im Westen auf das Frühjahr.

Berlin, den 16. 1. 40[1]

Heute morgen wurde bereits verkündet, daß es wieder kalt werden wird, und schon ist es eisig. Leider sind damit auch die anderen Projekte viel akuter geworden und wir werden sicher noch bis Sonntag in Sorge leben müssen. – Heute war ich den Vormittag im OKW. Zu Mittag habe ich mit Peter Yorck,[2] dem Bruder von Davy[3] gegessen, oder vielmehr bei ihm. Er wohnt draussen am Botanischen Garten, in einem winzigen Haus,[4] das sehr nett eingerichtet ist. Ich glaube wir haben uns sehr gut verständigt und ich werde ihn wohl öfter sehen. ...

Heute schreibe ich zum ersten Mal von der Viktoriastr.[5] Es sieht alles noch ziemlich wüst aus aber mein Schreibtisch steht gut und Frl. Breslauer ist installiert, nur die Bücher sind noch nicht untergebracht. Noch eine Woche und alles ist in Ordnung.

Mein Lieber, jetzt höre ich auf. Mir ist wieder reichlich übel zumute und darum kann ich nichts Vernünftiges schreiben.

1 *16. 1. 40:* irrtümlich 16. 1. 39. 2 *Yorck:* Peter Graf Yorck von Wartenburg (1904–1944), Leutnant d. R., Nachfahr des Generals Yorck, der durch die Konvention von Tauroggen Preußen an die Seite Rußlands gegen Napoleon brachte. Der schlesische Grundbesitz Klein-Öls kam durch ihn in die Familie und wurde später u. a. um das Gut Kauern erweitert, welches der älteste Bruder, Paul, den jüngeren Geschwistern überließ. Peter Yorck promovierte, wie auch seine Frau, die geborene Marion Winter, als Jurist, arbeitete zeitweilig für die Osthilfe, wurde Beamter, ab 1935 Regierungsrat am Oberpräsidium Breslau unter Josef Wagner, dann, unter Wagner als Reichskommissar, Referent für Grundsatzfragen im Reichskommissariat für die Preisbildung in Berlin, zuletzt als Oberregierungsrat – eine weitere Beförderung wurde wegen seiner Nichtzugehörigkeit zur

Partei abgelehnt. Als Wagner im November 1941 aus seinem Amt entfernt wurde, ging Yorck, der den Polenfeldzug mitgemacht hatte, in die Wehrwirtschaft. Sein Gegensatz zum Regime hatte ihn schon seit den dreißiger Jahren, intensiv seit 1938, mit gleichgesinnten Freunden zu konspirativen Gesprächen zusammengebracht, unter ihnen Schulenburg und Kessel. Die Begegnung mit M. im Januar 1940 war nicht die erste. Im Sommer 1940 begann dann die systematische Sammlung des Freundeskreises, dem die Gestapo später den Namen Kreisauer Kreis gab. Nach M.s Inhaftierung im Januar 1944 führte Yorck die Arbeit weiter, brachte sie aber in zunehmend engere Verbindung mit den Umsturzplänen Claus Stauffenbergs, mit dem er auch verwandt war. Er wurde im ersten Volksgerichtshofprozeß nach dem 20. Juli, am 8. 8. 44, zum Tode verurteilt und hingerichtet. 3 *Davy:* Davida geb. Gräfin Yorck, die Frau von Hans Adolf von Moltke. 4 *winzigen Haus:* Das Haus Hortensienstraße 50 wurde häufiger Treffpunkt für „Kreisauer" Diskussionen. 5 *Viktoriastraße:* das neue Büro, das er mit Sarre und Waetjen teilte.

Berlin, den 17. 1. 40[1]

Es ist 8.15 und es ist das erste Mal, daß ich heute die Feder in die Hand nehme. Das kommt mir selbst sehr merkwürdig vor. Aber ich bin heute am frühen Morgen ins Institut gegangen und habe den ganzen Tag über gelesen, immerzu gelesen: Gesetze, Verordnungen, Zeitungen, Entscheidungen und alles über England. Ich habe nichts Besonderes entdeckt, aber ich bin dadurch so aufs laufende gekommen, daß ich jetzt hoffen kann, darin zu bleiben. Im Augenblick ist wenig Akutes zu tun. Ich soll noch 2 Artikel für die Zeitschrift schreiben, einen über den Trading with the Enemy Act[2] und einen über die Order in Council,[3] durch die die deutsche Ausfuhr unterbunden werden soll. Ausserdem habe ich ein grosses Programm für die wirtschaftliche Kriegführung vorgelegt. So tue ich allerhand was mich freut und was in dem nun ein Mal gegebenen Rahmen auch nützlich ist.

Ich bin in den letzten Tagen entsetzt gewesen zu sehen, wie sehr sich eine Unterschätzung der Engländer ausgebreitet hat. Da ich der Meinung bin, daß diese Unterschätzung die Friedensmöglichkeiten zu beeinträchtigen geeignet ist, will ich etwas dagegen unternehmen. Zumal ich der Urheber dieser Einstellung bin, weil ich auf einige englische, die Schwierigkeiten darstellende Artikel hingewiesen und Auszüge[4] daraus gemacht habe. Ich habe daraus geschlossen, daß die Engländer mit ihrer üblichen Nüchternheit die Gefahr der gegenwärtigen wirtschaftlichen Tendenz erkannt haben und daß bald mit der Abstellung der Mängel zu rechnen sei. Die Anderen haben diese Artikel als Schwächesymptome gewertet, mit der Begründung, der Engländer werde nie eine Schwäche zugeben, wenn sie nicht schon sehr ernst sei. Die Leute sind mit Blindheit geschlagen. Was aber das tollste ist, ist daß die Seekriegsleitung, die seit längerer Zeit keine Erfolge mehr gehabt hat, nun ernstlich in ihrer Konferenz unter sich behauptet hat, diese Schwäche sei auf ihre Leistungen zurückzuführen. Das ist eine ganz gefährliche Illusion. ...

Bitte versuche doch ein Mal festzustellen, was mein Erbhofantrag eigentlich macht. Am besten rufst Du Amtsgerichtsrat Eckart einfach ein Mal an. Ich nehme an, daß er bei der Bauernschaft liegt. Versuche doch in diesem Falle vorsichtig den Kreisbauernführer Prasse[5] zu bitten, den Antrag weiterzuleiten unter Hinweis darauf, daß es erwünscht sei, daß dieser Antrag zusammen mit dem von H. A. bald bei der Landesbauernschaft einginge, weil die von uns erhoffte und für uns nötige finanzielle Erleichterung von der Bearbeitung dieser Sache abhinge. ...

1 *17. 1. 40:* irrtümlich 17. 1. 39. 2 *Trading with the Enemy Act:* Die Vorarbeit war seine amtliche Aktennotiz vom 12. 10. 39, „Vorläufiger Bericht über die Trading with the Enemy Gesetzgebung in Großbritannien" – Text in van Roon: Völkerrecht, S. 217–221. 3 *Order in Council:* Der Anfang Mai abgeschlossene Aufsatz „Die britische Order in Council vom 27. November 1939 über die Beschlagnahme deutscher Ausfuhrwaren" erschien in der Zeitschrift für ausländisches öffentliches Recht und Völkerrecht, Bd. X, 1940/41, S. 110–126. Wiederabdruck bei van Roon, a. a. O., S. 128–143. 4 *Auszüge:* zu einem solchen s. van Roon, a. a. O., S. 227 f. 5 *Prasse:* Ohne das Plazet der zuständigen Parteigrößen konnte Kreisau nicht Erbhof werden.

Berlin, den 19. 1. 40

Heute habe ich im OKW eine Menge Dinge in Gang gebracht, die ich in Gang bringen wollte. Es ging heute mal alles glatt. Zugleich gelang es Schmitz, an ziemlich wichtiger Stelle ein Wort für die Wahrung der belgischen und niederländischen Neutralität[1] einzulegen. Es ist immer gut, in diesem Punkte vorzubauen. So sind wir beide von unserem Tage recht befriedigt. ...

1 *Neutralität:* Spätestens seit dem 13. 1. wußte die deutsche Führung, daß die Belgier und Holländer von der beabsichtigten Verletzung ihrer Neutralität wußten. Hans Oster von der Zentralabteilung der Abwehr – s. 15. 10. 41 – hatte aber schon vorher seinen Freund Sas, den holländischen Militärattaché in Berlin, regelmäßig über den geplanten deutschen Einmarsch unterrichtet.

Berlin, [Sonntag] den 21. 1. 40

... Heute ist ein köstlicher Tag, wenn auch sehr kalt. Es liegen sicher 10 bis 15 cm Schnee und die Stadt ist ganz still. Ausserdem strahlt die Sonne. Heute nach dem Mittagessen fahre ich zu Sarres[1] nach Babelsberg. Ich bin sehr gespannt darauf, wie es da sein wird. Ich soll über

Abend bleiben und das bedeutet, daß ich Dich von dort aus anrufen werde.

Herrn Deichmann geht es wieder besser. Ganz sichtlich. Er soll man heute im Bett bleiben und sich pflegen. Ich werde noch Mittagessen machen und nachher kommt die Baronin.[2] Übrigens Sir Alfred Hopkinson[3] ist gestorben. Ich las es gestern in der Times. Unser Times-Dienst ist jetzt recht gut organisiert und wir haben gestern, also am 20., bereits die Nummer vom 17. gehabt. D. h. daß es von London bis Berlin über Stockholm schneller geht als von Kreisau nach Berlin. ...

Vorgestern abend war ich bei Mutz.[4] Sie hat mir sehr gut gefallen und hat eine sehr nette Wohnung. Geradezu grossartig, jedenfalls abends. Du musst sie Dir ein Mal ansehen. Mit wenigen sehr schönen Möbeln. Das netteste ist, daß man von dem Wohnzimmer eine kleine in dem Zimmer befindliche geschwungene Holztreppe hinaufsteigt, um zu ihrem Schlafzimmer zu gelangen. Dort hängt eine sehr nette Zeichnung von Hemme,[5] die Marietta Lydis[6] diesen Sommer, also Sommer 39, gemacht hat. Mutz geht jetzt wieder nach Prag, kommt aber in 4 Wochen wieder. So kannst Du sie vielleicht noch treffen. Sie lässt Dich sehr zärtlich grüssen.

1 *Sarres:* s. 13. 12. 39, Anm. 2. 2 *Baronin:* Baronin Steengracht von Moyland, Frau von Gustav Adolf Steengracht vom Stabe Ribbentrop und dem A.A., ab 1943 Staatssekretär – s. 2. 4. 43. Sie war mit Carl Deichmann befreundet. 3 *Hopkinson:* Sir Alfred Hopkinson, K. C. (1851–1939), berühmter englischer Jurist und Politiker, dessen Familie M. vor dem Krieg kennengelernt hatte. 4 *Mutz:* Maria Schanda, Schauspielerin, bürgerlich Frau Seiffert, Freundin aus dem Schwarzwaldkreis. 5 *Hemme:* Dr. Hermann Schwarzwald, der nach dem Anschluß, allerdings unter großen Schwierigkeiten, auswandern konnte. S. Einleitung, S. 18. 6 *Lydis:* auch zum Schwarzwaldkreis gehörend.

Berlin, den 22. 1. 40

Das war aber ein sehr liebes Telephon. Ihr Stimmchen klang lieb und wohl und alles was Sie sagten ganz zufrieden. Ihr Ehewirt war also draussen in Babelsberg. Dort war es nett und der Weg war schön, weil alles gefroren und verschneit war. Die haben mir eigentlich alle gut gefallen, so als Ganzes und als Familie. Wir müssen ein Mal zusammen hinausfahren, wenn Du da bist.

Inzwischen war eine grosse Unterbrechung durch einige Telephongespräche und gleich wird eine neue Unterbrechung kommen. Ich schreibe aber weiter, weil ich nachher zu Kiep fahren werde, der krank zu Bett liegt und etwas über die Weltereignisse hören will. Heute war ich den ganzen Tag im OKW. Es gab viel interessante Arbeit und ich werde wohl auch morgen den ganzen Tag dort zubringen müssen. ...

Berlin, den 23. 1. 40

... Das Unglück ist jetzt endgültig abgeblasen. Endgültig heisst für längere Zeit, wohl Monate. Ich fühle mich ungeheuer erleichtert. Ausserdem, und um uns an den ständigen Wechsel von ganz unten nach ganz oben und umgekehrt zu gewöhnen, ist seit drei Tagen ein ganz kleiner Silberstreifen[1] erschienen. Er ist sehr klein, aber der erste seit dem 1. 9. Dein Ehewirt wagt zwar nicht zu hoffen, aber er ist in der glücklichen Lage, ein ganz klein wenig an der Verbreitung dieses Streifens mitarbeiten zu können.

Deinem Ehewirt geht es gut. Er hat verhältnismässig viel lästigen Brassel, aber in der Spreu sind eben doch einige Körner. – Dabei fällt mir das Dreschen ein und die tote Kuh. Das ist alles nicht schön, aber wir müssen uns damit abfinden daß jetzt scheussliche Jahre kommen. Wie steht es eigentlich liquiditätsmässig. Z[eumer] soll sehen, daß er seinen Dünger so schnell wie möglich heran bekommt.

Es ist schon ½ 8 und ich bin noch immer im OKW. Ich gehe jetzt mit Strindberg zu Abend essen, der aus den nordischen Ländern kommt. Nachher gehe ich schnurstracks ins Bett. Ich habe die letzte Nacht schlecht geschlafen, weil ich über den Silberstreifen nachdachte.

1 *Silberstreifen:* bezieht sich wohl auf den Versuch der Regimegegner, durch Vermittlung des Papstes die Möglichkeiten eines Vergleichsfriedens mit England zu sondieren – s. 10. 10. 39, Anm. 1, und Hoffmann, a. a. O., S. 204 f; außerdem war Trott in ähnlichem Sinne in Amerika tätig – s. 19. 9. 39, Anm. 3 und Rothfels: Adam von Trott und das State Department, in VfZ Juli 1959. M. setzte anscheinend noch auf den Widerstand der Generäle gegen einen deutschen Angriff im Westen – s. Major Tafels Tagebucheintragung vom 2. 2. 40 in van Roon, a. a. O., S. 231 f.

Berlin, den 24. 1. 40

Gestern abend, als ich nach Hause kam, fand ich Deinen langen Brief vom Sonntag mit all den vielen Beschreibungen. Das war aber ein sehr lieber Brief. Ich hatte mit Strindberg zu Abend gegessen, mir über Willo und die skandinavischen Staaten berichten lassen und ihn überdies befragt, wie denn die Kriegslage von der Redaktion des Deutschen Verlages aus angesehen wird. Ich habe von ihm einiges Interessante gehört, aus dem ich entnehmen konnte, daß seit ein paar Tagen Schatten der Schwalben, die ich fliegen sehe, auch bei den Chefredakteuren zu bemerken sind. ...

Berlin, den 25. 1. 40

... Ich habe gestern den ganzen Tag an einer einzigen Sache im OKW gearbeitet. Das habe ich immer am liebsten. Ich habe mir auch die Vorgänge aus dem vorigen Kriege heraussuchen lassen, und eine Sache richtig gründlich gemacht. Um 5 brachte ich es noch zum Chef in der Erwartung, daß er es schnell durchsehen und unterhauen würde. Für alle Fälle sagte ich jedoch noch, er solle den Chef der operativen Abteilung der Kriegsmarine anrufen, um sicherzugehen, daß die Sache nicht verhauen würde, ehe wir etwas machen könnten. Und siehe da, wir erwischten die Angelegenheit gerade noch am letzten Zipfel. Sie war im Begriff, grob danebengehauen zu werden. So sind wir denn gleich losgezogen und haben erfolgreich gebremst. Das freut einen immer. ...

Berlin, den 26. 1. 40

Heute schreibe ich früher, weil ich gegen Abend noch manches vorhabe. Heute früh war ich bei Schramm, der mir im Weisheitszahn herumgebohrt und entsprechend weh getan hat. Dann eilte ich ins OKW und hier habe ich immerzu gearbeitet bis jetzt. Es ist ¾ 1. Ich will nach Hause essen gehen und habe jetzt eine kurze Zeit noch frei ehe ich weg gehe. Nach Tisch gehe ich um 3 in eine Sitzung, die wohl lange dauern wird und dann will ich ins Institut. Vielleicht vorher noch zu Lewinski.[1] Das hängt davon ab, wann ich mit meiner Sitzung fertig werde.

Ich lege einen Brief von Rabenau[2] bei, der wieder wie immer sehr freundlich ist. Ich hatte ihn um seine Unterstützung gebeten wenn ich ein Mal Material brauche. – Jetzt hat er mich zu Mittwoch nachmittag zum Tee eingeladen. Ich will die Bekanntschaft etwas fördern. ...

Die Schwalben fliegen noch immer. Jedenfalls scheint soviel festzustehen, daß nichts von dem zu erwarten ist, was wir befürchten. Das gilt jetzt sicher für ein oder 2 Monate. Gott sei Dank.

1 *Lewinski:* Karl von Lewinski, Jurist, zeitweilig in diplomatischem Dienst, Spezialist für amerikanisches Recht, mit dem M. zu Beginn seiner Anwaltspraxis ein Büro Unter den Linden 69 teilte; nach dem Krieg Direktor des Max-Planck-Instituts für öffentliches Recht und internationales Recht. 2 *Rabenau:* General Friedrich von Rabenau (1884–1945), bis 1943 Chef des Heeresarchivs, deshalb für Kreisau als Gedenkstätte für den Feldmarschall von Moltke zuständig, gehörte zum Kuratorium der Moltke-Stiftung; April 1945 hingerichtet.

Berlin, den 27. 1. 40

... C. B.'s Brief klingt sehr traurig. Der Arme! Ich will ihm morgen schreiben. Und ich werde Dich morgen sicher erst später anrufen, weil ich zu K[1] gehe. Heute verbringe ich den Abend mit Schuster und Kiep. Du siehst also, ein aufregendes Wochenende. – Schmitz war heute allein im OKW, wo er anscheinend erhebliche Kämpfe zu bestehen hatte. Er kam so um 1 ins Institut, wo ich arbeitete, und war noch ganz erregt. Ich bin inzwischen schon viel routinierter und nehme das alles ruhiger als er.

Es gibt keine Neuigkeiten von Interesse. Im Augenblick kämpft alles gegen den Winter mit Kälte und Hunger. Die Reichsbahn scheint von Tag zu Tag mehr in Unordnung zu geraten und es wird grosser Mühe bedürfen, wieder Ordnung in dieses Gewirr zu bringen. Der Teufel soll sie holen.

Sonst habe ich, scheint mir, nichts zu berichten. Ich arbeite immer vor mich hin, fange an das Gefühl zu haben, daß sich die Wolken verdichten und daß man so klarer sieht was man will und soll. Das ist, im ganzen, angenehm.

1 *K:* Kirk.

Berlin, [Sonntag] den 28. 1. 40

Wie ärgerlich, daß Jowo[1] eingezogen ist. Ich bin ganz betrübt darüber. Ob Inge[2] wohl in Köln bleiben wird. Das wird wohl davon abhängen, ob ihr Jowöchen in der Nähe bleibt. Im Grunde aber bin ich bei Jowo der Meinung, daß er es sich schon irgendwie erträglich einrichten wird, im Gegensatz zum Engel.[3]

Ich will heute einen faulen Sonntag machen. Ich habe eine Menge Dinge, die ich mir überlegen muss und will mich deshalb ruhig verhalten. Am späten Nachmittag gehe ich dann aus. – Wenn Du am Mittwoch kommst, so könntest Du nachmittags mit zu Rabenaus gehen. Das würde sehr gut passen. Ich meine Du solltest am Montag wieder nach Kreisau fahren. Wir würden dann die Pläne von Herrn Deichmann kennen und Du würdest dann ja wohl bald wiederkommen.

Dein Ehewirt ist voller Hoffnungen. Wir werden unzweifelhaft ein rasend anstrengendes und aufregendes Halbjahr vor uns haben. Aber die Aussichten, daß es vielleicht doch gut ausgeht sind heute grösser als je seit dem 1. 9. 39. Es scheint, daß die Tage, an denen mein Pim das letzte Mal hier war, einen Wendepunkt bedeutet haben und zwar wegen des Ereignisses, über das ich berichtete.[4] Noch ist kein Grund[,] mehr zu tun als zu hoffen. Aber immerhin, das kann man doch.

Gestern bei Kiep habe ich mich lange mit Schuster unterhalten. Er war sehr nett mit mir. Ich habe ihm einen Rat gegeben. Das hatte ich mir seit langem vorgenommen, hatte aber doch etwas Sorge. Es war ein Rat über die Art und Weise, in der er seine Arbeit tun solle. Er war aber sichtlich erfreut darüber, sodaß ich annehme, daß ich einen in ihm vorhandenen Gedanken bestärkt habe. Er sagte mir, ich solle ihm derartige Anregungen stets geben und ihn nur immer aufsuchen, wenn ich so etwas hätte. Das ist doch sehr freundlich, nicht?

1 *Jowo:* s. 13. 10. 39, Anm. 1. 2 *Inge:* s. 13. 10. 39, Anm. 1. 3 *Engel:* s. 4. 9. 39, Anm. 3. 4 *berichtete:* vgl. 15. 1. 40, Anm. 2 und Hoffmann, Widerstand, S. 205. F. M. war vom 11.–14. 1. in Berlin gewesen.

Berlin, den 29. 1. 40

... Mittags habe ich wieder mit Yorck in der Derfflingerstr. gegessen. Jetzt ist es 7.10 und Waetjen und Einsiedel wollen zu mir zum Essen kommen um 7.30. Ich habe noch rasch ein Telephon mit dem Pim angemeldet und will dann gehen. – Schuster hat mich heute gefragt, ob ich zu ihm kommen wollte. Ich bin neugierig, ob das was wird. Es wird viel von einer Sitzung morgen abhängen, bei der ein Operationsplan[1] von Deinem Ehewirt besprochen werden wird. Wird beschlossen, diesen Plan ernstlich zu studieren, dann werde ich wohl hinüberwechseln[2] und Schmitz wird meine Arbeit bekommen.

Nun hast Du einige Fragen. Die 9.65 an Daeglau bitte bezahle Du. Ich gebe es Dir in Berlin wieder. Sollten die Schuhe da sein, dann bringe bitte ein Paar mit, weil ich hier eines zu wenig habe. Und schicke Daeglau bitte das eine Paar was entzwei ist zur Reparatur. ? W.H.W.[3] bekommt nichts mehr. Die haben schon 100,– und das ist alles was ich leisten kann. ...

1 *Operationsplan:* vielleicht für den Durchfuhrhandel durch Deutschland – s. Bürkner an Sonderstab HWK, 29. 1. 40 in van Roon, a. a. O., S. 230f. 2 *hinüberwechseln:* Er behielt seinen Posten, und der beim Sonderstab kam hinzu. – s. 12. 2. 40. 3 *W.H.W.:* Das Winterhilfswerk war eine nationalsozialistische Einrichtung.

Berlin, den 30. 1. 40

Ich ahne nicht, ob dieser Brief Dich erreichen wird, aber da nichts Schlimmeres geschehen kann, als daß ich Dir einen Brief mehr geschrieben habe, so will ich Dir doch noch ein Wörtchen senden. Ich habe heute einen Tag des OKW gehabt. Ich hatte viel zu lesen und zu tun, und nachmittags war die Sitzung bei Schuster, die gerade fertig ist und jetzt ist es fast 7. Aber dafür ist mein Schreibtisch auch blank gefegt und ich bin nur mit einigen Kleinigkeiten im Rückstande. Morgen kann ich daher beruhigt ins Institut ziehen und nachher zu Rabenau.

Heute ist es wieder kälter. Es ist schrecklich zu denken, daß das sicher Not und Kälte für soviele Leute bedeutet. Es ist ja jetzt so weit, daß man es als Ausnahme betrachten muss, daß man noch in warmen Zimmern lebt. ...

Berlin, den 9. 2. 40

Dies wird nur ein ganz kurzes Grüsschen. Ich hatte einen ruhigen Tag erwartet, stattdessen wurde er sehr stürmisch. Um 11 musste ich zu einer Sitzung zu Schuster, auf der einige wesentliche Fragen erörtert wurden, und um 2.30 war bereits wieder eine Sitzung „im kleinsten militärischen Kreise", bei der Dein Wirt der einzige Teilnehmer war, der nicht Generalsrang bekleidete. So war das also ziemlich komisch. Nachher musste ich noch Bürkner unterrichten und so war es 5 ehe ich's mich versehen hatte. Ich beschloss dann nach Hause zu gehen und einen Tee zu trinken. Das habe ich gerade getan. Leider ohne meinen Pim. ...

Berlin, den 10. 2. 40

... Heute ist ein richtig schöner Wintertag: kalt und sonnig. Ich habe zum ersten Mal ohne Licht gefrühstückt. Der Fortschritt hat mich sehr erfreut. – Mein Essen gestern mit Peters[1] fiel aus, weil ich durch meine Sitzungen in Anspruch genommen war. So esse ich stattdessen heute mit ihm in der Stadt. Ich bin noch nicht im Institut weil wir heute wieder ein Mal eine Ansprache von Canaris bekommen. ...

1 *Peters:* Hans Peters (1896–1966), Verwaltungsjurist und Hochschullehrer, E.K. I und II im Ersten Weltkrieg; Hauptmann, später Major d. R. im Luftwaffenführungsstab, zuletzt allerdings als politisch unzuverlässig zur Flak relegiert. M. kannte ihn schon von der Universität Breslau und vom Start der Löwenberger Arbeitslager; später Professor in Berlin. Generalreferent der Hochschulabteilung im preußischen Kultusministerium unter C. H. Becker und A. Grimme. Aktiv in der katholischen Laienbewegung; stellte die Verbindung zu Bischof Preysing her; nahm an zwei Kreisauer Treffen teil. 1945 Mitgründer der CDU in Hamburg, 1946–48 Stadtverordneter in Berlin und Professor an der Humboldt-Universität und der Technischen Hochschule; 1949–66 Professor, zeitweilig Dekan und Rektor der Universität Köln.

Berlin, [Sonntag] den 11. Februar 1940

... Von Granny und Julian sind herrliche Briefe gekommen, die ich aber erst morgen weitersende, weil ich vergass, sie mitzunehmen. Die zwei Namen, die Julian in dem Brief angibt sollen wohl Ersatz-Adressen für Carl sein. – Willo[1] reist in den nächsten Tagen ab. Das scheint also in Gang zu kommen.

Ich bin heute nach der Unterhaltung mit Herrn Deichmann ins OKW gegangen[,] werde hier zu Mittag essen und bis 6 bleiben. Ich habe einiges zu tun, was ich besser hier tue als woanders. Abends werde ich zu Hause sein, aber erst so gegen 8 und Briefe schreiben. – Gestern abend war ich bei Wenses. Ich schreibe wegen einiger dort besprochener Sachen morgen an Zeumer und schicke Dir die Briefabschrift. Sonst war es nett; er sehr deprimiert. – Heute wollte ich H. A. anrufen, um ihn zur Gans einzuladen. Da ich ihn schon mehrfach zu erreichen versucht hatte, ohne seiner habhaft werden zu können, rief ich schliesslich Üx an und erkundigte mich nach ihm bei Nacki.[2] Sie sagte, er sei so menschenscheu geworden, daß er niemanden mehr sehe und selbst zu ihnen nicht mehr käme. Er sässe von 11 Uhr früh bis 10 Uhr abends im A. A. und lese Akten. Ich will ihn daher nicht mit Bürkner zusammen einladen. Das hat keinen Sinn. ...

1 *Willo:* Der Bruder Wilhelm Viggo war im Begriff, von Schweden nach Amerika zu reisen, in der Absicht dort zu bleiben. 2 *Nacki:* Frau von Edgar von Üxküll.

Berlin, den 12. 2. 40

Es ist schon 10 Uhr abends. Ich bin einfach nicht zum Schreiben gekommen. Vom frühen Morgen an war eine Sache nach der anderen los. Um 3 habe ich schliesslich in der Derfflingerstr. gegessen. Um 4 war ich im Schloss.[1] Dort bin ich nur durch die wichtigsten Sachen geflogen. Um ½ 8 hatte ich eine Besprechung. – Ich bin also heute zur Hälfte an Schuster[2] abgetreten worden. Ich bin gespannt zu sehen, wie das werden wird. Jedenfalls ist das ein Schritt in der von mir für richtig gehaltenen Richtung. ...

1 *Schloss:* In dessen Obergeschoß hatte das Kaiser-Wilhelm-Institut seinen Sitz.
2 *Schuster:* so gehörte er nun auch dem Sonderstab HWK an.

[Berlin] 13. 2. 40[1]

Heute habe ich meinen Dienst bei Schuster angetreten und sitze jetzt halbtätig hier und halbtägig bei Schmitz. Die neue Arbeit eröffnet erhebliche Möglichkeiten, scheint mir. Ich bin sehr gespannt, wie das werden wird. Jedenfalls ist es viel wahrscheinlicher, daß ich jetzt an alle entscheidenden Dinge herankomme, als bisher. Denn hier sind wir ein Stab von nur 5 Leuten,[2] ausser Schuster, und daher wird sich eine viel engere Zusammenarbeit ergeben als bei der grossen Abteilung Ausland. ...

Heute abend gehe ich zu Yorcks. Morgen abend kommt das Mütterchen. Dabei habe ich jetzt sehr viel zu tun. Ich bin aber erfreut, denn die Aussichten etwas Nützliches tun zu können sind heute grösser als seit langem.

1 *13. 2. 40:* irrtümlich 14. 2. 40 datiert. 2 *5 Leuten:* Kapitän zur See Weichold war Chef des Stabes bis Sommer 1940, Major Kayser Sachbearbeiter für das Heer bis etwa 1942, die Luftwaffe war durch Oberst Veltgens, die Marine durch Kapitän zur See Vesper vertreten – s. van Roon, Völkerrechtler, S. 25.

Berlin, den 14. 2. 40

... Heute um 8 war ich bei Schramm. Er hat an den Vorderzähnen gereinigt und mir angedroht, daß ich meine vorderen bald verlieren würde, wenn ich nicht mein Zahnfleisch tüchtig bürstete. Dann bin ich zu meinem neuen Amt geeilt, wo ich bis 10.30 gearbeitet habe. Ich habe dort ein nettes Zimmer für mich nach der Bendlerstr. zu. Es ist ein altes Haus mit großer Eingangshalle und Marmortreppe. Dann bin ich an meinen alten Platz zum Tirpitzufer[1] geeilt, wo ich bis 12 zu tun hatte. Schliesslich war ich von 12 bis 1.15 wieder in der Bendlerstr. Ich habe jetzt also glücklich 4 Büros gleichzeitig und 4 Sekretärinnen. ...

Es war ein toller Tag. Langsam aber wird sich alles einrichten und es wird weniger anstrengend werden. Es ist jetzt mehr mein Bedürfnis, bei Schuster keinesfalls zu fehlen, wenn ich gebraucht werde. Nach ein, zwei Monaten kenne ich den Arbeitsrhythmus dort, die kennen meine Methoden und dann kommt es nicht mehr so drauf an, daß ich immer da bin.

Richtig: wahrscheinlich wird das deutsche Volk aufgerufen werden, dem Führer zum Geburtstag[2] alle Gegenstände aus Buntmetall zu schenken, also aus Kupfer, Messing, Nickel, Zinn, Zink etc. Überlege Dir bereits, was wir geben wollen, welchen Ersatz Du etwa brauchst und was besser nicht gegeben wird. Das aus der letzten Kategorie wäre sicher gut im Archiv[3] zu gebrauchen. ...

1 *Tirpitzufer:* Das OKW-Gebäude, in dem auch die Abwehr saß, war an der Ecke Tirpitzufer – Bendlerstraße, jetzt Reichpietschufer und Stauffenbergstraße. 2 *Geburtstag:* Hitlers 51. Geburtstag war am 20. 4. 40. 3 *Archiv:* Moltke-Archiv.

Berlin, den 15. 2. 40

Gestern war kein Briefchen gekommen, so hoffe ich auf eines heute, wenn ich nach Hause komme. Ich schicke Dir die Briefe von C. V.[1] und von Frau Ohle zurück. Ausserdem eine Aufforderung an Deinen Ehewirt, die Dich sicher entzücken wird. – Heute war zwar viel Arbeit aber ein ruhiger Tag. Ich habe zeitweise drüben bei Schmitz, zeitweise hier bei Schuster gesessen. Es ist ganz merkwürdig, wenn man nun plötzlich an einer Stelle sitzt, an der man die Operationspläne automatisch und selbstverständlich bekommt, während man sie früher immer nur mit Mühe und stückweise sah.[2] Heute zitierte ich in einem Bericht einen Operationsvorschlag, der gemacht worden war, und den ich schon immer kannte. Worauf mir nur ganz kühl gesagt wurde, das sei einfach ungehörig, ich dürfe nur den Operationsbefehl zitieren. Etwas was bei meiner früheren Dienststelle nicht ein Mal Canaris regelmässig bekommt.

Heute ass ich mit Hans-Adolf im Bristol. Wir haben uns gut unterhalten. ...

Herr Deichmann reist heute ab. Ich will ihm Briefe für Julian und Granny mitgeben. Vielleicht ahnt er, wann er wieder zu kommen beabsichtigt. Morgen esse ich mit Leverkühn.

Mein Lieber, ich schreibe nicht mehr. Ich habe noch eine Menge zu tun, vor allem aber fühle ich einen leichten Anflug von Lustlosigkeit.

1 *C. V.:* Carl Viggo von Moltke (geb. 1897) war der jüngste Bruder von M.s Vater; in Friedenszeiten Richter, im Krieg in der Armee. 2 *stückweise sah:* Das war besonders wichtig, nachdem Hitler am 11. 1. einen „grundsätzlichen Befehl" erlassen hatte, demzufolge niemand „von einer geheimzuhaltenden Sache mehr erfahren [durfte], als er nicht aus dienstlichen Gründen unbedingt davon Kenntnis erhalten muß", s. KTB/OKW, Bd. 1, S. 1156.

Berlin, [Sonntag] den 18. 2. 40

... Ich bin unverändert sehr beunruhigt. Die Hoffnungen vom vorigen Monat sind zerstoben, statt dessen sind eine ganze Reihe unglücklicher Tatsachen[1] zusammengekommen. Zugleich ist die Dummheit an einigen der hohen militärischen Stellen so eklatant und schreiend, daß man es überhaupt nicht fasst. Gegenüber diesen Trauerspielen auf dem Sektor der öffentlichen Angelegenheiten ist die Tatsache[,] daß ich an eine etwas nützlichere Stelle gekommen bin, nur von untergeordneter Bedeutung.

1 *Tatsachen:* Am 16. 2. hatte ein englischer Zerstörer das deutsche Marinetroßschiff „Altmark" in norwegischen Hoheitsgewässern überfallen und etwa 300 an Bord befindliche britische Seeleute befreit. Die norwegische Regierung protestierte gegen diese Neutralitätsverletzung.

Berlin, den 19. 2. 40

Nur ein ganz kurzes Wörtchen. Heute war ein stürmischer Tag, hauptsächlich wegen des Schiffes Altmark.[1] Der Ruhepunkt war ein Mittagessen – zweiter Akt der Gans – mit Schmitz und Kapitän Weichold[2] in der Derfflingerstr. Morgen ist sicher ein heftiger Tag. So folgt augenblicklich einer dem anderen. ...

1 *Altmark:* s. 18. 2. 40, Anm. 1. 2 *Weichold:* s. 13. 2. 40, Anm. 2.

Berlin, den 20. 2. 40

... Heute war ein voller Tag und er ist noch längst nicht zu Ende. Die Altmark beschäftigt uns sehr, aber alle Fragen der Seekriegsführung des Frühjahrs und Frühsommers machen viel Arbeit.[1] So hat Dein Wirt im Augenblick richtig stramm zu tun. Schmitz übrigens auch. Heute habe ich im Kasino gegessen und das war säuisch. Ich habe nur eine Suppe gegessen, weil ich fand, daß das andere vorläufig noch unter meiner Würde sei. Nachmittags hatten wir eine Sitzung und als die kurz nach 6 zu Ende war, hatte ich Mordshunger, den ich mit einem Tee stillte, an dem ich jetzt nippe. Nachher kommt Einsiedel und wird mit mir essen. Für morgen habe ich ein Phantasie-Programm: erstens Vorbereitung einer grossen Sitzung für Donnerstag nachmittag, d. h. Anfertigung der Tagesordnung, Abfassung des Vortrages von Schuster und Besprechung dieser beiden Opera mit Weichold und Schuster; zweitens ein Referat über den gegenwärtigen Stand der Handelskriegsführung und über die operativen Ziele im Handelskrieg vor den aussenpolitischen und wirtschaftlichen Gruppen meiner Abteilung; drittens Vortrag im Stabe von Schuster über die völkerrechtliche Lage und die völkerrechtlichen Konsequenzen des Falles „Altmark". Jedes dieser Programme ist tagfüllend und der Teufel weiss, wie ich die zusammen mit der laufenden Arbeit in einen Tag zwängen kann. ...

1 *viel Arbeit:* Zunächst gab es vom 18.–20. 2. einen massiven Vorstoß gegen den Geleitverkehr zwischen England bzw. Schottland und Skandinavien; außerdem bahnte sich die Invasion Norwegens und Dänemarks an.

Berlin, den 21. 2. 40

Der Tag ist überraschend gnädig vorübergegangen. Es ist ½ 6 Uhr und ich sitze bereits zu Hause und habe Tee getrunken. Ich muss mich allerdings mit Vermögenserklärung und ähnlichen Dingen befassen, sonst wäre ich nicht schon nach Hause zurückgekehrt. Nachher, so um 8, kommt Deuel. Ja, meine Vorbereitungsarbeit für die morgige Sitzung wurde im wesentlichen akzeptiert, sodaß ich sie nicht umzuarbeiten brauchte, das Referat über den Stand des Wirtschaftskrieges ist auf morgen 2 Uhr vertagt und das Referat über die Altmark war entsprechend schlecht. So habe ich mich durch den Tag geschlagen.

Heute früh klingelte das Telephon. Ich dachte: Aha, mein Pim, sagte also auch gleich 210276. Aber siehe da, es war Inge, die ganz gebrochen mitteilte, daß Jowöchen jetzt an die russische Grenze käme und von dort nicht mehr telephonieren könne. Ich versuchte sie damit zu trösten, daß das bedeute, daß er wohl für längere Zeit nicht an die Westfront käme, aber kein Trost verfing.

Ich war heute teilweise und gänzlich grundlos schlecht gelaunt. Nicht lustlos sondern richtig schlecht gelaunt. Ich habe mich sehr über mich amüsiert, denn so etwas passiert mir eigentlich nicht. Ob das wohl ein Zeichen vorgerückten Alters oder verschlechterter Nerven ist? ...

Berlin, den 22. 2. 40

... Ich bin heute sehr früh ins Amt gegangen, weil ich einen Haufen Sachen aufzuarbeiten hatte und jetzt bin ich in meinem Zimmer in Schusters Amt und habe hier eigentlich weniger zu tun als üblich. Draussen ist ein herrlicher Tag und ich wünschte ich wäre zu Hause. Heute morgen schlugen die Finken auch in der Derfflingerstr. Dein Ehewirt fühlt sich leider und ganz grundlos müde. Ich weiss nicht warum. Am Sonnabend will ich den ganzen Tag ins Institut gehen und das wird mich hoffentlich wieder aufrichten.

Ich habe eigentlich garnichts zu erzählen. Es geschieht eigentlich nichts. Man wartet auf den Frühling und das Unglück, welches er mit sich bringen wird. Die Auswege werden immer geringer und unwahrscheinlicher. Ich bin jetzt wieder soweit, daß ich kaum an etwas anderes denken kann. Das ist sehr wenig angenehm. ...

Berlin, den 2. 3. 40

Heute morgen bist Du erst fortgefahren und wenn ich jetzt nach Hause gehen werde, dann ist kein Pimmes da. Das ist traurig. Aber es war so lieb mit Dir hier. Mein Lieber, und bald kommst Du ja wieder. – Wie magst Du gereist und angekommen sein. Hat sich wohl Flips oder Flix gut benommen? Und was hat das Barönchen zu dem kleinen schwarzen Hündchen gesagt? Das werde ich wohl alles morgen abend, wenn ich Dich anrufe, erfahren.

Heute morgen habe ich mich erst ein Mal gründlich gereinigt, weil ich doch noch verhältnismässig viel Zeit hatte und bin dann ins O.K.W. gegangen, wo ich zunächst ein Mal eine sehr lange Besprechung mit Weichold hatte. Dann besuchte ich Kiep, den ich eine Woche nicht gesehen hatte, weil seine Schwester ihren Mann in einem Auto-Unglück verloren hatte, nachdem sie innerhalb von 6 Monaten schon Mutter und einzigen Sohn verloren hatte. ...

Berlin, den 4. März 40[1]

... Die Unterhaltungen von Welles[2] scheinen wenig ergeben zu haben. Gestern nachmittag hat er mit Schacht[3] gesprochen. Es ist eine verteufelt festgefahrene Situation. An den Angriff im Westen glaube ich aber heute weniger denn je. Aber wie soll dieser Starrkrampf gelöst werden?

Mein Lieber, ich will jetzt aufhören, weil in 5 Minütchen eine Sitzung beginnt und weil ich meine Sachen dafür noch sammeln möchte.

1 *4. März 40:* irrtümlich 5. März 40 datiert. 2 *Welles:* Roosevelt hatte Sumner Welles, den Staatssekretär im State Department, nach Europa entsandt, um die Friedensmöglichkeiten zu erkunden. Vgl. Hassell (wie Einleitung, Anm. 127), Tagebucheintragung vom 11. 3. 40; David Dilks (Hg.), The Diaries of Sir Alexander Cadogan O. M. 1938–1945. New York 1972, S. 250, 252–54 und 260–62; Kennan, S. 121 und 124. 3 *Schacht:* Hjalmar Schacht (1877–1970), Reichsbankpräsident 1924–30 und 1933–39, Reichswirtschaftsminister 1934–37, Reichsminister ohne Geschäftsbereich 1937–43; in Nürnberg freigesprochen.

Berlin, den 5. 3. 40

Ich habe gerade noch ein klein wenig Zeit vor einer großen Sitzung, der ersten, die ich vorbereitet habe und für die ich verantwortlich bin. Es ist jetzt alles fertig und daher kann ich dem Pim in Frieden schreiben. ...

Heute habe ich mit Kiep und einigen Herren unserer Abteilung zu Mittag gegessen. Es war nett und wenig aufregend. Ich habe jetzt erreicht, daß Kiep und ich gemeinschaftlich den Admiral Schuster über die aussenpolitische Lage unterrichten und dadurch habe ich jetzt auch einen dienstlichen Anlass mit Kiep zusammenzuarbeiten.

Hier sieht alles wieder grau in grau aus. Die Aussichten auf eine Richtungsänderung, die Anfang des Jahres zu bestehen schienen, sind wieder geschwunden. Es ist merkwürdig, daß sich selbst bei mir, gegen alle Tatsachen, immer noch die Überzeugung hält, daß es nicht lange dauern wird. Wenn ich mich ehrlich frage, so weiss ich keine Antwort und doch habe ich das Gefühl, daß es nicht nur Hoffnung ist.

Hier ist ein Brief von Julian. So wie immer, wenn auch mit weniger Information. Carl hat ein Stück herausgeschnitten, auf dem stand, daß seine eigene Lage schwierig sei, denn auf der einen Seite habe er die Überzeugung that these Germans simply must be kicked in the pants, auf der anderen Seite „you know, that it is not in my nature to kick anybody in his pants.“ Frage mal Asta, wann Julian Geburtstag hat. Vielleicht können wir ihm ein Geburtstagspaket schicken.

Berlin, den 6. 3. 40

... H. A. war etwas munterer, obwohl immer noch sehr wenig hoffnungsvoll. Warum er munterer war, konnte ich eigentlich nicht entdekken. – Denk Dir Wernersdorf verkauft Kühe, weil sie nicht genug Kraftfutter für das Vieh haben. Ist das nicht betrüblich?

Die Sitzung gestern ging grossartig und wie am Schnürchen. Während alle gerechnet hatten, daß es 2 oder 2 ein halb Stunden dauern würde, waren wir nach einer Stunde 10 Minuten fertig. Es ist mir sehr angenehm, daß diese erste Sache von mir so sichtlich klappte, besonders, da es eine Sache war, die noch vor kurzer Zeit ein schrecklicher Zankapfel war. ...

Berlin, den 7. 3. 40

... Sag mal hat Asta eigentlich Zeumer gesagt, daß sie weg geht. Das muss sie bitte tun, denn er muss sich ja noch einen anderen Ersatz ausbilden. Ich nehme an, daß bald grosse Einziehungen kommen und dann sitzt er nur mit Asta da. So idyllisch wie jetzt, daß Asta nur Aushilfe für Luchter[1] ist, wird es nicht da [Satz bricht ab]

Hier war ich unterbrochen worden und jetzt ist es abends. Dazwischen liegt ein grosser Sturm, und ich frage mich, ob man sich nicht endlich entschliesst, mich hinauszuwerfen. Ich unterlag wieder in dem grossen Gremium, dieses Mal verlassen von Bürkner, in einer Frage, die m. E. einen ganz entscheidenden Einfluss auf die deutsche Stellung in der

Nachkriegswelt haben wird. So wichtig wie die Polenfrage, nur auf einem anderen Gebiet.[2] Nachdem die Sitzung zu Ende war, ging ich zu Weichold und sagte, ich sei in einer Minorität von 1 zu X geblieben. Ich hätte aber mich nicht überzeugen können und ich bäte von dem Recht Gebrauch machen zu dürfen, das ein jeder Beamter hat, seine abweichende Stellungnahme zu Protokoll zu den Akten geben zu dürfen. Grosser Sturm: ich sei Offizier und für den gäbe es das nicht, da hätte man einfach zu gehorchen. Ich sagte, es täte mir leid, hier stünde eine Verantwortung vor der Geschichte auf dem Spiele und die ginge für mich der Pflicht zu gehorchen vor. Die Sache kam vor den Admiral[3] und nach 5 Minuten war er meiner Meinung. Er war es offenbar immerzu gewesen, jedenfalls schwankend und mein Widerstand hatte seinen Mut gestärkt. In der Sitzung hatte er natürlich nichts sagen können, weil er ja die Meinungen Anderer zu registrieren und abzustimmen, aber nicht einen eigenen Standpunkt zu vertreten hat.

Ergebnis: der Admiral wird zwar die Meinung der Ressorts offiziell vertreten, aber seine abweichende persönliche Meinung zu Protokoll geben und dieses Protokoll mit beim Führer vortragen. Damit entfiel natürlich für mich der Grund, meine abweichende Auffassung vorzutragen und ich war aus der Feuerlinie heraus. Aber ob der Admiral das überleben wird, bildlich gesprochen, weiss ich nicht.

So, mein Lieber, das Vorherige ist alles nur für Dich. Jetzt muss ich arbeiten und zwar schleunigst, denn dieser Kampf hat mich viel Zeit gekostet.

[PS] Brandenburgisches Nr. 5 in D-dur.

1 *Luchter:* Angestellter aus dem Kreisauer Betrieb. 2 *anderen Gebiet:* Da es sich offenbar um eine Sache handelte, für die der Sonderstab HWK zuständig war, ging es wohl nicht um die kommende Invasion Dänemarks und Norwegens – trotz der eng damit verbundenen Frage der schwedischen Erze und ihrer Beförderung. Wahrscheinlicher ist das Thema deutscher Repressalien gegen die britische Behinderung des deutschen Exports – s. ADAP, D, Bd. 8, Nr. 662. 3 *Admiral:* Schuster.

Berlin, den 8. 3. 40

Heute habe ich also einen grossen Triumph gefeiert. Der gestrige Kampf setzte sich heute fort und die militärischen Koryphäen wurden alle mobil gemacht. Schliesslich gelang es Schuster, Keitel[1] auf meine Linie zu ziehen und Keitel wiederum gelang es, den Führer auf meine Linie zu ziehen und um 6.30 kam der Führerbefehl[2] in meinem Sinne und mit meinen Gründen versehen an. Es ist ja ein Skandal, daß so etwas möglich ist, ohne daß die ganze Regierung auseinanderplatzt, denn schliesslich geht es ja nicht, daß ein Minister den gemeinschaftlichen Beschluss aller anderen Minister sabotiert. Aber es ist ein grosses Unglück verhütet worden und es ist mir trotz allem eine Befriedigung zu denken, daß viele nichtdeutsche Frauen die Weiterexistenz ihrer Männer Deinem Wirt verdanken. Denn diese Entscheidung ist im Grunde nur und ganz allein die Deines Ehewirts gegen alle anderen Ministerien und gegen meine eigenen Vorgesetzten. Ist das nicht erfreulich? – Übrigens wissen es nur 5 Leute: Schuster, Weichold, Bürkner, Tafel, Schmitz. Also behalte es ganz für Dich. ...

1 *Keitel:* General, später Generalfeldmarschall Wilhelm Keitel, Chef OKW; in Nürnberg zum Tode verurteilt. 2 *Führerbefehl:* vgl. ADAP, D, Bd. 8, Nr. 662, Fußnote.

Berlin, den 9. 3. 40

Heute hatte ich auf einen friedlichen Tag im Institut gehofft. Ich hatte nur eine Sache im Stabe abzugeben. Schon wurde ich aufgehalten. Eine, wie ich allerdings zugeben muss wichtige, wenn auch nicht eilige Sache musste erledigt werden. Die hat mir dann den ganzen Tag zerstört. Mittags wollte ich mit Elka[1] essen, aber die Schlußsitzung fing erst um 1 an, sodaß ich absagen musste; sie kommt nun statt dessen morgen zum Abendessen; früh hatte ich verschiedene Sachen im Institut besprechen wollen, wie ich um 4 glücklich hinkam, waren die Leute fort,[2] die ich dazu brauchte; ausserdem hatte ich nach dem Essen ins Büro gehen wollen, das habe ich nun aufgegeben, weil ich hoffte, die Leute im Institut zu finden. Und so ist heute alles verquer gegangen und der einzige Trost ist, daß es wenigstens nicht für ein Butterbrot war.

Verzeih, daß ich Dir das alles vorklöne. Es ist ja garnicht interessant. Aber nach so einem verpatzten Tag dränge ich immer nach Hause. Jetzt sitze ich noch ein Mal – um 8 – im O.K.W., wo ich das Ergebnis meiner Tagesarbeit in Befehlsform noch ein Mal inspizieren muss, ehe es hinaus geht. Das ist geschehen. ...

1 *Elka:* s. 29. 10. 39, Anm. 4. 2 *Leute fort:* es war Sonnabend.

Berlin, [Sonntag] den 10. März 1940

Gestern war ich wieder in dem Zustand, daß mein Kopf einem perpetuum mobile glich. Er wollte überhaupt nicht mehr aufhören, an die Dinge zu denken, mit denen er sich hauptamtlich befassen muss. Der Kampf darum, unnütze Zerstörung zu vermeiden erfüllt mich so vollständig, daß ich manchmal garnichts anderes denken kann. Die ganze letzte Woche hat unter den zwei Schlagworten gestanden, die ich geprägt habe und die beide gesessen haben. Das eine heisst: Zerstörung mit Kriegsgewinn ist Kriegführung, Zerstörung ohne Aussicht dadurch den Krieg zu gewinnen ist Barbarei; und das andere heisst: ich will den Krieg gewinnen, Sie aber wollen Erfolge melden, beides verträgt sich nicht miteinander. – Es ist eine merkwürdige Erfahrung, daß selbst in der Kriegführung im Grunde nur ethische Prinzipien Aussicht haben, recht zu behalten. Wer etwas anderes meint, hat einfach nicht fertig gedacht.

Im Grunde stehe ich ja diesem Krieg gegenüber wie ein Testamentsvollstrecker, der mit Entsetzen sieht, wie die Erben sich um eine Erbschaft prügeln, die, infolge des Streits, immer weniger wert wird. Er sieht, wie die Erben alle ihre Energie in diesen Streit stecken, wie sie dadurch verlernen, nützlich zu arbeiten und schließlich nicht nur die Erbschaft verprozessieren sondern zugleich auch noch ihre eigenen Fähigkeiten mit in den Strauss werfen. – Und nun steht man daneben mit der Verpflichtung jeden Weg zu versuchen, der aus diesem Streit herauszuführen geeignet ist. Und immer, wenn man hofft, da oder dort könnte einer sein, dann stellt sich heraus, daß es doch kein Weg ist. Und wenn man wieder festgestellt hat, daß es kein Weg ist, dann denkt man, man hätte vielleicht nicht alles getan, nicht sorgsam genug gesucht und überlegt und geforscht.

Dieser Kreislauf hat mich ein Mal wieder grässlich gepackt und ich konnte nicht mal richtig der Eroica zuhören, die ich mir gestern vorspielte. ...

Heute ist hier Frühlingswetter. Es ist nicht strahlende Sonne, aber sie kommt doch von Zeit zu Zeit durch. Ich würde gerne hinausgehen, aber vor dem Tiergarten am Sonntag graust es mir und ausserdem ist Heldengedenktag. Im Grunde gehe ich in der Stadt auch nicht gerne raus. Dafür freue ich mich aber schon die ganze Zeit auf Pfingsten.

Ich habe eine für meine Verhältnisse sehr gesellige Woche vor: Montag abend kommt Furtwängler,[1] Dienstag esse ich mittags mit Körber[2] und einem seiner Freunde, Mittwoch essen Waetjen und Nostitz[3] zu Mittag bei mir und abends Deuel, Donnerstag kommt Einsiedel abends, Freitag mittag kommt Pape,[4] abends bin ich bei Yorcks. Da siehst Du das Gesamtprogramm. Ausserdem will ich Gauger noch sehen.

Mein Lieber, jetzt höre ich auf. Wissen Sie, daß wir morgen vor 6 Jahren in Capetown[5] ankamen.

1 *Furtwängler:* Franz Josef Furtwängler (1894–1965), Gewerkschaftsmann und Schriftsteller; sie kannten sich schon aus der Zeit der Brüningregierung – s. Furtwängler (wie Einleitung, Anm. 52), S. 217–220. Er arbeitete später auch für das Auswärtige Amt – s. 10. 9. 40. 2 *Körber:* wahrscheinlich Korvettenkapitän d. R. Normann Körber von der Abwehr Ausland (VIb). 3 *Nostitz:* Lega-

tionsrat Gottfried von Nostitz im Auswärtigen Amt, ab 1941 Konsul in Genf. Rührig in der – informatorischen – Tätigkeit gegen das Regime, besonders auch im Zusammenhang mit den Friedensfühlern über den Vatikan – s. Hassells Tagebucheintragung vom 19. 3. 40, Hassell a. a. O., S. 123 f. 4 *Pape:* Hans-W. Pape, Berliner Rechtsanwalt. 5 *Capetown:* s. Einleitung, S. 25.

Berlin, den 12. 3. 40

... Seit Sonnabend bin ich aber wieder in einem Grosskampf gegen einen bestimmten strategischen Plan.[1] Ich habe mich wirklich wahnsinnig eingesetzt, leider ohne jeden Erfolg. Morgen will ich nun eine Pause machen, weil ich einfach nicht mehr kann. Ich habe vor Müdigkeit Kopfschmerzen und das hat ja keinen Sinn. – Heute habe ich einen neuen Schlachtplan zur Wiederaufnahme des Projekts ausgedacht. Dann muss ich aber erst ein Mal bestimmte Leute, darunter Bürkner, Schuster und Weichold veranlassen, einen älteren Aufsatz von Schmitz zu lesen. Damit werde ich eine Pause kriegen und erst in der nächsten Woche wird es dann weitergehen. ...

1 *strategischen Plan:* vielleicht die Invasion Dänemarks und Norwegens, für die Hitler am 1. 3. eine Weisung – Operation „Weserübung" – erlassen hatte, die besonderes Gewicht auf Geheimhaltung und Überraschung legte.

Berlin, den 13. März 1940

... Heute habe ich einen faulen Tag gemacht. Früh habe ich zwar stramm gearbeitet aber Mittags habe ich hier mit Eddy[1] und Nostitz gegessen, fürstlich übrigens, da Fräulein Saager, um den Pim auszustechen auch noch einen Kuchen gebacken hatte. Es war schon sehr komisch. Dann bin ich zu Amelang gegangen, um mich mal nach Äsop's Fabeln zu erkundigen. Es gab aber keine. Dafür fand ich aber in der kleinen roten Lederausgabe von Shakespeare, von der wir auch einen Teil haben „Temple Edition" 4 Bände: Pericles, Lucretia, Heinrich IV Erster Teil & Zweiter Teil. Sieh doch bitte mal nach, ob wir diese 4 Bände haben. Wenn nicht, dann werde ich sie kaufen. Sie sind tadellos erhalten. – Danach bin ich die Tauentzienstr. entlang geschlendert um nach Deinem Portemonnaie[2] zu suchen. Es gibt aber keine, die diskutabel sind. Eins ist scheusslicher als das andere. Dann bin ich nach Hause gegangen und habe bis 7 gearbeitet, jetzt schreibe ich dem Pim und nachher kommt Deuel. Da hast Du den ganzen Tag.

Zu erzählen ist eigentlich nichts. Es regnet und ist scheusslich draussen. Ich habe heute dem Admiral[3] einen langen Vortrag über das Verhältnis von Völkerrecht und Strategie gehalten. Er hört sich das immer sehr freundlich an, obwohl ich nicht umhin kann, manche militärische Massnahmen für falsch zu erklären.

Jetzt will ich noch etwas meine neuen Platten[4] spielen. Mein Kopf ist müde des Schreibens und Lesens.

1 *Eddy:* Eduard Waetjen. 2 *Portemonnaie:* wohl für F. M.s Geburtstag am 29. 3. 3 *Admiral:* Schuster. 4 *Platten:* F. M. hatte ihm zum Geburtstag am 11. 3. Schallplatten geschenkt.

Berlin, den 14. 3. 40

... Denk' Dir, ich wollte doch am Karfreitag mit dem Pim in die Matthäus-Passion gehen und es ist vollständig ausverkauft. Kein gutes Zureden selbst über den Portier vom Adlon hilft. Ich bin sehr betrübt.

Berlin, den 15. 3. 40

Gestern abend war Furtwängler bis um ½ 12 bei mir. Ich war vorher schon todmüde und bin es jetzt nicht weniger. Heute mittag war Pape da und heute Abend gehe ich zu Yorcks. Es wird wieder spät werden. Morgen früh gehe ich zu Schramm, danach habe ich den ganzen Vormittag für das Büro zu tun. Nachmittags will ich ins Institut und dann hoffe ich auf einen friedlichen Sonntag. Ich habe einen Haufen Arbeit zu Hause zu erledigen und will auch nicht fortgehen. Ich hoffe dann daß ich die neue Woche frischer beginnen kann. ...

Berlin, [Sonntag] den 17. 3. 40

Heute ist ein langer ruhiger Tag. So hoffe ich wenigstens, denn noch ist es Morgen. Dein Wirt stand langsam auf, wusch sich ein wenig, frühstückte köstlich und lauschte dann der Suite in H-Moll. Ich habe sie schon sehr lieb gewonnen. Dann habe ich wieder ein wenig in der Bibel gelesen, eine Tätigkeit, die ich jetzt mit mehr Freude treibe, denn je zuvor. Früher waren das für mich im Grund Geschichten, zum mindesten das Alte Testament, heute aber ist mir all das Gegenwart. Es hat für mich eine ganz andere Spannung als je zuvor. Früher hat mich auch die Langatmigkeit des Unwesentlichen und die Knappheit des Wesentlichen geärgert, heute aber habe ich gelernt, daß man das Wesentliche in einem Satz sagen kann oder gar nicht. Darum, wenn einer versucht das Wesentliche auszubreiten, so ist es ein sicheres Zeichen, daß er es überhaupt nicht sagen kann.

Ich will den ganzen Tag über zu Hause bleiben. Es ist mir ein Bedürfnis heute ein Mal wieder niemanden zu sehen, nicht ein Mal auf der

Strasse. Jetzt will ich erst Briefe schreiben. Ich habe viele zu schreiben. Es wird auch wohl über Mittag dauern. Danach habe ich eine kleine Abhandlung über die Pariser Konferenz 1856[1] zu lesen, dann will ich mir was vorspielen und schliesslich muss ich ein Artikelchen von mir fertig machen. So wird der Tag um sein, ehe ich es merke. ...

1 *Pariser Konferenz 1856:* Am Ende des Krimkrieges wurde der Versuch gemacht, Seerechtsfragen – vor allem Festlegung des Blockadebegriffs und Schutz des neutralen Handels – neu zu regeln.

Berlin W 35 Viktoriastr. 33[1]
11. 4. 40

Nun bist Du also abgefahren mit Deinem Barönchen. Hoffentlich seid Ihr gut gereist. Heute morgen war es wieder sehr stürmisch, aber von 2 Uhr ab war Ruhe. Ich habe einiges aufarbeiten können. Morgen ist aber wieder ein Grosskampftag und ich will die kurze Pause benutzen, um im Institut und im Büro das Notwendigste aufzuarbeiten. Ich bin daher jetzt hier in der Viktoriastr. und gehe gleich weiter: erst zu Herrn Becker, dann zu Steinke,[2] dann ins Institut.

Mein Lieber, es war so sehr lieb mit Euch hier. Aber dies ist nun ein Mal keine liebe Zeit. Das kann keiner behaupten. – Kränke Dich bitte nicht, mein Lieber.

Ich bin müde, aber das ist angenehm. Dadurch verringert sich die Reaktionsfähigkeit auf all das Unangenehme.[3] – Heute ist eine sehr kritische Nacht und von morgen mittag an sollten wir schon klarer sehen.

1 *Viktoriastr. 33.* Briefpapier des neuen Büros. 2 *Steinke:* Werner Steinke, Prokurist und Betriebsführer der Firma Kempinski, der er seit 1929 angehörte und bei deren „Arisierung“ M. geholfen hatte, wie er auch Hans Kempinski bei seiner Emigration half. Nach der Verordnung über die Behandlung feindlichen Vermögens, unter die auch ausgewanderte Juden fielen, war nun die Abwesenheitspflegschaft für die einzelnen Inhaber erforderlich. S. Brief an den Reichskommissar für die Behandlung feindlichen Vermögens vom 28. 2. 40 in van Roon, Völkerrecht, S. 128. 3 *Unangenehme:* Ungeachtet des am 31. 5. 39 zwischen Deutschland und Dänemark abgeschlossenen Nichtangriffspakts hatte am 9. 4. 40 die deutsche Besetzung Dänemarks und Norwegens begonnen. Norwegen leistete Widerstand.

Berlin W 35 Viktoriastr. 33
12. 4. 40

... Die allgemeine Lage ist noch ungeklärt wenn auch im Ganzen gesehen besser, militärisch. Ich habe bei längerem Brüten eine neue denkbare Lösung dafür gefunden, was denn strategisch mit dieser Operation[1] beabsichtigt sein kann. Selbst wenn nur die Besetzung Süd-Norwegens gelingt, wird das – vielleicht – erhebliche feindliche Seestreitkräfte in Nordsee und Nord-Atlantik binden. Diese Seestreitkräfte können nur aus dem Mittelmeer weggeholt werden. Dadurch wachsen die Aussichten Italiens sich gegenüber den Alliierten zu halten. Das reicht zwar nicht aus, um den Italienern eine aktive Beteiligung[2] zu ermöglichen, es reicht aber aus, um die Alliierten daran zu hindern, selbst vom östlichen Mittelmeer als Basis aus, irgendetwas zu unternehmen.

Das scheint mir zwar weit hergeholt zu sein, aber immerhin wäre das eine erträgliche Erklärung für eine sonst schwer verständliche Operation. ...

1 *Operation:* s. 11. 4. 40, Anm. 3. 2 *Beteiligung:* Am 18. 3. hatte sich Hitler mit Mussolini am Brenner getroffen, wobei Hitler seine Pläne für die Westoffensive enthüllte. Mussolini erklärte Italiens Bereitschaft, in den Krieg einzutreten. Es dauerte aber noch bis zum 10. 6.

Berlin W 35 Viktoriastr. 33
13. 4. 40

... Eben, um 4.30 ist Hans Adolf weggegangen. Du kannst daraus ersehen, daß wir uns lieb unterhalten haben. Unsere Auffassungen scheinen sich zu nähern. – Hier ist noch ein Brief von Granny. Ich betrachte jetzt also als feststehend, daß Willo in U.S.A. angekommen ist. Er ist also von seiner Firma für Bauten dorthin geschickt worden. – Dann ist hier ein Brief wegen des Kranzes für den Kaiser.[1] Bitte veranlasse das Erforderliche und schicke mir den Brief zurück, damit ich mich bedanken kann.

Heute beginnt der Prozess[,] durch den Dänemark allmählich Polen angeglichen[2] werden soll. Ich habe mein Möglichstes getan, das zu verhindern; aber die Leute, die etwas hätten tun müssen hatten sich bereits damit einverstanden erklärt, als ich erst davon erfuhr. – Lage im übrigen unverändert. ...

1 *für den Kaiser:* ein Kranz, den der Kaiser aus dem holländischen Exil dem Andenken des Feldmarschalls widmete. 2 *angeglichen:* Dänemark sollte einen handfesten Nationalsozialisten als Bevollmächtigten des Reichs und einen ebenso linientreuen Militärbefehlshaber bekommen.

Berlin W 35 Viktoriastr. 33
[Sonntag] 14. 4. 40

Heute kam kein Briefchen von Pim. Aber morgen wird wohl wieder eines auftauchen. Tafel geht heute auf Urlaub. Und wenn er weggelassen wird, um wieviel mehr ich. Ich glaube also, daß das ganz glatt gehen wird. – Willst Du, bitte, dem Mütterchen nochmals sagen, daß ich nichts davon hielte, wenn sie sich zu viel im Westen aufhält.

Heute hatte ich eigentlich vor, ins Institut zu gehen. Aber ich werde hier bleiben. Erstens bin ich morgens ins Amt gegangen, um die Lage zu prüfen. Dabei geriet ich mit Bürkner in ein Gespräch über die strategischen Fragen der gegenwärtigen Operation. Damit haben wir uns eine Stunde vertrieben. Leider mehr zu seinem Nutzen als zu meinem.

Ich fing an mich bei ihm zu beklagen, daß wir immer nur über das Wie von Operationen unterrichtet würden, während uns das eigentlich interessante Warum vorenthalten würde, sodaß wir aufs Raten angewiesen seien. Ich habe das immer und immer wieder festgestellt. Es scheint ein deutscher Charakterzug zu sein, dem Ob grösserer Fragen aus dem Wege zu gehen und stattdessen das Wie in den Vordergrund zu schieben und sich daran zu erfreuen, wie gut man das macht. Dabei wird dann immer und immer wieder übersehen, ob man das, was man gut macht, überhaupt machen sollte. Die Deutschen scheinen eine ausgesprochene Begabung für das Taktische zu haben, strategisch aber hoffnungslos zu sein.

Dieser Fehler ins Militärische übersetzt bedeutet nun, daß diese Männer aus Freude an Operationen und Siegen vollkommen das Ziel übersehen, daß nämlich der Sinn des Krieges darin besteht, den Krieg zu gewinnen. Anstatt bei jeder Frage darüber nachzudenken, ob ihre Lösung so gefunden ist, daß sie den Gewinn des Krieges näher bringt, denken sie darüber nach, wie diese Frage am besten zu lösen ist. Es ist mir passiert, daß jemand wie aus einem Traum auffuhr, wenn ich ganz naiv fragte, ob er denn glaube, daß sein Vorschlag dazu angetan sei, den Gewinn des Krieges zu fördern. Eigentlich habe ich nur Schuster und Weichold bisher nicht auf diesem Fehler ertappt.

So ist es mit dieser Operation im Norden. Ich habe jetzt schon eine ganze Reihe von Leuten gefragt, warum wir Norwegen besetzt haben. Und noch hat mir keiner eine befriedigende Antwort geben können. Aber nicht nur, daß die Antwort mich nicht befriedigt hätte, nein, am Ende der Unterhaltung habe ich jedesmal bemerkt, daß die Antwort meinen Gesprächspartner auch nicht befriedigte, oder vielmehr nicht mehr befriedigte. Es ist sogar so, daß ich vorläufig noch eine bessere Antwort weiss als die anderen; nur scheint diese Lösungsmöglichkeit bisher niemandem aufgegangen zu sein, denn sie würde gewisse Vorbereitungen erfordern, die nicht getroffen worden sind.

Also in der Unterhaltung über diese Frage habe ich mich mit Bürkner verweilt. Dann kam Canaris dazu und wir haben von vorne angefangen. Aber C. ist wirklich militärisch sehr primitiv. ...

Berlin W 35 Viktoriastr. 33
15. 4. 40[1]

... Ich habe seit Tagen keine Zeitungen mehr gelesen. Und heute hatte ich mit einem Mann zu tun, dessen Urteilsfähigkeit ich hochschätze, der aber in seinen Informationen auf die Presse angewiesen ist. Der hatte ein Bild von den Ereignissen, welches um 180° anders war als das Bild, welches ich habe, und er hat mich in die grösste Verlegenheit durch seine Bemerkungen versetzt. Es war geradezu komisch. Was mag wohl in den Zeitungen stehen?

Ich bin bis an den Rand gefüllt mit den Ereignissen und insbesondere in Erwartung weiterer Ereignisse.[2] Mir scheint, daß alles viel schneller gehen wird, als ich je vermutet habe und in das nächste halbe Jahr wird ein Prozess zusammengedrängt werden, der normalerweise Jahre, vielleicht Jahrzehnte dauern würde. Ich kann nicht von dem Gedanken los, daß ich immerzu überlegen und planen muss, um einen Schritt vor den Ereignissen zu bleiben. Hoffentlich kommen die 14 Tage Anfang Mai noch zurecht, denn das wird wohl mein letzter Urlaub für längere Zeit sein. ...

1 *15. 4. 40:* irrtümlich 16. 4. 40 datiert. 2 *Ereignisse:* Am 14. 4. landeten britische Truppen in Norwegen, am 16. 4. auf den Faröer-Inseln; aber auch die Westoffensive rückte näher.

Berlin, den 16. 4. 40

... Ich habe rasend zu tun und es verspricht viel mehr zu werden. Im Büro sind plötzlich auch einige Sachen zu machen, die ich nicht ablehnen kann und hier im Amt droht eine Riesenaufgabe. Das Wort „si vis bellum para pacem“ hat plötzlich an höchster Stelle Anklang gefunden und da wir, d. h. ich, es erfunden haben, sollen wir es jetzt implementieren. Dabei ist aber übersehen, *a.* daß das Wort in der jetzigen Kriegslage nicht mehr passt und *b.* daß jetzt wirtschaftliches Handeln auf diesen Gebieten erforderlich ist, nicht langfristige Planung. So gut wir das zweite hätten machen können, für das erste sind wir ganz ungeeignet. Ich weiss noch nicht, wie ich diese Aufgabe auf die richtigen Schultern lege.

... Mittags ass ich mit Kiep, der allmählich immer deprimierter wird. Heute abend kommt Yorck in die Derfflingerstr. ...

Berlin, den 18. 4. 40

... Heute nacht hatte ich einen aufregenden Traum. Ich war dienstlich nach Holland geschickt worden und hatte dort ein Wochenende. Darauf beschloss ich mit einem amerikanischen Pass nach London zu fahren, dem Pass eines Freundes, der im übrigen in dem Traum nicht vorkam. Ich kam Samstag früh in London an und fuhr von Liverpoolstreetstation[1] nach 5 Yorkstr.,[2] wo ich Michael[3] bei der Morgentoilette überraschte. Er musste dann ins Amt gehen und ich ging in den Temple und setzte mich in John Fosters Zimmer,[4] von wo ich telephonierte und wo mich die verschiedensten Freunde + Bekannten besuchten. L. C.[5] war leider nicht in London. Ich sollte aus irgendeinem militärischen Grunde nicht nach Oxford fahren und so sagte er, er käme herauf. Wir sind dann am Sonntag durch London gegangen, durch die Parks in denen es schon sehr frühlingshaft war. C. war etwas dicker geworden, war aber wohl und kregel. – Aus irgendeinem ungeklärten Grunde verpasste ich den Nachtzug, der mich am Montag früh wieder zu meiner Arbeit nach dem Haag bringen sollte. Und damit kam das unangenehme Ende eines sonst sehr netten Traumes: ich fühlte mich in der Zwangslage zwischen zwei Alternativen wählen zu können: entweder in England als Spion oder in Deutschland als Verräter erschossen zu werden. Darüber erwachte ich.

Der beiliegende Brief von Michael ist besonders nett und auch Daddy's Brief ist rührend. – Willo: verheimlichen geht nicht; er ist von seiner Firma zur Ausführung eines von ihm bearbeiteten Bauvorhabens nach Amerika geschickt worden.[6] Daß er dann nach Mexiko gehen wird, können wir ja vorläufig offenlassen. Ärgerlich, daß die Sache durch Herrn Deichmann bekanntgeworden ist. ...

Heute ist es hier warm und schön. Auch nur 8° am Morgen aber immerhin ein erheblicher Fortschritt. Das, weswegen ich Dich vor Freitag aus Berlin forthaben wollte, ist zum zweiten Mal verschoben. Wie lange?[7]

1 *Liverpoolstreetstation:* Dort war er vor dem Kriege nach der Überfahrt Hoek van Holland – Harwich immer angekommen. 2 *5 Yorkstr.:* Das Haus 5 Duke of York Street lag um die Ecke von Chatham House (dem Royal Institute of International Affairs, 10 St. James's Square). Lionel Curtis hatte dort sein Londoner *pied à terre*, und M. hatte dort gewohnt – s. Einleitung, S. 31. 3 *Michael:* Balfour. 4 *Fosters Zimmer:* Vor Kriegsausbruch bestand der Plan, daß er im Büro des Anwalts John Foster im Inner Temple ein Zimmer beziehen sollte, von wo aus er seine englische Praxis ausüben konnte. 5 *L. C.:* Lionel Curtis. 6 *geschickt worden:* vgl. die frühere „Sprachregelung" 13. 4. 40. 7 *Wie lange?:* Die deutsche Offensive im Westen stand jetzt nahe bevor, aber der Angriffstermin wurde bis zum 10. Mai noch mehrere Male verschoben.

Berlin, den 19. 4. 40

Gestern im Laufe des Abends war mir etwas eingefallen, was ich Dir berichten wollte und inzwischen habe ich es wieder vergessen. Wo ist es hin? Ach richtig. Inge erzählte mir, daß sie bei einem Essen Toni F.[1] gegenübergesessen hat worauf Toni F. sie plötzlich mit Stentorstimme über den Tisch gefragt hätte: Ist Willo schon in M.[2] angekommen? Sie Inge sei ganz entsetzt gewesen, da ich ihr doch erklärt hätte, es wisse niemand etwas und ein danebensitzender Offizier hätte sich sofort neugierig erkundigt, ob I. denn einen wehrpflichtigen Deutschen kennte, der jetzt ausserhalb Deutschlands sei. Sie hat ihn dann über die Harmlosigkeit der Sache aufgeklärt, aber Toni F. muss es so gesagt haben, daß es merkwürdig erschien. Toni erklärte es von M. D.[3] gehört zu haben. Vielleicht unterrichtest Du M. D. über die wahren Zusammenhänge, damit sie T. Toni den Star stechen[4] kann. ...

1 *Toni F.:* Toni Förster, Verwandte von F. M. 2 *M.:* Mexiko. 3 *M. D.:* Mütterchen Deichmann, F. M.s Mutter. 4 *Star stechen:* d. h. dieser indiskreten Verwandten eine geeignete Fassung von Willos Fernbleiben bzw. Auswanderung beizubringen.

Berlin, [Sonntag] den 21. 4. 40

... Habe ich Dir eigentlich erzählt, daß ich Donnerstag mittag nach Hamburg fahre um am Freitag einer Sitzung des Prisengerichts beizuwohnen. Am Sonnabend mittags werde ich dann wieder hier sein.

Soweit ich weiss, ist nichts von wesentlichem Interesse geschehen. Die Tage eilen dahin und ich hoffe es geschieht nichts von wesentlichem Interesse vor dem 1. 5. Ich habe keine Lust mich für irgendetwas zu interessieren ausser dafür, daß ich alles in Schuss und aufgeräumt bekomme ehe ich abfahre.

Sonst, mein Lieber, geht es Deinem Ehewirt gut. Ihn drückt die Stadt und die vielen Menschen. Die sind mir so unglaublich zuwider.

Berlin, den 22. 4. 40

... Heute war wieder ein entsetzlicher Tag, weil wir jetzt anfangen uns in Norwegen zu benehmen wie in Polen. Es ist entsetzlich. SS ist hingeschickt und die organisatorischen Veränderungen, die beschlossen worden sind, wirst Du ja in einigen Tagen in der Zeitung lesen.[1] Und das alles macht das Militär mit. Ich bin grässlich niedergeschlagen.

Die Frühlingshitze ist herrlich. Ein Tag schöner als der andere. Es ist voller Vögel und die Blätter öffnen sich schon. Ich habe es satt, immerzu in dieser Stadt eingeschlossen zu sein, ich habe fast Platzangst und das Gefühl, ich komme nie wieder heraus. ...

1 *lesen:* Am 24. 4. wurde Gauleiter Terboven zum Reichskommissar für Norwegen ernannt. Am 5. 5. wurde in London eine norwegische Exilregierung gebildet.

Hamburg, den 25. 4. 40

In Berlin bin ich nicht mehr zum Schreiben gekommen; es war einfach unmöglich und so schreibe ich hier in Hamburg. Nach einem stürmischen Vormittag, habe ich um ½ 2 bei Yorcks gegessen und um ½ 4 ging mein Zug. Ein Abteil 1er war [...][1] für uns reserviert und so ist Dein Ehewirt sehr bequem gereist. Derweilen hat er sich lauter englische Bilderzeitschriften angesehen, die zufällig heute morgen im Umlauf auf seinem Schreibtisch landeten. Ich nahm das als einen Wink des Himmels.

Hier in Hamburg sind wir um ½ 8 angekommen und sind dann essen gegangen und von dort sind wir gerade jetzt, um 10, zurück. Ich bin müde; es ist schwül und drückend. – Die Fahrt war landwirtschaftlich deprimierend. Ganz erhebliche Strecken sind noch so nass, daß keinerlei Ackerbearbeitung möglich war oder ist; teilweise auch Überschwemmung. Kein einziges gutes Feld auf der ganzen Strecke und viele sehr schlechte.

Jetzt haben glücklich alle, auf die es ankommt, kapiert, daß ich am Dienstag den letzten Tag da sein werde. Sie bemühen sich jetzt alles fertig zu bekommen. Ich habe noch stramm zu tun bis dahin und am Montag noch eine grössere Sitzung, aus der einige zusätzliche Arbeit anfangen kann. – Im Grunde dürfte ich nicht wegfahren, denn es ist viel zu tun, aber da alles, was den Norden betrifft, so verfahren ist, daß es nichts macht, wenn ich auch die eine oder andere Sache besser machte, als sie so gemacht wird, so schere ich mich den Teufel drum. Und in der Sphäre, die mir im Augenblick zugänglich ist, stehen, was den Norden betrifft, insoweit keine zusätzlichen Menschenleben auf dem Spiel.

Mein Lieber, vor allem aber freue ich mich darauf, endlich nach Hause zu kommen.

1 *[...]:* unleserliches Wort.

Hamburg, den 26. 4. 40

Eben fahren wir von Hamburg ab. In 2 Minütchen müssen wir aus dem Hotel. Das ist sehr angenehm. Die Sitzung dauerte von 10 bis 3 ohne Pause, weil eine Sache verglichen wurde und wir hatten damit gerechnet, daß sie von 10 bis 1 und 3 bis 5 oder 6 dauern würde. So können wir ganz unerwarteter Weise schon heute zurück. Da mir in Berlin jede Minute fehlt, ist mir das sehr angenehm.

Die Sitzung war wenig erhebend. Der Vorsitzende machte einen inquisitorischen, nichtrichterlichen Eindruck und die Urteile waren durchweg schlecht begründet. Ein Urteil ist unzweifelhaft direkt falsch. Den Anwälten merkte man es an, daß sie sich unüberwindbaren Vorurteilen gegenüber befanden. Das eine Plaidoyer war gut, ganz im liberalistischen Geiste von einem alten Anwalt vorgetragen. ...[1]

Hier fliesst übrigens Milch und Honig im Vergleich zu Berlin. Brotmarken und Fettmarken werden einem im Restaurant nicht abverlangt, Zucker gibt es in grossen Bottichen u.s.w. Inzwischen sitze ich schon mit Stauffenberg im Zuge in Altona. Wir sind rausgefahren, weil wir uns für diesen Zug kein Abteil hatten reservieren lassen.

1 *[...]:* Name nicht leserlich.

Berlin, den 29. 4. 40

Gestern habe ich nicht geschrieben, weil ich bei der Ausarbeitung einer Denkschrift, die die Begründung für eine bereits in Befehlsform gegossene Entscheidung festhalten sollte, um 6 Uhr einen Fehler entdeckte, der die ganze Geschichte über den Haufen warf. Ich habe daran bis um 12 gesessen. Heute ist der Teufel los. Ich muss diese Denkschrift[1] noch fertig machen, ehe ich fahre und nun ist schon der Befehl falsch. Ich bin ausser mir.

Aber ich habe schon erklärt, daß ich fahre, selbst wenn die Welt einstürzt.

1 *Denkschrift:* nicht aufgefunden.

Breslau, [Sonntag] den 19. 5. 40

... Jetzt kommt eine fürchterliche Zeit und nur der Himmel kann wissen, wie alles aussieht, wenn ich wiederkommen werde. Dann kommen die Kreisauer Schwierigkeiten, die aber von mir aus gesehen, eher wie eine angenehme Ablenkung aussehen.

Weiss der Himmel, was ich in Berlin soll. Der Hauptzweck meiner Arbeit ist weggefallen.[1] Nun, ich muss es abwarten. Mein Lieber aber bleibst Du und das ist wenigstens ein fester Punkt.

Hoffentlich kommt die Arbeiterfrage in Ordnung, damit Ihr wenigstens aus dem schrecklichen Druck kommt.

1 *weggefallen:* Unter Verletzung der Neutralität der Niederlande, Belgiens und Luxemburgs hatte die deutsche Westoffensive am 10. 5. begonnen. Die holländischen Streitkräfte kapitulierten am 15. 5., Königin Wilhelmina und ihre Minister bildeten eine Exilregierung in London. Am 18. 5. wurde Seyß-Inquart Reichskommissar für die Niederlande. Schon am ersten Tag der Offensive trat Chamberlain zurück, und Churchill bildete ein Koalitionskabinett.

Berlin, den 20. 5. 40

Der erste Tag fort von zu Hause ist schon beinahe wieder um. Es ist jetzt 7 Uhr und ich sitze in der Viktoriastr. nachdem ich den ganzen Tag damit zugebracht habe, mich wieder über alles ins Bild zu setzen. Das Bild von heute abend ist allerdings das eines vollständigen Zusammenbruchs der französischen Nordwestfront auf Grund eines regelrechten militärischen Versagens der Franzosen, insbesondere ihrer Führung. Gamelin[1] ist beim Examen durchgefallen. Dabei ist der Anteil der Luftwaffe und ihrer Überlegenheit zwar gross, aber ein richtiger schwerer Fehler ist doch begangen worden. Unverständlich! Und dies wird ungeheure Folgen haben. Immerhin ein paar Tage müssen wir noch warten.

1 *Gamelin:* General Gamelin wurde am 19. 5. durch General Weygand als alliierter Oberbefehlshaber abgelöst.

Berlin, den 21. 5. 40

... Du fragtest, wie es mir geht? Ja, was erwartest Du denn? Ich dresche jetzt auf einem Nebengeleise leeres Stroh, denn alles, was ich hätte tun können, ist überholt. Das ist natürlicherweise unangenehm aber was soll ich da machen. Jetzt bin ich in der Maschine drin und muss abwarten, wie ich wieder herauskomme. Überdies wäre ich so unglaublich gerne in Kreisau geblieben. Ich bin, glaube ich, noch nie so ungerne abgereist, weil ich so gar keine Vorstellung davon habe, wie es aussehen wird, wenn ich wiederkommen werde. Ich würde überhaupt im Augenblick am liebsten nichts tun, weil ich nichts sehe, was ich mit Nutzen tun kann. Alles ist im Fluss und in wenigen Tagen, Wochen, Monaten werden alle Voraussetzungen auf den Kopf gestellt sein.

Dabei habe ich viel an Masse zu tun. Das ist das Ärgerlichste. Ich werde eine sehr mühsame Woche vor mir haben, bei der späte Abende die Regel sein werden. Wenn man alles das berücksichtigt, so geht es mir eben doch ganz gut. Dein Wirt ist wohl und unzufrieden, festgenagelt und bedürftig nach Kreisau abzureisen. Diese Zeit muss eben überstanden werden. ...

Berlin, den 22. 5. 40[1]

Ich habe meinen Brief und Umschlag für Dich vergessen und so schreibe ich auf diesem scheusslichen Papier. Ich gebe den Brief dem Mütterchen mit und vertraue ihn nicht der Reichspost an. – Heute abend werden wir ja noch miteinander telephonieren, und ich bin froh, daß Du nicht nach Walbronn musst.

Die Kämpfe stehen heute etwas. Wir bemühen uns, die gewonnenen

Stellungen zu verstärken, die anderen versuchen Gegenangriffe. Für die anderen hängt alles davon ab, ob diese Gegenangriffe gelingen. – Die Erfolge lassen sich vorläufig noch nicht übersehen und es bleibt zweifelhaft, ob sie sich in Dauererfolge umwandeln lassen, bei denen wir nicht nur Land besetzen. Man muss es abwarten. In jedem Fall birgt dieser Erfolg, selbst wenn er nur temporär sein sollte, ungeheure Möglichkeiten in sich.

Ich sitze hier, habe viel zu tun und es ist alles leeres Stroh. Und doch muss das weitergemacht werden. Es ist mir ziemlich grässlich. ...

Schmitz ist auf Urlaub. Er ist nach Bonn gefahren, was gestern beschossen worden ist. So wird er seine Sensation jedenfalls bekommen haben. Von Wicka und Igl nichts Neues.[2] Über das Schicksal der Deutschen[3] in Holland generell habe ich nichts gehört.

1 *22. 5. 40:* irrtümlich 22. 4. 40 datiert. 2 *nichts Neues:* Das Ehepaar Breitbarth – „Igl" und Wicka, geb. vom Rath, eine Cousine von F. M., war vor dem Krieg emigriert und lebte in Holland. M. war weiter um ihr Wohlergehen besorgt, besonders jetzt nach dem deutschen Einmarsch. 3 *Schicksal der Deutschen:* Er meint auch, und vielleicht vor allem, das Schicksal der deutschen Emigranten und Flüchtlinge.

Berlin, den 23. 5. 40

... Meine Arbeit ist mir grässlich. Ich werde jetzt auch immer weniger tun. Ich muss erst ein Mal alles aufräumen und dann werde ich mich aufs Faulenzen verlegen und im Institut arbeiten und versuchen, mich selbst auf dem Laufenden zu halten. Es wird wohl wieder eine bessere Zeit kommen aber im Augenblick komme ich mir hier völlig fehl am Ort vor. Ich habe Bürkner schon gesagt, mit Rücksicht auf die schwierigen landwirtschaftlichen Verhältnisse sei es erforderlich, daß ich auch ein Mal ein Wochenende von Donnerstag bis Montag ausschliesslich frei bekäme, ohne offiziellen Urlaub und damit ohne bezahlte Reise. Er hat das gut aufgenommen, sodaß ich im Juli etwa darauf zurückkommen kann.

Berlin, den 24. 5. 40

Mir wird alle Tage übler. Nur wenn ich das Dienstgebäude verlassen habe, fange ich an, mich zu erholen. Ich will jetzt zu meiner alten Gewohnheit zurückkehren, mindestens 2 Mal in der Woche im Institut zu arbeiten. Das ist immerhin friedlich. So, nach dieser nicht gerade rosigen Einleitung muss ich zu einer Sitzung gehen. 100,000 Holländer sollen gefallen sein, in Holland läuft keine Bahn mehr.

Die Sitzung, die um 5 Uhr angefangen hat, war um halb 8 zu Ende.

Schuster, der mit war, fuhr mich nach Hause. Es war eine Sache, die ich seinerzeit unter dem Motto si vis bellum para pacem angestossen hatte, am 10. Januar,[1] und die ich gegen grosse Widerstände gefördert hatte und die nun plötzlich, nachdem sie ihren eigentlichen Sinn verloren hatte, jetzt alle Leute interessiert, weil wir jetzt dort diktieren können, wo ich planen wollte. Ich habe kein Wort gesagt, aber es war mir doch sehr schmerzlich zu sehen, wie das[,] mit dem ich eine Nachkriegszusammenarbeit fördern wollte, nun missbraucht werden soll zur Aussaugung der Besiegten. Meine Argumente von vor 4 Monaten, die damals keiner recht hören wollte, schallten mir von allen Seiten als letzte Weisheit entgegen, selbst in dem Brief des Führers an den König von Schweden[2] befasst sich ein ganzer Absatz mit dieser Frage und ein Satz daraus stammt aus einer Denkschrift Deines Wirts. So wird dieses Projekt wohl durch die jetzt dahinter stehende Macht korrumpiert. Ist der Krieg vorbei, wird man es nicht mehr brauchen können, weil es kompromittiert sein wird. Es ist als hätte man ein Haus für eine Menge Gäste entworfen und hätte auch bereits das Baumaterial herangekarrt. In dem Augenblick aber, in dem die Gäste kommen, den Bau zu inspizieren, nehmen die Arbeiter die Materialien um sie den Gästen an den Kopf zu werfen. Es jammert Einen. ...

1 *am 10. Januar:* wohl seine Anregung, den europäischen Handel zu fördern – s. Bürkner an Sonderstab HWK, 19. 1. 40, in van Roon, Völkerrecht, S. 228 f. 2 *König von Schweden:* Am 24. 4. hatte Hitler König Gustav V. zugesichert, daß er die Neutralität Schwedens respektieren werde, und hatte die Wichtigkeit der Neugestaltung der Wirtschaftspolitik im Ostseeraum betont, s. ADAP, D, Bd. 10, Nr. 161.

Berlin, den 25. 5. 40

Heute habe ich wieder fast nichts gearbeitet. Ich werde mich wohl allmählich wieder aufraffen. Nachmittags will ich ins Institut und vielleicht wird mir da wohler. Es ist mir noch nie passiert, daß eine äussere Lage, die ich zu betrachten habe, physisches Unwohlsein zur Folge hat. Das ist ganz merkwürdig. Manchmal kann ich nichts essen, manchmal fühle ich mich so, als müsste ich mich übergeben und manchmal leide ich an Schnellefixmachhurtig. Diese Phänomene betrachte ich mit Interesse und ohne Anteilnahme. Ich erzähle sie auch nur als Curiosa.

Heute ist wieder ein schöner Tag. Es ist warm und klar. Heute morgen sind die ersten Angriffe auf Landziele in Südostengland gemacht worden. Carl hat heute sein Visum nach der Schweiz bekommen und will im Laufe der nächsten Woche abfahren. Ich bin eigentlich froh darüber, denn wenn wir uns auch sehr gut vertragen, so möchte ich doch jetzt ein Mal eine Woche allein sein und niemanden sehen, um mit meiner eigenen Schwäche fertig zu werden. Alle Menschen, die ich sehe, benutze ich als Ablenkung und dadurch werde ich nie fertig. Ganz Kreisau war ja auch nicht nur schön und lieb, sondern auch eine Ablenkung und ich muss diese Sache nun ein Mal überwinden.

Berlin, [Sonntag] 26. 5. 40

... Gestern abend traf ich A. C. K.[1] Er fragte mich nach des Pims Ergehen und lässt vielmals grüssen. Er sagte: ,,Do you want to know my solution? It is a flood without an ark." Nein, schwimmen will ich hier nicht in Berlin; dazu sind mir die anderen Leute zu fies. – Ich weiss noch nicht, was ich mit der gewonnenen Zeit tun soll. Ich dachte daran, vielleicht Spanisch zu lernen. Aber lieber noch würde ich etwas arbeiten, was mehr Konzentration verlangt. Das Unglück ist nur, daß alles was man tut, auch wenn es auf historischem oder philosophischem Gebiet liegt, ob es Tolstoy ist, oder ob man die Bibel liest, so unheimlich aktuell erscheint.

Ich habe eine sehr grosse Sorge: daß nämlich dieser Krieg sich ins Ungeahnte ausweitet. Daß die U.S.A. hineingezogen werden, sei es, indem sie den Alliierten helfen, sei es indem die Engländer den Krieg von Canada aus führen wollen, worauf die U.S.A. einfach mitmachen müssen. Kommt das, und gerät Europa, teils willig, teils widerwillig unter unsere Herrschaft, so wird sich der Krieg in einen Kampf der westlichen Hemisphäre gegen Europa verwandeln, ein Krieg, der 100 Jahre dauern kann, der kein Ende zu haben braucht und der nur die Existenz von uns allen beeinträchtigen wird. Dann sind wir Gefangene Europas, die sich nirgendwo anders sehen lassen können. Carl und ich haben heute einmal geprüft, wo wir uns noch in der Welt zeigen können ohne gefangengesetzt oder nicht hineingelassen zu werden. Mit Ausnahme von Italien konnten wir kein Land entdecken.

Vielen Dank, mein Lieber, für den Bericht über die Blumen und Büsche. Hoffentlich gelingt alles schön. Ich hatte den Eindruck, daß sich auch der neugepflanzte Flieder ganz hinten in unserer Plantage gut machen würde. Der, der immer etwas später kommt. Schneide die Büsche ein wenig zurück. Ich habe im vorigen Jahre wenig geschnitten und sie werden sonst lang und spergelig und bilden nicht genügend Blütenholz. Das gilt auch für den kleinen blühenden Prunus, ich hatte ihm die zwei langen Triebe stehen lassen, weil ich fürchtete, daß er sonst zwischen Flieder und Jasmin nicht genügend Licht bekommen würde. Sorge bitte auch dafür, daß der kleine zartästige Flieder, der vorne steht, genügend

Luft bekommt und schneide den alten Flieder, der auf seiner Südseite steht und den kleinen robusten Busch, der seine Nordseite deckt, soweit zurück, daß der kleine sich entfalten kann. Wenn der Kleine gut treibt, würde ich soweit gehen, den ganzen grossen Ast des Alten wegzunehmen.

Mein Lieber, jetzt höre ich auf. Es ist so lieb, sich mit Ihnen zu unterhalten.

1 *A. C. K.:* Kirk.

Berlin, den 27. 5. 40

... Schuster ist also definitiv heute abgegangen; er ist als Kommandierender Admiral für Holland, Belgien und Nordfrankreich vorgesehen. Weichold wird sein Nachfolger als Chef. Heute mittag haben Carl und ich mit Trott[1] und Peters in der Derfflingerstr. gegessen. Peters war so voller Unschuld wie immer; er lässt sich Dir vielmals empfehlen.

Ich habe angefangen, Charles XII von Voltaire zu lesen. Ich werde mich ähnlicher Lektüre jetzt in Massen ergeben und sie überall, d. h. auch im Büro und im Institut lesen. An diesen beiden Orten kann ich mich besser konzentrieren als in der Derfflingerstr.

1 *Trott:* Trott war von seiner Amerikareise zurückgekehrt – vgl. 19. 9. 39 – und war dann lange krank gewesen.

Berlin, den 28. 5. 40

Ich habe mich wieder ins Institut zurückgezogen, wo ich in Frieden ein paar Sachen lese. Es ist angenehm friedlich und zurückgezogen hier und ich betrachte das als einen gelungenen Nachmittag. Heute früh war ich im Amt, ohne Wesentliches zu tun; mittags habe ich mit Üx gegessen.

Üx erzählte mir, was ich nur annähernd wusste, daß Hans Adolf wieder auf die in Belgien und Holland gefundenen Noten angesetzt ist. Er fungiert also wieder als Nachrichter.[1] Ich finde das einfach grässlich und es bleibt mir auch unverständlich, warum er sich zu solcher Arbeit hergibt.

Heute ist es wieder schön warm und sonnig. Ein herrlicher Tag. Hoffentlich ist es in Kreisau auch so und hoffentlich sind nun endlich die Polen da. Alle Tage mehrfach fällt mir das Bild von dem besonnten Berghaus mit dem blühenden Flieder ein. Von ganz allein. Das ist mir auch noch nie passiert und es ist auch wohl nur erklärlich, weil mich nichts richtig interessiert.

Zu erzählen ist garnichts. Schmitz kommt wohl in den nächsten Tagen zurück und ich freue mich schon sehr darauf, ihn wieder mir gegenüber sitzen zu haben. In der ruhigeren Zeit, auf die ich jetzt hoffe, werde ich auch im Grunde mehr von ihm haben als bisher. ...

1 *Nachrichter:* Seit Kriegsbeginn war Hans Adolf von Moltke Botschafter zur besonderen Verwendung.

Berlin, den 29. 5. 40

... Ich sitze wieder im Institut und lese allerhand Eingänge der letzten Zeit. Es ist im ganzen befriedigend. Ausserdem lese ich Entscheidungen und das erfreut mich sehr. Im Amt geschieht wenig oder garnichts. Wir werden garnicht mehr gehört und bekommen nur von Zeit zu Zeit zu erfahren, was alles geschehen ist. Es ist mir auch gleichgültig. Vorgestern habe ich mir den Film über die Zerstörung Rotterdams[1] angesehen, weil ich fand, daß das nötig war. Sieh ihn Dir auch an. Es ist eine Wochenschau von 45 Minuten. Zu Deiner Unterrichtung will ich Dir sagen, daß Rotterdam in 40 Minuten vernichtet wurde. – Die Belgier, Engländer und Franzosen in Nordfrankreich haben offenbar entsetzliche Verluste. Die Schätzung ist zwischen 30 und 50%.

Uns widerfährt leider ein grosses Missgeschick: Wagner[2] ist definitiv abgesetzt und mit ihm Schulenburg.[3] An die Stelle ist gekommen Bracht,[4] der in seiner gestrigen Antrittsrede gesagt hat: ,,Die Zeit der sachlichen Entscheidungen ist jetzt vorbei; jetzt wird nationalsozialistisch regiert.“ Dieser Sturz Wagners ist für Schlesien ein sehr grosser und schmerzlicher Verlust.

Sonst ist eigentlich garnichts zu berichten. Deinem Wirt geht es zufriedenstellend. Ich denke immerzu daran, daß es Euch in Kreisau hoffentlich noch einige Zeit lang gut gehen wird. Ich stelle es mir bei Euch wie einen Hafen vor. Hoffentlich bleibt es einer. ...

1 *Rotterdam:* Das Zentrum von Rotterdam war am 14. 5. in einem großen Luftangriff vernichtet worden. 2 *Wagner:* Josef Wagner (1899–1945) war ein gemäßigter Nationalsozialist, Oberpräsident und Gauleiter von Schlesien; er blieb Reichskommissar für die Preisbildung bis 1941; Juli 1944 verhaftet, 22. 4. 45 durch SS hingerichtet. 3 *Schulenburg:* Fritz-Dietlof Graf von der Schulenburg (1902–1944), Verwaltungsjurist, trat der N.S.D.A.P. 1932 bei, stellte sich aber später gegen die Partei; 1937–39 Polizeivizepräsident in Berlin; 1939–40 Vizepräsident im Oberpräsidium Breslau unter Josef Wagner; dann als Leutnant d. R. in die Wehrmacht ,,emigriert“, aber 1942–43 von der Truppe für Verwaltungsaufgaben beurlaubt. Schulenburg gehörte zu Yorcks Freundes- und Planungskreis, war später an der Arbeit des Kreisauer Kreises beteiligt und betätigte sich als Vermittler zur Goerdelergruppe und zum militärischen Widerstand. Wurde am 20. 7. 44 in der Bendlerstraße verhaftet, am 10. 8. 44 verurteilt und hingerichtet. 4 *Bracht:* Fritz Bracht, Gauleiter von Schlesien, alter Nazi und hoher SA- und SS-Offizier, zuletzt Obergruppenführer.

Berlin, den 30. 5. 40

Es kommt mir vor als geschehe garnichts. Ich weiss nicht, warum das so ist, aber es ist so merkwürdig leer. Darum ist auch nichts zu berichten. In mir geht nichts vor: dort warte ich ganz einfach. Und um mich scheint auch nichts zu geschehen. Es ist eine Existenz im Vacuum.

In der Erbhofangelegenheit scheinen grössere Schwierigkeiten zu bestehen, als ich ursprünglich angenommen hatte. Der Landesbauernführer hat Wense gesagt, meine Beziehungen zu England seien zu eng. Das muss nun alles aus dem Wege geräumt werden.

... Herr Deichmann ist nach der Schweiz gefahren. Ich werde nun die früheren regelmässigen Besuche der verschiedenen Freunde wieder empfangen aber ich glaube es hat sich alles geändert. Gestern war Deuel da. A. C. K.[1] ist in Rom, Einsiedel kommt morgen, Gauger heute, am Montag gehe ich zu Furtwängler. Den Sonntag werde ich wohl zu Hause verbringen, lesen und versuchen, meine Gedanken in eine bessere Ordnung zu bringen. Ich hoffe, es gelingt mir, damit ich Ende der Woche mit diesem Prozess fertig bin, ehe Du kommst. Es ist mir eine unglaubliche Erleichterung zu denken, daß Du bald kommen wirst, aber komme nicht eher, denn ich muss erst wieder selbst in Ordnung kommen. Von dieser wichtigsten Aufgabe darf ich mich jetzt nicht ablenken lassen.

Auf Wiedersehen, mein Lieber, das ist kein schöner Brief, aber es ist mir angenehm, daß ich Dir das berichten kann.

1 *A. C. K.:* Kirk.

Berlin, den 31. 5. 40

... Nachdem ich also die vorletzte Nacht wieder nur so in kleinen Stücken geschlafen hatte und meiner rein organischen Unruhe nicht mehr Herr werden konnte, ging ich also gestern zu Suchantke zu dem ich nun regelmässig wohl jeden zweiten Tag gehen soll. Er hat mir irgendwelche Tropfen gegeben und mir gut zugeredet. Er war aber sichtlich nicht mit mir zufrieden. Es tut ja nichts, denn ich habe das Gefühl, daß es schon besser werden wird.

Heute habe ich mir eine kleine Privatarbeit gemacht: ich befasse mich nämlich mit der Frage der internationalen Vertretung Belgiens und der verfassungsrechtlichen Frage der Trennung zwischen König und Regierung.[1] Auch das ist befriedigend.

1 *König und Regierung:* Am 28. 5. hatte König Leopold III. die Kapitulation der belgischen Armee unterzeichnet und wurde Kriegsgefangener. Das belgische Kabinett ging nach London und führte den Krieg von dort aus weiter.

Berlin, den 1. 6. 40

Gestern konnte ich Dir nicht recht schreiben, daß ich am Donnerstag abend vergeblich auf Gauger gewartet habe. Er hatte Selbstmord begangen. Schon vor einiger Zeit; und meine Bitte, zum Abend zu kommen war ihm nie bestellt, mir aber keine Nachricht gegeben worden. Die Gründe erzähle ich Dir, wenn Du herkommst. Du kannst Dir vorstellen, daß mich die Nachricht schwer betroffen hat.[1]

Heute war ich wieder bei Suchantke, der mir irgendetwas eingespritzt hat. Er hat doch die Art eines Wunderdoktors. Ich habe aber diese Art Zutrauen zu ihm, die der halbe Erfolg ist. Ich widme mich überhaupt jetzt meiner Gesundheit: Montag gehe ich zum Augenarzt, Dienstag zu Schramm. Ich hoffe, daß Du bei Deiner Ankunft einen wieder normalen Ehewirt vorfinden wirst.

Jetzt ist es Mittag. Ich erwarte Friede und Jänicke aus dem Institut, um mit ihnen die Frage der belgischen Kapitulation zu erörtern. Sie werden hier essen, dann werden wir die Sache besprechen und danach werde ich mich über Sonnabend/Sonntag zurückziehen, das Telephon entfernen und nichts tun als liegen, lesen und Grammophon spielen. Ich hoffe, daß ich dann am Montag schon wohler sein werde.

Zur Frage des Kopf-in-den-Sand-Steckens, was wir angeblich in Kreisau betreiben, habe ich folgendes zu sagen. Es ist unsere Pflicht, das Widerliche zu erkennen, es zu analysieren und es in einer höheren, synthetischen Schau zu überwinden und damit für uns nutzbar zu machen. Wer davor wegsieht, weil ihm entweder die Fähigkeit fehlt zu erkennen oder die Kraft, das Erkannte zu überwinden, der steckt den Kopf in den Sand. Ob man aber Einzelheiten in sich aufnimmt, ob man sie diskutiert, ob man sie am Donnerstag oder Freitag erfährt, ist vollkommen gleichgültig. Im Gegenteil die Sucht, die Einzelheiten zu erfahren, führt dazu, daß man darauf viel zu viel Gewicht legt und darüber die genau so wichtige Aufgabe übersieht, diese Tatsachen zu sublimieren und in ihr richtiges Verhältnis zu bringen. Wenn man hinter diesen Einzelheiten herjagt, dann hat man auch nicht die Kraft zu ihrer Überwindung. Daß die Fähigkeit zur Überwindung in einer friedlichen Atmosphäre grösser ist als in einer gehetzten, ist sicher, und jeder der um sich diese friedliche Atmosphäre zu verbreiten imstande ist, ist ein lebendiger Träger und Antreiber in der richtigen Richtung. Frieden ist etwas anderes als Complacency. Wer um sich den äusseren Frieden zu erhalten Schwarz Weiss sein lässt und Böse Gut, der verdient den Frieden nicht, der steckt den Kopf in den Sand. Wer aber jeden Tag weiss, was gut ist und was böse und daran nicht irre wird, wie gross auch der Triumph des Bösen[2] zu sein scheint, der hat den ersten Stein zur Überwindung des Bösen gelegt. Darum ist die Atmosphäre des Friedens von ungeheurer Wichtigkeit und man muss sie nicht gefährden.

Mein Lieber, es ist komisch, daß gerade ich Dir das gerade jetzt schreibe, wo ich mit nichts recht zurande komme. Aber vielleicht weiss ich es darum auch so genau. Ich hoffe, daß ich bis zum 8. wieder zurückgefunden habe zu der erforderlichen Sicherheit. Du aber verteidige die Methoden, mit denen das Berghaus so friedlich gehalten worden ist, und mache auf diesem Gebiet keine Kompromisse.

Mein Lieber, ich fange gerade an ein Buch über die Geschichte der Philosophie[3] zu lesen, das folgende Widmung enthält:

To my wife.
Grow strong, my comrade . . . that you may stand
Unshaken when I fall; that I may know
The shattered fragments of my song will come
At last to finer melody in you;
That I may tell my heart that you begin
Where passing I leave off, and fathom more.

1 *betroffen hat:* Martin Gauger hatte den Selbstmord vorgetäuscht, um seinen Häschern zu entgehen, s. 20. 10. 39, Anm. 1. 2 *Triumph des Bösen:* Der Ausdruck kehrte in einem Brief an Peter Yorck wieder – vgl. 16. 6. 40, Anm. 4. 3 *Geschichte der Philosophie:* Will Durant, The Story of Philosophy. The Lives and Opinions of the Greater Philosophers, New York 1924. Es war ein populäres Buch, das viele Auflagen erlebte.

Berlin, [Sonntag] den 2. 6. 40

. . . Ich bin froh, daß ich bei Suchantke war. Selbst wenn die Tropfen und Spritzen nichts als Humbug sein sollten, so hat mich doch die Tatsache, daß was mich quälte einfach als Krankheit behandelt wurde, allein schon gebessert.

In der Times vom 21. 5. ist ein Fall berichtet, in dem Viktor Wolff aufgetreten ist. Der ist also jedenfalls zu Hause.[1] Sonst kann ich nichts von sozusagen familiärem Interesse darin entdecken.

Ich habe mal wieder eine Bitte. Es fehlt mir eine Leiter, um von innen auf das Dach zu gelangen. Wir wollen das nun durch eine Strickleiter[2] verbessern, die wir aber nicht bekommen können. Nun erinnere ich mich so vage, daß ich früher eine besass und zwar mit den Turngeräten. Es war wohl eine mit Knoten, nicht mit Sprossen. Solltest Du wissen wo sie ist, so bringe sie doch bitte mit. Sie kommt wieder zurück, sobald Caspar sie braucht.

Welch ein Jahr für die Bienen. Die armen Tiere können ja gar nicht vorankommen. Hoffentlich tut ihnen das Füttern gut, damit sie dann später auch fleissig Honig sammeln können.

1 *zu Hause:* Der Jurist Viktor Wolff war der Sohn von Martin Wolff, bei dem F. M. in Berlin Jurisprudenz studiert und promoviert hatte. Die Familie war nach England ausgewandert. Dort hatten die Behörden wegen der drohenden Invasionsgefahr mit der Internierung – z. T. sogar Deportation nach Übersee – der deutschen Staatsangehörigen begonnen, obwohl die meisten dieser *enemy aliens* aus Deutschland geflohene Emigranten waren. 2 *Strickleiter:* Am 11. 5. hatten die britischen Bombenangriffe auf Deutschland begonnen.

Berlin, den 3. 6. 40

... Heute morgen war ich bei Müller-Stüber. Ergebnis: Die Augen sind hervorragend scharf, eine ganze Kleinigkeit weitsichtig, sodaß ich, wie er sagt, in 10 Jahren eine Brille zum Lesen brauchen werde. Vor der Sonne soll ich sie nicht so sehr schonen und zu diesem Zweck eine weniger gefärbte Sonnenbrille verwenden. Im übrigen sagt er[,] er würde aus dem Zustand der Augen auf ein gestörtes Allgemeinbefinden schliessen. Als ich das bejahte, meinte er, die Augen würden ihre Müdigkeit von allein verlieren, sobald das Allgemeinbefinden sich bessert. ...

Im Amt tue ich fast garnichts mehr. Ich lese die Nachrichten und die Times. Morgen kommt Schmitz wieder und mit dem werde ich schwätzen. – ...

Berlin, den 4. 6. 40

... Gestern waren Einsiedel und ich bei Furtwängler. Ich hatte es schon lange versprochen und es war so erfrischend wie immer. Heute gehe ich zu Yorcks. Üx hat uns beide allein zum Abendbrot zu Montag eingeladen und ich habe zugesagt. Kieps wollen, daß wir Sonntag nachmittags rauskommen. Ich habe das offengelassen.

Die Gesundheit Deines Wirts ist heute nicht befriedigend. Er fühlt sich sehr müde. Aber das ist ihm eigentlich nicht unangenehm.

Berlin, den 5. Juni 1940

Gestern war ich bis um 12 Uhr nachts bei Yorcks zusammen mit Schulenburg. Es war nett und anregend nur etwas langwierig. Heute bin ich daher müde. Aber das macht nichts. ...

Berlin, den 6. 6. 40

Dies ist der letzte Brief, und vielleicht kommt er auch nicht mehr an. Ich bin sehr froh, daß Du jetzt schon übermorgen kommen wirst. Gestern habe ich den ganzen Nachmittag und Abend lesend verbracht. Deuel kam nicht – das war als Möglichkeit vorausgesehen und ich habe dann *alle* Spargel, die Du mir geschickt hattest, alleine gegessen. Übrigens ist auch das Brot besonders schön.

... Schmitz ist wieder da und ist sichtlich verärgert über alle möglichen Ereignisse, über die ich inzwischen erhaben bin. Ich finde das grossartig komisch.

Sonst habe ich eigentlich nichts zu berichten. Es ist warm und sommerlich und ich kann nur hoffen, daß es in Kreisau auch so ist. Dann müsste das Heu gut hereinkommen. – Heute kommt Herr Deichmann wieder.

Berlin, den 13. 6. 40

... Die Tage gehen dahin, ohne daß etwas voranzugehen scheint. Es ist so merkwürdig leer und alles scheint gespenstisch unwirklich. – Herr Deichmann ist auch hier. Ich ahne nicht ob und wann er nach Holland fahren wird. Wie immer ist bei ihm alles ungewiss. Deswegen ist es ein Segen, daß Du Deinen Besuch nicht um eine Woche verschoben hast. ...

Berlin, den 14. 6. 40

Blühen eigentlich die Linden schon? Für mich ist der 14. Juni mit dem Summen der Insekten und Bienen in den blühenden Linden am Kapellenberg[1] verbunden. Aber hier blühen sie noch nicht. Wie ich jenen Tag erinnere. Jetzt um diese Zeit sprach Ulla[2] gerade. ...

Jetzt bin ich in der Bendlerstr.,[3] wo ein ganz klein wenig zu tun ist. Es ist ½ 2 und in einer Viertelstunde will ich essen gehen und danach ins Institut. Ich habe da verschiedenes zu lesen und das will ich tun. Abends kommt Einsiedel aber ich habe ihm schon gesagt, daß ich ruhebedürftig bin, und ihn daher frühzeitig entfernen werde.

Es ist wieder ein schöner warmer Sommertag und ich wünschte mir, in Kreisau zu sein. Mir behagt dieses rein städtische Leben auch abgesehen von meiner unbefriedigenden Geistesverfassung nicht und ich habe doch ständig das Bedürfnis hinaus zu kommen. Hoffentlich klappt das nächste Woche. Ich will erst so am Dienstag fragen.

Sonst ist, glaube ich nichts zu berichten.

1 *Kapellenberg:* M.s Mutter war am 11. 6. 35 ganz unerwartet bei einem Besuch bei Verwandten in Pommern 51jährig gestorben; am 14. war die Beerdigung am Kapellenberg in Kreisau, dem Familienbegräbnisplatz. 2 *Ulla:* Ulla Oldenbourg, Freundin der Familie und Anhängerin der Christian Science. Gemeinsam mit M.s Eltern hatte sie Mary Baker Eddys ‚Science and Health' ins Deutsche übersetzt. Obwohl M. selbst wenig mit der Christlichen Wissenschaft gemein hatte, bestand die enge Freundschaft mit Ulla Oldenbourg weiter. 3 *Bendlerstraße:* dem Sitz des Sonderstabs HWK.

Berlin, den 15. 6. 40

Heute war Dein Briefchen von gestern schon am Morgen da, als ich fortging. Das war sehr lieb, denn so fühlte ich mich ganz auf dem laufenden. Was Paris[1] angeht, so kann ich M. D. nicht verstehen. Sie befindet sich damit nicht nur nicht im Einklang mit allen unseren Leuten, einschliesslich der meisten Offiziere, die ich hier treffe, sondern auch nicht im Einklang mit der Bevölkerung, die man hier trifft. Fabelhaft, grossartig u.s.w. und dann ist das Thema erschöpft. Ein Bruchteil dieser Erfolge im Kriege 14/18 hätte ein Vielfaches der Begeisterung ausgelöst. Offenbar befindet sich M. D. und auch Grossmutter Schn.[2] noch im vorigen Krieg mit ihren Empfindungen.

Gestern abend war Einsiedel da. Wir haben uns so bis um 10 etwa unterhalten und dann bin ich ins Bett gegangen und habe köstlich geschlafen. Das erste Mal seit langer Zeit wieder richtig qualitativ gut. Der heutige Tag sieht darum auch viel angenehmer aus, als der gestrige. ...

Sonst habe ich wohl nichts zu berichten. Die Tage gehen dahin und ich warte. Zwar weiss ich ganz genau was ich für richtig und gut halte, aber ich warte darauf zu sehen, ob sich irgendwo ein Ansatzpunkt finden lässt, um der Erkenntnis entsprechend zu handeln. –

1 *Paris:* Paris war am 14. 6. kampflos eingenommen worden. 2 *Grossmutter Schn.:* Freyas Großmutter mütterlicherseits, Fany (Stephanie) von Schnitzler.

Berlin, [Sonntag] den 16. 6. 40

... Den ganzen Morgen habe ich gelesen. So sind das friedliche Tage. Ich habe jetzt meinen Frieden wieder und lese mit Befriedigung und Konzentration. Was aussen geschieht, berührt mich schon fast nicht mehr und es passt plötzlich herein, regt mich nicht mehr auf, sondern ist lediglich eine Erscheinungsform wie jede andere. Ich bin neugierig, ob dieser Zustand sich wohl halten lässt. Das wird gewiss von körperlichen Fakten und Zufällen abhängen, aber ich bin optimistisch. In 14 Tagen oder drei Wochen werde ich wohl meine Tage wieder so angefüllt haben wie normal und es wird mir wie ein wüster Traum vorkommen, daß es ein Mal anders war.

Ich habe mich plötzlich auf Spinoza[1] gestürzt, den ich im Institut lese. Dem habe ich eine Menge meiner besseren Lage zu verdanken. Ich will mal Edith[2] fragen, ob sie mir eine Ausgabe verschaffen kann.

Heute ist hier schlechtes Wetter. Am Morgen regnete es und jetzt ist es bedeckt und schwül. Hoffentlich ist es in Kreisau noch nicht wieder nass. Denn es ist nicht gut, wenn das Heu 2 × nass wird. – Ich träume schon von der Veranda und dem Garten. Vielleicht habe ich sogar schönes Wetter, aber auch schlechtes ist mir recht. Ich wünschte nur, ich sässe die ganze Zeit da.

Mütterchen hat der Baronin[3] geschrieben wegen des Alkohols und hat dann gesagt: ,,für unsere westlichen Begriffe ist es sehr ruhig hier.“ Sie hat sich also noch immer nicht an den Frieden in Kreisau gewöhnt. Sie sollte lieber länger bleiben. Die Baronin hat aus Moyland gerade gehört, daß Emmerich sehr stark zerstört worden ist, mit einer ganzen Zahl von Toten. Was will das Mütterchen da, fragt man sich.

Ich habe für diese Tage noch ein Riesenprogramm: morgen mittags Yorck,[4] abends Arbeiten mit Frl. Breslauer, Dienstag mittags Goltz,[5] abends Kessel, Mittwoch mittags Waetjen – Einsiedel, abends Deuel. Du siehst also ein reiches Programm.

1 *Spinoza:* war im Dritten Reich natürlich verpönt. 2 *Edith:* Edith Henssel, Freundin der Familie, Buchhändlerin. 3 *Baronin:* s. 21. 1. 40, Anm. 2. 4 *Yorck:* Am nächsten Tage erwähnt er ihn nicht. Am 17. 6. schrieb er ihm aber einen Brief, der die systematische Zusammenarbeit einleitete. Er begann: ,,Lieber Yorck, nun, da wir damit rechnen müssen, einen Triumph des Bösen zu erleben, und während wir gerüstet waren, alles Leid und Unglück auf uns zu nehmen, stattdessen im Begriffe sind, einen viel schlimmeren Sumpf von äusserem Glück, Wohlbehagen und Wohlstand durchwaten zu müssen, ist es wichtiger als je, sich über die Grundlagen einer positiven Staatslehre klar zu werden.“ (Text in van Roon, Neuordnung, S. 479). Er bezog sich dann auf ein Gespräch, das er nicht ganz 14 Tage vorher mit Yorck und Schulenburg gehabt hatte. Yorck sträubte sich in seinem Antwortbrief am 7. 7. gegen ,,die Bezeichnung des deutschen Waffenerfolges als Triumph des Bösen“, zumindest wollte er diese Beurteilung einschränken. (a. a. O., S. 481). Vgl. Brief vom 1. 6. 40. 5 *Goltz:* wohl Rudiger Graf von der Goltz, der Anwalt, der 1938 Fritsch verteidigt hatte.

Berlin, den 17. 6. 40

... Ich habe heute mit Bürkner gesprochen und kann Freitag und Sonnabend fort bleiben. Montag muss ich wieder da sein. Ich schreibe Dir noch genauer wie und wann ich kommen werde. – Weichold wird nach Rom geschickt. Das ist für mich betrüblich. An seine Stelle kommt

Admiral Groos.[1] Das ist ein gebildeter, kluger Mann, aber ohne wesentliches militärisches Standing. Das ist nicht angenehm.

Die Ereignisse überstürzen sich. Der russische Einmarsch in Litauen wird wohl von Parallelerscheinungen in Estland und Lettland gefolgt sein.[2] Freundlich für uns ist das sicher nicht. – H. A. ist jetzt des Führers nächster aussenpolitischer Berater. Er sitzt im Führerhauptquartier, nicht in Ribbentrops.[3] Er wird wohl als Staatssekretär des A. A. aus diesem Kriege hervorgehen.

Schrecklich scheinen die Friedenspläne[4] zu sein. Nach allem was man hört kann man nur sagen: it could not have been worse.

Sonst ist wohl nichts zu berichten. Denke Dir ich habe zu früh gejubelt. Ich habe schon wieder schlecht geschlafen und bin entsprechend empört. Aber das wird sich wohl bessern.

1 *Groos:* Admiral Otto Groos wurde Chef des Sonderstabs HWK. 2 *gefolgt sein:* Am 14. 6. nahm Litauen ein russisches Ultimatum an; mit der russischen Besetzung von Kaunas und Wilna am 15. 6. hörte der Staat Litauen auf zu bestehen. Am 16. 6. kam das russische Ultimatum an Estland und Lettland, am 17. 6. besetzten sowjetische Truppen die beiden Länder und überschritten dabei den litauischen Grenzstreifen, der im deutsch-sowjetischen Vertrag vom 28. 9. 39 als deutsches Interessengebiet bezeichnet worden war. 3 *Ribbentrops:* Joachim von Ribbentrop (1893–1946), Reichsaußenminister seit 1938. 4 *Friedenspläne:* Am 18. 6. traf sich Hitler mit Mussolini, um über Bedingungen für den Waffenstillstand zu sprechen, am 22. 6. wurde der Waffenstillstand mit Frankreich abgeschlossen.

Berlin, den 18. 6. 40

Ich bin in grosser Eile, denn jetzt, wo ich übermorgen nach Hause fahren will, stürmt plötzlich Arbeit in Massen auf mich ein. Ich weiss nicht wie ich fertig werden soll. Ausserdem soll ich noch 2 Admirälen[1] vor meiner Abreise einen Vortrag über die Aussichten der Fortentwicklung des Völkerrechts in seinem Einfluss auf den Handelskrieg halten, und jedem einzeln.

Mittags habe ich mit Goltz[2] gegessen, gestern abends habe ich bis 11 bei Inge gearbeitet, jetzt ist es schon ½8 und gleich wird Kessel kommen. Morgen mittag kommt Deuel und abends gehe ich zu Mutzenbecher. Du siehst, ein reiches Programm.

[PS] Bitte sage M. D. letzte Nacht seien die erfolgreichsten Luftangriffe der anderen gewesen. Wozu dahin?!

1 *Admirälen:* Einer davon mag Admiral Gladisch gewesen sein – vgl. die Vorlage von Schmitz und Moltke vom 20. 6., die in sehr diplomatischer Weise einen Ausschuß zur Fortbildung des Kriegsrechts vorschlägt und dabei Gladisch erwähnt. Keitel ging darauf ein. Text in van Roon, Völkerrecht, S. 177 f. 2 *Goltz:* s. 16. 6. 40, Anm. 5.

Berlin, den 24. 6. 40

Nur ein ganz kleines Grüsschen. Es war wieder so schön bei Dir. Es ist immer schön. Es gefällt mir so gut bei Dir und Du gefällst mir so gut.

Mütterchen war gebrochen fortzufahren. Sie hat bis Schweidnitz immerzu ein ganz zittriges Unterkinn gehabt und von Zeit zu Zeit rollten 2 Herren aus Verona ab. Warum fährt sie dann nur? Danach haben wir uns bis Liegnitz teils unterhalten teils haben wir gelesen und uns sehr freundlich getrennt. ...

Berlin, den 25. 6. 40

... Schmitz ist wohl gelaunt. Er scheint viel zu rudern und überhaupt alles leicht zu nehmen. Kiep sah ich heute kurz. Er ist wie alle resigniert. Ich habe den Eindruck, daß jetzt mit Macht auf eine Währungseinheit für ganz Europa hingesteuert wird. Das wäre natürlich ein Fortschritt, hoffentlich von dauernder Bedeutung. Die russische Gefahr[1] sieht weniger drohend aus als vorige Woche.

Heute zieht in der Bendlerstr. der neue Chef, Admiral Groos,[2] ein. Um 3 Uhr will er die Geschäfte übernehmen. Ich glaube, daß das ein sehr netter und gebildeter Mann ist, in erster Linie Historiker. ...

1 *russische Gefahr:* vgl. 17. 6. 40, Anm. 2. Die Gegensätze zwischen Deutschland und der Sowjetunion hatten sich im Ostseeraum und im Hinblick auf den Balkan verschärft. 2 *Groos:* s. 17. 6. 40.

Berlin, den 27. 6. 40

... Heute morgen haben Schmitz und ich einen heftigen Kampf in der Akademie für Deutsches Recht um die Stellung der Polen in dem von uns besetzten Gebiet geführt. Es wurden dabei wirklich unglaubliche Thesen vertreten und Sch. und ich haben immer abwechselnd gesprochen. Es war einfach toll. Leider nutzt es nichts, aber immerhin haben wir unsere eigene Ehre gerettet.

An Neuigkeiten gibt es einiges. Das Interessanteste ist, daß die Bessarabische Angelegenheit[1] jetzt offenbar in Gang kommt. Man kann noch nicht übersehen, was daraus werden wird.

Es ist betrüblich, daß Kreisau einen so schweren Regen gehabt hat, wie Du schreibst. Das Gras ist natürlich sehr gefährdet, beim Flachs scheint es mir weniger schlimm zu sein. Bitte schreibe mir noch, wie es denn nun wirklich aussieht. Ich bin aber für die Hackfrüchte und die Wiese doch froh, daß es überhaupt geregnet hat. Es ist für uns ungeheuer wichtig, daß wir dieses Jahr eine Ernte haben, die es uns ermöglicht, das Jahr zu balancieren. ...

1 *Bessarabische Angelegenheit:* Am 26. 6. hatte die Sowjetunion Rumänien ein Ultimatum über die Abtretung Bessarabiens und der Nordbukowina gestellt. Rumänien nahm es am 27. 6. an, worauf diese Gebiete durch die Rote Armee besetzt wurden.

Berlin, den 28. 6. 40

Es ist eben nach 5 Uhr ich bin aber schon zu Hause, weil ich etwas Kant lesen will und um ½ 8 kommen Waetjen und Einsiedel. Mittags habe ich mit C. D. und Margret[1] gegessen und Reichwein[2] war auch dabei, der sich nach Asta erkundigte. Er geht jetzt auf Urlaub und kommt am 1. 8. wieder. Dann werde ich ihn systematisch pflegen. ...

Ich lese jetzt hauptsächlich Spinoza. – Heute hatten wir das erste Mal eine Stabsbesprechung mit dem neuen Admiral Groos. Ich war eigentlich angetan von ihm. Sachlich, gebildet und doch mit etwas mehr Rückgrat als Schuster. – Es ist jetzt die Rede davon, daß ich nach Wiesbaden zu den Waffenstillstandsverhandlungen und zur Vorbereitung der Friedensverhandlungen soll. Ich habe die Bedingung gestellt, daß ich als einziger Jurist der Wehrmacht dort auftrete und sofort abreise, wenn ein anderer gefragt werden sollte. Wenn ich das durchgesetzt haben sollte, so will ich trotzdem nicht fahren, sondern die so gesicherte Position Schmitz überlassen. Erstens ist er der Bessere und zweitens habe ich mir hier so viele kleine Aufgaben gestellt, daß ich ungern von Berlin und den Bibliotheken weggehen würde. Schliesslich wäre ich in Wiesbaden auch noch weiter von Kreisau entfernt.

Deinem Wirt geht es wieder ausgesprochen gut. Er liest wieder leicht und fühlt sich gesund und es geht ihm auch alles ganz schön flott von der Hand. Ich hoffe, daß die Mai-Krise damit endgültig überwunden ist.

Sonst habe ich nichts zu berichten.

1 *Margret:* Dr. rer. pol. Margarete von Trotha, geb. Bartelt. 2 *Reichwein:* Adolf Reichwein (1898–1944), Pädagoge, Sozialdemokrat, schon aus der Zeit der schlesischen Arbeitslager bekannt; weitgereist; promovierte mit einer Arbeit über China und Europa; Publikationen u. a. über Mexiko; 1929–30 Mitarbeiter des preußischen Kultusministers C. H. Becker; 1930 Professor für Geschichte und Staatsbürgerkunde an der Pädagogischen Akademie Halle; 1933 abgesetzt. Er wurde Volksschullehrer auf dem Lande und veröffentlichte das Buch ‚Schaffendes Schulvolk' (Stuttgart/Berlin 1937); im Krieg Leiter der Abteilung „Schule und Museum" beim staatlichen Museum für deutsche Volkskunde in Berlin; oppositionell tätig; Teilnahme an zwei Kreisauer Treffen; 4. 7. 44 verhaftet, 20. 10. 44 hingerichtet.

Berlin, den 29. 6. 40

Es ist schon 10 Uhr und ich habe bisher im Institut nur kleinen Mist gemacht: Korrektur gelesen, einzelne Sachen besprochen, ein Urteil des Oberprisenhofes gelesen u.s.w. Nun will ich mich aber Herrn Spinoza zuwenden und davor noch rasch an den Pim schreiben. ...

Gestern Abend waren Einsiedel und Waetjen zum Essen da. W. war herrlich gefüllt mit Geschichten aller Art. Wir sprachen hauptsächlich über das Projekt der Auswanderung nach Chile.[1] Frl. Saager hatte auf meinen Wunsch einen Gemüsepie gemacht, der zwar nicht so gut war wie der letzte vom Pim, aber doch auch recht zufriedenstellend.

Heute mittag esse ich mal wieder mit Pape. Der hat immer noch keine Einberufung, zittert aber bereits seit 2 Monaten. Er ist Jahrgang 05, der jetzt eigentlich dran ist. Sonst will ich den Tag in Frieden im Schloss[2] verbringen und Spinoza lesen. Ich bin sehr froh, daß ich das jetzt wieder ganz ungehemmt kann.

So, mein Lieber, sonst ist wohl nichts zu berichten.

1 *nach Chile:* Es ist nicht zu sagen, um wessen Auswanderung es sich handelte, und ob es Ernst oder ein Gedankenspiel war. 2 *im Schloss:* im Institut.

Berlin, [Sonntag] den 30. 6. 40

... Als ich zu Hause weggehen wollte, beschloss ich im Amt vorbeizugehen und mit dem Chef zu sprechen und etwas gegen Wiesbaden zu intrigieren.[1] Ausserdem wollte ich Schmitzens und meine Sonderpläne etwas fördern. Das habe ich auch getan und nun schreibe ich hier im Amt, damit der Brief noch zu einer menschlichen Zeit heute weggeht.

Hier ist herrliches Sommerwetter. Etwas schwül allerdings, aber doch befriedigend warm. Ich wäre gern bei Dir. Aber der friedliche Tag im Institut ist das Angenehmste, was ich hier haben kann. Den Spinoza verschlinge ich einfach. Er ist so hervorragend geschrieben. Was die Staatslehre angeht, so sind ewige Weisheiten mit Utopien und Absurditäten gemischt. In den mehr allgemeinen Betrachtungen überwiegen die ersten, in den besonderen Abhandlungen die zweiten. Was mich interessiert, weil ich es nie wusste, ist, daß es keinen Philosophen von Bedeutung gibt, der etwas anderes als eine Aristokratie als Staatslehre verficht.

So, mein Lieber, jetzt will ich gehen. Deinem Wirt geht es gut. Es geht ihm eigentlich besser als vor der Mai-Krise, weil er nichts mehr erwartet und daher ohne Anspannung lebt, mehr betrachtend als handelnd.

1 *zu intrigieren:* gegen den am 28.6. erwähnten Plan, ihn zu den Waffenstillstandsverhandlungen zu schicken. Er wollte nicht von Berlin weg, weil er dort, auch in der günstig gelegenen Wohnung in der Derfflingerstraße, die Querverbindungen zu anderen Völkerrechtlern und nun auch die sich intensivierende oppositionelle Kreisauer Arbeit betreiben konnte.

Berlin, den 1.7.40

... Ich habe einen friedlichen Sonnabend/Sonntag verbracht. Ich will aber jetzt dazu übergehen, mir Notizen beim Lesen zu machen. Man liest dabei doch sehr viel besser. Leider habe ich letzte Nacht schlecht geschlafen. Sogar sehr schlecht, aber die Nacht war nützlich, denn ich habe mir allerhand mich bewegende Fragen überlegt und bin daher durch die verlorene Nacht im ganzen genommen reicher geworden.

Die russische Sache geht nicht ganz glatt. Das grosse Rätsel ist, ob sie nicht vielleicht doch noch, entgegen ihren feierlichen Zusagen an uns und an die Rumänen,[1] weiter marschieren. Ich halte es für ausgeschlossen, aber es gibt Leute bei uns, die das für möglich halten. Nun, wir werden es ja bald erleben. – Ich staune über mich selbst, wie kalt mich plötzlich wieder alle Sachen lassen. Ich kann das wieder ansehen, ohne mit der Wimper zu zucken. ...

Mit Wiesbaden, das scheint gut an mir vorbeizugehen. Dafür haben Kiep und ich beschlossen, daß wir in der zweiten Augusthälfte eine Lustreise im Auto durch Frankreich machen werden. Dabei habe ich auch Brüssel eingeschlossen, damit ich PeWe[2] besuchen kann, falls er bis dahin noch nicht bewegt werden konnte. Leider können wir nur unsere lieben Frauen nicht mitnehmen.

1 *die Rumänen:* Nachdem Deutschland Rumänien geraten hatte, den sowjetischen Forderungen auf Bessarabien und die nördliche Bukowina nachzugeben, bat König Carol Deutschland um eine Garantie der rumänischen Grenzen und um Entsendung einer deutschen Militärmission nach Rumänien. 2 *PeWe:* P. W. Müller, Freund von Ada Deichmann, der in Belgien lebte.

Berlin, den 2.7.40

... Hier ist garnichts geschehen. Es ist grossartig zu sehen, wie das Gezänk der verschiedenen Dienststellen um die Beute in den besetzten Gebieten – d. h. hauptsächlich um die Arbeit der Organisation, damit die Stellen, damit den Einfluss – vor sich geht und nur, wenn man persönlich daran so unbeteiligt ist wie ich, kann man diesen Kampf der Geier untereinander so recht geniessen.

Wiesbaden ist wohl sicher abgesagt, denn die von mir gestellten Bedingungen lassen sich nicht verwirklichen. Nützliche Arbeit könnte ich dort sicher nicht tun. – Schmitz und ich haben heute einen grossen Kampf gegen den Sklavenhandel geführt, d. h. den Handel mit Leuten, die wir anderen ausliefern wollen, um dafür ähnliche Gegenleistungen auszutauschen.

Ich will heute früh nach Hause gehen und noch etwas lesen. Eben habe ich mit dem neu verehelichten[1] Adam Trott zu Mittag gegessen. Am Abend kommt Einsiedel, morgen mittag esse ich mit Willem Bekker + Irmgard B. Er ist gerade aus Holland zurückgekommen. Überhaupt habe ich diese Woche ein grosses Programm.

1 *neu verehelichten:* Anfang Juni hatte er Clarita Tiefenbacher geheiratet.

Berlin, den 3. Juli 1940

... Gestern war Einsiedel bis 11 da, dann habe ich noch ein ganz klein wenig Grammophon gespielt und bin um ½ 12 in Schlummer versunken. Heute bin ich gleich ins Institut gegangen und habe mich bis jetzt 11.30 mit Spinoza herumgeschlagen. Ich bin aber noch sehr ungeübt und daher geht es langsam und mit Mühe. Ausserdem bekomme ich dann Kopfweh. Das wird sich bei besserer Übung wohl alles geben. Ich will jetzt noch etwas Besonderes arbeiten und um 1.30 esse ich mit Bekkers. ...

Deinem Wirt geht es unverändert befriedigend. Er fühlt sich noch nicht wieder ganz so arbeitsfähig wie Anfang des Jahres, aber sein Seelenzustand ist bestens ausgeglichen und ich bin froh, daß es vorüber ist, besonders wenn ich die anderen wie Einsiedel, Trott, Waetjen, Kessel etc. betrachte, die noch immerzu niedergeschlagen sind.

Berlin, den 13. 7. 40

Die Sitzung gestern war lang und ärgerlich. Ärgerlich deswegen weil alle die zivilen Stellen in der Sitzung so taten, als sei der Krieg in 4 bis 8 Wochen gewonnen, so daß keine weiteren Anstrengungen mehr nötig seien und so daß das Paradies nachher käme. Grauenhaft. Es ist deswegen auch nichts herausgekommen und ich habe heute auch eine Meldung an den Admiral geschrieben, in der ich vorschlage, das Thema[1] fallen zu lassen, weil die zivilen Stellen bereits im Siegesrausch befangen seien. ...

Heute Mittag esse ich mit Waetjen. Da Herr Deichmann nur einen Tag bleibt, werde ich heute abend allein zu Hause bleiben, denn die diversen Herren kann ich ja dann in der nächsten Woche abmachen. ...

1 *das Thema:* F. M. hatte ihn in Berlin besucht und wußte, was das Thema war; vielleicht war es die Fortbildung des Kriegsrechts – vgl. 18. 6. 40, Anm. 1.

Berlin, [Sonntag] den 14. 7. 40

... Ich werde wohl bis zum Mittagessen hier bleiben und danach ins Institut gehen, um wieder etwas am Spinoza zu kauen. Gegenwärtig habe ich garkeine Lust Menschen zu sehen, sondern bin zufrieden mit meinen beiden Herren Spinoza und Kant. Ich fühle mich dabei in der allerbesten Gesellschaft. – Aber ich wäre gern bei Ihnen.

Auf Wiedersehen, mein Lieber, hoffentlich geht es Ihnen und Ihrem Hausstand gut, den Menschen & Kindern, dem Federvieh, den Pflanzen, den Blümchen, den Bienen. Lassen Sie es sich wohl ergehen, grüssen Sie alle, behalten Sie den Kopf über den Wassern, machen Sie nicht zuviel selbst, bewahren Sie Geduld und Heiterkeit, grüssen Sie alle sehr von mir, und behalten Sie, bitte, lieb Ihren Ehewirt Jäm.

Berlin, den 15. 7. 40

... Ich hatte einen sehr friedlichen Sonntag. Herr Deichmann blieb nicht zum Essen, sodaß ich allein war; danach kochte ich mir einen Kaffee und ging ins Institut. Dort habe ich nach einigen sehr langen Kapiteln des Spinoza, zwei ungeheuer aufregende gelesen, die einfach grossartig sind. In der Tat waren sie so aufregend, daß ich als ich um ½ 10 nach Hause und ins Bett ging, lange nicht einschlafen konnte. Sie sind dabei so hervorragend geschrieben. Frl. Breslauer habe ich gebeten für Dich eine Abschrift von dem Auszug anzufertigen, den sie heute überträgt. Ich weiss allerdings nicht, ob dieser Auszug irgendetwas vermittelt, wenn man den vollen Text nicht kennt.

Da ich am Sonnabend nicht im Amt war, fand ich viel Arbeit vor und so ist es jetzt schon 15.15 ohne daß ich so recht zur Ruhe gekommen wäre und um 15.45 muss ich zu einer Sitzung gehen. Von da gehe ich ins Büro und von da nach Hause, wo ich Einsiedel erwarte. Da hast Du den ganzen Tag.

So ein Sonnabend/Sonntag wie dieser letzte, wo ich 48 Stunden lang praktisch nichts anderes tue als über allgemeine Fragen nachzudenken, oder zu sehen, was andere gedacht haben, gehört für mich doch zu den grössten Gütern. Denn diese 48 Stunden bringen mich eben ganz anders voran als die gleiche Zahl einzelner Stunden über Tage verstreut. ...

Berlin, den 16. 7. 40

... Gestern hatte ich meine Sitzung, die bis ½ 6 dauerte, dann habe ich im Büro etwas diktiert, um ½ 8 kam Einsiedel und um ½ 11 ging ich ins Bett. Damit war der Tag ohne besondere Sensationen um. Heute habe ich eine Menge im Amt zu tun, mittags esse ich mit Trott und Mutzenbecher in der Derfflingerstr. und abends kommt Schlitter, Daisy's Mann,[1] der etwas von mir will. Den morgigen Tag hoffe ich im wesentlichen im Institut zu verbringen. So gehen die Tage geruhsam dahin, derweil mein Pim eine viel unruhigere Existenz hat. ...

1 *Daisy's Mann:* Oskar Schlitter vom Auswärtigen Amt. Daisy Schlitter, geb. von Freyberg, war eine Jugendliebe von M.

Berlin, den 17. 7. 40

Heute schreibe ich erst nach dem Essen, weil ich annahm, daß Dein Brief vom Montag inzwischen da sein würde; und so war es auch. Den ganzen Vormittag habe ich im Institut verbracht, dann habe ich mit Rantzau[1] bei Schlichter zu Mittag gegessen und von da bin ich in die Derfflingerstr. gegangen, wo ich den ganzen Nachmittag mit der Kritik der reinen Vernunft zu verbringen beabsichtigte. So bin ich eben hier einpassiert und fand Dein Briefchen vor, mit einer Menge Nachrichten über lauter Dinge, die mich interessieren.

Du schreibst aber am Montag, daß Du müde seiest und gestern hast Du mich gegen 11 angerufen und Dein Stimmchen klang gar nicht frisch und munter. Du *musst* früh ins Bett gehen, wenn Du früh aufstehst und den ganzen Tag fuhrwerkst. Daran musst Du eisern festhalten und die anderen müssen sich danach richten. Wenn Du erst ein Mal müde bist, dann arbeitest Du schlechter, brauchst darum mehr Zeit, wirst dadurch müder und unzufriedener. Das ist ein vicious circle, in den man garnicht erst hereinkommen darf, denn man findet schlecht wieder heraus.

Heute ist, wie ich telephonisch gehört habe, der Bescheid von Keitel gekommen, daß Schmitz und ich in der Bearbeitung der kriegsvölkerrechtlichen Fragen für den Fall des Friedensschlusses freie Hand[2] haben sollen. Das ist zwar noch nicht viel, aber doch etwas. Ich hoffe, wir können das so drehen, daß es eine Art Sonderauftrag wird, der uns von dem regelmässigen Dienst weitgehend befreit. Immerhin könnte das interessant werden, wenn es uns gelänge die Sache auszubauen. ...

Heute abend kommt Deuel, morgen mittag wahrscheinlich Kessel und morgen abend fahre ich zu Sarre's nach Babelsberg. Weitere Programme sind noch nicht gemacht, doch sind vor Carlchen's Rückkehr noch Furtwängler und Yorck auf dem Programm als mindestes.

Dein Ehewirt ist leider jetzt wieder weniger wohl, ohne daß das irgendeinen Grund hätte. Er fühlt sich müde und leistet weniger, kann sich auch nur schlecht konzentrieren. Ausserdem ist er mit seinen Gedanken immerzu in Kreisau, ,,trying to visualize everything". Ich schreibe es Dir nur, damit Du das Gefühl hast,[3] Du hörst auch das weniger Erfreuliche; aber abgesehen davon ist nichts daran und es wird sicher bald vorbeigehen.

Das Hauptereignis, welches uns jetzt bevorsteht, ist die Reichstagssitzung[4] am Freitag und der daraufhin dann beginnende Krieg. In 2 Monaten wird wohl die wichtigste Schlacht vorüber sein und wir werden dann die nächsten Aussichten für die weitere Entwicklung des Krieges übersehen können. . . .

1 *Rantzau:* Josias von Rantzau (1903–1950), Diplomat. Legationssekretär in der Informationsabteilung des Auswärtigen Amts. 2 *freie Hand:* vgl. 18. 6. 40, Anm. 1 und van Roon, Kriegsverwaltungsrat, S. 40 ff. 3 *das Gefühl hast:* davor ,,siehst daß" getilgt durch Streichung. 4 *Reichstagssitzung:* Am 16. 7. erging Hitlers Weisung Nr. 16 über die Vorbereitung einer Landungsoperation gegen England. Seine Reichstagsrede am 19. 7. sollte ein letzter ,,Friedensappell" an England sein.

Berlin, den 18. 7. 40

Heute morgen waren 2 Briefe da. Ich füge die beiden Poststempel bei. Offenbar sind beide Briefe erst mit dem gleichen Zuge abgegangen, obwohl der eine vom 16., der andere vom 17. ist. Daher liegt vielleicht eine Fehlerquelle in Kreisau. Was mit meinen Briefen los ist, ist allerdings unerfindlich. Gut, daß der Sonntagsbrief immerhin angekommen ist.

Deuel, der gestern da war, lässt vielmals grüssen. Er war nett wie immer und doch etwas melancholisch darüber, daß Mary[1] so weit weg ist. Heute mittag isst ein Mann aus der Abteilung mit mir, und am Abend fahre ich zu Sarres. Gestern mittag habe ich 20 Seiten der Kritik der reinen Vernunft gelesen und zwar in 5-stündiger, mühsamer Arbeit. Es fällt mir sehr schwer, aber ich will versuchen, das durchzustehen. Merkwürdig wie man aus der Übung kommen kann rein abstrakte Sachen zu lesen.

Gespannt bin ich darauf, wie sich die Attacke auf England[2] entwickeln wird. Es trennen uns jetzt nur noch wenige Tage von dem Ereignis, glaube ich, und wenn es in Gang gekommen ist, wird ein erheblicher Teil der Entscheidung bald fallen.

Ich bin doch täglich wieder erleichtert darüber, daß die Ernteaussichten besser sind als ich vor einiger Zeit annahm. Es hat zwar keinen Zweck, irgendwelche Vorstellungen zu haben bevor die Ernte nicht geborgen ist, aber es ist doch angenehmer mit Hoffnungen anzufangen, als schon von Anfang an keine Hoffnungen zu haben. Am meisten interessiert mich die Hackfrucht. Denn davon hängt futter-, vorfrucht- und organisationsmässig doch sehr viel ab. Für die Liquidität im Herbst ist allerdings die Getreideernte das Entscheidende und die Liquidität ist im Augenblick unsere wichtigste Sorge. ...

1 *Mary:* Deuels Frau. 2 *Attacke auf England:* vielleicht rechnete er wirklich mit der Operation „Seelöwe", d. h. der Invasion Englands, vielleicht meinte er aber Luftangriffe.

Berlin, den 19. 7. 40

Hier ist ein im ganzen genommen erfreulicher Brief von Willo. Ich bin froh, daß das endlich zu funktionieren scheint und will ihm am Montag schreiben. Schreibe ihm auch oder wenn nicht Du, dann soll Asta schreiben. Er sagt nicht, ob ihm die Arbeit etwas einträgt, aber das nehme ich eigentlich an. Auch freut mich, daß er sagte, er korrespondiere mit Granny & Daddy, Julian, Lionel Curtis & Herbert Baker (?).[1] Wenn es Willo gelänge, sich in U.S.A. in dieser Zeit durchzusetzen, so wäre das eine erhebliche Leistung. Bitte schicke mir den Brief gleich zurück, ich will ihn abschreiben lassen und ihn an Jowo und C. B. schicken.

Der anliegende Brief ist für Inge. – Von der Stiftung werden RM 100,– auf Dein Cto: 1147 überwiesen werden, die für die Spielschule sind. Ich habe das als Bedingung zur Zustimmung zu einer anderen Sache gemacht und das war auch gleich erfolgreich.

Ich fühle mich heute matt und elend und will bald nach Hause gehen und einen Tee trinken. Das Aufbleiben gestern bis 1 war zuviel für mich. Ausserdem habe ich diese ganze Woche abends Leute gesehen, Abend für Abend. Morgen ist Kirk, Sonntag sehe ich wieder Körber zum Bibelauslegen. Nächste Woche will ich ruhiger verbringen. Über die Reise nach England ist noch nichts entschieden, ich meine Frankreich. Jedenfalls fahre ich noch nicht gleich, soviel scheint sicher zu sein.

Gestern war ich also abends in Babelsberg.[2] Es war sehr nett nur zu lang. Wir haben draussen auf der Terasse gegessen, erst im Abendschein, dann beim Mondschein und uns nett und harmlos unterhalten. Ausserdem bin ich mit den beiden Mädchen[3] durch ihren Gemüsegarten gezogen, auf den sie sehr stolz waren. Sie machen ihn ganz alleine mit Hilfe irgendeines Handbuches, und im ganzen ist er gut im Schuss. Er ist klein und natürlich nicht so gut im Schuss wie Deiner, aber doch so zum stolz sein. Am besten sind die Obstbäume, die von Früchten brechen. Sie scheinen dort Krankheit von Pflaumen überhaupt nicht zu kennen. Denn sie tun nichts an den Bäumen und trotzdem sind sie tadellos. Nüsse und Pfirsiche sind ihnen erfroren. Der Blumengarten ist auch nett. Ich habe auf ihre Einladung gesagt, ich würde ein Mal Mittwoch nachmittags kommen und im Garten arbeiten, weil es mir doch Sonnabend/Sonntag so unangenehm ist, und vielleicht tue ich es auch. Es ist zwar nur ein kümmerlicher Ersatz für Deinen Garten, aber es ist doch angenehm.

Sonst habe ich eigentlich nichts zu berichten. Ich muss ein Mal wieder ausschlafen. Heute wird es leider wieder nichts. Ich habe eine Besprechung mit einem neuen Mann, v. d. Gablentz,[4] der mir Gauger ersetzen soll. Ich kenne ihn schon, und wollte ihn zur Zeit als der Sonderstab hier expansiv war, für uns hier haben. Weichold hatte es auch schon so halb und halb mit ihm festgemacht und mir zugesagt, als dann die Aufgaben geringer wurden und damit die Geschichte ins Wasser fiel.

Übrigens war Weichold gestern hier und hat sehr nett und aufschlussreich berichtet. Daß Z. nicht auf Urlaub gegangen ist, ist mir garnicht recht. Habt Ihr Nachricht von Hoffmann wegen des Dreschens mit Betriebsstoff?

1 *Baker (?):* sein Fragezeichen; englischer Freund von Willo; wahrscheinlich der Architekt (Sir) Herbert Baker. 2 *Babelsberg:* bei Sarres. 3 *Mädchen:* Irene Waetjen und ihre Schwester Marie-Luise (gen. Puppi) Sarre; letztere gehörte zu den Freunden und Bekannten, die er später in Ravensbrück wieder traf. 4 *v. d. Gablentz:* Otto Heinrich von der Gablentz (1898–1972), Staatsrechtler und Volkswirtschaftler, religiöser oder auch konservativer Sozialist, publizistisch aktiv, ferner tätig in der Michaelsbruderschaft und ökumenischen Bewegung; kam nach seinem Ausscheiden aus dem Reichswirtschaftsministerium (1934) in der „Wirtschaftsgruppe Chemische Industrie“ unter; kannte etliche Kreisauer schon vor dem Kriege; nach dem Krieg Universitätsprofessor in Berlin.

Berlin, den 20. 7. 40

... Hier ist plötzlich viel zu tun. Ich komme heute nicht ins Institut und morgen wohl auch nicht. Heute mittag gehe ich zu Yorck, abends zu Kirk. Morgen muss ich wahrscheinlich längere Zeit ins Amt, abends zu Körber. Mittags werde ich wohl mit C. B. essen. Du siehst, ein Riesenprogramm. Gestern war ich wieder weniger wohl, habe aber gegen 5 sitzend ein Stündchen geschlafen, dann ging es mir besser und heute morgen wachte ich einigermassen kregel auf. Inzwischen ist es laufend besser geworden und jetzt fühle ich mich ganz munter. ...

Ich bin sehr gespannt darauf, wie die Ernte gehen wird. Es wäre sehr angenehm, wenn wir ein Mal wieder eine leichte und leidliche Ernte hätten. Ich käme zu gerne nach Hause. Mir ist die Stadt ein Greuel. – Auf Wiedersehen, mein Lieber, lassen Sie es sich wohl ergehen, behalten Sie Ihren Kopf schön über den Wassern, tun Sie nicht mehr, als Sie unbedingt selbst tun müssen, grüssen Sie Haus, Hof und Garten.

Berlin, [Sonntag] den 21. 7. 40

... Gestern mittag war ich bei Yorcks. Ich war alleine da[1] und wir haben uns bis ½ 6 unterhalten. Um ½ 6 rief C. B. an, er sei in der Derfflingerstr. und ich eilte hin, weil ich dachte, daß ich um ½ 7 zu Kirk müsse, fand aber in der Derfflingerstr. einen Brief vor, er müsse es leider auf Montag verschieben. Das passte mir sehr gut, weil ich dadurch den Abend für C. B. gewann. Er war wohl und an allem interessiert, die Tätigkeit weiter sehr langweilig aber harmlos. Er sagte mir übrigens er sei unter Halle 33517 telephonisch zu erreichen. Er wohnt nicht mehr allein in seinem Zimmer sondern hat einen unangenehmen ungebildeten Gebildeten zum Mitbewohner. Wir haben so bis um 10 geschwätzt, sind dann ins Bett gegangen und heute morgen um 9 ist er zu einer geschäftlichen Unterredung nach Magdeburg gefahren. Er wird gelegentlich von seinem Dresdner Direktor besucht, sodaß ich annehme, daß er seine geschäftlichen Zukunftsaussichten fest im Auge behält und nicht sagt, jetzt bin ich Soldat und strecke alle viere von mir. Das gefällt mir gut.

Dein Wirt hat leider miserabel geschlafen, weil um 12 ein sehr schweres Gewitter aufkam, welches ihn weckte und lange Zeit nicht wieder einschlafen liess. Darum fühlt er sich nach der lang ersehnten früh angefangenen Nacht geschwächter als vorher. Das ist ärgerlich, weil ich heute abend zu Körber gehe, morgen zu Kirk, übermorgen kommt Yorck, Mittwoch Deuel. So ist also keine Aussicht auf eine lange Nacht. Ich will aber heute versuchen, nach Tisch etwas im Sitzen zu pümpeln. In einem halben Stündchen gehe ich ins Amt, wo eine organisatorische Frage die Friedensverhandlungen betreffend besprochen werden soll. Dann komme ich zurück und will dann hier bis abends ruhig bleiben. – T. Toni[2] rief an; ich wollte sie aber nicht sehen, weil ich mich nicht wohl genug fühlte. Ich war aber froh von ihr zu hören, daß alles bestens geht.

Über die Frage, ob und wann ich nach Frankreich fahre, weiss ich noch immer nichts. Ich betreibe sie nicht mit dem richtigen Elan, und darum klärt sie sich nicht. Ich nehme aber an, daß sich diese Frage im Laufe dieser Woche klärt. – Die Rede[3] habe ich mit grossem Interesse gelesen, weil alles das nicht drin stand, was vorbereitet worden war. Ich kann mir die Rede eigentlich nur so erklären, daß von den schwebenden Verhandlungen doch mehr gehalten wird als ich davon halte. – Nach dem Lesen hatte ich gedacht, daß die 12 Feldmarschälle[4] ungeheuer lächerlich wirken müssten. Aber weit gefehlt. Ich höre, daß sie überall mit Ernst aufgenommen worden sind, und niemand diesen Segen komisch findet. Erwartet hatte ich, daß es mit Brauchitsch[5] und Keitel sein Bewenden haben würde. ...

1 *alleine da:* Dieser Unterredung waren die Briefe vom 17.6., 7.7., 12. und 15.7.40 vorausgegangen – Text in van Roon, Neuordnung, S. 479–485. 2 *T. Toni:* Tante Toni Förster, Verwandte von F. M., die mit Kindern in Kreisau gewesen war. 3 *die Rede:* Hitlers Reichstagsrede vom 19.7. – Text in Domarus, S. 1540–1559. 4 *12 Feldmarschälle:* Der „Höhepunkt" der Reichstagsveranstaltung war die Ernennung von einem Dutzend Generalfeldmarschällen und einem Reichsmarschall – Göring – als Anerkennung für den „glorreichsten Sieg aller Zeiten" (so Hitler in einer Proklamation an das deutsche Volk, 24.6.40, a.a.O., S. 1533). 5 *Brauchitsch:* Generalfeldmarschall Walther von Brauchitsch (1881–1948), Oberbefehlshaber des Heeres vom Februar 1938 (als Nachfolger von Fritsch) bis zum 19.12.41, als Hitler den Oberbefehl über das Heer selbst übernahm.

Berlin, den 22.7.40

Heute kam Dein Brief mit der Ähre. Ich fand die Ähre nur mässig. Es waren 46 Körner daran, gegen bis zu 60 in guten Jahren, und die Körner selbst schienen mir nicht sehr gross zu sein. Man kann allerdings so eine vereinzelte Ähre schlecht beurteilen. – Ich werde also am Freitag nachts um 12 ankommen und Montag früh um 7 wieder abfahren. Das ist doch unzweifelhaft besser als nichts. Hoffentlich giesst es nicht gerade. Dann habe ich noch eine Bitte: wenn es geht würde ich gerne ein Mal in die Bienenstöcke sehen. Hast Du eine Maske, die ich dann benutzen kann, oder kann ich Stäsche's benutzen? Und kannst Du das Schleudern so einrichten, daß man am Sonnabend dran kann; Du musst also wohl entweder schon früh in der Woche schleudern oder erst am Sonnabend. Willst Du bitte versuchen, das so einzurichten? Mich interessieren am meisten natürlich die neuen Stöcke. ...

Es sieht aus als würde ich jetzt sehr schnell Arbeit bekommen und zwar sehr viel. Erstens ist dieser Vorschlag, das Kriegsvölkerrecht neu zu fassen von meinem Feldmarschall[1] gebilligt worden und soll jetzt in Gang kommen. Die Arbeit wird einer Kommission von Schmitz, Stauffenberg und mir unter Vorsitz von Admiral Gladisch[2] übertragen werden. Da müssen wir also tüchtig heran. Nicht genug damit sieht es so aus, als sollten Schmitz und ich als Hauptreferenten in eine andere Kommission aller Wehrmachtteile für die Vorbereitung der Friedensverhandlungen delegiert werden. Das wäre auch ein full time job und mein gegenwärtiges otium cum dignitate wäre damit sicher zu Ende.

Ich habe das Gefühl, daß die entscheidende Phase des Krieges noch einen Monat fast von uns entfernt ist und daß wir noch einen Monat lang diesen relativen Frieden erhalten werden. Jedenfalls können wir doch nichts anderes tun als abwarten. . . .

1 *meinem Feldmarschall:* Keitel. Es war die Antwort auf die Vorlage von Schmitz und Moltke an den Chef OKW vom 20. 6. 40 – s. 18. 6. 40, Anm. 1. 2 *Gladisch:* Admiral Walter Gladisch, Reichskommissar beim Oberprisenhof.

Berlin, den 23. Juli 1940

. . . Gestern war ich bei Kirk zum Abendessen. Es war sehr nett, und wir haben uns bis 11 etwa unterhalten. Dann bin ich fürstlich nach Hause gefahren und da überkam mich plötzlich das Bedürfnis noch etwas niederzuschreiben. So bin ich erst um ½ 1 ins Bett gegangen habe aber gut geschlafen und war heute frisch und kregel, allerdings angefeuert durch die Aussicht gleich mit Ihnen zu telephonieren.

Es ist mal wieder viel zu tun, die Arbeit ist genau so sinnlos, aber in etwa angenehmer. Sie hat jedenfalls wieder einige intellektuelle Reize. Heute mittag esse ich mit Stauffenberg, heute abend kommt Yorck. Morgen mittag Kessel und abends Deuel.

Berlin, den 25. 7. 40

Nur ein ganz kurzes Wörtchen heute, denn ich komme ja gleich. Hoffentlich bist Du gut aus Breslau zurückgekommen und nicht zu erschöpft. Ich habe gestern doch statt Herrn Kant Herrn Spinoza gefrönt, damit ich ihn fertig bekam, was auch gelungen ist. Dann habe ich lecker geschlafen. – Heute esse ich mit Hans Adolf und abends will ich allein zu Hause bleiben, um sicher früh zu schlafen und vielleicht doch noch etwas Herrn Kant zu lesen. Vielleicht spiele ich mir auch nur eins, wenn ich müde sein sollte.

Berlin, den 29. 7. 40

Es war so lieb bei Dir, sehr lieb, so wie immer. Ich fühle mich bei Dir immer zu Hause, wenn wir alleine sind und wenn das Haus voll ist. Ich finde es geht alles sehr gut und mein liebenswürdiger Pim macht alles bestens.

Ich bin gut gereist, nachdem ich ganz am Ende in Kreisau erst das Taschentuch des Pim aus den Augen verloren hatte. In Liegnitz stieg ich gleich in die 2te weil der Zug mit stehenden Leuten ankam und der Bahnsteig in Liegnitz einfach schwarz von Menschen war.

Auch im Gang 2ter standen bereits einige von Liegnitz an und es wurde eher noch voller als leerer. 1 Stunde Verspätung hatten wir auch, aber es war alles bequem und ich habe gut Entscheidungen gelesen. ...

Berlin den 30. 7. 40

... Die Frage ob und wie ich die Wehrmacht in der Vorbereitung der Friedensverhandlungen vertreten soll, ist noch ungeklärt. Aber es scheint sich hinter meinem Rücken etwas auszukochen. Jedenfalls hat Tafel mich darauf angesprochen und ein Schreiben von Canaris, mit dessen Abfassung ich nicht das geringste zu tun hatte, hat mein Referatszeichen als Aktenzeichen erhalten. Das ist alles sehr komisch. Ich verhalte mich jedenfalls ganz rezeptiv und warte der Dinge die da kommen werden.

Berlin, den 31. 7. 40

... Inzwischen haben wir die Reiseroute festgelegt. Ich habe Grossmutter Schnitzler gefragt, ob wir die erste Nacht bei ihr übernachten können, 6./7., die zweite Nacht Brüssel, wo wir am 7. mittags nach Besichtigung von Eben Emael[1] ankommen wollen. Am 8. früh um 6 nach Tourcoing, wo ich uns bei Jowo angesagt habe, dann über Ypern, Dünkirchen, Calais, Dieppe bis Rouen. Am 9. früh nach Paris; am 10. über Compiègne,[2] Reims, Verdun nach Metz; am 11. nach Strassburg und am 12. nach Hause. Am 12. will ich eigentlich mit Hans[3] in Frankfurt essen. Am 13. früh rufe ich den Pim an.

Sonst habe ich den Morgen lästig mit Sitzungen verbracht, statt, wie ich gehofft hatte, ins Institut gehen zu können. Dann habe ich eben Mittag gegessen, erst nach 2 Uhr, und will den Nachmittag hier bleiben, um mich Herrn Kant zu widmen. Abends kommt Deuel. ...

Am wichtigsten ist aber jetzt ob nun die Ernte vorwärts geht. Bei unserer Lage kann eine erträgliche Ernte uns ausserordentlich helfen und mindestens die akuten Liquiditätssorgen etwas erleichtern.

1 *Eben Emael:* ein belgisches Fort, das im Handstreich durch eine Kombination von Lastenseglerlandung und Infanterieangriff gleich zu Beginn der deutschen Westoffensive eingenommen wurde. 2 *Compiègne:* Dort hatten die Deutschen 1918 kapituliert, und dort war am 22. 6. 40 der deutsch-französische Waffenstillstand abgeschlossen worden. 3 *Hans:* Hans Deichmann, s. 24. 9. 39, Anm. 3.

Berlin, den 1. 8. 40

... Abends kam Deuel. Ich sagte ihm, Du würdest einen kleinen Mozart kaufen, worüber er besonders entzückt war. Wir haben uns mit einem kleinen Menuett von Bach, vielen Variationen von Beethoven über ein Thema aus der Zauberflöte, der Coriolan-Ouvertüre und dem Brandenburgischen Konzert erfreut. Er war nett wie immer und hofft, in etwa 2 Monaten fahren zu können.

Heute früh kam nach meinem Weggang Herr Deichmann. Wir haben nur kurz telephoniert und wollen gleich zusammen in der Derfflingerstr. essen. Er schien munter. Ich habe zufällig gehört, daß er vorige Woche auf einen Tag in Brüssel war & P. W. gesehen hat. Ich berichte Dir morgen darüber. – Heute muss ich lange im Büro arbeiten und werde daher wohl spät erst nach Hause kommen. Ich habe plötzlich dort eine grössere Sache zu machen, die erledigt werden muss.

Eben habe ich die Telephonnummern von Jowo und Wilhelm[1] bekommen und werde kurz vor unserer Abreise versuchen, mit ihnen zu sprechen. Die Verbindungen sind aber schlecht, sodaß man nie weiss, ob man sie bekommt. ...

1 *Wilhelm:* Wilhelm von Trotha, Vetter, Berufssoldat, später gefallen.

Berlin, den 2. 8. 40[1]

Heute war prompt Dein Briefchen da, mit der Nachricht, daß es gestern früh gegossen hätte. Zu dumm! Heute ist es hier ganz schön und so hoffe ich, daß es auch in Kreisau schön werden wird. Ich habe mir bereits den 17. August freigeben lassen, habe aber zugestimmt, daß mein Urlaub vom 9. 9. auf den 16. 9. verschoben wird, weil das aus anderen Gründen besser passt. Ich dachte Du kommst dann zwischen 19. 8. und 16. 9. einige Tage nach Berlin, z. B. um den 1. 9. ...

Ja, ein neuer und sehr wichtiger Monat hat angefangen. Ich glaube nicht an den Angriff vor der 2. Hälfte des Monats. Immerhin auch dann wird er noch schlimm genug sein. Jedenfalls wird in 8 Wochen, also am Ende meines Urlaubs im September ein ganz wesentlicher Teil des Krieges zu übersehen sein. ...

Gestern abend war ich bei Mutzenbecher um einige Leute zu treffen, die sich um Posten als Gouverneure unserer künftigen Kolonien bemühen. Thema des ganzen Abends: die Uniform der deutschen Kolonialtruppe. Ich habe mich innerlich gekugelt, bin aber jetzt über alle Details, von der Hemdhose über Shorts, Anzahl der Nägel auf den Schuhen, Waffenfarbe, Rangabzeichen, bis zu den Einzelheiten des Tropenhelms unterrichtet. Die Uniform ist gestern von diesen Herrn endgültig inspiziert und festgelegt worden und wird heute Brauchitsch vorgeführt. In 2 Monaten sind Uniformen für 30.000 Mann fertig. Bitte behalte das für Dich und Asta und verbreite es nicht. Es ist aber wirklich schön.

So, mein Lieber, jetzt habe ich, glaube ich, nichts mehr zu berichten. Heute esse ich mit Waetjen und Kessel und am Abend muss ich lange arbeiten.

1 *2. 8. 40:* irrtümlich 1. 8. 40.

Berlin, den 3. 8. 40

... C. B. ist heute Gefreiter geworden. Ich telephonierte gerade mit ihm, um die Adresse der Librairie Fischbacher[1] zu erfahren und die Adresse von Ljena.[2] Er wusste die Fischbacher Adresse nicht. Seine Adressen seien in seinem Zimmer in Kreisau. Im untersten Schubfach in einer gelben Mappe. Er ermächtigt Dich, darin zu suchen. Kannst Du sie Dir ansehen und mir etwaige nützliche herausschreiben. Insbesondere würde mir an Ljena liegen, weil ich durch sie wahrscheinlich die Adressen aller anderen erfahren könnte. Mir liegt ja auch nur daran zu hören, wie es ihnen allen geht. Bitte schick mir die Adressen im Brief und schreibe sie Dir auf einen Zettel, damit ich sie durch Telephon bekommen kann für den Fall daß ich Deinen Brief nicht mehr bekomme.

Dienstag um 5 wollen wir auf dem Girsberg sein. Ich freue mich sehr auf Grossmutter Schnitzler. Es wäre sehr nett wenn Herr Deichmann mitkäme. – Gestern hatte ich rasend zu tun. Bis heute mittag habe ich diktiert und jetzt am Nachmittag sitze ich im Büro. Morgen werde ich auch den ganzen Tag im Büro verbringen. Es ist mir sehr lästig, aber es ist gut, daß ich hier etwas zu tun habe, damit ich das Büro auch nächstes Jahr weiter halten kann. ...

1 *Librairie Fischbacher:* Pariser Verlagsbuchhandlung. Ein Sohn der Familie war im Sommer 1939 in Kreisau zu Gast gewesen, nachdem M.s jüngster Bruder, Carl Bernd, bei Fischbachers in Frankreich gewesen war. 2 *Ljena:* Freundin aus dem Schwarzwaldkreis.

Berlin, [Sonntag] den 4. August 1940

... Heute ist ein herrlicher Sommertag: still, leicht bewölkt und warm. Ich wünschte ich wäre in Kreisau. Ich wünsche aber noch mehr, daß dieses Wetter jetzt eine Woche oder 10 Tage anhält und daß es in der Ernte tüchtig genutzt werden kann. Davon hängt ja unter anderem ab, ob sich die grosse Anschaffung des Stahllanz und des Bulldogg schon in diesem Jahr rentieren. Dabei fällt mir ein: bitte kümmere Dich doch ein

Mal darum, ob die Angelegenheit der Nieder-Gräditzer Arbeiterwohnungen eigentlich weiter gediehen ist. Ich möchte so gerne etwas an Comes zurückzahlen. Noch etwas fällt mir ganz unvermittelt ein: bitte sage Jowo, aber für sich, ich liesse ihn inständig bitten, verschwiegen zu sein und auch indirekt nichts zu sagen, die Tanten seien zu gefährlich, auch Frede Ilse.[1]

... Ich komme also am 16. abends. Vielleicht kommen Yorcks wie schon das letzte Mal verabredet und möglicherweise auch Waetjen. Yorcks werden wir im September, wenn ich auf Urlaub bin, für ein Wochenende besuchen, zu dem er nach Schlesien kommen wird.

Ich habe sonst, glaube ich, garnichts zu berichten. Es geht mir im Grunde gut. Ich habe weniger Nerven vor dem was bevorsteht als seit langer Zeit, kurz ich finde mich grossartig in der Rolle eines Zuschauers bei meinem eigenen Begräbnis. Jedenfalls gelingt mir diese Rolle, so will mir scheinen, besser als den meisten Menschen, die ich so sehe....

1 *Frede Ilse:* Frau von M.s Onkel Carl Viggo von Moltke.

Berlin, den 5. 8. 40

Ein sehr langer Tag geht zu Ende. Es ist 9 Uhr. Eben ist der letzte Mann aus dem Büro gegangen und eben habe ich das Gespräch mit Kreisau angemeldet und werde, bis es kommt, dem Pim schreiben. Ich habe die Nacht über schlecht geschlafen. Bis 11 habe ich gearbeitet und da ich um 4 Uhr wieder aufwachte, bin ich um 5 aufgestanden und habe zu werken angefangen. Es war sehr segensreich, denn so bin ich wenigstens fertig geworden und hinterlasse einen tadellos aufgeräumten Schreibtisch.

Heute mittag ass ich mit Carl und dann kam Dein langer liebenswürdigster Brief, der mich sehr entzückte. Ich fahre also bestens von Dir informiert ab. Mich freut, daß die Bienen sich anscheinend munter entwickeln.

Dem morgigen Tag sehe ich mit Vergnügen entgegen. Carl kommt auch noch mit. Kiep ist so freundlich, das auf seine Kappe zu nehmen unter dem Vorwand, daß Carl keinen Platz in dem Nachtzug gefunden hat. Aber unsere Staatsreise ist eine rechte Komödie. In Köln laden wir das Mütterchen auf und so ist der erste Tag im wesentlichen ein Familienfest.

Girsberg,[1] den 7. August 1940

Carl und ich hatten uns ausgedacht, daß er am 6. abends keinen Schlafwagen mehr nach Köln bekommen hatte, sodaß wir ihn als besseren Gestrandeten mitnahmen. So trat er einfach auf einem der leeren Plätze auf und das ging auch bestens. Keiner nahm daran Anstoss. Wir fuhren also um 6 los und holten Kiep ab, dessen Koffer uns viel zu schaffen machte, weil wir ihn nicht in den Gepäckraum hineinbekamen. So kamen wir drei bereits 5 Minuten zu spät zum Treffpunkt, wo Graf Schlieffen[2] in Majorsuniform und Woermann[3] in der ihm zustehenden Beamtenuniform fröstelnd auf und ab gingen. Sie trugen es aber mit Fassung. Woermanns Uniform entspricht der eines Generals[4] ohne Achselklappen; also viel Gold und wie Kiep ihm gleich sagte: molto distinguido. So zogen wir also los. Erst durch das sehr arme Land bis Magdeburg. Es stand *sehr* wenig auf den Feldern. Dann durch die Magdeburger Börde, wo *sehr* viel auf den Feldern stand, obwohl ich keine Kartoffeln gesehen habe, die unseren zu gleichen schienen, aber unglaublich guter Weizen und herrliche Rüben. Dann kam die sehr nette Fahrt bald hinter Hannover durch die hügelige Landschaft. Ausgerechnet bei Bielefeld verspürte der hohe Herr Hunger und wir bogen nach Bielefeld ab, um dort ganz gut zu essen. Es war erst 12. Um 1 etwa fuhren wir weiter. Wir alle schliefen etwas und ich erwachte als wir gerade durch Hamm durch waren und nun anfingen, „über" das Ruhrgebiet zu fahren. Die Autobahn liegt nämlich immer etwas höher, und so hat man einen weiten Blick über das Industrierevier. Bei Dortmund sahen wir einen riesigen Gasometer, der genau so schräg steht wie der Turm von Pisa, also wohl eine Fliegerbombe abbekommen hatte. Um 3.15 waren wir in Köln. Als wir in Köln unseren Kaffee ausgetrunken hatten, kam Herr Deichmann von seinen Geschäften zurück und wir fuhren alle auf den Girsberg, wo wir um 5 eintrafen und einen altbekannten Tee einnahmen. Grossmutter Schnitzler war fabelhaft wie immer und offenbar ausgesprochen aufgekratzt. Dann haben wir einen Spaziergang gemacht auf lauter Wegen, die mich so an Dich erinnerten. Es war sehr lieb.

Jetzt, um 6 kommen die Männer und wollen fahren. Ich höre auf. Von dem Talismann sind die Blütenblätter leider meist abgegangen. Ich trage ihn so.

Brüssel, den 7. 8. 40

... So, jetzt ist es 1.15 in der Nacht zum 8. 8. Wir sind eben von dem Essen zurückgekommen und da wir morgen früh bereits um 7 Uhr abfahren sollen, so will ich noch rasch an den Pim weiterschreiben. Ich fange also da an, wo ich heute früh aufhörte: bei der Ankunft auf dem G. B. Daß Grossmutter Sch. sehr wohl und munter war, schrieb ich doch schon. Mütterchen eigentlich auch ganz wohl und munter. Nur ziemlich betroffen, als ich ihr erklärte, daß m. E. die Rückkehr von P. W. nach Deutschland sehr lange auf sich warten lassen würde. Ich habe gesagt, nicht vor November. Ich dachte, das wäre eine bessere Politik. – Denk Dir, am Tütberg gibt es fast keinen Honig. Nur gerade so viel, wie der Schwamborn abliefern muss.

Um 6.30 fuhren wir, leider im Regen, ab. An einigen Stellungen des Westwalls vorbei, die ganz interessant zu sehen waren, über Schleiden-Losheim, Malmedy–Spa–Lüttich. Leider den grössten Teil der Zeit im Nebel, sodaß wir uns ein Mal verfuhren und von der schönen Gegend nichts sahen. Auf dem Wege nach Lüttich war das Bild das einer friedlichen Landschaft, in die, ohne Sinn und Verstand, in gewissen Abständen eine Faust hineingeschlagen hat. Eigentlich ist es besser zu beschreiben, als wenn alle 7 Meilen der berühmte Siebenmeilenstiefel niedergekommen sei. Da ist es dann auch gründlich entzwei. Die gesprengten Brükken vor Lüttich sind alle so wiederhergestellt, daß man scharf hinsehen muss, um zu entdecken, daß das nicht die ursprünglichen Brücken waren. Die Zerstörung ist immer in Ortschaften. Ein Mal 2, 3 Häuser am Eingang, mal mittendrin, mal am Ausgang. Einzelne Kirchen in sonst heilen Ortschaften haben manchmal ein oder zwei Artilleriegeschosse abbekommen.

Die Gegend ist reizend und Lille[5] selbst liegt sehr nett. Die Brücken über die Ourthe stehen alle, die Brücken über die Maas sind sämtlich gesprengt und aller Verkehr wickelt sich über eine noch recht primitive hölzerne Behelfsbrücke ab. Aber es wird an allen Brücken gearbeitet. Die Strassen sehr belebt, die Läden offenbar schon leerer als zu normalen Zeiten, aber für unsere Begriffe doch fabelhaft voll. Während wir auf unsere Scheine für die Besichtigung der Forts warteten, assen wir 2 Spiegeleier und tranken einen heissen Kaffee dazu. Dann fuhren wir zu einem Fort Fleuron, welches etwa bis 23. Mai ausgehalten hat. Es ist ein altes Fort, auf dem Deutschland zugewandten Ufer der Maas gelegen zum Schutz gegen Bewegungen auf der Strasse von Aachen. Das Fort ist innen primitiv eingerichtet, sehr feucht und eng. Der Weg in die Geschütztürme geht über Leitern. Das Fort war von Stukas bearbeitet worden und hatte an die 20 Bomben schwersten Kalibers als Volltreffer bekommen. Ganz tiefe Krater. Kein Treffer hatte durchgeschlagen, aber einige hatten erhebliche Brüche im Zementbau verursacht und einer hatte neben dem Befehlsstand eingeschlagen und den wohl hochgehoben. Dieser ist aber ein Betonklotz von sicher 15 m. Höhe, 10 m. Breite und 15 m. Tiefe. Der war innen vollkommen zerborsten. Man konnte noch drin gehen, aber Fussboden und Wände hatten tiefe Risse und die Decke war stellenweise herabgestürzt. Der Gesamteindruck ist der, daß der Stuka-Angriff sorgfältig gezielt war und erheblich gewirkt hatte, daß aber die Gesamtanlage auch nicht richtig durchdacht war und nur mangelhaft wirken und sich verteidigen konnte.

Woermann und Schlieffen fuhren noch nach Ebn Emael,[6] während Kiep und ich beschlossen unmittelbar nach Brüssel zu fahren. Darüber berichte ich später. Ich bin zu müde und schreibe Unsinn.

1 *Girsberg:* Dort lebte F. M.s Großmutter Schnitzler. 2 *Schlieffen:* wahrscheinlich Graf Karl Wilhelm von Schlieffen, gefallen 1945. 3 *Woermann:* Dr. Ernst Woermann, Unterstaatssekretär im Auswärtigen Amt, Leiter der Politischen Abteilung. 4 *Generals:* Es war eine Phantasieuniform, die sich Ribbentrop ausgedacht hatte. 5 *Lille:* er meint Lüttich. 6 *Ebn Emael:* s. 31. 7. 40, Anm. 1.

Brüssel, 8. 8. 40

Es ist 6.20 und von den Anderen ist noch keiner unten. So schreibe ich rasch ein Wort. Die Fahrt von Lüttich nach Brüssel war, was die Spuren des Krieges anlangt, eine etwas verschlimmerte Wiederholung [Satz bricht ab]

Le Touquet, 8. 8. 40

... Die Bibliothek in Louvain ganz ausgebrannt; die äusseren Mauern stehen noch. Das Beeindruckendste waren aber in jedem Ort zurückkehrende Flüchtlinge oder Gefangene. Traurig, erschöpft, niedergeschlagen sahen sie sich Trümmer an, wo einst Häuser gestanden hatten, noch garnicht lange her, als sie auszogen. Niemand holte sie ab, sie hatten auch sichtlich keine Eile zu ihren eigenen Häusern oder deren Resten zu gelangen. Der totalitäre Krieg scheint eine Wiederholung der innenpolitischen Entwicklung zu sein. Er lässt die materiellen Werte intakt und zerstört Menschen. Das spürt man überall. Würde er die materiellen Werte zerstören, so wüssten die Menschen, deren Denkfähigkeit ja meist durch die fassbaren Vorstellungen begrenzt sind, wogegen sie sich wehren und wie sie sich wehren sollten. Aber so findet die Zerstörung ihres Innern und in ihrem Innern keinen Niederschlag in der Welt der Vorstellungen, der Sachen, der Materie. Damit übersteigt der Prozess ihr Fassungsvermögen und sie wissen nicht, was sie dagegen tun und wie sie sich regenerieren sollen.

Das andere, was die Fahrt von Lüttich nach Brüssel so ausserordentlich interessant machte, war der Kulturzustand der Landwirtschaft. Ich habe solche Felder noch nie gesehen und glaube auch nicht, daß es solche Felder in Deutschland geben kann. Solche Felder sind nämlich nur möglich bei einem Hochstand der landwirtschaftlichen Arbeiterschaft, der bei unserer gegenwärtigen Politik jedenfalls nicht erreicht werden wird. Die Hackfrüchte waren allerdings nicht erstklassig, weil deren Bestellung und Pflege unter dem Kriege gelitten hatte. So sah man Rübenfelder, die zu spät verzogen waren, insbesondere aber Kartoffelfelder, die nicht ganz unkrautfrei waren. Aber die guten Rüben waren eben noch einmal so gut wie in der Magdeburger Börde, die Rübe sah dunkler aus und war viel dichter mit Blättern bestockt als bei uns. Aber das Bemerkenswerteste war das Getreide. Roggen gab es nicht, aber Weizen und Hafer, die so lang waren wie bei uns der Roggen. Sommergerste von der Grösse unseres Sommerweizens; die Felder wie eine Bürste, auch am Rande, wo die Anwand war oder in der Mitte, was man bei angehauenen Feldern gut sehen konnte, war ganz gleich. Du sahst kein Lager, nicht soviel, daß Du ein Laken auf dem Fleck ausbreiten könntest, kein Unkraut und das ist buchstäblich zu verstehen. Ich fuhr an einem Feld vorbei, auf dem nichts war. Es sah aus wie eine Tenne. Ich wunderte mich und dachte, das sei festgestampfter Boden für irgendeinen Zweck, auf dem auf Grund seiner Behandlung nichts wachsen konnte. Das Feld sah aus wie eine Tischplatte; aber plötzlich entdeckte ich, daß am Ende des Feldes noch etwas aufgestellter Flachs stand. Das Feld war sicher 80 Morgen gross gewesen und Du konntest, nachdem der Flachs herunter war, nichts sehen. Und der Flachs selbst sah aus als wäre er 120 cm etwa.

Paris, 9. 8. 40

Die Anderen hatten mich zum Abendbrot gerufen, dann hatten wir zusammen gegessen, waren noch ein Stück gegangen, hatten geschlafen, und heute früh um 6.15 sind Kiep und ich nach Paris gefahren. Ich fahre aber fort, wo ich aufgehört hatte.

Auf der Fahrt von Lüttich nach Brüssel kaufte ich etwas von dem herrlichen Obst, was es überall in Mengen gab. Eine alte, dicke, freundliche Frau verkaufte mir zunächst 2 kg. verschiedener Pflaumen, die ich erbeten hatte. Dann sagte sie, auf eine Reihe herrlicher blauer Pflaumen zeigend: j'ai des raisins merveilleux! Simplement merveilleux! Achetez-en un! C'est une nouvelle espèce, le plus parfait qu'on a jamais cultivé! Und dann mit einem fröhlichen Lachen Oh! c'est le raisin Léopold, on doit en acheter un![1] Worauf ich ihr beistimmte.

Brüssel. Wir waren wie die Fürsten untergebracht im besten Hotel. Um 3 waren wir angekommen und assen zunächst ein Mal zu Mittag.

Die Stadt machte einen herrlichen Eindruck, als man durch all die Gärten und Parks schliesslich zur Innenstadt gelangte. Es ist ganz anders bei allen anderen Grossstädten: so schön auch immer es innen sein mag, draussen ist doch stets ein Distrikt Slums. Hier aber fuhren wir durch Parks hinein, durch Parks fuhr ich zu P. W. und durch Parks fuhren wir wieder hinaus.

Fortsetzung von Paris 9. 8. 40

Die Stadt [Brüssel] ist voller Menschen, es wimmelt und man kann sich nicht vorstellen, daß viele Leute fehlen können. Natürlich verstärken die Soldaten diesen Eindruck noch. Man sieht allerdings keine „besseren" Menschen auf der Strasse. Der übrig bleibende Plebs ist freundlich, offenbar an den Soldaten interessiert und die Beziehungen zwischen dem Mann und den belgischen Mädchen sind normal geordnet. P. W. sagte, abends könne man in keinem der Parks mehr spazierengehen, weil es dort zugehe wie im Zoo: nichts sei versteckt, sondern jeder sei Zeuge jedes.

Die Läden machen für unsere Augen den Eindruck als müssten sie von Herrlichkeiten bersten. Wenn man aber genau hinsieht, so sieht man, daß in jedem Laden die hintersten Fächer der sonstigen [?] Behälter völlig leer sind und daß diese Fülle nur Schein ist. Es ist wie im Bienenstand mit wenigen Bienen: nur die am nächsten gelegenen Waben sind mit Honig gefüllt, die Mehrzahl ist bereits leer. Das Auskaufen geht schamlos vor sich. Alle Offiziere und gewiss auch die Mannschaften kaufen auf Teufel komm raus und das in einem Land, welches vor einer Hungersnot und Warenknappheit steht, wie sie in Westeuropa noch nicht dagewesen ist. Es ist so auffällig, daß mir folgendes passiert ist: auf dem Wege von Brüssel nach Dünkirchen, nein zwischen Dünkirchen und Boulogne wollten wir in einer Bäckerei etwas zu essen kaufen, weil wir kein Restaurant finden konnten. Die Anderen kauften Brot und ich fahndete nach anderen Dingen, z. B. Obst. In einem Laden sah ich einen halben runden Käse, aber nur einen. Ich dachte, das wäre doch die ideale Zulage zum trockenen Brot und wollte reingehen. Dabei genierte ich mich aber so, weil das sichtlich der letzte Käse war, weil der Laden schon leer gekauft war, ab vorne, daß ich wieder umdrehte. Erst als wir wirklich nichts zu essen fanden ausser trockenem Brot entschloss ich mich, ein Stück des Käses zu kaufen. – Im übrigen gibt es alle Lebensmittel auf Karten, auch die, die bei uns frei sind. Nur Gemüse + Obst sind frei. Die Karten, die die Deutschen bekommen sind reichlich, die Karten für die Belgier sehr knapp: 250 gr. Brot die Woche, 100 gr. Butter, auch weniger Fleisch wie wir. Noch dazu hat es jetzt 14 Tage lang auf die Butterkarte keine Butter gegeben, weil keine da war (P. W. bestätigt von Falkenhausen).[2] – Das Auskaufen durch Deutsche soll insbesondere 2 Formen angenommen haben, die besonders übel sind: Kraft durch Freude-Fahrten[3] rheinischer Hausfrauen – wobei keiner weiss, woher sie ihre Ausweise bekommen hatten, und Einkäufe von Offizieren mit Köfferchen und Burschen. Das hat offenbar besonders böses Blut gemacht und diese beiden Formen gibt es nicht mehr. Aber es ist eben auch nicht mehr viel da.

Nach dem Essen fuhr ich hinaus zu P. W. und schickte den Wagen weg. Ich musste das auf gut Glück tun, weil es kein Telephon in der Stadt gibt, aber es funktionierte bestens. Ich lasse diesen Teil aus, weil ich dem Mütterchen darüber schreiben will und Dir dann einen Durchschlag dieses Briefes schicke.

P. W. begleitete mich ins Hotel, wo ich um 7 ankam gerade nur zur Zeit um mich zu säubern und zum Essen fertig zu machen. Um 7.25 wurden wir in 2 Autos abgeholt und erst zu Falkenhausens Wohnhotel gebracht, wo es was zu trinken gab, woran ich mich gleich nicht beteiligte, um nicht weiter trinken zu müssen. Ausser uns 4 und Falkenhausen waren noch beteiligt: der Chef der Zivilverwaltung, ein Mann im Generalsrang, der ein Vetter von Freya Kleist[4] und bei ihrer Hochzeit in Kreisau gewesen war, der Chef des Stabes, Herr von Harbou,[5] 2 Leute vom A.A. und die 4 Abteilungsleiter der Militär-Verwaltung und der Militär-Kommandostellen. Wir fuhren dann in vielen Autos raus in ein Restaurant in dem Park gegenüber von P. W.s Haus, wo wir phantastisch zu Abend assen: Caviar, Schinken in Burgunder, Ente, Crêpes. Dazu gab es offenbar hervorragend zu trinken: Wodka, einen Bordeau „Enfant Jésus“, einen Champagner und Armagnac. Ich habe das zwar alles nicht getrunken, aber die Anderen schienen in Seligkeit zu schwelgen. Nachher, so um ½ 12, gingen wir wieder in Falkenhausen's Hotel zurück, wo es Whisky + Bier gab. Woermann war richtig blau und die meisten Anderen, einschliesslich Kiep, sehr angeheitert, sodaß die einzig völlig nüchternen Falkenhausen und ich waren und in der Zeit von ½ 12 bis ½ 2 haben wir uns meist allein unterhalten. Das war mir sehr angenehm, weil ich bei Tisch notwendigerweise zu weit weg gesessen hatte, um mit ihm sprechen zu können.

1 *acheter un:* „Ich habe wunderbare Trauben! Einfach wunderbar! Kaufen Sie eine! Es ist eine neue Sorte, die vollkommenste, die je gezüchtet worden ist“ . . . „Es ist die Traube Léopold, davon muß man eine kaufen!“ 2 *Falkenhausen:* Alexander Freiherr von Falkenhausen (1878–1966), General der Infanterie, seit 28. 6. 40 Militärbefehlshaber in Belgien und Nordfrankreich; 1934–39 Militärberater von Tschiang-Kai-Schek, dann Kommandierender General des IV. Armee-

korps in Dresden. Schon längere Zeit in Kontakt mit Gegnern des Regimes; kurz vor dem 20. 7. 44 entlassen und bald darauf verhaftet. Nach seiner Befreiung durch die Alliierten bei Kriegsende von einem belgischen Gerichtshof 1951 zu sechs Jahren Zuchthaus verurteilt, aber wegen bereits erlittener Haft vorzeitig entlassen. 3 *Kraft durch Freude-Fahrten:* Kraft durch Freude war die Organisation für Freizeitgestaltung der Deutschen Arbeitsfront. 4 *Kleist:* Bekannte. 5 *Harbou:* Bodo von Harbou, Oberst i. G.

Paris, 10. 8. 40

Die Unterhaltung bei Tisch war mässig. Ich habe nur einiges über die wirtschaftliche Lage erfahren können, die auf dem Lebensmittelgebiet eben sehr schlimm ist, aber sonst war es eine durchaus mässige Angelegenheit. Ausserdem ärgerte ich mich bei Tisch über das üppige Essen in dem vor dem Hunger stehenden Lande und das störte mich natürlich, denn ich wollte nicht unhöflich sein, und doch auch nicht den Schein erwecken, als billigte ich diese Sache. Nachdem sie sich aber entschuldigt hatten, überwand ich das und so waren die 2 Nachtstunden mit Falkenhausen, als die Anderen alle ausser Konkurrenz waren infolge der Alkoholeinwirkung, sehr nett. Er ist ein hervorragender und mutiger Mann und wir haben im wesentlichen über die wirtschaftliche Lage Belgiens gesprochen, über die Ausplünderung des Landes durch uns, über die wirtschaftlichen + politischen Folgen dieser Ausplünderung. Schliesslich hat er mir gesagt, wo er die Grenzen seiner Mitwirkung sieht und an welcher Stelle er die weitere Arbeit ablehnt. Das alles war menschlich sehr erfreulich, auch interessant, wenn auch im ganzen nicht neu. Es war mehr eine Bestätigung illustriert durch Details, die ich nicht kennen kann. Nett war auch, daß er mir sagte, er mache jede Woche eine grosse Fahrt durch die Felder Belgiens, über Feldwege und Stege, um sich vom Stande der Felder und vom Fortgang der landwirtschaftlichen Arbeit zu unterrichten und mit seinen Mitteln dort nachzuhelfen, wo die Arbeit liegengeblieben ist. Das einzige was er mir sagte, und was nicht in das Bild passte, war, daß er die Arbeitslosenziffer für gering hielt. – Über die Flüchtlingsfrage haben wir uns sehr eingehend unterhalten, wobei er sagte, er habe die Rückkehr der Flüchtlinge und der Gefangenen deswegen mit solcher Entschlossenheit gefördert und ja auch weitgehend durchgesetzt, weil er die Familien wieder zusammenbringen und dadurch beruhigen wollte, und weil er der Meinung sei, daß sie auch die notwendigen Entbehrungen besser ertrügen, wenn sie zusammen wären. Der ganze Blickpunkt des Mannes ist auf den Menschen ausgerichtet, nicht auf irgendeine „gloire" oder „grandeur". Er ist sichtlich tief bekümmert, daß wir uns im ganzen genommen wieder so benehmen, daß wir uns nicht werden halten können. – Folgender Ausspruch von ihm blieb mir haften: „meinen durchziehenden Kollegen sage ich immer: ‚Eure Aufgabe ist es so schnell wie möglich und so gründlich wie möglich zu zerstören und dafür bekommt Ihr alle Ehren und Auszeichnungen; meine Aufgabe ist es so schnell wie möglich und so gründlich wie möglich wieder herzustellen, aber das ist im Gegensatz zu Eurer Tätigkeit ein ganz langsamer Prozess, der keine äusseren Ehren einbringt.'"

Dann kamen wir auf Chiang[1] zu sprechen: jetzt will ich aber frühstükken gehen + später weiterschreiben.

1 *Chiang:* s. 9. 8. 40, Anm. 2.

Nancy, [Sonntag] 11. 8. 40

Eben bin ich aufgewacht und will nur ein wenig fortfahren, ehe wir abfahren müssen. Es ist allerdings nur ganz wenig Zeit. Wir haben den Abend, d. h. Kiep und ich, mit dem Feldmarschall v. Witzleben[1] verbracht, in dessen Quartier wir untergebracht sind. Woermann und Schlieffen sind nicht rechtzeitig gekommen, weil sie einen anderen Weg gefahren waren.

Also Falkenhausen und China. Woermann, der auf meiner anderen Seite sass, kratzte ihn an. W. war stark angeheitert und gab richtige Ribbentropsche Thesen zum besten, die darauf hinausliefen: *a.* die Japaner müssten wir auf die Engländer hetzen, das sei eben gute Politik; *b.* die Japaner in China bedeute nicht, daß wir wirtschaftlich dort nichts mehr zu sagen hätten. *c.* Chiang-Kai-Shek werde in kurzer Zeit besiegt werden. Dagegen Falkenhausen: *a.* es sei ein Verbrechen an der weissen Rasse, die Japaner auf die Engländer zu hetzen; die Engländer seien das Bollwerk der Europäer im Fernen Osten und wir dürften sie keinesfalls so stark besiegen, daß sie ihre fernöstliche Position nicht halten könnten; überhaupt seien die Engländer die einzig wirklich anständige Rasse und sogar wesentlich besser als wir; es sei eine Schande alle Schlechten auf den Guten zu hetzen; *b.* jetzt muss ich aufhören.

1 *Witzleben:* Erwin von Witzleben (1881–1944), einer der am 19. 7. 40 ernannten Generalfeldmarschälle; Befehlshaber der Heeresgruppe C im Frankreichfeldzug, übernahm die neugebildete Heeresgruppe D im Oktober 1940; Mai 1941 Oberbefehlshaber West, ab März 1942 aus Gesundheitsgründen in der Führerreserve. Schon vor dem Krieg in regem Kontakt mit Gegnern des Regimes, spielte eine wichtige Rolle am 20. 7. 44 und wurde vom Volksgerichtshof am 8. 8. 44 verurteilt und hingerichtet.

Frankfurt 12. 8. 40

Jetzt sitze ich im Verwaltungsgebäude der I. G. in einem Zimmer neben Hans und in einer Stunde wollen wir nach Dornholzhausen fahren. Aber ich will jetzt bei Falkenhausen fortfahren.

b. Die Japaner in China, in Hongkong, Siam u. s. w. bedeutet, daß wir nicht ein Mal mehr Waren absetzen können. Es bedeutet, darüber hinaus, daß der Europäer garnichts mehr im Fernen Osten zu sagen haben wird und daß dieser grösste potentielle Markt der Welt uns völlig verschlossen wird; *c.* Chiang Kai-Shek ist auf dem besten Wege, den Krieg zu gewinnen, wenn wir ihm nicht in den Rücken fallen, ihn von seinen Freunden abschneiden und die Japaner unterstützen. F. erklärte: ich sage das nicht, weil Chiang mein Mann ist und weil ich weiss, daß es in ganz China niemanden gibt, der ihm gleich ist, ich sage das auch nicht, weil ich ein Chinesenfreund bin, sondern ich sage das, weil ich jede andere Politik für für Deutschland verderblich halte. Selbst wenn ich nicht überzeugt wäre, daß wir mit Japan auf das falsche Pferd setzen, weil es dort keinen Mann gibt, würde ich wegen der Gefahren, die ein japanischer Sieg uns bringen würde, immer noch raten, Chiang zu unterstützen.

Das war der Kern der Unterhaltung. Dein Wirt war entzückt und unterstützte F. stark und Woermann, der die Ribbentropschen Thesen mit Verve vertrat, war nach kurzer Zeit gänzlich an die Wand gedrückt und darauf angewiesen, sich mit Axiomen über Machtpolitik zu verteidigen, die F. + ich nur mit einem gutmütigen Lächeln anhörten. Im übrigen hatte die Unterhaltung zur Folge, daß auch Herr von Harbou anfing, ein Loblied nach dem anderen über die Engländer zu singen, sodaß allen Engländern in der ganzen Welt die Ohren geklungen haben müssen. Jedenfalls verkündete er, daß eine Politik, die uns in einen Krieg gegen England verwickelte schon deshalb verbrecherisch sei.

Nach sehr wenigen Stunden Schlaf fuhren wir um 6.30 von Brüssel ab und zwar zunächst nach La Panne. Auf dem Weg besuchten wir die Schlachtfelder der Flandernschlacht 1914/18 mit den wesentlichen Ehrenfriedhöfen. Die Fahrt war interessant, weil sich aus ihr so klar ergab, welch ungeheure Bedeutung in dieser Ebene die wenigen Höhen haben, so z. B. der Kemmel, auf den wir stiegen. Es mehrten sich jetzt die Anzeichen der diesjährigen Schlacht: die Zerstörungen in den Dörfern und Städten waren etwas ausgedehnter, alle Brücken waren gesprengt, sodaß man überall über Notbrücken fuhr und am Wegrande lagen immer häufiger umgestürzte und ausgebrannte Fahrzeuge der Engländer + Franzosen. Die Fahrzeuge, die wir verloren hatten, waren fast ausnahmslos weggeräumt worden. Nur an einer Stelle habe ich einen deutschen Tank zerschossen stehen sehen. Kurz vor La Panne kamen wir an dem ersten Sammelplatz für zerstörte Fahrzeuge vorüber. Da standen dann Hunderte, vielleicht Tausende von Autos, Lastwagen, Panzerwagen, Kampfwagen aller Grössen. Fast alle Fahrzeuge waren ausgebrannt, weil die Engländer und Franzosen alle Fahrzeuge, die sie aufgeben mussten, angesteckt hatten. In La Panne selbst, einem Hafen, von dem aus auch Einschiffungen stattgefunden hatten, stand nur endloses Kriegsgerät, aber alles unbrauchbar. Flak, Maschinengewehre, Motorräder, Pak u. s. w. Von dem Platz, an dem wir an den Strand gefahren waren, sah man ein englisches Kriegsschiff versenkt liegen. Ich habe es für einen Zerstörer gehalten, ein Soldat behauptete, es sei ein Torpedobootzerstörer, also etwas grösser. Sonst waren versenkte Schiffe nicht zu sehen.

Von La Panne aus fuhren wir nicht weit vom Strande parallel mit dem Ufer entlang. Das Bild war überall das Gleiche. Ein Mal sahen wir ein abgeschossenes deutsches und ein französisches Flugzeug. Dann kamen wir nach Dünkirchen.[1] Dort gab es wenige Häuser, die völlig zerstört waren, aber wohl keines, an dem nicht mindestens das Dach fehlte und das innen nicht ausgebrannt wäre. Bei manchen Häusern standen auch nur noch die Aussenmauern, während innen alles zusammengestürzt war. Der Anblick war trostlos und war trostloser als der Anblick der völlig zerstörten Städte Nordfrankreichs, weil ein Schutthaufen weniger anklagend aussieht als ein Hausgerippe. Der Anblick zeigt jedenfalls, daß Dünkirchen im wesentlichen von Artillerie zerstört worden ist und nicht von Stukas und das kann ich mir nur so erklären, daß es den Engländern gelungen ist, die Luftherrschaft über Dünkirchen so lange wie für die Einschiffungen nötig zu halten.

Der Hafen von Dünkirchen bietet das trostloseste Bild der Verwüstung. Die Seeschleusen, die die Engländer zerstört haben, sind noch durch zwei ineinander gefahrene Schiffe blockiert, in allen Ecken des Hafens liegen zerstörte, ausgebrannte, umgekippte Schiffe und der Hafen war, als wir dort waren, wegen der Ebbe im wesentlichen wasserleer, was ihn besonders trostlos machte. Das Bemerkenswerteste schien mir aber zu sein, daß Quais sich offenbar nicht zerstören lassen. Auf den Quais hatten Bomben grosse Krater gemacht, die zum Teil inzwischen wieder zugeschüttet waren, aber die Quaimauer war, auch in unmittelbarer Nähe des Einschlags nicht beeinträchtigt. Zerstörung von Häfen ist also nur möglich: durch Zerstörung von Seeschleusen, soweit Häfen auf solche Schleusen angewiesen sind, Zerstörung der Ladeeinrichtungen[1] und Behinderung des Verkehrs durch Versenkung der Schiffe im Hafen. Von diesen drei Möglichkeiten sind die erste + zweite sehr schwierig und die dritte nicht gerade leicht.

Die Bevölkerung Dünkirchens war offenbar dageblieben und machte einen bejammernswerten Eindruck: zerlumpt, verschmutzt, in Zimmern ohne Einrichtung und ohne Fenster wohnend, ausgehungert. Ein entsetzlicher Anblick. Ich erinnere mich an eine Frau, die aus dem 1. Stock eines Hauses herausschaute, aber das Haus hatte kein Dach und keinen zweiten Stock mehr, ihre Wohnung hatte keine Fenster mehr und war innen ausgebrannt. Aber sie sah heraus um ihre Kinder zu rufen.

Fortsetzung von Frankfurt 12. 8. 40

Von Dünkirchen aus fuhren wir nach Boulogne an der Küste entlang. Es war eine bezaubernde Fahrt. Inzwischen war es wohl 1 oder 1.30 geworden und so stand die Sonne an der Landseite und beschien das Meer. Erst fährt man ein Stück hinter niedrigen Dünen entlang. Aber etwa 15 oder 20 km. hinter Calais steigt der Weg an und führt hoch oben über dem Meer, Landzungen abschneidend und von Zeit zu Zeit auch wieder hinunter ans Meer hinabsteigend in engen Windungen dahin. Es ist eine bezaubernde, kahle Meerlandschaft. Die Sonne schien prall auf ein spiegelglattes Meer, das ganz verlassen war, weil sich ja nicht ein Mal Fischer hinauswagen können. Von den Anhöhen sah man im Dunst die englische Küste liegen und ich war doch sehr bewegt zu denken, daß dort in Sichtweite so viele unserer Freunde wohnen, ohne daß wir zueinander kommen können.

Dieser Teil der Fahrt war jedoch besonders interessant durch die militärischen Vorbereitungen. Über dem ganzen Gebiet von Calais bis Boulogne kreisen pausenlos Jagdflieger, die das Gebiet absuchen und feindliche Einflüge verhindern sollen. Man kommt auch an einer Anzahl von Flughäfen vorüber. Im übrigen ist diese sonst öde Dünengegend von Zehntausenden von Deutschen belebt, die unter dem Generalnenner Organisation Todt[2]

1 *Dünkirchen:* Dünkirchen war der Schauplatz der Rettung von etwa 335 000 Mann – größtenteils britische Truppen – gewesen, die nach England entkamen.
2 *Organisation Todt:* nach dem Rüstungsminister Fritz Todt benannte Arbeitsorganisation, die große Projekte ausführte. Der Text bricht hier ab.

Berlin, den 13. 8. 40

Inzwischen haben wir also schon telephoniert und ich habe Deinen langen Brief bekommen. Das Wetter ist natürlich ärgerlich, aber es ist gut, daß wir wenigstens die Gerste drin haben. Heute ist hier ein grauer, trockener Tag. Das feuchte Wetter hat schliesslich für die Weiden, für die Zwischenfrucht, für Raps, Kartoffeln und Rüben, doch seine Meriten.

Bei der stärkeren Besetzung des Betriebes mit Maschinen und bei der etwas geringeren Getreidefläche wird es schon irgendwie gehen. Vielleicht wird es über das Wochenende wieder schön. – Heute morgen hat der Luftangriff auf England begonnen. Ich nehme an, daß es etwa 14 Tage dauern wird, bis man sich ein Bild wird machen können. Mir ist dabei wenig wohl zumute. Aber die Tatsache, daß der Angriff nun angefangen hat, deutet darauf hin, daß das Wetter günstiger beurteilt wird. Ich werde mich aber, ehe ich nun Freitag komme, noch ein Mal erkundigen.

Pierre's Tod[1] ist mir sehr nahegegangen. Ich hatte es gar nicht erwartet. Ich war am Morgen des 10. ehe ich zu einer Besprechung mit Schuster ging an dem Buchladen vorbeigegangen; der war aber noch zu. Direkt vor unserer Abfahrt fuhr ich rasch noch hin und kam in den kleinen, altmodischen aber offenbar gepflegten Laden. Eine ältere, schlanke Dame kam mir entgegen und sagte: Bonjour Monsieur. Ich sagte: je suis venu pour chercher un ami, qui vous connaissait probablement, un Pierre Fischbacher. – Qui êtes-vous donc? fragte sie mich. Ich sagte meinen Namen. Oh, sagte sie, je sais, il comptait vous et votre femme parmis ses amis. Eh bien il est tombé.[2] Ich glaubte nicht recht gehört zu haben. Sie sah, daß es mir naheging und bat mich, mich hinten in den Laden zu ihr zu setzen, was ich auch tat. Dort erzählte sie mir, er sei bei Sedan gefallen. Ah, sagte ich, ça veut dire avant la catastrophe, c'est enfin mieux pour lui. – Oui, sagte sie, il est tombé plein d'espoir.[3] Sie erzählte mir noch, was man an Einzelheiten wisse; sein Bruder habe nur wenige Kilometer weit entfernt gekämpft. Die Leiche sei nicht gefunden, sodaß er als vermisst zählte und deswegen sei noch ein Schatten von Hoffnung vorhanden. Sie hat ihn offenbar sehr geschätzt. Sie sagte: Voyez, c'est trop triste. Il était si brillant, si gai, il était le meilleur de toute la famille. Nous tous aurions donné notre vie pour sauver la sienne. Je dirai à ses parents que vous êtes venu et que vous aussi êtes très triste.[4] Ich habe ihr noch unsere Adresse gegeben und gebeten, sie möchte uns schreiben, falls er doch noch auftauchte. Abgesehen davon, sagte ich, daß ich stets bereit sein würde für Pierre's Familie etwas zu tun, wenn ich ihnen von irgendwelchem Nutzen sein könnte. – Da hast Du die ganze traurige Geschichte. Ich hatte niemanden, dem ich die Nachricht erzählen konnte so behielt ich sie für mich, aber ich musste immerzu den ganzen Tag an P. denken wie er genau vor einem Jahr bei uns Himbeeren gepflückt und dazu gesungen hatte: „mourir pour la patrie."[5]

So, jetzt fahre ich dort fort, wo Hans mich unterbrochen hatte, um mit mir nach Homburg zu fahren. Also: unter dem Generalnenner Organisation Todt arbeiten dort alle grossen deutschen Baufirmen an Geschützständen, Flugplätzen, Einschiffungspieren u. s. w. In diesen Dünen und Steinhängen sind viele Zehntausende von deutschen Arbeitern beschäftigt, die diese Gegend in einen waffenstarrenden Landstrich verwandeln werden. Schienen sind gelegt, riesige Baugruben sind in Arbeit und alles ist durch Tarndecken gegen Fliegersicht geschützt. Es ist wirklich beeindruckend. Ausserdem fährt ein Lastwagen hinter dem anderen Material und Menschen heran. Und über dem allen sieht man die englische Küste, die das Ziel aller dieser Bemühungen ist. Die ganze Unsinnigkeit dieser unproduktiven Bemühungen wird einem dort so besonders klar. – Im übrigen kommt es einem so vor, als wäre das Ganze eine gespenstische Wiederholung von 1810, als von dem gleichen Platz aus mit dem gleichen Ziel wahrscheinlich eine ähnliche Anzahl von Menschen auszog.

In Boulogne lagen im Hafen deutsche Minenräumboote und Schnellboote, die ganz hervorragend getarnt waren. Mit Netzen gegen Fliegersicht und mit einem merkwürdigen Anstrich in blauweiss, grau und dunkelgrau gegen Sicht aus dem Wasser. Hier mussten wir tanken und da das lange dauerte, tranken wir einen Kaffee. Danach fuhren wir weiter nach Le Touquet, wo wir so um 8 eintrafen und in einem kleinen Hotel ganz gut unterkamen. Wir hatten als Mittagessen nur etwas trokkenes Brot und Käse gegessen und so hatten wir brüllenden Hunger, als wir uns schliesslich um 9 zum Essen setzten. Dafür haben wir aber auch sehr gut gegessen: kalte Lachsforelle mit Mayonnaise, Hammel mit Mintsauce, Chaudeaux. Nach einem kleinen Spaziergang sind wir dann schlafen gegangen. Der Posten am Strand erzählte uns, daß vor einigen Nächten die Engländer gelandet seien und die deutschen Posten mitgenommen hätten. – Übrigens ist Le Touquet ein typischer Seebadeort, aber einer von der besseren Sorte mit schönem Strand und gepflegten Häusern. Hinter der Reihe von Strandhotels gibt es verhältnismässig luxuriöse Villen von Leuten, die ständig im Sommer dorthin gehen.

Kiep + ich fuhren am nächsten Morgen – 9. 8. – früh nach Paris. Am Anfang war es ganz das gleiche Bild wie an den Vortagen: einzelne Häusergruppen sind völlig zerstört, insbesondere bei Flussübergängen und Ortsein- oder -ausgängen, sonst macht die Landschaft ein fast unberührtes Bild. Die Felder sind unvorstellbar schlecht: viel Unkraut, wenig und kleines Getreide, einzelne Teile nicht bestellt, Hackfrüchte unsauber. Rüben zum Teil nicht verzogen, die Dörfer bis Abbeville praktisch ganz leer, nur deutsche Soldaten gibt es dort. Das wenige, was auf den Feldern steht, ist daher auch nicht geerntet. Vieh läuft in den Feldern umher und frisst, was es zu fressen findet. An einer Stelle standen sicher 20 oder

30 Schimmel auf etwa 50 Morgen Klee einfach in der freien Natur. Es sieht sehr merkwürdig aus. Dabei ist gewiss schon alles aufgeräumt, was aufgeräumt werden konnte. Die Leere mutet gespenstisch an. Von Abbeville an wird es allmählich besser. Je weiter man ins Land hineinkommt umso mehr Leute sind zurück und allmählich kommt dort auch die Ernte in Gang. Im übrigen sieht man zurückkehrende Flüchtlinge: Menschen mit trostlosen, traurigen Gesichtern. Auf allerlei Gefährten kommen sie an und alle scheinen gleich auszusehen: müde, schmutzig, abgerissen, manche verweint. Wenn sie durch einen Ort ziehen, schauen sie mit Angst und Scheu auf die Trümmerhaufen, nicht wissend, ob sie ihr Haus vielleicht genau so vorfinden werden. Manche sieht man auch in den Trümmern wühlen, andere sind erleichtert, weil sie ihr Haus unversehrt vorgefunden haben. – Dort wo die Flüchtlinge zurück sind, ist das Problem der Versorgung gross. Läden gibt es einfach nicht mehr, jedenfalls keine mit etwas darin. Dort wo es etwas zu essen gibt, stehen die Leute Schlange. Gas, Wasser, Elektrizität gibt es einfach nicht. Auch sonst fehlt es an allem, denn die verlassenen Wohnungen sind teils ausgebrannt und teils ausgeräumt. Betten bringen die Flüchtlinge meist mit sich zurück. Hinter Beauvais gab es schon wieder Schulen. Kinder gingen in Räume, in denen Schulunterricht abgehalten wird. Aber ein Junge in Caspars Alter, der auf dem Bürgersteig einer Strasse entlang hinter einem Rad herläuft und sich darüber freut, während rechts und links kein Haus mehr steht, ist ein pathetischer Anblick. An den Trümmerhaufen arbeiten meist Männer, um aufzuräumen, Brauchbares herauszusuchen.

Beauvais ist die zerschossenste Stadt, die wir gesehen haben. Die Kathedrale steht, sonst aber von der Innenstadt einfach nichts. Es sind Haufen von Ziegeltrümmern. Unvermittelt steht mal ein Mauerteil und an dem hängt ein Schild „Boucherie". In den Strassen waren Granattrichter, die jetzt meist mit Schutt zugefüllt sind. Die Stadt ist von Stukas bearbeitet worden und muss die Hölle gewesen sein; genau so soll Amiens aussehen. Der Schutt der zerstörten Häuser liegt über die ganze Strasse hinweg. Die Wege, auf denen man fährt, sind in den Schutt gegraben, wie bei uns Wege im Winter durch den Schnee. – Die Bevölkerung, die nun diese Haufen aufzuräumen hat, ist ausgesprochen freundlich. Wenn man hält und in dem überall gleichmässig aussehenden Schutt nicht ein noch aus weiss, so springt sofort jemand herzu und gibt bereitwilligst Auskunft. Von unfreundlicher Gesinnung ist nichts zu spüren.

Die Strassen sind ausserhalb der Ortschaften und abgesehen von den Brücken, die fast alle gesprengt und durch Notbrücken ersetzt sind, tadellos. Ich habe auf der ganzen Fahrt nicht einen Granattrichter auf einer Strasse im freien Land gesehen. Auch das war überraschend. Es ist nur so zu erklären, daß wir die Kolonnen nie mit Bomben angegriffen hatten, sondern immer nur [mit] Maschinengewehrfeuer. Diese Hypothese ist auch durch eine Unterhaltung bestätigt, über die ich noch später berichten werde. Die Fahrzeuge, die rechts und links vom Wege liegen, zeigen regelmässig keine Einschläge von Geschossen, auch die Tanks nicht. Dabei sind die besten längst weggeräumt. Die einzige Erklärung dafür ist, daß die Verluste der Feinde an Gefährten durch unsere Einwirkung sehr gering waren und daß die meisten Fahrzeuge von alleine unbrauchbar wurden, nicht repariert werden konnten, auf die Seite gefahren und dort angesteckt wurden, damit sie uns nicht in die Hände fielen. Das bestätigt Wilhelm[6] jedenfalls hinsichtlich der Tanks.

Auf dem ganzen Weg nach Paris fährt man durch schönes welliges Land. Nicht aufregend aber durch die Abwechslung von Hügel und Tal, Wald, Feld und Wiese und durch verschiedene Bäche und Flüsse anmutig und belebt. Je näher man Paris kommt umso normaler werden die Zustände. Während der letzten Stunde Fahrt sieht man eigentlich keine Zeichen der Zerstörung mehr. Alles sieht ganz normal aus. Das einzig Auffällige ist, daß praktisch in jedem Dorf eine deutsche Wache steht. Die Leute gehen anscheinend ihren gewohnten Tätigkeiten nach, die Schlangen vor den Läden sieht man nicht mehr, nur Züge von Flüchtlingen begegnen einem. Die Einfahrt in Paris ist streng kontrolliert um zu verhindern, daß die Stadt von allen umliegenden Truppenteilen überschwemmt wird. Nach Erledigung all der vielen Formalitäten landeten wir schliesslich im Hotel Ritz, wo wir jeder ein fürstliches Zimmer mit Bad hatten. Ich rief Wilhelm an, der draussen in Fontainebleau sitzt, und ass mit Kiep und ihm zu Mittag. Die beiden anderen kamen später. Vor dem Essen versuchte ich noch Ljena zu sehen, aber das Haus in dem sie wohnt und alle Nachbarhäuser waren völlig verschlossen: alle Läden waren heruntergelassen, die Türen verrammelt und selbst die concierges fort. So musste ich das aufgeben.

Mein Pariser Programm war sehr reichhaltig: am 9. mittags ass ich mit Wilhelm und Kiep und W. und ich machten dann noch einen Spaziergang an der Seine entlang; um 5 kam ein jugoslawischer Freund von Hans zu mir, Sajovic, und blieb bis ½ 8, um 8 wurden wir zu einem Essen mit den ständigen Vertretern des O.K.W. in Paris und den Leuten der Botschaft in einem Restaurant Le Doyen abgeholt. Am nächsten Morgen um 9 versuchte ich Fischbacher zu erreichen, um 10 war ich bei Schuster, um 11.30 anschliessend bei Weichold, der gerade da war, um ¾ 12 hatte ich eine andere dienstliche Besprechung, um 12 war ich bei

Fischbacher und um 12.15 fuhr ich nach Fontainebleau. Eigentlich sollten wir bei dem neuen Botschafter, Herrn Abetz,[7] essen, aber Kiep + ich hatten genug davon, liessen Woermann und Schlieffen im Stich und fuhren statt dessen zu Wilhelm zum Essen, was uns sehr freute.

Ehe ich die Einzelheiten erzähle, will ich versuchen, meinen Gesamteindruck wiederzugeben, der sich zum Teil aus Beobachtungen, zum Teil aus Berichten zusammensetzt. Die Kontrolle des Militärs in Paris ist sehr streng und das ist segensreich. Du siehst keine Soldaten mit Mädchen im Auto fahren und die wenigen, die sich danebenbenehmen, werden unwahrscheinlich streng bestraft. So soll ein Major, der betrunken war vom Kommandanten Paris 60 Tage Arrest bekommen haben. Die deutschen Zivilisten und Parteivertreter machen dafür einen wenig schönen Eindruck. Man sieht hohe Funktionäre mit Frau im grossen Wagen durch die Stadt ziehen, und Einkäufe machen. Überhaupt das Kaufen. Wilhelm berichtete von einem General, der einen Pelz für sich und einen für seine Frau gekauft hätte und das hätte seine, Wilhelms, Grundsätze ebenfalls erschüttert. Aber das Widerwärtigste sind die Leute aus Berlin und anderen Teilen des Reichs, die einen Tag nach Paris kommen und sich mit allem eindecken. Man kann als Deutscher einfach nicht in einen Laden gehen.

Die Stimmung der Bevölkerung ist gegenüber Wacheablösung und ähnlichen Schauspielen reserviert, aber im ganzen offenbar geradezu widerlich freundlich. Ich selbst habe nichts Derartiges beobachten können, aber alle Leute bestätigen übereinstimmend, daß z. B. die Frauen geradezu anstünden, um einen deutschen Soldaten in ihr Bett zu ziehen, und zwar aus dem Gefühl heraus, daß er ja der stärkere sei und daß es mit dem Stärkeren vergnüglicher sei. Ich habe das gleiche Gefühl gehabt, jedoch ohne eigene Beobachtungen. Einen niedergeschlagenen Eindruck machen die Menschen, die man auf der Strasse sieht, nicht. – Nur muss man natürlich bedenken, daß der gehobene Mittelstand, also das Rückgrat der Nation, wohl nur zum kleinen Teil in Paris ist. Dafür spricht jedenfalls mein Besuch in der Avenue de Ségur; dagegen die Tatsache, daß Fischbachers zurück waren und daß Sajovic auch behauptete, alle seine Bekannten seien zurück.

Fortsetzung von Berlin, den 13. 8. 40

Wie dem auch sei, man sieht viele entlassene französische Soldaten auf den Strassen, ohne daß diese einen niedergeschlagenen Eindruck machen und im ganzen hat man das Gefühl, daß die Widerstandskraft der Franzosen eben schon vor Beginn des Kampfes gering war. – Das ist überhaupt der wichtigste Eindruck, den ich mitgebracht habe, daß die französische

Moral einfach nicht existent war. Die Flugzeuge sind nicht aufgestiegen, als die Deutschen angriffen, die Truppen sind unter Führung ihrer Offiziere weggelaufen, die Truppen in Befestigungen und in Forts haben die Waffen gestreckt, sobald nur der Anschein eines Angriffs gemacht wurde. In dieser Beurteilung stimmen überein Sajovic, der mit den Flüchtlingen aus Paris bis hinter Bordeaux gegangen ist, Wilhelm, unsere Leute in Paris und ein Regimentsstab, bei dem wir am 11. gegessen haben und der den Durchbruch durch die Maginotlinie errang. Das ist das Thema, das immer wieder kam. Ich habe diesen allen meine Frage wie folgt gestellt: stimmen Sie mit mir überein, daß zwei Drittel des Sieges sich aus der mangelnden Kampfmoral der Franzosen erklären lässt, und die Antwort lautete: Sajovic: nein 99%; unsere Leute: nein, 100%, denn waffentechnisch waren sie uns in vielem überlegen, insbesondere in der Bekämpfung von Tanks; Wilhelm: die Franzosen hatten die besser gepanzerten Tanks, wir die bessere Taktik und die Franzosen keine Moral; der Stab des Regiments an der Maginotlinie: 50% mangelnde Kampfmoral + 30% die Tatsache, daß die Franzosen bereits vor unserem Angriff das Vorfeld der Werke geräumt hatten; allerdings haben sie auch das nur getan, weil sie wussten, daß die Moral ihrer Truppen dem Kampf im freien Gelände nicht gewachsen sei. – Und dieser Mangel an Rückgrat, der eben von Pétain bis zum letzten Mann geht, ist auch jetzt sichtbar: darin, z. B. daß Laval[8] jetzt Abetz zum Frühstück einlädt, während das bei uns erst 1920 nach der Ratifikation des Friedensvertrages freigegeben wurde, und darin, daß die einzelne Französin heute im Grunde den einquartierten Deutschen dem besiegt zurückkehrenden Ehemann vorzieht. Es ist also ein moralisches Débacle, und Sajovic sagte nur: in solcher Pesthöhle kann man nicht leben, ich gehe zu den Jugoslawen zurück, obwohl ich hier seit 1920 wohne.

1 *Pierres Tod:* er hatte den Tod von Pierre Fischbacher – s. 3. 8. 40, Anm. 1 – am Telephon erwähnt. 2 *tombé:* „Ich bin gekommen, einen Freund zu suchen, der Sie wahrscheinlich gekannt hat, ein Pierre Fischbacher. – Wer sind Sie denn? ... ich weiß, er rechnete Sie und Ihre Frau zu seinen Freunden. Nun, er ist gefallen." 3 *d'espoir:* „das heißt, vor der Katastrophe, das ist auch besser für ihn." – „Ja", sagte sie, „er ist voller Hoffnung gefallen." 4 *triste:* „Sehen Sie, es ist zu traurig. Er war so brillant, so fröhlich, er war der Beste der ganzen Familie. Wir hätten alle unser Leben gegeben um seins zu retten. Ich werde seinen Eltern sagen, daß Sie gekommen sind und daß auch Sie sehr traurig sind." 5 *„... patrie":* „fürs Vaterland zu sterben". 6 *Wilhelm:* von Trotha, Vetter. 7 *Abetz:* Otto Abetz (1903–1958), seit Mitte Juni Vertreter des Auswärtigen Amts beim Militärbefehlshaber in Paris, dann Botschafter in Paris. 1949 in Paris zu 20 Jahren Zwangsarbeit verurteilt, 1954 aus der Haft entlassen. 8 *Laval:* Pierre Laval (1883–1945), französischer Premierminister 1931–32 und 1935–36, Ministerpräsident unter Marschall Pétain, dem neuen französischen

Staatschef in Vichy, 1940 und wieder ab 1942. 1945 wegen Hochverrats zum Tode verurteilt.

Berlin, den 14. 8. 40

... Schmitz fährt morgen früh mit Jänicke nach Bordeaux und Brest um dort die Akten der französischen Prisengerichte zu studieren. Ich bin dann also sozusagen allein. Aber ich habe Tafel schon gesagt, ich führe trotzdem am Freitag ab. Hoffentlich klappt das. So, jetzt will ich über die verschiedenen Unterhaltungen in Paris berichten.

Erst habe ich mich sehr nett mit Wilhelm unterhalten. Das Interessanteste daraus habe ich wohl schon berichtet, nämlich seine Begeisterung für die Überlegenheit der deutschen Tanks. Er ist jetzt damit beschäftigt, neue Tankformationen aufzustellen und die Tankdivisionen personell und materiell wieder zu ergänzen. Alles, was er erzählte, war nett, interessant, wenn auch nur auf dem strikt militärischen Gebiet. Am Sonnabend, dem 10. 8., haben Kiep und ich bei ihm in Fontainebleau gegessen und auch dort war alles proper und recht nach seiner Art eingerichtet. Es gab gut und gut gekocht zu essen und nachher ergingen wir uns im Garten der Villa, in der er mit noch einem Offizier wohnt und in der unten das Sonderkasino seines Stabes ist. Er ist da sehr bequem und gut untergebracht und mit allem reichlich versehen. Als er hörte, daß ich Dir nichts mitbrächte, weil ich mich geweigert hätte, in Läden zu gehen, hat er mir noch eine Schachtel Seife für Dich anvertraut, die am Freitag mitkommen wird.

Die interessanteste Unterhaltung war die mit Hansens Freund Sajovic. Er ist Jugoslawe und war von der I.G. in ihre französische Firma eingesetzt und hat diese während des Krieges in Frankreich betreut. Er stand deswegen unter dem Verdacht, der 5ten Kolonne anzugehören und beschloss daher, aus Paris nach Süden zu fliehen, um einem etwaigen Mord an allen angeblich suspekten Elementen zu entgehen. Er setzte sich also in seinen Wagen, lud die Akten der I.G. auf einen Lastwagen und fuhr in Richtung Bordeaux ab. Da er diesen Beschluss sehr spät fasste, war er einer der Letzten, die Paris noch verliessen. Er kam in diesen für europäische Verhältnisse unerhörten Zug von vielen Hunderttausenden, der sich in Kolonnen zu 4 Wagen nebeneinander nach Süden bewegte. Essen hatte er mit. Wasser war rar und kostete am Anfang 5 frcs, am Ende 15 frcs das Glas. Für die ersten 100 km brauchte er 20 Stunden.

Der Zug bestand aus Zivilisten und Soldaten. Die Zivilisten waren Frauen, Kinder und ältere Männer etwa zu gleichen Teilen. Die Soldaten waren einfach auch Flüchtlinge in Uniform; sie gehorchten keinen Befehlen der Offiziere mehr, und die Offiziere versuchten auch garnicht etwas zu befehlen; jede militärische Disziplin hatte aufgehört. Die Soldaten traten dafür unverschämt auf. Mit dem Ruf „nous sommes des soldats" gelang es ihnen, sich mit Benzin zu versorgen, wenn andere nur wenige Liter bekamen, Autos und andere Gefährte zu requirieren und ihre Besitzer herauszusetzen, wenn ihre eigenen Fahrzeuge unbrauchbar geworden waren. Dem Zuge schlossen sich auch von rechts und links Soldaten aus noch bestehenden Formationen an, die eine Auffangstellung südlich von Paris bilden sollten. Alle diese Soldaten machten die Vorrechte nicht etwa geltend, um zu kämpfen, sondern nur um zu fliehen. Zwei Offiziere sassen meist in einem Auto, der am Steuer hatte ein Mädchen im freien Arm, der im Fond dafür in jedem Arm eine. Jede polizeiliche Ordnung war aufgelöst. Dieser Zug also schob sich allmählich vorwärts.

Von Zeit zu Zeit wurde der Zug von deutschen Fliegern heimgesucht, die es auf die Soldaten und die militärischen Gefährte in diesem Zuge abgesehen hatten, manchmal auch auf Brücken, Gebäude und ähnliche Ziele. Unzählige Male habe er solche Angriffe gesehen, mehrere Male seien die Angriffe etwa 50 m von ihm entfernt gewesen und ein Mal sei er selbst verwundet worden. Angriffe auf Tanks und Gebäude und Brücken seien mit Bomben geführt worden, Angriffe auf die Kolonnen mit Maschinengewehren. Aber vor dem Maschinengewehrfeuer seien die Flugzeuge stets einmal über die Kolonne hinweggeflogen, dann seien alle Menschen rechts und links in die Felder gelaufen, darauf seien die Gefährte von den Fliegern mit Maschinengewehrfeuer unbrauchbar gemacht worden und so hätten sie ihr Ziel erreicht ohne wesentliche Menschenverluste. Die unbrauchbar gewordenen Gefährte seien dann einfach in den Strassengraben gekippt und angesteckt worden. Seine Verwundung sei auf einen Bombenangriff zurückzuführen. Er hätte die Flieger kommen hören und sei zur Seite geeilt auf ein Haus zu. Die Bombe sei unmittelbar über ihm in das Haus geschlagen, in das er sich hätte flüchten wollen. Durch den Aufschlag auf dem Haus habe die Bombe eine breite Streuung erhalten und um ihn herum habe es lauter Tote und insgesamt etwa 25 Verletzte gegeben. Er selbst habe im toten Winkel der Bombe gestanden, sei von dem Luftdruck umgeworfen, aber nur von einigen Splittern getroffen worden. Direkt neben dem getroffenen Haus sei ein Lazarett gewesen, in welches er gegangen sei und andere Leute hätten die Toten, Sterbenden und Verwundeten dorthin gebracht. Im Lazarett seien aber keine Ärzte gewesen, sondern nur zwei Hilfsschwestern, die bei dem Anblick dieser Verletzten und Toten in ein hysterisches Geschrei ausgebrochen seien, worauf auch die Träger, die Verletzten und Sterbenden zu brüllen angefangen hätten. Darauf habe er sich aus dem Hause geflüchtet, obwohl er durch den Blutverlust geschwächt gewesen sei. Draussen habe ihm ein Mann, der früher ein Mal Medizin studiert hatte, einen notdürftigen Verband angelegt, der, da er nur Fleischwunden gehabt hätte, auch genügte. Er habe sich dann ans Steuer gesetzt und sei weitergefahren. – Das Benehmen der uniformierten Flüchtlinge sei unerhört gewesen. Habe man ein Flugzeug kommen hören, so seien diese mit Geschrei aus ihren Gefährten gesprungen, hätten, Frauen, Kinder, Greise und ihre eigenen Mädchen beiseite stossend, sich einen Weg durch den Flüchtlingsstrom gebahnt und sich auf dem Feld in Deckung gebracht. Die Zivilisten untereinander seien viel hilfreicher gewesen.

Kurz nach seiner Verwundung habe sein Lastwagen eine Panne gehabt, deren Reparatur einige Zeit in Anspruch nehmen musste. Da er wegen seiner Schwächung doch von keinem Nutzen sein konnte, sei er weitergefahren und habe mit dem Führer des Lastwagens verabredet, daß sie sich in Bordeaux vor der Mairie wieder treffen würden. Später habe er gehört, daß in Bordeaux die Regierung sitze, so daß das Verwaltungsviertel abgesperrt sein musste und er habe befürchtet, daß er seinen Lastwagen nie wieder finden würde. Als er jedoch nach Bordeaux gekommen sei, habe dort eine solch unbeschreibliche Unordnung geherrscht und eine solche Auflösung jeden Scheins von Organisation, daß er tatsächlich hätte vor der Mairie halten und dort auf den anderen Wagen 24 Stunden warten können. Die beiden Wagen seien dann noch bis Argenton weitergefahren.

Da das Bild der Unordnung immer schlimmer geworden sei, da zugleich die Moral in völliger Auflösung begriffen gewesen sei, habe er beschlossen zu versuchen, wieder in das von den Deutschen besetzte Gebiet zurückzufahren. Eine französische Frontlinie habe er nicht mehr angetroffen, er hätte aber Sorge gehabt vor den letzten Kilometern vor der deutschen Feuerlinie. Auf der Strasse fahrend, habe er jedoch plötzlich einen auf einem Baumstumpf sitzenden, das Gewehr über den übereinandergelegten Beinen haltenden baumlangen deutschen Soldaten gesehen. Dieser hätte gar keine Notiz von ihm genommen. Er habe daraufhin die Hand an den Hut gelegt, mit einer lässigen Gebärde sei dieser Gruss erwidert worden; damit habe er die deutsche „Front" durchfahren und niemand habe sich mehr um ihn gekümmert; seine Wohnung, sein Büro in Paris habe er alles unversehrt vorgefunden.

Seine Gesamtbeurteilung fasste er wie folgt zusammen: ich gehe nach Jugoslawien, sobald mir die Ausreise erlaubt wird; in einem Land, dessen Männer den Mut und den Willen zu arbeiten und dessen Frauen jedes Gefühl von Treue verloren haben, kann man nicht leben. Dieses Land kann nur wiedererstehen unter einem bolschewistischen Regime, nachdem die Gleichheit in der Armut den Boden dafür bereitet haben wird.

Die Unterhaltungen mit den Deutschen waren uninteressant, soweit sie sich nicht wie die mit Schuster und Weichold ausschliesslich mit militärischen Fragen befassten, insbesondere mit der Aktion gegen England, die jetzt läuft, und mit der Vorbereitung des Krieges gegen England für das nächste Frühjahr. Das, was sich an Bedeutsamem aus diesen Unterhaltungen berichten lässt, ist, daß offenbar kein Soldat mit Einsicht in die Lage an den Erfolg der jetzt laufenden Aktion glaubt, sodaß alle mit einem langen Kriege rechnen. Aber haben die Soldaten mit Einsicht nicht bisher unrecht gehabt und werden wir nicht entgegen unserer aller Beurteilung vielleicht in England doch einen moralischen Kollaps erleben? Ich glaube es nicht. Falkenhausen fasste sein Urteil wie folgt zusammen: „Wenn ich nicht in diesem Jahre bereits mehrere militärische Wunder erlebt hätte, so würde ich sagen, daß diese Aktion aussichtslos ist".

Damit ist Paris zu Ende. Kiep und ich schwänzten das Frühstück in der Botschaft und fuhren nach Fontainebleau. Die Stadt macht einen sehr netten Eindruck, von [ihren] 18 000 Einwohnern sind 14 000 bereits wieder zurückgekehrt. Es sieht alles so aus wie Potsdam mit etwas mehr Geld. Die Gärten sind gepflegt, die Häuser gut im Stand. Das Schloss ist schön in den Proportionen, obwohl mir eine Menge Details nicht gefallen. In den Gärten arbeiten schwarze Kriegsgefangene. Es macht alles einen ungeheuer friedlichen Eindruck. Die Strasse, in der Halder[1] und Brauchitsch sitzen, ist abgesperrt, sonst können sich die Zivilisten jedoch frei bewegen und kommen und gehen. Auch entlassene französische Soldaten in Uniform sieht man dort. Nur deutsche Truppen sind fast nicht zu sehen, weil das Betreten Fontainebleau's auch für Generäle nur mit Sonderausweis möglich ist, um dem Generalstab die nötige Ruhe zu sichern. Verteidigungsanlagen wie Flak, Jagdflieger u. s. w. sind nicht zu sehen, anscheinend wird das nicht für nötig gehalten, weil der Generalstab über die ganze Stadt verteilt sitzt und daher ein Fliegerangriff wenig Aussichten bietet. Das Ganze ist eine Idylle und man könnte sich nur wünschen, so untergebracht zu sein. Offenbar hat das O.K.H.[2] einen sehr guten Kommandanten des Stabsquartiers, dem es gelungen ist, mit der Stadtverwaltung alles bestens zu regeln und dadurch das gute Einvernehmen zwischen Militär und Zivilbevölkerung zu sichern.

So, jetzt muss ich aufhören. Morgen schreibe ich weiter.

1 *Halder:* Generaloberst Franz Halder (1884–1972), Chef des Generalstabs des Heeres 1938–42. 2 *O.K.H.:* Oberkommando des Heeres.

Berlin, den 15. 8. 40

Es ist 9 Uhr und der Tag ist eben erst zu Ende. Es war mehr in ihm, als seiner Stundenzahl entspricht und nur übergrosse Geschwindigkeit hat mich durch ihn gebracht. Abgesehen von einem einer eingehenden Unterhaltung gewidmeten Mittagessen mit einem neuen Mann Reichsgerichtsrat von Dohnanyi[1] war kein ruhiger Augenblick. – Diesen Brief bringe ich mit und ich schreibe ihn nur, um Dir einen vollständigen Bericht zu geben.

Über Paris habe ich noch etwas nachzutragen, was ich, glaube ich, vergessen habe und das ist die Stellung der Bevölkerung zur Regierung von Vichy[2] und zu uns generell. Zu uns ist sie abwartend: machen wir einen erfolgreichen Angriff auf England vor dem Herbst, so wollen die Franzosen uns unterstützen, weil sie keine Alternative sehen; machen wir einen erfolglosen Angriff, oder verschieben wir den Angriff, dann werden sie im wesentlichen gegen uns sein. Alles beides weniger auf Grund fester Erkenntnisse als vielmehr auf Grund von Spekulationen, so wie ein Spieler. Die Haltung zur Regierung von Vichy ist wie folgt: die im Grunde Antideutschen lehnen die Regierung als unfähig sich gegenüber Deutschland zu behaupten und als unwürdig in ihrem Benehmen ab; diejenigen, die gerne mit Deutschland zu einer Verständigung kommen wollen, lehnen die Regierung aus innerpolitischen Gründen ab, weil sie sich sagen, diese Mischung von Greisen und Intriganten ist nicht geeignet, mit Deutschland wirklich zu einem Akkord zu gelangen, weil sie nicht imstande ist, den innerpolitischen Umbau zu vollziehen.

Nun fahre ich hinter Fontainebleau fort. Wir fuhren jetzt durch ein nettes, teils landwirtschaftlich genutztes, teils mit „Pusch" teils mit Wald bestandenes Land über Provins bis fast nach Montmirail. Die Felder wieder ein fürchterlicher Anblick: schlecht bestellt, aber auch allgemein in schlechter Kultur, verunkrautet, verhungerte Früchte, kleines Stroh, kaum sichtbare Ähren, zurück in der Ernte. Das einzige, was mir an der Landwirtschaft dieses Gebietes gefiel, waren die Wagen auf denen eingefahren wurde. Es waren einspännige zweiräderige Wagen, die vorn und hinten Leitern hatten, nicht an den Seiten, und die sich dadurch viel leichter laden liessen. – Kurz vor Montmirail kamen wir an die westlichste Stelle des deutschen Vormarsches 1914. Kiep war in diesem Gelände Patrouille geritten und war am Abend, als es schon dunkel war, von einem solchen Ritt kommend in Vauxchamps, kurz hinter Montmirail, zu seinem Armeeführer Bülow[3] in eine Scheune bestellt worden, in der dieser mit Hentsch[4] über die Frage des Rückzuges beriet. Kiep musste berichten und ging dann schlafen. Als er am Morgen erwachte, war der

Rückzugsbefehl in jener Scheune gegeben worden, der Befehl, der vielleicht den letzten Weltkrieg entschied. Wir stiegen in Vauxchamps aus und besichtigten die Scheune. Der Bauer kam und begrüsste uns. Es war aber ein neuer Besitzer, der erst 1925 übernommen hatte und von jener Zeit nichts mehr wusste. Von Vauxchamps bis Verdun, von dort bis Pont à Mousson fuhren wir immerzu an der Front von 1914 entlang. Kriegsgräber rechts und links; hier Zehntausende, dort Zehntausende. Auf dem Hauptfriedhof in Douaumont liegen mehr Männer begraben als in diesem Feldzug Deutsche und Franzosen zusammen verloren haben. Jeder Krieg hat seine Schrecken und in diesem liegt bisher der Akzent nicht auf den Gefallenen. Ich habe den Eindruck gewonnen, daß nicht mehr als höchstens 20 bis 25 000 Franzosen gefallen sind, darunter wenige Offiziere.

Ich habe wohl nicht berichtet, daß Sajovic erzählt, er habe 80 Gefolgschaftsmitglieder. Davon seien 40 rund im Felde gewesen, davon 17 als Offiziere. Ein Ehemann einer Stenotypistin sei im November 39 bei den Vorfeldkämpfen gefallen, sonst wisse er von keinem einzigen Verlust in den Familien seiner Gefolgschaftsmitglieder und die 40 Soldaten seien alle heil.

In Verdun fuhren wir nach Fort Douaumont, wo Kiep auch gelegen hatte. Hier sind im vorigen Kriege auf beiden Seiten 800 000 Mann gefallen. Ein schrecklicher Berg und ganz sinnloserweise umkämpft. Im übrigen kein Fort im heutigen Sinne. Man hat aber von der Höhe einen schönen Blick über ein weites, rollendes Land, bewaldet, von Flüssen durchzogen, von Wiesen, Weiden und Äckern aufgehellt, durch Dörfer und Ortschaften belebt. Ein friedlicher Anblick, weil hier dieses Mal praktisch nicht gekämpft worden ist. Kampf bestand in der Sprengung der Brücken.

Von Verdun aus wird das Land allmählich etwas dichter besiedelt. Man merkt, daß man sich den industriellen Gebieten nähert und von Pont à Mousson bis Nancy fährt man eigentlich dauernd zwischen Häusern. Es ist so wie in Langenbielau. Die Mosel sieht hier aus wie der Rhein vor Basel: ein breiter, grosser, ruhig dahinströmender Fluss. Das Flusstal ist schmal, nicht sehr viel breiter als das Weistritztal oberhalb der Talsperre und durch die Bebauung noch enger. Von Zeit zu Zeit weitet sich das Tal und lässt Raum für breite, gute Wiesen; man sieht auch etwas Weinbau, aber im ganzen keine intensive landwirtschaftliche Kultur. Ein Gebiet, in dem die Industrie unzweideutig überwiegt. In Nancy, wo Kiep und ich allein ankamen, weil die anderen, direkt von Paris kommend, erst um 11.30 nachts eintrafen, wurden wir von dem Feldmarschall Witzleben bestens aufgenommen. Im Grand Hotel, welches an einem schönen grossen ornamentalen und mit vergoldeten Eisengittern und Eisenportalen abgeschlossenen Platz liegt, ist das Hauptquartier des A.O.K. und wir wurden in dem gleichen Hotel untergebracht. Nancy verdankt die wenigen Glanzpunkte des Stadtbildes zu denen der Platz gehört, an dem das Hotel liegt, dem Schwiegervater Louis XV., dem polnischen König ... (?),[5] der dort und in Luxemburg residierte.

Der Empfang war sehr freundlich. Jeder einzelne bemühte sich, freundlich zu uns zu sein. Aber der Gesamteindruck des Stabes war doch ganz anders als in Brüssel. Dort waren Leben und Geist in dem Stabe und ein Gefühl der Kollektivverantwortung; hier war es eben ein typischer höherer Stab, in dem alle sich eigentlich bereits zu lange kennen, nichts Rechtes mehr zu sagen haben, alle auf den Chef hinblicken, sich bemühen, ihm zu gefallen und zu tun, was er billigt. Sie prosten sich zu als Ersatz für fehlende Unterhaltung, sie sprechen von Jagd und Urlaub, weil ihnen nichts anderes einfällt. Dabei sind sie alle nett und W. selbst sehr freundlich und garnicht feldmarschallig; aber es fehlt der Geist.

Was ich über die Lage erfahren konnte, bestätigte das Bild, das man überall in Frankreich gewinnt: die Bevölkerung ist apathisch und darum lassen sich Missstände durchschleppen, die anderenfalls längst zu Schwierigkeiten erheblichen politischen Ausmasses geführt hätten. Die Ernährungslage ist sehr schlecht: „Zunächst hoffen wir bis Ende dieses Monats durchzukommen, dann müssen irgendwelche Zufuhren heran." Die Industrie liegt zu einem grossen Teil tot, weil die Verbindungswege noch nicht funktionieren: die Stromkabel für die Antriebskraft sind zerstört, die Kanäle sind nachhaltig zerstört, erst seit wenigen Tagen gibt es eine Zugverbindung nach Paris (8 Std.), die Brücken sind alle entzwei. Die politische Lage ist durch die Ungewissheit über das Schicksal dieses Gebietes gekennzeichnet. Die ursprünglichen Bewohner, die geflohen oder als Soldaten mit nach Süden und Westen gezogen sind, werden nicht hereingelassen. Dafür ist mit der Aufnahme der Tätigkeit von Bürckel[6] in dem eingegliederten Gebiet ein Einströmen von Exproprierten, von Juden und Franzosen zu erwarten, bei denen nicht gewiss ist, ob sie denn in diesem Gebiet bleiben dürfen, oder ob sie nicht vielleicht noch weiter abgeschoben werden. Die Verwaltungstätigkeit ist durch die ungeklärte Zuständigkeit von Bürckel und Streccius[7] durch das Durcheinander ziviler und militärischer Stellen gehindert. Alle diese Verhältnisse bleiben latent, solange die Apathie der Bevölkerung dauert, sie werden zu ganz schwierigen Krisenerscheinungen politischer Art führen, sobald der Widerstand der Bevölkerung sich irgendwie kristallisiert, sei es infolge wirklicher Hungersnot, sei es infolge eines deutschen Versagens oder Zögerns England gegenüber.

Am nächsten Morgen, Sonntag, den 11. fuhren wir um 8.30 ab, wieder das schöne Moseltal hinab. Eigentlich präsentierte es sich an diesem Morgen viel besser: es hatte nachts geregnet und in der farbigen Morgensonne sah alles besonders glänzend und prächtig aus. Von Pont à Mousson an fuhren wir auf dem rechten Moselufer bis Metz, liessen uns dort die Genehmigung zur Besichtigung der Maginotlinie[8] ausstellen und fuhren dann von Diedenhofen bis Saaralben immerzu in der Maginotlinie, Du siehst es auf der Karte an den eingezeichneten Werken.

Der Gesamteindruck ist der eines riesigen ausserordentlich geistreich angelegten Befestigungswerks. Die grossen Werke sind so angelegt, daß sie auf der höchsten Stelle ein Beobachtungswerk haben, von dem aus das Feuer der ganz versteckt liegenden grossen Geschützwerke gelenkt wird, die ihrerseits wieder durch Werke geringerer Feuerkraft taktisch geschützt werden. Man kann wohl sagen, daß diese Werke einen absoluten Schutz bieten, denn kein Tank kann diese tiefen Gräben und steilen Mauern nehmen, und kein Infanterist kann sich in das Feuer der für den Nahkampf berechneten Werke wagen. So sind auch diese grossen Werke überhaupt nicht umkämpft worden; sie sind völlig unberührt und man sucht vergeblich nach einem Granattrichter in ihrer Nähe.

Zwischen diesen grossen Werken und in der Fernfeuerwirkung durch sie gedeckt, zieht sich ein ununterbrochenes und breites Band eines Tank- und Infanterie-Verteidigungsgürtels durchs Land. Auch die Strassen sind darin einbezogen. Sorgfältig angelegte Drahtverhaue, spanische Reiter, Tankfallen, Minenfelder füllen einen Gürtel von vielleicht 1 km durchschnittlicher Breite. Alle Waldränder an der französischen Seite sind zudem vielleicht 50 m tief einfach umgeschlagen, ohne daß die Bäume weggeräumt worden wären, sodaß praktisch auch deswegen ein Angriff aus dem Wald nicht möglich ist. Dieser Verteidigungsgürtel ist durch Überschwemmungen und Versumpfungen in den Niederungen noch verstärkt. Von der Höhe aus wird dieser Gürtel meist wie folgt verteidigt: Vor der Höhe liegt ein Maschinengewehrbunker, der ein direktes Schussfeld über den Verteidigungsgürtel hat und zugleich seine meist nicht mehr als 100 m entfernten Nachbarbunker flankiert, wie er auch von diesen flankiert wird. Hinter der Höhe liegt ein Artilleriebunker, der in indirektem Beschuss das Durchbrechen des Verteidigungsgürtels hindern kann, selbst aber kaum zu treffen ist, weil er gegen jeden direkten Beschuss durch die vor ihm liegende Höhe, gegen indirekten Beschuss – mit Ausnahme des Volltreffers auf die Schiessscharte von oben – durch seine Bauart gesichert ist. Alle Wege, die wir jetzt gefahren sind, waren damals auch noch durch Eisenbarrieren, Flügelminen, Fallgruben, Tankfallen und ähnliche Vorkehrungen geschützt.

Der Anblick dieses ganzen Systems ist beeindruckend, weil die sorgfältige und durchdachte Planung so offenbar ist und weil man sich bei dem Anblick dieser Vorkehrungen sagen muss, daß diese Linie nicht zu durchbrechen ist, wenn sie wirklich verteidigt wird. Zugleich ist der Aufwand, diese Geldverschwendung, diese Landverschwendung, durch die Tausende von Quadratkilometern der nutzbaren Bebauung entzogen worden sind, deprimierend. Dieses ganze Gebiet ist einfach ein Distel- und sonstiges Unkraut-Samenzuchtgebiet, und der Wind, der gerade darüber hinfegte, trug ganze Ladungen ausgereiften Distelsamens mit sich, dadurch Land verpestend, das vielleicht 100 km entfernt lag und nicht wusste, woher es die vielen Disteln bekam. Kurz, ein solches Verteidigungssystem ist unorganisch und krankhaft. Wenn es nicht gelingt, ohne solche Dinge auszukommen, innerhalb Europas meine ich, dann verdienen wir es nicht besser. Das Ganze ist, bei aller Bewunderung für die Planung, ein krankhafter und ansteckender Ausschlag, den es nie wieder geben darf.

Fortsetzung von Berlin, den 15. 8. 40

Man fragt sich, wenn man das gesehen hat, wie denn der Durchbruch möglich war. Wir haben die nördliche Durchbruchstelle zwischen Cappel und Püttlingen genau besichtigt, überdies an diesem Tage mit einem Bataillonsstab zu Mittag gegessen – weil es keine Privatverpflegung in diesem völlig geräumten Gebiet gab –, dessen Bataillon diesen Durchbruch mit Feldartillerie unterstützt hatte. Unsere Frage, wie man so etwas mache, wurde ganz schlicht wie folgt beantwortet: diese Stellungen seien unter normalen Verhältnissen unangreifbar und deswegen sei ein Angriff, in den vielen Monaten, die sie um diese Bunker herumgelegen hätten, auch niemals ernstlich in Erwägung gezogen worden. Als jedoch die Franzosen im Mai wegen mangelnder Moral ihrer Truppen die im Vorfeld gelegenen Infanterie-Feldstellungen geräumt hätten, die für die Verteidigung der ausgebauten Stellungen notwendig gewesen wären, hätte sich die Chance gegeben. Man hätte schwere Flak und Feldartillerie unbehindert und ungesehen bis an die noch stehenden Waldränder heranbringen können, weil ja im Vorfeld niemand gelegen habe, der diese Bewegung hätte melden oder verhindern können. So sei man je nach der örtlichen Lage auf Entfernungen von 1 km bis zu 75 m an die vor der Höhe gelegenen Maschinengewehrbunker herangekommen und habe nun mit überlegener Feuerwirkung diesen Bunkern in direktem Beschuss in die Schiessscharten schiessen können. Erst nachdem diese vorngelegenen Bunker erledigt gewesen seien, habe die Infanterie vorzugehen brauchen, die als einzigen Gegner jetzt nur noch die hinter der Höhe gelegenen Artilleriebunker gehabt hätte, die jedoch nach Ausfall der vor der Höhe gelegenen Bunker ohne Beobachtung gewesen seien. Sei die Infanterie aber erst ein Mal an die Bunker herangekommen, so hätten sie sie leicht mit Flammenwerfern erledigen können, weil diese Bunker ja auf die Hilfe der anderen angewiesen und für den Nahkampf nicht ausgerüstet gewesen seien. So habe man sich allmählich vorgekämpft. Aber auch diese Chance hätte nicht zur Überwindung der Maginotlinie geführt, wenn die französischen Besatzungen wirklich gekämpft hätten. Sie hätten aber in Wirklichkeit stets den Bunker geräumt, sobald ein Schuss auf den Bunker gesessen hätte, auch wenn sie in ihrer Kampffähigkeit garnicht beeinträchtigt gewesen wären.

Dieser Darstellung entspricht das Bild der Durchbruchsstelle. Die vorderen Bunker weisen durchweg einen, manche 2 Schuss auf, die den Bunker angekratzt haben. Nur ganz wenige Bunker sind ernsthaft zerstört. In den meisten stehen z. B. immer noch Tisch, Stühle und Lagerstätten. Die hinteren Bunker zeigen überall Flammenwerferspuren. Die Drahtverhaue sind fast restlos intakt. Nur an einzelnen Stellen, vielleicht in Entfernungen von 200 m sind schmale Durchgänge geschnitten. Man sieht einige wenige Gräber deutscher Soldaten und ich habe nur zwei Gräber französischer Soldaten gesehen. Die deutschen Soldaten sind meist vereinzelt gefallen, nur an ein oder zwei Stellen sind mehrere zugleich gefallen, offenbar infolge Artilleriebeschusses. Granattrichter sind im Gelände nicht zu sehen, auch nicht auf den Strassen. Die Sperren an den Strassen sind überall sichtbarlich mit Gewalt weggeräumt. An den versumpften und überschwemmten Stellen stehen Pontons.

Am Abend kamen wir nach Strassburg, tranken den letzten guten Kaffee und assen ein herrliches Käsebrot. Die Stadt war noch sehr leer, aber doch nicht mehr ganz leer, das Leben fing an ein normales Gesicht anzunehmen. Man hörte nur noch deutsch, kein französisches Wort. Wir betrachteten das Münster, das allerdings innen ganz ausgeräumt und durch Verschalung der Kanzel und Entfernung der Fenster seiner Atmosphäre beraubt war. Auch so war es ein herrlicher Anblick. Um 7 Uhr etwa fuhren wir über eine Pontonbrücke über den Rhein nach Kehl und nachher nächtigten wir in Karlsruhe.

Da hast Du die Geschichte einer für Deinen Wirt lehrreichen Fahrt.

1 *Dohnanyi:* Hans von Dohnanyi (1902–1945), Reichsgerichtsrat und seit Kriegsausbruch Sonderführer in der Abwehr, wo er eng mit Hans Oster zusammenarbeitete; aktiver Regimegegner von Anfang an; Schwager von Klaus und Dietrich Bonhoeffer und wie diese kurz vor Kriegsende umgebracht. 2 *Vichy:* Der Sitz der französischen Regierung unter dem greisen Marschall Pétain war seit Juli

in Vichy, im unbesetzten Teil Frankreichs. 3 *Bülow:* Führer der 2. Armee in der Marneschlacht 1914. 4 *Hentsch:* Oberstleutnant Hentsch war von Generaloberst v. Moltke, dem Chef des Generalstabs, während der Marneschlacht zu den Flügelarmeen entsandt worden. 5 *... (?):* Punkte und Fragezeichen im Original; er meint Stanislaus (I.) Lesczynski (1677–1766). 6 *Bürckel:* Gauleiter Josef Bürckel war Chef der Militärverwaltung in Lothringen geworden. 7 *Streccius:* General Alfred Streccius (1874–1943), Chef der Militärverwaltung in Frankreich. Auch er war, wie Falkenhausen (s. 9. 8. 40, Anm. 2), jahrelang Militärberater in China gewesen. 8 *Maginotlinie:* das nach André Maginot (1872–1932, Kriegsminister 1929–30) benannte mächtige Befestigungssystem an der französischen Ostgrenze, das Frankreich von der schweizerischen bis zur belgischen Grenze unangreifbar machen sollte.

Berlin, den 19. 8. 40

Rasch will ich ein Briefchen abschiessen. Eben bin ich angekommen und habe gegessen und in 10 Minuten muss ich aus dem Haus zu einer Sitzung. Dein Wirt ist gut gereist. Von Zeit zu Zeit haben H. A. und ich uns unterhalten. Im Schl.[1] Bahnhof stiegen wir in ein Taxi, setzten H. A.[2] im Amt ab, dann fuhr ich sein Gepäck in die Einemstr. und dann in den Zoo, um meinen Koffer zu holen. Stell Dir vor, der war nicht da. Daher hoffe ich, daß es daran liegt, daß ich ihn so spät aufgegeben habe, daß er in Liegnitz nicht mehr mit dem Nachtzug befördert werden konnte und nicht daran, daß er verloren ist. Jedenfalls schicke ich nachher Frl. S.[3] hin.

Mein Lieber, es war sehr lieb, sanft und friedlich bei Dir, da, wo ich zu Hause bin. ...

1 *Schl.:* Schlesischen. 2 *H. A.:* Hans Adolf von Moltke. 3 *Frl. S.:* Frl. Saager.

Berlin, den 20. 8. 40

Eben sah ich in der Times, daß Eileen[1] in Tottenham Court Road plötzlich an einem Herzschlag gestorben ist. Ich bin sehr traurig darüber, da sie mir eine wirkliche Freundin war und ich so sicher war, mit ihr den Kontakt durch diese Zeit hindurch halten zu können.

Carl erschien heute um 11. Wir haben zusammen Mittag gegessen. Er hat sich sehr freundlich um Mariedl[2] gekümmert und hat mich über ihre Pläne unterrichtet. Heute abend fährt er nach Rotterdam oder vielmehr Den Haag weiter. – ...

Es ist hier viel zu tun, so viel, daß ich noch nicht zu meinen laufenden Sachen gekommen bin. Heute will ich abends lange arbeiten und so die Arbeitslage etwas verbessern. Morgen mittag esse ich mit C. D., abends bei Kirk.

Gestern abend rief Ulla[3] plötzlich an und lud mich ein, mit ihr am Donnerstag abend bei Horcher zu essen um die Geburt von Jowo's Sohn[4] zu feiern. – Eben kommt der dritte schwere Regen von heute. – Was sagst Du zu dieser Extravaganz. So werde ich Donnerstag mittags mit Uli[5] und abends mit Ulla essen. Freitag mittag Reichwein, abends Gablentz. Du siehst, es ist ein reich besetztes Programm. ...

1 *Eileen:* Eileen Edna le Poer Power (1889–1940), Wirtschaftshistorikerin, Professor an der London School of Economics. Ihr Spezialgebiet war mittelalterliche Wirtschaftsgeschichte. 2 *Mariedl:* Maria Stiasny, Freundin des Ehepaars Schwarzwald, leitete das Schwarzwaldsche Ferienhaus „Seeblick" am Grundlsee, wo sich Helmuth und Freya 1929 kennenlernten, sorgte für die Finanzen und Steuern auch über den Anschluß hinaus. S. auch 21. 8. 40, Anm. 2. 3 *Ulla:* Ulla Oldenbourg, s. 14. 6. 40, Anm. 2. 4 *Jowo's Sohn:* Henry von Moltke. 5 *Uli:* Ulrich Busch, ein Vetter von F. M.

Berlin, den 21. 8. 40

Der Tag ist um. Ich hatte gedacht, etwas an Herrn Kant zu kauen und Dir in Ruhe zu schreiben. Statt dessen habe ich den ganzen Tag wie ein Löwe um das Leben eines französischen Offiziers gekämpft, welches der Reichsmarschall[1] durchaus haben will. Der Kampf ist noch nicht zu Ende; aber soviel ist wenigstens erreicht, daß die Erschiessung bis zur Entscheidung dieses Kampfes zurückgestellt ist. Es war aber dramatisch und ich habe nicht nur hier in Berlin gekämpft, sondern wurde auch zu dem in der Nähe befindlichen Führerhauptquartier – im Augenblick ohne Führer – gefahren, um mich dort alleine durchzusetzen. Von dort komme ich gerade – 7 Uhr – zurück, kann mich nur noch umziehen, um zu Kirk zu gehen. ...

Mittags ass ich mit C. D.'s bei Reich. Ich habe ihnen schonungslos ihre Pflichten vor Augen geführt und in der Unterhaltung sind sie ja immer ganz zugänglich, nur die Praxis entspricht selten ihren Intentionen. Nun wir müssen es abwarten. Hau Du nur nochmals in die gleiche Kerbe, wenn C. D. in Kreisau ist. ...

Mit Groos hatte ich heute eine längere Unterhaltung über die Grundlagen der Seekriegführung. Ich bin ja über unsere Seekriegsleitung ziemlich kritisch und ganz entsetzt über das Auswärtige Amt, welches sich stets ganz übertriebene Vorstellungen von den Wirkungsmöglichkeiten der Marine und der Luftwaffe im Seekriege macht. Bei denen wachsen die Bäume immer in den Himmel. Ich habe wieder tüchtig Differenzen mit ihnen und habe Groos darin – leider zu sehr – auf meiner Seite. Das leider zu sehr bezieht sich darauf, daß G. ganz auf meine Vorschläge eingegangen ist und jetzt von dem A. A. nicht mehr als Schiedsrichter sondern selbst als Partei angesehen wird. Das ist etwas unglücklich.

Hier ist die Notiz aus der Times und ein Bild von Frau Doktor,[2] welches C. mitbrachte. Bitte schicke beides zurück. ...

1 *Reichsmarschall:* Hermann Göring (1893–1946) war bei der Ernennung der zwölf Generalfeldmarschälle – s. 21. 7. 40 – Reichsmarschall geworden. Hochdekorierter Kampfflieger des Ersten Weltkriegs, früher und führender Nationalsozialist, 1933 preußischer Innenminister, dann Ministerpräsident, Oberbefehlshaber der Luftwaffe 1935, ab 1936 Beauftragter für den Vierjahresplan. Im Nürnberger Kriegsverbrecherprozeß zum Tode verurteilt; kam seiner Hinrichtung durch Selbstmord zuvor. 2 *Frau Doktor:* Eugenie Schwarzwald. Sie war am 7. 8. gestorben. S. Einleitung, S. 18.

Berlin, den 22. August 1940

... Deuel fährt ziemlich sicher in den nächsten 4 bis 6 Wochen nach U.S.A. Ich möchte Dir vorschlagen, ihm X-mas Postkarten und eine Adressenliste mitzugeben mit der Bitte, dort Willo für das Schreiben dieser Adressen einzuspannen. Wie denkst Du darüber? Entweder sie müssten Dich und Dein Söhnchen darstellen, dann bedürften sie keines weiteren Textes oder sie stellten das Berghaus oder ein weihnachtliches Bild, z. B. eine Madonna dar, dann müsste Willo in U.S.A. darauf drukken lassen: ... from Freya & Helmuth James Moltke. Denke bitte darüber nach und tue unter Umständen etwas.

Heute habe ich wieder wie ein Löwe um das Leben dieses Offiziers gekämpft: Göring, Keitel und wahrscheinlich der Führer waren damit befasst; aber um 1.15 stellte es sich heraus, daß es diesen Offizier garnicht gab, und daß alle sich über einen hypothetischen Fall aufgeregt hatten. Das war also wirklich ausgesprochen komisch und eine typische Panne. Ich habe es Uli erzählt, der sich herrlich darüber amüsiert hat. Einen Teil der aufgeregten Telephone darüber hat er bei Tisch noch mit gehört.

Das Mittagessen mit Uli war nett. Er holte mich im Amt ab, dann assen wir bei mir in der Derfflingerstr. und nachher begleitete er mich noch zurück bis zum Amt. Wir haben uns so über allerhand unterhalten.

Mein Lieber, im übrigen kommst Du ja bald. Es dauert nicht mehr viel länger als eine Woche und schon bist du hier.

Berlin, den 23. 8. 40

... Abe Bailey[1] ist gestorben. Ein langer Nachruf, Telegramme von Smuts,[2] Churchill,[3] Athlone[4] etc. Er war reif dafür, aber jeder Tod macht mich doch um die Grosseltern besorgt. – Am 19. und in der Nacht vom 19./20. ist das Flugfeld bombardiert worden, was am anderen Flussufer gegenüber von Michael Balfour's Haus liegt. Hoffentlich ist denen nichts zugestossen.

Gestern abend habe ich mit Ulla und diesem Mann, der bei ihr wohnt, und dessen Namen ich einfach nicht weiss bei Horcher zu Abend gegessen um Jowo's Sohn und die Beerdigung von Ulla's Klasse[5] zu feiern. U. war wohler als früher, so schien mir. Sie war in bester Stimmung und fand es herrlich, viel Geld für Essen auszugeben. So assen wir erst Lachs, dann Ente und danach Crêpes. Es war also fürstlich.

Mit Hans Adolf habe ich heute früh telephoniert. Er ist nach Wernersdorf gefahren, oder vielmehr er wird wohl morgen fahren. Willst Du nicht mit Deinem Söhnchen am Sonntag auch rüberfahren? Jetzt kannst Du doch mal von Kreisau weg, verpasst nicht viel und siehst H. A. und Davy.

Heute habe ich eine große Arbeit endlich fertig gemacht. Ich muss jetzt nur noch die Druckbogen lesen und korrigieren und dann bin ich es endlich los. Ich habe, glaube ich 3 Monate etwa daran gearbeitet. Es steht mir jetzt auch zum Halse heraus. – Ich habe Dir wohl noch garnicht berichtet, daß wir aus dem Tirpitzufer ausgezogen sind und daß unsere Gruppe sich jetzt in der Grossadmiral Prinz Heinrichstr. einquartiert hat: im Eckhaus zur Tiergartenstr., dem Haus neben Bekkers' früherer Wohnung. Schmitz und ich haben wieder ein sehr schönes Zimmer mit Blick auf den Tiergarten. Noch habe ich nicht dort gesessen, weil ich während des Umzuges mein ruhiges Zimmer in der Bendlerstr. vorzog. Aber morgen muss ich hin.

Mittags habe ich mit Reichwein gegessen. Über Asta habe ich kein Wort gesprochen, weil wir so vertieft waren in andere Fragen, daß es dazu einfach nicht kam. Zur Fortsetzung der Erörterungen haben wir uns auf Dienstag abend verabredet und da werde ich dann die Perle anbringen. Es war aber ein nettes Mittagessen, bei dem wir den Rest des Huhnes und Paprikaschoten verzehrten. ...

Am Sonntag abend kann ich Dich nicht anrufen, weil ich zu Kirk gehe. Am Mittwoch klappte es nicht und ich blieb bei Deuel. Vielleicht rufe ich Dich Sonntag früh an. Ich muss mal sehen, wie ich mich anfühle. Auch Sonnabend abend hat seine Meriten. Aber ich weiss es noch nicht.

1 *Bailey:* Sir Abe Bailey (1864–1940), südafrikanischer Unternehmer, Politiker und Sportmäzen; Förderer des Royal Institute of International Affairs und der Zeitschrift ‚The Round Table'; Bekannter von M.s Großeltern, den M. und F. M. in Südafrika kennengelernt hatten. 2 *Smuts:* Jan Christiaan Smuts (1870–1950), Burengeneral und Staatsmann, hochverdient um die Eingliederung Südafrikas in das Commonwealth und um den Völkerbund. Im Zweiten Weltkrieg südafrikanischer Premier-, Außen- und Verteidigungsminister. 3 *Churchill:* vgl. 19. 5. 40, Anm. 1 und 24. 8. 40. 4 *Athlone:* Der Herzog von Athlone war Generalgouverneur von Kanada. 5 *Ullas Klasse:* Ulla Ol-

denbourg – s. 14. 6. 40 – war Lehrerin der Christian Science. Endgültig wurde die Sekte erst im Sommer 1941 für das gesamte Reichsgebiet aufgelöst, verboten und enteignet.

Berlin, den 24. 8. 40

... Dein Brief von vorgestern, der heute kam, klang auch etwas betrübt. Mein Lieber, dazu sind die Zeiten zu schlecht, das können wir uns nicht leisten. Pümpele nur erst ein Mal mehr.

Gestern abend die Unterhaltung mit Gablentz war ein grosser Erfolg. G. war nett und ist für eine Unterhaltung sehr brauchbar.[1] Der ganze gestrige Tag war für mich angenehm in Folge der zwei Gespräche mit Reichwein + Gablentz. – Im übrigen bin ich allerdings auch etwas down, weil einem das Wetter + die Kälte so auf die Nerven gehen. Jetzt – um ½ 4 – sitze ich[,] Beinchen in eine Decke gehüllt und die Heizsonne auf die Füsse gerichtet auf dem Sofa und schreibe in dieser Stellung. Aber die ungeheure Bedeutung, die dieses Wetter für die Geschichte der Menschheit[2] haben kann übertönt doch alle Nervosität.

Die letzte Rede von Churchill war ganz hervorragend und man gewinnt das Gefühl, daß die Engländer vielleicht jetzt die kritische Periode innerlich überwunden haben. Die Rede ist bescheidener und sicherer, zuversichtlicher. Sie betont, daß alle ihr Bestes geben müssen und endet etwa mit folgendem Satz: and if we exert ourselves to the limit of our capacity, and after we have done all that is in our power, we can only pray that God may consider us worthy to give victory to our cause.[3] Es ist ein anderer Ton: der liebe Gott wird nicht mehr als Champion auf die eigene Seite gestellt, sondern es wird ihm anheimgestellt zu prüfen, ob die Engländer des Sieges wert sind.

Militärisch vermag sich noch niemand ein Bild zu machen. Von der grossen Entscheidung trennen uns nur noch wenige Wochen und von ihr wird ungeheuer viel abhängen. Politisch sind das Wichtigste die rapiden Vorbereitungen der U.S.A. zu einer vollen Union mit dem Empire zu gelangen. Ich habe den Eindruck, daß diese Union, unter welchem Titel auch immer sie versteckt werden mag, in Wirklichkeit vor Ende des Jahres bereits da sein wird und damit ist dann die grosse Entscheidung dieses Jahres gefallen. So sieht es also so aus, als stünden Wandlungen allergrössten Ausmasses[4] bevor.

Mein Lieber, in einer Woche kommst Du ja, oder bist vielmehr schon da. Das wird aber schön werden und mit Herrn Deichmann wird sich schon irgendeine Lösung finden lassen. Kommt eigentlich Inge während der kommenden Woche zurück? Hoffentlich stösst nur unserem Jowöchen nicht in den nächsten Wochen etwas zu. Das wäre schrecklich.

Ja, der arme Postan.[5] Ich denke häufig an ihn. Da hat er nun für Eileen und sich das Haus in Cambridge gebaut, es ist noch nicht ganz fertig eingerichtet. Er wird ja garnicht einziehen, oder vielmehr wieder in sein College zurück ziehen, denn das kann er doch nicht ertragen.

1 *brauchbar:* Zur schriftlichen Vorbereitung dieses Gesprächs s. Moltke an einen Unbekannten (wohl Gablentz) 18. 7. 40 und Gablentz (nicht Yorck) an Moltke 9. 8. 40, in van Roon, Neuordnung, S. 587 f. und 488 f., zum folgenden Briefaustausch Moltke an Gablentz (nicht Yorck) 31. 8. 40, Gablentz (nicht Yorck) an Moltke 7. 9. und Moltke an Gablentz (nicht Yorck) 16. 11. 40 s. a. a. O., 488 ff., 492 ff. und 496 f. 2 *Geschichte der Menschheit:* für den Luftkrieg über England und die Invasion der Insel. 3 *our cause:* Es war die große Unterhausrede vom 20. 8. 40. Wörtlich sagte er: ,,I hope – indeed I pray – that we shall not be found unworthy of our victory if after toil and tribulation it is granted to us." Das wies sogar schon auf die Aufgaben des Friedens nach dem – gewonnenen – Kriege hin. 4 *allergrössten Ausmasses:* Was zunächst bevorstand war Englands Unfähigkeit, über das Jahr 1940 hinaus in Dollars für amerikanische Waffen zu zahlen. Dieses Problem wurde durch das Lend-Lease-Gesetz vom 11. 3. 41 gelöst, aber auch dann war der psychologische Gewinn für England größer als der materielle. Amerika bewahrte seine wohlwollende Neutralität, bis es im Dezember 1941 von Japan angegriffen wurde. 5 *Postan:* Professor Michael Postan war der Mann von Eileen Power – s. 20. 8. 40, Anm. 1.

Berlin, [Sonntag] den 25. 8. 40

... Erst habe ich etwas gearbeitet, dann etwa 50 Seiten im Voltaire gelesen, danach ein wenig nachgedacht, eine Patience gelegt und Goethe's pädagogische Provinz[1] überflogen. Erinnerst Du, da kommt die Erziehung dran und die Kinder werden zu den drei Ehrfurchten erzogen: Ehrfurcht vor dem, was über uns ist, Ehrfurcht vor dem was unter uns ist und Ehrfurcht vor dem was uns gleich ist. Welch eine grossartige Formulierung. N.S.[2] hat uns wieder gelehrt die Ehrfurcht vor dem, was unter uns ist, d. h. also den Dingen, dem Blut, der Abstammung, unserem Körper. Insoweit hat er recht und wir wollen die Lehre nicht vergessen. Er hat aber getötet die Ehrfurcht vor dem was über uns ist, nämlich Gott, oder wie immer Du es bezeichnen magst, und hat versucht, dieses unter uns zu ziehen, durch die Vergottung diesseitiger Dinge, die unter die Rubrik der Ehrfurcht vor dem, was unter uns ist, fallen. Der N.S. hat aber weiter zerstört die Ehrfurcht vor dem, was uns gleich ist, indem er ebenfalls einen Teil derjenigen, die uns gleich sind, unter uns zu stellen versucht. – Der Liberalismus entarteter Form hingegen lehrt die Ehrfurcht vor dem was uns gleich ist unter Vernachlässigung der beiden anderen Ehrfurchten. Aber im Gleichgewicht gerade liegt die Weisheit, und diese Weisheit kann eigentlich nur der liberale Landmann haben, weil allen anderen die Beziehung zu den lebendigsten Dingen unter uns soweit fehlt daß sie diese Ehrfurcht kaum bekommen können.

Je mehr ich darüber nachdenke, umso mehr empfinde ich, daß „Freiheit“ und „natürliche Ordnung“ die beiden Gegenpole sind, zwischen denen sich die Staatskunst bewegen muss. Und diese beiden Pole sind einer weiteren Auflösung und Definition nicht zugänglich. Jeder Versuch, an ihnen herumzukratzen ist zwecklos: es sind Begriffe, die uns lediglich durch die Anschauung gegeben sind, nicht durch den Verstand. Daher sind alle Diskussionen darüber so völlig unfruchtbar. Ein Mensch kann nur frei sein im Rahmen der natürlichen Ordnung und eine Ordnung ist nur natürlich, wenn sie den Menschen frei lässt. Wann dieser Zustand erreicht ist, das werden wir nicht beschreiben können, wir werden es sehen und fühlen; wie er zu erreichen ist, das kann niemand sagen, das müssen wir probieren. Es ist ein Prozess von trial and error. ...

1 *Pädagogische Provinz:* Wilhelm Meisters Wanderjahre, 2. Buch, Kapitel 1 und 2.
2 *N.S.:* der Nationalsozialismus.

Berlin, den 26. 8. 40

... Heute nacht war also der erste grosse Fliegerangriff auf Berlin. Ich habe keine Ahnung was geschehen ist, weil ich noch mit niemandem gesprochen habe, aber von 12 bis 4 wach zu liegen ist ja auch gerade kein Vergnügen, zumal um die Derfflingerstr. ein Höllenspektakel tobt, weil es ja dort von Flaks wimmelt. Dazwischen hört man dann die Einschläge der Bomben und das trägt auch nicht zur Erheiterung bei. C. B.[1] allerdings schlief wie ein Engel und erklärte, er sei das so gewöhnt. Es war erstaunlich prompt, denn wir haben gestern über Tag, nein in der Nacht von Sonnabend auf Sonntag zum ersten Mal London angegriffen und die Quittung kam sofort.

Ich mache für Dich bereits ein Vergnügungsprogramm. Am Freitag gehen wir nach dem Abendbrot zu Reichwein, am Sonntag zu Kirk. Ausserdem will ich Dir Dohnanyi + Trott einen Tag einladen. Aber erst muss ich über Herrn Deichmanns Bewegungen unterrichtet sein. – Heute mittag ass Leverkühn bei mir. Er erzählte aus Persien, mittel interessant, machte einen sehr elenden und kranken Eindruck. ...

1 *C. B.:* der Bruder Carl Bernd war auf Urlaub und zu Besuch in Berlin.

Berlin, den 27. 8. 40

... Heute mittag hat der kleine Onkel[1] in der Derfflingerstr. gegessen. Er war ausgesprochen alt geworden und ein bisschen arm. Aber er war nett zu haben, und, wie mir schien, auch zufrieden mit dem Besuch. –

C. B. war rührend und nett wie immer. Er ist eben ein ausgesprochen guter Kerl. Ich habe ihm gesagt, wir würden ihm einen Anzug zum Geburtstag & zu Weihnachten schenken. Er hofft ja immer noch vom Militär frei zu kommen und dann braucht er es sehr.

Heute ist ein verhältnismässig friedlicher Tag. Der Chef ist auf dem Obersalzberg[2] und so geht alles einen friedlichen Trott und man wird weniger durch überflüssige Fragen belästigt. So habe ich heute eine Menge diktiert und fertig gemacht. – Das blöde Ischias ist wieder gekommen und sekkiert mich sehr, besonders im Bett und am Morgen. Später läuft man sich dann ein. Ich denke nur immer, es wird vorbeigehen, wie es vorige Woche auch vorbeigegangen ist. ...

1 *kleine Onkel:* Werner von Schnitzler; Georg (I.G. Farben) war der „große" Onkel von F. M. 2 *Obersalzberg:* vgl. Halder, Kriegstagebuch, Band 2, S. 79: Die Unterredung mit Canaris handelte von Spanien und Gibraltar, dem Schutz des rumänischen Ölgebiets, und im Osten mit den wieder beginnenden „Maßnahmen zur Beseitigung der Intelligenz und der Juden". Vgl. Martin Broszat, Nationalsozialistische Polenpolitik 1939–1945, Frankfurt 1965, S. 76 und 186.

Berlin, den 28. 8. 40

Rasch ein Wörtchen. Herr Deichmann kam um ½ 9 heute morgen und um 5 vor 9 gab es Fliegeralarm bis 9.15. Das kommt von der Beherrschung des britischen Luftraums durch uns. Der Flugplatz bei Michael Balfour ist bereits das dritte Mal in 10 Tagen vollständig zerstört worden. Die Armen. ...

Sonst, mein Lieber, freue ich mich auf Dein Kommen. Freitag mittag essen wir mit Carl zusammen in der Derfflingerstr. und nachher gehen wir in die Marchstr.

Hoffentlich bleibt das Wetter schön, dann müsste bis Donnerstag abend schon eine Menge abgeräumt sein.

Berlin, den 6. 9. 40

Eben bin ich vom Amt zurückgekommen und will Dir rasch schreiben. Über Tag gelang es nicht. Ich fand Deine Briefchen hier vor; danke, mein Lieber. Inzwischen habe ich alles bekommen: Urlaubsschein, Fahrkarte, Bettkarte und ich hoffe also am Sonnabend um 9.20 abends zu Hause zu sein. Es ist ja schon fast soweit. Ich freue mich sehr auf den Urlaub, ganz ungeheuer. Ich muss wieder ganz und gar arbeitsfähig werden, denn ich stehe vielleicht vor einem sehr wichtigen Jahr. Ungeheuer viel wird zwischen heute und dem 31. 12. 41 geschehen, denn der

Krieg wird das nächste Jahr nicht überdauern, wenn er nicht zu einem Kampf der Hemisphären wird, was ich nicht glaube.

Den Tag habe ich in ständigen Sitzungen verbracht, von 11 Uhr an. Ich traf wieder Deuel als ich aus einer dieser Sitzungen kam und er strahlte. ...

Berlin, den 7. 9. 40

Heute nacht hatten wir einen tollen Luftalarm. Die Anfangssirenen hatte ich wieder überschlafen, wurde dann aber geweckt, als die schwere Flak, die offenbar noch verstärkt worden ist, besonders die bei Keitel's Haus, wie wild zu schiessen anfing. Die Fenster scheppterten und durch das Mündungsfeuer entstanden immerzu so Blitzbeleuchtungseffekte. Ich war bald hellwach. So um ½ 2 wurde es plötzlich um die Garage herum strahlend hell. Ich dachte, es brennte etwas und wollte schon aufstehen, als ich darauf kam, daß das nur so ein Leuchtschirm war, der fast über der Garage stehen musste, wie ich an dem Schatten am Nachbarhaus bemerken konnte. Von Zeit zu Zeit kam auch ein kleiner Hagel von Granatsplittern in den Garten, einige so nah am Fenster vorbei, daß sie ein pfeifendes Geräusch machten. Kurz das Ganze, das bis 3.15 dauerte, hatte eine durchaus neue Note. ...

Heute mittag kommt Yorck zum Essen und bleibt dann wohl bis 5; danach fährt er nach Schlesien um am Montag nach Prag zu reisen. So werde ich einen guten frühen Nachmittag haben. Im übrigen hoffe ich auf einen friedlichen und ungestörten Sonnabend/Sonntag, an dem ich mich wieder Herrn Kant zu widmen vermag. Sonntag um 6 fahre ich zum Abendessen zu Gablentz, der in Frohnau wohnt; das ist also eine Reise.

Heute ist es hier übrigens schon wieder bewölkt; die Sonne scheint nur von Zeit zu Zeit. Hoffentlich bedeutet das nicht, daß die Schön-Wetter-Periode wieder um ist. Ich hoffe doch auf schönes Wetter für den ganzen September.

Berlin, [Sonntag] den 8. 9. 40

Die Nacht war ruhig. Ich stand um ¾ 12 auf und zog mich in Erwartung unserer Freunde an, aber sie kamen nicht und so zog ich mich um ¾ 2 wieder aus und pümpelte. Ja die Nacht zuvor ist doch soviel Schaden angerichtet worden, daß es keinen Sinn hat, im Bett zu bleiben, wenn man nicht schlafen kann. Und das ist bei den Flakgeschützen, die jetzt das benachbarte Haus des Feldmarschalls Keitel umgeben, unmöglich. Die Fensterscheiben klirren und alles rattelt und wackelt.

Gestern hatte ich bereits eine Erkältung und, da ich heute morgen mit

Kopfschmerzen aufwachte, beschloss ich, im Bett zu bleiben. So habe ich Frühstück und jetzt gerade Mittag im Bett eingenommen und schreibe auch im Bett. Telephon und Hausklingel sind abgestellt, sodaß nichts meine Ruhe stören kann. Ich habe den ganzen Morgen gelesen: Voltaire, Timesse und ein Buch, das Yorck mir in die Hand gedrückt hat: Jünger, Der Arbeiter, welches mir aber romantischer Humbug[1] zu sein scheint. Eben, gerade nach dem Essen, habe ich erst ein kleines Konzert eingelegt und nachher will ich pümpeln. In der Times sehe ich, daß Chief Justice Curlewis[2] gestorben ist. Nun hat Daddy also bereits seinen dritten Nachfolger überlebt. Der Arme.

Nachher, um 5, gehe ich aber und zu Gablentz. Das schrieb ich Dir ja schon vorgestern. Gestern war Yorck von ½ 2 bis 6 bei mir. Nachher war ich im Auswärtigen Amt zu einer Besprechung und war gerade erst zurückgekommen, als das Gespräch aus Kreisau kam. Heute ist wieder ein sonniger Tag, aber nicht richtig warm.

Meine Gedanken sind ständig in England, wo ein wesentlicher Teil unserer Zukunft von der Fähigkeit einiger tausend Männer abhängt. Ich nehme an, daß man bis zum Freitag ein gewisses Bild davon haben wird, ob die Verteidigung schwächer wird oder nicht. Bisher ist davon jedenfalls noch nichts zu bemerken. Jedenfalls ist seit vorgestern abend der Grosseinsatz im Gange; zum zweiten Mal.

Wir können am 29. nicht zu Yorcks. Es ist der Geburtstag seines gefallenen Bruders[3] und er will seiner Mutter nicht an jenem Tag Fremde zumuten. So müssen wir die Besprechungen über den Voranschlag entweder in der Woche machen oder auf den 29. verlegen. Ich möchte während der drei Wochen in Kreisau eine bestimmte Arbeit in Angriff nehmen, und daher will ich gleich von Montag an richtig arbeiten; jedenfalls am Morgen. Bitte versuche es so einzurichten, daß wir früh frühstücken, so um 7 oder 7.30 und möglichst allein. Dann kann ich täglich von 8 bis 12 vier Stunden hintereinander arbeiten.

1 *Humbug:* Ernst Jünger, Der Arbeiter – Herrschaft und Gestalt, Hamburg 1932. 2 *Curlewis:* Oberster Richter der Südafrikanischen Union. 3 *gefallenen Bruders:* Hans Yorck von Wartenburg (1909–1939) war in den ersten Kriegstagen in Polen gefallen. 4 *bestimmte Arbeit:* vielleicht Vorarbeit für den 20. 10. 40 datierten Aufsatz ‚Über die Grundlagen der Staatslehre' (Text bei van Roon, Neuordnung, S. 498–505); vgl. auch 21. 7. 40, Anm. 1 und 24. 8. 40, Anm. 1.

Berlin, den 9. 9. 40

... Bei Gablentz war es sehr nett. Einsiedel, er und ich haben uns ausführlich unterhalten und auch ganz produktiv. Frohnau ist ein netter Ort wie Du wohl noch erinnerst und am Nachmittag war auch schönes Wetter, sodaß wir bis um ½ 8 Uhr draussen sassen. Um 11 war ich zu Hause und hatte eine ruhige Nacht. Es war schon um 11 schlechtes Wetter, heute morgen war es ganz bezogen und seit 11 etwa regnet es. Über die Wetterlage in England habe ich nichts gehört. Sollte sie genau so sein, dann wäre damit zu rechnen, daß auch unser zweiter Luftangriff auf England zurückgeschlagen wird und daß die Engländer wieder Zeit bekommen, alles was etwa in ihrer Verteidigung gestört ist, zu reparieren, insbesondere die angegriffenen Flugplätze, sodaß wir dann nach ein paar Tagen wieder von neuem anfangen müssen.

Hast Du eigentlich schon meine neue Kleiderkarte? Wenn Du sie hast, so schicke sie mir bitte für den Fall, daß ich bei Herrn Prix[1] noch etwas einkaufen will. An den Mantel hast du hoffentlich gedacht, damit er rechtzeitig bei Prix ist. – Hast Du Frau v. d. Heyst[2] abgesagt?

Nach Bordeaux fahre ich jetzt nicht mehr. Wahrscheinlich fährt Schmitz statt dessen. Die Fahrt könnte nicht vor Mittwoch starten, sodaß ich wohl erst Freitag mittag zurück wäre und das ist mir zu spät. Heute nach 5 gehe ich ins Büro, wo ich einiges zu tun habe und werde Dich wohl von da aus anrufen. Ich nehme nicht an, daß ich vor 7 fertig sein werde.

Mein Lieber, im übrigen freue ich mich auf die Zeit in Kreisau, das Wetter sei gut oder schlecht.

1 *Prix:* Schneider in Wien. 2 *Frau v. d. Heyst:* nicht ermittelt.

Berlin, 10. 9. 40

... Heute nacht war wieder Alarm, aber das Schiessen war weit entfernt. Ich war nach meiner letzten Erfahrung und da ich ohnehin schon vor dem Alarm eine Stunde wachgelegen hatte, in den Keller gegangen, wo es kühl aber sonst nicht sonderlich unangenehm war. Ich las friedlich Voltaire weiter, den ich wohl noch vor Kreisau werde beendigen können.

Gestern abend war Furtwängler da. Ich habe mich gut wie immer mit ihm unterhalten. Er arbeitet jetzt auch im Auswärtigen Amt und scheint sehr befriedigt. Ich war insofern ein wenig enttäuscht von ihm, als er offenbar durch die viele Arbeit weniger zum Nachdenken kommt. Vielleicht hatte er auch nur einen schlechten Tag. Trotzdem kam eine Menge heraus nur auf etwas anderem Gebiet.

Heute mittag esse ich mit Brandenburg[1] und Körber. Es ist mir ein wenig lästig, weil ich mich jetzt nicht gern mit anderen Dingen befasse als denen, an denen ich gerade kaue. Aber Brandenburg hatte es gewünscht. Am Abend kommt Trott. Gestern mittag ass ich mit Reichwein in der Stadt. Das war eigentlich sehr ergiebig.

Heute ist ein kalter, grauer Tag.

Hier hatte ich heute morgen aufgehört. Der Tag ist inzwischen um und ich bin schon in der Derfflingerstr. Das Essen mit Brandenburg war doch lohnend. Ein guter Mann. Immer wieder bin ich erstaunt, wie sehr alle diese Menschen ihre Orientierung verloren haben. Es ist nicht anders wie beim Blinde-Kuh-Spielen: sie sind mit verbundenen Augen im Kreise gedreht worden und wissen jetzt nicht mehr wo rechts und links, vorne und hinten ist.

Als ich nach Hause kam, waren Deine Sonntags- und Montags-Briefe beide da. Welch rührender Brief von Madame Fischbacher.[2] Ja, ich schreibe ihr dann gleich, sobald ich Zeit habe. ...

1 *Brandenburg:* Ministerialdirektor Ernst Bruno Brandenburg (1883–1952), Erster Leiter der Luftfahrtabteilung im Reichsverkehrsministerium, trat im Niemöller-prozeß als Zeuge auf; vorzeitig in den Ruhestand versetzt. 2 *Madame Fischbacher:* offenbar die Reaktion der Mutter von Pierre Fischbacher auf einen Brief der Anteilnahme am Tod ihres Sohnes.

Berlin, den 11. 9. 40

... Der Luftangriff war heftig und die Schäden in Siemensstadt und im Norden sind erheblich. Auch Unter den Linden soll einiges entzwei sein, desgleichen an einigen anderen Stellen des Zentrums. Ich nehme an, daß 2 oder 3 solcher Nächte unserer Perle[1] die Lust an Berlin verderben.

Heute mittag habe ich mein erstes Essen zur Vorbereitung der Friedensverhandlungen. Es kommen Schmitz und der Vertreter des F.H.Q.,[2] ein Major von Tippelskirch. Nach meiner Rückkehr will ich das dann systematisch ausbauen, um so einen Corpsgeist unter diesen Leuten zu erzeugen. Nachmittags kommt ein Mann zu einer langen geschäftlichen Unterredung und abends Deuel. – Trott erschien gestern mit Bielenberg, weniger um Nachrichten auszutauschen, wie ich angenommen hatte, sondern um zu hören, in welcher Richtung man jetzt halten müsste. Auch hier gilt dasselbe, daß sie nämlich so etwas die Orientierung verloren haben und sich nun von äusseren Ereignissen beeindrucken lassen und von diesen Ereignissen Lösungen erwarten, die sie in sich nicht glauben finden zu können. Es ist eine Art Hoffnung auf ein Wunder oder ein Geschenk des Himmels.

Es ist eisig und es regnet. Das Heizen ist verboten. 13 % des Hausbrandbedarfs für diesen Winter ist bisher verfügbar und eine Besserung ist nicht in Aussicht. Selbst wenn der Winter nicht so kalt wird wie der vorige, so ist doch sicher, daß noch mehr Leute werden frieren müssen. Dazu dann nichts zu essen und Fliegerangriffe – diese allerdings nur, wenn die Landung in G.B.[3] nicht gelingt – ist ein wenig arg viel.

1 *Perle:* die Schwester, Asta. 2 *F.H.Q.:* Führerhauptquartier. 3 *Landung in G.B.:* Am 3. 9. hatte Hitler die Landung in Großbritannien – Deckname „Seelöwe" – für den 21. 9. in Aussicht genommen; seit dem 7. 9. gab es allnächtliche Angriffe der Luftwaffe gegen London. Am 12. 10. verschob Hitler das Unternehmen „Seelöwe" dann auf das Frühjahr 1941.

Berlin, den 7. 10. 40

Wie schön war es bei Ihnen! Es hat mir so gut gefallen und ich war so zufrieden bei Ihnen. Alles hat mir bestens gefallen und ich wünschte, ich könnte lange und immerzu da bleiben.

Ihr Wirt ist gut gereist. Der Zug hatte in Breslau allerdings etwas Verspätung, sodaß ich erst um 1 Uhr entschlief und entsprechend bin ich heute müde. Es ist aber gleichgültig, denn ich tue mich heute doch nur an allen Stellen um, melde mich überall zurück und schwätze mit allen. Allerdings erwartete mich gleich eine Sache, die erledigt werden musste, aber das habe ich vormittags getan. Jetzt ist es 5 Uhr. Ich muss zu einer informatorischen Besprechung, die aber wohl bis zum Abend dauern wird, sodaß ich jetzt schreibe. Ich habe auch keine Briefmarke da und darum wirst Du Strafporto zahlen müssen. . . .

Ich bin betrübt von all den angefangenen Sachen im Hof, im Garten, an der Peile, am Hang, am Kapellenberg weggehen zu müssen. Es ist doch eine zu angenehme Beschäftigung. Ich freue mich schon auf die Entfernung des alten und das Setzen des neuen Zaunes, auf die Stauden und die Kirschbäume am Hang. All diesem sehe ich mit Spannung entgegen.

Berlin, den 8. 10. 40

. . . Die Kriegslage ist unverändert und statisch. Die Mitkämpfer[1] auf beiden Seiten machen sich für die Beteiligung bereit. Im übrigen sind jetzt Massnahmen in Vorbereitung, die möglicherweise eine praktische Kriegsentscheidung bringen könnten. Aber man muss es abwarten. Im ganzen gesehen ist die Lage für uns etwas besser als sie zur Zeit meines Urlaubsantritts war. Das hat wohl hauptsächlich das misslungene Unternehmen auf Dakar[2] bewirkt.

1 *Mitkämpfer:* Vor allem meinte er wohl Amerika, wo die Präsidentenwahl bevorstand und Roosevelt auf die Isolationisten Rücksicht nehmen mußte. Am 27. 9. schlossen Deutschland, Italien und Japan den Dreimächtepakt (ADAP, D, Bd. 11, 1, Nr. 118). Ungarn, Rumänien und die Slowakei traten ihm am 20., 23. und 24. November bei. Auch die Frage von Spaniens Eintritt in den Krieg wurde diskutiert, wobei Admiral Canaris stark – zumeist bremsend – beteiligt war. Der Vichy-Regierung wurden die Vorteile aktiver Beteiligung auf deutscher Seite dargelegt. Vgl. auch Führerweisung Nr. 18 vom 12. 11. 40, ADAP, D, Bd. 11, 1, Nr. 323. 2 *Dakar:* Britische Seestreitkräfte hatten vom 23. bis 25. 9. Dakar angegriffen, um die Landung von Truppen unter General de Gaulle zu ermöglichen, der den Krieg für Frankreich an der Seite Englands fortsetzte. Französische Seestreitkräfte und Küstenbatterien schlugen den Angriff ab.

Berlin, den 9. 10. 40

... Ich habe heute mittag mit Hans Adolf gegessen, um ihm über die Besichtigung zu berichten. Er war über den Anknüpfungspunkt zwischen [...][1] und Dir sehr amüsiert. Der Bericht der Landesbauernschaft über die Besichtigung[2] wird noch diese Woche hier erwartet und ich hoffe wenigstens seine Grundzüge zu erfahren.

Die Peilesache[3] klingt durchaus befriedigend. Es ist eben ein Kompromiss und als solcher nicht ein Sieg, aber ich ziehe ja Kompromisse mit den ihnen anhaftenden Nachteilen nun ein Mal Siegen vor. –

Von hier ist nichts zu berichten. Die Kriegslage wird wohl bis Ende November ziemlich statisch verharren. Es wird dann wohl allerhand Eindrucksvolles geschehen aber kaum etwas Einschneidendes. – Arbeit ist augenblicklich eigentlich eine ganze Menge. Nichts wirklich Wichtiges, aber einiges, was mich mit den Ereignissen in Verbindung hält.

So, mein Lieber, gleich kommt Deuel und der Brief soll noch vorher in den Kasten.

1 *[...]:* unleserlich. 2 *Besichtigung:* in Sachen Erbhof. 3 *Peilesache:* s. 24. 8. 39, Anm. 1.

Berlin, den 10. Oktober 1940

... Gestern abend war Deuel da. Sein Nachfolger ist eingetroffen und er fährt am 11. 12. von Lissabon ab. Er ist darüber sehr erleichtert. Kirk fährt morgen ab. Das Fehlen dieser beiden wird für mich eine sehr grosse Lücke bedeuten.[1] Die Lage in U.S.A. scheint unverändert zu sein: es ist kaum noch eine Frage des „Ob" vielmehr eine des „Wann".[2]

Ich geniere mich etwas, daß ich im Mai, so Ende des Monats und Anfang Juni über die Kriegslage eine so schwankende Meinung gehabt habe. Es ist mir peinlich, daß ich mich von den Ereignissen so habe beeindrucken lassen. Seit Juli etwa hat meine Einsicht dann wieder die

Oberhand gewonnen, aber heute kommt mir dieses Zwischenspiel des Schwankens doch einfach lächerlich vor.

Was wird dieser Krieg nicht alles aufräumen! Er bietet eine wirklich grosse Chance zu einer Zeit wirklicher Stabilität durchzustossen. Es ist für mich so zum Greifen nahe, daß ich keine Geduld mehr habe und es ist mir grässlich, dieses Gesicht für mich behalten zu müssen. Aber ich muss abwarten und den komischen Tanz mitmachen. Und dabei ist diese Lösung von schrecklichen Gefahren bedroht, durch die alles zerstört werden kann. Ich glaube diese Gefahren zu sehen, ich sehe sie wachsen und doch kann ich nichts tun als in der Krise, die durch diese Gefahren heraufbeschworen wird, zu warten und zuzusehen.

Mein Lieber, in wenigen Tagen wirst Du hier sein und wer freut sich sehr darauf? Dein Ehewirt. Wenn Herr Deichmann dann gerade da sein sollte könnten wir vielleicht wieder von der Marchstr. Gebrauch machen?

Ich habe eine Menge zu tun und es wird in den nächsten Wochen wohl sogar sehr viel werden. Im Grunde habe ich nur ein Ziel: einen Stab von Soldaten zu bekommen, die sich über die Probleme eines Friedensvertrages klar sind und mit denen man arbeiten kann. Es handelt sich nicht um hohe Offiziere, sondern um Leute meiner Preislage, die, in Vorzimmern sitzend, die wirkliche Arbeit tun müssen. ...

1 *Lucke bedeuten:* Der Kontakt zur amerikanischen Botschaft ging auf George Kennan über. ,,Kirk übergab, ehe er im Oktober 1940 aus Deutschland schied, den heikelsten und wertvollsten seiner heimlichen ,Kontakte' zum deutschen Widerstand in meine persönliche Obhut." Kennan, Memoiren (wie Einleitung, Anm. 8), S. 126. 2 *des ,,Wann":* nämlich die Frage des Eintritts der Vereinigten Staaten in den Krieg. Es dauerte noch 14 Monate.

Berlin, den 12. 10. 40

... Es war sehr lieb, Dich das Stündchen zu sehen und wir haben uns doch eine Menge aus dieser Stunde herausamüsiert. Hoffentlich ist die Reise nicht im ganzen zu mühsam. Ich habe leider heute keine rechte Zeit zum Schreiben, weil ich doch jetzt mit Carl essen will und um 3 habe ich eine Besprechung mit Schmitz, um eine gemeinschaftliche Aufzeichnung[1] fertig zu machen, die Montag einer Sitzung vorgelegt werden soll. Anschliessend gehe ich dann zu Wenses. So werde ich erst morgen zum ruhigen Schreiben kommen. ...

Sonst habe ich Dir wohl alles erzählt. Ich bin gespannt zu hören, wie es dem Mütterchen geht, ob P. W.[2] kommt und ob Du Grossmutter Schnitzler sehen wirst. Du wirst wohl spätestens Freitag früh wieder hier erscheinen und dann über Sonntag bleiben.

1 *Aufzeichnung:* vgl. Sitzungsprotokoll des Vorausschusses K. R. 14. 10. 40 und Memorandum über Hauptfragen des Neutralitätsrechts vom 21. 10. 40 in van Roon, Völkerrecht, S. 184 ff. und 187–200. 2 *P. W.:* P. W. Müller, s. 1. 7. 40, Anm. 2.

Berlin, [Sonntag] den 13. 10. 40

... um ½6 ging ich zu Yorcks, von wo ich eben zurückkomme. ...

Bei Yorcks waren noch Ehrensbergers und Kessel. E. war früher – 1933 – unser Landrat. Er ist gerade Ministerialdirektor im Innenministerium geworden. ...

Wilhelm rief gestern an, um mir zu sagen, daß sie am 27. in dem Ort bei Hamburg taufen wollten. Ich werde wohl hinfahren, meinst Du nicht? Wir können es ja besprechen wenn Du herkommst. Auch muss ich ein Patengeschenk haben.

Richtig, da fällt mir ganz etwas anderes ein. Wir haben hier nur noch 2 Eier, nachdem, wie üblich und sehr berechtigt, 4 Frühstückseier an Herrn Deichmann gewandt worden sind. Kannst Du vielleicht aus Godesberg welche mitbringen, oder gibt es dort keine?

Am Donnerstag abend kommt Kessel zu mir. Wenn Du dann schon da bist, lernst Du ihn kennen. Ich dachte, daß er auch dann nicht stört.

Hoffentlich ist alles in Godesberg ganz lieb und zufriedenstellend und hoffentlich ist das Mütterchen befriedigt, daß Du da bist. Was macht die Äpfellage? Warum können M. D. und P. W. nicht gemeinsam nach Kreisau kommen?

[PS] Keine Flieger um 10.47! Das bedeutet wahrscheinlich überhaupt keine. Ich bringe den Brief noch rasch an den Kasten, damit er morgen früh gleich abgeht.

Berlin, den 14. 10. 40

... Heute war ein ganz angenehmer Tag. Ich habe eingehend die Times studiert und Nachrichten gelesen, im übrigen aber nur eine mir angenehme Arbeit gemacht. Zum Essen war ich allein in der Derfflingerstr. und um 4 hatte ich eine Sitzung bei Admiral Gladisch,[1] von der ich dann ins Büro ging. ...

1 *Gladisch:* s. 12. 10. 40, Anm. 1.

Berlin, den 15. 10. 40

... Heute nacht war es sehr unruhig: zwei Fliegeralarme, insgesamt von ½ 11 bis ½ 5. Dein Wirt hat aber im Bett geschlafen, weil er erst bei dem heftigen Schiessen in der Nähe, so im ½ 4 erwachte. Heute ist das Bett aus Schweidnitz gekommen und prunkt jetzt im Keller.

Von Inge kam ein Brief mit Photographie. Zu Eurer Erbauung lege ich sie bei. Wir werden ja noch darüber sprechen, wenn Du kommst. – Heute habe ich fast nur meine Privatgeschäfte besorgt und morgen gehe ich den ganzen Tag ins Institut. Die Deutsche Wehrmacht hat daher im Augenblick nicht gerade viel an meinem Dienst.

Trott war zum Essen hier. Wir haben im wesentlichen unsere Informationen über die Zustände in England ausgetauscht. Es kommt wenig dabei heraus, weil eigentlich keiner etwas Genaues weiss. Immerhin hatte ich gerade den Bericht eines neutralen Kaufmannes bekommen, der am 27. 9. London verlassen hat. Der berichtet so über die Einzelheiten: Was entzwei ist und was nicht. Der bleibende Eindruck ist der, daß im ganzen genommen wenig zerstört ist; allerdings hat er das Hafenviertel nicht gesehen. ...

Berlin, den 24. 10. 40

Schon ist der Tag um. Ich habe eine Aufeinanderfolge überflüssiger Sachen getan. Mein Lieber, es war wieder so schön mit Dir. Ich bin so zu Hause bei Dir und nirgendwo sonst. Aber was hilft es. Es ist besser wie Polycrates beizeiten den Ring zu opfern.

Der Tag war mühsam. Die nicht ganz ausreichende Nacht lag mir noch in den Gliedern und so ging es allen. Ich fing damit an mehrere Timesse sorgfältig zu lesen, wobei ich sehr auf meine Kosten kam. ...

Berlin, den 25. 10. 40

... Das Wetter ist wieder gut hier. Hoffentlich auch in Kreisau. Heute nacht war Luftalarm von ½ 1 bis 5.30. Ein Flaksplitter lag heute morgen auf dem Fensterbrett. Es hat tüchtig durch die Zweige gerauscht. Dein Wirt ist 4 × davon aufgewacht: um ½ 1, um 1.15 wegen heftigen Schiessens, um 2.30 desgl., um 5.30 Sirene. ...

Berlin, den 26. 10. 40

... Um 5 wandere ich zu Yorcks. Da dachte ich, es sei besser, dem Pim jetzt zu schreiben.

Bitte rufe sofort die Kreisbank an, und sage ihr sie möchte im Abstand von 2 Tagen je RM 50.– an C. B. schicken und zwar an seine Feldpostnummer. Verwendungszweck: Zuwendung von Angehörigen für September bzw. für Oktober. C. B. schreibt mir nämlich, daß es nur für die 2 Monate geht und daß es vor dem 3. 11. eingezahlt sein muss. Ach, ich schicke Dir ja seinen Brief. Bitte schicke ihn zurück. Mehr als in dem

Brief steht weiss ich über die Zahlungsart nicht. Die K. B. soll sich, bitte, anstrengen.

Denke Dir, von der Steuer für 39 bekomme ich RM 1.750.– zurück. Das war wie ein Geschenk; ich wusste es zwar ursprünglich, hatte es aber inzwischen vergessen. Es geht gleich an Comes weiter. Es fiel mir heute nacht ein, daß Du Dich darum kümmern musst, daß Du Baumpfähle rechtzeitig bekommst, d. h. möglichst gleich. Du brauchst Pfähle: für 5 Hochstämme (4 Nuss 1 Linde) und für 50 Halbstämme. Sprich mit Hirsch; er wird Dir im Wald welche machen lassen müssen. Hoffentlich bekommt er jemanden dafür. Im Winter werden wir uns dann ein Lager guter Baumpfähle anlegen. ...

Berlin, den 28. 10. 40

... Nun ist also Griechenland[1] im Kriege. Es hat sich um 24 Stunden verschoben, ohne daß ich erfahren kann, warum. So etwas hat ja meist einen politischen Sinn, nicht einen militärischen technischen. In einer Woche werden wir wissen, ob die Türken auch mitmachen und ob die Engländer die Inseln[2] bekommen. Von dieser Woche hängt für den Krieg im Mittelmeer eine Menge ab und die strategische Situation kann sehr viel klarer werden. Das Merkwürdige und für mich selbst Überraschende ist, daß mich das alles garnicht mehr aufregt; es huscht so vorbei und kann das Gesamtbild nicht mehr beeinflussen als ein Schatten, der von einer Wolke auf die Landschaft fällt.

1 *Griechenland:* Italien hatte am frühen Morgen Griechenland von Albanien aus angegriffen. 2. *Inseln:* Am 31. 10. landeten britische Streitkräfte auf Kreta. Die Türkei blieb neutral.

Berlin, den 29. 10. 40

Auf diese Woche habe ich mich schon lange gefreut, weil wir durch eine der grossen Krisen gehen müssen, deren Eintreten und deren Lösung immer neue Ausblicke auf die Zukunft ermöglicht. Die Woche scheint jedenfalls die in sie gesetzten Erwartungen voll zu erfüllen. Heute in einer Woche ist Präsidentenwahl[1] und damit wird diese Krise ihr Ende finden. Vielleicht ändert sie die Lage nicht, vielleicht aber hat sie für den weiteren Verlauf des Krieges eine ungeheure Bedeutung; wir müssen es abwarten. Aber solche Krisen sind so aufpulvernd und erhöhen das Lebensgefühl angenehm. ...

1 *Präsidentenwahl:* Die amerikanische Präsidentenwahl war am 5. 11.

Berlin, den 5. November 1940

... Der Zug hatte in Breslau 50 Minuten Verspätung, die er, oh Wunder, bis Berlin wieder einholte. Bei der Ankunft hatten wir nur 10 Minuten Verspätung. Dadurch war die Nacht kurz, aber ich schlief gleich und wachte erst in Karlshorst wieder auf. Ich stieg in die Stadtbahn um; leider gab es im Zoo kein Taxi, sodaß ich alles zu Fuss nach Hause tragen musste, was etwas mühsam war. Immerhin war ich um 7.30 heil zu Hause.

Noch bin ich in der Bendlerstr. und habe wenig oder nichts erfahren. Ich bin hier wieder umgezogen und zwar in das Zimmer, das früher Weichold hatte. Eben erst ist meine Einrichtung fertig. Jetzt will ich zu Schmitz gehen, sehen, was es dort zu tun gibt und mich über die Lage zu unterrichten suchen. –

Berlin, den 6. 11. 40

... Heute war im Amt sehr viel für mich zu lesen; lauter Mist aber eine Perle habe ich für Dich notiert; sie stammt aus einer jugoslawischen Quelle und lautet:

Desertierung von Hunderten der italienischen Streitkräfte nach Jugoslawien. Erklärung der Fahnenflüchtigen, daß ungenügende Ernährung, der kalte Regen und die ständigen griechischen Angriffe ihnen das Durchhalten unmöglich machten.

Mittags ass ich mit Waetjen, dann musste ich noch ein Mal zu Bürkner, jetzt um 4 sitze ich zu Haus und trinke einen Tee, um nachher ins Büro zu gehen. Ich fühle mich noch immer so stundenweise erkältet. Das Wetter ist trostlos: 1 Stunde trocken zu werden, dann 2 Stunden Regen. Wetteraussichten: unbeständig.

Die Präsidentenwahl ist vorüber. Ich hatte zwar erwartet, daß Roosevelt wieder gewählt werden würde; aber ich verstehe von U.S.A. nichts und so war ich in meiner Meinung mir selbst gegenüber zurückhaltend. Aber dieses Ergebnis ist doch überwältigend. Die letzten Ziffern, die ich gehört habe sind 447:84 für R. Diese Wahl kann einen Markstein in der Weltgeschichte bedeuten: für U.S.A. Abkehr von der Besetzung aller wichtigen Posten durch die siegende Partei und Ausbildung eines permanent civil service; für die Welt die Erringung der Handlungsfreiheit für einen wirklich fähigen Organisator und Gegner der Diktaturen. Wenn R. die Chance nutzen sollte, so könnte er als einer der grössten Männer aller Zeiten in die Geschichte eingehen, als der Mann, dem es gelungen ist, die Befreiungskriege wieder rückgängig zu machen, die Fusion[1] von Empire + U.S.A. durchzuführen und damit die unbestrittene und unbestreitbare Seeherrschaft wieder aufzurichten, die die Voraussetzung für einen stabilen Frieden ist. Es ist ein ganz grosser Tag, und ich fühle mich so, als müsste ich mir dauernd zuprosten. Wie lang und wie schwer und wie steil der Weg auch sein mag, solange er in die richtige Richtung geht, ist alles in Ordnung. Er führt noch über viele Schwierigkeiten; aber mit dem heutigen Tage ist nicht nur eine Klippe überwunden, vielmehr ist zugleich mit der Wiedererlangung der Handlungsfreiheit der U.S.A. eine Voraussetzung dafür geschaffen, daß auch künftige Klippen überwunden werden können.

Richtig, eines wollte ich Dir noch erzählen: am Montag abend habe ich von 11.30 bis 1 Uhr in der Bahnhofshalle in Breslau, Hauptbahnhof, gesessen, und zwar, da der Wartesaal übervoll war, auf der Gepäckbank der Gepäckaufbewahrung, so an einer Ecke. Während dieser 90 Minuten habe ich mir angesehen, was da durchkam: 90% Soldaten: ältere Leute, die müde und lustlos aussahen und mit Paketen aller Art beladen waren, junge Kerle, besonders der Luftwaffe, die sichtlich stolz waren und denen das Leben in dieser Form gefiel, ältere Berufssoldaten; das meiste waren aber typische Besatzungstruppen. Zu den Soldaten gehörten auch die Mädchen, die sich an sie heranmachten oder zu ihnen gehörten, belanglose Anhängsel. Der Rest der Menschen waren Beamte auf Reisen – etwa 5% –, die sich wichtig fühlten, schlecht angezogen waren und einen abgestumpften Eindruck machten. Dazwischen einige Polen, die als Arbeiter ins Reich kamen; sie sahen durchweg elender und ärmlicher aus als unsere Polen und es wäre mir unerträglich gewesen, hätte sich einer von ihnen neben mich gesetzt, so schmutzig waren sie.

Aber alle diese Leute, die da vorbeizogen, waren Typen und keine Menschen. Es war Schlacht- und Arbeitsmaterial, es waren Maschinen, die eine bestimmte Funktion in einem Prozess haben. Ich habe buchstäblich ausser meinem sehr netten Gepäckträger keinen einzigen Menschen gesehen. Die Bewegung, in die alle diese Wesen gerissen worden sind, hat ihre menschlichen Verbindungen zerrissen. In Afrika nennt man das detribalised und knüpft daran die Vorstellung, daß damit die Neger unregierbar und regierungsunfähig werden. Aber bei uns ist es der gleiche Vorgang.

Ich muss gehen, mein Lieber.

1 *Fusion:* vgl. Brief vom 24. 8. 40.

Berlin, den 7. November 1940

... Deuel war gestern da und nett wie immer. Er hat trotz aller Freude auf Mary schon Abschiedsschmerz und denkt daran, bald wieder zu kommen. Wir haben auf das Wohl des Präsidenten getrunken und darauf, daß Mary und er bald nach Kreisau kommen. Es war also sehr zart. ...

Berlin W 35 Viktoriastr. 33
8. 11. 40

... Ich will Deuel ein Abschiedsgeschenk machen. Ich dachte an eine Mappe voll Mozart-Platten, weil er ja M so besonders schätzte. Ich habe einen Anfang gemacht und die Ouvertüren von Zauberflöte und Figaro's Hochzeit besorgt. Aber überlege es Dir noch ein Mal, wir können dann darüber sprechen, wenn Du hier bist.

Mein Lieber, eben kommt Frl. Breslauer mit Tinte. Ich muss aber aufhören und ihr diktieren; und anschliessend kommt eine Sitzung und anschliessend gehe ich zu Körber mit Reichwein.

Berlin W 35 Viktoriastr. 33 Telephon: 22 27 71
9. 11. 40

... Heute morgen kamen 2 Briefe vom Pim, vom 6. und 7. zugleich an. Das war sehr lieb und ich habe es auch alles mit Befriedigung gelesen. Das muss ja eine schöne Ansprache an die Franzosen gewesen sein. Du hast es sicher sehr gut gemacht und die Hauptsache ist schliesslich, daß es genutzt hat. Heute ist hier der erste regenfreie Tag. Ob es wohl dafür in Kreisau regnet? Du schreibst die Franzosen hätten nur noch 3 Tage in den Rüben zu tun. Das klingt ja ganz gut, d. h. natürlich in den 50 Morgen. Ich bin froh, daß von dem Blatt so viel bereits gerettet ist. Der Verlust an Rüben ist natürlich geldlich schlimm, aber der Verlust an Blatt hätte sich in der Betriebsführung doch noch schlimmer ausgewirkt. Hoffentlich sind die Futterrüben gut.

Heute mittag um ¾ 3 habe ich mit Einsiedel und Gablentz gegessen in der Derfflingerstr. und zwar den Hahn. Dann haben wir bis 6 Uhr meine kleine Aufzeichnung diskutiert, morgen mittag esse ich zu dem gleichen Zweck bei Yorck und dann werde ich mich wohl daran machen, die Aufzeichnung umzuformulieren.[1] Ich bin gespannt, ob auf die Dauer etwas Brauchbares daraus wird.

Heute abend, d. h. jetzt, und morgen früh will ich noch eine weitere Aufzeichnung über die aussenpolitischen Möglichkeiten nach dem

Kriege[2] schreiben und morgen abend will ich zu Waetjens nach Babelsberg. Du siehst, ich habe ein Riesenprogramm für das Wochenende. Ausserdem war die Diskussion mit den beiden sehr anstrengend. ...

1 *umzuformulieren:* s. ‚Über die Grundlagen der Staatslehre', datiert 20. 10. 40 und die undatierte Kurzfassung in van Roon, Neuordnung, S. 498–507, sowie M.s Brief an Yorck vom 16. 11. 40, a. a. O., S. 495 f.; der zweite Brief vom 16. 11. 40 (S. 496 f.) war an *Gablentz* (nicht an Yorck) gerichtet. 2 *nach dem Kriege:* nicht erhalten.

Berlin, [Sonntag] den 10. 11. 40

... Um 12.15 fahre ich ab zu Yorcks zum Essen und zur Erörterung meiner kleinen Notiz;[1] um 4.30 bin ich bei Waetjens zu ähnlichem Zweck und um 8 bis 8.30 will ich wieder zu Hause sein, um noch etwas zu lesen. Gestern abend habe ich mir die neuen Platten und die Eroica vorgespielt.

Heute steht Molotows[2] bevorstehender Besuch in der Zeitung. Das ist das Ergebnis eines Handschreibens des Führers an Stalinchen.[3] Es ist immerhin von erheblichem Interesse, ob es uns gelingt, die Russen so günstig zu halten wie bisher. Die Situation hat sich ihnen gegenüber in den letzten Wochen jedenfalls wieder entschärft.[4] Mehr als die Bestätigung dieser Tatsache erwarte ich von dem Besuch nicht. Insbesondere glaube ich nicht, daß ein Druck auf die Türkei[5] herauskommen wird, obwohl das nicht völlig ausgeschlossen ist. – Es scheint jetzt definitiv festzustehen, daß die Engländer auf verschiedenen Inseln gelandet sind: Kreta, Lemnos u. a. Ich habe niemanden finden können, der mir sagen konnte, wie schnell sich diese Inseln zu brauchbaren Stützpunkten für Flotte und Luftwaffe ausbauen lassen. Auf dem griechischen Festlande scheinen nur Flieger zu sein. Seit vorgestern machen die Italiener gewisse Fortschritte wenn auch sehr langsame. ...

1 *Notiz:* s. 9. 11. 40, Anm. 1. 2 *Molotow:* Wjatscheslaw Michailowitsch Molotow, Stellvertretender Vorsitzender des Rates der Volkskommissare, Volkskommissar für Auswärtige Angelegenheiten der UdSSR. 3 *Stalinchen:* Reichsaußenminister Ribbentrop hatte am 13. 10. einen Brief an Stalin gerichtet, in dem er einen Besuch Molotows in Berlin erbat. Er sollte dem weiteren Ausbau einer gemeinsamen Politik dienen: ADAP, D, Bd. 11, 1, Nr. 176, Stalins Antwort Nr. 211. 4 *entschärft:* Zu den strittigen Punkten gehörte die Frage der Auflösung der Europäischen Donaukommission – s. ADAP, D, Bd. 11, 1, Nr. 310. 5 *Türkei:* Entwurf eines Abkommens zwischen den Staaten des Dreimächtepakts und der Sowjetunion mit zwei geheimen Protokollen – ADAP, D, Bd. 11, 1, Nr. 309.

Berlin W 35 Viktoriastr. 33
11. 11. 40

... Gestern mittag war ich bei Yorcks. Sie waren allein, weil ich mit ihm etwas besprechen[1] wollte und das taten wir dann auch, wie ich hoffe, zur beiderseitigen Förderung. Es war, wie immer, sehr nett. Ich freue mich schon auf die Zeit, wenn ich mit meinem Pim gleichfalls so friedlich leben kann. Vielleicht kommt sie doch ein Mal. Es muss nur in Kreisau sein und nicht in der Stadt. – Um 4 bin ich dann zu Waetjens gefahren, wo eine Masse uninteressanter Menschen waren. Ich habe mich eigentlich nur mit Eddie und zeitweise mit Irenchen unterhalten. So um ½ 6 haben E. und ich einen Spaziergang durch den Park von Babelsberg gemacht, der im Mondschein sehr schön aussah. Als wir so gegen 7 zurückkamen, waren die Anderen gerade im Aufbruch. Ich wartete bis sie weg waren und ging dann auch so um 7.20. ...

Meine laufende Arbeit interessiert mich im Augenblick garnicht. Ich kann nichts Nützliches tun und muss mich mit kleinem Mist beschäftigen. Meine Gedanken sind ständig entweder bei den Fragen der Regelung nach dem Kriege oder bei Kreisau. Zwischen diesen beiden Dingen pendele ich. ...

1 *besprechen:* Mit welch grundlegenden Fragen sich die Besprechung befaßte, zeigt u. a. der letzte Absatz des Briefes von M. an Yorck vom 16. 11. 40 (s. 9. 11. 40, Anm. 1): „Zur Frage, ob der Persönlichkeit des Staates eine selbständige Staatsethik entsprechen muss. Hierin kann ich Ihnen nicht recht geben. Ich sehe keine ethischen Grundsätze, die nicht für das Verhalten des Menschen allein gelten. Ist der Staat eine moralische Persönlichkeit, so ist man m. E. auf einem Wege, der über Hegel zur Vergottung des Staates führt. Wenn es Ihnen recht ist, wollen wir diesen Punkt doch noch einmal besprechen. Ich habe den Eindruck, daß hier zwischen uns in Wirklichkeit keine sachliche sondern eine formale Meinungsverschiedenheit besteht."

Berlin, den 12. 11. 40

... Eben habe ich mit Hans Adolf telephoniert, bei dem die Erbhofkommission am Freitag war. Der landwirtschaftliche Mann hätte immerzu etwas zu meckern gehabt, und das hätte ihn geärgert; aber insoweit sei alles schliesslich in bestem Einvernehmen abgegangen. Schliesslich aber habe der Kreisbauernführer erklärt, er brauche 26 Morgen Pachtland zur Entschädigung von Bauern für den Flugplatz. Das wollte H. A. nun keinesfalls tun und daran hängt die Sache also jetzt.

Herr Deichmann kommt morgen. Ich will dann gleich zu ergründen suchen, wie lange er bleibt. Um 5 Uhr morgen gehe ich zum Tee zu Groos, meinem einen Admiral. Ich bin gespannt, wie das sein wird.

Abends kommt Deuel. Heute esse ich mittags mit Dohnanyi, abends habe ich wahrscheinlich eine Besprechung mit Reichwein. Gestern abend habe ich den Arbeiter von Jünger ausgelesen,[1] der jetzt auf Dich wartet, und eine Times vom 30. 10., die keine neuen Eindrücke vermittelte.

1 *ausgelesen:* s. 8. 9. 40.

Berlin, den 13. 11. 40

Heute morgen bin ich gleich ins Institut gegangen, wo ich ohne Pause bis um 4 Uhr mit Schmitz zusammen eine Denkschrift diktiert habe. Um 4 habe ich mich aufgemacht, um zu Groos zu fahren wo ich um 5 sein soll und jetzt sitze ich um 20 vor 5 im U-Bahnhof Adolf Hitlerplatz[1] und habe 10 Minütchen Zeit an den Pim zu schreiben. Nachher komme ich nicht mehr dazu, denn um ¾ 7 holt mich der Wagen ab und bringt mich nach Hause wo ich um 7 Deuel erwarte. ...

Herr Molotow[2] ist in Berlin, ich habe aber leider noch keine Flagge mit Hammer und Sichel gesehen zu meiner Enttäuschung. Ich habe nicht den Eindruck, daß aus diesem Besuch mehr herauskommen wird als blosse Propaganda. Ich glaube man braucht sich das nicht einbilden. Aber wir haben uns ja über solche Fragen schon mehrfach getäuscht.

So, mein Lieber, jetzt muss ich gehen. Auf Wiedersehen, mein Liebster, ich habe heute grosses Heimweh nach einer friedlichen Existenz in Kreisau. ...

1 *Adolf Hitlerplatz:* vormals Reichskanzlerplatz, jetzt Theodor-Heuss-Platz.
2 *Molotow:* vgl. 10. 11. 40, sowie Aufzeichnung des Staatssekretärs vom 11. 11. 40 (ADAP, D, Bd. 11, 1 Nr. 317) und Aufzeichnungen des Gesandten Schmidt über die Unterredungen zwischen Ribbentrop und Molotow und zwischen Hitler und Molotow am 12. und 13. 11. 40 (a. a. O., Nrn. 325, 326 u. 328).

Berlin, den 14. 11. 40

... Gestern nachmittag bei Groos war es eigentlich nett. Ausser einigen Frauen waren noch da Herr von Raumer – der kleine, den Du mit mir bei Kieps trafst – und Carl Schmitt.[1] Es gab herrlichen Beute-Kaffee. – Um ¾ 7 hatte ich mir ein Auto bestellt und fuhr nach Hause um Deuel zu treffen. – Nächsten Mittwoch wenn Du da sein wirst, kommt abends auch Hans. Das passt also bestens.

Schmitz und ich haben heute den ganzen Vormittag nochmals unser Werk von gestern korrigiert und überarbeitet und es befindet sich gegenwärtig in der Reinschrift. Dann muss noch eine etwas mühsame Anlage gemacht werden, aber dann ist diese Sache ausgestanden. Das ist auch sehr notwendig, denn ich muss auch für Groos eine Denkschrift herstellen und brauche dazu Zeit und schliesslich ist auch in meiner Privattätigkeit gerade einiges zu tun. Wie immer massiert sich alles.

Sollten die Pflanzen noch nicht gekommen sein, ehe Du weg fährst, so musst Du der Perle ganz genaue Pflanzanweisungen geben.

1 *Schmitt:* Carl Schmitt (1888–1985), berühmter und besonders seit 1932 sehr umstrittener Staatsrechtler, den M. wenig schätzte.

Berlin, den 25. 11. 40

Heute ist ein Tag mit ungeheuer viel Arbeit und so kann ich Dir nur ein ganz kurzes Grüsschen schicken. Mein Lieber, es war so sehr lieb mit Dir und ich war so zufrieden bei und mit Dir. Ich freue mich schon auf die Zeit wo wir ein Mal wieder zusammen leben können. Mein Herz, lass es Dir nur wohl ergehen. Hoffentlich bist du gut gereist und findest alles gut vor.

Mein Lieber, heute schreibe ich garnichts anderes. Lass es Dir wohl ergehen.

Berlin, den 26. 11. 40

... Ich freue mich schon auf übernächsten Sonntag wenn ich alles werde sehen können. Was wird es insbesondere angenehm sein zu wissen, wieviel Rüben nun wirklich geerntet sind, statt immer zwischen Furcht und Hoffnung zu hängen. Sind noch ein Mal Blätter verladen?

Eben rief ich bei Hülsens an, um mich als Gratulant zu melden und wurde sofort zum Abendbrot eingeladen. Das werde ich auch annehmen, obwohl ich so rasend wenig Zeit habe. Aber die 90 Minuten, die ich dort verbringe, werden mich nach einem ohnehin überladenen Tag auch nicht glücklich machen.

Auf Wiedersehen, mein Lieber, bald, bald hoffe ich zu kommen und bliebe so gern.

Berlin, den 28. 11. 40

... Heute schreibe ich als allererstes am Morgen. Es steht nämlich wieder ein enormer Tag[1] vor mir und, ist er erst ein Mal angefangen, dann kann ich wieder kein Bein auf den Boden kriegen. So war es nämlich gestern. Ich musste fast jede Besprechung vorzeitig verlassen, weil die nächste bereits wartete. ...

Deuel und ich waren gestern ganz elegisch über unseren letzten Abend. Es ist mir richtig schmerzlich, daß er nun nicht mehr kommen wird, da ich ihn gerne habe und die Unterhaltung mit ihm stets eine grosse Hilfe für mich war. Von all den Männern, die ich so sehe und mit denen ich mich eingehend unterhalte, ist er der einzige, der von mir nicht sozusagen eine Stärkung im Glauben will. Selbst Yorck, der in etwa der Selbständigste ist, will das. Darum, bei aller Freundschaft, strengen mich die anderen mehr an als Deuel. – Zum Abschied schenkte ich ihm die beiden Platten Mozart-Ouvertüren und den Mozart von Pochhammer, der gerade für Frl. Bresl. ankam. Ich muss also einen neuen besorgen. Alles andere hat er mitgenommen und jetzt können wir nur hoffen, daß alles klappt. ...

1 *enormer Tag:* zu den Besprechungen am 28. 11. und 2. 12. 40 über die Ausübung des Prisenrechts in Frankreich s. van Roon, Völkerrecht, S. 235–37.

Berlin, den 29. 11. 40

... Heute war wieder ein toller Tag: eine Besprechung folgte der anderen und dazwischen sollte ich noch Zeit finden, um eine Denkschrift zur Reinschrift fertig zu machen. ...

Gestern mittag habe ich mit Körber in der Derfflingerstr. zu Mittag gegessen und es war eigentlich ganz nett. Ausserdem war ich eilig und so hatte er nicht die Zeit, alles zu zerreden. – Abends war Einsiedel da, wie ich Dir schon am Telephon sagte; er blieb bis um ½ 11 und war gut in Form. Heute mittag ass ich mit Rantzau und Willmanns bei Schlichter. Sie wollten etwas von mir. Heute abend muss ich lange arbeiten. ...

Berlin, den 30. November 1940

Es ist Sonnabend nachmittag; und nachdem ich heute schon wieder im höchsten Tempo gearbeitet[1] habe und morgen bestimmt wieder arbeiten muss, finde ich, daß ich wenigstens verdient habe, in Ruhe an den Pim schreiben zu können. ...

Deinem Ehewirt geht es eigentlich ganz befriedigend. Da er jetzt viel Arbeit hat, bemerkt er, daß er leistungsfähiger ist, als vor einiger Zeit. – Heute mittag hat er mit Willem Bekker und Frau gegessen. Sie erwartet das Wurm am 18. 12. und schien sehr guter Dinge zu sein. Er ist inzwischen ein grosser Mann der N.S.B.[2] geworden und Vertreter von Mussert[3] in Berlin. Er soll für die N.S.B. ein repräsentatives Haus in Berlin erwerben, so wie der Fascio eines hat. Er hat das goldene Parteiabzeichen mit Nr. 3027 bekommen und erhält einen Parteirang höher als Gauleiter mit einer Uniform voller Gold. Das ist alles sehr komisch.

Also mein Urlaub ist bewilligt vom 23. 12. bis 9. 1. 41. Ich hoffe am 20. abends abfahren zu können; jedenfalls habe ich Tafel dies verkündet. Vielleicht wird es auch der 21. aber sicher bin ich am 22. da. Ausserdem hoffe ich nächsten Sonnabend/Sonntag nach Hause zu kommen. Das ist allerdings nicht so sicher, weil rasend viel Arbeit ist. Immerhin habe ich für meinen Chef gerade 2 grosse Erfolge errungen und ein dritter steht vor der Tür, sodaß ich eigentlich damit rechne, daß mir alle Urlaubswünsche glatt erfüllt werden werden.

Heute sind Italiener gekommen, mit denen wir morgen verhandeln müssen. Es wird spät abends werden, morgen, und so werde ich nicht anrufen, sondern statt dessen Montag früh. – Ich freue mich schon sehr auf den Weihnachtsurlaub, und die Aussicht, vielleicht ein Mal ein paar Monate hintereinander in Kreisau sitzen zu können, schwebt vor mir wie eine Fata Morgana. Ich muss allerdings dazu sagen, daß mir diese Aussicht eben doch sehr viel angenehmer und realer geworden ist, seit ich hoffen kann, daß Kreisau in absehbarer Zeit schuldenfrei sein wird oder jedenfalls praktisch schuldenfrei. Damit ist eben die Aussicht, daß wir wirtschaftliche Krisen überstehen können, doch viel besser geworden.

Mein Lieber, jetzt will ich was arbeiten. Für heute und morgen liegt auch, abgesehen von den Verhandlungen, ein grosses Programm vor mir und von seiner befriedigenden Abwicklung hängt auch ab, ob ich nächstes Wochenende hier entbehrlich bin.

1 *gearbeitet:* Es ging u. a. weiter um das Prisenrecht, die Haager Landkriegsordnung und was er in einer Vorlage für den Chef Ausland von diesem Tage als „Interessen der besetzenden Macht" bezeichnete – s. 28. 11. 40, Anm. 1. 2 *N.S.B:* s. 14. 12. 39. 3 *Mussert:* Anton Adriaan Mussert (1894–1946), Begründer der holländischen Nationaal-Socialistisch Beweging; arbeitete ab 1940 eng mit dem deutschen Besatzungsregime zusammen, auch in der Rekrutierung niederländischer SS; befürwortete den Anschluß Hollands an ein Großgermanisches Reich; 1942 vom deutschen Reichskommissar zum Führer der Niederlande ernannt; 1946 zum Tode verurteilt.

Berlin, den 2. Dezember 1940

... Es ging wieder den ganzen Tag ohne Punkt und Komma und Dein Wirt ist entsprechend erledigt. Aber immerhin ist eine Sache, die sehr gefährlich aussah, weil unser Hermann sich sehr festgelegt hatte.[1] Dein Wirt hat masslos intrigiert und so einen Rückzug des Reichsmarschalls erreicht, der auch noch wie ein Erfolg für ihn aussieht. – Das alles ist natürlich sinnlos, aber es ist doch eine ausgesprochen gute Übung im Manövrieren.

Leider bin ich etwas angegrippt. Nicht schlimm, aber doch so, daß ich mich so fühle „als müsste ich meine Geschwindigkeit herabsetzen", um im Jargon der Wehrmachtberichte zu bleiben oder heisst es da „mit verminderter Geschwindigkeit". Jedenfalls habe ich noch keine Schlagseite. Ich will mal wieder heute abend Infludo nehmen. Glücklicherweise gibt es heute eine ruhige Nacht, da die Wetterlage englische Einflüge praktisch unmöglich macht, wie ich soeben gehört habe.

Nachdem ich jetzt drei Tage mit kurzen Unterbrechungen für den Schlaf ständig für das Reich gearbeitet hatte, habe ich eben Tafel angerufen und gebeten, mich für den Sonnabend/Sonntag in die Heimat zu entlassen, wobei ich die eingestürzte Brücke[2] als Grund angegeben habe. Ich komme also Freitag nacht an, müsste eigentlich Sonntag abend zurück, hoffe aber noch zu erreichen, daß ich erst Montag um 7 fahre; das ist allerdings vorläufig ungewiss. ...

1 *festgelegt hatte:* Der Satz ist unvollständig. S. 28. 11. 40, Anm. 1. Konflikte mit Göring in Sachen Prisenrecht ergaben sich u. a. aus dessen Eigenschaft als Generalbevollmächtigter für den Vierjahresplan. 2 *Brücke:* über die Peile.

Berlin, den 4. 12. 40

... Um 3 gehe ich zu Reichwein, mit dem ich etwas zu besprechen habe, um 5 habe ich eine Sitzung im Büro und um 7 kommt Nichol [?].[1] Morgen mittag kommen Yorck & Gablentz zum Essen, abends muss ich arbeiten, Freitag hoffe ich mit der Perle in der Derfflingerstr. um 2 zu essen und dann fahre ich ab. Es ist also alles eingeteilt.

Die Grippe ist besser. Ich habe gut geschlafen und dann ist immer alles besser. Jedenfalls tut der Kopf nicht mehr weh.

1 *Nichol [?]:* wahrscheinlich Deuels Nachfolger als Korrespondent der Chicago Daily News.

Berlin, den 10. 12. 40

Ich sitze bei Yorcks und schreibe nur ein Grüsschen, weil ich keine Zeit zu mehr habe. Es war ein sehr hetziger und eiliger Tag, aber die Gesundheit hat sich darüber wesentlich gebessert. Jetzt ist es schon wieder ganz gut.

Berlin, den 11. 12. 40

Ich sitze nicht etwa in Berlin, sondern in einem Nest, das Jahnsfelden heisst. Wie ich dahin komme will ich Dir im historischen Zusammenhang berichten. Vorher will ich Dir aber noch rasch sagen, wie sehr lieb die 2 Tage mit dem Pim waren. Es war so schön und so friedlich, daß es besonders traurig war, daß es nicht länger dauern konnte.

Dein Wirt ist also gut gereist. Dummerweise stieg er in Friedrichstr. aus in der Annahme, es gäbe dort auch Polizei-Autos; da es das aber nicht gab und da er sich schwach im Unterleib fühlte, rief er im O.K.W. an und bekam auch einen Wagen, der ihn in die Derfflingerstr. brachte. Dort nahm er ein Pillchen, stellte fest, daß er 37.9 hatte, schlürfte etwas Infludo und entschlief bis ½ 8. Dann telephonierte er mit dem Pim, bekleidete sich langsam und war gegen 10 immer noch schwach im Amt. Im Laufe des Tages, der stürmisch verlief erholte er sich aber schnell und als um 5 Yorck anrief um ihn zu fragen, ob er herauskommen wollte mit Schulenburg zu Abend zu essen, fühlte er sich schon wohl genug zuzusagen.

Bei Yorcks war es sehr nett. Es gab eine Gans. Abs[1] und Kessel waren ausser Schulenburg noch da. Wir haben uns bis 11.30 unterhalten und Kessel und ich sind dann gemeinsam nach Hause gegangen und sind noch eine gute halbe Stunde vor der Derfflingerstr. auf und ab gegangen. Daran kannst Du ermessen, wie sehr sich die Lage Deines Wirts gebessert hatte. Dann hat er kurz geschlafen, weil er früh aufstehen musste. Trotzdem war er frisch und kregel. Er nimmt aber weiter Infludo. Mittags sind wir dann, die ganze Gruppe, einer Einladung eines unserer Mitglieder auf sein Gut gefolgt und da bin ich nun. ...

1 *Abs:* Hermann Josef Abs (geb. 1901), Bank- und Finanzmann und Finanzdiplomat. 1938 bis Kriegsende Mitglied des Vorstands und Direktor der Auslandsabteilung der Deutschen Bank; weiterhin führend im deutschen Bankwesen. Er trug einiges zur Kreisauer Arbeit bei.

Berlin, den 12. 12. 40

Heut war viel zu tun; aber um 1.30 war ich zum Essen hier und vertilgte mit Dolmanyi die eine Hälfte des Hahns. Er ist gerade weg und es ist ½ 3. Ich habe aber beschlossen, nicht noch ein Mal ins Amt zu gehen, weil ich um 4.30 zu Rabenau Tee trinken gehe und um ½ 8 kommt Asta. So habe ich einiges für mich zu tun, zu dem ich nicht kommen würde, wenn ich jetzt auch noch ins Amt ginge.

Die Engländer haben Sidi Barani[1] erobert, 6000 Gefangene gemacht und 2 Divisionen eingekesselt und von ihrem Wasser abgeschnitten. Graziani[2] ist bis Tobruk geflohen. Dieses schon seit einiger Zeit erwartete Ereignis kann ungeheure Folgen haben, sofern es einen Umsturz in Italien hervorruft. Übrigens sichert dieses Ereignis auch endgültig meinen Weihnachtsurlaub. Es wird sich wahrscheinlich in wenigen Tagen zeigen, ob die Engländer in der Lage sein werden, diesen Erfolg nun auch gleich auszunutzen. Jedenfalls ist bis Weihnachten schon manches geklärt. ...

Übrigens gibt es jetzt wieder Timesse. Inner Temple[3] hat eine Bombe abbekommen und zwar die Halle, in der ich gegessen habe; aber es hat nicht gar zu viel gemacht. Auf dem Bilde sehe ich auch einen der Kellner des I. T.

Hier füge ich zwei köstliche Zeitungsausschnitte bei, nein, ich gebe sie Asta, weil sie zu kostbar sind; sie kann sie Dir dann zeigen.

1 *Sidi Barrani:* Die britische Gegenoffensive gegen die Italiener in der Cyrenaika hatte am 9. 12. begonnen. 2 *Graziani:* Rodolfo Graziani (1883–1955), italienischer Marschall. 3 *Inner Temple:* eine der Inns of Court; M. gehörte, wie schon sein Großvater, zum Inner Temple; dort hatte er, als er sich auf seine englischen juristischen Examina vorbereitete, seine Pflichtmahlzeiten eingenommen, und dort wollte er ein Büro beziehen.

Berlin, den 13. 12. 40

Heute mittag ass ich mit Sarre und Waetjen in der Derfflingerstr. um einiges Geschäftliche zu besprechen und dort fand ich auch einen Brief vom Pim und zwar einen sehr liebenswürdigen. Mein Lieber, es gefällt mir doch so sehr gut bei Ihnen.

Es war auch sehr lieb mit Ihnen zu telephonieren. Was Sie sagten klang munter und ganz zufrieden. In einer Woche hoffe ich bereits zu Ihnen zu kommen und dann dort einige Zeit zu bleiben. Ich habe garkeine Lust mehr, diese Woche zu warten. ...

Heute habe ich sehr viel zu tun gehabt: nichts Richtiges aber so Aufräumearbeiten. Morgen ist wieder ein tüchtiger Tag. Mittags kommt Yorck und dann kommt sonntägliche Ruhe. Ich habe es auch sehr nötig, weil ich rasend viel aufzuräumen und fertigzumachen habe. Kiep wollte, daß ich zu ihm hinauskäme, aber ich will nicht. Ausserdem hasse ich diese Art Geselligkeit, bei der 2 Dutzend Menschen zusammenkommen.

Steht eigentlich in unseren Zeitungen, daß Lothian gestorben ist. Das ist der dritte: Tweedsmuir,[1] Hichens,[2] Lothian. Es tut mir sehr leid, obwohl ich ja von Lothian nicht gar zu viel hielt.[3] – Sonst ist das Hauptereignis eben der Krieg in Lybien: die Italiener laufen noch und es ist ungeklärt, wann und wo sie halten werden. Sollum ist heute von den Engländern genommen und damit sind alle italienischen Truppen wieder von ägyptischem Gebiet herunter. In einer Woche werden wir wissen, ob damit ein Halt erreicht ist, oder ob es noch weitergeht.

1 *Tweedsmuir:* Lord Tweedsmuir (1875–1940), als John Buchan geboren, Schriftsteller, Historiker, Politiker, seit 1935 Generalgouverneur von Kanada; arbeitete als junger Jurist bei dem Hochkommissar Lord Milner in Südafrika. 2 *Hichens:* Lionel Hichens (1874–1940); arbeitete 1902–1907 unter Lord Milner in Südafrika; später Geschäftsmann in England; Tod durch einen Bombenangriff auf London. 3 *nicht gar zu viel hielt:* so hielt er Lord Lothians Neigung zum Appeasement für falsch und gefährlich – s. Einleitung, S. 30f. Lothian war der dritte aus „Milners Kindergarten", der im Kriege starb.

Berlin, den 14. 12. 40

... Der einzige Grund, der mich hätte in Berlin halten können, ist wie eine Fata Morgana in der Ferne gewichen; die letzten Ereignisse[1] haben ihm jede Realität genommen. – Dein Wirt hat nachts gut geschlafen, ist aber mit fürchterlichen Halsschmerzen aufgewacht; er hat gegurgelt und infludiert und jetzt ist alles weg. Carl kam heute wieder und ass hier mit Yorcks; es war sehr nett. Die zweite Hälfte des Huhnes ist verschwunden. – Die Baronin ist krank, das Haus ist endgültig an einen Anderen verkauft.

Nun kommt der Tee bei Rabenau: dort waren eine uninteressante Frau, General Glaise-Horstenau,[2] der österreichische Kriegsminister von 1938, ein Dr. Chi mit deutscher Frau und ich. Chi ist Chiang-Kai-Shek's Privatsekretär und hat die ganzen Verhandlungen mit Falkenhausen und Seeckt[3] geführt; daher war er bei Rabenau. Ein junger enthusiastischer Mann, der früher als Arbeiterstudent an den Staubecken von Ottmachau gearbeitet hat.

Erst ging die Unterhaltung so hin, dann kamen wir auf die aktuellen Fragen in China, den Grund seines Aufenthalts in Berlin, die Lage in Tschunking unter den Bombardierungen und schliesslich auf unseren Krieg. Und siehe da, dieser Mann war der erste Mensch ausser Deuel, der eine ähnliche strategische Grundkonzeption hatte wie Dein Wirt. Ich weiss allerdings nicht, wie weit er sie von vornherein hatte. Aber als ich bemerkte, daß ich bei ihm an Boden gewann, war ich so entzückt, daß ich mich nicht enthalten konnte, eine Art Vorlesung über die Strategie von Kriegen zwischen Weltmächten zu halten. Bei jedem Wort von mir wuchs seine Zustimmung und während die beiden Landgeneräle am Anfang noch einige Einwürfe gewagt hatten, sprachen nach 10 Minuten nur noch Chi und ich, und wir hatten die beiden Berufssoldaten einfach an die Wand gedrückt. Das hat sicher eine Stunde gedauert, während derer die beiden Generäle keinen Fuss auf den Boden kriegten; sie sassen nur da und lauschten und sagten von Zeit zu Zeit „ach so“, während wir beide das Hohe Lied der Seebeherrschung sangen als der einzigen grossen Macht in der Welt.

Ich habe mich nachher etwas geniert und habe Rabenau einen Entschuldigungsbrief geschrieben, in dem ich gesagt habe, ich sei wohl etwas vorlaut gewesen, aber ich sei so entzückt gewesen, endlich nach 14 Monaten einen Mann zu finden, der meine militärische Sprache spricht, daß ich nicht hätte an mich halten können.

Jedenfalls will ich mir die Genehmigung geben lassen, die Bekanntschaft mit Chi zu pflegen. – Seine Darstellung der Lage in China war sehr optimistisch. Er rechnet damit, daß die Japaner in absehbarer Zeit besiegt sein werden, er sprach von einem Zeitraum zwischen 2 und 24 Monaten. Alle meine Informationen deuten in die gleiche Richtung. Mein Lieber, vor uns steht vielleicht nur die eine Aufgabe: das Chaos bei uns zu meistern. Gelingt uns das, dann haben wir eine Periode des Friedens, des sicheren Friedens, vor uns, die unsere längste Lebenszeit überdauert. Ich unterschätze die Schwierigkeiten sicher nicht, aber hier ist ein Krieg, der die brennenden Fragen wirklich entscheidet, dem nicht ein neuer Krieg über die gleichen Fragen folgt. Heute erlebe ich die Gefühle noch ein Mal, die ich 1930 hatte, als ich den Weg aus dem Chaos für Kreisau sah. Natürlich kann es schiefgehen; aber das ist etwas anderes als eine ausweglose Lage.

Eben kommen Deine Briefe vom 12. und 13. Sie klingen lieb und zufrieden. Ich will jetzt Suchantke anrufen, weil es Sonnabend nachmittag ist und morgen können wir ja darüber telephonieren. – Richtig, noch einige Nachrichten. Die Butterration für Selbstversorger wird von 250 gr. auf 150 gr. herabgesetzt. Die Fleischration wird ab Januar oder Februar um 200 gr. gesenkt. Lass also Dein Schwein 4 Ctr. mindestens werden. Zu schwer darf es allerdings nicht sein, weil sonst das Fleisch faserig wird. Sprich Mal mit der Rosen über die Fütterung; vielleicht sollte es besonders gefüttert werden. Jedenfalls darf es kein Fleischmehl oder Fischmehl bekommen sondern Eiweiss in Form von Magermilch und Bohnen und sonst Gerste & Kartoffeln. Auch für Hafer und Kleie bin ich nicht sehr. Du kannst es ja auch ein Mal mit Z. besprechen.

1 *Ereignisse:* s. 16. 12. 40, Anm. 1. 2 *Glaise-Horstenau:* General Edmund von Glaise-Horstenau (1882–1946), österreichischer Historiker und General; 1925–34 Leiter des Kriegsarchivs in Wien; 1936 „nationales" Mitglied des Kabinetts Schuschnigg, 1938 Vizekanzler; 1941–44 Deutscher Bevollmächtigter General in Kroatien. 3 *Seeckt:* Generaloberst Hans von Seeckt (1866–1936), Schöpfer der „unpolitischen" Reichswehr, Chef der Heeresleitung 1920–26.

Berlin, den 16. 12. 40

Es ist 8 Uhr abends. Ich bin gerade zurückgekehrt und fand Dein Briefchen vom 14. vor. Das klingt ja alles ganz lieb. Die Schlittenfahrt war sicher schön. Du musst lernen ein Gespann zu fahren, damit Du unabhängiger wirst jetzt wo es keine Leute gibt.

Heute war eine Menge zu tun. Lauter Pusselei, die aber gemacht werden muss. Daß Laval abgesetzt[1] ist, wird wohl in unseren Zeitungen stehen. Das setzt das Tüpfelchen auf das i des Weihnachtsurlaubs.

Letzte Nacht war 2 Mal Alarm. Ergebnis: Stadtbahn zwischen Potsdam und Babelsberg unterbrochen, Stadtbahnhöfe Halensee und Zehlendorf West getroffen. An diesen drei Stellen wird der Verkehr mit

Autobussen aufrechterhalten. Schmitz kam daher mit 1 Stunde Verspätung, Peters, mit dem ich ass, gleichfalls. Ausserdem hat die U-Bahn in der Tauentzienstr. ein Loch, sodaß sie auch nicht fährt und ein Teil der Strassenbahnen fährt nicht, weil das Kraftwerk Klingenberg eins abbekommen hat. Also für Engländer eine ganz beachtliche Leistung zumal keiner abgeschossen wurde. ...

Heute mittag ass ich mit Peters. Er war nett wie immer und hat das E. K. Seine Batterie hat er verlassen und ist jetzt beim Luftwaffenführungsstab damit beschäftigt, die feindliche Einwirkung von Luftangriffen auf unser Gebiet festzustellen. Er war noch sehr neu und nicht recht an die Berliner Verhältnisse gewöhnt.

So um ½ 9 kommt Eddie, mit dem ich etwas zu besprechen habe. Nachher will ich aber bald ins Bett, um meiner besser gewordenen Erkältung zuzusetzen. Ausserdem muss ich morgen früh zu Schramm. Morgen mittag isst Raczynski[2] mit mir, den ich Dir mal aus Bad Salzbrunn nach Kreisau schicken wollte, und abends kommt Yorck. Mittwoch mittag Trott und Bielenberg und abends George Kennan.[3] Es ist überhaupt eine lebhafte Woche. ...

1 *Laval abgesetzt:* Am 13. 12. hatte Pétain seinen Stellvertreter Laval aus allen Ämtern entlassen und ging von der Politik der Kollaboration, die dieser vertreten hatte, zu einer Politik des Abwartens über. Zu den deutsch-französischen Besprechungen vom 10. 12. 40 s. KTB/OKW Bd. 1, S. 984–994. 2 *Raczynski:* Mandant, Kunstsammler. 3 *Kennan:* George Frost Kennan, geb. 1904, amerikanischer Diplomat und Historiker; bevor er 1939 zur Botschaft in Berlin kam, hatte er u. a. in Moskau, Wien und, nach dem Münchener Abkommen, in Prag gedient; nach dem Krieg Botschafter in Moskau 1952–53 und Belgrad 1961–63. Ständiges Mitglied des Institute for Advanced Study in Princeton, Mitglied des Ordens Pour le Mérite. S. auch Einleitung, S. 11 und 39 Anm. 94, sowie 10. 10. 40, Anm. 1.

Berlin, 17. 12. 40

Mein Lieber, eigentlich habe ich nichts mehr zu berichten. Ich warte auf Freitag und hoffe, bald bei Ihnen zu sein. Wann ich komme, ob um 7 oder um 8 oder später wird vom Zug und seinen Verspätungen abhängen. Du musst das eben abwarten. Es ist ja von Freitag an Weihnachtsverkehr und man muss auf alles gefasst sein.

Briefe 1941

Berlin, den 11. 1. 41

Ich habe Dir ja schon berichtet, daß ich gut gereist bin. Das war schon ein Mal sehr angenehm. Carl war bereits fort, als ich in die Wohnung kam, hatte aber genügend Essen für mein Frühstück hinterlassen. Ich ging dann ins Amt, und kam erst abends nach Hause. Mittag habe ich mit Schmitz gegessen, der heute nach Frankreich fährt, und von dem ich über den Stand der verschiedenen schwebenden Sachen unterrichtet worden bin. Es haben sich einige komische Sachen ereignet. Heute war ich bei meinem Abteilungschef, der mir von sich aus 14 Tage weiteren Urlaub anbot. Die Propagandalage ist daher wohl gut. – Auch Groos war sehr nett. Meine letzte grosse Arbeit unmittelbar vor Weihnachten hat ihm grosse Ehren eingetragen und eine interessante zusätzliche Arbeit.

Die Gesundheit Deines Wirts ist ganz unverändert unbefriedigend, aber nicht schlimm. Er hat wehe Augen und fühlt sich allgemein geschwächt. Diesen Zustand wird er zu Verwandtenbesuchen benutzen: morgen mittag geht er zu T. Leno und nachmittags zu C.D.'s ...

Die Kriegslage hat sich überraschend schnell weiter zugunsten der anderen entwickelt und zwar hauptsächlich durch den Fall von Bardia,[1] dem wohl Tobruk bald nachfolgen wird. Jedenfalls sind die englischen Fortschritte – wenn auch geländemässig noch nicht so deutlich – in den 20 Tagen erheblich.

1 *Bardia:* Bardia fiel am 5. 1., und 45 000 Italiener gaben sich gefangen. Am 11. 1. befahl Hitler die Aufstellung eines Panzer-Sperrverbandes für Libyen. Tobruk fiel am 22. 1. 40.

Berlin, den 20. 1. 41

... Mein Lieber, es war mit Ihnen so lieb wie immer, zärtlich und lieb. Ich verstehe es nicht, daß Sie mit mir zufrieden sind, aber ich nehme es dankbar an. Hoffentlich bleibt es so. – Es waren sehr schöne Tage.

Suchantkes Brief habe ich gesehen. Ich soll nach Hall in der Nähe von Innsbruck. Ich habe gesagt, daß ich mit allem einverstanden bin, wenn ich ein Visum nach Italien für uns beide bekomme, so daß ich nicht in Hall gefangen bin. Sonst zöge ich Bozen oder Meran vor. Tafel wird das alles in die Hand nehmen und, so hoffe ich, bestens machen. Ich habe als Reisetag den 13. 2. vorgeschlagen, Tafel will 1. 2. Urlaubsdauer 6 Wochen, davon mindestens 14 Tage in dem Sanatorium. Nun, ich bin gespannt.

Berlin, den 23. 1. 41

Gestern schrieb ich Dir nicht, weil mir der Arm so weh tat, weil ein Mann, der mir Blut abzapfen sollte, sich sehr ungeschickt benommen hat und dazu eine halbe Stunde – so schien es mir, es waren jedenfalls mehrere Versuche erforderlich – in meinem Arm herumpickte. Ergebnis: 4 Wochen. Vielleicht kann ich noch eine Woche per nefas erobern. In diesem Falle wäre ich für 14 Tage Cortina, 7 Tage Rom, 14 Tage Kreisau. ...

Ich habe viel Arbeit und arbeite schlecht und mühsam. Ich werde aber bis zum 17. 2. schon noch fertig werden und langsam mit allem in Ordnung kommen. – Von hier ist gar nichts zu berichten. Die Zeit fliesst langsam und zäh weiter. I am marking time. Nichol war gestern abend da und brachte mir die 2 Platten, die ich Deuel geschenkt hatte, wieder. D. hatte sie nicht einpacken können. D. hat eine Artikelserie[1] geschrieben, die in U. S. A. und hier Furore gemacht zu haben scheint.

Heute muss ich den ganzen Tag mit Schmitz arbeiten. Mittags esse ich mit Dohnanyi, abends bin ich im Büro. Unglücklicherweise ist jetzt dort auch gerade viel zu tun und gestern habe ich den ganzen Nachmittag dort verbracht. – Asta's Butter- und Eierpaket ist angekommen. Sie hat anscheinend frische Eier geschickt. Das ist wirklich nicht nötig.

Mein Lieber, ich denke voll Zärtlichkeit an den schönen Sonntag zurück und hoffe auf eine bessere Zeit.

1 *Artikelserie:* Viel davon ging in ein Buch ein: Wallace A. Deuel, People Under Hitler, New York 1942.

Berlin, den 24. 1. 41

Heute geht es mir merklich besser. Es ist jetzt 4 Uhr nachmittags und ich fühle mich trotzdem frisch und kregel, was mir seit langem nicht vorgekommen ist. – Heute mittag habe ich mit Hans-Adolf gegessen und heute abend kommt Einsiedel, morgen mittag Yorck und Kessel, und dann beginnt ein langer einsamer Sonnabend/Sonntag, den ich sehr nötig habe um mit meinen Arbeiten für das Büro wieder fertig zu werden, die durch meine reduzierte Arbeitsfähigkeit stark gelitten haben. ...

Berlin, den 25. 1. 41

Eben sind Yorck und Kessel, die zum Mittagessen hier waren, weggegangen. Kessel fährt in einer Woche nach Genf, wohin er, für einige Zeit jedenfalls, versetzt ist. Heute morgen habe ich mich wieder garnicht wohl gefühlt und habe entsprechend wenig getan. ...

Gestern abend war Einsiedel da und dabei stellte sich heraus, daß er mir die Bücher, die er das letzte Mal mitgebracht hatte, schenken will. Sonst war es nett wie immer, nur war ich müde und daher wenig ergiebig. – Furtwängler ist am 6. 1. nach Schanghai abgefahren. ...

Zu den Kurkosten. Richtig bezahlt wird es mir nur in einem Soldatenheim und dazu habe ich keine Lust. Etwas dazu bekomme ich wohl sicher, aber erst wenn ich zurückkomme. – Und Schuld an meiner „Krankheit" bin ich selber ganz allein. Ich bin mit meiner Lebensführung im Jahre 1940 ganz und gar unzufrieden; ich habe kardinale Fehler gemacht, die ich hoffentlich nie wiederholen werde; ich habe mein Gleichgewicht in skandalöser Weise verloren und nicht gerade mit Grazie wiedererlangt; an das Jahr 1940 werde ich immer als an ein ganz schwarzes Jahr zurückdenken; ich war ihm wirklich nicht gewachsen und ich kann dankbar und froh sein, wenn ich mit einer Kur, die 1000 RM kostet, wieder dahin komme, wo ich im April 1940 war und wenn ich damit die Sünden der 6 Monate von Mai bis Oktober abbüsse. Ich hoffe, ich habe meine Lektion gelernt. Weder die Soldaten noch der Krieg sind daran schuld, sondern ich selbst.

Auf Wiedersehen mein Lieber, vielleicht ist Ihnen entgangen, daß ich Ihnen verdanke, daß ich die 6 üblen Monate hinter mich gebracht habe; nun, wenn Sie es nicht wissen, kann ich es Ihnen ja explicite sagen.

Berlin, [Sonntag] den 26. 1. 41

Auf dem Wege zum Amt fand ich Dein Briefchen mit den Einlagen, die ich wieder beifüge. Ausserdem schicke ich Dir noch Abschrift eines Briefes an Schlange,[1] zu dem es mich auf den mir übersandten Brief hin drängte. Bitte schicke sie mir zurück. Zeumer muss den Landrat eben bezahlen; das hilft ja nun nichts. Er soll gleich zahlen, damit nicht erst eine Verstimmung entsteht. – Gott sei Dank, daß Nachricht von C. B. da ist. Wir wollen unter allen Umständen versuchen, ihn zu treffen. Leider schreibst Du seine Feldpostnummer nicht. Ich schreibe ihm morgen und bitte Dich um die Nummer sobald ich anrufe. Schreibe sie mir, bitte, für alle Fälle. Er ist natürlich in Catania; darüber war ich nie im Zweifel. ...

1 *Schlange:* entweder Dr. Hans Schlange-Schöningen, Landwirt, November 1931 – Mai 1932 Reichskommissar für Osthilfe unter Brüning, nach dem Krieg Ernährungskommissar in der britischen Zone, dann erster deutscher konsularischer Vertreter in London (s. Günter J. Trittel, „Hans Schlange-Schöningen, ein vergessener Politiker der ‚ersten Stunde'", VfZ, 35. Jg., 1987, 1. Heft, Januar, S. 25–63); oder sein Sohn, Dr. E. S. Schlange-Schöningen, den M. in den dreißiger Jahren in England kennengelernt hatte und der dann auch einmal in Kreisau war.

Liegnitz, den 3. 2. 41

... Ich habe inzwischen etwas über C.B. nachgedacht. Es wäre vielleicht gut, wenn wir ihm *a.* einen Zivil-Anzug und *b.* Geld mitbringen würden. Vielleicht ist ihm das erste angenehm und das zweite gibt ihm doch etwas Bewegungsfreiheit. Ich werde jedenfalls alles an Lire mitnehmen, was ich genehmigt bekomme. Vielleicht können wir das alles bei dem deutschen Konsul in Catania deponieren, zu dem ich eine Einführung habe.

Mein Lieber, eben zeigt es an: Abfahrt nach Königszelt. Der Zug würde mir jedenfalls viel besser gefallen. ...

Berlin, den 4. 2. 41

Wie lästig alle diese die Wohnung im Schloss betreffenden Angelegenheiten für Dich sind. Du bist jedenfalls die Hauptleidtragende des Geschäfts. Wie hast Du mich eigentlich bei Yorcks entdeckt? Hast Du denn die Nummer aufgeschrieben? Sie steht nämlich nicht im Telephonbuch.

Haushofer,[1] die beiden Yorcks und ich haben uns gestern abend bis um ½ 1 (!) unterhalten. Das ist doch eine Leistung, nicht wahr? Es war aber nett und anregend, und Yorck und ich können doch sehr gut miteinander, wenn ich auch doch ein ganzes Stück weiter links stehe als er. – Und mit Haushofer war ich auch einiger als je zuvor. So war es ein angenehmer und anregender Abend. ...

1 *Haushofer:* Albrecht Haushofer (1903–1945), Sohn des Geopolitikers Karl Haushofer; Schriftsteller, Geograph, Historiker, politischer Wissenschaftler, lehrte an der Hochschule für Politik und an der Universität Berlin; zeitweilig ehrenamtlicher Mitarbeiter im Auswärtigen Amt; Freund von Yorck und Haeften; hatte gute Beziehungen zu Rudolf Heß, dem Stellvertreter des Führers, die er zu Friedensfühlern und Hilfestellungen für Verfolgte nutzen konnte; nach Heß' Flug nach Schottland am 10. 4. 41 zwei Monate in Haft, später weiter beschattet und 1944 wieder verhaftet; April 1945 von SS erschossen, hinterließ das Manuskript seiner Moabiter Sonette, Zürich, 1948. S. auch Ursula Laack-Michel, Albrecht Haushofer und der Nationalsozialismus, Stuttgart 1974.

Berlin, den 8. 2. 41

Also unsere Zimmer sind reserviert und unser Schlafwagen von München aus auch. Die Devisengenehmigung habe ich auch und zwar für RM 1000,–, so daß wir hoffentlich ausreichend mit Geld versehen sein werden. Das einzige Problem ist die Reise nach München. Für die Nacht 14/15 liegen bereits 25 mehr Vorbestellungen vor, als das O. K.W. Betten hat. Ich will nun am Montag noch einen persönlichen Vorstoss machen. – Buttermarken und andere Marken habe ich in ausreichender Menge.

Berlin, den 10. 2. 41

Bitte bringe den Brief von Madame Fischbacher mit; den müssen wir endlich beantworten. – Von Frl. Breslauer hast Du heute wohl Abschriften der Schreiben an Frau Tscheuschner,[1] Zeumer und Hirsch erhalten. – Heute war ich im Büro der Cit und habe die letzte Karte für uns bestellt und die Schlafwagen für die Rückreise. Wir würden danach am 9. Abd in Wien ankommen, am 10. abends in Kreisau. Dann haben wir doch noch knapp 14 Tage. Ausserdem habe ich für uns Karten nach Messina besorgt, damit wir C. B. besuchen können, wenn wir wollen. Ich habe inzwischen festgestellt, daß er jetzt zu der Luftnachrichtentruppe gehört. Wo er genau ist, konnte mir aber nicht ein Mal der Stab des X. Fliegerkorps in Sizilien sagen, weil die Nachrichtentruppen so verstreut liegen und weiter unten wollte ich nicht fragen lassen. ...

1 *Frau Tscheuschner:* mietete eine Wohnung im Schloß.

Berlin, den 11. 2. 41

Der letzte Brief. Bald kommst Du. Ich bin schon sehr erfreut, bald hier wegzukommen; ich merke jetzt, daß es wirklich notwendig ist; am meisten ärgern mich jetzt meine Augen.

Es war lieb, gestern noch ein Mal mit Ihnen zu sprechen. Einsiedel sass neben mir, darum war ich etwas gehindert. – Heute mittag verzehre ich mit Stauffenberg, Schmitz und Widmann[1] die Ente. ...

1 *Widmann:* Reg. Rat Dr. Berthold Widmann, Mitglied der Gruppe Völkerrecht, Ausland / Abwehr, arbeitete bei Gladisch.

[Berlin] 24. 3. 41

Nur ein ganz kurzes Grüsschen von einem gehetzten Tag. Es war so schön bei Ihnen, so wie immer. Und die 5 Wöchlein[1] scheinen sehr lieblich, wie eine Sonne im Rücken.

Carl fliegt morgen nach Spanien. Gestern abend 2 Stunden Verspätung, dann Luftalarm, aber nicht schlimm. – Hier ist zauberhaftes Wetter, in Kreisau hoffentlich auch.

1 *5 Wöchlein:* Seinen Krankheitsurlaub hatten sie gemeinsam in den Dolomiten, in Taormina, wo sie den in Sizilien stationierten Bruder Carl-Bernd trafen, und in Kreisau verbracht.

Berlin, den 26. 3. 41

... Heute mittag habe ich mit Frl. Faulhaber[1] gegessen und ihr über den Engel berichtet.

Ich habe Karten zur Matthäus-Passion am Karfreitag. Wie wäre es, wenn Du am Sonnabend, 6. kämest und am Ostersonntag zurückführest? Oster-Sonntag sind die Züge sicher leer. Ich würde es mir dann so einrichten, daß ich am Ostersonntag/Montag tüchtig zu arbeiten hätte. – ...

1 *Frl. Faulhaber:* Irene Faulhaber, Freundin von Carl Bernd von Moltke.

Berlin, den 27. 3. 41

... Viel zu berichten gibt es nicht. Ich arbeite halt vor mich hin, tags im Amt, abends im Büro, wo viel fertig zu machen und aufzuräumen ist. Dazwischen träume ich von blühenden Büschen, Obstbäumen, Rigolen, Ackern, Bienen, Mistfahren, Bestellungsplänen u. s. w. Wenn ich an diese angenehmen Tätigkeiten denke, dann kommt mir alles, was ich hier so tue, irreal und schemenhaft und ganz und gar unwesentlich vor. Ich habe ja nie unter dem Zwange gestanden, in der Stadt bleiben zu müssen, und daher nie bemerkt, wie gross mein Bedürfnis ist, am Land zu leben. Jetzt weiss ich es aber. Und ich bin auch davon überzeugt, daß die ganze „Krankheit" davon kommt. Nun, jetzt im Kriege ist dieses immer noch eines von den kleineren Übeln.

Berlin, den 28. 3. 41

Also morgen hast du Geburtstag und beginnst ein neues Jahrzehnt.[1] Wie wird alles nach weiteren 10 Jahren aussehen? Lassen Sie es sich wohl ergehen in dem neuen Lebensjahr, mein Lieber, pflegen Sie sich, freuen Sie sich Ihrer Arbeit und behalten Sie, bitte, lieb Ihren Ehewirt, Jäm.

Der Krieg sputet sich augenblicklich. Einem diplomatischen Sieg ist eine enorme Blamage gefolgt und das alles während der Bundesgenosse,[2] der endgültig gewonnen werden soll, gerade da ist. Diese Scharte muss mit höchster Geschwindigkeit ausgewetzt werden und das wird wohl nun auch geschehen. Radermachers[3] müssen wir wohl einen Kondolenzbrief schreiben. ...

1 *neues Jahrzehnt:* F. M. wurde am 29. 3. dreißig Jahre alt. 2 *Bundesgenosse:* Der japanische Außenminister Matsuoka besuchte vom 27. bis 29. März und dann wieder am 4. April Berlin; dazwischen war er in Rom. Am 27. 3. hatte ein Staatsstreich in Belgrad die Regierung beseitigt, die am 25. dem Dreimächtepakt beigetreten war. Hitler beschloß, „Jugoslawien militärisch und als Staatsgebilde zu zerschlagen“. S. ADAP, D, XII, 1, Nr. 217. – 3 *Radermachers:* Der Altphilologe Ludwig Radermacher (1867–1952) und seine Familie waren Freunde in Wien aus der Zeit des Schwarzwald-Kreises – s. Einleitung, S. 18.

Berlin, den 29. 3. 41

Die Tage gehen langsam und alles scheint stille zu stehen. Meine Vorstellungen von dem was kommen würde, sind den Ereignissen so weit vorausgeeilt, daß ich nun stillstehen und warten muss. Ich stehe gerne und sehe zu. Aber meine feste Vorstellung von dem Ablauf macht mich voreingenommen. Ich sehe alles, was geschieht, als Bestätigung, jede Tatsache wird eingefügt. Vielleicht passt sie garnicht? Vielleicht sieht alles anders aus, als ich es mir vorstelle. Ich bin erstarrt und unbeweglich geworden. Ist das eine Alterserscheinung, oder habe ich die lange Sicht richtig gesehen. Für mich ist nichts geschehen, seit ich im August vorigen Jahres Frankreich besuchte. Es wundert mich, aber so ist es. Ich suche nach neuen Erkenntnissen, geänderten Auffassungen, verbesserten Plänen. Aber alle meine Gedanken beginnen nicht heute, sondern an einem Punkt, der noch in der Zukunft liegt. Warum eigentlich? Kann ich, will ich die Realität nicht sehen oder sehe ich durch den Schleier des Scheines die Wirklichkeit? Eine Beurteilung der Lage, die in einer solchen Zeit 8 Monate konstant bleibt in jedem Detail ist mir selbst verdächtig und unheimlich. Und doch kann ich sie nicht ändern.

Ich dachte nach den 5 Wochen würde ich alles anders sehen, neue Einfälle haben. Ich fand die Verteidigung meiner eigenen Ansichten in der letzten Zeit davor starr, unproduktiv, aggressiv. Ich bin aber mit den alten Augen zurückgekommen. Keine neue Realität ist mir aufgegangen. Alles was ich sehe, höre, erlebe, lässt mich kalt, berührt mich nicht. Ich kann heute Leiden anderer mit einem Gleichmut ertragen, den ich vor einem Jahr verabscheuungswürdig gefunden hätte. Meine einzige Reaktion ist vielleicht, daß ich es klassifiziere und in meiner vorgefassten Vorstellung einordne, irgendwohin, wo es mir hinzugehören scheint.

Was mache ich, wenn das so bleibt? Wird mir dann nicht alle Überzeugungskraft, aller Schwung, alle Vitalität verlorengehen? Mit meinem Verstand und mit meiner Erfahrung kann ich das nicht ersetzen, denn beides ist bei mir nur mässig.

Ich habe nur ein Bestreben, nur einen Wunsch: nach Kreisau zu kommen, mich um den Betrieb und den Garten zu kümmern, selbst zu graben und zu hacken, zu pflanzen und zu schneiden und zu warten, bis die Ereignisse hinter meiner Vorstellung her sind, sie eingeholt haben. Aber das ist ja die Einstellung des Kaisers Barbarossa, der wartet, bis die Raben fliegen. – Ich habe noch nie – ausser in den letzten Monaten, als ich es auf die Krankheit schob – mit soviel Gleichgültigkeit Ereignissen gegenübergestanden, von denen mir alle sagen, sie seien wichtig, entscheidend, gewaltig, dramatisch. Ich stehe nur immer dabei oder vielmehr daneben und frage „wieso?". Es ist doch schon alles entschieden, das Drama ist bereits zu Ende. Kannst Du mir das erklären? Habe ich mich verändert? Hat vielleicht die Einwilligung zu Deinem zweiten Kinde mir die Folgerichtigkeit genommen, wie Samson, als ihm die Haare geschnitten wurden?

Gut, ich beende das Fragen und kehre zum täglichen Leben zurück. Heute früh war viel zu tun, mittags habe ich bei Yorcks gegessen, dann kam Waetjen zum Tee und jetzt ist es bald Abend. Morgen früh kommt Asta zum Frühstück nachdem sie Bürschchen fortgebracht haben wird, mittags gehe ich zu den Tanten, nachmittags nach Babelsberg zu Waetjen. Viel arbeiten werde ich also nicht. Ich habe vor, die beiden Osterfeiertage, nach Deiner Abreise, tüchtig zu nutzen und mal wieder etwas Zusammenhängendes zu arbeiten. ...

Berlin, [Sonntag] den 30. 3. 41

... Nachher gehen wir beide zu den Tanten zum Essen. Ich nehme Kaffee mit, da ich sonst ja kaum etwas Vernünftiges zum Mitbringen habe. Anschliessend fahre ich nach Babelsberg zu Waetjen, will dann zurückkommen und um 9 kommen Asta und Claus Haniel zum Essen. Jetzt will ich Bücher führen und nachher abends Timesse lesen, die sich angestapelt haben. Ausserdem will ich aufräumen. Damit ist dann alles wieder auf dem laufenden. ...

Berlin, den 1. 4. 41

Heute liegt draussen Schnee, der auch nachmittags noch nicht ganz weggetaut war. Welch ein skandalöses Frühjahr, aber welch ein Glück, daß wir schon etwas Frühjahr vorweg genossen haben. Ich habe auch einen erkälteten Kopf.

Der Krieg geht wieder in schnellem Tempo voran. Der italienische Wehrmachtbericht hat den Verlust von 3 Kreuzern und 2 Zerstörern in einer Seeschlacht zugegeben und das wird die Seelage im östlichen Mittelmeer jedenfalls solange klären, bis etwa durch Landoperationen eine neue Lage hinsichtlich der Stützpunkte geschaffen ist. Anthony Eden[1] war gestern mit Sir John Dill[2] in Belgrad und das spricht dafür, daß wir uns einer regelrechten Balkanfront gegenübersehen werden, die mindestens Besatzungstruppen kostet, wenn sie nicht sogar ernsthafte Schwierigkeiten machen wird. Der Monat, der heute beginnt, wird viel Leid über grosse Teile Europas bringen. ...

1 *Anthony Eden:* später Earl of Avon; britischer Außenminister 1935–38, 1940–45 und 1951–55; Premierminister 1955–57. 2 *Sir John Dill:* Chief of Imperial General Staff 1940–41, britischer Vertreter beim Joint Chiefs of Staff Komitee in Washington 1941–44.

Berlin, [Sonntag] den 13. 4. 41

Es ist 10 Uhr und ich bin gerade im Amt angekommen. Ehe ich mich jedoch meiner Arbeit hingebe, will ich Ihnen rasch schreiben. Mein Lieber, es war nämlich so sehr schön mit Ihnen, so wie immer. Die Tage sind ausgefüllt, wenn Sie da sind, auch wenn nichts geschieht und Ihr Ehewirt ist zufrieden. Es sind für mich doch immer Feiertage und dieses Mal war ich wirklich sehr wenig weg und bei der Arbeit. ...

Berlin, den 14. 4. 41

Es ist gerade 10 Uhr und die Kirchenglocken läuten durch's offene Fenster herein. Es klingt so friedlich und ich denke, ob mein Pimmes wohl jetzt in Gräditz sitzt und neben einer netten Liturgie sich eine schlechte Predigt anhört? Wie gerne hörte ich die schlechte Predigt. ...

Gestern mittag kam die Nachricht von dem russisch-japanischen Pakt.[1] Ich habe den Eindruck, daß er hier überall als Überraschung empfunden wurde, aber ich bin mir gänzlich unklar darüber, wie dieses Ereignis auszulegen ist. Nun kennen wir bisher den Text nicht, aber die Tatsache als solche ist eine Sensation. Vielleicht ist es ein grosser deutscher Sieg, zu dem wir aber nichts beigetragen haben als die Bedrohung Russlands. Vielleicht will dieses sich so von uns loskaufen; vielleicht auch will es umgekehrt sich den Rücken frei halten für den Fall von Verwicklungen im Westen. Jedenfalls kann dies ein ganz entscheidendes Ereignis sein one way or the other. Ich hoffe, daß wir morgen den Text haben, denn heute will ich mich nicht dadurch von meiner Arbeit ablenken lassen.

Der Fall Bardia's ist für die anderen sehr ernst. Das Ganze ist für sie wie für uns eine vollständige Überraschung und mit Rücksicht auf die geringe Stärke der ihm zur Verfügung stehenden Truppen wird die Lage von Rommel[2] noch eine ganze Zeit lang sehr beunruhigend sein, selbst wenn es ihm gelingt, die erreichte oder noch weiter vorgeschobene Position zu halten. Ob es für uns ein eindeutiger Segen ist, daß wir dort stehen, ist mir, auf die Länge gesehen, mindestens zweifelhaft, denn wir müssen doch dadurch ständig Nachschub dorthin liefern, der immer bedroht bleibt, solange die britische Position im Mittelmeer nicht erschüttert ist. Aber natürlich trägt dieser Vormarsch auch die Möglichkeit in sich, diese Position umzuwerfen, falls er weiter fortgesetzt werden kann. Und so bestätigt auch diese Lage nur wieder, was ich in diesem Kriege immer wieder gelernt habe, daß nämlich jede Lage die Keime zu ihrer eigenen Vernichtung und zu ihrer eigenen erfolgreichen Fortsetzung in sich trägt und daß es letzten Endes auf die Vitalität und Moral der Einzelnen, vornehmlich aber der Führer ankommt, welche Keime entwickelt werden und welche verdorren.

1 *russisch-japanischen Pakt:* Der japanische Außenminister Matsuoka unterzeichnete am 13. 4. in Moskau einen Neutralitätspakt zwischen Japan und Sowjetrußland. 2 *Rommel:* Erwin Rommel (1891–1944) General, später Generalfeldmarschall, seit Februar 1941 Führer des deutschen Afrikakorps in Libyen. S. auch 25. 11. 41, Anm. 2.

Berlin, den 15. 4. 41

... Dein Wirt hat gestern wesentlich besser gearbeitet als vorgestern. Es ist bis ½ 11 ohne Schwierigkeiten oder Ermüdungserscheinungen glatt gegangen. – Morgen nachmittag fahre ich wieder zu Waetjens wenn es nicht regnet. Das ist mir sehr angenehm.

Hier ist garnichts zu melden. Die russisch-japanische Erklärung ist die Hauptsensation des Tages. Es ist nicht ganz klar wie sie wirken und was für Folgen sie haben wird. Das einzige was ganz gewiss zu sein scheint ist, daß wir nichts davon gewusst haben. Trotzdem ist die Erklärung für uns mindestens augenblicklich eher angenehm und so wird sie sicher ausgeschlachtet werden. Ob sie viel bedeutet, bleibt zweifelhaft. ...

Berlin, den 17. 4. 41

... Heute kam ein Schreiben des Chefs des Heeres-Personalamtes, in dem er mir mitteilte, daß am 24. drei[1] Feiern stattfinden würden: 1 im O. K. W., 1 am Moltke-Denkmal und 1 in Kreisau. Um 11 Uhr. Ich soll mitteilen, wer von der Familie wo teilzunehmen wünscht. Ich habe also

H. A., Bill[2] und Tante Leno gebeten, mir bis Sonnabend die Wünsche ihrer jeweiligen Geschwister mitzuteilen. Ich nehme an, daß Ihr beide Euch in Kreisau beteiligen werdet, oder will Asta ausbrechen? Ich werde Sie jedenfalls anmelden.

Morgen isst Ulla bei mir, gegen Abend kommt Trott vorbei. So, sonst ist wohl nichts zu berichten. Ich freue mich schon rasend darauf, bald wieder in Kreisau zu sein. ...

1 *drei Feiern:* zum 50. Todestag des Feldmarschalls. 2 *Bill:* Wilhelm von Moltke, Sohn von „Onkel Helmuth" – s. 22. 8. 39, Anm. 9.

Berlin den 19. 4. 41

Heute ist es schon etwas wärmer. Als ich das erste Mal auf das Thermometer sah zeigte es bereits 8°. Hoffentlich ist es in Kreisau auch schön, damit alles vorankommt. – Es ist erst morgens und ich habe eigentlich noch garnichts zu berichten, ausser daß ich herrlich geschlafen habe von ½ 10 bis 6 und daher endlich ein Mal wieder ganz ausgeschlafen bin. Ich schreibe nur jetzt schon, weil der Tag sicherlich gehetzt werden wird. Sonnabend ist immer ein schlechter Tag, und heute ist ausserdem noch eine Geburtstagsfeier[1] angesetzt, die die ohnehin knappe Arbeitszeit weiter verringern wird. Mittags esse ich mit Waetjen und Haushofer. Das wird sich sicherlich bis 4 ausdehnen, dann will ich meinen Koffer packen und aufgeben, damit Schnaps und Zigarren rechtzeitig in Kreisau sind und damit ich ausserdem meinen arbeitsmässig ganz überbelegten Montag entlaste.

Also nach Kreisau kommen: Hans Adolf, Davy, Mia Mokke.[2] Ferner habe ich gestern mit Jowo zu telephonieren versucht, den ich aber nicht erreichte. Ich hinterliess ihm jetzt die Nachricht und nehme eigentlich an, daß er sich diesen Urlaubsvorwand nicht entgehen lassen wird. – Davys Kinder haben Masern; H. A. lässt fragen, ob das ein Hinderungsgrund sei. Ich habe ihm gesagt, ich würde Dich noch dazu hören, könnte es mir aber nicht vorstellen, wenn Davy es für unbedenklich hielte, da sie ja mehr davon versteht als wir.

Gestern abend kam Trott vorbei, der nett und erfreulich war. Um ¾ 8 ging er wieder und Dein Wirt blieb allein, las ein wenig in dem Mozart-Buch, spielte sich die Mozart-Ouvertüren vor und ging, wie gesagt, um ½ 10 schlafen. Es war ein angenehm friedlicher Abend.

Der Krieg in Griechenland geht langsam vorwärts. Ich rechne eigentlich damit, daß wir die griechisch-britische Stellung am Olymp gestern durchbrochen haben. Die britischen Truppen haben sich seit Tagen allmählich abgesetzt und scheinen sich erneut in Stellungen verteidigen zu wollen, die von den Thermopylen durch das ganze Land gehen. Es ist also möglich, daß es zu einer neuen grossen Schlacht bei den Thermopylen kommt. Es wäre eine merkwürdige Verbindung über die Jahrtausende hinweg.

1 *Geburtstagsfeier:* Am 20. 4. 41 war Hitlers 52. Geburtstag. 2 *Mia Mokke:* Maria, Tochter von Hans Adolf von Moltke.

Berlin, [Sonntag] den 20. 4. 41

Gestern kam kein Briefchen von Dir und heute der vom 18. Hast Du anders eingesteckt oder hat sich der 7-Uhr Zug verschlechtert? Dein Brief klingt ganz lieb, eigentlich sehr lieb, nur scheint mir, Du tust zu viel und ausserdem ist die Gefährdung des Kopfes ja für Dich sehr unangenehm. Wenn das so den ganzen Sommer bleiben sollte, so wäre da doch eine sehr erhebliche Beeinträchtigung.

Ja, ich rechne damit, daß Peter und Marion Yorck kommen. Ausserdem habe ich gestern von Jowöchen gehört, daß er damit rechnet, am 23. mittags einzutreffen. Das wird also ein volles Haus. Hoffentlich wird es nicht zuviel für den Pim.

... Es ist jetzt 11 und ich habe die Zeit bis jetzt mit den Briefen des Freiherrn vom Stein verbracht. Ich will sie heute beendigen, denn augenblicklich lese ich gar zu viele Bücher auf ein Mal und muss mal etwas aufräumen. Die Briefe sind sehr erfreulich und ein so deutlicher Beweis dafür, daß jener Mann auch nicht wusste, wie er das für richtig Erkannte durchsetzen sollte. ...

[PS] Wir wollen nicht flaggen.

Berlin, den 25. 4. 41

... In der Arbeit steht offenbar ein grösserer Ärger bevor. Ich lasse mich aber nicht ärgern, weil es mir alles zu gleichgültig ist. Die Sitzungen heute waren ausgesprochen erfolgreich. – Morgen gehe ich früh zur Industriebank, um wieder einen kleinen Schritt voran zu tun in der Angelegenheit der Ablösung der Wodan.[1]

Mein Lieber, die 3 Tage waren trotz aller Hetze und Mühe doch sehr erfreulich. Ich bin froh, daß alles, was mein Pim zu tun hatte, so hervorragend geklappt hat und daß der Pim selbst wohl genug[2] war. ...

1 *Ablösung der Wodan:* ein Darlehen von Carl Deichmann. 2 *wohl genug:* F. M. erwartete im Herbst ein Kind.

Berlin, den 26. 4. 41

... Es gibt im Augenblick viel Arbeit, besonders da Schmitz fort ist und dadurch doch einiges mehr auf mich fällt. So werde ich morgen mindestens ein Mal ein Stündchen ins Amt gehen. Die letzte Nacht war leider durch einen Fliegerangriff um ½ 2 gestört, der anscheinend einen Teil der Stadtbahn in der Nähe des Po[tsdamer]-Bahnhofes getroffen hat. Genaueres weiss ich allerdings nicht.

Ich denke immer an all die Sachen, die in Kreisau getan werden müssen und die nun auf den Pimmes fallen: die Hecke zu pflanzen, die Buche und den Flieder zu pflanzen und alles in Schuss zu halten.

Heute mittag war ich allein; nach Tisch habe ich ein wenig gepümpelt, jetzt trinke ich einen frühen Tee und warte auf Fräulein Breslauer, die mit den fertigen Sachen vorbeikommen will. Dann beginnt der Sonnabend/Sonntag. Ich habe 1 Times aber 3 Round Table. Das alleine genügte schon. Aber ausserdem habe ich versprochen noch einen englischen Plan einer Nachkriegs-Weltordnung von 150 Seiten bis Montag zu rezensieren. So muss ich mich dranhalten.

Berlin, [Sonntag] den 27. 4. 41

Es ist jetzt fast 2 Uhr. Seit 8 sitze ich mit Beinchen auf dem Sofa und lese. Immerzu, immerzu, eine Seite nach der anderen. Es ist ein enormes Programm, das ich mir für heute vorgenommen habe und ich muss mich tüchtig dranhalten. Von 11 bis 12 war ich im Amt, wo gerade die Nachricht von der Einnahme von Athen eingetroffen war. Ausserdem scheint ein Luftlande-Unternehmen in Korinth gelungen zu sein, so daß dieser letzte Akt des griechischen Feldzuges wohl schnell zu Ende gehen wird.

Zu berichten ist garnichts. Ich tue nichts als Lesen. Es interessiert mich sehr, denn es führt meine Kenntnis der Gedanken unserer Freunde auf der anderen Seite weiter. Es ist erstaunlich wie schwer es im Kriege ist, der gedanklichen Isolierung zu entgehen, selbst wenn man an einer verhältnismassig so begünstigten Stelle sitzt wie ich. Die Abschneidung von Informationen, die wir teils als notwendige Massnahme selbst betreiben, die uns zum Teil aber durch die Blockade und den Rückgang des Verkehrs mit der äusseren Welt aufgezwungen ist, hat doch geradezu verheerende Folgen und es wird grosse Mühe kosten, wieder in den gleichen Schritt mit der Weltentwicklung zu kommen, wenn dieser Krieg ein Mal vorüber sein wird. ...

Mein Lieber, ich hoffe bald von Dir zu hören, wie es dem Pflanzen gegangen ist. Ob Du alles in den Boden bekommen hast und in welchem

Zustand die Pflanzen waren. Dann ist mir heute Morgen beim Waschen eingefallen, daß Du Dir doch unbedingt 2 neue Bienenstöcke machen lassen musst. Denn wenn es Dir nicht gelingt, das Schwärmen zu verhindern, so musst Du doch wenigstens die Möglichkeit haben, einen etwaigen guten Schwarm unterzubringen.

Berlin, den 28. 4. 41

... Gestern war ein angenehmer Arbeitstag. Ich habe bis um 12 Uhr nachts gelesen und geschrieben und war mit den Fortschritten sehr zufrieden. Donnerstag wird hoffentlich ein ähnlicher Tag. – Hier ist viel Arbeit, auch ganz befriedigend. Wie ich aber durch all diese Berge von Arbeit hindurchkommen soll, ist mir unerklärlich. Schmitz bleibt bis 8. 5. weg und das mehrt meine Arbeit auch wesentlich.

Heute morgen fielen mir die Bienchen ein. In 6 Wochen, nein in 8 ist ja Lindenblüte. Musst Du da nicht jetzt anfangen mit der Reizfütterung und sie richtig voll mit Futter machen? Die Stachelbeeren und sonstigen Pollenträger müssen doch jetzt in wenigen Tagen zu blühen anfangen, so daß die Bienchen an das Brutgeschäft gehen können. Ist das nicht so? Ich bin rasend gespannt zu hören, was Du von ihnen hältst, wenn Du sie Dir das erste Mal ansiehst. Jetzt hast Du sie fast ein Jahr. Ich kam doch im vorigen Jahr zum 1. Mal und wenige Tage später erschienen die Bienen. ...

Berlin, den 29. 4. 41

Heute mittag war Dein kurzes Briefchen von gestern abend schon da. Gut, daß die Blutbuche gepflanzt ist. Ich hoffe, sie wird sich gut entwikkeln. Ehe die Kinder auf ihren Spielplatz können, muss aber um die Blutbuche ein festes Gerüst gebaut werden, damit sie sie beim Spielen nicht umbrechen. So:

und dann muss das alles noch mit Stacheldraht umwickelt werden, weil die Halunken sonst an dem Gerüst zu klettern und zu turnen anfangen. Ich bin sehr gespannt die Hecke zu sehen und zu entdecken, wie sie sich entwickelt.

Hier sind plötzlich grosse grundsätzliche Kämpfe um Schmitz entbrannt, der selbst in Belgrad sitzt. Ich muss sehen, ihn so gut zu verteidigen wie ich kann. Glücklicherweise habe ich mich in den Vordergrund gespielt und werde so wohl morgen oder übermorgen zu Canaris zum Vortrag befohlen werden. Das interessiert mich sehr, weil es sich um eine Frage fundamentalster Grundsätze handelt, deren Entscheidung C. nicht ausweichen kann. Ich werde sie jedenfalls und ausschliesslich grundsätzlich aufziehen und sehen, was geschieht. Ich werde mit Canaris alleine sein, so daß er keinen Grund zur Verstellung hat, der nicht in mir liegt. Ich kann nur hoffen, daß ich einen guten Tag haben werde. Mein Grundthema lautet: Was Recht ist nützt dem Volke, was Völkerrecht ist, nützt der Kriegführung. Und ich werde es auch so formulieren. Vielleicht fliege ich raus. Wenn nicht, dann sitze ich fester.

Morgen hoffe ich wieder zu Waetjens zu kommen.[1] Es ist eine angenehme Aussicht. Donnerstag gehe ich abends zu Yorck, wo auch Schulenburg sein wird. ...

1 *zu Waetjens:* Er versuchte, möglichst regelmäßig an Mittwochnachmittagen dort im Garten zu arbeiten.

Berlin, den 30. 4. 41

Wo sitzt Dein Wirt? In der Küche und wartet bis sein Abendbrot gar sein wird. Es gibt Fisch in einer Sosse und Reis, Bruchreis zwar, aber immerhin Reis. Der Tag war so angefüllt, weil am Nachmittag der Vortrag bei Canaris sein sollte, auf den ich mich vorbereiten musste, daß ich einfach nicht zum Schreiben kam. Nach Babelsberg bin ich auch nicht gefahren; dafür will ich morgen ein ganzes Lustprogramm abrollen lassen: vormittags über Mittag Waetjens und ab 5 Yorck. ...

Die Besprechung mit Canaris dauerte eine Stunde und war durchaus befriedigend. Ich habe über meine Auffassung gar keine Zweifel gelassen und er hat mir durchaus zugestimmt. Es ist noch nichts entschieden, aber ich hoffe, daß diese Angelegenheit gut vorankommen wird. Mir jedenfalls war es angenehm zu wissen, wo C. steht. ...

Berlin, den 8. 5. 41

Nun sind Sie also unterwegs nach Kreisau. Hoffentlich sind Sie gut zur Bahn gekommen, hoffentlich hat alles geklappt und Sie reisen bequem. – Es war so sehr lieb mit Ihnen hier; die Tage sind schnell und auf das Liebste angefüllt vergangen. Es wird ja nicht ewig dauern, bis ich ein Mal wieder zu Ihnen komme, aber im ganzen wird dieser Zustand sicher noch lange andauern. Wir wissen es allerdings nicht genau und vielleicht ist es doch möglich schon eher zurückzukehren. Jedenfalls können wir es nicht ändern. ...

Ab 20. Mai ist vollständige Urlaubssperre, also auch für Wirtschaftsurlaub und seine Abarten. Ob das nur zur Vermeidung des Pfingstandranges ist, oder im Interesse der neuen Pläne lässt sich nicht erkennen. Ich glaube, daß sich im Laufe des Sommers auch noch weitere Einschränkungen des Personenverkehrs[1] als notwendig herausstellen werden.

1 *Personenverkehrs:* Der Angriff auf Rußland begann am 22. 6. 41.

Berlin, den 9. 5. 41

... Gestern mittag habe ich mit Peters gegessen. Es war so nett wie immer. Das Interessanteste ist, daß er bei dem Luftwaffenführungsstab ganz offensichtlich in einer ganz anderen Umgebung lebt als die, an die ich hier gewöhnt bin. Dort herrscht ganz offenbar Parteigläubigkeit und Hurrahpatriotismus in einem Masse, welches ich sonst nie treffe. Es geht so weit, daß sie dort die Bemerkung in der letzten Führerrede[1] über die Rüstung des Jahres 1942 dahin auslegen, das sei lediglich eine Finte zur Täuschung der Engländer, in Wirklichkeit sei es in diesem Jahr zu Ende. – Im übrigen habe ich mich von ihm über die jetzt von den Engländern verwandten Bomben belehren lassen. Das erzähle ich Dir gelegentlich mündlich.

Den Abend habe ich allein verbracht. C. war aus. Ich habe den 2ten Band des Solowjew ausgelesen; der war am Ende recht interessant, besonders wenn man bedenkt, daß das Buch Ende des vorigen Jahrhunderts geschrieben ist.[2]

Heute morgen war es 2° über 0. Also typisches Maiwetter. Wenn man bedenkt, daß uns die Eisheiligen erst noch bevorstehen, so wundert man sich, ob es an jenen Tagen denn nun noch kälter werden wird. Es sieht dafür aber heute so aus als würde es wenigstens nicht regnen: ein kalter blauer Himmel, an dem einige hohe Wolken hängen.

Heute mittag esse ich mit Strindberg, abends bin ich im Büro, morgen mittag kommt Guttenberg[3] zu mir und dann fängt der Sonnabend/Sonntag an, der schönste Arbeitstag der Woche. Ich habe ein grosses Programm, das ich wohl nicht voll erfüllen werde.

1 *Führerrede:* In seiner Reichstagsrede am 4. 5. hatte Hitler verlangt, daß sich Hunderttausende von deutschen Frauen ein Beispiel an den Millionen von Volksgenossinnen nehmen sollten, die schon in der Rüstungsproduktion arbeiteten, „wenn wir auch heute in der Lage sind, mehr als die Hälfte Europas arbeitsmäßig für diesen Kampf zu mobilisieren" (Domarus, S. 1708). 2 *Solowjew:* Wladimir Solowjew (1853–1900); es handelt sich wohl um die Geschichte vom Antichrist. 3 *Guttenberg:* Karl Ludwig Freiherr von und zu Guttenberg (1902–1945), konservativer süddeutscher Gutsbesitzer, Herausgeber der oppositionellen ‚Weißen Blätter'; im Kriege bei der Abwehr; stellte die Verbindung mit dem Jesuitenprovinzial Augustin Rösch her – s. 13. 10. 41; im April 1945 von SS erschossen.

Berlin, den 10. 5. 41

... Heute Nacht war wieder Fliegeralarm, jedoch nur 45 Minuten etwa. Ich nahm dann das Zeug von Suchantke und schlief auch bestens bis 7.15. Also sehr befriedigend. Es wurde ziemlich doll geschossen, aber ich hörte keine Bomben. Diese Nacht ist Mannheim offenbar sehr schlimm mitgenommen worden und in der vorhergehenden Nacht Hamburg und Bremen. Die Schäden und die Opfer in allen drei Städten sind für unsere Verhältnisse erheblich.

Guttenberg war zum Essen da: er ist gerade weggegangen. Er ist nett und angenehm, ein brauchbarer Mann. Der Arme lebt nun hier in einem Hotel; das ist doch schrecklich.

Der Sonnabend/Sonntag[1] liegt friedlich vor mir. Ich hoffe, eine Menge hinter mich zu bekommen.

1 *Sonnabend/Sonntag:* Am nächsten Tag, Sonntag, den 11. 5., schrieb er einen langen Brief auf Englisch – vielleicht um der am 27. 4. erwähnten ,,gedanklichen Isolierung" zu entgehen, die natürlich auch eine sprachliche war. Abgesehen von der Sprache ist der Brief bis auf ein paar Stellen belanglos. Die Sprache erklärt er durch die Lektüre des Tages: ,,having read English books the whole day, I feel like expressing myself in that tongue. ... I am going to plunge into [H. V.] Hodson's book ‚The British Commonwealth and the Future'. On the whole this day has fulfilled all and everything I expect of a lonely Saturday/Sunday. These days are like sowing a field and getting on with it: it shows no immediate results but it ist the basis and prerequisite of new thought. – This does not mean that I would not prefer to be with you at home; but it is the scond best and I go so far [as] to say that I would not like to miss days like this even if and when I can come home again. . ."

Berlin, den 12. 5. 41

... Anzug für die Hochzeit[1] ist Frack! Entsetzlich. Bitte schicke ihn mir oder gib ihn Asta oder C. B. mit. Leider brauche ich alles: Anzug, Hemd, Kragen, Binder, bitte mehrere, denn einige sind zu lang, Lackschuhe. Wie kann man mitten im Kriege so etwas machen und dann noch um ½ 5 am Nachmittag. Er ist grauenhaft.

Über C. B.'s Urlaub bin ich sehr erfreut. Er soll nur ja nicht nach Afrika zurückgehen, denn dort wird es immer ekliger. Ich bin sehr für Verbleib in Taormina. Hoffentlich hat er auch schönes Wetter, denn das erhöht den Reiz eines Urlaubs doch wesentlich. ...

1 *Hochzeit:* s. 22. 5. 41.

Berlin, den 13. 5. 41

... Gestern mittag habe ich mit Trott und Haeften[1] aus gegessen, und kam nachher um 2.30 in die Derfflingerstr., einen Kaffe zu trinken. ...

Mein Lieber, ich bin in Gedanken immerzu in Kreisau und überlege mir, wie alles aussieht und plane, was man alles tun kann. Aber über dem allen schwebt die dunkle Wolke der ungewissen, ungeklärten politischen Entscheidung, die bevorsteht. Niemand weiss, wann sie kommt, keiner weiss, ob er sie beeinflussen kann. Hoffen wir, daß die Entscheidung bald kommt.

1 *Haeften:* Hans-Bernd von Haeften (1905–1944), Legationsrat, später Vortragender Legationsrat im Auswärtigen Amt. – Sein Vater war 1914–1919 Generalstabsoffizier, später Präsident des Reichsarchivs und Mitglied der Preußischen Akademie der Wissenschaften; seine Mutter eine geborene Brauchitsch, Schwester des Oberbefehlshabers des Heeres der Jahre 1938–1941. – Nach Rechtsstudien und Referendarprüfung Austauschstudent in Cambridge 1928/29; 1930 Heirat mit Barbara Curtius, Tochter des Rechtsanwalts, Reichstagsabgeordneten und früheren Reichswirtschaftsministers (1926–29) und Außenministers (1929–31) Julius Curtius. – Schon früh aktiv in internationaler und ökumenischer Arbeit, wobei er Trott im Januar 1933 in Oxford kennenlernte. Tätig in der Bekennenden Kirche, befreundet mit Dietrich Bonhoeffer und Martin Niemöller; seit 1933 im Auswärtigen Dienst: 1934–37 Kulturattaché in Kopenhagen und Wien; 1937–40 Legationssekretär in Bukarest; 1942 Stellvertretender Leiter der Informationsabteilung (in der auch Trott arbeitete); 1943 Stellvertretender Leiter der Abteilung Kulturpolitik; am 23. 7. verhaftet und am 15. 8. 44 vom Volksgerichtshof zum Tode verurteilt und hingerichtet. Das jüngste seiner fünf Kinder, Ulrike, geb. 1944, heiratete später Konrad von Moltke. Es war Haeften, der Hitler vor dem Volksgerichtshof einen großen „Vollstrecker des Bösen" nannte. S. Ulrich Cartarius, Opposition gegen Hitler. ... Berlin 1984, S. 265.

Berlin, den 14. 5. 41

Dieser Brief wird sicher wieder 2 Tage reisen, denn es ist schon 6 Uhr abends. Der Tag war erfüllt mit Besprechungen und erfreulichen Intermezzi. Um 1.15 kam ich nach Mühe von einer Besprechung bei Gladisch weg, und traf mich bei Schlichter mit Hans. Wir gingen dann in die Derfflingerstr. und tranken einen Kaffee. Er blieb bis 5. Dann kam Waetjen. Um 6 musste ich noch ein Mal ins O.K.W., von da komme ich gerade und um 7.30 kommen Trott und Haeften. ...

Berlin, den 15. 5. 41

... C. B. hat in Liegnitz den Anschluss verpasst und erschien so um 9.15 mit Mädchen, als wir gerade in der Besprechung waren. Ich steckte die beiden in Carls Zimmer bis um 11 die anderen weggingen und widmete mich ihnen dann noch bis 12. C. B. lieb wie immer, voller Geschichten und ganz erwachsen geworden. Heute morgen haben wir noch zusammen gefrühstückt, ich habe ihn zum O.K.W. Reisebüro gebracht, damit er schnell seine Züge erführe und dann haben wir uns getrennt. Um 11 sind die beiden nach Rheinsberg gefahren, von wo sie Sonnabend abend wiederkommen wollen. Am Sonntag früh muss er abfahren. Der Arme, es freut ihn so sichtlich nicht.

Die Unterhaltungen mit Trott[1] und Haeften waren sehr befriedigend. Haeften ist ein guter aber sehr konservativer Mann und Trott nicht ganz zuverlässig. Bei der letzten Besprechung hatte ich sie beide nicht so recht überzeugt oder für meine Linie gewonnen. Aber gestern abend hatte ich einen guten Tag und habe Haeftens harte Schale spielend durchstossen und Trott lief dann mit. Es ist eine grosse Anstrengung solche Leute für „die grosse Lösung" zu gewinnen, weil sie zu sehr die Routine kennen. Ist es einem dann aber ein Mal gelungen, dann hat man auch einen zuverlässigen Wegbegleiter – ich meine Haeften.

1 *Trott:* [Anmerkung von Freya von Moltke:] Das Original dieses Briefes gibt es nicht mehr. Ich habe den Brief vernichtet. Ich wollte ihn nicht drucken lassen. Dann sah ich ein, daß das Weglassen dieses Briefes die Integrität der gesamten Briefedition aufs Spiel setzte. So wird der Brief, der schon abgeschrieben war, wie alle anderen unverändert gedruckt.

Dies waren meine Gründe: Mißverständnisse habe ich um Adam von Trott reichlich entstehen sehen und war nicht bereit, mit einem spontanen Wort meines Mannes in diesem Brief noch dazu beizutragen.

Und das Wort könnte leicht mißverstanden werden: Mein Mann spricht hier von der „grossen Lösung". Er glaubte, das Ende des Nationalsozialismus werde die notwendige Gelegenheit bringen, von Grund auf, anders, transnational, mit veränderten Souveränitäten aufbauen zu können. Darüber haben die drei Männer gesprochen, und nur aus diesem Gespräch floß die Beurteilung. Das läßt sich auch aus der Art der gleichzeitigen Äußerung über Haeften entnehmen.

Das Urteil meines Mannes bezieht sich bestimmt nicht auf Trotts Opposition und Einsatz gegen den Nationalsozialismus und auch nicht auf seinen Charakter. Im „Wie" ihrer Arbeit waren sie verschieden. Adam war ein Patriot; Helmuth nicht. Daß man trotz vorhandener Gegensätze doch miteinander weiterkommen konnte, war eine der Stärken des Kreisauer Kreises.

[Berlin] den 16. 5. 41[1]

... Von Deinem Ehewirt ist nichts zu berichten. Jetzt, um 1.30 geht er mit Kessel und Yorck essen und anschliessend geht er ins Institut, um den verpatzten Dienstag nachzuholen.

Mein Lieber, in 14 Tagen bin ich schon da. Gott sei Dank. Ich habe gar keine Lust mehr, hier zu sein. Aber was hilft's. Nur die Tatsache, daß die Made im Apfel ist, wie Churchill aus Anlass des letzten Absprungs[2] mitteilte, hält mich hier in erträglicher Weise aufrecht.

[PS] Ich hoffe, Sie haben an die Photographien von Mami, Granny und Daddy gedacht.

1 *16. 5. 41:* irrtümlich 16. 4. 41 datiert. 2 *letzten Absprungs:* Am 10. Mai war Rudolf Heß, der Stellvertreter des Führers, in einer eigens modifizierten Messerschmittmaschine eigenhändig nach Schottland geflogen und in der Nähe von Glasgow abgesprungen, wo er den Duke of Hamilton zu sprechen begehrte. Er wollte Frieden stiften. Als die wesentliche Voraussetzung nannte er den Sturz der Regierung Churchill. Deutscherseits wurde der peinliche Vorfall mit „Wahnvorstellungen" und „geistiger Zerrüttung" des Stellvertreters des Führers erklärt, englischerseits als Knistern im deutschen Gebälk. Für Albrecht Haushofer – s. 4. 2. 41, Anm. 1 – hatte die Sache unangenehme Folgen, die er durch einen Bericht für Hitler zu mildern hoffte: ADAP, D, Bd. 12, 2, Nr. 500.

Berlin, den 17. 5. 41

Vorhin haben wir gerade telephoniert und das war sehr lieb. Besonders bin ich froh zu hören, daß Ihr gutes Wetter habt. Ja, die Bienchen, die regen mich sehr auf. Besonders natürlich, daß Du der Meinung bist, die 29 würdest Du schon zur Rapsblüte soweit bekommen, daß Du sie aussperren kannst. Was tust Du denn für 18? Hängst Du der nun fertige Waben ein, damit sie nicht zu bauen braucht oder lässt Du sie auch Wachs schwitzen? Ich dachte schon ein Mal daran, ob Du nicht der 29 eine Wabe mit Brut wegnehmen und sie der 18 einhängen solltest, aber wie bei allen Sachen ist es sicher besser, das Beste und Stärkste zu pflegen. – Dabei liegt der Ton auf Sachen zum Unterschied von Menschen.[1]

Heute morgen bin ich nach einem köstlichen Schlaf kurz vor 6 mit einem Schreck aufgewacht: ich sah Dich nämlich auf Zeumers Wagen und das Pferd ging durch über Stock und Stein. Bitte sei vorsichtig! – Du fragst nach Haeften. Das ist eine Neuerwerbung. Er ist gerade von Bukarest gekommen und ein sehr guter Mann. Ich dachte Du wärst mit bei Yorcks gewesen, als ich ihn kennenlernte. – Gestern mittag assen Yorck, Kessel, Haeften und ich zusammen. Es war sehr nett und lohnend. – Haeften habe ich nur gegen grossen Widerstand überzeugt aber ich rechne darauf, daß er jetzt eisern fest bleibt.

Heute und morgen befasse ich mich wieder mit dem Empire und seiner Zukunft. Ich hoffe dabei eine Menge zu lernen. – Der Krieg wird in den nächsten 8 Wochen mehr Überraschungen bringen als in den ersten 18 Monaten, scheint mir. Es sind unendliche Möglichkeiten für Varianten vorhanden, deren Folgen sich garnicht übersehen lassen. Gestern schlug einer vor, die Russen sollten England den Krieg erklären, um sich so vor uns zu schützen. Es wäre rasend komisch!

[PS] Kannst Du mir, bitte, die schriftliche Unterlage schicken, auf der der die Spielschule betreffende Schreck[2] beruht. Yorck und ich wollen deswegen zu Backe[3] gehen.

1 *Menschen:* vielleicht eine Anspielung auf die systematisch betriebene Vernichtung „lebensunwerten Lebens", die geheimgehalten werden sollte, sich aber doch herumsprach – s. 6. 9. 41, Anm. 1. 2 *Schreck:* Die Spielschule, der Dorfkindergarten, war von Nazifizierung bedroht. 3 *Backe:* Herbert Backe (1896–1947), Mitglied der Partei und S. A. seit 1923; Juni 1933 Kommissar zur besonderen Verwendung im Reichsministerium für Ernährung, Oktober 1933 Staatssekretär, April 1944 Reichsminister für Ernährung; April 1947 Selbstmord im Gefängnis Nürnberg.

Berlin, den 18. 5. 41

... Ich bin so niedergeschlagen über die Franzosen. Dieser glatte Verrat an ihren früheren Bundesgenossen[1] drückt sie in eine Stufe mit Italienern und Spaniern. Wie auch dieser Krieg ausgehen mag, kein Mensch kann mehr etwas für sie übrig haben und man kann sie nur mit Verachtung betrachten. Es ist gut, daß Pierre[2] das nicht erlebt. Es hätte ihn gewiss sehr geschmerzt. Ich frage mich immer noch, ob sich nicht wenigstens einige Franzosen finden, die sich bemühen wenigstens den Rest der Ehre zu retten.[3] Ich schicke Dir übrigens hier einen ganz kleinen Ausschnitt einer Rede von Churchill über die Italiener. Ach, da ich sie gerade ganz da habe, kann ich sie auch ganz schicken. Ich brauche sie nicht mehr. Vernichte sie nachher gut. Die Rede ist nicht übermässig, aber der Abschnitt über Musso[4] ist gut. ...

1 *Bundesgenossen:* Am 17. 5. notierte Halder in seinem Kriegstagebuch: „Englischer Luftangriff auf Damaskus. Franzosen setzen Erd- und Luftabwehr gegen Engländer ein!" Der französische Stellvertretende Ministerpräsident, Außen-, Innen- und Marineminister Darlan hatte schon vorher großes Entgegenkommen gezeigt. Am 11. 5. empfing ihn Hitler, am 25. 5. notierte Halder Verhandlungen mit Darlan über französische Hilfe in Syrien, im Irak, in Nord-, West- und Äquatorialafrika. Am 4. 6. konstatierte er Beweise für den französischen Verständigungswillen „gegen geringe Zugeständnisse"; hierzu gehörte die schon am 19. 5. bekanntgegebene Beurlaubung von bis zu 100 000 Kriegsgefangenen. Wei-

tere deutsche Konzessionen wurden in Aussicht gestellt, bevor am 27. und 28. in Paris Protokolle über die Zusammenarbeit unterzeichnet wurden. Sie sollten die französische Regierung in die Lage versetzen, ,,den möglichen Ausbruch eines bewaffneten Konflikts mit England und den Vereinigten Staaten vor der öffentlichen Meinung ihres Landes zu rechtfertigen". (ADAP, D, Bd. 12, 2, Nr. 559) 2 *Pierre:* Fischbacher. 3 *zu retten:* General de Gaulle wird in den Briefen nie erwähnt. 4 *Musso:* vermutlich in der Radioansprache vom 27. 4. 41 – s. Robert Rhodes, James (Hg.), Winston S. Churchill: His Complete Speeches. Bd. 6, New York 1974, S. 6380f.

Berlin, den 19. 5. 41

... Der Tag gestern war im ganzen nicht so friedlich wie ich ihn mir gedacht hatte. Es lag an einer etwas aufgescheuchten Seele. C. B. hat mich wieder beunruhigt und die ganze vorige Woche kam so nach. Ich habe in ihr immerhin 2 Bekannte verloren. – Ich graule mich vor Mittwoch und bin auch noch nicht sicher, ob ich nicht im letzten Augenblick eine Dienstreise vorschützend absage. Ich finde es unmöglich, in Frack und langem Kleid zu heiraten. Mir wird ganz übel, wenn ich daran denke. ...

Berlin, den 20. 5. 41

... Gestern war ein friedlicher Tag. Ich habe mittags alleine zu Hause gegessen und abends auch. Nachmittags war ich im Büro. Ich habe mich hauptsächlich für die Lage im Mittleren Osten, also in Syrien und im Irak[1] interessiert, die ja für die Engländer garnicht angenehm, sondern schon fast richtig unangenehm ist. Vielmehr ,,unpleasant potentialities"[2] wäre der richtige Ausdruck. ...

1 *Irak:* dort hatte der prodeutsche Raschid Ali el Gailani durch Staatsstreich die Macht ergriffen und stellte eine Bedrohung der britischen Zufuhren im Mittleren Osten dar. Am 2. 5. war der bewaffnete Konflikt um den britischen Stützpunkt Habbaniya ausgebrochen; britische Streitkräfte aus Palästina erreichten Habbaniya am 18. 5. und Bagdad am 30. 5. Raschid Ali floh nach Persien. Am 31. 5. wurde ein Waffenstillstand unterzeichnet und der Regent des Irak wieder eingesetzt. 2 *,,unpleasant potentialities":* s. Hitlers Weisung Nr. 30 ,,Mittlerer Orient" vom 23. 5. 41 in Hubatsch, S. 139–142.

Berlin, den 21. 5. 41

... Ich erwachte heute früh um 4 trank Suchanaans Tröpfchen und schlief bis kurz nach 5. Dann wachte ich definitiv auf und zwar aus einem Traum, in dem ich Hans Adolf von den Grundsätzen des vierten Reiches zu überzeugen versucht hatte. Es war ein ganz interessanter Traum, denn H. A. gebrauchte sehr richtige und durchaus nicht von der Hand zu weisende Argumente. Nachdem ich diesen Traum liquidiert hatte, wandte ich mich wieder dem Berghaus, seinem Garten und den Bienchen zu, meinem liebsten Meditationsobjekt. ...

Die Lage in der Welt ist wieder rasend labil. Sie bietet den Engländern wie auch uns im Augenblick die Möglichkeit zu einem grossen Erfolg. Ob die Engländer aber stark genug sein werden, diese Möglichkeit für sich zu nutzen, ist mir mehr als zweifelhaft. Immerhin hat die wichtigste Gruppe Italiener in Abessinien nun kapituliert,[1] sodaß sie dort Kräfte frei bekommen. In jedem Fall stehen uns sehr wichtige 8 Wochen bevor, in denen sich wohl entscheiden wird, ob der Krieg noch jahrelang dauert oder ob er within a reasonable time zu Ende geführt werden kann.

1 *kapituliert:* Am 18. 5. kapitulierten 18000 Mann unter dem Herzog von Aosta.

Berlin, den 22. 5. 41

Die Daten steigen nun schon in die 20er und an deren Ende kann ich glücklicherweise weg. Ich habe auch schon grosse Lust darauf, sehe nur mit Unbehagen wie kurz es sein wird.

Die Hochzeit ist also überstanden. Die Trauung war auf russisch, daher habe ich kein Wort verstanden. Es war nur Liturgie, meistens in Form eines Wechselgesangs zwischen Popen und einem recht guten Chor. Die ,,Kirche" war etwas primitiv, vermittelte jedoch eine Vorstellung von einer griechisch-orthodoxen Kirche. Das für unser Auge auffallendste war die Tatsache, daß in den unendlichen Bildern und Ikonen, Christus immer nur als der Verklärte, Auferstandene dargestellt wurde, nie als Mensch oder als leidender Mensch. Das ist für unser Gefühl doch kaum noch Christentum weil die Konsequenz eben doch sein muss[,] Seine Gebote nicht auf Erden zu erfüllen und das darin liegende Leiden zu bejahen, sondern auf die Verklärung durch Ihn zu hoffen.

Glücklicherweise hatte ich ein Taxi gleich warten lassen und fuhr mit T. Leno,[1] Editha[2] und Asta ab. So waren wir in der Kurfürstenstr. 58 kurz nach Brautpaar[3] und -eltern und das war sehr angenehm, weil wir den Trubel so stückweise auf uns wirken lassen konnten. Es stellte sich heraus, daß dieses Haus – neben Deiner geliebten Brauerei – einer Dienststelle des A. A. untersteht, deren Chef ein Löwenberger Adept[4] ist, der mich auch gleich innig begrüsste. Er kam mir zwar bekannt vor, aber ich erkannte ihn doch nicht gleich. Schliesslich stellte sich heraus, daß er zusammen mit Raupach[5] bei uns in der Bendlerstr. gewesen war. Ein netter Mann; da Carl erst Sonnabend kommt, erscheint er heute bei mir zum Essen. – Die Feier war tief in Mittelstand getaucht aus dem Bills,[6] Tante Leno, Hans-Carl[7] und noch ein oder zwei Leute hervorragten. Asta und ich waren uns darüber einig, daß wir uns wie im Zoo fühlten. Nach kurzer Zeit erschien sie denn auch und erklärte, es sei für sie kein Bürschchen da, und wir wollten gehen. Mir lag auch sehr viel daran, denn es war ein ungeheuer wichtiger Tag, militärisch, und ich wusste daß eine grosse Sache[8] zunächst schiefgegangen war, sodaß sie zwar gelingen aber verhältnismässig enorme Opfer fordern wird. Und gerade während wir da sassen brachten sich die Menschen in Massen um. Ich nehme an, daß es heute oder morgen gelingen und dann bekanntgegeben wird.

Marina[9] sah sehr nett aus und alles was sie so sagte war freundlich und nett. Wenn Du das nächste Mal kommst, wollen wir sie ein Mal zum Essen einladen; sie arbeitet ja um die Ecke. – Mit der Perle habe ich mich also um 9 zurückgezogen und wir haben noch ein Stündchen in der Derfflingerstr. gesprochen, dann ging sie nach Hause und ich ins Bett.

Am Vormittag habe ich englische Wochenschauen angesehen mit Bildern der Zerstörungen in London. Sehr interessant; fast nur Stellen, die ich gut kannte: Oxfordstreet, Piccadilly Circus, Horse Guards Parade, Admiralty – unversehrt –, Bank, Zoo u. s. w. Die Bilder wieder sehr eindrucksvoll und völlig überzeugend. Der Rest der Bilder war weniger interessant: Besichtigungen, Waffen, Flugzeuge u. s. w., die Seeschlacht von Matapan[10] mit ganz wunderschönen Bildern, aber nicht eigentlich interessant. Aber ich liebe ja Schiffe und alle Bilder fahrender Schiffe regen mich auf. Ein Schiff ist für mich ein Symbol der Freiheit. ...

1 *T. Leno:* Leonore von Hülsen. 2 *Editha:* Editha von Hülsen, Frau von Hans Carl von Hülsen. 3 *Brautpaar:* ein Moltke-Vetter und Marina v. Kasbek. 4 *Löwenberger Adept:* Ehrenfried Schütte (geb. 1910), Teilnehmer an der Löwenberger Arbeitslagerbewegung in den späten Zwanziger- und den frühen Dreißigerjahren – s. Einleitung, S. 18f. (Für die spätere Entwicklung s. Walter Greiff, Das Boberhaus in Löwenberg / Schlesien 1933–1937. Selbstbehauptung einer nonkonformen Gruppe. Mit einem Vorwort von Hans Raupach und einem Nachwort von Gotthard Gambke, Sigmaringen 1985.) Von 1936 bis 1941 war Schütte Generalsekretär der „Zentralstelle Osteuropa", die im Herbst 1941 in das Reichsministerium für die besetzten Ostgebiete überführt wurde; 1942–45 Leutnant im Amt Ausland, Abwehr II. 5 *Raupach:* Hans Raupach (geb. 1903), Jurist, Wirtschaftshistoriker und Osteuropaforscher; stark beteiligt am Boberhaus und an der Löwenberger Arbeitsgemeinschaft – vgl. Einleitung, S. 18f.; im Kriege bei Abwehr II; nach dem Krieg Inhaber verschiedener Lehrstühle, zuletzt in München. Leiter des Osteuropainstituts in München 1963–75. 6 *Bills:* Wilhelm von Moltke und seine Frau, die Eltern des Bräutigams. 7 *Hans Carl:* Hans Carl von Hülsen. 8 *große Sache:* Die deutsche Luftlandung auf Kreta hatte am 20. 5. begonnen. 9 *Marina:* Marina v. Kasbek, die Braut. Sie war die Sekretärin des „Löwenberger Adepten" – s. Anm. 4 –, dem ich für seine schriftlichen Auskünfte danke (Brief vom 31. 7. 87). Hans Raupach (s. Anm. 5)

danke ich ganz besonders für Informationen, mündliche wie schriftliche. 10 *Matapan:* Dort waren am 28. 3. drei schwere italienische Kreuzer und zwei Zerstörer versenkt worden.

Berlin, den 23. 5. 41

Ein trüber Morgen begrüsste mich heute, oder vielmehr begrüsste ich ihn, da ich wie üblich um 4 erwachte und trotz Suchantke's Tröpfchen nicht wieder einschlief. Aber die Erregung dieses Tages ist so gross und insomnia deswegen berechtigt. Über die Kämpfe[1] war auch gestern noch kein klares Bild zu bekommen, aber ich habe den Eindruck, daß wir uns langsam und mit grossen Verlusten durchsetzen; auf der anderen, nicht so sensationellen aber eher noch wichtigeren Front scheint es umgekehrt zu sein. Die Berichte aus Bagdad[2] klingen jedenfalls eher kleinlaut. Abgesehen von diesen Kämpfen zu Lande ist eine enorme Seeschlacht[3] im Gange, d. h. Luft gegen Marine mit einem Einsatz auf beiden Seiten wie er in diesem Kriege noch nicht da war[,] und diese Schlacht kann auch viel entscheiden. Jedenfalls ist wieder ein Punkt erreicht, an dem die Wege zwischen kurzem und langem Krieg sich scheiden können und bei der Bedeutung, die diese Frage für unser aller Leben hat[,] ist durch Erregung hervorgerufene Schlaflosigkeit doch wohl berechtigt.

Gestern mittag war Schütte[4] hier. Er gehört zu denen meiner ersten Sach-Freunde, die zu n. s. abgewandelt sind, so in der Art von Raupach. Er hat die ,,kulturellen" Beziehungen zu Russland unter sich und erzählte recht interessant aus einem mir doch sehr fremden Gebiet. – Nachmittags war eine mittelmässige Sitzung bei Gladisch, mittelmässig, weil die erste Besetzung der Delegation der Wehrmachtteile mit Rücksicht auf die akuten Ereignisse nicht kommen konnte. Und das drückt sofort das Gesamtniveau. – Heute nachmittag gehe ich zu einer Sitzung zu Gramsch[5], in der er und ich die beiden Hauptkombattanten sein werden. Da es sich um eine grosse, grundsätzliche Frage weitsichtiger Planung handelt, freut mich das natürlich sehr. Es geht nichts über einen guten Gegenspieler; für den würde ich sogar schlechte Bundesgenossen in Kauf nehmen, obwohl es noch schöner ist, allein zu sein wie heute.

Gestern, mein Lieber, kam kein Briefchen. Also ich hoffe auf heute. Ich komme mir vor wie Granny: I try to visualise everything and I am eager for details. Was mögt Ihr für Wetter gehabt haben? Heute oder morgen hoffe ich auch zu hören, wie sich die Bienchen gemacht haben, die Du ja am Dienstag betrachten wolltest. Kauf mir doch bitte auch eine Maske. Wir können ja ruhig zwei gebrauchen. Bitte.

1 *Kämpfe:* auf Kreta. s. 22. 5. 41, Anm. 8. 2 *Bagdad:* über die Entwicklungen im Irak, s. 20. 5., Anm. 1. 3 *Seeschlacht:* Bei der Schlacht im Atlantik, die

vom 18. bis 27. 5. währte, gingen auf englischer Seite der Schlachtkreuzer Hood, auf deutscher das Schlachtschiff Bismarck verloren. 4 *Schütte:* s. 22. 5. 41, Anm. 4. Er schrieb rückblickend: „Am 21. Juli 1944 wurde mir klar, daß die Begegnung für Moltke ein ‚Rekrutierungsgespräch' gewesen war, das ihn enttäuscht hatte." (Brief vom 31. 7. 87) 5 *Gramsch:* Friedrich Gramsch, Ministerialdirektor im Vierjahresplan.

Berlin, den 24. 5. 41

... Gramsch lässt sich Dir empfehlen. Die Unterhaltung mit ihm war fruchtbar und interessant. Sie wird nach Pfingsten fortgesetzt. Er hat mir aber auch noch viel Arbeit für diese Woche bereitet. ...

Bei Bills[1] ist möglicherweise eine Kellerwohnung frei und Carl + ich denken daran, sie zu übernehmen um eine sichere Unterkunft bei Luftangriffen zu haben. Ich werde mich in jedem Fall umtun, denn die Derfflingerstr. ist zu stark gefährdet.

Ach, mein Lieber, wie freue ich mich auf nächste Woche. Leider dauert es noch eine ganze Zeit bis es so weit ist und dann wird es ja so schnell um sein. Aber ich habe doch alles ein Mal wieder gesehen. ...

1 *Bills:* Im Hause von Wilhelm von Moltke in der Teutonenstraße in Berlin-Nikolassee.

Berlin, den 26. 5. 41

... C.D.'s hatten mich zur Taufe eingeladen, obwohl ich erst zugesagt hatte, muss ich jetzt doch noch absagen, weil ich einfach mit dem Programm dieser Woche bis Donnerstag sonst nicht fertig werden kann. Es tut mir leid, aber ich muss sagen, daß es mir wichtiger ist, am Mittwoch zu Waetjens zu fahren, wo ich seit 3 Wochen nicht war. Sonst fällt das ganze Arrangement[1] mit ihnen ins Wasser.

Zwei nette Briefe von Weicholds,[2] die ich beifüge. ...

1 *ganze Arrangement:* der Gartenarbeit an Mittwochnachmittagen. 2 *Weicholds:* s. 13. 2. 40; Konteradmiral Eberhard Weichold, der frühere Vorgesetzte beim Sonderstab HWK, war jetzt Chef des deutschen Verbindungsstabes beim italienischen Admiralstab.

Berlin, den 27. 5. 41

... Ich habe rasend zu tun. Ginge es nach objektiven Gesichtspunkten, so dürfte ich am Donnerstag nicht fahren. Aber bei meinem reduzierten Pflichtbewusstsein besteht keine Gefahr. Ich bin auch so gespannt auf alles. Und wenn es 10 Mal giesst, muss ich mir doch alles ansehen. Nur die Bienchen sind auf gutes Wetter angewiesen.

Zu berichten ist nichts. Die Tage schleichen. Heute mittag ass ich mit 2 Volkswirtschaftlern bei Yorck, am Donnerstag wollen wir uns mittags wieder treffen und vielleicht kommt er auch abends mit.

Auf Wiedersehen, mein Lieber, übermorgen fahre ich ab. Nur noch 2 Nächte und 2 Tage.

Berlin, den 3. 6. 41

Ein herrlicher Frühsommertag erinnert mich daran, wie schön es wäre, jetzt bei Ihnen zu sein. Aber es hat ja keinen Zweck, diesen Gedanken nachzuhängen. Ich bin froh über die vergangenen Tage und hoffe auf künftige. Es war so lieb bei Ihnen, mein Lieber. ...

Hier ist richtig viel Arbeit. Es ist mir lästig und ich täte gerne weniger. Die Lage ist unverändert. Nur haben die Engländer tatsächlich aus Kreta wieder 15000 Mann weggebracht.[1] Sie sind Meister der Flucht.[2] Das Gesamtunternehmen Kreta ist aber eine beeindruckende Angelegenheit. Man kann nur keine weitgehenden Schlüsse daraus ziehen. – Irak ist im englischen Sinne geklärt,[3] offenbar ohne wesentlichen militärischen Aufwand der Engländer. Es überrascht mich, und sagt mir, daß ich die englische Stellung in den arabischen Ländern doch für schwächer gehalten habe als sie ist. – Das ganze irakische Unternehmen war aber in jedem Falle nur ein erstes Grollen, eines sicher noch im Mittleren Osten heraufziehenden Gewitters. ...

1 *weggebracht:* Sie hatten fast 16000 Mann verloren und 17000 abtransportiert. 2 *Meister der Flucht:* Das Meisterstück war, im vorigen Sommer, die Evakuierung von über 300000 Mann aus Dünkirchen, die es Großbritannien ermöglichte, den Krieg auch ohne Frankreich fortzuführen. 3 *geklärt:* vgl. 20. 5. 41, Anm. 1.

Berlin, den 4. 6. 41

... Zu Sarres kann ich heute wieder nicht. Um 4.30 muss ich zu Gramsch und werde dort wohl 2 Stündchen bleiben. Mittags kommt Haeften, abends Einsiedel. Sonst passiert heute wohl nichts Besonderes.

Die Wohnung bei Bills scheint zu gedeihen. Der Mann hat geschrieben, er wolle noch 1 Jahr wegbleiben und am Sonnabend kommt er für 24 Stunden her, um mit mir darüber zu verhandeln. Das sieht doch gut aus. Ich werde also Sonntag früh hinfahren, mir die Wohnung ansehen und mit dem Mann abschliessen, wenn mir alles gefällt und T. Trude damit rechnet, mir eine Aufwartung beschaffen zu können. Du kannst es Dir dann ansehen wenn Du kommst. Es hat überdies den Vorteil, daß wir eine Ausweichwohnung haben, wenn Du ein Mal zugleich mit Herrn Deichmann hier bist. – Anschliessend will ich sonntags zu Waetjens, da der Tag doch angebrochen ist und ich heute nicht rauskann. ...

Berlin, den 5. 6. 41

... Gestern habe ich einen sehr angenehmen Nachmittag verbracht. Gegessen habe ich mit Haeften, wie ich Dir schon schrieb und habe mich mit ihm bestens bis 4 unterhalten. Anschliessend ging ich zu Gramsch, wo ich 2 Stunden in einer sehr angeregten und im ganzen friedlichen Unterhaltung verbrachte. Es spitzte sich so zu, daß er mir sagte: für diese Arbeit müssen Sie mir letztlich die Frage beantworten, ob das Leben für den Krieg oder der Krieg für das Leben da ist; heute ist meine Weisung ganz klar. Ich antwortete darauf: bitte unterstellen Sie für Ihr Gutachten, daß diese Frage im entscheidenden Augenblick dahin beantwortet wird, daß dieser Krieg für das Leben da war. – Anschliessend war ich bei Yorck, mit dem ich bis um 8 über die Spielschule[1] und ähnliche Dinge sprach und nachher kam Einsiedel bis 11 Uhr, der aus der Schweiz ganz interessant berichtete.

Dann habe ich herrlich bis um 7 geschlafen. Jetzt, um 11, habe ich schon meinen Schreibtisch von den Morgeneingängen gereinigt und will gerade zu einer Reihe von Besprechungen abgehen. Mittags isst Kiep in der Derfflingerstr., abends ist ein ,,geselliges Beisammensein" des Gladisch-Ausschusses. ...

1 *Spielschule:* vgl. 17. 5. 41, Anm. 2.

Berlin, den 6. 6. 41

... Von mir ist wenig oder garnichts zu berichten. Gestern abend nach der Sitzung bei Gladisch fiel das ,,gesellige Beisammensein" aus und lediglich der innere Kreis, also Schmitz, Widmann, Stauffenberg, Gladisch und ich blieben noch zusammen und assen ganz nett im Presseclub. Es war nichts Besonderes aber nett und erfreulich.

Heute mittag esse ich mit Rantzau den ich über einige Fragen vernehmen muss. Nachmittags habe ich Sitzungen und abends will ich zu Hause Times lesen. Es ist gerade ein grosser Stoss gekommen. ...

Berlin, den 7. 6. 41

... Ab 20. 6. wird jeder Personenverkehr ohne besondere Zulassung unterbunden und der grössere Teil der dann noch verkehrenden Züge gestrichen. Du musst also schon am 19. fahren. Ich versuche für Dich einen Schlafwagen zu bekommen, denn diese letzten Züge werden ja völlig ungeniessbar sein. Für das Programm Deines Besuches habe ich vorzuschlagen: 1 Essen mit Trott + Frau & Stauffenberg, 1 Essen mit

Haeften & Frau & Reichwein, ferner irgendwann Schmitz eventuell mit Kiep. Wenn Dir das gefällt, dann wären Sonnabend 14. und Mittwoch 18. die geeigneten Tage. Du müsstest aber der Saagerschen gleich am Anfang, wenn auch nach Carls letztem Essen, Fleischmarken abgeben und, wenn möglich, für eines der Essen Täubchen mitbringen. ...

Heute mittag gehe ich zu Yorck, mit dem ich den ganzen Nachmittag über einiges besprechen will. Abends will ich den Rest Timesse zu Hause vertilgen. Morgen will ich so früh wie möglich die neue Wohnung in Nikolassee besehen und eventuell mieten. Um 11 oder 11.30 Uhr hoffe ich in Babelsberg zu sein, wo ich bis zum Tee bleiben will. ...

Berlin, [Sonntag] den 8. 6. 41

... Die Wohnung ist spiessig aber ordentlich. Möbel modern – schrecklich. Luftschutzmässig ideal; sie könnte nicht besser sein. Ich habe also ausgemacht, daß Du sie Dir Ende der Woche ansiehst und daß wir uns dann entscheiden. Ich will natürlich, daß auch Herr Deichmann sie sieht.

Um ¾ 12 war ich bei strömendem Regen bei Sarres. Dort habe ich sehr angenehm vor und nach Tisch im Garten gearbeitet und um 4.30 bin ich nach Hause gepilgert. ...

Berlin, den 10. 6. 41

... Gestern habe ich sehr nett mit Trott hier im Kasino des Garde Kavallerie-Clubs gegessen und nachher haben wir in der Derfflingerstr. einen Kaffee getrunken. Er fährt heute nach der Schweiz, kommt aber am nächsten Montag zurück und ich habe ihm den darauffolgenden Mittwoch vorläufig in Aussicht gestellt; aber wir werden darüber ja reden wenn Du kommst. ...

Berlin, den 20. 6. 41

... Der heutige Morgen steht für mich noch ganz unter dem Eindruck meines gestrigen Referats. Schmitz und Widmann beglückwünschten mich am Morgen als erstes und einige der anderen riefen bei mir an, um sich zu erkundigen, ob sie diesen oder jenen Punkt auch richtig verstanden hätten. Ausserdem haben alle das Protokoll für morgen erbeten, weil sie es über Sonntag studieren wollen und das bedeutet, daß ich heute auch noch die Übertragungen vom Stenogramm diktieren muss, und daß ein unglückliches Mädchen das Protokoll heute über Nacht auf Wachsplatte schreiben wird. Du siehst also, ein richtig schlagender Erfolg und das erfreut mich natürlich sehr.

Ein Riesenprogramm[1] steht vor mir: heute mittag Kessel/Yorck, heute abend Einsiedel, morgen will ich mittags zu Hause mit Baronin & Carl essen, abends Haeften, nachts Nikolassee.

Mein Lieber, voll Spannung erwarte ich die ersten Nachrichten von Dir. Lass es Dir nur bitte wohl ergehen. Hoffentlich findest Du alles zufriedenstellend vor. – Richtig: Carl kam vorhin wegen einer geschäftlichen Angelegenheit vorbei und da fragte ich ihn weisungsgemäss nach dem Stand im Deichmannhaus und Kölner Bahnhof. Ergebnis: 5 Bomben im Bahnhof, davon eine durchgeschlagen bis in den Gepäckabfertigungsraum, alle Scheiben entzwei.

Eben kommt Kessel.

1 *Riesenprogramm:* Das Datum dieses Tages trägt auch das zweite – nicht, wie bisher angenommen, dritte – drei maschinenschriftliche Seiten lange ,,Kreisauer" Papier ,,Ausgangslage ... Aufgaben" (Text in van Roon, Neuordnung, S. 518 ff.). Vgl. 24. 8. 41, Anm. 1.

Berlin, den 21. 6. 41

Ich komme mir vor, als sei heute der 31. Dezember; es ist so, als begänne morgen ein neues Jahr. Morgen wird alles anders aussehen und viele Dinge werden uns bestürmen, gegen die wir uns wappnen müssen.[1]

Vorhin telephonierte ich mit Fräulein Greiner. Sie hat sich mit der Sache abgefunden. Das ist also erledigt. – Heute um 2 gehen Radowitz[2] und ich zu Langbehn,[3] um mit ihm wegen Ulla zu sprechen. Ich bin gespannt, wie das gehen wird. – Abends sind Yorck und ich bei Haeften.

Ich habe wenig zu berichten, weil der morgige Tag mich zu sehr erregt. Es ist merkwürdig und erstaunt mich selbst, aber es ist so. ...

1 *wappnen müssen:* Der Angriff auf Rußland begann am Sonntag, den 22. 6., um 3 Uhr in der Frühe. 2 *Radowitz:* Freund von Ulla Oldenbourg. 3 *Langbehn:* Carl Langbehn, Rechtsanwalt, Gegner des Regimes, der, als Himmlers Anwalt, auch Beziehungen zu diesem hatte. (Marie-Luise Sarre – s. 19. 7. 40, Anm. 3 – war Bildhauerin und mit Langbehn befreundet.) L. wurde 1943 verhaftet und nach dem 20. 7. 44 hingerichtet.

Berlin, [Sonntag] den 22. 6. 41

Eben habe ich Deinen Brief aus Liegnitz hier vorgefunden, als ich aus Nikolassee herein kam. Es war sehr lieb ihn zu bekommen, obwohl ich den sachlichen Inhalt schon kannte.

Gestern waren Radowitz und ich um 2 bei Langbehn, der sein Bestes zu tun versprach, Ulla aus Krankheitsgründen heraus zu bekommen. Die grundsätzliche Seite, die er zu kennen behauptete, hielt er für ganz hoffnungslos.[1] Kurz, es geht nur über persönliche Gründe. ...

In Nikolassee habe ich weiter an der Komplettierung gearbeitet und hoffe, daß es ganz behaglich sein wird, wenn ich erst ein Mal so eine Woche dort gewohnt haben werde. – Um 7 fuhr ich zu Haeften, wo ausser Yorcks auch noch Georg Meier, ehemals Frankfurter Zeitung [,] war, der sich lebhaft nach Dir erkundigte. Er hätte sich immer für die Übersendung der Dissertation über 1117 bedanken wollen; zuerst habe er es nicht getan, weil er damals gerade in seinen Kampf wegen der Entlassung von der F. Z. verwickelt gewesen sei, nachher habe er Deine Adresse nicht gehabt. Von unseren gemeinsamen Freunden wusste er nichts Neues. – Er hat mir gut gefallen, obwohl er verbos[2] ist. – Übrigens lässt auch Kohlrausch[3] Dich vielmals grüssen. Mit dem fuhr ich vor einigen Tagen im Omnibus.

Heute morgen war ich im Amt. Ausgerechnet gestern hatten sie mich nachts gesucht und hatten mich auch noch nachts erwartet; ganz sinnlos natürlich und es war ein Glück, daß ich draussen geschlafen hatte, sodaß ich nicht gefunden worden bin. – Ich war hauptsächlich hingegangen, weil ich annahm, daß die Spannung der letzten Tage sich in befriedigte Erschlaffung gelöst haben würde, sodaß ich *a.* einen längeren Vortrag *b.* mein Urlaubsgesuch für Juli jetzt anbringen könnte. So war es auch und beides ging bestens. Der Urlaub ist im Prinzip gebilligt und ich will mich gleich morgen daranmachen, die Urlaubsfrist zu fixieren. ...

1 *hoffnungslos:* Ulla Oldenbourg war nicht nur jede Betätigung für die Christian Science verboten, sondern sie war offenbar auch in ihrer Bewegungsfreiheit beschränkt. 2 *verbos:* wortreich. 3 *Kohlrausch:* Eduard Kohlrausch (1874–1948), Straf- und Prozeßrechtslehrer, bei dem F. M. studiert hatte und der einer ihrer Prüfer war.

Berlin, den 23. 6. 41

... Heute esse ich mit Leverkühn, morgen mittag Dohnanyi, nachmittag Mädi,[1] abends Yorck/Einsiedel. Ein grosses Programm. Ich muss aber diese Woche hauptsächlich an der Fortsetzung meines Referats für Gladisch arbeiten.

1 *Mädi:* Leonardi, Verwandte.

Berlin, den 24. 6. 41

... Mein Lieber, dies ist glücklicherweise bereits mein vorletzter Brief. Morgen kommt der letzte und dann geht es mit grossen Schritten dem Freitag abend zu. Dohnanyi ist heute verhindert; stattdessen konnten Peters & Gablentz; morgen fahre ich nachmittags zu Sarres, Donnerstag mittag esse ich allein, weil ich nachher das Referat halten muss; Donnerstag abend kommt wahrscheinlich Mierendorff,[1] Freitag mittag

Dohnanyi, abends Yorcks, mit denen ich dann zur Bahn ziehe, da sie auch fahren.

Von mir ist nichts weiter zu berichten. als daß ich den Drang habe möglichst bald ein Mal etwas länger nach Kreisau zu kommen.

1 *Mierendorff:* Carl (genannt Carlo) Mierendorff (1897–1943), in den Briefen meistens „Dr. Friedrich" oder „Friedrich". Im Ersten Weltkrieg siebzehnjähriger Freiwilliger, zuletzt Offizier; schon jung Schriftsteller und Redakteur, zunehmend politisch; 1923 Doktorarbeit über ‚Die Wirtschaftspolitik der Kommunistischen Partei Deutschlands'; aktiv bei den Jungsozialisten; 1925 Redakteur der sozialdemokratischen Zeitung ‚Hessischer Volksbote' in Darmstadt; 1926–28 Sekretär der SPD-Reichstagsfraktion; 1928–30 Pressechef beim sozialdemokratischen hessischen Minister des Innern, Wilhelm Leuschner; 1930–33 SPD-Reichstagsabgeordneter; 1931 führend in der publizistischen Bloßstellung der nationalsozialistischen ‚Boxheimer Dokumente'; Mitarbeiter im Kreis der Religiösen Sozialisten um Paul Tillich und bei den ‚Neuen Blättern für den Sozialismus'. Im März 1933 wieder in den Reichstag gewählt, aber von der Gestapo steckbrieflich gesucht, verhaftet, schwer mißhandelt; 1933–38 in verschiedenen Konzentrationslagern inhaftiert, dann aus Hessen verbannt und unter SS-Aufsicht in der Wirtschaft (Berliner Braunkohlen-Benzin-A. G.) tätig; trotzdem in Kontakt mit oppositionellen Freunden; aus Sicherheitsgründen bei keiner Zusammenkunft in Kreisau. Er kam am 4. 12. 43 bei einem Bombenangriff um. S. Richard Albrecht, Der militante Sozialdemokrat: Carlo Mierendorff 1897 bis 1943. Eine Biografie. Berlin/Bonn 1987.

[Berlin] 25. 6. 41

Dies ist also der letzte Brief, erfreulicherweise. Gestern gab es von Ihnen kein Briefchen, aber ich hoffe, daß ich heute mittag eines vorfinden werde.

Mein Essen mit Dohnanyi gestern kam nicht zustande, weil D. dienstlich verhindert war. Stattdessen kam Gablentz und anschliessend zum Kaffee Peters. Beide waren nett, aber entsetzt über die Eröffnungen, die ich hinsichtlich der Aussichten unseres Verhaltens in Russland[1] machte. Merkwürdig wie naiv auch Leute sind, die *a.* einen kritischen Geist haben und *b.* auch auf einigen Gebieten gut unterrichtet sind. Nach dem Essen ging ich zu einer Besprechung und zum Tee erschien Mädi, die mich nur besuchen wollte. Sie war nett wie immer, obwohl es mühsam ist, nur zuzuhören, wie sie letztlich nur von sich berichtet und von ihren Meinungen.

Abends waren Einsiedel und ich bei Yorcks. Sie waren nett wie immer & E. & Y. haben sich, scheint mir, ganz gut verständigt. Um 11.15 hatte ich dann genug und wollte allein nach Hause gehen, aber E. bestand darauf mitzukommen, im wesentlichen wohl, weil er von mir hören wollte, wie ich die Unterhaltung beurteilte. Ich fuhr nach Nikolassee und war wesentlich schneller dort als ich in der Derfflingerstr.

gewesen wäre. Die Wohnung fand ich blitzsauber vor: Waschtisch, Badewanne, Bett, Küche, alles war tadellos, viel besser als es je in der Derfflingerstr. ist. Hoffentlich bleibt das so.

Heute nachmittag will ich zu Sarre's und freue mich sehr darauf. Die letzten 2 Wochen waren doch reichlich anstrengend und die 2 kommenden werden es auch. Ich will auch früh zu Bett gehen, was mir leichtfallen wird, da ich wieder nur bis Nikolassee zu fahren habe und so eine reichliche halbe Stunde nachdem ich von Sarres weggegangen sein werde, im Bett liegen kann. Sonst dauert es etwa $^5/_4$ Stunden.

Übrigens ist die Fahrt in die Stadt am Morgen nicht schlimm, denn ich fahre um 7.47 und das ist für die feinen Leute zu früh. Daher ist der Zug leer und es ist ganz bequem Platz. Ich lese jetzt immer die Reichsgerichtsentscheidungen im Zuge, was sehr nötig ist.

Sonst, mein Lieber, habe ich wohl nichts zu berichten. Voll Spannung warte ich darauf zu sehen, wie alles zu Hause aussehen wird. Hoffentlich hält sich das Wetter bis zum Sonntag. Die Wettervoraussagen sind günstig, aber als wie unzuverlässig haben sie sich erwiesen.

1 *Verhalten in Rußland:* Es ist schwer zu sagen, wieviel M. selbst wußte. Offiziell war Ausland / Abwehr bei den vorbereitenden Befehlen für „Barbarossa" nicht beteiligt. Selbst in einer Vorlage für den Chef der Abteilung Ausland am 27. 6. 41 erwähnt Schmitz nur „gewisse Befehle": „Es fragt sich, ob nicht gewisse Befehle, die gegeben worden sind, mit der Erklärung, daß Deutschland das Kriegsgefangenenabkommen [Genf 1929] gegenüber der Sowjetunion anwende, im Widerspruch stehen. Ist dies der Fall, so kann eine solche Erklärung nur abgegeben werden, wenn diese Befehle im Interesse der deutschen Kriegsgefangenen in der Sowjetunion modifiziert werden." (van Roon, Völkerrecht, S. 257f.). Es handelte sich um die Befehle, die von der Wehrmacht Zusammenarbeit mit den Einsatzgruppen der Sicherheitspolizei und des SD verlangten, besonders im Hinblick auf Aussonderung und „Sonderbehandlung" politisch unerwünschter Gefangener, also vor allem den sogenannten „Barbarossa-Erlaß" vom 13. 5. 41, der die Kriegsgerichtsbarkeit einschränkte, und den „Kommissar-Befehl" vom 6. 6. 41 sowie die „Richtlinien für das Verhalten der Truppe in Rußland" vom Mai 1941 (Text: Jacobsen, Kommissarbefehl, S. 215–18, 225ff. und 223f.). – Schon seit Hitler am 30. 3. 41 vor etwa 250 höheren Offizieren eine Ansprache über den kommenden Krieg in Rußland und die dort anzuwendenden Methoden gehalten hatte – s. Halder, Kriegstagebuch 30. 3. 41, KTB/OKW, Bd. II, S. 335ff. –, war manches durchgesickert – vgl. Hassells Tagebucheintragungen vom 4. 5. und 16. 6. Für umfassende Darstellung und Diskussion s. Streit, Keine Kameraden (hier besonders S. 33–50, 225 und 339) sowie Helmut Krausnick/Hans-Heinrich Wilhelm, Die Truppe des Weltanschauungskrieges. Die Einsatzgruppen der Sicherheitspolizei und des SD. Stuttgart 1981. S. auch 25. 8. 41, Anm. 1, und Einleitung, S. 39ff.

Berlin W 35 Viktoriastr. 33
1. 7. 41

... Gestern abend war ich bei Guttenberg. Ich war rasend müde, denn ich hatte den ganzen Tag eine mühsame Besprechung nach der anderen gehabt. Mit einiger Mühe kriegte er aus mir das heraus, was er brauchte um weiter tätig zu sein[1] und um 10.15 verabschiedete ich mich. Um 11 lag ich im Bett und als ich wieder erwachte war es ½ 9. Das ist mir wirklich seit Jahren nicht passiert. Ich war einfach selig, denn so konnte ich diesen immerhin ganz wichtigen Tag doch richtig ausgeschlafen beginnen.

Am Morgen habe ich hauptsächlich über meine gestrigen Unterhaltungen, insbesondere mit Gramsch [,] gesprochen und auch sonst in verschiedener Hinsicht die Sitzung von heute nachmittag vorbereitet. Um 2 bin ich essen gegangen und jetzt sitze ich friedlich hier in der Derfflingerstr., lese etwas Zeitung und schreibe an den Pim und werde von hier erst um 3.40 weggehen, sodaß ich gerade zu der Sitzung komme. Heute abend ist dann ein grosses Arbeitskapitel hoffentlich erfolgreich abgeschlossen. – Während ich hier sitze und schreibe esse ich Kreisauer Erdbeeren, die noch prächtig sind.

Wenig erbaut bin ich über die Nachrichten militärischer Art. In Russland sind wir noch nicht ein Mal bis an die Hauptverteidigungslinie heran und dabei hat es jetzt schon sehr schwere Kämpfe mit sehr grossen Verlusten gegeben. Ich nehme ja trotzdem an, daß es ganz gut gehen wird, aber es ist jedenfalls keine Rede davon, daß das ein militärischer Spaziergang ist unterstützt durch Unruhen in Russland. Auch die Tatsache, daß der Metropolit von Moskau die russische Kriegführung unterstützt,[2] spricht nicht für Zersetzungserscheinungen. – Das alles ist ernstlich bedenklich, denn das mindeste was es bedeutet, ist, daß dieser Feldzug erhebliche Verluste kosten wird. Ausserdem sieht das so aus, als könnte es den Russen gelingen, sich intakt nach Osten zurückzuziehen.

Ich habe mit Schmitz über die Urlaubsfrage gesprochen. Er möchte gerne vom 14. bis 28. auf Urlaub gehen, und ich bin bereit mich ihm darin zu fügen. Das bedeutet, daß ich erst am 25. abends abfahren würde und das würde es Dir ermöglichen doch noch in den Westen zu fahren. Ich würde daher jetzt vorschlagen, daß Du am 12. mittags kommst, so etwa am 16. oder 17. abends nach dem Westen fährst, am 21. früh wieder in Berlin bist und am 22. abends nach Kreisau fährst. Das alles nur, wenn es Dir nicht zuviel wird. ...

1 *tätig zu sein:* wohl um weiteren Kontakt mit anderen Regimegegnern zu halten und um den Kontakt zu geeigneten Katholiken herzustellen, mit denen die Gruppe arbeiten konnte – s. 13. und 15. 10. 41. 2 *unterstützt:* Der amtierende Patriarch Sergius hatte gleich am 22. 6. in einer Proklamation „an die ganze Kirche" die „faschistischen Banditen" verdammt.

Berlin W 35 Viktoriastr. 33
2. 7. 41

Leider habe ich rasende Kopfweh. Ich kann mich kaum erinnern, je einen solchen Kopf gehabt zu haben. Daher schicke ich Dir nur ein kurzes Grüsschen.

Die Sitzung gestern war befriedigend. Du hörst noch mehr davon. Abends war ich bei Ulla. Im ganzen war sie wohl aber verhungert nach Fett. Ich habe ihr ¼ lb Butter versprochen von der, die Du mir mitgegeben hast. Kannst Du ihr noch ein Mal ¼ schicken statt mir.

Heute mittag war Reichwein da. Abends will ich nach Nikolassee.

Berlin W 35 Viktoriastr. 33
3. 7. 41

... Gestern mittag ass ich mit Reichwein, der nun die Absicht hat, nach Kreisau zu kommen. Ich glaube, er wird dort nett sein und mit Werner,[1] Hütter & Reichwein ist das männliche Element ja etwas gestärkt. Hoffentlich wird es Dir nicht zu viel. Aber ich glaube nicht. R. sieht elend aus. – Abends wollte ich nach Nikolassee fahren, aber es regnete so, daß ich blieb und Timesse las. Es stand aber nichts Neues drin.

Der russische Krieg gefällt mir noch immer nicht; immerhin setzt heute der neue grosse Angriff ein und vielleicht hat der entscheidendere Ergebnisse als diese erste Schlacht. – Aber die Kampfmoral und die taktische Führung der Russen sind über alles Erwarten gut und ich komme zu der Erkenntnis, daß wir über Rußland doch offenbar ganz falsch unterrichtet waren; das gilt jedenfalls für mich.

Heute mittag ass ich mit einem Freund von Lukaschek,[2] abends gehe ich zu Yorcks und nachts nach Nikolassee. Freitag mittag essen Yorck & Haeften in der Derfflingerstr., um 3.30 trinken Yorck & Einsiedel bei mir Thee und um 6 kommt Mierendorff. Also ein typischer Grosskampftag. Sonnabend mittag esse ich bei Trotts, Sonntag mittag bei Üx, nachmittags bei Kieps – ich habe dort bereits 10 × abgesagt und das ging nun nicht mehr –, die beiden Abende hoffe ich im Frieden und mit Timessen zu verbringen. Da hast Du mein Wochenprogramm.

Sonst, mein Lieber, ist wenig zu berichten. Es stehen jetzt 14 sehr entscheidende Tage vor uns. Wir müssen sie abwarten.

1 *Werner:* Werner Busch, Vetter von F. M. 2 *Lukaschek:* Hans Lukaschek (1885–1960); M. kannte ihn seit den späten zwanziger Jahren; Zentrumspolitiker bis 1933, Mitbegründer der CDU 1945. 1922–27 deutsches Mitglied der Gemischten Kommission für Oberschlesien in Kattowitz, 1927–29 Erster Bürgermeister von Hindenburg, 1929–33 Oberpräsident von Oberschlesien und Regierungspräsident in Oppeln; nach 1933 Rechtsanwalt in Breslau. Sofort nach dem 20. 7. 44 verhaftet; am 19. 4. 45 vom Volksgerichtshof auf Grund erwiesener Folterungen und aus Mangel an Beweisen freigesprochen; 1945–46 Minister für Land- und Forstwirtschaft und Vizepräsident der Landesverwaltung von Thüringen, nach seiner Amtsenthebung durch die Sowjetische Militäradministration Rechtsanwalt in Berlin; 1948–49 Vizepräsident für das Vereinigte Wirtschaftsgebiet in Köln; 1949–53 Bundesminister für Angelegenheiten der Vertriebenen im ersten Kabinett Adenauer.

Berlin W 35 Viktoriastr. 33
4. 7. 41

Es regnet schon wieder und so fürchte ich, daß es in Kreisau auch schon wieder regnet oder doch bald regnen wird. Es ist ziemlich trostlos. Gestern abend war es mit Yorck & Abs ganz leidlich produktiv. Eigentlich gefällt mir Abs seit er endgültig arriviert ist besser als früher. Er erzählte ganz nett. Dienstag mittag kommen die beiden zu mir und dann wollen wir Nägel mit Köpfen machen. ...

Aus dem Osten gibt es nichts Neues. Wir müssen wieder warten, vielleicht nur ein paar Tage, vielleicht 2 oder 3 Wochen bis man Genaueres sagen kann. Die grosse und ganz ungeklärte Frage bleibt immer wieder: haben wir eigentlich einen entscheidenden Kern des russischen Heeres getroffen. Im heutigen Bericht steht ausdrücklich, daß die Russen „auch rollende Stuka-Angriffe aushalten". Das konnten bisher nur Engländer. Auch die Tatsache, daß mehr als die Hälfte der bei Bialystock bekämpften Armeen sich hat erschlagen lassen und nur der Rest sich ergab, legt ein beredtes Zeugnis für die Qualität des Heeres ab.

Berlin W 35 Viktoriastr. 33
5. 7. 41

... Der Tag gestern war befriedigend. Das Essen mit Haeften und Yorck nicht so ergebnisreich wie ich es gewünscht hätte; Haeften und Frau bekommst Du aber das nächste Mal vorgesetzt. Die Unterhaltung mit Einsiedel fiel ins Wasser, weil Haeften um ½ 4 immer noch da war und auch bis 5 blieb. Aber die Unterhaltung zu viert war befriedigend.

Abends kamen Mierendorff und Reichwein und der Abend war sehr befriedigend. Sowohl R wie M waren in grosser Form und ich glaube, daß sich dort eine neue, wertvolle Bahn aufgetan hat. ...

Es ist jetzt ¾ 1 und ½ 2 hole ich Trott ab, um mit ihm zum Essen zu gehen. Zwischen T. und mir geht es im Augenblick besser als seit langem. Das ist mir angenehm, denn er ist ein kluger und durch seine Reisen doch sehr vielseitig unterrichteter Mann. – Ihr nehme ich heute einige Röschen mit, die ich in meinem Leib- und Magenladen erstanden habe. ...

[Berlin Sonntag] 6. 7. 41[1]

... Bei Trotts gestern war es nett. Die Wohnung ist jetzt im Sommer besonders reizend. Von dem Balkon hat man einen herrlichen Blick über lauter Gärten. ...

Den ganzen Morgen, von 9 Uhr an, war ein Mandant bei mir in der Derfflingerstr. Ich werde also in der kommenden Woche auch auf diesem Gebiet reichlich zu tun haben. Jetzt ist es ½ 1 und in 15 Minuten gehe ich zu Üxens. Ich will aber nicht zu lange bleiben, weil ich ja um 5 bei Kieps sein soll. Es langweilt mich, aber sie sind immer so nett zu mir, daß ich unbedingt hin muss. ...

1 *6. 7. 41:* irrtümlich 6. 1. 41 datiert.

Berlin W 35 Viktoriastr. 33
7. 7. 41

... Gestern früh habe ich gearbeitet, wie ich schon schrieb und mittags war ich bei Üxens, wo Connie Üx,[1] der Fliegermajor, war. Er hatte die Leitung der Operationen des ersten Tages in Kreta, weil der General[2] doch sofort gefallen war. Seine Beschreibungen des ersten Tages waren erstaunlich und es erscheint danach unverständlich, warum die Neuseeländer[3] nicht angriffen. Sie hatten weder Munition noch Lebensmittel[,] dafür aber viele Verwundete und Tote. – Leider waren seine Berichte über das Benehmen der eigenen Truppen nach der Eroberung sehr betrüblich, beängstigend beinahe. Er berichtete über die Lust am gemeinen Mord und an der Plünderung. So habe ich es nie für möglich gehalten. Wenn sich seine Berichte auch nur annähernd verallgemeinern lassen, dann steht es sehr schlimm um uns.

Bei Kieps war es eher langweilig. ...

Der russische Krieg gefällt mir noch immer nicht, d. h. nicht ein Mal vom rein technischen Standpunkt. Die Berichte lauten von allen Seiten gleichmässig: zäher Widerstand, schwere Kämpfe, langsames Vorrücken. Das bedeutet Verluste für uns und Vernichtung wirtschaftlicher Werte aller Art: Dörfer, Ernte, Fabriken, Verkehrswege. Dann einige Tage lang Regen. Wir haben jetzt 14 Tage diesen Krieg und sind nur ganz im Norden in die Stalinlinie eingedrungen, an allen anderen Stellen sind wir meist noch garnicht heran. Natürlich auch eine solche Linie ist nichts ohne Menschen, aber die müssen sich sehr ändern, wenn wir dort leichtere Arbeit haben wollen.

Heute mittag esse ich mit Stauffenberg. Abends will ich lange im Büro arbeiten, um dort tüchtig voranzukommen und mir den Mittwoch für Sarre's freihalten zu können. Morgen mittag essen Abs & Yorck bei mir. ...

1 *Connie Üx:* Üxküll. 2 *General:* Generalleutnant Süßmann stürzte am 20. 5. beim Anflug ab. 3 *Neuseeländer:* die von dem neuseeländischen General Bernard Freyberg befehligten britisch-griechischen Streitkräfte.

Berlin W 35 Viktoriastr. 33
8. 7. 41

Als ich gestern abend nach Hause kam, lagen 3 Briefe von Dir da vom 4., 5. und 6. Und heute morgen kam der vom 7. Plötzlich bin ich also bestens unterrichtet. Dabei hast Du den vom 7. doch erst abends einstekken können, denn er enthielt ja schon den grösseren Teil des Tages.

Heute ist hier schönes Wetter: ein heisser Sommertag. Hoffentlich ist es bei Euch auch schön, damit es unter Deiner Herrschaft in Kreisau auch schön vorwärts geht. Das Heu wird wohl gestern und heute reinkommen, nehme ich an. Daß Z. das Gras Dir & Menzel überlassen will, finde ich wirklich mutig. Das ist doch eine sehr schwierige Ernte. Sprich nur regelmässig mit Menzel, damit er sich gestärkt fühlt. – Die Entwicklung der Milch ist ja sehr ärgerlich. Schreib mir, ob es nach dem Umtreiben besser geworden ist. – Das Verunkrauten der Rüben ist zu dieser Jahreszeit noch keine Katastrophe. Wenn Ihr jetzt eine Woche gutes Wetter habt, dann sieht das alles gleich anders aus und sie werden vor der Getreideernte noch sauber. Maschinen und Leute müssen jetzt nur hintereinander drin bleiben.

Diese Schwarmlust Deiner Bienen ist ja erbitternd. Noch dazu klingen Deine Briefe so, als hätte Hirsch die beiden starken Schwärme bekommen und Du die schwachen. Nun, wir müssen es abwarten. Jedenfalls ist dieses Jahr auf Honig nicht zu rechnen und im nächsten Jahr müssen wir die Völker eben alle 14 Tage systematisch auf Weiselzellen absuchen. Schade, denn die Völker waren eigentlich bis auf 18 alle so gut in Schuss. Hoffentlich kannst Du die 2 jedenfalls noch einigermassen zusammenhalten, indem Du die Königinnen tötest. Nur muss der Schwarmteufel wirklich ausgetrieben sein, ehe die Linde richtig blüht. Hoffentlich hast Du noch die Kraft gehabt, die 2 noch gestern abend durchzusehen. Das hilft zwar nichts gegen die schon ausgebrochenen Königinnen aber es verhindert doch neue Königinnen. ...

Gestern mittag ass ich mit Stauffenberg, abends mit Willem Bekker, der gerade aus Holland kam. Er war sehr beeindruckt über die Hungersnot da: 175 gr. Fleisch die Woche, wenig Brot und keine Kartoffeln. Desgleichen Waetjen über Frankreich, wo er gerade war. Er sagt, man könne es jetzt nicht mehr übersehen. Die Not sei zu sichtbar. 200 gr. schlechtes Brot die Woche. Es wirke sich auch schon auf die Kinder aus. – In einem Jahr etwa wird es bei uns ähnlich sein, wenn die Verschlechterung der Lage so fortschreitet.

Gramsch rief mich gestern an: ihm sei unsere gemeinsame Arbeit täglich durch den Kopf gegangen und sie liesse ihn nicht mehr zur Ruhe kommen; wir müssten weiter darüber in Verbindung bleiben und überlegen, was für Möglichkeiten es gebe, daraus mehr zu machen. Erfreulich, nicht wahr. Er und sein Mitarbeiter Kadgien[1] werden daraufhin am Freitag mittag bei mir essen. Ich freue mich sehr darüber.

Gestern kam ein Mann aus dem F. H. Qu. zurück und erklärte, er habe den Eindruck, daß man dort zufrieden sei mit den Fortschritten; man glaube in einigen Tagen einen Durchstoss geschafft zu haben und werde dann die ganze Linie von hinten aufrollen können. Ich kann nicht beurteilen, ob diese Diagnose richtig ist, aber sie ist sicher möglich. Immerhin wird jetzt seit einigen Tagen an einer völlig unbeweglichen Front gekämpft und mir sieht das alles nicht nach Durchbruch aus, vielmehr nach geordnetem russischen Rückzug. Aber man kann es nicht beurteilen. Nur so viel steht fest: wenn wir bis Ende dieses Monats nicht wesentlich weiter sind als bisher oder wenn die Russen sich in unzerstörter Front zurückzuziehen vermögen, sei es wohin immer es sei, dann sieht die Lage ganz übel aus, denn dann bekommen wir weder Getreide, noch Erdöl, noch Lokomotiven und Eisenbahnwagen. Und ohne diese Dinge geht es eben nicht mehr sehr lange. – Ich habe jedenfalls nicht geglaubt, daß die Russen solange stehen würden.

In Syrien wird es diese Woche zu Ende gehen.[2] – Die Amerikaner haben Island besetzt und damit einen ungeheuren Schritt in Richtung auf den Schutz des Schiffsverkehrs U. S. A.–England getan. Denn wenn sie nur von Island und von U. S. A. und Grönland aus die Meeresgebiete mit Flugzeugen überwachen, so können sie dadurch unsere Seekriegführung ganz entscheidend beeinträchtigen. – Wo man hinsieht ist daher im Augenblick die Kriegslage für uns unerfreulich.

1 *Kadgien:* Oberregierungsrat im Vierjahresplan. 2 *zu Ende gehen:* Am 14. 7. unterzeichneten die Generäle Wilson und Dentz (für Vichy-Frankreich) den Waffenstillstandsvertrag, der das Land den Briten und Freien Franzosen überließ, den Vichy-Franzosen freien Abzug gewährte.

Berlin W 35 Viktoriastr. 33
9. 7. 41[1]

... Gestern das Essen mit Abs & Yorck war nett. Sie waren beide sichtlich befriedigt und das Ergebnis der Unterhaltung war auch befriedigend. Abs hat sich gebessert; er ist jetzt so arriviert, daß er es nicht mehr nötig hat, eitel & ehrgeizig zu sein. Unter den deutschen Bankiers ist er eben jetzt primus inter pares. Um ½ 4 Uhr gingen die beiden und brachten mich zum Büro, wo ich bis um 8 arbeitete; um ½ 9 ass ich zu Hause wenig und trank einen dicken Tee und um ¾ 9 sass ich wieder an der Arbeit. ...

Sonst gibt es wohl nichts Neues oder Bemerkenswertes. Syrien geht zu Ende, in Russland tritt wohl jetzt bald eine Gefechtspause zur Heranschaffung des Nachschubs ein. Im Westen sieht es nach allem was ich höre grässlich aus. Die Engländer benutzen die Gelegenheit unseres Engagements im Osten heftig. All die armen Leute tun mir leid. Berlin hat wohl noch einen Monat etwa Zeit.

1 *9. 7. 41:* irrtümlich 9. 1. 41 datiert.

Berlin W 35 Viktoriastr. 33
10. 7. 41

... Heute mittag esse ich mit Peters, nachmittags gehe ich ins Büro, wo ich wohl ziemlich lange arbeiten werde. Morgen mittags Gramsch-Kadgien, Sonnabend abend Yorck & Einsiedel. Das ist das Lustprogramm der Woche. Leider habe ich mich, in einer ungünstigen taktischen Position, dazu breitschlagen lassen, Sonnabend zum Tee zu Schlitters zu gehen, sehr lästig, aber es liess sich nicht umgehen.

Berlin W 35 Viktoriastr. 33
11. 7. 41

... Der russische Krieg ist wieder etwas in Bewegung geraten dadurch, daß sowohl in der Mitte Richtung Witebsk-Smolensk wie am Nordflügel der Südgruppe also in der nördlichen Ukraine Durchbrüche gelungen sind. Wenn diese Durchbrüche sich konsolidieren lassen, dann wird wohl ein neuer Fortschritt auf der ganzen Front möglich sein.

Morgen abend ist die dritte Woche des Russenkrieges um. – Die Art der englischen Angriffe der letzten Tage erweckt den Eindruck als wollten sie gelegentliche Landungen an der französischen Atlantik-Küste versuchen, denn sie greifen systematisch diejenigen Bahnstrecken an, die für den Nachschub nach der Kanal- und Atlantikküste wesentlich sind. Ich bin gespannt, ob sie so viel Initiative entwickeln werden. Ich kann mir nicht vorstellen, daß wir, falls die Landung überhaupt gelingen sollte, einem ernsthaften Panzerangriff hinter der französischen Küste viel entgegenstellen könnten. . . .

Berlin W 35 Viktoriastr. 33
12. 7. 41

Das hauptsächliche Ereignis des gestrigen Tages war das Mittagessen mit Gramsch und Kadgien. Erstens gab es sehr gut zu essen: Rhabarbersuppe mit Klösschen, Gemüseplatte (Blumenkohl, Erbsen und Karotten) mit neuen Kartoffeln, Gurken- und Kopfsalat, Erdbeeren und kalten Kaffee. Sie waren darüber sichtlich beide befriedigt. – Die Erdbeeren habe ich am Morgen von einem Mann aus dem Luftwaffenführungsstab mitgebracht bekommen, der auf dem Wege zur Stadt bei Werder vorbeifährt. Sie waren nicht sehr schön, aber da es in der Stadt gar keine gibt, doch sehr angenehm. Und heute kommen ja Deine.

Die Unterhaltung war für mich weitgehend eine Überraschung, denn es stellte sich ein Grad der Übereinstimmung in der Diagnose wie auch in der Vorstellung dessen, was post festum erfolgen müsste, heraus, wie ich es mir nie erwartet hatte. Viel mehr als das: Sie hatten mit meiner Hilfe einen Spalt in der ihnen geschlossen erscheinenden Front der Soldaten entdeckt und wollten nun ihre Auffassung von Lage und Heilungsmöglichkeit in diesen Spalt einschieben. Sie waren wohl genau so weidlich überrascht, wie sie entdeckten, daß ich mich mit der gleichen Tätigkeit seit längerer Zeit befasse. Kurz, ich habe den Eindruck, daß wir alle 3 befriedigt waren, und wir haben beschlossen, daß wir die Angelegenheit nach meiner Rückkehr vom Urlaub weiter betreiben wollen.

Abends war ich bei Furtwängler. Wir haben uns wieder über Indien gestritten, aber ich habe den Eindruck, daß er ein wenig sich mir angenähert hat. Jedenfalls verlangt er nicht mehr völlige Unabhängigkeit für Indien, sondern vielmehr nur Dominion Status.[1] Das ist eine kleine Konzession. – Ausser mir waren noch Einsiedel und ein Zahnarzt-Ehepaar Lenz da, die sich gerade ein Haus in der Nähe (6 km) von Altheide gekauft haben, weil sie so begeistert von Schlesien sind. . . .

Der Krieg gewinnt an Tempo. Ich habe den Eindruck, daß die Engländer es darauf anlegen vor uns in Baku und Batum zu sein, so daß wir jedenfalls dort kein Öl mehr finden. Das würde eine Erkärung für die Ernennung von Wavell[2] sein aber auch sonst deuten einige Anzeichen in dieser Richtung. Wenn ihnen das gelingt, dann ist der Krieg sogar noch in diesem Jahr zu Ende, scheint mir. Nun, wir werden es wohl in wenigen Wochen genauer wissen. ...

1 *Dominion Status:* Der indische Politiker und Rebellenführer Subhas Chandra Bose, der Anfang des Jahres über Moskau nach Berlin gekommen war, wo er von Trott betreut wurde, war, von der wenig entgegenkommenden Haltung der deutschen Führung enttäuscht, Ende Mai nach Italien gegangen und kehrte am 14. 7. nach Berlin zurück. Inzwischen war aus dem „Arbeitskreis Indien" beim Auswärtigen Amt das „Sonderreferat Indien" geworden, in dem auch Furtwängler mitarbeitete. Bose wies sowohl Dominion-Status als auch die Demokratie westlicher Prägung weit von sich und strebte den totalen Sieg über England, die Auflösung des britischen Weltreichs, die Unabhängigkeit Indiens und ein autoritärsozialistisches Regime im freien Indien an. Das Verhältnis zwischen Furtwängler und Bose wurde kühl, zumal dieser auch Gandhi und Nehru bekämpfte. S. Furtwängler, Männer (wie Einleitung, Anm. 52), S. 195–203. 2 *Wavell:* General Sir Archibald Wavell war im Mittleren Osten von General Sir Claude Auchinleck abgelöst und Oberbefehlshaber in Indien geworden, was dieser bis dahin gewesen war.

Berlin, [Sonntag] 13. 7. 41

... Abends war ich mit Einsiedel bei Yorcks. Ich hatte allerhand mit P. Y. allein zu besprechen und kam daher schon um 6.30. Wir haben ganz hervorragend gegessen und nach dem Essen haben wir uns der ernsthafteren Arbeit zugewandt und bis nach 12 geredet. Ich hatte den Eindruck, daß etwas herauskam; die beiden anderen bestritten den Hauptteil des Abends und ich sass so mehr als Kritiker und Schiedsrichter dabei, da ich ja von diesen Sachen doch weniger verstehe als die beiden. – Einsiedel, der mich bis Nikolassee brachte, war gleichfalls sehr befriedigt.

Geyr von Schweppenburg, der nette frühere Militärattaché in London ist als Kommandierender General eines Panzerkorps mit dem ganzen Corps-Stabe gefangengenommen worden und mit Rücksicht auf unsere, den Russen in die Hände gefallenen Befehle[1] besteht eine gewisse Sorge um ihr Wohlergehen. Schmitz und ich sind in der glücklichen Lage wenigstens sagen zu können: na seht Ihr, wir haben es Euch ja gesagt.

Wir sind jetzt beim Durchstoss auf Moskau. M. E. ist das ein sinnloses Unternehmen. Es scheinen Zweifel daran zu bestehen, ob das Unternehmen mit Rücksicht auf den Zustand unserer Panzer erfolgreich durchgeführt werden kann. Aber darüber sind alle einig: wenn es gelingt, dann müssen nachher alle unsere Panzer in die Reparatur. Und was dann werden soll, ist mir rätselhaft, denn der Preis dieses Krieges ist ja nicht Moskau, sondern Ukraine und Kaukasus – und um das zu erreichen, werden wir jedes nur mögliche Kampfmittel einsetzen müssen. Moskau ist dem gegenüber eine Sideshow und eine Belastung, weil es ernährungsmässig ein grosses Zuschussgebiet ist, sodaß unsere Truppe nicht lange aus diesem Gebiet leben kann. – Kurz, dieses Unternehmen macht mir den Eindruck, als hätte man im H. Qu. die Nerven verloren. Wenn das der Fall sein sollte, dann wehe uns! ...

1 *Befehle:* s. 25. 6. 41, Anm. 1.

Berlin, 14. 7. 41

... Ich habe Dir ja schon geschrieben, wie köstlich ich Erdbeeren zu Mittag gegessen habe. Es waren aber noch so viele übrig, daß ich zum Abend nochmals eine grosse Kumpe voll hatte. Da packte mich das Gewissen und ich fand, daß es wirklich nicht anginge, diese Erdbeeren alleine zu essen. So rief ich Guttenberg an, der alleine zu Hause sass und er kam um 8 zum Essen und wir vertilgten die Erdbeeren gemeinsam, ich zärtlich des Pimeschens gedenkend. Während wir noch beim Essen sassen, rief Trott an und bat mich noch rauszukommen, weil er einen Schweizer Freund da hatte, den er mir oder dem er mich vorführen konnte. Nach Konsultation zogen wir dann beide, Guttenberg und ich, noch zu Trotts wo wir bis um ¾ 12 in netter Unterhaltung verblieben. Der Schweizer beschäftigt sich als Roter Kreuz-Mann mit dem Besuch von Gefangenenlagern und erzählte herrliche Geschichten aus englischen Lagern. Die schönste ist eigentlich folgende: ein Autoschlosser schreibt ihm, um ihn um eine deutsche Grammatik zu bitten: „I am interested in languages; my French ist quite good and my German fair. I would like to improve my German. Having the opportunity to stay in this country I speak from time to time to the natives, but for further progress I will require a German grammar." Schön, nicht wahr?

Da ich heute morgen um 8 mit Abs verabredet war, konnte es nur eine kurze Nacht werden. Aber ich will heute abend früh ins Bett, um das nachzuholen. Heute mittag esse ich mit einem Mann vom WiRü Amt aus dienstlichem Anlass, uninteressant, und nachmittags will ich nach einem kurzen Ausflug ins Büro, sobald wie möglich nach Hause. ...

Berlin, 15. 7. 41

... Gestern mittag hatte ich eine ganz befriedigende Unterhaltung mit einem Mann, der guter Meinung und guten Willens ist, auch ganz klug, aber dem jeder Zusammenhang und Übergang von dem Menschlichen und Wirtschaftlichen zum Gesellschaftlichen, also zur Politik, fehlt. Ich bin gegenwärtig so von Menschen umgeben, die gerade in dieser Richtung interessiert sind, daß es mir lehrreich und überraschend war, wieder ein Mal einen solchen Mann zu sehen. Davon gibt es sicher eine Menge.

Um 3 hatte ich eine längere Unterhaltung mit Bürkner über meine Nach-Urlaubsprojekte und im ganzen scheint mir diese Unterhaltung befriedigend gewesen zu sein. Ich muss von ihm ja nur den Segen bekommen, damit ich nicht irgendwo gegenrenne. Vorläufig habe ich nur verabredet, daß ich ihm Mitte August konkretere Vorschläge machen werde.

Um ½ 5 war ich mit Yorck verabredet, um 1 Stündchen im Tiergarten zu promenieren. Das haben wir dann, wie ich meine zur gegenseitigen Erbauung, getan. – Er kommt vielleicht am Sonntag, den 27., zum Mittagessen. Ich wollte auf Sonntag, den 27., eigentlich auch Landrat und Frau einladen. Ich wollte das mit Dir besprechen; für den Fall, daß Du nicht kommst, sag' mir bitte Bescheid, ob Dir das passt. Ich möchte Kapellenberg, Peile & Spielschule mit ihm erörtern.

Heute mittag essen Gablentz & Yorck bei mir, abends muss ich wieder ins Büro, wo ich wahrscheinlich ziemlich lange zu tun haben werde. Da Du nicht da sein wirst, will ich am Mittwoch zu Waetjens.

Vom Krieg ist nicht viel zu berichten. Ich kann die Rechtfertigung für die grossartigen Überschriften in den Zeitungen – Entsprechendes wird wohl auch der Rundfunk verkünden – nicht sehen. Es geht langsam und zäh. Natürlich gelingen weite Vorstösse, aber weit im Rücken wird auch noch ernsthaft gekämpft, ohne daß zu sehen ist, wie man das bereinigen soll. Es ist so ähnlich wie der Krieg der Japaner in China, mit dem Unterschied, daß unsere waffenmässige Überlegenheit nicht so gross ist wie die der Japaner. – Vor einigen Tagen ist das Hauptquartier von General Jeschonnek[1] 250 km hinter der Front von einer russischen Einheit etwa in Stärke eines Bataillons angegriffen worden.

Einer unserer Leute ist gerade aus Afrika zurückgekommen und macht schreckliche Beschreibungen. Danach scheint es dort so schlecht zu stehen, daß wir zurück müssen, sobald die Engländer wollen. – Es ist mir unverständlich, wie man bei der jetzigen Gesamtlage überhaupt optimistische Berichte geben kann.

1 *Jeschonnek:* Generaloberst, Chef des Generalstabs der Luftwaffe.

Berlin, den 16. 7. 41

... Gestern mittag hatte ich eine sehr erfreuliche Unterhaltung mit Gablentz und Yorck. Das Fest dauerte von ½ 2 bis ½ 5, Du siehst, ein ausgedehntes Fest. G. war in guter Form. Im Winter hatten wir uns festgeredet, und abgesehen davon, daß ich ja inzwischen auch einiges zugelernt habe, hatte das ihm auch leid getan und er hatte sich mit den Fragen, über die wir anderer Meinung gewesen waren, beschäftigt und war auch zu neuen Resultaten gekommen und sichtlich erleichtert, daß ich die Unterhaltung wieder anknüpfte. Yorck hat hauptsächlich zugehört, manchmal etwas beigetragen und häufig gelächelt, weil es ihn amüsierte.

Nach wenigen Minuten im Amt bin ich dann ins Büro gegangen, wo ich bis um 9 eine Besprechung hatte, sodaß ich schliesslich um 9.30 rechtschaffen müde zu Hause ankam. ...

Vom Krieg im Osten werden optimistische Auffassungen verbreitet. Hoffentlich stimmen sie. Die Version des Generalstabes soll sein: die Russen haben keine Reserven mehr in erreichbarer Nähe; sobald die jetzt im Gange befindliche Schlacht geschlagen ist, ist daher der Weg frei. Das wäre immerhin etwas. Aber wohin? Nach Moskau? Es ist ein unabsehbares Abenteuer und es reut mich sehr, daß ich es im Inneren meines Herzens gebilligt habe. Ich habe, durch Vorurteile verführt, geglaubt, Russland würde von innen zusammenbrechen und wir könnten dann in dem Gebiet eine Ordnung schaffen, die uns ungefährlich sein würde. Aber davon ist nichts zu spüren: weit hinter der Front kämpfen russische Soldaten weiter, aber auch Bauern und Arbeiter; es ist genau wie in China. Wir haben etwas Schreckliches angerührt und es wird viele Opfer kosten und sicher gute Leute. Geyr scheint übrigens nicht gefangen zu sein, aber Carlusch Pückler soll mit Bauchschuss in Warschau liegen. Yorck will sich in Warschau erkundigen.

Berlin W 35 Viktoriastr. 33
17. 7. 41

... Heute esse ich mittags mit Rantzau & Haeften bei Schlichter und abends gehe ich zu Yorcks, anschliessend nach Nikolassee.

Herr Deichmann ist einpassiert, und wir wollen morgen zusammen in der Derfflingerstr. essen. Ich bin neugierig, was er alles aus Holland berichten wird. Die Nachrichten über die Ernährungslage dort werden immer schlimmer. Jetzt ist der Hunger auch schon in die von uns kahlgefressene Slowakei eingezogen. – Aus Bayern kommen die Bombenflüchtlinge zurück mit der Mitteilung, daß es dort nichts mehr zu essen gebe, wir hätten durch norddeutsche Invasion alles aufgegessen. – In Polen sind im letzten Monat 25% aller Arbeiter der Rüstungsindustrie (diese bekommen noch eine besondere Verpflegung) wegen Unterernährung krank gewesen, haben jedenfalls gefehlt. T. B. soll enorm zunehmen.

Der Krieg geht langsam weiter. Ich kann keine entscheidenden Fortschritte sehen, selbst wenn heute oder morgen Kiew + Leningrad genommen werden, denn überall zwischen unseren Vormarschstrassen kämpfen die Russen. – Carlusch Pückler ist gestorben; ich habe mir nie viel aus ihm gemacht, aber alle Leute, die wegen dieser Sache leiden müssen tuen einem so leid. Und wir, die wir übrig bleiben, müssen den Schlamassel ausbaden. – Gestern nachmittag war ein anscheinend schwerer Angriff auf den Hafen von Rotterdam. Morgen in einer Woche fahre ich ab, was bin ich froh darüber; ich habe garkeine Lust mehr hier zu sein.

Berlin, den 18. 7. 41

... Gestern abend bei Yorcks war es nett und harmlos. Ausser mir war ein Prof. Zastrow da, der ein Hauptkämpe für den Grossgrundbesitz ist. Nett und ganz komisch, wenn auch manchmal indiskutabel. – Um 11 ging ich nach Nikolassee schlafen, was ich dann auch wacker getan habe.

Die Sensation des Augenblicks ist Japan. Es herrscht hier eine ungeheure Unsicherheit und niemand weiss recht, was aus dieser Regierungskrise herauskommen wird. Der Bruch innerhalb der Regierung ist offenbar über die Frage entstanden, ob man jetzt Russland angreifen und Wladiwostok und die Nordhälfte von Sachalin nehmen sollte. Das ist die Auffassung der Militärpartei und des Aussenministers Matsuoka; dieser steht der grössere Teil des Kabinetts ablehnend gegenüber, aber mit 2 verschiedenen Begründungen: die einen wollen Russland nicht, weil sie einen Stoss nach Süden führen wollen (Maritime Gruppe) und die anderen wollen es nicht, weil sie einen Ausgleich mit England – U. S. A. wollen (Gruppe Finanz mit Shigemitsu[1] als Exponenten). Es sieht so aus, als könne die maritime Gruppe sich keineswegs durchsetzen, während die Chancen der Heeresgruppe und der Finanzgruppe ziemlich gleich sind. Der Sieg der einen oder der anderen wird sich wohl durch die Besetzung des Aussenministerpostens sei es mit Matsuoka, sei es mit Shigemitsu nach aussen manifestieren. Wirklich erfreulich kann das Ergebnis für unsere Kriegführung nicht sein, dafür besteht aber die Möglichkeit, daß wir einen ganz schweren Schlag erleiden, indem Japan ins andere Lager überwechselt.

Die Lage mit den U. S. A. spitzt sich immer mehr zu. Hier scheint die Meinung vorzuherrschen, daß der Kriegseintritt nur noch eine Frage von 14 Tagen bis 4 Wochen sein kann.

Heute mittag esse ich mit Herrn Deichmann in der Derfflingerstr. Abends habe ich lange Verhandlungen. ...

1 *Shigemitsu:* Mamoru Shigemitsu war japanischer Botschafter in London.

Berlin, den 19. 7. 41

... Gestern habe ich bis spät abends gearbeitet. Ich habe dann noch schnell zu Hause einen Bissen gegessen und bin ins Bett gestiegen. Trotzdem ich gut geschlafen hatte, wachte ich heute früh müde auf. Im Amt habe ich nicht viel gearbeitet sondern meist geschwätzt. Um ½2 kam ein Schweizer Freund von Trott zum Essen zu mir und blieb bis 4. Er war nett und jung und sehr wissbegierig. Es ist immer wieder erstaunlich zu sehen, welch phantastische Vorstellungen über uns manchmal bestehen.

Um ½ 5 habe ich Tee getrunken und etwas Times gelesen und hier sitze ich und schreibe. Da hast Du den ganzen Tag. Ich bin grundlos müde und werde heute gewiss früh ins Bett gehen. In den letzten 14 Tagen habe ich zuviele Menschen gesehen und mich dabei zu sehr verausgaben müssen; so bin ich immerzu müde.

Der Krieg tritt heute in eine neue Phase, indem die Japaner Stützpunkte in Indochina[1] besetzen und einen Angriff auf Wladiwostok vertagen. Das bedeutet wohl, daß sie jede Bewegung vermeiden, die eine politische Tragweite haben würde, denn gegen die Exkursion nach Indochina hat keiner etwas einzuwenden, ausser den Franzosen, die von niemandem mehr beachtet werden. Die V. St. A. scheinen jedenfalls den Japanern angedeutet zu haben, daß sie sich bei einem Angriff auf Indochina mit einem Protest begnügen würden. Die Sache hat, von den Angelsachsen gesehen, folgende Reize: *a.* es engagiert die Japaner in der einzigen Richtung, in der sie den Angelsachsen nicht wirklich gefährlich werden können; *b.* es wird den Japanern einige Verdauungsbeschwerden machen und sie daher während der seestrategisch kritischen Periode der nächsten 12 oder 18 Monate ausser Stand setzen, Wladiwostok oder Borneo zu machen, *c.* es wird die Franzosen gegen die Politik der collaboration aufbringen. – Wir hingegen müssen gute Miene machen, weil

Indo-China ja zum Interessenbereich Japans gemäß Dreierpakt gehört, obwohl wir jede andere Bewegung lieber sähen. Kurz, Japan wird nur Beifall ernten.

Im russischen Feldzug sehe ich jetzt die Gründe für einen gemässigten Optimismus. Es bildet sich wieder ein Sack ,,von welthistorischen Ausmassen" mit dem Durchmesser Minsk-Smolensk. Damit bricht möglicherweise die Mitte der gesamten russischen Verteidigung zusammen. Was das bedeutet kann ich nicht beurteilen. Es müsste aber möglich sein nächsten Sonntag etwa in Moskau zu sein.

Mein Lieber, ich bin rasend begierig, endlich nach Hause zu kommen. Ich muss mir immer wieder mitteilen, daß es nicht mehr lange dauert; ganz kann ich mich davon ja doch nicht überzeugen. . . .

1 *Indochina:* Der japanische Vorstoß begann am 21. 7.; ein Angriff auf Wladiwostok fand nicht statt.

Berlin, [Sonntag] den 20. 7. 41

. . . Zu berichten habe ich garnichts, denn es ist seit dem letzten Brief nichts vorgefallen und ich habe auch nicht die Absicht, etwas vorfallen zu lassen.

Mein Wochenprogramm kann ich Dir noch mitteilen: Montag mittag will ich in der Stadt essen, vielleicht sogar in dem grässlichen Kasino, abends will ich mit Frl. Breslauer im Büro arbeiten. Dienstag mittag kommen Waetjen, Connie Üx & Yorck zum Essen, abends gehen Gablentz & ich zu Yorcks. Mittwoch mittag will ich früh und allein essen und dann nach Potsdam fahren, wo ich eine geschäftliche Angelegenheit zu regeln habe. Anschliessend will ich zu Sarres. Donnerstag mittag esse ich mit Guttenberg, abends werde ich wieder ins Büro müssen und über Freitag ist noch nicht disponiert. Irgendwo muss auch noch ein Besuch bei Preysing[1] und einer bei Gramsch eingebaut werden. Da hast Du das reiche Wochenmenü.

Ich bin gespannt, wie der Krieg am Montag aussehen wird. Es wird wohl heute wieder eine Serie von Sondermeldungen geben. Diese neue Technik scheint mir blödsinnig zu sein, aber ich verstehe ja nichts von Propaganda, sodaß ich von meinen eigenen Meinungen in diesen Fragen nichts halte. . . .

1 *Preysing:* Konrad Graf von Preysing-Lichtenegg-Moos (1880–1950), Bischof von Berlin seit 1935, davor Bischof von Eichstätt und schon dort als Gegner des Regimes bekannt; er geriet bald in Konflikt mit dem greisen und allzu irenischen Breslauer Kardinal und Vorsitzenden der Bischofskonferenz Bertram (1859–1945), zu dessen Erzdiözese Berlin gehörte. Mitglied des Ausschusses für

Ordensangelegenheiten – s. Einleitung, S. 13. Preysing sorgte für Verfolgte und Verfemte, besonders Juden, durch Gründung des Hilfswerks beim Bischöflichen Ordinariat. Er nahm – diskret – sehr regen Anteil an der Arbeit der Kreisauer. Kardinal 1946. S. Adolph, Hirtenamt; ders., Preysing; dort Preysings Erinnerungen an Moltke, S. 181 f. S. auch Volk, Aufsätze, S. 264–276.

Berlin, den 21. 7. 41

... Der Krieg im Osten geht langsam weiter. Es wird jetzt einiges geändert und man hofft, damit einige besonders zähe Widerstandsnester ausräumen zu können. Ich bin aber immer zweifelhafter über das militärische Ergebnis. – Moskau soll jetzt bombardiert werden; das scheint mir ein Zeichen der Schwäche zu sein, denn welchen Sinn hätte ein solcher Angriff, wenn man bald da wäre. Ich habe heute eben den Eindruck, daß Kiew, Moskau und Leningrad auch in der neuen Woche noch nicht fallen werden. ...

Berlin, den 22. 7. 41

... Das Mittagessen Connie Üx, Yorck & Waetjen war nett. W. sehr gesprächig und auch Connie ganz mitteilsam. Wir haben doch so manche Einzelheiten aus Kreta gehört, die uns sonst nicht bekanntgeworden wären. Connie kommt vielleicht einen Tag ein Mal zum Abendbrot nach Kreisau während der nächsten 14 Tage. – Heute abend mit Gablentz bei Yorck.

Die Russen scheinen jetzt Fallschirmspringer in ganz kleinen Gruppen von 2 oder 3 Mann zu versenden, die tief in Deutschland Sabotageakte begehen; so haben sie gestern den Hindenburgkanal zerstört, er ist ausgelaufen und es wird 6 Monate dauern, bis er wieder arbeitet. Die militärische Lage im Osten gefällt mir unverändert nicht. Nach den neuesten Eindrücken (also nicht etwa zuverlässigen Nachrichten) gehen die Russen in der Ukraine systematisch zurück, ernten ab und schaffen das geerntete Getreide nach Osten. Wenn ihnen das gelingt, dann stossen wir in eine völlige Leere und was dann werden soll, weiss der liebe Himmel. Eines jedenfalls scheint mir sicher: zwischen heute und dem 1. April nächsten Jahres kommen in dem Gebiet zwischen Ural und Portugal mehr Menschen elendiglich um als jemals zuvor in der Weltgeschichte. Und diese Saat wird aufgehen. Wer den Wind säet wird den Sturm ernten, aber wenn das schon der Wind ist, wie wird der Sturm aussehen?

Berlin, den 23. 7. 41

... Gestern abend bei Yorck hat das Fest bis ½ 2 Uhr nachts gedauert. In Nikolassee bin ich prompt eingeschlafen, aber um 4 Uhr aufgewacht, bis 5 Uhr wach gewesen und habe dann nur noch wirr und unruhig geschlafen und wüstes Zeug geträumt. Wie wüst kannst Du daraus ersehen, daß Reichwein mir gegenüber sass, erklärte, er habe Lose in der italienischen Staatslotterie und werde solange spielen, bis er genug verdient habe, um sich mit diesem Geld in Malta oder Cypern niederzulassen. Schön, nicht wahr?

Die Unterhaltung mit Yorck & Gablentz war befriedigend. Yorck & ich sind nur schon ein bisschen zu gut aufeinander eingespielt, sodaß der Dritte sich leicht als Opfer und nicht recht als Partner vorkommt; es fiel mir jedenfalls gestern auf. Aber Gablentz war uns immerhin darin weit überlegen, daß er von der konkreten Lage der protestantischen Kirche und von Theologie immerhin etwas versteht.

Mit Yorck habe ich „tentatively" verabredet, daß wir am 9. nach Cauern kommen und zusammen am 10. abends von Brieg oder Ohlau abfahren. – Ich hoffe, daß Dir das recht ist; es fährt sich nämlich besser von dort.

Heute will ich früh Feierabend machen, vielleicht so um 1, weil ich nach dem Essen erst noch zu einer Besprechung nach Potsdam muss. Von dort will ich dann direkt nach Babelsberg.

Mein Lieber, dies ist also glücklich der letzte Brief. Ich habe auch keine Lust mehr zu schreiben. Bald bin ich ja da.

Berlin, den 21. 8. 41

Nun bist Du also fort. Wie magst Du gereist sein? Ich habe mich nach Deinem Abgang angezogen, den Zug 7.45 erreicht und mich in die Viktoriastr. zurückgezogen, um die gestern unterbrochene Arbeit fortzusetzen. Es ging auch ganz gut und ich habe bis 1.15 geschrieben und war dann auch fertig. Eben habe ich mein Werk gelesen; es gefällt mir noch nicht, aber ich will es in dieser Form erst ein Mal mit Gramsch besprechen und es erst danach umarbeiten.

Mittags ass ich mit Trott. Er fährt übermorgen auf Urlaub und kommt erst Mitte September zurück. Ich hatte einigens mit ihm zu besprechen, besonders aber ihm geeignete Schulaufgaben zu stellen. Ich hoffe, daß das funktionieren wird oder vielmehr funktioniert hat. – Anschliessend war ich noch bei Guttenberg und so um 4 traf ich im Amt ein. – ...

Mein Lieber, es war so sehr lieb mit Dir, es war so wie Ferien. Mein liebes Herz, lass es Dir nur gut ergehen und pflege Dich tüchtig.

Berlin, den 22. 8. 41

... Die Nacht war friedlich. Ich stand um 7 auf, nein um 20 vor 7 und war gerade zum 8.05 Zuge fertig. Ich hatte jetzt 4 Wochen lang nichts mehr selbst gemacht, weil der liebe Pim es getan hatte, und so fluppten die Handgriffe nicht so wie ich wollte. –

Ich habe heute immerzu gelesen. Kein Wunder, denn weder am Mittwoch noch am Donnerstag habe ich gelesen. Um ½1 hatte ich eine lange Besprechung mit Dohnanyi und um 2 war ich zum Essen zu Hause. ...

Berlin, den 23. 8. 41

... Mit Yorck habe ich heute morgen telephoniert. Marion ist operiert worden. Er war geheimnisvoll über die Art der Operation aber meinte, es sei gut überstanden. Es muss aber unangenehm gewesen sein, denn er war sichtlich mitgenommen. Die Armen. Schick ihr doch einen Brief. Ich weiss nicht, wo sie liegt, aber es wird sie ja über Kleinöls erreichen.

Heute nacht habe ich in der Derfflingerstr. geschlafen. Da es weiter regnerisch ist bleibe ich auch über Sonntag in der Stadt. Heute mittag kommt Reichwein. Nachher will ich ins Büro gehen und eine grosse Sache fertig machen. Das wird bis spät abends dauern. Dafür hoffe ich auf einen friedlichen Sonntag, an dem ich mich mit Sachen befassen kann, die mich mehr interessieren als das Büro.

Die Tage vergehen rasch. Ich bin mit vielen Dingen hier beschäftigt, obwohl viele meiner Komparenten auf Urlaub sind: Einsiedel, Gablentz, Yorck, Haeften, Trott, Rantzau, und einige andere. – Ausserdem bin ich in Gedanken immerzu in Kreisau bei all den schwierigen Problemen. ...

Berlin, [Sonntag] den 24. 8. 41

Es muss gleich 4 sein, aber ich will noch rasch vor dem Tee dem Pim schreiben. Ich habe heute tüchtig geschafft: Von Morgen an habe ich bis jetzt mit kurzen Unterbrechungen zur Erholung von Hand und Kopf und zum Essen geschrieben. Es war mir rasend langweilig, denn es handelt sich um die Begründungen für einen Antrag an das Kammergericht, aber es musste gemacht werden. Nun ist es im Entwurf fertig. Morgens muss Frl. Breslauer es schreiben und bis Mitte der Woche, jedenfalls aber bis Ende der Woche, ist es dann hoffentlich raus und vergessen.

Seit dem frühen Morgen giesst es. Es ist einfach eisig. Die Sonne hat mir den ganzen Tag auf die Füsse geschienen und so war es sehr angenehm: die Füsse waren warm und der Kopf kühl. Aber es klingt trostlos. Überall tropft es und man denkt mit Entsetzen an die Millionen von Menschen, die jetzt kein Dach über dem Kopf haben, günstigstenfalls ein Zelt und in Schlamm und Regen etwas tun, was sie auch noch als heroisch empfinden, statt als wahnsinnig.

Und die arme Ernte. Jeder Tag Regen bedeutet mehr Elend, mehr Hunger, mehr Not und Leiden und mehr Tote. ...

Ich will den Brief rasch fortbringen, dann Tee trinken und nachher habe ich noch eine andere Arbeit[1] vor, die mich glücklicherweise mehr freut, als der Antrag an das K. G.

1 *andere Arbeit:* die bisher so genannte „erste Fassung" der Denkschrift „Ausgangslage, Ziele und Aufgaben" – Text in van Roon, Neuordnung, S. 507–517, wo als Datum der 24. 4. 41 angegeben ist. Das Datum über dem maschinengeschriebenen Dokument ist in M.s Handschrift und sieht – wie Freya von Moltke jetzt auch meint – eher aus wie 24. 8. 41. Das würde diese „Fassung" zur letzten der drei machen, die vom 9. 6. 41 bei Lipgens (wie Einleitung, Anm. 135), S. 117–121 zur ersten, die vom 20. 6. (van Roon, Neuordnung, S. 518 ff., Wiederabdruck ders., Völkerrecht, S. 166–169) zur zweiten. Die kurzen Dokumente – je 3 Maschinenseiten – vom Juni, deren Abschnitte auch „Ausgangslage" und „Aufgaben" überschrieben sind, weisen nur kleine Unterschiede voneinander auf; das 12seitige Dokument vom 24. 8. ist ganz anders geartet.

Berlin, den 25. 8. 41

Als ich heute mittag nach Hause kam, waren 2 Briefe von Dir da vom 23. und 24. Ich war also bestens versorgt. Es klang auch alles ganz munter und tätig.

Ich weiss nicht wie weit ich mit dem Brief kommen werde. Ich erwarte Mutter Dippe, dann kommt Waetjen, dann Reichwein und dann will ich mit Carl nach Nikolassee. ...

Churchill hat eine ganz grosse Rede gehalten.[1] Wieder eine der Reden, die in die Weltgeschichte als klassisch eingehen werden. Es ist weniger der sachliche Gehalt als die Form und die ungeheure Überlegenheit, die die Rede zu ihrer Höhe emporhebt. Man hat beim Lesen das Gefühl, als spräche der Mann über uns, die wir in der geschichtlichen Niederung stehen, hinweg zu den Grossen, den Staatsmännern der klassischen Vergangenheit.

Ausserdem sind die Russen und Engländer in Persien eingerückt. Ob die Perser eine Form des Widerstandes leisten werden ist zweifelhaft. Wenn die Verbindung ein Mal hergestellt sein wird, wird für uns der Traum das transkaukasische Öl unzerstört zu erhalten voll ausgeträumt sein.

In Russland geht es mal wieder langsamer. Immerhin halten die Meldungen an, im Süden seien schlechte Truppen eingesetzt, deren Kampfwille zwar ungebrochen sei, die aber ausbildungsmässig unseren unterlegen seien.

Da kommt Waetjen.

1 *grosse Rede:* Am 24. 8. hatte Churchill in einer Rundfunkansprache von seinem Treffen mit Präsident Roosevelt berichtet, bei dem die Atlantik-Charta beschlossen wurde. Er sprach den besiegten und besetzten Völkern Mut zu. Er würdigte auch die Tapferkeit, Hingabe und Tüchtigkeit der Russen in ihrer Verteidigung von ,,Heim und Herd", die den Angreifer zum ersten Mal spüren ließen, daß sich Massenmord nicht lohnte; nun rächten sich die Deutschen grausam mit der kaltblütigen Exekution von vielen Tausenden (,,scores of thousands – literally scores of thousands") durch Polizeitruppen. Er sprach von einem ,,namenlosen Verbrechen" (,,we are in the presence of a crime without a name") – ohne zu sagen, daß die britische Regierung von den Massenmorden, besonders an Juden, durch abgefangene und dechiffrierte Berichte der Einsatzgruppen wußte (Martin Gilbert, Winston S. Churchill, Bd. 6: Finest Hour 1939–1941. Boston 1983. S. 1173, Anm. 1; Text der Rede in Churchill, Speeches, Bd. 6 – wie 18. 5. 41, Anm. 1 – S. 6472–8). Übrigens betonte Churchill bei dieser Gelegenheit zwei Unterschiede der Friedensplanung zu der des Ersten Weltkriegs: Die schuldigen Nationen sollten entwaffnet werden, aber Deutschlands Wirtschaft und Handel sollten diesmal nicht behindert werden – a. a. O., S. 6475. Es mutet fast wie eine Antwort darauf an, daß M. – ohne die Rede zu erwähnen – in einem Bericht zum Seekriegsrecht am 27. 8. 41 darlegte, daß Deutschland zwischen Autarkie und Welthandel wählen müsse und der letztere vorzuziehen sei (Text in van Roon, Völkerrecht, S. 205 ff.).

Berlin, den 26. 8. 41

... Die Nachrichten aus dem Osten sind wieder schrecklich. Wir haben offenbar doch sehr, sehr grosse Verluste. Das wäre aber noch erträglich, wenn nicht Hekatomben von Leichen auf unseren Schultern lägen. Immer wieder hört man Nachrichten, daß von Transporten von Gefangenen oder Juden nur 20% ankommen,[1] daß in Gefangenenlagern Hunger herrscht, daß Typhus und alle anderen Mangel-Epidemien ausgebrochen seien, daß unsere eigenen Leute vor Erschöpfung zusammenbrächen. Was wird passieren, wenn das ganze Volk sich klar ist, daß dieser Krieg verloren ist, und zwar ganz anders verloren als der vorige? Dazu mit einer Blutschuld, die zu unseren Lebzeiten nicht gesühnt und nie vergessen werden kann, mit einer Wirtschaft, die völlig zerrüttet ist? Werden die Männer aufstehen, die imstande sind, aus dieser Strafe die Busse und Reue und damit allmählich die neuen Lebenskräfte zu destillieren? Oder wird alles im Chaos untergehen? In 12 Monaten werden wir die Antwort auf die meisten dieser Fragen wissen. ...

1 *nur 20% ankommen:* vgl. 25. 6. 41. Zur Tätigkeit der Einsatzgruppen und ihrem Verhältnis zur Wehrmacht s. Krausnick/Wilhelm, Einsatzgruppen; zu den Judenmorden s. Helmut Krausnick, ‚Judenverfolgung' in: Anatomie des SS-Staates, Olten und Freiburg i. Br. 1965, II, S. 360–448; und Adam, Judenpolitik. Die sogenannte „Endlösung der Judenfrage" begann sich in den im Brief erwähnten Transporten abzuzeichnen. Am 31. 7. 41 hatte Göring Heydrich beauftragt, „alle erforderlichen Vorbereitungen in organisatorischer, sachlicher und materieller Hinsicht zu treffen für eine Gesamtlösung der Judenfrage in Europa". Er verlangte in Bälde „einen Gesamtentwurf über die ... Voraussetzungen zur angestrebten Endlösung der Judenfrage" (Adam, a. a. O., S. 308). Ende August sollte die Auswanderung aus besetzten Gebieten unterbunden werden, im Oktober wurde dieses Verbot ein allgemeines, das auch das Altreich betraf (a. a. O., S. 310).

Berlin, den 1. 9. 41

... Dein Wirt ist gut gereist. Als er in Kreisau einstieg, wurde er hinten am Rockzipfel gepackt und das war Rückwarth, der nette Mann, mit dem zusammen ich Referendar in Schweidnitz war. Er ist jetzt Syndikus der Arbeitsfront für Schlesien und entsprechend entsetzt über das was er dort sieht. Er fuhr nach Breslau, wir sassen dann noch ein Stündchen etwa im Nordhotel und er brachte mich noch zur Bahn. – Übrigens der dümmste von den Referendaren meiner Zeit, der einzige Referendar, von dem ich je gehört habe, daß er in einer Station verlängert worden ist, ist ein grosses (?) Tier in der Reichskanzlei. Du kannst Dir meine Freude vorstellen. ...

Morgen mittag isst ein neuer Stauffenberg[1] bei mir, den Guttenberg mir geschickt hat, der selbst auf Urlaub ist. Morgen abend muss ich im Büro arbeiten; Mittwoch will ich zu Sarres.

Es gibt nichts Neues, mein Lieber, es ist alles unverandert grässlich. ...

1 *neuer Stauffenberg:* wahrscheinlich Hans Christoph Freiherr von Stauffenberg, den er schon vor dem Krieg in England kennengelernt hatte. Auch er arbeitete für die Abwehr.

Berlin, den 2. 9. 41

... Gestern habe ich also mit Dohnanyi längere Zeit gesprochen und mir scheint, daß mein Projekt vorangehen wird. Zum mindesten ist es ein Schrittchen weiter gediehen. ...

Am Abend war Yorck da. Wir haben bis 11.15 geredet und alles auch ein wenig weitergebracht. Marion soll in etwa 14 Tagen kommen. ...

Berlin, den 3. 9. 41

... Die allgemeine Lage ist unverändert schlecht. Besonders macht eben die Versenkung von einem Nachschubschiff täglich im Mittelmeer es immer schwieriger, Lybien zu versorgen. Vor einigen Tagen sind auch zwei Truppentransportschiffe an der Küste Norwegens mit 1600 Mann untergegangen; von den Mannschaften sind allerdings wohl 1000 gerettet.

Mein Lieber. Ich denke voll Freude an die 2 Tage bei Ihnen zurück und freue mich schon auf das nächste Wochenende vom 19/20.

Berlin, den 4. 9. 41

... Gestern nachmittag war ich also bei Sarres und habe mit großer Befriedigung Komposthaufen umgesetzt. Sie sind schlecht gepflegt. ...

Morgen nachmittag gehe ich zu Preysing, abends zu Ulla, mittags esse ich mit Kley, einem Sekretär von Darré[1] und Freund von Wense. Die Tage fliegen dahin.

So, mein Lieber, das ist wohl alles. Ich denke immerzu an Euch, den Betrieb und das Haus, den Bau und die Milch, den Garten und die vollen Obstbäume und die Löcher für die neuen Bäume u.s.w.

[P. S.] Militärisch ist nur eines von Interesse, daß die Russen in Odessa Truppen landen und nicht abziehen, daraus anscheinend ein neues Tobruk machen wollen.

1 *Darré:* Richard Walther Darré (1895–1953), Reichsbauernführer, Reichsleiter, Reichsminister für Ernährung und Landwirtschaft, SS-Gruppenführer, bis 1938 Leiter des Rasse- und Siedlungs-Hauptamts der SS. 1949 zu 7 Jahren Gefängnis verurteilt, 1950 entlassen.

Berlin, 5. 9. 41

... Heute war rasend zu tun. Mittags ass ich mit Kley, dem Freund von Wense. Sehr nationalistisch und daher sehr lehrreich. Dann hatte ich etwas mit Schmitz zu besprechen und um 4.30 war ich bei Preysing. Dort war ich um 7 fertig und bin nun auf dem Wege zu Ulla, wo ich Abendbrot essen soll, einen Sprung in die Derfflingerstr. gegangen um zu sehen, ob ein Brief vom Pim da sei und um dies Grüsschen zu schreiben. Da aber Ulla wartet muss ich mich sputen.

Der Brief von C. B. ist nett. Poldi Feigl freut mich, den Brief hast Du nicht geschickt und aus Deinem Brief konnte ich nicht sehen, ob Du ihn mit oder später schicken wolltest. Lass es nicht am Gelde scheitern! Wir befinden uns bereits mitten in derselben Inflation, die wir schon ein Mal erlebten und es lohnt sich nicht über Geld Späne zu machen, wenn man dafür etwas Gutes bekommt und es einigermassen in den Rahmen passt....

Berlin, den 6. 9. 41

... Gestern der Nachmittag mit Preysing war sehr befriedigend. Mir schien, er war auch befriedigt. Die 2 ½ Stunden vergingen rasch und wir hatten ein grosses Gebiet der menschlichen Beziehungen berührt oder gestreift. Jedenfalls hat er mich glühend aufgefordert, wiederzukommen und das will ich jetzt in regelmässigen Abständen von etwa 3 Wochen tun.

Mit Ulla war es nett. Übermorgen fährt sie nach Gastein. Wir haben uns bei Tisch so allgemein unterhalten und nachher habe ich ihr die drei Predigten von Galen[1] vorgelesen. Ich lasse sie jetzt abschreiben und schicke Dir einen Satz zur Verbreitung. Sie lesen sich herrlich vor, denn der ganze Schwung kommt dabei heraus. Habe ich Dir schon geschrieben, daß diese Predigten am vergangenen Sonntag von allen Kanzeln Westfalens verlesen worden sind? – Ich befragte P. nach Galen. Er versicherte mir, das sei ein ganz durchschnittlicher Zeitgenosse von durchaus beschränkten Geistesgaben, der daher bis in die jüngste Zeit hinein nicht gesehen habe, wohin die Reise geht und darum immer zum Paktieren geneigt habe. Umso eindrucksvoller ist es, daß ihn jetzt der Heilige Geist erleuchtet hat und erfüllt. Wieviel bedeutsamer ist dieses Zeichen, als wenn es sich um einen überragend klugen Mann gehandelt hätte.

Fr. v. Dippe hat mir ein Telegramm von den Grosseltern durchgesagt, in dem steht, daß sie sich freuten, daß es Dir wohl erginge und daß C. B. an ruhigem Posten sei. – Heute bekam ich auch Nachricht, daß es allen Wolffs[2] gut geht. Das ist erfreulich.

Heute und morgen ist für mich tiefe Ruhe. Ich hoffe, niemanden zu sehen und in der Stille etwas für mich arbeiten zu können. Das sind kostbare Tage. Hoffentlich stören mich heute nacht die Briten nicht. – Heute mittag war übrigens Yorck da; wir wollten uns nur gegenseitig über die Unternehmungen der Woche unterrichten.

Die Kriegslage gefällt mir garnicht. In der Gegend von Petersburg sind wir etwas vorangekommen aber nicht etwa zügig, sondern langsam. In der Mitte ist der in der Gegend von Smolensk stehende Keil auf beiden Seiten stark bedrängt, weil es den Russen gelungen ist, auf beiden Seiten dieses Keils, besonders im Süden einen nicht unerheblichen Einbruch in unsere Linie zu machen. Im Süden geht es nicht voran, im Gegenteil. Odessa entwickelt sich zu einem zweiten Tobruk und wird stärker, nicht schwächer. – In Italien steht es sichtlich schlecht, in Afrika desgleichen, auf dem Atlantik sogar sehr schlecht. Kurz, die Kriegslage erscheint mir schlechter als selbst ich es für diesen Zeitpunkt erwartet hatte. Und wenn die Lage sich weiter zu unseren Ungunsten klärt, dann verlieren wir auch die Verhandlungsfähigkeit, die wir dringend benötigen. – Auch Japan scheint jetzt endgültig im Rückzug zu sein. Bitte, sieh Dir mal auf der Karte an, wo Futschou liegt, das die Chinesen zurückerobert haben: zwischen Shanghai und Kanton. Und um F. herum haben die Chinesen nach N und S etwa 50 km Raum gewonnen.

Mein Lieber, ich will aufhören zu schwätzen. Wir müssen uns immerzu vergegenwärtigen, daß wir ganz grauen Tagen entgegengehen, Tagen deren Sorgen und Leiden wir uns noch garnicht auszumalen vermögen. ...

1 *Galen:* Clemens August Graf von Galen (1878–1946), Bischof von Münster seit 1933, Kardinal 1946, Vetter von Preysing. Er hielt am 14. und 21. Juli und 3. August 1941 drei Predigten über die Rechtlosigkeit im nationalsozialistischen Staat, die Beschlagnahme kirchlichen Eigentums und – was besonderes Aufsehen erregte und ihn in Lebensgefahr brachte – die systematische Tötung Unheilbarer und Geisteskranker, ein Vorgang, der geheimgehalten werden sollte und durch ein geheimes, auf den 1. 9. 39 zurückdatiertes Ermächtigungsschreiben von Hitler in Gang gesetzt worden war. Die Predigten wurden in Abschriften nicht nur über ganz Deutschland, sondern auch über besetzte Gebiete, über Fronteinheiten und bis ins neutrale und feindliche Ausland verbreitet und brachten wenn nicht die Beendigung so doch eine starke Einschränkung der Mordkampagne. Parteigrößen wollten Galen umbringen, Goebbels überzeugte Hitler, daß das wegen der Popularität des Bischofs und der Loyalität seiner Westfalen nicht im Kriege, sondern erst danach tunlich sei. Text der Predigten in Heinrich Portmann, Der Bischof von Münster, das Echo eines Kampfes für Gottesrecht und Menschenrecht, Münster 1946, S. 123–155. 2 *Wolffs:* vgl. 2. 6. 40.

Berlin, [Sonntag] den 7. 9. 41

... Ich habe nach dem Frühstück eine Times gelesen und jetzt schreibe ich erst. Curtis hat ein neues Buch über die Föderierung der Welt[1] geschrieben, ich will sehen, es mir zu beschaffen. Das ist jedenfalls positiv proof, that he is alive. – Dorothy Thompson[2] ist wieder zurück nach U.S.A. geflogen.

Die Nacht habe ich hier verbracht, weil ich doch hier frühstücken wollte. Ich habe bis ½ 1 gelesen, weil ich sicher sein wollte, daß ich beim Alarm noch wach wäre und was tun könnte, denn schlafen kann ich dann doch nicht. Es gab aber keinen Alarm. Als ich morgens erwachte, regnete es. Ob es wohl bei Dir auch geregnet hat. – Gestern abend las ich den Tod von Fürst Andrey.[3] Ich hatte die Stelle ganz vergessen. Weisst

Du, genau so ist Muttel[4] gestorben. 2 Tage vor ihrem Tode war ihr Interesse am Leben, das sie doch so geliebt hatte, erloschen. Sie wusste alles, sie sah alles, sie war nicht teilnahmslos, sondern nur anderweit beschäftigt. Dann kam die Nacht, in der sie sterben sollte; ich erinnere sie noch ganz genau. Um 10 etwa hatte ich die Nachtwache begonnen. Irgendwann in der Nacht weckte ich die anderen, weil ich dachte, der letzte Augenblick sei gekommen. Muttel verlor das Bewusstsein und dann plötzlich, gegen Morgen sagte sie, anscheinend bewusstlos: Dorettchen, ich schulde Dir noch 25 Mark. Gleich darauf schlief sie ruhig und normal; Papi, der sie behandelte, ging schlafen und die anderen auch. Am nächsten Morgen wachte sie früh auf, erinnerte sich sofort der 25 Mark und zahlte sie Mami. Es ging ihr so gut, daß ich zur Jagd nach Conradswaldau fuhr. Aber gleich danach muss sie wieder in ihre jenseitige Beschäftigung verfallen sein, denn für ihr Lieblings-Grosskind, Ella-Petrea,[5] interessierte sie sich gar nicht mehr. Um 7 Uhr abends wurde ich in Conradswaldau angerufen, sie sei tot. – Nach wenigen Monaten schon war sie keine Lücke mehr. Wir haben sie sehr geliebt und ich habe mich darüber immer gewundert; aber so war es. Es war so, als hätte sie sich vorgenommen, daß ihr Tod nicht zwischen irgendeinem ihrer Lieben und dem Leben stehen sollte. Es war sehr merkwürdig.

Heute will ich den ganzen Tag lesen. Die Woche ist sehr besetzt, und ich werde nicht dazu kommen, während der Woche auch nur ein vernünftiges Wort zu lesen: Montag mittag Kiep, abends Reichwein, Dienstag mittag Gablentz, abends C. D.s, Mittwoch mittag Dohnanyi und Delbrück,[6] nachmittags und abends fahren wir alle zu einer Besichtigung von Reiter-Vorführungen in der Kavallerieschule Krampnitz. Ich muss aus Gründen der Kameradschaftlichkeit mit, obwohl es mir sehr lästig ist und einen kostbaren Tag wegnimmt.

1 *Föderierung der Welt:* Lionel Curtis, Decision. Oxford 1941. 2 *Dorothy Thompson:* Dorothy Thompson (1893–1961), einflußreiche amerikanische Journalistin, mit der M. befreundet war, seit er sie bei den Schwarzwalds getroffen und für sie gearbeitet hatte. Vor dem Krieg Berichterstatterin in Wien, Berlin (1934 aus Deutschland ausgewiesen), Moskau, Budapest, London; später Kolumnistin. Ihre wöchentlichen Radioansprachen, die vom Columbia Broadcasting System 1942 nach Europa ausgestrahlt wurden, erschienen als Buch: D. Thompson, Listen, Hans, Boston 1942. Wenn sie wirklich – wie es heißt – mit „Hans" Helmuth Moltke meinte, ist das ein Zeichen mehr für die gegenseitige Isolierung, die der Krieg brachte. 3 *Fürst Andrey:* in Tolstois Krieg und Frieden. 4 *Muttel:* die Großmutter väterlicherseits, Ella von Moltke, geborene Gräfin von Bethusy-Huc (1856–1924). 5 *Ella-Petrea:* von Moltke. 6 *Delbrück:* Justus Delbrück (1902–1945), Sohn des Historikers Hans Delbrück, mit Bonhoeffers und Dohnanyi verschwägert und befreundet; Jurist, Re-

gierungsrat bis 1936, dann in der Industrie; seit 1940 in der Abwehr; verhaftet 1944, konnte seinen Prozeß hinauszögern; bei Kriegsende frei, starb 1945 in sowjetischer Haft.

Berlin, den 8. 9. 41

... Gestern abend ging ich nach Nikolassee und um ½ 12 kamen Flieger und blieben bis 3. Oder war es 4? Es war der erste richtige Angriff auf Berlin und das wird jetzt wohl häufiger geschehen. Unsere Flieger sind voller Lobes über die englischen Flieger und sagen, sie hätten es taktisch so gut gemacht. An einer ganzen Anzahl Stellen sind Häuserschäden, darunter das Hotel Eden. Auch in der Nähe der Derfflingerstr. muss es gebrannt haben, denn noch heute mittag lag allerhand verkohltes Zeug auf der Strasse. Etwa 12 Treffer in Bahnhöfen und auf Zügen, Stellwerke, u.s.w., darunter Halensee, Friedenau und Tempelhof. Ein grosser Brand im Südosten war noch heute morgen zu sehen. – Dein Wirt hat leidlich geschlafen. Immer wenn das schwere Schiessen energisch wurde, erwachte er um meist nach 10 Minuten wieder einzuschlafen. Aber ich bin sicher 10 Mal aufgewacht. ...

Kiep, mit dem ich heute ass, ist voller Pessimismus. Ich wundere mich täglich darüber, was die Leute in den letzten Jahren denn eigentlich getan und gedacht haben. Offenbar haben sie in einem Traumland gelebt. – Es wimmelt wieder von schlechten Nachrichten von allen Seiten. Nichts Besonderes, aber immerhin ist in Serbien wieder eine richtige Front entstanden und es sind ein paar hundert Soldaten gefallen, wichtige Eisenbahnlinien sind gesprengt, u.s.w. Ausser Russland sind das Traurigste die ständigen Verluste des Nachschubs für das deutsche Afrikacorps. Es vergeht eigentlich kein Tag ohne daß wir dort ein Schiff verlieren. In Malta gibt es jetzt eine U-Boot-Station und Bombenflugzeuge; damit ist Malta eine ausgesprochene Offensiv-Basis geworden, nicht nur eine Stütze für die Verteidigung des Seeweges durch das Mittelmeer.

Berlin, den 9. 9. 41

Heute schreibe ich Ihnen am Morgen, obwohl sich seit meinem letzten Brief von gestern nachmittag nichts Berichtenswertes ereignet hat. Gestern abend war ich bei Reichwein, um mit ihm einiges zu besprechen und fuhr dann in die Teutonenstrasse, wo ich eine friedliche Nacht hatte. Um 8.05 fuhr ich in die Stadt und jetzt ist es 10.20. Um 11 muss ich zu einer Besprechung ausser dem Haus, um 1.30 kommt Gablentz zum Essen.

Hier ist es einfach eisig. Ich friere wie ein Schneider, denn das Zimmer in der Grossadmiral Prinz Heinrichstr. schaut zwar sehr schön über die Bäume des Tiergartens aber damit auch nach Norden. Und so kann man nur frieren. Ich sitze in einen Woilach[1] gewickelt.

Ich habe mal wieder gar keine Lust hier zu sein. Wieviel lieber wäre ich zu Hause. Alles kommt mir so rasend sinnlos vor, und doch muss man diese Zeit überstehen und abwarten. Wenn es mir gar zu eklig wird, dann denke ich an alles in Kreisau, an Pim, Barönchen, Asta, die Äpfel & Schafe, Herrn Z, Schwester, die Milch und die Bestellung. Das bessert dann die Seelenlage.

Heute will ich eigentlich an Carl-Viggo schreiben. Es ist mir aber ein Angang, weil ich das Gefühl habe, daß wir uns so meilenfern stehen, weil er an einer Fiktion festzuhalten sucht, von der er inzwischen wissen muss, daß sie eben eine Fiktion ist und sich in nichts auflöst. – Aber vielleicht ist das für die an der Front leichter. Sie haben sich das Denken abgewöhnt und tuen nur das, was der Tag von ihnen erfordert. Es ist wohl ein im wesentlichen animalisches Leben.

Sonst habe ich wohl nichts zu berichten.

1 *Woilach:* polnisch: wollene Pferdedecke.

[Berlin], 11. 9. 41

Denk Dir, mein Lieber, gestern habe ich Dir keinen Brief geschrieben. Der Tag war so knapp, weil ich am Vormittag immerzu Besprechungen hatte, um 12.15 bereits mit Delbrück ass und um 2.10 ging der Omnibus zu dem Ausflug der Abteilung.

Der Ausflug war ganz nett. Während es vormittags regnete und als wir abfuhren goss, hatten wir draussen schönes Wetter, nicht gerade Sonne aber trocken. Ich war der einzige Zivilist weit und breit unter Hunderten von Soldaten, das allein amüsierte mich natürlich. Dann wurden uns von 3 bis 5.30 Pferde vorgeführt; Remonten, fertige Pferde, Hengste u.s.w. Sehr schöne Tiere zum grossen Teil, darunter eine ganze Abteilung Vollbluthengste. Die Leute ritten meist auch sehr gut. Im Freien wurde uns auch ein Ausritt zur Jagd mit Hunden u. Pikören im roten Frack vorgeführt und eine Abteilung Gespanne: ein Fünferzug mit Lippizanern, ein Sechserzug mit riesigen Holsteinern, ein Viererzug mit kleinen polnischen Pferden, ein Dreierzug und ein einzelnes Pferd. Gut kutschiert und nette gut angespannte Pferde. – In der Halle war dann Springen, Hohe Schule und Quadrille. Alles gut mit schönen Pferden. Im Augenblick sind wir ja mit Pferden deswegen sehr gut versorgt, weil wir die Gestüte und Rennställe in allen von uns eroberten Ländern ausgeraubt haben.

Nach den Vorführungen gab es ein gutes Essen in einem sehr schönen neuen Kasino. Alles war prächtig. Die ganze Reitschule – es ist die alte Hannoversche Reitschule – ist erst im Kriege fertig geworden, ein enormer Luxusbau mit vielen Morgen von Kasernen und Ställen, alles sehr teuer gebaut mit Gartenanlagen u.s.w. Dort sieht man wenigstens, was man mit unserem Geld gemacht hat. – Der Kommandeur der Reitschule war sehr nett, die anderen Offiziere nett wie die meisten Pferdemenschen aber unbedarft. ...

Vom Krieg gibt es nichts Neues zu berichten. In Russland geht es immerhin noch weiter und solange es weiter geht, sind auch noch gewisse Erfolge zu erwarten. Rückwärts geht es vorläufig nur bei Smolensk und es sieht nicht so aus, als würde es da soweit zurückgehen, daß dadurch die Flügel bei Kiew + Petersburg bedroht wären; im Gegenteil die Front wird dadurch im Ganzen etwas kürzer werden.

Berlin, den 12. 9. 41

... Nun habe ich garnichts Neues zu berichten. Ich führe ein sehr geruhsames Leben, tue nicht übermässig viel und warte, daß meine Pläne reifen. Manchmal werde ich etwas ungeduldig, meist aber bin ich über das Warten ganz abgeklärt. Ich glaube, daß ich im ganzen geduldig bin und im Laufe meiner Erfahrungen gelernt habe, wie wichtig und produktiv das Warten ist. Nur mit Warten gewinnt man Menschen, mit Drängeln verprellt man sie. ...

Gestern flatterte mir folgendes auf den Tisch: ein Offizier meldet, es sei völkerrechtswidrig hergestellte Munition bei den Russen gefunden worden: Dum-Dum-Geschosse. Daß es sich wirklich um solche handelt, lasse sich durch das Zeugnis des Oberstabsarztes Panning beweisen; dieser habe in einem Grossversuch diese Munition bei Judenexekutionen verwandt. Dabei habe sich folgendes herausgestellt: bei Kopfschüssen reagiere das Geschoss so und so, bei Brustschüssen so und so, bei Bauchschüssen so und so, bei Treffern auf die Gliedmassen so und so. Diese Ergebnisse lägen wissenschaftlich aufgearbeitet vor, so daß die Völkerrechtswidrigkeit einwandfrei nachzuweisen sei. Das ist doch ein Höhepunkt der Vertiertheit und Verkommenheit und man kann nichts machen. Ich hoffe aber, daß es doch möglich sein wird, eines Tages den meldenden Offizier und den Herrn Panning vor ein Gericht[1] zu bekommen.

Vom Kriege gibt es nichts Neues. Es sieht im Norden und Süden etwas besser aus, so als könne man hoffen, doch noch ein Mal in Bewegung zu kommen. – Im Unterhaus hat Churchill die erste optimistische Rede[2] gehalten. Schlecht, im übrigen aber strotzend vor Optimismus. So etwa auf dem Niveau Deines Wirts.

1 *vor ein Gericht:* Es war nicht möglich. Oberstabsarzt Dr. med. Gerhart Panning starb 1944. Eine Kopie dieses Briefes lag offenbar im sogenannten „Einsatzgruppenprozeß" vor – s. Adalbert Rückerl (Hg.), NS-Prozesse, Karlsruhe 1971, S. 74f. (Laut Alfred de Zayas, Die Wehrmacht-Untersuchungsstelle. Deutsche Ermittlungen über alliierte Völkerrechtsverletzungen im Zweiten Weltkrieg, München 1979, war der Vorfall in den Heeresakten nicht auffindbar.) Panning, der auch Leiter des gerichtlich-medizinischen Instituts und Herausgeber der Zeitschrift ‚Der Deutsche Militärarzt' war, formulierte seinen Artikel ‚Wirkungsform und Nachweis der sowjetischen Sprengstoffmunition' so sorgfältig, daß keine Schießexperimente an Menschen darin vorkamen (7. Jahrgang, 1942, S. 20ff.). 2 *optimistische Rede:* Text der Unterhausrede vom 9. 9. in Churchill, Speeches, Bd. 6 (wie 18. 5. 41, Anm. 1), S. 6480–90.

Berlin, den 13. 9. 41

... Gestern mittag ass ich mit Yorck bei ihm. Unzweifelhaft kann ich gegenwärtig mit ihm besser und schneller und nützlicher als mit sonst irgendjemandem. Ausserdem sind wir so völlig gleich, ich meine gleichgestellt. Bei Einsiedel, mit dem ich ziemlich genau so gut kann, ist aus irgendwelchen Gründen bei mir eine gewisse Überlegenheit und das stört mich immer. Yorck ist eigentlich der einzige, mit dem ich mich wirklich beratschlage, bei all den anderen handelt es sich in Wahrheit um eine in die Form der Beratschlagung gekleidete Anfrage, wie weit sie mitmachen und was sie tun wollen. Das lässt dann immer wieder die Verantwortung bei mir, oder mindestens den Schwerpunkt der Verantwortung.

Abends kam Kennan. Sehr nett. Es kommt jetzt mehr heraus als aus den Abenden bei Deuel. Er hat einen Vorschlag von mir, etwas Bestimmtes zu tun, angenommen, will Weihnachten den Dienst quittieren, nach Hause fahren und sich dieser Aufgabe widmen.[1] Er ist ein guter und netter Mann und ich hoffe, daß er sich wirklich als Aktivum für uns erweisen wird. – Mich wundert es immer, wenn Leute mir sagen, man müsse Menschen an einer Sache interessieren, ihnen ihr eigenes Interesse vorführen und vorstellen; das kann ich nicht, weil ich selbst nicht so denke; und meine Erfahrung ist genau umgekehrt: die meisten Menschen wollen ja gerade davon überzeugt sein, daß sie etwas ohne eigenes Interesse tun, und gerade danach sehnen sie sich. You know, my personal affairs are all in a muddle just now and I did not know how to get out of it; but this work will put me right again and I hope by that way to be able to repay my debt of gratitude to Europe for the most important 15 years of my existence. So spricht Kennan. Ich weiss nicht, was er mit dem ersten meint, sein Privatleben kenne ich überhaupt nicht. Aber was ich immer und immer wieder finde ist Dankbarkeit, wenn man jemandem sagt: das tue, es ist nützlich und bringt Dir nichts, höchstens Arbeit, Sorgen und Gefahr. – Ich habe weiss Gott keinen Grund, die Menschen, mit denen ich umgehe, gering einzuschätzen.

Um ½ 11 trennten wir uns erst, ich war aber so angeregt, daß ich doch nicht hätte schlafen können und so fuhr ich nach Nikolassee hinaus, obwohl es regnerisch war. ...

1 *dieser Aufgabe widmen:* Was immer die Aufgabe war, es wurde nichts daraus; zunächst weil Kennan nach dem Eintritt der U.S.A. in den Krieg monatelang in Deutschland interniert wurde, aber dann, weil er befürchtete, daß Geheimhaltung in Amerika unwahrscheinlich war und er Moltke und andere Gegner des Hitler-Regimes nicht gefährden wollte. Er meinte, daß das Risiko bei den Engländern, die auch von M. und seinen Bestrebungen wußten, geringer war (Gespräche mit George Kennan).

Berlin, den 15. 9. 41

Seit gestern abend ist nichts vorgefallen. Ich habe gut in Nikolassee geschlafen, den Tag über ganz tüchtig gearbeitet:[1] Tafel, Körber, Schmitz & Jänicke sind weg sodaß ich sozusagen alleine bin. Mittags ass ich mit Üx: es war eigentlich sehr komisch, weil wir die kommende Katastrophe im Spiegel der Persiflage betrachteten. ...

1 *gearbeitet:* s. 28. 9. 41, Anm. 4.

Berlin, den 16. 9. 41

... Vom Krieg gibt es nichts Neues. Im ganzen sieht die Ostfront wieder etwas besser aus: es ist ein Riesenkessel gebildet worden, der wohl annähernd halten wird und der uns ein Stück voranbringen wird. Ausserdem geht es am Schwarzen Meer gut voran. – Die allgemeine schlechte Lage mit ihren Reaktionen in den besetzten Gebieten führt zu einer Welle von Schrecklichkeitsmassnahmen, mit denen versucht werden soll, diese Gebiete in Gehorsam zu halten. Endlich hat man erkannt, daß die Todesstrafe nicht mehr wirkt, aber statt daraus den Schluss zu ziehen, daß man eben mit den Menschen regieren muss, statt gegen sie, zieht man den Schluss, daß Schrecklicheres als der Tod gefunden werden muss. Dafür hat sich der Führer persönlich ein paar Varianten[1] erdacht, die immerhin bemerkenswert sind. – Alles wird auf uns herniederkommen, und mit Recht. – Das sind alles Zeichen einer Schwäche und Zersetzung, die uns nur unangenehm sein kann. ...

1 *Varianten:* Hierzu gehörte Keitels Weisung aus dem Führerhauptquartier vom 16. 9. 41 betreffs „Kommunistische Aufstandsbewegungen in den besetzten Gebieten". Sie behauptete, daß jeder Widerstand Teil einer von Moskau einheitlich geleiteten Massenbewegung sei, wenn auch nationalistische und andere Kreise sich ihr anschlössen. Der Führer hatte „nunmehr angeordnet, daß überall mit den

schärfsten Mitteln einzugreifen" sei. Dabei müsse bei Auflehnung gegen die Besatzungsmacht immer auf kommunistische Ursprünge geschlossen werden. Als Sühne für ein deutsches Soldatenleben müsse ,,im allgemeinen die Todesstrafe für 50–100 Kommunisten als angemessen gelten". Als Zusatz: ,,Die Art der Vollstreckung muß die abschreckende Wirkung noch erhöhen." Text in Jacobsen, Kommissarbefehl, S. 259f. und KTB/OKW, Bd. I, 2, S. 1068f.

[Berlin], 17. 9. 41

... Heute mittag esse ich mit Steltzer,[1] dem Mann aus Norwegen, und dann fahre ich zu Sarre's um friedlich im Garten zu wirken.

Von hier ist nichts zu berichten als rapide fortschreitender Verfall. Ich kann kaum glauben, daß wir das nächste Frühjahr noch erleben; aber bekanntlich sieht so etwas von oben immer schlimmer aus, als es unten wirklich ist.

Mein Lieber, ich habe keine Lust mehr zu schreiben, denn jetzt komme ich ja wirklich bald.

1 *Steltzer:* Theodor Steltzer (1885–1967); Berufsoffizier bis nach dem Ersten Weltkrieg; Landrat in Rendsburg, Schleswig-Holstein, bis 1933, dann zunehmend aktiv in kirchlicher Arbeit, Sekretär der evangelischen Michaelsbruderschaft; 1939 zur Wehrmacht einberufen; begegnete M. (durch Gablentz), bevor er 1940 nach Norwegen versetzt wurde. Er hielt, als Oberstleutnant und bevollmächtigter Transportoffizier im Generalstab des Wehrmachtbefehlshabers Norwegen, Verbindung zwischen dem deutschen und dem norwegischen Widerstand, dem er viel half und der wiederum ihm half, dem vom Volksgerichtshof am 15. 1. 45 gegen ihn gefällten Todesurteil zu entgehen. Mitbegründer der CDU in Berlin; wieder Landrat in Rendsburg, dann Oberpräsident, später Ministerpräsident von Schleswig-Holstein bis 1947; 1950–55 Leiter des Instituts zur Förderung öffentlicher Angelegenheiten; 1952–60 Vorsitzender CEPES; 1955–60 Geschäftsführender Präsident der Deutschen Gesellschaft für Auswärtige Politik; 1956–60 Präsident der deutschen UNESCO-Kommission. S. Theodor Steltzer, Sechzig Jahre Zeitgenosse, München 1966.

Berlin, den 22. 9. 41

... Mein Lieber, was waren das für schöne und vom Wetter begünstigte Tage und wie lieb war es wieder mit Dir. Mein Lieber, es gefällt mir ja so sehr gut, so immer besser bei Ihnen.

Die Reise war bequem. Ich traf wieder Rückwarth. Er hat bei der Arbeitsfront in Breslau einen Vorstoss unternommen um Fiedler und Spielvogel rauszubekommen. – Der Schlafwagen war gut und der Schlaf entsprechend.

Hoffentlich wird das arme Barönchen bald wieder heil.

Berlin, den 23. 9. 41

... Heute abend kommen Einsiedel & Poelchau,[1] morgen mittag esse ich alleine zu Hause und fahre dann nach Babelsberg, Donnerstag mittag kommen Gladisch, Yorck & Steltzer um 1 zum Rinderfilet und ich hoffe sehr, daß das schön wird. Jedenfalls will ich Frl. Saager extra sagen, daß sie sich anstrengen muss. Donnerstag abend will ich dann wieder im Büro arbeiten, Freitag abend gehe ich zu C. D.'s und Sonnabend abend kommen Reichwein und Mierendorff. Da hast du die ganze Woche. ...

Vom Kriege ist nichts Wesentliches zu berichten. Im Süden ist der Sieg erheblich, wenn auch wieder nicht ganz so gross wie ich es erwartet[2] hatte. Zudem scheint er mir nicht von entscheidender Bedeutung zu sein, denn es ist kein Anzeichen dafür zu sehen, daß wir bis zum Kaukasus kommen werden, und überdies steht eben die beste russische Armee in der Mitte unter Timoschenko.[3] Ehe diese nicht geschlagen ist, ist nichts erreicht. Zur See und bei Petersburg[4] nichts Neues. In der Luft werden, so scheint mir, die englischen Angriffe auf uns nachlassen, weil sie offenbar doch erhebliche Mengen an Flugzeugen nach Russland, dem Nahen Osten und dem Mittelmeer schicken wollen, an diese Stelle ganz offenbar, um die Italiener etwas einzudecken, von deren Widerstandskraft sie nicht zu viel halten, mit Recht. In Japan und Amerika nichts Neues; mir scheint, die Japaner haben den Augenblick zu dem sie mit einiger Aussicht auf Erfolg etwas hätten unternehmen können, bereits verpasst. ...

Mein Lieber, ich zehre noch von den 2 schönen Tagen und hoffe, daß ich wirklich am 3./4. wiederkommen kann.

1 *Poelchau:* Harald Poelchau (1903–1972), Pfarrerssohn, wuchs in Schlesien auf; aktiv in der christlichen Jugendbewegung; studierte in Bethel und unter Tillich, dessen Assistent er wurde. Religiöser Sozialist, beteiligt an den ‚Neuen Blättern für den Sozialismus' – wie auch Reichwein, Mierendorff und Haubach – z. B. mit einem Artikel ‚Zum Einbruch der Nationalsozialisten in die Körperschaften der evangelischen Kirche', Dezember 1932. Seine Dissertation ‚Das Menschenbild des Fürsorgerechts' erschien in Potsdam 1932. Seit 1933 Gefangenenseelsorger in Berlin-Tegel, wodurch er vielen Verfolgten und politischen Häftlingen nicht nur in Tegel, sondern auch in der Lehrter Straße und in Plötzensee helfen konnte, wo später viele seiner Freunde inhaftiert waren und hingerichtet wurden. 1945–46 Generalsekretär des Evangelischen Hilfswerks in Stuttgart, dann aber Rückkehr nach Berlin; 1946 Vortragender Rat für Gefängniswesen der Zentralen Justizverwaltung der Sowjetischen Besatzungszone; Lehrauftrag für Kriminologie an der Universität Berlin, wo Peters Dekan war. 1949–51 wieder Strafanstaltspfarrer Berlin-Tegel; 1951–72 landeskirchlicher Sozial- und Industriepfarrer der Evangelischen Kirche in Berlin-Brandenburg. Er erhielt 1972 die Yad Vashem-Medaille der Gerechten der Völker. S. Harald Poelchau, Die letz-

ten Stunden ... Berlin 1949; sowie ders., Die Ordnung der Bedrängten ... Berlin 1963. 2 *erwartet:* Am 19. 9. hatte die 6. Armee Kiew erobert. 3 *Timoschenko:* General, Oberbefehlshaber der russischen Westfront. 4 *Petersburg:* Seit dem 8. 9. war die russische Landverbindung nach Leningrad abgeschnitten.

Berlin, den 24. 9. 41

Es ist ja gut, daß nun alles überstanden ist; hoffentlich erholst Du Dich schnell und hoffentlich gedeiht Dein kleines Söhnchen[1] genau so wie Dein ,,grosses". Ich bin ja sehr gespannt, wie Casparchen sich zu dem neuen stellen wird. Pflege Dich nur recht, mein Lieber.

Einen Brief von Carl lege ich bei, der wohl zu Deinen Akten gehört. – Gestern abend hatte ich eine sehr interessante Unterhaltung mit Einsiedel & Poelchau. P. hat mir sehr gut gefallen: jung, aufgeschlossen und einsatzfähig. Wie ein Mann, der Woche um Woche vielen Hinrichtungen beiwohnt, seine seelische Eindrucksfähigkeit und seine Nerven behalten kann und dann noch gut gelaunt sein kann, ist mir ein Rätsel. – Er berichtete recht aufschlussreich, und für mich auch neu, über die Stimmung in der Arbeiterschaft, mit der er offenbar einen ganz engen Konnex hält.

Die Nacht war wieder ganz friedlich und ich habe wieder bestens geschlafen. Heute ist wieder ein herrlicher Herbsttag, warm und sonnig und ich freue mich auf den Nachmittag in Babelsberg. Heute nacht schlafe ich dann in Nikolassee.

Neuigkeiten gibt es sonst nicht. In den U.S.A. wird wohl in den nächsten Tagen das Neutralitätsgesetz aufgehoben[2] werden und damit wird die Bahn für den Einsatz amerikanischer Schiffe nach England und nach Murmansk und Archangelsk frei. – Hier herrscht bei den Soldaten Siegestaumel. Mir scheint, daß er dieses Mal nicht echt ist, sondern überhöht, weil jeder sich noch ein Mal richtig fühlen will, ehe die rächende Nemesis ihn ergreift. – Aber es ist doch wieder eindrucksvoll zu sehen, wie diese Leute über dem Gedanken an die einzelne Schlacht das Endziel, nämlich das Gewinnen des Krieges vergessen.

Auf Wiedersehen, mein Lieber, lassen Sie es sich wohl ergehen, pflegen Sie sich, grüssen Sie Ihre Söhnchen und Ihr Haus.

1 *Söhnchen:* Der jüngere Sohn, Konrad, wurde am 23. 9. geboren. 2 *aufgehoben:* Es geschah erst am 13. 11.

Berlin, den 25. 9. 41

... Heute schreibe ich gleich am Morgen um 8.30, denn ich sehe im ganzen Tag kein auch noch so kleines Päuschen und so muss ich jetzt schreiben. Um 11 habe ich eine Sitzung und 12.15 und 12.30 je eine Besprechung, um 12.45 hole ich Gladisch ab, um 3 habe ich eine Sitzung bei ihm und um 5.30 Leute im Büro.

Gestern in Babelsberg war es wieder sehr nett. Ich habe so etwa 3 Stunden lang Kompost umgesetzt; beim nächsten Mal sind die Haufen im Blumengarten fertig und dann werde ich mich wohl den Haufen im Gemüsegarten zuwenden. Um 10 Uhr abends erschien Waetjen aus Konstantinopel, wo er 3 Wochen gewesen war. Ich habe mir einige seiner sehr komischen Reiseerzählungen angehört: die Fahrt von Sofia bis Istambul – durch das türkisch-bulgarische Niemandsland dauerte 48 Stunden und war mit Wanzen-, Bestechungs- und komischen ,,Hotel"-Szenen gespickt. – Im übrigen berichtete er, daß in der Türkei der Glaube an den deutschen Sieg sehr weitverbreitet sei. Nun hat er in der Türkei hauptsächlich Deutsche gesehen, aber trotzdem ist dieser Eindruck interessant.

Dohnanyi hat übrigens endlich funktioniert. Er will am Freitag mit mir essen, um die nächsten Schritte zu besprechen.[1] Hoffentlich funktioniert das, denn am Freitag kommt Canaris zurück und das kann sehr leicht bedeuten, daß D. von ihm zum Essen aufgefordert wird. ...

1 *besprechen:* vgl. 27. 9. 41, Anm. 1.

Berlin, den 26. 9. 41

Gestern gab es kein Briefchen, dafür sind aber heute die Aussichten sehr gut und ich hoffe eines zu finden, wenn ich mittags nach Hause komme, um mit Dohnanyi und Guttenberg zu essen.

Das Mittagessen gestern mit Gladisch, Yorck & Steltzer war sehr nett. Sie haben jeder 4 Stück von dem Rindsfilet genossen. Die Unterhaltung war gut und von brutaler Offenheit, was mich bei Gladisch etwas überraschte. Mir scheint, alle waren befriedigt. ...

Sonnabend abend esse ich mit Beck[1] bei Yorck. Ich bin sehr gespannt darauf, welchen Eindruck er machen wird. Sonntag nachmittag gehen Yorck und ich zu Abs. So haben wir ein bewegtes Leben. Sonnabend mittag isst Waetjen in der Derfflingerstr. ...

Es gibt keine wesentlichen, neuen Nachrichten. Im Süden sind die Hoffnungen noch immer hochgespannt und man spricht von dem Kaukasus für November. Mir scheint, daß das militärisch sehr optimistisch gedacht ist; es scheint mir aber auch militärisch wenig Sinn zu haben, wenn man nicht vorher die Flankenbedrohung durch die nördlich stehende Armee Timoschenko ausschaltet. Je länger die Flanken, umso gefährlicher ist Timoschenko. – Aber selbst wenn man das Ziel erreicht und die Gefahr bannen kann, so sehe ich nicht, was das am Ergebnis ändern soll, ausser daß die Rückzugslinie länger und der Rückzug schwieriger und verlustreicher wird. ...

1 *Beck:* Ludwig Beck (1880–1944), Generaloberst, Chef des Generalstabs 1935–38, als er, aus Protest gegen Hitlers Plan, gegen die Tschechoslowakei militärisch vorzugehen, seinen Abschied nahm, nachdem es ihm nicht gelungen war, die Generalität zu einem gemeinsamen Schritt zu bewegen. Seitdem führender Mann in der Opposition; er galt als geistiges Haupt der Verschwörung, die zuletzt, am 20. 7. 44, mißlang und ihm den Tod in der Bendlerstraße brachte.

Berlin, den 27. 9. 41

Gestern gab es 2 Briefchen von Dir und entsprechendes Entzücken bei mir. Vielen Dank, mein Lieber, hoffentlich geht alles gut und Ihr kommt beide glatt in die Reihe. – Du scheinst ja eine Heldin zu sein, denn ich habe noch nie eine Betäubung abgelehnt, wenn man sie mir angeboten hat.

Hier ist eine Abschrift der Dippe'schen Übersetzung der Briefe von Granny. Traurig, aber doch mutig. Die armen Alten. Es ergibt sich aber aus dem Brief ganz deutlich, daß Willo nicht ausreichend schreibt. Besonders die Erwähnung von Julian macht mir das klar. Es ist richtig unrecht von Willo. Ich habe es ihm im vorigen Brief schon geschrieben und werde es wiederholen.

Das Essen gestern mit Dohnanyi & Guttenberg war sehr nett. Beide waren frisch und munter. D. insbesondere so auf Touren, wie ich ihn noch nie erlebt habe. Wir haben uns sachlich erfreulich unterhalten, erfreulich besonders, weil D. endlich seinen Teil[1] geliefert hat und es nun bald weitergehen kann, haben auch einige Fortschritte erzielt und ausserdem verschiedentlich sehr gelacht, meist auf Kosten von Guttenberg. – Abends war ich bei C. D.'s von ¾ 7 bis ¾ 11. Sehr nett und erfreulich. Beide wohl und aktionsfähiger als früher. Wir haben uns in wirtschaftspolitische Fragen vertieft, wobei C. D. und ich weitgehend verschiedener Meinung waren und hoffentlich beide etwas davon gelernt haben. Heute mittag esse ich mit Waetjen, abends Beck & Yorck, morgen mittag Mierendorff & Reichwein, nachmittags Abs. Wie Du siehst ein grosses Programm und keine Spur von Sonntags-Idylle. Ausserdem habe ich noch rasend viel zu tun, was ich mir eigentlich für den Sonntag aufgespart hatte. Nun es geht eben nicht. ...

Mein Lieber, wie mag es Euch gehen. Ich freue mich schon sehr auf das nächste Wochenende, vielleicht ist dann auch schönes Wetter. Das einzig Dumme ist, daß es Erntedankfest ist und daß ich eigentlich in die Kirche müsste.

1 *seinen Teil:* offenbar ein Papier über Fahneneid und Widerstandsrecht – s. van Roon, Neuordnung, S. 280.

Berlin, [Sonntag] den 28. 9. 41

... Der Urlaub kommt erst Ende Oktober in Frage, denn erst muss jetzt das mühsam erhitzte Eisen geschmiedet werden.

Das Mittagessen mit Waetjen war nett und unergiebig. Von 3 bis 5 habe ich Krieg und Frieden gelesen, ein wenig geschlafen, eine Patience gelegt und Tee getrunken. Ich hatte ein starkes Bedürfnis nach etwas Faulheit. Um 5 bin ich dann zu Yorcks gezogen. Zuerst hatte ich etwa eine halbe Stunde mit Y. allein zu sprechen und dann kam der Gast des Abends[1] und war sehr erfreulich. Es war ein gelungener Abend und man kann nur hoffen, daß er zum Schmieden des Eisens[2] beiträgt. Ich bin dann nach Nikolassee gefahren, weil ich ihn so noch ein Stück begleiten konnte und bin trotz massenhaften Kaffee's auch gleich eingeschlafen. Da ich um ½ 6 halb wach war, habe ich mich bald aufgerafft und war bereits bald nach 7 in der Derfflingerstr. zum Sonntagsfrühstück. Dann habe ich wieder etwas getolstoit und jetzt sitze ich am Schreibtisch um zuerst meinem Pim zu schreiben und um nachher weiterzuarbeiten bis um 11 Reichwein und Mierendorff erscheinen. Diese bleiben zum Essen, dann kommt Yorck und anschliessend gehen wir zusammen zu Abs. Da hast Du Vergangenheit und nächste Zukunft. ...

Die Tage rasen dahin. Es kommt mir so schnell vor, weil ich den Verfall sehe, und jeder Tag, der vergeht, ohne daß diesem Elend und Morden Einhalt geboten ist, einem verpassten Jahr gleichkommt. Ausserdem kostet jeder Tag 6000 Deutsche und 15000 Russen Tote und Verwundete. Jede Stunde kostet 250 Deutsche und 625 Russen, jede Minute 4 Deutsche und 10 Russen. Das ist ein schrecklicher Preis, der jetzt für Untätigkeit und Zögern[3] gezahlt werden muss. – Dank des Widerstandes bei Kiew haben die Russen sich jetzt wieder gefangen. Eine neue Linie steht da; gewiss sie hat kaum noch Panzer und weniger Geschütze, aber auch wir haben wesentlich weniger Panzer und Geschütze und die anderen haben gewiss genau so viele Flugzeuge wie vorher. Woher weiss kein Mensch, aber so ist es. Und die russischen Nachrichten verraten eine solche absolute Sicherheit: ,,Wir haben viele Männer verloren, wir haben sehr viel Material verloren, aber die Deutschen haben vergessen, daß, wenn wir in unserem Lande kämpfen, unsere Armee nur unsere Vorhut ist und daß jeder Russe in diesem Falle ein Kämpfer ist." Das sind grosse Worte, sehr grosse Worte; und wenn sie wahr sind, dann ist Russland unbesiegbar. Und diese Worte scheinen wahr zu sein, und was den Russen an Willen fehlte, das haben unsere Massnahmen ihnen beigebracht.[4]

1 *Gast des Abends:* Beck. 2 *Schmieden des Eisens:* offenbar die Verbindung der Kreisauer Gruppe und ihrer Planungsarbeit mit oppositionell, auch für einen Staatsstreich, brauchbaren Militärs und Zivilisten. 3 *Zögern:* seitens der Militärs, die die Notwendigkeit der Beseitigung Hitlers sahen. 4 *beigebracht:* Dieses Argument benutzte M. auch bei seinem Kampf gegen die unmenschliche Behandlung sowjetischer Kriegsgefangener und Zivilisten, besonders bei einem – dokumentarisch noch belegbaren – Versuch, solchen Maßnahmen entgegenzuwirken – s. Einleitung, S. 40 f., und Jacobsen, Kommissarbefehl, Nr. 28, 29 und 31, S. 251–58 und 261 ff.

Berlin, den 29. 9. 41

... Der gestrige Tag war stürmisch. Die Unterhaltung[1] die um 11 begann war nett und ergebnisreich, zog sich aber bis 3.30 hin. Um diese Zeit musste ich fort um mit Yorck zu Abs zu gehen. Das war weniger ergebnisreich aber nett. Anschliessend ging ich dann mit Yorck zum Essen nach Hause. Dort hatten wir so etwa bis ½ 10 zu sprechen und dann zog ich nach Babelsberg. Da hast Du den ganzen Tag.

Mein Lieber, ich kann mir so gut vorstellen, wie Du in Deinem Bett liegend die Geräusche des Hauses in Dich aufnimmst und bewachst, während alle anderen tätig sind. Kannst Du auch etwas lesen, oder reicht dazu Deine Kraft nicht?

1 *Unterhaltung:* mit Mierendorff und Reichwein.

[Berlin] 30. 9. 41

Heute nacht habe ich in der Derfflingerstr. geschlafen und so bekam ich am Morgen Deinen langen Sonntagsbrief. Da stand ja aber sehr viel drin. Auch Z hatte mir einen geschäftlichen und einen Gratulationsbrief[1] geschrieben; den zweiten lege ich bei. So war ich bestens unterrichtet und da inzwischen 2 weitere Tage mit schönem Wetter gekommen sind, habe ich das Gefühl, daß es nun wirklich gut vorwärts gekommen ist.

Nein, mein Lieber, ich erwarte nicht, daß Du ein Riese bist, aber es ist doch gut, daß Du schon auf bist. Ich dachte, wir könnten vielleicht am Sonntag ein Mal über die Felder fahren, oder meinst Du, daß das nicht gehen wird? Sonst will ich mir hauptsächlich die diversen Bauereien ansehen und festzustellen versuchen, wie und wann in der Wierischauer

Schäferwohnung angefangen werden kann. – Esther[2] hat angerufen, sie wolle die Wohnung nicht. Das ist ärgerlich. Ich habe Frau von Rintelen angerufen und ihr gesagt, wir wären bereit, auch auf kürzere Zeit zu vermieten. Sie will es sich bis morgen überlegen, aber ich glaube nicht, daß daraus etwas wird. Auch darüber wollen wir uns am Sonntag beraten.

Dies ist im ganzen eine friedliche Woche. Das ist auch nötig, damit ich mit meiner Arbeit wieder in die Reihe komme, die unter der letzten Woche etwas gelitten hat. Heute abend gehe ich zu Peters, morgen mittag kommt Trott und nachmittags will ich zu Sarres. Donnerstag und Freitag sind noch ganz unbesetzt. D. h. Freitag mittag essen Yorck & Guttenberg bei mir.

Heute ist wieder ein kalter und schöner Tag. Wenn ich ihn mir ansehe, denke ich immer: ob es wohl bis Sonntag halten wird? Es wäre sehr schön, obwohl es darauf wirklich nicht ankommt. – Heute zieht also nun Asta ab und das wird für Dich doch eine nicht unerhebliche Änderung bedeuten. Es wäre nett, wenn sie nachher im Frühjahr zurückkäme. Was mögen wohl die Äpfel machen? Ob sie noch alle dran sind? Und reifen die Tomaten? Nun ich werde es ja bald selbst sehen.

Sonst habe ich eigentlich nichts zu berichten. Die Tage gehen dahin, die schrecklichsten Dinge geschehen und ganz Europa steht vor einem furchtbaren Winter, der Elend und Not in einem Ausmass bringen wird, wie es in dem Gebiet zwischen Ural und Spanien noch nicht dagewesen ist. Und in diesem Elend gibt es nur wenige Inseln und auch diese können nicht erwarten, auf die Dauer verschont zu bleiben.

1 *Gratulationsbrief:* zur Geburt des Sohnes Konrad am 23. 9. 2 *Esther:* Esther von Oppen, Freundin von Asta.

Berlin, den 1. 10. 41

Heute beginnt ein neuer Monat und zwar ein sehr wichtiger, denn in diesem Monat wird sich entscheiden, ob es uns gelingt, die Russen wirklich weitgehend auszuschalten. Wenn es in diesem Monat nicht glückt, dann wird es nie gelingen. – Man gewinnt den Eindruck, daß Timoschenko eben doch ein ganz hervorragender Heerführer ist, der unseren Leuten gewachsen ist; jedenfalls warten alle vergeblich darauf, daß er sich eine für uns bequeme Blösse gibt.

Gestern mittag haben wir ja sehr lieb telephoniert, mein Wiedererstandener. Es klang ja ganz munter; hoffentlich ist Dir das Aufstehen gut bekommen und hoffentlich machst Du weiter gute Fortschritte. Nun, ich hoffe ja übermorgen abend selbst zu sehen, wie es Dir geht und dies ist das letzte Briefchen.

Gestern abend war ich bei Peters, mit dem ich mich gut, und wie mir scheint erfolgreich, unterhalten habe. Er ist gegenwärtig Verbindungsoffizier des Luftwaffenführungsstabes zur Verteidigung von Berlin und so war es ganz witzig, das Einfliegen der Engländer beobachten zu können, wie es in Meldungen hereinkam. Schon um ½ 10 konnte P. aus den Anflugrichtungen feststellen, daß es keinen konzentrierten Angriff auf Berlin geben würde, und um 10.20, als sie bei Lüneburg waren, sagte er mir, jetzt könne es so einen kleinen Schwenker über Berlin geben. So ging ich denn nach Nikolassee und um ½ 12 etwa gab es dann auch Alarm. Ich bin aber nur kurz wach gewesen und die Entwarnung habe ich nicht mehr gehört. Irgendetwas ist aber in unserer Nähe heruntergekommen, denn ich hörte das bekannte Pfeifen.

Heute nachmittag fahre ich wieder zu Sarres. Vorher um ½2 esse ich mit Trott. Morgen mittag kommt Reichwein, Freitag mittag Guttenberg & Yorck. Und dann fahre ich ab. ...

Berlin, den 7. 10. 41

... Hier ist eine Menge Arbeit; nichts Wesentliches, aber Aufräumearbeit. Heute mittag esse ich mit Carl, nachher gehe ich zu P.,[1] morgen abend zu Poelchau, Donnerstag abend kommt Kennan. Du siehst, ein reiches Programm. ...

1 *P:* Preysing; er vermeidet jetzt tunlichst den vollen Namen, bald auch das P. und Preysing wurde „Conrad".

Berlin, den 8. 10. 41

... Gestern nachmittag war es wieder sehr nett. Es gab einen schönen Tee und ich war bis um 7 da.[1] Dann eilte ich nach Hause, schlang mein Abendbrot herunter und um 8.30 lag ich im Bett wo ich sofort entschlief. Beim nächsten Aufwachen war es 7 Uhr früh. Das war doch wirklich eine Leistung. Der Tag sah sich auch entsprechend erfreulich an. Um 8.30 war ich bei Schramm, der mir kurz aber dafür sehr weh tat und dann habe ich den ganzen Vormittag mit Lesen von Nachrichten und einer Besprechung bei Schmitz & mir verbracht. ...

Der Krieg im Osten sieht unverändert gut aus. Ob allerdings so gut, daß wir jetzt unmittelbar wesentliche, wenn auch nur aussenpropagandistische Erfolge davon hätten, erscheint mir noch sehr zweifelhaft. Ich nehme jedoch an, daß das sich in einer Woche etwa übersehen lassen wird.

1 *da:* bei Preysing.

Berlin, den 9. 10. 41

... Die Nachrichten aus dem Osten sind hervorragend. Entgegen den Erwartungen aller scheint die Armee Timoschenko's die schwächste der drei Armeen zu sein. Der Widerstand wird erstmalig nicht als sehr schwer und sehr konzentriert beurteilt und man kann sich des Eindrucks nicht erwehren, daß es so vor dem Winter doch noch gelingen könnte einen totalen Zusammenbruch der russischen Front zu erzwingen. Es würde ja objektiv nichts ändern, würde aber doch einen kolossalen moralischen Auftrieb im Innern bedeuten, vielleicht auch in der Aussenwelt, sprich neutrale Länder und besetzte Gebiete. Aber wir müssen es abwarten. ...

Der Abend gestern war eigentlich nicht fruchtbar, obwohl ich ihn sehr lang ausdehnte, um immer wieder zu versuchen, aus dem mir vorgesetzten Manne Funken zu schlagen. Aber es gelang nicht. Dafür war Poelchau wieder sehr nett und für mich belehrend.

Es war insofern eindrucksvoll, als er gerade benachrichtigt worden war, daß 5 von seinen Schützlingen um 7 Uhr abends eröffnet werden sollte, daß sie am heutigen Morgen um 5 Uhr hingerichtet werden würden. Er sitzt dann von 7 bis 5 bei ihnen, liess sich aber heute nacht vertreten. Ich habe mir diese Nacht beschreiben lassen: sie ist grauenvoll und doch irgendwie erhaben. Er sagte aber, daß kein Mensch so vorbereitet in den Tod ginge wie diese Leute; und er sagte, daß in den 8 Jahren seiner Praxis[1] noch keiner – mit Ausnahme hysterischer Frauen – nicht ruhig zum Schafott gegangen wäre. Welch eine Leistung eine solche Nacht bedeutet. Es ist grauenhaft und schrecklich; aber es wirft doch Fragen auf, die in dieser Unbedingtheit, Nacktheit und Absolutheit sonst nicht auftreten. Er bietet nie das Abendmahl an, aber 50% der von ihm Betreuten verlangen es aus eigenem Antrieb.

Heute mittag ass ich mit Willem Bekker. Irmgard will Dich besuchen kommen, weil sie so grosse Lust hätte, Kreisau ein Mal zu sehen, und weil sie so gerne ein paar Tage ohne Haushalt wäre. Ich habe gesagt, jetzt nicht, aber später gerne. – Heute abend fährt Herr Deichmann ab. Kennan kommt zum Essen.

1 *Praxis:* vgl. 23. 9. 41, Anm. 1, und Einleitung, S. 50.

Berlin, den 10. 10. 41

Heute schreibe ich früh am Morgen, weil der Tag so aussieht als würde er später keine Gelegenheit zum Schreiben bieten. Denn um 10 gehe ich zu einer Sitzung der Akademie für Deutsches Recht und die dauert bis in den Abend mit einer Mittagspause. Ich will mir einige Vorträge über Fragen des Völkerrechts anhören, die von einigen recht guten Leuten gehalten werden. Darunter ist besonders ein Mann,[1] der in der Militärverwaltung Belgien arbeitet und der unsere Thesen schon immer unterstützt hat. ...

Über Sonntag fahre ich also zu Borsigs.[2] Weiter weiss ich nichts. Es soll ein Gut vor den Toren Berlins sein, und der Vater des jetzigen Besitzers ist ein grosser Dendrologe gewesen. Yorck hatte mir das erzählt und hat die Sache vermittelt. Ich bin eben hauptsächlich daran interessiert zu sehen, wie sich die Unterpflanzungen des Vaters Borsig entwickelt haben.

1 *ein Mann:* Carlo Schmid (1896–1979), Sohn einer französischen Mutter; 1927 unter Beurlaubung vom Richterstand als Referent von Bruns ins Kaiser-Wilhelm-Institut für ausländisches öffentliches Recht und Völkerrecht berufen; 1929 für Völkerrecht und internationales Privatrecht in Tübingen habilitiert; nach 1933 weder berufen noch befördert; im Krieg Oberkriegsverwaltungsrat in Lille; nach dem Krieg führender Sozialdemokrat, Kultus- und Justizminister im Land Württemberg-Hohenzollern, 1948/49 Mitglied des Parlamentarischen Rats und Vorsitzender des Hauptausschusses, ab 1949 Mitglied und 1. Vorsitzender des Bundestags, 1946 Professor für öffentliches Recht in Tübingen, 1953 für politische Wissenschaft in Frankfurt; Kandidatur 1959 für das Amt des Bundespräsidenten; 1966–69 Bundesminister. In seinen Erinnerungen (München 1981, S. 199 ff.) spricht er von zahlreichen späteren Begegnungen mit M., etwa alle zwei Monate, in Lille, wo er stationiert war, allerdings ohne Datenangabe. In den Briefen kommt er nach dem 11. 10. 41 nur noch einmal vor, am 8. 6. 43. 2 *Borsigs:* Ernst und Barbara von Borsig, auf deren Gut Groß-Behnitz dann auch noch weitere Besprechungen im März und Juli 1942 und im Februar 1943 stattfanden.

Berlin, den 11. 10. 41

... Gestern in der Sitzung der Akademie für Deutsches Recht sprach ein Kriegsoberverwaltungsrat Schmid, von Beruf Professor in Tübingen, der die Wirtschaftsverwaltung in dem Teil Nordfrankreichs unter sich hat, der zu Falkenhausens Befehlsbereich gehört. Dieser Mann gefiel mir in seinem Referat so gut, daß ich ihn bat, mit mir zum Essen in die Derfflingerstr. zu kommen. Diese 2-stündige Unterhaltung war denn auch sehr lohnend. Schmid machte einen hervorragenden Eindruck. Wie immer mit allen Leuten, die wirklich meiner Auffassung zuneigen, waren wir bereits nach zehn Minuten bei der Frage der Religion angelangt und ich habe wenige Unterhaltungen erlebt, die so konzentriert und befriedigend waren. Er ist mehr Mystiker als mir liegt, aber durch die Art seiner Tätigkeit ist es ihm verwehrt, sich ganz da hineinzuversenken und das ist gut.

Wir gingen dann zusammen zu der Sitzung zurück, wo uns ein sehr fader Vortrag von Weizsäcker geboten wurde und dann verschwand ich, weil ich das seichte Geschwätz der versammelten Menge und das drohende ,,gesellige Beisammensein" nicht ertragen konnte, arbeitete noch 2 Stündchen im Büro, ass dann mit Einsiedel zu Abend und zog mich zu einem Stündchen Krieg und Frieden in die Derfflingerstr. zurück. So war der Tag friedlicher und angenehmer, als ich erwartet hatte. Um 4 erwachte ich und dachte über Kreisau, die Meinen und den Krieg nach, eine Tätigkeit, die mich nicht quälte, sondern mich angenehm in den neuen Tag hinüberleitete. Bei dieser Gelegenheit wurde ich mir einer Wandlung bewusst, die während des Krieges in mir vorgegangen ist und die ich nur einer tieferen Erkenntnis christlicher Grundsätze zuzuschreiben vermag. Ich glaube nicht, daß ich weniger pessimistisch bin als früher, ich glaube nicht, daß ich das Leid der Menschheit jetzt, wo es grob materialistische Formen angenommen hat, weniger fühle, ich finde auch heute, daß der Mörder mehr zu bedauern ist als der Gemordete, aber trotzdem trage ich es leichter; es hemmt mich weniger als früher. Die Erkenntnis, daß das, was ich tue, sinnlos ist, hindert mich nicht, es zu tun, weil ich viel fester als früher davon überzeugt bin, daß nur das, was man in der Erkenntnis der Sinnlosigkeit allen Handelns tut, überhaupt einen Sinn hat. Manchmal hadere ich mit mir selbst, indem ich mir vorwerfe, ich hätte mir diese Theorie aus Bequemlichkeit zurechtgelegt; vielleicht ist es auch so; ich vermag aber dennoch nicht, davon zu lassen.

Vergib den Erguss. Er ist die Fortsetzung der Nacht- oder Morgen-Wache. – Das Wetter scheint sich aufzuklären; es wäre schön, denn dann stünden angenehme Spaziergänge bevor.

Heute mittag werden Yorck & Guttenberg die Ente verzehren, um 3 fahren Yorck & ich dann ab.

Gross-Behnitz, [Sonntag] den 12. 10. 41

Es ist 20 Minuten Mittagspause, ehe wir ausfahren und die will ich rasch benützen. Gross-Behnitz liegt an der Hauptstrecke Hannover–Köln, etwa 20 Minuten von Berlin entfernt, nein doch etwas länger, denn es sind 44 km Bahnstrecke. Es ist ein Besitz von 6000 Mg Wald und 6000 Morgen Acker, den sich der alte Borsig – Grossvater des jetzigen Besitzers gekauft hat. Das Haus ist im nachgeahmten Schinckelschen Stil gebaut, nicht so gross, wie es auf den beiliegenden Photos aussieht aber schön in den Proportionen, aber innen schlecht verteilt und mit dem Blick nach Nordwesten, daher kühl und ohne Sonne.

Aber ein sehr nettes Haus mit herrlichen Platanen davor und dem wunderschönen See, hinter dem ein herbstlich bunter Laubwald beginnt.

Dein Wirt wohnt in dem Zimmer im ersten Stock – das Erdgeschoss ist zu – das vom See aus gesehen ganz rechts ist. An diesem Fenster sitzt er jetzt. Du siehst das Fenster auf beiden Bildern. Mein Bett steht so, daß ich bei offenem Fenster in die Platane sehe, die auf der dritten Karte noch ein Mal abgebildet ist. Gestern goss es, dann schlief ich sehr gut bis kurz nach 6 und als ich erwachte, war ein nächtlicher Sternenhimmel zu sehen, aber noch nicht die Platane. Nach wenigen Minuten erschien über dem Wald ein schmaler Streifen klaren Himmels, nach wenigen Minuten hörte ich im See die Schwäne aufsteigen und nach einer halben Stunde war der Himmel klar gefegt; das erste, was ich von der Sonne sah war ihr Widerschein auf den Blättern der Platane. Ich las eine Sache, die Yorck mir gegeben hatte, von Zeit zu Zeit aufblickend und den sich ankündigenden schönen Tag in der Platane bewundernd. Um ½9 stieg ich endlich aus dem Pfühl um von 9 bis 10 zu frühstücken.

Borsig ist ein milder Landwirt, der seit 33 den Betrieb hat mit intensivem Kartoffelbau und Gemüsebau. Er ist klug und aufgeschlossen, etwas zu sehr Landwirt. Sie ist eine nette blonde Frau, deren Vater als Offizier im vorigen Krieg gefallen ist und die, in Berlin aufgewachsen, sich anscheinend gut auf dem Lande eingelebt hat. Sie haben einen Sohn von 5.

Ausser Yorcks sind noch Wussows[1] und Trotts da. Ich bin der einzige unbeweibte, mein Lieber, was ja traurig ist. Dafür beneiden alle anderen Dir sichtlich Dein zweites Söhnchen.

So, die 20 Minuten sind um. Morgen berichte ich weiter.

1 *Wussows:* Botho von Wussow (1901–1971), Gutsbesitzer und zeitweilig im auswärtigen Dienst, und seine – englische – Frau Mary.

Berlin, den 13. 10. 41

... Wir fuhren also zusammen um 2.54 vom Lehrter Bahnhof ab und waren ¾ 4 da bei strömendem Regen. Ein grosser, offener Omnibus mit Pferden und Gummirädern erwartete uns, aber da ein Platz fehlte, gingen Yorck & ich zu Fuss. Nachdem wir uns trockene Schuhe angezogen hatten, gab es einen herrlichen Tee, dessen Höhepunkt in selbstgebackenem Weissbrot bestand; merkwürdigerweise kein Kuchen, der doch stark Butter gespart hätte. Es war im übrigen ein typischer Land-Tee. – Dann wurde eine ernsthafte Disputation begonnen, während die Mädchen trotz Regen um den See liefen. Sie wurde von Wussow und Borsig eröffnet, verwandelte sich aber nach 10 Minuten in ein Duell zwischen

Trott und mir über die Frage der Berechtigung, sich über den Staatsaufbau Gedanken zu machen, wobei ich die These vertrat, daß die Berechtigung dazu in der Brust eines jeden Menschen liege und keines äusseren Anlasses bedürfe. Trott hingegen meinte, die Konkretisierungsmöglichkeit müsse mindestens im Ansatz und als Wahrscheinlichkeit gegeben sein. Mir schien, daß ich im ganzen die Oberhand hatte, zumal ich in guter Form war und von Yorck unterstützt wurde, wie überhaupt die Übereinstimmung zwischen uns beiden in dieser Disputation und in den weiteren Unterhaltungen sehr stark zutage trat.

Um ¾8 trennten wir uns um uns umzuziehen und um 8 gab es ein schönes Abendessen. Ausser den Dir bereits vorgestellten Personen waren daran der Sohn Manfred und 2 Vettern gleichen Alters, eine Erzieherin und die Gutssekretärin von B. ein sehr nettes Frl. von Stülpnagel beteiligt. Nach dem Essen war eine allgemeine Unterhaltung bis um ½ 11 und dann zog ich mich, nachdem ich Marion einen Puff gegeben hatte um sie als Vorspann benutzen zu können, ins Bett zurück, allwo ich friedlich bis Sonntag ½ 7 früh pümpelte. Von 9–10 wurde gefrühstückt und dann gingen wir auf einen 3-stündigen Spaziergang.

Der Spaziergang führte uns über einige Felder aber vornehmlich durch den Wald, den anzusehen ein Hauptzweck meines Besuches war. Der Wald ist sehr schön und ungeheuer abwechslungsreich: es gibt fast keine grösseren einheitlichen Flächen. Kahlschläge werden so gut wie garnicht gemacht, vielmehr wird stets das schlechteste herausgeschlagen und sobald es die Dichte zulässt, wird untergesät und untergepflanzt, und dadurch der Wald verjüngt. Ich habe sehr vieles dort gelernt und viel mehr Mut zu dem ohnehin von mir beabsichtigten Experiment in Kreisau bekommen. Über Einzelheiten berichte ich Dir gelegentlich der Nutzanwendung.

Die ganzen 3 Stunden bin ich mit Borsig gegangen und wenn ich nicht nach dem Wald und seinen Versuchen fragte, so haben wir uns über Agrarpolitik unterhalten. Er vertrat dabei ganz liberale Thesen: „Bewegung zum besseren Wirt über den Konkurs", „freies Spiel der Kräfte" u.s.w.; ich hingegen die These, daß man sich erst ein Bild davon machen müsse, welcher Art das Leben auf dem Lande sein solle, wieviele Menschen dort leben müssten und was für Menschen und daß man dann diejenigen Mittel anwenden müsste, die geeignet seien, dieses Ziel zu erreichen ohne Rücksicht darauf, ob diese Mittel einem sonst sehr gut in das Konzept passten, weil es sich um die Heilung eines krankhaften Zustandes handele. B. war aber rasend zäh, ich wohl auch nicht in bester Form und so ging die Unterhaltung aus wie das Hornberger Schiessen. Ich berichtete Y. davon, der sich amüsierte aber behauptete, er hätte sich das so gedacht, B. sei schon aus Gründen der Tradition hart gesotten altliberal und es würde mehrerer Anstürme bedürfen.

Wir sind dann noch durch die Ställe gegangen, die einen mässigen Eindruck machten. Der Schafstall ist wohl an sich nicht sehr gut und die Milchherde, die 39/40 einen Herdendurchschnitt von 4600 Liter hatte ist durch Maul- und Klauenseuche rasend heruntergekommen und scheint in diesem Schwächezustand einen Anfall von seuchenhaftem Verkalken bekommen zu haben.

Um 2 assen wir, dann gab es Kaffee und general conversation, ehe wir's uns versahen war es 4, ich ging rasch an den Pim schreiben.

Hier war ich unterbrochen worden. Major Steltzer war erschienen, jetzt ist es 7 Uhr. Um 7.30 Uhr kommt Guttenberg mit dem Obersten aller Jesuiten[1] und da muss ich das Abendbrot rüsten. Morgen erzähle ich weiter.

1 *Jesuiten:* s. 15. 10. 41, Anm. 1.

Berlin, den 14. 10. 41

Da wo ich gestern abend aufhörte will ich jetzt wieder anfangen. Nach dem Essen fuhren wir also aus, von ½ 5 bis 7 in dem offenen Omnibus, mit Deinem Wirt auf dem Bock, erst über mittlere Felder und dann durch den Wald. Dort gab es sehr vieles zu sehen: Edeltannenkulturen für Kranzbinderei, amerikanische Roteiche für den gleichen Zweck. Flächen angepflanzt mit 50% Douglasie und 50% Fichten; die Douglasien wachsen schneller und die Fichten kommen als Weihnachtsbäume heraus. ...

Berlin, den 15. 10. 41

Also Montag abend muss ich fortfahren. Guttenberg kam mit dem obersten Jesuiten[1] der Jesuiten-Provinz München, die Württemberg, Baden und Allgäu einschliesst. Soweit ich habe feststellen können untersteht der unmittelbar dem Obersten Jesuiten in Rom.[2] Ein Bauernsohn mit einem hervorragenden Kopf, gewandt, gebildet, fundiert. Er hat mir sehr gut gefallen. Wir haben auch über konkrete Fragen der Seelsorge, der Erziehung und des Ausgleichs mit den Protestanten gesprochen und der Mann schien vernünftig, sachlich, zu erheblichen Konzessionen bereit. ...

Dienstag mittag kam Reichwein, in guter Form; es war ihm auch einiges eingefallen, ich quetschte ihn noch etwas aus und hoffe, daß daraus etwas wird. Ich habe ihn gebeten, sich über die Frage der religiösen Erziehung Gedanken zu machen und uns zu sagen, was wir tun müssen. Er meinte auch, daß man mit dem 5ten Jahre anfangen sollte und will ausserdem für Dich ein paar Bücher heraussuchen. ...

So, mein Lieber, jetzt bin ich wieder mit allem auf dem laufenden und will im Augenblick aufhören. Zum Essen kommen Dohnanyi & Oster[3] und nachher fahre ich nach Babelsberg.

1 *Jesuiten:* Augustin Rösch (1893–1961), 1935–44 Provinzial der Oberdeutschen Provinz der Gesellschaft Jesu, in ständigem Konflikt mit dem Regime, treibende Kraft in dem 1941 gegründeten Ausschuß für Ordensangelegenheiten; nach dem 20. 7. 44 steckbrieflich gesucht, aber erst am 11. 1. 45 gefunden; bis April in Gestapohaft. Nach dem Krieg 1945–47 Seelsorger, ab Dezember 1946 Mitglied des bayerischen Senats, außerdem ab März 1947 Landescaritasdirektor von Bayern. S. Bleistein (Hg.), Rösch. 2 *in Rom:* Wladimir Ledochowski (1866–1942), Generaloberer der Gesellschaft Jesu. 3 *Oster:* Generalmajor Hans Oster (1888–1945), Pfarrerssohn, Regimegegner seit 1934, ab 1938 (Fall Fritsch und Sudetenkrise) in enger Zusammenarbeit mit Beck. Er war es, der bei Kriegsausbruch Dohnanyi als Sonderführer – ZB, außenpolitische Berichterstattung – in die Abwehr brachte. Seit den frühen dreißiger Jahren mit Canaris befreundet und April 1945 mit ihm in Flossenbürg ermordet, nachdem er schon im Frühjahr 1943 inaktiviert worden war. S. Hermann Graml, Der Fall Oster, VfZ 14 (1966) S. 26–39, und Romedio Galeazzo Graf von Thun-Hohenstein, Der Verschwörer: General Oster und die Militäropposition. Einleitung Golo Mann. Berlin 1982.

Berlin, den 16. 10. 41

Dieses Briefchen wird wohl am 18. ankommen. So sehr ich mich bemühe kann ich mich nicht erinnern, bereits 10 Jahre mit Dir verehelicht zu sein. Es ist mir jedenfalls sehr überraschend wenn es mir einfällt. Die 10 Jährchen sind rückblickend so klein und winzig. Mein Lieber, dabei war es doch so lieb mit Ihnen, jeder Tag und jede Stunde, jeder Morgen und jeder Abend. Ich hoffe nur, Sie bleiben zufrieden, freuen sich Ihrer Söhnchen, und behalten lieb Ihren Wirt.

Die Aussichten für Urlaub sind noch ganz ungeklärt. Es stehen möglicherweise wesentliche Umwälzungen bevor, die meine Projekte rasend erschweren aber auch ungeheuer fördern können. Darüber finden gerade jetzt Besprechungen im F.H.Qu. statt. Ich käme am liebsten morgen abend aber ich kann es jetzt nicht riskieren von Berlin abwesend zu sein, denn es ist möglich, daß ich dann gerade einen sehr wesentlichen Zeitpunkt verpasse. – Sobald aber diese wesentliche Entscheidung, nämlich die Bestimmung meines mir erwählten neuen oder vielmehr zusätzlichen Chefs[1] erfolgt ist, will ich um Urlaub bitten. ...

1 *zusätzlichen Chefs:* es ist nicht mit Sicherheit zu sagen, wer damit gemeint ist. Der SD intrigierte heftig, um die Kompetenzen der Abwehr zu schmälern, seine eigenen zu vergrößern. Die Kämpfe zogen sich bis zum nächsten Frühjahr hin

und endeten dann vorläufig in einer Abmachung zwischen SD und Abwehr. Mittlerweile war im Herbst 1941 Heydrich Stellvertretender Reichsprotektor in Böhmen und Mähren geworden, unter Beibehaltung seiner Kontrolle über das Reichssicherheitshauptamt, SS-Brigadeführer Walter Schellenberg übernahm die Leitung des Ausland-SD (Amt VI im RSHA), und SS-Standartenführer Walter Huppenkothen wurde der neue Chef der Abwehrpolizei (Amtsgruppe VI E).

Berlin, den 17. 10. 41

... Vom Krieg ist wenig zu berichten. Das Wetter an der Front ist sehr schlecht: oben $-20°$ und Nebel, in der Mitte und Leningrad Schnee mit Wind, unten Schnee mit Regen. Ich kann mich des Eindrucks nicht erwehren, daß der Sieg wieder nicht ein Mal in dem beschränkten Sinne durchschlagend gewesen ist, den ich mir vorgestellt hatte.

Heute mittag essen Peters & Yorck bei mir. Heute abend muss ich im Büro arbeiten, morgen mittag will ich mit Widmann essen, der mich eingeladen hat und den Sonnabend/Sonntag hoffe ich in ruhiger Arbeit zu verbringen.

Berlin, den 18. 10. 41

Mein Jubiläums-Pim, wie gut wir den Tag mit einem liebenswürdigen Telephönchen begonnen haben. Seither habe ich das Datum sicher 30 Mal geschrieben und jedes Mal ist mir dabei eingefallen: ach ja, heut ist ja Jubiläum. Es fängt jetzt also das zweite Jahrzehnt an und ich kann nur hoffen, daß es dem ersten ähnelt.

Gestern mittag um 12 rief Frl. Saager an, sie sei leider krank. Es ist heute besser. Hoffentlich ist es nichts Ernsthaftes. So musste ich mit Peters & Yorck bei Schlichter essen und nachher tranken wir in der Derfflingerstr. einen Kaffee. Es war nett und, wie mir scheint, auch fruchtbar. Am Nachmittag ging ich ins Büro, um 5 zu einer Sitzung zu Gladisch und von 7 bis 9 abends wieder ins Büro, um dort endlich wieder ein Mal aufzuräumen. So wurde es ein langer Tag. ...

Berlin, [Sonntag] den 19. 10. 41

Dein Jubiläumsbriefchen fand ich vor, als ich gestern abend, so gegen 10.30 von Yorcks kam, wo ich den ganzen Tag gewesen war. Vielen Dank, mein Lieber. Wir wollen sehen, was wir aus jedem Tag machen, aus der Vergangenheit Kraft und Zuversicht schöpfend für die dunkle und ungewisse Zukunft.

Gestern besprachen Yorck, Gablentz & ich kirchliche Fragen. Wir kamen so um 2.15 Uhr zum Essen und um 6.15 ging Gablentz. Er und ich trugen die Last der Besprechung; während Yorck zuhörte und von Zeit zu Zeit nur etwas beisteuerte. Die 4 Stunden waren für mich rasend anstrengend, aber ich glaube, daß wir ganz erhebliche Fortschritte gemacht und Gablentz auf neue Fragen und Einzelprobleme angesetzt haben. Jetzt hat er gewiss ein bis 2 Monate zu tun. – Anschliessend besprachen Yorck & ich noch agrarpolitische Fragen. Wir wollen ein agrarpolitisches Weekend bei Borsig machen und das musste geplant werden. Y. will oder soll also erst ein Mal die Fragestellung ausarbeiten, Borsig das Referat übernehmen und ein anderer das Vorreferat. Wenn das fertig ist, dann sollen etwa 10 Leute eingeladen werden, die verschiedene Landschaften, Betriebstypen und agrarpolitische Richtungen verkörpern. Kurz, wir sind noch am allerersten Punkt und wir besprechen erst ein Mal die Aufgabenstellung. – Um 7.30 erschienen dann Schwerins[1] und Wussows, ich blieb noch zum Essen, ging aber um 10 nach Hause. Ich war rechtschaffen müde. ...

Die Erbhofanträge Kreisau-Wernersdorf sind grundsätzlich vom Minister genehmigt. Jetzt muss als nächstes das Steuerhindernis aus dem Wege geräumt werden und dann könnte die Geschichte über die Bühne gehen. Vielleicht gelingt das jetzt in absehbarer Zeit. Damit wäre dann ein weiterer Schritt in der Ordnung der Kreisauer Angelegenheiten getan.

Mein Lieber, ich hoffe ja Ende der kommenden Woche schon bei Ihnen zu sein. Ich habe auch gar keine Lust mehr hier zu warten.

1 *Schwerins:* Ulrich Wilhelm Graf Schwerin von Schwanenfeld (1902–1944) und seine Frau Marianne, geb. Sahm, Gutsbesitzer und Diplom-Landwirt, Vetter von F. D. v. d. Schulenburg; Teilnahme am Polenfeldzug als Leutnant d. R., dann als Ordonnanzoffizier der 1. Armee unter Witzleben am Feldzug in Frankreich; 1940–41 als Landwirt u. k. gestellt; 1941–42 beim Stab des Oberbefehlshabers West (Witzleben, dann Rundstedt); aktiv an den Umsturzplänen Witzlebens und der Gruppe Beck/Goerdeler beteiligt; 1942 Stabsdienst bei der Division Brandenburg, die dem Amt Ausl./Abw. unterstand; 1944 im Generalquartiermeisteramt in Berlin und zum Hauptmann d. R. befördert. Durchgehend Verbindungsmann zwischen zivilem und militärischem Widerstand; am 20. 7. 44 aktiv in der Bendlerstraße beteiligt; vom Volksgerichtshof zum Tode verurteilt und am 8. 9. 44 hingerichtet. S. Detlef Graf Schwerin, Der Weg der ‚jungen Generation' in den Widerstand, in: Schmädecke/Steinbach (Hgg.), Widerstand (wie S. 41), S. 460–471.

Berlin, den 20. 10. 41

... Der Sonntag war friedlich. Ich habe die ganze Zeit zu Hause gesessen und aufgeräumt: Krieg und Frieden zu Ende gelesen, mit dem Lesen der Timesse wieder aufgeholt, einige Aufzeichnungen gemacht, die fällig waren und ähnliches. So war der Tag plötzlich um, ehe ich es recht bemerkte. Es war kurz nach 9 als ich von meinem Schreibtisch auf die Uhr sah, ich machte mir rasch mein Abendbrot und ging ins Bett. Leider schlief ich grundlos schlecht; so mit Lücken.

Diese Lücken habe ich ganz mit Kreisau ausgefüllt. Mit Frau Rose und Geflügelhaltung und Abschaffung von Schweinen, mit Anbau von Obstbäumen und Beerenobst, mit Personalfragen, insbesondere der Schaffung von Arbeit für besser bezahlte Leute als »Stützen der Gesellschaft« u.s.w. So waren die Lücken nicht nutzlos, aber ich hätte doch lieber geschlafen.

Heute abend sollte Hans bei mir essen; er hat aber eben telegraphiert, daß er seine Reise verschoben habe. Heute mittag esse ich mit Herrn Widmann, morgen mittag essen Reichwein und ein neuer Mann Suhr[1] bei mir, abends gehe ich zu Hülsens um zu gratulieren, Mittwoch mittag esse ich mit Hans Adolf, abends bei Peters mit Gramsch, Donnerstag mittag mit Herrn von Mangoldt,[2] abends kommt Kennan, Freitag mittag mit Yorck, abends beim Pim. Wie Du siehst, bessert sich die Woche gegen Ende, hoffentlich jedenfalls.

Gladisch hat mir eine neue Arbeit aufgehalst, die ziemlich phantastisch ist und mir einige Mühe machen wird. Ich will sie vor meiner Abreise in Gang bringen und sie an andere unterverteilen. Deswegen muss ich mich etwas dranhalten und fahre am Mittwoch nicht nach Babelsberg.

Mein Lieber, ich freue mich schon so sehr auf das Wöchlein mit Ihnen; hoffe nur, daß es nun auch wirklich zustande kommt. Mir kommt es so vor, als sei rasend viel zu tun. Jedenfalls sind meine Gedanken in jeder freien Minute in Kreisau.

1 *Suhr:* Otto Suhr, nach dem Krieg Politologe an der Hochschule für Politik in Berlin und Bürgermeister dortselbst. 2 *Mangoldt:* von Mangoldt-Reibold, Geschäftsmann, den M. als Anwalt beriet. Seine Frau, die geborene Ursula Andreae, war eine Nichte von Rathenau und Freundin und frühere Schulkameradin von Marion Yorck und Dietrich Bonhoeffer.

Berlin, den 21. 10. 41

Der Tag ist so voller grauenhafter Nachrichten, daß ich nicht in Ruhe schreiben kann, obwohl ich mich um 5 zurückgezogen und eben einen Tee getrunken habe. Aber mein Kopf tut mir trotzdem weh. Das was mir augenblicklich am nächsten geht, sind die mangelhaften Reaktionen der Militärs. Falkenhausen und Stülpnagel[1] sind an ihre Plätze zurückgekehrt, statt nach den letzten Vorfällen[2] abzugehen, neue schreckliche Befehle werden gegeben und niemand scheint etwas dabei zu finden. Wie soll man die Mitschuld tragen?

In Serbien sind an einem Ort zwei Dörfer eingeäschert worden, 1700

Männer und 240 Frauen von den Einwohnern sind hingerichtet. Das ist die „Strafe" für den Überfall auf drei deutsche Soldaten. In Griechenland sind 220 Männer eines Dorfes erschossen worden. Das Dorf wurde niedergebrannt, Frauen und Kinder wurden an der Stätte zurückgelassen um ihre Männer und Väter und ihre Heimstatt zu beweinen. In Frankreich finden umfangreiche Erschiessungen statt, während ich hier schreibe. So werden täglich sicher mehr als tausend Menschen ermordet und wieder Tausende deutscher Männer werden an den Mord gewöhnt. Und das alles ist noch ein Kinderspiel gegen das, was in Polen und Russland geschieht. Darf ich denn das erfahren und trotzdem in meiner geheizten Wohnung am Tisch sitzen und Tee trinken? Mach' ich mich dadurch nicht mitschuldig? Was sage ich, wenn man mich fragt: und was hast Du während dieser Zeit getan?

Seit Sonnabend werden die Berliner Juden zusammengetrieben;[3] abends um 21.15 werden sie abgeholt und über Nacht in eine Synagoge gesperrt. Dann geht es mit dem, was sie in der Hand tragen können, ab nach Litzmannstadt[4] und Smolensk. Man will es uns ersparen zu sehen, daß man sie einfach in Hunger und Kälte verrecken lässt und tut das daher in Litzmannstadt und Smolensk. Eine Bekannte von Kiep hat gesehen, wie ein Jude auf der Strasse zusammenbrach; als sie ihm aufhelfen wollte, trat ein Schutzmann dazwischen, verwehrte es ihr und gab dem auf dem Boden liegenden Körper einen Tritt, damit er in die Gosse rollte; dann wandte er sich mit einem Rest von Schamgefühl an die Dame und sagte: „So ist es uns befohlen."

Wie kann jemand so etwas wissen und dennoch frei herumlaufen? Mit welchem Recht? Ist es nicht unvermeidlich, daß er dann eines Tages auch dran kommt und daß man ihn auch in die Gosse rollt? – Das alles sind ja nur Wetterleuchten, denn der Sturm steht vor uns. – Wenn ich nur das entsetzliche Gefühl los werden könnte, daß ich mich selbst habe korrumpieren lassen, daß ich nicht mehr scharf genug auf solche Sachen reagiere, daß sie mich quälen, ohne daß spontane Reaktionen entstehen. Ich habe mich selbst verzogen, denn auch in solchen Sachen reagiere ich über den Kopf. Ich denke über eine mögliche Reaktion nach, statt zu handeln.

1 *Stülpnagel:* General Otto von Stülpnagel (1878–1948), Oberbefehlshaber in Frankreich bis Februar 1942, nicht zu verwechseln mit seinem Vetter und Nachfolger Karl-Heinrich von Stülpnagel, s. 8. 6. 43. 2 *letzten Vorfällen:* Zur Eskalation der Geiselerschießungen vom 3. 9. 41 bis zu Stülpnagels endgültiger Bitte um seine Abberufung am 15. 2. 42 – er hatte schon im September damit gedroht – s. Eberhard Jäckel, Frankreich in Hitlers Europa. Stuttgart 1966, S. 189–195. 3 *Juden zusammengetrieben:* Es war der Anfang der Deportationen aus Berlin (s. Raul Hilberg, The Destruction of the European Jews. New York 1985, S. 459). Am 14. 10. hatte Kurt Daluege als Chef der Ordnungspolizei den

ersten Deportationsbefehl für die deutschen Juden unterzeichnet (s. Adam, Judenpolitik, S. 311). Am 23. 10 wurde die Auswanderung aus dem Altreich verboten (a. a. O., S. 310). Vgl. „Dokumente der Judendeportationen 1941" [aus Berlin] in Bethge (Hg.), Dietrich Bonhoeffer, Gesammelte Schriften, Bd. 2, München 1965, S. 640–43. 4 *Litzmannstadt:* Lodz.

Berlin, den 22. 10. 41

Mein gestriger Abendbrief war so sehr unter dem Eindruck grauenvoller Nachrichten geschrieben worden, daß ich mich beeile, Ihnen gleich am Morgen einen neuen zu schreiben, obwohl nichts Neues zu berichten ist. Gestern abend bei Hülsens war es ganz friedlich, wenn mich auch die Tagesereignisse umstellt hielten wie Gespenster. Ein kleines Ärgernis gab es nur als Hans Carl sagte, an all diesem seien die Engländer und Franzosen schuld und ich dem energisch widersprach. Dieses Schablonendenken ist zu ekelhaft.

Da der Deutschlandsender um 9 aussetzte, ging ich um 9.30 nach Hause. – Editha ging es gut, T. Ete war frisch und kregel. Viggo sah sehr wohl aus, Renate hatte schreckliche Läuse und die beiden anderen Mädchen etwas Läuse. T. Leno sah leidlich wohl aus, Hans Carl müde.

Heute ist ein schöner, wenn auch windiger Herbsttag. Wie mag es zu Hause sein, hoffentlich auch trocken. Mein Urlaub ist im Prinzip genehmigt und es ist nur noch die Frage, ob ich weg kann. Ich glaube aber, es wird gehen. Ausserdem fühle ich mich durch diese Greuel so mitgenommen, daß ich einfach keine Arbeitslust mehr habe. Es widert mich alles an.

Heute mittag esse ich mit Hans Adolf. Ich bin gespannt wie das gehen wird. In meiner gegenwärtigen Laune bin ich nämlich nicht bereit „to stand any nonsense". – Abends gehe ich zu Peters und freue mich auf die Unterhaltung mit ihm und Gramsch.

Ach, mein Lieber, eben fällt mir ein, daß das ja schon der letzte Brief ist. Wie angenehm. Das hatte ich mir noch garnicht klargemacht. Es trennen mich ja nur noch zwei Nächte von meinem Kreisauer Bett. Mit diesem angenehmen Ausblick will ich rasch aufhören, ehe sich unangenehmere einmischen.

Berlin, den 3. 11. 41

Im Büro ist eben das Licht ausgegangen, weil wir jetzt 4 Heizsonnen brennen. Darum schreibe ich nur ein Wörtchen bei Kerzenschein und gehe dann nach Hause.

Mein Lieber, es war sehr lieb bei Dir wie immer. Hoffentlich lässt sich das Inselchen erhalten, damit man wenigstens einen Fuss im Frieden niedersetzen kann. Ach, es gefällt mir ja so sehr gut und ich freue mich schon auf die Rückkehr.

Berlin, den 4. 11. 41

Eben habe ich noch 20 Minuten, bis ich zu Gramsch gehe, bei dem ich heute zu Mittag esse. Ich freue mich darauf, weil ich annehme, daß es nett wird. Nachher steigt das Kaffee- und Kuchenfest. Ich bin sehr gespannt darauf.

Gestern abend traf ich Herrn Kohn am Heizkeller; er erzählte, daß er in der Synagoge Dienst tut, in der die Juden vor ihrem Abtransport zusammengetrieben werden. Es ist grauenhaft, was er von dort zu berichten hat. Carl hörte zu. Wir assen dann, etwas niedergeschlagen zusammen zu Abend, zumal der neue Rotwein, dessen erste Flasche geöffnet wurde, völlig ungeniessbar ist. Dein Wirt, besser an Greuel gewöhnt, pümpelte süss, während Herr Deichmann kaum geschlafen hat....

Berlin, den 5. 11. 41[1]

Ein grauer Tag folgt dem anderen: es nieselt, es schneit, es taut und friert wieder. In Kreisau wird es wohl nicht anders sein. Es ist wirklich scheusslich. An der Front ist es genau so; kein starker Frost, der wohl noch erträglich wäre, aber Kälte, die den Schmutz nicht bindet, sondern den Schlamm nur kalt macht. Der Krieg geht entsprechend langsam und, wie ich vermute, mit einem entsprechenden Verschleiss von Menschen und Material: viele Männer, die zurückkommen, werden angeknackst sein als Folge dieser rasenden Überanstrengung.

Das Essen bei Gramsch war nett. Es begann mit einem Tischgebet, das heute doch schon zu den Seltenheiten gehört. Ein Mann, der im Baltikum eingesetzt ist, erzählte teils interessant, teils Greuelgeschichten, die sicher wahr sind. Nachdem er im vollen Zuge war, konnte ich es nicht mehr anhören und sagte, wir müssten leider zu allen solchen Sachen den Mund halten, seit wir uns genau so benähmen. Da bekam ich begeisterte Unterstützung von Frau Gramsch, die sichtlich erleichtert war, daß jemand das gesagt hatte, der Mann wurde eingedeckt und wir gingen wieder zu mehr technischen Fragen über: Landwirtschaft, die neue Kautschukpflanze und ähnliches. Zu Essen gab es eine Ente, die Frau Gramsch gut tranchierte und nachher sehr schönes Obst aus Tirol.

Nachher stieg das Gruppenfest mit Deinem Mohnstollen, der allgemein mit grossem Beifall aufgenommen wurde; er war aber auch besonders gut. Den Rest habe ich eingepackt und gebe ihn heute Unger.[2] Ich habe gestern Steinke gefragt, ob ich Unger etwas versorgen dürfte, da er so sichtlich abgemagert sei und der meinte, U. würde das nicht ablehnen. Schliesslich ist er der letzte Jude, den ich kenne und ich betrachte das so wie den Kauf von Ablasszetteln und bin überzeugt, daß Du das billigst. Ich bringe ihm also heute den Rest des Stollens und etwas Speck und in ein paar Tagen 3 oder 4 Eier und Äpfel.

Das Tischgebet bei Gramsch hat mich veranlasst, die Frage mit Dir aufzunehmen, ob wir nicht über die Kinder[3] das Tischgebet auch wieder einführen sollen. Es ist mir in diesen Jahren immer klarer geworden, daß von der Aufrechterhaltung der in den 10 Geboten niedergelegten moralischen Grundgesetze die Existenz eines jeden von uns abhängt, nämlich Freiheit und körperliche Unversehrtheit, aber auch Essen und Trinken, Wohnung, Kleidung und Heizung. Da man sich ja dieses Zusammenhanges nicht beim Betreten der eigenen Wohnung, beim Heizen des Ofens u.s.w. bewusst werden kann oder dem Ausdruck geben kann, bleibt tatsächlich nur die gemeinsame Mahlzeit übrig, bei der man darauf hinweisen kann. Und das scheint mir, ganz abgesehen von aller religiösen Fundierung, in erster Linie die Aufgabe des Tischgebets zu sein.

Mir ist diese Frage schon lange im Kopf herumgegangen und ich habe mir überlegt, daß es für die Knaben doch gut wäre, sie würden an das Tischgebet gewöhnt, und wir könnten es über die Knaben wieder einführen, ohne daß es lächerlich wirkt und zu Erörterungen Anlass gibt. Sie müssten eben umschichtig, einen Tag um den anderen, ein Tischgebet sprechen, und zwar möglichst jeder ein anderes. – Ich meine, daß das auch zur Förderung der Tischsitten führt.

Wir müssen, so scheint mir, alles tun, was dazu beiträgt, den Knaben den Grundsatz in Fleisch und Blut übergehen zu lassen, daß jede Handlung verantwortet werden muss, und daß alle Menschen vor Gott gleich sind, sodaß, was einem Menschen geschieht, alle anderen angeht und daß man sich nicht dahinter verstecken kann, daß irgendein Mensch in eine andere Kategorie gehört.

Ich weiss nicht, wie klar oder unklar das alles ist. Es sind nur Splitter von Gedanken, deren Zusammenhang mir klar ist, weil ich schon lange darüber gebrütet habe. Vielleicht ist Dir der Zusammenhang nicht klar, weil ich sie zu splitterhaft von mir gegeben habe. Dann frage bitte. – Ich jedenfalls bin der Meinung, wir sollten zum Tischgebet zurückkehren. ...

1 *5. 11. 41:* irrtümlich 5. 10. 41 datiert. 2 *Unger:* Dr. Walther Unger gehörte zur Familie und, als Gesellschafter, zu der Firma Kempinski, deren „Arisierung" M. als Anwalt betreute. Der Rest der Familie war rechtzeitig emigriert. 3 *die Kinder:* den vierjährigen Helmuth Caspar und Adrian von Steengracht.

Berlin, den 6. 11. 41

Gestern abend, als ich nach Hause kam, fand ich 2 Briefchen vom Pim vor, die mich sehr erfreuten. Es klang alles ganz befriedigend. Zu Carl Viggo's[1] Einstellung habe ich folgendes zu sagen: das Kennzeichen ist Angst vor einer Verantwortung für einen Kreis, den er mit seinen beiden Augen nicht überblicken kann. Die ganze Frage des körperlichen Muts, die scheinbar dabei steht, ist nichts als Tarnung. Sicher ist es bequemer, sich nur für einige wenige Leute verantwortlich zu fühlen und zugleich mit Scheuklappen nicht zu sehen oder vielmehr nicht sehen zu wollen, was für Unheil durch die Art angerichtet wird, in der man sich dieser Verantwortung entledigt, nicht sehen zu wollen, daß man Mord und Raub verteidigt. In Wirklichkeit sind diese Menschen die Crux und das Übel, nicht die Verbrecher. Verbrecher gibt es überall und hat es überall gegeben; aber es ist die unabweisbare Aufgabe aller Rechtschaffenen, die Verbrechen klein zu halten und wer sich dieser Aufgabe entzieht, der ist mehr Schuld an den Verbrechen als der Verbrecher selbst.

Das Essen mit Yorck war nett; er hatte in der Woche einige Fortschritte erzielt und wir besprachen die weiteren Pläne. Heute abend hat er Brandwachdienst in seiner Behörde und Einsiedel & ich werden uns um 9 zu ihm gesellen und etwas arbeiten. Morgen mittag essen er & Guttenberg in der Derfflingerstr. ...

Es ist wieder grau und kalt aber es kommt keine Feuchtigkeit von oben. Wie mag es bei Euch sein? Ach wieviel lieber wäre ich zu Hause.

Vom Kriege ist nichts Neues zu erzählen. Es kommen Weisungen aus dem Hauptquartier,[2] die einen an dem Verstand der dort sitzenden Leute zweifeln lassen. Es ist, im ganzen genommen, direkt komisch. Plötzlich sollen jetzt die russischen Gefangenen im Grossen in der gesamten Wirtschaft eingesetzt werden und in einem Nebensatz steht dabei „ausreichende Ernährung ist eine selbstverständliche Voraussetzung". Sie tun so, als wüssten sie von ihren früheren Befehlen gar nichts.

Im übrigen sind überall schwere Kämpfe bis auf den Norden. Auf Moskau ist ein neuer Angriff im Gange; ich bin gespannt, ob der nun zur Einnahme der Stadt führen wird. Auf der Krim geht es weiter, wir nähern uns der Landenge von Kertsch und dort wird sich ja entscheiden, wann und wie wir weiter nach dem Kaukasus vorstossen können.

1 *Carl Viggo:* von Moltke, s. 15. 2. 40, Anm. 1. 2 *Hauptquartier:* Für den von Keitel unterzeichneten Führerbefehl vom 31. 10. 41 s. Streit, Keine Kameraden, S. 204.

Berlin, den 7. November 1941

Heute ist es ½ 9 abends ehe ich Dir schreibe. Es war unter Tage leider völlig unmöglich. Gestern abend bekam ich plötzlich Zahnweh und meldete mich für den Morgen bei Schramm an; das nahm ¾ Stunde. Zudem war ich schon deswegen etwas verspätet, weil ich bis um ½ 12 bei Yorck mit Einsiedel gewesen war. – Dann musste ich um 12 ins Ernährungsministerium, um unsere Steuerfrage zu erörtern. Das dauerte mehr als 1 Stunde. Um ¾ 2 war ich zu Hause, wo ich bis um ½ 4 Sachen mit Yorck & Guttenberg zu erörtern hatte. Um 4 kam ein Mann zu einer Vorbesprechung für eine Judensitzung im Auswärtigen Amt, die sich um 5 gleich anschloss. Das dauerte bis 7.30 Uhr. Dann ging ich ins Büro, habe eine Stunde diktiert und will jetzt nach Hause. . . .

Berlin, den 8. 11. 41

Es kamen heute 2 Briefe, der letzte davon von gestern. So fühle ich mich herrlich informiert. – Ich komme noch ein Mal auf C. V. zurück. Ich bin so bitter, um nicht zu sagen geladen, auf diesen Typ, weil ich mit niemandem so viele Schwierigkeiten habe wie mit diesen bequemen Männern. Das ist die Sorte Männer, die uns in der Welt den Ruf einträgt, daß wir nicht ein Mal imstande seien, uns zu regieren, geschweige denn andere. Es ist in diesen Männern ein Mangel an Weltweite, an Blick dafür, daß keine Handlung im Universum verlorengeht, daß alles zusammenhängt, daß ein Mord in Warschau Rückwirkungen in Calcutta und Sydney, am Nordpol und in Kurdistan hat, nicht politische Rückwirkungen sondern moralische. An diese Selbstaufgabe glaube ich nur sehr beschränkt. Das ist eine Form der Selbstbefriedigung, des Mantels, der nachher herumgehängt wird. Der Satz von Fredchen[1] ist Blödsinn, denn man kämpft nicht für irgendetwas sondern gegen irgendetwas: Hass ist die Dominante des Krieges, nicht Liebe. Feigheit, Muckertum, Massenpsychose züchtet der Krieg. Sieh ein Mal an: gestern war ich in einer Sitzung im A.A. wegen Judenverfolgung.[2] Es war das erste Mal, daß ich dienstlich mit dieser Frage befasst war. Ich habe gegen 24 Männer ganz eisern eine Verordnung[3] angegriffen und im Augenblick auch aufgehalten, die bereits die Zustimmung aller Minister und des Chefs des O.K.W. gefunden hatte. Und dann kam ich zurück und der eigentliche Referent im O.K.W. fragte mich: warum haben Sie das getan? Sie können es ja doch nicht ändern, natürlich führen diese Massnahmen zur Katastrophe. Dieser Mann war ein typischer C. V. Dahin gehört auch Hans Adolf. Für den Charme und die Qualitäten dieser Männer habe ich durchaus ein Organ, aber ihre Handlungen sind von der Zweckmässigkeit bestimmt und sie sind bar jeden moralischen Fundus. Sie sind wie Chamäleons: in einer gesunden Gesellschaft machen sie einen gesunden Eindruck, in einer kranken, wie der unseren, machen sie einen kranken. In Wahrheit sind sie weder das eine noch das andere. Sie sind Füllsel. Auch Füllsel muss es geben. Aber unerträglich ist es, wenn Füllsel, der die kranken Teile vergrössert, so tut als habe er eine moralische Berechtigung. – Ich weiss, ich bin rasend streng und ich werde auch immer strenger. Aber es ist nötig, sonst gerät man unbewusst in zweideutige Gesellschaft.

Nun das Tischgebet. Du musst imstande sein, es ernst zu nehmen, sonst hat es keinen Sinn. Es hängt zu 90% von Dir ab. Natürlich ist Haltung viel und ist entscheidender als jede Form; wenn es jedoch gelingt, der Haltung angepasste Symbole, Formen und Übungen zu entwickeln, so ist das eine grosse Stärkung.[4] Mir hat mal ein Mann in der Kritik über einen anderen gesagt: „Was können Sie von einem Menschen erwarten, der in einem Hause aufgewachsen ist, an dessen Tisch nur über die tägliche Notdurft gesprochen wurde." Deswegen hatten die alten Regeln *a*. Tischgebet, *b*. übers Essen wird bei Tisch nicht gesprochen, schon ihren Sinn. – Schliesslich sind wir Produzenten von Essen und wenn ein Tischgebet irgendwo einen Sinn hat, dann natürlich auf dem Lande, wo Salat und Äpfel, Marmelade und Spinat, Kartoffeln und Kompott durch einen Wettersturz verderben können. Wenn es gelänge, die Knaben so zu entlassen, daß sie instinktiv den Mangel des Tischgebets als einen Mangel empfinden, so wäre das schon von erheblichem Wert. Ob das möglich ist, kannst nur Du entscheiden und es war ja von mir nur als Anregung[5] gedacht. ...

1 *Fredchen:* Frede-Ilse, Frau von Carl Viggo von Moltke. 2 *Judenverfolgung:* s. Einleitung, S. 14f. Zur Aufzeichnung des Vortragenden Legationsrats Schiffner vom 10. 11. 41 „über die am 7. November 1941 17 Uhr im Auswärtigen Amt stattgefundene Besprechung betreffend das Verhältnis der 11. Verordnung zum Reichsbürgergesetz zur deutschen Feindgesetzgebung" und die Aufzeichnung des Oberregierungsrats Ronsiek vom 12. 11. 41 s. van Roon, Völkerrecht, S. 241–245. 3 *Verordnung:* Die 11. Verordnung zum Reichsbürgergesetz – d. h. einem der Nürnberger Gesetze vom September 1935 – trat am 25. 11. 41 in Kraft (Text RGBl. I, S. 722). Sie befaßte sich mit der Staatenlosmachung von deutschen Juden im Ausland, auch solchen, die dorthin deportiert wurden, und den straf- und vermögensrechtlichen Folgen der Ausbürgerung. Zu den Vorgängen um diese Verordnung sowie ihre Zusatz- und Durchführungsverordnungen, besonders die nicht zu veröffentlichende Anordnung des Reichsinnenministeriums vom 3. 12. 41, die sich auch auf Juden erstreckte, „die ihren gewöhnlichen Aufenthalt in den von deutschen Truppen besetzten oder in deutsche Verwaltung genommenen Gebieten haben oder in Zukunft nehmen werden, insbesondere

auch im Generalgouvernement und in den Reichskommissariaten Ostland und Ukraine", s. Adam, Judenpolitik, S. 297–302. 4 *Stärkung:* s. 5. 11. 41; vgl. 11. 1. 44. 5 *Anregung:* F. M. entschied dagegen.

Berlin, [Sonntag] den 9. 11. 41

... Hinsichtlich der Weihnachtsgeschenke bin ich durchaus Deiner Meinung: wir haben so viel mehr als die meisten anderen, daß wir ruhig einiges ausspucken können. Du musst nur mit Deinen Fleisch- und sonstigen Dispositionen so hinkommen, daß wir für Taufe[1] und Pfingsten[2] auskommen. Ob das reicht, wenn wir insgesamt nur 2 Gänse behalten, kann ich natürlich nicht beurteilen. Ausserdem mußt Du bedenken, daß Du irgendetwas haben musst, um die frischfleischlose Zeit nach dem Schwein zu überbrücken. Es scheint mir deswegen zweifelhaft, ob Du nicht vielleicht das eine oder andere Federvieh durch eine kleine oder mittlere Wurst ersetzt. Aber das alles kannst Du ja wesentlich besser beurteilen als ich.

Da wir schon beim Essen sind, wollte ich Dir mitteilen, daß der Honig, den ich mitgenommen habe, in ganz rasende Gärung geraten ist und säuerlich schmeckt. Vielleicht siehst Du ein Mal nach Deinem. Was machen die Äpfel? Iss nur die schönen Äpfel vom Baum in der Mitte des Gartens ehe sie schlecht werden.

Was Feldpostpäckchen angeht, so bin ich für Schlange, Pape, Held; des letzteren Feldpostnummer schreibe ich Dir noch; ausserdem wieder alle unsere Arbeiter.

Den Morgen habe ich heute mit einigen jüdischen Leuten verbracht, deren Dispositionen vor ihrer Deportation zu besprechen waren. In den letzten 3 Tagen haben wieder etwa 10 000 die Aufforderung erhalten, sich bereitzuhalten. Es war erfreulich zu sehen, wie gut diese Leute ihre Haltung bewahrten und ich kann uns nur wünschen, daß wir uns nicht schlechter benehmen, wenn wir dran sind. ...

1 *Taufe:* Konrads. 2 *Pfingsten:* das erste große Treffen in Kreisau.

Berlin, den 10. 11. 41

Nur ein Grüsschen. Heute war ein grosser Tag. Von 8 Uhr früh bis jetzt 9.30 kein Minütchen Pause. Ich bereite mich auf einen grossen Kampf in der Juden-Sache[1] vor und habe heute Bundesgenossen gesucht. Die ganze Woche wird wohl unter diesem Stern stehen. Gegessen habe ich mit Guttenberg & einer Gräfin Ansembourg, um 6 erschien Mierendorff, der gerade gegangen ist.

Graf & Gräfin Ansembourg sehr reiche[2] Leute aus Luxemburg, sie Belgierin, er früher Luxemburgischer Gesandter in Brüssel. Er 3 Monate Gestapo-Haft, jetzt wieder frei aber verbannt nach Liegnitz. Sie fährt morgen nach. Wohnen im Forsthaushotel. Ich habe gesagt, Du würdest mal anrufen und, wenn Du beweglich wärest, Dich um sie kümmern. Habe ihnen die Adresse von Ilona[3] gegeben, aber vielleicht hetzt Du sie noch auf A's.

Müde bin ich und hoffe morgen bessere Zeit zum Schreiben zu haben.

1 *Juden-Sache:* s. 8. 11. 41. 2 *sehr reiche:* ,,sehr" später eingefügt. 3 *Ilona:* Ilona Gräfin Schweinitz, die in Liegnitz lebte.

Berlin, den 11. 11. 41

Gestern war ich in grosser Eile und heute ist auch nicht viel Zeit, denn es ist schon nach 7, und um ½ 8 kommt Einsiedel mich abzuholen. Aber es ist doch ein wenig gründlicher. Der Tag war mühsam. Im Kampf gegen die neueste Judenverordnung[1] habe ich immerhin erreicht, daß die 3 wichtigsten Generäle[2] des O.K.W. dem vierten geschrieben haben, um ihm zu sagen, daß er sofort die von ihm für den Chef O.K.W. gegebene Zustimmung zurückziehen muss. Der nächste Gang ist also der, ob er es nun tut. Danach wird dann erst der eigentliche Kampf losgehen. Wäre es nicht grossartig wegen einer solchen Sache aus diesem Verein herausgeworfen zu werden.

Mittags hatte ich eine lange Unterhaltung mit Steltzer und Yorck. Der erste soll ja das eine Referat Pfingsten in Kreisau[3] übernehmen und er scheint nicht übel Lust dazu zu haben. – Er kam gerade aus Petsamo, wo er bei 22° Kälte abgeflogen war. Von 2 Uhr mittags an wird es dort dämmerig. Schrecklich nicht wahr? ...

Heute wird ein langer Abend sein: nach Einsiedel kommt noch Guttenberg, mit dem ich um 9.30 zu Abend essen will. Morgen mittag esse ich mit Hans Adolf wegen der Steuersache, abends gehe ich zu Waetjen und von dort nach Nikolassee, sodaß ich nicht am Donnerstag früh, sondern erst abends anrufen werde.

1 *Judenverordnung:* s. 8. 11. 41. 2 *Generäle:* General der Infanterie Georg Thomas, Chef des Wehrwirtschafts- und Rüstungsamts im OKW war der eine; ein Vertreter des WiRüAmts hatte an der Besprechung im Auswärtigen Amt am 7. 11. teilgenommen – s. 8. 11. 41, Anm. 2. 3 *Kreisau:* Steltzer sollte über das Verhältnis von Kirche und Staat sprechen.

Berlin, 12. 11. 41

Mein Lieber, im Kampf für Juden und Russen, bezw. gegen die Verwilderung militärischen Denkens habe ich so überraschende Fortschritte erzielt, daß ich von einer offenen Tür in die andere stürze und daher fällt das Briefchen aus. Bericht folgt morgen.

Der CV-Brief[1] sollte nicht streng gegen Dich sein. In Eile mein Lieber.

1 *CV-Brief:* s. 8. 11. 41.

Berlin, den 13. 11. 41

Heute will ich am Morgen schreiben, ehe ich etwas tue oder von anderen angekratzt werde. Die letzten Tage waren rasend mühsam, weniger weil etwas Wesentliches erreichbar wäre, als vielmehr deshalb, weil ich mich bemühen musste, die anständigen Leute auf eine Linie zu einigen. Ich habe auch zwei Nächte sehr wenig geschlafen, weil ich so um 3 bereits erwachte und an die Juden und Russen dachte.

Um noch ein Mal auf C.V. zu kommen, meine Geduld mit diesen Leuten ist gänzlich am Ende und doch darf ich mir das nicht merken lassen; es ist aber kaum erträglich. So z. B. Hans Adolf gestern; er ist ein C.V. in etwas vorgeschrittenerem Stadium. Er war völlig gebrochen; aber denkst [Du,] jetzt fühlte er die Verpflichtung etwas zu tun um den Unrat zu beseitigen, der mit seiner Hilfe angesammelt worden ist? Weit gefehlt! Als ich auch nur sagte, man müsse eben sehr vieles rechtzeitig abschreiben, sagte er mit sichtlicher Entrüstung: nie kann man das abschreiben. Und in 12 Monaten wird er wieder seinen Segen einem Freicorps geben, das gegen feindliche Besatzungstruppen operiert, die sich bemühen, die Ordnung aufrechtzuerhalten. Und wenn ich ihn etwa daran erinnerte, daß ich ihm genau das, was er jetzt sieht, in den ersten Kriegsmonaten und vor Kriegsausbruch gesagt habe und daß er mir erwiderte: „dann sorge mal für eine optimistischere Auffassung in Deinen Kreisen“, so wird er meine damalige Diagnose immer noch für etwas halten, was kein patriotischer Mann denken, geschweige denn aussprechen darf. Ich sage nichts mehr. Ich habe diese Leute abgeschrieben, will von ihnen nichts mehr und will mich nur hüten, sie nicht eher gegen mich aufzubringen als notwendig ist. Du wirst aber wohl verstehen, daß in meinem Inneren keine Geduld für diese Leute übrig ist und keine Geduld für ihre Verteidigung. Für sie gilt das Motto, daß sie glauben sich retten zu können:

if together we cling,
singing God save the King
and throw men overboard to the sharks.

Ja, was ist denn nun los gewesen? Ich kann mich an diese zwei Tage nur noch schlecht erinnern. Russische Gefangene, evakuierte Juden, evakuierte Juden, russische Gefangene, erschossene Geiseln, allmähliches Übergreifen der in den besetzten Gebieten ‚erprobten' Massnahmen auf das Reichsgebiet, wieder evakuierte Juden, russische Gefangene, ein Nervensanatorium,[1] wo diejenigen SS-Leute gepflegt werden, die beim Exekutionieren von Frauen und Kindern zusammengebrochen sind. Das ist die Welt dieser 2 Tage gewesen. Gestern habe ich mich von einem früher berühmten jüdischen Anwalt verabschiedet, der das E.K. I & II, den Hohenzollerschen Hausorden, das goldene Verwundetenabzeichen hat und sich mit seiner Frau heute umbringen wird, weil er heute abend geholt werden soll. Er hat eine nette Tochter von wohl 19 Jahren, die will leben und ist entschlossen, das ihr Bevorstehende durchzustehen. Ich habe ihr meine ‚permanente' Adresse gegeben, für den Fall, daß sie und wir den Strudel überstehen und unsere Adresse dann noch stimmen sollte. Sehr wahrscheinlich schien es uns allen nicht.

Dabei ist es mir tatsächlich gelungen, dem Rad der Judenverfolgung zumindest hemmend ein wenig in die Speichen zu fahren. Meine selbstherrliche Vertretung der Interessen der Wehrmacht[2] ist von Canaris und von Thomas[3] gedeckt worden. Ich habe Briefe diktiert und beide waren sichtlich erfreut, wie eben überhaupt sobald einer steht, erstaunlich viele andere auch stehen. Aber einer muss eben immer erst vorangehen; von alleine wird so etwas nicht. Und ganz abgesehen von der grossen Unannehmlichkeit und Anstrengung des Vorangehens: wie selten habe ich Gelegenheit es zu tun. Der Erfolg freut einen denn auch. So war es nett zu sehen, wie ein alter Oberst plötzlich einen ganz roten Kopf kriegte, sichtlich vor Freude darüber, daß ein Mal etwas getan wurde.

Dienstag mittag waren Steltzer & Yorck da. Es war nett und sehr fördernd. Dienstag abend habe ich von 7 bis 9 mit Einsiedel gearbeitet, um ½ 10 habe ich mit Guttenberg gegessen und um ½ 12 war ich im Bett, leider aber um 3 schon wieder wach. Gestern mittag war Hans Adolf da; wir besprachen den weiteren Fortgang der Steuersache. Nachmittags hatte ich rasend zu tun und abends war ich bei Waetjens wo es wieder nett und harmlos war. Dann schlief ich in Nikolassee. Heute mittag esse ich allein, nachmittags gehe ich zu Preysing und abends will ich mit dem Pim telephonieren.

1 *Nervensanatorium:* Preysing erinnerte sich später an einen Vorfall, den M. ihm erzählte: ,,Er sei die letzten Tage mit einer Roten-Kreuz-Schwester in der Tram-

way gefahren. Die Schwester war angetrunken. Er war ihr beim Austeigen behilflich. Darauf sagte sie zu ihm: ‚Sie werden wohl entsetzt sein über meinen Zustand.' Worauf er sagte: ‚Nein, ich bin nicht entsetzt, aber es tut mir leid, Sie so zu sehen.' Sie erzählte ihm: ‚Ich pflege in einem SS-Lazarett, und dort höre ich den ganzen Tag von den Kranken nur folgendes: Nein, ich kann es nicht mehr tun! Ich tue es nicht mehr! Und wenn man das so den ganzen Tag hört, dann greift man zur Flasche.'" (Adolph, Preysing, S. 182) 2 *Interessen der Wehrmacht:* vgl. 8. 11. 41 und Anm. 2 sowie Einleitung, S. 40. 3 *Thomas:* s. 11. 11. 41.

Berlin, den 14. 11. 41

Du warst wohl unzufrieden gestern am Telephon, weil Dein Wirt nicht sehr ergiebig war. Er hat aber Nächte lang schlecht geschlafen, hat tage- und nächtelang sein Gehirn nach Lösungen zermartert und war ganz einfach teils müde, teils angefüllt. Es ist in dieser Woche manches weitergegangen: in der Judensache[1] habe ich ein Veto des O.K.W. für den Augenblick erreicht. In der Gefangenensache hat sich mein Hauptgegner, General Reinecke [,][2] endlich gezwungen gesehen, vorzuschlagen, daß das Rote Kreuz [sich] um die Betreuung deutscher in Kriegsgefangenschaft geratener Soldaten bemüht; die Folge muss sein, daß wir das R.K. auch zu uns herein lassen und damit unsere Methoden ändern. – Preysing habe ich gestern dazu vermocht, wegen der Konfiskation der St. Clemens-Kirche[3] Klage zu erheben, und morgen fahre ich nach Stettin, um zu versuchen, den General Föhrenbach[4] für meine Pläne zu gewinnen. Aber das alles erfordert eine Masse von Gedanken und Überlegungen, die mich eben voll ausgefüllt hat.

Der Nachmittag mit Preysing war sehr nett. Peters hatte ein Opus über die Kirchenfrage verfasst, was uns beiden nicht voll gefiel. Das war der eine Gesprächsgegenstand, die Klage wegen St. Clemens war der zweite, die Judenverfolgung der dritte; er hatte am Morgen gerade Juden gefirmt, die am Abend nach Litzmannstadt abtransportiert werden sollten; das sei wohl seine schönste Firmung gewesen; sie bekommen dort ¼ unserer Lebensmittelrationen.[5] – Sein Dompropst[6] (von St. Hedwig) ist wegen Heimtücke[7] angeklagt, weil er für die Juden gebetet hat, und die Nachricht über seine Vernehmung kam gerade:

„Wie stehen Sie zur Rassenfrage?" „Ich unterscheide nur zwischen Christen und Nichtchristen, die einen schliesse ich als meine Brüder in mein Gebet ein, für die anderen bitte ich um Erleuchtung."

„Wie stehen Sie zum Staat?" „Sei untertan der Obrigkeit, die über Dich gesetzt ist, sagt der Apostel Paulus."[8]

„Wie stehen Sie zum Führer?" „Er ist nicht mein Führer, denn das ist er nur für P.G.s[9] und in seiner Funktion als Parteichef.[10] Ich bin aber

Fortsetzung des Briefes auf Seite 322

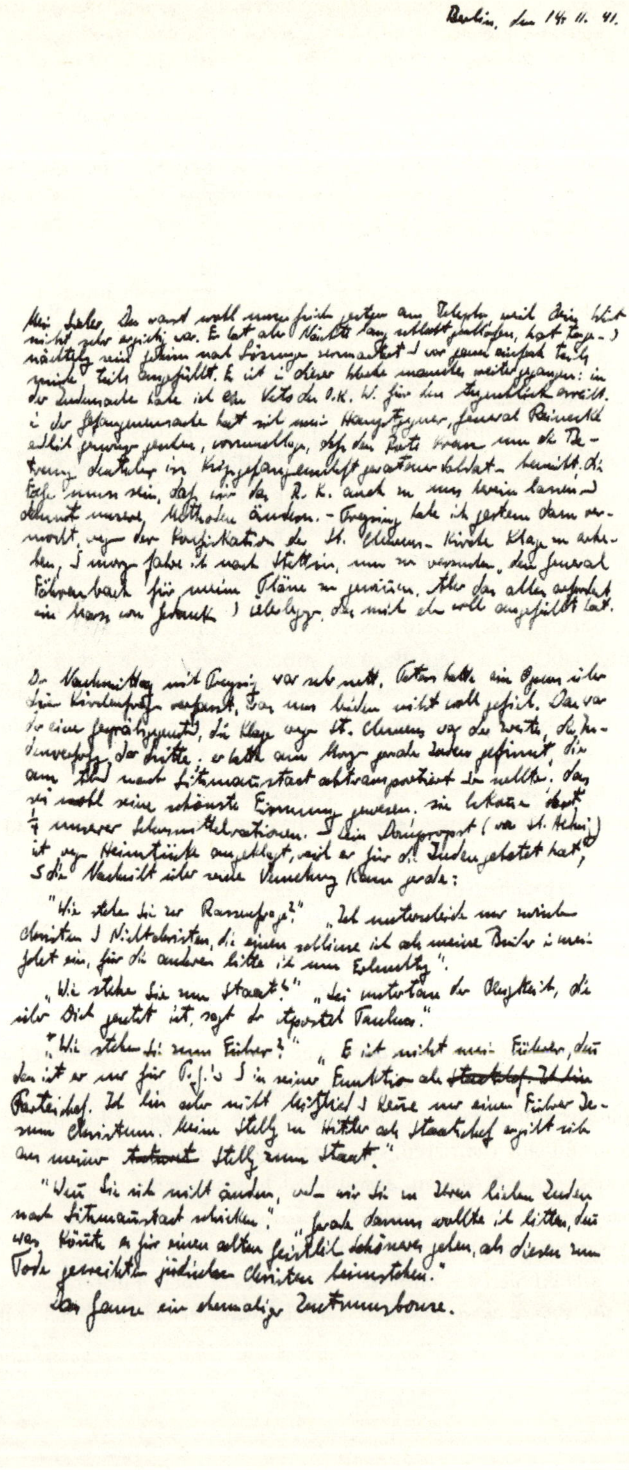

Berlin, den 14. 11. 41.

Mein Lieber, Du warst wohl neulich gestern am Telephon weil Dein Wirt nicht sehr ergiebig war. Er hat aber Nächte lang schlecht geschlafen, hat tag- und nächtelang mit Gedanken und Lösungen verbracht und war ganz einfach teils gereizt teils ausgefüllt. Es ist in dieser Woche manches weitergegangen: in der Judensache habe ich ein Veto des O.K.W. für den Augenblick erreicht. In der Gefangenensache hat sich mein Hauptgegner, General Reinecke, endlich gezwungen gesehen, vorzuschlagen, daß das Rote Kreuz man um die Betreuung deutscher in Kriegsgefangenschaft geratener Soldaten bemüht. Die Folge muss sein, daß wir das R.K. auch zu uns herein lassen und dementsprechend unsere Methoden ändern. – Preysing habe ich gestern dazu veranlaßt, wegen der Konfiskation der St. Clemens-Kirche Klage zu erheben, und morgen fahre ich nach Stettin, um zu versuchen, den General Föhrenbach für meine Pläne zu gewinnen. Aber das alles erfordert ein Maß von Gedanken und Überlegungen, das mich eben voll ausgefüllt hat.

Der Nachmittag mit Preysing war sehr nett. Peter hatte ein Opus über seine Kirchenpolitik verfasst, das uns beiden nicht voll gefiel. Das war so eine Gegenäußerung. Die Klage wegen St. Clemens war das weitere, die Judenverfolgung die dritte. Er hatte am Morgen gerade Juden gefirmt, die am Abend nach Litzmannstadt abtransportiert werden sollten. Das sei wohl seine schönste Firmung gewesen. Sie bekämen dort 1/4 unserer Lebensmittelrationen. Und sein Dompropst (von St. Hedwig) ist wegen Heimtücke angeklagt, weil er für die Juden gebetet hat, und die Nachschrift über seine Vernehmung kam gerade:

"Wie stehen Sie zur Rassenfrage?" „Ich unterscheide nur zwischen Christen und Nichtchristen, die einen schließe ich als meine Brüder in mein Gebet ein, für die anderen bitte ich um Erleuchtung".

„Wie stehen Sie zum Staat?" „Sei untertan der Obrigkeit, die über Dich gesetzt ist, sagt der Apostel Paulus."

„Wie stehen Sie zum Führer?" „Er ist nicht mein Führer, denn das ist er nur für P.G.'s und in seiner Funktion als ~~Staatschef. Ich bin~~ Parteichef. Ich bin aber nicht Mitglied und kenne nur einen Führer Jesum Christum. Meine Stellung zu Hitler als Staatschef ergibt sich aus meiner ~~[illegible]~~ Stellung zum Staat."

"Wenn Sie sich nicht ändern, werden wir Sie zu Ihren lieben Juden nach Litzmannstadt schicken." „Gerade darum wollte ich bitten, denn was könnte es für einen alten Geistlichen schöneres geben, als diesen zum Tode geweihten jüdischen Christen beizustehen."

Das Ganze ein ehemaliger Zentrumsbonze.

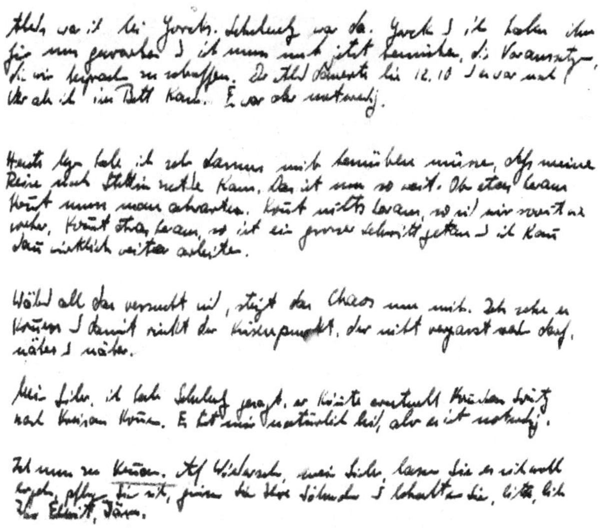

Das Faksimile des Briefes vom 14. 11. 41 zeigt die Schrift in Originalgröße und mit ihren charakteristischen Silbenkontraktionen. Die Schrift ist eher größer als beim Durchschnitt der Briefe. Charakteristisch sind die breiten Ränder. Das Datum steht immer ganz oben, etwa 1 cm vom oberen Rand des meist oktavformatigen Briefpapiers entfernt. Dann folgt stets ein großer Abstand, etwa 5 cm oder mehr, bevor der Text beginnt. In dieser Reproduktion mußte aus technischen Gründen das Datum um einige Millimeter näher an den Text gesetzt werden. Die Rückseite – hier rechts reproduziert – zeigt den typischen Briefschluß, wie immer ohne besondere Abhebung als Teil des Textes.

nicht Mitglied und kenne nur einen Führer Jesum Christum. Meine Stellung zu Hitler als Staatschef ergibt sich aus meiner Stellung[11] zum Staat."

,,Wenn Sie sich nicht ändern, werden wir Sie zu Ihren lieben Juden nach Litzmannstadt schicken." ,,Gerade darum wollte ich bitten, denn was könnte es für einen alten Geistlichen Schöneres geben, als diesen zum Tode geweihten jüdischen Christen beizustehen."

Das Ganze ein ehemaliger Zentrumsbonze.[12]

Abends war ich bei Yorcks. Schulenburg war da. Yorck und ich haben ihn für uns geworben und ich muss mich jetzt bemühen, die Voraussetzungen, die wir besprachen [,] zu schaffen. Der Abend dauerte bis 12.10 und es war nach 1 Uhr als ich ins Bett kam. Es war aber notwendig.

Heute morgen habe ich sehr darum mich bemühen müssen, daß meine Reise nach Stettin zustande kam. Das ist nun so weit. Ob etwas heraus kommt muss man abwarten. Kommt nichts heraus, so sind wir soweit wie vorher. Kommt etwas heraus, so ist ein grosser Schritt getan und ich kann dann wirklich weiter arbeiten.

Während all das versucht wird, steigt das Chaos um mich. Ich sehe es kommen und damit rückt der Krisenpunkt,[13] der nicht verpasst werden darf, näher und näher.

Mein Lieber, ich habe Schulenburg gesagt, er könnte eventuell kommenden Sonntag nach Kreisau kommen. Es tut mir natürlich leid, aber es ist notwendig.

Ich muss zu Kennan.

1 *Judensache:* s. 8.–13. 11. 41. 2 *Reinecke:* vgl. 28. 9. 41, Anm. 3 und Einleitung S. 40 f. Hermann Reinecke (1888–1973), General der Infanterie, Chef des Allgemeinen Wehrmachtsamtes im OKW, dem das Kriegsgefangenenwesen unterstand; 1943 Chef des NS Führungsstabes im OKW, an der Niederschlagung des Umsturzversuches vom 20. 7. 44, der Ausstoßung der Beteiligten aus der Wehrmacht, und als Beisitzer an Volksgerichtshofsprozessen beteiligt. Nach dem Krieg zu lebenslänglicher Haft verurteilt, 1957 begnadigt. 3 *St. Clemens-Kirche:* sie war – wie viel kirchliches und klösterliches Eigentum zu der Zeit – beschlagnahmt worden. Ein schriftlicher Protest Preysings beim Reichsinnenminister war unbeantwortet geblieben. Die Behörden behandelten auch weitere Schritte dilatorisch, so daß am Ende nur die Anprangerung in einem Hirtenbrief blieb. S. auch 9. 5. 42 mit Anm. 2. 4 *Föhrenbach:* Max Föhrenbach (1872–1942), Stellvertretender Befehlshaber des 2. Korps im Wehrkreis II, Stettin. 5 *Lebensmittelrationen:* Diese Information kam wahrscheinlich von Margarete Sommer (1893–1965), die nach der Verhaftung Bernhard Lichtenbergs (s. Anm. 6) das von Preysing 1938 gegründete Hilfswerk beim Bischöflichen Ordinariat betrieb. S. auch Einleitung, S. 14. 6 *Dompropst:* Bernhard Lichtenberg (1875–1943), 1899 Priester, 1931 Domkapitular, 1938 Dompropst in Berlin. 7 *Heimtücke:* Er war von zwei reisenden Studentinnen aus dem Rheinland denunziert worden, als sie ihn in der Hedwigskirche, wie es seine Gewohnheit war, für

die Juden beten hörten. Er wurde wegen Kanzelmißbrauchs und wegen Vergehens gegen § 2 des Heimtückegesetzes zu einer Gesamtstrafe von 2 Jahren Gefängnis verurteilt, sollte nach ihrer Abbüßung nach Dachau gebracht werden und starb auf dem Wege dorthin. 8 *Paulus:* Römerbrief 13,1 9 *P.G.s:* Parteigenossen. 10 *Parteichef:* davor „Staatschef. Ich bin" gestrichen. 11 *Stellung:* vorher „Antwort", ausgestrichen. 12 *Zentrumsbonze:* Lichtenberg war vor 1933 Zentrumsabgeordneter im Berliner Stadtparlament gewesen. Für Näheres s. Alfons Erb, Bernhard Lichtenberg, Berlin 1968[5]. 13 *Krisenpunkt:* der Moment eines nicht nur nötigen, sondern auch, so hoffte die Opposition, möglichen Umsturzes.

Stettin, [Sonntag] den 16. 11. 41

Gestern habe ich nicht geschrieben, weil ich in Berlin nicht mehr dazu kam und in Stettin leider empfangen wurde und daher auch diese Gelegenheit verpasste. Um 10.30 als ich nach [oben?] ging war ich dann müde und es schien mir auch keinen Sinn zu haben.

Inzwischen war ich also bei General Föhrenbach, der ein sehr guter Mann ist. Er ist ein alter General, wie man ihn sich am besten vorstellen kann: klug, überlegen, einsatzbereit, bescheiden. Ich war nicht voll erfolgreich bei ihm, vielmehr hat er sich Bedenkzeit erbeten und dann soll die Besprechung weitergehen. Das wird wohl direkt vor Weihnachten der Fall sein.

Jetzt ist es 12.15. Ich will noch essen und um 2 nach Berlin fahren. Dort will ich Oster & Dohnanyi noch zu sprechen versuchen und so wird es wohl spät werden ehe ich nach Hause komme. Ob ich dann noch anrufen kann, weiss ich nicht, nur hoffentlich finde ich dort 2 Briefchen vom Pim, da ich seit Donnerstag keine mehr hatte.

Hier ist heute ein schöner klarer Wintertag mit strahlender Sonne. Endlich ein Mal kein Wind. Gestern abend, im Dunkeln in der fremden Stadt anzukommen und dann von irgendeinem Subjekt geführt eine Viertelstunde gegen den beissenden Wind zu dem Hotel zu stolpern war grässlich. Da erwartete mich allerdings ein netter Mann Knipphausen[1] und ein fürstliches Zimmer mit Bad. Nach einem toll schlechten Essen zog ich mich dann zurück und nahm ein Luxusbad in einem Kachelbad so lang, daß ich darin liegen konnte und so tief, daß mir das Wasser beim Sitzen bis unter die Achseln reichte. Dann pümpelte ich wieder mässig in einem guten Bett.

Gestern früh war ein Pussel-Morgen, wo alles gemacht werden musste, was in der stürmischen Woche liegengeblieben war. Mittags ass ich bei Trotts und dann hatten wir allerhand zu besprechen, was die Zeit bis zur Abfahrt meines Zuges reichlich anfüllte. Vor was für riesigen Problemen stehen wir, und welcher Gigant soll sie lösen? Ist es denkbar, daß eine Gruppe von Durchschnittsmenschen das schafft? Oder ist nicht vielmehr wahrscheinlicher, daß eine solche Gruppe als daß ein Gigant das fertig bringt?

Ich freue mich auf das Telephon und die Nachrichten aus Kreisau.

1 *Knipphausen:* Knyphausen? Beides ist möglich, da M. Namen nach Gehör schrieb. Für einen Knyphausen s. Hans Graf von Lehndorff, Ostpreußisches Tagebuch, Aufzeichnungen eines Arztes aus den Jahren 1945–1947, München 1961, S. 44. (Dieser Major i. G. von Knyphausen war im Januar 1945 Ia der 5. Panzer-Division.)

Berlin, den 17. 11. 41

Heute als ich abends nach Hause kam, fand ich 2 Briefe vor, nachdem ich gestern schon einen auf dem Wege von der Bahn zu Dohnanyi gepflückt hatte. Wie lieb alles klingt. Hoffentlich wird es Dir nur nicht zu viel.

Ich war also mittags von Stettin losgefahren, stark unter dem Eindruck dieses hervorragenden alten Mannes. Er ist so ein wenig, wie ich mir vorstelle, daß der Feldmarschall gewesen sein muss. Das Bemerkenswerteste ist eigentlich seine Entschlussfähigkeit. Mein Vortrag über den immerhin sehr komplizierten Vorschlag dauerte 15 Minuten, dann erwiderte er 10 Minuten und dann erörterten wir die Argumente in Rede und Gegenrede noch 15 Minuten und damit hatten wir das Thema regelrecht erschöpft. Er verabschiedete mich mit den Worten: „Die Sache ist sehr gut. Ich weiss keinen besseren Weg, aber ich bin dafür nicht gut genug.“ Das ist doch eindrucksvoll. So hätte auch Daddy sprechen können und der alte Feldmarschall. F. will aber die ganze Frage noch ein Mal am 18. 12. in Berlin erörtern mit mir und Beck und ich bin überzeugt, daß wir ihn dann bekommen werden. Am Mittwoch nachmittag gehe ich zu Beck um die Sache mit ihm zu besprechen.

Zur Vorbereitung dieser Unterhaltung und zur Vorbereitung einer Unterhaltung mit Halder war ich eben bei Dohnanyi und da ich ihn dazu im Frieden brauchte, habe ich ihn am Sonntag abend überfallen, zumal er heute nach Warschau geflogen ist. Das hatte auch den gewünschten Erfolg und ich hoffe, daß es nun gelingen wird, vor Weihnachten noch 2 oder 3 grosse Fortschritte zu erzielen. Hoffentlich bekomme ich das noch unter Dach.

Den ganzen Tag habe ich wieder mit den Juden[1] verbracht, habe tatsächlich alle Abteilungen des OKW in dieser Frage hinter mich gebracht. Heute nacht fährt nun ein Oberst zu Keitel, um ihm morgen vorzuschlagen, daß gegen die beabsichtigte Verordnung Einspruch eingelegt wird. In 2 oder 3 Tagen werde ich also wohl wissen, ob ich auf dem beschränkten Gebiet nun wirklich einen Sieg[2] errungen habe.

Hunger, Krankheiten und Angst verbreiten sich derweil unter unserer Herrschaft. Welche Folgen das haben wird, wie schnell die Folgen einsetzen werden, weiss noch kein Mensch. Eines steht nur ganz fest: die apokalyptischen Reiter sind Anfänger gegenüber dem, was uns bevorsteht: certus an, incertus quando. – Jeder Tag bringt neue grauenhafte Einblicke in die Tiefen, zu denen Menschen sinken können. Aber in vielen Punkten ist der Boden erreicht: die Irrenanstalten füllen sich langsam mit Männern, die bei oder nach den Exekutionen, die sie durchführen sollten zusammengebrochen[3] sind.

1 *Juden:* s. 8. – 14. 11. 41. 2 *Sieg:* die 11. Verordnung zum Reichsbürgergesetz wurde ungeachtet aller Anstrengungen am 25. 11. 41 ausgefertigt: RGBl., I, S. 722. 3 *zusammengebrochen:* vgl. 13. 11. 41, Anm. 1.

Berlin, den 18. 11. 41

Was habe ich heute nacht gut geschlafen. Um ½ 8 kam Einsiedel zu einer Besprechung, blieb aber nur bis ½ 9, weil er sich mit irgendjemandem verabredet hatte und diese Verabredung nur noch hatte verschieben, aber nicht ändern können. Um 9 lag Dein Wirt im Bett und als er erwachte, war es zum ersten Mal seit langer Zeit wieder 6.15. Schon beim Aufwachen fühlte ich mich ganz anders an, traute aber dem Frieden nicht recht und machte zögernd Licht an, um auf die Uhr zu sehen und da war es eben wirklich nicht 3 wie gewöhnlich sondern 6.15. Ich ging dann schon um ½ 8 ins Amt weil ich eine grössere Sache zu erledigen hatte. Jetzt bin ich gerade damit fertig und es ist ½ 12.

Zu der Geflügelliste habe ich zunächst folgendes zu sagen: Ich glaube, es wäre gut, Du hieltest Dir ein Entenpaar über den Winter, denn ob Du nächstes Jahr Enteneier kaufen kannst, erscheint mir mehr als zweifelhaft. Es wird alles getan werden müssen, was nur menschenmöglich ist, um die Geflügelhaltung einzuschränken und wenn ich etwas zu sagen hätte, so würde ich Enten und Gänse ganz verbieten, aber in jedem Fall den Handel mit Eiern und Jungenten verbieten, um sicherzustellen, daß jeder Bauer nur soviele Eier bebrüten lässt, wie er Enten auffuttern kann. Das gleiche gilt für die Gänse. Wie ist es denn mit Hähnchen? Können wir nicht Tanten und Edith durch Hähnchen ersetzen oder vielleicht durch Hähnchen und Eier? Oder Äpfel? R[enten]-Annie würde ich die Gans nicht entziehen; das ist zu persönlich. Von den drei mit Fragezeichen versehenen möchte ich Unger etwas geben und am liebsten das nächste Mal mitnehmen, denn Weihnachten erlebt er bestimmt nicht mehr und wann er vorher umkommt, kann man nicht wissen. Aber ein Hähnchen ist für ihn auch schon schön, obwohl eine Ente schöner ist. Uns würde ich nicht beschränken, denn schliesslich essen bei uns die meisten mit und zweitens musst Du die frischfleischlose Zeit damit überbrücken. – Den Zettel schicke ich wieder zurück.

Der Krieg macht mir einen üblen Eindruck. Hier läuft der Witz um: „Feldzug im Osten des grossen Erfolges wegen um einen weiteren Monat verlängert." Eine bittere Bemerkung. Ich glaube nicht, daß wir vor Neujahr noch wesentliche Fortschritte machen werden; vielleicht im Süden; möglicherweise gelingt da noch ein Vorstoss bei Maikop; ich glaube es auch nicht, aber es ist denkbar. Die unglücklichen Millionen von Truppen, die jetzt da draussen frieren, nass sind, umkommen. Ein Vergleich mit dem Weltkrieg 14/18 ist nicht möglich, denn damals waren es weniger Menschen, für die daher besser gesorgt werden konnte, und die Häuser, in denen sie bleiben konnten, gab es immerhin. Jetzt ist beides anders. Wie wird das Heer sein, das wir im nächsten März wieder vorfinden: kein erheblicher Urlaub, keine ausreichende Versorgung, keine Unterkunft, keine zureichende Bekleidung, kein militärischer Erfolg.

Dabei ist im Innern die Lage noch wesentlich schlechter als ich es mir vorgestellt hatte. Durch Judenverfolgung und Kirchensturm ist eine rasende Unruhe hervorgerufen worden. Die Versprechungen auf militärische Erfolge, auf Urlaub oder Rückkehr von Soldaten sind nicht eingehalten und können nicht eingehalten werden. Der Hunger naht für jeden sichtbar; es gibt auch sonst nichts zu kaufen, es gibt keine Hilfskräfte für die notwendigsten Arbeiten.

Wer soll eine solche Lage meistern, fragt man sich jeden Tag.

Berlin, den 24. 11. 41

Wie lieb war es wieder bei Ihnen! Wie sehr bin ich da und nur da zu Hause wo mein Pim ist. Wie angenehm wäre es, nur ein paar Monate ruhig und friedlich in Kreisau sitzen und sich um Kühe und Schafe, Bäume und Sträucher kümmern zu können. Aber es geht nicht. Wir haben es uns eingebrockt und müssen es ausessen, ob es uns passt oder nicht. ...

Dein Wirt ist gut gereist. In Breslau hatten wir nur 5 Min. Verspätung, ich habe mit Pillchen glatt durchgeschlafen und es gelang mir sogar, mit einem Taxi bis zur Derfflingerstr. zu gelangen, was mir sehr lieb war, da ich ziemlich beladen war. Mittags ass ich mit Gablentz, abends gehe ich mit Mierendorff & Einsiedel zu Yorcks, damit E. & Y ihn ein Mal kennenlernen. Morgen essen Peters & Dohnanyi bei mir, abends esse ich bei Üx.

Der Krieg sieht sehr schlecht aus. Im Osten russische Angriffe an der ganzen Front; etwas besser steht es nur bei Tula & Walkolawsk (?).[1] Demgegenüber spielen die Fortschritte bei Rostow keine Rolle. – In Afrika ist die Lage noch nicht geklärt, aber es sieht nach einer Katastrophe ersten Ranges aus.

1 *Walkolawsk (?):* wohl Wolokolamsk, etwa 100 km vor Moskau.

Berlin, den 25. 11. 41

... Gestern abend waren wir also zu viert in der Hortensienstr.: Mierendorff, Einsiedel, Yorck & ich. Es war sehr nett und auch ganz ergebnisreich, aber rasend anstrengend, da es bis um 1 Uhr nachts dauerte. Ich schlief allerdings nachher wie ein Sack bis 8, da es jedoch 2 Uhr war oder noch später, bis ich ins Bett kam, war es doch mühsam und kurz. Ich habe aber daraufhin Üx für heute abend abgeblasen und will früh ins Bett. – Heute mittag assen Dohnanyi & Peters in der Derfflingerstr.

Eine sehr mühsame Woche liegt noch vor mir, denn ich werde im Büro und im Amt ausgesprochen viel zu tun haben, ob in einer Weise, die irgendeinen Fortschritt bedeutet, ist zweifelhaft. – Die Stimmung hier ist mies, denn die Folge merkwürdiger Todesfälle,[1] die in den letzten Tagen eingetreten sind, erscheint allen als das Grollen des herannahenden Ungewitters.

In Nordafrika hat Rommel[2] den Oberbefehl wieder bekommen und scheint aus einer schlechten Lage alles herauszuholen, was man nur kann. Die Engländer scheinen sich etwas viel auf ein Mal vorgenommen zu haben und werden wohl auch tüchtig gerupft werden; aber im ganzen gewinnt man den Eindruck, daß sie langsam aber sicher das unglückliche Afrikacorps zermahlen werden. Rommel hat sich mit seinen Panzern aus der drohenden Umklammerung herausgezogen und steht jetzt südwestl. Tobruk. Noch ist den Engländern die Vereinigung der Angriffsgruppe mit der Besatzung von Tobruk nicht gelungen. Diese Woche wird wohl aber eine weitgehende Klärung bringen. – In Russland geht es bei Moskau langsam vorwärts, im Süden steht es mit leichten Tendenzen zur Rückwärtsbewegung.

1 *Todesfälle:* Am 17. 11. hatte der Generalflugzeugmeister Generaloberst Ernst Udet, dessen Name seit dem Ersten Weltkrieg legendär war, Selbstmord verübt. Offiziell hieß es, er sei bei der „Erprobung einer neuen Waffe" abgestürzt. Hitler ordnete ein Staatsbegräbnis an und nahm an der Trauerfeier im Luftfahrtministerium am 21. 11. teil. Am nächsten Tage wurde der Absturz des hochdekorierten Oberst Werner Mölders mit einem Kurierflugzeug gemeldet. Auch er bekam ein

Staatsbegräbnis. Er war als gläubiger Katholik bekannt, und auch sein Tod gab, wie der von Ernst Udet und der Absturz des französischen Verteidigungsministers General Huntziger am 11. 11., Anlaß zu Gerüchten. 2 *Rommel:* S. 14. 4. 41, Anm. 2; seit Februar 1941 Führer des Deutschen Afrika-Korps, später Befehlshaber einer Heeresgruppe in Italien, und, ab Dezember 1943 der Heeresgruppe B in Nordfrankreich. Er wurde dank seiner großen taktischen Erfolge der populärste deutsche Heerführer des Zweiten Weltkriegs. Langsam von der Schädlichkeit Hitlers überzeugt, lehnte er 1944 zwar ein Attentat ab, nicht aber einen Versuch, Hitler zu verhaften. Zunächst aber wollte er sich offen mit ihm aussprechen. Am 18. 7. 44 schwer verwundet, wurde er, kaum genesen, im Oktober von Hitler vor die Alternative eines diskreten Selbstmords oder eines Hochverratsprozesses gestellt; er wählte ersteren und bekam ein Staatsbegräbnis.

Berlin, den 26. 11. 41

... Der Krieg in Afrika entwickelt sich rapide zu Gunsten Rommels und es macht den Eindruck, als würden die Engländer trotz Überlegenheit glatt abgeschmiert werden. Jedenfalls ist der hauptsächliche Angriff der Panzer zur Herstellung einer Verbindung mit Tobruk missglückt, Rommels Panzer haben die Hände frei und können sich jetzt nach Osten wenden, um den in Bardia und Capuzzo eingedrungenen Engländern zuzusetzen und sie ihrerseits einzukesseln. Die Hauptschwierigkeit für uns liegt anscheinend in der Wasserversorgung. Es wäre jedenfalls ein erstaunlicher Sieg des Afrikacorps und einer, der die Kriegslage erheblich beeinflussen könnte, wenn er die Franzosen auf unsere Seite brächte. Aber wir müssen noch einige Tage warten, ehe wir Genaueres wissen können.

Heute nachmittag muss ich im Büro arbeiten, wo im Augenblick mal wieder Hochflut ist, jedenfalls für meine Verhältnisse. Es wird wohl spät werden. Heute mittag esse ich mit Yorck zur Vorbereitung unserer Unternehmen für Februar, Ostern und Pfingsten.[1]

Heute ist mein Weihnachtsurlaub bewilligt worden, vom 22. bis 3. An sich will ich vorher noch vieles tun. Ob das wohl gelingen wird? Die Tage vergehen so und es tut einem um jeden Tag leid, denn man verplempert seine Zeit. Und wenn man bedenkt, daß das der grössere Teil der ganzen Menschheit tut, dann wird einem ganz übel. Nur mein Pim tut es nicht, denn er pflanzt Bäume und Sträucher, pflegt die Knaben und das Haus.

1 *Pfingsten:* die Pfingstzusammenkunft in Kreisau und vorbereitende Treffen.

Berlin, den 27. November 1941

Ein sehr nettes Mittagessen mit Yorck hat uns beide stark gefördert. Wir besprachen die Themenstellung für das Wochenende im Februar und für Ostern. Wir sind jetzt soweit vorgedrungen, daß es uns möglich ist, zu schriftlichen Fixierungen zu gelangen um dann die Beteiligten auf die Themen einzufuchsen. Am Sonntag abend setzen wir dann die Unterhaltung bei Yorck fort mit Abs, Mierendorff und Einsiedel. – Danach müssen wir uns der Vorbereitung der Pfingstdiskussion in Kreisau widmen, für die eine erste Vorbereitung am Sonnabend nachmittag in einem Zusammentreffen mit Reinhold Schneider[1] bei Luckner[2] steigen soll. Das ist aber eher ein gesellschaftliches Unternehmen als eine Arbeitsbesprechung.

Gestern nachmittag habe ich für Kempinski[3] gearbeitet, die mal wieder von Zwangsmassnahmen bedroht sind, denen wir uns, wenn möglich, entziehen wollen. Es dauerte bis nach 10 Uhr und ich war entsprechend erschöpft, schlief aber leider trotzdem nicht gut ohne mir einen Grund dafür ausdenken zu können. ...

Heute nachmittag wollen Klässel, Hans Adolf und ich den Antrag an den Reichsfinanzminister[4] verabschieden; deswegen brauche ich auch die erbetenen Unterlagen schnell. Frl. Br. soll ihn dann in den nächsten Tagen fertig schreiben und spätestens Anfang der neuen Woche soll er raus. Dann müsste es möglich sein, im Laufe des Februar einen Bescheid zu bekommen und das heisst, daß die ganze Geschichte im März über die Bühne gehen könnte.

Ein grauer und bezogener aber warmer Tag folgt dem anderen. Hoffentlich hält sich das Wetter noch die nächste Woche so. Die grösste Angst ist zwar vorüber aber es wäre doch gut.

Heute morgen war ich beim Zahnarzt. Ich brauche leider wieder eine Goldfüllung. Er meinte, der Zahn, den er jetzt füllen wollte, sollte wenn irgend möglich Gold bekommen. Darf ich Dich daher noch um etwas Gold bitten? Du hast doch noch Papi's Ehering.

Am Sonnabend, den 6. habe ich einen Termin in Wien, hoffe dann den 3-Uhr Zug zu bekommen und abends in Kreisau zu sein. Ich muss aber trotzdem Montag früh wieder weg, denn man hat mir so anstandslos den Weihnachtsurlaub bewilligt, daß ich jetzt vorsichtig sein muss, damit man nicht denkt, ich nutze die Gutmütigkeit aus. Hoffentlich klappt aber wenigstens das.

1 *Reinhold Schneider:* katholischer Dichter und Schriftsteller (1903–1958), im Krieg mit Publikationsverbot belegt, aber illegal weit verbreitet. 2 *Luckner:* Heinrich-Alexander Graf von Luckner (1891–1973), Maler, Freund von Yorcks.

3 *Kempinski:* berühmtes Berliner Restaurant, dessen „Arisierung" und weiteres Schicksal M. als Anwalt betreute. S. auch Steinke und Unger. 4 *Reichsfinanzminister:* für die Anerkennung von Kreisau als Erbhof.

[Berlin] 28. 11. 41

Im Augenblick ist Hochflut; alles soll sofort und zugleich gemacht werden. Gestern habe ich bis ½ 12 gearbeitet, heute um 8 angefangen; jetzt warte ich auf einen Mann aus Norwegen, der mich über verschiedenes unterrichten will, um ¼ 3 kommt Trott, um 3 ist eine grosse Verhandlung Kempinski, um ½ 7 ein Fest des Stabes von Groos. Heute den ersten Teil des Morgens habe ich in Bearbeitung der Nachricht über Halders und Brauchitschen's Rücktritt[1] verbracht, der unter Umständen eine grosse Bedeutung haben könnte. Ausserdem sind Kriegsgefangenen-Sachen zu bearbeiten und so schwappt der Tag über.

Gestern abend war Kennan da, der nett und harmlos war. Er erzählte recht interessant über die amerikanisch-japanischen Verhandlungen; die U.S.A. haben den Japanern eine Note gegeben, in der sie Räumung China's und Entziehung der Anerkennung der Regierung in Nanking fordern. Damit werden die Besprechungen wohl zusammenbrechen und es bleibt dann den Japanern überlassen, ob sie Krieg machen und sich schnell erledigen lassen, oder ob sie sich allmählich aufreiben lassen wollen.

Die Unterhaltung mit Klässel und Hans Adolf war auch befriedigend und wir haben das Schreiben an den Reichsfinanzminister verabschiedet; Frl. Breslauer muss es jetzt noch schreiben. Daß auch diese Sache jetzt noch akut wurde, ist lästig. ...

1 *Rücktritt:* Brauchitsch bat mehrmals um seine Ablösung, das letzte Mal am 17. 12., bekam sie dann am 19. 12. und Hitler übernahm selbst den Oberbefehl des Heeres. Halder blieb, bis er im September 1942 von Zeitzler ersetzt wurde.

Berlin den 29. 11. 41

Es ist 9 Uhr und ich will rasch schreiben, ehe der Tag beginnt, denn es sieht mir nicht so aus, als würde er noch irgendein zum Schreiben geeignetes Päuschen bieten. Den Morgen über habe ich Besprechungen, mittags essen Herr Deichmann und ich bei der Frau Baron,[1] nachmittags bin ich mit Guttenberg und Yorck bei Luckner um den Mann Reinhold Schneider kennenzulernen und abends kommt Werkshagen[2] an, den ich, wenn irgend möglich sehen möchte. So ist der Tag gefüllt. Eigentlich muss ich zwischendurch auch noch ins Büro. ...

Gestern das Fest des Stabes mit Damen war komisch, aber nichts für mich. Es war so auf flott und gesellschaftlich und alle brüsteten sich damit, was sie hintenherum bekämen und daß es sich so doch noch leben liesse. Alles das ist nichts für meinen Geschmack und ich kann nur hoffen, daß man es nicht gemerkt hat. Dafür haben wir jetzt sehr gut gegessen. ...

1 *Frau Baron:* Baronin Steengracht. 2 *Werkshagen:* landwirtschaftlicher Berater.

Berlin, [Sonntag] den 30. 11. 41

... Ehe ich es vergesse muss ich Dich bitten folgendes an Z. zu sagen, aber mit der ausdrücklichen Weisung, er dürfe es um keinen Preis weitersagen: die russischen Gefangenen werden voraussichtlich alle wieder herausgezogen und in die besetzten Ostgebiete zurückgeschickt, weil wir sie hier nicht ernähren können und man sie lieber dort als hier verhungern lassen will. Daraus folgt für uns: *a.* er soll jeden Russen nehmen, den er für die geplanten Arbeiten bekommt, lieber mehr als 20, soviele wie er nur überhaupt ansetzen kann und *b.* er soll alles darauf anlegen, daß wir für das nächste Jahr ein volles Kontingent Polen bekommen, lieber mehr als wir brauchen. Er soll jedenfalls seinen Arbeiterbedarf überreichlich decken, denn es wird knapp werden.

Zu Deiner und Schwesters Information: eine Welle von Flecktyphus ist aus den Lagern hungernder Kriegsgefangener über die Ostgebiete in das Altreich gekommen. Diese Welle hatte bisher an der Oder etwa haltgemacht. In der vorigen Woche sind jedoch 2 Orte auf der Westseite der Oder befallen worden, wo Gefangene eingesetzt waren. – Alles das sind Gerüchte und ich habe keine Zeit, sie jetzt nachzuprüfen; sie stammen aber von Stellen, die es wissen müssten. Bitte unterrichtet Euch daher genau über die Krankheit. Mir wird gesagt, es sei eine Mangel- und Schmutzkrankheit, die durch Läuse übertragen wird. Es wäre also notwendig alle Leute zu instruieren, die mit den Russen zu tun haben. Wir können ja Sonntag darüber sprechen.

Gestern bei Luckner war es nett und auch ganz nützlich. Schneider sprach wenig aber er hat mir im ganzen gefallen, macht jedoch einen sehr kranken Eindruck, T.B., würde ich sagen. Er [,] Luckner ist ein sehr netter Mann; man sieht aber in all solchen Erörterungen die Schwierigkeit, über Allgemeinheiten hinaus zu konkreten Vorstellungen durchzustossen. Es ist schwer aber notwendig. ...

[P.S.] Zu dumm, daß C'chen nicht zur Schwester kann.

Berlin, den 1. 12. 41

... Augenblicklich sieht es so aus, als müssten wir 2 Niederlagen einstecken: eine bei Rostow und eine in Nordafrika. In Rostow sieht es anscheinend nicht schön aus und gestern abend hatte ich den Eindruck, als sei der russische Angriff noch nicht zum Stehen gekommen. Da Mitte Januar dort der Frühling anfängt und bis in den Mai hinein alle Wege unpassierbar macht, so ist der Vorstoss zum Kaukasus Essig wenn wir jetzt ernsthaft längere Zeit aufgehalten werden. – In Nordafrika ist den Engländern die Verbindung mit Tobruk doch gelungen und Rommel steht eingekesselt zwischen dieser Linie und der Bardia-Front. Wenn das nicht schnell in Ordnung kommt, dann wird Rommel wohl keinen Betriebsstoff mehr haben und einfach liegen bleiben müssen. Ausserdem haben die Engländer die Küste der [...][1] zwischen Agedabia und El Agheila erreicht und wenn sie das halten können, dann haben sie auch Tripolis. Jedenfalls ist meine ursprüngliche kritische Meinung über die Operationen der Engländer abgewandelt und ich halte es für möglich, daß es im Gegenteil von ihnen gut gemacht ist.

1 *[...]:* Depots?

Berlin, den 2. 12. 41

... Von hier ist eigentlich nichts zu berichten. Gestern habe ich mittags mit Guttenberg gegessen, mit dem ich einiges zu besprechen hatte. Wir assen bei Schlichter und es war wieder ein Mal erstaunlich zu sehen, wie sich das Essen verschlechtert hatte, weniger in der Qualität als in der Nahrhaftigkeit und in der Menge. Am Nachmittag hatte ich einige Besprechungen und war schliesslich abends rasend müde. ...

Berlin, den 3. 12. 41

... Morgen mittag mit Kiep, Schlieffen & Woermann, wozu Kiep mich gepresst hat, um Schlieffen's Photographien der Reise[1] zu besichtigen.

Morgen nachmittag kommt der Jesuitenobere Rösch,[2] den ich für Pfingsten für Kreisau gewinnen will, am Abend gehe ich zu Kennan. Freitag mittag essen Yorck, Mierendorff, Abs & Einsiedel in der Derfflingerstr., nachmittags gehe ich mit Steltzer zu Preysing und abends fahre ich nach Wien. Du siehst, es ist ein bewegtes Programm. Ausserdem kommt Canaris heute zurück und damit soll mein Hauptprojekt wieder einen starken Stoss erhalten. ...

1 *Reise:* der gemeinsamen Dienstreise in den neu-besetzten Westen im August 1940, s. 7.–15. 8. 40. 2 *Rösch:* die erste namentliche Erwähnung – vgl. 13. und 15. 10. 41.

Berlin, den 4. 12. 41

... Ich schicke Dir einen Versuch[1] von mir mit, mit der Bitte, ihn Dir anzusehen und mir möglichst am Sonntag Deine vorläufige Meinung darüber zu sagen. Ausserdem füge ich den Brief von Gräfin Ansembourg bei. Es wäre nett, wenn Du den Kindern ein Weihnachtspaket schicken könntest. Sie haben zwar sicher alles, aber man muss in ihnen doch das Gefühl wachhalten, daß sie in der Nähe von Menschen leben.

Die schlechten Nachrichten überstürzen sich jetzt; nur in Libyen sieht es noch erstaunlich gut aus. Wie lange ist allerdings zweifelhaft. T. Monika[2] war vorhin einen Augenblick da und berichtete, daß bei ihnen in den meisten Dörfern, in denen Russen lagen Flecktyphus herrscht. Reizende Aussichten.

Taufe[3] am 26. erscheint mir praktisch ausgeschlossen. Mit vollem Haus den ersten Feiertag und dann am 2ten Feiertag Taufe mit noch mehr Menschen ist unmöglich. Du musst mal mit Fredchen sprechen ob C. V. sich seinen Urlaub nicht etwas verlängern lassen kann.

1 *Versuch:* offenbar nicht erhalten. 2 *T. Monika:* Monika von Rittberg, die 1886 geborene Schwester seines Vaters, auf deren Gut in Pommern Helmuths Mutter bei einem Besuch im Juni 1935 gestorben war. 3 *Taufe:* von Konrad, dem am 23. 9. 41 geborenen zweiten Sohn M.'s.

Berlin, den 10. 12. 41

... Gereist bin ich gut. Bis Sagan etwa habe ich Reichsgerichtsentscheidungen gelesen und von da an Vanity Fair.[1] Damit war ich köstlich beschäftigt. Weisst Du es wimmelt darin von herrlichen Aussprüchen. So ist etwa der Begriff ,,mature spinster" doch zu schön. In Berlin hatten wir 1 ½ Stunde Verspätung, was meine Programme ganz durcheinanderwarf. Frl. B. war mit Taxi am Zoo, ich fuhr gleich ins Amt wo ich eine Stunde telephonierte um dann zum Abteilungschef zu fahren, der krank im Lazarett liegt und mich über die Kriegsgefangenensache sprechen wollte.

Durch die Telephone stellte ich zunächst fest, daß das von mir für Sonnabend arrangierte Zusammentreffen von Steltzer und Rösch ein Erfolg gewesen war. Sie sollten unter Beistand von Yorck und Guttenberg mit den beiden die Pfingsttage in Kreisau vorbereiten. Das geht also in Ordnung. Am 10. 1. treffen wir uns wieder. Ausserdem waren Steltzer und ich für ½ 5 zu Preysing befohlen und das musste ich bis ½ 6 abschieben, weil ich vorher zu Bürkner musste. Um ½ 6 waren wir dann bei P. Doch leider ging es zwischen P & St. nicht so gut wie ich gedacht hatte. Beide hatten wohl angeregt durch meine Beschreibungen mehr von einander erwartet als sie in einer ersten Unterhaltung finden konnten. Um 9 kam der Bruder von Erich Kaufmann[2] zu mir, der mich bitten wollte mit Hans Adolf zu sprechen, damit dieser für Erich K. interveniere, dem jetzt auf Grund einer neuen Verordnung[3] Staatsbürgerschaft und Pension entzogen worden ist.

Dann begann das Hauptthema des Dienstag, nämlich die Frage, ob und wie man eine deutsche Kriegserklärung an U.S.A. verhindern könnte. Diese Sache bot m. E. eine ganz einzigartige Gelegenheit, unter Änderung der Besatzung zu einem Kompromiss mit den Angelsachsen zu gelangen, indem wir die Japaner ihrem Schicksal überliessen und dadurch den Angelsachsen die Hand zu einem Kompromiss boten. Leider haben all die Leute, die eigentlich automatisch in dieser Frage hätten funktionieren müssen, nicht funktioniert und als ich mich in die Sache mischte, war es schon zu spät. Heute wird die Kriegserklärung verkündet.[4]

Am Dienstag um 8 besuchte ich Hans Adolf in der Sache Kaufmann und er war sehr nett und befriedigend, was für mich eine angenehme Überraschung war. Ich sagte ihm von vorneherein, die Angelegenheit sei aussichtslos, aber ich sei der Meinung, daß das kein Grund zur Untätigkeit sein dürfte und er stimmte mir zu und war sogleich bereit, den Bruder Kaufmann zu sehen, der immerhin ein Volljude ist, wenn auch ohne Stern,[5] weil er mit einer arischen Frau Kinder hat. Weisst du, K. hat sehr viel für die Deutschen in Polen in den Jahren bis 33 erreicht und hat da mit H. A. viel zusammengearbeitet, als dieser Leiter der Ostabteilung war.

Gestern war dann ein toller Tag. Um 10 hatte ich eine Besprechung im Wirtschaftsministerium, um 12 eine lange Besprechung im Kammergericht, beides in brennend eiligen Sachen, die ich nicht verschieben konnte, um ½ 6 hatte ich eine gleichfalls eilige Besprechung mit Mutter Dippe und Dörnberg[6] und um ½ 7 eine gleichfalls eilige mit Herrn Steinke, einem Mandanten. Schliesslich kam um ½ 8 Steltzer. In dieses schon reichlich gedrängte Programm musste der Versuch, die Kriegserklärung zu bremsen noch hineingezwängt werden. So war also der Tag wirklich lückenlos bis auf das 30 Minuten währende Essen in der Derfflingerstr. wo ich den kurzen Gruss an den Pim schrieb.

Heute ist es ähnlich. Aus dem Versagen des Apparates in der Frage der Kriegserklärung will ich nun versuchen Konsequenzen zu ziehen und andere Verbindungsdrähte zu spannen. Damit wird jetzt und in den nächsten Tagen viel Zeit vergehen.

Heute um ½ 2 essen Haushofer und Yorck bei mir, um 3 sind Yorck & ich bei Haeften, am Nachmittag kommt Einsiedel und am Abend Guttenberg mit einem österreichischen Mann.

Mein Lieber, wie mag es Dir gehen? Ob Ihr offenes Wetter habt und pflanzen könnt? Was mag die Milch machen und was die Schafe? Immerzu sind meine Gedanken zu Hause, wenn ich nicht gerade in Tätigkeit bin, denn nur da sind meine Würzelchen.

1 *Vanity Fair:* William Makepeace Thackeray, Vanity Fair, 1848. 2 *Erich Kaufmann:* berühmter Jurist; geboren 1880; er emigrierte nach Holland. Nach dem Krieg Professor für öffentliches Recht und Rechtsberater des Bundeskanzlers und des Auswärtigen Amts; 1959–63 Kanzler des Ordens Pour le Mérite für Wissenschaft und Kunst. 3 *Verordnung:* s. 8. 11. 41, Anm. 3. 4 *verkündet:* Nach dem japanischen Angriff auf Pearl Harbor, dem Hauptstützpunkt der amerikanischen Pazifik-Flotte auf Hawai am 7. 12., erwähnte Roosevelt in seiner kurzen Rede am 8. 12. zum Kriegszustand mit Japan Deutschland nicht. Am 11. 12. erklärte Deutschland den Vereinigten Staaten den Krieg. (ADAP, D, Bd. 13, Nr. 572 und 577) 5 *ohne Stern:* Die Polizeiverordnung über die Kennzeichnung von Juden war seit dem 1. 9. 41 in Kraft (RGBl 1941, I, S. 547) 6 *Dörnberg:* der Chef des Protokolls beim Auswärtigen Amt, Dr. Freiherr von Dörnberg.

Berlin, den 11. 12. 41

... Die Briefe von Schmidt-Rottluff[1] und C. V. schicke ich zurück. C. V.'s[2] ist ein solcher wirrer Unsinn, daß man sich wundert, wie ein an sich intelligenter Mann in einen solchen Zustand der Geistesverwirrung geraten kann. Es ist ein Zeichen seiner Bequemlichkeit: da er sein Schicksal so nimmt, wie es kommt, malt er sich ein Bild der Welt, in das dieses Schicksal hineinpasst. In diesem Bild ist aber alles verquer. Die Überschätzung der Materie und der Macht, die Überbewertung des Krieges im Verhältnis zu allen anderen Faktoren der Politik, die Missachtung des Individuums, die Unkenntnis der ersten Grundlagen aller europäischen Kultur, daß nämlich jeder Mensch ein selbständiger Schöpfungsgedanke Gottes ist, dieser Rückschritt in das Alte Testament und in asiatische Vorstellungen. – Nun, die kommende Zeit wird seine Vorstellungen wohl wandeln.

Der Krieg macht einen sehr üblen Eindruck. Die Russen haben Tischwin und Jalu zurückerobert und greifen an der ganzen Front an. Wir gehen praktisch an der ganzen Front zurück und ich kann mich des Eindrucks nicht erwehren, daß wir weiter zurückgehen werden, weil unsere Truppen nicht mehr können und nicht mehr wollen. Es hat sie m. E. die Panik des Abgeschnittenseins erfasst, weil man sie nicht hat rechtzeitig haltmachen und sich einrichten lassen. – In Afrika sieht es so aus, als würden die Engländer allmählich aber sicher unsere Kräfte aufreiben und es ist eigentlich nur noch von Interesse, ob es gelingt Tripolitanien zu halten. Das wird sich wohl bis Weihnachten entscheiden. – In Ostasien beziehen die Angelsachsen zunächst ein Mal schwere Schläge;[3] das wird sicher noch einige Zeit andauern. Halten sie aber Singapore[4] & Hawai so wird sich ihr industrielles Übergewicht allmählich bemerkbar machen. Eine Entlastung wird es für uns wahrscheinlich in der Luft bedeuten, sodaß wir vielleicht aus diesem Kriege herauskommen, ohne ganz schwere Luftangriffe erlebt zu haben. Zur See sehe ich keine erhebliche Entlastung, denn die Engländer werden aus dem Mittelmeer schwere Einheiten wohl erst dann abziehen, wenn sie die Nordküste Afrika's haben und daher die schweren Einheiten nicht mehr in dem gleichen Masse benötigen.

Gestern mittag das Essen mit Yorck & Haushofer war nett und vielleicht auch nützlich. Anschliessend waren wir noch zusammen bei Haeften und um 5 war ich im Büro, wo ich bis ziemlich spät abends gearbeitet habe. Heute mittag esse ich bei Edith,[5] nachmittags kommt Trott, der am Abend nach der Schweiz fährt und abends will ich wieder arbeiten.

1 *Schmidt-Rottluff:* Karl Schmidt-Rottluff (1884–1976), Maler und Graphiker, gehörte 1905–13 zur „Brücke", nach 1933 zu den verfemten und mit Malverbot belegten Künstlern. 638 seiner Bilder wurden aus deutschen Museen entfernt. Nun sollte er Kreisau, dessen Verlust vorauszusehen war, im voraus zur Erinnerung malen. 2 *C. V.'s:* vgl. 6. 11. 41. 3 *Schläge:* darunter der Verlust der Schlachtschiffe Repulse und Prince of Wales am 10. 12. 4 *Singapore:* Singapur fiel Mitte Februar 1942. 5 *Edith:* Edith Henssel, s. 16. 6. 40, Anm. 2.

Berlin, den 12. 12. 41

Wieder ein warmer Tag und damit die Hoffnung, daß Ihr pflanzen könnt. Der Spielplatz wird ja inzwischen bepflanzt sein. Gestern jagten sich die Besprechungen und der Ruhepunkt war ein Essen bei Edith, wo es nett und angenehm war. Ich ging um ½ 9 zu Bett weil ich dachte, daß ich noch jede Minute Schlaf ausnutzen sollte, aber um ½ 2 erschien Yorck, schlief nachher in Carl's Bett. Ich konnte leider nicht einschlafen, nahm daher um 3 ein Pillchen und pümpelte dann ganz schön. Heute habe ich den ganzen Morgen friedlich gearbeitet und aufgeräumt. Sonst ist von mir nichts zu berichten.

Die Tage eilen dahin. In 12 Tagen ist Weihnachtsabend und ich bin gespannt, wie dann alles aussehen wird. Aus Russland kommen ständig schlechte Nachrichten. Nicht nur, daß wir an der ganzen Front zurückgehen, sondern daß auch Auflösungserscheinungen bei der Truppe zu bemerken sind, die sehr Übles versprechen. So wird berichet, daß nördlich Moskaus Panzereinheiten ihre Kampfwagen in die Luft gesprengt und sich selbst zu Rad nach Hause, oder vielmehr auf den Heimweg begeben hätten. Die ganze Ostfront kann nach wenigen Tagen ein sehr überraschendes Bild bieten.

Berlin, den 13. Dezember 1941

Gestern früh habe ich zunächst in Ruhe im Amt gearbeitet, um 12 rief Yorck an, mit dem ich bis 1 etwas zu besprechen hatte, dann kam noch eine andere Besprechung und um 2 war ich glücklich beim Essen mit Carl in der Derfflingerstr.; er hatte gerade mit Kreisau telephoniert und dazu kam ich ja leider zu spät. Um 3 war ich bei Guttenberg, um 4 bei Peter, um 5 im Büro. Dort folgte eine Besprechung der anderen bis ich um ½ 8 zu Trothas fuhr. Dort haben wir uns nett wenn auch nicht friedlich unterhalten. Leider ging in den 2 Stunden, die ich dort war das Telephon, glaube ich, 5 × für längere Gespräche und so war auch das nicht ruhig. Aber schliesslich erreichte ich um 12 in Nikolassee mein Bett, wo ich totmüde sofort einschlief. Der heutige Tage verspricht ebenso zu werden.

Jetzt warte ich im A.A. auf einen Mann, der in einer Besprechung ist und da dies wohl der einzige Augenblick am Tage sein wird, der friedlich sein kann, will ich ihn rasch nutzen. Aber von meinem Leben ist im Augenblick ausser regelrechter Hetze und dem Versuch, dabei ruhige Gedanken zu fassen, nicht viel zu berichten. Mittags esse ich in der Hortensienstr.[1]

Wie mag alles in Kreisau gehen, jetzt wo offenes Wetter ist? Was mag das Pflanzen und das Ackern machen? Wie gerne wäre ich zu Hause und wie unangenehm ist die Stadt. Ich habe sie satt.

1 *Hortensienstr.:* bei Yorcks.

Berlin, [Sonntag] den 14. 12. 41

Draussen regnet es; es ist warm und unangenehm. So schön der Regen im Frühjahr ist, so wenig schätze ich den Novemberregen. Und den gerade haben wir heute, obwohl es Mitte Dezember ist. Es ist so Wetter wie es am Totensonntag sein muss.

Gestern war ein rasend mühsamer Tag. Nach einem recht bewegten Vormittag fuhr ich mit Guttenberg zu Yorck zum Essen. Dann begann ein heftiger Kampf um die Bedeutung der Monarchie[1] *a.* als Ziel und *b.* als Sofortmassnahme, sobald es möglich sein würde. Um 6 ging G. weg um später zurückzukommen. Y. & ich waren ganz erschöpft, legten uns ein Viertelstündchen hin und hatten dann andere Geschäfte zu erörtern. Nach dem Abendbrot kam Haeften und um 9 wieder Guttenberg. Das ging bis kurz vor 12 und um ½ 1 war ich zu Hause. Wir hatten glücklicherweise schliesslich erreicht was wir wollten, aber es war sehr mühsam. ...

1 *Monarchie:* vgl. Hassells Tagebucheintragung vom 21. 12. 41, in der ,,zahlreiche Besprechungen über Grundfragen eines Systemwechsels" während der letzten Wochen erwähnt werden, darunter auch die Frage der Monarchie, wobei weder der Kronprinz noch dessen Sohn Louis Ferdinand so recht einleuchteten. Hassell erwähnt einen Vorschlag Trotts, der ,,leidenschaftlich dafür focht, nach innen und außen jeden Anstrich von ,Reaktion', ,Herrenclub', ,Militarismus' zu vermeiden", Martin Niemöller zum Reichskanzler zu machen, ,,als stärksten international bekannten Exponenten des Anti-Hitlerismus einerseits, als volkstümliche und bei den Angelsachsen Echo findende Reform andererseits".

Berlin, den 15. 12. 41[1]

... Die vollen Tage werden jetzt nicht abreissen. Morgens war eine ganze Menge zu tun, um 12 kam Waetjen, um 1.30 assen Yorck & Leuschner[2] bei mir, der zweite der frühere Vorsitzende des Allgemeinen Deutschen Gewerkschaftsbundes, mit denen sprach ich bis 4, dann hatte ich mit Yorck noch einiges zu erörtern. Um 5 hatte ich Besprechungen im Büro, jetzt ist es 7 und Einsiedel kommt, anschliessend muss ich noch einen Vertrag entwerfen. Morgen ist um 10 eine Besprechung, um ½ 2 will ich mit Reichwein essen, abends bin ich bei Peters zusammen mit Harnack;[3] der ist Dir wohl von früher noch ein Begriff.

Es ist warm und regnerisch. Aber es ist doch so leidliches Wetter, daß es eigentlich möglich sein müsste, auf dem Felde zu arbeiten. – Da kommt Einsiedel.

1 *15. 12. 41:* irrtümlich 15. 12. 21 datiert. 2 *Leuschner:* Wilhelm Leuschner (1888[1890?]–1944), Holzschnitzer, Gewerkschaftsführer, Sozialdemokrat. 1928–33 hessischer Innenminister, mit Mierendorff als Pressechef von 1928–30; Januar 1933 stellvertretender Vorsitzender des Allgemeinen Deutschen Gewerkschaftsbundes; mehrmals im KZ, zeitweilig mit Mierendorff; Aufbau einer Buntmetallfabrik, die ihm einen gewissen Schutz gewährte und Bewegungsfreiheit gab; über längere Zeit Kontakt mit Goerdeler und anderen Regimegegnern außerhalb des sozialistischen Lagers; Befürworter einer Einheitsgewerkschaft; Verurteilung durch den Volksgerichtshof 8. 9. 44, Hinrichtung 29. 9. 44. 3 *Harnack:* Ernst von Harnack (1888–1945), Sohn des Kirchenhistorikers Adolf von Harnack; Sozialdemokrat, ehemaliger Regierungspräsident von Merseburg; schlug sich dann mit verschiedenen Tätigkeiten durch und spann oppositionelle Verbindungen, z. B. mit Beck, Goerdeler, Leber und Mierendorff; Anfang 1945 vom Volksgerichtshof zum Tode verurteilt und hingerichtet.

Berlin, den 16. 12. 41

... Meine Bemerkung der Befriedigung darüber, daß das Nähren dem Ende zugeht, beruht auf meinen Befürchtungen zur allgemeinen Lage. Mir scheint, daß es erwünscht sein kann, daß Du in nicht gar zu langer Zeit Deine Beweglichkeit wiedererlangst und daher bin ich für Beendigung der Atzung.

Draussen wird es immer wärmer und das ist ja doch angenehm. Von Kälte und Regen werden wir noch genug bekommen. Ist erst ein Mal Weihnachten vorüber, dann kann man die Unbilden besser ertragen, weil wenigstens die Tage länger werden.

Heute um 10 ist bei mir grosser Kriegsrat mit Y., Guttenberg & Haeften. Um 12 muss ich ins Kammergericht um 1.30 kommt Mierendorff. – Jeder Tag ist gedrängt voll und es ist mir immer wie ein Wunder, wenn man heil durchgekommen ist und nicht gar zu viel hat liegenlassen müssen.

Die Erkältung scheint überwunden. – Die allgemeine Lage verschlechtert sich von Tag zu Tag.

Briefe 1942

Berlin, den 5. 1. 42[1]

Die schönen Tage sind vorüber, die Brief-Zeit beginnt von neuem. Es war lieb und schön bei Ihnen, wie immer, mein Herz. Wie lange mögen uns wohl friedliche Intervalle noch gegönnt sein.

Der Abend mit Hans war nett. Die Reise war bequem. In Breslau hatten wir 30 Minuten Verspätung, in Berlin waren wir pünktlich. Carl war krank gewesen und noch stark mitgenommen.

Serpuchoff[2] droht stark. Die Lage ist an der ganzen Front schlecht weil wir nicht nur dezimiert und erschöpft sind, sondern insbesondere durch Fahrzeug- und Benzin-Mangel immobilisiert. Am bedrohlichsten ist die Lage in der Krim, wo die Russen, in Feodosia und Yalta gelandet, über Simferopol nach Perekop vorzustossen scheinen, von wo sie unsere ganze Südfront, deren Rücknahme A. H. verboten hat, einfach aufrollen können.

Morgen, mein Lieber, schreibe ich richtig. Heute bin ich im Druck.

1 *5. 1. 42:* irrtümlich 5. 12. 41 datiert. 2 *Serpuchoff:* der imaginäre russische Besatzer Kreisaus nach der deutschen Niederlage.

Berlin, den 6. 1. 42

Wie befriedigend und schön war es doch bei Ihnen. Wie angenehm sind diese friedlichen Pausen. Jetzt befinde ich mich wieder in jener Weltuntergangsatmosphäre, die voller Voraussicht des nun drohenden Übels doch kein Mittel sieht, es zu wenden. Es stehen uns unvorstellbar schreckliche Monate bevor. Die militärische Lage kann m. E. nur noch durch ein Wunder wiederhergestellt werden. A. H. hat befohlen, daß keine Rückzugsbewegungen[1] ausgeführt werden dürfen und die Folge ist, daß wir es den Russen ermöglichen, unsere Front allmählich zu zertrümmern ohne daß sie dadurch, daß wir uns zurückziehen, Nachschubschwierigkeiten bekommen. Die Folge wird sein, daß die Russen zwar keine wesentlichen territorialen Fortschritte machen aber unser Ostheer einfach an Ort und Stelle vernichten werden. Und die Soldaten sehen das immer noch nicht. Sie sind eben keine Feldherrn sondern Techniker, Militärtechniker und das Ganze ist ein gigantisches Verbrechen.

Gestern mittag ass ich mit Üx & Connie Üxküll. Es war sehr komisch. Abends habe ich bis 8 gearbeitet, dann ging ich ins Bett und schlief herrlich. Der Hals ist wieder in Ordnung nur fühle ich mich im allgemeinen etwas mitgenommen. Heute mittag ass ich mit Peters. Seine Frau muss aus der Anstalt, in der sie war, raus, weil diese für die Wehrmacht benötigt wird und es wird sicher sehr schwer werden, eine einigermassen anständige andere Unterbringung zu finden. Morgen mittag isst Gablentz bei mir und abends fahre ich zu Sarres. ...

1 *Rückzugsbewegungen:* Hitlers Befehl erging am 26. 12. 41.

Berlin, den 7. Januar 1942

... Gestern mittag habe ich ein friedliches Essen mit Peters gehabt, abends sah ich kurz Kessel und dann habe ich von 8 bis 12 bei Friedrich[1] gesessen. Ein sehr fruchtbarer und erfreulicher Abend. Ich bin immer wieder überrascht wie gut der Mann ist und hoffe sehr, daß er Dir gefallen wird, wenn Du nach Berlin kommst. ...

Ja Serpuchoff. Friedrich ist der Meinung nach seinen Informationen, daß die Begrüßung S's im Berghaus reiner Selbstmord wäre ohne daß man dadurch irgendjemandem nutzte. Seine Mitteilungen haben mich stark beeindruckt und ich neige heute eigentlich der Auffassung zu, man sollte sich über Radermachers,[2] Poldi Feigl in die Nähe von Nora Bergen[3] begeben, weil dort wohl Serpuchoff's Freunde[4] aber nicht er selbst erscheinen werden. ...

1 *Friedrich:* Diesen Namen benutzt er von nun an für Mierendorff. 2 *Radermachers:* Freunde in Wien. 3 *Nora Bergen:* Nora von Bergen, Schneiderin, die nach Italien gezogen war. 4 *Freunde:* die westlichen Alliierten.

Berlin, den 8. 1. 42

... Heute morgen, als ich in Nikolassee aus dem Keller auftauchte, bot die Welt einen märchenhaften Anblick. Es war wohl kurz vor Sonnenaufgang und teils dadurch, teils durch den noch scheinenden Mond erleuchtet aber nicht ganz hell. Alles sah etwas grösser und prächtiger aus, weil man es eben nicht ganz genau sehen konnte. Dabei war der Himmel ganz klar und tiefblau von der Kälte. In diesem Lichte standen nun die Kiefern und sonstigen Bäume, Linden und Birken hauptsächlich im Schmuck eines dicken Rauhreifs. Es sah also prächtig aus.

Gestern mittag ass ich mit Kessel, was ziemlich ärgerlich war, weil er durch seinen langen Aufenthalt in der Schweiz jede Verbindung mit der Wirklichkeit verloren hat und sich einfach Traumlandschaften aufbaut.

Die Erörterung vollzog sich in sehr freundschaftlichen Formen aber dabei in einer unüberbrückbaren Distanz.

Abends fuhr ich mit Waetjen raus; es war sehr nett wie immer; der Weihnachtsbaum stand noch; es ist eine Blautanne mit einigen Kerzen, vielleicht 10 schönen Äpfeln, einem Stern oben und einem Kometenschweif von der Spitze zu der Krippe, die in einer Baumlücke unten am Fuss steht. Die Krippe ist besetzt mit lauter italienischen Figuren aus dem 18. Jahrhundert, etwa 15, vielleicht 20 cm. hoch, alle holzgeschnitzt. Vorgestern waren die heiligen 3 Könige nach vorn gekommen, Caspar kniete in roter Schärpe an der Krippe, die anderen standen etwas weiter ab. Links wimmelte es von redlichen Hirten, die zum Teil wunderbar geschnitzte Gesichter hatten und über dieser Szene schwebten an kleinen Fäden die himmlischen Heerscharen, etwa 20 oder mehr Engel in verschiedenen Grössen, vielleicht 15 cm. bis 5 oder 3 cm. Im Grunde finde ich unseren Baum schöner, aber es interessiert mich immer so etwas bei anderen zu sehen.

So, mein Lieber, ich muss jetzt davoneilen.

Berlin, 9. 1. 42

... Gestern mittag das Essen mit Gablentz war sehr nett. Die früher schwierigen Beziehungen haben sich ganz gelöst und heute zieht er ganz voll mit. Es ist aber immer wieder erstaunlich, wie lange es dauert, bis man gute Leute gewinnt. Auch Dr. Friedrich ist so ein Fall. Nach monatelanger Vorbereitung geht es jetzt plötzlich nicht nur gut, sondern offenbar so, daß er von sich aus das Bedürfnis fühlt, seine Gedanken und Pläne mit mir zu erörtern. Gestern hatte ich schliesslich noch einen erfreulichen Tee bei Preysing, bei dem ich 2 ½ Stunden lang war. Der wird Dir auch gefallen. So ist menschlich vieles erfreulich, nur ist kaum noch zu sehen, wie man daraus praktisch noch wird Kapital schlagen können.

Gestern las ich die Times und da war unter Todesanzeigen „on active service" Frisby. Aber es war glücklicherweise ein anderer.

Sonst, mein Lieber, ist nichts Neues zu berichten.

Berlin, den 10. 1. 42

... Gestern mittag hatte ich eine sehr befriedigende Unterhaltung mit Haeften. Nachdem es monatelang garnicht gegangen war, ist jetzt alles bestens und wir sind zu dem Zustand vorgedrungen, wo wir uns schnell verständigen können. Abends war ich mit Üx und einigen anderen Leuten bei Schneider, einem Stahlgrossindustriellen, bei dem wir gut zu essen bekamen und der herrliches Silber und Porzellan hat. Wir assen von einem wunderschönen Meissner aus dem 18. Jahrhundert und die Tafeldekoration war gleichfalls aus Meissner jener Zeit. Ich war früher ein Mal bei Schneider mit Hans Adolf. Von meinem Standpunkt war es ein überflüssiger Abend, aber es war wieder ein Mal lehrreich zu sehen, wievielen Leuten noch immer nicht die Augen aufgegangen sind über die wahren Ursachen und die immer noch nicht die Fehler bei sich suchen sondern bei anderen. „Die Engländer sind an allem schuld." „Wir haben dies oder jenes ja nicht gewollt." Üx und ich waren ganz entschiedene Bundesgenossen, um diesen Leuten klarzumachen, daß sie bei der Einstellung genau das verdienen, was sie bekommen.

Der Krieg geht täglich schlechter. Vielleicht geschieht noch ein Wunder, aber das muss jetzt bald sein.

Berlin, [Sonntag] den 11. Januar 1942

Ich kann mich garnicht mehr von dem Gedanken trennen: wie wird dem deutschen Volk gesagt werden, was jetzt geschieht und was in den nächsten Wochen geschehen wird, und wie werden die Menschen darauf reagieren? Wenn nicht ein Wunder geschieht, dann werden selbst meine seit Kriegsbeginn geäusserten Kassandra-Rufe von der Wirklichkeit noch weit in den Schatten gestellt werden. Wird dann noch irgendein Mann imstande sein, das Chaos zu meistern? Wird jeder Einzelne seine Schuld erkennen? Wird Ostdeutschland, sprich Preussen, dann plötzlich missioniert und christianisiert werden? Oder wird alles im Strudel des heidnischen Materialismus verschwinden? Zum Besseren oder Schlimmeren ist jedenfalls mit der Schlacht, die in den Weihnachtstagen begann, eine neue Zeit angebrochen, eine Zeit, die eine grössere Wende bedeutet als die Kannonade von Valmy.[1] Vielleicht ist das das endgültige Ende des Heiligen Römischen Reiches, vielleicht seine Wiederauferstehung.

Das Essen gestern mit Steltzer, Guttenberg & Yorck gestern [!] war sehr befriedigend. St. war am Anfang etwas erschöpft, kam dann in Fahrt und es ging sehr gut. Steltzer ist nach Frankfurt a. M. abgefahren, kommt am Mittwoch wieder, und am Donnerstag abend soll es weitergehen. Diese Pläne sind so ein angenehmer, das Gemüt stabilisierender Faktor, daß sie schon deswegen fruchtbar sind; denn wenn man daraus auftaucht und sich dann vorstellt, daß wir uns einbilden Pfingsten noch in Kreisau zu erleben, so reibt man sich die Augen. Am Abend habe ich dann mit St. alleine gegessen, der um 9 nach Frankfurt abfuhr.

Heute will ich, wenn es mir vergönnt ist, allein und friedlich in der Derfflingerstr. verbringen. Ich muss Timesse lesen, will einiges ordnen und etwas arbeiten. Ich will aber im ganzen wenig tun. Ach wie gerne wäre ich jetzt zu Hause und ginge mit dem Pim zu den Schafen.

1 *Valmy:* Die berühmte Kanonade von Valmy am 20. September 1792 war der erste entscheidende Triumph der französischen Revolutionsheere.

Berlin, den 12. 1. 42

Du hast ja eine reizende Woche vor Dir. Hoffentlich wird das alles nicht zu anstrengend für Dich. Schone Dich bitte; bleibe lieber ein Mal einen halben Tag im Bett. Das Jahr wird genug Mühe bringen und Du darfst Dich nicht bereits im ersten Monat erschöpfen.

Hier ist es kalt und klar: −9° und wolkenlos; von Schnee keine Spur. Es macht eigentlich den Eindruck, als würde es jetzt täglich kälter werden, bis tiefer Winter ist. Mein Gott, wie wird der uns interessierende Teil der Welt aussehen, wenn es wieder auftaut! Neben diesem Gedanken hat augenblicklich in meiner Phantasie und in meinem Kopf einfach nichts Platz.

Mit dem Frieden gestern war es schliesslich doch nichts. Um 2 erschien Friedrich mit neuen Nachrichten & Plänen. Als wir das Gebiet beackert hatten, war es 5; dann ging ich zu Guttenberg & um ½ 8 war ich mit Haeften bei Peter. Als wir fertig waren war es ½ 11 und um ½ 12 war ich erst im Bett, um zu schlafen wie ein Schweizer Käse, mit lauter Löchern.

Diese Woche hat ein Riesenprogramm: heute mittags Reichwein, abends Einsiedel, morgen Kadgien & Gramsch zu Mittag & bei Mangoldt irgendein Mann zu Abend, Mittwoch mittags Trott, abends wohl Ulla oder Tanten, Donnerstag mittag Hans Adolf, nachmittags mit Steltzer bei Preysing, abends Steltzer, Rösch, Gablentz, Yorck, Freitag mittag Yorck, Haeften, Guttenberg, Schulenburg bei mir, abends Friedrich und Genossen. Dazwischen werden noch eine ganze Reihe von Einzelbesprechungen eingebaut werden müssen und im Büro ist auch einiges zu tun. So werde ich also auch stark mitgenommen sein, wenn mein Pim erscheint.

Zu berichten ist eigentlich garnichts, mein Lieber. Die Oberfläche ist noch ruhig: es gibt noch 3 Mahlzeiten am Tag und alle „conveniences" als ob die Welt noch stünde; unheimlich kommt es mir jeden Morgen vor. Auf Wiedersehen, mein Lieber, lassen Sie es sich wohl ergehen, pflegen Sie sich während der kurzen Zeit, während derer Sie sich noch pflegen können.

Berlin, den 13. 1. 42

... Yorck's Bruder Bia[1] ist verwundet: in der Achselhöhle hinein und am Rücken raus. Die Verwundung an sich ist harmlos, zumal er unmittelbar vom Feldverbandplatz weg mit Kluge im Flugzeug bis Ostpreussen kam und dort bei Dönhoffs[2] landete. Dort hat er aber jetzt einen Nervenzusammenbruch mit hohem Fieber erlitten, sodaß Peter heute hingefahren ist. Da er ihn sozusagen schon abgeschrieben hatte, da er an der allerschlimmsten Stelle war, bedeutet das im ganzen eine Erleichterung. Es ist nur sehr unangenehm, daß Peter gerade jetzt ausfällt.

Gestern mittag ass ich mit Reichwein, der durch mehrere Reisen mitgenommen war, aber immerhin ganz wacker etwas wenigstens getan hatte. Als ich ihm von Asta's Verlobung[3] berichtete sagte er nur „Na also, der Boss hat sich einen Gemahl erkiest!" Abends war Einsiedel da, mit allerhand guten Einfällen.

Heute mittag kommen Kadgien & Gramsch & wir essen die mitgebrachte Ente. Ich bin sehr gespannt auf das Essen, da nämlich beide sichtlich stark das Bedürfnis hatten mich zu sehen.

1 *Bia:* Paul Graf Yorck von Wartenburg (geb. 1902), Gutsherr auf Klein-Oels. 2 *Dönhoffs:* Die Dönhoffschen Besitze waren vor allem Quittainen und Friedrichstein, für die die gelernte Volkswirtschaftlerin und spätere Journalistin und Herausgeberin der Wochenschrift ‚Die Zeit' Marion Dönhoff sorgte. Sie war mit Yorcks befreundet. S. Marion Gräfin Dönhoff, Den Freunden zum Gedächtnis, Hamburg 1946; sowie: Namen die keiner mehr nennt: Ostpreußen – Menschen und Geschichte, Düsseldorf 1962; und: Menschen, die wissen, worum es geht, Hamburg 1976, S. 21 f. 3 *Verlobung:* Asta hatte sich mit Wend Wendland verlobt.

Berlin, den 14. 1. 42

Es ist −14°, also noch einen Grad kälter als gestern; dazu zur Erheiterung etwas Ostwind. – Gestern das Essen mit Gramsch und Kadgien war nett, wie immer, aber inhaltlich doch sehr überraschend, indem die beiden sich anscheinend damit abgefunden haben, daß eine Herrschaft Heydrich[1] bevorsteht und auf dieser Beurteilung weiter bauten. An Einzelheiten ist erwähnenswert, daß sie den Arbeitsausfall durch die zur Deckung der Ostverluste erfolgten Einziehungen durch Zwangsarbeit von Frauen ausgleichen wollen und daß die Gänse für das neue Jahr ganz verboten werden. Enten und Hühner bleiben wahrscheinlich für den Eigenbedarf erlaubt. ...

1 *Herrschaft Heydrich:* SS-Obergruppenführer und General der Polizei Reinhard Heydrich (1904–1942), Chef der Sicherheitspolizei und des SD, seit Herbst 1941 auch Stellvertretender Reichsprotektor in Böhmen und Mähren. – Abgesehen

von der allgemeinen Radikalisierung durch die Entwicklung des SS-Staats und Görings Machtverfall handelte es sich in wirtschaftlicher Hinsicht um das Wachstum des SS-Wirtschaftsimperiums, besonders im Osten. Zudem stand die ,,Endlösung der Judenfrage" jetzt bevor (vgl. 26. 8. 41, Anm. 1). Eine vom Dezember aufgeschobene Sitzung fand am 20. 1. 42 unter Heydrichs Vorsitz in einem Haus am Wannsee statt, bei der die beteiligten Ministerien vertreten waren, Ziel die ,,Parallelisierung der Linienführung". Abgesehen von den über 65jährigen und den mit dem E.K. I ausgezeichneten Juden, die in ein Altersghetto kommen sollten, sollten die Juden des deutschen Machtbereichs durch Arbeit im Osten vernichtet, der Restbestand ,,entsprechend behandelt" werden. Das war kaum im Sinne des Vierjahresplans. Staatssekretär Neumann wandte ein, ,,daß die in kriegswichtigen Betrieben im Einsatz stehenden Juden derzeit, solange noch kein Ersatz zur Verfügung" stehe, dort bleiben müßten. Heydrich konzedierte, daß diese derzeit ohnedies nicht evakuiert würden. Offensichtlich war das nur ein Aufschub – erklärlich durch die Schwierigkeit, Millionen in den Osten zu schikken. Text: ADAP, E, Bd. 1, Nr. 150.

Berlin, den 15. 1. 42

... Gestern mittag war Trott da; stark mitgenommen von den Verhältnissen und etwas flügellahm. Nachmittags war ich im Büro und abends bei Ulla. Ulla war ganz munter und zufrieden...

Zu berichten gibt es sonst nichts. Der Krieg geht schlecht, wenn auch etwas weniger markiert als vor einer Woche; aber am beunruhigendsten ist die innere Lage. – Auf Wiedersehen, mein Lieber, hoffentlich bald.

Berlin, den 16. 1. 42

... Gestern hatten wir eine m. E. sehr befriedigende vorbereitende Aussprache für Pfingsten. Yorck war leider noch nicht zurück und Rösch noch nicht da, aber Steltzer, Gablentz, Guttenberg & ich sind, glaube ich, doch ein erhebliches Stück weitergekommen. Es dauerte bis 12, aber ich habe nachher bis 6 gut geschlafen und so fühle ich mich trotzdem ausgeruht.

Mittags hatte ich ein denkwürdiges Essen mit Hans Adolf. Endlich liegt er 100% auf unserer Linie; jetzt sogar 110%. Aber als ich ihm vorhielt, daß sich doch nichts geändert hatte, wehrte er sich energisch. Es war mir eine Erleichterung, denn immerhin besser zu spät als garnicht. Seine Beurteilung der militärischen Lage ist aber noch schwärzer als meine, aber diese Nuance kommt aus den 10% Überschuss, die jetzt wegen früheren Fehlgewichts nachgeliefert werden. ...

[Berlin] 20. 1. 42

Es war sehr lieb, daß Du da warst und, ich glaube, es war auch richtig. Jetzt lässt sich allerhand noch in einem Normalablauf unterbringen, was in 14 Tagen oder 3 Wochen nach hastiger Bewegung aussehen würde. Bei den Briefen von Daddy kannst Du ja, falls das nötig ist, fallen lassen, daß sie zum Ordnen weg kämen. ...

Die Nachforschungen nach C. B.[1] haben noch nichts ergeben. Es scheint aber so als gäben die Engländer alle Namen funktelegraphisch bekannt; jedenfalls hatte die eine militärische Stelle schon Namen von am 30. 12. Gefallenen und von den Engländern Begrabenen bekommen. Die Hauptgefahr ist eigentlich, daß man ihn nicht gefunden hat und er irgendwo verdurstet ist. Diese Wartezeit ist schon grässlich. ...

1 *C. B.:* Der Bruder Carl Bernd blieb weiter vermißt. Als Datum seines Todes galt später der 30. 12. 41. S. auch 20. 3. 42.

Berlin, den 21. 1. 42

Der Ort Tatoi, wo C. B. war, liegt ein wenig oberhalb Athens. Du wirst ihn auf Andrees Atlas finden. Im übrigen fahnden jetzt *a.* Kessel beim Roten Kreuz in Genf, *b.* Abwehrbeauftragte in Portugal, *c.* die Schweiz als Schutzmacht in Kairo direkt nach C. B. Hoffentlich gelingt es auf diesen Wegen Nachricht zu erhalten.

Gestern war weiter nichts los. Nach der „Arbeit" im Amt habe ich bis 8 im Büro gewirkt, anschliessend habe ich kurz in der Derfflingerstr. gegessen und dann war ich noch bei Üx mit Connie. Es war sehr komisch, weil Üx immer so rasend komisch ist; auch ihm gegenüber ist Hans Adolf völlig geschwenkt, auch Peter Yorck gegenüber. Alle sind darüber genau so starr wie ich. ...

Es ist hier ganz gleichmässig kalt; so ständig um 13°; auch mittags erwärmt es sich nicht sehr. All die armen Leute ohne Heizung, von den Juden garnicht zu reden! Ich höre, daß jetzt die Ausbildung der Rekruten sehr häufig weit im Osten, also etwa an der alten Interessengrenze mit Russland durchgeführt wird, und daß es dort nicht nur eisig kalt, sondern auch unvorstellbar primitiv und unhygienisch sein soll. Luchter[1] soll also ausreichend warme Sachen gleich mitnehmen. – In der Luftwaffe ist ein Befehl erlassen, daß Offiziere, die zum Reichsmarschall befohlen werden, unter allen Umständen frei von Läusen sein müssen! Ein Zeichen der Zeit.

Ich habe mir überlegt, daß wir Caspar & Conrad doch je einen Umschlag mitgeben wollen, der geöffnet werden soll, falls wir umkommen oder unauffindbar sind, und der die Adressen der Leute enthält, an die die beiden sich halten können und die Namen derjenigen, die ihre Vormünder sein sollen, *a.* für den Fall, daß sie sich in Deutschland befinden, *b.* für den Fall, daß sie sich ausserhalb Deutschlands aufhalten. Willst Du, bitte, darüber nachdenken.

Eben kommt das Gespräch von Jowo. Sie kommen also 24. abends oder 25. früh und bleiben bis 27. abends. Asta habe ich ein Telegramm geschickt.

1 *Luchter:* s. 7. 3. 40, Anm. 1

Berlin, den 23. 1. 42

... Im Amt habe ich nur rasch die Nachrichten gelesen und dann musste ich zu Geschwätz mit Guttenberg & Kiep und zu einigen Besprechungen in das Tirpitzufer; von dort in die Bendlerstr. Und um 2 war ich zu Hause, um mit Herrn Deichmann zu essen.

Gleich nach dem Essen musste ich einen großen Tee der Genossen vorbereiten, zu dem 8 Mann um ½ 4 erschienen. Es gab Mohnstollen von Pim, Pfefferkuchen und kleine Honigkuchen mit Butter & Weissbrot, Schnaps & Zigarren. Diese Unterhaltungen zogen sich bis ¾ 7 hin. Um 7 war ich bereits im Venetia, wo ich mit einer etwas anderen Zusammensetzung: Guttenberg, Delbrück, 2 × Bonhoeffer (einer Syndikus der Lufthansa[1] und einer Pastor[2] der bekennenden Kirche). Diese Unterhaltungen, ziemlich über das gleiche Thema dauerten bis 1 Uhr nachts. So war jedes Minütchen ausgefüllt und mein Pimmes ist einfach zu kurz gekommen.

Heute esse ich mittags mit Borsig bei Yorcks. Wir wollen die Iden des März[3] vorbereiten. Ich bin gespannt ob wir einen ausreichenden Fortschritt erzielen werden. Nachmittags habe ich im Büro eine ganze Menge zu tun und um ½ 8 bin ich bei Reichwein. Auch das wird lange dauern. Für morgen habe ich mir den Mittag freigehalten, um wenigstens eine friedliche Stunde zu haben, um 5 kommt Friedrich, um 8 bin ich mit Schulenburg bei Yorck. Sonntag früh kommen Jowöchens zum Frühstück, fahren dann nach Nikolassee und kommen zum Essen wieder; abends setze ich sie alle raus, um früh ins Bett zu gehen.

Mein Lieber, hoffentlich kannst Du den dunklen Wolken einen rosigen Schein abgewinnen. Mein Liebster, jetzt musst Du Dich munter halten, das Schlimmste in Rechnung stellen, aber für das weniger Schlimme Dich einsetzen. Wenn wir die Nerven und die Kräfte behalten, dann werden wir schon durchkommen.

Hoffentlich bleibt Deine Kinderschar[4] gesund.

1 *Lufthansa:* Klaus Bonhoeffer (1901–1945); oppositionell tätig, Februar 1945 hingerichtet. 2 *Pastor:* Dietrich Bonhoeffer (1906–1945), schon lange unter Predigt-, Lehr- und Schreibverbot und nach Bayern verbannt; arbeitete dort für die Abwehr, arbeitete aber auch oppositionell mit seinem Schwager Dohnanyi und hielt die Verbindung ins ökumenische Ausland – s. 9. 4. 42, Anm. 1, und 15.–18. 4. 42, mit Anm. 3 und 7. Anfang April 1943 verhaftet, am 9. 4. 45 in Flossenbürg – mit Canaris und Oster – umgebracht. Der Satz blieb unvollständig. 3 *Iden des März:* eine Besprechung unter Freunden über Agrarpolitik nach dem Kriege, s. 15. 3. 42. 4 *Kinderschar:* Josefa, Maria und Thomas Deichmann, die Kinder von Hans und Dickie Deichmann, waren auch in Kreisau. Vgl. 2. 10. 42, Anm. 1 und 7. 10. 42, Anm. 1.

Berlin, den 24. 1. 42

Vielen Dank für den schönen Kalender. Du brauchst ihn aber und nicht ich, sodaß ich ihn wieder zurückschicke. Ich habe ja einen Taschenkalender von Frl. Horn bekommen. – Erst muss ich Dir eine tolle Anzeige aus Heft 41 der Hefte der Mathilde Ludendorff[1] „Deutsche Frau, artrein und blutsauber, mit perlendem Weibstum, geschlechtserschlossen und gebärfreudig sucht Weggenossen zum Werken an deutscher Zukunft." ...

Bei uns im Amt hat es einen rasenden Krach gegeben, indem der Führer allen möglichen Stellen vorgeworfen hat, sie wären zu gut unterrichtet worden. Es sei nicht nötig, daß das Amt oder jedenfalls eine Anzahl Leute des Amtes einen Überblick über die Gesamtlage hätten, sondern jeder solle nur soviel wissen, wie er für seine beschränkte Aufgabe zu wissen brauchte. So sollen sie also aus Russland nur noch den russischen Heeresbericht und überhaupt keine feindlichen Sender mehr mitgeteilt bekommen. Welch ein Zeichen der Schwache!

Gestern mittag mit Borsig bei Yorck war sehr nett und auch ganz leidlich erfolgreich. Aber B. ist doch weitgehend ein Landindustrieller. – Abends war ich bei Reichwein; ich war sehr müde, aber er fand sich gut bedient und das ist mir wichtig; es ermöglicht doch die Gleichrichtung eines nicht ganz unerheblichen Kreises. Um ½ 12 war ich totmüde im Bett und habe köstlich bis ¾ 7 geschlafen. Heute abend ist noch ein Mal ein anstrengender Abend und in der Nacht von Sonntag zu Montag will ich dann alles nachholen.

Mein Lieber, sei nicht down-cast. Das hat garkeinen Zweck. Wir werden noch sehr viele sehr schlechte Nachrichten über uns ergehen lassen müssen, ohne daß wir unsere Handlungsfreiheit verlieren dürfen. Churchill hat mal eine Rede mit dem Satz beendet „and so we can state, that Great Britain is still the sole master of its destiny."[2] Das ist ein sehr gutes Wort.

1 *Mathilde Ludendorff:* Der Satz bricht hier ab. Dr. Mathilde Ludendorff (1877–1966), Ärztin und „Religionsphilosophin"; zweite Frau des Heerführers des Ersten Weltkriegs Erich Ludendorff (1865–1937), den sie stark beeinflußte und mit dem sie 1926 den „Tannenbergbund" gründete, einen Kampfbund gegen „überstaatliche Mächte" – Jesuiten, Juden, Freimaurer und Marxisten; schroff antichristlich und für eine nordische Religion. Sie schrieb z. B. ‚Erlösung von Jesu Christo', München 1931. 2 *destiny:* eine freie Paraphrase des Endes der Rede vom 9. 9. 41: „We are still masters of our fate. We still are captain of our souls." – s. 12. 9. 41. (Churchills Abwandlung des Gedichts „Invictus" von William Ernest Henley.)

Berlin, [Sonntag] den 25. 1. 42

Der gestrige Abend dauerte bis ½ 1 und ich war rechtschaffen müde, als ich um ½ 2 ins Bett sank. Um ½ 7 stand ich dann auf, um Frühstück fertig zu machen wenn Jowöchens kommen würden. ...

Was mich an Asta und Jowo überrascht ist eben die erstaunliche Niedergeschlagenheit, die doch alles durchdringt. Das ist doch überraschend. ...

Berlin, den 26. 1. 42

... Bei uns sind die Geheimhaltungsbestimmungen noch verschärft worden. Es ist jetzt so, daß ein militärischer Lagebericht überhaupt nicht mehr gemacht werden darf, daß der sogenannte Lagevortrag wegfällt und daß den Lagebericht, der draussen gemacht wird, nur noch Canaris persönlich sehen darf. Das ist ein Bände sprechendes Symptom dafür wie die äussere und die innere Lage von A. H. eingeschätzt wird. ...

Berlin, den 27. 1. 42

... Gleich kommt Dr. Friedrich und um ½ 8 esse ich mit Waetjen. ...

Das Mittagessen mit Haushofer war nett und auch ganz ergebnisreich. Er ist ausserordentlich stark von sich selbst überzeugt, aber er ist auch ein kluger und intelligenter Mann, der eine Menge weiss und hinter dem ein erheblicher Fleiss steht. ...

Mein Lieber, ja es ist gut, wenn Du jetzt wieder Mut fasst. Ohne Mut ist garnichts zu machen. Man muss sich nur vornehmen, daß man sich durch nichts kleinkriegen und von dem rechten Wege abbringen lässt. Ob man dann die Kraft hat das durchzuhalten und die Fähigkeit, den rechten Weg immer zu erkennen, steht nicht allein bei einem; aber der Wille tut es.

Ich hatte einen sehr netten Brief von M. D. zu Daddy's[1] Tod und C. B.'s Vermisstsein. ...

1 *Daddy's Tod:* der Großvater, Sir James Rose Innes, war am 15. Jan. gestorben.

Berlin den 2. 2. 42

Das waren ja zwei sehr liebe Täglein, die wir verbrachten. Ach wie gerne bliebe ich bei Dir und wieviel besser habe ich es doch als diese Masse Mensch, die sich gestern nacht durch den Breslauer Bahnhof schob. – Hier war eine grosse Pause. Oberst Oxé[1] erschien, dann Frl. Breslauer und jetzt ist es kurz vor 1 Uhr, um 1 kommt Trott in die Derfflingerstr. zum Essen; so muss ich mich kurz fassen.

Die Beisetzung von Schmitz[2] ist also morgen nachmittag in Bonn; wir fahren heute abend mit dem Schlafwagen, den Rückschlafwagen habe ich abbestellt und will über Tag fahren, sodaß ich hoffe, morgen mittag und abend friedlich beim Mütterchen zu verbringen. ...

Übrigens hat heute morgen Schulenburg mit mir gefrühstückt und wir haben uns nett und gut unterhalten. ...

1 *Oxé:* Oberst Werner Oxé, der Nachfolger von Tafel in der Abwehr (Gruppenleiter VI/VIa). 2 *Schmitz:* Schmitz war bei einem Skiunfall ums Leben gekommen.

Hotel Königshof Bonn am Rhein
3. 2. 42

Dein Wirt sitzt unter einem Bild des Führers, in dessen Hintergrund der Rhein und das Siebengebirge zu sehen sind. Es ist also prächtig. Oxé & ich sind heute gut in Köln angekommen und sind dann im Wagen nach Eichholz gefahren, wo wir erst ein Mal frühstückten. Um 12 waren wir in Bonn, wo wir nach Erledigung aller Formalitäten im Königshof eingetroffen sind. Hier werden wir mit Gladisch & Stauffenberg, die bereits gestern angekommen sind, jetzt zu Mittag essen und um 3.30 beginnt die Beisetzung. Es ist eisig kalt. Viel kälter als in Berlin.

Gestern abend war Friedrich da, der mich dann bis zur Tram bringen wollte. In der Derfflingerstr. fiel ich auf dem leicht überschneiten Glatteis sehr übel aufs Gesicht und brach mir die beiden vordersten Zähne ab, und riss mir eine Spalte in die Lippe. Es ist alles nicht schlimm aber lästig. Besonders habe ich das Gefühl, daß ich nicht mehr sprechen sondern nur noch lispeln kann. – Friedrich brachte mich zur Tram und ich kam gerade richtig am Potsdamer Bahnhof an.

Bei Joests[1] war es nett. Karl-August J. ist durch einen Wadenschuss verletzt; so weit so gut; es ist aber natürlich zu befürchten, daß er jetzt erst auf dem Rückmarsch richtig elend wird. Er soll aber auf einen Flugplatz gekommen sein und das wäre natürlich gut. – Von C. B. kamen über Faulhabers schlechte Nachrichten: der englische Flieger, der das Flugzeug abgeschossen hat, habe gesagt, es seien 2 Flieger aus dem

Flugzeug abgesprungen, aber einer von den beiden sei doch noch von dem abstürzenden Flugzeug ergriffen worden und mit umgekommen. Diese Geschichte passt nicht recht in das Bild der anderen Berichte.

1 *Joests:* Verwandte von F. M., die in Eichholz, einem Gut bei Bonn, lebten.

Godesberg, den 4. 2. 42[1]

... Die Beisetzung gestern war sehr grässlich. In einer kleinen Friedhofskapelle sprach ein Mann im Talar, der allerhöchstens Deutscher Christ[2] war. Kein Wort aus der Bibel kam vor, statt dessen Gedichte aller Art und deutsche Sinnsprüche, auch Sprichwörter. Das Wort „Christus" kam nicht vor, das Wort „Gott" zum Schluss in einem Nebensatz; dafür kam das Bild vor „die Standarte Horst Wessel in Walhall"; es wurde kein Lied gesungen. Am Grabe wurde das Vaterunser gebetet aber mit einigen abgewandelten Worten; in der Kapelle wurde ein „Gebet" gesprochen, das eine sinnlose Aneinanderreihung von Gedankensplittern darstellte und auf der Grundlage „Tod ist Quelle neuen Lebens" aufgebaut war, also nicht Bezogenheit auf etwas Übermenschliches sondern Rückbezogenheit auf andere Menschen, damit Aufgabe des Grundsatzes, daß jeder Mensch ein eigener Schöpfungsgedanke ist. Mir wurde geradezu speiübel. Schmitz war sicher kein gläubiger Mensch, aber er war ein exakter Denker und dann diesen Quatsch zu bieten war wirklich unglaublich. Am Grabe sprachen Oxé, ein Mann vom Oberprisenhof, Blau vom Institut und Gladisch, alle mässig, leider auch Gladisch. Übrigens der „Pfarrer" begrüsste den Sarg bei allen passenden und unpassenden Gelegenheiten mit Erheben des Armes. Kein Kreuzeszeichen.

Um ¾ 5 war ich in der Elektrischen, um ½ 6 bei M. D., wo ich gerade zum Tee zurechtkam. Ich habe sie dann in unsere Pläne eingeweiht und wir sprachen bis etwa 9 über die betrübliche Lage der Welt. ...

Übrigens ist bemerkenswert wie viel schlechter hier alles ist als bei uns: alles ist schlecht geheizt und viele Leute sollen gar keine Kohlen mehr haben; die Zugverbindungen sind einfach fürchterlich, z. B. nur noch 3 D-Züge den Rhein entlang und kaum noch Personenzüge nach Köln. Die Rheinuferbahn fährt nur noch 1 Mal in der Stunde und auch dann nur bis an die Stadtgrenze von Köln; von da muss man mit der Elektrischen weiterfahren. Und so scheint hier alles zu sein.

1 *4. 2. 42:* irrtümlich 4. 2. 41 datiert 2 *Deutscher Christ:* Anhänger des nazifizierten Teils der evangelischen Kirche.

Berlin, den 6. 2. 42

Das war ja ein ganz betrüblicher Ausbruch gestern. Ich sag' Dir doch alle Tage, Du sollst Dich pflegen und nicht zu viel tun. Wozu hast Du denn einen Haufen Leute. Lenchen hätte doch genau so gut nach Liegnitz fahren können wie Du und Lenchen kann auch mit Schwester Clara die beiden Söhnchen nach Berlin bringen, wenn Du nicht fertig bist. Es gibt doch nicht den geringsten Grund, warum Du Dich abhetzen sollst. Mir scheint, daß Du es Dir mühsamer und mühsamer machst je weniger Du durch Geldknappheit beengt bist. Früher hattest Du doch immer für alles Zeit und jetzt hast Du doch monatelang vom Betrieb fast nichts mehr gesehen und für Dich auch keine Zeit gehabt. Ich kann das absolut nicht verstehen. Du machst viel zu viel niedere Arbeit. Heute nacht bin ich aufgewacht weil ich träumte, Asta hätte Dich aus Breslau angerufen, Du möchtest ihr doch rasch ein paar Strümpfe stopfen und ihr schicken und daß Du das auch prompt tatest. Ich habe mich dann so darüber geärgert, daß ich auch nicht mehr einschlief, obwohl es erst ¾ 4 war. – Ich muss mal wieder für die Abschaffung des Telephon's plädieren. Wenn Du kein Telephon hättest, dann käme es eben nicht vor, daß Du Deine Pläne umwürfest, weil es zu viele Konstante gäbe, die sich nicht ändern liessen. Aber dieses Teufelsinstrument erspart Dir das Vorausplanen und dadurch kommt es, daß Du dann immer nicht Deine Pläne durchführst, sondern Dich den Plänen aller möglichen anderen anpasst. Ich bin der festen Überzeugung, daß die Abschaffung des Telephons Dir viele Stunden Arbeit am Tage sparen würde. ...

Von mir ist garnichts zu berichten. Es gibt vieles was ich tun müsste aber nicht tue. Über Sonntag muss ich eine grössere Arbeit für das Büro erledigen. Heute abend will ich wieder früh ins Bett, weil ich ja nun zwei Nächte hintereinander schlecht geschlafen habe. – Mein Lieber, hoffentlich hast Du heute nacht gut geschlafen und hoffentlich hast Du einen netten Tag in Breslau. Lass es Dir besser gehen, mein Lieber, als gestern abend, pflege Dich, pflege Dich, grüsse Deine Söhnchen. ...

Berlin, den 7. 2. 42

Ich bin leicht „tottery" weil Schramm geschlagene 3 Stunden in meinen Zähnen gebohrt hat, nach jeder Stunde einen neuen Satz Spritzen und zwischendurch besondere Spritzen um das Blut zu stillen. Es war garnicht schlimm nur fühle ich mich mitgenommen. Ich schreibe trotzdem jetzt weil nicht sicher ist, ob ich nicht nachher, wenn die Wirkung des letzten Satzes Spritzen aufhört, Schmerzen bekomme. Ausserdem ist es jetzt schon 12.20 und um 1.20 will ich mit Peter & Guttenberg zum Essen rausfahren.

Mein Lieber, ich habe ein schlechtes Gewissen wegen meines gestrigen Briefes. Er kommt mir jetzt in der Erinnerung so lehrerhaft vor und garnicht liebenswürdig; ich wollte garnicht lehrerhaft sein, sondern nur meinem Pim helfen in seiner Armut und seinem Jammer. Aber natürlich kommt der Brief dazu viel zu spät. Verzeih Deinem gedankenlosen Wirt, mein Lieber.

... Heute mittag esse ich bei Yorcks, nachher gehen Peter & ich zu Dr. Friedrich und abends esse ich bei der Baronin. Du siehst ein wilder Vergnügungstaumel. Morgen will ich früh aufstehen und ins Amt gehen um dort in Ruhe zu arbeiten, was bei der jetzigen Arbeitslage dringend erforderlich ist. Vielleicht rufe ich Dich schon morgen früh an, weil ich es abends so schlecht vom Amt aus bewerkstelligen kann.

Jetzt kommt Waetjen.

Berlin, [Sonntag] den 8. 2. 42

... Gestern mittag bei Yorcks war es nett und friedlich. Ich war durch meine 3 Stunden bei Schramm etwas mitgenommen wenn ich auch keine Schmerzen mehr bekommen hatte und hörte darum hauptsächlich zu. Alles was ich hörte war vor allem negativ, und das war betrüblich. Eine merkwürdige Willenslähmung hat alle Menschen wieder befallen und an die Stelle des mir vor Weihnachten immer entgegengehaltenen „es ist zu früh", ist jetzt getreten „es ist zu spät". Es ist traurig zu sehen, wie recht Peter und ich in unserer Diagnose hatten, daß der 18. Dezember 1941 der „richtige" Tag[1] war.

Anschliessend waren P. & ich bei Friedrich. Der Mann gefällt mir so gut, er ist nüchtern und phantasievoll, macht sich nichts vor und hat Einfälle. Am Montag, den 16., kommt er zum Abendbrot und da wirst Du ihn ja kennenlernen. – Aber etwas wirklich Positives ist auch gestern nachmittag nicht heraus gekommen. ...

1 *„richtige" Tag:* wohl zum Umsturz. Am 19. 12. war Brauchitschs Rücktritt bekanntgegeben worden. Am Abend desselben Tages hatte Hitler dem OKW und OKH mitgeteilt, daß er nun selbst der Oberbefehlshaber des Heeres wäre.

Berlin, den 9. 2. 42

... Gestern habe ich ganz lieb gearbeitet, habe jedenfalls mein Programm fertiggestellt. Damit ist eine der grösseren Sachen von meiner Seele. – Nun habe ich noch eine erhebliche Arbeit für Gladisch im Panzerschrank liegen und ich muss versuchen, sie in den nächsten Tagen zu bewältigen. Danach muss ich meine ganze Kraft darauf werfen, den Apparat auch ohne Schmitz zu erhalten und die fehlenden Verbindungen, die gerissen sind, wieder herzustellen.

Heute mittag werde ich wohl mit Steltzer essen, der heute morgen aus Oslo ankommen soll. Heute abend esse ich bei Rantzau. Morgen mittag denke ich mit Frl. Faulhaber zu essen. ...

[Sonntag] 15. 3. 42[1]

... Der Abend am Freitag war eher etwas schwierig; wir gingen aber bald zu Bett, da wir alle müde waren und am nächsten Morgen waren schon alle etwas aufgetauter. Dieser Prozess ist dann rapide weitergegangen und der heutige Tag war sehr befriedigend. Es ist heute warm und sonnig und das macht rasend viel aus. ...

1 *15. 3. 42:* Keine Ortsangabe. Die Diskretion des ganzen Briefes hängt damit zusammen, daß er die Zensur durchlaufen mußte, da F. M. in der Schweiz war. Bleistiftchiffren an der oberen linken Ecke des Originals stammen vom Zensor. Die agrarischen Besprechungen fanden vom 13.–16. 3. bei Borsigs in Groß-Behnitz statt. Außer Frau Ohle – d. h. der nunmehrigen Frau von zur Mühlen – nahm Fritz Christiansen-Weniger, auch ein Freund aus der Arbeitslagerzeit, an dem Treffen teil (s. 30. 6. 42), sowie ein Freund der Borsigs und Pommerscher Gutsbesitzer, Friedrich von Zitzewitz-Muttrin, und der von Augustin Rösch entsandte Pater Hans von Galli. Vgl. 23. 1. 42.

20. 3. 42[1]

Gestern war es mir einfach unmöglich zu schreiben. Ein Mensch gab dem anderen die Klinke, dazwischendurch musste ich einen grossen Schriftsatz für eine Berufungsbegründung machen und mit dem letzten Besucher bin ich aus dem Haus gegangen, um den Abend bei Peter zu verbringen. Der Abend dauerte dann auch bis ½ 1. Um 5.15 war ich hellwach, stand auf und seit vor 8 sitze ich hintereinander am Schreibtisch, mit Ausnahme eines Mittagessens mit Hans.

Der Abend gestern war sehr nett. Fritzi[2] war noch da und wir unterhielten uns in einer so angenehmen, friedlichen, aber durch die Verluste unserer beiden Brüder[3] sichtlich stilleren Atmosphäre. ...

Heute kam Dein Brief vom 13. zugleich mit dem Luftpostbrief vom 14. Das klingt ja alles ganz befriedigend. Inzwischen habt Ihr ja den Schreck mit Herrn Deichmann[4] gehabt, Eddy[5] berichtete mir, es sei alles überwunden und wieder in Ordnung. Hoffentlich ist es so. Hat es Deine Pläne gestört?

Hans war heute mittag da; er fährt heute abend nach Frankfurt und am Sonntag nach Rom. Ich gab ihm einen Brief an Weichold mit. Hoffentlich gelingt es ihm, W. etwas zu pflegen. Die müssten eigentlich ganz gut zusammen passen.[6]

Für Kreisau habe ich viel Arbeit mitgenommen, hauptsächlich für das Amt. Es wird also nicht ruhig und friedlich werden, sondern eher stürmisch. ... Der Ansturm auf die Wohnung in Wierischau hat sich soweit geklärt, daß an einem möblierten Mieten nur 4 Leute interessiert sind. Diese lasse ich zunächst ein Mal besichtigen.

1 *20. 3. 42:* wieder ohne Ortsangabe und mit Bleistiftchiffre des Zensors – vgl. 15. 2. 42. 2 *Fritzi:* Schulenburg. 3 *Brüder:* Carl Bernd von Moltke war wahrscheinlich am 30. 12. 41 gefallen (s. 20. und 21. 1. 42) und Yorcks jüngster Bruder Heinrich (geboren 1915) am 10. 3. 42. 4 *Deichmann:* Carl Deichmann hatte einen kleinen Unfall beim Skilaufen. 5 *Eddy:* Waetjen, der für die Abwehr in der Schweiz arbeitete. 6 *zusammen passen:* Weichold wurde später wegen zu großer Italienerfreundlichkeit von Doenitz seines Postens enthoben.

Berlin, 23. 3. 42

... Ich hatte in Kreisau wieder ein Gesicht. Ich kam vom Kapellenberg, wo ich erst den alten Hoffmann mitbegraben hatte, dann war ich oben herumgegangen, an Mami's Grab vorbei zur Kapelle, an dem neuen Familienfriedhof vorüber und auf die Dorfstrasse. Ich ging zum Hof; auf der Strasse war niemand, denn es war Sonntag um 3.10 und die Trauergemeinde hatte sich schon verlaufen. Die Sonne schien ganz nett warm. Es begann in der Höhe der Mühle und endete bei Lehrer Reetz. Das Folgende war sein Inhalt:

Ich war ein ganz alter Mann und hatte Euch alle überlebt. Ich ging langsam aber ganz stetig. Es war Dein Todestag und ich war von Deinem Grabe gekommen. Du warst schon 20 Jahre tot. Caspar und Konrad kamen nicht vor. Die Leute, die bei Anders und Batke lebten, kannten meine Jungen- und Mannesjahre nicht. Sie betrachteten mich mit einer gewissen Scheu aber eher ehrfurchtsvoll.

Während ich so entlangging – als alter Mann – dachte ich des Tages, wo ich einen Gedenkstein für C. B. auf den neuen Friedhof gesetzt hatte und wie mich das damals geschmerzt hatte, wie weh mir der Tod von Granny[1] und der von Schwester[2] getan hatte, wie früher Mami gestorben war und wie wir zusammen gelebt hatten. Jetzt aber war ich ganz allein.

Ich hatte alles erreicht, was ich wollte; die Welt sah so aus, wie ich es gewollt hatte, aber es hatte eine rasende Anstrengung gekostet und Du hattest den Erfolg nicht mehr gesehen. Das war der grösste Schmerz: ich hatte Dir nicht mehr sagen können, daß die vielen Opfer und Verzichte und Anstrengungen ihren Lohn gefunden hatten. Ich dachte an diese Opfer und Mühen, und ob der Erfolg dieses wert gewesen sei. Und dann dachte ich, obwohl es mir weh tat: und wenn es selbst bedeutet hat, daß ich mich habe quälen müssen, daß Du nicht gehabt hast, was Du beanspruchen konntest, daß ich keine Familie und keine Freunde mehr habe, weil ich die erste nicht beachtet und die zweiten überlebt habe, wenn es auch bedeutet, daß ich nicht ein Mal ein angenehmes Alter habe, sondern mit einer Haushälterin alleine hier wohne – ich musste doch so handeln und würde es wieder tun. Und in diesem Augenblick war ich bei Reetz und war 60 Jahre jünger.

Merkwürdig, nicht wahr? Es ist die Feldmarschall-Legende, es ist Daddy ohne Granny und ohne Mami. Während ich das schreibe, erkenne ich jedes Gefühl wieder.

Kreisau: die Felder sehen noch gut aus; aber jetzt taut es tags und friert nachts. Wie lange werden die das aushalten. Es ist noch tiefer Winter und keine Rede davon, daß irgendetwas grün würde. Die Futterlage erscheint mir knapp aber gesichert, selbst wenn wir erst am 10. 5. austreiben können. Das Vieh sieht gut aus; von den Schafen haben schon 135 gebockt. Zeumer ganz guter Laune. – Das Samenpaket ist nicht angekommen und es gibt nirgends Gemüsesamen. Ich gab Frau Stäsche 20,– und sagte, sie solle kaufen, was sie könne. Die Apfelbäume sind sehr übel von den Rehen angefressen. Stäsches haben jetzt um alle Bäume Draht gemacht, aber ich fürchte, daß einige Bäume hin sein werden. Es ist 10 Uhr abends und nach der Schlafwagennacht und einem sehr anstrengenden Tag schlafe ich fast.

[Fortsetzung] Köln, 26. 3. 42

Du siehst, Dein treuloser Wirt hat 2 Tage übersprungen. Die waren aber auch danach. Am Dienstag schlug ich mich erst um ½ 2 ins Bett und gestern erreichte ich nur unter brutaler Kürzung des vorgesehenen Programms den Zug mit hängender Zunge.

Also weiter bei Kreisau: es war tolles Hochwasser und das war dann durch den neuerlichen Kälteeinbruch gefroren und hatte eine mindestens für Kinder tragfähige Decke. Der Park war also ein grosser gefrorener See mit einzelnen kleinen Inseln. Das tat aber um diese Jahreszeit nichts. – Dein Haus war befriedigend in Schuss, es gab gut und reichlich zu essen, Lenchen etwas verroht aber ein Edelstein, Stäsche immer noch mit dem Hals laborierend, Frau Stäsche aber gut in Fahrt und, für ihre Verhältnisse, mit viel Verantwortungsgefühl. Kokslage schlecht, denn es waren -10° und -6° Kälte. – Die Bienen haben einen Tag geflogen, 4 Völker stark geflogen, eines schwach; es war aber zu kalt um sie enger zu machen, sagt Hirsch. – Im Wald ist einiges gemacht worden, was leidlich aussieht; leider sind aber die canadischen Pappeln, die Z. versprochen waren, doch nicht zu bekommen. Auf dem Kapellenberg leidliche Ordnung. – Schwester ist ganz guter Stimmung, Z. auch.

Am Sonnabend mittags kam das Bräutchen,[3] komisch wie immer. Der Ehemann ist schon stark gemildert. Wir haben uns bei den verschiedensten Gelegenheiten lieb unterhalten. Um ¾ 7 kam Lukaschek, der mich sprechen wollte. Marinka[4] zog sich nach dem Abendessen zurück und wir haben bis 11 gesprochen. Das Ergebnis war in jeder Hinsicht ausgesprochen befriedigend. – Ich hatte ihm auch einige Erbauungslektüre[5] mitgebracht, die ihn sehr befriedigte. Am Sonntag morgen haben wir um ½ 8 gefrühstückt und haben uns um ½ 9 zu einem Spaziergang über Tonschachtwiese, Hinterbusch, Wierischauer Grenze, Schafställe aufgemacht, den wir in gemächlichem Tempo durchführten, sodaß wir um 10.10 am Bahnhof waren, von wo er um ½ 11 abfuhr. Er hatte nicht länger bleiben wollen. – Der Tag war himmlisch, die Sonne schien strahlend bei 2° Kälte und alles präsentierte sich bestens, die Schneewehen waren so verharscht, daß man darüber hinweggehen konnte, alles war des Frostes wegen fest gefroren. – Die Schafe machten einen guten Eindruck, haben schon etwas mehr Wolle, die neuen Lämmer haben sich ganz hervorragend entwickelt.

Nachdem ich L. expediert hatte ging ich über Schwester in den Hof und sprach noch mit Z. Um ½ 1 gab es Essen, das Asta und ich gemeinsam verzehrten, um 2 ging ich zur Beisetzung von Hoffmann und war nach dem eingangs erzählten Erlebnis und einem nochmaligen längeren Aufenthalt bei Z. gerade so rechtzeitig oben, um mit dem Packen bis 6 fertig zu werden, zu welcher Zeit wir ein Tee-Abendbrot verzehrten. Um 7 fuhr ich nach Breslau, las im Nordhotel Reichsgerichtsentscheidungen und war frühmorgens in Berlin.

Die drei Tage in Berlin waren einfach ein Trubel. Ich hatte am Montag und Mittwoch nachmittag ein Referat bei Gladisch zu halten, das musste nun endgültig ausgearbeitet werden. Wenn das auch nur noch eine Frage des Diktierens, Vergleichens der Ziffern und Berichtigungen von Wortgebrauch und Syntax war, so nahm es eben viel Zeit. Dann kamen Arbeiten im Zusammenhang mit der vorwöchigen Panne, die die norwegischen Schiffe in Schweden[6] betraf. Das A. A. bemühte sich, uns eine Mitschuld an der Panne zuzuschieben und das musste verhindert werden. Dann kamen Haufen laufender Arbeit, die gerade in diesen Tagen auf mich einstürzten. – Morgen mittag muss ich mit einem Mann einer uns feindlich gesonnenen Abteilung[7] essen, den ich jetzt regelmässig treffe, um Zwischenfälle zu vermeiden. Dann kam Willem Bekker mit einer grösseren Sache. Schlitter, Graf Goltz, Sarre [,] alle wollten was von mir. Damit nicht genug, kam ein Abgesandter von Steltzer und verlangte Hilfe für St. in einer bestimmten Sache,[8] die ich ihm auf alle Fälle verschaffen wollte. Ob das gelungen ist, weiss ich noch nicht, aber es ist eher auf gutem Wege. – Dann gab es Schwierigkeiten mit Friedrich und am Dienstag abend hatten Guttenberg, Schulenburg, Peter & ich eine grosse bis 1 Uhr dauernde Besprechung, auf Grund deren ich Dir eben riet allein zu kommen. Diese Besprechung musste ausführlich und erschöpfend geführt werden, sonst hätten wir alles noch ein Mal machen müssen. – Ich habe doch wahrlich schon manche Arbeitshäufung erlebt, aber solch einen tollen Betrieb wie während dieser letzten Tage habe ich kaum je durchgemacht. So bin ich denn mit völlig ungeordneten Papieren abgefahren und muss das dann in Brüssel[9] in Ordnung bringen; hoffentlich habe ich nur alles mit. . . .

1 *Granny:* die Großmutter starb noch in demselben Jahr. 2 *Schwester:* Schwester Ida Hübner starb erst lange nach dem Krieg. 3 *Bräutchen:* Asta. 4 *Marinka:* Asta. 5 *Erbauungslektüre:* wahrscheinlich „Kreisauer" Entwürfe. 6 *Schweden:* Am 19. 3. hatte die britische Regierung beim schwedischen obersten Gerichtshof die Freigabe von 12 norwegischen Schiffen erreicht, die in Gotenburg lagen. Schweden hatte sich geweigert, sie Deutschland oder ihren früheren norwegischen Eigentümern auszuliefern, nachdem die norwegische Exilregierung ihren Besitz der britischen übertragen hatte. Am 31. 3. versuchten die Schiffe mit ihrer wertvollen Ladung nach England auszulaufen. Nur zwei erreichten ihr Ziel. 7 *Abteilung:* s. 22. 10. 43. 8 *Sache:* die Zuspitzung des norwegischen Kirchenkampfs und die Gefährdung Bischof Berggravs – s. 9. 4. 42, Anm. 1. 9 *Brüssel:* von dieser Reise gibt es keinen Brief.

Berlin, den 7. 4. 42

Der erste Brief nach Kreisau nach langer Zeit. Dazu wird es noch ein kümmerlicher. Also unser Zug kam fast pünktlich an und im Bahnhof Breslau entschlief ich bereits, um erst so etwa in Erkner aufzuwachen. Es war also für die Verhältnisse eine ausgesprochen gute Nacht. Nachdem ich mich etwas gewaschen und gut gefrühstückt hatte, stürzte ich mich um ½9 in das Getöse des Amtes. Ich fahre also erst Freitag früh. Das hat viel für sich zumal die Verlegung der Sitzung bei Admiral Gladisch auf Donnerstag[1] nachmittag gelungen ist, sodaß ich sie sogar jetzt noch hinter mich kriege und nicht die kurze Zeit nach der Reise damit belaste.

Es war gut, daß ich all die Sachen in Kleinöls[2] gemacht hatte, denn so kam heute gleich alles ganz anders in Schwung. Teile sind schon geschrieben und ich brauche heute nur an den Sachen herumzukorrigieren. – . . .

Heute mittag ass ich mit einem Kriegsgerichtsrat,[3] den ich für meine

Geiselsache einspannen will. Nachher kam Trott, der Dich in Zürich im Hotel zum Storchen gespürt aber nicht erwischt hatte. Dann hatte ich im Haupthaus zu tun, um ½ 6 war ich im Büro. Jetzt ist es kurz vor 7, ich muss noch rasch einige Kleinigkeiten erledigen und um 8 kommt Reichwein.

1 *Donnerstag:* davor ,,Heute" – d. h. Dienstag – ausgestrichen. 2 *Kleinöls:* bei einem Besuch bei Yorcks. 3 *Kriegsgerichtsrat:* wahrscheinlich Ernst Kanter, s. 5. 10. 43

Berlin, den 9. 4. 42

... Wenn sich meine Pläne[1] durchhalten lassen, will ich morgen früh fahren, bin Sonnabend mittags in Oslo, will Dienstag früh von Oslo nach Stockholm. Mittwoch nacht von Stockholm nach Kopenhagen und Freitag früh von Kopenhagen nach Berlin. Das ist das Programm. Danach wäre ich Freitag abend wieder in Berlin; vielleicht verschiebt sich alles um einen Tag. Später als Sonnabend abend will ich aber keinesfalls in Berlin eintreffen.

Heute ist ein toller Tag. Es ist 8 Uhr, um 8.30 kommt Gablentz, um 9.30 muss ich zu Besprechungen zum Tirpitzufer, um 11 erste Sitzung bei Gladisch, um 12 kommt Frl. Breslauer, um 12.45 Eddy und 1.30 isst Peters bei mir, von 3 bis 5 muss ich meine Sachen im Amt ordnen, um 5 grosse Sitzung bei Gladisch, sicher bis 7 vielleicht bis 7.30. Dann gehe ich ins Büro, wo ich bleiben muss bis ich fertig bin. Am Freitag morgen kommen Dohnanyi & Bonhoeffer um 8.15 zu mir und um 10 geht der Zug. Darum weiss ich nicht, ob Du noch einen Brief bekommen wirst.

1 *Pläne:* Die Reise nach Skandinavien war sehr plötzlich arrangiert worden, nachdem Theodor Steltzer absprachegemäß Alarm gegeben hatte, daß der Bischof von Oslo, Eivind Berggrav, die Seele des dortigen kirchlichen Widerstandes, in Gefahr war. Der norwegische Kirchenkampf, der mit dem patriotischen nichtkirchlichen Widerstand Hand in Hand ging, hatte sofort nach dem Amtsantritt von Quisling als Ministerpräsident im Februar schroffere Formen angenommen. Es handelte sich u. a. um die Jugendarbeit. Als eine Art Hitlerjugend eingeführt werden sollte, traten mehr als tausend Lehrer zurück. Nachdem die lutherischen Bischöfe schon im Februar ihre staatskirchlichen Ämter niedergelegt hatten, taten die Pfarrer am Ostersonntag, den 5. April, ein Gleiches. Am 2. 4. war Berggrav unter Hausarrest gestellt worden, am 8. 4. kam er ins Gefängnis. Statt des erwarteten Prozesses (wegen Feindbegünstigung u.s.w.) kam am 16. 4. die Rückkehr in den Hausarrest. Er entkam ihm jedoch auf recht abenteuerliche Weise, z. B. als Polizist verkleidet, hin und wieder. Das wurde durch das Zusammenspiel zwischen dem norwegischen Widerstand und sympathisierenden Deutschen, vor allem Theodor Steltzer, ermöglicht. Die Sympathie war auch bei der Abwehr stark genug, um schnell eine Interventionsreise zu organisieren, bei der Moltke und Bonhoeffer, durch Abwehrauftrag gedeckt, den norwegischen Lutheranern den Rücken stärkten und den deutschen Behörden gegenüber das be-

kannte Argument der „Wehrmachtinteressen" benutzten, um sie zu überzeugen, daß scharfes Vorgehen gegen die Kirche unnötige Unruhe im Volk stifte und die Arbeit der Besatzung erschwere. Vgl. Bethge, Bonhoeffer, S. 844–47.

Sassnitz, den 10. 4. 42

Wir haben also die Fähre verpasst und die nächste geht wahrscheinlich erst übermorgen früh. Sie ist mehrfach im Eis steckengeblieben und fährt deshalb ohne Fahrplan. Heute früh ist sie mit Eisbrecherhilfe abgefahren und hat 12 Stunden bis Trelleborg gebraucht. Nachts kann sie nicht fahren und deswegen kommt sie morgen erst zurück. Wenn es gut geht, ist sie vielleicht mittags hier und wir kommen bis abends nach Trelleborg, aber das ist sehr unwahrscheinlich, denn es geht ein steifer Ostwind und der treibt das Eis der nördlichen Ostsee hier an. Vor Sassnitz stauen sich ganz beachtliche Eisbarren. Wenn die Fähre also nicht morgen mittags drin ist, fährt sie nicht mehr am gleichen Tage zurück, sondern erst sonntags. Das bedeutet eine ganz üble Verspätung, denn statt Sonnabend mittag sind wir erst Montag mittag in Oslo. Mit Stockholm wird es also wohl nichts werden. Nun, ich muss mich eben in Geduld fassen.

Dein Anruf heute früh kam gerade kurz ehe ich abfuhr. Das ist wirklich sehr ärgerlich, aber wir sollten auf jeden Fall einen Versuch machen. Die Chance, daß es gelingt ist gering. – Backe soll gesagt haben, daß selbst eine gute Ernte uns nicht mehr helfen könnte, sodaß es sich nicht lohne, Leute für die Landwirtschaft zu halten, vielmehr müsse alles auf den rein militärischen Sieg in diesem Jahr gesetzt werden.

So, mein Lieber, morgen schreibe ich weiter. Jetzt gehen wir essen und dann ins Kino! Ich habe mich breitschlagen lassen, weil ich den guten Bonhoeffer nicht sitzen lassen wollte. Gute Nacht, mein Lieber, mein Arbeitsamer.

Es ist ½ 8 am Morgen des 11. 4. Ich habe toll schlecht geschlafen, denn nachdem wir um 11 ins Bett gegangen waren, erwachte ich um ½ 1 von dem widerlichen Geräusch von Nebelhörnern. Die tuteten so in Abständen von 1 bis 2 Minuten. Um 4 nahm ich daraufhin ein Pillchen und pümpelte bis 6, dann habe ich bis ½ 8 gedöst. Trotzdem fühle ich mich jetzt leidlich ausgeschlafen und bekäme ich jetzt ein Teechen statt eines voraussichtlich kalten und grässlichen Gebräus, wäre alles gut.

Ich bin ja gespannt, ob die Fähre heute erscheinen wird, oder ob der Nebel vielleicht eine weitere Verzögerung bedeutet. – Es ist alles sehr komisch und wenn es bei den 48 Stunden Verspätung bleibt lästig aber nicht schlimm.

Heute ist hier also ein ganz nebliger Tag und kalt dazu. Was mögt Ihr für Wetter haben? – Die Felder auf der ganzen Strecke sahen schlimm aus. Während der ersten 50 km von Berlin arbeiteten die Menschen schon draussen; dann war aber bis auf ganz vereinzelte Stellen noch alles tot: Wasser stand noch auf den Feldern und es war sichtlich noch nicht durchgetaut. Die Winterung war fast durchweg nicht mehr zu sehen, nur auf ganz kurze Strecken – so etwa 10 Minuten Fahrzeit – waren dann mal wieder grüne Felder. Auf Rügen wird auch noch nicht auf den Feldern gearbeitet, aber die Winterung ist, mit Flecken, da. Hier war auch der einzige Schlag Raps, den ich gesehen habe. Im ganzen machte der Anblick einen sehr üblen und trostlosen Eindruck.

Mein Lieber, ich denke daran, vielleicht etwas an meinen Plänen zu ändern und Sonntag, den 26., zu Schlange zu fahren und am darauffolgenden Sonntag, 3. 5., erst nach Kreisau. Der erste Grund ist der, daß ich nun infolge der Verspätung meinen Gruppenleiter nicht mehr sehen werde, wenn ich nach Berlin zurückkomme, und der bleibt bis 27. 4. weg. Ich muss also Bürkner darum fragen und der wird es ungern tun, eben weil Oxé nicht da ist. Nach Colbitzow fahre ich am Sonnabend nachmittag und bin Sonntag abend wieder zurück. Der zweite Grund ist, daß ich Schlange sehen möchte, nur am nächsten Sonntag mit ziemlicher Sicherheit nicht kann und der 3. 5. mir sehr spät ist, weil ich fürchte, er könnte bis dahin schon wieder draussen sein. Wie denkst Du darüber? Kannst Du nicht vielleicht am 26. 4. mitkommen? – Ich hoffe dann, es im Mai so einrichten zu können, daß ich eine Woche vor und eine Woche nach Pfingsten zu Hause bleibe, also am 17. komme und am 31. fahre.

So mein Lieber, jetzt eile ich erst ein Mal frühstücken. Nach dem Frühstück will ich arbeiten. Ich habe mir glücklicherweise allerhand mitgenommen.

Grand Hotel Oslo, [Mittwoch] 15. 4. 42

Jetzt bin ich also schon drei Tage da und habe in dem Trubel noch nicht geschrieben weil der Brief Dich ja doch nicht erreicht hätte.

Am Sonnabend[1] früh erwachten wir also in Sassnitz und da der Tag leidlich war wenn auch sehr dunstig, beschlossen wir einen Spaziergang zu machen. Es lag mir hauptsächlich deshalb daran, weil ich mit Bonhoeffer die Spielverteilung abklären wollte und mir das auf einem Spaziergang leichter erschien als im Zimmer. Wir sind dann auch von 9 bis ½ 2 gewandert und zwar wohl 6 km zu den Kreidefelsen von Stubbenkammer und etwa die gleiche Entfernung zurück, immer im Buchenwald hoch über der See. Es war ein schöner Weg. Aber es war bis auf einige Leberblümchen ganz winterlich. Im Sommer und besonders im

Herbst, wenn die Blätter fallen muss es wirklich ganz zauberhaft dort sein. Abgesehen von einem Holzarbeiter trafen wir keine Menschenseele, so hatten wir auch gut Zeit alles zu erörtern. Das führte auch zu Ergebnissen, die jedenfalls bisher befriedigend waren.

Als wir um ½1 [sic] ins Hotel zurückkamen, war von dem Fährschiff noch keine Nachricht eingelaufen und die Kundigen teilten uns mit, daß wir erst Sonntag früh fahren würden. Wir assen auf die Nachricht hin mittag und wie wir bei der Speise (!) sassen, erschien plötzlich im Fenster aus dem Nebel das Fährschiff. Es war wirklich herrlich. Wir eilten also zum Hafen, wo uns gesagt wurde, das Schiff werde 2 Stunden später abfahren, wir sollten uns beeilen; es werde versucht werden, den Anschluss in Trelleborg nach Oslo noch zu erreichen.

Tatsächlich fuhren wir um 4.30. Das Schiff war bequem, die Reisegefährten einfach peinlich und furchtbar. Ich hätte am liebsten nur englisch gesprochen um mich von dieser Bande von Räubern und Knoten zu distanzieren. Abgesehen von ein oder zwei Leuten, die erträglich waren, und den Stewards und einigen deutschen Vorarbeitern, die dritter Klasse fuhren, war auf dem Schiff nichts als der Abschaum des deutschen Mittelstandes. Angestellte von Firmen, die in Oslo arbeiten und deren Unterhaltungsgegenstand in Schiebergeschäften bestand und im Versuch, soviel wie möglich auf dem Schiff zu essen, zu trinken und zu rauchen und Vorräte zu kaufen. So bildeten sich vor dem Zigarettenverkaufsstand sofort Schlangen. Glücklicherweise waren die Mahlzeiten sehr bescheiden und die Knoten fluchten auch reichlich darüber. Zum Mittagessen um 4 war ich schon nicht gegangen, weil ich dem nicht gewachsen war, eine Stunde lang mit den Leuten in einem Zimmer zu sitzen; ich hätte mich vor den Stewards zu sehr geniert. Ich ass dann später und so gut wie allein. Nur der Kapitän und der erste Offizier und vielleicht 5 Leute assen zu der Zeit.

Um 9.26 abends sollte unser Zug gehen und um 9 war Trelleborg in Sicht. Es dauerte aber noch zwei Stunden bis wir reinkamen, weil wir in einer Eisbarriere festrannten und uns daraus erst befreien mussten. Das geschah durch Vorwärts- und Rückwärtsfahren bei strahlender Scheinwerferbeleuchtung auf das Eis. Es war ein wundervoller Anblick, denn das Eis schien gewaltig: es staute sich zu riesigen Bergen und grossen Platten, es floss auseinander und floss wieder zusammen, die eben gemachte Fahrrinne schliessend. Und, gerade als ich dachte, nun sässen wir also endgültig wieder fest, da teilten sich die grossen Schollen und machten uns Bahn und 10 Minuten später legten wir in Trelleborg an.

Der Zug war inzwischen weg. Wir bekamen aber einen Extrazug nach Malmö und blieben dort zur Nacht im Hotel Savoy. Dort gab es einen grossen Tanz mit Herren im Frack und weisser Binde und Damen in langen Kleidern. Es mutete mich sehr merkwürdig an. Um 12.15 nachts schlief ich aber rasch ein, weil unser Zug am Morgen um 8 schon weiterging.

Die Fahrt durch Schweden war eher uninteressant. Das Land ist flach, die Architektur mässig, die Felder sehen gut aus, aber es herrschte noch Winter: auf den Feldern wurde noch nichts getan. Alle Knoten vom Schiff waren wieder da, aber wir sassen glücklicherweise mit leidlichen Leuten zusammen im Abteil, sodaß die Knoten ausserhalb meines Gesichtskreises blieben und ich sie nur von Zeit zu Zeit hörte. In der Bahn passierte etwas sehr Komisches: ein schwedischer, sehr nett aussehender junger Soldat muss offenbar bemerkt haben, daß mir die Knoten, meine Landsleute, auf dem Korridor sehr peinlich waren. Er stand jedenfalls draussen und sah mich, wenn die Herren passierten, immer mitleidig an. Und als er kurz vor der Grenze ausstieg, schaute er mich zum Abschied an und dann grüsste er. Ich grüsste wieder und so trennten wir uns voller Verständnis, obwohl wir nie ein Wort gewechselt hatten und zwischen uns immer eine geschlossene Tür gewesen war, wenn auch mit Glasscheibe.

Die Fahrt von kurz vor der Grenze an nach Norwegen hinein war zauberhaft schön: es ging über Berge und durch Täler, an einigen gefrorenen Seen vorbei und am Fjord entlang, bei sinkender Sonne und schöner Beleuchtung. Man sah augenfällig, was für ein schönes Land das ist und wie von einander abgeschlossen die Menschen hier leben. Das ist ein Land wo der Individualismus blühen muss.

So, ich höre jetzt auf, ehe ich ein neues Kapitel anfange. Um 12 waren wir in Oslo, wo Steltzer uns an der Bahn abholte und zum Hotel[2] brachte, wo ich in einem fürstlichen Riesenappartement, halb Salon halb Schlafzimmer mit Bad etc. in der Belle-Etage untergebracht bin, während mein Begleiter, wie er hier heisst, im 3ten Stock wohnt. – Ich schreibe weiter wenn ich kann. J.

[gleicher Brief, fortgesetzt] 17. 4. 42[?][3]

Am Montag morgen um ½ 10 war der erste dienstliche Besuch und dann ging es in steter Reihe fort bis 8 Uhr abends. Schliesslich um ½ 9 war der erste Besuch bei drei ganz hervorragenden norwegischen Männern,[4] wo Steltzer, Bonhoeffer & ich geradezu fürstlich bewirtet wurden; glücklicherweise mit viel Kaffee, sodaß ich die Müdigkeit überwand. Die Unterhaltung dauerte bis 1.30, was ja wirklich etwas lang war. Der Montag abend war der Höhepunkt des Aufenthalts. Am

Dienstag standen vormittags wieder dienstliche Unterhaltungen an und nachmittags eine Besprechung von ½ 4 bis 8 mit einem der drei Norweger vom vorhergegangenen Abend, mit dem Details auszufüllen waren. B. hatte einen anderen Norweger vor. Am Abend war ich dann allein bei Steltzer. Am Mittwoch hatte ich erst eine Menge zu schreiben,[5] um ½ 11 war ich dann beim Chef des Stabes von Falkenhorst[6] zur Abschlussbesprechung, um 12 beim Generalobersten, und um 1 ass ich mit dem Generalobersten und seinem engsten Stabe. Nachmittags gingen dann die Abschlussbesprechungen weiter, um 7 war ich fertig und ½ 9 waren Bonhoeffer & ich bei Steltzer. Heute, Donnerstag früh sind wir um 7 Uhr nach Stockholm abgereist und haben jetzt ein wenig Aufenthalt auf der Grenzstation.

Montag und Dienstag fühlte ich mich wohl wenn auch etwas matt, Mittwoch hatte ich leider einen ganz üblen Hals, sodaß ich kaum sprechen konnte, heute früh hatte ich auch ein wenig Fieber, aber jetzt ist es – von dem gelben Schal wirkungsvoll bekämpft – schon fast gut. Heute abend wird wohl alles in Ordnung sein. – Das äussere Bild von Oslo ist: wunderschöne, wirklich märchenhafte Landschaft mit sehr hässlicher Architektur. In der Stadt merkt man am Zuschnitt den früheren Wohlstand, aber jetzt macht sie einen ärmlicheren Eindruck als Brüssel. Immerhin hatten wir schönes Wetter und dadurch machte alles einen netten Eindruck. Raus bin ich überhaupt nicht gekommen, weil ich einfach eine Besprechung nach der anderen hatte. –

Frühstück nahmen B. und ich immer gemeinsam bei mir ein, weil wir da am besten Gelegenheit hatten, die Tagespläne aufeinander abzustimmen. Montag mittag ass ich mit dem Leiter der Abwehrstelle, Montag abend mit Steltzer, Dienstag mittag mit dem Chef des Stabes von Falkenhorst, Dienstag abend mit Steltzer, Mittwoch mittag ass ich mit Falkenhorst und Mittwoch abend ass ich garnicht, weil ich mich zu elend fühlte und nicht noch die Arbeit des Verdauens meinem Körper zumuten wollte. – Mit Ausnahme des Essens mit St. waren alle eigentlich unbefriedigend, weil an den Leuten zu wenig dran war. Der Beste war noch der Chef des Stabes, ein Oberst von Lossberg, aber der Generaloberst ist wirklich ein tolles Subjekt. Er kann nicht zuhören, hält Monologe, erzählt dumme Geschichten und ist ganz ungewöhnlich töricht. Nach Falkenhausen welch ein Abstand! Ich habe bei Tisch lauter leichte Disziplinwidrigkeiten begangen, hauptsächlich um Steltzer und den Ic, Major [Müller?], zu amüsieren und das gelang nur zu gut, denn [Müller?], der F. gegenüber sass, konnte überhaupt nicht ernst bleiben. Das war immerhin ein Vergnügen.

Sachlich habe ich den Eindruck eines Erfolges, sowohl hinsichtlich des offenen wie des verdeckten Teiles.[7] Ich habe mich mit allen beteiligten Soldaten – bis auf den Generaloberst – über Inhalt und Petitum meines Berichts an Admiral Canaris geeinigt und daran lag mir natürlich sehr viel. – Der Zug fährt. –

[P. S.]

18. 4. 42 abends

In Berlin eingesteckt, ohne fertig zu werden. Gute Nacht, mein Lieber. J.

1 *Sonnabend:* den 11. 4. 2 *Hotel:* davor „Büro", gestrichen. 3 *17. 4. 42 [?]:* Es muß 16. 4. heißen; das war ein Donnerstag; auch Bonhoeffers Taschenbuch gibt Donnerstag, den 16. 4., als Tag der Reise nach Stockholm an und Freitag den 17. als Tag in Stockholm, abends Flug nach Malmö, Sonnabend den 18. Flug nach Kopenhagen und Rückkehr nach Berlin. S. Bethge, Bonhoeffer, S. 846. 4 *Männern:* Wahrscheinlich waren es die Pfarrer Alex Johnson und C. B. Svendsen und entweder Professor H. Ordring oder der mit Berggrav und Steltzer befreundete Maler H. Sørensen – s. Bethge, a. a. O., und Jørgen Glenthøj, Dokumente zur Bonhoeffer-Forschung 1928–1945, München 1969, S. 262 ff. 5 *zu schreiben:* Er benutzte die Gelegenheit seines Aufenthalts in Schweden – vgl. 26. 3. 42, Anm. 6 – um u. a. einen ausführlichen Brief an Lionel Curtis in England zu schicken, in dem er die deutsche Situation schilderte – s. Einleitung, S. 14. 6 *Falkenhorst:* Generaloberst Nikolaus von Falkenhorst (1885–1968), Oberbefehlshaber in Norwegen bis 1944, 1946 zum Tode verurteilt, aber begnadigt und 1953 aus der Haft entlassen. 7 *verdeckten Teiles:* Zum Bericht von C. Westring und S. Søderblom über den Besuch der deutschen „Kommission" s. van Roon, Völkerrecht, S. 286 f.

Schöningen [Sonntag] den 19. 4. 42

Nur ein Grüsschen. Ich habe mich entschlossen, doch heute morgen – 6.28 ab Stettiner Bahnhof – hierher zu fahren. Dann sind wir nächsten Sonntag zusammen in Berlin, wo ich aber arbeiten muss, und übernächsten komme ich nach Kreisau. Vielleicht kannst Du am 27. auch das Konrädchen schon mitnehmen wenn die Frau Baron wirklich am 26. fährt.

Der Tag hier wird anstrengend ist aber lohnend. Eben – um 9 Uhr – bin ich von einem 90 Minuten-Schlummer erwacht, den ich im Bett vollbrachte. Ich hielt das für notwendig. Vater & Sohn Schlange[1] gefallen mir gut. Er ist rasend fortschrittlich, worüber ich überrascht bin, ich hatte ihn mir viel reaktionärer vorgestellt. Völliger Zerfall des Reiches, Aufteilung in einzelne grosse Gebiete usw. sind Worte, die ihm ganz geläufig sind. Die Landwirtschaft ist voll technisiert; die gesamte Ackerwirtschaft, einschliesslich Drillen und Hacken, wird mit Trekkern gemacht und die sind wirklich bis aufs Letzte durchdacht und leisten durch geschickten Einsatz mehr als unsere. Ich möchte Z. eigentlich ein Mal herschicken. Viel altes Stammvieh.

Frau Schlange ist eine überaus tüchtige Hausfrau. Zu tüchtig. Sie hat hinter dem Rücken von Schlange schwarz geschlachtet, worauf es anscheinend einen grossen Krach gab; jedenfalls hat er dann erreicht, daß die Schlachtung noch angemeldet wurde. Das Haus mustergültig gehalten, aber voller „schöner Stuben" und neuer Möbel. Das meiste solide aber nichts für uns. – Der Garten sehr gut gehalten; sie vermehrt Stauden für Förster Bornim. Das Bienenproblem ist hier akut und als ich berichtete, Du hättest welche wurdest Du wie ein Wunder bestaunt.

Der Boden ist gut; es wird Weizen, Rüben, Erbsen und Hafervermehrung gebaut. Die Winterung ist bis auf den letzten Morgen ausgefroren und zum grösseren Teil bereits umgebrochen, wie man überhaupt auf der Fahrt schon keine Wintersaat trifft. Die Schläge hier alle 120 Morgen und strahlenförmig vom Hof ausgehend. Nach etwa 1 km kommt ein kleiner Waldberg und von da fällt es zur Oder, deren Ufer zum Betrieb gehören. Das ist landschaftlich sehr schön. Nach der anderen Seite liegt wohl auch noch ein Mal etwas Wald um ein Vorwerk. Da wollen wir jetzt hinfahren.

1 *Schlange:* s. 26. 1. 41, Anm. 1.

Berlin, den 20. 4. 42

. . . In 10 Minuten gehe ich zu Peter, der gestern statt meiner in München war, aber um 7 Uhr zu einem Kameradschaftsessen gehen muss. Die Woche ist rasend voll und ich weiss noch nicht, wie ich mit allem fertig werden kann. Aber man muss es abwarten. . . .

Berlin, den 28. 4. 42

Nun bist Du schon wieder fort, aber es dauert ja nicht lange bis ich hinterher komme. Hoffentlich bist Du nur gut und ohne all die Soldaten gereist. Das nehme ich aber an, denn die warteten sicherlich auf den Urlauberzug, der im Zoo anfängt; dort fangen jetzt alle Urlauberzüge an; wollten die Soldaten tatsächlich mit Deinem Zug fahren, so wären sie sicherlich in Charlottenburg eingestiegen.

Mein Lieber, es war wieder sehr schön mit Dir; so lieb wie immer; nur war viel zu tun und Du hast ja richtig geschuftet. Heute morgen ist das Opus zu Bonhoeffer gewandert und morgen früh kommt er damit wieder an. Hoffentlich kann ich es dann morgen im Laufe des Tages verabschieden.

Heute wird hoffentlich ein friedlicher Tag. Der Sturm der letzten Woche hat sich gelegt und es sieht aus, als würde alles wieder einigermassen ruhig in Gang kommen. Jedenfalls habe ich zunächst ein Mal alles verabschiedet und der nächste Zug liegt bei anderen.

Inzwischen ist es Nachmittag geworden. Einsiedel kam. Er kann am nächsten Montag nicht kommen und fragt an wegen der Zeit vom 13. bis 27. Juni. Ich habe ihm das vorbehaltlich Deiner Zustimmung zugesagt. Wir wollen bitte darüber sprechen.

Das Mittagessen war befriedigend. Poelchau & Gablentz sind kolossal verschieden und das wird eine gute Diskussion geben. Es gab auch gut zu essen. – Peter hat also heute mit Fischböck[1] gesprochen und ist praktisch raus.[2]

Sonst ist, wie Du Dir denken kannst, bisher nichts Neues geschehen.

1 *Fischböck:* Hans Fischböck, Josef Wagners Nachfolger als Reichspreiskommissar. 2 *raus:* Yorck verließ das Reichspreiskommissariat und ging zum Wirtschaftsstab Ost im OKW.

Berlin, den 5. Mai 1942

Vom Freiburger Bahnhof ging ich gestern zum Nordhotel und las noch bis 12 im Round Table. Dann fuhr ich mit 5 Minuten Verspätung im bequemen Schlafwagen ab und kam, nach voll durchschlafener Nacht so gut wie pünktlich hier an. Trotz all dieser Bequemlichkeiten entschloss ich mich zu einem ausgedehnten Frühstück mit all' den mitgebrachten Herrlichkeiten.

Dann ging der Tag los. Hans Adolf und Peter und Guttenberg, Dohnanyi, Trott, Haeften, Stauffenberg usw., usw. telephonierten und der Vormittag zerrann einfach unter den Händen. Es war ein toller Betrieb. Aber nun läuft alles und ich hoffe einigermassen in Schuss zu sein. – Peter ass mittags in der Derfflingerstr., abends fällt aus, statt dessen esse ich auf einem Kameradschaftsabend des Stabes H. W. K. Das ist immer wieder nötig & richtig. ...

Es ist heute kalt aber sonnig. Um 4.30 gehe ich in die Behrenstr.[1] –

Mein Lieber, wie lieb war es wieder bei Dir. Ich bin doch nur bei Dir zu Hause und ich wünschte ich könnte mehr Gebrauch davon machen, umso wichtiger ist es, daß wir beide die Tatsache genau kennen. ...

1 *Behrenstr.:* Sitz von Bischof Preysing.

Berlin, den 6. 5. 42

... Eben bekomme ich den Vertrag über Wernersdorf[1] und Klässel bittet mich festzustellen, auf welchen Grundbüchern die Industriebank mit welchen Nummern eingetragen ist. Es handelt sich nur um die Hypothek von RM 202.400. Im Vertragsentwurf steht: „Eingetragen im Grundbuch... von Rittergut Kreisau, Rittergut Nieder-Gräditz, Band

VII, Rittergut Wierischau Band VIII und Kreisau Band III Blatt 41 und 47. Soweit ich weiss, stimmt das. Kannst Du aber bitte *a.* in der Akte über diese Hypothek nachsehen oder *b.* im Grundbuchamt Schweidnitz anrufen. Gib Dir aber keine grosse Mühe, denn ich bitte Frl. Br. zugleich bei der Industriebank festzustellen, was die für Unterlagen haben und die müssen es ja auch wissen.

Gestern mittag ass Peter bei mir, abends war das Kameradschaftsessen im Kasino, das bis 11 dauerte, dazwischen war ich bei Preysing und im Büro, wohin Wense kam. Dieser entsetzt über die Verhältnisse in Holland, wo die Menschen anscheinend in Massen umgebracht werden, teils nach kriegsgerichtlichem Urteil, teils als Geiseln. Er fühlte sich unwohl in seiner Haut, erzählte daß er ständig versuche einen Krach zu inszenieren und Ultimaten stelle, aber bisher ohne Erfolg.

Heute mittag kommt Hans Adolf, heute abend gehe ich zu Preysing, anschliessend wohl längere Zeit ins Büro.

Es fängt an warm zu werden. Hoffentlich in Kreisau auch.

1 *Wernersdorf:* s. 23. 8. 39, Anm. 1.

Berlin, den 7. 5. 42

Bitte sei so freundlich, mir gleich die Akte Industriebank Schuld von RM 202.400.– zu schicken. Die Besprechung mit Hans Adolf war nicht ganz einfach aber das hilft ja nichts. Unsere Verabredungen sind nun schon 2 ½ Jahre her und vielleicht haben wir beide keine ganz genaue Vorstellung mehr davon. – Denke Dir, ein Kind von Davy hat Diphterie, ein anderes Scharlach, sie haben sich am gleichen Tage mit diesen reizenden Krankheiten gelegt. Das ist doch wirklich grässlich. Die arme Davy. – H. A. verlässt das A. A.[1] Gott sei Dank. Es war ja höchste Zeit.

Gestern abend habe ich bis 9 etwa in einer Besprechung gesessen und bin dann gleich ins Bett gegangen, wo ich angenehm gut geschlafen habe. Ich war aber auch rasend müde. – Heute mittag kommt Waetjen mit einem Mann Knyphausen[2] aus Stettin, nachmittags sind wieder Sitzungen und am Abend kommt Friedrich. Heute früh war Steltzer zum Frühstück da; morgen kommt er zum Mittagessen noch ein Mal. Er hat Merete[3] in Kopenhagen aufgesucht, was mich freute. Morgen nachmittag gehen wir beide zu Preysing, um meinen Norwegen-Bericht mit ihm zu erörtern. ...

1 *verläßt das A. A.:* s. jedoch 12. 1. 43. 2 *Knyphausen:* Wilhelm Edzard. 3 *Merete:* Merete Bonnesen, Journalistin und Freundin aus dem Schwarzwaldkreis; sie arbeitete für die Zeitung „Politiken“.

Berlin, den 8. 5. 42

... Gestern abend erschienen Friedrich & Reichwein. F. war durch drei Wochen in Frankreich, Belgien und Holland gestärkt und voller neuer Einfälle, Ergebnisse von Erfahrungen und Berichten. Er hat mir wieder sehr gut gefallen. Vorgestern ist er zurückgekommen. Ausserdem hat der Onkel[1] dringend nach mir verlangt. Der wird also am Sonntag kommen, zusammen mit Friedrich, der noch ein Mal erscheinen wird. Reichwein war rasend erkältet und konnte kaum sprechen, was Friedrich & mich sehr erfreute, da wir so zu unserem Recht kamen.

Heute mittag kommt Steltzer. Heute abend erwarte ich Einsiedel & C. D.[2] ...

1 *Onkel:* Leuschner, s. 15. 12. 41, Anm. 2. 2 *C. D.:* Carl Dietrich von Trotha, s. 4. 9. 39, Anm. 9.

Berlin, den 9. 5. 42

Gestern war wirklich ein Grosskampftag. Bis 10.30 habe ich im Amt gearbeitet und von da an waren bis 1 Uhr nachts pausenlos Besprechungen. Erst kam ein Mann von Rösch,[1] der Verschiedenes wissen wollte und ausserdem von Besprechungen beim Papst kam und auch aus diesem Anlass etwas wollte. Der hat bis 1.15 bei mir gesessen und hat mich dann zur Derfflingerstr. begleitet. Dort war bereits Steltzer, der auch einen ganzen Packen abladen und erörtern wollte. Aus Norwegen gab es eigentlich wenig Neues: die Sache geht ihre Bahn und viele Menschen müssen deswegen umkommen. Aber es ist kein Zeichen dafür, daß die Gegenfront irgendwie schwach würde und auf die Dauer werden wir unsere Hörner etwas einziehen müssen.

Um 4 ging Steltzer und ich ging noch einige Minuten ins Amt und um ½ 5 war ich bei Herrn Becker zum Haareschneiden. Zum Waschen langte die Zeit nicht mehr. Denn um 5 war ich bei Preysing. Mit ihm habe ich bis 8 Uhr über die Bedeutung von Hirtenbriefen und Predigten, über den möglichen Inhalt von Hirtenbriefen und die Sprache der Hirtenbriefe[2] gesprochen. Ich hatte den Eindruck, daß wir in dieser Besprechung doch ein gut Teil vorangekommen waren. P. war sichtlich befriedigt und ich auch. Er will jetzt einen neuen machen und ich bin gespannt, ob sich das Ergebnis dieser Unterhaltung darin wiederfinden lässt.[3]

Um ½ 8 kam der Mann von Rösch in die Derfflingerstr., um über die Unterhaltung mit Preysing informiert zu werden, sodaß ich mich sputen musste, nach Hause zu kommen. Um 9 Uhr kamen C. D. & Einsiedel und da eine der Hauptfragen aus Rom war: ,,Was kann man zur Frage der Wirtschaftsordnung sagen?" so beschloss ich den fremden Mann dazubehalten und ihn ein wenig einzufuchsen. Das haben wir denn auch zu dritt bis 12 getan, dann ging er, und C. D. und Einsiedel blieben noch bis 1.

Der gestrige Tag hat mich natürlich mitgenommen aber erfreut. Heute will ich früh ins Bett gehen, denn der Sonntag wird auch ein Grosskampftag: der frühere Staatssekretär Krüger[4] kommt am Morgen. Friedrich und der Onkel kommen am Nachmittag. Heute mittag esse ich bei Illemie,[5] um 3 kommt Reichwein. ...

Am Dienstag kommst Du ja, mein Lieber. Lass es Dir wohl ergehen, tue nicht zu viel diese Tage wo Du kochen sollst, pfleg' Dich.

1 *Mann von Rösch:* wahrscheinlich Lothar König S. J. (1906–1946), Röschs Sekretär; Theologe, Geograph, Kosmologe; Mitglied und Kurier des Ordensausschusses, der auch oft als Verbindungsmann zwischen München und den Berliner Kreisauern diente. S. Roman Bleistein (Hg.), Dossier: Kreisauer Kreis. Dokumente aus dem Widerstand gegen den Nationalsozialismus aus dem Nachlaß von Lothar König S. J., Frankfurt 1987, besonders S. 8–32. 2 *Hirtenbriefe:* z. B. das Dilemma zwischen denkschriftlichen Eingaben, die deutlicher sein konnten, aber selten etwas erreichten, und Hirtenbriefen und Predigten, die den Gesetzen gegen „Heimtücke" und „Kanzelmißbrauch" – d. h. zu angeblich politischen Zwecken – unterlagen. Preysings Hirtenbrief über die Beschlagnahme kirchlicher Gebäude brachte allerdings Goebbels, der ihn als einen „Hetzer auch gegen die deutsche Kriegführung" ansah (Goebbels Tagebuch 21. 2. 42), gegen die unklugen Parteileute auf. So schrieb er in seinem Tagebuch am 11. 3. 42: „In Berlin haben wir infolge eines Hirtenbriefs des Bischofs Preysing in der Konfessionsfrage eine etwas prekäre Lage bekommen. Leider sind ohne mein Wissen eine Reihe von kirchlichen Gebäuden von Partei und Gestapo beschlagnahmt worden. Obwohl ich das schärfstens verboten hatte, sind hier wieder ein paar Besserwisser am Werk gewesen und die Folge ist, daß wir nun auch in Berlin einen Kirchenkonflikt heraufbeschworen haben, den ich unter keinen Umständen wollte..." S. Joseph Goebbels, Tagebücher aus den Jahren 1942–43. Zürich 1948, S. 97 und 118. 3 *wiederfinden lässt:* Am 28. 6. 42 hielt Preysing eine Predigt über die christliche Rechtsauffassung, am 15. 11. (Totensonntag) eine über das Recht aller Menschen auf Leben und Liebe (s. Adolph, Preysing, S. 188). Preysings Adventshirtenbrief, der auch für die westdeutschen Kirchenprovinzen bestimmt war, reflektierte in der Tat einiges von dem, was sieben Monate zuvor und immer wieder besprochen wurde, so etwa in folgendem Passus: „Wie die letzten Grundsätze des Rechts nicht zeitbedingt sind, nicht Ausfluß völkischer Eigenart sein können, so kann das Recht und die Inanspruchnahme von Rechten auch nicht das Vorrecht eines einzelnen Volkes sein. Was immer Menschenantlitz trägt, hat Rechte, die ihm keine irdische Gewalt nehmen darf. Es ist ein Ruhmesblatt in der Geschichte der Menschheit, daß das Recht der Fremden sich immer mehr entwikkelt hat, daß das Völkerrecht diese Rechte näher umgrenzt und festlegt. Alle die Urrechte, die der Mensch hat, das Recht auf Leben, auf Unversehrtheit, auch Freiheit, auf Eigentum, auf eine Ehe, deren Bestand nicht von staatlicher Willkür abhängt, können und dürfen auch dem nicht abgesprochen werden, der

nicht unseres Blutes ist oder nicht unsere Sprache spricht." (Adolph, Preysing, S. 174) 4 *Krüger:* Hans Krüger, Sozialdemokrat, ehemaliger Staatssekretär im Landwirtschaftsministerium. Er kam zum Treffen in Groß-Behnitz im Juli 1942. 5 *Illemie:* Baronin Steengracht.

Berlin, [Sonntag] den 10. Mai 1942

... Zu Schmidt-Rotluff gehe ich in einer Viertelstunde und nehme dann den Brief mit. Ich will also versuchen, ihn kommen zu lassen, ihn aber mit Deiner Abwesenheit und der daraus folgenden möglichen Ungemütlichkeit vertraut machen. Hoffentlich gelingt mir das. Wir werden ja heute abend wohl darüber telephonieren. Es ist auch gerade eine so schöne Jahreszeit und das müsste sich doch in den Bildern auswirken, meine ich. – Mein Armer, was hat Dein Wirt Dir alles aufgehängt.

Krüger, gestern, hat mir sehr gut gefallen. Er ist eigentlich noch etwas besser als ich ihn in der Erinnerung hatte. Er übernimmt also Ziffer 2 unseres Programms und wird am 12. Juli kommen. Ich bin darüber sehr erfreut. – Heute ist hier ein reiner Taubenschlag und ich kann jetzt nur weg, weil Mittagszeit ist und ich annehme, daß in den nächsten 90 Minuten keiner kommen wird. Reichwein und Guttenberg erschienen heute morgen, Friedrich und der Onkel[1] werden am Nachmittag zu verschiedenen Zeiten kommen. R. ist in guter Form & freut sich sichtlich auf Pfingsten, Guttenberg kann nicht kommen. Er hat am 22. Geburtstag und zwar 40ten und seine ganze Familie hat mit Rücksicht auf die Nähe dieses Datums zu Pfingsten beschlossen, daraus ein grosses Fest zu machen, dem er nicht glaubt, sich entziehen zu können.

Hier schwirrt es von Gerüchten über deutsche und italienische Friedensversuche. Es scheint als ob an den italienischen etwas dran wäre und als ob ein Riss in der Achse in Salzburg[2] entstanden wäre. Musso scheint von seiner Heimatfront jedenfalls stark bedrängt zu werden und es hat den Anschein als sei mindestens einer der höchsten italienischen Parteichefs, der auf ein bedingungsloses Zusammengehen mit Deutschland setzte, verhaftet zu sein[!]. Es ist sehr schwer zu beurteilen, was daran ist. Aber auffallend sind die vielen Audienzen des Königs mit Grandi[3] & Badoglio,[4] die beide anti-deutsch sind.

Ach, wie gerne wäre ich jetzt zu Hause und ich werde den nächsten Sonntag kaum noch erwarten können. Das sind doch jetzt die aufregendsten Tage im Jahr, wenn plötzlich alles loslegt. ...

1 *Onkel:* Leuschner. 2 *Salzburg:* Am 29. und 30. 4. hatten sich Mussolini und Hitler auf Schloß Klessheim getroffen – s. Schmidt, Statist, S. 526f. 3 *Grandi:* Conte Dino Grandi, vormals italienischer Botschafter in London, dann Außenminister; Vorsitzender des Großrats der Faschistischen Partei, in welcher

Eigenschaft er am 24. 7. 43 Mussolinis Sturz herbeiführte. 4 *Badoglio:* Marschall Pietro Badoglio (1871–1956) übernahm nach dem Sturz Mussolinis die Regierungsführung.

Berlin, den 15. Mai 1942

... Ich fahre heute abend nach München und will von dort wieder abfahren, sobald ich fertig bin. Mir scheint, daß ein Zug so um 21.30 geht, der mich um 3 Uhr nachmittags am Sonntag nach Kreisau bringen müsste. Ich eile jedenfalls nach Kreisau. ...

Berlin, den 1. 6. 42

Es war bei Dir so schön wie immer.[1] Mein Guter, ich bin doch nur bei Dir zu Hause und da gefällt es mir auch so sehr gut. Es dauert ja nur ein paar Tage bis ich wieder da bin;[2] es werden für mich leider sehr stürmische Tage sein und sicher sehr schnell vergehen.

Dein Wirt ist gut gereist, er hat die ganze Zeit auf dem eroberten Plätzchen gesessen und Somerset Maugham[3] gelesen; in Guben wurde es voll und da vor der Tür eine ganz unglückliche Frau stand, die ihren Mann gerade nach Russland hatte abrücken sehen, stand ich auf und stand dann bis Berlin, las aber weiter und stand auch bequem, da das Abteil in der Mitte des Wagens war und es sich dort nicht so drängte.

In der Derfflingerstr. begannen aber die Schwierigkeiten, denn ich hatte ja keinen Hausschlüssel[4] wie wir leider geistreicherweise vergessen hatten. Ich weckte daraufhin Frau Cohn, die totenbleich erschien, weil sie dachte, ihr Mann würde zum Erschiessen abgeholt – es sollen 500 Juden[5] gestern + vorgestern erschossen worden sein – und sehr erleichtert war, als sie mich sah. Sie half mir dann, eine Leiter zu finden und ich stieg durch das Badezimmerfenster ein; fand auch in der Wohnung meinen Schlüssel, sodaß ich die verschlossene Türe aufmachen und meinen Koffer heraufholen konnte. ...

Die allgemeine Lage hat sich erheblich fortentwickelt. Gestern nacht war ein grosser Angriff auf Köln:[6] alle Bahnhöfe getroffen, sehr grosser wehrwirtschaftlicher Schaden, nach 24 Stunden noch nicht Wasser, Elektrizität & Gas. 10.000 Leute obdachlos. Wir scheinen uns jetzt der Zeit der grossen Luftangriffe zu nähern. ...

1 *wie immer:* Der Unterschied war, daß sich während des Pfingstwochenendes vom 22.–25. Mai die „Kreisauer" zum ersten Mal in Kreisau getroffen hatten. Gesprächsgegenstand war das Verhältnis von Staat und Kirche (Hauptreferenten Steltzer und Rösch allgemein für Protestanten und Katholiken und Peters über das Reichskonkordat) und Erziehung (Reichwein über Schulen, Moltke über Hochschulreform). Weitere Teilnehmer waren Asta von Moltke, Peter und Marion Yorck sowie seine Schwester Irene und Harald Poelchau. Zum schriftlichen

Niederschlag der Ergebnisse der Besprechungen s. van Roon, Neuordnung, S. 542–44. 2 *wieder da bin:* für Astas bevorstehende Hochzeit. 3 *Somerset Maugham:* William Somerset Maugham (1874–1965), vielgelesener englischer Romancier. 4 *Hausschlüssel:* F. M. war während M. s. Abwesenheit in Berlin gewesen. Er war direkt von München (s. 15. 5. 42) nach Kreisau gefahren. 5 *500 Juden:* Nach einem Brandanschlag auf die Ausstellung „Das Sowjetparadies" in Berlin am 18. 5., an dem fünf junge Juden aktiv beteiligt waren, waren 500 Juden in Berlin festgenommen worden, davon 250 erschossen und 250 in ein Lager abgeführt, wo sie später umgebracht wurden. Weitere Maßnahmen wurden für den Fall erneuter Sabotage angedroht. In seinem Tagebuch erwähnte Goebbels nach dem tschechischen Attentat auf Heydrich am 27. 5., dem dieser am 2. 6. erlag, die Verhaftung von 500 [weiteren?] Juden, mit der Androhung, daß für jedes jüdische Attentat oder für jeden jüdischen Revolteversuch 100 oder 150 Juden erschossen würden. (S. H. G. Adler, Der verwaltete Mensch, Tübingen 1974, S. 180 f.) 6 *Köln:* Es war der erste Angriff der RAF mit über 1000 Bombern.

Berlin, den 2. 6. 42

Gestern mittag war Peter da, mit dem ich bis etwa 3 zu sprechen hatte; dann ging ich noch kurz ins Amt und um 5.15 kamen Friedrich & Reichwein zu mir ins Büro. Um ½ 7 zog sich R. zurück, weil er wegen einer Gürtelrose zum Arzt musste und Friedrich & ich gingen in die Derfflingerstr., wo Peter wieder zu uns stiess. Dort haben wir dann noch bis etwa 10 Uhr gesessen. F. war in bester Form und wir haben ganz befriedigende Fortschritte gemacht. Jedenfalls ist F. zu allem bereit. Heute morgen war Peter bei mir und mittags treffe ich mich mit Steltzer, um 5 mit Friedrich und um ½ 8 beide bei Peter mit Haeften. Da hast Du das reichhaltige Programm. ...

Denk' Dir unsere Dienststunden sind jetzt um eine Stunde täglich verlängert worden: von 8 bis 5.30. Das ändert zwar nichts; ich finde es aber einfach töricht, denn bei stetig steigenden Versorgungsschwierigkeiten kann man von dem Einzelnen nur allmählich geringer werdende Leistungen erwarten und dem ist durch eine erhöhte Stundenzahl nicht beizukommen. Im Gegenteil. ...

Berlin, den 3. 6. 42

... Gestern gleich nach dem Essen erschien Steltzer, der wohl aussah und sichtlich noch sehr von Pfingsten angetan war. Wir besprachen in grossen Zügen die weiteren Pläne und vertagten uns dann auf den Abend. Um 4 ging ich ins Büro, um das Notwendigste zu erledigen und um 6 war ich bei Friedrich, der wieder in guter Form war und sich bestens präpariert hatte. So war es eine nützliche Stunde. Er fuhr dann ab nach dem Haag, Brüssel und Paris. Anschliessend ging ich zu Peter's, wo ich mich mit Steltzer traf und wo wir herrliche Cauer'sche Spargel bekamen. Nach dem Essen kam Haeften und wir waren bis 12 Uhr nachts gut beschäftigt. Auch Haeften war gut in Form. Heute um 5 soll es weitergehen und dann hoffe ich auf einen friedlichen, wenn auch spät beginnenden Abend in der Derfflingerstr., wo ich viele Timesse zu lesen habe.

Deinem Ehewirt geht es sonst gut. Er hat beide Nächte ganz herrlich geschlafen und ist angenehm um 6.15 früh beide Male aufgewacht. – Von den militärischen Ereignissen habe ich nichts Neues gehört. Das Wichtigste ist im Augenblick wohl neben der Versandung der Offensive in Afrika die Tatsache der grossen britischen Luftangriffe, die jetzt nächtlich mehr als 1000 Flugzeuge ansetzen. Ich habe nichts über die letzten Angriffe gehört, aber die Zahl der Flugzeuge allein genügt um einem klar zu machen, daß erheblicher Schaden entstehen muss. Es wird interessant sein, die Bilanz zu prüfen, die sich ergeben wird, wenn sie diese Angriffe 1 Monat lang durchhalten. ...

Berlin, den 4. 6. 42

... Zu berichten ist garnichts. Das Mittagessen ist gestern ausgefallen, weil ich zu viel zu tun hatte. Um 5 kamen dann Steltzer, Peter, Haeften und der Mann, der sozusagen Wurm's Vertreter[1] in Berlin ist, in die Derfflingerstr. und in einer 3stündigen Unterhaltung haben wir versucht, die Voraussetzungen einer Mitwirkung Wurm's[2] zu klären, ein Versuch, der wohl positiv ausgegangen ist. Nun soll Wurm Mitte des Monats herkommen. Damit würde sich dann ein wesentlicher Punkt[3] der Kreisauer Programme in seiner Durchführbarkeit zu erweisen haben. ...

1 *Vertreter:* Eugen Gerstenmaier (1906–1986), Konsistorialrat, protestantischer Theologe und nach dem Krieg Politiker; bei Teilen der Bekennenden Kirche beargwöhnt wegen seiner Arbeit im Kirchlichen Außenamt, dem die offiziell geduldeten oder gar geförderten Verbindungen mit den Kirchen im Ausland oblagen. Er war aber auch beim SD und bei der Deutschlandabteilung des Auswärtigen Amts suspekt, blieb jedoch Mitarbeiter für Sonderaufträge in der kulturpolitischen, dann in der Informations-Abteilung des A. A., wo auch Haeften und Trott arbeiteten. Er wurde bald ein wichtiges Mitglied im Kreise. Nach M. s Verhaftung arbeitete er weiter mit den anderen, bis zum 20. 7. 44. Er wurde in der Bendlerstraße verhaftet, kam aber mit sieben Jahren Zuchthaus davon – s. 11. 1. 45. Nach dem Kriege Gründung und Leitung des Evangelischen Hilfswerks; 1949–69 CDU-Abgeordneter im Bundestag, 1953–54 Vorsitzender des Auswärtigen Ausschusses, 1954–69 Bundestagspräsident. S. Eugen Gerstenmaier, Streit und Friede hat seine Zeit; ein Lebensbericht, Frankfurt/Berlin/Wien 1981, besonders S. 149–223. 2 *Wurms:* Theophil Wurm (1868–1953), seit 1929 Kirchenpräsident der Evangelischen Landeskirche in Württemberg, 1933–49

mit dem Titel Landesbischof. Seit Kriegsausbruch und besonders seit dem Sommer 1941 und seinen Protesten gegen die sogenannte Euthanasie zunehmend als Führer der nichtgleichgeschalteten evangelischen Kirche anerkannt, S. Einleitung, S. 14. 3 *wesentlicher Punkt:* In dem Dokument über die ,,Ergebnisse der Besprechungen vom 22. bis 25. Mai 1942" hieß es hierzu u. a.: ,,Wir begrüßen und anerkennen den bereits erfolgten Zusammenschluß von führenden Männern bestehend aus je einem Bischof als Vertretern der beiden großen christlichen Bekenntnisse, für eine einheitliche Regelung aller die Gestaltung des öffentlichen Lebens betreffenden gemeinsamen Fragen der christlichen Weltanschauung." Hierzu wurde dann noch angemerkt: ,,Staatlicher Verhandlungspartner für die beiden Bischöfe ist der Reichskanzler. Die sonstige Verwaltungsarbeit auf dem Gebiet Kirche und Staat gehört zum Innenminister." Zum Thema Schule hatte man sich auf folgende Formel geeinigt: ,,Die staatliche Schule ist eine christliche Schule mit Religionsunterricht beider Konfessionen als Pflichtfach. Der Unterricht wird im Auftrage der Kirchen nach Möglichkeit durch Geistliche ausgeübt." – s. von Roon, Neuordnung, S. 542 ff.

Berlin, den 9. 6. 42

Dieses ist also wieder ein Mal der erste Brief nach einigen schönen Tagen[1] bei meinem Pim. Du hast das alles herrlich arrangiert mein Lieber, so gut, daß auch noch ein paar Idylle-Augenblickchen abfielen. Nun kommt für Dich das grosse Aufräumen, das natürlich sehr lästig ist. Ich bin ja gespannt, welchen Eindruck Du von Deinem Schlachtfeld gewinnen wirst: in bezug auf Geld, Vorräte usw. Hoffentlich musst Du jetzt nicht am Hungertuche nagen. ...

1 *Tagen:* anläßlich Astas Hochzeit.

Berlin, den 10. 6. 42

Wieder bricht ein kühler, halb-sonniger, halb bedeckter Tag an. Es ist erst 8 Uhr und ich sitze sehr zufrieden an meinem Schreibtisch über den Bäumen des Tiergartens. Wenn man bedenkt, daß sicher in der vergangenen Nacht wieder irgendeine Stadt dran war, daß sicher heute nacht eine grosse Zahl von Leuten umgekommen und obdachlos geworden sind, so wundert man sich über den Frieden, in dem man selbst lebt und denkt daran, daß auch der bald enden wird. Ein merkwürdiges Gefühl, diese Stunden vor dem Ausbruch des Vulkans.

Gestern mittag ass ich mit Harnack, den ich also als Rekruten geworben habe. Er hat mir wieder nicht ganz gut gefallen, aber ich habe die Zuversicht, daß er sich einordnen und richtig mitziehen wird. Sonst ist von ihm nicht viel zu berichten. – C. D. sah ich kurz; er ass auch bei Reich.

Nachmittags war ich bei Preysing, mit dem ich bis 7.30 über das

Kreisauer Programm sprach. Es ging nicht ganz glatt bei ihm und er brachte einige Einwände an, die berücksichtigt werden müssen. Leider bin ich mir nicht klar geworden, ob die Einwände sich gegen die Sache oder gegen die Form richten. Am nächsten Mittwoch soll der Kampf weitergehen. Ich muss in der Sache mit ihm klarkommen und wir werden eben so lange dabei bleiben, bis es klar ist. ...

Neues scheint es nicht zu geben. Die Welt wartet. Wartet auf den Ausgang der Kämpfe in Lybien,[1] wartet auf den Angriff im Osten, ob, ob nicht, wenn ja, mit welchem Ausgang, wartet auf das Ergebnis der englischen Luftangriffe. So ist alles in suspenso. Übrigens, die Hohenzollernbrücke in Köln ist getroffen und ein Pfeiler ist beschädigt; das soll bei einem Tagesangriff geschehen sein. 4 Tage lang ging kein regelrechter Zugverkehr nach Köln, vielmehr wurde in Duisburg haltgemacht und dann in Omnibussen gefahren. ...

1 *Lybien:* Rommel kam mit seiner deutsch-italienischen Panzerarmee im Laufe des Monats bis über die ägyptische Grenze und wurde am 26. 6. zum Generalfeldmarschall ernannt. Er hatte die Absicht, bis zum Suezkanal vorzudringen, wurde aber bei El Alamein, 100 km westlich von Alexandria, zum Stehen gebracht.

Berlin, den 11. Juni 1942

Heute ist also wieder ein Mal der 11. Juni. Es ist jetzt 7 Jahre her und mir ist als wäre es gestern als Du mir in der Wohnung in Friedenau, wohin ich mit Carl zum Mittagessen kam, sagtest, Mami sei gestorben. Und auf der anderen Seite ist es mir, als trennten mich Welten von jenem Tag. Am 11. Juni 35 wollte ich zum ersten Male nach England fahren, um zu prüfen, was ich dort tun könnte und heute fühle ich mich da so zu Hause, daß auch die dreijährige Trennung schon nichts mehr ausmacht. Und wie anders ist alles andere auch noch. ...

Anliegenden Brief, der sich auf die Arbeiten bezieht, die die Franzosen machen sollen, gib bitte an Zeumer, nachdem Du ihn gelesen haben wirst. Ich dachte ich hätte Dir gesagt, daß die kämen, aber wahrscheinlich ist es im Hochzeitstrubel untergegangen. – Ich bin sehr froh, daß die Russen noch pflanzen und möchte eigentlich annehmen, daß die Pflanzen das noch vertragen werden.

Das Ernährungsministerium befindet sich in voller Auflösung;[1] die Hauptabteilung I des Reichsnährstandes „Der Mensch" geht an Ley,[2] die Meliorationen gehen an Speer,[3] die Maschinentechnik etc. ans Wirtschaftsministerium, der Rest des Ministeriums wird unter SS-Aufsicht gestellt und anstelle des für unsere Erbhof-Sache zuständigen Ministerialrats Harmering [?] tritt ein SS-Gruppenführer Lorenz.[4] Ich möchte also annehmen, daß wir den Anschluss verpasst haben. – Heute mittag habe ich mich mit Hans Adolf verabredet um die veränderte Lage mit ihm zu besprechen. Heute nachmittag & abend muss ich ins Büro, wo ich seit einer Woche nicht war.

1 *Auflösung:* Reichsernährungsminister Walter Darré war am 23. 5. von Hitler entlassen worden. Seine Geschäfte wurden von Staatssekretär Herbert Backe übernommen. 2 *Ley:* Dr. Robert Ley (1890–1945), Reichsorganisationsleiter der NSDAP, Führer der Deutschen Arbeitsfront; einer der Angeklagten im Nürnberger Prozeß, verübte Selbstmord. 3 *Speer:* Albert Speer (1905–1981), Architekt, Reichsminister für Bewaffnung und Munition, gab der Rüstungsproduktion großen Auftrieb, nachdem er im Februar 1942 die Ämter des verunglückten Fritz Todt übernommen und ausgebaut hatte. Vom internationalen Militärgerichtshof in Nürnberg wegen seiner Teilnahme am Zwangsarbeiterprogramm zu 20 Jahren Gefängnis verurteilt. 4 *Lorenz:* Werner Lorenz, Leiter der Umsiedlungsabteilung im Rasse- und Siedlungshauptamt der SS, Leiter der Umsiedlungsstabes beim Reichskommissar für die Festigung des Deutschen Volkstums (RKF-Himmler), Leiter der Volksdeutschen Mittelstelle.

Berlin, den 12. Juni 1942

... Mein Mittagessen mit H. A. gestern war im ganzen erfolgreich. Erst redete er mir zu wie einem kranken Esel so zu tun als sei alles in Ordnung, aber als er sah, daß das nichts nutzte, bog er gleich um und gab mir allerhand gute Ratschläge für mein Vorgehen Klässel[1] gegenüber. Er ist schon ein ungeheuer gewandter Mann. Wenn man nur nicht immer daran zweifeln müsste, daß seine Ratschläge ganz ungetrübt gegeben werden.

Abends habe ich bis nach 9 im Büro gearbeitet. Es ist da jetzt eher eine ganze Menge zu tun. Am Dienstag ist der Schiedsgerichtstermin. Ich will mich den Sonntag über ins Institut zurückziehen um mich darauf vorzubereiten und hoffe, daß das genügen wird. – Gestern habe ich eine andere Sache fertig gemacht; ehe Frl. Breslauer nach Kreisau geht muss ich noch ein Testament hinter mich kriegen und dann habe ich nur noch laufenden Kram.

Heute mittag esse ich mit einem Mann aus dem Amt Waltzog[2] und am Abend mit Steltzer, der wieder ein Mal erschienen ist. – Gross-Behnitz muss wahrscheinlich vom 12. auf den 24. 7. verlegt werden, weil Zitzewitz am 12. nicht kann.

Pläne kann ich noch immer nicht machen, weil ich noch keinen Bescheid aus München habe. Nächste Woche kommt Friedrich zurück, übernächste erscheint Wurm und bis Ende des Monats hoffe ich das Schlachtfeld übersehen zu können.

Hier wird kolportiert, daß Hermann[3] seines Amtes als präsumptiver

Nachfolger entsetzt und daß Himmler[4] an seine Stelle getreten sei mit der Befugnis ab sofort an allen militärischen Besprechungen teilzunehmen. Wenn es stimmt,[5] ein Vorgang, der grosse symptomatische Bedeutung hat und keineswegs überraschen würde. Es soll nicht veröffentlicht werden. Natürlich kann diese Nachricht auch als Gerücht ausgestreut sein, um die Stellung von Hermann von innen heraus durch Flüsterpropaganda zu unterminieren.

1 *Klässel:* s. 11. 11. 39. 2 *Waltzog:* Oberfeldrichter Dr. Alfons Waltzog, Referent für Völkerrecht in der Wehrmachtrechtsabteilung. 3 *Hermann:* Göring. 4 *Himmler:* Heinrich Himmler (1900–1945), Reichsführer SS und Chef der Deutschen Polizei, Reichskommissar für die Festigung des deutschen Volkstums (RKF), August 1943 Reichs- und preußischer Innenminister, nach dem 20. 7. 44 auch Oberbefehlshaber des Ersatzheeres, Februar 1945 Befehlshaber der Heeresgruppe Weichsel. Er endete durch Selbstmord. 5 *stimmt:* Das stimmte nicht, obgleich Himmlers Macht mit dem Krieg im Osten und der Radikalisierung des Regimes rapide zunahm. Am 12. 6. billigte Himmler als RKF den „Generalplan Ost" zur Germanisierung des eroberten Ostens.

Berlin, den 13. Juni 1942

... Gestern mittag hatte ich ein mehr dienstliches und nicht sehr ergiebiges Gespräch. Abends hatte ich mich ursprünglich mit Steltzer verabredet. Der konnte aber nicht, so blieb ich bis gegen 10 im Büro und ass im Adlon, wo ich gerade um 7 vorbeikam nach einer geschäftlichen Besprechung. Toll schlecht war das Essen und rasend teuer. Aber vor den meisten Lokalen stehen jetzt abends Schlangen, sodaß man froh sein muss, irgendetwas zu bekommen. ...

Berlin, [Sonntag] den 14. 6. 42

... Gestern ass ich mit Vater Hahn[1] bei Illemie. Ein witziger & netter Mann. Von dort ging ich zu Schiffer.[2] Er ist blendend in Form; es ist wirklich eindrucksvoll, wie es ihm gelungen ist, Haltung zu bewahren und seinen Kopf mit den allgemeinen Sorgen zu füllen, sodaß die besonderen jüdischen Sorgen überhaupt nicht vorkommen. Er war sichtlich befriedigt über den Besuch. – Anschliessend ging ich zu einer Bowle zu Kieps. Ich musste mal hin. Es war so wie immer. Eigentlich sind sie eben sehr nett und nur die „society" drum rum ist so schwer erträglich. Um 8 war ich dort fertig und da ich nun schon ein Mal im Grunewald war ging ich zu Ulla, wo ich bis 9.30 blieb. Es geht ihr nur mässig. Am 4. 7. will sie nach Gastein und Anfang August will sie in Schlesien aufkreuzen.

Gestern morgen war Steltzer bei mir, wohl fast 2 Stunden lang. Ich habe ein so angenehm warmes Gefühl für ihn und ein so sicheres bei ihm. Wenn ich denke was für gute Männer und Frauen ich in meinem Leben schon zu treffen das Glück hatte, so kann ich mich wahrhaftig nicht beklagen. Hätte ich diese ungeheure Varietät in einer anderen Zeit getroffen? Wäre ich nicht in einer weniger aufgebrochenen Zeit vielmehr in eine feste Gruppe geboren oder nach kurzer Zeit geraten und hätten sich darin meine Zirkel nicht von selbst begrenzt? . . .

1 *Hahn:* Baron Hahn, Vater der Baronin Steengracht. 2 *Schiffer:* Eugen Schiffer (1860–1954), Mitgründer der Deutschen Demokratischen Partei, Reichstagsabgeordneter, Finanzminister, Justizminister a. D. In den dreißiger Jahren bildete sich eine Gruppe um ihn, der sogenannte Schifferkreis, zu dem auch Staatssekretär a. D. Hans Krüger gehörte und in dem M. mindestens einmal, im Sommer 1937, sprach – s. van Roon, Völkerrecht, S. 146.

Berlin, den 15. 6. 42

. . . Um ¾ 1 erschien Lukaschek, blieb zum Essen und ging dann mit mir zu Harnack. Von dort komme ich gerade. Jetzt bleibe ich weiter zu Hause und um 8 gehe ich zu Husen,[1] bei dem L. wohnt, zu einer kurzen Abendunterhaltung. Es ist mir heute mühsam, aber L & H wollten es beide gern.

Der gestrige Tag im Institut war sehr fruchtbar. Ich habe gut gearbeitet, trotz Zahnweh auch am Nachmittag und fühle mich jetzt auf meine Schiedsrichterrolle ausreichend präpariert. . . .

1 *Husen:* Paulus van Husen (1891–1971), Jurist, langjähriger Freund und Kollege von Lukaschek, erst als Landrat in Rybnik, dann als deutsches Mitglied der gemischten Kommission für Oberschlesien in Kattowitz 1927–34; veröffentlichte Arbeiten zum Minderheitenrecht –, u. a. unter dem Pseudonym J. P. Warderholt; Katholik, Zentrumsmann; im Krieg Rittmeister d. R. beim OKW/Wehrmachtführungsstab. Schon aus Schlesien bekannt, wurde er Mitarbeiter im Kreisauer Kreis besonders bei Rechtsfragen, schrieb die Entwürfe für die Papiere über die Bestrafung von Rechtsschändern (Text in van Roon, Neuordnung, S. 553–560) und war beim dritten Treffen in Kreisau; verhaftet August 1944, Volksgerichtshofprozeß 19. 4. 45 (mit Lukaschek); er kam mit drei Jahren Zuchthaus davon. Mitbegründer der CDU in Berlin – wie auch Lukaschek, Steltzer und Gablentz. 1945–48 Berater der amerikanischen Militärregierung in Berlin für Staats- und Verwaltungsrecht; 1948–49 Richter am Obergerichtshof der britisch-amerikanischen Bizone in Köln, 1949–59 Präsident des Oberverwaltungsgerichts und des Verfassungsgerichtshofes in Nordrhein-Westfalen.

Berlin, den 16. 6. 42

. . . Gestern abend war ich bei Husen. Es war nett aber nicht ergiebig, weil ein furchtbarer Schwätzer dabei war. L.[1] war gut in Form.

Heute mittag isst C. D. in der Derfflingerstr. Ich bin gespannt, was er berichten wird, denn er sitzt jetzt an einer Stelle, wo er den allgemeinen Auflösungsprozess gut beobachten kann. – Am Nachmittag ist mein Schiedsgericht. Ich bin gespannt, wie das werden wird. – Abends will Einsiedel kommen, falls mein Schiedsgericht fertig wird.

Guttenberg hat mich angerufen; er ist wieder zurück, Neuigkeiten irgendwelcher Art gibt es nicht. Nur, daß die Engländer und Amerikaner den Russen die Eröffnung der zweiten Front in Europa für 1942 öffentlich versprochen[2] haben. Immerhin interessant. Überhaupt scheint sich im Ausland und in weiten Kreisen des hiesigen Offizierskorps die Überzeugung festzusetzen, daß der Krieg noch in diesem Jahr zu Ende gehen wird. ...

1 *L.:* Lukaschek. 2 *versprochen:* Das Verlangen nach einer Entlastung der russischen Front war ein heikler Punkt der interalliierten Politik und Strategie (s. John Lewis Gaddis, The United States and the Origins of the Cold War 1941–1947, New York 1972, S. 66–72). 1942 war Amerika noch nicht in der Lage, genügend Streitkräfte zu einer zweiten Front in Europa beizutragen. Trotzdem erwähnt das Kommuniqué am Ende der Besprechungen zwischen Roosevelt und Molotow am 11. 6. völliges Einvernehmen bezüglich der dringenden Aufgabe der Schaffung einer zweiten Front in Europa im Jahre 1942. Die britische Regierung blieb fest bei ihrer Ablehnung eines selbstmörderischen Unternehmens. Am 19. 8. fand ein Landungsmanöver bei Dieppe statt, das noch am gleichen Tage zusammenbrach. Im November 1942 landeten die Alliierten in Nordafrika.

Berlin, den 17. 6. 42

... Die Schiedsgerichtsverhandlung ging befriedigend von Statten. Es gab nichts wesentlich Neues, Goltz und Lewinski schlossen sich meiner Meinung an und nach 1 ½ Stunden war die Geschichte ausgestanden. Jetzt muss ich das Urteil machen. Ich hoffe sehr, daß es mir gelingen wird, es diese Woche fertig zu bekommen. Dann wäre die Geschichte ausgestanden und ich wäre nur noch mit einer Sache im Rückstande.

Mit C. D. war es gestern mittag sehr nett. Neues gab es bei ihm eigentlich nicht. Wir gingen dann zusammen ab, er ins Amt, ich ins Institut, von wo ich dann direkt zu der Schiedsgerichtsverhandlung ging. Abends erschien Einsiedel, der bis um ½ 12 blieb. So war ich dann totmüde und schlief wie ein Sack bis heut früh ¾ 7. Das ist mir lange nicht passiert. Da hast Du meinen uninteressanten Tag.

Heute esse ich mit Trott aus und gehe dann in die Derfflingerstr. Ich bin gespannt, ob er nun den Absprung[1] finden wird. Um 5 bin ich in der Behrenstr. Das wird heute eine schwierige Unterhaltung werden und es wird wohl auch lange dauern, bis 7 sicher und wahrscheinlich bis 8. Es hängt sehr viel von dem Gang der Unterhaltung ab. Ich möchte so sagen: geht sie gut, ist es ein wirklicher Erfolg, geht sie nicht gut, muss man über die Umwege nachdenken, auf denen man Conrad[2] umstimmen kann und das kostet Zeit. Ausserdem beunruhigt mich, daß ich von R.[3] noch nichts gehört habe. Das kann zwar einfach daran liegen, daß er im Augenblick keine geeignete Nachrichtenverbindung hat, es kann aber auch bedeuten, daß er auf ähnliche Schwierigkeiten stösst wie ich.

Ich bin rasend beschäftigt mit Kreisau und den Bienchen. ...

So, mein liebes Herz, ich will jetzt etwas arbeiten. Erst muss ich ins Institut, um dort schnell einige Bücher wieder einzustellen, die ich für die gestrige Verhandlung heimlich entfernt hatte. Übrigens bin ich gefragt worden, ob ich mich habilitieren wollte. Mir scheint Bruns ist auf den Gedanken gekommen, aber ich weiss es nicht; habe es jedenfalls unzweideutig abgelehnt.

1 *Absprung:* Der Brief vom 18. 6. gibt keinen Aufschluß über die Andeutung, der Brief vom 20. 6. erwähnt Trotts bevorstehende Reise in die Schweiz. – Was Trotts „Indienreferat" anging, hatte Hitler am 27. 5. 42 endlich die Audienz gewährt, die Bose seit seiner Ankunft am 3. 4. 41 angestrebt hatte, war aber alles andere als entgegenkommend (s. Aufzeichnung 30. 5. 42, ADAP, E, Bd. 2, Nr. 254). Weder das Auswärtige Amt noch Hitler waren für die Unabhängigkeit Indiens geschweige denn die Anerkennung Boses als Oberhaupt einer indischen Exilregierung zu haben, obgleich dieser seit Februar über die für ihn geschaffene Funkstation „Freies Indien" zu seinen Landsleuten gesprochen, England den Krieg erklärt und Trotts Freund, Sir Stafford Cripps, während dessen Indienmission beschimpft hatte. Das Nachspiel der Hitler-Audienz war ein Angebot, die aus indischen Kriegsgefangenen gebildete „Indische Legion" mit dem Afrikakorps gegen die britische 8. Armee mit ihren vorzüglichen indischen Divisionen kämpfen zu lassen. Rommel lehnte es ab. Bose verließ dann Deutschland im Februar 1943 und ging nach Japan. Sein Nachfolger in Berlin wurde der weniger anspruchsvolle indische Journalist A. C. N. Nambiar, s. Alexander Werth, Netaji in Germany ..., Calcutta 1970, und A. Werth: Der Tiger Indiens ..., München und Esslingen 1971. – Werth war Kollege Trotts im Auswärtigen Amt.
2 *Conrad:* Preysing. 3 *R.:* Rösch.

Berlin, den 19. 6. 42

... Meine Unterhaltung mit Conrad am Mittwoch nachmittag hat wieder 2 ½ Stunden gedauert, hat aber einen grossen Schritt weiter geführt. Ein Grossteil der Schwierigkeiten ist überwunden und den Rest werden wir auch noch wegräumen. Es war aber ein richtiger Grosskampf nur war ich glücklicherweise gut in Form. – Gestern abend wollte Reichwein kommen, er brachte aber Friedrich mit, der gerade aus Paris zurückgekommen war und mich hatte sofort sehen wollen. F. war in bester Verfassung, hatte gut über unsere Propos nachgedacht und sie praktisch ganz gebilligt. Er hatte allerhand neue Einfälle und Anregungen. Wir haben bis ½ 1 gesessen, nachdem Reichwein so um 11 gegangen war. Fortsetzung Sonnabend abend oder Dienstag abend. Am Nachmittag war überdies noch ein Mann von Wurm[1] da; das sieht aussichtsreich aus. Die Hauptschlacht soll Mittwoch[2] um 14.30 tagen und wohl den ganzen Nachmittag in Anspruch nehmen. Sonntag will ich ruhig zu Hause bleiben und in Frieden meine Timesse lesen. Bei dem Hochbetrieb, der augenblicklich herrscht, bin ich für Ruhe sehr empfänglich. ...

1 *Mann von Wurm:* wahrscheinlich, aber nicht notwendigerweise Gerstenmaier, möglicherweise Oberkirchenrat Wilhelm Pressel. 2 *Mittwoch:* davor „Dienst" durch Streichung getilgt.

Berlin, den 20. 6. 42

... Ja, was ist denn nur von mir zu erzählen. Gestern mittag ass ich mit Guttenberg. Er hat schon sehr viel Charme, aber das Dumme ist, daß er einfach faul ist und nicht die Energie hat, etwas durchzustehen. Er erzählte ganz interessant über den Besuch Suñer's[1] in Rom:[2] S. ist ganz von uns abgerückt, will die Monarchie wieder einführen, Italien und Frankreich versöhnen und eine romanische oder lateinische Allianz zwischen Spanien, Frankreich & Italien zustande bringen. Das bedeutet für uns einen schweren Schlag.

Nachmittags war ich im Büro, machte das Schiedsurteil fertig, und hatte auch sonst reichlich zu tun. Um 7 erschien Trott im Büro zu einer kurzen Unterhaltung vor seiner Abreise in die Schweiz. ...

Heute um 12 war ich bei Peters und habe dort auch kurz seine Frau gesehen, die jetzt hin und wieder zu Hause[3] ist. Dann habe ich mit ihm 2 Stunden lang über die Fortsetzung unserer Arbeit gesprochen. Zeit dazu Informationen einzuholen, war nicht, denn er will mir bei Preysing Hilfestellung leisten und dazu muss er gut eingefuchst sein.

1 *Suñer:* Ramon Serrano Suñer, spanischer Außenminister. 2 *in Rom:* vgl. ADAP, E, Bd. 3, Nr. 37 und 55. 3 *zu Hause:* vgl. 6. 1. 42.

Berlin, [Sonntag] den 21. 6. 42

... Heute ist also ein ganz friedlicher Tag. Gestern abend kam auch Friedrich nicht mehr, sodaß ich nun Dienstag zu ihm gehe. Er ist dann noch ein Mal eine Nacht in Berlin und Carl ist ja dann hier. So las ich bis ½ 11 und stieg dann ins Bett um nach einer nicht ganz ungetrübten Nacht am Morgen um 6 aufzuwachen und auch bald aufzustehen. Ich habe dann etwa 1 Stunde am Schreibtisch gearbeitet für das Büro und sonst habe ich Beinchen gemacht, gelesen, überlegt, Patience gelegt. Es ist so viel zu überlegen, daß ich eigentlich einen ganzen Tag mal nichts anderes tun möchte. Aber die Timesse wollen auch gelesen werden und dann habe ich mich mit Julian's Somerset Maugham delektiert, den ich fertig habe. Es ist ein recht gutes Buch. ...

Meinen Urlaub habe ich übrigens verschoben nämlich vom 30. 7. bis 25. 8. Das passt besser als der Termin, der den 27. einschliesst. Denn erstens sind wir dann sowieso in Behnitz zusammen, und zweitens ist vielleicht in den darauf folgenden Tagen noch manches zu tun.

Berlin, den 22. 6. 42

... Heute mittag esse ich mit einem Mann aus dem Institut, Wengler.[1] Es ist ein ungewöhnlich intelligenter Mann, etwas zu sehr so; er hat die grundlegenden Werke über die Probleme der Doppelbesteuerung geschrieben und ist Spezialist für afrikanisches Eingeborenenrecht. Ein Mann mit einem Verstand jüdischer Art, aber das Beste davon. Abends will ich dann ins Büro gehen.

Der Fall von Tobruk ist ein grosses Ereignis, und völlig unerwartet, denn hier hatte man den Eindruck, daß wir etwa seit dem 10. Juni festgefahren waren, dann kam der Fall von Bir Hachim und plötzlich brach die Sturmflut los. Daß die Engländer Tobruk nicht halten wollten war zwar bekannt, aber daß sie nicht ein Mal einen Versuch gemacht haben, die eingeschlossenen Truppen zu evakuieren ist erstaunlich.[2] Das wird einen politischen Erdrutsch im ganzen Mittelmeergebiet in Ankara, Vichy, Madrid, Lissabon und franz. Afrika geben und vielleicht sind die militärischen Ereignisse noch nicht zu Ende, vielleicht geht Rommel jetzt noch weiter und gelangt doch noch zu seinem Ziel Suez.[3] Wahrscheinlich ist es nicht, aber die Ausräumung des Panzer-Widerstandes der Engländer lässt selbst das in den Bereich des Möglichen treten. Viel wird davon abhängen, ob wir Rommel jetzt mit frischen Kräften aufhelfen können.

[P.S.] Tinte soll knapp werden, sagt man. Vielleicht kannst Du Dir eine grosse Flasche Füllfederhaltertinte noch beschaffen. Gibt es bei Euch noch Schnürsenkel? Ich habe keine mehr.

1 *Wengler:* Dr. Dr. Wilhelm Wengler, nach dem Krieg Professor in Berlin; er veröffentlichte 1948 einen Artikel über Moltke und die Arbeit in der Abwehr in der Reihe „Vorkämpfer der Völkerverständigung und Völkerrechtsgelehrte als Opfer des Nationalsozialismus": H.J. Graf von Moltke (1907–1945), in: Die Friedenswarte, Jg. 48, 6, S. 297–305. Wiederabdruck in gekürzter Form in van Roon, Völkerrecht, S. 319–327. 2 *erstaunlich:* Sie verloren über 30 000 Gefangene. 3 *Suez:* s. 10. 6. 42, Anm. 1.

Berlin, den 23. 6. 42

... Gestern um 4 sind Carl & ich in die Derfflingerstr. gegangen und haben Frl. Saager entlassen. Es ging abgesehen von einigen Tränen und einigen Flüchen auf mich („Sie und Ihre Familie werden den heutigen Tag noch bereuen!") leidlich friedlich ab. Meine Karten habe ich schon alle und ich hoffe also die Saager'sche zum letzten Male gesehen zu haben. Um 5 verliess ich dann das Schlachtfeld und liess Carl & sie ihre Angelegenheiten regeln. Heute nacht schlief ich in Nikolassee und nachher kommt Frau Pick um sich den Schlüssel zu holen und die Karten, damit sie alles anmelden kann. ...

Eben habe ich mit Hans Adolf telephoniert. Klässel scheint für seine Person die Änderungsvorschläge, die ich gemacht habe, geschluckt zu haben, jedenfalls schreibt er H. A., das Justizministrium hätte seine Genehmigung so erteilt. Es fehlt jetzt nur noch die Genehmigung des Reichsforstamtes und dann ist der Verkauf von Wernersdorf in Ordnung. Danach bedarf es noch der Genehmigung des Kammergerichts zur Auflösung der Stiftung. Ich bin ja gespannt, ob das alles jetzt noch über die Bühne gehen wird.

Etwas Neues gibt es sonst nicht. Gestern hatte ich je eine längere Unterhaltung mit Haeften und Gablentz, um mich für die Unterhaltung Wurm zu informieren. Heute mittag habe ich ausnahmsweise nichts vor, heute abend gehe ich zu Friedrich. ...

Berlin, den 24. 6. 42

... Gestern mittag ass ich mit einem Mann aus dem Amt, den ich von Zeit zu Zeit sehen muss, damit wir nicht in Konflikte geraten. Es passierte nichts besonders Interessantes. Bis 6 habe ich im Amt gearbeitet und bin dann bis 8 ins Büro gegangen, wo einiges zu tun war. Anschliessend war ich von ½ 9 bis fast 12 Uhr bei Friedrich. Der hat alle seine Aufträge zur Zufriedenheit gelöst, wenn auch nicht ohne Kämpfe. Er ist etwa mit seinen Leuten soweit wie ich mit Preysing. Ich bin aber eher erstaunt, wie gut das gegangen ist und gestern kam heraus, daß auch er seiner Unterhaltung mit Sorge entgegengesehen hatte.

Heute nachmittag kommt nun also Wurm. Gestern hat er den Tag mit Vorbereitungen verbracht und die verschiedensten Leute haben mich angerufen, um sich zu erkundigen, was mit Wurm besprochen werden sollte. Ich hoffe also, daß er schon gut vorbearbeitet ist, wenn er kommt. Ich erwarte jeden Augenblick Gablentz, der mir über diese Vorunterhaltungen berichten will. Ich bin sehr gespannt, wie das gehen wird.

Sonst, mein Lieber, habe ich nichts zu berichten. Ich brauche ja nicht mehr lange zu warten bis ich komme. Ich freue mich so sehr, auf Dich, mein Lieber, auf die Würmer und auf Kreisau im allgemeinen. Gestern traf ich die erste offene Lindenblüte!

Berlin, den 24. 6. 42 abds

Heute schreibe ich noch ein Mal, weil ich morgen früh doch keinen Brief mehr nach Hause bekomme und weil ich das Bedürfnis habe, zu schreiben. Also die Besprechung mit Wurm ist gut ausgegangen. Ich bin aber jetzt von der Anstrengung dieser 2 ½ Stunden so mitgenommen, daß ich nicht mehr denken kann. Jetzt möchte ich 2 Stunden spazierengehen, aber in dieser Sau-Stadt geht das ja nicht. Ich fühle mich so leer, als sei überhaupt nichts mehr in mir. Dabei ist die ganze Geschichte so widerstandslos und glatt gegangen, daß mir dabei nicht recht geheuer ist. Aber ich habe mir auch grosse Mühe[1] gegeben.

Damit ist also ein ganz grosser Schritt getan. Jetzt muss ich in nächster Zeit noch nach München[2] und Freiburg.[3] Mir scheint, daß es ohne mich in München nicht vorangehen wird. Zu ärgerlich, denn es ist mir offengestanden sehr lästig. Ich hoffe nur, daß morgen kopfmässig ein ausruhender Tag ist. Ich bin nämlich müde aber leider noch längst nicht schläfrig. Vielleicht fahre ich noch mit dem Rad ein wenig spazieren, um müde zu werden.

1 *Mühe:* zu Gerstenmaiers Schilderung dieses wichtigen Treffens, bei dem offenbar auch Peter Yorck anwesend war, s. Streit und Friede, S. 150f. 2 *München:* um dort Kardinal Faulhaber zu sprechen. 3 *Freiburg:* um Erzbischof Gröber zu sprechen, s. 30. 6. 42.

Berlin, den 30. 6. 42

Die lieben Tage sind wieder vorüber. Sie stehen wie kostbare grüne Eilande im rauschenden Fluss; ehe man sie erreicht, sieht man sie schon grün und lockend einige Zeit vor sich liegen; nachdem man sie wieder verloren hat, schaut man zu ihnen zurück. Was wäre der Fluss ohne die Eilande? Aber wären die Eilande auch ganz so schön ohne den Fluss?...

Im Amt konnte ich also nur guten Tag sagen, dann sprach ich eine Stunde etwa mit Rösch und seinem Sekretär König[1] und verabredete mich mit ihnen auf 2. Dann raste ich an den verschiedensten Stellen umher und hatte noch nicht meine Eingänge gelesen, als es ¾1 war, sodaß ich schleunigst nach Hause gehen musste, um mich um mein Mittagessen zu kümmern. Da gab es denn Kartoffelsuppe mit einer Zwiebel drin, in Ermangelung von Suppengrün, und nachher ein halbes Täubchen, zum Schluss mit Rösch & König Erdbeeren & Kaffee. Ein

Fürstenmahl. R. & K. blieben bis 4.30 und gingen von mir zu Preysing, um dann nachher ins Büro zu kommen, mich abholen. Ich habe die beiden auf die Schwierigkeiten mit Conrad sorgsam eingefuchst. Der ihre[2] hat alles getan, was er tun sollte, aber mit Gröber[3] hatten sie noch nicht gesprochen, weil sie erst den Segen von Conrad dazu haben wollten.

Um ½ 5 kamen Haeften & Trott, dieser gerade aus der Schweiz zurück und mit den ersten englischen & amerikanischen Reaktionen auf unsere Bemühungen. Nicht uninteressant und ganz leidlich hoffnungsvoll.[4] – Um 6 war ich im Büro, wo ich reichlich zu tun hatte, und um 8 erst erschienen R & K. Sie hatten die ganze Zeit, also wohl 3 Stunden lang, mit C. gerungen, hatten ihn aber, wie ich, als ein schwer zu knakkendes Nüsschen aber auch nicht unbekehrbar gefunden. Besonders die Tatsache, daß er nicht die Hauptrolle spielen sollte, hat Conrad sehr erleichtert, Ich hatte R. beauftragt, das ganz unzweideutig klarzumachen. Befragt, wer denn für die in Aussicht genommene Rolle in Frage komme, hatte C. Gröber genannt und damit ist dieser Casus geklärt.

Weiteres Programm: R. fährt sofort nach Freiburg, und K. kommt am 8. oder 9. her um mich über das Ergebnis zu unterrichten. Wenn das befriedigend ausfällt, wie wir erwarten, dann soll ich am 12. Gröber treffen. Am 14. sind die Besprechungen mit Wurm's Leuten hier in Berlin und am 19. fahre ich zu Wurm. Damit gibt es in diesem Monat nur einen Sonntag und das ist der 5. Darüber werden wir ja übermorgen telephonieren.

Diese Woche ist toll: Morgen früh kommt Peter, der ja grässlich raus ist, morgen nachmittag erscheint Friedrich mit seinem Österreicher[5] bei mir, übermorgen abend ist eine Besprechung zwischen Friedrich, dem Mann, den er für Fragen des Staatsaufbaus stellen soll und mir. Freitag kommt Christiansen[6][,] und Trott wünscht einen Abend und Jowo hat mich gebeten, mit einem General Köstring[7] zu essen, früher Militärattaché Moskau. Borsig steht auch noch auf dem Programm, Frau Cohn hat wieder Schwierigkeiten und so ist geradezu der Teufel los. ...

1 *König:* s. 9. 5. 42, Anm. 1. 2 *Der ihre:* der Münchener Erzbischof, Kardinal Michael von Faulhaber (1869–1952); 1903–10 Professor der alttestamentlichen Exegese und biblischen Theologie in Straßburg, 1910–17 Bischof von Speyer, 1913 persönlich geadelt, 1917–52 Erzbischof von München und Freising, seit 1921 Kardinal. 3 *Gröber:* Conrad Gröber (1872–1948), Erzbischof von Freiburg seit 1932. In der Frühzeit des Dritten Reiches als „brauner Conrad" bekannt, ging er sogar der SS als Förderndes Mitglied auf den Leim, was er jedoch nicht blieb; wurde dann ein konsequenter Gegner des Regimes und von diesem entsprechend beargwöhnt (vgl. 9. 7. 42); Förderer von Hilfsaktionen für Verfolgte; seine rührigste Helferin dabei war Gertrud Luckner (geb. 1900), die dafür

auch die Jahre 1943–45 in Ravensbrück verbrachte. Mitglied des Ausschusses für Ordensangelegenheiten; 4 *hoffnungsvoll:* vgl. jedoch Visser 't Hoofts Schilderung von Trotts an Verzweiflung grenzender Enttäuschung, als er ihm die englische Reaktion auf sein Memorandum überbrachte (W. A. Visser 't Hooft, Memoirs, Philadelphia 1973, S. 158). Auch der Versuch von Hans Schönfeld und Dietrich Bonhoeffer, die britische und amerikanische Regierung über deutsche oppositionelle Bestrebungen zu informieren und für Entgegenkommen und Hilfe zu werben, schlug fehl. Diese beiden hatten, unabhängig voneinander, den anglikanischen Bischof George Bell Ende Mai in Sigtuna (Schweden) aufgesucht. Bells Ringen mit dem Außenminister Eden in dieser Sache zog sich wochenlang hin; die negative Antwort kam Mitte Juli. Bells Vorstoß beim amerikanischen Botschafter in London Ende Juli war ebenso erfolglos. S. Bethge, Bonhoeffer, S. 850–861; Dietrich Bonhoeffer, Gesammelte Schriften, Bd. 1, München 1965, S. 372–388; und Boyens (wie Einleitung, Anm. 6, Band 2) S. 210–213. 5 *Österreicher:* Heinrich Gleissner? 6 *Christiansen:* Friedrich Christiansen-Weniger, Landwirtschaftsexperte, Leiter der landwirtschaftlichen Versuchsstation Pulawy – s. 4. 5. 43. S. auch 15. 3. 42, Anm. 1 und Einleitung, S. 9. 7 *Köstring:* General d. Kav. Ernst August Köstring, ab 1. 9. 42 Beauftragter für Kaukasusfragen bei Heeresgruppe A.

Berlin, den 1. 7. 42

Es ist 10.45 nachts und jetzt erst komme ich zum Schreiben. Aber der Tag war wieder toll. Erst ein Mal wachte ich heute morgen zu spät, nämlich erst um 6.30 auf. Dann schrieb ich meinen Brief an Granny. Um 9 war ich bei einer Dienststelle wegen Frau Cohn, die aus Brot und Wohnung gesetzt werden soll. Dort fand ich einen netten, verständigen Oberregierungsrat, der nur soviel tut wie er muss, um seine Stellung zu halten und deswegen wird es mit Frau Cohn wohl noch einige Zeit gehen. Um 10 war ich im Amt, wo ich mehrere Telephone machen musste, um 11 kam Peter[,] um 11.30 hatte ich eine Sitzung, um 1 eine kurze Besprechung in der Derfflingerstr.[,] um 3 eine im Amt, dazwischen habe ich gekocht: Gemüsesuppe aus nichts, Taube mit Graupen. Um 5 bekam ich eine ganz eilige Sache dienstlich, um 5.30 kamen Peter & Friedrich in die Derfflingerstr. mit einem Österreicher[1] von Friedrich, dazwischen musste ich die dienstliche Sache erledigen[,] um 7.15 ging Peter, um 7.30 ging der Österreicher, dann haben Friedrich & ich weiter geredet bis 10.30 und in der Zeit habe ich eine geradezu herrliche Erbsensuppe gekocht, die wir assen. Ich habe bisher jede Mahlzeit allein gekocht[,] zu Hause gegessen, und nicht immer allein und habe noch kein Ei gebraucht!

Schmarbeck macht also die Möbel so schnell er kann. Ich habe für RM 200,– ein sehr nettes Schreibtischsesselchen gekauft, das ich hier behalten will bis die Möbel wieder kommen und dann kann es nach Kreisau. Es ist verstellbar, sodaß es zum Arbeiten und Schlafen geeignet ist. Morgen kommt es her und ich bin sehr gespannt, wie Du es finden wirst.

Unterhaltung mit Friedrich gut wie immer. Keine besonderen neuen Gesichtspunkte. Nur haben wir die Frage der Wiedergutmachung an Arbeitern, Juden, Polen etc. lange angesprochen. Der Haupt-Kampf in der Gewerkschaftsfrage[2] kommt nächste Woche. Bin gespannt, wie das ausgeht. Morgen wird sein Mann für den Staatsaufbau von ihm, Peter & mir bearbeitet. Vorher, um ½ 6 gehe ich zu Peter's und esse dort Abendbrot.

Weiteres Programm: Rösch ist heute bei Gröber, nachdem er den Segen von Faulhaber und Preysing hat. Am 9. bekomme ich Nachricht, ob ich am 12. zu Gröber soll. Am 19. fahre ich zu Wurm. Am 10. und 13. 8. Besprechungen mit W. G. F.[3] Also musst Du, bitte, nächsten Sonntag kommen. Das ist der einzige freie Sonntag auf unabsehbare Zeit.

1 *Österreicher:* s. 30. 6. 42, Anm. 5. 2 *Gewerkschaftsfrage:* die Frage, ob große oder Industriegewerkschaften oder gar Einheitsgewerkschaft, wie sie die alten Gewerkschafter wollten, oder die von den Kreisauern angestrebten Betriebsgewerkschaften. 3 *W. G. F.:* Wurm, Gröber, Faulhaber.

Berlin, 2. 7. 42

... Jetzt will ich noch die heutigen Eingänge bearbeiten, und dann um 5 zu Peter fahren. Den will ich neu einfuchsen und mit ihm um 8.30 zu der Besprechung mit Friedrich über die September-Tagung gehen. Dort wird es sicher wieder 12 Uhr werden, ehe ich weg kann. ...

Berlin, den 7. 7. 42

Es ist 8 Uhr 15. Ob Du wohl jetzt friedlich zu Hause sitzt und frühstückst oder gefrühstückt hast? Ich hoffe sehr. Schliesslich seid Ihr ja pünktlich abgefahren. Mein liebes Herz, es war ja so schön mit Ihnen, so liebenswürdig wie immer. Es hat mich auch sehr gefreut, daß Du noch eine der in letzter Zeit so häufigen Unterhaltungen mit Friedrich miterlebt hast. Wenn wir alleine sind, geht es noch etwas konzentrierter zu und ein ganz Teil schneller, aber im wesentlichen ist es dasselbe. Er war jedenfalls gestern abend ganz typisch. ...

Heute mittag esse ich mit Stauffenberg,[1] dem den ich in London traf und dem ich das kleine Wölffchen[2] als Lehrer empfahl. Nachher will ich mich vielleicht ein Stündchen hinlegen um für den Abend Kräfte zu sammeln. Vom Amt aus gehe ich ins Büro und von da zu Peters.

1 *Stauffenberg:* Hans Christoph Freiherr von Stauffenberg. S. auch 1. 9. 41 und 20. und 21. 9. 43. 2 *Wölffchen:* Viktor Wolff, Sohn von F. M.s Lehrer Martin Wolff.

Berlin, den 8. 7. 42

... Der gestrige Abend war rasend anstrengend. Es gab einen schweren Kampf, und wir sind nur soweit gekommen, daß wir die Ursache des abgrundtiefen Misstrauens des Onkels[1] aufgedeckt haben. Das Ergebnis war jedenfalls, daß wir ihn soweit kriegten, daß er zugab: ja, wenn sich die Faktoren wirklich so einstellen, dann ist eine völlig neue Lage gegeben und in dieser Lage können auch wir zu anderen Ergebnissen gelangen. – Ich habe den Eindruck, daß der entscheidende Durchbruch gelungen ist, aber erst um 12 Uhr nachts und daher muss man erst sehen, ob sich nun wieder alles versteifen wird oder ob der Sieg endgültig ist. Am nächsten Dienstag geht es weiter. ...

1 *Onkels:* Leuschners. Vgl. 1. 7. 42, Anm. 2.

Berlin, den 9. Juli 1942

... Gestern mittag hatte ich mit Kiep gegessen und dann mit ihm & Jowo & Inge in der Derfflingerstr. Kaffee getrunken. Um 5 kam Peter mich im Amt abholen und blieb bis 7. Um 7.15 kam König, der Sekretär von Rösch, der am Freitag die Nachricht brachte, daß unser Freiburger Freund[1] einen ständigen Schatten hat, sodaß ich ihn am Sonntag nicht sehen kann. Das gab uns neue Aufgaben, wir besprachen diese bis etwa 9 Uhr, assen dabei sehr gut zu Abend, und Frau Pick war dem plötzlichen Besucher durchaus gewachsen und dabei gut gelaunt, und dann zogen wir zu Peter; den wollte ich über das Ergebnis unserer Erörterungen unterrichten und ausserdem ihn bitten, eine Besprechung wahrzunehmen, die Rösch für heute für mich angesetzt hatte. So wurde aus dem beabsichtigten friedlichen Abend nichts, und ich war erst um ½ 12 Uhr im Bett. – Ich fahre also am Sonnabend nach Freiburg, werde aber nur Rösch sehen und alles an Ort und Stelle durch ihn erledigen.

Heute mittag – in 10 Minuten – gehe ich zu Gramsch; ich bin gespannt, was ich dort hören werde. Heute abend gehe ich zu Einsiedel um mich dort mit C. D. und ihm zu beraten. Ich will den beiden einen gemeinschaftlichen Auftrag geben, dessen Durchführung sich nach den Besprechungen mit Friedrich und Konsorten als notwendig erwiesen hat.

Eben war Borsig hier, um noch mal etwas zu besprechen. Heute morgen sprach ich Hans Adolf und tatsächlich scheint die Sache jetzt wieder ein Mal weiterzugehen.

1 *Freiburger Freund:* Erzbischof Gröber, s. 30. 6. 42, Anm. 4.

Berlin, den 10. Juli 1942

Gestern mittag mit Gramschens war es nett. Ich finde sie ja eine besonders nette Frau, und ich war allein da, sodaß wir uns in Ruhe unterhalten konnten. Er sah müde aus und hatte durch das Vordringen von Speer in seinem Arbeitsbereich erhebliche Rückschläge erlitten und sah sich, nach 7 Jahren an der wirklichen Macht, in etwa kaltgestellt und von vergangener Grösse zehrend. Aber er war trotzdem guter Dinge. Es sind ja beide sehr religiöse Leute und sie waren sichtlich von den Möglichkeiten, die ich von dorther sah, beeindruckt. Ich lebe schliesslich so in diesen Gedankengängen, daß ich immer erstaunt bin, wenn jemand mir sagt, es sei ihnen neu und interessant. ...

Um 8 ging ich dann zu Einsiedel wo auch C. D. war. Wir haben bis um 12 geredet und, glaube ich, klare Fortschritte[1] erzielt. Glücklicherweise hatte Einsiedel Kaffee gemacht und dadurch war ich aufrecht erhalten worden. Um 1 war ich in Nikolassee, totmüde, und schlief gut bis 6.

Heute mittag esse ich mit Trott und dann fahren wir beide zu Peter, von dort will ich ins Büro gehen und dann früh ins Bett. Ich muss ein Mal in dieser Woche ausreichend schlafen. Ich fühle mich dabei wohl und munter und es ist nur Vernunft, die mich ins Bett treibt. ...

1 *Fortschritte:* in der Vorbereitung der Diskussion von Wirtschaftsfragen bei dem nächsten Kreisauer Treffen im Oktober. Vgl. die Denkschrift Einsiedels und Trothas über die Gestaltungsaufgaben in der Wirtschaft, in van Roon, Neuordnung, S. 523–539.

Berlin, den 11. 7. 42

... Vorhin brachte Frl. Breslauer mir Deinen Brief, den sie vergessen hatte, mir gestern zu geben. Aber die Himbeeren sind herrlich angekommen. Vielen Dank, mein Lieber, es war ein grosser treat. Gestern habe ich einen Glasteller voll zu Abend gegessen und den Rest werde ich heute mittag mit Uli[1] & Reichwein vertilgen. Ich habe Uli heute mittag eingeladen, ehe ich wusste, daß Jowos kommen und finde es auch garnicht schlimm und mit Reichwein habe ich noch einiges zu besprechen. Am Nachmittag muss ich noch ein Mal Friedrich sehen.

Gestern mittag ass ich bei Trott und nachher fuhren A. T. & ich zu Peter, um die weiteren Pläne zu erörtern. Etwas besonders Neues ist nicht herausgekommen, nur haben wir nach meiner Vorbesprechung mit C. D. & Einsiedel von Donnerstag abend beschlossen, am 19. 7. in meiner Abwesenheit in Behnitz ein Wochenende mit diesen beiden,

Peter & Schmölders[2] zu veranstalten, weil wir in der Sache, mit der wir Ostern steckengeblieben sind für die Oktobertage weiterkommen müssen. ...

1 *Uli:* Ulrich Busch. 2 *Schmölders:* Günter Schmölders, Wirtschaftswissenschaftler, mit Yorck befreundet, veröffentlichte mit ihm: Die Preisbildung nach der Kriegswirtschaftsverordnung, Berlin 1941, und mit einigen anderen oppositionellen Geistern einen von Schmölders edierten Sammelband: Der Wettbewerb als Mittel volkswirtschaftlicher Leistungssteigerung und Leistungsauslese, Berlin 1942. Schmölders nahm an einigen Besprechungen teil und arbeitete 1942/43 eine Denkschrift für die Kreisauer aus über ,,Wirtschaft und Wirtschaftsführung in einem Europa-Block nach dem Kriege" – Text in seiner Schrift ,Personalistischer Sozialismus. Die Wirtschaftsordnungskonzeption des Kreisauer Kreises der deutschen Widerstandsbewegung', Köln/Opladen 1969, S. 67–91; teilweise abgedruckt in van Roon, Neuordnung, S. 539ff.

Berlin, den 13. 7. 42

Gestern habe ich nicht geschrieben, weil es einfach nicht ging. Ich war um 9.11 hier weggefahren und um 7.30 war ich mit einer Stunde Verspätung in Karlsruhe von R.[1] abgeholt worden. Die Nacht war nicht sehr ergiebig, denn erst hatte ich nicht einschlafen können und, nachdem ich ein Pillchen genommen hatte, hatte es so toll geschlagen, daß ich mehrfach aufwachte, um schliesslich so etwa um 5.30 so endgültig zu erwachen.

Mit R. ging ich dann zum Frühstück in eine der Niederlagen, die sie[2] auch dort haben und bekam wieder herrliches Frühstück. Besonders gab es köstliches Apfelgelee. Die Unterhaltung ergab in 3 Stunden eine ganze Anzahl von Schwierigkeiten bei Gröber, die teils psychologischer, teils nur technischer Art sind. Die technischen sind natürlich gleichgültig bzw. überwindbar, das Wichtige sind die psychologischen. R. scheint mir im Vortrage bei G. einen Fehler gemacht zu haben, G. fühlte sich überrumpelt und zog sich hinter die technischen Schwierigkeiten zurück. Es war also sehr nötig, daß ich diese Sache aufklärte. Wir haben, glaube ich, einen Ausweg gefunden, der uns wieder auf den richtigen Weg bringen wird, wenn auch mit Schwierigkeiten.

Solche Hindernisse sind immer ganz wichtige Augenblicke und geben einem Gelegenheiten, eigene Meinungen und Methoden klarzumachen, die man bei glattlaufenden Sachen nicht hat. Das Entscheidende dabei ist nur immer, daß es einem gelingt, der Schwierigkeiten Herr zu werden. Noch sind wir leider nicht so weit, und die Spannung wird noch einige Zeit anhalten.

Jedenfalls, um 11 waren wir so weit, daß uns klar war, wie wir weiter fortfahren müssten und, da ich einen Zug um 12 Uhr hatte[,] bekam ich schnell etwas zu essen, – wieder hervorragend gut mit Johannisbeer-Sahnen-Eis zum Schluss und Kaffee und Kuchen – und der Sekretär von R.[3] zog nach München um unsere Abrede durchzuführen und ich nach Berlin. ...

Heute abend kommen Gerstenmaier & Peter um die Besprechung Wurm vorzubereiten. Morgen mittag isst Poelchau bei mir, abends Friedrich & Onkel[4] bei Peter zur Fortsetzung des Grosskampfes. Mittwoch kommt Steltzer; er rief eben aus Helsinki an; auch Zitzewitz soll Mittwoch kommen. Die Woche wird also sehr belebt. ...

In den Parliamentary Debates kommt, am 18. 5., glaube ich, Henry Brooke[5] vor. Ausserdem ist darin ein Gedicht zitiert, das einem Abgeordneten durch einen unbekannten Soldaten geschickt worden ist. Ich schreibe es hier für Dich ab:

Costers have died that culture shall remain,
And country lads for freedom on the seas,
Who saw no ships before they went to fight,
And derelicts have died for decencies,
And outcast men have perished to maintain
The Christian faith against the powers of might.
Oh, that the nation with one voice could say,
'This time the land you save shall be your own,
This time, at last, the good rich English soil
Shall yield to those whose hands have made it pay,
Yourselves shall profit by what you have grown
And harvests shall belong to those who toil.'[6]

1 *R.:* Rösch. 2 *sie:* die Jesuiten. 3 *von R.:* König. 4 *Onkel:* Leuschner. 5 *Brooke:* Vetter von Michael Balfour; konservatives Unterhausmitglied 1938–45 und 1950–66, Wohnungsbauminister 1957–61, Innenminister 1962–64; 1966 persönlich geadelt. 6 *who toil:* Daß er das Gedicht abschrieb, zeugt für seine Sympathie mit dessen bodenreformerischem Tenor.

Berlin, den 14. Juli 1942

Heute war also der Sturm auf die Bastille. Es ist doch sehr merkwürdig, daß das im Sommer passiert ist und man kann es sich nicht recht vorstellen. Es ist doch sicherlich sehr heiss gewesen. ...

Gestern abend war also die Unterhaltung mit Wurm's Mann, Gerstenmaier. Dabei ergab sich daß er es für schlecht hält, die Vorbesprechungen mit Wurm so viele Wochen vor der Hauptbesprechung zu machen;

man müsse es W. leicht machen und die beiden Besprechungen in einem Abstand von nicht mehr als 10 Tagen halten. Ergebnis: wir wollen also die erste Besprechung W. mit mir zwischen 7. & 10. August und die Besprechung zu dritt zwischen 10. & 15. 8. haben. Zwischen diesen beiden soll dann Gröber liegen. Unter den Umständen scheint mir ich sollte meinen Urlaub verschieben, ihn am 11. 8. formell anfangen, mich am 6. abends drücken und am 25. oder 30. wieder zurückkommen. Ich muss warten bis Oxé zurück ist, und dann will ich es mit ihm besprechen.

Heute mittag kommt Poelchau. Er soll sich mit der Frage der Wiedergutmachung[1] vertraut machen und dazu will ich ihn sehen. Aber auch abgesehen davon will ich mal hören, was er inzwischen gemacht hat. Und dann hoffe ich endgültige Nachrichten über die Knaben zu bekommen, die Erntehilfe machen wollen. Abends geht dann der Grosskampf mit dem Onkel[2] weiter. Zitzewitz[3] kommt diese Woche noch nicht. Dadurch werde ich die Zeit frei kriegen, um nach Hause zu kommen. Es hängt allerdings auch von Steltzer ab, denn mit dem müssen mehrere Sachen besprochen werden.

1 *Frage der Wiedergutmachung:* vgl. 1. 7. 42. 2 *Onkel:* Leuschner, vgl. 8. 7. 42
3 *Zitzewitz:* vgl. 15. 3. 42, Anm. 1., und 12. 6. 42.

Berlin, den 15. 7. 42

Dies ist glücklicherweise der letzte Brief, denn ich hoffe zuversichtlich, am Freitag nachmittag fahren zu können. Hoffentlich klappt das. Es hängt im wesentlichen davon ab, wie schnell ich mit Steltzer fertig werde. Es ist sehr viel mit ihm zu besprechen und wenn ich auch einen Teil davon an Trott delegiert habe, bin ich nicht ganz sicher, ob ich bis Freitag mittag fertig werde. Ich will ihn jedenfalls gleich heute am Flugplatz abholen, damit ich ihn für die Zeiten festmachen kann, zu denen ich ihn dringend brauche.

Gestern mittag die Unterhaltung mit Poelchau war befriedigend. Er bat darum, ob wir beide mal rauskommen könnten zu ihnen, wenn Du da bist. Der Junge, den er uns schicken will, heisst Loebell, kommt wahrscheinlich erst Ende des Monats, weil er noch am Wolfgangsee ist. – Der Abend mit dem Onkel[1] dauerte wieder bis 12 Uhr nachts, brachte aber ganz erhebliche Fortschritte. Wir sind also so weit gekommen, wie wir kommen wollten, nämlich daß der Onkel uns einen Mann[2] für Oktober delegieren wird. Über manches sind wir noch hinweggeglitten, aber eine breite Grundlage für weitere Arbeit ist doch gewonnen. So, damit ist ein ganz wichtiger Schritt vorwärts getan. ...

1 *Onkel:* Leuschner. 2 *Mann:* Hermann Maass (1897–1944), Sozialdemokrat, 1924–33 Geschäftsführer des Reichsausschusses der deutschen Jugendverbände und Chefredakteur der Monatsschrift ‚Das junge Deutschland'. Er betrieb dann in Berlin eine kleine Aluminiumfabrik, zusammen mit Wilhelm Leuschner, mit dem er auch politisch eng zusammenarbeitete. Wie Leuschner war er in Kontakt mit der militärischen Opposition. Im August 1944 verhaftet, am 20. 10. 44 vom Volksgerichtshof zum Tode verurteilt.

Berlin, den 21. 7. 42

... Mein Lieber, bei Dir war es wieder, wie immer, sehr lieb. Es war ja wieder allerhand zu tun und Du, mein Herz, hast eigentlich zu viel zu tun. Aber es ist schön zu sehen, daß Dein Garten gedeiht, daß Deine Bienchen eifrig sind und daß es Deinen Söhnchen wohl ergeht. Hoffentlich bleibt es so. ...

Arbeit gab es hier einige, oder vielmehr sogenannte Arbeit; in Wirklichkeit ist das alles Mist. Mit Peter habe ich kurz telephoniert und Einsiedel erwarte ich jede Minute. Guttenberg's Neffen geht es tatsächlich etwas besser.

[PS] Dies ist der einzige Brief, denn der morgige kann glücklicherweise nicht mehr ankommen.

Berlin, den 29. 7. 42

Nun bist Du also wieder weg und bist hoffentlich inzwischen fast in Liegnitz, denn es ist 12 Uhr. Du hattest ja einen guten Platz und so bist Du hoffentlich auch bequem gereist. – Dein Wirt ist eilends ins Amt gegangen. Er hat nichts Eiliges zu tun, aber viel aufzuräumen und besonders muss ich eine Sache für das Büro erledigen, die dringend erledigt werden muss. ...

Berlin, den 30. 7. 42

... Gestern war also ein angenehmer ruhiger Tag. Ich ass zu Hause allein zu Mittag, räumte den ganzen Tag im Amt auf und ging um 3.45 zu Görschen[1] und anschließend ins Büro. ...

Denk' Dir, das Reich hat die Wohnung in der Derfflingerstr. zum 31. 10. gekündigt und ist dazu leider berechtigt. Ich habe nun erst ein Mal zurückgeschrieben, das Ganze sei wohl ein Irrtum, weil die Garagenwohnung doch gewiss nicht für das Reich unentbehrlich sein könne. Ausserdem will ich jetzt das Amt vorspannen und mal sehen, was da zu erreichen ist.

Sonst ist von hier nichts Neues zu berichten. Mit Poelchau habe ich heute telephoniert.

1 *Görschen:* Hans Wolf von Goerschen, Geschäftsmann aus Aachen, bei dem Carl Deichmann gearbeitet hatte; vor dem Krieg nach Holland ausgewandert, wohnte er in Den Haag, wurde holländischer Staatsbürger, stellte Verbindungen zum holländischen Widerstand her.

Berlin, den 31. 7. 42

. . . Was Du mir sonst erzählt hast, klingt ja leidlich. Das schlimmste ist der Verlust des Futters in den Silos und der schlechte Stand der Milch. Bei Klee und Landsberger Gemenge müsste sie sich eigentlich wieder heben. Zeumer's Geldsorgen sind mir nicht ganz klar. Er muss das Geld von den Schweinen bekommen haben, das waren doch rund RM 5.000,–, er muss sich jetzt Geld aus Frühkartoffeln machen können und die Lohnspitze des Rübenhackens muss doch vorbei sein. Er soll jedenfalls die Pferde auf jeden Fall kaufen, wenn er sie bekommt. Ich bin bereit, ihm das Geld extra zu geben. Wie weit sind die Männer im Kuhstall? Ach, ich möchte gerne so schnell wie möglich kommen. Es drängt mich, alles selbst zu sehen. Wie sehen denn die Rüben aus? Bei dieser Feuchtigkeit können doch die Läuse keine grossen Fortschritte gemacht haben. Und sind die Kartoffeln leidlich sauber?

Gestern war also die grosse Aussprache mit Maass[1] und mir bei Friedrich. Peter konnte leider nicht mitkommen. Das Ergebnis war befriedigend. Maass ist pedantisch, etwas lehrerhaft,[2] ein schwieriger Gesprächspartner; auf seinem Spezialgebiet hervorragend beschlagen, mit grossem Verantwortungsgefühl und Ernst, gut vorbereitet. In der allgemeinen politischen Linie passt er gut, in Kreisau wird er der ideale Repräsentant des Onkels[3] sein. Heute abend sind Friedrich – Delp[4] bei mir, morgen mittag Delp – Maass bei Peter.

Gestern mittag war Peter zum Essen da. Er sah wieder elend aus und ich sagte ihm, er müsse etwas für sich tun. Er meinte es sei die Kombination zwischen unbefriedigender Arbeit und Sorge an der Heimatfront. . . .

1 *Maass:* vgl. 15. 7. 42, Anm. 2. 2 *lehrerhaft:* Er hatte in der Tat nach seinem Frontdienst im Ersten Weltkrieg Philosophie, Psychologie und Soziologie studiert und die Lehramtsprüfung abgelegt, bevor er sich auf das Wohlfahrtspflegeexamen vorbereitete. 3 *Onkels:* Leuschners. 4 *Delp:* Alfred Delp SJ (1907–1945) wurde Kreisauer Mitarbeiter für Sozialfragen. Aktiv im katholischen Jugendbund „Neudeutschland"; 1926 Novize in der Gesellschaft Jesu, erste Gelübde 1928, Studium am Berchmannskolleg in Pullach bei München, Erzieher am Jesuitenkolleg Stella Matutina in Feldkirch/Vorarlberg und St. Blasien im Schwarzwald; 1934 Studium der Philosophie in Valkenburg, Holland; Veröffentlichung von ‚Tragische Existenz. Zur Philosophie Martin Heideggers', Freiburg 1935; 1936 in St. Georgen, Frankfurt; 1937 Priester; 1939 Mitarbeiter an den ‚Stimmen der Zeit', besonders für soziale Fragen in Wirtschaft und Politik; seit

Ende 1940 auch Mitarbeiter der Hauptstelle für Männerseelsorge und Männerarbeit in Fulda; 1941–44 Rektor von St. Georg, Bogenhausen (München); Beteiligung an Hilfsaktionen für Juden. Er traf M. zuerst im Frühjahr 1942. Teilnahme am 2. und 3. Kreisauer Treffen. Seine letzten Gelübde legte er, trotz Drohungen der Gestapo – er war am 28. 7. 44 verhaftet worden – am 8. 12. 44 im Gefängnis ab. – S. 10. 1. 45, Anm. 26, und Roman Bleistein, Alfred Delp, Geschichte eines Zeugen, Frankfurt 1989.

Berlin, den 1. August 1942

... Gestern mittag ass ich mit Hans Adolf. Es scheint alles bestens zu gehen und H. A. meint, daß bis 1. 10. alle Grundbucheintragungen und Löschungen durchgeführt sein werden. Nun, ich bin ja sehr gespannt.

Abends kamen dann Delp und König aus München, die direkt vom Bischof von Fulda[1] kamen. Ich habe sie dann erst eine Stunde lang in die Gesamtkonzeption eingeweiht und um 7 stiessen Friedrich und Peter zu uns. Es gab sehr gut zu essen: Suppe, gemischte herrliche Gemüse und Kartoffeln, Obst und Kaffee. So um 8.30 begann wohl die ernsthafte Arbeit, um 9.30 wurde es ernsthaft schwierig, nach einer weiteren Stunde war dann der tote Punkt überwunden und um 12 trennten wir uns mit einem grossen Erfolg. Ich glaube, daß zwischen diesen Leuten die notwendige Vertrauensbasis geschaffen ist, um weiterzukommen, was umso wichtiger ist, als Delp im Auftrag der drei Bischöfe Faulhaber, Pr.[2] und Dietz kam und eine Einladung zu der Besprechung für Friedrich und mich überbrachte.

Zum Technischen: wir haben alles auf Ende des Monats verschoben, weil uns das nach den Gründen, die uns mitgeteilt wurden, richtiger erschien. So brauche ich jetzt garnicht zu reisen, sondern hoffe, Ende dieser Woche zu Hause einzutreffen. Friedrich fährt auch am Mittwoch weg, sodaß eine Ruhepause für uns eintritt, und dafür die anderen, also Delp – Maass – C. D. arbeiten müssen. Ich bin es auch etwas satt und mir schwirrt der Kopf. Jetzt, nachdem das Wesentliche, nämlich das Zustandekommen der Besprechungen, erreicht ist, fühle ich mich müde und dränge zum Stall.

Heute mittag treffen wir uns also bei Peters. Maass ist noch dabei und die Unterhaltung betrifft vornehmlich die Vorbereitung von Kreisau, oder vielmehr nur die Vorbereitung von Kreisau. Abends ist Pause. Morgen früh um 10 ist eine Besprechung Delp – Trott über den aussenpolitischen Teil, morgen um 2 kommt dann wieder Friedrich – Delp – Peter – ich dran, um den Kriegsplan in den hohen Sphären abzustimmen und endgültig zu fixieren. Sonntag abend Trott – Friedrich – ich über den aussenpolitischen Teil. Dann ist in der kommenden Woche noch vorgesehen C. D. – Maass und C. D. – Delp. Und dann komme ich nach Hause.

1 *Bischof von Fulda:* Johannes Baptista Dietz (1879–1959), Bischof von Fulda 1939–59, Vorsitzender des Ausschusses für Ordensangelegenheiten – s. Einleitung, S. 13. 2 *Pr.:* Preysing.

Berlin, [Sonntag], den 2. 8. 42

... Gestern war also wieder eine der dramatischen Unterhaltungen, die dazu führen sollen, die Herren aus München und die Männer des Onkels zusammenzuschweissen. Um 2 assen wir bei Peters[1] und um 3 ging es los. Der gute Maass ergötzte uns wieder mit professoralen Ausführungen von 90 Minuten Länge: trocken, humorlos, sehr viele Banalitäten. Wir andern schliefen durch lange Strecken des Vortrags, Peter und ich ganz schamlos, und Friedrich verlor im Schlaf immer die erkaltete Zigarre aus dem Mund und davon erwachte er immer, sah mich an, lachte, hob sie auf und schlief dann wieder, bis er sie erneut verlor. Aber in diesen 90 Minuten wurde uns doch klar, daß hier ein Mann sprach, der über den Zustand der Arbeiterschaft wirklich etwas zu sagen hatte und in den 90 Minuten gab es auch Höhepunkte, wo wir alle gemeinsam gespannt zuhörten und manche Perle war zwischen den Banalitäten versteckt. Aber immerhin, solche Diskurse werde ich ihm in Kreisau nicht gestatten.

Dann schien es 1 Stunde lang überhaupt nicht weiterzugehen und plötzlich so um 6 ging alles im Galopp, der Punkt, den man als Test des gegenseitigen guten Glaubens ansehen wollte, war gefunden, für 10 Minuten sprachen Delp und Maass dieselbe Sprache, wenn auch mit verschiedenem Inhalt, und dann schlug Delp vor, die gegenseitige These ganz kurz aufzuzeichnen und sie auszutauschen, ehe man weiterging. Da hörten wir dann auf. Beide Teile sollen ihre Herren Chefs konsultieren und am 22./23. 8. soll hier der Austausch der Thesen stattfinden.

Ich glaube, es hätte nicht besser gehen können und ich bin überzeugt, daß man am 22./23. zu einer Einigung gelangen wird. Aber der Konflikt, der Gegensatz ist richtig und nötig.

Dieses Ereignis bestimmt jetzt die weitere Prozedur. Die Bxxxx[2] sind auf den 24. und 26. 8. verschoben; danach ergibt sich folgendes Programm: Ich komme jetzt so schnell wie möglich nach Hause, wie schnell ich das kann, weiss ich noch nicht. Am 21. abends sind wir leider wieder hier, am 22. und 23. sind die Besprechungen hier; Onkel – Maass – Friedrich contra Rösch – Delp – König. Am 23. abends fahren Delp – Friedrich und ich nach Bamberg zu den Bxxxx[2], am 25. Friedrich + ich nach Heidelberg. Du fährst auch am 25. nach Heidelberg; am 26. ist die

Begegnung mit W.[3] in Heilbronn,[4] dann machen wir die Tournee der Obstgüter und am 28. abends sind wir in Godesberg, von wo ich in der Nacht vom 30./31. nach Berlin zurückfahre. Jetzt brauchen wir zu diesem Programm noch die Billigung der Bxxxx[2] und dann wäre alles fixiert. So gelange ich doch immerhin zu etwa 14 Tagen in Kreisau.

Heute vormittag ist Pause und um 2 geht es ohne Peter weiter, um mit Delp & Friedrich die Besprechungen in Bamberg vorzubereiten. Ich muss mich also gleich an die Arbeit machen um Entwürfe von Texten vorzubereiten. Das wird bis 7 etwa dauern, dann isst F. bei mir und wir radeln um 8 zu Trott, der endlich seine aussenpolitischen Fragen erörtert haben will.

So, jetzt habe ich die dramatischen Unterhaltungen satt.

Ich kann von dem ganzen Zeug nichts mehr hören. Der Ansatz, den ich Pfingsten[5] anstrebte, ist nun nach vielem Hin und Her erreicht und ich muss das alles für einige Zeit aus meinem Kopf verbannen. Darum freue ich mich doppelt und dreifach auf Kreisau.

1 *Peters:* Yorcks. 2 *Bxxxx:* Zuerst „Bischöfe", dann ausgestrichen und bis auf das B so gut wie unleserlich gemacht. 3 *W.:* Wurm. 4 *Heilbronn:* davor „Stuttgart", ausgestrichen. 5 *Pfingsten:* bei dem ersten Treffen in Kreisau.

Berlin, den 3. 8. 42

Mit meiner Arbeit war ich gestern noch nicht ganz fertig geworden, als um 2 die Leute kamen. Wir arbeiteten bis etwa 7, dann mussten die Auswärtigen zum Zuge. Friedrich hatte noch irgendein Rendezvous, ich ass zu Abend und machte mein Rad zurecht und um 7.45 trafen F. und ich uns am Olivaer Platz, um zusammen zu Trott zu radeln. Es war eine genussreiche Radfahrt; die Strassen waren leer, auf dem Asphalt fährt es sich herrlich leicht, es war ein wenig schwül, dafür hing in der Luft der Duft von den noch blühenden späten Sommerlinden. Um 8 waren wir draussen, hatten eine m. E. sehr befriedigende Unterhaltung und um 12 fuhren wir wieder ab, um ½ 1 war ich zu Hause. Die Rückfahrt war eigentlich noch schöner, denn es war kühler, aber doch warm, eben eine zauberhafte Sommernacht. Ich dachte mir, wieviel schöner es jetzt zu Hause wäre. ...

Berlin, den 31. 8. 42

Mein Lieber, Dein Wirt ist gut gereist. Alles ging programmgemäss, ich schlief leidlich und wir kamen pünktlich an. Hier war inzwischen 2 Mal Fliegeralarm durch Russen gewesen. ...

Berlin, den 5. 9. 42

Jetzt bist Du also wieder weg. Mein Herz, der August hat es aber mit uns sehr gut gemeint. Vielen Dank, mein Lieber. Jetzt müssen wir uns eben an den Alltag gewöhnen.

Ich schicke den Brief von Schmidt-Rottluff mit; da stehen ja auch alle anderen Notizen darauf und die Fleischmarken, die Du vergessen hattest, liegen drin. Hoffentlich kommt alles gut an.

Heute fahre ich also nicht zu Schlange.[1] Es passte ihm leider nicht. Da mir der nächste Sonntag auch noch passt, so werde ich ihm den anbieten. Es liegt mir daran, ihn zu sehen. – Ich werde den Sonntag also ganz friedlich in der Derfflingerstr. verbringen und keinen Menschen sehen. Das ist für mich sehr gesund, denn ich bin durch die viele Anregung und die vielen Besprechungen etwas undiszipliniert geworden, und dann tut einem nichts besser als 36 Stunden ganz allein zu sein.

Mit Inge hatte ich gestern abend ein anstrengendes Telephongespräch. Es war über Jowo's Pläne beim A.O.K. 16 zu bleiben. Inzwischen hat er sich dort anscheinend ziemlich festgelegt. ...

Friedrich kam gestern abend und brachte mir noch etwas Tee. Er war sehr abgespannt und mitgenommen. Sein Erzfeind, der ihm jetzt vorgesetzt ist, ist zuckersüss mit ihm und das ist für ihn natürlich noch viel unerträglicher als offene Feindschaft. Er heisst jetzt Hoffmann. ...

1 *Schlange:* vgl. 26. 1. 41.

Berlin, [Sonntag], den 6. 9. 42

Gegen 5 gestern nachmittag rief Hans an und sagte, er sei gerade mit dem Flugzeug aus Rom gekommen und wolle am Abend nach O.S.[1] weiterfahren und fragte, ob er bei mir essen könnte. Wir verabredeten uns auf 8 Uhr. Um 8.15 erschien er ganz verstört. Er hatte ein Telegramm von Holzinger bekommen, wonach Josepha[2] lebensgefährlich verunglückt sei, hatte dann mit Jack[3] telephoniert und dann mit Frau Holzinger, die ihm dann erzählte, was ich Dir heute früh berichtet habe. Er hatte sich dann ein weiteres Telephon hierher bestellt; das kam um 9 etwa und Frau Holzinger meinte, er müsse kommen, denn heute werde sich entscheiden, ob das Kind am Leben bleiben würde. Er fuhr also um 10.30 ab nach Frankfurt. Hoffentlich hat das nur keine unangenehmen Folgen für seine weitere Beschäftigung in Rom,[4] denn er hat in O.S. eine Verabredung mit einem wichtigen Mann aus Genua, der am Mittwoch wieder zurück muss.

Mittags gestern habe ich bis 2 gearbeitet und bin dann zu Herrn

Becker zum Haareschneiden gegangen, wo ich bald dran kam. Um ¾ 3 war ich dank glücklicher Verbindungen schon wieder zu Hause und kochte mir was zu essen. Frau Cohn hatte nichts mehr besorgt: die Eltern von Cohn (76 & 72 Jahre alt) und sein Bruder und seine Frau sowie die Eigentümerin des Hauses nebenan, wo der Adjutant des Führers Schmundt wohnt[,] (82 Jahre alt) werden morgen deportiert und das hatte Cohns verständlicherweise völlig ausser Fassung gebracht. Es war zu viel Unglück auf ein Mal. ...

Von meinen Lesefrüchten füge ich einen Ausschnitt aus der Times bei. Das Zeug heisst bei uns Cyankali. ...

1 *O.S.:* Oberschlesien. 2 *Josepha:* die kleine Tochter von Dick und Hans Deichmann, die sich verbrüht hatte und daran starb. 3 *Jack:* Dick Deichmanns Schwester, die in Holland lebte. 4 *Rom:* seine Arbeit mit dem italienischen Widerstand.

Berlin, den 7. 9. 42

... Reichwein war eher müde. Sie haben seit 4 Monaten kein Mädchen und die Frau ist mit ihren 4 Kindern am Ende ihrer Kräfte. – Sonst war die Unterhaltung ganz ergiebig und er ist wieder eingespannt worden. – Heute abend gehe ich zu Gerstenmaier.

Josefa's Tod ist nur vom Standpunkt von Hansens aus der Betrachtung wert. Ich habe da grosse Sorge, daß Dick es nicht durchhält, sich womöglich Vorwürfe macht und daran ernsthaften Schaden nimmt. Es ist Krieg und solche Unglücksfälle muss man so schnell wie möglich verdauen und vergessen, denn man braucht seine Kräfte für andere Sachen. Ich habe natürlich auch Sorge, daß Hans sich jetzt zu sehr seiner Familie widmet und kein Verständnis für den Standpunkt der Leute hat, die auf seine Arbeit warten.[1]

Der Brief von Granny ist herrlich. Ich lass' ihn abschreiben und schicke ihn Jowo.

1 *Arbeit warten:* die Leute vom italienischen Widerstand.

Berlin, den 8. 9. 42

Heute ist der Geburtstag des Engel.[1] – Gestern abend war sehr nett und auch produktiv. Gerstenmaier ist ein Mann, um den man sich Mühe geben muss, und der nicht von alleine in die Kategorie fällt, die einem passt, aber dafür lohnt es sich auch, und wenn es gelänge, ihn voll zu integrieren, so wäre das ein erheblicher Fortschritt. Er hat eine nette, neu angeheiratete Frau[2] baltischer Provenienz. Ich habe die Gelegenheit benutzt, mich über allerhand Fragen theologischer Dogmatik und der Kirchengeschichte belehren zu lassen, so über die heutige Bedeutung von Tridentinum und Augustana, die Stellung von Karl Barth,[3] u.s.w. Es war jedenfalls lehrreich. ...

Eben war Peters bei mir. Wie immer ein unschuldiger Engel über den Wassern. Es ist doch merkwürdig wie ihm das gelingt. Seine Berichte aus dem Luftwaffenführungsstab und von einem Gespräch mit Hermann[4] am Telephon so erschreckend wie immer. Aber sonst gab es nichts Besonderes. Jetzt ist Einsiedel gekommen, der hier zu Abend isst, woraus Du entnehmen entnehmen wirst, daß Frau Pick wieder da ist. Wohl, etwas mitgenommen von der Reise aber sichtlich erholt. Gesprochen habe ich noch nicht mit ihr, weil ich nur 2 Minuten vor Peters kam.

1 *Engel:* Der jüngste Bruder wäre 29 geworden. 2 *Frau:* Brigitte, geb. von Schmidt. 3 *Karl Barth* (1886–1968), Schweizer Theologe, wichtige Figur der Bekennenden Kirche und des deutschen Kirchenkampfes in den frühen Jahren; Verlust seiner Bonner Professur und Rückkehr in die Schweiz, wo er ab 1935 in Basel lehrte. S. auch Einleitung, S. 12 f. 4 *Hermann:* Göring.

Berlin, den 9. 9. 42

... Von mir ist nichts Wesentliches zu berichten. Nachts habe ich sehr schlecht geschlafen, warum weiss ich selbst nicht. Ich habe mich stundenlang mit Michael[1] befasst. Ich bin dann nach 5 erst noch mal eingeschlafen und dafür erst um 8 aufgewacht. Das hat mir den Tag sehr beengt. Mittags habe ich mit Haeften gegessen, der wieder sehr nett war. Er ist ein angenehm kluger, ruhiger und aufrechter Mann. Die Atmosphäre um ihn ist so reinlich.

Jetzt ist es 4.20. Um 5 soll ich bei Konrad[2] sein. Dieser ersten Unterhaltung nach einer Pause von wohl 2 Monaten sehe ich mit erheblicher Spannung entgegen. Dort gibt es immer guten Tee und mit Rücksicht auf meine mangelhafte Nacht sehe ich auch diesem Teil des Nachmittags gern entgegen. Abends will ich allein zu Hause bleiben. Ich habe eine dumme Arbeit zu tun, die ich vor meiner Abreise erledigen muss und dazu komme ich nur heute abend. Hoffentlich kommt mir nichts dazwischen. ...

1 *Michael:* Er hatte Michael Balfour im April bei seinem Besuch in Skandinavien von Schweden aus einen Brief geschickt, in dem er vorschlug, sich im Herbst in Stockholm zu treffen. Balfour bekam nicht die Erlaubnis hierzu. S. Moltke/Balfour/Frisby, Moltke, S. 186. 2 *Konrad:* Preysing.

Berlin, den 10. 9. 42

... Was Deine Pläne anlangt, so gebe ich folgendes zu bedenken. Ich würde vorschlagen, daß Du erst am 24. in Kreisau abfährst. Ich komme am 24. wieder in Berlin an, sodaß wir uns hier treffen würden. Vor allem aber bist Du so eine ganze Woche mit Schmidt-Rottluff zusammen und, trotz Unfalls,[1] wäre es doch ziemlich unfreundlich, wenn Du sogleich nach seiner Ankunft abreistest. Für Dick[2] wird es doch nicht sehr viel ausmachen, denn die Gewissheit Deiner Ankunft wird sie ja ohnehin stärken und da kann es eigentlich auf eine Woche früher oder später nicht ankommen. – Lass Dir aber auch dann noch einige Tage Spielraum, denn ich denke daran, das Wochenende 25./26. 9. ganz ausfallen zu lassen. Die Gründe erzähle ich Dir später. Dann wollte ich dieses Wochenende nach Kreisau kommen und dann wäre ich dafür, Du führest erst am 27. mit mir. Ich werde mit Hans darüber sprechen und Ihr könnt das dann in Heydebreck[3] bereden.

Der gestrige Tag war sehr befriedigend. Von dem netten Mittagessen mit Haeften hatte ich Dir berichtet. Am Nachmittag war ich in der Behrenstr. Es war sehr befriedigend und erbauend, obwohl der Arme[4] von dem Elend der Zeit so mitgenommen ist, daß er wieder ernstlich krank ist. Wir hatten aber 2 anregende und nützliche Stunden hinter uns, als ich ihn um 7 verliess.

Um 8 erschien Fritzi[5] in bester Form. Ich habe mich noch nie so anregend und unstreitig mit ihm unterhalten. Wir haben so das ganze Gelände besichtigt, die Gründe für meine Massnahmen erörtert und im ganzen war er nicht nur befriedigt, sondern auch von der Notwendigkeit gewisser Dinge, die ihm ursprünglich nicht gefallen hatten, überzeugt. Wir kamen dann auf Russland, wo er meine Meinung voll teilte, eigentlich noch darüber hinausging und von sich aus z. B. sagte: ,,das Verhältnis zwischen Offizier und Mann ist in der Roten Armee einfach schlechthin vorbildlich und eigentlich unerreichbar.“ Auch in allen anderen Punkten waren wir im Ergebnis einer Meinung, wenn wir auch in der Diagnose manchmal differierten. So schob er manches auf die gute Qualität des russischen Menschen, was ich für ein Ergebnis der Erziehung hielt. Kurz, ehe wir fertig waren, gab es Fliegeralarm und er blieb die Nacht bei mir und schlief in Carl's Bett. Ich finde das nicht so schlimm. Am Morgen haben wir dann fürstlich gefrühstückt und uns getrennt, er mit dem sichtlichen Wunsch auf Wiederholung nach meiner Rückkehr.

Der Morgen war mit einer lästigen Arbeit angefüllt. Mittags ass ich allein zu Haus. Das himmlische Hähnchen war am Morgen angekommen und schmeckte herrlich. Vielen Dank, mein Lieber. Um ½6 kam

Trott, mit dem ich Stockholm zu klarieren[6] hatte, und jetzt ist es kurz vor 9. Ich habe eben geabendbrotet und will nach Nikolassee um dort ein Mal nach dem Rechten zu sehen und Frau Rust mit Geld auszustatten. Auf dem Weg geht der Brief in den Zoo. Heute hatte ich übrigens keinen.

1 *Unfall:* s. 6. 9. 42. 2 *Dick:* die Frau von Hans Deichmann, ebenfalls aus dem Schwarzwaldkreis. 3 *Heydebreck:* polnisch Kandrczin, war die Endstation der Kreisauer Bahnstrecke und eine Niederlage der I.G.Farben. 4 *der Arme:* Preysing war herzleidend. 5 *Fritzi:* Schulenburg. 6 *klarieren:* Trott war wiederholt in Schweden. S. Henrik Lindgren, Adam von Trotts Reisen nach Schweden 1942–1944, Vierteljahrshefte zur Zeitgeschichte Jg. 18, 1970, S. 274–291. Dieser Artikel reproduziert im übrigen Moltkes langen Brief an Lionel Curtis vom Frühjahr 1943, der seinen Adressaten nie erreichte – vgl. Einleitung, S. 14.

Berlin, den 11. 9. 42

Da ich diesen Brief mit Hans schicke, schreibe ich Dir kurz über das Wochenende[1] 26./27. 9. Ich bin mit der Vorbereitung nicht zufrieden; es ist nicht gut genug und reif genug und ich will mir keine Panne erlauben. Dazu ist das ganze zu gefährlich. Da nun dazukommt, daß Kleinöls[2] ausfällt, so will ich dem Peter vorschlagen, daß wir den September ausfallen lassen und stattdessen das Thema auf den Oktober verlegen und lieber dann beides machen. Das muss möglich sein. Besondere Sicherheitsgründe sprechen für eine Konzentration. Damit wird das Wochenende frei, und da ich mir dieses Wochenende reserviert hatte, so will ich eigentlich nach Hause kommen. Schliesslich habe ich darum gebeten, mir jenen Freitag und Sonnabend frei zu geben. ...

Neuigkeiten gibt es nicht. Nordafrika macht erhebliche Sorge und im Osten scheint die Sache zu stehen und zwar sowohl vor Stalingrad wie im Kaukasus. Ich möchte aber doch annehmen, daß Stalingrad noch fallen wird, denn die taktische Lage der Russen – ein grosses Heer über Flussübergänge versorgen zu müssen, die teils von Artillerie teils von der Luft angegriffen werden können – ist doch rasend schwierig. Im Pazifik wird das Übergewicht der Amerikaner immer deutlicher, desgleichen im Mittelmeer und im nördlichen Eismeer das der Engländer. – Die russischen Flugzeuge, die uns jetzt immer beglücken setzen in erster Linie Agenten ab.

Deine Reise: so schnell wird Pass und Visum für Dick doch nicht funktionieren und ich finde es schlimmer für sie, ohne Kinder eine Woche lang auf den Pass zu warten, als mit Kindern eine Woche lang auf Dich.

Sonnabend/Sonntag fahre ich entweder zu Schlange oder nach München. Das ist leider vielleicht nötig. Es wäre mir *sehr* lästig. – Peter ist noch nicht aus dem Osten zurück. Sein Flugzeug wird aber heute erwartet.

1 *Wochenende:* das geplante zweite Kreisauer Treffen. 2 *Kleinöls:* das geplante Treffen auf dem Yorckschen Gut.

Berlin, 12. 9. 42

Es ist jetzt Mittag nach einem sehr gehetzten Morgen. Wie lange Zeit ich zum Schreiben haben werde, weiss ich noch nicht. Es ist ¾ 2; ich warte auf das Essen und um ½ 3 kommt Frl. Breslauer; um 3.15 muss ich aus dem Haus und irgendwann in dieser Zeit kommen noch Einsiedel & Gerstenmaier.

Gestern abend war also Peter da, und er stimmte meinem Vorschlag, den September auch auf den Oktobertermin zu legen, zu. Da will ich also am 25. früh 7 Uhr in Kreisau stehen und am Sonntag abend mit Dir abfahren, wenn Dir das passt. Am 24ten soll ich um ½ 3 wieder in Berlin sein.

Peter ging um 10. 15. Er war sehr müde von seinem Fluge, hatte aber sensationelle Nachrichten mit. Alle eher wenig schön. Um 11 Uhr erschien endlich König. Die hatten geglaubt, ich sei bis 15. weg. Am Dienstag hatte ich ihnen nun geschrieben und erst daraus hatten sie entnommen, daß ich ab 15. weg sei. Nun war König Hals über Kopf gekommen und fuhr heute morgen wieder zurück. Eine tolle Strapaze. Immerhin habe ich nun, was ich brauche, wenn ich auch erst um 1 ins Bett kam. Am Morgen um 9.20 traf ich mich mit Frl. Breslauer im Büro, dann mit Reichwein, dann mit Peter, schliesslich mit Einsiedel und das Restprogramm für den Tag kennst Du ja. Aber es scheint alles gerade noch zu klappen.

Hier ist ein schöner klarer, warmer, windstiller Herbsttag. Man könnte sich gar nicht vorstellen, daß soviele schreckliche Sachen auf ein Mal geschehen, wenn man es nicht wüsste. Da kommt Frl. Breslauer.

Schöningen, [Sonntag] den 13. 9. 42

... Um 8 war ich in Schöningen. Den Abend haben wir uns bis um ½ 11 sehr nett unterhalten und dann habe ich köstlich bis 6 geschlafen. Mein Zimmer geht auf den Hof, auf dem unendliche Enten schnattern. 8000 Eier sollte Frau Schlange abliefern und hat, wie sie mir sagte, nicht ein Mal die Hälfte geliefert. Von ihren 2 Bienenvölkern haben sie 1 Ctr. Honig! Und 6 Schwärme. Ich nehme an, daß das an der Staudenwelt liegt, will mir aber die Völkchen nachher besehen. Immerhin ist das beachtlich. Nachher hoffe ich was vom Betrieb zu sehen und gehe jetzt runter.

Wir haben inzwischen – jetzt ist es 3 – einen langen Gang durch die Bienen, die Staudenkulturen, die Ställe und Scheunen und die Anfänge der Felder gemacht, dann gab es Mittag, danach habe ich ein Privatissimum mit Schlange gehalten, jetzt schreibe ich meinem Pim und um ½4 gibt es Vesper. Danach muss ich fahren.

Die Bienen haben wunderbare Bauten, die Völker sind sehr stark und bauen jetzt noch am Baurähmchen. Ich kann das nicht ganz verstehen; sie haben den Bienen schon im August Zucker gegeben und wollen offenbar weiter füttern. Manches kommt mir noch merkwürdig vor, aber die müssen auch erst etwas Erfolg sammeln. Die Bienen haben an eine Wand angelehnt ein gutes Schilfhaus. Die Aufstellung ist nach Süden auf einem ganz kleinen Höfchen, so etwa 5 × 5 m und dann müssen sie über eine der Mauern, die es ganz umgeben. – Der Staudengarten ist wunderschön. Das Interessanteste war eigentlich die Verwendung von grossen Gruppen fetter Henne, die sich so sehr schön machte. Es sind sicher 3 Morgen Staudenvermehrung. Sie will Dir ein paar dunkelblaue Rittersporne schicken. Das wäre doch erfreulich. – Hühner schienen mir mittel –, Gänse sehr gut, auch der gleiche leichte Typ, den wir haben, Enten mässig. –

Im Betrieb ist das Interessanteste die Organisation. Das scheint mir alles sehr gut durchdacht zu sein. ...

Berlin, den 14. 9. 42

... Es ist 11 Uhr abends. Erst kamen Trott & Haeften, um ½8 Frl. Breslauer für einige Diktate und um 8 Hofmann, der diesen Augenblick gegangen ist. Wir hatten einen guten Abend und konnten auch einige Fortschritte feststellen.

Heute war ein unglaublicher Tag. Mit meinen Reisepapieren klappte nichts richtig und ich musste mich den ganzen Tag darum kümmern. Aber was viel schlimmer war, ist, daß einige ganz akute Sachen schweben die nun von mir soweit gefördert werden mussten, daß während meiner Abwesenheit keine Panne passieren kann. So habe ich heute wie rasend gearbeitet. Dazwischen waren Besprechungen mit Guttenberg, Kiep & Gerstenmaier. Für solche Tage habe ich nichts übrig. ...

Ich beschäftige mich immerzu mit dem Betrieb und mit allen Möglichkeiten seiner Verbesserung und Organisation. Wie angenehm wäre es, sich damit befassen zu können, statt mit diesem Mist, den ich treiben muss.

Mein Lieber, ich habe wohl weiter nichts zu erzählen.

Oslo, den 17. 9. 42

Heute habe ich Gelegenheit, diesen Brief abzuschicken, nur muss er leider in 15 Minuten weg. Es wird also ein Kümmerbriefchen werden. Der Flug war ereignislos und schön. Es war ein grauer Tag, wir flogen sehr niedrig über das Land und so besah ich es mir recht genau. Von der Mitte Norddeutschlands an war noch Getreide auf den Feldern und das wurde immer mehr und mehr bis schliesslich in Dänemark wohl noch die reichliche Hälfte draussen stand. Interessant war, daß auf der ganzen Strecke viel getreidelt wurde; in Dänemark waren ganze Herden von 20 und mehr Stück Grossvieh an Treidelketten auf grossen Schlägen. Es sah von oben sehr nett aus, weil sie immer so ineinanderlaufende Kreise ausgefressen hatten.

Ich muss leider aufhören, weil ich vorzeitig weggerufen wurde. Mir geht es gut, morgen schreib' ich weiter. Jäm.

Oslo, 17. 9. 42

Heute morgen war ich nicht weit gediehen, als ich zu einer Besprechung abgerufen wurde. Ich war wohl noch bei meinem Herflug. Die Einfahrt zum Oslofjord sahen wir noch und dann fing es an zu giessen. Unter uns sahen wir ganz nah das Wasser, dann ein Mal ein Haus, einen Garten, ein paar Bäume, neben uns, zum Greifen nah Häuser & Gärten und rechts und links über uns durch die Wolkenfetzen Stücke von Fels und Wald. Das war schon nicht gerade gemütlich. Dann kam aber die Landung und die war scheusslich. Direkt vor dem Flugplatz sackte plötzlich die Maschine in ein Loch, der Flugzeugführer musste die Motoren noch ein Mal anspringen lassen, damit wir überhaupt bis auf den Flugplatz gelangten, dadurch flogen wir zu weit und, nachdem die Räder schon rollten, entschloss er sich noch ein Mal abzufliegen und erst beim zweiten Mal gelang es, aber auch da mit Mühe. Der Flugplatz ist für diese grossen Maschinen sehr klein, und wir waren eben plötzlich am Ende des Platzes. Aber es ging alles gut. Ich war natürlich der Einzige mit Regenschirm und daher der einzige, der trocken ankam. Die anderen, voran ein General der Waffen SS, der von einem gleichen abgeholt wurde, waren gut nass, ehe sie ihre Wagen erreichten.

Nachdem ich ausgepackt und gegessen hatte, gingen St.[1] + ich zu unseren Freunden,[2] mit denen wir eine 2-stündige Unterredung hatten, in der wir das Feld absteckten und einen Schlachtplan für die Woche entwarfen. Ich war wieder sehr angetan von den Männern: gut, entschlossen, fundiert. Um 6 war ich wieder zu Hause, zog mich um, las ein wenig, ass um ½ 8 am Tisch des O.B.,[3] der nach dem Essen mit all seinen Leuten zum Kino verschwand, während St. & ich uns so bis 10 noch unterhielten. Ich ging dann müde sehr bald ins Bett, schlief aber nur mässig.

St. geht es wesentlich besser. Er hat sich wieder gerafft, hat rote Backen, ist ausgeruht und guter Dinge. Von seinem in Afrika in Gefangenschaft geratenen Sohn hat er inzwischen Nachricht aus Canada. Er erscheint also am 15. 10. in Kreisau. Der O.B. ist mir gegenüber sehr freundlich; ich esse ganz an seinem Tisch, an dem sonst nur Herren mit roten Streifen an den Hosen sitzen. Das ist für mich sehr angenehm, weil es meiner Anwesenheit automatisch eine Legitimation gibt und mir ausserdem das Entrée bei den verschiedenen Leuten, die ich sehen muss, so erleichtert. Eine dienstliche Besprechung werde ich von ihm für morgen nachmittag erbitten und hoffe, daß sie so gut geht, daß ich nach 6 Monaten hier ohne weiteres wieder auftreten kann. – Der für mich wichtigste Mann der Ic, Oberstleutnant Worgitzki ist sehr nett, konziliant, merkwürdig unmilitärisch im Gehabe für einen ausgekochten Generalstäbler. Er hat mir einen Ordonnanzoffizier, einen Herrn von Löbbecke als Bärenführer und Arrangeur zugeteilt, und da ich davon keinen Gebrauch mache, so ist alles sehr freundlich bis herzlich. Im übrigen sind die Leute hier doch sehr isoliert und erfahren ziemlich wenig von der übrigen Welt, sodaß sie ganz gerne etwas hören. – Den Ia, Herrn von Lossberg, kenne ich nun schon gut genug, um mich ganz leicht mit ihm zu stehen; eine dienstliche Unterhaltung haben wir noch nicht gehabt. – Die grösste Anstrengung muss ich dieses Mal machen, um den neuen Chef des Stabes, General Bamler[4] zu gewinnen. Er ist ein eiskalter Mann und nicht uneingeschränkt angenehm aber sehr intelligent, jedenfalls der intelligenteste der ganzen Tischrunde. Ich möchte mich hier so etablieren, daß mein gelegentliches Erscheinen wie ein Naturereignis betrachtet wird, das keiner weiteren Begründung bedarf.

Am Mittwoch früh habe ich dann mit der eigentlichen Arbeit angefangen und habe Material bei all den kleinen Leuten gesammelt, mit denen man sich gut stehen muss. Das hat mich bis Mittag in Atem gehalten. Das Essen zog sich lange hin und so wurde ich nur gerade für eine Verabredung mit unseren Freunden auf ½ 4 fertig, wo ich allein hinging. Es war in einer neuen Wohnung mit herrlichen Möbeln. Das meiste französisch, aber fabelhaft geschmackvoll. Diese Unterhaltung dauerte bis 7.15 und war so die erste eigentliche Arbeitssitzung der jungen Leute unter sich. Dann ass ich mit einem der nächsten Mitarbeiter von St., Herrn Schauer,[5] zu Abend und unterhielt mich mit ihm bis 10. Um ½ 11 war die nächste grosse Besprechung mit den Älteren, also St. auf meiner Seite, und anderen auf der anderen. Diese Besprechung dauerte bis 2 Uhr früh, war anstrengend und fruchtbar. Dabei ergab sich, daß unsere Aufzeichnungen als Unterlage für die Augustbesprechungen[6] hier als Sensation ersten Ranges empfunden worden waren, was mir natürlich sehr angenehm war. Um ½ 3 waren wir zu Hause.

Heute früh war eine lange Besprechung im Reichskommissariat um 9, und von 11 Uhr an habe ich mich allgemein Lustprogrammen hingegeben. Es sind nämlich zwei schwedische Offiziere hier, und der deutsche Militärattaché in Stockholm, General von Utzmann. Diese müssen amüsiert werden, und diesem Amüsement habe ich mich angeschlossen, da alle Rotbehosten, die ich brauchte, auch mitmachten. Um 11 fuhren wir auf den Holmenkollen, einen Berg über Oslo, der einen herrlichen Ausblick über den ganzen Oslofjord gewährt; dort sind wir ein Stündchen stramm gegangen. Um 1 Uhr gab es ein gutes Frühstück mit diesen Leuten und anschliessend eine Autotour an einigen Fjorden und Seen entlang. Es war eine zauberhafte Fahrt: eine herbstliche Sonne strahlte in der glasklaren Luft, eine gewisse Bewölkung belebte den Himmel, die Fjorde lagen unbeweglich zu unseren Füssen, in den Wäldern zeigte sich die erste Herbstfärbung. Dann tranken wir in einer requirierten Villa mit phantastischem Blick Kaffee. Es war ein gut gebautes Haus mit sehr schönen Räumen und einem zauberhaften Blick über einen mit Dampfern, Segelschiffen, Booten, Fischerfahrzeugen, Kriegsschiffen belebten Teil des Oslofjordes. Das einzig ekelhafte war das Gefühl, in eines Fremden Haus eingebrochen zu sein, so als Räuber darin zu sitzen, während der wahre Eigentümer, wie ich wusste, im K.Z. sass. Ich dachte an Herrn Serpuchow[7] und so war das Ganze stark getrübt. Nun war es 6 geworden. Nach einer Stunde Besprechung mit St. habe ich mich umgezogen, schreibe jetzt, wie Du siehst, und esse dann mit 2 netten Leuten, die unter Worgitzki arbeiten, eben jenem Löbbecke und einem Major Hammersen.[8] Meinen vornehmen Tisch lasse ich also im Stich. Abends muss ich unbedingt noch etwas arbeiten.

So, mein Lieber, jetzt höre ich auf. Ich werde morgen den Rapport fortsetzen. Auf Wiedersehen, mein Lieber, pflegen Sie sich und lassen Sie es sich wohl ergehen; ob wir uns am 25. treffen? Hoffentlich, mein Herz. Jäm.

[PS] 19. 9. 42 Mein Lieber, die Zeit reicht nicht mehr zum Schreiben. So geht dieser Brief so ab.

1 *St.:* Steltzer. 2 *Freunden:* vgl. 17. 4. 42, Anm. 4. 3 *O. B.:* Falkenhorst, Oberbefehlshaber der Armee Norwegen. 4 *Bamler:* Rudolf Bamler, Jahrgang 1898, früher Nationalsozialist und Freund von Heydrich; 1933–39 Leiter der Abwehrgruppe III (Spionageabwehr und Gegenspionage), beim Angriff auf Rußland Generalstabschef des XXXXVII. AK, 1942–44 Generalstabschef AOK Nor-

wegen, Ende Juni 1944 als Kommandeur der 12. Infanteriedivision in Rußland gefangengenommen, am 22. 7. Unterzeichner des Aufrufs der Generale und Truppenführer der Heeresgruppe Mitte, den Kampf einzustellen und „Hitlers Regime abzuschließen und damit den Krieg" – s. Bodo Scheurig (Hg.), Verrat hinter Stacheldraht? Das Nationalkomittee „Freies Deutschland" und der Bund Deutscher Offiziere in der Sowjetunion 1943–1945. München 1965, S. 239–246. Nach dem Krieg erfolgreiche Karriere in der DDR, u. a. als Generalinspekteur der Volkspolizei. 5 *Schauer:* Dr. Friedrich Schauer, im Zivilberuf Pfarrer. 6 *Augustbesprechungen:* vgl. 11., 13. und 14. 7., sowie 1. und 2. 8. 42. 7 *Serpuchow:* vgl. 5. 1. 42. 8 *Hammersen:* Fridjof Hammersen von der Abteilung Ic, von Steltzer sehr geschätzt – s. Theodor Steltzer, Sechzig Jahre Zeitgenosse. München 1966, S. 137f.

Stockholm, den 22. 9. 42

Seit gestern früh bin ich hier und bin ganz bezaubert von dieser Stadt. Ich schicke einen Haufen Ansichtspostkarten mit und, wenn ich einen genügend grossen Umschlag bekomme, auch einen Stadtplan. Das ist einfach eine wunderbar schöne, reizende, lebendige und hypermoderne Grossstadt. Schon, wenn Du Dir die Karte ansiehst, siehst Du, wie reich gegliedert diese Stadt durch das Wasser ist. Überall ist Wasser und überall sind Schiffe, Brücken, Anlege- und Landeplätze, überall ist das Leben eines Hafens. Wenn Du Dir nun dazu vorstellst, daß das ganze Gelände stark gewellt ist, und zwar felsig, daß also die Stadt in lauter Stufen übereinandergebaut ist, dann kannst Du Dir ein Bild davon machen, welche Möglichkeiten so eine Stadt bietet. Hier bekommt man wieder das Gefühl, daß der Mensch dazu da ist, die Welt zu verschönen, daß durch seine Hand die Natur voll belebt und zu voller Wirkung gebracht werden soll. Zwischen Wolkenkratzern ragen steile Felsen empor, das Wasser ist umrandet von Laubwald in voller Pracht herbstlicher Färbung und zwischen Häusern, die alle nicht schlecht oder hässlich sind, sieht man solche Perlen wie das Rathaus. Dadurch, daß es nahe dem Herzen der Stadt so gebaut ist, daß es an drei Seiten von Wasser umgeben ist, sieht man es von überall: Ob Du mit der Bahn ankommst, ob Du über die grosse Brücke zu den Vororten fährst, ob Du am Schloss entlanggehst, ob Du in der Altstadt durch die steil bergauf, bergab führenden Gässchen kletterst: Kaum hast Du einen freien Blick, schon fällt Dir das Rathaus oder ein Teil davon ins Auge. Das ist wahrlich ein Wahrzeichen. Aber auch das Schloss ist schön, das Ritterhaus ist einfach prächtig, die Kirche beim Ritterhaus ist herrlich mit ihren grünen Kuppeln und Küppelchen und dem merkwürdigen Turm. Der Blumenmarkt auf dem Platz, wo der Orpheus-Brunnen steht, ist eine Sehenswürdigkeit; der Platz kann sich natürlich nicht mit dem Platz in Brüssel messen, aber er ist ein nettes Detail. – Ich kann mich nicht erinnern, daß es mir je eine

Stadt als Stadt so angetan hat, mit Ausnahme, vielleicht, von London, wenn auch in anderer Art.

Die Stadt hat eine merkwürdige Weite und Wildheit. Es ist etwas Ungebändigtes darin, vielleicht liegt es an dem Fels, der immer und überall zutage tritt. Grosse Felspartien, in die die Wege mühsam hineingehauen sind, trennen die einzelnen Stadtteile voneinander. Es ist eben so, daß das Wasser auch nicht etwa von Häusern umsäumt ist; nein, vielfach steigen am Wasser die Felsen steil empor oder zwischen Fels und Wasser hat sich ein Stück Wald erhalten, das unzugänglich ist und daher nicht bebaut wird. So ist die viele Luft in die Stadt gekommen.

Was ich von den Menschen sehe, gefällt mir auch gut. Ich glaube, sie sind böse, ich halte sie nicht für gutmütig. Aber sie haben auch etwas von dieser Wildheit, dieser Ursprünglichkeit. Ich weiss natürlich nichts von ihnen. Ich sehe sie nur, wie sie durch die Stadt radeln, zu Tausenden, zu Zehntausenden: Jungen und Männer und alte Männer, Kinder, Mädchen, Frauen und Damen und alte Frauen; alles radelt und radelt gut. In der ganzen Stadt sind Radfahrstände und an den Strassen entlang stehen Tausende von Rädern. Man kann sich das nur schwer vorstellen. Die Mädchen sind erstaunlich nett anzusehen. Es gibt auch hässliche, aber sehr wenige, die nicht äusserlich gepflegt aussehen. Ich habe meine Zweifel an den Frauen und Mädchen hier, aber von aussen sind sie eben richtig nett anzusehen. Komische Farben gibt es hier: Blond mit braunen Augen, blond mit schwarzen Augen, rot mit blauen Augen. Man hat den Eindruck, daß der „Kampf um den Mann" hier ziemlich schwer ist und hohe Anforderungen stellt.

Wunderbare Schulen gibt es hier. Wenn man diese Schulen sieht, dann sagt man sich: wie kann man ein Kind in eine weniger gute Schule schicken. Ich weiss natürlich nichts von dem Geist der Schulen, obwohl die Schulkinder einen besonders netten Eindruck machen. Ich gehe mehrfach an zwei grossen Schulen vorbei. Der Turn- und Spielplatz der einen ist auf einem Fels 10 m über einem Hauptverkehrsplatz gelegen, auf dem wohl 8 Strassen zusammenlaufen. Man sieht die Kinder dort spielen – Mädchen und Jungen zusammen – und doch ist der Platz durch die 10 m Höhe aus der Stadt herausgehoben. Ich habe mehrfach Zeit gehabt zuzusehen, weil ich dort habe umsteigen und auf Anschlüsse warten müssen. Und wie die Schulen eingerichtet sind: wunderbare Fenster, schöne Arbeitsräume, auch Handwerksräume, raffinierte Lüftungseinrichtungen, sorgfältig nach der Sonne gebaut, völlig aus Glas gebaute Turnsäle, die gegen Kälte dadurch geschützt sind, daß es immer zwei Glasscheiben sind, zwischen denen die Luft entfernt ist, sodaß sie isolieren. Du kannst das an dem Glas erkennen. Die Einfahrten zu den Schulen sind sorgfältig angelegt, sodaß möglichst keine Unglücksfälle passieren können. Kurz, Du siehst, ich gehe umher und staune. Ich getraue mich zu behaupten, daß, wer diese Stadt noch nicht gesehen hat, nicht beurteilen kann, was eine moderne Grossstadt ist und was sie leisten kann. Es gibt so viele Details, die man jeden Augenblick trifft, ohne daß man sich erinnern kann, so die Verkehrsregelung, die innere Einrichtung der Omnibusse, die allgemeine Sauberkeit, die guten Lifts, die Einrichtungen in den Häusern zur automatischen Beseitigung aller Abfälle – so etwas wie eine Müllabfuhr gibt es hier garnicht – u.s.w., u.s.w.

Doch genug von Stockholm. Ich fange jetzt da an, wo ich aufgehört hatte, nämlich am Donnerstag abend. Freitag früh habe ich Akten gelesen und zwar wie ein Wilder. Es war nichts wesentlich Neues, aber ich musste es gelesen haben. Mittags wollte Steltzer mich verführen, mit ihm und den schwedischen Offizieren draussen in der Villa zu essen; ich blieb aber glücklicherweise hart und so ass ich mit dem Generaloberst,[1] General Bamler und Lossberg, dem Ia, allein, und Bamler lud mich ein, nach dem Essen mit ihm in die Villa zu fahren, wo Steltzer inzwischen zu einer Motorbootfahrt aufgebrochen war. So haben wir da oben zwei Stunden geschwätzt und das war von meinem Standpunkt aus sehr nützlich. Vielleicht habe ich ihm das eine oder andere beigebracht, vor allem aber hat er mir gesagt, ich solle nur ja von Zeit zu Zeit wiederkommen, eine solche Aussprache sei doch so befruchtend. So hoffe ich, den für mich gefährlichsten Mann da oben sanft gestimmt zu haben. Er gefällt mir trotzdem nicht gut, aber er ist ein intelligenter Mann, mit dem sich arbeiten lässt. Nach meiner Rückkehr habe ich von 4 bis 6.30 mit Worgitzki und all den anderen Leuten vom Ic gesprochen, ihnen meine Urteile mitgeteilt und erläutert, ihr placet eingeholt und auch von dort die Versicherung mitgenommen, man würde sich nur freuen, wenn ich gelegentlich wiederkäme und wenn man dadurch etwas aus den anderen Befehlsbereichen hörte. Am Abend haben wir dann alle zusammen gegessen, die anderen gingen danach zum Film, und ich zog mit Steltzer, der inzwischen von seiner Motorbootfahrt zurückgekehrt war, zu unseren Freunden. Dort erwarteten uns einige erfreuliche personelle Überraschungen,[2] vor allem aber sachliche Überraschungen, nämlich ein geradezu fürstliches Abendbrot, dessen Haupt-plat aus Schneehühnern bestand, was ich für mich als sehr taktvoll[3] empfand. Bei der Gelegenheit stellte ich dann fest, daß Schneehühner und Grouse identisch sind, was ich nie wusste. Der Abend endete um 2 Uhr nachts, und St. und ich hatten danach noch eine kleine Abschlussbesprechung, weil St. am nächsten Morgen nach Bergen fahren musste.

Ich war tüchtig müde, stand aber doch um 7 auf und war um ½9 fertig gepackt und gefrühstückt. Das erwies sich als bitter notwendig, denn an diesem Sonnabend morgen, der eigentlich nur noch dem Aufräumen dienen sollte, war so viel zu tun, daß ich nur mit hängender Zunge fertig wurde. Das Herzstück dieses Morgens war eine 1 stündige Unterredung mit dem Generaloberst, für den ich durchaus ein warmes Gefühl entwickelt habe. Er ist zwar richtig dumm, aber dafür hat er so viele Fehler nicht, die gewöhnlich seine Kollegen zieren, daß ich ihm vieles, was ich über ihn gedacht hatte, abbitte. – Im letzten Augenblick erschien ich am Flugplatz; alles sass schon im Flugzeug, auch wieder der General der SS, der mich auf dem Hinflug so gereizt hatte – übrigens durch nichts als durch sein Gesicht und seinen Nacken – als Dein Wirt mit aufgespanntem Regenschirm langsam, die Pfützen vermeidend an einer Garde höherer SS-Führer vorbei in das Flugzeug stieg. Ab ging es wieder im Regen durch den Fjord, aber allmählich klärte sich das Wetter auf, und als wir die dänische Küste überflogen, war schönstes Wetter.

Um 5 war ich schliesslich in der Stadt; erst bezog ich ein Hotel und erledigte meine Dienstgeschäfte, und dann suchte ich Merete,[4] die nicht in Kopenhagen war. Ich erreichte schliesslich Kim[5] und erfuhr, daß sie ½ Std. entfernt auf dem Lande sei. Da bin ich dann am Sonntag rausgefahren. Sie war dort mit ihrer Mutter in dem Haus eines Pächters eines Grafen Holstein zur Sommerfrische. Wir haben einen sehr netten Spaziergang durch den Park Lederborg gemacht, der sehr schön ist und der ein wirklich prächtiges Haus umgibt. Die Felder sahen traurig aus, weil noch massenhaft völlig verregnetes Getreide draussen stand. Interessant war, daß alles Vieh in Koppeln gehalten wurde, die mit Elektrizität abgezäunt waren. So waren auch kleine Koppeln aus abgeernteten Feldern gemacht worden. Merete war nett wie immer, hatte aber nichts Besonderes. Um 3 fuhr ich wieder in die Stadt, trank bei Kim & Frau Tee und fuhr um 7 über Helsingör ab nach Stockholm, wo ich am nächsten Morgen, Montag, um 8.15 nach einer in einem herrlichen Schlafwagen gut verbrachten Nacht, ankam.

So, mein Lieber, genug für heute, ich muss gehen.

1 *Generaloberst:* Falkenhorst. 2 *Überraschungen:* So war der offiziell unter Hausarrest befindliche Bischof Berggrav dabei – vgl. 9. 4. 42, Anm. 1. 3 *taktvoll:* das Birkhuhn, dem Schneehuhn nahe verwandt, war das Wappentier der Moltkes. 4 *Merete:* Merete Bonnesen – s. 7. 5. 42, Anm. 3. 5 *Kim:* Merete Bonnesens Bruder, auch aus dem Schwarzwaldkreis bekannt, Beamter im Ministerium für soziale Angelegenheiten.

Berlin, den 28. 9. 42

Es war mal wieder sehr lieb mit Ihnen, mein Herz, und alles in den drei Tagen hat mich sehr erfreut und beglückt. Besonders aber bin ich froh, daß es Ihnen und den beiden Söhnchen gut geht und kann nur hoffen, daß es so bleibt. – Besonders erfreut war ich darüber, daß der Besuch von Schmidt-Rottluff ein Erfolg war und daß Sie nicht nur Gefallen an dem Mann sondern auch an seinen Bildern von Kreisau gefunden haben. Ich finde eben, daß nur ein gutes Bild besitzenswert ist, weil man sich ein anderes doch übersieht.

Nach Ihrer Abreise zog ich nochmals ins Bett um nachzudenken, weil es mir draussen so kalt und unwirtlich schien. Dann bin ich aufgestanden, habe den Thee ausgetrunken und bin dann ins Amt gegangen und zwar im Wintermantel. Im Amt war es eisig, weil hier offenbar seit längerer Zeit ein Kälteeinbruch herrscht, sodaß alles friert. Ich habe bis 10 eingehüllt in Mantel und Decke gesessen. Dann kam Gerstenmaier, um 11 musste ich zu einer Besprechung, um 1.15 ass Peter bei mir, um 3 hatte ich wieder eine Besprechung, um 6 erschien Frau von Waldthausen,[1] jetzt ist es ½ 7 und ich muss nach Hause, weil um 7 Friedrich kommt. Dann werde ich nur noch ins Bett sinken.

Ich habe eine tolle Woche vor mir. Wie ich durch all den Mist hindurchkommen werde, weiss der liebe Himmel. Das schlimme ist, daß ich dabei noch einen guten Bericht über Norwegen machen will.

Hoffentlich bist Du gut gereist, mein Herz ; Dank für Deinen Anruf, durch den ich erfuhr, daß Du einen anständigen Platz hattest. Auf Wiedersehn, mein Lieber, grüsse mir Dick und behalte lieb, Deinen nichtsnutzigen Ehewirt, Jäm.

1 *Frau von Waldthausen:* nicht ermittelt.

Berlin, den 29. 9. 42

... Meine Hexe schiesst nur noch wenig. Ich hoffe sie hört bald auf. Ich sagte eben zu Peter, bei dem der Ischias gerade anfängt, welch stattliches Paar wir am 18. 10.[1] abgeben werden. Über die Reduktion der Zahl haben wir uns verständigt und ich schreibe morgen Onkel Cle[2] endgültig ab. Inzwischen habe ich mit Friedr. gesprochen, der behauptet, er könne nach den Fortschritten der letzten 10 Tage auf Reichwein verzichten. Bis Du hier durchkommst, wird sich das wohl weiter geklärt haben.

F. hatte ein kleine Erkältung und war gestern im Bett geblieben und war zum Abend zu mir gekommen. Es ging ihm jedoch sonst besser. Er hat sich an die neuen Verhältnisse gewöhnt und sich dreingefunden. –

Über die Fortschritte bei den Seinen war er das erste Mal befriedigt. Die scheinen schwer gekämpft zu haben, und der Schlussstein soll Mittwoch nacht gelegt werden. Am Donnerstag oder Freitag wollen dann F. & Onkel[3] bei mir erscheinen. Ich bin sehr gespannt. ...

1 *am 18. 10.:* bei dem zweiten Kreisauer Treffen. 2 *Onkel Cle:* Clemens Busch, Onkel von F. M. 3 *Onkel:* Leuschner.

Berlin, den 30. 9. 42

... Ja, gestern war ein dicker Tag. Um ½10 war die erste Besprechung, die bis 11 dauerte, dann habe ich bis Mittag Mist gelesen, habe allein zu Hause gegessen, weiter gelesen, habe bis 9 im Büro gesessen und aufgearbeitet. Es war also nichts Interessantes aber dafür dringend notwendiges Aufräumen.

Das hat sich heute bezahlt gemacht, denn ich habe den ganzen Vormittag über an meinem Bericht über die Besprechungen in Stockholm sitzen können und habe das hinter mir. Morgen wird er geschrieben sein, dann müssen die Begleitbriefe geschrieben werden, und damit ist dieser Teil dann abgeschlossen. Viel schwieriger wird der Bericht über Oslo. Ich will ihn über Sonntag machen, denn das ist nicht an einem halben Tag getan, und zu einem ganzen reicht die Zeit noch nicht. Im Büro habe ich nur noch eine grössere Sache zu machen. ...

Heute mittag isst Guttenberg bei mir, um ½ 5 bin ich bei Conrad,[1] um 8 sind C. D.[2] & Einsiedel bei mir, die ihre Sache anscheinend sehr gut gemacht haben. Morgen mittag kommt Kiep, um 5 kommt Steltzer, der wohl abends bleiben wird und wahrscheinlich kommen abends auch Friedrich & Onkel.[3] Vielleicht findet das Fest in der Hortensienstr. statt. ...

1 *Conrad:* Preysing. 2 *C. D.:* Carl Dietrich von Trotha. 3 *Onkel:* Leuschner.

Berlin, den 1. 10. 42

... Gestern abend waren also C. D. & Einsiedel da. Die beiden scheinen sehr gut und erfolgreich gewirkt und ihre Aufgabe bestens gelöst zu haben. Es gab noch eine erhebliche Differenz mit Einsiedel über einen Dollpunkt von sich, aber das wurde überwunden und um ½ 12 verschwanden sie sichtlich befriedigt. Es kommt nur einer von ihnen nach Kreisau, wohl Einsiedel.

Nachmittags war ich 2½ Stunden bei Conrad. Er war leidlicher Dinge, wenn auch durch die Zeitläufte sehr mitgenommen. Er hörte sich meinen Bericht interessiert an und war wohl ganz zufrieden. Sachlich ist nicht viel rausgekommen, sollte auch nicht. Wann ist Allerheiligen? Ich werde wohl in der übernächsten Woche oder direkt nach Kreisau wieder hingehen.

Gestern nachmittag war auch Poelchau da. Er erzählte, daß Löbell sehr gerne in Kreisau gewesen sei, obwohl ihn die Arbeit sehr mitgenommen habe. Das freute mich zu hören. Sonst berichtete er unerfreuliche Sachen, Neuigkeiten über Polizei, Schule und Judenfrage. In den nächsten Tagen werden 14 Norweger hier in Berlin erschossen, an deren Rettung allerhand gelegen hätte.

Vor 10 Minuten hätte Reichwein kommen müssen, ist aber noch nicht da. Anschliessend kommt Peter und um 7 Steltzer. Damit ist der Tag dann mal wieder um. So verschwindet ein Tag nach dem anderen. ...

Berlin, den 2. Oktober 1942

Das passte ja sehr gut heute mit dem Telephon. Ich war froh zu hören, daß es Dir gut geht und daß die Kinder[1] sich gut mit Dir anlassen. Hoffentlich tust Du nur nicht zu viel. Das klang mir alles sehr mühsam, was Du da erzähltest.

Gestern mittag ass ich mit Kiep. Er war nett und freundlich; es kam aber nichts Besonderes dabei heraus. Der allgemeine Pessimismus ist in der Tat erstaunlich tief und man hat den Eindruck, daß er jetzt die Arbeiter auch voll ergriffen hat und daß nur die bürgerliche Schicht entschlossen vor den Tatsachen die Augen verschliesst.

Nachmittags um 3 erschien Reichwein um mir über eine interne Besprechung am Mittwoch abend zu berichten, die wieder ein Mal Rückfälle ergeben aber schliesslich doch zu dem gewünschten Ergebnis geführt hatte. Danach erschien Peter, der die ganze Woche andere Sachen vorgehabt hatte, sodaß ich ihn à jour bringen musste. Er muss nämlich unbedingt mit Einsiedel & C. D. im Laufe der kommenden Woche etwas wirken.

Am Abend um 7 kam Steltzer, wohl, ausgeruht. Er hatte mir Sachen abzugeben und wollte Nachrichten, insbesondere über Stockholm, einsammeln. Um 9 erschien dann Friedrich und wir assen sehr guten Pflaumenkuchen, den Frau Pick gebacken hatte und tranken Tee. F. gab dann einen ausführlichen Bericht über den Mittwoch abend, der sicher sehr komisch war, weil er furchtbar über M.[2] stöhnte. St. hat sich, so schien mir, dabei auch gut unterhalten. Dann haben wir noch die Aufgaben verteilt und uns um 12 abends getrennt. St. werde ich erst am 15. im Zuge wiedersehen. F. erst am 21.

Heute morgen hatte ich ein rencontre mit H. A.,[3] den ich anrief, weil er mir gestern einen Brief geschickt hatte, ich solle ihn anrufen. Er war einfach wütend darüber, daß er meine Telephonnummer nicht wusste. Ich habe sie ihm dann gesagt, um ihn zu beruhigen. Ich habe aber beschlossen, sie wieder zu ändern. Inge hat mich gestern wegen einer Albernheit angerufen und vor einiger Zeit schon ein Mal. Ich hatte es ohnehin vor und die Tatsache, daß H. A. sie jetzt erobert hat, der entsetzliche Telephongewohnheiten hat, hat mir den letzten Anstoss gegeben. Die neue Nummer sage ich auch Peter nicht mehr. Das ist ganz überflüssig. Übrigens ruft auch Hans jetzt immer an.

1 *Kinder:* F. M. war zu ihrer Schwägerin Dick Deichmann nach Dornholzhausen gefahren, um deren Kinder dann mit nach Kreisau zu nehmen. 2 *M.:* Maass. 3 *H. A.:* Hans Adolf von Moltke.

Berlin, den 3. 10. 42

Dies ist das letzte Briefchen nach Dornholzhausen, denn am Dienstag fährst Du ja schon vor der Post ab und bist in wenigen Tagen hier, morgen, übermorgen. Wie mag es Dir gehen, mein Herz? Tust Du auch nicht zu viel? Gestern gab es kein Briefchen, aber heute hoffe ich auf eines.

Die Tage gehen mir merkwürdig leicht ein. Ich fühle und sehe und höre die Fortschritte und das macht die Tage so leicht, wie sie mir noch nie gewesen sind. Dabei bin ich garnicht ungeduldig und erwarte nichts um die nächste Ecke. Es ist nur das Gefühl der Gewissheit, auf dem rechten Pfad zu sein und auf einem Pfad, der weiterführt.

Gestern habe ich einen ermahnenden Brief an Konrad[1] geschrieben. Komisch, daß mir das jetzt selbstverständlich vorkommt, was mich vor wenigen Monaten noch erschreckt hätte. Wie gerufen kam gestern abend unser Freund aus München,[2] dem ich ihn zeigte und der ihn stürmisch billigte. Nun bringt Karl Ludwig[3] ihn heute hin. Ich bin gespannt, ob er wirken wird.

Mittags war Reichwein da. Nicht sehr wohl, aber guter Dinge; er erzählte recht interessant aus dem Warthegau,[4] wo er sich jetzt sehr viel aufhalten muss. Seine Frau hat jetzt eine Ukrainerin bekommen und so hoffe ich, daß ihre schreckliche Überlastung ein wenig abnehmen wird. Bemerkenswert sei die unwahrscheinliche Reinlichkeit des nur 15 Jahre alten Mädchens; so fasse sie keinen Kochtopf, kein Obst, kein Brot u.s.w. an, ohne sich vorher die Hände gewaschen zu haben.

Um 6 kam Topf,[5] der bis zum 23. 8. vor Stalingrad gelegen und den Vorstoss über den Don mitgemacht hatte. Seine Berichte waren recht interessant, eher optimistisch aber ganz konsterniert über die geringen

Fortschritte. Er sagte nach dem Stande vom 23. 8. und seiner damaligen Beurteilung seien die Vorgänge des Monats September unverständlich. Um 7 erschien Trott mit dem ich eigentlich zu Abend essen sollte, der aber plötzlich von Keppler[6] zu einem Essen mit irgendwelchen Indern befohlen worden war. So blieb er bis 8 bei mir. Um 8 kam unser Freund aus München sehr angeregt und anregend und guter Dinge. Einer seiner Leute liegt jetzt im Lazarett in Schweidnitz. Der durch den Luftangriff auf München verursachte Schaden soll mittelgross sein, die psychologische Wirkung sei jedoch gewaltig gewesen.

Heute morgen ist hier Friede. Ich muss den Bericht über Norwegen schreiben und habe mir deswegen alles abgewimmelt. – Draussen ist es schön und herbstlich. Von meinem Fenster kann ich sehen, wie sich allmählich das Laub des Tiergartens verfärbt. ...

1 *Konrad:* Preysing. 2 *aus München:* vermutlich Rösch. 3 *Karl Ludwig:* Guttenberg. 4 *Warthegau:* Deutschland angegliederter Teil Polens; nach 1945 wieder polnisch. 5 *Topf:* nicht ermittelt. 6 *Keppler:* Wilhelm Karl Keppler, Staatssekretär zur besonderen Verwendung im Auswärtigen Amt; ihm unterstand das Indienreferat – s. 17. 6. 42, Anm. 1.

Berlin, den 6. 10. 42

Ich schreibe Dir nach Hause, obwohl Du morgen kommst. Denn erstens sehe ich Dich ja nur ein ganz kurzes Weilchen und dann bekommst Du so schon am ersten Tag einen Brief zu Hause.

Gestern mittag war Kadgien[1] da, der einen recht pessimistischen Ausblick über die eigene und die gegnerische Rüstungsproduktion vermittelte. Dreimal soviel produzieren heute die anderen ohne Russland. Dabei ist auf unserer Seite alles schon eingerechnet, also besetzte Gebiete, Japan, Italien. Und während bei den anderen der Trend nach oben geht, geht er bei uns bereits nach unten. Diese Tatsache war Göring gerade vor seiner Rede[2] vorgetragen worden.

Nach dem Essen kam Guttenberg, um mir mitzuteilen, daß Konrad[3] mir sagen ließe, er werde meine Ermahnungen beherzigen. Mir fiel ein Stein von der Seele, denn ich hatte doch befürchtet, Konrad könne eingeschnappt sein. – ...

Abends war ich bei Gerstenmaier, der gerade aus der Schweiz[4] zurückkam und von dort einiges Interessante mitbrachte. Wir haben jedoch hauptsächlich über die Vorbereitung von Kreisau gesprochen. ...

1 *Kadgien:* s. 8. 7. 41. 2 *Rede:* bei der Erntedankkundgebung im Berliner Sportpalast am 4. 10. 3 *Konrad:* Preysing. 4 *Schweiz:* Dort konnte er als Kirchenmann, ohne Aufsehen zu erregen, sich mit Hans Schönfeld in Genf zusammentun, der beim Vorläufigen Weltkirchenrat arbeitete. G., seit dem Früh-

sommer des Jahres aus dem A. A. „ausgebootet", war mittlerweile auch unter die Fittiche der Abwehr genommen worden – s. Gerstenmaier, Streit und Friede, S. 142 ff.

Berlin, den 7. 10. 42

Zwar habe ich Euch eben erst auf den Zug gesetzt, aber ich will doch gleich schreiben, denn wer weiss, was der Tag noch alles bringen wird. Ihr werdet hoffentlich gut reisen und keine Fährnisse zu überstehen haben. Ich bin froh, gesehen zu haben, daß Ihr einen anständigen Platz habt, und daß die beiden Würmer[1] raussehen können.

Mein Lieber, das war ja ein sehr lieber, wenn auch kurzer Besuch, und das einzig Dumme war, daß ich Euch nicht richtig abgeholt habe. Nun, das hat ja auch nicht viel gemacht. Du sahst mir wohl aus, und ich hoffe, es bleibt so. Du hast ja eine massive Woche vor Dir, bis alles so vorbereitet ist, daß Du Dich friedlichen Gemüts der Unternehmung widmen kannst. Hoffentlich klappt wieder alles so gut wie zu Pfingsten. ...

1 *Würmer:* Maria und Thomas Deichmann s. 2. 10. 42, Anm. 1.

Berlin, den 8. 10. 42

... Es gibt eigentlich ganz reichlich zu tun, hauptsächlich, weil im Büro wieder einiges ansteht. Insbesondere habe ich eine Sache jetzt schon 3 Wochen liegen. Ich will versuchen, sie heute abend zu töten. Ausserdem kommen jetzt laufend die Übersetzungen der Papiere, die ich aus Norwegen bekommen habe und die muss ich wieder verdeutschen. ...

Berlin, den 9. 10. 42

... Heute ist wieder eine Serie von Besprechungen. Die Morgenbesprechungen sind gerade vorüber; es ist ½ 12. Um 1.30 gehe ich zum Essen mit einem Mann aus dem Amt, danach sind wieder Besprechungen. Abends kommen Dohnanyi & Peters. Das wird wieder ein langer Abend werden.

Berlin, den 10. 10. 42

Heute ist hier ein eisiger Regentag. Es muss nachts schon ziemlich viel geregnet haben und jetzt schwankt es zwischen Schauer und Guss. Im Amt ist geheizt, in der Wohnung wird leider erst ab 1. 11. geheizt und so muss ich sehen, mich mit Sonne und Backofen zu wärmen. Ein sehr unproduktives Geschäft. Ich habe bereits einen Kratzehals.

Meine neue Telephonnummer ist 22 24 24, auch nicht übel, nicht wahr? Nun wird hoffentlich wieder ein Mal 6 Monate oder ein Jahr lang Frieden sein. Ob ich am Dienstag früh schon umgeschaltet sein werde, weiss ich nicht; melde daher alternativ an.

Gestern mittag war es insofern interessant, als der Mann, mit dem ich ass, gerade aus dem Gouvernement[1] kam und uns[2] authentisch über den „SS Hochofen“[3] berichtete. Ich habe es bisher nicht geglaubt,[4] aber er hat mir versichert, daß es stimmte: in diesem Hochofen werden täglich 6000 Menschen „verarbeitet“. Er war in einem Gefangenenlager etwa 6 km entfernt, und die Offiziere dieses Lagers haben es ihm als absolut sicher berichtet. Ausserdem haben sie ganz phantastische Geschichten über einige der dort eingesetzten Herren erzählt.

Nachmittags waren Besprechungen, sodaß ich nicht zu Frieden kam und abends war ich dann mit Dohnanyi & Peters. Nett aber ergebnislos. Dy. ist rasend steril geworden und bei aller Zuneigung zu Peters muss man doch seine kritische Begabung höher bewerten als seine synthetische. Immerhin, es war nötig und ganz nett. Die Nacht war nur wieder arg kurz.

Heute mittag esse ich mit Einsiedel bei Peter, um einige Fragen zur Vorbereitung des nächsten Wochenendes zu erörtern. E. hat ein paar Sachen zu knapp behandelt oder fast garnicht und das muss nachgeholt werden. Diese Unterhaltung wird sich wohl bis zum Abend hinziehen. Für morgen habe ich ein grosses Arbeitsprogramm: wieder Norwegenbericht, aber auch eine Denkschrift für Groos. Ich bin gespannt, was ich davon hinter mich kriege; alles kann ich garnicht schaffen.

Dein erstes und langes Briefchen fand ich gestern abend in der Derfflingerstr. vor. Danke für den ausführlichen Bericht. Hoffentlich ist das Wetter am Donnerstag so, daß ich Äpfel abnehmen kann; ich täte es sehr gern. – Die ersten Leute kommen um 3, sodaß wir praktisch einen halben Tag für uns haben. ...

1 *Gouvernement:* das deutschverwaltete zentralpolnische sogenannte Generalgouvernement Polen, entstanden durch Erlaß Hitlers vom 12. 10. 39 (RGBl., I, S. 2007) und vergrößert am 1. 8. 41 (Verordnungsblatt GG 1941, S. 443), dessen Bevölkerung etwa 20 Millionen betrug. Der Generalgouverneur Hans Frank wurde in Nürnberg zum Tode verurteilt. 2 *uns:* das Wort *könnte* auch „nun“ sein. 3 *„SS-Hochofen“:* Das Generalgouvernement hatte 3 große Vernichtungslager: Treblinka, Sobibor und Belzec. Nach der Inbetriebnahme größerer Vergasungsanlagen Anfang Oktober hatte Treblinka eine Tageskapazität von 6000 Opfern; davor war es etwa die Hälfte gewesen. Vgl. Rückerl (wie S. 287, Anm. 1), S. 48, Anm. 34. 4 *nicht geglaubt:* So hatte Hans Deichmann ihm wohl über seine Wahrnehmungen in Auschwitz berichtet. Dieser hatte vom K.Z. Auschwitz, d. h. dem Arbeitslager, schon früh im kleinsten familiären I.G.-Farben-Kreise gehört und war im Jahre 1942 mehrmals dort, sah ausgemergelte Häftlinge, viele davon mit Judenstern, hörte, wovon geredet wurde, auch vom Krematorium (Hans Deichmann, Briefbericht 1977 und Brief vom 18. 12. 87).

Berlin, [Sonntag] den 11. 10. 42

Leider sitze ich im Amt. Es ist sehr lästig, aber es ist mal wieder ein ganz toller Unfug gemacht worden und nun will ich versuchen dafür zu sorgen, daß meine Chefs nicht ganz umfallen sondern versuchen uns wieder aus der unmöglichen Lage herauszuziehen. So wird wohl der größere Teil des Sonntags draufgehen.

Gestern mittag kam ich zu spät zu Peter's; aber dann haben wir eine lohnende und nützliche Unterhaltung gehabt. Es war auch bitter nötig, denn in dieser Frage der Wirtschaftsorganisation reichte die Vorbereitung bisher nicht aus. Jetzt sehe ich dieser Frage gefasster entgegen und habe ein besseres Gefühl.

Steltzer kommt morgen früh. Das ist mir sehr angenehm, denn so sieht er Wurm, woran mir sehr viel lag. Montag und Dienstag werden daher noch erhebliche Vorbereitungstage werden und dann ist Schluss. Ich bin sehr gespannt, wie es gehen wird. ...

Berlin, den 12. 10. 42

Der Sonntag war also ganz zerfledert und nur am Abend konnte ich einige Stündchen in Ruhe arbeiten. Mit dem Norwegen-Bericht bin ich immer noch nicht sehr weit, weil die Übersetzungen noch nicht fertig sind.

So, dieser Anfang war um ½ 9 geschrieben und jetzt ist es 5. Hier ist ein rasender Sturm ausgebrochen wegen einer Kriegsgefangenenfrage.[1] Nachdem man erst allerlei gemacht hat, ohne uns zu fragen, und jetzt muss man zurück und nun fragt man uns. Ich bin froh, daß es so geht, aber es hat einen stürmischen Tag bedeutet, und jetzt bin ich in grosser Eile und in grossem Druck.

Dies ist der letzte Brief, mein Herz[,] und dann komme ich. Hoffentlich klappt nur alles, denn ich habe grosse Sorge, daß die Kriegsgefangenensache mich noch länger hält.

Heute mittag ass Hartenstein bei mir. Er ist doch ein sehr netter Mann. Er hat sich auch etwas erholt und ist nicht so verbraucht wie er vor zwei Jahren war.

Jetzt muss ich schleunigst ins Büro, um 7 habe ich einen Luftschutzkursus und um 9.15 kommt Trott. Morgen geht es schon um 8.30 bei Canaris los und auch sonst ist allerlei morgen gefällig. Morgen abend gehe ich mit Steltzer & Friedrich zu Wurm.

1 *Kriegsgefangenenfrage:* Es mag sich um die Fesselung von Kriegsgefangenen gehandelt haben – vgl. 10. 12. 42, Anm. 2. Am 19. 8. waren bei dem britisch-kanadischen Angriff auf Dieppe, der sehr verlustreich war und der die Unmöglichkeit einer baldigen zweiten Front in Europa demonstrierte, deutsche Gefangene gefesselt worden. Am 7. 10. wurde deutscherseits bekanntgegeben, daß, wegen dieser und bei einem Überfall auf die Insel Sark am 4. 10. vorgenommenen Fesselung gefangengenommener Deutscher, alle bei Dieppe gefangengenommenen britischen Soldaten gefesselt würden. Die britische Regierung protestierte und verwies auf Artikel 2 des Genfer Abkommens. Trotzdem wurden 1376 britische Kriegsgefangene gefesselt, woraufhin die kanadische Regierung am 11. 10. die Fesselung der gleichen Anzahl deutscher Kriegsgefangener befahl. Am 13. 10. teilte Churchill dem Unterhaus mit, daß die Regierung die Schweiz als Schutzmacht gebeten hatte, in ihrem Namen gegen den Bruch des Genfer Abkommens zu protestieren und die Einstellung der britischen Gegenmaßnahmen anzubieten, wenn die Deutschen ihre Maßnahmen einstellten.

Berlin, den 21. 10. 42

Dein Wirt ist blendend gereist. Zuerst war ich ganz allein im Abteil, nachher kam eine Familie mit 2 Jungen im Alter von wohl 3 & 6 Jahren, die im Abteil spielten. Aber da ich am Fenster sass war mir das gleichgültig. Bei der Einfahrt nach Berlin bekamen wir 30 Minuten Verspätung, aber um 2 war ich zu Hause und um ½ 3 gegessen im Amt.

Ansembourg[1] holte mich an der Bahn ab und wir gingen in den Reichshof wo wir uns allein in ein Zimmer setzten und etwas sprachen. Er wollte hauptsächlich seine Seele entlasten. Mit Kreisau wird es also nichts. Im Gegenteil, jetzt ist der Gräfin A und ihrem Mädchen auch noch verboten worden, die Stadtgrenze von Liegnitz zu verlassen. Ich habe ihm Hilfe angeboten, aber er meint, sie hätten alles mit Ausnahme von Heizung und Warmwasser. Aber er finde sein Los vergleichsweise herrlich, da seine ganzen Bekannten jetzt deportiert seien und sich mit Familie in den Lagern Grüssau & Leubus aufhielten. Ich habe ihn ferner gebeten, seine Frau zu fragen, ob Du nicht die Kinder eines Tages auf ein paar Tage bei der Durchreise mit nach Kreisau nehmen solltest.

Der 7 Uhr-Zug war noch nicht da, als wir abfuhren; es war daher gut, daß ich mit dem Früh-Zug gefahren war.

Sonst, mein Lieber, ist noch garnichts zu berichten, denn ich bin eben erst angekommen. Bei Dir war es wie immer sehr lieb und die 3 Tage[2] hast Du glänzend gemanagt. Unser Jubiläum[3] ist zwar reichlich tumultuös gewesen, dafür war es aber erinnerungswert.

1 *Ansembourg:* s. 10. 11. 41. 2 *3 Tage:* Bei dem zweiten Kreisauer Treffen vom 18.–20. 10. 42 lagen die Schwerpunkte auf Fragen des Staatsaufbaus und auf Wirtschafts-, Sozial- und Gewerkschaftsfragen. Abschließend vereinbarte Texte vom 18. 10. 42 in van Roon, Neuordnung, S. 547–550 und Bleistein, Dossier,

S. 225–237. Anwesend waren die Ehepaare Moltke und Yorck, Asta von Moltke, Irene Yorck, Einsiedel, Gerstenmaier, Delp, Maass, Peters, Steltzer und Haubach (s. 26. 10. 42, Anm. 1). 3 *Jubiläum:* der 11. Hochzeitstag.

Berlin, den 22. 10. 42

Im Augenblick ersticke ich in Arbeit. Ich habe gestern von 5–8 und heute von 8–12 an dem Norwegen-Bericht gearbeitet. Heute nachmittag muss er weitergehen: denn wenn Frl. Breslauer nicht heute das erste Konzept fertig schreibt, dann kann ich nicht erwarten bis Sonnabend abend eine Reinschrift zu haben. Morgen früh habe ich eine dienstliche Besprechung nach der anderen, heute abend eine lange geschäftliche Besprechung im Büro, die bis tief in die Nacht gehen wird. Ausserdem muss ich ein paar Stunden ruhig im Büro arbeiten. Nun, ich bin gespannt, wie ich mich da durchschlängeln werde. ...

Gestern abend war Friedrich da, der über das Ergebnis befriedigt war. Ich habe nur mit ihm ausgemacht, daß er sich dafür einsetzen wird, daß es vom Onkel[1] bedingungslos akzeptiert wird. Er soll den Onkel am Sonntag sehen und mir am Montag abend Bescheid sagen. F. wird leider wahrscheinlich nach Magdeburg versetzt und das wird die Zusammenarbeit schwer beeinträchtigen.

Heute esse ich mittags und abends allein, weil ich absolut keine Zeit für irgendetwas anderes habe. – So, mein Lieber, ich muss schleunigst aufhören.

1 *Onkel:* Leuschner.

Berlin, den 23. 10. 42

... Gestern habe ich den ganzen Tag wie ein Wilder gearbeitet bis 9 Uhr abends. Dann ging ich nach Hause, wo Hans noch war, kochte mein Abendbrot und dann musste Hans abziehen, seinen Italiener am Adlon aufzulesen um mit ihm nach O. S.[1] abzufahren. Danach habe ich köstlich von 11 bis 7 gepümpelt.

Heute habe ich einen sehr stürmischen Vormittag hinter mir; es ist 1 Uhr. In 10 Minuten gehe ich nach Hause, wo ich mit Gablentz essen werde. Ich will ihn, der in den letzten 2 Monaten aussen vor gestanden hat, jetzt wieder einbeziehen und muss sehen, ob das gelingt. Ausserdem müssen wir einen Schlachtplan für die nächste Zeit entwerfen.

Der Norwegen-Bericht ist inzwischen in der zweiten Korrektur fertig und Frl. Breslauer arbeitet jetzt an der Reinschrift. Das wird also bis morgen abend glücklicherweise fertig. Morgen nachmittag sehe ich noch Gerstenmaier und heute Reichwein und dann fahre ich gestärkt ab. Ich bin gespannt, was ich in München ausrichten werde.

Morgen muss ich an Sachen für das Büro arbeiten. Leider ist da im Augenblick auch gerade mal viel zu tun und ich muss sehen, daß ich morgen des Notwendigste hinter mich kriege. Im ganzen genommen wäre ich jetzt ohne meine Arbeit im Amt gerade gut ausgefüllt, aber die will leider auch einiges von mir. Es sind wieder einige ganz tolle Befehle[2] im Werden, und ich muss sehen, daß meine teueren Chefs steif bleiben und nicht umfallen, damit uns jedenfalls keine Verantwortung trifft.

Sonst ist nichts zu berichten.

1 *O. S.:* Oberschlesien. 2 *Befehle:* s. 3. 11. 42., Anm. 2.

Berlin, den 24. 10. 42

... Gestern mittag war Gablentz da. Der Versuch, ihn einzuspannen ist jedoch vollständig missglückt. Er ist schon ein rasend sturer Mann und verbohrt in irgendwelche Theorien, die schlechthin absurd sind. Das Schlimme ist, daß er sie dann auch noch theologisch begründet und das ist wirklich mehr als man ertragen kann. Ich habe am Abend Steltzer den Inhalt der Mittagsunterhaltung berichtet; der hat sich halb totgelacht.

Nachmittags erschien Reichwein im Büro. Er fuhr nach Schlesien um nach dem Sohn eines Freundes zu sehen, der in Breslau im Lazarett liegt mit einem nicht operierbaren Granatsplitter im Gehirn. Vielleicht meldet er sich heute abend bei Dir.

Um ½ 7 kam Steltzer, der von seinen Unternehmungen etwas erschöpft aber leidlich befriedigt war. Seine Erkältung war unverändert und er sah nicht sehr wohl aus. Ich berichtete ihm über das dramatische Ende und wir einigten uns in allen Punkten so schnell, daß er schon um 9.15 ab ins Bett ziehen konnte. Heute früh ist er nach Oslo geflogen.

Der Tiergarten hat jetzt buntes Laub und von meinem Fenster ist der Blick über dieses bunte Meer wunderschön. Das Wetter ist veränderlich. Nachts hat es wieder geregnet, jetzt scheint die Sonne, aber überall sind Wolken am Himmel, sodaß durchaus möglich ist, daß es heute wieder regnet. Die Luft ist warm und weich.

München, [Sonntag] den 25. 10. 42

Ein langer Tag ist zu Ende. Ich habe noch bei unseren Freunden[1] zu Abend gegessen und sie gebeten, mich 10 Minütchen allein zu lassen, um Dir zu schreiben. Gestern nachmittag hatte ich eine lange und befriedigende Unterhaltung mit Gerstenmaier, der mir als Gastgeschenk für

Dich ein Buch überreichte, das irgendetwas mit Astrologie zu tun hat. Er war sichtlich noch unter dem Spell der drei Tage in Kreisau und mir war das selbstverständlich sehr angenehm. Ich hatte mit ihm allerhand Fragen der weiteren praktischen Arbeit zu besprechen und er war gut in Form. ...

In München war auch Luftalarm gewesen und ich ging durch ganz leere Strassen. Nach einem guten Frühstück und einer langen Besprechung ging ich um 11 zu C. B.'s Freundin,[2] wo ich bis nach 1 Uhr blieb. Ich fand das reichlich lang, sie aber anscheinend nicht und das ist schliesslich die Hauptsache. Zu Mittag ass ich bei Delp, wo es ein Staatsessen gab: Bouillon mit Eierstich, Hirschbraten mit Makkaroni und Knödeln, Obstkuchen, Obst und Plätzchen und Kaffee. Von dort zog ich um 5 zum Anwalt,[3] wo ich nichts ausrichtete und dann hierher zum Essen. In einem Stündchen geht mein Zug.

Delp war auch noch sichtlich beeindruckt vom vorigen Wochenende, hatte sich auch wieder erholt, trotzdem er noch ein Furunkel gehabt hat. Ihr kamt übrigens in der Erinnerung besonders gut weg, Marion[4] und Du. Inzwischen hatte er mit unserem Produkt gute Erfolge gehabt und war voller Zuversicht. ...

1 *Freunden:* den Jesuiten. 2 *C. B.'s Freundin:* Irene Faulhaber 3 *Anwalt:* Wahrscheinlich Josef Müller, den M. wiederholt traf – auch er durch Abwehrverbindung gedeckt; er war es, der im ersten Kriegswinter die Vermittlung des Papstes zu den Engländern bewirkt hatte, wodurch die Opposition hoffte, die deutsche Westoffensive abwenden und einen Frieden herbeiführen zu können. Er arbeitete unentwegt weiter für die Regimegegner bis zu seiner Verhaftung im April 1943, die er jedoch überlebte. 4 *Marion:* Marion Yorck.

Berlin, den 26. 10. 42

... Die Werke von Casparchen und Haubachs[1] Brief füge ich wieder bei. Das Ausschneiden und Aufkleben ist nicht ungeschickt gemacht, schreit aber nach Disziplinierung und Anlernen.

Ich bin gut gereist, heute nacht, kam mit etwas Verspätung an, ass die mitgenommenen Schnitten im Schlafwagen und ging gleich von der Bahn ins Amt. Bis 11 habe ich aufgeräumt und dann bin ich auf Patrouillenritt ausgegangen. Die Engländer haben nämlich am Freitag mit ihrer Offensive in Lybien[2] begonnen und zugleich Italien heftig bombardiert und damit ist wieder ein sehr wichtiger Punkt erreicht, an dem die Gewichtsverlagerung sich zeigen kann und ihrerseits Folgen hervorrufen. Die englische Taktik scheint ganz auf Vorsicht aufgebaut: ein riesiger Materialkrieg in der Wüste, um die ganze Fronttruppe zu zermürben und anscheinend kein Blitzkrieg mit grossen Umfassungsbewegungen.

Sonst sieht es überall sehr knisterig aus. – Mittags hatte ich mich mit Carl verabredet, der Görschen mitbrachte. Wir haben ganz nett zusammen gegessen, Carl war gut gelaunt und der Sonntag der Brüder ist anscheinend bestens verlaufen. Anschliessend gehe ich gleich ins Büro und um 7 zu Friedrich. ...

1 *Haubach:* Theodor Haubach (1896–1945), Sohn einer jüdischen Mutter, die 1939 starb, und eines Vaters, der schon 1896 gestorben war; Freund von Carlo Mierendorff seit der gemeinsamen Schulzeit in Darmstadt; wie dieser Kriegsfreiwilliger, diente er vier Jahre, zuletzt als Leutnant, mehrfach verwundet. Mit Mierendorff im Darmstädter Dichter- und Künstlerkreis „Die Dachstube" und nach dem Krieg Mitherausgeber der Zeitschrift „Das Tribunal. Hessische Radikale Blätter", zu der u. a. Karl Schmidt-Rottluff Graphik beisteuerte. Er promovierte 1923 bei Karl Jaspers. 1922 war er der SPD beigetreten, wurde 1924 Redakteur des sozialdemokratischen „Hamburger Echo" und 1927 Abgeordneter in der Hamburgischen Bürgerschaft. Carl Zuckmayer berichtet („Als wär's ein Stück von mir", Frankfurt 1969, S. 53), daß er den – damals 20jährigen – Helmuth Moltke schon 1927 mit seinen Freunden Haubach und Mierendorff zusammenbrachte. 1933 wurde Haubach kurz inhaftiert, war 1934–36 im KZ Esterwegen und kam dann in der Papierfabrik seines Studienfreundes Viktor Bausch unter. Erneute kurze Inhaftierung Ende August 1939. Am 30. 11. 38 kommt er in einem Brief an F. M. als „ein früherer Reichsbannerführer Haubach" vor, der am vorigen Abend auch bei Borsig gewesen sei. Am 9. 8. 44 wurde er zum letzten Mal verhaftet, von Freisler zum Tode verurteilt, am 23. 1. 45 hingerichtet. 2 *Lybien:* Am 23. 10. begann bei El Alamein die Offensive der 8. britischen Armee unter Montgomery.

Berlin, den 27. 10. 42

Die Bäume, die ich von meinem Fenster sehen kann, sind jetzt ganz verfärbt. In drei Wochen wird das Laub gefallen sein und der eigentliche Winter beginnt. Ich bin gespannt, ob dieser Winter jetzt die Entscheidung bringen wird. Es sieht wieder ein Mal sehr so aus.

Die Engländer haben in Afrika anscheinend mit einer veränderten Taktik angegriffen: erst langes Trommelfeuer nach der Manier des vorigen Weltkrieges im Westen und dann Infanterieangriffe ohne Panzer. Sie haben dabei im Süden erhebliche Fortschritte erzielt, während wir im Norden durch Gegenangriffe unsere Stellung gehalten haben. Jedenfalls entwickelt sich das zu einem Materialkrieg und ob wir dem dort unten gewachsen sein werden, erscheint mir doch sehr zweifelhaft. Man hat den Eindruck, als würden sie sich jetzt bemühen, Italien ernsthaft aus dem Krieg zu schlagen.

Gestern abend war ich bei Friedrich, der im wesentlichen gute Nachrichten hatte: der Onkel[1] wird wohl alles in grossen Zügen billigen. Der Arme war aber immer noch durch die Zeiten stark mitgenommen, besonders durch die Gefahren seiner eigenen Lage. Das ist ihm alles so sichtlich unangenehm. . . .

Heute mittag habe ich mit Jaenicke in der Stadt gegessen, weil wir die Frage seines Nachfolgers zu erörtern hatten. Er muss jetzt in absehbarer Zeit weg, da er Jahrgang 14 ist. Heute abend bin ich mit Maass, Einsiedel & C. D. bei Peter's. Sag' mal, ich würde Marion doch das Mehl gerne zurückerstatten, wenn Du es entbehren kannst. Schliesslich habe ich es mir doch geborgt und ich finde ich sollte es zurückgeben. Wenn es nicht geht, dann geht es nicht. – Jetzt in einem Stündchen gehe ich zu Conrad,[2] der ja am Sonntag sprechen will.

1 *Onkel:* Leuschner. 2 *Conrad:* Preysing, der am folgenden Sonntag, Allerheiligen, predigte. Vgl. 9. 5. 42, Anm. 3.

Berlin, den 28. 10. 42

Heute am Telephon klangst Du so als hättest Du zuviel am Bein oder am Hals. Mein Herz übernimm Dich nur nicht in diesen rosigen Zeiten, denn die grauen Zeiten rücken bedenklich nahe. . . .

Hier ist auch himmlisches Wetter und jeder Tag, den man in dieser Saustadt sitzt, kommt einem wie ein Verlust vor. Nun, es ist nicht zu ändern. Dafür hat man hier so deutlich das Gefühl, daß es rapide vorangeht, daß man schon darüber erleichtert und erfreut ist.

Gestern nachmittag war ich 3 Stunden bei Conrad. Er ist in blendender Verfassung, und ich habe alle Hoffnung, daß sein neuestes Produkt[1] ein Meisterwerk wird. Ich bin jedenfalls voller Hoffnung. Was wäre das erfreulich. Anschliessend ging ich zu Peters,[2] wo E.[3] & C. D und ich bis 12 blieben. Es war mehr eine Putzarbeit als etwas sehr Weiterführendes. Maass war nur solange da, wie er brauchte, um ein Referat über die Einstellung des Onkels zu halten, nämlich seine Normalzeit von 90 Minuten. Seine Frau war plötzlich in die Klinik transportiert worden, er wusste nicht warum und wollte daher verständlicherweise nach Hause.

Heute und morgen sind noch stürmische Tage. Mittags kommen Fritzi[3] & Peter und abends muss ich im Büro arbeiten. Es ist dort leider sehr viel zu tun. Morgen kommt Gerstenmaier und abends gehe ich zu Schlitter.[4] Dann hoffe ich auf ein ruhiges Wochenende, damit, falls ich nicht nach Kreisau kann, ich wenigstens mal wieder mit meiner Arbeit auf gleich komme.

1 *Produkt:* vgl. 9. 5. 42, Anm. 3. 2 *Peters:* Yorcks. 3 *E.:* Einsiedel. 4 *Fritzi:*Schulenburg. 5 *Schlitter:* Oskar Schlitter war seit dem 13. 8. 42 Legationsrat I. Klasse in der Politischen Abteilung des Auswärtigen Amts.

Berlin, den 2. November 1942

... Dein Wirt ist gut gereist. In Liegnitz erwartete mich A.[1] Es ist rührend, wie dankbar er für Zuspruch ist. Er sass noch etwa ein Stündchen im Hotelzimmer bei mir und ging dann. Ich schlief leider nur mässig, aber dank der zusätzlichen Stunde war ich 8 Stunden im Bett und das ist auch was wert. Von Liegnitz bis Guben war ich mit einem Mann im Abteil, ab Guben war es voll. Wir waren pünktlich in Berlin und ich war um ½ 12 im Amt.

Mittags waren Peter & Christiansen[2] zum Essen da. Chr. hat mir wieder sehr gut gefallen und ich glaube wir sind einen Schritt vorangekommen und haben den landwirtschaftlichen Karren aus dem Dreck ein wenig herausgestossen. Wir haben verabredet, daß Ch. & ich zusammen am 5. & 6. Dezember[3] Joest einen Besuch machen, dem ich gleich schreiben will. – Heute abend gehe ich zu Peter wo Gerstenmaier ist.

Afrika ist unverändert, eher etwas besser für uns. Seit 28. ist jedenfalls ein deutlicher Stillstand eingetreten, bei dem offenbleibt ob er etwas Wesentliches zu bedeuten hat oder nicht. Aus Russland nichts Neues.

Pläne: am 15. abends spricht Conrad.[4] Willst Du nicht doch am 15. schon kommen, obwohl ich nicht da bin und dann die Woche bleiben? Ich werde mich einen Tag vor der Arbeit drücken sodaß wir einen künstlichen Sonntag produzieren und dafür werde ich am 21. arbeiten. Ausserdem sind die beiden Abende am 16. & 17. nett angelegt. Schliesslich hat es den Vorteil, daß Du am 21. in Gräditz in die Kirche gehen kannst. Es ist nämlich Totensonntag und da zum Ernte- und Reformationsfest keiner von uns in der Kirche war, ist es eigentlich notwendig, daß Totensonntag einer geht. 28. würde ich dann kommen.

Mein Lieber, das ist alles, was in Eile zu berichten ist.

1 *A.:* Ansembourg. 2 *Christiansen:* s. 30. 6. 42, Anm. 6. 3 *Dezember:* zuerst „August", ausgestrichen. 4 *Conrad:* Preysing. Vgl. 9. 5. 42, Anm. 3.

Berlin, den 3. 11. 42

Ich schreibe heute früh, ehe noch etwas zu berichten ist, denn ich werde heute keinen Fuss auf den Boden kriegen und muss mich daher sputen. Um ½ 10 habe ich meine erste Besprechung, um ½ 11 die zweite, um ½ 2 esse ich mit 2 Leuten aus dem Amt bei Reich, um 3 und 4 ist je eine Besprechung und um 7 bin ich bei Peter zusammen mit einem Mann aus Paris,[1] der als Rekrut eingestellt werden soll. So komme ich heute das erste Mal ganz spät abends nach Hause, da ich in Nikolassee geschlafen habe.

Ehe ich es vergesse: Einsiedel, den ich gestern traf, fragte, ob wohl die Peluschken abgegangen seien. Ich versprach das weiterzugeben. Er war in keiner Weise anspruchsvoll sondern durchaus zurückhaltend.

Gestern nachmittag kam Waetjen kurz im Büro vorbei. Irenchen hat üble Gelbsucht. Auch Barbara Borsig hat schwere Gelbsucht, ist noch nicht gelb und hat ständig um 40° Fieber. – Abends waren Gerstenmaier und ich bei Peter. Es war nicht nur sehr nett, sondern wir haben auch sichtlich beachtliche Fortschritte gemacht. Jedenfalls ist es wirklich erfreulich, was für einen Zuwachs wir mit Gerstenmaier gewonnen haben.

Heute nacht war es kalt. Ob es wohl bei Euch gefroren hat? Dafür verspricht der Tag sehr schön zu werden. Die Sonne ist herrlich aufgegangen und am Himmel ist ausser dem üblichen Dunst kein Wölkchen zu sehen.

Gestern abend hatte ich noch eine entschiedene Aussprache mit Bürkner. Er wollte etwas nicht unterschreiben, woran mir sehr viel lag und argumentierte mit mir über die Berechtigung eines reinen Mordbefehls[2] des Führer's. Darauf sagte ich ihm: Sehen Sie, Herr Admiral, der Unterschied zwischen uns ist der, daß ich über solche Fragen nicht argumentieren kann. Solange es für mich Befehle gibt, die durch keinen Führerbefehl aufgehoben und denen auch gegen einen Führerbefehl Folge geleistet werden muss, kann ich solche Sachen nicht durchgehen lassen, denn für mich steht eben der Unterschied zwischen Gut und Böse, Recht und Unrecht a priori fest. Das ist kein Gegenstand von Zweckmässigkeitserwägungen oder Argumenten. – Darauf unterschrieb er anstandslos. Es interessierte mich, wieder ein Mal zu sehen, daß solche Leute eben durch eine entschiedene Haltung auf die richtige Seite zu ziehen sind.

1 *Mann aus Paris:* Oberstleutnant Caesar von Hofacker (1896–1944), Vetter der Stauffenbergs und Yorcks, Freund von Schulenburg. Seit den späten dreißiger Jahren mit Umsturzplanern vertraut. Bis Herbst 1943 in der Wirtschaftsabteilung der Militärverwaltung in Frankreich, dann Stabsoffizier zur besonderen Verwendung im persönlichen Stabe des Generals Karl-Heinrich von Stülpnagel und am 20. 7. 44 führend an der erfolgreichen Aktion gegen SS und SD in Paris beteiligt, die dann allerdings wegen des Mißerfolgs in Berlin rückgängig gemacht wurde. Am 30. 8. 44 zum Tode verurteilt, am 20. 12. 44 hingerichtet.

2 *Mordbefehl:* Höchstwahrscheinlich der am 18. 10. 42 ergangene sogenannte Kommando-Befehl, der inzwischen zur Abwehr/Ausland durckgesickert war, die nicht auf dem sehr beschränkten Verteiler stand. Hitler befahl angesichts der nun auch im Westen und in Afrika zunehmenden Kommando- und Sabotageunternehmungen, daß daran beteiligte Gegner, ,,auch wenn es sich äußerlich um Soldaten in Uniform oder Zerstörertrupps mit und ohne Waffen handelt, im Kampf oder auf der Flucht bis auf den letzten Mann niederzumachen“ seien. Jede Verwahrung unter militärischer Obhut, z. B. in Kriegsgefangenenlagern usw., war nun ,,wenn auch nur für vorübergehend gedacht, strengstens verboten“. In einem noch geheime-

ren Zusatzdokument vom selben Tage erläuterte Hitler diesen ,,scharfen Befehl zur Vernichtung feindlicher Sabotagetrupps", dessen Nichtbefolgung unter schwere Strafe gestellt war. Der Partisanenkrieg im Osten diene nun England und Amerika als Modell für eine ähnliche Kriegsführung. Sabotagetrupps fielen aber nicht unter die Bestimmungen der Genfer Konvention. Spreng-, Sabotage- oder Terroristentrupps seien ,,unter allen Umständen restlost auszurotten". Zum Schluß stand da folgendes: ,,Sollte sich die Zweckmäßigkeit ergeben, aus Vernehmungsgründen einen oder zwei Mann zunächst noch auszusparen, so sind diese nach ihrer Vernehmung sofort zu erschießen." (Text in Hubatsch, Hg., Weisungen, S. 237–242).

Berlin, den 4. 11. 42

... Gestern mittag hatte ich eine ganz lehrreiche Besprechung mit Jänicke und einem Mann einer anderen Abteilung über die Frage des Einsatzes der Kriegsgerichte. Komisch was sich so Leute manchmal einbilden. Nachmittags jagte eine Besprechung die andere und um 7 war ich mit Fritzi[1] und einem Mann aus Paris[2] bei Peter. Ich war rasend müde, so müde, daß ich gegen 10 mehrfach einschlief und durch das Zusammensacken immer wieder aufwachte. Dann stellte sich aber heraus, daß ich unbedingt einspringen musste und so habe ich dann von 11 bis 12 nachts den Hauptteil der Diskussion über europäische Zusammenarbeit mit England[3] bestritten. Ich war wieder ganz wach geworden aber sterbensmüde. ...

1 *Fritzi:* Schulenburg. 2 *Paris:* s. 3. 11. 42, Anm. 1. 3 *England:* Das Verhältnis der geplanten europäischen Föderation zu England oder dessen Mitgliedschaft war ein Problem, das schon 1941 behandelt worden war. Am 9. 6. 41 schrieb M. ,,Grossbritannien, Island und Irland gehören dem europäischen Bundesstaat an, Grossbritannien jedoch in einer etwas lockeren Form, die es ihm ermöglicht, weiter der geistige Mittelpunkt des Angelsachsentums zu bleiben, insbesondere seine Stellung den Vereinigten Staaten von Amerika gegenüber zu behaupten." [Die letzten elf Worte handschriftlich hinzugesetzt.] Dann stellte er die Frage der britischen Souveränität in einem besonderen Absatz zur Stellung Grossbritanniens: ,,Wie kann die in der Ausgangslage angenommene Sonderstellung Grossbritanniens politisch und staatsrechtlich erhalten werden, ohne daß es zu einem Gegensatz zwischen Grossbritannien und den übrigen Staaten Europas kommt? Kann der in London residierende König von Grossbritannien nichtsouverän, als König der Empire-Länder jedoch souverän sein? Kann Grossbritannien gestattet werden, seine Bereitschaft zur Verteidigung des Empire ständig zu erhalten? Wie ist die Interessenlage vom Standpunkt Europas?" (Text in: Walter Lipgens Hg., Europa-Föderationspläne der Widerstandsbewegungen 1940–1945. München 1968, S. 118 ff.). Für den Text der beiden anderen 1941er ,,Fassungen" der Denkschrift vgl. van Roon, Neuordnung, S. 507–517, besonders S. 512; und S. 518 ff., besonders S. 519 sowie 24. 8. 41, Anm. 1.

Berlin, den 5. 11. 42

... Heute abend kommt Waetjen, mit dem ich die Täubchen essen will. Heute mittag waren Gerstenmaier & Trott da. T. war sehr widerspenstig, aber mit G's Hilfe wurde er in einer 3-stündigen Diskussion gezähmt. Er ist erstaunlich intelligent aber dadurch sehr belastet. Es ist immer wieder komisch. Ausserdem hat er ganz unerklärlicherweise mir gegenüber einen Minderwertigkeitskomplex, der ihn immer wieder zu sehr aggressiven Haltungen und Äusserungen veranlasst. Das ist alles sehr komisch, hätte aber gestern Schwierigkeiten gegeben, wenn G. nicht dabei gewesen wäre. So ist alles gut gegangen. ...

Die Entwicklung im Süden nimmt den erwarteten Verlauf und es spricht alles dafür, daß sie zu einem Kurzschluss führt, der uns bald wieder alle vereinigt.[1] Jedenfalls ist dieser Ablauf bisher dramatisch und ich kann mich an nichts ähnliches erinnern seit den Juni-Tagen 40. Aber noch ist es zu früh um zu einem wirklichen Urteil zu berechtigen. Wenn es aber so abläuft wie ich annehme, dann stehen uns 8 Wochen bevor, die so von Spannung erfüllt sein werden, wie selten, wie wohl in unserem Leben noch nie. ...

1 *vereinigt:* selbst die deutsch-italienische Kapitulation in Nordafrika ließ noch sechs Monate auf sich warten, der Sturz Mussolinis über sieben. Aber die angloamerikanischen Landungen in Nordwestafrika standen unmittelbar bevor.

Berlin, den 6. 11. 42

... Gestern abend war Waetjen da. Er erzählte aus der Schweiz. Nichts besonders Neues. Vormittags erschien König, der heute abend noch ein Mal kommen wird. Mittags kamen Reichwein und Poelchau. Es war ganz nett aber nicht gerade ergiebig.

Jetzt habe ich nur wenige Minütchen Zeit. Ich muss zu Lewinski eilen, mit dem ich eine gemeinschaftliche Sache zu machen habe. ...

Berlin, den 7. 11. 42

Ich habe so das Gefühl, nichts zu berichten zu haben, denn die Nachrichten über Afrika und seine weiteren Auswirkungen füllen mich vollständig aus. Es wird mir richtig schwer, mich auf andere Sachen zu konzentrieren, denn immer wieder bemerke ich, daß meine Gedanken dort sind, während ich hier etwas lese. In diesen Tagen wird ungeheuer viel entschieden und von Kühnheit und Erfolg der Operationen, die die Engländer[1] heute unternehmen, wird ihr Prestige als Weltmacht viel entscheidender und auf eine viel längere Zeit beeinflusst werden als von irgendeiner Operation bisher. Es ist merkwürdig, wie plötzlich unendlich viele Dinge von einer Entscheidung abhängen. Das sind die wenigen Augenblicke, in denen ein Mann plötzlich in der Weltgeschichte wirklich zählen kann. Alles, was vorher war, alles, was nachher kommt wird von Massen getragen, von anonymen Kräften und Menschen. Und dann, plötzlich, hat man das Gefühl, daß diese Kräfte alle den Atem anhalten, daß das Riesenorchester, das bisher gespielt hat, für ein, zwei Takte schweigt, um einem Solisten Gelegenheit zu geben, den Ton für den nächsten Satz anzuschlagen. Es ist nur ein Herzschlag Zeit, aber nach dem einen Ton, der einsam und allein ertönen wird, wird sich das ganze Orchester in dem nächsten Augenblick richten. Und auf diesen Ton wartet man. Man hat die mögliche Melodie im Ohr, man kann sich mehrere Variationen vorstellen, aber man weiss doch nicht, was kommt. Und so wird dieser eine Herzschlag unbeschreiblich lang. Während ich hier sitze ist ja der Entschluss, auf den es ankommt, längst gefasst, aber ich horche gespannt in die Welt hinaus, um den Ton aufzunehmen. Einen ähnlichen Augenblick hat es in diesem Krieg bisher nur ein Mal gegeben: nach Dünkirchen.

Gestern abend war König da. Nichts Besonderes, nur laufende Angelegenheiten. Heute nach Tisch kommt er mit Gerstenmaier noch ein Mal. Um 4 muss ich einen Mann aus Paris[2] sprechen, um 7 kommt Herr Mayer aus Muffendorf zu einer Besprechung. So ist das kein friedlicher Sonnabend. Ich habe aber den Sonntag freigehalten und hoffe da friedlich zu Hause zu bleiben. ...

1 *Engländer:* In der Nacht vom 7./8. 11 landeten anglo-amerikanische Streitkräfte unter dem Oberbefehl des amerikanischen Generals Eisenhower im Rücken Rommels in Marokko und Algerien. Die britische 8. Armee hatte seit der Schlacht von El Alamein am 23. 10. ihre jetzt endgültige Offensive fortgesetzt und 30000 Gefangene eingebracht. Am 20. 11. begann die sowjetische Großoffensive südlich von Stalingrad. 2 *Mann aus Paris:* vgl. 3. 11. 42, mit Anm. 1.

Berlin, [Sonntag] den 8. 11. 42

Ich höre, daß die Landung in Französisch Nordafrika erfolgt ist. Alea iacta sunt. Wie mag das gehen? Die Reaktion in Frankreich wird auch von der ,,efficiency“ abhängen, mit der die Landung durchgeführt werden wird. Ich will gleich noch ins Amt gehen, um zu hören, ob dort schon irgendwelche Reaktionen bekannt sind. Vielleicht geht morgen Pétain[1] unter Bildung einer neuen Regierung zu den Engländern über; vielleicht versucht er weiter, zu balancieren. In 4 Wochen wird jedenfalls, wenn nicht etwas ganz Überraschendes passiert, das Mittelmeer ein englischer See sein, in dem niemand Anderes etwas zu sagen haben wird. Die Flotte, die am Freitag abend Gibraltar verliess, bestand aus 4 Schlachtschiffen, 4 Flugzeugträgern, 45 Kreuzern, 50 Zerstörern und 390.000 to Transportern. Das werden also wohl mindestens 4 Divisionen gewesen sein. Ohm Jannie[2] erlebt jetzt seine entscheidende Stunde, denn dieser Plan ist ganz gewiss seiner.

Der Sonnabend war turbulent. Um 11 verliess mich Mayer und ich sank dann in einen sehr gestörten Schlummer, weil ich immerzu an die grosse Flotte denken musste, und wo sie wohl landen würde. Der Sonntag ist dafür sehr friedlich. ...

1 *Pétain:* ging nicht „zu den Engländern über", sondern forderte die französischen Befehlshaber in Algerien, Marokko und Tunis zum Widerstand auf, weigerte sich jedoch, den Alliierten den Krieg zu erklären. In Algerien half ihnen Admiral Darlan. Er fiel am 24. 12. einem Attentat zum Opfer. 2 *Ohm Jannie:* Jan Christiaan Smuts (s. 23. 8. 40, Anm. 2) war ein guter Bekannter der Familie Rose Innes. Churchill legte großen Wert auf den Rat und Beistand des ehemaligen Gegners aus dem Burenkrieg, beriet sich Anfang August mit ihm in Kairo („in order to fortify my own judgment") und nannte ihn einen „Quell der Weisheit" – s. Churchill, The Second World War, Bd. 4: The Hinge of Fate. New York 1962, S. 397 und 400.

Berlin, den 9. 11. 42

Wir haben eben erst telephoniert, aber ich schreibe, weil mir scheint, daß der Tag turbulent werden wird, wenn auch nur deshalb weil ich Nachrichten sammeln gehen muss. Sie werden ja noch sehr verwirrt und durcheinander sein, aber vielleicht gibt es doch ein Bild. Die Hauptfrage ist ja, ob die Franzosen sich die Politik von Laval,[1] auf unserer Seite in den Krieg zu treten, gefallen lassen und wenn ja, was wir dann eigentlich tun wollen. Denn das mindeste ist doch, daß wir alle Kriegsgefangenen entlassen, sonst kann die Sache ja wirklich nicht populär werden.

... Abends kommen Peter & Friedrich. Morgen mittag isst Guttenberg bei mir, morgen abend gehe ich mit Fritzi[2] zu Peter, Mittwoch mittag rechne ich auf ein Essen mit beiden Schwägern, abends gehe ich zu Einsiedel, Donnerstag mittag ist noch frei, abends gehe ich zu Gerstenmaier, Freitag mittag esse ich mit einem Mann aus dem Amt in der Stadt und abends fahre ich ab. Da hast Du das reiche Wochenprogramm. ...

1 *Laval:* der französische Ministerpräsident sprach am nächsten Tage im Auftrage von Pétain mit Hitler in München – vgl. 8. 11. 42, Anm. 1. 2 *Fritzi:* Schulenburg.

Berlin, den 10. 11. 42

Mein Lieber, – ach, weiter komme ich nicht, denn da kommt Guttenberg, auf dessen Verspätung ich gerechnet hatte –. Jetzt ist es schon 4 Uhr; ich habe noch eine Besprechung, die längere Zeit in Anspruch nehmen wird und muss um 6 bei Peter sein, wo die Unterhaltung mit Fritzi Schulenburg steigt.

Gestern war schliesslich ein friedlicher Abend. Friedrich kam nicht, es war auch nur eine ganz vage Verabredung. So war ich allein, las etwas Times und sehr viel Mère et fils. Das ist ja ein sehr schönes Buch. Ich bin jetzt etwa in der Mitte des zweiten Bandes. Es liest sich sehr gut.

Heute ist es dafür turbulenter. Am Morgen hatte ich in einer Büro-Sache eine zweistündige Verhandlung, dann war Guttenberg zum Essen da, jetzt kommt Prof. Bruns und anschliessend gehe ich zu Peter. G. war sehr nett und auch ganz produktiv. Er ist ein guter und kluger Mann nur leider sehr faul.

Sonst gibt es von mir garnichts zu berichten. Es geht mir sehr gut; ich kann mich nicht erinnern, mich in einem November so wohl und leistungsfähig gefühlt zu haben. Das Gefühl der nahenden Krise und Gefahr reizt mich ungeheuer, ich kann es garnicht leugnen. Ich bin gespannt, ob es jetzt wohl zügig weitergeht oder ob ein Stocken eintritt. Beides ist möglich. Immerhin scheint Mussolini nach München bestellt worden zu sein und abgesagt zu haben.

Es ist ungeheuer eindrucksvoll zu sehen, wie sich die Seemacht durchsetzt. Wie ein Koloss kommt das an. Wenn man denkt, daß im ganzen Mittelmeer den Engländern nur Gibraltar, Malta & Alexandria gehört haben – das östliche Mittelmeer ist für diese Erwägungen uninteressant –, also nur ganz wenig Quadratkilometer umgeben von feindlichen Ländern, so sieht man, wie gut das Empire aufgebaut ist. Das sind die strategischen Schlüsselpunkte und auf denen ruht das Riesengebäude. Solange England die Flotte hat, ist eben alles in Ordnung. Warum sehen das die Menschen hier nicht? Noch immer nicht. Muss man dazu angelsächsisches Blut haben um das zu erkennen? Von was für Leuten sind wir eigentlich geführt? Was sind das für Generale, die Truppen nach Afrika werfen und Malta ungeschoren lassen? Man versteht das einfach überhaupt nicht.

Ich bin auch überzeugt, daß die meisten Deutschen nicht sehen, was im Mittelmeergebiet in diesen Tagen geschehen ist. Wahrscheinlich ist die Schlacht bei El Alamein die Schlacht, die die formale Entscheidung des Krieges gebracht hat. Aber das mindeste ist doch, daß wir nun ganz gewiss auf die Defensive beschränkt sind und daß von Offensive gar keine Rede mehr sein kann. Ob die Zeitgenossen eigentlich die Schlacht von Trafalgar genau so wenig verstanden haben?

Mein Lieber, ich rufe doch am Donnerstag früh an, denn meine Pläne haben sich geändert und ich bleibe in der Derfflingerstr. – Sag mal, ich habe keine Unterhosen mehr; kannst Du mir welche mitbringen wenn Du kommst? Das Lustprogramm ist 15. nachm. 17^h Conrad,[1] 16. abends Steltzer, 17. abends Friedrich. ...

1 *Conrad:* Preysing.

Berlin, den 11. 11. 42

... Der gestrige Abend war recht produktiv. Es dauert lange, bis Fritzi[1] so ganz integriert ist, aber er ist auf dem besten Wege, und ich hoffe sehr, daß es nun bald gelungen sein wird. Er hatte zu den Kreisauer Texten eine ganze Menge constructive criticism zu offerieren, aber das bezog sich auf Einzelheiten, beruhte manchmal auf Missverständnissen und ging zum Teil auf Dinge, die wir auch nie schön gefunden hatten, wie die ,,Reichsfachämter".[2]

Die Nacht habe ich leider miserabel geschlafen, wofür kein Grund ersichtlich war. Es war sehr ärgerlich, zumal mir das jetzt zum ersten Mal seit langer Zeit passiert ist. Vielleicht vertrage ich den Kaffee nicht mehr, den es bei Peters gab, obwohl er sehr schwach war.

Am Morgen kam Hans. Du riefst an, als er gerade ins Haus getreten war und da er neben mir stand, schien mir das keine geeignete Lage für eine Unterhaltung. Jetzt habe ich allein zu Mittag gegessen, da Hans, für den ich diese Zeit freigehalten hatte, nicht konnte. Ich schreibe den Brief noch zu Hause. Abends kommt Einsiedel.

Im Augenblick ist das Wichtigste ob Frankreich sich von uns auffressen lässt. Seit heute morgen rücken wir und die Italiener ein,[3] die Italiener in Corsika & Nizza. Offenbar ist das der Preis, den Mussolini sich für sein weiteres Ausharren hat zahlen lassen. Ich bin gespannt, ob das ausreicht. Reicht es aus, so gerät der Prozess des Abgleitens ins Stocken und wir erleben eine kleine Pause, es sei denn daß die französische Gegenwirkung so stark ist, daß sie das wiederum aufhebt. ...

1 *Fritzi:* Schulenburg. 2 *,,Reichsfachämter":* zuerst ,,Reichsfachschaftsämter", dann durch partielle Streichung verbessert – s. abschließend vereinbarter Text vom 18. 10. 42, in van Roon, Neuordnung, S. 547–550, besonders S. 550: ,,Die Wirtschaftsverwaltung des Reiches und der Länder bedient sich der Reichsfachämter, deren Aufgabe es ist, zusammenfassendes Material über sämtliche Vorgänge des Industriezweiges zu beschaffen und auszuwerten. Diese Reichsfachämter stehen gleichzeitig den Betrieben zur Durchführung von Gemeinschaftsaufgaben zur Verfügung." 3 *rücken wir ... ein:* in das bis dahin unbesetzte Frankreich.

Berlin, den 12. 11. 42

Heute mittag kam Dein Dienstagsbrief. Das ist also wieder ganz normal. Zunächst zu Merian.[1] Die Nachricht, die er bekommen hat, stimmt im wesentlichen zumindest hinsichtlich der 50%igen. Die ersten 50[%]igen sind bereits abtransportiert. Über die 3/8tel Leute[2] weiss ich nicht[s]. Man soll an der Sache auf keinen Fall rühren, sondern sich ganz still verhalten und sich erst verteidigen, wenn was geschieht. Verhandlungen vorweg aufzunehmen, halte ich für ganz falsch.

Soweit war ich gerade, als Steltzer kam und inzwischen habe ich ihn ins Hotel gebracht und bin von dort direkt in die Derfflingerstr. gegangen, wo ich mit Carl so kurz nach 6 verabredet bin. Um 3/47 esse ich hier ein wenig und um 7.30 gehe ich zu Gerstenmaiers. Morgen mittag esse ich mit Steltzer bei Yorck, um ½ 5 bin ich bei Conrad,[3] um ihm die letzte Stütze für Sonntag zu geben und um 8 fahre ich zu Rösch nach Karlsruhe. Du siehst, die restliche Zeit ist völlig eingeteilt.

Mein Lieber, Dein Telephönchen & Dein Briefchen machen einen etwas mitgenommenen Eindruck. Mein armes Herz, wie ärgerlich, daß Du elend bist und dabei zu viel zu tun hast. Hoffentlich kannst Du Dich wirklich entlasten, wenn Lenchen kommt, denn jetzt musst du Kräfte schonen! Die schlimmen Zeiten kommen ja jetzt. Wenn nur die Kinder alle gesund sind.

Wegen der Schweinemast: Merian soll mir doch das Ergebnis seiner Prüfung schriftlich geben, damit wir eine exakte Unterlage haben, wenn wir es am 29. besprechen. Ich bin ja gegen die Mast, garnicht aus finanziellen Gründen, sondern rein aus Futtergesichtspunkten. Wir müssen Futter sparen und können nicht immer so knapp sein.

Mein Lieber, in einer Woche kommst Du ja. Dann müssen wir aber am 1. Advent in die Kirche gehen. Das geht ja auch. Hast Du Kränze für Totensonntag bestellt? – Sag mal, daß bloss der Schäfer nicht zu früh mit Hüten aufhört. Das wird Z. hoffentlich nicht zulassen. – Noch etwas fällt mir ein: ich werde Merian direkt schreiben; warum sollst Du ihm nochmal schreiben müssen, da es für mich garkeine Mühe ist. Also schreibe Du ihm nicht.

In Afrika wird es wohl noch einigen kleinen Widerstand in Tunis & Tripolis geben und damit dürfte dann Schluss sein. Was wird dann Italien tun? Werden sie weiter machen und sich an Corsica & Nizza erfreuen? Es scheint doch sehr zweifelhaft.

Sonst gibt es eigentlich nichts Neues, mein Lieber, die Tage rasen dahin; daß seit dem 1. 11. erst 11 Tage vergangen sind, erscheint mir geradezu unwahrscheinlich. Aber doch warte ich voll Ungeduld auf die nächsten 11 Tage, die noch eine grosse Entscheidung bringen werden.

1 *Merian:* landwirtschaftlicher Berater. 2 *3/8tel-Leute:* Es handelt sich offenbar um die Deportation sogenannter „Mischlinge", derjenigen mit zwei jüdischen Großeltern und derer mit drei Urgroßeltern der einen und fünf der anderen „Rasse". Hierzu sowie zu der Frage der Zwangsscheidung von „Mischehen" und Deportation der jüdischen Partner s. die Berichte von Margarete Sommer, der Leiterin des Hilfswerks beim Bischöflichen Ordinariat Berlin in Ludwig Volk (Hg.), Akten der deutschen Bischöfe über die Lage der Kirche 1933–1945, Bd. 5, Mainz 1983, S. 675–678, 817–819 und 938–942. 3 *Conrad:* Preysing, der am Sonntag, den 15. 11., eine Predigt im Sinne des von ihm abgefaßten und am Sonntag, den 20. 12., zu verlesenden Hirtenwortes halten wollte. Zur Vorgeschichte des Hirtenworts s. Volk, a..a. O., S. 959; zur Wirkung s. Boberach (Hg.), Berichte des SD und der Gestapo über Kirchen und Kirchenvolk in Deutschland 1934–1944, Mainz 1971, S. 767ff. und ders., Meldungen aus dem Reich 1938–1945. Die geheimen Lageberichte des Sicherheitsdienstes der SS, Bd. 12, Herrsching 1984, Nr. 348 vom 7. 1. 43, S. 4635ff. Text des Hirtenworts auch bei Adolph, Preysing, S. 171–174.

Berlin, den 13. 11. 42

... Gestern abend war es sehr nett bei Gerstenmaier. Wir hatten allerhand zu besprechen und die kristallklare Art von G's Denkapparat fördert jede Unterhaltung doch ganz erheblich. Trott und Peter waren auch noch da. G. & Peter kommen am Donnerstag in die Derfflingerstr. und wenn Du da sein solltest, so siehst Du sie ja.

Heute ist hier im Amt bemerkenswert wenig zu tun. Das ist sehr angenehm, denn ich habe allerhand fertig zu machen und aufzuräumen und von ½ 2 Uhr ab bin ich ja praktisch ausserhalb beschäftigt.

Mein Lieber, wie mag es Dir ergehen? Ich habe immerzu Sorge, daß ich Dir viel zu viel Last mache und daß ich Dir viel zu viel zu tun gebe. Ich möchte doch so gerne, daß Du den Kopf ausreichend hoch über den Wassern hast und doch scheint es mir, als ob Du eben nur mit Mühe den Kopf über Wasser hältst. Was kann man da nur machen?

Ich habe aber gleich eine andere Bitte. Wenn Du etwas Speck & Wurst entbehren kannst, so habe ich einen Aspiranten, dem ich gerne etwas geben möchte, weil er sehr bedürftig[1] ist. Wahrscheinlich kann er auch Erbsen sehr gut gebrauchen. ...

1 *bedürftig:* vgl. 5. und 18. 11. 41.

Baden-Baden, den 14. 11. 42

Dein Wirt ist gut gereist, wenn er auch nicht übermässig viel geschlafen hat. Um 7.30 war ich in Karlsruhe, wo Rösch an der Bahn stand. Ich habe dann 2 Stunden mit ihm gesprochen und um 9.40 bin ich pünktlich weitergefahren. Die beiden[1] waren mir bis zum Leopoldplatz entgegengekommen, weil sie mit einer so pünktlichen Ankunft nicht rechnen konnten. Wir sind dann raufgegangen, wo es himmlische Schnittchen gab; ich habe dann Jowo noch in die Stadt begleitet, wo er zum Zahnarzt musste, während ich mir beim Reisebüro den Schlafwagen von Basel auf Baden-Oos umschreiben liess. Dann gab es ein himmlisches Festessen und Kaffee und jetzt wollen wir gleich ein wenig spazierengehen.

Die beiden sind nett, wohl & zufrieden. Inge ist durch Jowo's Anwesenheit sichtlich aufgeblüht und Henry hat weiter seinen besonderen schmetterlingshaften Reiz. Jowo's Arm ist noch nicht beweglich; er rechnet damit, so um den 1. 12. wieder raus zu müssen. – Das Haus ist nett und sie haben ja sehr schöne Möbel.

1 *Die beiden:* der Bruder Joachim Wolfgang und dessen Frau Inge.

Baden-Baden, [Sonntag] den 15. 11. 42

Gestern hatte ich den Brief unterbrochen, weil wir ausgehen wollten und ich sonst gestern keinen Brief mehr wegbekommen hätte. Ich glaube, ich hatte Dir noch nicht berichtet, daß ich mit Steltzer bei Peters zu Mittag gegessen hatte, am Freitag. St. & P. waren in guter Form und ich verliess sie um 4 in bester Fahrt. Ich musste zu Conrad, um ihm noch eine Stütze für Sonntag einzuziehen.[1] Das ist wohl auch gelungen. Übrigens findet es heute schon um 10 Uhr statt, sodaß Du keinesfalls hättest zur Zeit kommen können. Nur ein Teil befasst sich mit unseren Themen, aber dieser Teil verspricht gut zu werden. ...

Wir haben gestern noch einen Ausflug mit Henry in die Stadt gemacht. Er geht wirklich sehr lieb mit und ist überhaupt ein liebes Kind. Abends haben wir noch bis 10 gesessen und sind dann befriedigt ins Bett gesunken, wo ich gut geschlafen, aber zwei Mal ziemlich anstrengend geträumt habe: ich war mit C. B.[2] im U-Boot untergegangen, und wir konnten uns nicht darüber einigen, wer zuerst aussteigen musste: er erklärte, ich hätte Frau & Kinder und ich sagte, der Jüngere mit der längeren Expektanz muss selbstverständlich zuerst gehen. ...

1 *einzuziehen:* um ihn zu deutlicher Sprache zu ermutigen; s. auch 12. 11. 42, Anm. 3. 2 *C. B.:* Bruder Carl Bernd.

Berlin, den 17. 11. 42

... Gestern mittag war Görschen da. Er hat mir ganz gut gefallen, und mir scheint, daß man von ihm guten Gebrauch wird machen können; er ist auch durch die Kriegsereignisse so einsatzbereit geworden, daß er es wahrscheinlich tut. Er hat sich noch eine Bedenkzeit ausgebeten und wird mich approchieren, wenn er das nächste Mal kommt. – Abends waren Steltzer, Gerstenmaier, Trott & ich bei Peter, um in der Frage der Übersetzung auf das europäische Niveau[1] weiterzukommen. Wir haben uns zwar ganz nett unterhalten, aber weiter sind wir nicht gekommen. Ich war erst um 1 im Bett.

Heute um 11 – in einer halben Stunde – sehe ich St. zu einer Abschiedsbesprechung. Um 2 fliegt er nach Stockholm. Um 5 kommt Hartner[2] zu mir und um 7 Friedrich & Peter. Mittags habe ich ein geschäftliches Essen in der Stadt. Der Tag ist also reichlich belegt. So sind die Tage aber jetzt immer.

Im Amt ist mal wieder garnichts zu tun. Das passt sehr gut, denn ich habe rasend viel zu lesen. – Das Produkt von Conrad von Sonntag ist gut aber nicht sehr gut und nicht sehr eindringlich. Es ist an die gerichtet, die hören können, nicht an die Tauben.[3]

1 *Niveau:* vgl. 4. 11. 42, Anm. 3. 2 *Hartner:* Professor Willi Hartner, alter Freund von Steltzer, dann auch, da in Homburg wohnend, von Hans und Dick Deichmann. 3 *die Tauben:* die Unbelehrbaren; die die hören konnten, waren Menschen, die mit den Opfern des Regimes sympathisierten und für Kritik hellhörig waren. Auch der Sicherheitsdienst hörte mit – vgl. 12. 11. 42, Anm. 3 – und beanstandete Bekundungen der Mitmenschlichkeit wie folgende in Preysings Hirtenbrief vom 15. 11. 42: „... Liebe darf niemanden ausschließen; schon gar nicht deshalb, weil er vielleicht eine andere Sprache spricht oder fremden Blutes ist. Jeder Mensch trägt das Ebenbild Gottes in seiner Seele. Jeder Mensch hat Recht auf Leben und Liebe ... Nie ist es erlaubt, Angehörigen fremder Rassen die menschlichen Rechte zu nehmen, das Recht auf Freiheit, das Recht auf Eigentum, das Recht auf eine unauflösliche Ehe; nie ist es erlaubt, gegen irgendeinen solche Grausamkeiten zu verüben ...“ (zitiert in Burkhart Schneider, Hg., Die Briefe Pius' XII. an die deutschen Bischöfe 1939–1944), Mainz 1966, S. 238, Anm. 3).

Berlin, den 18. 11. 42

Heute habe ich keinen Brief von Ihnen, weil ich pünktlich von Hause weggegangen bin und daher den Briefträger nicht traf. Aber vielleicht finde ich mittags einen vor, wenn ich mit Kiep zum Essen komme. Ich will einen Versuch machen Kiep für uns einzuspannen, weil ich mir vorstelle, daß bei einer positiven Tätigkeit sich bei ihm so ein come-back findet, der ihn wieder ganz vollwertig macht. ...

Sag' mal, ich brauche die Akten über C. B., und Frl. Breslauer behauptet, die müssten in Kreisau sein. Ich kann mir das kaum vorstellen. Solltest Du sie haben, so lege sie doch bitte raus. Ausserdem brauche ich die Pfingstakten; ob Du die wohl am Freitag noch mit heraufbringen könntest?

Gestern abend habe ich mein neues Rad bekommen. Es ist gut und eigentlich besser als mein altes. Das schicke ich jetzt zurück, sodaß Ihr wieder eins habt, das funktioniert. Mir ist jedoch ausdrücklich gesagt worden, Räder sollten möglichst nicht auf den Reifen stehen, da das der Gummi übelnimmt. Wir müssen also mal nachdenken, wie man es besser aufstellen kann.

Gestern abend war erst Hartner zum Tee da. Ich habe mich hauptsächlich über Frankfurt erkundigt und habe da auch manches gehört. Wieweit das stimmt, weiss ich natürlich nicht. Er hat mir gut gefallen. – Nachher kamen Peter & Friedrich zum Abendbrot. F. hatte sich sichtlich erholt von den Schrecken, die ihn in letzter Zeit überfallen hatten. Die Leute haben wirklich in der Zwischenzeit nach jeder Richtung hin wakker und erfolgreich gearbeitet. Das war sehr erfreulich. Sonst erzählte er wie üblich recht unterhaltsame Geschichten.

Berlin, den 23. 11. 42

Es war so lieb wie immer. Mein Herz, wenn Du Dich nur nicht übernimmst. Die üblen Zeiten kommen noch. Sie werden in jeder Hinsicht übel sein und zudem werden wir sehr arm sein. Deswegen schone Dich, bitte. ...

Herr Deichmann kommt morgen früh. Wie lange er bleibt, weiss ich nicht, nehme aber an, daß es nicht lange dauern wird. – Ich bin heute mit dem Rad unterwegs, weil ich erst zum Arbeitsministerium muss, dann zu Ulla, dann zu Husen, auch im Grunewald. Das neue Rad fährt leicht und gut.

In Afrika scheint alles noch unverändert zu sein, d. h. daß beide Seiten heranschaffen, was heranzuschaffen ist, ehe der Entscheidungsschlag kommt. Dafür hat es aber anscheinend eine ganz arge Überraschung im Osten[1] gegeben. Das ist wenig schön. ...

1 *im Osten:* Am 19. und 20. 11. hatte die russische Großoffensive an der Südwestfront und südlich von Stalingrad begonnen, am 22. wurde eine Viertelmillion Mann bei Stalingrad eingeschlossen. Hitler befahl der 6. Armee sich einzuigeln. Generaloberst – zuletzt Generalfeldmarschall – Paulus bat Hitler am 23. um Handlungsfreiheit, bekam sie aber nicht.

Berlin, den 24. 11. 42

Es ist schon 5 Uhr nachmittags. Gleich kommt Frl. Warnstädt zum Diktat und anschliessend gehe ich zu Peter, wo wir um ½7 zusammen mit Fritzi ackern wollen. ...

Gestern bin ich zu Ulla geradelt, habe dort ein sehr nettes Abendbrot gehabt und bin dann um 8.30 Uhr weiter zu Husen gezogen, bei dem ich bis ½ 12 blieb. Auch der hat ganz erfreuliche Fortschritte in seiner Einsatzbereitschaft gemacht und ich will versuchen, ihn zu integrieren. Jedenfalls war er viel weniger apathisch als vor zwei Monaten, als ich ihn zuletzt sah. Ich kam jedenfalls totmüde aber befriedigt um 12 bei Mondschein auf meinem Velo zu Hause an. ...

Die Lage ist leider sehr schlimm. Das Üble ist der Osten. Ich möchte ja annehmen, daß sich das irgendwie, irgendwo noch halten lassen wird, aber es ergibt wohl sicherlich eine ganz schwere Einbusse.

Berlin, den 25. 11. 42

Wir haben also gestern abend zu dritt geackert von 7 bis 11.20 und das war eigentlich ganz befriedigend. Der leichte Abstand, den Fritzi zu uns immer hatte, hat sich sichtlich verringert und ist wohl auf dem besten Wege ganz zu verschwinden. Wie gewöhnlich gab es einige ganz witzige Augenblicke und alles war sehr befriedigend. – Heute früh erschien König, mittags esse ich mit Carl, um 3 kommt Delp, um ½ 5 trinke ich mit Guttenberg Tee im Büro und um 7 geht es mit Delp & Gerstenmaier bei Peter weiter. Da hast Du den Tag. Die Tage sind überhaupt immer ganz nett belegt.

Geschehen ist sonst seit meinem letzten Brief wenig. Ich habe den ganzen Vormittag in dem Amt am Schreibtisch gesessen.

Es ist eben 5 Uhr. Immerzu war Betrieb: Reichwein & Einsiedel, Maass, Guttenberg. Ich komme nicht mehr zum Schreiben. Morgen früh telephonieren wir ja.

Berlin, den 26. 11. 42

... Für Montag habe ich für Dich ein grosses Programm gemacht, weil es gerade so auskam: 11.30 Friseur, 12.30 Gramsch bei uns, 17 Poelchau, 20 Gerstenmaier. Dann dachte ich am Dienstag mittag Reichwein & Peters,[1] am Mittwoch Oxé + Jaenicke, am Donnerstag abend sind wir bei Peters, am Mittwoch nachmittag bin ich besetzt, dachte aber für Dienstag nachmittag an Hannah Bekker[2] & Schmidt-Rottluff.

Heute früh haben wir ja ganz lieb telephoniert und eben habe ich Dich nochmals angemeldet wegen des Polenurlaubs. Die Termine sind natürlich dumm, aber andere gibt es nicht. Besser sie sind zu unbequemer Zeit auf Urlaub gewesen als daß sie unzufrieden werden. Bis zum 4. wird wohl auch der letzte Weizen bestellt sein, sodaß sie nicht mehr so viel verpassen.

Heute nachmittag gehe ich zu Hans Carl's Geburtstagstee, abends zu einer Besprechung, zu der mich Gerstenmaier sehr gegen meinen Willen gepresst hat. Morgen mittag isst der Onkel[3] bei mir, abends kommt Görschen. So ist für Beschäftigung gesorgt. – Der Abend gestern mit Delp & Gerstenmaier war im ganzen doch recht fruchtbar, wenn es auch nur eine Art Vorexamen war. Aber die sind jetzt so weit ausgerichtet, daß wir am 17. eine Abschlussbesprechung im Plenum haben können. Ich bin gespannt, ob es dazu kommt und ob es tatsächlich gelingt, vor Weihnachten noch mit dem Personalplan[4] fertig zu werden. Das wäre immerhin ein beachtlicher Fortschritt. Steltzer will ich auch zum 17. bestellen. ...

1 *Peters:* Yorcks. 2 *Hannah Bekker:* Hannah Bekker-vom Rath, befreundete Malerin und Kunsthändlerin. 3 *Onkel:* Leuschner. 4 *Personalplan:* die Liste der „Landesverweser", d. h. der Männer, die bereit und fähig waren, im Falle des Umsturzes oder Zusammenbruchs die regionale Führung zu übernehmen und als Verbindungsmänner zum Zentrum zu fungieren.

Berlin, den 27. 11. 42

Wir, d. h. Görschen, Carl & ich, haben heute mittag in der Pute geschlemmt. Das war ja ein köstliches Tier und den Rest, d. i. die bessere Hälfte, wollen wir, hoffentlich mit Dir, am Sonntag mittag verzehren. Die Pute war sehr gut und auch gut gemacht. G. war entsprechend beeindruckt und da ich ihn als Rekruten gewonnen habe und Carl in dieser Beziehung sein Adjutant bleibt, bin ich mit dem Ergebnis sehr zufrieden, sodaß ich die Pute gerne geopfert habe.

Gestern abend war eine Besprechung in rein kirchlichen Sachen und anschliessend hatte ich noch etwas mit G.[1] & Peter zu erörtern. So war ich wieder erst um 12 im Bett. Heute will ich früh essen, wahrscheinlich mit Carl & der Baronin und dann nach Nikolassee ins Bett fahren. Ich bin reichlich erschöpft.

Bei uns im Amt herrscht eine geradezu ungewöhnliche Nervosität, aber nicht etwa über die Kriegslage sondern vielmehr über die Tatsache, daß General von Unruh[2] kommt, und die Abteilung durchkämmen wird.

Heute war ein ereignisloser Tag, wenn Du so willst. Dafür gab es auswärtige Sensationen die Hülle: die Entwaffnung der französischen Armee,[3] die Selbstversenkung der französischen Flotte,[4] der Durchstoss der Engländer zwischen Bizerta und Tunis, das Ende des ersten Versuchs der vor Stalingrad eingeschlossenen Armee, sich nach Westen durchzuschlagen: der arme Hans Clemens[5] dürfte wohl auch dort stecken.

Mein Lieber, werd' mir nur bald wieder gesund. Vielleicht kommst

Du am Sonntag. Wenn Du dann noch nicht kannst, so warte ich eben. Pfleg' Dich, mein Herz, steh nicht zu früh auf.

1 *G.:* Gerstenmaier. 2 *Unruh:* Generalleutnant Walter von Unruh, Sonderbeauftragter für Überprüfung des zweckmäßigen Kriegseinsatzes. 3 *Armee:* Nach dem Waffenstillstand war Frankreich noch eine Restarmee von 100000 Mann geblieben. Sie wurde am 27. 11. entwaffnet und aufgelöst. In Nordafrika hatten französische Streitkräfte am 16. 11. begonnen, an der Seite der Alliierten zu kämpfen. 4 *Flotte:* Toulons wurde an diesem Tage durch das I. SS-Panzerkorps besetzt; daraufhin versenkte sich die französische Flotte; fünf U-Boote entkamen. 5 *Hans Clemens:* Busch, Vetter von F. M.

Berlin, den 28. 11. 42

... Es ist kühl aber gerade noch nicht gefroren. Ein grauer Himmel macht einen ganz novemberlichen Eindruck. Der Krieg bringt nichts wesentlich Neues. Die Lage im Osten ist unverändert schlecht, eigentlich aussichtslos. Es ist jetzt eine Frage des Tempos ob es im Osten oder Süden schneller gehen wird. – Die Lage in Frankreich ist weiter gespannt und wird wohl zu einer erheblichen inneren Schwächung unserer Lage führen. Denn diese Vorgänge müssen sich auf die Meldung freiwilliger Arbeiter und auf die Arbeit der Kriegsgefangenen auswirken.

Mein Lieber, ich habe keine Lust zu schreiben, weil ich doch noch hoffe, daß Du kommst. Auf Wiedersehen, mein Herz, werde gesund.

Berlin, den 8. 12. 42

Du bist eben erst weg. Aber ich gedenke Dir trotzdem gleich zu schreiben, damit Du recht bald das erste Briefchen bekommst. Der Tag ist sicher so gefüllt, daß ich sonst erst am Abend dazu käme, wenn ich nicht gleich schriebe. – Ach, mein Lieber, es war wieder so schön und befriedigend mit Dir. Die Tage sind zwar dahingeflogen in Windeseile, aber sie schimmern so schön und garnicht weit entfernt schimmert ja Weihnachten. So ist dieser Monat sozusagen schon vorüber und das neue, das wichtige neue Jahr, in Sicht.

Du weisst ja alles, was hier vorgeht und wie alles aussieht. Heute geht es hoch her, weil eben ein Mann da war, in 15 Minuten Einsiedel aufkreuzen muss und der ganze Morgen mit einem Zirkus von Männern besetzt ist. Nachmittags ist es dann bis auf den drohenden Onkel[1] ruhiger, aber dafür steht sehr viel Arbeit an, die in der letzten Woche zu kurz gekommen ist. ...

1 *Onkel:* Leuschner.

Berlin, den 9. Dezember 1942

... Gestern abend habe ich friedlich zu Hause gegessen. Ich war müde und fühlte mich nicht sehr wohl. Ich habe den Abend damit verbracht, die Briefe des Feldmarschalls durchzusehen. Es sind wirklich rührende Briefe darunter, besonders die beiden, die unmittelbar nach dem Tode Marie's[1] geschrieben sind. Aber auch die verschiedenen Briefe an seine Mutter sind ebenso sehr schöne, liebenswürdige Dokumente.

Heute früh wachte ich mit Kopfschmerzen auf, woher weiss der liebe Himmel, und sie haben mich den ganzen Tag begleitet. Es ist jetzt ½ 6 und ich sitze im Büro. Vormittags habe ich im Amt nicht viel getan, bin dann um ½ 1 auf meinen Turm[2] gegangen und bin nach dem Essen nicht wieder zurückgekehrt, sondern habe mich gleich dem Büro zugewandt. Ich will hier nur wenig tun, denn ich muss versuchen, mich bis 7 Uhr soweit zu erholen, daß ich dem Onkel[3] gewachsen bin. Davon kann zuviel abhängen.

Asta, Inge & Jowo waren zum Essen da und es gab Dein herrliches Huhn in weisser Capernsauce. Das Ganze erregte grosse Befriedigung und alle waren sichtlich zufrieden, wenn auch etwas elegisch gestimmt, da Jowöchen nun wohl endgültig abreist. Von den Bildern[4] waren sie sehr begeistert, noch mehr eigentlich, als ich erwartet hatte. Asta hat sich für ein Pastell entschieden, weil die Aquarelle, die sie an sich schöner findet, für die Wohnungen, die sie in absehbarer Zeit bewohnen wird, zu gross sind. Das gleiche Bedenken hatte Jowo für sich, aber Inge wollte ein Aquarell und zwar den Blick vom Berghaushügel durch den „Park“. Wir haben den grössten Teil des Mittagessens darüber gesprochen und Jowos sind noch nicht endgültig entschieden. Ich bin aber sehr froh, daß das Unternehmen als Ganzes ein solcher Erfolg ist. ...

1 *Marie's:* Marie von Moltke, geborene Burt, starb 1868, erst 42 Jahre alt. Ihr Mann, „der Feldmarschall“, überlebte sie um 23 Jahre. Vgl. 23. 3. 42. 2 *Turm:* im Kaiser-Wilhelm-Institut oben auf dem Schloß. 3 *Onkel:* Leuschner. 4 *Bildern:* Schmidt-Rottluffs Bilder von Kreisau.

Berlin, den 10. 12. 42

... Der Abend war im übrigen sehr befriedigend. Es ist nicht 100%ig so gegangen, wie ich wollte, aber das Wesentliche ist erreicht, und die Bahn ist frei. Im weiteren Verlauf wird die Wunde[1] vergessen werden und für mich war das Ganze ein wichtiger Test of confidence.

Vom Kriege ist zu berichten, daß die Schweiz jetzt ein Angebot gemacht hat, wonach beide Teile ihre Gefangenen wieder entfesseln.[2] Hoffentlich gelingt es nun, die leidige Sache so zu begraben. – Stalingrad sieht etwas aussichtsreicher aus. – In Afrika soll die 8te Armee heute zum Angriff auf die El Agheila-Stellung angetreten sein. Damit nähern wir uns einer sehr wichtigen Entscheidung.

Carl ist heute früh nicht gekommen. Vielleicht kommt er mit dem Flugzeug jetzt um 3 Uhr. Christiansen ist angekommen. Leider scheint seiner Weiterreise nach Bonn irgendetwas im Wege zu stehen. Wie dem auch sei, ich fahre trotzdem. Es tut mir nur sehr leid, weil mir viel daran lag, ihn dabei[3] zu haben. . . .

1 *Wunde:* Schwierigkeiten mit Leuschner, der stark mit der Gruppe um Goerdeler verbunden war? Vgl. 11. 12. 42 mit Anm. 2, und 9. 1. 43. 2 *entfesseln:* s. 12. 10. 42, Anm. 1. Wengler berichtete später über „die berüchtigte Fesselungsaffäre, wo Moltke mit großer Geduld immer wieder Eingaben gegen die sinnlosen und nach dem Genfer Abkommen unzulässigen Repressalienmaßnahmen machte . . . Auch nachdem Moltke bedeutet worden war, daß der Chef OKW sich weitere Vorstellungen in der Angelegenheit verbitte, hat Moltke es schließlich erreicht, daß Hitler seinen Befehl aufhob, nachdem der von der Gruppe federführend bearbeitete Gefangenenaustausch zu seiner Zufriedenheit verlaufen war." (s. 22. 6. 42, Anm. 1). 3 *dabei:* bei dem Gespräch mit August von Joest – s. 2. 11. 42.

Berlin, den 11. 12. 42

Heute morgen erschienen Einsiedel & C. D., deren Arbeit bereits unter dem Krach Onkel – Delp[1] gelitten hatte, und die glaubten, mir eine Neuigkeit zu berichten, als sie sagten, es schienen einige Misshelligkeiten entstanden zu sein. Umso angenehmer war es mir, sie beruhigen zu können. Immerhin hat mich interessiert zu sehen, wie schnell das sich auswirkt.

In der Kriegsgefangenensache haben die Engländer endlich das getan, was ich an ihrer Stelle schon vor 6 Wochen getan hätte: sie haben unsere Kriegsgefangenen einseitig entfesselt ohne auf unsere Reaktion auf den letzten Appell der Schweiz zu warten. Wir haben nun alles in Bewegung gesetzt, um zu erreichen, daß wir jetzt nachziehen.[2] Hoffentlich geschieht es. Sonst gibt es vom Kriege nichts Neues.

Heute mittag ass ich mit Jänicke + einem Mann von der Rechtsabteilung. Jetzt um 2 kommt Peters und, um mich für meine mehrfache Absage zu revanchieren, habe ich in der Thermosflasche Mokka mitgebracht. Er muss jeden Augenblick kommen. Um ½4 kommt Frl. Breslauer zum Diktat, um 4 habe ich eine Besprechung im Haupthaus, um 5 treffe ich mich mit Carl in der Derfflingerstr. und um 6 bin ich mit Christiansen bei Peter. Um 10 geht mein Zug.

Es ist ein schöner Tag heute; wieder klarer Himmel, strahlende Sonne und warm. Das ist wirklich ein Geschenk. – Richtig über die Zuchthäusler möchte ich noch folgendes sagen: Z. möchte mir doch, bitte, zu ihnen das volle Urteil beschaffen und möglichst auch einen Auszug aus dem Strafregister. Schliesslich wenn man einen Vorbestraften anstellt muss man doch wenigstens wissen, was los ist. ...

Noch etwas: ich habe beim Grundbuchamt den Löschungsantrag für die Hypothek von RM. 202.400.– inzwischen gestellt. Bitte rufe dort an und erbitte zweierlei: *a.* daß er Dir die Kosten sagt, die Du bitte dann gleich von 196 anweist und *b.* daß er die Löschung beschleunigt; *c.* daß die Ergänzung der Abschriften, die ich heute hingeschickt habe, erst *nach* Löschung erfolgen soll.

1 *Krach Onkel – Delp:* Wenn auch weder Delps Verhöraussagen noch seine Gefängnisnotizen als bare Münze, geschweige denn als die ganze Wahrheit angesehen werden dürfen, geben sie doch etwas davon wieder. Es scheint sich um Delps Bemühungen gehandelt zu haben, katholische Gewerkschafter vor der Goerdelergruppe (inklusive Jakob Kaiser) als „reaktionär" zu warnen und die Moltkegruppe als „aufgeschlossener" darzustellen. Bei den Gewerkschaftern alten Schlages (wie Leuschner) schreibt er im Gefängnis in Notizen zu seiner Verteidigung von einem „Geisteszustand, der aus dem gewerkschaftsreaktionären Jargon nicht mehr herauskommt" (s. Bleistein, Hg., Delp, Bd. 4, S. 340 und 345 ff.). In seinem Gestapoverhör stellte Delp den Vorgang so dar, daß zwei Männer, mit denen er, zwecks Warnung, vertraulich von dem Gegensatz der Goerdeler- und Moltkegruppe gesprochen hatte, die Vertraulichkeit nicht wahrten, so daß Leuschner davon erfuhr und es zu einem Kurzschluß kam. (KB, S. 393 f.) 2 *nachziehen:* vgl. 10. 12. 42, Anm. 2. Die Sache schleppte sich noch bis zu dem Zeitpunkt hin, da – durch den Sieg in Nordafrika – genügend deutsche Kriegsgefangene in englischer Hand waren. Vgl. Vortragsnotiz Canaris 21. 8. 43 und Vortragsnotiz Canaris 21. 10. 43 in van Roon, Völkerrecht, S. 269 f. und 274 f.

Godesberg, [Sonntag] den 13. 12. 42

... Freitag abend war ich also bei Peter mit Christiansen. Chr. hat mir wieder sehr gut gefallen und es ist auch aus dem Abend etwas herausgekommen. Anschliessend stieg ich dann in meinen Schlafwagen, schlief aber leider schlecht, obwohl ich das gute Bett 14 hatte. Warum weiss der liebe Himmel. In Köln fand ich einen schönen Herbsttag vor mit ganz gelegentlichen Schauern, fuhr raus zu Joests. Dort habe ich den August richtig bekniet und die Sache jedenfalls in Fluss gehalten. Er hat mir wieder gut gefallen. Während Gabriele J. doch wirklich recht anstrengend ist. Immerhin hat der Besuch wohl seinen Zweck erfüllt. Um 5 fuhr ich dort ab um so gegen 6.15 bei M. D.[1] zu landen.

Um 7 kamen Buschens zum Abendbrot und wir haben uns nett bis ½ 10 unterhalten. Ich habe Cle[2] etwas zu lesen gegeben und das hat er am Abend auch noch wacker verdaut. Jedenfalls war er, als ich am Morgen um ½ 10 oben war schon ganz im Bilde und wir haben uns 2 Stunden bestens über diese Dinge ausgesprochen. Ich glaube, daß er jetzt wieder vollständig drin ist, sodaß man jederzeit auf ihn zurückkommen kann. Daran lag mir ja vor allem. ...

1 *M. D.:* Mütterchen Deichmann, seine Schwiegermutter. 2 *Cle:* Clemens Busch, s. 29. 9. 42.

Berlin, den 14. 12. 42

... Dein Wirt ist gut gereist. Es gibt eigentlich nichts Wesentliches zu berichten. Ich war heute früh den grösseren Teil des Morgens beim Truppenarzt um auf meine Felddienstfähigkeit untersucht zu werden. Leider muss ich Mittwoch noch ein Mal hin und bei der wenigen Zeit, die ich in dieser Woche habe, ist das wirklich sehr bitter. Die letzten Tage werden noch sehr stürmisch werden.

Heute kommt 3.15 Poelchau, um mich abzuholen, um 4 Peter & Christiansen, um 6 Trott und abends wahrscheinlich Schlange, der aus irgendeinem Grund hier aufgetaucht ist. Immerhin freut es mich zu wissen, daß er nicht in Russland ist. Dienstag mittag ist Görschen, nachmittags & abends Büro, Mittwoch mittag Hans Adolf, abends Kameradschaftsessen und Donnerstag mittag & abends & Freitag mittag sind die Auswärtigen dran. ...

Berlin, den 15. 12. 42

... Peter und Christiansen waren nett und die Unterhaltung war auch im ganzen befriedigend, wenn auch kein so grosser Fortschritt herauskam, wie ich gehofft hatte. Immerhin es sieht so aus, als gäbe es einen Weg vorwärts. Trott war nett und die Stürme haben ihn offenbar etwas geläutert. Dann gab es noch den Luftschutzdienst, der komisch war. Und um 9 war ich mit dem Abendessen fertig, las noch eine Times und war um 10 im Bett. Leider wachte ich auch um 3 Uhr auf und war bis 5 wach, schlief dann noch ein Mal ein und war in wenig angenehmen Träumen befangen als das Telephon klingelte. Es ist mir lange Zeit nicht vorgekommen, daß ich um 7 noch schlief.

Willem Bekker war heute morgen im Amt. Er ist der Berliner Chef jener holländischen Staatsgesellschaft, die die Umsiedlung von Holländern in die Ostgebiete vornimmt. Ich verstehe nicht wie er sich bei einer solchen Aktion beteiligen kann, aber was er erzählte interessierte mich sehr. Von den ersten 130 holländischen Bauern, die bis jetzt im Osten angekommen sind – die ganze Aktion läuft erst seit September – sind bereits 19 erschossen. ...

Berlin, den 16. 12. 42

Dies ist der letzte Brief, darum habe ich auch keine Lust zu schreiben. Ich habe heute den ganzen Morgen vertrödelt, weil ich auf Kriegstauglichkeit untersucht wurde. Was dabei rausgekommen ist, weiss ich nicht. Ich bin jedenfalls ausserordentlich gründlich untersucht worden, was mich sehr überraschte. – Heute mittag sollte ich mit Hans Adolf essen; er kann es aber nicht einrichten und mir ist das sehr angenehm, da ich sehr knapp mit Zeit bin und um 4 schon Schlange kommt, um 5 Friedrich und um ½ 7 Kameradschaftsabend ist. So habe ich mir Schnitten mitgenommen.

Gestern abend ging es im Büro noch stürmisch zu, da Peter, Eddy[1] & Adam[2] in kurzen Abständen erschienen. ...

Von Schmidt-Rottluff hatte ich einen netten Brief. Er schenkt mir das Bild vom Kapellenberg. Das ist nett, obwohl ich es noch schöner gefunden hätte, er hätte Dir Deinen Zobten[3] geschenkt. Hoffentlich kommen die Bilder gut an und hoffentlich sind sie schon Weihnachten da. Zu dumm, daß es keine Passepartouts gibt, denn sie sehen sich doch viel schlechter ohne den weissen Rand.

Mein Lieber, alles andere kann bis Samstag früh warten. Hoffentlich geht es Dir gut, mein Herz, und hoffentlich wirst Du mit allem fertig. Pfleg' Dich, grüss' Deine Söhnchen und behalte, bitte, lieb Deinen Ehewirt, Jäm.

1 *Eddy:* Waetjen. 2 *Adam:* Trott. 3 *Zobten:* Berg, den man von Kreisau aus sah.

Briefe 1943

Berlin, den 6. Januar 1943[1]

Nun bist Du also wieder fort, aber vielleicht dauert es nicht gar zu lange bis entweder ich nach Kreisau komme oder Du nach Berlin. Hoffentlich bist Du gut gereist, mein Herz, und hoffentlich überstehst Du die nächsten Tage gut. Mein Armer, das war ja alles mal wieder schrecklich und anstrengend. Und Du willst durchaus nicht einsehen, was für einen schlechten Ehewirt Du hast. – Aber es war sehr schön und befriedigend mit Dir. Vielen Dank daß Du gekommen bist.

Der Tag war stürmisch. Am Morgen erschien Fritzi, gegen ½ 12 Trott, um 12 Gerstenmaier & Peter, die bis ½ 3 blieben, um 3 Körber. Danach war viel Arbeit. Ich habe heute nicht zu Mittag gegessen, sondern Peter, Eugen und ich haben das restliche Brot mit Butter und Wurst gegessen, das ich noch in der Tasche hatte. Freitag steigt das Fest[2] doch, wenn auch nur als Vorfreude und unter Ausschluss des Hauptfeuerwerks. Seit 5 sitze ich im Büro mit Onkel[?] Haubach, und jetzt ist es 7. Ich habe aber den Marzipanrest vertilgt. Auf Dein Wohl, wie Du mir gesagt hattest.

Sonst ist eigentlich nichts passiert. Von Herrn Deichmann habe ich garnichts gehört, rechne aber eigentlich damit, ihm beim Abendbrot zu begegnen. – Am Freitag kann ich mich um Dick[3] überhaupt nicht kümmern. Um 4 kommt Friedrich auf meine Anforderung an und will um 5 bei mir sein, um 6 muss ich essen denn um ½ 8 geht das Fest draussen los und zwar gegessen.[4] Sag' ihr das bitte. Es tut mir leid, aber es geht einfach nicht. – ...

1 *6. Januar 1943:* irrtümlich 1942. 2 *Fest:* das Treffen mit der Goerdeler-Gruppe, s. 9. 1. 43. 3 *Dick:* die Schwägerin Dick Deichmann. 4 *gegessen:* nach dem Essen.

Berlin, den 7. 1. 43

Dein Ehewirt hat einen faulen Nachmittag eingelegt. Er sitzt in Beinchen ... – Stellung und pflegt seinen Hals, der seit gestern abend eklich war, sich aber auf dem Wege der Besserung befindet. Ich kam nämlich gestern doch erst um ½ 10 aus dem Büro, hatte mich schon den Tag über nicht zu wohl gefühlt und nach dem Abendbrot stellte ich fest, daß das

Übel sich definitiv im Hals niedergelassen hatte. Ich schlief daher mit Schal, wachte aber spät und nicht zu wohl auf, ging morgens ins Amt, ass mit Herrn Deichmann zu Mittag und seitdem gurgele ich, mache Umschläge etc., um wieder ganz k. v. zu werden. Es ist natürlich nicht der Rede wert, aber da ich morgen als ,,Leader of His Majesty's Opposition"[1] auftreten soll, so muss ich versuchen, so frisch wie möglich zu sein.

Der Morgen im Amt war wieder wie ein besserer Zirkus, es wimmelte immerzu von allen möglichen Leuten. Oxé ist zurück und das ist mir sehr angenehm. Ich bin dadurch einen Teil meiner Verantwortung los und ausserdem kann ich an meinem Schreibtisch bleiben und brauche nicht immer zu einem der Chefs zu rennen. ...

1 *,,Leader of His Majesty's Opposition":* Anführer seiner Gruppe im Gegensatz zur Goerdeler-Gruppe, auch ,,Exzellenzen" genannt.

Berlin, den 8. 1. 43

... Das ärgerlichste ist, daß ich all die Arbeit, die jetzt geschieht, für ganz aussichtslos halte. Aber trotzdem muss sie mit aller Sorgfalt geschehen, damit andere und wir selbst uns nichts vorwerfen können, wir hätten eine Chance vorübergehen lassen. ...

Gut, daß Du morgen im Bett bleiben willst. Du solltest mal jetzt zuerst an Deine Kräfte denken, denn von denen hängt alles weitere ab. Du darfst bitte nicht vergessen, daß die angenehmen und leichten Zeiten jetzt allmählich zu Ende gehen und daß wohl noch in diesem Jahr die üblen Zeiten anfangen. ...

Berlin, den 9. 1. 43

... Mein Abend dauerte bis 1 Uhr nachts. Es war merkwürdig, weil wir bis 11 Uhr überhaupt nicht recht zum Konflikt kamen, sondern jeder Versuch, auf die Grundsätze vorzustossen von der anderen Seite ins Leichte, Verbindliche umgebogen wurde. Schliesslich ergab sich eine Chance und zwar über das Thema,[1] über das wir im Oktober in Kreisau die Nachtbesprechung hatten. Nach einigem Vorgeplänkel von uns kam eine wirklich tolle Erklärung heraus: platt, phantasielos u.s.w. Darauf nahm ich die Gelegenheit beim Wickel, erklärte[,] hierauf zu antworten hätte um 11.35 keinen Sinn mehr, denn nun beginne erst die wirkliche Diskussion.[2] Wir würden also heute nicht antworten. Ich schoss dann noch einen lange im Köcher behaltenen Giftpfeil ,,Kerenski-Lösung"[3] ab, der auch tüchtig und sichtbar sass – und damit endete die Sache dramatisch und glücklicherweise nicht platt. Wir assen dann noch eine gelbe Erbsensuppe und Schnittchen. Um 12 waren die Anderen[4] weg und wir hielten noch eine Manöverkritik: Trott, Eugen,[5] Peter & ich.

Mittags war Pape da – gestern –. Traurig, resigniert, elend aussehend, eingeschrumpelt. Er tut mir sehr leid, zumal man ihm garnicht helfen kann. Er sitzt nun schon den zweiten Winter in einem Bunker ganz vorn. Sie tun nichts Vernünftiges, bauen Bunker, schippen Schnee, reparieren Strassen und er ist in der Schreibstube. Ein ähnlicher Fall wie Wend,[6] nur noch schlimmer. – Danach kam Friedrich.[7] Wohl, rund, zufrieden. In seiner Beurteilung unterstützt er meine schwärzesten Thesen voll. Das war mir immerhin interessant. Er ist von mir zum Onkel gegangen und kommt heute mittag mit dem Onkel[8] zu mir.

1 *Thema:* Wirtschafts- und Sozialpolitik. 2 *Diskussion:* Vgl. Hassell Tagebuch 22. 1. 43: „Geibel [Beck] leitete, reichlich weich und zurückhaltend. Scharfer, von Pfaff [Goerdeler] bewußt aber erfolglos verschleierter Gegensatz zwischen ihm und den ‚Jungen', vor allem auf sozialem Gebiet. Pfaff ist doch eine Art Reaktionär." 3 *Kerenski-Lösung:* Anspielung auf Alexander Kerenski, 1917 provisorischer Premierminister in Rußland, der wegen mangelnder Radikalität von den Bolschewisten verdrängt wurde. Dieser Ausdruck wurde später noch in den Gestapoverhören zitiert – s. KB, S. 264. 4 *die Anderen:* darunter Schulenburg, der Vermittler zwischen den beiden Gruppen. Die Seite der „Älteren" war angeführt von Dr. Carl Goerdeler (1884–1945), Verwaltungsjurist, Oberbürgermeister von Leipzig 1930–37, Preiskommissar 1934–35, ab 1938 in der Wirtschaft tätig, außerdem äußerst rühriger Opponent des Regimes und bald das zivile Oberhaupt der sukzessiven Verschwörungen; hingerichtet 2. 2. 45. Ludwig Beck war anwesend, aber schwer krebskrank und wurde kurz danach operiert. Ulrich von Hassell (1881–1944), der das Treffen in seinem Tagebuch ganz ähnlich schildert, war bis 1937 deutscher Botschafter in Italien gewesen und seitdem auch oppositionell stark tätig, wie auch Johannes Popitz (1884–2. 2. 1945), ehemaliger Staatssekretär im Reichsfinanzministerium, dann preußischer Finanzminister und Honorarprofessor an der Universität Berlin. Jens Peter Jessen (1895–1944) war Professor der Nationalökonomie, früher Nationalsozialist, dann schroffer Gegner, hingerichtet im November 1944. 5 *Eugen:* Gerstenmaier. 6 *Wend:* der Schwager Wend Wendland. 7 *Friedrich:* Mierendorff. 8 *Onkel:* Leuschner.

Berlin, den 11. 1. 43

... Um 6 esse ich Mittag- und Abendessen „all rolled into one" mit beiden Yorcks. Um 9 steige ich ins Bett um mich gründlich auszupümpeln.

Der Tag gestern[1] war sehr befriedigend. R.[2] ist doch einer unserer besten Leute. Es ging ihm noch nicht sehr gut, aber seine Geister waren lebendig. Ich sprach ihn erst allein von 9 bis 2 Uhr, dann ging ich zu einem Anwalt,[3] den ich immer besuche, mit dem sprach ich von ½ 3–4 und um ½ 5 war ich mit R. & König zusammen bei Delp, wo wir bis

9.20 zu reden hatten. Also ein toll anstrengender Tag. Ich schlief daher in meinem Bett auch sofort ein und schlief im ganzen leidlich, obwohl mein Kompagnon erklärte, er hätte kein Auge zutun können, weil es so geschlagen habe.

Wir hatten ein grosses Feld zu überschauen: die Reibungen zum Onkel,[4] die Besprechungen vom Freitag abend,[5] mein Besuch in Krakau,[6] Delp's Charaktereigenschaften, die ,,outstanding personality"[7] die wir uns vorstellen, u.s.w., aber die Unterhaltungen waren in Niveau und Inhalt sehr befriedigend. Ausserdem brachte ich die Papstansprache[8] vom 24. 12. mit und die ist wirklich sehr schön. Ich bringe sie Dir mit.

Als ich wiederkam, fand ich ein Briefchen von Dir vor. Vielen Dank, mein Lieber. Weisst Du, ich würde ja doch gerne nächsten Sonntag kommen. Ich habe so Lust, mit meiner Familie ein Mal ganz allein in Kreisau zu sein und das könnte doch nächsten Sonntag passen. Wann würde sich wohl wieder eine Gelegenheit bieten? Nun, wir werden morgen darüber telephonieren.

1 *gestern:* in München. 2 *R.:* Rösch. 3 *Anwalt:* Josef Müller. 4 *Onkel:* Leuschner. 5 *Freitag abend:* vgl. 9. 1. 43. 6 *Besuch in Krakau:* Es ist nicht mit Sicherheit zu sagen, ob der beabsichtigte Besuch bei Erzbischof Sapieha je zustande kam – vgl. Briefe vom 18. 4. und vom 1. und 4. 5. 43. 7 *,,outstanding personality":* als Staatsoberhaupt oder Regierungschef – vgl. Hassells Tagebucheintragungen vom 21. 12. 41 und 22. 1. 43. 8 *Papstansprache:* Text der – offenbar gekürzten – Radioansprache in Actes et Documents du Saint Siège relatifs à la seconde guerre mondiale, Bd. 7, Città del Vaticano 1973, S. 161–167. Sie handelte vom Recht der menschlichen Person, von der Familie, von der Würde und den Rechten der Arbeit, vom Staat, vom Krieg und der Erneuerung der Gesellschaft. Sie war in bezug auf das Unrecht, das Hunderttausenden angetan wurde, die ohne eigene Schuld, allein wegen ihrer Nationalität oder Abstammung dem Tod oder der Verderbnis überantwortet wurden, erstaunlich deutlich. Voller Wortlaut in Acta Apostolicae Sedis, 35 (1943), S. 4–24.

Berlin, den 12. 1. 43

... Wir ziehen heute im Amt um, und zwar in das Haus des Fremdenverkehrs an der Potsdamer Brücke. Das hat verkehrsmässig erhebliche Vorteile, denn jetzt halten alle Elektrischen und der Omnibus 28 vor der Tür. Sonst ist es jetzt dort wesentlich weniger schön. – Da ich mich immer noch erkältet fühle, beteiligte ich mich am Umzug so gut wie nicht. Ich sitze in einem leeren Zimmer im Haupthaus und lasse die anderen räumen.

Peter und Marion kamen gestern kurz nach 6. Wir haben dann friedlich gegessen und geredet und um 10 etwa sind sie nach Hause gegangen und ich ins Bett. Leider wachte ich kurz vor 4 wieder auf und konnte auch nicht einschlafen, weil ich allerhand zu überdenken hatte. Peters brachten die Nachricht mit, Tante Julie[1] liege in Breslau im Sterben. Das Herz würde allmählich schwächer. Vielleicht erkundigst Du Dich ein Mal. Ich müsste wohl auf jeden Fall zur Beisetzung nach Bresa gehen, wenn es irgend zu machen ist. – Hans Adolf ist nach Madrid abgeflogen.[2] Er sei völlig verstört. Er hat ja auch schreckliche Wochen hinter sich: Scheliha,[3] seine Inspektorsorgen, seine Mutter im Sterben und dann diese Botschafteraufgabe. Der arme Mann. Weizsäcker soll gesagt haben, man habe ihn tüchtig in die Zange genommen, obwohl er nicht nach Madrid[4] gewollt habe und es sei ihm eigentlich nur die Wahl geblieben zwischen der Botschaft in Madrid und dem K.Z.[5]

1 *Tante Julie:* Mutter von Hans Adolf von Moltke. 2 *abgeflogen:* Er wurde Botschafter in Madrid, starb aber dort wenige Wochen später, s. 5. 4. 43. 3 *Scheliha:* Rudolf – gen. Dolf – von Scheliha, vor dem Krieg Gesandtschaftsrat in Warschau, dann Legationsrat im Auswärtigen Amt; im Dezember 1942 im Prozeß gegen die Rote Kapelle zum Tode verurteilt und hingerichtet. 4 *Madrid:* davor „Paris gewollt" ausgestrichen. 5 *K.Z.:* Davida von Moltke sagt, so sei es nicht gewesen; manches spricht allerdings dafür.

Berlin, den 13. 1. 43

Heute sind wir also in unser neues Quartier eingezogen an der Potsdamer Brücke – Haus des Fremdenverkehrs. Es ist kalt und zugig, die Zimmer sind klein und laut und der einzige Vorteil liegt darin, daß es verkehrsmässig wirklich sehr günstig liegt. Bei schlechtem Wetter, oder wenn ich eilig bin, kann ich mit der Elektrischen fahren und zum Büro ist es nur ein Katzensprung. – Jetzt ist es soweit, daß alles eingeräumt ist und in ein paar Tagen wird es vielleicht auch sauber sein.

Gestern nachmittag war Haeften da, anschliessend noch Herr Steinke.[1] So war der Nachmittag leider im wesentlichen verbraucht. Immerhin habe ich 4 Timesse gelesen und habe jetzt nur noch 3 alte. Es ist ärgerlich wenn man erst ein Mal so in Rückstand gekommen ist. ...

1 *Steinke:* s. 11. 4. 40, Anm. 2.

Berlin, den 20. 1. 43

... Mein Lieber, es war wie immer sehr lieb mit und bei Dir. Besonders war es sehr angenehm, ein Mal ganz allein in Kreisau zu sein, ohne fremde Leute und sogar ohne Asta. Das ist uns noch nie passiert. Hätten wir Vera[1] nicht, so wäre es noch angenehmer gewesen. – Hoffentlich wirst Du nur jetzt gesund. – Mein Lieber, denke daran, wie wichtig das sein kann. Ich habe bisher noch niemals die Möglichkeit einkalkuliert, daß wir etwas Notwendiges unterlassen müssten, weil Du dem nicht gewachsen sein könntest. Ich bin Dir auch sehr dankbar dafür, aber ich hoffe allerdings sehr, daß es dabei auch bleiben kann, denn gerade in der vor uns liegenden Zeit kann diese vollständige Dispositionsfreiheit sehr nötig sein. Pflege Dich! ...

1 *Vera:* Haushaltshilfe.

Berlin, den 21. 1. 43

... Gestern abend bin ich nicht mehr zu Gerstenmaier gegangen. Es war ½ 9 als ich schliesslich im Büro fertig war und es war mir einfach zu viel mich dann noch aufzumachen und ohne Abendbrot loszuziehen. So ging ich nach Hause, kochte mir ein köstliches Abendbrot, dicke Suppe und nachher Eierkuchen mit Brombeermarmelade gefüllt, las noch ein wenig und stieg ins Bett. ...

Mein Lieber, ich wäre so gerne zu Hause bei Euch, habe garkeine Lust hier zu sein. Ich kann ja doch nur warten. Ich bin zu sehr davon überzeugt, daß sich garnichts anderes tun lässt, als daß ich an all die Geschäftigkeit[1] der Anderen glauben könnte. Warten ist eben viel schwieriger als Handeln und daher ist es so undankbar, Menschen dazu zu bewegen. Im Grunde bin ich eben nur mit Friedrich und Steltzer hierüber wirklich einig; die Anderen fügen sich nur widerwillig. ...

1 *Geschäftigkeit:* das Betreiben der Attentats- und Staatsstreichpläne, die M. ablehnte und die dann im März mißlangen. Die Goerdelergruppe mit Beck, sowie Oster und Dohnanyi waren daran beteiligt. Der Ausführende des mißglückten Sprengstoffattentats am 13. 3. war der Rechtsanwalt und Oberleutnant d. R. Fabian von Schlabrendorff, der zusammen mit seinem Vetter Henning von Tresckow, dem Ersten Generalstabsoffizier (Ia) der Heeresgruppe Mitte, viel getan hatte und auch weiterhin tat, um die Militärs zum Handeln gegen Hitler zu veranlassen und die Verbindung mit den oppositionellen Zivilisten zu halten (s. Fabian von Schlabrendorff, Offiziere gegen Hitler, Zürich 1947, Berlin 1984[3] und Hoffmann, a. a. O., Kapitel 9). Vgl. Briefe vom 22., 24. und 26. 1. 43, 4. 3. 43.

Berlin, den 22. 1. 43

... Heute habe ich bis ½ 11 tüchtig zu tun gehabt. Danach bin ich auf Informationsreise gegangen. Das Ergebnis ist traurig, viel trauriger als ich noch vor 3 Tagen erwartet hatte. Die Russen sind praktisch am Rande der Stadt Rostow und das Ganze macht einen deroute-artigen Eindruck. – Am 30. werden grosse Feiern gemacht. 3 Tage lang. Es wird ein grosses Volksfest.[1]

Meine Pläne haben sich etwas gefestigt. Ich beabsichtige am 7. 2. abends von Berlin nach Paris zu fahren, bin am 8. abends in Paris, wo ich mit 2 Tagen rechne. Am 10. abends oder am 11. fahre ich dann nach Brüssel, wo ich wohl über das Wochenende werde bleiben müssen, sodaß ich damit rechne, am 16. mittags in Köln und am 17. früh in Berlin zu sein. Das würde aber bedeuten, daß Du – wenn wir auf Herrn Deichmann's Pläne keine Rücksicht zu nehmen brauchten – möglichst am 1. oder 2. 2. hier eintreffen, am 8. nach Köln, und am 16. wieder nach Berlin fahren solltest.

Heute mittag waren Haeften, Peter & Gerstenmaier da, die mit mir den Hasen verzehrt haben. Frau Pick hatte ihn prächtig bereitet und alle haben sich sehr delektiert. Etwas Neues hat sich nicht ergeben: nur sind die drei in der Beurteilung der Chancen viel positiver als ich es bin und das gibt in der Praxis eben doch zu erheblichen Differenzen Anlass. Ich will ihnen auch eröffnen, daß es besser ist, sie tanzen diese Extratour[2] ohne mich. ...

1 *Volksfest:* zur Zehnjahresfeier der nationalsozialistischen Machtergreifung.
2 *Extratour:* vgl. 21. und 24. 1. 43.

Berlin, den 23. 1. 43

... Mittags war Oppen[1] da: der, der früher im Kultusministerium war. Ich habe eine ganz nette und erfreuliche Unterhaltung mit ihm gehabt. Er ist doch ein guter Mann, wenn er auch eine Zeit lang in die Irre gegangen ist. – Morgen um 11 gehe ich zu Peter, dann mit ihm zu Trott zum Essen, abends zu Gerstenmaier. Ich hoffe, daß es mir gelingt, den ganzen Verein mehr auf meine Linie zu bekommen. Jedenfalls ist Peter im ganzen jetzt soweit. Er war heute morgen bei mir, und ich bin froh und erleichtert, daß wir wieder einig sind.

Im Amt hatte ich heute angenehmere Arbeit für Gladisch. Es ging mir auch gut und glatt von der Hand. Ab Montag kommt wohl wieder eine Druckperiode. Jedenfalls soll ich in einer bestimmten Frage die Interessen der Wehrmacht zusammenzufassen versuchen und das wird viel Arbeit machen. ...

1 *Oppen:* Hans-Werner von Oppen (1902–1983), Parteigenosse 1932, ab 1933 Kunstdezernent im preußischen Kultusministerium, 1937 amtsenthoben; im Kriege bei der Luftwaffe (Flak); 1957–1964 Direktor der Hochschule für Bildende Künste in Hamburg.

Berlin, [Sonntag] den 24. 1. 43

... Um ½ 11 zog ich zu Peter zu einer Vorbesprechung, dann gingen wir beide zum Essen zu Trott, wo auch Gerstenmaier war. von ½ 3 bis ½ 7 dauerte die Diskussion um die richtige Form und die richtige Formel. Ich bin froh, daß ich durch das Nachgeben über Neujahr und den anschliessenden Versuch eines Ausgleichs mit den Exzellenzen[1] Peter auf meiner Seite habe, der damals viel weniger negativ war als ich. Heute vertreten wir eine ziemlich einheitliche Linie. Ich fürchte aber, daß wir uns noch nicht werden durchsetzen können, sondern daß weitere Proben der Unmöglichkeit jenes Weges von uns verlangt werden.

Um 7 zogen Peters und Gerstenmaiers, denen ich Gerda's[2] Ablehnung eröffnete, ab. Ich blieb noch, um einen Schweizer zu sehen, der Kriegsgefangenenlager zu besuchen hat und allmählich ins antideutsche Fahrwasser abgleitet. Den hatte ich also noch bis 9.15 zu verarzten, dann empfahl ich mich, hatte hier noch etwas zu arbeiten und jetzt siehst Du, was ich tue. Der Tag war lang und ich fühle mich müde.

Die Diskussionen des letzten Monats haben mich sehr angestrengt. Ich fühle mich auf diesem Gebiete so leergepumpt. Es liegt wohl daran, daß ich von Anfang an eine allein dastehende Linie vertrat, die ich also immer wieder neu verfechten musste und daß ich mich dafür verantwortlich fühle, die Handlungsfähigkeit und Kohärenz unseres Trupps nicht zu gefährden. Da die richtige Linie zu halten ist mir schwer gefallen und wohl nicht immer gelungen. Mittwoch abend soll es bei mir weitergehen.

1 *Exzellenzen:* die Gruppe um Goerdeler. Vgl. 21., 22. und 26. 1. 43.
2 *Gerda:* eine mögliche Haushaltshilfe.

Berlin, den 26. Januar 1943

... Gestern früh tat sich plötzlich die Tür meines Zimmers im Amt auf und herein kam ein Unteroffizier der Luftwaffe, Walter Schneider.[1] Wohl, wenn auch sehr schmächtig aussehend, klüger und weniger gescheit geworden, hat er mir sehr gut gefallen. Er ist der richtige Soldat Schweigk[2] in hoch-intelligent. Es ist das Temperament Schweigk gepaart mit Bildung und Schulung. Er ist nicht Offiziersanwärter, weil bis vor 6 Wochen eine Altersgrenze galt, die ihn ausschloss. Daher ist er ganz anders in der Mannschaft der Front untergetaucht, als je einer von unseren Leuten es sonst tat und in seinen Erzählungen wird alles, vom Heldenmut und der Kameradschaftlichkeit bis zum Sadismus und der Exekution ins Menschliche gezogen. Er sagte z. B.: „Ich bin vom Kriege nur angenehm enttäuscht." Oder „Heldenmut und Kameradschaftlichkeit sind Bilderbuch-Konventionen, denn den Mut sich, wenn die ganze Kompanie zuschaut, seiner natürlichen Feigheit entsprechend zu benehmen, bringt keiner auf." „Das Ritterkreuz ist für den Soldaten nicht erstrebenswert, weil er ein Geltungsbedürfnis hat sondern es ist das Zeichen, daß die Glücksgöttin ihm lächelt, denn 999/1000tel sind Glück und

¹⁄₁₀₀₀tel Leistung. Hat einer mal das Ritterkreuz, so fühlt er sich als der Star der Kriegsführung. Er benimmt sich dann garnicht anders wie die Stars des Theaters." U.s.w. Du siehst, er hat also Perlen fallen lassen. Er fährt in den nächsten Tagen nach Wien und ich habe ihm gesagt, wenn er es einrichten könnte, solle er bei Dir unterbrechen.

Gestern abend war ich bei Peter, um die neue Lage[3] zu besprechen. Wir sind glücklicherweise wieder vollkommen auf einer Linie und heute bekam ich einen Brief von Steltzer, der mich in meiner verhältnismässig intransigenten Linie bestätigte. Ich glaube, wir werden das auch durchziehen. Mittwoch soll das versucht werden und daher kann ich auch das Mütterchen dann nicht gebrauchen.

In dem obigen Satz kam Dein Telephon. Welch eine Erleichterung daß er gefallen ist,[4] ehe die ganze Unternehmung zu einem qualvollen Schlachten wurde. Mir hat der Arme schon Tag für Tag auf der Seele gelegen. Die arme Maria. Hoffentlich geschieht nur dem Uli[5] nichts. Ihre Sorge wird das aber wohl nur noch erhöhen.

Gestern nachmittag war ich bei Konrad.[6] Der hat mir mal wieder grossartig gefallen. Er war in seinem Urteil zurückhaltend und sicher, sparsam bedacht, nicht mehr zu sagen, als seiner Zuständigkeit zukam, das aber, was in diesen Rahmen gehörte, sicher, eindeutig und bestimmt zu sagen.

Heute mittag esse ich mit Leuten aus dem Amt, nachher treffe ich mich mit Trott und einem seiner Schützlinge und anschliessend gehe ich in das Institut. Ich wollte abends lange arbeiten und so werde ich heute M. D. bestens empfangen können.

1 *Schneider:* alter Freund aus dem Schwarzwaldkreis. 2 *Schweigk:* Titelfigur der Satire auf die österreichische Militärbürokratie und den Krieg von Jaroslav Hasek, Der gute Soldat Schweigk, erschienen 1920/23. 3 *neue Lage:* nach der Diskussion mit den „Exzellenzen" am 8. 1. und nach Roosevelts und Churchills Proklamation der Forderung nach bedingungsloser Kapitulation bei ihrem Treffen in Casablanca am 24. 1. Vgl. 21., 22. und 24. 1. 43. 4 *gefallen:* F. M.s Vetter Hans-Clemens Busch. 5 *Uli:* Ulrich Busch überlebte den Krieg. 6 *Konrad:* Preysing.

Berlin, den 1. 2. 43

Wie schön friedlich war es wieder bei Dir. Wie gut, daß Ihr alle jetzt wohl seid und Euch auf dem Wege der Besserung befindet. Ausserdem war es sehr nett, daß die beiden Jungen jetzt schon ganz nett mit spazierengehen können.

... Steltzer ist hier und kommt heute zu Mittag zu mir. Heute abend ist ein Abschiedsessen für Jaenicke,[1] morgen abend esse ich bei Peter mit Gerstenmaier und Steltzer. Mittwoch abend will Einsiedel mich sehen,

Donnerstag mittag kommen Görschen und Haeften. Die scheinbar so friedliche Woche ist also inzwischen schon ganz besetzt worden.

Hier gibt es viel Arbeit. Jaenicke hat sehr viele unfertige Sachen hinterlassen und die muss ich unbedingt bis Freitag aufarbeiten. Wie ich damit fertig werden soll, ist mir noch nicht ganz klar, zumal es lauter Sitzungen gibt. ...

1 *Jaenicke:* vgl. 27. 10. 42.

Berlin, den 4. 3. 43[1]

... Um ½ 1 erschien König, von seinem 6-wöchigen Krankenlager wieder erstanden und durchaus guter Dinge. Die Nachrichten waren weniger gut, eigentlich sogar schlecht. Die Sache ist im Sande verlaufen und abgefangen.[2] Nun es tut nichts. Ich hatte ja nicht erwartet, daß es eine gewaltige Sache gäbe, aber natürlich ist jede Verlängerung kostbar. Ich war nicht recht vorbereitet auf seinen Besuch und so habe ich manches vergessen. Dafür kommt er morgen abend wieder ehe er zum Zug geht. – Wir haben noch nett zusammen gegessen und um ½ 3 zog er wieder ab und ich kehrte zu meinen Timessen zurück, die ich wieder von einer Patience unterbrochen bis ½ 5 bearbeitete. Dann trank ich einen köstlichen Tee, las noch eine und jetzt siehst Du ja was ich tue.

Heute abend kommt hoffentlich Friedrich. Reichwein sollte es mit ihm verabreden und dann bin ich immer etwas skeptisch, aber vielleicht klappt es.[3] Morgen früh kommt Husen, mittags isst Hammersen bei mir, ein Major aus Oslo, den ich als Kurier benutzen will, nachmittags habe ich um 3 Uhr eine Besprechung in Kriegsgefangenen-Sachen, um 5 kommt Steinke und um 7 König. Du siehst, das Programm ist ganz nett reichhaltig. Dabei habe ich im Amt noch recht viel zu tun. Ich denke daran, heute abend, falls Friedrich nicht kommt, ins Amt zu gehen und eine kleine Nachtschicht einzulegen. – Nun, zunächst muss ich erst ein Mal meine Büro-Sachen lesen, die ich mithabe.

Ich beschäftige mich immerzu mit allem in Kreisau. Wenn ich nur Ostern ein paar Tage zu Hause bleiben könnte. ...

Warum können Menschen eigentlich keine Geduld haben? Das scheint die Tugend zu sein, die am allerschwersten zu erwerben ist. Ich habe es ja auch lieber, wenn alles schnell geht, aber ich bin doch relativ geduldig. Selbst König und Delp, die doch eigentlich kraft ihrer Disziplin das Warten gelernt haben müssten, können es nicht, und wenn auf eine Aktion der unvermeidliche Rückschlag kommt, so werden sie unruhig und sehen nicht, daß das Tal auch wieder durch eine Höhe abgelöst wird. – Adam,[4] den ich überforsch verliess, fand ich überängstlich wieder. Alle diese Gemütsbewegungen erscheinen mir so unökonomisch: es muss doch so viel Kraft kosten, sie mitzumachen. ...

1 *4. 3. 43:* Dies ist der erste erhaltene Brief nach dem vom 1. 2. Dieser Brief klingt wie ein Sonntagsbrief, aber Sonntag war der 7. 3. 2 *abgefangen:* wahrscheinlich eine Aktion der Bischöfe. 3 *vielleicht klappt es:* Mierendorff war viel unterwegs und mußte mit seinen Kontakten vorsichtig sein. 4 *Adam:* Trott. Vgl. 21. 1. 43 mit Anm. 1.

Oslo, den 17. 3. 43

Am Stettiner Bahnhof kam ich [an] als der ganze Zug bereits voll war, da erinnerte ich mich glücklicherweise der Tatsache, daß ich einen Kurierausweis hatte und liess mir das Kurierabteil aufschliessen, in dem noch niemand sass. So fuhr ich prächtig. Ich habe die ganze Zeit Reports of the House of Lords gelesen, mit grossem Interesse und nicht ohne Profit.[1]

Im übrigen fährt dieser Zug durch eine landschaftlich sehr reizende Gegend, sodaß man immer etwas Nettes hatte, wenn man hinausschaute. In Warnemünde traf ich die Fülle meiner Reisegenossen zum ersten Mal: ausser Soldaten, die nett waren, eine schreckliche Sammlung von Sklavenhändlern und Sklaven und einige Schieber zweiter und dritter Klasse. – Mir wurde übel und ich genierte mich zum ersten Male vor den wenigen auch nicht gutklassigen Dänen, die mitfuhren. Das qualitativ beste Menschenmaterial stellten die dänischen Zollbeamten dar. – Die Abfertigung Deines Wirts ging dank des Kurierausweises schnell und bequem. Auf dem Schiff hatte sich bereits alles auf die Esstische gestürzt und sass da, die Abfahrt des Schiffes erwartend. Ich stieg in den Bauch des Schiffes und zog mich in eine Kabine zurück, um weitere Parliamentary Debates und Round Table zu lesen. In Gedser ging alles glatt und wir kamen pünktlich in Kopenhagen an.

Ich zog erst in mein Hotel und ging dann mit Merete essen: gut und einfach. Wir haben uns aber sehr gut unterhalten, nur wurde es dadurch zu lang, daß um 10.15, als ich gerade nach Hause streben wollte, Fliegeralarm kam, der mich bis 12.15 bei Merete festhielt. Das war für meine Verhältnisse zu viel. Merete hat mir, wie immer, sehr gut gefallen. Von Esther & Rolf[2] hatte sie Weihnachten ein Telegramm über Schweden. Ausserdem hatte sie einen Brief von Lotte Leonhard[3] bekommen, die in U. S. A. gelandet sind [sic] und dort Gesangunterricht gibt. Auch Ljena sei mit ihren drüben eingetroffen. Die beiden Söhne sind verheiratet, der eine in Palästina, der andere in England.

Am nächsten – Montag – Morgen wachte ich mit einer Erkältung auf, die mich noch nicht verlassen hat. Das war mir sehr unangenehm. Ich versuchte sie etwas zu pflegen, was mir misslang. Darauf las ich schmollend bis 9 im Bett, frühstückte kurz und uninteressant, weil ich verärgert war und liess mir dann die Haare schneiden. Um 11 holte mich Merete zu einem Spaziergang ab. Kopenhagen ist doch eine zu nette, schöne Stadt. Wenn man einen Hafen in der ganzen Stadt hat.

[Fortsetzung] den 18. 3. 43[4]

Also ich war bei Kopenhagen. Die Engländer haben bei einem Tagesangriff eine Werft, die im Halbkreis um eine Kirche liegt, richtig zerstört ohne die Kirche zu treffen. Eine wirklich erstaunliche Leistung. Man kann es ganz genau sehen, weil am Beginn und Ende des zerstörten Teiles je eine Brücke über einen Meeresarm führt. Sie haben das im Tiefflug gemacht und sind dann, wie Merete's Schwester Beatrice sagte, „durch meine Strasse nach Hause gefahren." Abends fuhr ich dann nach einem guten Essen weiter und fand mich auf der Fähre zwischen Helsingborg und Helsingör bereits in Gesellschaft fürchterlicher Volksgenossen. Ich wusste garnicht, wohin ich mich verkriechen, wo mich verstecken sollte. Mir war das anscheinend so sichtlich peinlich, daß der schwedische Schlafwagenschaffner ein Einsehen hatte, und meinen Oberlieger ausquartierte und behauptete, es sei ein Versehen. Der musste dann mit dem Schlafwagen fahren, der eine Stunde später, von Malmö kommend, darangehängt wurde. So hatte ich ein Abteil für mich und fuhr sehr angenehm und bequem bis Halden, wo ich umsteigen musste. Um ½ 2 war ich in Oslo im Hotel.

Hier war alles sehr nett. Um 3.30 nachmittags ging unsere Besprechung mit unseren Freunden schon los, am Abend war auch bereits etwas eingerichtet und so kamen wir ganz schnell voran. Gestern und heute habe ich über Tag meine Geschäfte besorgt, gestern abend gingen die Besprechungen weiter und heute abend um 10.30 beginnt die Hauptbesprechung.[5] Diese Nacht-Unternehmen – es war jetzt jede Nacht nach 1 Uhr – sind bei meiner Erkältung eine ärgerliche Anstrengung. Aber es ist ja nötig und so muss es gehen. Meine Erkältung pflege ich mit Gurgeln und mit Deinem schwarzen Schal, den ich treu und brav Tag und Nacht trage.

Als ich in Oslo ankam war strahlendes Wetter, aber seit gestern ist es grau. Ich habe ein sehr schönes Zimmer im 6ten Stock mit einem Blick weit hinaus über den Oslofjord. Schade daß die Stadt so hässlich ist, das Land ist so schön, daß man daraus viel machen könnte. – Die innenpolitische Lage hier ist viel entspannter als vor 6 Monaten. Eigentlich hat man den Eindruck, als habe die Quisling-Regierung[6] sich damit abgefunden, daß sie nichts zu vermelden, nichts zu sagen hat. Sie hat den Kirchen- und den Schulstreit glatt verloren und wird einfach nicht mehr beachtet. Auf dieser Grundlage ist der Frieden wieder hergestellt.

Die Sabotage-Akte der letzten Zeit sind riesig sachkundig ausgeführt und aller Wahrscheinlichkeit nach von Leuten, die zwar mit Landeseinwohnern Verbindung haben, aber kaum selbst Landeseinwohner sind. Die Bedeutsamkeit dieser Sabotageakte und ihre fachkundige Durchführung haben die hiesigen deutschen Stellen von der inneren Berechtigung dieser Massnahmen überzeugt, die Tatsache, daß sie nicht von Landeseinwohnern unterstützt werden, hat sie davon abgebracht, irgendwelche Repressalien anzuwenden. So bin ich auch in dieser Hinsicht ganz beruhigt. Mir scheint, daß, in dem Masse in dem sich die Kriegslage der Gegner bessert, die Lust der Norweger Sabotage auszuüben abnimmt, weil sie sich sagen, wozu sollen wir jetzt in letzter Stunde unseren Kopf riskieren um dem nachzuhelfen was da jetzt von ganz alleine stürzt. So ist im ganzen die Gefahr, daß hier noch ein grosses Blutbad kommt, nicht zu gross.

St.[7] ist in guter Verfassung. Wir haben uns über die diversen Fragen, die nicht ganz gelöst zwischen uns standen, verständigt. Ich habe den Eindruck, daß er auch befriedigt ist. Unsere norwegischen Freunde sind sichtlich von dem beeindruckt, was wir ihnen dieses Mal zu bieten haben, und für mich ist es auch angenehm, ein Mal ganz ausgesprochen der Schenker und nicht der Beschenkte zu sein. So verspricht alles sehr gut auszugehen, wobei viel von heute abend abhängt.

Ich muss bereits Sonnabend nach Stockholm weiterfahren, weil ein Mann, den ich sehen muss, am Montag früh abzieht. St. fliegt Samstag nach Berlin und nimmt den Brief mit. Er muss erst noch ins Hauptquartier, will aber Mittwoch abend in Stockholm eintreffen. Bis dahin muss ich dort die Hauptschlacht schon geschlagen haben. Es ist ein wenig unglücklich, aber vielleicht auch so ganz gut, weil dadurch eben Donnerstag ein neuer Impetus dazukommt.

Hier im Stabe ist für mich alles sehr nett. Ich esse wieder beim O. B.,[8] werde gut behandelt und höre alles, was ich will und muss dafür nur Geschichten des Generalobersten anhören, die manchmal auch ganz nett sind. Es ist jedenfalls ein ganz geringer Preis. Die Leute sind allerdings nicht besser geworden, im Gegenteil. Nur der Steltzersche Stab ist unverändert gut. Sonst gibt es nichts zu berichten, mein Lieber; gute Nacht für heute. Es ist jetzt 10.20. Ich will noch etwas gurgeln, einige Sachen zusammensuchen und dann muss ich gehen.

[Fortsetzung] 19. 3. 43

Dies ist der letzte Teil dieses Briefes, denn morgen früh fahre ich ab und mittags reist St. mit dem Brief nach Berlin. Morgen abend bin ich in Stockholm, wo ich wieder im Strand-Hotel wohnen werde.

Der gestrige Abend, oder besser die letzte Nacht, dauerte bis ½ 4. Mir ging es glücklicherweise sehr viel besser und so konnte ich mühelos durchhalten. Es war wieder sehr befriedigend und wir sind ein grosses Stück weitergekommen. Es ist so angenehm, daß die ganze Planung[9] so mühelos gemeinsam geht und ich wünschte nur, näher zu Hause wäre es auch so leicht. Aber das ist es nun mal nicht.

Heute ist strahlendes Wetter und die ganze Pracht des Hafens in dem Oslofjord breitet sich vor mir aus. Ich denke an solchen Tagen immer: wie lange wird es noch dauern, bis ich mit meinem Pimmes hier aufkreuze und ihm alle meine Freunde vorführe und wie wird die Welt dann aussehen?

Heute früh habe ich den einen Teil meiner Dienstgeschäfte erfolgreich abgeschlossen, heute nachmittag kommt noch ein Nachspiel bei den verschiedenen hohen Herren, bei dem Chef, bei dem Generaloberst, u.s.w. Das wird den ganzen Nachmittag verschlingen. Abends essen wir um 7.30 und um 8.15 gehe ich mit St. und einigen seiner Leute zu einem Zusammensein mit irgendwelchen Soester Künstlern. Ich verspreche mir nichts davon, aber es ist ein Unternehmen des Steltzer'schen Stabes und ich möchte mich davon nicht ausschliessen. Unter dem Motto jedoch, daß ich am nächsten Morgen reisen muss, und die ganzen Nächte nicht viel geschlafen habe, werde ich früh ins Bett steigen.

Auf Wiedersehen, mein Liebes Herz, in 10 Tagen bin ich wieder in Berlin und vielleicht kann ich mir das darauffolgende Wochenende erobern.

1 *Profit:* So hatte z. B. der Bischof von Chichester am 11. 2. 43 wieder im Oberhaus für Differenzierung zwischen den Nazis und dem deutschen Volk plädiert. Am 10. 3. kehrte er dort zu dem Thema in einer Anfrage an die Regierung zurück und bekam die offizielle Antwort, der Hitler-Staat müsse zerstört werden, aber das bedeute nicht das Verderben des deutschen Volkes, wie Goebbels diesem einreden wolle. Vgl. Ronald C. D. Jasper, George Bell, Bishop of Chichester. London/New York/Toronto 1967, S. 274 ff. und Eberhard Bethge/Ronald C. D. Jasper (Hgg.), An der Schwelle zum gespaltenen Europa. Der Briefwechsel zwischen George Bell und Gerhard Leibholz 1939–1951. Stuttgart 1974, S. 97–104. S. auch 26. 1. 43, Anm. 3. 2 *Esther und Rolf:* Merete Bonnesens Schwester und deren Mann, der Maler u. Zeichner Rolf Brand, die in England lebten. 3 *Lotte Leonhard:* Sängerin, auch aus dem Schwarzwaldkreis befreundet. 4 *18. 3. 43:* versehentlich 18. 10. 43 datiert – das war sein Hochzeitstag. Am 17. 3. hatte er den Brief mitten im Satz, mit einem Komma, abgebrochen.

5 *Hauptbesprechung:* Es war die Nacht, in der er Bischof Berggrav sprach. Dieser berichtete nach dem Kriege, daß sich das Gespräch mit der Frage des Attentats oder Tyrannenmords befaßte, wobei M. aus verschiedenen Gründen dagegen war. Berggrav erwähnt auch eine frühere Besprechung, bei der M. von den Studentenunruhen in München berichtete und ihn um Hilfe bat, die Weltpresse darüber zu informieren. Das kann aber nur bei diesem Besuch gewesen sein, denn der Fall der Weißen Rose hatte sich erst im Februar 1943 ereignet: Die Geschwister Scholl waren am 18. 2. verhaftet und am 22. 2. mit ihrem Freund Christoph Probst hingerichtet worden. Professor Huber, Alexander Schmorell und Willi Graf folgten später. M. brachte den Text eines Flugblatts der Weißen Rose und sorgte dafür, daß es nach England gelangte, von wo es durch BBC-Sendungen und in Flugblättern von der RAF wieder nach Deutschland gebracht wurde. Auch ein langer Bericht, den M. über die Studentengruppe schrieb, erreichte das Foreign Office in London. Es war ihm darum zu tun, daß das Ereignis nicht nur als Zeichen des inneren Zerfalls Deutschlands registriert wurde, sondern als Zeichen, daß es dort Kräfte gab, mit denen man zusammenarbeiten könne und solle. (Text in Winterhager, S. 232–235). In ähnlicher Absicht schrieb er auch einen langen und höchst lebendigen Brief über die deutsche Situation an Lionel Curtis und gab ihn Dr. Harry Johansson, dem Leiter des Nordischen Oekumenischen Instituts in Sigtuna, bei dem er eine Nacht verbrachte, zur Übermittlung nach England. Dieser hielt ihn für zu gefährlich zur Weiterbeförderung. Er erreichte seinen Adressaten nie. Curtis starb 1955; der Text wurde in Schweden aufgefunden und 1970 veröffentlicht (Henrik Lindgren, „Adam von Trotts Reisen nach Schweden“, VfZ 18, 1970, S. 274–291; Wiederabdruck Balfour / Frisby, Moltke, S. 215–224; deutsche Übersetzung Moltke / Balfour / Frisby, Moltke, S. 212–220). Nur eine von einem Mittelsmann memorierte, blasse „Kurzfassung“ erreichte Curtis, Ende August 1943, über den Bischof von Chichester (Text: Ger van Roon, German Resistance: Count von Moltke and the Kreisau Circle, London / New York / Cincinnati / Toronto / Melbourne 1971, S. 364–367). 6 *Quisling-Regierung:* die Marionetten-Regierung von Vidkun Quisling. 7 *St.:* Steltzer. 8 *O. B.:* Falkenhorst. 9 *Planung:* für europäische Zusammenarbeit und Föderation nach dem Kriege.

Berlin, den 1. 4. 43

Trotz aller Hast waren es doch sehr liebe Tage bei Dir und ich war so gerne zu Hause. Wenn es nur noch möglich wäre. Aber die Aussichten sind ja wirklich ganz miserabel. ...

Hier erwartete mich ein Stapel Arbeit, der sich gewaschen hat. Die aufeinandergeschichteten Papiere nehmen etwa 50 cm Höhe in Anspruch. Frl. Breslauer, die herein kam, war sichtlich erschreckt. – Auch im Büro ist allerhand zu tun. Was hilft's, ich muss mich allmählich durch diesen Berg hindurchessen.

Morgen nachmittag gehe ich in die Behrenstraße,[1] worauf ich mich sehr freue,[2] morgen mittag isst Lukaschek bei mir, Sonntag mittag Borsig. Denke Dir, der Brief an Borsig, den ich Montag in Königszelt einsteckte, ist heute früh[3] in Gross-Behnitz angekommen.

1 *Behrenstraße:* zu Preysing. 2 *freue:* Er war offenbar lange nicht dagewesen, hatte jedenfalls Preysing seit dem 26. 1. 43 in keinem erhaltenen Brief erwähnt. 3 *erst heute früh:* Donnerstag.

Berlin, den 2. 4. 43

Gestern abend, als ich mit dem Tage schon abgeschlossen hatte, verlangte mich die Baronin[1] zu sprechen. Sie kam und berichtete: Bergen[2] wird pensioniert, Weizsäcker wird Botschafter am Vatikan, Steengracht wird Staatssekretär. Dazu noch einige andere Veränderungen. Du kannst Dir vorstellen, in welchem Zustand sie war: vollkommen verzweifelt und aufgebracht. Ich versicherte ihr zunächst, das sei sicher ein gigantischer Aprilscherz den ihr Adolf sich da leistete. Aber sie blieb dabei und erklärte mir auf meine heutige Rückfrage, er habe es ihr erneut bestätigt. Das Ganze ist wirklich eine Katastrophe und sieht doch auch nach aussen sehr merkwürdig aus, denn selbst die freundlichste Betrachtung des teuren Baron's kann nicht zu dem Ergebnis führen, daß man ihm die für einen solchen Posten notwendige Routine zutraut.

Am Morgen war ich bei Knaur, traf aber den entscheidenden Mann nicht an. Der sollte mich am Vormittag anrufen, tat es jedoch nicht. – Im Laufe des Vormittags kam ein Mann aus Oslo, mit dem ich etwas zu besprechen hatte und Trott, der über seine Erlebnisse in der Zeit der völligen Vereinsamung berichtete. Dann rief Jowo an. Es geht ihm gut, er hat aber sehr viel zu tun. Er bat mich Inge zu benachrichtigen. Ich entnahm daraus, daß er Anlass hatte zu vermuten, daß eine Poststockung eingetreten war und daß es ihm zeitweilig weniger gut gegangen war. Sonst sagte er nichts Besonderes.

Mittags war Lukaschek da. Es gab herrlich zu essen: eine Suppe mit etwas Fleisch und viel Kartoffeln und dazu Meerrettichsauce und nachher so eine Bechamelspeise mit Saft vom Pimmeschen. L. hatte einige unangenehme Erlebnisse; es war gut, daß ich ihn mal wieder sah, zumal sich dabei herausstellte, daß er den guten Bürgermeister,[3] der ihn immerzu für sich in Anspruch nimmt, strikt ablehnt. – Nachmittags war ich bei Conrad,[4] dem es gut geht. Ich hatte ihm ja allerhand zu berichten und er zeigte sich sehr unterrichtet über die neuesten Entwicklungen in der Judenfrage. Danach sieht es so aus, als wollte man jetzt doch die Mischehen trennen.[5] Er [Es?][6] wird sich bald mehr lösen[?] hoffe ich. . . .

1 *Baronin:* Baronin Steengracht – s. 21. 1. 40, Anm. 2. 2 *Bergen:* Carl Ludwig Diego von Bergen, deutscher Botschafter beim Heiligen Stuhl. 3 *Bürgermeister:* Goerdeler. 4 *Conrad:* Preysing. 5 *Mischehen trennen:* Zur Mischehenfrage zu diesem Zeitpunkt s. Adam, Judenpolitik, S. 329; zu den schon vorher diskutierten Plänen der mehr oder weniger verschleierten Zwangsentscheidung s. die Information des Hilfswerks beim bischöflichen Ordinariat, d. h. Mar-

garete Sommer, die ihrerseits Informationen von den Ministerialräten Bernhard Lösener und Hans Globke im Reichsinnenministerium bekam: Volk, Bischofsakten, Bd. 5, S. 938–943. 1943 und 1944 häuften sich die Berichte, Eingaben, Hirtenworte usw. in dieser Sache – s. Bischofsakten Bd. 6, S. 19 ff. (Bericht Sommer, 2. 3. 43), 21 ff., 25, 42, 62–65 (Preysing 16. 4. 43), 99 f., 128, 145, 192, 202, 207 (Preysing an Sommer 21. 8. 43), 215–220, 267–270, 283, 285, 291 f., 293, 332, und 429 (Galen, 3. 10. 44). Für Wurms Engagement in der Sache s. Heinrich Hermelink (Hg.), Kirche im Kampf. Tübingen 1950, S. 654 ff. und 659 f., sowie Gerhard Schäfer (Hg.), Landesbischof D. Wurm und der nationalsozialistische Staat 1940–1945. Eine Dokumentation. Stuttgart 1968, S. 149 ff., 160 ff., 163 f., 165 f. 6 *Er [Es?] wird sich bald mehr lösen [?]:* nicht mit Sicherheit zu entziffern; andere mögliche Lesart: „Er wird sicher bald mehr hören" …

Berlin, den 3. 4. 43

… Mittags kam Borsig zum Essen. Er hatte wenig zu berichten, weniger als mir lieb war.[1] …

1 *weniger als mir lieb war:* Er war in München gewesen, wo er noch Professoren aus seiner Studentenzeit kannte, um festzustellen, ob die Tätigkeit der Weißen Rose nach den ersten Hinrichtungen fortgeführt wurde bzw. was das Echo war. Die Antwort war enttäuschend. Am Abend des Tages, an dem Hans und Sophie Scholl und Christoph Probst verurteilt und enthauptet wurden, am 22. 2., fand in München eine organisierte Kundgebung von etwa 3000 Studenten gegen sie statt. Der Bericht einer Studentin zeigt, wie doppelt gefährdet und isoliert Sympathisanten jetzt waren: „Die Kundgebung im Auditorium Maximum gehört zu den schauerlichsten Erinnerungen, die mir aus jenen Tagen geblieben sind. Hunderte von Studenten johlten und trampelten dem Denunzianten und Pedell der Uni Beifall, und dieser nahm ihn stehend und mit ausgestrecktem Arm entgegen." (s. Christian Petry, Studenten aufs Schafott. München 1968, S. 122, 138 und 221). Am 19. 4. wurden Alexander Schmorell, Willi Graf und Professor Kurt Huber zum Tode verurteilt. Aus Köln konnte Günter Schmölders auch über keine Gruppenbildung berichten.

Berlin, den 5. 4. 43

… Heute ist ein warmer Frühlingstag. Am Morgen war es noch bedeckt gewesen, aber ab 11 Uhr schien eine warme Sonne. Leider war der Tag sehr gehetzt. Dann um 10 kam Husen, um 11 kam der Mann, der eigentlich bei mir zu Mittag essen sollte, weil er inzwischen den Befehl bekommen hatte, schon heute zurückzufliegen, um 12 kam Diwald,[1] der neue Mann von Verdross,[2] um ½ 1 war ich bei Dohnanyi,[3] um 1.15 ass Gablentz bei mir, um 3 & um 5 hatte ich je eine Sitzung und jetzt ist es 5 vor 7 und ich sitze zu Hause, auf König wartend, der jeden Augenblick kommen muss. So war der Tag in lauter kleine Stückchen zerhackt und entsprechend ist auch nichts herausgekommen.

Demgemäss gibt es auch nichts zu berichten: – Dieckhoff[4] wird Botschafter in Madrid,[5] Woermann geht nach Nanking – falls er dorthin kommt. – Die Lage in Tunis verschlechtert sich langsam, die anderen gehen sehr systematisch vor. Im Osten nichts Neues, aus den besetzten Gebieten auch nicht. Kurz alles wartet: patiencia victrix. ...

1 *Diwald:* Oberleutnant Otto Diwald gehörte seit dem 1. 4. zu der völkerrechtlichen Gruppe. 2 *Verdross:* Alfred Verdross (1890–1980), österreichischer Völkerrechtler und Rechtsphilosoph, bei dem M. in Wien studiert hatte. 3 *Dohnanyi:* Hans von Dohnanyi wurde am 5. 4. verhaftet, ebenso seine Frau, die später berichtete, daß M. ihren Mann vor seiner bevorstehenden Verhaftung gewarnt hatte. Ebenfalls verhaftet wurde sein Schwager Dietrich Bonhoeffer sowie Josef Müller und dessen Frau. S. Bethge, Bonhoeffer, S. 883. 4 *Dieckhoff:* Dr. Hans Heinrich Dieckhoff, bis dahin Ministerialdirektor im Auswärtigen Amt. 5 *Madrid:* Hans Adolf von Moltke war im März gestorben.

Berlin, den 6. 4. 43

In Eile nur ein Wörtchen. Es wird nicht viel. Es ist jetzt 5.15, ich bin im Büro. Um ½ 6 will Sarre mich sprechen, um 6 kommt jemand, um 7 kommt Friedrich in die Derfflingerstr. Dazwischen will mich auch noch Krüger sehen. Glücklicherweise habe ich mir den Morgen frei gehalten und so habe ich mein Pult im Amt so weit aufgeräumt, daß ich morgen früh anfangen kann zu diktieren.

Reichwein ist nicht da. Seine Frau habe ich nicht erreicht, habe aber die Sache weiter im Auge.

Leb wohl, eben kommt Krüger.

Berlin, 7. 4. 43

Heute ist ein Tag voller unangenehmster Sensationen.[1] Dazu viel laufende Arbeit. Ich bin wirklich bis über den Rand beschäftigt. Dabei sind das alles Sachen, für die man Zeit und Ruhe brauchte, um sich genau zu überlegen, was man tut und wie man es tut. Noch dazu belastet es das Gewissen, ist von überragender Bedeutung und sehr gefährlich. Es passte gut, daß Peter heute früh auf 24 Stunden herkam mit dem ich also die Sache besprechen konnte. Ich habe draussen bei ihnen zu Mittag gegessen. Ausserdem gab es einen ganzen Zirkus von Leuten den ganzen Tag über. – Es ist 9.30 abends. – Es ist 11.30. Ich muss aufhören. Wieder ein kümmerliches Briefchen und morgen wird es auch schlecht: Um 10 eine Sitzung, um 12 eine, um 1 Adam, um 3 eine Besprechung und um ½ 6 eine und ½8 Eugen. Dazwischen noch die Sache, die mich heute beschäftigt hat so wie eine Sauce über das Ganze.

Nur eines: weisst Du daß Muto[2] in Schweidnitz ist? Sie wohnt im Deutschen Haus. Ich hoffe Du kannst für ihre Unterbringung etwas tun.

1 *Sensationen:* Abgesehen von der Verhaftung Dohnanyis mag dazu die Auffindung der Leichen Tausender erschossener Polen, zumeist Offiziere, im Wald von Katyn gehört haben. Die diesbezügliche deutsche Publizitätskampagne begann erst am 14. 4. Der Vorfall führte zum Bruch zwischen den „Londoner" Exilpolen und der Sowjetunion, die den Deutschen die Schuld an den Erschießungen gab. In den besetzten Gebieten steigerte sich die Zwangsrekrutierung von Arbeitern, die dort zu mehr Widerstand führte und dieser wiederum zu deutschen Repressalien, Geiselnahmen und Erschießungen und Nacht- und Nebel-Deportationen, auch von prominenten Politikern und Militärs. Besonders im jetzt ganz besetzten Frankreich verschlimmerten sich die Verhältnisse. Vgl. auch M.s Brief an Jaenicke vom 20. 4. 43 in van Roon, Völkerrecht, S. 290 f. 2 *Muto:* Peter Yorcks jüngste Schwester Irene, die Ärztin war.

Berlin, den 9. April 1943

Nach zwei ganz kümmerlichen Briefchen am 6. und 7. habe ich Dir gestern überhaupt nicht geschrieben. Aber der Tag fing um 6 an und hörte um 12 auf und so ging es einfach nicht. – Wie Du weisst war es schon am 6. & 7. recht stürmisch. Am 7. passierten gegen Abend noch recht unangenehme Sachen und als ich gerade abgehen wollte, um mich diesen zu widmen, kam ein ganz unmöglicher Befehl von Keitel an, in einer Frage, die die Behandlung der besetzten Gebiete betrifft. Ich wurde zu spät gehört, sollte mich noch am gleichen Abend äussern, lehnte das ab und verlangte Frist bis zum 8. mittags. Dann ging ich den anderen Unannehmlichkeiten nach, hatte noch eingehende Besprechung mit Peter und König und um 9 abends war ich soweit, daß ich mich jener Sache widmen konnte.

Inzwischen hatte ich mir Wengler[1] aufs Amt bestellt und eine Sekretärin und wir haben da bis Mitternach gebrütet. Ausserdem musste ich mit allen Militärbefehlshabern in allen Westgebieten telephonieren. Immerhin hat mich die Nacht soweit gefördert, daß, als ich am 8. früh um 8 wieder im Amt [war], ich bis 9 eine Stellungnahme diktiert hatte, um ¾ 10 hatte ich die Unterschrift von Bürkner und dann ging es durch den Fernschreiber raus. Ob es noch etwas nutzen wird, weiss ich nicht, aber erstens habe ich mein Gewissen befriedigt und zweitens wirkt es vielleicht doch als Bremse.[2] Jedenfalls hat es im F.H.Qu. eingeschlagen, denn die haben mich heute schon mehrfach um Erläuterungen zu unserem Fernschreiben angegangen. – Die Nacht war aber in jedem Fall gut angewandt, nur war leider dabei mein Pimmes zu kurz gekommen.

Denn nun ging es in allen anderen Sachen weiter. Um ¾ 11 hatte ich eine Sitzung beim Finanzminister bis ½ 1, um ¾ 1 fuhr ich mit Görschen zu Adam, um ½ 4 erschien ich auf dem Amt, um mich den laufenden Aufgaben zu widmen, fand dort aber bereits eine Mitteilung von Bürkner vor, er wolle mich sprechen und habe dann mit ihm einen tollen Stunk zwischen Ribbi[3] und Keitel erörtert und einen Brief dazu entworfen. Da war es 5.15. Um 5.30 hatte ich Leute im Büro, die mich bis 7.15 in Anspruch nahmen und anschliessend war ich bei Eugens, wo ich eigentlich hätte um 7.30 sein müssen. Dort blieb ich bis ¾ 12.

Bei Eugens war es sehr nett. Wir hatten beide viel zu berichten. Er hauptsächlich aus Rom. Viele Einzelheiten, nichts Welterschütterndes. Eine ganz negative Einstellung des Vatikans zu Russland. Das interessierte mich sehr, zumal ich das Gegenteil erwartet hatte. Ausserdem ein grosses Loblied auf Rösch: er sei der stärkste Mann des Katholizismus in Deutschland. Das freute mich natürlich. Sonst ging es ihm gut. Er und sein Patron[4] leiden wohl etwas unter ihren reaktionären Hintermännern. ...

Heute war ein etwas besserer Tag. Ich habe die vielen Sachen, die in den letzten Tagen liegengeblieben waren in etwa aufgeräumt. Ich bin noch nicht fertig aber die Reste haben jetzt einen übersehbaren Umfang. – Jetzt ist es 5.30. In 10 Minuten fahre ich raus zu Ulla, anschliessend, um 8.30 habe ich etwas in der Angelegenheit der Hauptunannehmlichkeit zu tun und so wird es wohl 11 oder 12 werden, ehe ich fertig sein werde. Ich bin aber heute so müde, daß ich unbedingt früh ins Bett muss.

Mittags ass ich mit Herrn Deichmann. Wir hatten allerhand Haushaltszeug zu besprechen. Mutz[5] hat uns ein Zimmer für Frau Pick überlassen. Ausserdem sind Cohns von der Absendung bedroht.[6] Auch das hat uns sehr beschäftigt. C.[7] fährt heute zu M. D.

Von allgemeinem Interesse ist, daß Tunis jetzt zu Ende geht und daß Italien anscheinend entgegen meinen Erwartungen daraus doch Konsequenzen ziehen will. Jedenfalls soll Mussolini heute auf seinen Antrag nach Salzburg[8] gekommen sein. Ich bin gespannt, ob sich das bestätigen wird. Es sieht im Augenblick so aus, als wollten Italien und Rumänien einen Sonderfrieden[9] machen. In jedem Fall ist die politische Lage wieder ein Mal krisenhafter. Wenn ich nicht *a.* so viele Krisen erlebt hätte, und nicht *b.* so müde wäre, würde mich das Ganze vielleicht aufregen. ...

1 *Wengler:* s. 22. 6. 42. 2 *Bremse:* Es handelte sich u. a. um die „Erfassung" der entlassenen holländischen Kriegsgefangenen und die Frage, ob sie dann zwangsweise als Zivilarbeiter in Deutschland beschäftigt werden könnten, wobei sie ihren Status als Kriegsgefangene und die Zuständigkeit der Wehrmacht verlören und der Polizei und ihrer Willkür mehr ausgesetzt wären. Vom Kriegsgefangenenstatus könnten dann auch die bereits in Polizeigefängnissen befindlichen holländischen Soldaten profitieren. Es kam zunächst zu einem Kompromiß (vgl. Wengler, Vorkämpfer, S. 301 f. und den Nachdruck in van Roon, Völkerrecht, S. 324 f.). Am 29. 4. erließ der Oberbefehlshaber Niederlande, General Christiansen, einen Befehl, daß alle früheren holländischen Kriegsgefangenen (die Offi-

ziere waren allerdings schon ein Jahr zuvor wieder interniert worden) sich zur Rückführung in deutsche Kriegsgefangenenlager melden mußten. Es gab erhebliche Unruhen, und am nächsten Tage wurde der Belagerungszustand verkündet. Am 6. 5. erging eine Verordnung des – von der Wehrmacht unabhängigen – Reichskommissars, daß sich alle Männer im Alter von 18–35 zur Zwangsarbeit melden mußten. 3 *Ribbi:* Ribbentrop. 4 *Patron:* Bischof Wurm. 5 *Mutz:* s. 21. 1. 40, Anm. 4. 6 *bedroht:* d. h. Deportation. Vgl. 2. 4. 43, Anm. 5. 7 *C.:* Carl Deichmann. 8 *Salzburg:* Er weilte vom 7. bis 10. 4. auf Schloß Kleßheim. 9 *Sonderfrieden:* Mussolini schlug Hitler einen Sonderfrieden mit Rußland vor, um die Westfront zu entlasten. Hitler ging darauf nicht ein. (Vgl. Schmidt, Statist, S. 563.)

Berlin, den 12. 4. 43

Hast Du nicht etwas viel zu tun? Du klangst ein wenig danach am Telephon. Schone Dich, mein Herz. Die Zeit für unbegrenzte Anstrengungen ist noch nicht da und für die musst Du Dich pflegen. Du vor allen Dingen, denn Du musst immer damit rechnen, daß es mich dann nicht mehr gibt, sei es physisch oder nur geographisch. Vergiss das, bitte, nicht.

Meine Reise nach Hannover über das Wochenende war gänzlich sinnlos. Es war nett, aber rasend anstrengend und langweilig, richtig provinziell. Nun, warum soll nicht ein Mal etwas verunglücken. Es tut mir nur leid um die Zeit und ausserdem hat es mich müde gemacht; ich finde ja Langeweile viel anstrengender als richtige Arbeit.

Auf der Rückfahrt fuhr ich mit einem Ehepaar Tetter[?] und 2 Knaben von 3 und 2. Nette, harmlose Geschäftsleute aus Krefeld, die Kinder nett und mässig erzogen. Bei dem ersten Wort, das die Frau sagte, wusste ich, daß sie Engländerin war, denn sie machte dieselben Fehler wie Mami. Ihr Haus und ihr Geschäft war[en] in Flammen aufgegangen und sie fuhren zu einem Onkel nach Schlesien sich auszuschlafen. Die Kinder sahen nicht sehr mitgenommen aus, die Mutter sehr erschöpft. Nur als es dunkel wurde, wurde der ältere sehr unruhig und sagte immerzu: „gleich Tommy kommen" und war nicht zum Einschlafen zu bewegen. Da erzählte er mir über das Abbrennen seines Hauses: „Onkel Jim kommen und alles putt machen." Sie erzählte, daß von Englandhass bei all den Verlusten kein Schatten zu spüren gewesen sei. Man vergleiche das mit 14/18.

Heute beginnt eine neue Woche. Nachdem ich in der vorigen den ganzen kleinen Mist erledigt habe, folgen in dieser die grossen Sachen: 2 grosse Prozesse, einer in Schweden, einer in der Türkei, die Geiselsache.[1] Wenn das alles in Gang ist, dann kann ich beruhigt auf Urlaub fahren und so hoffe ich, daß das bis Gründonnerstag soweit ist. ...

1 *Geiselsache:* Am 20. 4. schrieb er an Jaenicke: „Die Geisel-Untersuchungen gehen jetzt weiter. Ich hoffe, daß wir im Laufe des nächsten Monats mit Holland anfangen können. Auch das ist eine große und recht komplizierte Arbeit geworden." (van Roon, Völkerrecht, S. 290.)

Berlin, den 13. 4. 43

Heute scheint ein himmlischer Frühlingstag hereinzubrechen. Es ist noch ein leichter Nebelschleier über dem Land aber dahinter sieht man bereits die Sonne und um 9 oder 10 wird sie gewiss da sein. Die Windstille ist geblieben. Alles treibt und man hat das Gefühl, daß die Luft leichter geht. Vielleicht geht sie mir auch nur so leicht, weil mir im Augenblick manches, was ich vor 3, 4 Wochen getan habe, besonders gut gefällt. Denn sonst ist kein Grund zu sehen. Jedenfalls lässt sich der heutige Tag so an, als könnte man an ihm etwas schaffen. Er verspricht auch, stürmisch genug zu werden. Den Vormittag allerdings kann ich im Amt bleiben, aber um ¾ 1 will ich zum Haareschneiden gehen, um ½ 2 esse ich mit Herrn von Mangoldt, um 3 gehe ich zu dem Mann, der unsere elektrische Leitung genehmigen soll, um ½ 4 bei einem Mann im Völkerrechtsinstitut, um ½ 5 bei einem anderen im Privatrecht und um 7 kommen Trott & Eugen. Du siehst also ein lebhaftes Programm.

Gestern habe ich eine der grossen Sachen fertig gemacht, sodaß ich sie nur noch zu diktieren brauche. Das geschieht jetzt gleich, sobald die Mädchen kommen. Dann muss ich sie noch mit dem Chef besprechen. Heute mittag will ich versuchen die zweite diktatfertig zu machen und Mittwoch und Donnerstag die dritte. Freitag wird sich dann schon wieder so viel laufende Arbeit angesammelt haben, daß ich die Woche voll ausgelastet beschliessen kann. Ich muss das aber schaffen, denn ich will unbedingt vor Ostern alles glatt haben, sonst gibt es während meiner Abwesenheit Pannen.

So, inzwischen habe ich eine Stunde lang diktiert und jetzt muss ich mich schnell zu anderem wenden. Gestern mittag war Peters lange bei mir im Amt. Er erzählte ganz interessant über englische Angriffstaktik und hatte auch sonst einiges zu sagen. Er ist ja doch ein netter Mann. Seine Frau hat durch den Schock des Luftangriffes vom 1. 3. einen Rückfall erlitten und ist da bei den Schwestern raus, bei denen sie war. Das ist für ihn eine schwere Belastung, denn jetzt muss er nach einem neuen Unterkommen für sie suchen. – Abends kamen Reichwein und Friedrich. Sie waren in sehr guter Form und auch aufgepulvert. Aber leider hat Maass wieder einen ganz schweren Rückfall erlitten, seit er nicht unter ständiger Beobachtung ist. F. war ganz wütend über ihn und R. machte eine herrliche Beschreibung über die Unterhaltung F. mit M.

F. habe ständig mit dem Rücken zu M. gekehrt dagesessen unter dem Vorwand sich seine Füsse an der Heizsonne zu wärmen. Es muss sehr schön gewesen sein. Trotzdem ist die Panne sehr unangenehm und Onkel und Genossen[1] werden sich anstrengen müssen, die Scharte auszuwetzen. ...

1 *Onkel und Genossen:* Leuschner und seine Leute.

Berlin, den 14. 4. 43

... Anschliessend war ich im Institut, wo ich mit den verschiedensten Leuten zu sprechen hatte. Es war recht anstrengend, weil es sich um 3 komplizierte und ganz verschiedene Fragen handelte und ich sozusagen drei Mal gegen frische Kombattanten antreten musste. Aber alles wurde erledigt und um 7 war ich zu Hause gerade zur Zeit um zwei sehr liebe Briefchen meines Pim zu lesen, welche ich vorfand, ehe Adam & Eugen kamen. Dank für die Briefchen, insbesondere für die Beschreibung des Ausfluges nach Breslau. Es freut mich, daß Du den Eindruck eines Erfolges hattest. Ich habe die Passion[1] noch nie ungekürzt gehört.

Mit Adam & Eugen hatte ich eine eingehende Aussprache über aussenpolitische Fragen und zu meiner grossen Freude waren die Differenzen der vorigen Aussprache vollkommen überwunden. Das lag ein Mal an einem etwas anderen Ansatzpunkt zum anderen aber daran, daß sich inzwischen die militärische Lage[2] für die beiden weiter geklärt hat, daß die englische Diskussion und die Konflikte Russland–Polen[3] manches gefördert[4] hatten. So war zu meiner Überraschung eine synoptische Schau entstanden. Insbesondere hatten sie meine These hinsichtlich der Insel[5] im wesentlichen akzeptiert. Wir sind also einen grossen Schritt weitergekommen und nun sieht Pfingsten[6] ganz wahrscheinlich aus.

1 *Passion:* wahrscheinlich die Matthäuspassion von Bach; es war damals üblich, sie gekürzt aufzuführen. 2 *militärische Lage:* der Fall von Stalingrad im Februar und die bevorstehende deutsch-italienische Kapitulation in Afrika. 3 *Russland–Polen:* vgl. 7. 4. 43, Anm. 1. Es war bekannt, daß die Sowjetunion nicht bereit war, die 1939 durch den Pakt mit Deutschland erworbenen Teile Polens nach dem Kriege wieder herzugeben. Am 1. 3. 43 war in Moskau die „Union polnischer Patrioten" gegründet worden. Die Reaktion der „Londoner" Polen auf die Massengräber von Katyn – s. 7. 4. 43, Anm. 1 – führte zum Abbruch der diplomatischen Beziehungen zwischen der polnischen Exilregierung und der UdSSR am 25. 4. 4 *gefördert:* davor „geklärt", gestrichen. 5 *Insel:* der Sonderstellung von Großbritannien innerhalb und außerhalb der geplanten europäischen Föderation. 6 *Pfingsten:* die dritte und letzte Zusammenkunft in Kreisau, die sich mit Fragen der Außenpolitik und der europäischen und internationalen Wirtschaftspolitik befaßte, sowie mit der Bestrafung von Rechtsschändern. S. Einleitung, S. 44 ff.

Berlin, den 15. 4. 43

Ein riesig anstrengender Tag geht zu Ende, aber ich bin auch mit meinem Programm sehr gut vorangekommen. In der Tat bin ich etwas weiter als ich gedacht hatte und, bis auf eine Sache habe ich auch alle Unterschriften bekommen, die ich brauchte. Diese eine Sache soll leider von Keitel selbst unterschrieben werden und befindet sich auf dem Wege zu ihm. Hoffentlich geht das gut. Nun habe ich zwei Tage lang nichts Laufendes mehr getan und es sieht auch entsprechend um mich herum aus. Aber das werde ich spielend morgen im Laufe des Tages beseitigen. Leider muss ich mich um eine Menge kleinen technischen Mist bei den grossen Sachen kümmern: Vervielfältigen und Drucken der Gutachten, richtige Expedition u.s.w. Hoffentlich ist Sonnabend mittag alles überstanden. ...

Ich bin so angefüllt von der Arbeit dieser zwei Tage, daß ich eigentlich garnichts anderes denken kann. Ich muss dabei auf soviel Leute aufpassen, die für mich arbeiten und das ist riesig mühsam. Es ist auch nicht viel passiert. Nur sind meine Pläne ganz wankend geworden, weil ich im Gouvernement das nicht erledigen kann, was ich wollte.[1] Ich denke noch darüber nach, ob ich jetzt überhaupt fahre, oder ob ich es mir schenke. – In Tunis geht es jetzt zu Ende. Es mag sein, daß es sich so wie Stalingrad auf Wochen hinzieht, aber praktisch ist die Sache ausgestanden: kein Nachschub mehr weder zur See noch zur Luft, keine Ruhe bei Tag und bei Nacht vor den feindlichen Fliegern, keine eigenen Flieger mehr, kein Operationsraum.[2]

Mein Lieber, eben hat das Telephon wieder geklingelt und ich muss zum A. A. in einer meiner Lieblingsaktionen, in der ich neulich die Nachtschicht einlegte.

1 *wollte:* Bei seiner geplanten Reise nach Polen wollte er nicht nur Christiansen-Weniger in Pulawy, sondern auch den Erzbischof Sapieha in Krakau aufsuchen (vgl. Brief vom 11. 1. 43), was sich anscheinend – auf jeden Fall diesmal – als unmöglich herausstellte. Daß der Brief vom 18. 4. bei den Reiseplänen Krakau nicht erwähnt, könnte Diskretion sein; aber der Brief vom 4. 5. zeigt, daß die Reise nach Pulawy offenbar nicht in Krakau unterbrochen wurde. Freya von Moltke kann sich auch nicht an einen mündlichen Bericht über einen Besuch bei Sapieha erinnern, den sie wohl kaum vergessen hätte. Der Bericht bei van Roon und in der Biographie, wonach der Besuch u. a. der Zusammenarbeit mit dem polnischen Widerstand und dem Schutz vor SS-Repressalien galt, beruht auf Auskünften von Christiansen-Weniger, der zwar die Verbindung hergestellt hatte, aber selbst nicht dabei sein konnte, da er bereits wegen Polenfreundlichkeit unter Verdacht stand und später auch verhaftet wurde. Vgl. van Roon, Neuordnung, S. 341, und Moltke / Balfour / Frisby, Moltke, S. 252 und 358.

2 *Operationsraum:* Die Kapitulation kam am 13. Mai.

Berlin, den 16. 4. 43

Langsam bemerke ich wie ich mich durch den Brei hindurchesse und in der Ferne sehe ich als Schlaraffenland schon Ostern leuchten. Hoffentlich klappt das alles. Immerhin sieht es jetzt so aus.

Gestern abend, als ich meinen Brief an Dich plötzlich beenden musste, wurde ich ins A. A. gerufen in der Sache, die ich Anfang der Woche – oder war es Ende der vorigen – durch eine Nachtarbeit aufgehalten hatte. Das A. A. war gerade im Umfallen und ich kam gerade im richtigen Augenblick. So habe ich die mit einer Spritze gestützt und die ganze Sache Schlitter zugespielt und so hoffe ich, sie wieder gerettet zu haben. Und was auch immer geschieht, ich habe vielen hunderttausend Menschen bereits 10 Tage ihres Lebens gerettet, d. h. ihres normalen Lebens.[1] Das freut einen doch immer wieder. Um 9 war ich zu Hause, müde wie ein Waschlappen und sank ins Bett.

Heute ging der Tag schon früh los. Schlitter kam um 10 und wir hatten bis 11 zusammen zu ackern, Oxé, der von einer Dienstreise zurückkam, beanspruchte 1 Stunde, Diwald, der neue Mann, wollte was. Dr. Bloch's[2] Gutachten musste durchgesehen und technisch gefördert werden, Wengler hatte auch allerlei. Plötzlich war es ½2. Schlitter kam zum Essen, dann musste ich ins Haupthaus in unangenehmsten Angelegenheiten, um 4 kam Frl. Breslauer zum Diktieren und ist eben jetzt, um ½ 6 aus dem Zimmer. Jetzt bleibe ich hier im Amt, um noch eine Sache fertig zu machen, die ich morgen diktieren muss, um 7 kommt Einsiedel zum Abend. Da hast Du den Tag ...

1 *normalen Lebens:* d. h. unter Aufschub der Verschickung nach Deutschland. Eines seiner Argumente – wie übrigens auch Pierre Lavals – war, daß Deutschland von ihrer Arbeit in ihrem eigenen Land mehr hätte. Vgl. Jäckel, Frankreich (wie 21. 10. 41, Anm. 2), S. 270, sowie 7. 4. 43, Anm. 1 und 9. 4. 43, Anm. 1.
2 *Dr. Bloch:* Dr. Joachim-Dieter Bloch vom Kaiser-Wilhelm-Institut.

Berlin, den 17. 4. 43

Nach langem Schwanken habe ich beschlossen, nach Ostern doch zu Christiansen[1] zu fahren. Es ist mir ein grosses Opfer. Aber er sitzt auf einem so vereinsamten Posten, daß man etwas für ihn tun muss. Ich werde die Zeiten morgen mit Dir besprechen. Ich habe dann weiter vor, am 4. 5. wieder in Berlin aufzukreuzen und wollte fragen, ob Du nicht mitkommen kannst. Ende jener Woche wollte ich dann zu einem Verwandtenbesuch nach Bayern mit Dir. Was sagst Du zu diesem Projekt? Nun, wir werden es morgen am Telephon erörtern.

Es ist Sonnabend 12 Uhr und mein Schreibtisch ist gähnend leer. Nicht ein einziges Papier liegt mehr bei mir. Ich bin wirklich riesig erleichtert. Es war aber auch sehr mühsam, das kann ich nicht leugnen. Morgen habe ich noch eine eklige Arbeit, die mich den ganzen Tag kosten wird, nämlich bestimmte Akten durchzusehen und gewisse Papiere da herauszuholen, die in unsere Akten gehören. Es ist sehr lästig. Die 4 Tage der neuen Woche werde ich dann hoffentlich nur noch damit verbringen, die Expedition meiner Werke zu überwachen.

Gestern abend war Einsiedel da, nett und harmlos und nicht verstiegen. Er hatte einen guten Tag. Trott kam mit Alarmnachrichten, die nicht stimmen konnten. Es war schliesslich ½ 12 als ich ins Bett stieg um herrlich zu schlafen. Heute früh kam Delbrück,[2] nachher längere Zeit Poelchau. Er hat rasend viel zu tun, eigentlich etwas zu viel und für seine Seelenkräfte zu belastend. Heute mittag kommt Waetjen. ...

1 *Christiansen:* vgl. 15. 4. 43, Anm. 1. 2 *Delbrück:* wohl in Zusammenhang mit dem Fall Dohnanyi, vgl. 5. 4. 43, Anm. 3.

Berlin, [Sonntag] den 18. 4. 43

Dies ist gewiss nur ein ganz kurzes Päuschen in einem sehr mühsamen Tag, der sehr lang zu werden verspricht. Gleich werden Friedrich und Reichwein erscheinen. ...

Meine Reisepläne sind wie folgt: 29. abends einsteigen in Liegnitz in den Schlafwagenzug nach Wien. 30. abends ab Wien, 1. 5. abends an Pulawy, 3. 5. abends ab Pulawy, 4. 5. früh an Berlin, 7. 5. mittags ab Berlin abends an München, 9. 5. abends ab München. Zimmer für uns habe ich bestellt. Kannst Du T. Katze[1] einen Brief schreiben und fragen, ob wir mal rauskommen können?

Heute habe ich von ½ 9 an im Amt gearbeitet. Wenn es nicht sehr nützlich, eigentlich sogar nötig gewesen wäre, hätte es mich gegiftet. Mittags war ich bei Peters, dann gleich wieder im Amt. Jetzt ist es 7 und ich erwarte jeden Augenblick die beiden Helden. Friedrich fährt um 10 ab nach Leipzig. Dann gehe ich wieder ins Amt wo ich wohl bis gegen 1 Uhr werde arbeiten müssen. Morgen mittag bin ich allein, 4.30 Conrad,[2] 7 Uhr Adam & Eugen. – Aber ich werde mit aller Arbeit fertig und das ist das Wichtigste.

Da kommen sie.

1 *T. Katze:* Großtante, Baronin Leonardi, geborene Gräfin Bethusy-Huc.
2 *Conrad:* Preysing.

Berlin, den 19. 4. 43

Gestern nacht habe ich bis etwa 3 Uhr gearbeitet. Jedenfalls war ich 3.15 zu Hause. Daher bin ich heute nicht ganz vollwertig. Das ist unangenehm, denn um 2 kommt Husen nach dem Essen und dann gehe ich zu Conrad und abends kommen Adam, Eugen und Peter. Aber es hilft nichts. Im Hintergrunde steht die Hoffnung auf Donnerstag. Hoffentlich klappt es. ...

Berlin, den 20. 4. 43

Heute bin ich besser ausgeschlafen, wenn auch noch nicht vollständig. Der Tag gestern war anstrengend, aber mit viel Kaffee und Tee in der Behrenstr.[1] ging es sehr gut. Adam, Eugen, Peter und Marion blieben bis ½ 12 und wir haben wieder ein Stück des Weges durch den Djungel geklärt. Ich bin sehr erleichtert, daß wir wieder anfangen, Fortschritte zu machen. Ob es wohl so gehen wird, daß dann plötzlich wieder ein Ruck vorwärtskommt? Der Weg, oder vielmehr das Stück Weges, das wir gestern abgesteckt haben, ist noch nicht ganz sauber. Wir sind nicht ganz fertig geworden, weil es mehr war als wir schaffen konnten.

Bei Conrad gestern war es sehr nett. Wir hatten beide sehr viel zu berichten und so sehr manches auch das Herz bedrückt, bleibt eben das Gefühl, daß sich alles in Bewegung befindet, doch erleichternd. Er beklagte sich sehr darüber, daß er nun keine Kanzel[2] mehr habe, sondern hospitieren müsse. Ich habe daraufhin mit Eugen verabredet, daß wir versuchen wollen, ihm eine Seite des Doms zu verschaffen. Es wäre wirklich grossartig, wenn das gelänge.

Cohns müssen nach Ostern ausziehen, bleiben aber in der Nähe.[3] Eigentlich sollten sie gestern heraus. Es ist aber gelungen, es bis nach Ostern zu verschieben. Leider habe ich nichts dazu beigetragen. Ich bin aber froh, daß es geklappt hat.

Brigitte[4] ist am Sonntag einer Tochter[5] genesen. Es geht alles gut. Sie sei zuerst bitter enttäuscht gewesen, da sie mit einem Sohn gerechnet hatte. Inzwischen ist das jedoch natürlich alles vorbei. Eugen war ein klein wenig enttäuscht aber doch befriedigt.

Husen hatte eine grässliche Fahrt von München heraufgehabt: 9 Stunden Verspätung durch Fliegeralarm bei Nürnberg. Die Tommies haben die Skoda-Werke in Pilsen angegriffen und bei dieser Gelegenheit ein Bömbchen auf die Strecke Nürnberg-Berlin fallen lassen. Der Zug wurde dann über Würzburg umgelenkt, aber als sie in Würzburg waren, stellte sich heraus, daß auch die Strecke Würzburg-Berlin entzwei sei und die Strecke Nürnberg-Berlin schneller wieder in Ordnung kommen würde als die andere. So fuhren sie dann über Nürnberg.

In Tunesien sieht es nach dem Ende aus. Wir haben noch ein Gebiet von 30 × 50 km. Das ist für ganz Afrika zu wenig.[6] Die armen Leute, so ständig unter Bomben zu leben muss doch grässlich sein. ...

1 *Behrenstr.:* bei Preysing. 2 *keine Kanzel:* Die St. Hedwigs-Kathedrale war bei dem Luftangriff in der Nacht vom 1./2. März bis auf die Außenmauern zerstört worden. 3 *Nähe:* das heißt wahrscheinlich: keine Deportation. 4 *Brigitte:* Gerstenmaier. 5 *Tochter:* Cornelia. 6 *zu wenig:* vgl. 15.4.43, Anm. 2.

Auf dem Wege nach Warschau
1.5.43

Gestern in Wien wollte ich Dir eigentlich schreiben, aber jede Minute war besetzt und ich habe nur mit Mühe den Zug nach Warschau erreicht. Als ich an die Bahn kam, war der Zug so voll, daß er gesperrt war und daß ich, da ich ja einen Schlafwagen hatte, von dem Stationsvorsteher durch die nicht mehr zugelassene Menge convoyiert werden musste. Wie gut, daß ich den Schlafwagen hatte, denn sonst hätte ich in Wien gesessen.

Die Fahrt nach Wien war bequem. Unsere Freunde in Liegnitz[1] fand ich in leidlicher Verfassung vor. Sie erwarten Dich am Montag. In Wien erledigte ich zuerst meine Geschäfte mit Prix bestens und ging dann aus, mir Zloty zu besorgen. Um ½ 12 war ich fertig damit. Dann fuhr ich erst zu Helga Blau.[2] ...

Um 2 war ich wieder zum Essen in der Stadt und kaum hatte ich mich im Bristol niedergelassen, als Axel[3] auftrat. Sehr breezy, aber nett. Er ass mit mir, lässt Dich herzlichst grüssen und begleitete mich bis zum Schottenring, von wo ich zu Radermachers startete. Dort gab es um ½ 4 Tee. Lilly[4] war im Winter 2 Monate sehr unangenehm bettlägerig gewesen und noch nicht wieder ganz auf der Höhe. Er sah wohl aus, soll aber, so sagte L., Beschwerden beim Gehen haben, was für ihn ein sehr schmerzlicher Verzicht ist. Liesa ist zu Hause, arbeitet aber von 7 bis 7 in einer Drogerie. Über die beiden anderen Töchter[5] sagte Ludwig R. traurig: „Manchmal ist es so als seien sie gestorben."

Von Radermachers zog ich zu Verdross[6] und um 8 abends war ich bei Joe & Elsa Weissel[7] zum Essen. Darauf hatten sie bestanden. Ea Allesch[8] war auch da. Dort blieb ich bis 10.15 und kurz nach 11 ging mein Zug.

Alles in allem war es ein wohl angewandter Tag. Ich muss aufhören, mein Lieber. Wir verlassen die vorletzte deutsche Station. Ich umarme Sie, mein Herz und sehe Sie ja in wenigen Tagen wieder. Hoffentlich geht es Conrädchen gut.

1 *Liegnitz:* Ansembourgs. 2 *Helga Blau:* Freundin aus der Schwarzwaldzeit. Ihrem Mann hatte er zur Auswanderung nach Schweden verholfen. 3 *Axel:* Axel von Ambesser, Schauspieler, Freund aus dem Schwarzwaldkreis. 4 *Lilly:* Lilly Radermacher, s. 7. 1. 42. 5 *Töchter:* die ausgewandert waren. 6 *Verdross:* s. 5. 4. 43. 7 *Weissel:* Freunde aus der Schwarzwaldzeit. 8 *Ea Allesch:* Freundin aus der Schwarzwaldzeit.

Berlin, den 4. 5. 43

Nachdem ich meinen letzten Brief an Dich eingesteckt hatte, reisten wir im G. G.[1] ein. Der Zug war eher leer und blieb es auch bis Warschau. Der Zug war nur für Deutsche. Anscheinend dürfen Polen nicht D-Zug fahren. Die Fahrt nach Warschau war insofern interessant, als man am Rande überall noch einzelne Kühe sah, die geweidet wurden. Ich dachte, daß wir den polnischen Rinderbestand schon viel gründlicher geräumt hatten.

Um 2 war ich in Warschau, nachdem ich im Speisewagen leidlich gegessen hatte. Da ich bis 6 Zeit hatte, ehe ich weiterfahren konnte, wanderte ich durch Warschau's Strassen. Eigentlich war ich überrascht zu sehen, wieviel noch steht. Es sieht nicht wesentlich schlimmer aus als Köln oder Mainz. Die Strassen sind riesig voll. Für unser Auge ist die grosse Zahl von Männern im besten Alter überraschend, die man sieht. Man sieht vereinzelt sehr elende Gestalten, nicht nur Bettler wie schon früher, sondern auch verkommene Kinder, abgemagerte kranke Menschen. Vor den Apotheken stehen Schlangen, desgleichen vor einem Tor eines Lazaretts für ambulante Behandlung. Aber die Masse der Bevölkerung sieht nicht schlechter ernährt aus als bei uns. Und auch die Bekleidung ist noch überraschend gut. Am schlechtesten sind wohl die Schuhe. Die Strassenbahnen sind überfüllt, desgleichen die Personenzüge. Die Leute hängen in Trauben draussen dran, sitzen auf den Dächern, auf Bremserhäuschen, Puffern, etc.

Über der Stadt stand eine grosse Rauchwolke, die ich nach meiner Abfahrt mit dem D-Zuge noch gut eine halbe Stunde sehen konnte, also wohl 30 km weit. Sie rührte von einem Kampf im Ghetto her, der seit einigen Tagen tobte. Dort hatten die restlichen Juden – 30. 000 – verstärkt von abgesetzten Russen, desertierten Deutschen und polnischen Kommunisten einen Teil festungsmässig ausgebaut, und zwar nur unter der Erde. Sie sollen, während die Deutschen patrouillierten, Verbindungen zwischen den Kellern der Häuser geschaffen haben, die Decken der Keller sollen verstärkt worden sein, Ausgänge sollen unter der Erde aus dem Ghetto heraus in andere Häuser führen. In diesen Katakomben sollen Kühe und Schweine gehalten worden sein und grosse Lebensmittelvorräte sowie Brunnen sollen angelegt worden sein. Jedenfalls sollen von diesem Hauptquartier aus partisanenähnliche Gefechte in der Stadt dirigiert worden sein, sodaß man das Ghetto ausräumen wollte, dabei jedoch auf so starken Widerstand stiess, daß man einen richtigen Angriff mit Geschützen und Flammenwerfern ansetzen musste. Davon brennt also das Ghetto jetzt. Es war schon mehrere Tage im Gang als ich hinfuhr und brannte noch, als ich gestern wieder durchkam.[2]

Im Abteil des Zuges nach Pulawy sassen ausser mir noch 2 Männer, die bald ins Gespräch kamen und die Gefahren einer nächtlichen Bahnreise plastisch schilderten. Sie suchten sich in ihren Greuelmärchen zu überbieten und die verschiedenen Strecken der Bahn wurden hinsichtlich ihrer Gefährlichkeit miteinander verglichen. Sie verliessen mich in Deblin, nachdem sie erklärt hatten, glücklicherweise könnten sie ja vor dem gefährlichsten Teil aussteigen. So fuhr ich also „well primed" für ein Abenteuer weiter. Wir hielten ein Mal mitten im Wald auf freier Strecke vor einem geschlossenen Signal und ich dachte, jetzt würde es losgehen, aber nach 10 Minuten fuhren wir weiter. In Pulawy stieg ausser mir noch ein Mann aus, Prof. Ries, der zum Institut gehört. Da kein Auto da war, war ich sehr erleichtert, in ihm einen Weggenossen entdeckt zu haben, denn es war stockduster. Er telephonierte auch einen Wagen heran und wir fuhren kurz zu Christiansen, tranken noch ein Schnäpschen und dann zog ich in mein Hotel. Am nächsten Morgen – Sonntag – holte Chr. mich um 7 Uhr ab.

Wir frühstückten dann zusammen. Seine Frau ist klein und stämmig mit blitzenden Augen. Das Haus nett gebaut, 2 stöckig, oben wohnt Prof. Horn ohne Frau. Das Haus liegt mit 2 anderen auf halbem Wege zwischen Bahnhof und Stadt Pulawy. Die Anlagen sind ganz neu, da alles erfroren war. Die Zimmer sind mit faden offiziellen Möbeln eingerichtet und entbehren daher der persönlichen Note, sind aber hell und sauber. Das Mädchen ist ein netter polnischer Trampel, der Kutscher-Chauffeur, Adamczyk, ist ein Philosoph, der bis 1914 die russischen Professoren gefahren hat, dann die deutschen, dann die polnischen, jetzt wieder die deutschen und nun gelassen auf die nächste Generation wartet. Das Schlimmste im Haus ist die Bewaffnung. Am Abend steht oben ein M. G. Christiansen hat neben sich eine M. P. liegen und aus dem Hause geht er nie ohne Pistole. Die Banden sind ständig im Wachsen und sehr stark. An einem Wald haben sie ein Schild angeschlagen: Betreten für Deutsche verboten.

Chr. und seine Leute sind sehr nett mit den Polen und es geht auch sichtlich gut. Bei einem seiner Leute ist es so, daß die Bevölkerung seiner Frau eine Wache von 5 Mann stellt, wenn er verreist, damit ihr nichts passiert. Sie wohnen nämlich allein auf einem Gut. – Das Institut ist riesig. Das Hauptgebäude ist ein schönes Schloss, das früher dem Fürsten Czartoryski[3] gehörte und hoch gelegen einen weiten Blick über die Weichsel ermöglicht. Der Betrieb ist 5.000 ha gross, davon das meiste Versuchsfelder. Es sind 240 polnische Wissenschaftler beschäftigt. Ich habe so ein Heft mit, das ich Dir zu lesen geben will. Der Geist dieses Unternehmens ist ganz hervorragend und es ist kein Zweifel, daß für die polnische Landwirtschaft unter Chr. eine ganz erstklassige Arbeit geleistet worden ist, weil es ihm gelungen ist, die einzelnen guten aber disharmonischen polnischen Wissenschaftler zur Zusammenarbeit an den praktisch am nächsten liegenden Aufgaben zu bringen.

Über die Züchtungsergebnisse im Einzelnen zu berichten würde zu weit führen. Am eindrucksvollsten war eine Mohnsorte mit 40% Öl und ein Raps, der von oben bis unten gleichzeitig und gleichmässig blüht. Auf dem Viehgebiet ist ein kleines Bauernpferd „Kulik" und vor allem das Pulawy'er Schwein zu beachten. Aber das ganze polnische Vieh machte einen gesunden widerstandsfähigen, anspruchslosen Eindruck und bei guter Fütterung ist da viel zu machen. Die Böden wechseln von Sand über Schwemmland zu mächtigem Löss. Eigentlich überwiegend sehr gute, warme, humose Böden ohne Steine. Besonders interessierte mich noch die Abteilung für landwirtschaftliche Meteorologie, die sich auch mit Kleinklimafragen befasst und die Obstbauabteilung, die in grossem Stil Unterlagenversuche zur Begünstigung der Frosthärten macht.

1 *G. G.:* Generalgouvernement. 2 *wieder durchkam:* Der Endkampf im Warschauer Ghetto währte vom 19. April bis zum 16. Mai. Für den offiziellen Bericht des SS-Brigadeführers und Generalmajors der Polizei Jürgen Stroop s. Andrzej Wirth (Hg.), Es gibt keinen jüdischen Wohnbezirk in Warschau mehr, Neuwied am Rhein und Berlin, 1960. 3 *Czartoryski:* Adam Kasimir Czartoryski (1734–1823) trat nach der ersten Teilung Polens in österreichische Dienste und versuchte die polnische Unabhängigkeit wiederzuerringen; sein Sohn Konstantin (1773–1860) machte 1812 Napoleons russischen Feldzug mit.

[Berlin] 5. 5. 43

... Gestern abend war ich mit Peter zusammen bei Eugen. Wir haben die Fortschritte besprochen, die Pfingsten[1] betreffend von diesen beiden gemacht worden sind. Sie sind im ganzen befriedigend. Jedenfalls scheint alles einigermassen programmässig gegangen zu sein. – Eugen's Chef[2] ist heute und morgen in Berlin um einen sehr erfreulichen Brief zu unterzeichnen.[3] Vielleicht sehe ich ihn morgen.

Mit Bürkner hatte ich heute morgen eine Aussprache über die Schwächeanfälle des kleinen Matrosen[4] und sagte ihm, so ginge das nicht, ich müsste meiner Rückendeckung sicher sein, sonst könnte ich nichts nützen. B. war verständig und hat mir erlaubt, diese Sache dem kleinen Matrosen unter vier Augen vorzutragen. Das soll Anfang der neuen Woche geschehen. Ich bin gespannt, wie das ausgehen wird.

Mittags war Peter da. Wir hatten unsere Schlachtpläne für die Zeit bis Pfingsten zu verabreden. Ausserdem haben wir die Angelegenheit Kleinöls besprochen und Wernersdorf-Bresa erörtert. Das alles hat 3 Stunden gedauert, sodaß vom Nachmittag nicht viel übrig ist, denn um 5 habe ich eine Besprechung im Büro, um 6 die zweite. Abends kommt Delbrück[5] und dazwischen muss ich noch zu Haubach. Ich habe aber mein Rad mit.

1 *Pfingsten:* s. 14. 4. 43, Anm. 6. 2 *Chef:* Bischof Wurm. 3 *unterzeichnen:* Das scheint nicht geschehen zu sein – s. 6. 5. 43 und Schäfer, Wurm (wie 2. 4. 43, Anm. 5), S. 163. Zu Wurms Schreiben an Hitler vom 16. 7. 43 s. 18. 7. 43 und Anmerkung 2. 4 *Matrosen:* Canaris, dessen eigene Stellung nach der Ausschaltung Osters und Dohnanyis gefährdet war. 5 *Delbrück:* vgl. 17. 4. 43, Anm. 2.

6. 5. 43

Für alle Fälle schreibe ich noch ein Mal.[1] Denn wer weiss, vielleicht hält Dich wieder ein laufendes Öhrchen auf oder sonst ein kleiner Unfall. Gestern war wieder ein ziemlich stürmischer Tag, d. h. es gab viel zu tun. Am Abend wollte ich mit Delbrück sprechen. Als ich aber nach Hause kam, fand ich bereits eine Nachricht vor, ich solle sobald wie möglich zu Eugen kommen, wo sein Chef sei. Ich habe also mit Delbrück gegessen und ihn um 9 dann herausgesetzt.

Der Abend bei Eugen war sehr lang, denn ich zog erst nach 12 ab. Wir waren zu dritt, zeitweise war Pressel[2] dabei. W. machte wieder einen so guten und weisen Eindruck. Man kann sich nur des Gefühls nicht erwehren, daß er keine genügend guten Assistenten hat und dadurch nicht sorgfältig genug gearbeitet wird.[3] Das ist sehr dumm. Wir haben unsere und seine neuesten Pläne besprochen und sind wohl auch zu befriedigenden Ergebnissen gelangt.

Heute, in wenigen Minuten, gehe ich zu Conrad,[4] mit dem W. heute nachmittag verabredet ist. Am Morgen kamen Peter, Einsiedel und Haeften. Jetzt ist es 11. Es ist also sozusagen Flugwetter. Peter und Adam essen morgen mittag bei mir. ...

1 *noch ein Mal:* Am 8./9. war er mit Freya in München. 2 *Pressel:* Oberkirchenrat Wilhelm Pressel. 3 *gearbeitet wird:* vgl. 5. 5. 43, Anm. 3. 4 *Conrad:* Preysing.

Berlin, den 17. 5. 43

Es ist ½ 5 und ich hoffe Du bist inzwischen wohlbehalten zu Hause gelandet und bist gut gereist. Es war mir eine grosse Erleichterung zu wissen, daß Du einen Schlafwagen hattest und hoffentlich wenigstens bis Dresden gut untergebracht warst. – Dein Wirt ist gut gereist[1] ohne Alarm, nur hat er nicht sehr gut geschlafen, ohne daß er dafür hätte Gründe anführen können.

Hier war 2 × Alarm gewesen, aber ohne viel Geschiesse. Dafür haben die bösen Engelein letzte Nacht eine neue Bosheit erfunden: sie werfen nämlich Torpedos in Stauseen und bringen so die Talsperren zum Einsturz. Das ist ihnen letzte Nacht bei zwei Talsperren gelungen[2] und das macht Zerstörungen, reduziert zugleich die Elektrizitätskapazität. Ich bin gespannt, ob sie uns mehr davon bieten werden.[3]

Hier war es als ich ausstieg gleichfalls kühl. Es ist jedoch über Tag etwas wärmer geworden. Immerhin ist es nicht so ausgesprochen warm wie es vorige Woche war. – Mittags waren Eddy[4] & Peter da. Es ging ganz leidlich. Aber es sieht so aus, als würden wir E. nicht brauchen, da Abs zu kommen scheint.[5] Er will am 8. 6. zurück sein.

Mein Lieber, das war ein schönes Wöchlein mit Dir. Ich bedanke mich vielmals für die gütige Pflege durch meine Gattin. Jetzt soll sie sich nur tüchtig pflegen, sich und ihre Kinder. Das Jahr wird noch anstrengend genug werden und zudem bedeutet doch auch die Vorbereitung von Pfingsten eine Anstrengung.

1 *gereist:* Sie waren eine Woche zusammen in München, Stuttgart und Heidelberg gewesen. 2 *gelungen:* Laut OKW-Tagebuch wurden von drei angegriffenen Talsperren zwei durch Bomben, die Eder-Talsperre durch zwei Lufttorpedos angegriffen; die englischen Meldungen sprachen zutreffend von Luftminen. 3 *bieten werden:* Spätere Angriffe waren nicht so erfolgreich. 4 *Eddy:* Waetjen. 5 *zu kommen scheint:* Weder Abs noch Waetjen kamen Pfingsten nach Kreisau.

Berlin, den 18. 5. 43

Als ich heute morgen erwachte, war es eisig kalt. Nur 7°. Was sagt man nur dazu. Das ist doch einfach ein Skandal. Wie wird das nur den Bienchen bekommen. Für die kann ich mir das garnicht angenehm vorstellen. – Dafür erwachte ich um ¾ 1 vom Abfahren der L. S.-Autos,[1] die aber nach 45 Minuten etwa wieder zurückkamen. Ich habe beschlossen, mich jetzt allabendlich gut vorzubereiten, womit ich nicht nur meine Seele meine. Vielmehr packe ich mir jetzt immer die Mappe voll mit wichtigen Sachen, Lektüre und Lebensmitteln. Wenn ich schon in den Keller gehe, dann will ich es auch vernünftig machen.

Gestern abend war ich allein bei Peter, wo ich hauptsächlich über das Wochenende[2] zu berichten hatte. Wir haben uns über die verschiedenen erforderlichen Vorbereitungsmassnahmen unterhalten. Um 10 ging ich nach Hause. Der Mond schien strahlend hell und das Tirpitzufer sah in diesem Mondenglanz zauberhaft aus. ...

1 *L. S.-Autos:* Es muß ein Luftschutz-Wagenpark in der Nähe gewesen sein.
2 *Wochenende:* M. hatte u. a. Bischof Wurm in Stuttgart getroffen.

Berlin, den 24. 5. 43

Welch ein lieber Samstag/Sonntag war das. Mein Herz, wie gerne bin ich bei Ihnen, wie zu Hause ist es da und wie angenehm, daß alles für Dich im Augenblick trotz der Katastrophe erträglich ist, weil Du wenigstens im Hause Ruhe hast.

Dein Wirt ist gut gereist. Der Zug war in Liegnitz ganz leer und erst in Guben richtig voll, aber auch dann nur so, daß alle Plätze besetzt waren. Die Fahrt war ganz unsensationell, ich habe meist Parliamentary Reports gelesen und bin damit nun bis auf 3 Stück fertig. Es ist aber doch eine tolle Arbeit. Ausserdem habe ich den Keynes Plan und den White-Plan[1] gelesen.

Meine Gedanken aber wanderten immer wieder zu meinem Lieben zurück und zu all den vielen Aufgaben, die Deiner harren. Ich dachte besonders an die Bienchen, an die neuen Rahmen, an die neuen Schwarmkästen, an unser gestriges Werk. Ob wir das wohl richtig gemacht haben? Ob die Königinnen beide auf der richtigen Seite geblieben sind? Das ist alles sehr spannend. Mir leuchtet aber das, was wir gemacht haben, durchaus ein. Nur wird man es wiederholen müssen, wenn man den Bautrieb wirklich bis zum Äussersten erhalten will. Wenn die 29 trotz allem vor der Tracht zu stark wird, wird man sie eben etwas schröpfen müssen zu Gunsten kleinerer Völker und wenn das alles nichts nutzt und das Biest doch schwärmt, dann würde ich bei der 29 und der 18 den Schwarm in einen guten Kasten an die alte Stelle setzen und das abgeschwärmte Volk woanders hin tun. Sollte Dir das in der Tracht passieren, dann müsstest Du von so einem Volk ganz klotzig Honig haben. Nun wir werden es erleben und unsere Enttäuschung zu tragen wissen.

Auch der Betrieb beschäftigt mich riesig; die Schafe und Kühe, das Futter und die neuen Bestellungspläne, das Bauen, der Brunnen in Wierischau, die neuen Maschinen usw. Es gibt so rasend viel zu tun, zu überlegen, zu planen, daß es mir um jeden Tag leid tut, den ich nicht zu Hause sein kann. Ich bin gespannt, wie das alles gehen wird.

Heute mittag war Waetjen da, dem ich über Sonntag Arbeit gegeben hatte, die er sehr wacker getan hat. Jetzt, in 5 Minuten, gehe ich mit Poelchau zu Peter, morgen mittag kommt Görschen. Du siehst, die Zeiten sind belebt.

1 *Keynes-Plan ... White-Plan:* Der am 7. 4. veröffentlichte, unter Leitung von Lord (John Maynard) Keynes vorbereitete britische Plan für eine internationale Währungs- oder Clearing-Union und der gleichzeitige Plan für einen Welt-Stabilisierungsfond von Harry Dexter White vom amerikanischen Schatzamt.

Berlin, den 25. 5. 43

... Gestern abend mit Poelchau war es nett. Er, P., ist riesig beschäftigt mit seinen Hilfsaktionen und hat auch neu um Unterstützung für seine Pfleglinge[1] gebeten. Ich habe ihm gesagt, wir würden ihm sicherlich einen grösseren Posten Erbsen schicken. Willst Du das, bitte, feststellen und ihm, wenn es geht, einen Ctr. schicken? Seine Adresse ist: Pfarrer Poelchau, Berlin N. 65, Afrikanischestr. 140 B. Daß er den Sack sofort zurückschicken muss, weiss er. Ausserdem habe ich seine Frau und ihn verabredungsgemäss zu einem Sommeraufenthalt nach Kreisau eingeladen. Er wird wohl nicht richtig kommen, sondern vielleicht ein Mal über ein verlängertes Wochenende. ...

An Neuigkeiten gibt es nur sich immer verdichtende Gerüchte über einen Abfall Italiens. Ob das stimmt, weiss niemand hier; sicher ist aber, daß mit Italien ganz wild verhandelt wird.

Goerschen war heute mittag da. Wir assen die beiden Täubchen, die ich mitgebracht hatte, und dazu himmlischen Kartoffelbrei. Carlchen kommt am 3. hier an und reist gleich nach Holland weiter. G. erzählte, daß man in der Schweiz das ganze Unternehmen schon vollständig abgeschrieben habe.

1 *Pfleglinge:* Vor allem wohl „untergetauchte" Personen, wie Juden, die keine oder ungenügende Rationen hatten.

Berlin, den 26. 5. 43

... Gestern abend hatte ich noch mit Einsiedel zu reden, war aber um 8 zu Hause, ass dann rasch zu Abend und lag um ¾ 9 im Bett. Ich war rasend müde und als ich das nächste Mal erwachte war es 6 Uhr früh. Diese herrliche Nacht hat mir sehr aufgeholfen und meinen Schlafmangel etwas behoben. Heute morgen regnete es übrigens ein wenig, ab 10 aber war es wieder trocken.

Heute mittag waren Peter und Peters da. Es war nett und harmlos.

Nichts Besonderes. Peters geht eventuell zum Luftattaché nach Lissabon. Das wäre immerhin ganz nett. Heute abend sind Einsiedel, Waetjen & ich bei Peter. Ich bin gespannt wie das gehen wird.

Mein Lieber, dies ist der letzte Brief. Ich habe keine Lust mehr zu schreiben. Freitag nachmittag bin ich in der Behrenstr.,[1] Freitag abend eventuell bei Peter.

1 *Behrenstr.:* bei Preysing.

[Berlin, Sonntag] 30. 5. 43

Nur ein kleines Grüsschen vor der Abfahrt. Welch schöne 48 Stunden haben wir eingeheimst. Wie voll waren sie und wie lieb mit Dir zusammen.

Hoffentlich reist Du gut, mein Herz. Dein Wirt, der Bonze, reist wieder de luxe. Er schämt sich ein wenig. Aber vielleicht hast Du ein leidliches Plätzchen bekommen. ...

Brüssel, den 5. 6. 43

Ich schreibe Dir, weil ich mir denke, daß in der Hast und Arbeit der Pfingsttage sich doch keine Zeit für eine geruhsame Erzählung finden wird.

Am Montagmorgen war ich also in Hilversum, wo ich in einem fürstlichen Hotel untergebracht wurde. Das Hauptquartier befindet sich etwa 20 Minuten entfernt am Stadtrand und so wurde ich denn gleich mit einem guten holländischen Armeefahrrad ausgerüstet um beweglich zu sein. Am Montag früh hatte ich meine erste Besprechung mit Rittmeister Janssen, einem stockkatholischen Aachener, der mir sehr gut gefiel. Er hat zu wenig Schwergewicht, das ist sein Nachteil, aber er ist besten Willens und das ist schliesslich die Hauptsache. Zum Mittagessen lernte ich gleich die wichtigsten Leute kennen, insbesondere den Chef des Stabes, General von Wühlisch und den sehr netten älteren Ia, Oberst von Müller. Der Stab macht als Ganzes einen guten Eindruck; er ist nicht sehr gross und es gibt im Übergewicht nur Leute darin, die rechten Sinnes sind.

Am Nachmittag las ich die einschlägigen Akten des Ic und sprach dann mit Wühlisch. Der ist neu hingekommen, liegt jedoch zweifelsfrei richtig und ist bemüht, Erschiessungen zu verhindern soweit er kann. Ich hatte also durch diese Unterhaltungen den Eindruck gewonnen, daß ich in Hilversum auf Rückendeckung rechnen könnte und zog damit nach den Haag zum SD. Das war die grosse Überraschung. Erstens wurde ich dort auf das wärmste begrüsst und man widmete mir viel Zeit. Der SD-General Harster[1] hat sich die zwei Tage stundenlang mit mir unterhalten; am zweiten Tage war er krank, sodaß ich an seinem Bett gesessen habe. Er hatte also die Möglichkeit, sich um die Sache zu drücken, tat das aber absolut nicht sondern war im Gegenteil sichtlich sehr interessiert. Für seine Mitarbeiter gilt das gleiche. Bei aller Fremdheit im Fundament, in der Grundhaltung, herrschte daher im Oberbau eine Gemeinschaft der Auffassung und der Interessenlage, die sehr erfreulich war. Zitate von Harster: „Gegen Schuldige bin ich wirklich scharf, sehr scharf sogar, aber Unschuldige zu erschiessen ist doch einfach blödsinnig!" „Jede Geiselerschiessung ist das Eingeständnis eines polizeilichen Bankrotts; es heisst doch einfach: den Täter haben wir nicht, oder nicht schnell genug gefasst." „Ich kann nicht erwarten, daß die Bevölkerung ruhig bleibt und die Banditen nicht unterstützt, wenn ich anfange, Unschuldige zu greifen." „Wenn Sie erreichen wollen, daß das Geiselnehmen und das Geiselerschiessen ganz und kategorisch verboten wird, so können Sie meiner Unterstützung gewiss sein."

Diese Unterhaltungen mit dem SD waren also ein voller Erfolg und ich hoffe, daß ich dadurch einiges gefördert habe. Harster hat mir jedenfalls versprochen, daß er die noch in Haft befindlichen Geiseln allmählich klamm-heimlich entlassen wird. Das Ganze wird auch nicht als Strohfeuer verpuffen, denn nach Pfingsten schicke ich ihm den Oberleutnant Diwald auf den Hals, dem er seine gesamten Akten zur Verfügung stellen will, und von der Art und Weise, wie er das tut, wird ja abhängen, ob man wirklich mit ihm rechnen kann oder nicht. Jedenfalls haben wir uns auf das herzlichste getrennt, mit seiner Bitte, ich möge zur Schlussbesprechung wiederkommen. Das alles zog sich über 2 Tage hin, Dienstag und Mittwoch.

Dienstag um 6 ging ich zu Goerschen in die Bank und später fuhren wir gemeinsam zum Abendessen zu ihm nach Wassenaar. Die Unterhaltung mit ihm war befriedigend und wir verabredeten für den nächsten Nachmittag eine Besprechung zu dritt mit seinem Haupt-Holländer.[2] Das Abendessen war uninteressant. Görschens waren so nett mich zur Nacht einzuladen, was mir eine Rückfahrt nach Hilversum, die ich eigentlich geplant hatte, ersparte. Das Haus ist reich eingerichtet aber nicht protzig, im ganzen also nett. Der Sohn Peter ist inzwischen 15 Jahre, riesig gross und ein glühender Verehrer von Adolf Hitler, mit nur einem Wunsch, recht bald Soldat zu werden. Trotzdem er holländischer Staatsangehöriger ist, wird er in der Schule als Deutscher geschnitten und misshandelt. Daher die Reaktion. – Görschens leben vollkommen schwarz und meinen, daß das weiter gutgehen muss, weil erstens alle Leute im wesentlichen von schwarzen Lebensmitteln leben und sie ausserdem nur

Schwarzhändler frequentieren, die auch für Rauter[3] und Seyss-Inquart[4] liefern.

Mittwoch früh war ich wieder bei meinem SD, desgleichen Mittwoch abend an Herrn Harster's Krankenbett. Mittwoch mittag ass ich mit Igl & Wicka[5] in einem guten Restaurant, wohin Igl mich einlud und wo wir ganz ohne Marken assen: Hummer, Suppe, Filet, Speise, Kaffee. Den beiden ging es gut, Wicka sah wohl aus, beide sichtlich mit genug Geld und mit nicht zu vielen Sorgen. Sie erzählten so von dem Leben in Holland, das eben doch noch viel leichter ist als das Leben bei uns. Es gibt nämlich immer noch genug Menschen und es fehlt nur an manchen Stellen an Material. Seit 3 Monaten sei das Essen viel schlechter geworden, märchenhaft teuer und die schwarze Ware auch sehr teuer. Das Kg. Butter 30 hfl. Aber wenn man zu zahlen bereit ist gibt es eben noch alles.

Um 4 war die Besprechung bei Goerschen. Der Holländer ist ein guter Mann mit ausgesprochenem Verständnis für die uns bewegenden Probleme, ein Deutschenhasser, aber klug genug zu sehen, daß nicht alle über einen Kamm zu scheren sind, und daß auch den Deutschen eine Lebensmöglichkeit gegeben werden muss. Der Haupthass richtet sich übrigens nicht gegen uns sondern gegen Mussert.[6] Wir haben uns 1 ½ Stunden unterhalten und ich möchte annehmen, daß wir mit diesem Mann ganz vertrauensvolle Beziehungen werden herstellen können. Tatsächlich werde ich ja infolge der guten Beziehungen mit dem SD diesem Mann und seinen Freunden wirklich helfen können, wenn sie sich von aktiver Sabotage fernhalten. Jedenfalls hat Görschen da gute Vorarbeit geleistet und die Beziehungen müssen sich ganz eng gestalten lassen. Ich war also auch mit diesem Teil meines Aufenthaltes zufrieden und wenn ich im Juli komme, werde ich wohl Nägel mit Köpp machen können.

Mittwoch spät nachts war ich totmüde in Hilversum zurück und der ganze Donnerstag verging mit Berichten über die Besprechungen beim SD und mit Plänen für die Auswertung des erreichten Ergebnisses. Abends ass ich dann bei Christiansen.[7] Das ist ein netter Handelsschiffskapitän. Genau der Typ, den wir auf unseren Reisen auf englischen und deutschen Schiffen immer wieder als Kapitän getroffen haben, vielleicht überdurchschnittlich intelligent. Von den hohen Fragen der Politik und Kriegführung weiss er deshalb garnichts, weil er die Fragestellung garnicht kennt. Er ist davon ganz unberührt. Wie man einen solchen Mann zum Wehrmachtbefehlshaber machen kann, verstehe ich einfach nicht. Er hat mir die Geschichte seiner Ernennung und seiner ersten Woche in Holland erzählt und hat überhaupt nicht bemerkt, daß er dabei einen vollkommenen Bericht über die Gründe gegeben hat, warum die Sache in Holland schiefgehen musste. Das konnte garnicht gutgehen. – So berichtete er z. B. über seine erste Unterredung mit General Winkelman, dem Oberbefehlshaber der niederländischen Wehrmacht. W. sagte: „Ich nehme an, Herr General, daß Sie sich im Rahmen des Völkerrechts und der Haager Konvention halten werden.“ „Wissen Sie, was ich geantwortet habe: Herr General, haben Sie in der Schule je etwas von Völkerrecht gehört? Ich nicht. Völkerrecht ist etwas das gibt es nur in der Zeitung.“ Und dann schallendes Gelächter des ganzen Kreises. – Wühlisch, der wohl merkte, daß ich dieser ganzen Erzählung mit Spannung und Kritik gelauscht hatte, sagte, als wir uns im Auto zur Heimfahrt niedergelassen hatten: „Sie werden verstehen, daß es schwer ist, mit einem solchen Befehlshaber sei es politisch oder militärisch zu Rande zu kommen.“ Dabei ist Christiansen ein netter Mann. Aber es fehlen ihm eben gewisse Organe. Übrigens passierte zum Schluss noch eine Panne. Als er mir auf Wiedersehen sagte, drückte er mir ein Paket in die Hand, welches ich mitbringe. Es war riesig peinlich, aber ich konnte es unmöglich refusieren, und so steht es denn, unausgepackt, neben meinem Koffer. Was denken sich diese Leute eigentlich. Das ist eben der Göring touch, der dort überall zu spüren ist.

Paris, 7. 6. 43

Eine kleine Fortsetzung. Donnerstag früh verging mit weiteren Besprechungen und ich verabschiedete mich noch vor dem Mittagessen, weil ich einen Zug um 1.25 erreichen wollte und noch nicht gepackt hatte. So ass ich im Hotel. Es gab Tomatensuppe –.60 hfl., Salat 1.– hfl., Lachs, dessen Preis nicht angegeben war, und Pudding 1.50 hfl. Dazu trank ich ein Mineralwasser. Was machte die Rechnung aus? 40.65 hfl = 55.– RM. Das war wirklich ein eindrucksvoller Augenblick, der mir ein tüchtiges Licht über die Verhältnisse in Holland aufsteckte. – Um 1.25 fuhr ich wieder in den Haag, hatte dort noch eine Kleinigkeit dienstlich zu erledigen und fuhr um 3.40 mit Igl zusammen raus nach Wassenaar, wo ich vergass, Deinen Brief abzugeben. Das Haus ist aber reizend: klein mit vielen Stuben: ein grosses Wohnzimmer & ein kleines Esszimmer unten, ein grosses Schlafzimmer für die Eltern, ein mittleres für die Donna und zwei ganz kleine für die Söhnchen im 1. Stock und 3 winzige Zimmerchen im Dach. Alles sehr praktisch und komfortabel. Die beiden Söhne sehr nett, Hans leidlich, Thomas schlecht deutsch sprechend; liebe Kinder. Igl froh und so gut wie ohne Heimweh. Wicka sehr wohl und ganz ohne Heimweh. Die kommen beide nie wieder. – Sie leben wirklich gut und vom schwarzen Markt, das Ei zu 1.30 hfl., glaube ich, die Butter zu 30.– hfl. das kg. Käse, Zucker, Kohle u.s.w. alles gibt es schwarz. – Die Umgebung ist sehr „villig“, das wäre also nichts für uns, aber ich glaube, daß das ihnen sehr liegt.

Um 6 ging mein Zug nach Brüssel und um 11 lag ich im Hotel Plaza im

Bett, müde aber über den ersten Teil meiner Reise sehr befriedigt. Am nächsten – Freitag – Morgen ging ich von 9–11 zu Falkenhausen, der in sehr vertrauter Weise die Weltlage mit mir erörterte. Ich brachte ihn auf die Fragen, die uns gegenwärtig bewegen und fand eine erfreuliche Übereinstimmung, eigentlich mehr als ich erwartet hatte. Um 11 kam Craushaar[8] dran, der über den Erfolg meiner Reise nach Holland sichtlich erfreut und überrascht war. Ich hoffe sehr, daß sich das als ausgesprochene Erleichterung für die Leute in Brüssel auswirken wird. Zu meiner grossen Freude hat sich mein letzter Besuch[9] dahin ausgewirkt, daß seitdem keine Belgier mehr strafweise deportiert worden sind. Nun habe ich dieses Mal noch einen Vorstoss in einer besonderen Richtung gemacht und Falkenhausen hat versprochen sich danach zu richten. Ausserdem habe ich mit Craushaar verabredet, daß er die 300 Geiseln, die er noch sitzen hat, aus der Geiselhaft entlässt. Immerhin bedeuten diese Tage, daß ich zusammen mehr als 1000 Menschen die Freiheit verschafft habe, wenn alle halten, was sie versprochen haben. Zu Mittag habe ich mit den mich interessierenden Sachbearbeitern der Militärverwaltung gegessen und Kaffee getrunken, um 4 gab es eine Pause, die ich zu dem Anfang dieses Briefes verwandte und um 5 kam ein Mann von der Verwaltung um mit mir weiter Kaffee zu trinken, um 6 fuhr ich mit Herrn von Becker[10] nach Seneffe. Er lässt sich Dir empfehlen, ist aber doch ein arg hohles Ei. In Seneffe war alles nett, aber ohne daß etwas Besonderes gewesen wäre. Nach Tisch wurde wie üblich bis ½ 1 Karten gespielt, wobei ich 25 frcs gewann. Prinzessin Ruspoli[11] war da, eine Prinzessin Drago mit Mann, der der neue italienische Gesandte in Brüssel ist, Planck[12] und noch einige Offiziere. Zu Essen gab es einfach aber sehr gut.

[Fortsetzung] Paris, 8. 6. 43

Von Seneffe kam ich um ½ 2 im Plaza wieder an und musste um 6 aufstehen, weil 7.30 mein Zug nach Lille ging. Um ¼ 7 traf ich unten Görschen, der nachts von Paris gekommen war, und um 7.40 nach Holland weiterfahren wollte. Wir haben rasch noch die Ergebnisse meiner letzten Unterhaltung mit Harster erörtert und vereinbart, was er den Freunden sagen sollte. Dann fuhr ich kalt und müde bei regnerischem Wetter nach Lille. Die Fahrt führt durch ein unglaublich fruchtbares Land mit gepflegten Feldern und Gärten und besonders gepflegten Bäumen und Hecken. Es ist immer wieder aufregend, so etwas zu sehen, denn im Vergleich dazu ist das beste, was wir leisten können, Stümperei. Trotzdem habe ich die Fahrt nicht genossen, denn es war zu gemeines kaltes Wetter. Ausserdem fuhr ich zusammen mit lauter Deutschen, die durch die Bank grässlich waren. Vier Blitzmädchen[13] unterhielten sich über die Frage, ob der Bosporus eigentlich in Norwegen liege. Das lohnt sich doch. – In Lille an der Bahn holte mich Schmid[14] ab, bei dem ich einen heissen Kaffee, 2 Eier und Brot, Butter und Gelee bekam, Dinge, die ihm aus der Bevölkerung zugetragen werden. Ich hatte Schmid 2 Stunden lang zu informieren und die Linie mit ihm abzustimmen, habe aber aus seinen Berichten den Eindruck gewonnen, daß er gut vorbereitet und ganz nette Erfolge hat. Dann habe ich auch mit ihm die Geiselsache erörtert. Um ½ 2 kam eine Schauspielerin um uns zum Essen abzuholen und wir assen wirklich ganz hervorragend im ,,Deutschen Haus". Es gab dort eben alles. Das tollste war aber das Publikum: Schieber, Schieber und wieder Schieber. Teils in Zivil, teils aber Zahlmeister, Gefreite und Unteroffiziere, die da für 20.- RM pro Kopf mit irgendwelchen Mädchen essen. Alles Leute, die sichtlich nach dem Motto leben: geniesse den Krieg, der Friede wird fürchterlich! – Nach Tisch kam Hans Heini[15] aus Bethune, nett und sichtlich zufrieden. Er meinte in seinem Bezirk rechne man mit einer Durchschnittsweizenernte von 20 Ctr. je Morgen mindestens. Um 4.40 fuhr ich wieder nach Brüssel zurück.

Abends hatte ich gleich nach der Ankunft noch eine abschliessende Besprechung mit Craushaar und um 9 erschien Wend.[16] Er sah wohl und leidlich zufrieden aus, vertilgte mit Wohlbehagen eine Flasche Rotwein, die mir das Kasino konzediert hatte und erzählte aus seiner Existenz, die in mancher Hinsicht erträglicher geworden zu sein scheint. Das einzig Bedauerliche scheint mir die Tatsache zu sein, daß er von seiner Schule wegkommen wird, wahrscheinlich zu einer aktiven Einheit. Das ist natürlich nicht schön. Um ½ 11 gingen wir zusammen zur Bahn. Er fuhr nach Antwerpen und ich bestieg erschöpft meinen Schlafwagen, wo ich sofort einschlief um erst durch das Klopfen des Schaffners um 5.30 früh wieder zu erwachen. Der kurze aber gute Schlaf war mir riesig wertvoll, denn es stand mir ein recht anstrengender Tag bevor.

Man kommt um 6.30 in Paris an, was ja nicht gerade lustig ist. Ich ging dann gleich mit porteur ins Ritz, frühstückte, reinigte mich in einem luxuriösen Bad und zog dann um 9 zu dem mich betreuenden Mann beim Militärbefehlshaber, Oberstleutnant Hartog. Dort waren allerhand Präliminarien zu erledigen und bis ich alles getan und mit allen Leuten gesprochen hatte, war es 12 und ich musste zu Stülpnagel.[17] St. hat mir sehr gut gefallen. Nicht das Niveau von Falkenhausen aber doch ein guter Mann. Ich war immerhin 1 ½ Stunden bei ihm und gehe heute abend noch ein Mal hin. Er liegt jedenfalls in der mich interessierenden Frage ganz richtig, sodaß ich an ihm eine gute Unterstützung haben werde. Die blosse Tatsache, daß er mir seinen geheimsten Bericht über diese Sache anvertraut, den er selbst Falkenhausen nicht gegeben hat, ist ein angenehmer Vertrauensbeweis. Er hat mir jedenfalls versichert, daß er keine Geiseln mehr erschiessen lassen würde, was immer man ihm befehle.

Von Stülpnagel konnte ich nur zum Bahnhof eilen, rasch ein schlechtes Mittagessen verschlingen und musste dann nach St. Germain zum O. B. West,[18] wo ich für den Nachmittag mit dem Ic verabredet war. Der wohnt in einem reizenden und wunderschön eingerichteten Hause mit einem weiten Blick über das Tal auf den gegenüberliegenden bewaldeten Höhenrücken. Der Mann selbst hat mir ganz gut gefallen. Nur ist er wohl etwas leichtgewichtig und wird seine Erkenntnisse kaum mit der notwendigen Zähigkeit verfolgen. Immerhin liegt er auch richtig und wird jedenfalls eher eine Hilfe als eine Belastung sein. Ich fuhr dann mit ihm im Wagen nach Paris zurück. Dieser Weg von St. Germain in die Stadt ist so wunderschön, weil man kilometerlang auf einer Platanenallee auf den Arc de Triomphe zufährt und ihn zuerst über eine Senke hinweg in gleicher Höhe liegen sieht um dann in der zweiten Hälfte dieses Weges vom Tal her zu ihm aufzusteigen. Es war ein schöner, warmer, sonniger Tag. – Um ½ 7 war ich wieder im Hotel und um ½ 8 bei Werners.[19] Zum Essen waren wir allein. Beide sehr nett. Nora hatte selbst gekocht und zwar gut. Nach dem Essen kam noch der Pariser Falkenhausen, ein Neffe[20] des Generals, und wir schwätzten bis 11 über unsere Situation, die Möglichkeiten der Kirche, die Bedeutung der Münchener Studenten-Geschichte[21] u.s.w. Ich habe eigentlich über meine Gewohnheit hinaus geredet und ein wenig viel gesagt. Aber F. hat hier eine ganz nette Stellung im Rahmen der nicht NS Deutschen und so dachte ich, daß es ganz gut sei, auch diesen hier klarzumachen, daß jeder etwas beitragen kann und auch beitragen muss. Sonst hoffen hier nämlich alle immer wieder auf die Generäle, obwohl sie es eigentlich besser wissen müssten. Um 11.15 geht die letzte Metro und so war ich um 12 im Bett.

Heute früh um 9 ging es wieder los. Zuerst in Stülpnagels Auto, das er mir freundlicherweise zur Verfügung gestellt hatte, zum Militärbefehlshaber um einiges mit einigen Sachbearbeitern zu besprechen. Ich kam mir riesig protzig vor, als ich durch alle salutierenden Posten hindurchfuhr, die an sich kein Offiziersauto hereinlassen und dann vor dem Hotel Majestic vorfuhr. Als ich mit meinem Regenschirm ausstieg – es goss heute, daher hatte ich ihn mit – salutierten die Posten und brachten mich in die unangenehme Verlegenheit, sie durch Handhochheben zu grüssen. Um 10.30 war ich wieder draussen in St. Germain, bei dem Chef des Stabes von Rundstedt, General Blumentritt.[22] Der gefiel mir ganz gut, wenn er auch weder an Stülpnagel geschweige denn an Falkenhausen heranreicht. Immerhin war er bereit, auf meine Vorschläge zur Umgehung von Führerbefehlen einzugehen und das war mir zunächst das Wichtigste. Auch da salutierte zu meinem Embarrassement der Posten. Schon das Geräusch kann ich nicht leiden. Bei Blumentritt war ich etwas länger als eine Stunde, dann musste ich noch zu Meier Deterding[23] und war um ½ 1 wieder zu Hause, wo ich den ersten Teil dieses Briefes schrieb – bis zu dem Verwischten. Mittags ass ich mit Hartog hier im Ritz. Ich hatte ihn eingeladen, da er mich ja so freundlich betreut und alles für mich arrangiert hatte. Dann kamen noch ein General, dessen Namen ich vergessen habe und der junge Falkenhausen zum Kaffee und so wurde es 4. Um 4 erschien Falkenhausen mit Suite, zog sich rasch um und dann besprachen wir die Ergebnisse meiner Unterhaltungen in Paris, weil er um 5 zu Stülpnagel ging und ich wollte, daß die beiden gemeinschaftlich etwas täten.

Um 5 kamen Nora, Carl vom Rath[24] und seine Frau Monica zum Thee, den wir in einem Extra-Salon einnahmen. Jella die ich dazu haben wollte, war nicht in Paris. Der kleine Onkel,[25] der eigentlich auch kommen wollte, war abgehalten worden. Carl gefiel mir gut, nur hat er ein merkwürdig grob geschnittenes Gesicht. Seine Frau scheint nett zu sein, Nora war in grosser Form mit sehr aufregendem Riesenhut. Ich hatte den Carl sehen wollen, weil ich gerade von Wicka kam. ...

Um 6.30 war ich wieder bei Stülpnagel, um ¾ 8 war ich im Hotel zurück, ass und jetzt ist es 9.15. Um 9.30 kommt ein Velo-Taxi und fährt mich zur Bahn. Es wird mich riesig genieren, mich so von einem Sklaven durch Paris treten zu lassen, aber bei dem Regen komme ich ganz nass in den Zug, wenn ich nicht fahre. Übrigens gibt es hier massenhaft Velo-Taxis, zum Teil von einem Mann, zum Teil von zweien getreten.

Beim Essen sprach mich der Maître, der ein älterer Herr mit weissem Haar ist, auf Hans Adolf an, den er seit 1913 als Gast des Ritz kannte. Er sprach sehr nett von ihm und lobte besonders seinen feinen Geschmack. Auch Onkel Max[26] & Jella kannte er und bedachte sie mit einer guten Note.

So, mein Lieber, jetzt bin ich mit meinem Bericht nachgekommen. Morgen mittag bin ich beim Mütterchen in Godesberg und übermorgen früh in Berlin. Abends bin ich dann hoffentlich bei Dir.

1 *Harster:* Dr. Wilhelm Harster, geboren 1904, Freikorpskämpfer, Pg. 1933, SS-Gruppenführer und Generalleutnant der Polizei, Juli 1940 bis August 1943 Befehlshaber der Sicherheitspolizei und des SD (BdS) in den Niederlanden, dann bis 1945 in Italien. 1947 in Holland zu 12 Jahren Gefängnis verurteilt, 1953 entlassen – s. J. Presser, Ondergang. De vervolging en verdelging van het nederlandse jodendom 1940–1945. 2 Bde., 's-Gravenhage 1977, Bd. 2, S. 160f. 1956–63

Regierungsrat in Bayern; 1967 in München wegen Mordes an Juden angeklagt, 1968 zu 15 Jahren Gefängnis verurteilt, vor Ablauf dieser Frist entlassen. – Bei van Roon wird hier irrigerweise statt Harster Rauter (s. Anm. 3) genannt (Neuordnung, S. 331 f. und Völkerrecht, S. 292, dort viermal). 2 *Haupt-Holländer:* J. H. van Roijen, vormals hoher Beamter im holländischen Außenministerium, einer der Führer der holländischen Widerstandsbewegung, nach dem Krieg Außenminister, dann Botschafter in London. 3 *Rauter:* Hans Rauter, Höherer SS- und Polizeiführer (HSSPF) in den Niederlanden. S. Het proces Rauter, 's-Gravenhage, 1952. 4 *Seyss-Inquart:* Artur Seyß-Inquart (1892–1946), Reichskommissar Niederlande 1940–45. In Nürnberg zum Tode verurteilt. 5 *Igl & Wicka:* s. 22. 5. 40, Anm. 2. 6 *Mussert:* s. 30. 11. 40, Anm. 3. 7 *Christiansen:* Friedrich Christiansen, General der Flieger, Wehrmachtbefehlshaber Niederlande. Nach dem Krieg von einem holländischen Gericht zu 12 Jahren Gefängnis verurteilt. 8 *Craushaar:* Dr. Harry Craushaar, Vizechef der Militärverwaltung. 9 *letzter Besuch:* im Februar; es sind aber vom 1. 2. bis 4. 3. keine Briefe erhalten; M. war in der Zeit auch in Paris. 10 *von Becker:* Bankier, arbeitete mit Carl Deichmann und bei der Handelsgesellschaft Wodan. 11 *Ruspoli:* Elisabeth Ruspoli, geb. von der Assche, Belgierin; kam später nach Ravensbrück, weil sie ihren Landsleuten geholfen hatte. 12 *Planck:* s. 11. 12. 39 mit Anm. 4. 13 *Blitzmädchen:* Nachrichtenhelferinnen der Wehrmacht. 14 *Schmid:* Carlo Schmid – s. 10. 10. 41 mit Anm. 1 und 11. 10. 41. 15 *Hans Heini:* von Portatius, Nachbar in Kreisau. 16 *Wend:* Wendland, M.s Schwager. 17 *Stülpnagel:* Karl-Heinrich von Stülpnagel (1886–1944), General der Infanterie, als Nachfolger von Otto von Stülpnagel (s. 21. 10. 41, Anm. 1) Militärbefehlshaber in Frankreich seit Februar 1942; entschlossener Gegner des Regimes, alter Vertrauter von Ludwig Beck, führend am 20. Juli 1944 am Umsturz in Paris beteiligt, kam vor den Volksgerichtshof und wurde am 30. 8. 44 hingerichtet. 18 *O. B. West:* Generalfeldmarschall Gerd von Rundstedt (1875–1953). 19 *Werners:* F. M.s Onkel Werner von Schnitzler und seine Frau. 20 *Neffe:* Rittmeister d. R. Dr. jur. Gotthard Freiherr von Falkenhausen, Fachmann für Bankfragen bei der deutschen Botschaft in Paris. 21 *Studentengeschichte:* s. 18. 3. 43, Anm. 5. 22 *Blumentritt:* General der Infanterie Günther Blumentritt. 23 *Meier Deterding:* vielleicht Wilhelm Meyer-Detring, Ic/AO beim Ob West. 24 *Carl vom Rath:* Karl vom Rath (1915–1986), Vetter von F. M., Bruder von Wicka Breitbarth; Kunsthistoriker. 25 *kleine Onkel:* Werner von Schnitzler, s. Anm. 19. 26 *Onkel Max:* Mirbach.

Berlin, den 15. 6. 43

Wie lieb war es bei Ihnen, mein Herz und wenn wir auch kaum ein Minütchen alleine waren während der 4 Tage,[1] so waren Sie doch immerzu da und es war ständig lieb. Und Sie haben auch alles bestens und sehr lieb arrangiert und alles ging schön und reibungslos und, so will mir scheinen, ohne gar zu unerträgliche Belastung für Sie oder Ihren Hausstand. Alle waren zufrieden und wohlgelaunt und das ist ja doch sehr wichtig.

Wir sind sehr gut gereist. In Liegnitz trennten wir uns von Husen, der uns in einem Abteil ganz für uns allein abfahren sah. Hoffentlich hat er auch eine bequeme Reise gehabt. Wir haben unterwegs noch manchmal über die uns bewegt habenden Dinge gesprochen wobei ich feststellte, daß die beiden sichtlich befriedigt waren. Meist haben wir aber gelesen. – Voll war der Zug nur von Guben bis Frankfurt. ...

1 *4 Tage:* Während des langen Pfingstwochenendes, vom 12. bis 14. 6., war die dritte und letzte Zusammenkunft in Kreisau, an der Peter, Marion und Irene Yorck, Trott, Gerstenmaier, Delp, Reichwein, Husen und Einsiedel teilnahmen. Trott leitete die Diskussion über die Außenpolitik und die damit verbundenen Wirtschaftsbeziehungen nach dem Kriege ein, Husen war der Autor der Dokumente über die Bestrafung von Rechtsschändern – s. Einleitung, S. 44 ff. und van Roon, Neuordnung, S. 553–560. Für ein vorbereitendes Dokument s. Bleistein, Dossier, S. 240–249.

Berlin, den 17. 6. 43

... Mein Lieber, der gestrige Tag fing mit Deinem lieben Telephönchen an. Danach ging ich gleich in eine Sitzung, die bis 11 dauerte und mir viel Freude machte. Ich war nämlich in die Mördergrube von führerhörigen Generalen und Offizieren des OKW geraten und habe sie samt und sonders mit wilden Attacken in die Flucht geschlagen. Sie wiesen mich darauf hin, daß dem, was ich wollte, ein Führerbefehl entgegenstünde, worauf ich erwiderte: „Aber, meine Herren, Sie können sich doch nicht hinter einem Führerbefehl verkriechen. Wir würden doch unsere Pflicht dem Führer gegenüber auf das gröbste verletzen, wenn wir hinter unseren ruhigen Schreibtischen zu feige wären, dem Führer zu sagen, daß er bei Erlass jenes Befehls falsch beraten worden ist und wenn wegen dieser unserer Feigheit draussen unsere Leute umgelegt werden!“[1] So in dieser Tonart etwa bin ich mit diesen ekelhaften Schleimern umgesprungen, und obwohl mal der eine und mal der andere einen roten Kopf bekam, sind sie schliesslich alle davongelaufen.

Danach habe ich Husen einen kurzen Besuch abgestattet, dann hatte ich bis 1 Uhr Besprechungen mit Diwald und Wengler und um 1.30 war ich zu Hause, wo Eugen schon war und Adam & Haeften zu spät auch kamen. Ich hatte schon bei Husen bemerkt, daß die 4 Tage im Lichte seliger Verklärung schwebten und bei Adam & Eugen war das gleiche der Fall. Das freute mich natürlich sehr, denn in mancher Beziehung ist diese Verklärung wichtiger als das konkrete Ergebnis. Aber auch darüber herrschte allgemeine Befriedigung, besonders bei Haeften, der sehr angetan war. Wir besprachen das weitere Programm für diesen Sommer bis etwa 1.10 und dann war es 4 Uhr und wir mussten wieder an die Arbeit. Dann kam eben für mich der qualvolle Nachmittag, weil ich eigentlich nicht mehr konnte und der oben beschriebene kurz geschnittene Abend.

Heute mittag kommt Peter, heute abend fahre ich nach Babelsberg, morgen mittag esse ich mit einem Mann vom Amt und nachmittags will ich zu Conrad.[2] Steltzer, mit dem ich gestern telephonierte, ist seit 2 Tagen wieder aus dem Lazarett, ist aber 3 weitere Wochen noch nicht reisefähig. ...

1 *umgelegt werden:* Es ist nicht mit Sicherheit zu sagen, worum es sich handelte – vielleicht war es die Rekrutierung von Zwangsarbeitern auch unter ehemaligen Kriegsgefangenen, vielleicht die Frage der Kombattantenqualität von Soldaten besiegter und besetzter Staaten, die unter britischer Ägide weiterkämpften und deshalb, wie M. argumentierte, als Kriegsgefangene anzuerkennen und geschützt waren. Am wahrscheinlichsten ist, daß es sich um den ,,Partisanen"-krieg im Südosten mit seinen massiven deutschen ,,Repressalien" handelte. (S. KTB/OKW Bd. III, S. 658–660, 665, 690, 694 und 717; vgl. auch Wengler, Vorkämpfer, S. 299f. und Nachdruck bei van Roon, Völkerrecht, S. 322.) 2 *Conrad:* Preysing.

Berlin W 35 Viktoriastr. 33
18. 6. 43

... Gestern war der Tag viel bunter, als ich erwartet hatte. Frühmorgens kam ein Alexander Üxküll, der Mann von der Gräfin Üxküll, die ich in Schweden berate, mit netten Geschichten aus dem Gouvernement. Mittags war Peter bei mir, und wir besprachen das weitere Programm. Das ist sehr reichhaltig, weil wir in allem einen Schritt weiter sein wollen, ehe ich nach Stambul[1] fahre. – Vorher war ich noch bei Einsiedel, der auch sichtlich noch sehr angetan war. Mit ihm und C. D. geht es aber erst am 28. weiter. Nach Tisch gingen wir zu Husen, den wir für heute abend einladen wollten und trafen dort Gerstenmaier, der vergeblich versucht hatte, ihn zu wecken. Da er sich nicht ordentlich verbarrikadiert hatte, gelang es unseren vereinten Bemühungen, ihn aus dem Bett zu schütteln.

Nachmittags kam ich nicht mehr viel zum Arbeiten, denn zuerst erschien ein Mann, der mich über die Lage im Verfahren gegen Dohnanyi aufklären wollte, und dann kam Schlange. Die Sache D. scheint wesentlich besser zu stehen als vor 3 Wochen. Canaris ist vorgestern vernommen worden und Oster gestern und aus den beiden Vernehmungen gewinnt man den Eindruck, daß die ganze Sache ohne wesentliche Ergebnisse zu Ende gehen wird.[2] Grässlich, daß sich so etwas mit all seiner psychischen Belastung so unabsehbar hinziehen kann. – Schlange hatte Urlaub gehabt und war auf der Rückreise an die Ostfront. Er hat eine ähnliche Arbeit wie Jowo und ist dessen nördlicher Nachbar, telephoniert also häufig mit ihm. Es war nett. Wir tranken in der Derfflingerstr. kurz Tee und um ½ 7 zog ich nach Babelsberg.

Vater Sarre hat einen Schlag gehabt und davon ist die ganze Familie etwas mitgenommen, aber sonst geht es ihnen gut und auch Vater Sarre befindet sich auf dem Wege der Besserung. Der Garten war hervorragend in Schuss, sie haben jetzt einen Flamen, der abends ein paar Stunden täglich hilft und dafür Abendbrot bekommt. – Die Unterhaltung mit Eddy war befriedigend und hat wohl zu dem notwendigen Akkord geführt. Jedenfalls will er mit Peter & Einsiedel weiter ackern. ...

Ich hatte einen sehr freundlichen Brief von M. D. über Granny.[3]

1 *nach Stambul:* s. 6. und 7. 7. 43. 2 *zu Ende gehen wird:* Diese Hoffnung trog; in der Tat war jetzt Canaris selbst und die Existenz der Abwehr gefährdet – s. Einleitung, S. 36, Höhne, Canaris, S. 503 f. und Bethge, Bonhoeffer, S. 904.
3 *Granny:* Die Großmutter war am 4. 6. in Kapstadt gestorben.

Berlin, den 19. 6. 43

... Der Abend gestern mit Peter und Husen war sehr nett und uns verbindet mit Husen jetzt so ein angenehmes kameradschaftliches und freundschaftliches Gefühl. So ging denn das, was wir zu besprechen[1] hatten, und was durchaus nicht nur angenehm war, so glatt und reibungslos über die Bühne, daß wir es auch im Büro hätten besprechen können. Das freut mich sehr.

Morgen ist garkein friedlicher Tag. Morgens will Peter mich sprechen und abends Friedrich. Dazwischen will ich meinen Reisebericht machen, den ich am Montag diktieren will. Dann habe ich für Dienstag die Timesse. Dienstag habe ich mir von Besprechungen befreit und da passiert nichts. Nur mittags kommen Peter & Eugen. Sonst herrscht tiefer Friede.

Heute mittag esse ich mit Görschen & Carl, nachmittags treffe ich mich mit Delbrück & Guttenberg, abends bin ich zu Hause, werde wohl aber erst spät kommen, weil ich noch ins Büro muss.

1 *zu besprechen:* Husen war der Autor der Entwürfe über die Bestrafung von Rechtsschändern, deren erster, vom 14. 6. 43, in Kreisau diskutiert worden war; die zweite Fassung, vom 23. 7. 43, war jetzt in Arbeit. S. Einleitung, S. 44 ff. Texte in van Roon, Neuordnung, S. 553–560. Vgl. einen weiteren Entwurf in Bleistein, Dossier, S. 296–299. Es handelte sich u. a. um die heikle Frage rückwirkender Strafbestimmungen für präzedenzlose Verbrechen, und das Prinzip *nulla poena sine lege*, das der Bestrafung von Untaten oder „Rechtsschändungen“ entgegenstand, die im Strafgesetzbuch nicht vorkamen.

Berlin, [Sonntag] den 20. 6. 43

... Hoffentlich klappt es mit Deinem Herkommen. Es wäre ja besonders nett jetzt, weil Hans auch noch da ist. Das gäbe sozusagen einen Deichmann'schen Familientag. Heute morgen kam Dein Briefchen aus Königszelt. Das ging also auch nicht schneller als ein Brief von Kreisau.

Gestern mittag mit Görschen & Carl war es sehr nett. G. ist ganz Feuer & Flamme und macht es auch gut. Ich bin gespannt, wie sich das weiter entwickelt. G. blieb bis 4. Dann ging ich zu Guttenberg, bei dem auch Delbrück war, um den Fall DoX[1] zu erörtern. Die Sache steht leider nicht so gut wie ich annahm, vielmehr ist noch alles in der Schwebe und es ist im Gegenteil eher eine kleine Verschlechterung eingetreten. Und das alles nur wegen ganz törichter Behandlung der Sache. Es wäre sehr leicht, die ganze Angelegenheit gut zu behandeln und erfolgreich durchzuführen, aber mir scheint, daß man sie so verheddern wird, daß am Ende alles schiefgeht. – Um ½ 8 brachte ich Guttenberg an seinen Zug. ...

1 *Fall DoX:* Die Abkürzung bzw. der Tarnname DoX zeigt zunehmende Vorsicht. M. unterschätzte aber wohl die Gefährdung von Canaris und der gesamten Abwehr, obwohl er schon lange auf seine eigene Verhaftung gefaßt war. In einem Gestapobericht vom 18. 10. 44 heißt es: ,,Admiral Canaris sagt aus, daß der Generalrichter Sack mit Oster eng befreundet war und auch mit Sonderführer von Dohnanyi. Das Verfahren gegen Dohnanyi sei ihm sehr nahe gegangen. Er sei der Meinung, daß das Verfahren im Grunde gegen das Amt Ausland/Abwehr gerichtet gewesen ist. Für Sack sei der Fall Dohnanyi der erste Einbruch der SS in die Wehrmacht gewesen. Canaris, der sich in völlig gleichen Gedankengängen bewegte, sagte über Sack aus, daß es ihm zweifellos darauf angekommen sei, die Durchführung des Prozesses gegen Dohnanyi zu verhindern." (KB, S. 460). Sack konnte Dohnanyi nicht retten und wurde selbst mit Canaris, Oster und Bonhoeffer am 9. 4. 45 in Flossenbürg umgebracht. Vgl. 24. 10. 43.

Berlin, den 25. 6. 43

Nun bist Du wieder fort und die angenehmen Tage müssen ihren Beitrag für den Alltag liefern. Das tun sie auch wacker und sind nicht nur schöne Erinnerungen sondern auch Kraftquelle. Es war sehr lieb mit Dir, mein Herz. ...

Der Tag heute ist hektisch, weil ich mir alles was ich im Laufe der Woche hatte aufschieben können, auf diese Tage heute und morgen gelegt habe. So jagt eine Besprechung die andere.

Mittags war ich bei Haubach, wo es himmlischen Rehrücken gab. Die hatten sich ausserordentlich angestrengt, die guten Alten. Jetzt ist es ½ 4 und um ¾ 4 habe ich mir jemanden in die Derfflingerstr. bestellt, um 5 bin ich bei Conrad,[1] um 7.30 kommt Krüger. ...

1 *Conrad:* Preysing.

Berlin, den 26. 6. 43

... Krüger[1] gestern abend war sehr nett und sehr bereit, etwas zu tun. Es ist wirklich eine Freude mit ihm zusammen zu sein. – Conrad war von unseren Werken sehr angetan und voller Lobes. Er war auch befriedigt über das Ergebnis seiner Reise nach Bonn. Das soll die Unterlage für die Plenarbesprechung[2] im August werden. Was er mir darüber und davon berichtet hat, klingt sehr gut, hoffentlich stimmt es. Eugen ist von unten zurückgekommen und ist auch befriedigt von den Ergebnissen.

Heute ist ein Hetztag; das ist samstags immer so, das lässt sich nicht ändern. Man bekommt seine Telephonanrufe nicht, die Mädchen sind schon mit dem Wochenende beschäftigt und haben ihre Gedanken nicht beisammen und alles muss schnell gehen, weil man mit den Sachen nicht fertig wird. Das ist immer ein ärgerlicher Vormittag. – Mittags gehe ich wahrscheinlich zu Steengracht[3] und nachmittags ins Büro. Ich muss 2 grosse Sachen schreiben und brauche dazu in jedem Fall einige Stunden Ruhe. So kommt mir das sehr zu pass. ...

1 *Krüger:* s. 9. 5. 42. 2 *Plenarbesprechung:* Die westdeutschen Bischöfe und der Bischof von Berlin bereiteten die alljährliche gesamtdeutsche Bischofskonferenz in Fulda vor. 3 *Steengracht:* jetzt Staatssekretär im A. A. – s. 2. 4. 43.

Berlin, [Sonntag] den 27. 6. 43

Der Tag geht schon seinem Ende entgegen und ich habe noch nicht geschrieben. Es ist ein schöner sonniger Tag draussen und an solchen Tagen ist es mir immer besonders schmerzlich, nicht zu Hause zu sein. Mir fällt dann immer ein, daß dieser Tag nun unwiederbringlich dahingeht.

Ich bin spät aufgestanden, weil wir Voralarm hatten, und ich dann bis 4 Uhr nicht wieder einschlafen konnte. So las ich und dachte über Kreisau nach und all die vielen Dinge, die da noch zu tun sind. Der Tag verging mit Kochen, Essen, Times, einigen Büchern und Patience. Er war nicht friedlich, weil es in mir nicht friedlich war. Ich hatte mal wieder das Gefühl, daß ich nur noch ganz kurze Zeit vor mir habe und daß ich so unendlich Vieles ungetan zurücklassen muss. Das sind Tage, an denen es mir richtig schwerfällt, mich in Frieden zu erhalten.

Jetzt fahre ich noch zu Husen, mit dem ich über das Ergebnis meiner Unterhaltung mit Conrad reden will. Auf dem Weg will ich versuchen, Friedrich aufzutun. Zum Abendbrot bin ich wieder zurück und hoffe dann auf einen stillen Abend. ...

Reichskriegsministerium
Berlin W. 35 28. 6. 43

Dies ist das letzte Briefchen vor meiner Abreise. Denk Dir, heute früh war noch immer keines von Dir da. Nun heute mittag hoffe ich aber doch eines zu finden, wenn ich zum Essen mit Guttenberg nach Hause komme. Er wird ja doch später kommen und so habe ich Zeit zu lesen.

Gestern abend war ich bei Husen, wo ich noch einen herrlichen Tee und Torte bekam. Es war wieder sehr nett mit ihm. Er ist ein charmanter Mann und das ganze Haus ist so bezeichnend für ihn und so tief katholisch. Nun war Fronleichnam gefeiert worden und die Blumen auf dem Tisch hatten am Morgen auf dem Altar die Kirche geziert. Sachlich war Husen auch sehr nett und versprach, die Gesichtspunkte, die Conrad[1] angebracht hatte, bei der Neufassung zu berücksichtigen.[2]

Als ich nach Hause kam, war es 7.30 aber ich war noch nicht hungrig und wandte mich daher zunächst den Timessen und einer Patience zu. Um 9 sass ich friedlich beim Beinchen ...[3] als Friedrich aufkreuzte, der einiges zu berichten und zu besprechen hatte. Ich habe ihn eben doch lieber allein als mit Theo.[4] Er war gut in Fahrt und blieb bis 11. ...

Jetzt war ein Päuschen, da Husen kam um mir einige Nachrichten zu bringen und ausserdem ein Buch, welches Du ihm als Reiselektüre mitgegeben hattest, zurückzugeben. König ist gekommen und will mich um 1 Uhr sprechen. ...

1 *Conrad:* Preysing. 2 *berücksichtigen:* Es handelt sich entweder um die Dokumente über die Bestrafung von Rechtsschändern (s. 19. 6. 43, Anm. 1) oder um die Grundsätze für die Neuordnung, besonders den Abschnitt über Kirche, Kultur und Bildungswesen (Text in van Roon, Neuordnung, S. 561–7). Preysing war nicht nur Bischof, sondern auch gelernter Jurist. Beide Fragenkomplexe wurden mit ihm besprochen. 3 *...:* im Manuskript 4 *Theo:* Haubach.

Istambul,[1] den 6. Juli 43

Es ist ganz früh am Morgen, 5.15 bei Euch, 6.15 hier. Dein Wirt sitzt auf einem Balkon, der nach Osten offen, einen Blick über den Bosporus hinüber nach Skutari bietet. Die Sonne ist gerade aufgegangen und wird durch Vorhänge abgehalten. Vom Wasser kommt kühle frische Luft herauf. Es ist ein Morgen, wie er nicht schöner sein kann.

Aber zunächst will ich berichten, wie ich hierher kam. Das Flugzeug flog mit einer Stunde Verspätung von Wien ab, weil die Sendeanlage nicht klar war. Ich hatte mich inzwischen mit Schwester Margarete, der

Freundin von Eugen[2] bekannt gemacht, ausserdem war ein Mann Zapp, der eine Freundin von Asta geheiratet hat, unter den Fluggästen und so standen wir mit Wengler zu viert herum. Schwester Margarete war bei den grossen Angriffen in Düsseldorf gewesen und machte wirklich unglaubliche Beschreibungen. Sie hatte ihre Verwandten von dort evakuiert nach Holstein. Sie war jetzt 11 Jahre in Istambul, kannte natürlich Christiansens[3] und Wilbrandts.[4]

Schliesslich flogen wir ab. In Budapest nach 1 Stunde 15 Minuten Pause. Es gab ganz leidlich aussehendes Mittagessen, an dem wir aber nicht partizipieren konnten, da wir keine Pengö hatten, und anderes Geld nicht genommen wurde. Dann kam die erste lange Strecke – 3 Stunden – bis Sofia. Der Flug über das Balkangebirge war eigentlich nicht interessant, abgesehen von sehr schönen Wolkenbildungen, zwischen denen wir hindurchflogen. Auf der Südseite des Gebirges kamen wir in ganz klares Wetter. Ich hatte die Sache schon gründlich satt, ehe wir nach Sofia kamen. Der Kopf dröhnte von dem Krach und es hatte bereits eine völlige Verdummung eingesetzt. Man gerät dann in einen Zustand, der einem Stück Fleisch sehr angemessen ist. Zwischenlandung in Sofia auch nur 15 Minuten. Es gelang uns, etwas deutsches Geld zu wechseln und 2 Speckschnitten und Eier zu erstehen. Berge von Eiern lagen herum. Im Restaurant hingen grosse Stücke Speck und Flaschen von Eiercognac standen an den Wänden. Das überraschendste beim Flug über Bulgarien war, daß die Felder alle noch grün waren, während sie in Ungarn schon sehr reif aussahen. Auch der Mais war in Bulgarien noch ganz klein. – Dann kam der 3. Abschnitt. 3 ½ Stunden bis Istambul. Erst las ich im Bädecker, dann ging ich zum Schlaf über, und als ich wieder erwachte, war unter uns das Schwarze Meer. Wie alles Meer, so rührte mich auch dieses zu dem angenehmen Gefühl der Freiheit. Ich kann eben kein Wasser sehen, ohne daß mir sogleich gegenwärtig ist, daß dieses selbe Wasser Table-Mountain umspült, Sydney und Shanghai verbindet. Wir flogen ziemlich lange über das Meer, sodaß ich wieder eindusseln wollte, als wir halbrechts von uns Land sahen, welches die Küste Thraciens war. Bald darauf kam die Einmündung des Bosporus in das Schwarze Meer in Sicht, wir flogen noch einige Kilometer in die asiatische Türkei, überquerten dort die Landverbindung und flogen über das Marmarameer und die Prinzeninseln und landeten auf einem Flugplatz etwa 20 km von Istambul entfernt. Der Einflug bei der schon einen rötlichen Schimmer gebenden Sonne war zauberhaft schön: Unter uns lagen Marmarameer, Bosporus und Goldenes Horn und an diesem hingebettet die Stadt mit ihrer fremden und faszinierenden Silhouette.

Ehe ich mit der Beschreibung meiner harmlosen Erlebnisse beginne, muss ich Dir etwas über die Lage der Stadt berichten, was Du zwar im Bädeker auch lesen kannst, aber vielleicht nicht lesen wirst. Die Meerengen sehen so aus:

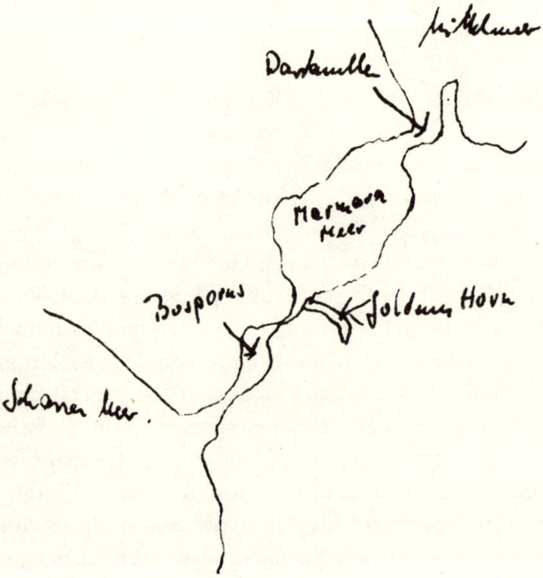

Die Küsten sind auf beiden Seiten von Bergen begleitet, die bereits afrikanisch kahl sind und Formationen darstellen, die man auf der anatolischen Hochebene wiederfindet. Im Marmarameer gibt es eine Reihe von Inseln, die sogenannten Prinzeninseln, von denen die drei grössten bewaldet sind. Die europäische Seite der Meerenge ist gleichfalls mit etwas Wald versehen, bewaldet ist zuviel gesagt, nicht baumlos ist zu wenig. Die Stadt selbst liegt auf der europäischen Seite am Ostende des Marmarameers am Anfang des Bosporus und beiderseits des Goldenen Horns. Auf der asiatischen Seite liegen einige Vororte, Skutari, Haidar Pasha, der Beginn der anatolischen Bahn, Moda, wo die Segelclubs sind. Ausserdem dehnen sich Vororte die ganze Länge des Bosporus hinaus. Kurz vor dem Ausgang des Bosporus in das Schwarze Meer liegt Therapia, die Sommerresidenz des Botschafters. Die Stadt bietet etwa folgendes Bild:

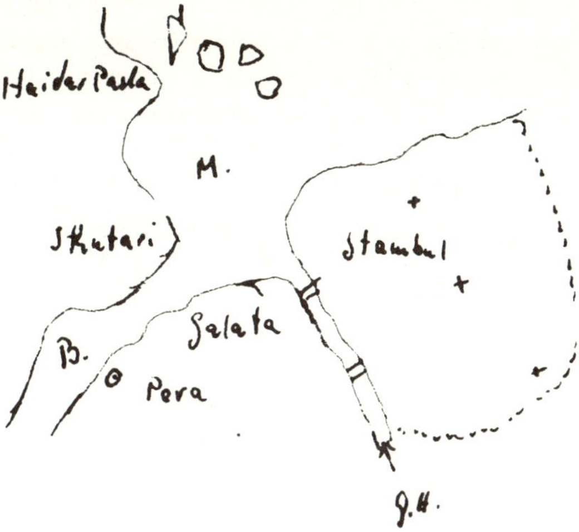

Stambul, auf 3 Hügeln erbaut, deren 3 höchste Punkte ich mit einem Kreuz bezeichnet habe, ist die Türkenstadt, die eigentliche Altstadt. Galata, durch zwei Brücken über das Goldene Horn mit Stambul verbunden, ist die Geschäftsstadt und Pera ist die Europäerstadt. Auch Pera und Galata sind an steil aufsteigenden Hügeln erbaut, und Leverkühn's Wohnung ist in einem Haus gelegen, das etwa 80 m vom Meer entfernt bereits sicherlich 30 m über dem Meeresspiegel steht. Ich habe es mit einem kleinen Kreis und einem Punkt darin bezeichnet. – Im Marmarameer liegen die Prinzeninseln, von denen 4 bewohnt sind: Kinalli, Burgas, Helsti und Principo heissen sie in der Reihenfolge, in der man sie von Stambul aus liegen sieht. – Die Ufer der Meeresteile, die ich aufgezeichnet habe, musst Du Dir ganz mit Häusern, Gärten und Parks besetzt vorstellen. Dasselbe gilt vom Bosporus in seiner ganzen Länge, dessen Ufer etwas an eine dicht besiedelte Partie des Rheines erinnern, wenn auch der Typ der Häuser ganz anders ist und die Schlösser vom Zuckerbäcker zu stammen scheinen.

Skutari und Galata sind eng bebaute Stadtteile, in Skutari mit alten niedrigen Häusern, in Galata mit Geschäftshäusern jeder Grösse, die rechts und links einer langen Treppenstrasse liegen, die von der ersten Brücke über das Goldene Horn etwa über das letzte „a" von Galata hinaufführt. Die Fahrstrasse steigt in Serpentinen an. Beide Seiten des Goldenen Horns sind eng bebaut, ein Haus scheint über dem anderen zu stehen und die Moscheen und Minaretts geben dem Stadtbild die Silhouette zu der auch noch zwei Türme – der Galataturm in Galata und der Seraskerturm, auf dem mittleren Hügel von Stambul – beitragen. Pera ist weitläufig bebaut, mit Platanenalleen, einem grösseren Platz, komfortablen, wenn auch meist hässlichen Häusern. Das Haus, in dem Leverkühn wohnt, ein 8-stöckiges Appartment-Haus ist das letzte grosse Wohnhaus. Darunter steht am Wasser eine Moschee und neben der Moschee liegt mit einer breiten Front am Wasser Dolma Bagtsche, die Sommerresidenz des Präsidenten der Republik.

Das Gesicht bekommt die Stadt aber nicht von Skutari oder Pera sondern von Stambul. Dieser Stadtteil ist von einer Mauer umgeben, die etwa der gepünktelten Linie entlang verläuft und auch die ganze Wasserfront schützt. Der Teil am Goldenen Horn scheint verschwunden zu sein, am Marmarameer steht noch ein erheblicher Teil und an der Landgrenze der grösste Teil. Die Mauer besteht aus einer Doppelmauer mit Graben in der Mitte, ein gewaltiges Bauwerk. Die Einfahrten in die Stadt führen durch kleine Tore, die für ein grosses Auto nur gerade Platz haben. In dieser alten Stadt gibt es freie Brandfelder, d. h. durch Brände zerstörte Stadtteile, die nicht wieder aufgebaut worden sind. Ausserdem sind anscheinend einige Durchbrüche für grössere Strassen gemacht worden, die mit ihren Platanenalleen wie grüne Striche durch das sonst graue und gelbe Bild ziehen. Unterhalb der Stadthügel entlang führt auf halber Höhe ein zweistöckiges Aquadukt, welches noch eindrucksvoller als das in der Campagna ist, gerade weil es mitten durch die Stadt verläuft. In der Stadt fallen die vielen Friedhöfe auf; jede freie Ecke ist zur Begräbnisstätte ausgenützt und man gewinnt den Eindruck, daß diese Friedhöfe nie umgegraben werden. Die Gräber sind durch zwei hohe Steine bezeichnet; der Kopfstein zeigt meist eine Verzierung oder Inschrift, während der Fussstein meist einfach rund ist. Diese Steine sind wohl 1.20 bis 1.50 hoch. Die Spitze der Stadt im Marmarameer wird von dem Serail und dessen Park eingenommen, der sich bis an den höchsten Punkt heran erstreckt, auf dem die Hagia Sophia steht. Ich bin noch nicht in der Moschee gewesen. Von aussen macht sie einen sehr plumpen Eindruck, weil offenbar, um diese Riesenkuppel zu stützen, aussen ganz riesige Klötze angebaut worden sind. Die daneben liegende Irenenkirche, ein kleiner Rundbau, der jetzt Janitscharen-Museum ist, also etwa unserem Zeughaus entspricht, macht einen viel geschlosseneren und schöneren Eindruck. Das Serail, welches nicht besichtigt werden kann, macht von aussen einen verzauberten Eindruck, so als müssten dort viele Geheimnisse wohnen. Im Park war ich nicht. – Etwa dort wo auf der Zeichnung oben das „m" von Stambul ist, liegt der Bazar, ein gewölbt überdachter Stadtteil mit einem unendlichen Gewirr von Strassen, die durch das Halbdunkel führen und von lauter Kramläden begleitet sind. Es gibt dort sicher alles zu kaufen, was man kaufen will, aber es macht jedenfalls beim Vorbeigehen den Eindruck als gäbe es dort nichts als Schund und Tinneff. Vielleicht ist dieser erste Eindruck falsch. In diesen düstren Gassen wälzt sich eine große Menschenmenge gemischt aus Käufern, Verkäufern und Agenten. Das Ganze macht keinen schönen, aber einen faszinierenden Eindruck. – Bei dem mittleren X steht die Universität und kurz darunter der Seraskerturm, daneben die Suleiman-Moschee, die wirklich sehr schön ist.

7. Juli 1943

Inzwischen habe ich die Hagia Sophia gesehen, die mich aber innen enttäuscht hat. Sie wird nun nicht mehr zu Gottesdiensten gebraucht und ist ganz ausgeräumt. Dadurch hat man von diesem ungegliederten Raum garkeinen Eindruck. Seine berühmten Proportionen spürt man garnicht und man fühlt sich nicht ein Mal klein, winzig klein wie in St. Peter. Kurz das Ganze lässt den Zug zum Überirdischen vermissen, es ist profan, vielleicht profan geworden. Dazu kommt das für unser Auge doch sehr störende und auch profanierende helle Licht. Es ist kein Geheimnis in dem Bau. Ich war betrübt über diese Enttäuschung, denn ich hatte mir nach all den Beschreibungen viel versprochen. Dafür sind aber in der Moschee wirklich wunderbare Mosaiken freigelegt worden, die einen grossen Eindruck machen. Die Bilder, die in Mosaik dargestellt sind, sind nicht gut, aber die Ornamente sind wunderschön. Ich habe nie etwas über Ornamentik gelernt und ich sehe hier doch, daß das eigentlich notwendig ist. Man muss, so scheint mir, in der Schule in der Zeichenstunde richtig Ornamentik pauken, denn das kann man lernen. Daß diese Völker hier etwas davon verstehen, kannst Du in jedem Laden, auf jedem Verkaufstisch, insbesondere von Obst, sehen. Kirschen, Mirabellen, Pfirsiche, Aprikosen sind alle in ornamentaler Weise ausgebreitet und wo das nicht geht wie bei Himbeeren, Johannisbeeren, Maulbeeren, da ersetzen einzelne Blüten die Ornamente. – Die Moscheen sind übrigens für mich überhaupt eine Enttäuschung. Sie sind irgendwie nicht sublimiert genug für unsere Auffassung, sehr plump, haben höchstens eine Fassade, aber keine Schönheit der Proportionen, häufig sind aussen alle möglichen Sachen angebaut. Innen sind auch die benutzten kahl und durch das helle Licht kühl. Trotzdem sind sie schön, aber nur von grosser Entfernung. So ist eben für meine Empfindung das Stadtbild von Stambul am schönsten, wenn man es als ein Ganzes vom Wasser her sieht, sei es vom Bosporus kommend, in das Goldene Horn einfahrend, sei es vom Marmarameer her, von wo insbesondere die Achmed-Moschee mit ihrer grossen Breite und mit ihren 6 Minaretts einen grossen Eindruck macht.

Die Türken gefallen mir gut, viel besser als z. B. Italiener, in der Tat garnicht zu vergleichen. Sie sind vor allem stolz und nicht aufdringlich. Dadurch ist das Gehen auf der Strasse trotz der Menschenfülle sehr angenehm. Man wird nicht angebettelt, nicht angerempelt, es laufen einem keine Leute vor den Füssen herum. Das Rassebewusstsein ist sehr ausgeprägt. Zita, die Angestellte von Leverkühn, ist Griechin. Sie redet mit keinem Türken. Die Juden sind hier völlige outcasts; sie werden mit Du angeredet und man gibt ihnen weder die Hand noch einen Stuhl, auch wenn sie von Geld strotzen und ganz europäisiert sind. Levantiner sind Kinder aus Mischehen mit Italienern oder Griechen. Auch das Kind eines Deutschen mit einer Griechin ist ein Levantiner und steht sozial unter den Türken. Alles sehr merkwürdig.

Das Leben hier ist sehr teuer. Ein türkisches Pfund ist RM 2.- wert, aber in Wirklichkeit höchstens ½ Friedensmark. Nur Lebensmittel sind im ganzen erschwinglich. Es gibt alles. Das schönste sind diese Berge von wirklich erstklassigem Obst. Merkwürdigerweise scheint hier alles zugleich zu reifen. So gibt es himmlische Kirschen, aber auch Melonen und Pfirsiche. Es gibt Himbeeren in beispielhafter Qualität. Man kauft sie in schmalen hohen Spankörben und die Beeren darin sind gross und trocken. Das ganze Obst kommt eben aus der Umgebung direkt vom Erzeuger und man kauft ein gross Teil vom Pferderücken herunter. Leider muss man mit dem Essen von Obst sehr vorsichtig sein, denn Typhus, Flecktyphus und Paratyphus gehen überall um und daher kann man nur gewaschenes Obst essen. – In den Läden gibt es Textilien mässiger Klasse, gute, sehr teure Schuhe, Schokolade und Süssigkeiten aller Art in rauhen Mengen. Ich werde aber nicht viel mitbringen, denn der Transport ist auf ein Gewicht von 15 kg beschränkt.[5]

1 *Istambul:* Offizieller Anlaß dieser Reise in die Türkei vom 5.–10. 7. und der zweiten im Dezember war eine Flotte von Donauschiffen, die von der Türkei im Marmarameer interniert war. Sie gehörte einer französischen Gesellschaft. Einer der Direktoren, der 1940 nach England geflohen war, hatte 1941 beim deutschen Angriff auf Jugoslawien und Griechenland die Flucht der Flotte durch den Bosporus angeordnet. Von Paris wurde – unter deutschem Einfluß – ein Prozeß gegen die Türkei angestrengt, um die Herausgabe der Schiffe zu erreichen. Wengler kam mit und führte die Verhandlungen. M. konzentrierte sich auf die Herstellung von Verbindungen zu den Alliierten, womöglich durch Alexander Kirk, der jetzt Botschafter in Kairo war. Daraus wurde nichts. Hingegen wurden offenbar Verbindungen zum Office of Strategic Services (OSS) hergestellt, was bei M.s begründetem Mißtrauen gegen Geheimdienste erstaunlich ist, eine davon durch Alexander Rüstow, der 1934 in die Türkei ausgewandert war und mit dem OSS Kontakt hatte. M. hatte auch alte Bekannte dort: Hans Wilbrandt, früher Wirtschaftsberater bei einer Frankfurter Bank, der auch seit 1934 in der Türkei lebte, und Paul Leverkühn, der jetzt dort für die Abwehr arbeitete. Eine Begeg-

nung mit dem deutschen Botschafter, Franz von Papen, war unergiebig. – Rüstows Rat war, nicht an der „Unconditional Surrender"-Formel zu rütteln, aber deutsche Mitwirkung bei einer schnellen Besetzung Deutschlands durch die Westalliierten anzubieten. Für Näheres s. Moltke/Balfour/Frisby, Moltke, S. 261 ff. 2 *Eugen:* Gerstenmaier. 3 *Christiansen:* Christiansen-Weniger hatte vor dem Krieg eine Zeitlang in der Türkei gelebt. 4 *Wilbrandts:* s. Anm. 1. 5 *beschränkt:* Der Brief bricht hier ab. Moltke benutzte aber die Gelegenheit seiner Anwesenheit in der neutralen Türkei, an Freunde im feindlichen Ausland zu schreiben, darunter an eine Freundin in Südafrika, Dr. Petronella van Heerden, wobei er den Tod der Großmutter – d. h. nun beider Großeltern – bedauerte und von seiner bleibenden Anhänglichkeit an Südafrika sprach; er hoffte, seine Freunde dort bald wiederzusehen; aber für den Fall, daß er nicht am Leben sein sollte, wenn eine solche Reise wieder möglich wäre, hatte er einen Wunsch: „See to it that my boys get out. Our South-African heritage is [by] far our best and I do hope they will realise the importance of their grandmother and her country to us."

Berlin, den 15. 7. 43

... In Berlin holte mich Jowo ab, was mir angesichts meines Gepäcks sehr lieb war. Wir haben dann erst bis 12 geredet und eine Art Testament für Jowöchen gemacht. Um 1 gab es Fliegeralarm mit etwas Schiessen. Ich war aber so müde, daß ich alles nur ganz von ferne und die Rückkehr der Wagen überhaupt nicht mehr erlebte. Um 7.15 zog Jowöchen nach einem reichlichen Frühstück ab, ich badete und zog mich langsam an, und so wurde es 8.15 als ich abgehen wollte und auf der Treppe Frau Ohle traf. Sie war auf der Durchreise nach Friesland, ich überliess ihr bis zum Zuge die Derfflingerstr. und auf der Rückreise am 22. wird sie bei mir essen.

Im Amt fand ich eine ganz verkorkste Sache vor und eine ganze Menge Arbeit. Es gibt wieder einiges Neues. Die Offensive im Osten scheint ganz ins Auge gegangen zu sein mit sehr hohen Verlusten.[1] Sizilien sollen die Italiener im wesentlichen kampflos und gegen die Abrede räumen. Die Angelsachsen haben schon 100 000 Mann auf der Insel, im wesentlichen Angehörige der 8. Armee.[2]

Mittags war Peter da. Es ist anscheinend alles planmässig vorwärtsgegangen. Morgen mittag esse ich mit Willem Bekker, morgen abend gehe ich erst zu Ulla, dann zu Husen, Sonnabend nachmittag kommen Karl-Ludwig[3] und Delbrück, abends Friedrich & Peter. Du siehst also ein reges Programm. Einsiedel, C. D., Reichwein, Trott, Haeften, Eugen, das alles steht für die nächste Woche an. ...

Mein Lieber, im übrigen bin ich voll angenehmer Gedanken an Kreisau und traurig, daß Du nicht da bist. Ich habe das garnicht gerne. Ich fühle mich so sehr viel geborgener, wenn ich weiss, Du sitzt zu Hause.[4] ...

1 *Verlusten:* Die deutsche Offensiv-Operation („Zitadelle") gegen den sowjetischen Frontbogen um Kursk hatte am 5. 7. begonnen, am 12. 7. begann eine sowjetische Gegenoffensive, am 13. 7. befahl Hitler die Einstellung des Unternehmens „Zitadelle". 2 *der 8. Armee:* Die Landungen der Alliierten auf Sizilien hatten am 10. 7. begonnen. 3 *Karl-Ludwig:* Guttenberg. 4 *zu Hause:* F. M. war bei ihrer Schwägerin Dickie Deichmann, die ein Kind erwartete, in Dornholzhausen.

Berlin, den 16. 7. 43

Es ist noch früh. Ich habe nur gerade meine gestrige Arbeit diktiert und will Dir schreiben, bevor ich mein heutiges Pensum beginne; denn um 10 kommt Frl. Breslauer, um 11 muss ich ins Haupthaus, um 12.30 esse ich mit Willem Bekker, um 3 habe ich hier eine Besprechung, um 4.15 muss ich zu Bürkner[1] und um 5.30 fahre ich zu Ulla. Viel Platz wird daher zum Schreiben nicht sein. ...

In Sizilien scheint es bei den Italienern eine völlige Deroute gegeben zu haben und die Deutschen, die da sind, können daran nicht viel ändern. Immerhin wird es bei dem schwierigen Gelände noch einige Verzögerungen geben. – Schlimmer sieht eigentlich die Sache im Osten aus, wo ein russischer Gegenangriff erheblich an Gelände gewonnen und uns ganz in die Defensive gedrängt zu haben scheint; es sieht so aus, als würden selbst die ganz kleinen Träubchen, die wir ins Auge gefasst hatten, sauer werden.

Irmgard Bekker hat Sorgen mit ihrer Schilddrüse und offenbar sehr viel in Pinnow zu tun. Ihm Bekker geht es sichtlich gut. – Heute ist ein schwüler, drückender Sonnentag, bei dem man sich schon auf die abendliche Kühle freut. Es ist ein guter Bienentag.

Mein Lieber, wegen des Nachhausekommens steht es so: am 1. 8. will ich nach München, sodaß im Juli nur der 25. 7. bleibt. Ich habe das Bedürfnis, die Peilefrage[2] nochmals mit Herrn Zielke zu besprechen, ehe die weiterbauen, daher möchte ich im Juli kommen. Mit Oxé habe ich schon gesprochen. Daher bleibt als Hauptfrage, ob Du am 23. schon wieder in Kreisau sein kannst.[3] Wir werden es ja Sonntag am Telephon besprechen.

Mein Lieber, ich bin heute riesig eilig.

1 *Bürkner:* Die Fälle Dohnanyi und Oster liefen weiter, und Canaris war dermaßen in Mitleidenschaft gezogen, daß Bürkner in vielen Dingen jetzt auch für ihn agieren mußte – s. Höhne, Canaris, S. 503. 2 *Peilefrage:* s. 24. 8. 39, Anm. 1. 3 *sein kannst:* s. 15. 7. 43, Anm. 4.

Berlin, den 17. 7. 43

Das Telephönchen heute war ja eine Überraschung und ich war erfreut zu hören, daß Du gut gereist und gut angekommen bist. Es ist ja auch sehr erfreulich, daß Hans da ist. Komm nur bald wieder, mein Lieber.

Wie Du schon am Telephon bemerkt hast, gibt es von hier nicht viel, eigentlich nichts zu berichten. Daran hat sich auch heute nichts geändert. Ich habe riesig viel zu tun und habe heute den ganzen Vormittag mit Telephon verplämpert: mit Holland, Norwegen, Athen, F. H. Qu. und all den anderen vornehm klingenden Stäben mit denen ich verkehren muss. So bin ich zu eigentlich ruhiger Arbeit garnicht gekommen. Ausserdem war ich eine Stunde bei Bürkner, im ganzen erfolgreich.

Das Wetter ist umgeschlagen. Bei Sommerwetter bin ich heute morgen aus dem Hause gegangen und jetzt, mittags, ist es grau, kühl und windig. Mit Kreisau sprach ich heute morgen nicht mehr sondern habe ein Gespräch für heute abend angemeldet wo Peter, Adam, Friedrich, Reichwein & Haubach bei mir sind, 3 davon zum Essen, der Rest nachher.

Der Besuch bei Ulla[1] gestern war sehr nett. Es geht ihr doch wieder sehr viel besser. – Ich habe ihr ziemlich stark zugeredet ab 15. 9. Berlin zu räumen. Was soll sie hier, wenn ernsthafte Angriffe kommen. Damit sind doch Unbequemlichkeiten verbunden, denen sie sich nicht aussetzen sollte. – Hans Carl,[2] mit dem ich telephonierte, hat seine Familie evakuiert, schickt den grössten Teil seiner Möbel weg und bleibt lediglich als Junggeselle wohnen.

Ich bin mit lauter Kreisauer Sachen im Kopf beschäftigt. Ich hätte grosse Lust, mich jetzt einige Jahre ganz nach Hause zuruckzuziehen. Vielleicht kommt es dazu. Husen, den ich gestern sah, fährt heute nach Tirol in Urlaub und kommt erst am 8. 8. wieder zurück. –

Mein Lieber, es gibt weiter nichts zu berichten. Langsam rinnt das Stundenglas aus, und die, die jahrelang nicht auf das Glas geschaut haben, sind jetzt ziemlich erschrocken darüber, wie wenig Sand noch darinnen ist. Es ist mir immer wieder schwer verständlich, wie Leute sich darüber Illusionen machen konnten.

1 *Ulla:* Ulla Oldenbourg – s. 14. 6. 40, Anm. 2 2 *Hans Carl:* Hans Carl von Hülsen, s. 22. 9. 39, Anm. 4, s. auch 24. und 26. 11. 43.

Berlin, [Sonntag] den 18. Juli 1943

Der Sonntag ist so gut wie um und war leider garnicht friedlich sondern sehr bewegt. Das ging am gestrigen Abend los, als Adam, Eugen, Peter & Marion, Friedrich & Haubach bei mir waren – und auch Reichwein – und bis um 1 Uhr blieben. Es war ein recht produktiver Abend, der aber eine Fortsetzung verlangte. Und so ging es heute um 1.30 ohne Reichwein bei Peters[1] weiter und dauerte bis 7, dann fuhren Adam, Peters und ich zu Haeftens und um 9.30 bin ich gerade nach Hause gekommen. Es gab allerlei wichtige Differenzen und es war erfreulich zu sehen, wie stark das Gemeinsame doch war, welches solche Differenzen erträglich machte. ...

Meine Sonntage sind so eingeteilt: 1. 8. München, 8. 8. Friedrich bei mir, 15. 8. Grosskampftage in Berlin, 22. 8. Wien. Vielleicht fahre ich auch nach dem 15. noch ein Mal nach Holland und erst am 29. 8. nach Wien.

Eugen's Chef hat endlich sein Meisterwerk[2] von sich gegeben. Es ist wirklich ein Meisterwerk, etwas ganz Bedeutendes und ich freue mich Eugen's Erfolg[s] sehr. – Wir werden noch viel Arbeit damit haben. ...

1 *Peters:* Yorcks. 2 *Meisterwerk:* vgl. 5. 5. 43, Anm. 4. Text dieses Appells von Wurm an Hitler und die Reichsregierung vom 16. 7. 43 in Hermelink, S. 654 ff. Er verwies auf die Erfolglosigkeit früherer kirchlicher Eingaben und Bemühungen um persönliche Aussprache, machte aber trotzdem noch einmal den Versuch, die ,,dringende Bitte" auszusprechen, ,,die verantwortliche Führung des Reiches wolle der Verfolgung und Vernichtung wehren, der viele Männer und Frauen im deutschen Machtbereich ohne gerichtliches Urteil unterworfen werden". Er fuhr fort: ,,Nachdem die dem deutschen Zugriff unterliegenden Nichtarier in größtem Umfang beseitigt" worden seien, gäbe es Anzeichen, daß nun auch ,,die bisher verschont gebliebenen sogenannten privilegierten Nichtarier" in Gefahr seien, ebenso behandelt zu werden. Er erhob ,,eindringlichen Widerspruch gegen solche Maßnahmen, die die eheliche Gemeinschaft in rechtlich unantastbaren Familien und die aus diesen Ehen hervorgegangenen Kinder bedrohen. Diese Absichten stehen, ebenso wie die gegen die anderen Nichtarier ergriffenen Maßnahmen, im schärfsten Widerspruch zu dem Gebot Gottes und verletzen das Fundament alles abendländischen Denkens und Lebens überhaupt." Darauf berief er sich auch bei seinem Protest gegen Maßnahmen in besetzten Gebieten, die in der Heimat bekannt wurden. Sie ,,belasten das Gewissen und die Kraft unzähliger Männer und Frauen im deutschen Volk auf das schwerste; sie leiden unter manchen Maßnahmen mehr als unter den Opfern, die sie jeden Tag bringen". Er beklagte ,,Willkürmaßnahmen gegen Leben, Eigentum und Glaubensfreiheit ... von Parteiinstanzen und staatlichen Stellen", erwähnte u. a. auch ,,die Festhaltung von durchaus ehrenhaften Persönlichkeiten in Konzentrationslagern ... und die ... allgemeine Rechtsunsicherheit überhaupt".

Berlin, 19. 7. 43

... Wengler kam heute aus Istanbul. Er hatte Grüsse von allen Beteiligten mit und überdies hat er auch einiges sehr Nützliche festgestellt. Jedenfalls hat die eine Woche sich auch dienstlich durchaus gelohnt. – Heute mittag war Stauffenberg[1] zum Essen, mit dem ich das Institut betreffende Fragen zu erörtern hatte. Es ging eigentlich ganz gut und wir haben gemeinschaftlich einen Schlachtplan zur Reaktivierung des Instituts ausgearbeitet. Das wird einen schönen Krach mit Bruns[2] geben. – Sein Bruder, der doch so schwer verwundet war, ist schon auf Genesungsurlaub[3] und ist erstaunlich schnell wieder so einigermassen geworden.

Heute hat der Prozess gegen Kayser[4] begonnen. Er soll wahrscheinlich die ganze Woche dauern. Der Admiral sitzt ständig dabei. Es ist eine sehr dumme Sache. – Einsiedel sah ich kurz. Der ist recht gut vorangekommen. C. D. hingegen scheint zusammengebrochen zu sein; jedenfalls soll er plötzlich, d. h. ohne sich von Einsiedel zu verabschieden, an die Ostsee abgereist sein. Komisch, C. D. ist eigentlich immer auf Urlaub. Ich kann nicht leugnen, daß ich das Bedürfnis nach Urlaub als ein Krankheitssymptom bewerte. Bei richtiger Gesundheit und Arbeitseinteilung sollte man keinen Urlaub benötigen.

Heute nachmittag hatte ich eine lange Besprechung im Auswärtigen Amt und anschliessend eine Besprechung im Büro. So war es 8.15 ehe ich nach Hause kam. Dann kam das Telephon aus Kreisau und Abendbrot zusammen und jetzt schreibe ich.

Heute nacht war der erste Luftangriff auf Rom und heute mittag der zweite. Die Alliierten scheinen darauf zu rechnen, daß die Nervenmassage jetzt Erfolge verspricht. Zugleich rücken sie rapide in Sizilien vor und wenn das so weitergeht, ist Sizilien noch vor Ende des Monats ganz in ihrer Hand. Der Schlüssel liegt auch da in der Luftlage. Sie haben die absolute Luftherrschaft bei Tag und bei Nacht über Sizilien, die Strasse von Messina und Calabrien. Dagegen scheint kein Kraut gewachsen zu sein, es sei denn daß wir die Luft im Osten schwächen, was wir bei der enormen Luftaktivität dort unmöglich tun können. Gestern war der Tag des stärksten Lufteinsatzes von unserer Seite im Osten seit Beginn des Russlandfeldzuges. – Weitere Landungen der Alliierten werden täglich erwartet. Der Landungsschiffraum ist schon von Sizilien wieder weg.

1 *Stauffenberg:* Berthold Stauffenberg, s. 15. 9. 39, Anm. 2. 2 *Bruns:* s. 24. 8. 39, Anm. 4. 3 *Genesungsurlaub:* Claus Stauffenberg hatte in Nordafrika bei einem Tieffliegerangriff am 7. 4. ein Auge, die rechte Hand und zwei Finger

der linken verloren. 4 *Kayser:* möglicherweise der in Anm. 2 am 13. 2. 40 erwähnte Major Kayser, oder der Studienrat und Hauptmann d. R. Hermann Kaiser (1885–1945).

Berlin, den 20. 7. 43

... Heute abend kommt Peter. Ich habe mit ihm allein zu arbeiten und so haben wir uns einen Abend reserviert. Ich glaube, abends war er noch nie allein da. – Mit Frau Pick habe ich wegen ihrer Abreise im Falle von Bomben gesprochen. Ihr gefiel das sichtlich. ...

Berlin, den 21. 7. 43

Es ist noch früh und ich will Dir heute endlich mal im frühen Zustand schreiben, nicht immer erst, wenn ich schon abgekämpft bin. Gestern abend kam also Peter und nachdem wir gerade mit Essen fertig waren, erschien König, der einige herrliche Geschichten aus dem Süden mitbrachte. Wir mussten ihn nur mal ein halbes Stündchen raussetzen, weil wir ein grosses eigenes Programm abzuwickeln hatten. – Der Abend war riesig fruchtbar und zwischen Diktieren, Schreiben und Reden haben wir bis 11.30 ein ganz nettes Stück Arbeit geleistet. Wir waren beide recht befriedigt: ich bin gespannt, ob die Befriedigung bei einer Nachprüfung im hellen Tageslicht anhält. Im ganzen hat jedenfalls der gestrige Nachmittag tüchtig geschafft.[1]

Auch im Amt sehe ich jetzt den Boden. Auf meinem Schreibtisch liegen heute früh nur noch drei dickere Schinken und die werden wohl heute und morgen verschwinden. Dann ist wieder alles auf dem Laufenden. Heute mittag kommt Reichwein, nachmittags König, der um 8 wieder nach Hause fährt. Abends will ich mich der Verkleinerung des Haufens von Timessen widmen.

Peter erzählte mir, daß die Züge nach Schlesien unglaublich voll wären. Wahrscheinlich eine Folge der Bombenflucht. Marion sei in den ersten Frühzug mit dem sie gestern, Dienstag, hätte fahren wollen, nicht hereingekommen und in den zweiten sei sie nur, die Koffer als Treppe benutzend durch das Fenster gelangt. Die Nachmittagszüge dürfen jetzt nur mit Zulassungskarte benutzt werden. Unter Berücksichtigung dieser Verhältnisse hoffe ich, daß Du nicht über Berlin kommst, sondern direkt fährst. ...

1 *geschafft:* Es war wohl Arbeit an den Grundsätzen für die Neuordnung, s. Text des Entwurfs vom 9. 8. 43 in van Roon, Neuordnung, S. 561–7, vgl. 28. 7. 43.

Berlin, den 26. 7. 43

... Mein Lieber, der heutige Abschied war ein wenig traurig. Aber ich kann es absolut nicht leiden, wenn ich sehe, daß Du Dich übernimmst. Ich finde es ganz gleichgültig, ob Du Hühner und Enten, Gänse und Puten hast im Verhältnis zu der Frage, ob Du wohl, ausgeruht bist und ein geöltes Seelchen hast. Dabei finde ich ja Enten und Hühner und etceteras auch sehr schön, aber ich will absolut nicht, daß Niederlagen auf diesem Sektor Dich beunruhigen. – Mein Lieber, es war aber wie immer sehr lieb mit Dir und Du weisst doch, daß ich nur bei Dir zu Hause und zufrieden bin, mein Herz. Könnte ich nur endlich ein Mal ruhig zu Hause sitzen. Es wäre nicht nur schön, sondern eigentlich auch bitter nötig. ...

In Berlin kamen wir bei grosser Hitze und Schwüle und bei „Luftgefahr" an. Über Mussolini[1] weiss ich noch nichts, will mich aber gegen Abend erkundigen. Jedenfalls sind zwei Leute von uns, die zu Verhandlungen nach Rom reisen sollten am Brenner zurückbeordert worden.

Hier ist, wie üblich, viel Arbeit. Wengler ist wieder aufgekreuzt. ...

Auf Wiedersehen, mein Lieber, ich muss rüber ins Haupthaus. Lassen Sie es sich gut ergehen, pflegen Sie sich, pflegen Sie sich, vergessen Sie nie, daß von Ihrer guten Laune und Ihrer Geduld Ihre ganze Familie zehrt.

1 *Mussolini:* Er war am 25. 7. vom Faschistischen Großrat abgesetzt und auf Befehl des Königs verhaftet worden. Die neue Regierung des Marschalls Badoglio knüpfte sofort geheime Verhandlungen mit den Alliierten an.

Berlin den bis hierher war ich heute morgen gediehen
und jetzt ist es 8 Uhr abends.
Es ist aber noch der 27. 7.

Der Tag ist mir zwischen den Fingern zerlaufen. Er fing damit an, daß ich in den Gasprüfraum musste, um mir meine Gasmaske untersuchen zu lassen. Da ich none the worse war, als ich nach 10 Minuten aus dem Tränengas heraus war, hoffe ich, daß alles in Ordnung ist. Danach war es 9 und ich musste ins Haupthaus um einiges Nachrichtenmässige zu besprechen. So fing mein Tag erst um 10 Uhr an. Dazu kam, daß es drückend schwül war, sodaß es selbst mir zu viel war. Es gab im Amt nur mässig zu tun. Dafür kamen Adam und Einsiedel zu längeren Unterhaltungen, eine grössere Sache musste bearbeitet werden und um 12.15 ging ich nach Hause, weil Peters schon um ½ 1 zum Essen kommen wollte. Um 3 war ich zu einer längeren Besprechung im Institut und um

½ 6 waren Eugen & Adam bei mir bis eben jetzt. Jetzt kommen Reichwein und Haubach und ehe die kommen will ich rasch noch ins Amt um mit Oslo zu telephonieren.

Mein Lieber, ich höre hier auf, weil mir inzwischen eingefallen ist, daß es das Beste ist, wenn Frl. Breslauer morgen nach Kreisau fährt; dann kann sie diesen Brief mitnehmen und ich schreibe morgen früh an.

[Fortsetzung] 28. 7. 43

Ich bitte Dich, die Kreisauer Haupttexte:[1] K. + St.[2] + Erziehung, Pfingsten 42, Staatsaufbau + Wirtschaftsaufbau, Okt. 42, und Grundsätze einer Aussenpolitik Pfingsten 43 3 × selbst abzuschreiben. Natürlich nur die vereinbarten Haupttexte und nicht die Vorarbeiten wie etwa das Trott'sche Elaborat. Ferner bitte ich Dich, Marion anzurufen und sie zu bitten, diese 3 Sätze Abschriften mit nach Berlin zu bringen, und zwar so, daß sie bis Freitag mittag hier sind. Ich nehme an, daß sie über das Wochenende herkommen wird, da sie ja beabsichtigte, sich mit Peter in Ostpreussen zu treffen. Kommt sie nicht, so musst Du mir Frl. Breslauer zurückschicken. Sonst soll Frl. Breslauer ruhig über das Wochenende bleiben und an den Büchern schreiben. Sie soll frühestens Dienstag früh zurückkommen, damit wir am Montagabend noch ein Mal darüber sprechen können, ob sie kommen soll oder nicht.

Die Lage hier hat sich durch Erklärungen von Stalin[3] grundlegend gewandelt und die Ereignisse in Italien üben einen reifenden Einfluss aus und zwar umso mehr, je länger es dauert bis Italien zu einem Sonderfrieden oder einem Sonderwaffenstillstand durchdringt. Immerhin ist kein Grund erkennbar, warum es jetzt schnell gehen sollte.

Die Abdankung Mussolini's haben anscheinend wir erzwungen, wollten an seiner Stelle Scorza[4] haben um ein uneingeschränktes Terrorregime[5] zu führen. Das hat der König vermasselt, der zwar die Abdankung Mussolini's annahm aber einen anderen Nachfolger bestellte. Scorza, Musso und die Parteispitzen sind in Militärgewahrsam, die Partei ist praktisch liquidiert, die Parteifahne unterdrückt, die Fasci abgemalt, die Miliz („ehemals fascistische Miliz") ist der Wehrmacht unterstellt und an allen Grenzen durch Carabinieri abgelöst.

Inzwischen war Reichwein da, mit dem ich eine einstündige Besprechung hatte, heute nachmittag kommen Eugen & Adam wieder, abends Haubach & Reichwein. Steltzer kommt nächsten Mittwoch. Es stehen uns jedenfalls stürmische 14 Tage bevor. …

1 *Haupttexte:* s. van Roon, Neuordnung, S. 545–552. 2 *K. + St.:* Kirche und Staat. 3 *Stalin:* Stalin ging kaum von seiner Differenzierung vom 23. 2. 42 ab: „Hitlers kommen und Hitlers gehen, aber das deutsche Volk, der deutsche

Staat, bleiben bestehen" – selbst als er in seinem Tagesbefehl vom 1. Mai 1943 feststellte, daß es doch wohl klar sei, daß nur die völlige Vertreibung der Hitler-Armeen und die bedingungslose Kapitulation Hitler-Deutschlands Europa den Frieden bringen könne. Die Auflösung der Komintern Ende Mai sollte zeigen, daß Furcht vor russischer Einmischung in anderen Ländern oder vor deren Bolschewisierung grundlos sei. Am 12./13. Juli wurde in Krasnogorsk bei Moskau das Nationalkomitee „Freies Deutschland" gegründet, dessen Veröffentlichungen die Farben Schwarz-Weiß-Rot trugen. Am 11./12. September folgte der „Bund Deutscher Offiziere", mit dem neuerlichen Hinweis auf Stalins Erklärung vom 6. 11. 42 über die Gleichberechtigung der Nationen, die Unverletzlichkeit ihrer Territorien und die Garantie demokratischer Freiheiten (s. Bodo Scheurig, Hg., Verrat hinter Stacheldraht?, München 1965, S. 15). 4 *Scorza:* Carlo Scorza, Generalsekretär der Faschistischen Partei. 5 *Terrorregime:* davor „Militärre" ausgestrichen.

Berlin, den 29. 7. 43

Nur rasch ein Wörtchen. Ich komme gerade von einer Besprechung im A. A. und muss in 15 Minuten nach Hause, wo Leverkuehn bei mir isst. Der Nachmittag wird aber gewiss wieder stürmisch, und so schreibe ich lieber jetzt. – Es ist heute wieder ein heisser, schwüler Tag mit bedecktem oder vielmehr verschleiertem Himmel. Berlin zittert vor Angst vor den Luftangriffen,[1] die erwartet werden und gegen die man sich schutzlos und wehrlos fühlt. Merkwürdig, wie schnell die Moral schwindet.

Gestern nachmittag waren Adam, Eugen & Haeften bei mir. Nach 2 Stunden war ein kleines Päuschen zum Abendbrot und um 8 kamen Reichwein und Haubach, mit denen es bis 11.30 ging, dann etwas Schlaf, um 1 Voralarm, um 2 Rückkehr der Wagen. Heute habe ich früh Eddy & Einsiedel gehabt, dann die Sitzung im A. A., jetzt Leverkuehn, um 3 kommt Adam, anschliessend wieder Einsiedel. Es sind merkwürdige Tage, denn in mancher Hinsicht tue ich wenig oder garnichts und daneben wieder brauche ich rasend viel Zeit, um mir Sachen anzuhören und dafür zu sorgen, daß sie weitergehen. ...

Frl. Breslauer soll Dir helfen die Sachen in den Kisten und die Sachen, die sie jetzt mitgebracht hat, unterzubringen, denn sie weiss, welches die Sachen sind, an die ich wieder ran muss und welche tief verstaut werden können. Ausserdem soll sie eine Liste der Akten[2] anlegen und die Kisten bezeichnen, damit man sie wiederfindet wenn man sie braucht. – Den Koffer schicke, bitte, mit Frl. Breslauer wieder zurück. Du könntest ja ein paar Kartoffeln und ein paar Möhren darin mitschikken. Am liebsten ist mir aber im Augenblick die Milch, die leider morgen zu Ende geht.

Reichwein sagte, er wisse nicht, wo er seine Familie unterbringen könne. Ich habe ihm daraufhin gesagt, bei uns sei es unbequem, aber wenn er seine Familie[3] als NSV-Flüchtlinge[4] schicken wolle, sei das für uns nur angenehm und Du würdest Dich sicher bemühen, es trotz aller Unbequemlichkeiten für seine Frau so erträglich wie möglich zu machen. Er wird Dir selbst schreiben.

1 *Luftangriffen:* Der Großangriff auf Hamburg, der am 24. 7. begonnen hatte, war noch im Gange. 2 *Akten:* Fräulein Breslauer hatte für die Zukunft Akten abgeschrieben und zusammengestellt. Sie sind aber ebenso wenig erhalten geblieben wie die bei der Abwehr. Vgl. 3. 8. 43. 3 *Familie:* Frau Reichwein war dann mit ihren vier Kindern bis nach Kriegsende in Kreisau. 4 *NSV-Flüchtlinge:* Bomben-Flüchtlinge, deren Unterbringung über die Nationalsozialistische Volkswohlfahrt ging.

Berlin, den 30. Juli 1943

... Ich schreibe Dir früh, weil heute ein Riesenprogramm vor mir steht: mittags Peter, Haeften und ein Mann aus Stockholm, nach Tisch dazu noch Adam und Eugen. Zum Tee: Eddy, Peter, Adam. Um 7 Reichwein und Peter und um 10 fahre ich ab. Gestern war mittags Leverkuehn da, dann kam Adam, dann Einsiedel, dazwischen Illemie und um 10 rief Peter an er sei da, worauf ich rausradelte und um ¾ 1, unmittelbar vor Beginn des Alarms, zurück war. Ich bin ja sehr gespannt, ob wir vorankommen. Das muss sich zu einem erheblichen Teil über das Wochenende entscheiden.

Bitte rufe nicht Montag abend, sondern Dienstag früh an. Montag abend bin ich bei Steengracht zu einer allgemeinen Erörterung, wie sich in dieser späten Stunde noch blödsinnige Untaten verhindern lassen. Die Initiative zu dieser Besprechung geht von ihm aus und ich bin sehr gespannt, wie das gehen wird. Ich habe also, wie Du siehst, drei gut gefüllte Tage vor mir. Gehen die Wochenenden hier und in München erfolgreich aus, dann wird die Füllung in der nächsten Zeit noch viel massiver werden.

Illemie[1] war mit Adrian in Hohenlychen und angenehmerweise hat sich sein Rückgrat so verbessert, daß er nicht wieder hin muss. Mit Rücksicht auf die Möglichkeit, daß die Fliegerangriffe bald anfangen, will Illemie ihn daher so schnell wie möglich nach Kreisau geben. Bei der Luftlage, die wir in 3 oder 4 Wochen haben werden, wird Schlesien wohl praktisch ausser dem Warthegau das einzige einigermassen luftsichere Gebiet sein.

Dein Wirt ist heute etwas müde von der mangelhaften Nacht. Aber er trinkt den ganzen Tag Tee und Kaffee und damit wird es mühelos gehen. Im übrigen geht es ihm ganz ausgezeichnet. Und Dir, mein Lieber? Lass

Dich nicht von der Trockenheit deprimieren. Das kommt nun mal vor. Nur achte darauf, daß alle stramm giessen. Ich würde auch den Blumengarten tüchtig giessen lassen, denn es erhebt den Geist doch viel mehr, wenn es um einen herum blüht und grün ist. Die Theorie, daß es nur auf den Gemüsegarten ankommt, ist ein Anflug von Dickischkeit. Wenn Du im Gemüsegarten mitgiesst, dann können ja Stäsches im Blumengarten helfen und ausserdem würde ich auch ruhig mal ein Mädchen mitgiessen lassen. Ich finde Gemüse und Blumen eigentlich gleich wichtig. ...

1 *Illemie war mit Adrian:* die Baronin Steengracht mit ihrem Söhnchen.

München, [Sonntag] den 1. August 1943

Mein Münchener Besuch ist zu Ende. Es ist 10 Uhr abends, um 12 geht mein Zug, aber ich hoffe, um 11 spätestens in meinem Schlafwagen zu liegen. Ich will nur rasch die mir noch verbliebene Zeit benutzen, um Dir zu schreiben. – Freitag mittag und nachmittag war bis zur Abfahrt des Zuges um 10 Uhr pausenlos mit Besprechungen gefüllt. Es ging bei mir zu wie auf einem Markte und in dem Kommen und Gehen formte sich langsam der Vorschlag, der über das Wochenende mit dem Onkel[1] in Berlin besprochen werden soll und den ich in München durchziehen sollte. So fuhr ich ganz befriedigt ab. Die Fahrt war nicht sehr angenehm, da ich mehrfach aufwachte. Der Mann über mir war sichtlich über ein Mädchen in einem anderen Wagen sehr erregt, die er anscheinend entführt hatte. Er war so etwa 48 Jahre, sie 22. Es war riesig komisch.

In München gingen die Besprechungen gleich nach meiner Ankunft, etwa um 10 Uhr los und eigentlich haben sie mit Ausnahme der Essenspausen bis jetzt angehalten. Ausserdem habe ich Sonntag, also heute, an der Messe teilgenommen. Sonst haben wir eigentlich pausenlos gearbeitet. Samstag von 10 bis 1 Rösch allein, 1–4.30 König allein; 4.30–9 Uhr abends Rösch & König. Heute früh 7.30–8.30 Rösch allein, dann Messe 8.30–10.30, 10.30–22.00 Rösch, König und ab 18 Uhr Delp. Du siehst ein reicheres Programm als üblich. Das war erstens wegen des grossen Programms erforderlich. Dazu kam, daß C. B.s Freundin[2] und ihr Salzburger Kollege nicht da waren, sodaß ich ganz unabgelenkt mich unseren Freunden widmen konnte. Das Ergebnis war recht befriedigend und ich habe den Eindruck, daß wir mit ihnen voll rechnen können. So haben wir hier glaube ich, alles erreicht, was nötig war. Ausserdem haben sie uns für die nächsten 14 Tage einen ständigen Boten nach Berlin gelegt. ...

Hier herrscht grosse Sorge darum, daß möglicherweise Luftangriffe von Süden auf München bevorstehen. Da München jetzt überdies ein wichtiger Verkehrsknotenpunkt für den Nachschub nach Süden ist, so besteht die Sorge, daß es auch von Norden angegriffen wird. Jedenfalls war Samstag gegen Mittag Fliegeralarm, der hier sehr beunruhigt haben soll.

Die Messe in St. Michael war eine sog. Primizmesse, d. h. die erste Messe eines neugeweihten Priesters. Es war eine Messe von Haydn, die sehr schön war, wenn sie auch nicht diejenige Fülle hatte, die sonst den grossen Katholischen Messen anhaftet. Die Kirche war riesig voll und die ganze Messe dauerte mit einer recht guten, wenn auch nicht ganz erstklassigen Predigt über die Aufgaben des Priesterstandes – Wahrheit zu künden und Heilsgnaden zu spenden – geschlagene 2 Stunden. Ich sass wieder oben über dem Altar in der Loge, sodaß ich das ganze Bild vor mir hatte. Es war für mich recht interessant so einen Sonntagsbetrieb hinter der Kanzel zu erleben. Die Patres mussten alle von 6 an Beichte hören. Damit waren sie gerade vor der Hauptmesse des Tages fertig und die, die an der Hauptmesse nicht beteiligt waren, bekamen dann ihr Frühstück. Dann wurden erst die letzten Vorbereitungen getroffen: Nönnchen und Ministranten und Priester eilten umher als ich über eine Wendeltreppe nach oben stieg und kaum sass ich oben kam das ganze Gewirr nun als wohlgeordneter Zug herein. Danach ging alles wie am Schnürchen, wenn auch etwas steif & langsam.

Hier ist es auch riesig heiss und zwischen den Häusern steht so ein flimmernder Glast. Aber in den Räumen,[3] die Du ja kennst, war es kühl. Bei Delp[4] waren wir nicht draussen. Gegessen habe ich, wie immer, fürstlich und mit einer Schachtel Zigarren und Broten versehen, fahre ich jetzt zurück. Die 2 Tage waren anstrengend aber befriedigend. – Ich bin jetzt gespannt, ob die in Berlin Fortschritte erzielt haben und werde es ja morgen hören.

So, mein Lieber, nun gute Nacht. Ich will jetzt gehen und sehen, ob mein Schlafwagen schon vorgefahren ist, denn jedes Stündchen Schlaf ist mir kostbar. Auf Wiedersehen, mein Herz, komme jetzt aber nicht nach Berlin. Es ist besser nicht.

1 *Onkel:* Leuschner. 2 *Freundin:* Irene Faulhaber. 3 *Räumen:* bei der Michaelskirche, die von den Jesuiten betreut wurde. 4 *bei Delp:* Delps Pfarrhaus bei der St. Georgskirche in Bogenhausen. Bei anderer Gelegenheit hatte man sich dort getroffen.

Berlin, den 2. 8. 43

Ich bin in ein Irrenhaus zurückgekehrt. Der Unterschied in der Atmosphäre zwischen vergangenem Freitag und heute ist riesig komisch. Es befindet sich alles in totaler Auflösung und in weiteren 14 Tagen werden wir keinen Staatsapparat mehr haben. Gestern früh hat Dr. Goebbels[1] seine Untertanen mit anliegendem Flugblatt[2] beglückt, aus dem die blanke Panik spricht. Nicht ein Wort der Zuversicht, des Trostes, nicht eine Mahnung zu Ruhe und Besonnenheit, nicht ein Hinweis darauf, wozu diese Opfer gebracht werden müssen, nicht eine Andeutung dahin, daß die Behörden Vorbereitungen getroffen haben, um die Bevölkerung zu schützen und für die betroffene Bevölkerung zu sorgen. Nichts als Angst und Panik. Aber dieses Flugblatt ist noch nichts gegen die Zustände in den Ministerien. Die gesamte Arbeit ruht. Es wird nur gepackt. Unsere Mädchen werden heute nach Hause geschickt, um ihre Sachen zu packen. Ich habe nur mit grosser Mühe für uns einen Aufschub von 14 Tagen erreicht. Alles muss sofort geschehen und alles soll sofort verschwinden.

Die Folgen sind klar. Ich habe heute mittag versucht, Dich mit Blitz-Gespräch anzurufen, musste es aber wieder streichen lassen, da es nach 1 ½ Stunden nicht kam. Jetzt läuft es schon wieder seit 45 Minuten und hat noch weitere 45 Minuten Zeit. Die Bahnen werden überfüllt sein, Gepäck wird sich überall in Massen stauen und in 2, 3 Monaten wird jeder geregelte Verkehr vorüber sein. Du kommst, bitte, nicht nach Berlin. So wie die Verhältnisse sind, kannst Du hier sehr im Wege sein – zumal ich möglicherweise jeden Tag abtransportiert werden kann.

Praktisch ist folgendes zu tun: bitte schicke mir einen Sack Kartoffeln und, wenn es das gibt, Gemüse, das sich einige Zeit hält. Vielleicht etwas getrocknete Bohnen. Frau Pick schicke ich Dir nach dem ersten Luftangriff. – Ich schicke Dir noch einen Koffer mit Sachen. – Ob ich in nächster Zeit noch ein Mal nach Hause kommen kann erscheint mir mehr als zweifelhaft. Eher wird das nicht gehen. ...

Das hiesige Wochenende ist nicht so erfolgreich gewesen, wie das meine. Aber immerhin doch so, daß man weiter arbeiten kann. Nun, wir müssen sehen, was daraus wird.

Mein Lieber, jetzt geht das Chaos los und jetzt muss die Lösung heissen: patiencia victrix.[3] Ihr müsst eben sehen, wie Ihr mit allem zu Rande kommt und Du musst damit rechnen, daß ich mich jetzt möglicherweise monatelang überhaupt nicht mehr zeigen kann. Nur hoffe ich auf ein friedliches Weihnachten. ...

1 *Dr. Goebbels:* Joseph Goebbels (1897–1945), Gauleiter von Berlin und Reichspropagandaminister. 2 *Flugblatt:* nicht erhalten. 3 *patiencia victrix:* vgl. 5. 4. 43.

Berlin, den 3. August 1943

... Wir sind plötzlich im Mittelpunkt des Interesses, denn alles bemüht sich unsere Akten zu retten,[1] weil man mit diesen allein sich rechtfertigen kann. Es ist wahnsinnig komisch. Alles hackt auf mir rum, ich sollte meine Akten und mich selbst schleunigst evakuieren. Ich habe die grösste Mühe, diesem Liebeswerben zu widerstehen und tatsächlich wird es so werden, daß ich noch diese Woche nach Zossen[2] verschwinde. Grässlich! Dazu habe ich folgende Bitten: *a.* kannst Du den von Dir ausgeliehenen Kocher zurückerobern und mir abgeben? Dann kann ich mir wenigstens einen Tee kochen. *2.* Kannst Du mal Z. fragen, wer entwinkelte Motorräder[3] bei uns stehen hat und versuchen, diese zu kaufen. Ich kaufe hier schon, was ich bekommen kann, aber leider habe ich erst ein kaputtes und muss um jeden Preis mobil bleiben. Es ist klar, daß man diesen Leuten viel mehr wird zahlen müssen, als die Dinger wert sind.

Auf den Bahnhöfen sollen tolle Zustände herrschen. Die Polizei soll mit Gummiknüppeln diejenigen, die zu Hause bleiben müssen, von denjenigen trennen, die fahren dürfen. Die Panik ist einfach unbeschreiblich und wird noch dadurch geschürt, daß den Leuten gesagt wird, der Angriff käme bestimmt nächste Nacht um sie zur Eile anzutreiben. Die Abendunterhaltung mit dem Herrn Staatssekretär[4] war mittlerer Art und Güte. Es ist eigentlich nicht viel rausgekommen. Man hat in etwa den Eindruck, daß er nicht mehr recht will, sondern sich in das Unvermeidliche fügt.

Sonst gibt es nichts Neues.

1 *Akten zu retten:* vgl. 29. 7. 43, Anm. 2. 2 *Zossen:* das Ausweichquartier der Abwehr. 3 *entwinkelte Motorräder:* nicht laufend registrierte Motorräder. 4 *Staatssekretär:* Steengracht – vgl. 30. 7. 43.

Berlin, den 4. August 1943

Gestern habe ich den grösseren Teil der Nacht mit einem Mädchen zusammen an unseren Akten gearbeitet und jetzt haben wir das System, nach dem wir die Akten aufgliedern. Ende dieser Woche wird alles fertig sein, die alten Akten werden dann schon in Sicherheit sein und einer Durchsicht durch mich harren und die laufenden Akten werden auf ein erträgliches Mass zusammengeschrumpft sein, so daß man sie leicht handhaben und leicht mit ihnen umherziehen kann. Jetzt sitzt die ganze Mannschaft daran, die Akten nach diesem System zu teilen und durchzusehen und Oxé leitet die Vernichtungsaktion, durch die wir uns von allen Sachen befreien wollen, die nur noch Ballast sind. Dein Wirt macht derweil die ganze laufende Arbeit und hat ja auch sonst noch allerhand zu tun.

Auf dem mich hauptsächlich interessierenden Gebiet ist eine grosse Panne eingetreten, indem der Onkel unter ziemlich üblen Begleiterscheinungen zu dem Exzellenzen-Club[1] getreten ist, womit die Reaktion soviel Auftrieb erhalten hat, daß wir wohl in die Kerenski-Lösung[2] hineinschlittern werden. Damit können wir für unsere Lebenszeit die Hoffnung auf eine gesunde, organische Lösung begraben und das bedeutet leider sehr viel. Aber noch ist es ja nicht geschehen und vielleicht lässt es sich verhindern. Am Sonnabend kommt Friedrich und da wird sich entscheiden, ob noch etwas Entscheidendes dagegen geschehen kann. Es ist jedoch ein ernstes Symptom der Unreife unseres Volkes und unserer Situation. Tatsächlich muss eben noch viel mehr in Schutt und Asche liegen, ehe die Zeit reif ist. Wie ungern ringt man sich zu dieser Konsequenz durch. ...

Heute hat ein Offizier von uns bei mir gegessen, der in Köln zu Hause ist und während der Angriffe gerade Arbeitsurlaub hatte. Seine Beschreibung entsprechen dem was man auch sonst hört. Er erzählte, daß eben die 14 Tage, die er da war, er nur aus der Gulaschkanone gelebt hätte, weil es eben kein Gas gegeben hatte. In Hamburg scheint nun diese ganze Hilfsaktion nicht mehr funktioniert zu haben und in Berlin wird sie selbstverständlich noch weniger funktionieren.

Eben winkt Peter von der Potsdamer Brücke. Ich muss aufhören.

1 *Exzellenzen-Club:* Leuschner hatte sich endgültig der Goerdeler-Gruppe angeschlossen. 2 *Kerenski-Lösung:* s. 9. 1. 43.

Berlin, den 5. 8. 43

... Unsere Umzugsfrage beherrscht immer noch das Feld und mir scheint, daß es so gehen wird, daß die anderen nächste Woche rauskommen, ich mich aber als Berliner Vertreter hier werde halten können.

Neue Nachrichten gibt es eigentlich nicht. Die Russen melden heute die Einnahme von Orel. Das ist übel, die Engländer machen auf Sizilien ganz nette Fortschritte, von den Kabinettssitzungen in Rom sind keine Nachrichten eingelaufen. Mir scheint, daß Italien jetzt ernsthaft verhandelt.

Gestern abend waren Adam, Haeften, Reichwein und ich bei Peter, heute mittag isst Poelchau bei mir, abends geht es bei Peter weiter. Ins Bett komme ich jetzt vor 12 überhaupt nie mehr.

Berlin, den 6. August 1943

... Gestern abend waren wieder Adam und ich bei Peter, um einige Papierchen zu verabschieden. Das ist im wesentlichen geschehen, d. h. einen Teil muss ich noch umarbeiten, hoffe aber noch heute morgen dazu zu kommen, sodaß Frl. Breslauer die endgültigen Texte bis heute abend fertigstellen[1] kann. – Heute kommen Steltzer und Husen und diese beiden und Friedrich werden mein Wochenende wohl in Anspruch nehmen. Dieses Wochenende wird im wesentlichen darüber entscheiden, ob wir uns definitiv vom Onkel trennen[2] und den an sich gefundenen Ersatzmann[3] nehmen oder wie wir sonst prozedieren. Kommen wir zu der ersten Lösung, dann wird die nächste Woche im wesentlichen der eindringlichen Bearbeitung des neuen Mannes gewidmet sein, der als Charakter und hinsichtlich seiner Entscheidungsfähigkeit dem Onkel weit überlegen ist.

Gestern mittag war Poelchau da. Nett wie immer. Seine Erzählungen über sein Amt so wie immer nur quantitativ erheblich gesteigert. Gestern waren 13 Frauen dran.[4] Seine Berichte über Nord-Berlin recht interessant: vollständige Lethargie, die Leute bemühten sich nicht ein Mal irgendwelche Sachen zu sichern, geschweige denn Frau und Kinder wegzuschicken. Er meinte, es sei so weit, daß sie wahrscheinlich kaum noch löschen würden, wenn es brennte. Es gäbe nur einen Gedanken: Frieden und dann „alle Viere von sich strecken". P. meinte, die Verbrauchtheit sei so weit, daß es nicht ein Mal zum Kommunismus reichte. Poelchau will Frau und Kind Ende August wegschicken, es sei denn, daß vorher ein Angriff kommt.

Hans Carl, der mich gestern anrief, hatte am Sonntag Renate aus Warnekow mitgebracht, um sie nach Bayern weiter zu schicken und war am Anhalter Bahnhof gescheitert. Seine Beschreibungen sind herrlich. Jedenfalls hat er Renate stattdessen im Bummelzug in die Nähe von Eberswalde geschickt. Frühmorgens stehen vor allen Postämtern und Gepäckaufgaben Schlangen von Leuten, die Sachen fortschicken wollen und drinnen türmen sich Berge von Paketen, die erst in absehbarer Zeit abbefördert werden können. Nun, das ist eben die Folge der Panik.

Eben rief Steltzer an. Er ist in Hamburg vollständig ausgebombt und hat anscheinend alles verloren. Das Mädchen von Stauffenberg, mit dem ich eben sprach, hat 6 Tage gebraucht, um sich und ihre Familie aus Hamburg zu retten, wo sie zum Urlaub war. In einem Pferdewagen haben sie schliesslich Hamburg verlassen. ...

1 *fertigstellen:* vgl. 10. 8. 43. Es handelte sich um die „Erste Weisung an die Landesverweser", die „Sonderweisung" und die „Grundsätze für die Neuordnung", die alle das Datum vom folgenden Montag, den 9. 8. 43, tragen. Text in van Roon, Neuordnung, S. 561–571. 2 *vom Onkel trennen:* vgl. 4. 8. 43, Anm. 1. 3 *Ersatzmann:* Julius Leber (1891–1945), kein Gewerkschaftler, aber prominenter und erfahrener Sozialdemokrat. Er kam aus sehr bescheidenen Verhältnissen, studierte Volkswirtschaft und Geschichte, meldete sich 1914 freiwillig, wurde später Leutnant, mehrmals verwundet und ausgezeichnet, war zum Schluß beim Grenzschutz im Osten und 1920 an der Niederwerfung des Kapp-Putsches beteiligt. Als gebürtiger Elsässer hatte er nach dem Weltkrieg für Deutschland optiert, an dessen demokratischem Aufbau er mitwirken wollte. Promotion als Dr. rer. pol.; 1921 Chefredakteur der sozialdemokratischen Zeitung ‚Lübecker Volksbote'; Mitglied der Lübecker Bürgerschaft, 1924–33 Reichstagsabgeordneter; am 5. 3. 33 wiedergewählt, aber am 23. 3. verhaftet. Er verbrachte die nächsten 4 Jahre in Gefängnissen und Konzentrationslagern, schrieb, während er auf seinen Prozeß wartete, seine Auseinandersetzung mit seiner Partei, ‚Die Todesursachen der deutschen Sozialdemokratie'. 1937 entlassen, wurde er Teilhaber einer Kohlenhandlung in Berlin. Sie wurde ein Treffpunkt für politische Gespräche. L. war auch mit dem Goerdelerkreis in Verbindung und aktiv an Umsturzvorbereitungen beteiligt. Er war von manchen Verschwörern als künftiger Kanzler vorgesehen. Anfang Juli 1944 wurde er verhaftet, im Oktober zum Tode verurteilt, am 5. 1. 45 hingerichtet. S. Dorothea Beck, Julius Leber, Sozialdemokrat zwischen Reform und Widerstand . . ., Berlin 1983. 4 *13 Frauen dran:* d. h. hingerichtet zu werden.

Berlin, [Sonntag] den 8. August 1943

Gestern habe ich kein Briefchen geschrieben, wie ich Dir schon am Telephon sagte. Der Tag war zu voll und ich war keine Minute allein. Am Freitagmittag hatte Kiep hier gegessen, um ½ 3 kam Steltzer, um 3 Peter, um ½ 4 Adam & Haeften, dann musste ich ins Amt und ins Büro und um 8 war ich wieder im Amt, wo ich mich mit Frl. Thiel verabredet hatte, um die Aktenteilung fertig zu machen, für die ich über Tag einfach keine Zeit habe. Das dauerte so lange, daß ich erst um 2 Uhr im Bett lag und um 6.15 musste ich aufstehen, weil es im Amt gleich früh mit eiligen Sachen losging; diese beanspruchten mich bis 11. Um 11 kam Stauffenberg, als er ging Adam und als dieser ging Hans, der bis 1 blieb. Dann hatte ich noch einige dringende Anordnungen zu geben und traf zu Hause schon Peter wartend vor, der mit Steltzer bei mir ass, um ½ 3 stiess Husen zu uns und bis wir fertig waren, war es 5.10 und ich musste mich aufs Rad schwingen, um zu Conrad[1] zu eilen, der mich um 5 erwartete; als ich um ½ 8 wieder einpassierte, sass Friedrich schon da, der bis 12 blieb.

Die Folge dieses Schlusswirbels an einer sehr reichhaltigen und fast schlaflosen Woche war, daß ich heute Morgen richtig erschöpft war, obwohl ich 6 Stunden gut und tief geschlafen hatte. So beschloss ich, den Vormittag im Bett zu verbringen, machte mir mein Frühstück auf dem Roller, las dann noch einige Psalmen und Sprüche und, damit erhoben, entschlief ich um ½ 9 wieder auf ein halbes Stündchen und döste bis 11, als plötzlich Mutz[2] erschien, die sich zu mir setzte, um ihr Herz auszuschütten. Sie ging um ¼ 1, ich badete, zog mich an, ass, machte mein Bett und jetzt siehst Du, was ich tue. Sobald dieser Brief fertig ist, radele ich zu Peter, von da zu Adam, wo Steltzer + Husen zu uns stossen und von da wieder zurück zu Peter, wo eine Nachtsitzung mit Friedrich, Theo und vielleicht dem Ersatz-Onkel[3] beginnt. Das also ist das Minutenprogramm.

Steltzer ist sehr wohl und ganz ausgeheilt, hat auch im ganzen eine Reihe guter Nachrichten mitgebracht, ist aber doch durch seine lange Abwesenheit etwas raus, sodaß er erst wieder richtig eingeführt werden muss. Er ist in Hamburg vollständig ausgebombt, aber kein Mitglied seiner Familie war da. – Husen ist braun und knusprig aus Tirol zurückgekommen und erzählt sehr nett. Er ist in München schon gut eingeführt worden und zieht blendend wie immer. Es ist sehr nett, wie er sich einsetzt. Husen und Steltzer sind beide starr über die Berliner Panik, die wir nun so haben wachsen sehen.

Hans[4] sah wohl aus, erzählte ganz nett aus Rom; es ergab sich aber daraus, daß man in Rom noch garnicht ahnt, was bevorsteht. Er berichtete, daß in ganz Norditalien an allen Bahnhöfen, Brücken, Elektrizitätswerken u. s. w. bereits deutsche Wachen stehen. Im wesentlichen war überraschend, wie wenig er wusste, während man doch von hier aus das Gefühl hat, Rom liege im Zentrum der Ereignisse. Hans will Mittwoch nach Rom zurück und denkt daran, vielleicht zunächst ein Mal in Meran Station zu machen.

Das Institut wird voraussichtlich nach Ballenstedt am Harz evakuiert, sodaß wir keine Bücher aufzunehmen brauchen. – Der Samstagmittag mit Husen, St. & Peter war riesig konzentriert und fruchtbar. Es ging alles schön schnell, dauerte aber auch seine 3 ½ Stunden. Conrad war in guter Verfassung aus dem Urlaub zurückgekehrt, voller Geschichten aus Bayern und Oesterreich und voller Sorge vor der Kongregation[5] seiner Kollegen, die übernächste Woche beginnt, weil er fürchtet, daß die in der falschen Richtung losgehen werden. Ich habe ihm unsere neuen Wünsche vorgetragen und am 12. treffen wir uns wieder, um darüber zu sprechen. Es ist nicht unwichtig zu sehen, wie die Reaktion sein wird.

Der Abend mit Friedrich war gerade wegen des sehr schwierigen Themas sehr befriedigend. Tatsächlich sind wir beide uns eben im Grunde immer einig und dem gegenüber sind alle anderen Dinge relativ einfach. Ich glaube schon, daß wir einen Weg gefunden haben, der zwar nicht das wiederherstellt, was war, der aber zu einer positiven Lösung weiterführt. Es wird sich ja heute abend zeigen, ob sich das bewahrheitet. ...

Die militärische Lage an der Ostfront fängt an, bedrohlich zu werden. Das ist garnicht schön. Schliesslich widerspricht es allen Berechnungen, wenn den Russen schon im Sommer alle paar Tage ein Durchbruch gelingt.

1 *Conrad:* Preysing. 2 *Mutz:* s. 21. 1. 40, Anm. 4. 3 *Ersatz-Onkel:* Leber. 4 *Hans:* Hans Deichmann, sein Schwager. 5 ... *Kongregation:* das Treffen der katholischen Bischöfe in Fulda. S. Ludwig Volk SJ, Die Fuldaer Bischofskonferenz von der Enzyklika ‚Mit brennender Sorge' bis zum Ende der NS-Herrschaft. In: Stimmen der Zeit, Bd. 178, Heft 7, Juli 1966, besonders S. 257–260; Neuabdruck in Dieter Albrecht (Hg.), Katholische Kirche im Dritten Reich, Mainz 1976, S. 87–92.

Berlin, den 10. 8. 43

... Sonntag mittag zog ich also erst zu Peter, um ihm über das befriedigende Ergebnis der Unterhaltung mit Friedrich und über die sich daraus ergebenden Bedingungen zu unterrichten. Um 4 waren wir dann mit Steltzer + Husen bei Trott, hatten bis 7 einen Ritt über das gesamte Gelände gemacht und hatten uns um 8 wieder bei Peter versammelt, wo Friedrich und Haubach zu uns stiessen. Friedrich war in ganz grosser Form: klar, entschieden, klug, taktvoll, witzig und in dieser Nachtsitzung, die bis 5 Uhr früh dauerte, wurde die Lücke, die der Onkel[1] gerissen hatte, geschlossen, indem Friedrich dafür gesorgt hatte, daß dessen Genossen mit ihm zu uns gingen und den Onkel allein liessen, und es wurde ein ungeheuerer Fortschritt in praktischer und theoretischer Richtung erzielt. Den Niederschlag[2] dieser Nacht bringt Peter am Sonntag zu Marion und die muss dafür sorgen, daß Du ihn bald zur Verwahrung erhältst.

Um 5.10[3] trennten wir uns und ich radelte zum Zoo, um Dein Paket abzuholen. Das war inzwischen gekommen. Ich brachte es nach Hause, packte es aber nicht aus, sondern sank um 6 etwa in mein Bett, um um 8 wieder zu erwachen. Dann packte ich zunächst das Paket aus, das wirklich herrlich war. Ein grosser Berg Äpfel türmt sich jetzt bei mir. Himmlische Böhnchen und Zwiebeln und Mehl und Grütze sind verstaut. Vielen Dank, mein Lieber, für das wohldurchdachte Paket. Heute mittag mache ich Bohnen daraus für Steltzer und mich und hinterher Apfelmus. – Da ich auch die Sachen, die Illemie mitgebracht hatte, noch nicht verstaut hatte, so war noch viel zu tun und aufzuräumen und ich war gerade erst fertig, als ich um 10 zu einer Sitzung zu meinen intimsten Feinden[4] musste. Diese Sitzung stellte sich als ein 2-stündiger Grosskampf heraus, in dem ich im wesentlichen glatt siegte. Das hatte zur Folge, daß ich dann gleich zu meinem Chef und zu einigen anderen Stellen musste und so kam ich um 1.20 Uhr erst nach Hause. Das war sehr spät, denn um ½ 2 kam Hans Carl zum Essen; so musste er eben beim Kochen assistieren. Es gab Dein Täubchen.

Um ½ 3 kam Lukaschek, um 4 Husen, um 5 Peter, der letzte von diesen verliess mich um ½ 8; dann musste ich noch ins Amt, um meinen Sieg vom frühen Nachmittag in Fernschreiben umzusetzen, aber um ½ 9 war ich wieder zu Hause und um 9 lag ich im Bett. So war eben für ein Briefchen kein Platz.

Hier herrscht wilde Umzugspanik. Es ist grässlich. Man bekommt nichts fertig, die Leute, die man braucht, sind nicht da und wenn sie da sind, interessieren sie sich nicht für sachliche Fragen, sondern nur für ihre Rettung. Es ist widerlich.

Heute nacht hat es gegossen und heute morgen ist es eher kühl und sehr stürmisch. Das war es übrigens gestern auch. Ob Ihr wohl Regen gehabt habt?

Ich füge ein neues Testament bei. Ich bin jetzt zu der Meinung gelangt, daß es richtig ist, Caspar bekommt Kreisau und weiss es auch und richtet sich darauf ein.[5] Wir können ja gelegentlich darüber sprechen. – Bitte sieh im Reichserbhofgesetz nach, ob diese Form der Bestimmung der Anerben genügt. Soweit ich weiss, ist das in Ordnung; ich habe aber augenblicklich keine Zeit das nachzuprüfen. Wie ist eigentlich das Verhältnis zwischen Anerben und freiem Erben?[6]

1 *Onkel:* Leuschner. 2 *Niederschlag:* s. 6. 8. 43, Anm. 1. 3 *um 5.10:* d. h. 5.10 früh; vgl. die Notiz Yorcks vom 9. 8. in Bleistein (Hg.), Dossier, S. 340f.: „Die Anlagen wurden erst Montag früh 4.30 Uhr fertiggestellt und verabschiedet. Es war daher nicht möglich, den Boten vor Montagabend in Marsch zu setzen. Die Korrekturen sind auf der Karte vermerkt. Es wird gebeten, nunmehr die übrigen Exemplare fertigzustellen und die Karten bis zum Samstag hierher zu schicken. Pater König bringt sie bei seinem Besuch zweckmäßig mit und läßt sich von dem Anwalt begleiten, der die Einweisung der Landesverweser, soweit sie von dort vorgenommen wird, durchführen soll." 4 *intimsten Feinden:* vermutlich die Wehrmacht-Rechtsabteilung, mit deren Chef er auf dem Kriegsfuße stand – vgl. 22. 10. 43. 5 *richtet sich darauf ein:* Caspar war 5¾ Jahre alt. 6 *Anerben und freiem Erben:* Kreisau war jetzt Erbhof, für den besondere Bestimmungen galten – s. RGBl., I, 1933, S. 685 und Karl Dietrich Bracher / Wolfgang Sauer / Gerhard Schulz, Die nationalsozialistische Machtergreifung. Köln/Opladen 1960, S. 570–575.

Berlin, den 17. 8. 43

Vielen Dank dafür, daß Du gefahren bist. Ich bin darum auch in Frieden eingeschlafen, um heute früh zu erwachen und zu entdecken, daß die Tommies uns nicht beehrt hatten. Das war ja auch sehr angenehm. Wir haben dann alle um ½ 8 zusammen gefrühstückt und ich bin um ½ 9 sehr bequem in der Derfflingerstr. angelangt. Um ½ 10 war ich bei dem Arzt, der sehr zufrieden war und meinte, ich brauchte wohl nur noch am Freitag noch ein Mal zu ihm zu kommen. Er hat sich nun der noch ungeklärten Frage zugewandt, woher die Schweinerei gekommen ist und hat in dieser Frage auch TB-Untersuchungen angeordnet. Das wird also am Freitag geklärt sein und dann wird er mich hoffentlich mit Segenswünschen und Genesungsurlaub entlassen. Ich will dann noch ein paar Tage in Berlin aufräumen und am Dienstagabend nach München fahren sodaß ich in den letzten Tagen des Monats bei Dir eintreffen werde.

Mein Lieber, es war sehr lieb, daß Du hier warst. Du hast Deinen Wirt mal wieder viel zu sehr verwöhnt, wie es ihm eben überhaupt unter Deiner Pflege zu gut geht. – Wie magst Du nun heute alles zu Hause vorgefunden haben? Hoffentlich alles in leidlicher Ordnung. Und hoffentlich war Deine Reise nicht zu mühsam, sodaß Du heute nicht ganz erschlagen bist.

Der Tag wird von mir wohl im wesentlichen mit Akten hingebracht. Man hat mir ganze Stösse geschickt, vor denen ich nun sitze, oder die vielmehr um mich herum verstreut liegen. Adam war schon da und sonst nur Leute aus dem Amt. Zum Tee kommt unser Büro-Offizier, von dem ich Neuigkeiten interner Art saugen will. Eben rief auch Steltzer an, der anscheinend etwas schnellere Fortschritte macht, als wir erwartet hatten. . . .

Berlin, den 18. 8. 43

. . . Heute war schon ein reger Tag. Am Morgen waren Adam und Husen hier. A. fährt heute erst nach Holland und dann nach Brüssel und wird mich am Dienstag vor meiner Abreise noch unterrichten. Er kam nur, um zu rekapitulieren. – Husen kann erst nächsten Sonntag nach Münster fahren, was eine unangenehme Verzögerung bedeutet. – Mittags waren Haeften und Blankenhorn[1] da; dieser machte mir einen ganz guten Eindruck. . . .

1 *Blankenhorn:* Herbert Blankenhorn, Jahrgang 1904, Diplomat, seit 1929 im auswärtigen Dienst; 1945 Mitbegründer der CDU in der britischen Zone und bis 1949 ihr Generalsekretär; enger Mitarbeiter Adenauers im Bundeskanzleramt, 1955–58 deutscher Botschafter bei der NATO, dann in Paris, Rom, London.

Berlin, den 19. 8. 43

... Gestern zum Tee waren C. D. & Peter da. C. D. nett und mit allerhand Berichten über die Auflösungserscheinungen in seinem Ministerium. Sonst kam nicht viel raus. Am Abend war ein Graf Lehndorff[1] aus Ostpreussen da, der sehr klug und nett, recht interessant über Stimmung und Haltung in Ostpreussen berichtete. Die Leute dort scheinen schon sehr besorgt über ihr weiteres Schicksal zu sein. Wir haben mit L, so schien mir, einen grossen Fortschritt in Ostpreussen getan und er will versuchen, Anfang der neuen Woche mit dem in Frage kommenden Mann[2] wieder zu erscheinen. Ich bin gespannt, ob das klappt. ...

1 *Lehndorff:* Heinrich Graf von Lehndorff-Steinort (1909–1944), Gutsbesitzer und Oberleutnant der Reserve. Vgl. 28. 9. 43 und KB, S. 257. Hingerichtet 4. 9. 44. 2 *in Frage kommenden Mann:* Der vorgesehene Landesverweser für Ostpreußen war Graf Heinrich von Dohna-Tolksdorf (1882–1944), Generalmajor a. D., Landwirt und Mitglied des ostpreußischen Bruderrats der Bekennenden Kirche. Hingerichtet 14. 9. 44.

Berlin, den 20. 8. 43

... Heute bei dem Doktor war alles befriedigend. Er las mir mit trauriger Stimme den Befund aller Untersuchungsmassnahmen vor und alles war negativ und erklärte dann resigniert, er wisse eben nicht woher die Schwellung komme. Die Schwellung ist seit Dienstag nur unwesentlich zurückgegangen ist aber wesentlich weniger empfindlich. Jetzt soll ich also Dienstag früh wieder hinkommen und mit Bangen die Entscheidung erwarten ob ich Dienstag abend fahren kann. Inzwischen werde ich täglich bestrahlt und werde auch wacker meine kalten Umschläge weitermachen. Ab Sonntag darf ich wieder richtig aufstehen.

Ich hoffe also weiter, daß ich am Dienstagabend fahren kann. Schreibe mir also, bitte, an das Hotel Leinfelder in München, wo ich die Nacht von Mittwoch zu Donnerstag verbringen will. Donnerstag/Freitag rechne ich auf Salzburg, Freitag/Sonnabend Graz, Sonnabend/Sonntag Wien, Sonntag/Montag bei Pim. Erreichbar werde ich unterwegs nur über Radermachers in Wien sein.

Gestern haben Haubach und Peter hier gegessen. H. war in sehr guter Form, wie er sich in den letzten Wochen überhaupt bewährt hat und ganz erheblich gewachsen ist. Er gefällt mir eigentlich immer besser. Überhaupt bin ich sehr erfreut darüber, daß wir die schwere Krise unserer Freunde[1] ohne eine einzige menschliche Enttäuschung überstanden haben. Das ist doch sehr viel wert und, was auch immer geschieht, im Ergebnis werden wir uns verbessert haben. Gestern war eigentlich der erste Tag, an dem wir mit Haubach allein Fortschritte erzielt haben. – Am Abend kam Krüger zu Peter. Er ist ein netter und guter Mann, aber seine durch sein Alter und seine Ausbildung gesteckten Grenzen der Beweglichkeit waren gestern abend doch recht sichtbar.

Heute früh war ein friedlicher Morgen. Ich hatte viel in meinen Akten zu arbeiten und bin gut vorwärtsgekommen, da mich nur einige Telephone störten. Mittags war Peter allein da, jetzt kommen Frl. Thiel, Husen, Claus Trotha,[2] Haeften und dann essen wir abends mit C. D. & Eddy.

Hier ist es auch sehr heiss geworden, eigentlich drückend. Ob wohl die Stadt zum Zwecke besseren Brennens erst ein Mal tüchtig geröstet wird? Die Desorganisation steigt gewaltig an. Eine Stelle des Finanzministeriums, mit der heute eine Besprechung angesetzt war, für die ich extra aufstehen wollte, ist vorgestern sang- und klanglos nach Sigmaringen abgehauen. Damit wird sich diese Sache, die besprochen werden muss, wohl ganz einfach vor Kriegsende überhaupt nicht machen lassen.[3] – Jetzt lassen auch die Eingänge ganz offensichtlich nach, ein Zeichen dafür, daß die Maschine langsam zu arbeiten aufhört. Die Referenten haben ihre Akten nicht mehr, weil teils die Referenten, teils die Akten nicht in Berlin sind. Man kommt sich so vor wie auf einem Schiff, das nach langer Seefahrt plötzlich die Maschine abstellt und nur durch seine Trägheit getrieben an dem Quai anlegt. Vielleicht wird die Maschine dann am Schluss erst ein Mal hektisch angetrieben ehe sie ganz stillesteht. Kommt jetzt ein wirklich grosser Angriff auf Berlin, so steht bis Weihnachten alles still.

1 *unserer Freunde:* der Sozialdemokraten und Gewerkschafter. 2 *Claus Trotha:* Vetter, jüngster Bruder von Carl Dietrich. 3 *nicht machen lassen:* M. fuhr dann doch nach Sigmaringen – s. 20. und 21. 9. 43.

Berlin, den 21. 8. 43

Heute kam Dein erstes Briefchen, ist das nicht toll? Die beiden Postkarten schicke ich wieder zurück. Table Mountain[1] hat mich, wie immer, sehr gerührt. Ob sich Caspar und Conrad unter ihm je so heimisch fühlen werden wie ich?

Die Stadt ist voller Gerüchte über eine bevorstehende Kabinettsumbildung, bei der anscheinend Göring auch formell verabschiedet und Himmler[2] – Goebbels[3] ihrer grossen Aktivität entsprechend stärker herausgestellt werden sollen. Es läge jedenfalls in der Logik der Entwicklung und würde nicht überraschen. Von allgemeinem Interesse sind sonst im wesentlichen die weiter nicht erfreulichen Nachrichten aus dem Osten.

Der gestrige Abend mit C. D. & Eddy hatte den grossen Vorzug erheblicher Konzentration und Geschwindigkeit. Es ging alles wie der Wind und es kam auch etwas Ernsthaftes dabei heraus. Das war immerhin befriedigend. – Heute früh war ich erst zur Bestrahlung, dann ging ich den ganzen Morgen ins Büro, um Aufräumearbeiten zu leisten. Das wird sich hoffentlich soweit fördern lassen, daß ich bis Dienstag fertig bin. Der Eindruck der fortschreitenden Desorganisation ist doch jedesmal wieder beeindruckend. Es ist heute eigentlich immer schon überraschend, wenn mal etwas funktioniert.

Im Laufe des Vormittags erschien Uli Busch. Er sah sehr wohl und stabil aus und man hatte so den Eindruck: „na, der wird sich schon irgendwie durchschlagen." Hoffentlich stimmt der Eindruck.[4] Er kommt zur Küstenartillerie an die Meerenge von Kertsch. Das ist zwar eine unschöne Gegend aber solche Marineartillerie ist im Ganzen das Harmloseste was es gibt, also garnicht übel. Er hatte jedenfalls keine Lust bei einer kleinen Einheit zu dolmetschen sondern meinte, daß das nur dann für ihn interessant sei, wenn er dabei zu einem hohen Stabe komme. Wir sprachen mit der Heeresgruppe B[5] und die wollen sehen, ob sie ihn nicht heranziehen können. – Natürlich war es ihm die ganze Zeit glänzend gegangen, auch im Lazarett und bei den Gefechten. Köln und Wuppertal hatte er gesehen und sagte so etwas von totaler Zerstörung gebe es eben in ganz Russland nicht, Köln sei auch deswegen so beeindruckend, weil die Stadt eben jetzt wirklich menschenleer geworden sei, sodaß sie noch viel gespenstischer wirke als vorher.

Mittags kam unser Mann aus Paris,[6] der inzwischen ganz aus den Pantinen gekippt war und den wir nur mit Mühe wieder einigermassen aufstellen konnten. Ob es nachhaltig gelungen ist, ist mir zweifelhaft, trotzdem es den ganzen Nachmittag gekostet hat, denn jetzt ist es kurz vor 7 Uhr. . . .

1 *Table Mountain:* der Tafelberg bei Kapstadt. 2 *Himmler:* s. 12. 6. 42. 3 *Goebbels:* sein offizieller Machtzuwachs kam erst nach dem 20. 7. 44, an dessen Niederwerfung er einen gewissen Anteil hatte: Am 25. 7. 44 wurde er Reichsbevollmächtigter für den totalen Kriegseinsatz. 4 *Eindruck:* Ulrich Busch überlebte in der Tat und wurde nach dem Krieg Professor der Slawistik. 5 *B:* davor „Mitte" gestrichen. 6 *Mann aus Paris:* Hofacker? (s. 3. 11. 42, Anm. 1). Die Beschreibung scheint kaum auf ihn zu passen.

Berlin, [Sonntag] den 22. 8. 43

. . . Gestern abend kam nach dem Abendbrot Husen. Er fährt erst nächstes Wochenende nach Münster. Zu diesem klappte es nicht mehr. Im übrigen hatte er scheinbar gute Nachrichten über die Arbeit der letzten Woche.[1] Nur traue ich dem Indiz seines Gewährsmannes nicht so ganz und werde also Genaueres erst wissen, wenn ich am Dienstag zum Tee bei Conrad[2] gewesen sein werde. Immerhin es ist zweierlei geschehen und es soll heute in einer Woche das Licht der Welt erblicken.[3]

Heute früh war Peter ausgegangen. Haubach kam in einem herrlichen Kostüm: ein gestreiftes Flanellhemd mit offener Brust und hochgekremptelten Ärmeln, eine weite weisse Hose und Söckchen. Ein Anblick, kann ich Dir sagen. Er hatte aber allerhand erreicht und hat unsere Nachrichten über Österreich sehr bereichert. Es sieht da so schlimm aus wie nur eben möglich, scheint mir. Der einzige Trost ist, daß wir anscheinend den best-möglichen Mann dort haben und das wird sich ja im Laufe der nächsten Wochen herausstellen.[4] Jedenfalls kann von dieser jetzt beginnenden Woche ungeheuer viel abhängen. Hoffentlich lässt mich der Arzt nur reisen.

H. war kaum weg, als Peter zurückkam. Wir haben dann nett zu Mittag gegessen und jetzt hat er sich oben hingelegt, während ich unten sitze und schreibe. Ich habe schon einen guten Stoss Timesse gelesen, will noch einige hinter mich bringen und hoffe so, am Dienstag mit leidlich gereinigtem Schreibtisch abreisen zu können. Ich lasse aus der Times ein Rezept über Einkochen ohne Zucker für Dich photocopieren. Es schien mir ganz plausibel.

Mein Lieber, wie gerne wäre ich jetzt zu Hause. Es ist ½ 5 und Ihr werdet wohl Tee trinken. Wie friedlich wäre das. Rechter Friede ist hier jetzt nicht mehr: das Gefühl des Drängenden, Provisorischen verlässt einen nie mehr. Und so nett es in der Hortensienstr. ist, so ist es doch nicht zu Hause und für Peter ist es eben auch nicht mehr ganz zu Hause. Im übrigen hindert das Gefühl, daß das alles nur noch ganz kurze Zeit währen kann, mich daran, mich so recht häuslich einzurichten. Ich werde auch in nächster Zeit viel unterwegs sein, muss ich doch noch nach Paris, Brüssel, Haag, Oslo und Stockholm und will das alles eigentlich vor dem 1. 10. hinter mich gebracht haben.

Ich bin gespannt, wann wir wieder ein Mal irgendwie dauerhafte Verhältnisse erreicht haben werden. Diese Existenz „aus dem Koffer" finde ich grässlich, obwohl ich ja persönlich noch fast garnichts davon genossen habe. Aber schon in der Vorstellung quält es mich. – Aber glücklicherweise weiss ich ja, wo ich zu Hause bin, wie es da aussieht, und wer mich dort erwartet, nämlich mein Lieber.

1 *letzten Woche:* s. Protokoll der Plenarkonferenz des deutschen Episkopats, Fulda, 17.–19. August 1943, in Volk, Bischofsakten, Bd. 6, S. 133–146.
2 *Conrad:* Preysing. 3 *erblicken:* s. Hirtenwort des deutschen Episkopats vom 19. 8. 43 – am 29. 8. 43 verlesen – in Volk, a. a. O., S. 178–184, und das

Hirtenwort über die Zehn Gebote vom 19. 8. 43, das am 12. 9. 43 verlesen wurde – s. Volk, a. a. O., S. 197–205. Zwei Entwürfe von Eingaben des deutschen Episkopats vom 22./23. August 1943, Proteste gegen die Auflösung der Mischehen und die „Evakuierung der Nichtarier" (Volk, a. a. O., S. 216ff. und 220f.) blieben Entwürfe. 4 *herausstellen:* s. 30. 8. 43.

Berlin, den 23. 8. 43

Ein fürchterlicher Tag. Weiss der liebe Himmel ob ich weg kann. Dieses Chaos hat zur Folge, daß nie eine Sache fertig wird. Ich werde morgen kaum schreiben können.

Berlin, den 25. 8. 43

Gestern gab es kein Briefchen von mir und vorgestern so ein kümmerliches. Ich habe, hauptsächlich im Amt, so rasend zu tun, daß ich es einfach nicht schaffen konnte und so lagen gestern abend noch ein Haufen nicht ganz fertige Sachen herum. Ich konnte nicht einfach wegfahren. Dazu kam, daß Adam heute erst aus Brüssel zurückkam, daß Frl. Breslauer noch verschollen war und daß Reichel[1] keine richtig festen Abmachungen über meinen Urlaub mit Bürkner getroffen hatte. So fahre ich erst morgen.

Der Luftangriff von vorgestern nacht war recht übel. Es gab am Morgen kein Licht und kein Gas und beides auch noch nicht heute morgen. Dazu keine Verkehrsmittel in die Stadt. Am allerschlimmsten sind Steglitz und Schöneberg mitgenommen, wo auf erhebliche Strecken kein Haus mehr steht. Im Süden, durch den ich heute fahren musste, sind sehr schwere Industrieschäden. Arado-Flugzeugwerke sind ein freies Feld geworden, in dem merkwürdig geformte und gedrehte Eisenteile ihr Unwesen treiben. Auf einer mit Baracken besetzten Fläche sieht man nur noch einige hundert Kanonenrohrofen, ähnlich sieht es auf anderen Industrieflächen aus. In dieser Gegend handelt es sich also im wesentlichen um gut gezielten Wurf, während über Steglitz und Schöneberg der ganze Segen so mit grosser Hand ausgestreut worden ist.

Die letzten 2 Tage waren toll. Eigentlich war ich keine 10 Minuten je alleine und so fing ich um 11 Uhr abends bei Peter zu arbeiten an, als Waetjen & Blessing,[2] mit denen wir ein gutes und ganz förderliches Gespräch hatten, weggegangen waren. Um ½ 12 gab es Alarm, aber bis ½ 1 habe ich bei Alarm weitergearbeitet. Dann erst fing es an, unangenehm zu werden. So konnte ich den nächsten Tag wenigstens mit einer fertigen und diktatreifen Sache beginnen. Um 7.30 brach ich bei Peter auf und kam so um ½ 10 im Amt an, dann musste ich zum Arzt. Mein Dr. ist ausgebombt und der andere tat alles, was ich wollte. Anschliessend musste ich in eine rasend anstrengende Besprechung und um ½ 1 Uhr war ich glücklich im Amt, um endlich zu diktieren. Dann ass ich mit Carl + Peter, dazwischen kam Husen. Um 3 war ich bei Canaris, um 4 bei Conrad,[3] um ½ 7 bei Steengracht, um ½ 8 war Görschen bei mir und um 9 fuhr er mich im Auto in die Hortensienstr., wo er vorbei musste, weil sein Zug von Potsdam abging. Von meiner Müdigkeit kannst Du dir überhaupt keine Vorstellung machen; selbst bei Conrad bin ich fast eingeschlafen, weil ich einfach nicht mehr konnte. Um ½ 12 gab es Fliegeralarm, aber um ¾ 1 war ich wieder im Bett. Trotzdem steckt mir die vorgestrige Nacht noch in den Knochen und ich muss heute früh ins Bett.

Frl. Breslauer wurde gestern abend entdeckt; sie sei völlig erledigt aber unverletzt. Heute früh haben wir telephoniert; ihr Haus ist eingestürzt und verbrannt; sie haben alles verloren. Sie haben stundenlang ihre Nachbarn, die verschüttet waren ausgegraben und 9 von 13 herausgeholt. Jetzt sind sie zu dritt bei Freunden in Charlottenburg untergekommen. Ich will morgen ausführlich mit ihr reden.

Conrad war wohlgemut und voller Bosheiten aus Fulda zurückgekommen. Es ist das Schlimmste verhütet worden und das, was wir wollten, soll Ende September kommen, aber, sagte C.: es ist chemisch gereinigt: die letzten Flecken sind heraus, aber die Farbe auch. Traurig,[4] nicht wahr. Sonst gab es da nichts Neues.

Heute früh war ich in dem Ausweichquartier unserer Abteilung[5] um mit Bürkner zu sprechen. Es ist da sehr prunkvoll und schön, das wichtigste war mir aber, daß ich erreichte was ich wollte. Dieser Ausflug hat mir nur den ganzen Morgen geraubt: eine Stunde hin, 1 Stunde dort, eine Stunde zurück. Um ½ 1 war ich wieder bei Steengracht. Dabei kam nicht garzu viel raus, aber vielleicht bekomme ich ihn doch dazu, etwas zu tun.

Mittags assen Peter & Adam bei mir. Adam hat in Brüssel einen erstaunlichen Erfolg gehabt, finde ich. Jedenfalls viel mehr als ich erwartete und das ist doch sehr erfreulich. Er ist auch sehr gehobener Stimmung zurückgekehrt. Auch sonst war er gut in Form und gut gelaunt. Nach Tisch kamen Borsig und Haeften und um ½ 4 Uhr musste ich zu einer Sitzung im A.A., die bis ½ 6 dauerte. Es handelt sich dabei im wesentlichen um die Vorbereitung einer neuen Reise nach Konstantinopel.[6]

Jetzt mache ich Feierabend. Es ist 7 Uhr und ich bin rasend müde. Was wäre es angenehm, wenn wir heute durchschlafen könnten. Mein Lieber, ich fahre also morgen und werde Mitte der nächsten Woche in Kreisau sein.

1 *Reichel:* Dr. Otto Reichel, Völkerrechtler bei der Abwehr. 2 *Blessing:* Karl Blessing (1900–1971), vor dem Krieg in der Reichsbank, bei der Bank für Internationalen Zahlungsausgleich und im Reichswirtschaftsministerium, wegen Hitlers Ungnade entfernt und dann bei der deutschen Unilever. Nach dem Krieg bei der Deutschen Bundesbank, 1957–70 als ihr Präsident. 3 *Conrad:* Preysing. 4 *Traurig:* s. 22. 8. 43, Anm. 3. Kardinal Bertram, der selbst einen Hirtenbrief über die Zehn Gebote vorgeschlagen hatte, von dem er sich Unverfänglichkeit versprach, fand das Endprodukt so politisch, daß er seine Unterschrift verweigerte. Auch der SD fand ihn beanstandenswert. Beim 5. Gebot reizte ihn die Aktualität des Satzes ,,Tötung ist an sich schlecht, auch wenn sie angeblich im Interesse des Gemeinwohls verübt wurde: an schuld- und wehrlosen Geistesschwachen und Kranken, an unheilbar Siechen und tödlich verletzten, an erblich belasteten und lebensuntüchtigen Neugeborenen, an unschuldigen Geiseln und entwaffneten Kriegs- und Strafgefangenen, an Menschen fremder Rassen und Abstammung." Der SD hob auch kritisch hervor, daß sich der Kommentar zum 6. und 9. Gebot mit der Heiligkeit der Ehe befaßte, auch der rassischen Mischehe (s. Boberach, Berichte – wie 12. 11. 42, Anm. 3 – Nr. 264, S. 850–855). 5 *Ausweichquartier:* in Zossen. 6 *Konstantinopel:* Sie fand erst im Dezember statt – s. Briefe vom 9., 10. und 11. 12. 43.

München, den 28. 8. 43

... Vorgestern und gestern habe ich nicht geschrieben. Vorgestern war noch sehr viel im Amt zu tun, damit alles fertig wurde. Es gab schon am Morgen in einer Sache, die mir sehr am Herzen liegt, eine üble Panne, die durch viele Telephongespräche glattgebügelt werden musste. Das nahm viel Zeit. Am Nachmittag gab es dann einen neuen Kampf um meine Evakuierung. Da der teuere Bürkner ja draussen sitzt, musste das alles telephonisch ausgetragen werden. Dazwischen kamen dann allerhand laufende Sachen vom Amt, dann kamen Husen und Borsig, Eddy und noch einige Leute und Frl. Breslauer und schliesslich Wengler und Diwald, die während meiner Abwesenheit auf meine Sachen aufpassen sollen. Ehe ich mich versah, war es 6 Uhr und zu der Zeit wollten Peter und Adam zur Schlussbesprechung in die Derfflingerstr. kommen. Beide sassen auch schon da, als ich erschien und begleiteten mich zur Bahn. So blieb kein Fitzelchen Platz für das Briefchen an den Pim. ...

Habe ich Dir eigentlich berichtet, daß Reichweins Haus ,,atomisiert" sein soll. Es soll einfach nichts davon übrig sein.

Wir kamen hier mit 2 Stunden Verspätung an. König war auf der Bahn und durch Zufall traf ich auch Guttenberg, der mich zuerst ins Hotel brachte. Dann kam der Anwalt,[1] mit dem ich zu sprechen hatte, und wir gingen gemeinsam fort. Um 10.15 abends war ich wieder zu Hause und fühlte mich nicht in der Lage noch zu schreiben. Heute früh um ½ 9 ging es weiter und jetzt, um 2 Uhr, ist eine Mittagspause eingelegt. Um 4 Uhr treffe ich Rösch, der heute Namenstag hat, zusammen mit dem Heiligen Augustin. Morgen früh fahre ich nach Graz ab, sehr wohl befriedigt, und strebe der Heimat zu. Ich hoffe, spätestens Donnerstag einzutreffen.

Leider muss ich Samstag schon abfahren, weil ich Samstag abend zu Schlange will um dort bis Sonntag mittag zu bleiben. Es ist mir auch sehr bitter, aber tatsächlich ist es anders nicht möglich. ...

1 *Anwalt:* Josef Müller? Wahrscheinlich Franz Reisert – s. 20. 9. 43.

Graz, 30. 8. 43

Gestern früh um 9 bin ich in München abgefahren und bin mit einem viertelstündigen Umsteigen in Salzburg den ganzen Tag bis hierher durchgefahren. Abends um 1/2 9 war ich da. Ich fuhr 3. Kl. und so war es den grössten Teil der Fahrt angenehm, nur im Mittelstück war es ein Mal so etwa 2 Stunden recht voll. Es war recht rührend in Steinach Irdning vorbei zu kommen und dort den Zug nach Aussee[1] stehen zu sehen. – ...

In Graz angekommen, rief ich meinen Freund, den Hauptmann Taucher[2] an, den ich auch glücklicherweise erreichte und der mir riet, wir sollten uns im Hotel Wiesler treffen, Zimmer gäbe es dort sicher nicht, aber zu ihm hinaus würde ich doch nicht finden und eigentlich könnte er mich auch nicht unterbringen. So stolperte ich in das schon ganz dunkle Graz, fand aber eine nette Strassenbahnschaffnerin, die mir, obwohl ich als „Altreichler" kenntlich war, so gut Auskunft gab, daß ich das Hotel gleich fand. Zu meiner eigenen Überraschung und zum bassen Erstaunen des guten Taucher bekam ich sofort ein anständiges Zimmer. Nachdem ich mich ein wenig gesäubert hatte, fuhr ich mit ihm zum Abendbrot in sein Haus, wo eine uralte Wirtschafterin mir ein Rührei aus 4 Eiern kochte und sehr gut geräucherten Speck dazu gab. Hinterher ass ich einen Berg Reineclauden und Pfirsiche.

Um 12 Uhr fuhr ich totmüde ins Hotel und schlief köstlich bis 8.30. Leider bekommt ganz offenbar den bösen Drüschen das Reisen nicht. Sie tun noch nicht wieder weh, aber sie sind sichtlich grösser geworden und ich fürchte, daß ich ziemlich lädiert bei Dir eintreffen werde. Nun, ich benehme mich so vorsichtig ich kann und bewege mich so wenig wie möglich. – Heute morgen habe ich nichts zu tun und habe deswegen nach einem köstlichen Frühstück einen kleinen Weg durch die Stadt gemacht. Das schönste scheint mir das Landeshaus zu sein, ein nach der Strasse ganz schlichter Bau mit geradezu zauberhaft schönen Innenhöfen: offene Galerien aus Stein mit schönen Bögen und Säulen begleiten die Stockwerke und ersetzen die Gänge. Die beiden Flügel sind fast an ihren äussersten Enden gleichfalls durch eine zweigeschössige Galerie verbunden. In den anschliessenden Höfen sind hohe, alte Speicher. Die Stadt macht keinen ganz geschlossenen Eindruck mehr, aber sie ist doch im Ganzen eine schöne, alte Stadt.

Vom Schlossberg, den ich auch bestieg, hat man einen Blick über die ganze Stadt, die rings um den Schlossberg herum liegt in ihrem Hauptteil rechts und links der Mur eingebettet zwischen Randbergen, die nirgends sehr weit sind, an einigen Stellen in die Stadt hineinreichen. Der Anblick ist sehr malerisch, zumal in dem alten Teil auch die alten, nur ausgeflickten Ziegeldächer überwiegen; wo kein Wasser ist, ist Grün, sei es von Anlagen oder Wiesen, sei es von dem in die Stadt hineingewachsenen Wald. Es ist eine südlich-leichte Atmosphäre über der Stadt. Ob es sich in ihr sehr angenehm wohnt, möchte ich bezweifeln, weil diese Einengung in das Flusstal doch nicht gut sein kann.

Die Menschen hier gehören dem typischen steirischen Schlag an: gut gewachsen, auffallend gute Gehwerkzeuge, ganz starke und breite Nakken und darüber ein zu kleiner Kopf. Dieser letzte Fehler ist hier sehr ausgeprägt und ich fürchte, daß die Kleinheit auf den mangelnden Inhalt schliessen lässt. Die ,,Altreichler“ sind, soweit ich das aus Gesprächen in der Bahn entnehmen konnte, die Quelle alles Übels und der Gegenstand von Verachtung und Betrug. Es ist eine Heldentat, der man sich in der Bahn rühmt, einen Altreichler hintergangen zu haben. Und das in der ,,Stadt der Volkserhebung“! Das ganze Abteil, alles was von München bis Graz hereinkam oder hinausging grüsste stramm H. H.[3]

Die Unterhaltung gestern abend war im Diagnostischen schlecht, im Willensmässigen befriedigend. Heute mittag geht es weiter, d. h. er kann jeden Augenblick auftauchen. Um ½ 5 will ich nach Salzburg zurück, wo ich heute nacht um 1 Uhr ankomme, und morgen abend[4] will ich entschlossen die Segel nach Hause setzen. Wenn ich in einem durchfahren kann, dann bin ich Mittwoch abend zu Hause, sonst Donnerstag früh.

1 *nach Aussee:* eine Erinnerung an Grundlsee, wo sich Helmuth und Freya im Sommer 1929 bei Schwarzwalds kennengelernt hatten. 2 *Taucher:* Wilhelm Taucher, Professor der Volkswirtschaft und Freund der Yorcks. 3 *H. H.:* Heil Hitler! 4 *morgen abend:* er sagt nichts über den Inhalt des Gesprächs mit Taucher oder über den Tag in Salzburg. Beide dienten wohl der Suche nach geeigneten österreichischen Mitarbeitern oder Landesverwesern. In Salzburg wurde der frühere, beim Anschluß abgesetzte Landeshauptmann Franz Rehrl als Landesverweser erwogen, was später bei den Gestapoverhören nach dem 20. Juli erwähnt wurde; es war eine Aussage von Rehrl, die im August 1944 zu M.s ,,näherer Untersuchung“ führte. Rehrl hatte angegeben ,,daß Moltke ihn im Auftrag des Fürsterzbischofs von Salzburg zusammen mit einer noch unbekann-

ten Person aufgesucht und mit ihm Fragen einer Regime-Änderung besprochen hat". (KB, S. 189f. – Bericht vom 10. 8. 44). Vielleicht sah er auch den Erzbischof Rohracher (1892–1976) an dem Tag (Andreas Rohracher, Erzbischof von Salzburg 1943–69.)

Im Zuge Stettin-Berlin [Sonntag] 5. 9. 43

Gestern abend hatte ich 80 Minuten Verspätung, war daher erst um ½ 3 im Bett. Heute sind Schlange und ich von 8.30 bis 12.30 nur gerade fertig geworden, dann gab es Essen und um 1 Uhr fuhr ich zur Bahn. Ich schreibe Dir nur ein Wörtchen, weil ich annehme, daß es in Berlin gleich weitergehen wird. Mein Lieber, es war sehr schön bei Dir. Ich hoffe, daß bald der Trubel vorbei ist. Auf Wiedersehen, mein Herz.

Berlin, den 6. 9. 43

Mein Panzerschrankschlüssel ist noch nicht da und so habe ich noch nichts zu tun. Daher will ich rasch die Morgenstunde nutzen, um Dir zu schreiben. Die Reise nach Schöningen war bequem abgesehen von dem Stück von Küstrin bis Greifenhagen, wo wir 1 Stunde 20 Min. Verspätung bekamen, sodaß es sehr spät wurde. Ich fuhr dann durch die dunkle Nacht eine Stunde über Land, was eher nett war, zumal am mondlosen Himmel die Sterne besonders klar strahlten. Auf meinem Zimmer fand ich drei Scheiben einer Melone vor, die köstlich und erfrischend war, wenn auch im Geschmack nicht so gut wie Deine.

Am Morgen um 8 traf ich Schlange noch allein und wir hatten erst ein Mal eine Stunde für uns, dann frühstückte ich, was er schon getan hatte, mit den anderen und liess ihn derweil lesen. Gegen 10 war er soweit und um ½ 1 war alles befriedigend geregelt. ...

Um 1 Uhr pünktlich musste ich weg, da mein Zug um 1.30 abging. Um 5 war ich in der Derfflingerstr.

Dort trank ich einen Tee, räumte auf und packte aus und um 7 war ich bei Peter, wo auch Marion war. Inzwischen hat sich unsere Gemeinschaft um Eugen vermehrt, der ausgebombt ist. Abends tagten wir in voller Besetzung bis 2 Uhr nachts. Es war ein Riesenprogramm zu erledigen, vor allem mein Reisebericht und meine neue Instruktion für Brüssel. Friedrich wieder in bester Form. Reichwein sehr mitgenommen, offenbar sowohl durch den Tod seiner Mutter wie durch die Zerstörung seiner Habe. Er scheint praktisch nichts mehr zu besitzen.

Heute früh zogen wir zu dritt los und ich fand rasend viel Arbeit vor. Es war ziemliches Durcheinander eingetreten und in einigen mir am Herzen liegenden Fragen waren ganz und gar blödsinnige Entscheidungen ergangen, aber einfach blödsinnig. – Mittags waren Peter und Marion in der Derfflingerstr. mit Frau Pick. ...

Die Evakuierung des Amtes geht hier rapide weiter. Ich rechne damit, daß, wenn ich aus Holland zurückkomme, ich praktisch mit einem anderen Offizier und Kiep ganz alleine hier regieren werde. Das hat manches für sich. – Die innere Zersetzung hat groteske Formen angenommen, indem einfach nichts mehr funktioniert und alle Leute nur noch dem Rufe „sauve qui peut“ folgen. Es ist ein trauriger Anblick. – Die Nachrichten aus dem Osten sind sehr schlecht. Das gilt insbesondere von der Mitte. Es macht durchaus den Eindruck, als ob die Russen noch grosse Möglichkeiten hätten. Immerhin wird in einigen Wochen der Schlamm einsetzen und damit ein Halt eintreten, der bis zum Beginn der Winteroffensive etwas Pause lassen wird. Es sind aber sicher nur ganz wenige Wochen.

Ich fahre also am Dienstagabend und will den Donnerstag darauf wieder zurückkommen, nein Freitag früh erst.

P. S. Reichwein, der gerade da war, habe ich gesagt, daß Du ihm sicher einen Anzug oder etwas Wäsche von C. B. geben könntest. Das würde ihm wohl ungefähr passen. Ich nehme an, daß Dir das recht ist und daß Du ihn darauf ansprechen wirst, wenn er seine Familie nach Kreisau bringt.

Berlin, den 7. 9. 43

Ein toll stürmischer Tag geht zu Ende. Ich sitze jetzt um ½ 9 in der Derfflingerstr. um ein Bad zu nehmen, um ½ 10 muss ich noch ein Mal ins Amt, um ½ 11 ist noch eine Besprechung bei Peter vorgesehen. Nebenan läuft das Badewasser und ich freue mich auf das warme Bad, das es ja bei Peter's mangels Gases nicht gibt.

Gestern abend kamen Steltzer, Adam & Haeften und wir unterhielten uns bis 11, gingen dann ins Bett in der Erwartung nach einer halben Stunde wieder aufstehen zu müssen, wurden jedoch angenehm enttäuscht, da die Nacht friedlich blieb. So war ich am Morgen angenehm ausgeschlafen. Um ½ 9 war ich im Amt, wo lauter mistiger Ärger war: morgen soll umgezogen werden, und ich muss aufpassen, daß *a.* meine Akten dableiben, *b.* die Post weiter über Berlin läuft, *c.* das Mädchen für mich dableibt, *d.* eine Schreibmaschine dableibt, etc. – ...

Als ich um 11 wieder im Amt war, war die Einberufung von Wengler da. Das musste bearbeitet werden und wird auch morgen noch Arbeit machen. Zu sachlicher Tätigkeit kam ich kaum noch. – Mittags assen Steltzer & Reichwein bei mir. Sie mussten à jour gebracht werden. Reichwein bittet darum, daß Du ihn am Samstag, den 11. früh um 7.30

anrufst unter 80 42 79. Er bekommt Bezugsscheine für Betten, Öfen etc. und bittet Dich, in Schweidnitz zu ergründen, ob er dort auf seine Bezugsscheine Betten kaufen kann, weil die hier gekauften sich ja nicht transportieren lassen.

Anschliessend musste ich wieder ins Amt für 15 Minuten und um ½ 5 war Stauffenberg hier, um ½ 6 kam Steltzer, um 6 Peter & Adam und diese letzten drei haben mich gerade verlassen. Die 2 Stunden waren aber gut angewandt und wir haben manchen Fortschritt erzielt. St. fährt Anfang nächster Woche nach Stockholm, wohin ich in den ersten Oktobertagen zu kommen gedenke. So werden die nächsten Tage wohl alle verlaufen, scheint mir. Mein Lieber, das ist alles nicht interessant sondern mühsam.

Seneffe,[1] [Sonntag] den 12. 9. 43

... Die Reise war uninteressant und bequem. Ich schlief erst verhältnismässig viel. Um 11.21 waren wir im Haag. Dort stand bereits Herr Steinke an der Bahn, der allerhand wissen wollte. Ich fuhr aber erst zu G.[2] um mein Programm machen zu können und bat Diwald uns auf 12 Uhr beim Höheren SS und Polizeiführer anzusagen. Bei G. verabredete ich mich auf 1.15, liess Igl bestellen, daß ich ihn um 5 sprechen wollte und bestellte Steinke auf 3.25. So erschien mir mein Programm bestens geregelt und ich beschloss in Hilversum anfragen zu lassen, ob ich den dortigen General noch am gleichen Abend sehen könnte. So rollte das Minutenprogramm zunächst ganz richtig ab, aber um 4.30 erfuhr ich daß *a.* Falkenhausen mich bereits Samstag nachmittag erwartete und daß der General in Hilversum mich nur sehen könnte, wenn ich mit dem Zuge 5.15 führe. Das war traurig, denn so kam Igl zu kurz, den ich nur 50 Minuten auf der Bahn sah. Das Tier[3] hat er bekommen und sagte im wesentlichen, daß es ihnen allen gut ginge.

Die Unterhaltung bei dem SD war bitter notwendig und auch schliesslich im ganzen erfolgreich. Es hat dort eine Personalveränderung stattgefunden. Der sehr gute Mann,[4] mit dem ich im Frühsommer zu tun hatte, ist vorige Woche ganz unerwartet nach Italien versetzt worden. Sein Nachfolger ist ein unbedeutender, weicher Mann, der noch dazu aus dem Osten kommt[5] und, fürchte ich, jedem Geschrei nach Erschiessungen nachgeben wird. Ich habe ihn entschieden angenommen und er versicherte mir, daß er meine Argumente für überzeugend halte und sie in seinem Stabe erörtern wolle. Leider ist der Mann so weich, daß er umfallen wird, wenn ihn morgen ein anderer attackiert. Aber vielleicht hat meine Spritze doch etwas genutzt. – Im übrigen habe ich auch einiges mittelbar erreicht, was sehr befriedigend und nützlich war.

Der Abend in Hilversum war insofern nicht befriedigend, als mein dortiger Hauptverbündeter an diesem Abend weg sein musste. Aber das, was ich dem General von Wühlisch[6] versetzen musste, das hat er massiv bekommen. Ich war richtig in Fahrt und habe ihm ordentlich eingeheizt. Es war von mir aus ein Vergnügen. – Den Rest des Abends verbrachte ich mit einigen anderen Herren des Stabes, die nett sind. Aber der ganze Stab hat doch etwas ausgesprochen führungsloses.

Um 11 ging ich ins Bett, um 4.45 musste ich wieder aufstehen, weil um 6.10 mein Zug nach Brüssel ging. Es war recht kalt und ich fror tüchtig im Zuge. Etwa eine Stunde vor Brüssel wurde es dafür rasend schwül und in Brüssel selbst strahlte die Sonne. Als ich ins Plaza trat, kam F.[7] gerade heraus, um nach Seneffe zu fahren und nahm mich gleich mit, was mich aller Planung enthob, die ohnehin sehr schwierig geworden wäre, ehe ich F.'s Pläne kannte. – Wir assen dann Mittag zu 5t und dann gab es Mittagsschlaf. Vor dem Abendbrot wollte ich F. sehen. Dummerweise sagte sich der Generaloberst Salmuth,[8] der hier eine Armee befehligt, an und stahl mir F., mit dem ich bisher nur ein halbes Stündchen geredet habe. – Abends haben wir köstliche Rebhühner gegessen und dann bis 2 Uhr Poker gespielt, wobei Dein Wirt 100 frcs. verlor.

Auf dieser Reise, auf der ich in der Bahn wegen Müdigkeit mehrfach nicht lesen wollte, habe ich zum ersten Mal bemerkt, daß ich unbedingt Urlaub machen muss, denn in diesen Pausen fällt mir nichts Gescheites mehr ein, nur dummes Zeug. Es braucht einem ja nicht unbedingt etwas Gescheites einzufallen, aber dieses Festgefahrensein auf bestimmte Themen ist unangenehm. Das einzige, was es für mich noch daneben gibt, ist Kreisau. Damit kann ich mich immer beschäftigen. ...

[derselbe Brief fährt fort] Paris, 15. 9. 43

Wie Du siehst, bin ich ein ganzes Stück weiter gediehen, ehe ich wieder weiterschreiben kann. Heute ist ein recht ruhiger Tag, jedenfalls zunächst. Ich habe meine erste Besprechung erst um 10.30 und so sitze ich denn jetzt in meinem fürstlichen Appartement im George V mit einem Blick weit über Paris und schreibe erst ein Mal.

Der 12., als ich Dir am Morgen schrieb, war auch crowded. Nach dem Frühstück gingen wir auf die Hühnerjagd, wobei ich nur mit F. mitging. Mir war der 3 stündige Spaziergang sehr lieb, das Land ist lieblich gewellt, fruchtbar, in kleine Schläge von 2 bis 10 Morgen Grösse aufgeteilt, durch kleine Waldstücke, Windschutzliseren und Büsche belebt. Es ist eben eine richtig liebliche Landschaft. – Trotz des Sonntages wurde auf einigen Feldern gearbeitet. Das Vieh, das wir sahen, war gut; die Weiden waren aber auch recht fett. Gegen Schluss der Jagd gingen F. und ich durch einen Schlag Zottelwicken und einen Bracheschlag, auf dem viel Hederich wuchs und blühte, und diese beiden Schläge summten wie wahnsinnig vor Bienen. Ich dachte mit Trauer an unsere hungernden Völker.

Die Jagd selbst war unergiebig, da nur der mitgehende Jäger 2 Hühner schoss, die anderen alle auf allerdings sehr weit entfernte Hühner daneben schossen. Es gab aber sehr viele Hühner, nur waren sie rasend scheu und gingen immer auf sehr grosse Entfernungen hoch. – Es war sehr warm, eher schwül und alle schwitzten wie toll, besonders diejenigen, die Uniform trugen. Ich jedenfalls genoss den Spaziergang sehr. Am Schluss, 5 Minuten ehe die anderen ankamen, sprach F. mich noch ein Mal auf die mich nur allein interessierenden Fragen an und wir kamen ein kleines Stückchen weiter.

Nach Tisch schliefen die anderen, während ich, auf dem Balkon sitzend, und auf das noch sehr sommerlich aussehende Land blickend, las. Von Zeit zu Zeit walkte ich ein wenig durch den Garten. Um 4 kam die Prinzessin Ruspoli, mit der der General einen Spaziergang[9] machte, um sich das Durcheinander der italienischen Kolonie aus Anlass der Ereignisse in Italien erzählen zu lassen. Das muss, nach den wenigen Andeutungen, die ich darüber abbekommen habe, sehr komisch sein. – Um 5 gab es Thee, um 6 fuhr alles ab und Schulenburg und Dumoulin[10] gingen noch ein Mal auf Hühnerjagd. Mein Optimismus, daß ich nun den General für mich allein hätte, rechtfertigte sich nicht, vielmehr gingen wir zu dritt, nämlich mit Frl. von Dazur, der Hausfrau, durch den Garten. Um 20 vor 7 ging unsere Unterhaltung weiter, bei der ich nun, ohne Umschweife, zu den Petita kam. Er hörte sie sich an und berichtete dann seinerseits über militärische Schwierigkeiten aller Art. Um 7 kamen die Abendgäste und F. und ich gingen, uns umzuziehen.

Zum Abend waren eine ganze Menge Leute da: ein Professor Rassow, der, glaube ich, an der Universität Breslau ist und jedenfalls Asta kennt; ein sehr netter General Frantzen, Flieger und früher Marine, ein Professor Wachsmut, Arzt und Dozent aus München, Aschmann [?], der seine 3 Söhne verloren hat. Es war eine nette Tafelrunde, wenn auch Rassow rasend viel redet und immer doziert, mir also nach 10 Minuten unerträglich wird. Bald nach dem Essen gingen wir wieder zum Pokern über, wo Dein Wirt seine obligaten 100 frcs. verlor. – Um 2 ging er ins Bett.

Ich war früh auf, machte noch einen kleinen Spaziergang und war um 8 zum Frühstück im Haus. Um ¾ 9 fuhren wir nach Brüssel. Ich machte keine Andeutung darüber, daß ich mit F. noch keineswegs fertig sei, obwohl es mir sehr schwerfiel. Bei der Einfahrt in Brüssel sagte er dann zu Dumoulin, also Moltke isst mit mir mittags und abends [,] und dann zu mir: wir sehen uns am Nachmittag, die Zeit sage ich Ihnen beim Essen. Das schien mir ein gutes Zeichen zu sein, denn endlich hatte ich nun so lange gewartet, daß er die Initiative ergriff. Ich hatte ihn sozusagen ausgewartet. – Ich fuhr dann zu Craushaar, dem Vizechef der Militärverwaltung, mit dem ich eine längere Sache zu besprechen hatte. Er konnte leider in den Dienststunden nicht, weil er eine grosse Sitzung hatte und hatte sich deswegen das Mittagessen für mich freigehalten. Das arrangierte er mit F., der mich freigab und mich zu 5 zu sich bestellte. Es war nun inzwischen ½ 11 und ich zog rasch zu P. W.[11] ...

Mich hat recht interessiert, was er von der Lage der Belgier erzählte, die kommen sehen, daß sie entweder Schlachtfeld werden – wenn die Engländer bei ihnen landen – oder dem Chaos und Bürgerkrieg überantwortet werden, wenn die Deutschen sich eines Tages zurückziehen, ohne daß die Engländer gelandet sind. Sie fühlen sich also garnicht gemütlich. ...

Um ¾ 2 war ich zum Essen in Craushaar's Appartement und wir hatten eine erfreuliche und erfolgreiche Unterhaltung, die um 3 mit dem Referenten in Craushaar's Dienstzimmer fortgesetzt wurde und schliesslich bis 4.15 dauerte. Dann zog ich noch zum Chef des Stabes, Herrn von Harbou[,] und von ihm um 5 zu F. Und in 30 Minuten war alles erfolgreich und bestens entschieden; jedenfalls hatte ich genau das erreicht, was ich erreichen wollte. Es war eine merkwürdige Unterhaltung, denn F. redete so gut wie allein und ganz frei. Es ergab sich, daß er die Brocken, die ich ihm in den drei kurzen Unterhaltungen in Seneffe zugeworfen hatte, bedacht und richtig zusammengesetzt hatte und nun zu einem Entschluss gekommen war.

Ich kann mich des Eindrucks nicht erwehren, daß er absichtlich und planmässig meine Geduld und Ausdauer prüfen wollte, indem er sich 2 Tage lang neben mich setzte und mir doch im Grunde keine Gelegenheit gab. Und nachdem ich diese Prüfung brav bestanden hatte, war plötzlich alles in Butter. Ein merkwürdiger Mann, aber mit grossen Ansätzen dazu, ein weiser, alter Mann zu werden. – Ich ging dann noch, einigen Leuten auf Wiedersehen zu sagen, kaufte einige Blümchen für Frl. von Dazur und war um 7 Uhr im Hotel, wo P. W. noch ein Mal hinkommen wollte, um mir zu sagen, was ihm seit dem Morgen noch alles eingefallen sei. Um ½ 8 gingen wir essen. Es waren nur Aschmann [?], Schulenburg und Dumoulin dabei; wir assen sehr nett und spielten nachher Bridge. Um 11 ging unser Zug und der Abschied war sehr herzlich. Dieser Abend war überhaupt so, als wollte F. mir bedeuten, ich sei nun aufgenommen.

Die Fahrt nach Paris war besonders angenehm, weil wir infolge einer Sabotage an der Lokomotive 4 Stunden Verspätung hatten und statt um

6.30 unausgeschlafen um 10.30 ausgeschlafen ankamen. – Von der Bahn ging ich direkt zum Mil. Bef.[12] und nach einer kurzen Vorbesprechung mit dem Referenten war ich um 12 bei General von Stülpnagel. Es gab nichts Besonderes. Um 1.30 ass ich mit Hofacker, der hier weggeht, dann musste ich meine Einquartierung erledigen, die sich auch bestens geregelt hat, denn dieses Hotel ist wirklich sehr schön. Ich wohne im 8. Stock, habe einen kleinen mit Blumen bestandenen Balkon und sehe über die Dächer hinweg die Champs Elysées hinunter die ganze innere Stadt vor mir liegen. Ausserdem ist das das Quartier von Rundstedt,[13] wenn er in Paris ist, und daher habe ich hervorragende Telephonverbindungen, bekomme Berlin in 5 Minuten, u. s. w. ...

1 *Seneffe:* zuerst *Berlin*, getilgt. 2 *G.:* Goerschen. 3 *Tier:* vielleicht ein Spielzeug für die Breitbarthkinder. 4 *Mann:* Wilhelm Harster, s. 5. 6. 43, Anm. 1. 5 *aus dem Osten kommt:* Harsters Nachfolger als Befehlshaber der Sicherheitspolizei und des SD in Holland war SS-Brigadeführer Dr. Erich Naumann, bis März 1943 Führer der Einsatzgruppe B. 6 *Wühlisch:* Chef des Stabes, s. 5. 6. 43. 7 *F.:* Falkenhausen. 8 *Salmuth:* Generaloberst Hans von Salmuth, Oberbefehlshaber des AOK 15. 9 *Spaziergang:* Hassell machte sich Sorgen um Falkenhausens allzu offen zur Schau getragene Freundschaft mit Elisabeth Ruspoli, die ihn den Landeseinwohnern gegenüber zu weich mache, ihm seine Beamten entfremde und Parteispionen Angriffsflächen böte (s. Hassell, Tagebucheintragung vom 4. 7. 43). 10 *Dumoulin:* Oberstleutnant, gehörte zum Auswärtigen Amt, war jetzt „Hofmarschall" bei Falkenhausen (Hassell, a. a. O.). 11 *P. W.:* P. W. Müller, s. 1. 7. 40, Anm. 2. 12 *Mil. Bef.:* Militärbefehlshaber. 13 *Rundstedt:* Generalfeldmarschall Gerd von Rundstedt, OB West.

Berlin, den 18. 9. 43

... Gestern schrieb ich nicht, weil mein Tag durcheinander geriet. Ich war gut gereist und schon um ½ 8 in Berlin. ...

Mittags waren Peter & Adam da und bis auf eine Panne war eigentlich der Fortschrittsbericht sehr befriedigend. Das kann man nicht anders sagen. So trennten wir uns ganz zufrieden um ½ 4 nachdem ich gehört hatte, daß Bürkner, der am Abend ins Hauptquartier fuhr, um 4 aufkreuzen wollte. Ich musste ihn nämlich noch sprechen. Dann wollte Hans mich noch sprechen. Ich bereitete mich also auf Bürkner vor um um 4 zu hören, daß er erst um 6 käme. Darauf bat ich Hans, gleich zu kommen, und wir tranken sehr gemütlich Tee in der Derfflingerstr. Um 6 musste ich wieder im Amt sein und die Unterhaltung mit Bürkner dauerte bis ½ 8. Da Peter Gäste hatte, die er mir vorführen wollte, und die um 9 fortmussten, blieb mir garnichts anderes übrig, als schnell abzugehen. ...

Beim Mütterchen[1] war es sehr nett. Werner, Cle & Maria[2] und August[3] waren da. Ich kam leider erst um ½ 4, bekam aber noch ein köstliches Mittagessen mit Kaffee hinterher und beteiligte mich dann noch mühelos an einem dicken Tee mit herrlichem Pflaumenkuchen. Ich habe mich bemüht, Buschs etwas über Uli's Verwendung zu trösten, hoffe, daß mir das auch in etwa gelungen ist. Im übrigen war die Einheitlichkeit unserer Auffassungen erfreulich, besonders wenn ich daran denke, wie weit wir 40 manchmal auseinander lagen. – M. D. war sehr wohl und auch ganz zufrieden abgesehen davon, daß ihr die Verzögerung in der Ankunft von P. W. nicht passte.

Die Reise von Paris war vor allem durch Hunger gekennzeichnet. Mittag hatte ich nett aber nicht eben viel im Ritz gegessen. War dann noch ein Mal bei Leuten des Militärbefehlshabers und des S. D. gewesen und als ich um ¾ 7 fertig war, beschloss ich, noch einen kleinen Spaziergang zu machen vom Hotel de Ville über Notre Dame an der Seine entlang bis zum Ritz, wo ich um 8 essen wollte. Um 7.30 kam Fliegeralarm. Zuerst sah man ganz hoch kleine Silbervögel in Ketten zu dritt fliegen. Das waren die Jäger, die aufstiegen. Dann kamen die Flying Fortresses in dicht geschlossener Formation; es sollen 180 gewesen sein. Das sah schon sehr mächtig aus. Die Flak schoss und kaum sah man so etwa 20–25 Wölkchen von Explosionen am Himmel, stürzte auch eine Fortresse ab, nach weiteren 15 Wölkchen eine zweite. Dann ging ich mit einigen hundert Franzosen, die die Strasse in Erregung und Spannung gefüllt hatten, in den Keller, weil der ganze Segen der Flak auf uns herniederkam.

Und dann dauerte dieser Angriff bis ¾ 9. Um 9.10 ging die Metro wieder. Ich konnte nur im höchsten Tempo zum Hotel zurückeilen, um zu packen, denn um 10.30 ging mein Zug. Durch Zufall bekam ich ein Auto und war um 10.20 an der Bahn. Mein Versuch, dort etwas zu essen zu bekommen, war vergeblich. Der Schlafwagenschaffner gab mir 2 herrliche Birnen und vertröstete mich auf den Speisewagen, der in Brüssel darangehängt würde und bis zur Grenze bliebe. In Brüssel hatten wir bereits 1 ½ Stunden Verspätung wegen einer Gleissprengung und als ich aufgestanden war und in den Speisewagen gehen wollte, wurde der wegen einer Radsabotage gerade abgehängt, wodurch wir eine weitere halbe Stunde Verspätung bekamen. Glücklicherweise hatte ich in Köln gleich Anschluss und so war ich wenigstens um 7.30 beim Mütterchen.

Köln sieht allerdings unwahrscheinlich aus. Wenn Du mit der Bahn um die Innenstadt herum nach Godesberg fährst, so siehst Du eben fast den ganzen Dom und nicht mehr nur die Türme, weil von der Bahn bis zum Rhein eigentlich nichts mehr ganz heil ist. Es ist ein trostloser Anblick.

Der Schlafwagenzug war weg, weil er jetzt eine Stunde früher fährt. Ich bekam aber gegen Bestechung mit RM 20,– ein ganzes Abteil für mich in einem Zuge, der eigentlich besser ist, weil man schon 7.15 planmässig in Berlin ist.

So, jetzt höre ich Peter kommen und es gibt Frühstück.

1 *bei Mütterchen:* Er besuchte seine Schwiegermutter auf dem Rückweg von Paris in Godesberg. 2 *Werner, Cle und Maria:* Busch. 3 *August:* Joest.

Berlin, [Sonntag] den 19. 9. 43

... Es gibt im Amt riesig viel zu tun, weil in der italienischen Besprechung[1] lauter völlig unerklärbare Probleme auftauchen und auch sonst allerhand los ist. So bin ich heute um 6 aus der Hortensienstr. aufgebrochen, habe in der Derfflingerstr. gefrühstückt und bin dann ins Amt gegangen. Um 1.30 bin ich dort abgezogen, leider noch unfertig, habe rasch ein wenig gegessen und erwarte jetzt – um 2.10 – Christiansen, der jeden Augenblick kommen muss. Wenn die Korona abzieht wird es für mich wohl Zeit zum Zuge sein, dazwischen kommt noch Frl. Breslauer und ich muss auch noch ein Mal ins Amt.

Gestern mittag um 1 kam Christiansen. Wir assen zu dritt in der Hortensienstr. und dann kamen Einsiedel, Theo & Eugen. Die Lage der Landwirtschaft wird in der Zukunft unglaublich schwierig sein und zwar nicht nur wirtschaftlich, sondern auch soziologisch + politisch. Um 10.30 zogen alle ab um vor dem Luftalarm nach Hause zu kommen; es kam aber gar keiner, sodaß wir eine angenehme Nacht hatten. – Heute mittag geht es nun mit der Assistenz von Husen weiter. Um 7 geht Chr's Zug und um 10 meiner. ...

1 *italienischen Besprechung:* Am 3. 9. hatte Italien einen „geheimen" Waffenstillstand mit den Alliierten geschlossen, am 8. 9. gab ihn General Eisenhower bekannt. Die deutschen Gegenmaßnahmen begannen nun auch sichtbar: Am 10. 9. besetzten die Deutschen Rom, am 12. 9. befreiten sie den in den Abruzzen gefangengehaltenen Mussolini, der die inzwischen gebildete faschistische Gegenregierung übernahm, mit Sitz am Gardasee. Am 17. 9. vereinigte sich die aus Calabrien kommende britische 8. Armee mit der amerikanischen 5. Armee im Brükkenkopf Salerno. Zu den deutschen Maßnahmen gegenüber italienischen Militär- und Zivilpersonen s. ADAP, E, Bd. 6, Nr. 300, 311 und 314.

Sigmaringen, den 20. 9. 43

Hier sitze ich im „Löwen" und habe eine halbe Stunde Zeit, bis wir uns um 3 zu einer Vorbesprechung zusammenfinden wollen, um dann um ½ 4 zum Ministerium[1] zu wandern. Wir hatten eine bequeme Reise. Der Schlafwagenzug war halb leer und in Augsburg erwartete mich

Reisert,[2] mit dem ich frühstückte. Was für ein netter Mann das ist. Der würde Dir sehr gefallen. Unser Frühstück und die sich daran anschliessende Unterhaltung waren überschattet von der Nachricht, daß am Nachmittag wieder 12 Leute hingerichtet werden sollen, von denen er 2 verteidigt hat. Um 9.24 ging es dann weiter nach Ulm; bei der Einfahrt von Augsburg hat man einen sehr schönen Blick auf den Dom, der prächtig über der grünen Stadt wacht. Von dort nach Sigmaringen durch ein liebliches fruchtbares Land mit alten, kultivierten Siedlungen. Leider goss es den ganzen Morgen, sodaß man nur wenig sehen konnte.

Von Sigmaringen habe ich noch nichts gesehen, denn wir hasteten im Regen zum Hotel. Nach dem Essen telephonierte ich mit Wilflingen – dem einen Stauffenberg'schen Besitz. Das hatte mir der kleine Stauffenberg,[3] der, dem ich den kleinen Wolff[4] als Lehrer verschrieben hatte, ausdrücklich aufgetragen. Zufälligerweise hatte er gerade Urlaub[5] und war selbst am Apparat. Nun will ich, wenn ich fertig werde, um 6 hinausfahren und dort übernachten, um am Morgen um 7 wieder herzukommen. Das freut mich eigentlich, obwohl es etwas von einer Strapaze werden wird.

Morgen fahre ich um 13 Uhr hier ab, bin um 6 in München, wo sich alle versammeln werden und um 10 reise ich zurück. – Gestern nachmittag sind wir ganz nett weitergekommen, glaube ich und besonders ist Christiansen klar geworden, was von ihm verlangt werden soll. Er hat auch auf alle einen sehr guten Eindruck gemacht, woran mir viel lag. In dieser ganzen Frage der Agrarpolitik liegt so vieles beschlossen und Peter und ich sind eben ganz einfach disqualifiziert, darüber zu reden, weil wir unzweifelhaft Interessenten sind. ...

1 *Ministerium:* das Reichsfinanzministerium war nach Sigmaringen evakuiert – vgl. 20. 8. 43. 2 *Reisert:* Dr. Franz Reisert (1889–1965), Rechtsanwalt. Vgl. 10. und 11. 1. 45. 3 *Stauffenberg:* Hans-Christoph Freiherr von Stauffenberg. 4 *Wolff:* s. 7. 7. 42. 5 *Urlaub:* Auch er war bei der Abwehr.

Sigmaringen, 21. 9. 43

Unsere Verhandlung gestern brach ich um ½ 6 ab und fuhr mit einer reinen Kleinbahn um 6.03 zu Stauffenbergs.

Sigmaringen liegt an der Strecke Ulm – Freiburg und von Sigmaringen aus läuft eine Landesbahn, die das Land Hohenzollern erschliesst. Mit der fuhr ich zunächst bis Hanfestal, wo ich umsteigen musste, dann bis Bingen und dann gab es einen Fussmarsch von 7 km bis Wilflingen. In Hanfestal konnte mein Zug nicht einlaufen, weil in den Zug, mit dem ich gekommen war, Doppelzentnersäcke von Saatgetreide eingeladen werden sollten, und die zwei vorhandenen Männer, der Stationsvorsteher und der Schaffner, im Alter von zusammen über 140 Jahren, dazu nicht imstande waren. Darauf lud ich die Säcke um, was bei diesem Gewicht auch für mich eine ganz schöne Unternehmung war. Nachher kam der Lokomotivführer auch noch. Dann fuhr dieser Zug ab und meiner ein.

Die Fahrt durch dies Zollern'sche Land ist wirklich sehr schön. Bewaldete Felshänge sind im Tal von Schwemmlandwiesen begrenzt, die von kleinen, langsam fliessenden und gestauten Flüsschen durchzogen werden. Der letzte Absturz vom Wald zur Wiese ist meist schierer Fels, der der ganzen Landschaft etwas sehr romantisches gibt. Das Land ist dünn besiedelt, aber alle Siedlungen sind von Obstbäumen umgeben, wie auch alle Strassen mit Apfel- und Birnbäumen bestanden sind, die sehr gut tragen. Hier herrscht eine ausgesprochene Apfelschwemme.

In Bingen, wo ich um 7 Uhr eintraf, erwartete mich Stauffenberg und wir machten einen 7 km-Marsch im Geschwindschritt. Auf diesen 7 km liegt kein Haus und wir begegneten keinem Menschen. Man steigt ganz erheblich während der ersten 3 km und gewinnt so an freien Stellen einen weiten Blick über die „Rauhe Alb" ein schön aber unwirtlich und sehr rauh aussehendes Land, eine leicht gewellte, nach Norden ansteigende Hochebene mit sehr schönen Farben und Lichtern. Meist aber geht man durch im allgemeinen guten Wald, teils Buche, teils Fichte, beides nett mit anderen Gehölzen, wie Erlen, Birken, Kiefern gemischt. Nach 5,5 km hört der Wald auf und der Weg senkt sich zu einer kleinen Talmulde, an deren tiefster Stelle Wilflingen liegt. Ich habe davon nicht viel gesehen, denn es war 8 als wir im Haus waren. Das Dorf macht einen sehr netten Eindruck mit alten Häusern, grösstenteils Fachwerkhäusern mit guten Obstspalieren.

Das Haus Wilflingen selbst ist ein grosses 3 stöckiges Schloss mit Türmen, in seinem Grundriss sicher sehr alt, in seiner jetzigen Gestalt wohl aus dem Ende des 18ten Jahrhunderts stammend, mit einer riesigen Kirche mit Zwiebelturm direkt daneben und das Haus recht einengend. Die Räume sind schön und gross, die Einrichtung sehr nett alt. Das Haus war aber sehr düster, weil die Gänge alle nur blaues Licht hatten, sodaß ich nicht sehr viel sah.

Ausser Stauffenbergs Frau[1] war noch seine verwitwete Schwester da, die dem Vater bisher den Haushalt geführt zu haben scheint, aber gerade wegzieht, und eine alte Tante. Sonst waren sie allein. Wir haben nett gegessen und uns bis ½ 11 unterhalten, und dann war ich gut müde, sodaß ich köstlich schlief. Um 5.15 musste ich aufstehen, frühstückte mit Thermosflasche um 6 und machte mich um 6.20 auf den Weg, um den Zug in Bingen um 7.40 zu erreichen. Daher habe ich von dem Acker nichts gesehen, denn es war dunkel als ich kam und ging.

Um 9 begannen wieder die Verhandlungen und um 11.30 waren sie fertig. Ich bin mit dem Ergebnis recht zufrieden; jedenfalls habe ich mehr erreicht, als ich erwartet hatte. Jetzt siehst Du ja, was ich tue. Ich will noch rasch essen und um 1 geht mein Zug nach München. Den Abend verbringe ich in München und um 10 geht es zurück.

Ich will auch noch dem Söhnchen[2] schreiben; darum höre ich auf.

1 *Stauffenbergs Frau:* Sie war Engländerin und tat sich an den mitgebrachten ‚Times' gütlich. (Mündliche Mitteilung Camilla von dem Bussche 21. 7. 80).
2 *Söhnchen:* am 23. 9. war Konrads 2. Geburtstag.

Berlin, den 22. 9. 43

Hier bin ich wieder zurückgekehrt in ein eisig kaltes Berlin. Wie wird das erst sein, wenn wir alle keine Fensterscheiben mehr haben und nur im Bett noch warm werden werden. – Die Nachrichten, die ich hier vorfinde, sind auch so, daß es einem kalt wird, sie sind richtig alarmierend. Schlechte Nachrichten sind ja garnichts so Schlimmes, wenn die Besatzung solchen Sachen gewachsen ist und sie in Ruhe zu ertragen versteht. Leider hat man eben dieses Gefühl hier nicht.

Die Rückreise gestern war ganz bequem. In München hatte ich 4 Stunden Zeit und traf mich mit dem Augsburger Anwalt[1] und Rösch. Was für nette und gute Menschen das sind. Tröstliches wussten sie auch nicht zu erzählen, aber immerhin ist man bei ihnen so ausgesprochen geborgen. König ist völlig ausgebombt. – Wir assen dort wie immer recht gut und ich bekam auch Schnitten mit, die ich allerdings nicht brauchte, sondern erst in Berlin verzehrte.

Meine Pläne sind jetzt so: am Sonntag Abend[2] fahre ich auf einen Tag ins Führerhauptquartier. Am Mittwoch früh[3] fahre ich auf 10 Tage nach Oslo & Stockholm und bin so um den 10. zurück. – Bringe also nicht zu viel verderbliche Sachen mit, denn ausser Sonntag esse ich nur noch einen Tag in Berlin. Wenn Hemden fertig wären, so wären 3 oder 4 ganz nützlich.

Heute ging es, wie jetzt immer, hoch her. Zum Essen erschienen

Haeften & Fritzi.[4] Dieser war sehr niedergeschlagen. Nach Tisch kam Reichwein, wie es schien mit der Kreisauer Lösung ganz befriedigt. Ausserdem rasend viel Arbeit im Amt und im Büro. – Mein Lieber, ich muss gehen: Adam & Eugen warten bereits.

1 *Anwalt:* Reisert. 2 *Sonntag Abend:* den 26. 9. 3 *Mittwoch früh:* den 29. 9. 43, vgl. jedoch Brief vom 28. 9. 43. 4 *Fritzi:* Schulenburg.

Berlin, den 28. 9. 43

Ich bin also zurück und der erste Tag in Berlin ist bereits so gut wie vorüber. Ein grosses Programm ist abgewickelt und ich sehe einem weiteren stürmischen Tag entgegen. Dafür ist mir insofern ein Geschenk beschieden worden, als ich am Donnerstag nicht, wie ich dachte, um 7 früh sondern um 4 nachmittags abfliege. Dadurch gewinne ich einen halben Arbeitstag und damit wächst die Aussicht, fertig zu werden.

Die Reise war anstrengend. Um 10 waren wir da,[1] dann gab es Frühstück und um ½ 11 begann die Morgenverhandlung, die bis ¾ 1 dauerte, aber insofern erfolgreich war, als wir uns bis dahin so gut wie geeinigt hatten. Wir hatten nämlich einen Weg gefunden, auf dem die von Deinem Wirt verteidigten Grundsätze aufrechterhalten werden konnten, ohne zu praktisch unmöglichen Konsequenzen zu führen. Dann ass ich rasch einen Teller Suppe und fuhr um 1 ab nach Steinort[2] zu Lehndorffs, wo ich um 2 ankam.

Steinort liegt am Mauersee und zu dem Riesenbesitz gehören noch 28 000 Morgen Wasser, die befischt werden. Auf der einen Seite des Hauses sieht man den See, auf der anderen liegt ein Park und dann ein Sumpf vor dem See, der an dieser Stelle auch stark verlandet ist und eine Art Urwald bildet, ein herrliches Gebiet für Wasservögel aller Art: Reiher, Fischadler, Möwen. Ein Flug Enten von einigen hundert Stück lagen vielleicht 300 m entfernt auf einer freien Wasserstelle.

Das Haus ist von aussen nicht schön; ein grosser Kasten, an dem viele Generationen gebaut haben, mit schönem alten Gebälk, schönen alten Möbeln und einer merkwürdigen riesigen Handstickerei aus dem 17. Jahrhundert. Das Ganze macht einen sehr gewachsenen Eindruck. – Der Herr Reichsaussenminister lag im Bett und hielt eine Ansprache an die Welt. Das Haus war in Unordnung, weil die Wasserleitung nicht ging und das Bad des RAM in Kesseln auf allen Feuerstellen des Hauses bereitet werden musste.

Um ½ 4 gab es netten Tee, um 4 fuhr ich zurück und um 5 begannen wieder die Verhandlungen, die um ¾ 7 zu einem für mich befriedigenden Ende kamen. Dann gab es noch rasch etwas Essen und um 7.07 fuhr unser Zug, der uns heil heute früh hier absetzte. – Meine maladie hat mich während der ganzen Zeit ein Mal in Steinort geplagt, sonst hat sie mich verschont.

Hier habe ich den ganzen Tag gearbeitet. Mittags ass ich allein mit Peter, der in der Zwischenzeit noch einiges ausgerichtet hatte. Insbesondere scheint sein gestriges Mittagessen mit Friedrich sehr gelungen zu sein. ...

1 *waren wir da:* im Führerhauptquartier. 2 *Steinort:* Ribbentrops ostpreußisches Hauptquartier befand sich in Reichweite von Hitlers „Wolfsschanze“ – s. Peter Hoffmann, Die Sicherheit des Diktators, München 1975, S. 218 f.

Berlin, den 30. 9. 43[1]

Hier sitze ich am U-Bahnhof Flughafen, wohin die Abfertigung der Lufthansa verlegt worden ist. Nachher wird man im ratternden Omnibus zum Flughafen gebracht. Es dauert noch ein Weilchen und dieses Weilchen will ich benutzen Dir noch rasch zu schreiben, zumal ich gestern die Feder nicht aufs Papier gebracht habe. Es waren 2 sehr stürmische Tage und was ich getan hätte, wenn ich diesen halben Tag nicht gehabt hätte, weiss ich nicht.

Die Sache wegen deren ich im FHQu war, hat weitere Arbeit gemacht, am Mittwoch mittag[2] kam ein Mann von Adam der ziemlich lange blieb und ein Reinfall war. Adam fand, daß ich sehr unfreundlich mit ihm war, was mir sehr leid tat, da es ein gutmütiger älterer Herr war, aber er hatte Limonade statt Blut in den Adern und darüber hilft ja alle Gutmütigkeit nicht hinweg.

Nachmittags ging es dann stürmisch weiter: Oxé, Wengler, Stauffenberg, Eckhardt,[3] alle wollten was von mir und Peter hatte mich beschworen, pünktlich um 7.15 zum Essen zu Hause zu sein, da Blessing kommen wollte. Ich war auch pünktlich aber Peter kam erst um 8. Wir haben dann bis ½ 12 recht erfolgreich wenn auch nicht ganz abschliessend geredet. Früh war ich, wie auch gestern, schon um 7 abgekommen, hatte meinen Koffer gepackt und kam um ¾ 8 ins Amt. Dort habe ich bis 10 diktiert, dann kam Bürkner, um 11 waren Oxé und ich bei dem Direktor der Kaiser-Wilhelm-Gesellschaft Telschow, mit dem wir einen ziemlich heftigen Strauss um unsere Ingerenz in der Frage der Neubesetzung des Postens von Bruns[4] führen mussten.

Als ich ins Amt zurückkam, war es 1 Uhr und da sass Hammersen, ein sehr netter und guter Mann aus dem norwegischen Stab, der auf Urlaub ist. Er kam mit und setzte sich zu meinem Packen und zu Peter's und meinem Essen. Dann musste ich nochmals ins Amt und jetzt wird gleich der Omnibus gehen.

So, mein Lieber, jetzt geht der O. Vielleicht schreibe ich draussen weiter.

Noch 5 Minuten. Hier scheint das meiste zerstört zu sein. Jedenfalls findet die ganze Kontrolle in einer Bude statt.

1 *30. 9. 43:* irrtümlich 30. 8. 43 datiert. 2 *Mittwoch mittag:* davor „Dienstag mittag", gestrichen. 3 *Eckhardt:* Ministerialrat Curt Eckhardt vom Oberkommando der Kriegsmarine. 4 *Bruns:* Bruns war kurz zuvor gestorben. Telschow war, als Nationalsozialist und Geschäftsführer des Kaiser-Wilhelm-Instituts gegen den von Canaris vorgeschlagenen Berthold Stauffenberg.

Oslo, den 4. 10. 43

... Gestern früh erwachte ich an der schwedischen Grenze oder kurz vorher nach einer mässigen Schlafwagennacht, die durch einen Knoten im Oberbett gestört worden war, zu einem zauberhaft schönen Tag. Es war Erntedanktag und um ½ 9, als ich an der endgültigen Grenzstation frühstückte, dachte ich, daß Ihr jetzt wohl bald Euer Frühstück beenden werdet, um zur Kirche zu gehen. Ob es bei Euch auch so ein schöner Tag war? Jedenfalls dachte ich, wieviel lieber ich mit Euch jetzt ginge, als hier durch das norwegische Land zu fahren. Aber es war sehr schön. Ein klarer Herbsthimmel mit einzelnen – Da kam Steltzer und jetzt ist es nach Tisch.

Das Laub hier hat noch viel stärkere Farben als bei uns, die Waldbestände sind ganz gemischt, sodaß grüne Erlen neben roten Ahornen stehen, darüber gelbe Birken und auf halber Höhe Berberitzen, dann wieder auf Blössen ein Teppich von Heide, dazwischen schroffe Felsen und immer wieder Wasser: auf der Höhe grosse stille Seen, bis an deren Ufer der Wald reicht und die so aussehen, als hätte noch nie ein Mensch ihre Ufer betreten oder ihre Fluten durchmessen; Bäche, die ziemlich steil abstürzend dahinplätschern und dann die Fjorde, die teils in steile Felswände eingeschnitten sind, teils einladende und auch bebaute, flache, liebliche Ufer haben. Das Ganze bietet ein Bild von unglaublicher Farbenpracht und ungezügelter Grosszügigkeit. Ich dachte mir, ob ich vielleicht ein Mal mit Dir und Deinen Söhnchen in der Herbstpracht da entlangfahren werde? Ob ich mich dann meiner vielen Reisen über diese Strecke erinnern und mit welchen Gefühlen ich an sie zurückdenken werde?

Über diesen Gedanken waren wir plötzlich im Halten, ich musste aus meinem Schlafwagen raus und in einen anderen Zug steigen, wo ich Parliamentary Debates lesend rasch und bequem bis Oslo kam. Ich merkte, daß es bald soweit sein müsste, der Zug eilte durch lauter Felsenschnitte und an kleinen Villen vorbei, ich dachte, es wäre gut, meinen Mantel anzuziehen und eben trat ich zum Fenster auf der Korridorseite, als der Zug um eine Ecke bog und den Blick auf den grossartigen Oslo-Fjord freigab, der in der Mittagssonne in all seiner Pracht dalag. Dieser Anblick ist immer aufregend und erinnert ein wenig an den ersten Blick auf den Genfer See, wenn man von Bern kommt, ist nur noch grossartiger.

Ehe ich aber von Oslo erzähle, will ich kurz über Kopenhagen berichten. Ich kam also kurz vor 7 da an und wurde von einem Kapitän mit Auto abgeholt, der mir Quartier besorgt hatte und mir mitteilte, wir müssten uns sputen, denn es gäbe nur bis 8 Uhr etwas zu essen, weil auf Grund des Ausnahmezustandes[1] den Dänen verboten sei, nach 9 auf der Strasse zu sein. Das war der erste Vorgeschmack. An diesem Abend habe ich nach dem Abendbrot noch ein wenig mit meinem Abholer zusammengesessen, bin aber kurz nach 9 ins Bett gesunken, da der Mann riesig langweilig und ich genau so müde war. – Am nächsten Morgen um 9 war ich bei dem für mich zuständigen Obersten angesagt, der sich meiner sehr freundlich annahm, selbst nicht viel über die mich interessierende Sache wusste, mich aber sofort an den Ic, einen Herrn von Heydebreck, den Chef des Stabes und den O. B., General von Hanneken,[2] weiterleitete, bei denen ich für den Nachmittag ab 3 Uhr bis abends angesagt wurde. So war ich um 10 Uhr frei und ging Merete[3] aufzusuchen.

Ihre Wohnung war aber leer. Mir schwante Übles und ich rief Kim's[4] Wohnung an, wo mir seine Frau eine ganz stockerige Antwort gab, die mich das Schlimmste befürchten liess. Immerhin bekam ich von ihr Kim's Amtstelephon heraus und nach einer weiteren halben Stunde hatte ich Merete. Sie war in der Tat bei der Erklärung des Ausnahmezustandes, am 29. 8., verhaftet aber nach 3 Tagen wieder losgelassen worden. Immerhin wohnt sie seitdem nicht mehr bei sich, sondern schlief so Reih-um.

5. 10. [Fortsetzung desselben Briefes]

Ein neuer Morgen. Ich bin früh aufgestanden und habe nun vor dem Frühstück noch etwas Zeit. – Ja, also Merete fand ich schliesslich und sie und Kim waren doch eben von dem Gefühl der völligen Unsicherheit stark beeindruckt. Als ich ihnen versicherte, daß man sich daran gewöhnte, wollten sie es absolut nicht glauben. – Aber der Tag stand ganz unter dem Eindruck der bevorstehenden Juden-Evakuierung,[5] über die anscheinend die ganze Stadt sprach und deren politische Folgen ganz unabsehbar sind. Die Razzia fand in der folgenden Nacht, also vom 1./

2. 10. statt. 3 Schiffe waren abends in den Hafen gekommen, um am Morgen mit 6000 Juden wieder auszulaufen nach Stettin. Die ganze Aktion war gross aufgezogen. Hanneken hatte sich breitschlagen lassen, Geheime Feldpolizei mit einzusetzen und auch in Dänemark wohnende Deutsche dafür einzuziehen. Das Telephon ganz Kopenhagens war von 9–12 abgestellt. Im Ganzen hat man statt der 6000 nur 200 erwischt, alle anderen waren auf und davon, und mit diesen 200 ist das eine Schiff am Morgen losgefahren. Ich sprach am Morgen des 2. mit Best[6] und Hanneken und beide waren sich darüber klar, daß sie sich eine grosse politische Last mit dieser Massnahme aufgeladen hatten und warteten auf eine Reaktion. Inzwischen haben die Schweden eine Protestnote in Berlin abgegeben und haben allen Juden, die rüber kommen können, Asyl angeboten. In Dänemark selbst ist noch nichts geschehen, es wird wohl auch nichts Augenfälliges geschehen, vielmehr wird sich die Reaktion in einem Wachsen der passiven Resistenz der Beamtenschaft zeigen.

Den Nachmittag des 1. über sprach ich mit all den militärischen Bearbeitern von Hanneken bis zum Ic und am Morgen des 2. mit Best und seinen Leuten. Best ist kein schlechter Mann, er ist jedenfalls klug. Bei dem deutschen General hingegen ist nur der Oberstkriegsgerichtsrat Kanter[7] ein Mann, der seine Kategorien kennt. Hanneken ist ein törichter, lauter Mann, der, völlig fehl am Platze, höchstens für den Kasernenhof gemacht ist. Best ist ihm turmhoch überlegen und diese Unterlegenheit führt H. dazu, auf Best wie toll zu schimpfen. So ist der Konflikt zwischen H. und B. das Hauptkennzeichen der dänischen Lage und m. E. ist viel von dem, was geschehen ist, aus diesem Konflikt zu erklären. Dazu ist H. weich, lässt sich von Best in alles hineintreten, was B. will, und macht ganz unmögliche Sachen. Dazu werden ganz grundlegende Fragen nur am Telephon besprochen, sodaß für einige wirklich tolle Anordnungen von H., für die ich um eine Erklärung und Rechtfertigung bat, keine Unterlagen da waren mit Ausnahme der lakonischen Bemerkung: das hat der Reichsbevollmächtigte[8] so gewünscht.

5. 10. Fortsetzg.

Das Unglück ist eben, daß die Dänen die Folgen dieser Unfähigkeit tragen müssen und m. E. steuern wir da in ganz komplizierte und schwierige Lagen hinein, in denen Konflikte mit den dänischen Gerichten und den dänischen Verwaltungsbehörden garnicht ausbleiben können. Ich bin also ziemlich beunruhigt abgefahren, wenn ich auch mit allen, mit denen ich gesprochen habe, über das Erschiessen ganz eingehende und durchaus befriedigende Erörterungen hatte. Sie haben mir alle versichert, daß sie sich darüber klar seien, daß das Erschiessen Einzelner nichts nutzen und politisch ungeheuer viel schaden würde. Am meisten hat mich beruhigt, daß Best auf diesem Punkt ganz kategorisch war. Nur weiss ich nicht, wie er sich auf die Dauer seine Stellung denkt, denn wenn er nicht H. wegbeisst, so wird das nie gehen.

Mit meinen Besprechungen war ich am 2. um 12 fertig und traf mich dann nochmals mit Kim & Merete. Kim hat also jetzt einen Sohn und ist ein sehr netter Familienvater. Seine Frau habe ich kaum gesehen, weil sie mit dem Kind spazieren war. Merete hatte Nachricht von Esther[9] gehabt, aber nur einen Rote-Kreuz-Brief. Immerhin ergab sich daraus, daß es ihr gut geht. – Kim scheint in seinem Amt sehr gut etabliert zu sein und wird so ein richtiger vollwertiger Staatsbeamter. Trotzdem hat er dieses Knabenhafte weiter an sich, was nett ist. – Merete arbeitet augenblicklich nicht in Politiken,[10] weil sie befürchtet bei jeder neuen Aktion mit hochgenommen zu werden und ist dadurch in keiner sehr guten Verfassung. Sie ist richtig nervös. Ich habe ihr sehr dazu geraten auf alle Fälle wieder mit der Arbeit zu beginnen, hatte aber nicht den Eindruck, daß sie sich dazu entschliessen könnte. – Scavenius[11] lebt als Privatmann auf dem Lande.

Am 2. um 6.10 fuhr ich nach einem riesigen Essen zum Flugplatz und hüpfte dann in 15 Minuten nach Malmö, wo ich bequem meinen Zug nach Oslo erreichte, in dem ich sicher sehr angenehm gereist wäre, wenn nicht in irgendeiner Station die aus Dänemark mit der Fähre kommenden Deutschen eingestiegen wären, die erst ein Mal fürchterlich laut auftraten und sich schlecht benahmen und von denen ein Knote ins Bett über mich stieg. Nein, was für ein Volk in diesem Zuge fährt, das kann man sich nicht vorstellen. Ich bin auch ganz früh aufgestanden und habe mich in das Abteil des Schlafwagenschaffners gesetzt, der eine Station vor der Grenze aussteigt, so habe ich diese Leute wenigstens am Tage nicht zu sehen brauchen.

Hier in Oslo kam ich am Sonntagmittag an. Gleich nach dem Essen kam Steltzer, mit dem ich erst eine lange Unterhaltung hatte, um dann von ihm auf einen der Berge mitgenommen zu werden, von dem wir im Angesicht des majestätischen, im Herbstschmuck prangenden Oslofjordes zu Fuss herabstiegen. St. hat seine Sache wirklich sehr gut gemacht, nur zeigt auch er jetzt Zeichen der Ungeduld. Wir assen dann allein und gingen um ½ 9 zu den Freunden,[12] die ich in relativ gedrückter Stimmung fand. Auch da die Ungeduld. Die Zeit vergeht nicht schnell genug, der unangenehme Winter steht vor der Tür, die Frau des Malers[13] ist schwer krank, der Freund des anderen ist zum Tode verurteilt. So habe ich den ganzen Abend bis 12 so gut wie allein bestritten und war dann auch rechtschaffen müde. [Trotzdem?] erwachte ich zu meiner üblichen Zeit, zog mich an und fing an zu lesen. Als mich Steltzer, der mit mir zwischen 8 und 8.30 frühstücken wollte, um ¾ 9 noch nicht abgeholt hatte, ging ich zu ihm ins Zimmer, wo er noch sanft schlief und mir bedeutete es sei erst ¾ 8, da inzwischen Winterzeit sei. Er war aber dann in einer Viertelstunde fertig.

Um 9 gingen dann meine Besprechungen mit den Militärs los – am 4. –; die Qualität all dieser Leute ist mässig, sodaß es nicht gerade Freude macht, sich mit ihnen zu unterhalten. Vergnügen macht eigentlich nur ein jüngerer Mann, Herr von Löbbecke, aber der ist wieder so auf sich eingestellt und so wenig für allgemeine Fragen als solche interessiert, daß er eben doch nicht ganz mein Fall ist. Der netteste jüngere Mann, Hammersen, ist gerade in Berlin auf Urlaub, wo er mich auch aufsuchte. Immerhin die sachlichen Fragen gingen glatt. Ich ass dann bei den hohen Herren, allerdings ohne den Generaloberst, der unterwegs war. Über die allgemeine Kriegslage wissen sie wenig und machen sich noch weniger Gedanken. Die Rede von Goebbels[14] hatte sie wieder aufgerichtet und die grösste Transport-Katastrophe der Zeit unserer Besetzung Norwegens, nämlich den Verlust von 30.000 to Schiffsraum bei einem englischen Angriff am Morgen, nahmen sie ziemlich ruhig. Es sind eben alles Landsoldaten und die Besetzung der kleinsten und bedeutungslosesten Insel interessiert sie mehr als eine wichtige See- oder Luft-Operation. Komische Menschen! Sie sehen anscheinend garnicht, daß die Tatsache, daß englische Flugzeuge von einem 150 km von der norwegischen Küste entfernten Flugzeugträger aufsteigend in 20 Minuten einen ganzen Hafen ausräumen können bei nur 2 Verlusten, eine hohe symptomatische Bedeutung für Möglichkeiten aller Art hat und daß die Landoperationen bei einer solchen See- und Luftlage einfach folgen müssen wie der Donner dem Blitz und daß sie auch in ihrem Ausgang garnicht zweifelhaft sein können.

Nach Tisch gingen wir, d. h. Steltzer und ich, zur Kirche, wo ein Mitarbeiter von Steltzer, der Pfarrer[15] ist, an jedem Montag für eine ganz kleine militärische Gemeinde eine sogenannte Berneuchener Messe hält, d. h. Gottesdienst mit Abendmahl. Es waren nur 6 Gemeindemitglieder, aber die Atmosphäre war sehr schön und erhebend. So hat es mich gefreut, dagewesen zu sein und wenigstens auf die Art eine Erntedankfestpredigt gehört zu haben. Um ½ 5 waren wir zurück und um 5 ging ich zum Ast-Leiter.[16] Abends sass ich mit Löbbecke zusammen, da St.[17] ein offizielles Essen hatte. – So, nun bin ich mit allem nach. Es ist 20 nach 8 und Steltzer wird wohl gleich kommen, mich abzuholen. ...

Oslo, den 7. 10. 43

Infolge einer Panne bin ich noch hier. Mein schwedisches Visum ist nicht gekommen und so muss ich alle meine Hoffnungen auf einen friedlichen Tag in Stockholm aufgeben. ...

Gestern habe ich, nein ich muss ja noch über vorgestern berichten. Vorgestern früh war ich von 10 bis 12.30 bei den diversen S-D Chefs. Das war ausführlich, manchmal etwas schwierig aber im ganzen nützlich. Besonders nützlich war, daß ich von ihnen praktisch erfuhr, daß sie mit neuen Schlägen gegen die Norweger rechnen, weniger weil die militärische oder polizeiliche Lage es erfordert, sondern vielmehr, weil das als Akt der Politik für erforderlich gehalten wird. Sie waren sichtlich damit selbst nicht ganz einverstanden, weil sie die Belastung für grösser halten als den Nutzen. – Die Stellung Quislings hat sich sichtlich in den letzten 6 Monaten vollständig geändert: die Zeit, in der man versuchte, ihn als Politiker zu verwenden, ist vorbei. Statt dessen wird er heute umgewandelt in den Chef einer Truppe von zuverlässigen, ausgebildeten Männern, die im inneren Kampf in Norwegen eingesetzt werden soll, und zwar nicht, um Quisling letztlich in den Sattel zu heben, sondern um ausschliesslich deutschen Absichten voranzuhelfen. – Das war also alles sehr lehrreich und als Ergebnis muss man feststellen, daß die norwegische innere Lage, die vor 6 Monaten im Sinne der Widerstandsbewegung stabil erschien, heute ausgesprochen labil ist und die Chance in sich trägt, den norwegischen Widerstand mindestens erheblich zu schwächen.

Nach Tisch gingen Steltzer und ich zu einem bis 6.30 ausgedehnten Tee zu unseren Freunden, mit denen riesig viel zu besprechen war. Sie waren nett und aufgeschlossen und hatten gute Einfälle. Sie haben nur ganz offenbar den Krieg riesig satt und können sein Ende nicht mehr recht erwarten. Es gab himmlischen Tee und höchst interessante Kekse oder vielmehr die Kekse waren uninteressant aber auf ihnen war eine ganz stark schmeckende Beerenmarmelade, die wohl aus wilden Beeren bestand, die zwischen Johannisbeeren und Preisselbeeren schmeckten.

Am Abend waren wir bei dem hiesigen Schiffahrtsgewaltigen eingeladen, wobei sich aber nichts Besonderes ergab. Es war nur schön, einen kleinen Mann immer umschichtig von ,,meinem Stadthaus,“ ,,meinem Landhaus,“ ,,meinem Gut,“ ,meinem Weinkeller“ sprechen zu hören. Dabei hat er das alles, glaube ich, ganz rechtmässig als Hamburger Reeder erworben, aber es klang zu schön.

Gestern früh habe ich mit dem Leiter der Abwehrstelle gesprochen, der mir einen guten Eindruck machte. Jedenfalls ist er besser als sein

Vorgänger. Damit war ich so um 11 fertig und dann habe ich von 11 bis 1 Abschiedsbesuche bei den verschiedenen Sachbearbeitern, beim Chef des Stabes und bei dem Generaloberst gemacht. Ich bin eigentlich über die Besprechungen mit diesen Männern angenehm überrascht. Ich hatte erwartet, daß sie sich für die Sachen, die ich wollte, nicht recht interessieren würden. Das war aber weit gefehlt. Sie hatten für diese Probleme durchaus Verständnis und lagen im ganzen auf einer viel richtigeren und besseren Linie als ich zu hoffen gewagt hätte. So wäre der gestrige Tag sehr befriedigend gewesen, wenn ich nicht mittags gehört hätte, daß das Visum nicht da war. Der Versuch, das doch noch in Ordnung zu bekommen hat mich den wesentlichen Teil des Nachmittags gekostet und doch nichts gefruchtet. – Am Abend war Steltzer weg. Ich habe mit dem Generaloberst und den anderen Männern bis 10 gesessen und bin dann zu unseren Freunden gegangen, wo mich Steltzer um 12 abholte.

Heute ist ein herrlicher Herbsttag. Kann ich heute nicht fahren, so mache ich einen Ausflug.

[Fortsetzung] Berlin, den 9. 10. 43

Inzwischen haben wir schon telephoniert und ich habe 3 Briefchen von Dir gelesen, sodaß ich mich ganz hervorragend unterrichtet fühle. Der Flug heute von Kopenhagen war bequem, ich wurde um 7 vom Flugplatz abgeholt und kam gleich in einen Fliegeralarm ohne Schiessen. Da ich einen Wehrmachtwagen hatte, gelangte ich jedoch ins Amt, wo ich nur einen Blick auf die Eingänge tat und mit den diversen Leuten schwätzte. Um ½ 2 ass ich dann allein zu Hause, um 2 kam Adam und um 3 Görschen, jetzt ist es 5 und ich muss noch ein Mal ins Amt. Ob Du doch wohl morgen kommst? Es hat nicht viel Sinn, denn wenn ich Ende der Woche nach Hause will, dann muss ich schnell aufarbeiten.

Also mein Visum kam nicht. Ich beschloss aber, trotzdem zu fahren und den freien Tag lieber auf Kopenhagen zu verlegen, wo ich die neuesten Nachrichten nach Aufhebung des Ausnahmezustandes einziehen wollte, und ausserdem wollte ich Merete noch ein Mal sehen, der ich Ende der vorigen Woche auf eine Frage eine ungeschickte Antwort gegeben hatte, die sie missverstehen musste. St. fuhr mich vormittags noch ein Mal im Auto an einen wunderbaren Blick über den herbstlichen Oslofjord, dann gab es Essen und vom Mittagstisch aus fuhr ich ab, wieder mit einem strahlenden, bunten Herbsttag. Nach 3 Stunden stieg ich in einen Schlafwagen um, der mich bequem bis Malmö brachte, wo ich um ¾ 7 ankam, frühstückte und um ¾ 8 auf den Flugplatz fuhr. Von da flog ich nach Kopenhagen, wo ich um ½ 9 war und um 10 traf ich Merete. – Die Stimmung in der Stadt hatte sich sichtlich verschärft. Ich habe noch in keinem besetzten Gebiet so hasserfüllte, auf deutsche Uniformierte gerichtete Blicke gesehen. Die Leute sind ganz einfach ausser sich. Das Wegschaffen der Juden hat ihnen das Gefühl gegeben, daß sie nun alle unsicher sind und sie reagieren sehr scharf. Die Soldaten, die ich sprach, behaupteten, alles sei in Butter. Die ahnungslosen Engel! Sie kennen keine Menschen und haben keine Organe. Ich bin gegen Abend 2 Stunden durch die Stadt gewandert. Das hat mir gereicht. – Aber auch das ist eine schöne Stadt. Besonders hat sie einige sehr schöne und riesig abwechslungsvolle Türme. ...

1 *Ausnahmezustand:* am 29. 8. 43 verhängt, am 6. 10. aufgehoben. 2 *Hanneken:* General der Infanterie Hermann von Hanneken, Befehlshaber der deutschen Truppen in Dänemark, ab 4. 11. 43 mit dem Status des Wehrmachtsbefehlshabers. 3 *Merete:* Bonnesen. 4 *Kim:* Bonnesen. 5 *Juden-Evakuierung:* M. hatte Kim Bonnesen eine Warnung über die bevorstehende Deportation der Juden zukommen lassen, der sie weitergab. Die umfassende Rettungsaktion war jedoch durch die frühere Warnung von Georg Ferdinand Duckwitz, dem deutschen Schiffahrtsattaché in Kopenhagen, ausgelöst worden. (Zu dem ganzen Vorgang s. Leni Yahil, The Rescue of Danish Jewry; Test of a Democracy. Translated from the Hebrew by Morris Gradel, Philadelphia 1969.) 6 *Best:* Dr. Werner Best, vom November 1942 bis Mai 1945 Reichsbevollmächtigter in Dänemark und als solcher dem Auswärtigen Amt unterstellt. 1903 geboren, Verwaltungsjurist, Mitverfasser der ‚Boxheimer Dokumente' (vgl. 24. 6. 41, Anm. 1), hatte nach 1933 eine steile Karriere im Geheimen Staatspolizeiamt, bei der Sicherheitspolizei und im Reichssicherheitshauptamt, wo er aber mit Heydrich in Konflikt kam. 1940–42 SS-Brigadeführer und Chef der Abteilung Verwaltung in der deutschen Militärverwaltung in Frankreich. Nach dem Krieg von den Dänen zuerst zum Tode, dann zu 12 Jahren Gefängnis verurteilt, 1951 freigelassen. 7 *Kanter:* Ernst Kanter – s. Hubert Schorn, Der Richter im Dritten Reich, Frankfurt 1959, S. 313–323. Er arbeitete eng mit dem Chefrichter des Heeres, Dr. Karl Sack, zusammen (s. 20. 6. 43, Anm. 1, und Hermann Bösch, Heeresrichter Dr. Karl Sack im Widerstand. München 1967). 8 *Reichsbevollmächtigter:* davor „Reichskommi" getilgt. 9 *Esther:* s. 17. 3. 43. 10 *Politiken:* ihrer Zeitung. 11 *Scavenius:* Erik Scavenius, dänischer Staatsminister und Außenminister Juli 1940, Premierminister bis 29. 8. 43. 12 *Freunden:* vgl. 17. 4. 42. Zu dem Freundeskreis, besonders dem Soziologen Arvid Brodersen und dem „Smedbråten-Kreis" s. Winterhager, S. 165 f. 13 *Maler:* Henrik Sørensen. 14 *Goebbels:* Goebbels hatte am 3. 10. zum Erntedankfest im Berliner Sportpalast eine Rede gehalten. 15 *Pfarrer:* Friedrich Schauer. 16 *Ast-Leiter:* Leiter der Abwehrstelle. 17 *St.:* Steltzer.

Berlin, [Sonntag] den 10. 10. 43

... Es war ein Segen, daß ich heute ins Amt ging, denn ich fand einige Sachen vor, die bereits erheblich angekränkelt waren, und die ich mich durch Telephone und Fernschreiben wieder zu richten bemüht habe. –

... Wie gut, daß Du nicht da bist, denn an die erste Besprechung schloss sich eine zweite, dann kamen mehrere Telephongespräche und eben bin ich erst fertig mit dem Diktat einer Aufzeichnung für meinen Führer und jetzt ist es 4.30. In 10 Minuten holt mich der Wagen, um mich raus zu bringen. So wäre überhaupt kein friedliches Minütchen herausgekommen und das Essen ist ganz ins Wasser gefallen. So gibt es gar keine Ruhe heute. Es sind wieder eine Reihe toller Sachen passiert. Wenn nur dies alles nicht immer Menschenleben und Menschenglück kostete. ...

Berlin, den 18. 10. 43

Wie schön war es bei Ihnen, mein Herz. Wo bin ich denn zu Hause wenn nicht bei Ihnen und Ihren Söhnchen. Heute, mein Jubiläums-Pim, ist es 12 Jahre her und 38 & 62.[1] Wir sind jetzt allein noch übrig. ...

Gestern abend war ich um 7 bei Peter, wo Neumann,[2] Friedrich, Husen & Eugen waren, der letzte leider recht elend und abgespannt. Es ist nicht ganz klar, was er hat. Es war kein recht produktiver Abend. Sie waren schon auf falscher Bahn und konnten nicht mehr herunter. Da der Alarm dazwischenkam mit viel Jägern in der Luft und etwas Schiessen in der Ferne, dauerte es bis 11. Ich war redlich müde, obwohl kein Grund dafür vorhanden war, denn ich war bequem gereist.

Heute früh war ich beim Truppenarzt und werde nun wohl endlich k.v.[3] werden. Jedenfalls war der Mann so grässlich barsch und unfreundlich, daß ich das annehme. Welch widerlicher Geist des Misstrauens und des Willens zum Fertigmachen herrscht da. Ekelhaft! – Dann ging ein sehr unangenehmer Tag an, weil einfach zu viel Arbeit auf meinem Tisch landet und mit aller Geschwindigkeit kann ich eigentlich reell nicht fertig werden. – Dazu kommt, daß gegen Wengler, der noch in Istanbul ist, eine scheussliche Denunziation[4] gekommen ist, die offenbar in den Kampf um den Direktorenposten des Instituts gehört; man schiesst auf Wengler, um mich zu disqualifizieren, bei der Besetzung mitzureden. An der Geschichte kann kein wahres Wort sein. Immerhin kommt sie mit allem Ernst vom S. D. und ich kann es mir nicht leisten, darüber zur Tagesordnung überzugehen. Das hat mich den ersten Teil des Vormittags gekostet, den zweiten Teil kostete mich der Transport meines Gepäcks, was pünktlich da war und nun richtig gelandet ist.

Mittags war Peter allein da. Wir haben die Gesamtlage besprochen und ich hoffe, daß das so nützlich war. Jedenfalls glaube ich es. Nachmittags kamen Husen, Eddy & Stauffenberg und Frl. Breslauer. Jetzt ist es ½8 und ich muss allmählich an den Heimweg denken, denn gestern kamen die Flieger um ½ 9. ...

1 *38 & 62:* 12 Jahre seit seiner und Freyas Hochzeit, 38 und 62 Jahre seit der seiner Eltern und Großeltern. 2 *Neumann:* Leber. 3 *k. v.:* kriegsverwendungsfähig: seit Beginn des Krieges war M. „büroverwendungsfähig". 4 *Denunziation:* vgl. 20. 10. 43.

Berlin, den 19. 10. 43

Nur ein Grüsschen, das ohnehin erst morgen früh abgeht. Der Tag war bis zum Rande gefüllt, darunter eine sehr unangenehme Sache: gegen Wengler, der noch in Istanbul ist, ist eine ganz widerliche Denunziation erfolgt und so blödsinnig sie ist, so wenig wird sie sich totschweigen lassen. Das gefährdet meinen Urlaub, denn wenn Bürkner aus Angst etwa W. beurlauben würde bis zur Klärung, so kann ich nicht weg. Die Sache hat mich heute 3 Stunden gekostet. Ich bin wütend auf Wengler, der bereits Sonntag wiederkommen sollte, denn die ganze Geschichte wird von seinen Widersachern in seiner Abwesenheit aufgeblasen.

Gute Nacht, mein Herz, schlafen Sie wohl. Wie mag Reichweins Einzug gewesen sein.

Berlin, den 20. 10. 43

Heute wird es einen stürmischen Tag geben und darum will ich lieber jetzt am Morgen schreiben, ehe es losgeht. – Gestern also ging es mit Ärger über Wengler's Affäre los. Ich musste darüber mit Stauffenberg[1] sprechen, mit den Leuten aus dem Institut und vor allem mit dem Hauptschuldigen der die ganze Sache angedreht hat. Daneben gibt es massenhaft Arbeit, es fliesst nur so immer heran. Weiss der liebe Himmel, warum das plötzlich so ist. Gestern wurde Oxé von den beiden Generälen in Belgrad und Agram angerufen und gebeten, ich möchte ein Mal dahin kommen. Das hat mir gerade noch gefehlt. Dort kann ich ja doch nichts mehr nützen.

Mittags war Adam da und anschliessend kam ein Mann aus München. Dort scheint es ziemlich übel auszusehen, Delp's Haus ist abgedeckt, und die Kirche hat auch etwas abbekommen; die andere Bogenhausener Kirche ist ausgebrannt. Was er sonst zu berichten hat, war im ganzen nicht erfreulich und man hat den Eindruck, daß einige Leute da unten ganz einfach kindisch geworden sind.

Mittags ging ich dann zu Konrad, mit dem ich eine anstrengende, aber im ganzen fruchtbare Unterhaltung von 2 ½ Stunden hatte. Er ist doch ein ungewöhnlich kluger und scharf-denkender Mann. Jedenfalls war ich wieder von ihm sehr angetan, wenn auch seine Skepsis bei einem Kirchenfürsten immer etwas arg herabziehend wirkt. Nun, wie immer es sei, es war ein guter Nachmittag. Um 8 war ich wieder draussen, wo

C. D. & Einsiedel waren. Es war so allerhand zu besprechen. Sie haben sich ganz nett fortgebildet und so war der Abend schnell herum und es war ½ 12 als sie gingen.

Heute werde ich nicht viel im Amt sitzen. Morgens habe ich eine Besprechung im Institut, die einige Stunden dauern wird, und nachmittags gehe ich, ebenfalls zu einer längeren Besprechung, zum S. D. Abends ist, glaube ich, nichts los. ...

1 *mit Stauffenberg sprechen:* vgl. auch 30. 9. 43, und zu Einzelheiten dieser Affäre: Moltke/Balfour/Frisby, Moltke, S. 272 ff., wo allerdings nach „sprechen" 12 Worte versehentlich ausgelassen sind, so daß der falsche Eindruck entsteht, als ob Berthold Stauffenberg „die ganze Sache angedreht" hätte.

Berlin, den 21. 10. 43

Nur ein Grüsschen, denn ich muss eben zu einer Besprechung ins A. A. mit Adam und seinem Unterstaatssekretär Keppler. Ich trete als Führer der militärischen Verhandlungspartner auf: einem Oberstleutnant, einem Major, und einem Oberleutnant. Ob A. + ich wohl ernst bleiben werden? ...

Berlin, den 22. 10. 43

... Morgen um 7 fahre ich raus nach Zeppelin[1] um mir den ganzen Mist von Bürkner unterschreiben zu lassen und, wenn ich mittags zurückkomme, dann kann ich mich mit gutem Gewissen dem Büro widmen, das das nämlich auch bitter nötig hat. Morgen will ich dann die Woche mit freiem Tisch beginnen und, wenn es gut geht, kann ich dann am Mittwoch fahren.

Heute mittag war Christiansen da. Es ist doch immer wieder beeindruckend, was für ein netter, qualitativ hochstehender Mann er ist. Er war jetzt 8 Tage in Hamburg und auf seinem Hof in Schleswig-Holstein. Von beiden erzählte er recht unerfreuliche Dinge.

Der heutige Tag litt etwas darunter, daß ich um ½ 1 aufbrechen musste, um mit Oxé einen meiner intimsten Gegner aus dem OKW, Geheimrat Wagner[2] zu beerdigen. Er ist mit über 70 Jahren jetzt gestorben und ich kann nur sagen, 3 Jahre zu spät. Vieles hätte verhütet werden können, wenn der zähe, eigensinnige alte Mann nicht dagesessen hätte. Er hiess bei uns nur der Giftzwerg. Er war ein hervorragender Strafjurist und betrachtete alles unter rein innerstaatlichen Gesichtspunkten. Nun, jetzt ist er also tot und sein Nachfolger[3] ist ein Mann, mit dem ich jedenfalls sehr viel leichter werde arbeiten können.

Reichwein war gestern abend in sehr guter Form. Er will Samstag nach dem Bodensee. Mir scheint, daß es ihm schon besser geht, seit seine Familie untergebracht ist. Wenn er jetzt noch 14 Tage Urlaub macht, dann wird er wohl wieder ganz in Schuss sein. Ich freute mich sehr, von ihm ganz frische Berichte von Dir und von dem Einzug zu bekommen. ...

1 *Zeppelin:* das Ausweichquartier der Abwehr in Zossen. 2 *Wagner:* Dr. Maximilian Wagner von der Wehrmacht-Rechtsabteilung. 3 *Nachfolger:* Alfons Waltzog.

Berlin, [Sonntag] den 24. 10. 43

... Sonnabend früh fuhren Oxé und ich zu Bürkner nach Zeppelin, wo wir an einem schönen, warmen Herbsttag um ½ 9 eintrafen und gleich zu Bürkner gingen, von wo wir nach 2 Stunden vollbefriedigt wieder herauskamen. Alles war glatt über die Bühne gegangen. Wir fuhren gleich zurück und gingen von der Bahn zu Ministerialdirektor Sack,[1] dem Chef des Heeresrechtswesens, wo mein Kriegsgerichtsrat Kanter aus Kopenhagen auf mich wartete. Mit ihm und Sack besprachen wir dann die dänischen Angelegenheiten, die sich immer mehr zuspitzen. Wir kamen auch zu einem Programm, an dem sich weiterarbeiten lässt. Das dauerte bis 2 Uhr und dann traf ich wieder mit Peter und Christiansen zum Essen zusammen. Chr. hatte am Nachmittag eine Unterhaltung mit Neumann[2] und Husen gehabt, von der er recht befriedigt war. Um 5.15 zogen Peter + Chr. ab.

Ich war durch die rasend anstrengende Woche so mitgenommen, daß ich beschloss ins Bett zu steigen. ... Als ich aufwachte, war es nach 9 und ich zog mich an, um ins Amt zu gehen.

Nachdem ich die Eingänge durchgelesen hatte, kam Oxé, um mir zu eröffnen, daß Bürkner, entgegen unserer Verabredung am Samstagvormittag angeordnet hätte, daß Wengler nicht weiter zu beschäftigen sei. Darauf wurde ich fuchsteufelswild und sagte Oxé, daß ich nicht bleiben würde, wenn diese Entscheidung aufrechterhalten würde, denn *a.* könne man mir nicht zumuten zu arbeiten, wenn mir im entscheidenden Augenblick die Hilfsarbeiter weggenommen würden, und *b.* und das sei viel gravierender, sei ich nicht bereit, zuzulassen, daß meine Hilfsarbeiter einfach wie der letzte Dreck fallengelassen würden, sobald eine noch so blödsinnige Denunziation gegen sie vorgebracht würde. Über diese ganze Sache haben wir dann, teils zu zweit, teils mit Stauffenberg, bis um ½ 1 geredet. Dann musste ich ins Büro, einige Sachen erledigen, dann habe ich zu Hause gegessen und jetzt ist es nach 4 und ich muss mich eilen, in die Hortensienstr. zu kommen, wo um 5 Friedrich erscheint.

Diese Sache Wengler ist eine ganz grosse Schweinerei. Abgesehen davon kommt sie mir jetzt so ungelegen wie nur möglich, denn ich kann einfach nicht weg, wenn hier nicht irgend jemand ist, der etwas vom Geschäft versteht. Ich habe Oxé gesagt, ich führe aber auf alle Fälle und wenn er die Sache mit Wengler nicht geradeböge, so sei das seine Sache, er und Bürkner könnten dann ihren Dreck mal 14 Tage alleine machen. Aber ich kann das wirklich sehr schlecht tun. Immerhin war ich so böse, daß Oxé sicherlich alles tun wird, um die Sache wieder in die Reihe zu bringen.

1 *Sack:* s. 20. 6. 43, Anm. 1 und 4. 10. 43, Anm. 7. Vgl. Hoffmann, Widerstand, S. 766. 2 *Neumann:* Leber.

Berlin, den 26. 10. 43

Wieder nur ein Grüsschen. Gestern waren Nachmittag und Abend Friedrich, König und Husen da zu einer sehr fruchtbaren Unterhaltung, die insbesondere zwischen Husen und Friedrich sehr zündend und gut ging. F. war in grosser Form. Im Bett war ich um 2 Uhr und musste um 6 pünktlich aufstehen, weil Wengler um 8 zu mir kommen wollte. Bis 10 haben wir dann an dem Fall Wengler operiert, der immer schlechter und schlechter wird. Das Ganze ist eine Gemeinheit.

Um 11 war ich dann in einer Besprechung in Sachen Kempinski, die sehr unerfreulich war und bis ½ 2 dauerte, anschliessend war ich im Amt, jetzt um ½ 5 hat mich gerade ein Mann aus dem A. A., der Dänemark-Referent, verlassen und ich muss zu Conrad eilen, um ½ 8 kommt Adam. – Urlaubsaussichten ganz schlecht. Keinesfalls vor Donnerstag. Ich bin recht böse darüber.

Berlin, den 27. 10. 43

Ich schreibe nur ein kurzes Wörtchen, weil ich mal wieder hoffe, morgen abend doch fahren zu können. Ob es gelingt, ist aber keineswegs sicher. Jedenfalls habe ich mal wieder eine Nachtschicht eingelegt. Es ist jetzt 10 Uhr und das Hauptprogramm geht erst noch los. Immerhin, wenn ich jetzt 3 Stunden ruhig arbeiten kann, dann fleckt das schon.

Von mir ist eigentlich nichts zu berichten als Arbeit, Arbeit und noch ein Mal Arbeit. Dabei eine Sache verantwortungsvoller und schwieriger als die andere. – Glücklicherweise kommt die Sache Wengler jetzt in ein vernünftiges Geleise: er wird die Sache gegen sich selbst anzeigen und wir werden auf schnelle Durchführung des Verfahrens drängen; so wird sich hoffentlich innerhalb weniger Wochen die ganze Haltlosigkeit jener Denunziation erweisen. Inzwischen ist ein ganz leidlicher Mann als Vertreter[1] bestellt und Wengler sitzt bei uns während meiner Abwesenheit so rum, unter dem Vorwand, seine Reiseberichte fertigzustellen. So wird es wohl leidlich gehen.

Gestern nachmittag und abend haben wir einige Sachen im Institut besprochen. Dadurch hoffe ich, jetzt wenigstens 2 sehr wichtige Sachen so fundiert zu bekommen, daß ich ruhig darüber schlafen kann. Das Anstrengende einer so langen Sitzung ist für mich, der ich ja schliesslich dafür sorgen muss, daß etwas praktisch Brauchbares dabei herauskommt, daß ich nach einem langen Tag dann noch 4 verschiedenen Problemen auf wissenschaftlicher Grundlage gewachsen sein muss, während mir gegenüber für jedes Problem ein Mann sitzt, der sich womöglich tagelang mit diesem einen Problem befasst hat. Es ist so etwas wie mit 4 Partnern Schach spielen. Immerhin habe ich in den letzten Wochen, seit ich aus Norwegen zurück bin, eine geradezu gigantische Produktion von Papier. Wie mag sich das in 10 Jahren lesen? Ob es mir dann auch noch gefällt?

Also, mein Lieber, ich kehre zur Arbeit zurück, hoffend, daß diese Nacht mir als Lohn die morgige Abreise bescheren wird.

1 *Vertreter:* wohl Dr. Friede vom Kaiser-Wilhelm-Institut – s. van Roon, Völkerrecht, S. 279.

Berlin, den 6. 11. 43

... Mein Herz, es war so schön bei Ihnen, wie es immer bei Ihnen ist. Sie wissen ja wo allein ich zu Hause bin. Wie lieb leuchten die 7 Täglein aus der Vergangenheit hervor. Ob sie auch eine Zukunft versprechen weiss man nicht, aber man muss für das Vergangene dankbar sein. Pflegen Sie sich, mein Herz, sich und Ihre Söhnchen.

Es ist mir ein Trost, daß meine Rückkehr von jedem Gesichtspunkt aus unbedingt nötig war. Oxé hat in der Sache Wengler etwas verbockt, was ich gerade noch werde in Ordnung bringen können, im Amt ist überhaupt sehr viel zu richten. – Ausserdem ist Adam mit Mitteilungen zurückgekommen, die er mit mir besprechen will und die ungeheure Aktivität von Neumann[1] und Genossen ist etwas ausser Tuchfühlung geraten. Friedrich kommt heute mittag zum Essen. ...

1 *Neumann:* Leber.

Berlin, [Sonntag] den 7. 11. 43

... Gestern mittag kam Friedrich. Es stellte sich heraus, daß mein Urlaub schon inopportun gewesen war, denn die waren etwas gar zu stürmisch vorgegangen und hatten in etwa die Tuchfühlung verloren. Ich muss jetzt sehen, wie ich meine Garde hinterher bekomme. Das wird beachtliche Schwierigkeiten machen. – Aber im Grunde bin ich froh, daß nun plötzlich so viel Impetus da ist. – Nachmittags kam Adam. Er hat sehr interessante Tage in Stockholm verlebt und hat auch manches erreicht. Dort traf er Steltzer, der Ende des Monats hierherkommen will. ...

Hier ist viel Arbeit und ich werde heute früh sicher nur den Rand davon abknabbern, denn um 1 Uhr ist bereits Mittag bei Peter und dieses Fest wird sich bis 6 etwa hinziehen. Dann will ich aber zurückkehren, um eine Nachtschicht einzulegen. – Oxé ist weg bis Donnerstag und so bin ich ganz allein. Ich will morgen Besprechungen haben, Dienstag diktieren und Mittwoch früh rausfahren zu Bürkner.

Man will mich jetzt als Soldat ausbilden. 8 Wochen Grundausbildung. Von meiner Person aus gesehen ist nicht das Geringste dagegen zu sagen, aber mir geht inzwischen meine ganze Arbeit kaputt. Ich muss erst ein Mal sehen, was damit wird. So schnell wird das wohl ohnehin nicht gehen.

Berlin, den 9. 11. 43

Ich weiss nicht, ob Du Dir vorstellen kannst, wie man sich fühlt, wenn stündlich mehr und mehr Papier auf einen einflutet und man dieses Krams nicht Herr wird. Ich sitze hier an meinem Schreibtisch einfach unter Papier, auf allen Tischen, Regalen und Ablageplätzen liegen Akten, die bearbeitet werden müssen und wegen der Berge verbrauche ich einen grossen Teil meiner Zeit damit, die Dringlichkeit der einzelnen Sachen zu regeln. Dabei geht ständig das Telephon aus allen Hauptstädten der von uns besetzten Gebiete, von allen Dienststellen hier. Ich werde der Sache schon Herr werden, aber es ist grässlich.

Dazu kommt, daß meine privaten Präokkupationen mich sehr mit Beschlag belegen. Gestern mittag war Haubach da bis ½ 4, um ½ 6 Adam, um ½ 7 Friedrich bis 9 Uhr, dann Peter und Adam. Wir durchlaufen eine grundsätzliche Gefahrenzone, in der manche hoffen, das Boot schwimmfähiger zu machen, indem sie Grundsätze opfern, dabei aber vergessen, daß sie dadurch dem Boot die Steuerbarkeit nehmen. – Die Sache, die ich Dir gegenüber vor einigen Tagen andeutete, ist jetzt geboren und das Kind wird wohl mit diesem Brief zu Dir gelangen mit der Bitte, Du mögest es zu Deinen anderen Kindern[1] nehmen und zwar gleich. An dieser Geburt ist sogar der Onkel[2] beteiligt.

Nachdem ich den letzten Satz geschrieben hatte, haben sich Eddy & Haubach für heute nachmittag angesagt; um 4 habe ich eine Sitzung, die bis 5.30 dauern wird, und ich muss diktieren und Wend will doch auch etwas Zeit haben. Wie soll man eigentlich 24 Stunden durch die Arbeit dividieren.

Du siehst, von mir ist eigentlich nichts zu berichten, nur Arbeit, alle Stunden und Minuten und dabei geht es mir eigentlich gut. – Übrigens kam gestern Weichold mit Grüssen von seiner Frau auch für Dich. Er wird am Donnerstag bei uns essen. Er ist sichtlich deprimiert. – Die Sache Wengler macht Mühe und geht nicht voran. ...

1 *Kindern:* Kein solches Dokument ist unter den erhaltenen Kreisauer Papieren. Es könnte sich um die „Bemerkungen zum Friedensprogramm der amerikanischen Kirchen" handeln – s. van Roon, Neuordnung, S. 578–582. 2 *Onkel:* Leuschner.

Berlin, den 11. November 43

Im Keller des OKW habe ich ganz unerwartet Gelegenheit, Dir noch zu schreiben. Gestern habe ich nicht geschrieben, weil es einfach unmöglich war. Den ganzen gestrigen Vormittag habe ich damit verbracht, aufzuräumen und mich auf den für Nachmittag angesetzten Vortrag bei Bürkner vorzubereiten. Es war eine grosse Menge verschiedener Sachen, die norwegische, dänische, holländische, französische, italienische, balkanesische, polnische, russische, türkische, schwedische und spanische Fragen betrafen. Wie Du siehst, eine Rundfahrt um ganz Europa. Bis ich diese Varietät so geordnet hatte, wie ich sie vortragen wollte, war es mit den unvermeidlichen Störungen 12 Uhr und ich musste zum Essen, weil mein Autobus nach draussen um ½ 2 ging.

Ich fuhr dann raus und um ¾ 3 fing ich mit meinem Vortrag bei Bürkner an, nach einer Stunde gingen wir zu Canaris, von wo wir nach einer weiteren Stunde zurückkamen und dann ging es noch 1½ Stunde weiter bei Bürkner allein. Es war unglaublich anstrengend, aber sehr fruchtbar, denn beide, Bürkner und Canaris hatten genug Zeit und wir kamen wirklich vorwärts. Es war an sich ein richtig angenehmer Arbeitstag. Um ½ 9 war ich schliesslich bei Peter. Steltzer, den wir eigentlich erwarteten, war nicht gekommen, offenbar war sein Flugzeug nicht durchgekommen.

Sachlich drohen erhebliche Gefahren. Friedrich und Neumann[1] befinden sich auf Abwegen, die denen des Onkels[2] nicht unähnlich sind. Es wird grosser Anstrengungen bedürfen, sie wieder auf den rechten Pfad zurückzuführen. Die werden auch gemacht werden, aber das ist eben mal wieder einer der periodischen Anfälle. Hoffentlich geht es vorüber.

Heute früh musste ich die gestern nachmittag fertig gewordenen Sachen nun endgültig absetzen und spedieren und damit verging der Vormittag. Im Laufe des Vormittags begannen auch sehr unangenehme Zahnschmerzen, die sich mittags, als ich um 1 Uhr Weichold abholte, übel steigerten. Ich war daher zu Mittag etwas gehandicapt, aber im ganzen war W. wieder nett wie immer. Ich bin gespannt, was Peter von ihm meinte. Um 2.15 stiess Görschen zu uns und bis alle weg waren, war es ¾ 4. Ich hatte nur so rasende Zahnschmerzen, daß mir nichts anderes übrig blieb, als Pillen zu nehmen und mich hinzulegen und einen Tee zu trinken. Um 4 brach ich dann ins Institut auf, wo wir eine Sitzung hatten, die bis ¾ 8 dauerte. Auf dem Rückweg wurde ich vom Alarm überrascht. ...

1 *Neumann:* Leber. 2 *Onkels:* Leuschners.

Berlin, den 13. 11. 43

... Ja, gestern war ein wie üblich turbulenter Tag. Da ich, oh Wunder! allein zum Essen war, brauchte ich nur ¾ Stunden vom Amt weg zu sein und habe sonst den ganzen Tag gearbeitet bis 6 Uhr, als Eddy mich abholte, um mit mir zu essen. Wir haben dann friedlich zusammengesessen bis 10.30 und dann war ich mehr als bettreif. Gestern und heute bin ich in dem Aktenwust jedesmal bis an die Tischplatte vorgedrungen und so sehe ich, daß ich allmählich der Arbeit wieder Herr werde. Ich habe den Eindruck, daß ich eben, ehe ich nach Kreisau fahre, gerade mit allem fertig sein werde. Ich habe aber Bürkner erklärt, daß ich das jetzige Arbeitsvolumen unmöglich längere Zeit hintereinander durchhalten könnte und daß ich vor allem erst ein Mal Wengler zurückhaben möchte. Das hat dann endlich zu entschiedenen Massnahmen geführt und gestern hat das Kommandantur-Gericht die Aufklärung übernommen. Ich hoffe, daß es nun vorwärtsgehen wird.

Gestern waren wieder Sachbearbeiter vom S. D. da, um sich bei mir nach der völkerrechtlichen Lage in einigen Fragen zu erkundigen. Diese neue und innige Beziehung finde ich rasend komisch und manchmal macht sie mich arg bedenklich. Aber die Leute machen weiter auf mich einen recht guten Eindruck und die praktischen Ergebnisse sind sehr befriedigend. Mein ganzer Laden lacht natürlich über diese Sache und Canaris strahlt. Hoffentlich geht es weiter so.

Steltzer war eben zum Essen da. Er ist gerade weg und ich muss gleich hinterher um Oxé die Hand zu halten und noch einiges zu arbeiten. Morgen ist wieder ein ruhiger Arbeitstag, der hoffentlich beachtliche Fortschritte bringt. – Meine Gedanken flitzen in den immer kürzer werdenden Pausen ständig nach Kreisau. Wie mag es Euch gehen, ob es wohl regnet? Vielleicht kann ich am Montag am Voranschlag diktieren. Jedenfalls habe ich Frl. Breslauer zu Montag früh bestellt und werde ganz einfach zwangsweise eine Stunde dafür nehmen. Nun besteht aber der

Montag nur aus dem Vormittag, denn um 1 kommt Pape, um 3 muss ich zum A. A., um 4 kommt Steltzer und um 6 ist eine Abendbesprechung bei Peter.

Berlin, [Sonntag] den 14. 11. 43

... Mittags war Gerstenmaier bei mir. Wir haben so einen allgemeinen Überblick gehalten, der nichts weniger als erfreulich, aber in einer so angenehmen Atmosphäre der Vertrautheit vor sich ging, daß ich jedenfalls mit den erfreulichsten Gefühlen an diese 2 Stunden zurückdenke. Steltzer war auch schon wieder da, kommt wahrscheinlich noch ein Mal gegen Abend. Um 5 kommt Husen, um 6 Friedrich und dann beginnt die Grossschlacht.

Es wird mir wohl nicht gelingen, Friedrich wieder auf den rechten Weg zurückzubringen, fürchte ich. Er ist zu tief engagiert. Es tut mir leid, ein Mal um ihn persönlich, zum anderen auch sachlich.[1] Denn die Tatsache, daß diese Abirrung möglich war, zeigt doch, daß der Zustand der Reife noch nicht erreicht ist und das ist bedauerlich und mit Leid und Trauer für die Zukunft geladen. Nun Tatsachen bleiben Tatsachen, auch wenn sie unangenehm sind.

Mein Lieber, der Tag fing grossartig an, nämlich mit zwei Briefchen von Dir, die zusammen kamen und mich sehr erfreuten. Ich nahm sie gleich mit ins Amt und vertilgte sie dort. – Die Nachrichten, die ich dort vorfand, entsprachen leider meinen Erwartungen. Wenn man an diesen Berg des Leids denkt, den das bedeutet, dann kann man ganz verzagt werden. Ob die Menschen dadurch etwas lernen? Wenn nicht, dann wehe uns!

Den netten Brief von Frau Wilbrandt[2] schicke ich Dir jetzt zurück. Bitte schreibe ihr gleich per Luftpost und erzähle etwas von uns. Ihre Adresse werde ich Dir verschaffen, wenn Du den Umschlag nicht mehr hast, auf dem sie doch sicher ist. Bitte sage ihr von mir einen schönen Gruss, ich hoffte in der ersten oder zweiten Dezember-Woche hier weg zu können und müsste dann wahrscheinlich nach Istanbul. Ich würde auch schreiben, daß ich letzthin ständig unterwegs gewesen sei. Das Reisen sei zwar anstrengend, aber ich hätte unterwegs eben doch nicht so viel zu tun wie sonst, hätte dadurch friedliche Abende und könnte mich manchmal sogar solchen Beschäftigungen hingeben wie dem Bridge-Spiel, wozu ich nicht käme, wenn ich zu Hause sei. Kaspar[3] sei ein reizendes Kind geworden und ich hätte die grösste Lust, ihn zu sehen.[4] Das sei ganz ausgesprochen ein Anziehungspunkt mehr für mich. – Bücher am Kamin gebe es augenblicklich nicht. Das alles kannst Du im ganzen Brief verstreuen.[5] ...

1 *sachlich:* vgl. 11.11.43. 2 *Frau Wilbrandt:* s. 6.7.43, Anm. 1 und 4. 3 *Kaspar:* das „K" ist sehr deutlich unterstrichen. 4 *zu sehen:* davor ein ausgestrichenes und unleserlich gemachtes Wort, vielleicht „häufig". 5 *verstreuen:* Dieser Brief sollte offensichtlich voll von gut verteilten und verschlüsselten Mitteilungen sein. Das unterstrichene „K" könnte Kirk sein, die Reisen und das Bridgespiel Anspielungen auf Auslandsreisen und ausländische Kontakte.

Berlin W 35 Viktoriastr. 33
15.11.43

... Friedrich teilte mir mit, daß er beabsichtigte, in nächster Zeit in den Ehestand zu treten. Das ist wirklich kaum zu glauben. Er hat ganz offenbar das Junggesellenleben satt. – Sonst war der gestrige Abend mit ihm sehr anstrengend, aber wir sind doch so weit weitergekommen, daß die kleinen Extratourchen nun in absehbarer Zeit wieder in die Generallinie[1] einmünden werden. Es war aber nicht leicht, ist auch noch nicht ganz fertig, denn F. befand sich auf ganz grossen Touren und rollte wie eine D-Zug-Lokomotive seine Bahn.

Mittags war Eugen da; ach darüber berichtete ich ja schon. – Heute morgen habe ich am Bericht über den Voranschlag diktiert. Immer zwischendurch zwischen Telephonen und Besprechungen und anderen Diktaten. Er wird auch danach sein. Aber Fräulein Breslauer muss es erst ein Mal im Entwurf schreiben, dann kann ich es durchkorrigieren. Auch sonst gab es manches zu diktieren. – Mittags waren Pape & Peter da. Pape's Vater ist gestorben. Ich glaube er hat sonst eigentlich niemanden in seiner Familie mehr. Wie leid er mir tut. Was er berichtete entsprach dem, was man immer hört: ausgezeichnete Stimmung der Front, besonders bei Rückzügen, weil man da immer auf Lebensmittellager stösst und daher mehr zu essen bekommt. – Jowo rief heute wieder an, ich war leider gerade nicht im Zimmer. Mir gefallen diese Anrufe garnicht. Ich glaube aber nicht, daß sie individueller Sorge entspringen. – Busch[2] ist Nachfolger von Kluge[3] geworden, der infolge eines Auto-Unfalls ausscheiden musste.

Nach Tisch, heute, kam Steltzer. Er ist immer so schön streng und protestantisch. Ich glaube, auch mit ihm ist alles klar gezogen. Er hat sich sehr gut mit Husen verstanden. So war ich erst um ½ 5 auf dem Amt, musste noch ein wenig regieren, und ziehe jetzt um 5.15 wieder ab, weil zwei Wiener Freunde um 6 kommen. Damit wird dann der Abend gefüllt sein.

Auf Wiedersehen, mein Herz. Alle guten Wünsche für Asta.[4]

[PS] Adam hat eine Tochter bekommen. Das Paket hat er nicht mitgebracht, behauptet aber, es so arrangiert zu haben, daß es vor Weihnachten[5] da ist.

1 *Generallinie:* vgl. 11. 11. 43. 2 *Busch:* Generalfeldmarschall Ernst Busch wurde Oberbefehlshaber der Heeresgruppe Mitte. 3 *Kluge:* Generalfeldmarschall Günther von Kluge (1882–1944) wurde im Juli 1944 Oberbefehlshaber West. Er wurde schon lange von den Verschwörern umworben, konnte sich aber nicht entschließen teilzunehmen; Selbstmord am 19. 8. 44. 4 *Asta:* Astas erstes Kind kam mit einem Herzfehler zur Welt, an dem es starb. 5 *vor Weihnachten:* Es handelt sich um Spielzeug. Vgl. 29. 12. 43.

Berlin, den 16. 11. 43

... Von T. Monika[1] hatte ich heute eine Karte, sie würde mir einen Zentner Kartoffeln schicken. Bei dem vielen Telephonieren habe ich das mit angebracht, denn es erschien mir einfacher, dort einen Zentner zu erbitten, als Euch zu belasten. Schliesslich ist das nun ein Mal für uns ein Notjahr. Die Kartoffelration ist in Berlin auf 3 Pfd. je Kopf und Woche festgesetzt. Rasend wenig, nicht wahr?

Der gestrige Abend war ein Reinfall, da die von Friedrich angekündigten Gäste einfach nicht kamen. Ich bin gespannt, wie sich das aufklären wird. Ob da ein Missverständnis vorliegt, oder ob sie die Züge nicht bekommen haben? – Meine Reise nach Agram fällt ins Wasser, soweit ich sehen kann, da Bürkner nächsten Freitag mit mir nach Istanbul reisen will. Ich habe Oxé gebeten, mich trotzdem jetzt nach Hause fahren zu lassen. Das klärt sich endgültig erst morgen. Ich hoffe also, daß das der letzte Brief sein wird. Ob ich allerdings vor Freitag werde kommen können, erscheint mir zweifelhaft. – Wenn Asta Ende der Woche noch im Krankenhaus liegt, so organisiere doch einen Ausflug, bei dem wir Landrats zum Tee besuchen.

Heute abend kommt Haubach, der sich in letzter Zeit immer besser entwickelt hat. Auch Neumann[2] und Adam muss ich vor meiner Abreise noch sehen. – Heute ist der erste kalte Tag. Man sagt mir, es sei 4° unter 0. Das wird ein schöner Winter werden und es wäre angenehm, wir wären erst ein Mal 6 Monate weiter. – Leider muss ich bei meinem diesmaligen Besuch auch Gersdorff[3] sehen in der Sache Klein-Öls. Sehr lästig! – Übermorgen muss Wend doch wieder fahren. Der Arme. – Weihnachten ist dahin geklärt, daß ich am 22. komme, und am 28. zurück muß. Vielleicht kann ich meine Dienstreise nach Agram dann noch so einflechten, daß ich schon das Wochenende vorher komme.

1 *T. Monika:* Monika von Rittberg, Schwester seines Vaters, die in Pommern lebte. 2 *Neumann:* Leber. 3 *Gersdorff:* Ernst Carl von Gersdorff, Rechtsanwalt in Breslau.

Berlin, den 17. 11. 43

Leider ist es also nichts mit der Abreise morgen. Ich kann frühestens Freitag[1] fahren, denn am Freitag will Canaris eine Besprechung mit Steengracht und Papen[2] haben, zu der ich zugezogen werden soll. Das ist sozusagen auch unvermeidlich, da ich wahrscheinlich der Einzige bin, der genau weiss, was los ist.[3] – Die Reise nach Istanbul ist vorläufig auf den 2. 12. festgesetzt.

Der gestrige Mittag mit C. D. & Einsiedel war sehr nett. Sie waren beide in guter Verfassung und erstaunlich wenig von den Ereignissen mitgenommen. Viele Leute sind augenblicklich so grau und mutlos geworden, und bei diesen beiden ist das also garnicht der Fall. Sachlich wussten sie auch einiges zu sagen. So war das in jeder Hinsicht befriedigend. Auch unser Abend war sehr nett. Haubach war allein da und er hat sich bestens gezeigt. Merkwürdig, wie dieser Mann in letzter Zeit gewachsen ist. Hoffentlich bleibt es dabei. Auch die sachlichen Ergebnisse waren nicht schlecht und es ist ihm und uns manches eingefallen.

Heute bin ich früh gleich ins Institut gegangen und wir haben 3 Stunden lang über ein Gutachten in dänischen Sachen gesprochen. Es war nett und interessant. Ich glaube, daß es im ganzen gut werden wird. Anschliessend bin ich bei Steengracht gewesen, um mit ihm türkische Sachen zu besprechen. Das ging auch gut und zum Schluss lud er mich zu einem Abendessen heute abend ein. Ich bin sehr gespannt, wie das sein wird. Sicher lauter Knoten, eine ganze Sammlung davon. ...

Ich hatte einen Brief von Jowöchen; hatte ich Dir das gestern schon geschrieben? Er berichtet ziemlich unglücklich über den Abgang von Busch.[4] – Ausserdem kam ein Brief von Dick. Sie will Nachrichten über Jack[5] und ich kann ihr keine bieten.

Mein Lieber, Oxé saust schon immerzu unruhig umher, weil ich eine bestimmte Sache noch nicht gemacht habe. Ich soll also was tun.

1 *frühestens Freitag:* d. h. dem 19. 11. Es gibt keinen Brief zwischen denen vom 17. und 24. 11. Vielleicht klappte es mit dem Besuch in Kreisau. Jedenfalls war M. nicht in der Derfflingerstraße als die Wohnung dort bei den großen Bombenangriffen auf Berlin – s. 24. 11. 43, Anm. 5 – ausbrannte. Marion Yorck berichtet, daß er schon Anfang März 1943 „ganz" in die Hortensienstraße gezogen war (Yorck, Stärke, S. 59). Die Derfflingerstraße benutzte er aber in der Zwischenzeit tagsüber weiter. 2 *Papen:* Franz von Papen (1879–1969), deutscher Botschafter in Ankara. Reichskanzler 1932, Vizekanzler 1933–34, Gesandter, dann Botschafter in Wien 1934–38, in der Türkei 1939–44. 1946 vom Nürnberger Gericht freigesprochen. 3 *was los ist:* es handelte sich weiter um die Donauschiffe. 4 *Busch:* s. 15. 11. 43. 5 *Jack:* Dickie Deichmanns Schwester Jackie Vlielan-

der-Hein, die in Holland lebte, war ein paar Monate im Gefängnis, weil sie Juden geholfen hatte (Mündliche Mitteilung von Jackie Klant). Auch sie hatte zum Schwarzwaldkreis gehört.

Berlin, den 24. 11. 43

Hier sitze ich im Bunker meines Amtes. – Zwischen diesem ersten Satz und jetzt liegen mehrere Stunden. Ich habe inzwischen Hans Carl's Haus besucht, das total entzwei ist. Ein Flugzeug ist mit voller Bombenlast auf das Haus gestürzt. Es ist ein Trümmerhaufen, der dann noch gebrannt hat. Daher ist es ganz ausgeschlossen, daß noch jemand darunter lebt. Ich habe mich dort eingehend mit Leoni[1] besprochen und sie wird Dir das Ergebnis heute noch mitteilen. Inzwischen war sie aber auch bei der kleinen Editha,[2] die sicher nicht lebensgefährlich, wahrscheinlich nicht ein Mal schwer verletzt ist.

Die Innenstadt ist ein Trümmerfeld. Vom Tirpitzufer steht kein Haus mehr, desgleichen von der Bendlerstr. Auch Tiergartenstr. ist ganz ausgebrannt. In dem ganzen sogenannten Tiergartenviertel stehen nur noch 2 Häuser so weit ich sehen kann: das grosse Haus des Fremdenverkehrs und mein Büro in der Viktoriastr. Eden-Hotel, die ganze Tauentzienstr., die Budapesterstr., Kleiststr., aber auch Behrenstr., Friedrichstr., Unter den Linden, Pariser Platz u.s.w. Das alles existiert nicht mehr, abgesehen von einzelnen Häusern. So sind Teile des A.A. gerettet, wo ich übrigens Steengracht traf. Moabit hat es ganz schlimm getroffen. Ob Edith[3] noch da ist? Erika[4] ist verschollen; ihr Haus ist völlig ausgebrannt, aber nicht zusammengestürzt, sodaß sie eigentlich hätte herauskommen müssen. Aber sie hat sich noch nicht gemeldet. T[ante] Leno's Wohnung ist ohne Dach. Nur 2 Zimmer existieren darin noch. Alles andere unter Wasser. Die Leute haben aber anscheinend rührend gerettet, jedenfalls sind noch eine Menge Möbel da, die auf den nächsten Luftangriff[5] warten.

Was mit uns dienstlich geschieht, weiss ich noch nicht. Ich will versuchen, hier zu bleiben, das setzt aber voraus, daß wir einige neue Telephonleitungen gelegt bekommen. Ein Zimmer hätten wir ja im Haus des Fremdenverkehrs. Morgen früh erst treffe ich mich mit Oxé draussen in Zeppelin, wo ich mit Bürkner und Canaris sprechen werde. Ich hoffe, daß es so gehen wird.

Deinem Wirt geht es gut. Von der Derfflingerstr. ist einiges gerettet: 2 Sessel, das Kommödchen mit dem Schrankaufsatz, mein Kleiderschrank, Carl's Kommode in dem Flur, der Frigidaire und ein Haufen Kleinigkeiten. Was man mit diesem Pröll jetzt machen soll, weiss ich nicht, denn er ist ja unbeweglich. Morgen muss ich versuchen, einen Totalgeschädigten-Schein zu bekommen, um eine neue Wohnung[6] zu ergattern.

1 *Leoni:* Schwester von Editha von Hülsen, Diakonisse; sie wurde Vormund der vewaisten Hülsen-Kinder; s. auch 26. 11. 43; 27. 11. 43 2 *Editha:* Kind von Hans Carl und Editha von Hülsen. 3 *Edith:* Edith Henssel, s. 16. 6. 40, Anm. 2. 4 *Erika:* Erika von Moltke, weitläufig verwandt. 5 *Luftangriff:* In der Nacht vom 22. zum 23. und vom 23. zum 24. 11. fanden zwei von fünf kurz aufeinanderfolgenden Großangriffen auf Berlin statt. Es gab dabei 2700 Tote und eine Viertelmillion Obdachlose. 6 *neue Wohnung:* Dazu kam es nicht mehr. M. wohnte nun ganz bei Yorcks in der Hortensienstraße.

Berlin, den 26. 11. 43

Leider ist mein Laden im Amt noch nicht wieder funktionsfähig, da unsere Büro-Offiziere, unsere Chefs etc. vollkommen versagen. Statt daß nun ein Mann herkommt und sich drum kümmert, daß wir neue Büros, neue Telephone, neue Schreibmaschinen, Schränke, Papier u.s.w. bekommen, bleiben sie alle selig draussen wohnen; und wenn sie ein Mal in die Stadt kommen, dann nur um zu erklären, wir sollten tun, was wir für gut hielten. Es wäre hier zu grässlich, sie führen wieder raus. Autos gibt es für unsere dienstlichen Bedürfnisse nicht, aber für Privataufgaben bekomme selbst ich einen Wagen. Das Ganze ist ein Skandal und zeigt eben, daß wir[1] es nicht besser verdienen. – Seit gestern habe ich nun meine Sachen selbst in die Hand genommen und werde nun wohl endlich wieder in absehbarer Zeit zu einem Schreibtisch und zu einem eigenen Telephon kommen.

Gestern früh war ich draussen bei Bürkner und Canaris. Es soll bei der Reise nach Istanbul bleiben, falls es gelingt, die verbrannten Pässe schnell genug zu ersetzen und die notwendigen Visen zu bekommen. Da wird aber heute wohl Dampf dahinter gemacht werden. – Der Ausflug hat mich fast den ganzen Tag gekostet. Wir waren erst um 4 wieder in der Stadt, denn es ist eine tolle Tour mit dauerndem Umsteigen, denn zwischen 2 Bahnhöfen geht das rechte Gleis, zwischen den 2 nächsten nur das linke. Aber es geht und schliesslich kamen wir sogar bis Potsdamer Platz, während man gestern nur bis Schöneberg vordringen konnte.

In der Stadt gibt es noch kein Wasser, Licht oder Gas, hier draussen fehlt nur das Gas. Ausserdem gibt es in der Stadt kein Brot und überhaupt fast keine Lebensmittel. Die Speisungen sollen grässlich sein: Kohl mit Wasser ohne Kartoffeln. Ich hoffe, daß mit der allmählichen Verbesserung der Verkehrsverhältnisse auch das besser werden wird. Überhaupt rechne ich damit, daß wir in der Innenstadt ganz passable Verhältnisse bekommen werden, falls wir noch 2 oder 3 Tage Zeit haben.

Editha ist gestern geborgen worden. Hans Carl wird wahrscheinlich heute geborgen. Ich gehe um 10 Uhr hin, um ½ 11 kommt Leoni und wir werden dann alles ordnen, was die Beisetzung betrifft. – Inzwischen habe ich Nachricht von C. D., Einsiedel, Reichwein.

1 *daß wir:* danach einige Worte, beginnend „reif für", unleserlich gemacht.

Berlin, den 27. 11. 43

Eben haben wir telephoniert, aber ich will Dir doch rasch noch ein Wörtchen schreiben. Gestern früh war ich bei Hans Carls. Der Anblick von Editha's Leiche erforderte alle Nervenkräfte. Du hättest den wahrscheinlich viel besser ertragen als ich. Sie hatte ihre Pelzjacke an und Kopfform, Haare und Zähne waren deutlich zu erkennen. Der Bunker, in dem sie verschüttet worden sind war ein riesiger Stahlbunker, der eingedrückt worden ist. Und nun müssen diese Massen und Gewichte herausgesprengt werden, damit man überhaupt dran kann. So kann es noch Tage dauern, bis Hans Carl ausgegraben ist. Das, was wir, Leoni und ich, verabredet haben, habe ich Dir ja am Telephon gesagt.

Wie ich mittags zurückkam, hatte Oxé schon ganz brav zwei Zimmer mit Telephon für uns im Haus des Fremdenverkehrs beschafft. Heute werden wir uns noch um die Einrichtung – d. h. Papier, verschliessbare Schränke usw. kümmern müssen, und ab Montag kann wieder einigermassen gearbeitet werden. Wir werden dann zunächst ein Mal unsere Akten wieder herzustellen versuchen. Dann schicken wir einen Mann ins Führerhauptquartier und einer geht ins A.A. In 14 Tagen müssten wir dann den wesentlichen Inhalt unserer laufenden Akten wieder haben.

Die zivilen obersten Reichsbehörden bleiben in Berlin. Das freut mich natürlich. Alle militärischen Dienststellen gehen raus. Das völlige Versagen der militärischen Stellen, die Unfähigkeit, zu improvisieren, die Gleichgültigkeit der Chefs, die draussen sitzen, gegenüber der Existenz aber auch der Arbeitsfähigkeit ihrer Mitarbeiter in der Stadt ist geradezu unwahrscheinlich und übertrifft alle Erwartungen: ausser meinem Oxé ist kein einziger Berufsoffizier mehr in Berlin. Wir sind hier ein Club von Reservisten: ein Direktor der Deutschen Bank, ein Direktor der Colonia, ein Pressemann und ich, die den Laden mit Mädchen und Ordonnanzen aufrechterhalten. Von draussen lässt sich keiner sehen, keiner kümmert sich um uns, nur Aufträge geben sie uns, die wir aber eisern ablehnen. Wir haben uns jetzt selbständig gemacht, beschaffen uns unsere Geschäftsbedürfnisse allein, haben Benzin erobert und regieren so als gäbe es draussen niemanden. Und so ist es bei allen militärischen Stellen; sie denken daran, wie sie sich das Leben bequem machen können, und der Rest ist ihnen egal. – Ribbentrop und Goebbels – für die ich ja wahrlich keine Liebe habe – kümmern sich hingegen um alles: besuchen ihre

Verletzten und Geschädigten, besichtigen ihre dienstlichen Schadensstellen, sehen zu, daß ihre Ämter wieder arbeiten können und Ribbi insbesondere weigert sich, nach Ostpreussen zurückzufahren, sondern bleibt eisern in Berlin.

Ob meine Reise nach Istanbul glücken wird, steht dahin, denn die Botschaften sind ausgebombt und arbeiten noch nicht wieder. Ich weiss also nicht, ob ich die Visen bekommen werde.

P. S. Mein Lieber, bleibe wo Du bist und rühre Dich nicht, auch wenn Du von Deinem Wirt nichts hörst. Jeden Abend, wenn die Angriffe losgehen und wir uns im Keller niedergelassen haben, denke ich voll Zärtlichkeit daran, daß Deine Söhnchen jetzt süss pümpeln und daß Du selbst wohl friedlich an Deinem Schreibtisch sitzt. Und das ist riesig tröstlich.

Berlin, [Sonntag] den 28. 11. 43

Frau Pick ist gestern nicht gekommen. Was das heissen soll, weiss ich nicht. Vielleicht hat sie der sehr schwere Angriff der vorhergehenden Nacht zu sehr erschreckt. So habe ich an den geretteten Sachen noch nichts tun können. Ich muss sagen, daß ich es auch gleichgültig finde. Jedenfalls kann ich mich nicht darüber aufregen, daß der Frigidaire jetzt noch im Freien liegt. Ich muss vor allem meinen Laden im Amt in Schuss halten oder vielmehr in Schuss bringen und das ist jetzt im besten Gange. Wir haben uns nun eine ausreichende Zahl von Ordonnanzen und Benzin erobert und so kommt langsam Ordnung in unseren Betrieb. Wenn wir nicht die Evakuierten und Querschiessereien hätten, so wäre überhaupt alles sehr bald in Ordnung. Das Bild dieses völligen Versagens der Berufsoffiziere vor einer nicht vorgesehenen Lage ist erschreckend. Diese Art, Dinge zu erledigen, kann ja nur im Chaos enden.

Gestern mittag waren Carlo[1] und Julius[2] da. C. ging weg, ehe wir so recht in Schuss gekommen waren und das Ergebnis der dann fortgesetzten Unterhaltung war ausserordentlich bedauerlich. Es bedeutet das Ende einer Hoffnung und mir scheint das Abbrennen der Derfflingerstr. durchaus symbolisch berechtigt zu sein. Heute kommen Carlo und Theo[3] noch ein Mal. Wenn das ganze Rezept,[4] in das Julius sich hat einspannen lassen, nicht so völlig blödsinnig wäre, dann wäre alles gleichgültig. Aber das ist es.

Hans Carl ist auch gestern nicht ausgegraben worden. Ich muss heute wieder vorbei. Welch rasende Zeit diese Gänge jetzt alle nehmen; heute habe ich kein Auto und mit dem Rad kostet es mich mindestens 1 Stunde hin und zurück. Denn man muss um Krater radeln, muss das Rad über Schutthaufen führen, die über die Strasse gefallen sind, muss auch mal bei zu üblen Scherben absteigen. Das alles kostet Zeit und dabei ist der Tag so kurz. Wenn man um 8.30 drin ist, dann muss man erst in den Bunker gehen, weil dort alle Akten aufbewahrt werden; dann gehe ich in das Haus des Fremdenverkehrs, wo es nicht geheizt ist und wo man ohnehin nur bis 3 etwa arbeiten kann, weil es kein Licht gibt. Dazwischen gehe ich immer noch ein Mal zum Bunker zum Essen um 12 Uhr. Um 5 fahre ich nach Hause, wo um 6 gegessen wird, damit bis zum Alarm um 7.30 alles aufgewaschen ist. Es gibt ja auch hier[5] noch kein Gas, in der Stadt auch noch kein Wasser und kein Licht; vor allem aber gibt es in der Stadt nichts zu essen, weder in Restaurants noch in Geschäften.

Heute zieht ein schöner klarer Vorwintertag herauf. Ich will gleich abfahren, erst in den Bunker gehen, dann in die Kirche, dann zu Hans Carl und zu Görschen, der heute über Tag herkommt und um 1 soll ich zum Essen wieder hier sein. – Es freut mich zu hören, daß das Pflanzen so gut vorangegangen ist. . . .

1 *Carlo:* Mierendorff. 2 *Julius:* Leber. 3 *Theo:* Haubach. 4 *Rezept:* wahrscheinlich Zusammenarbeit mit der Goerdelergruppe. Vgl. Gerstenmaier, Streit, S. 180. 5 *hier:* in der Hortensienstraße.

Berlin, den 29. 11. 43

. . . Du fragtest, ob man das alles aushalten kann. Das ist garnicht so schwierig. Viel schwieriger ist, daß man dabei nicht sich selbst verhärtet. Ich ertappe mich immerzu dabei. Am auffälligsten war es, als ich die Teile von Editha und Hans Carl sah. Ich überwand meine Bewegung und mein Grauen und dann ging es ganz leicht. Aber es ist eine falsche Reaktion. Man muss die Verteidigung der Gleichgültigkeit überwinden, man darf sich nicht panzern, sondern man muss es ertragen. Um den Tod und das Grauen zu ertragen, neigt man dazu, in sich die Menschlichkeit zu töten, und das ist die viel grössere Gefahr, als daß man es nicht ertragen könnte.

Gestern sah ich ein eindrucksvolles Bild: in einem der Trümmerhaufen, an denen ich vorbeifuhr, war anscheinend ein Geschäft für Faschingssachen gewesen. Deren hatten sich Kinder im Alter von 4 bis 14 bemächtigt, hatten sich bunte Mützchen angezogen, hielten Fähnchen und Lampions in der Hand, warfen Konfetti und zogen lange Papierschlangen hinter sich her, und in diesem Aufzug zogen sie über die Trümmer. Ein unheimliches Bild, ein apokalyptisches Bild. – Ähnlich grauenerregend war das Bild der Leute, die aus der Turnhalle der Derfflingerstr. zwangsweise unter Protest und Schreien in Autobusse verladen wurden, ohne daß sie den Bestimmungsort erfahren durften. Welch ein menschlicher Tiefstand.

Gestern abend waren Friedrich, Adam und Theo da und wir hatten eine gute Unterhaltung, die wohl manches von dem wieder geradegezogen hat, was am vorhergehenden Tag verbogen worden war. Es ging gut und flüssig und ich meine, mich im wesentlichen durchgesetzt zu haben. Nun, warten wir es ab. – Heute nachmittag gehe ich zu Conrad und bin sehr gespannt, wie ich ihn finden werde.

Ob meine Reise zustande kommt ist und bleibt wohl bis zum letzten Augenblick zweifelhaft, weil dann erst feststeht ob wir die Visen wirklich bekommen werden. Wenn wir aber nicht fahren, hoffe ich ein oder 2 Tage nach Hause zu kommen, um mir Sachen zu holen.

Auf Wiedersehen, mein Lieber, wie schön, daß Ihr einen festlichen Advent gefeiert habt. Welch ein Weihnachten wird das werden! Ob wir wohl dann schon ohne Zweifel wissen werden, daß wir nur dort Hilfe und Beständigkeit erhoffen können?

Berlin, den 30. 11. 43

... Gestern nachmittag war ich draussen[1] bei Conrad. Er war leider ziemlich mitgenommen und hatte so die Tendenz Berlin einfach abzuschreiben. Eigentlich hatte er es bereits abgeschrieben. Das hat mich etwas enttäuscht. Seine Schäflein scheinen etwas auseinandergelaufen zu sein und er scheint nicht recht zu wissen, wie er sie wieder zusammenholen kann. Er sitzt zu weit ab vom Schuss, denn man fährt immerhin 1 Stunde S-Bahn. Das alles ist also nicht sehr schön. Ich glaube allerdings, daß es weitgehend rein körperlich bedingt ist, weil er eben ein krankes Herz hat und das ist wirklich nicht das Wahre.

Abends kam Friedrich. Endlich haben meine wochenlangen Attacken auf den verfolgten Kurs gefruchtet und er hat den Ernst der Lage begriffen.[2] Er war gestern ganz mitgenommen davon und ich war entsprechend heiter. Jedenfalls habe ich endlich den Eindruck, daß ich werde wieder oder noch etwas ausrichten können und so bin ich auf dem Gebiet wieder voller Hoffnung.

So, jetzt muss ich wieder zu Hans Carl fahren. Auch da sind neue Schwierigkeiten. Ich hoffe beim Amtsgericht Charlottenburg vielleicht eine Nachlasspflegschaft durchzusetzen.

1 *draussen:* Bischof Preysing war nach der Zerstörung der Behrenstraße ins Dominikusstift in Hermsdorf gezogen. 2 *begriffen:* vgl. 11. 11. und 28. 11. 43. Mierendorff kam wenige Tage danach, am 4. 12., bei einem Luftangriff auf Leipzig ums Leben.

Berlin, [Sonntag] den 5. Dezember 1943

Die Reise gestern war deswegen fürchterlich, weil ich bis um 12 Uhr in Liegnitz auf dem Bahnsteig auf und ab gehen musste, ehe ein umgeleiteter Zug kam. Kaum sass ich in dem, als auf dem Nebengleis ein zweiter Zug nach Berlin einfuhr, der eine sehr viel vertrauenserweckendere Lokomotive hatte. Ich stieg also sofort wieder aus, lief über die Gleise und kam in einen warmen Zug, der tatsächlich vor dem zuerst eingefahrenen abfuhr. Ich ging in die 1. Klasse, weil ich mich nicht gerade sehr wohl fühlte, schlief und frühstückte bis Guben und las dann Times. So war ich um 5 in Berlin, wo ich Adam auch vorfand und so sprachen wir bis 9. Dann war ich so unglaublich müde, daß ich nur noch schlafen und nicht dem Pimmes schreiben konnte.

Heute früh vor der Kirche war ich bei Illemie. ...

Dann waren Peter, Marion, Fritzi und ich in der Kirche und bei einer Predigt von Lilje.[1] Die Predigt war sehr gut über das Grauen in der Geschichte und über den Ernst der Geschichte. Eine grosse Adventspredigt, die sich mit der Ankunft des Herrn am Ende aller Geschichte befasste. Trotzdem diese Predigt intellektuell sehr ansprechend und anregend war, muss ich sagen, daß mich der Kirchgang in Gräditz mehr befriedigt, weil das Gemeinschaftsgefühl eben viel wärmer ist. Das hat mich mal wieder davon überzeugt, daß, so schön auch eine Predigt sein mag, das Entscheidende das Zusammengehörigkeitsgefühl der Gemeinde ist und daran fehlt es eben in einer Grossstadtgemeinde für mein Gefühl.

Fritzi kam zum Essen, wobei es Deine Hähnchen gab, die sehr lecker waren. Fritzi war nett und scheint wieder ein Mal einen Weg zurück zu suchen. Er sitzt jetzt um 7 Uhr abends immer noch hier und Reichwein, der inzwischen dazugekommen ist, und er debattieren die Volksschulfragen während ich am Schreibtisch sitze und nur von Zeit zu Zeit etwas einwerfe. Sie sind gerade bei Pestalozzi angekommen. Ich bin gespannt, wie der Tag weitergehen wird und ob wir Fritzi wieder stärker an uns binden.

2 Stunden später: Eugen & Brigitte[2] sind inzwischen zurückgekommen. Der Abend lässt sich nett an. Fritzi ist ganz entspannt und ohne Misstrauen und wohl auch mit geminderter Eifersucht. Hoffentlich hält das jetzt einige Zeit an. Gleich werden wir das Licht ausmachen und die Adventskerzen anstecken.

1 *Lilje:* Hanns Lilje (1899–1977), Sekretär des Lutherischen Rats, nach dem Krieg Bischof von Hannover. Er schrieb ein Büchlein, in dem er seine Wiederbegegnung mit M. im Gefängnis erwähnt: Im finstern Tal, Nürnberg 1947, S. 61 f.

(,,Als Christ war er der klarste und selbstverständlichste unter uns.") 2 *Eugen und Brigitte:* Gerstenmaier war jetzt auch ausgebombt und wohnte nun ebenfalls, wie M., bei Yorcks.

Berlin, den 6. Dezember 1943

Schade, daß ich heute schon weg war, als Dein Anruf kam. Aber Du hast gehört, daß es mir gut geht und das war Dir wohl das Wichtigste. Hier ist alles noch sehr in Unordnung; eigentlich herrscht ein tolles Durcheinander und vorläufig bekommen wir noch nicht die Sachen, die wir eigentlich bekommen müssten. Das ist sehr schade. Nun wird, wenn ich nach der Türkei fahren sollte, nichts Ernsthaftes mehr in diesem Jahr geschehen. Das ist mir nicht sehr lieb; aber ich habe nur die Wahl, das in Kauf zu nehmen oder nicht nach Istambul zu fahren, und da ich nach Istambul muss, wenn es physisch geht, habe ich keine wirkliche Wahl.

Komischerweise kann ich nicht recht an die Reise glauben. Ich kann mich der Erwartung nicht erwehren, daß noch irgendetwas dazwischenkommen wird. Dabei habe ich meinen Pass schon, die Devisen liegen bereits im Bunker und an dem Flugplatz kann es eigentlich auch nicht fehlen. ...

Einsiedel und Stauffenberg waren heute früh da, mittags ass ich mit Görschen und Adam im Adlon und nachmittags hatte ich noch im Büro zu arbeiten. Dazwischen war auch noch eine 2stündige Besprechung im Institut.

Wien, den 9. 12. 43[1]

... Um 12 war ich bei Prix, der die Hemden ändern wird, und um 1 bei unseren militärischen Leuten, die mir Visen besorgt hatten, und die mir nun weitere Papiere einsiegeln sollten. Das waren nette Österreicher, Offiziere der alten k. u. k.-Armee, von denen ich im Laufe einer längeren Unterhaltung allerhand über balkanesische Verhältnisse lernte. Um 2 habe ich teuer und schlecht im Imperial gegessen und danach gepümpelt.

Die Stadt sah für meine Augen so unnatürlich ganz aus: nirgends ein Schutthaufen, nirgends eine einstürzende Fassade. Ich merkte erst daran, wie sehr man sich schon an die Ruinen gewöhnt hat. Es war ein grauer Tag und die Stadt sah aus dem 5. Stock des Imperial geheimnisvoll schön aus. ...

[Fortsetzung] Wien, den 11. 12. 43

24 Stunden später schreibe ich Dir vom gleichen Fleck wie gestern. Erst wurde uns gesagt, wir führen 2 Stunden später, also um 9.10, dann wurde erklärt, man würde bis 10 warten und um 10.20 wurde uns eröffnet, daß der Flug auf den nächsten Tag, nämlich heute verschoben sei. Der ganze Balkan liege unter Nebel und es gebe dort keinen Hafen, der Landeerlaubnis erteilen könne. ...

Mein Lieber, mir scheint wir sollen fliegen. Ob das wohl werden wird.[2]

1 *9. 12. 43:* versehentlich 9. 10. 43 datiert. 2 *werden wird:* Von dieser Reise in die Türkei gibt es keinen Brief an Freya. M. war, wie erhofft, am Sonntag nach dieser mehrtägigen Reise in Kreisau und verbrachte Weihnachten dort. Der nächste Brief ist vom 28. 12.

Was den eigenen politischen Zweck dieser Reise anlangte, erwarteten ihn Enttäuschungen. Weder war Alexander Kirk in Istanbul, noch konnte M. zu ihm nach Kairo fliegen. Der amerikanische Botschafter in der Türkei, der ihn nicht selbst sprechen wollte, arrangierte nur eine Unterredung mit seinem Militärattaché im Büro des OSS (Office of Strategic Services), die von gegenseitigem Mißtrauen geprägt war und in der sich M. weigerte, militärische Informationen zu geben. Ein Brief, den M. an Kirk schrieb und in dem er die Möglichkeiten, Modalitäten und Zwecke eines späteren Treffens auseinandersetzte, erreichte diesen nicht – hätte auch nichts mehr genützt. Der Text ist trotzdem interessant und stammte unzweifelhaft von ihm (s. Moltke/Balfour/Frisby, Moltke, S. 264 ff.). Zweifelhafter ist der Text eines langen Exposés ,,über die Bereitschaft einer mächtigen deutschen Gruppe, militärische Operationen der Alliierten gegen Nazi-Deutschland vorzubereiten und zu unterstützen" (a. a. O., S. 264–68), das offenbar von Rüstow und Wilbrandt stammte, sich aber auf viele eingehende Gespräche ,,mit einem führenden Mitglied" einer höchst einflußreichen innerdeutschen Oppositionsgruppe berief.

[Berlin] 28. 12. 43

Dein Wirt ist gut gereist. Die Züge gehen nur bis Schlesischer Bahnhof, weil die Abstellgleise im Grunewald so mitgenommen sind, daß dort keine Züge hinkommen können. Von dort fuhr ich im Taxi in die Hortensienstr. Marion & Peter sind allein, da Eugen heute nach Mecklenburg gefahren ist und da Maria[1] in Schlesien zu Bett liegt. Glücklicherweise fuhr ich nicht gleich raus, sondern rief erst an und stellte fest, daß der arme Oxé schon zurückgeholt worden war, sodaß ich nicht raus musste. Ich bin gleich in unsere neuen Diensträume gegangen, 10 Radminuten von Peter entfernt und fürstlich in einer Schule. Ich habe ein ganzes Klassenzimmer für mich. Jetzt gehe ich nach Hause.

Sonst mein Lieber, hier nichts Neues. Wie mag es Caspar gehen und wie dem kleinen Söhnchen?[2] Mein Herz, wie lieb war es trotz aller

Widrigkeiten bei Dir. Wie angenehm für mich zu denken, daß es immer so bleiben kann, hoffentlich.

1 *Maria:* Maria Krause, die Haushälterin der Yorcks. 2 *Söhnchen:* Beide hatten über Weihnachten Lungenentzündung gehabt, Caspar mußte sogar nach Breslau ins Hospital.

Berlin, den 29. 12. 43

Unsere neuen Diensträume sind sehr angenehm, gross, warm und hell. Es sind Klassenzimmer einer modernen Schule und ich sitze also in einem Saal, der für wohl 30 Schüler gedacht war. Das ist sehr angenehm und wenn uns dieses Haus erhalten bleiben sollte, so wären wir nicht übel dran. Wir haben ausserdem einen Stabsapparat und einen Fernschreiber für uns, und so sind wir auch mit Nachrichtenmitteln bestens ausgestattet. – Zu arbeiten gab es fast noch garnichts, denn Oxé hatten alle die Eingänge, die auf mich warteten über Weihnachten rausschaffen lassen.[1] – Heute hatte ich eine Besprechung im A.A. und bin dann anschliessend ins Büro gegangen, wo ich ja eine Menge zu diktieren hatte. Nachmittags war ich wieder im Amt und jetzt bin ich in der Hortensienstr., auf Frl. Breslauer wartend, die zum Diktat herkommt. Peter und Marion sind nämlich in Gross Behnitz[2] und ich habe mir noch einen Soldaten herbestellt, der nachts hier schläft, weil man ja allein der kleinsten Brandbombe gegenüber machtlos ist.

Die Pakete aus Stockholm sind da mit himmlischen Spielsachen.[3] Ich habe sie mir angesehen und wieder verpackt, damit sie schleunigst per Post an Dich weitergehen können. Ich hoffe, daß das funktionieren wird. Es schien mir keinen Sinn zu haben, sie hier bis Ende Januar liegen zu lassen. Das Risiko, daß ihnen dann etwas passiert, ist immer genau gleich.

Die Gans werden wir am 1. mittags bei Herrn Haus[4] verzehren. – Am 31. mittags kommen Mirbachs,[5] am 31. abends ist hier grosser Empfang von Männern aller Art. Nichts für mich, aber das hilft nun nichts. Am 2. mittags essen hier Julius[6] & Adam. . . .

1 *rausschaffen lassen:* nach Zossen. 2 *Groß Behnitz:* bei Borsigs. 3 *Spielsachen:* vgl. 15. 11. 43. 4 *Haus:* nicht identifiziert. 5 *Mirbachs:* s. 21. 11. 39. 6 *Julius:* Leber.

Berlin, den 30. 12. 43[1]

Wie traurig, daß Dein kleines Söhnchen wieder so schlimm fiebert. Welche Last und Sorge für Dich. Wenn es doch endlich besser würde. Hoffentlich ist es nun bei Caspar überstanden und wir erleben nicht noch ein Mal einen Rückfall.

Hier hatten wir gestern einen Angriff, der übel anfing, sich aber dann in andere Stadtteile verzog, wo es auch schlimm getroffen zu haben scheint, denn die Bahn nach Zossen, mit der ich raus zu meinem Chef fahren wollte, ist entzwei. Daher bin ich heute hiergeblieben, was auch sehr nützlich war, da ich so in Ruhe die türkischen Sachen aufarbeiten konnte. Meine Restakten habe ich immer noch nicht, so daß ich sie auch noch nicht aufarbeiten kann. Ich fürchte, daß das die Feiertage noch etwas belasten wird, die ohnehin sehr reichlich für andere Arbeit vorgesehen waren.

Der gestrige Abend kam mir sehr zu pass. Ich bestellte Frl. Breslauer zu 6 Uhr abends und wir haben bis 8, bis zum Alarm, wacker gearbeitet. Nach dem Alarm haben wir uns auch noch 1 Stunde weiter betätigt, sodaß ich mit meinen Arbeiten im Büro erstaunlich weit gediehen bin. Das alles wäre nicht gelungen, wenn Oxé nicht meine wartenden Akten und Eingänge hätte raus schaffen lassen. ...

1 *30. 12. 43:* irrtümlich 30. 11. 43 datiert.

Berlin, den 31. 12. 43

... Gestern abend habe ich meinen Türkei-Bericht fertig bekommen und auch die Vorschläge für das weitere Verfahren ausgearbeitet. Heute habe ich das bei Bürkner durchgezogen und nun geht die Kleinarbeit an, die notwendig ist, das alles in die Wirklichkeit um- und das anderen Leuten gegenüber durchzusetzen.

Am Abend gestern kam noch eine unangenehme, das Gewissen belastende Sache und ich konnte sie nicht ordentlich bearbeiten, weil sie heute schon Keitel vorgetragen werden sollte. Ich habe das nicht gern und es hingen wieder 220 Menschenleben daran.

Der kleine Haeften,[1] der früher bei mir gearbeitet hat, ist durch den letzten Angriff total geschädigt: eine Sprengbombe hat sein Haus zerfetzt, es war aber niemand drin, und da es nicht brannte, ist auch zu hoffen, daß noch eine Menge Sachen unter dem Schutt geborgen werden.

Gestern abend war der ältere Bruder Stauffenberg[2] da. Ein guter Mann, besser als mein Stauffi,[3] männlicher und mit mehr Charakter. – Am Morgen zog ich früh ab, weil ich nach Zossen wollte; die Reise dauerte jedoch 3 ½ Stunden und so vertrödelte ich fast den ganzen Vormittag. Wir mussten immer wieder an zertrümmerten Bahnhöfen warten. Glücklicherweise hatte ich mir etwas zu lesen mitgenommen, sodaß es nicht so schlimm war. – Um 4 war ich zurück und hatte Onkel Max und Tante Julima[4] verpasst, die zum Essen dagewesen waren.

Nun habe ich meinen Berg Restakten vor mir, durch den ich mich erst ein Mal durcharbeiten muss. Das wird sicherlich die ganze Woche in Anspruch nehmen und ich sehe dem mit einigem Grausen entgegen. Soweit ich sehen kann, sind darunter viele sehr unangenehme Sachen.

Ich habe das Gefühl eines vollständigen Stillstandes überall. Alles macht einen eingefrorenen, festgefahrenen Eindruck. Solche Perioden hat es immer gegeben und sie haben sich als genau so trügerisch erwiesen wie die Perioden, in denen sich alles zu entfalten und zu entwickeln, vielleicht sogar stürmisch vorwärtszudrängen schien. So nehme ich diesen scheinbaren Stillstand nicht tragisch.

Der arme Falkenhausen hat leider sehr unangenehme Schwierigkeiten. Prinzessin Ruspoli ist verhaftet und sein Chef des Stabes Harbou hat sich das Leben genommen. Es tut mir riesig leid. Ich hoffe nur, daß er die Krise übersteht und danach sieht es zur Zeit eigentlich aus. Immerhin ist das Ganze so, daß man besser nicht darüber redet, damit es nicht erst durch die Gerüchtemaschine aufgebauscht wird.

Mein Lieber, ich zehre von den Täglein mit Dir. Ich bin sozusagen wohl mit Atzung ausgestattet, hoffe aber, daß ich sie schneller wieder ergänzen kann, als ich befürchte.

1 *kleine Haeften:* Oberleutnant d. R. Werner von Haeften (1908–1944), jüngerer Bruder von Hans Bernd von Haeften. Jurist, jetzt auf eigenen Wunsch Adjutant von Claus Stauffenberg, den er am 20. 7. 44 zum Führerhauptquartier in Ostpreußen und zuruck nach Berlin begleitete und mit dem er in der folgenden Nacht im Innenhof der Bendlerstraße erschossen wurde. 2 *ältere Bruder:* fraglos Claus Graf Schenk von Stauffenberg (1907–1944), jüngster der drei Stauffenbergbrüder, der jedoch anscheinend älter als Berthold, der Älteste, wirkte – dessen jüngerer Zwillingsbruder Alexander kommt in den Briefen nicht vor. Claus Stauffenberg war nach seiner schweren Verwundung (s. 19. 7. 43, Anm. 1) am 1. 10. 43 Stabschef bei General Olbricht, dem Chef des Allgemeinen Heeresamtes geworden, der wie er zum Umsturz entschlossen war. Darauf arbeitete er nun zielbewußt hin, nicht nur militärisch, sondern auch politisch, so mit seinem Vetter Yorck, aber auch mit Julius Leber. Am 1. 7. 44 wurde er als Oberst i. G. Chef des Generalstabs beim Oberbefehlshaber des Ersatzheeres, was den Zugang zu Hitler erleichterte. Am 20. 7. 44 brachte er im Führerhauptquartier in Rastenburg, in Hitlers nächster Nähe eine Bombe zur Explosion, die dieser wider Erwarten, wenn auch verletzt, überlebte. Der Mißerfolg des Attentats und die Rache des Regimes kostete viele Leben, darunter M.s, der dagegen gewesen und zur Zeit des Attentats schon sechs Monate in Haft war. Claus Stauffenberg selbst, der auch bei der Durchführung des Staatsstreichs in Berlin eine Schlüsselrolle spielen mußte, wurde in der folgenden Nacht mit seinem Adjutanten Haeften und zwei anderen Offizieren in der Bendlerstraße erschossen. 3 *mein Stauffi:* Berthold Stauffenberg. 4 *Julima:* Margarethe von Mirbach.

Briefe 1944

Berlin, [Sonntag] den 2. Januar 1944[1]

Das neue Jahr habe ich schlecht angefangen, indem ich Dir gestern zu schreiben unterlassen habe. Ich fühle mich auch recht sündig und schuldbewusst, zumal der Brief nur meinem Schlafbedürfnis geopfert worden ist, nicht einer Arbeit. – Freitag abend, den 31., waren Schmölders und Schwerin da. Es war ein netter, harmloser Abend, an dem Schmölders sehr nett und amüsant Geschichten erzählte. Er ist jetzt als einfacher Soldat im OKW eingezogen und ist der Verbindungsmann einer evakuierten Stelle in Berlin. So sitzt er, Herr seiner selbst, in Zivil in Wannsee, schickt Post nach und liest die gesamte ausländische Presse auf wirtschaftliche Nachrichten durch. – Ich habe mich um 11 Uhr oder kurz vorher gedrückt, weil ich so rasend müde war; so habe ich dann gut ins Neue Jahr hinübergeschlafen, um lieb von meinem Pim geweckt zu werden, als er um 6.30 anrief.

Welch ein Jahr liegt vor uns. Hinter diesem Jahr werden, falls wir es überleben, alle anderen Jahre verblassen. Wir waren gestern früh in der Kirche und haben das Jahr mit einer mächtigen Predigt von Lilje über Joel 2,21[2] begonnen. Ich glaube, daß das die beste Predigt war, die ich bisher gehört habe; und sie war so grundlegend für das Jahr 44. Mein Lieber, wir können nur hoffen, daß wir die Kraft haben werden, uns der Aufgabe, die dieses Jahr uns stellen wird, würdig zu erweisen. Und wie könnten wir das, wenn wir nicht bei allem Übel, das uns zustossen wird, bei allem Leid, bei all den Schmerzen, die wir werden erdulden müssen, wüssten, daß wir in Gottes Hand stehen. Das, mein Lieber, darfst Du nie vergessen.

Das Telephönchen brachte mir eine Freudennachricht: die Rückkehr von Casparchen. Wie gut, daß er wieder da ist und daß auch Conrad wieder wohl ist. Hoffentlich bleibt das so und hoffentlich kannst Du dieser Tage mit Deinen Söhnchen liebe Weihnachten feiern. – Nach dem Gottesdienst ging ich zu Frankes. ...

Von dort ging ich zum Gans-Essen zu Herrn Haus. Deine Gans war köstlich und wurde mit großer Wonne von Haus und Frau, Frau Wolff[3] & Mann, Frl. Thiel, Frau Tharandt,[4] Oberst Oxé und mir vertilgt. Das ist im wesentlichen der Club der Zurückgebliebenen. Das Fest schien mir sehr gelungen. Um ½ 4 musste ich fort, weil Husen auf mich wartete und von ihm ging es dann sofort weiter zu Waetjen nach Babelsberg, wo ich um ½ 8 eintraf, weil ich 45 Minuten wegen Betriebsstörungen vertrödelt hatte. Mit Eddy war es nett wie immer; wir verstanden uns sehr gut und ich finde doch, daß er sich in dem letzten Jahr noch kolossal gemacht hat. Wir haben dann bis 12 zusammengesessen, da ich ja dort schlief.

Um ½3 weckten uns die Terrorbriten, die einen ziemlich gestreuten Angriff auf Nowawes und Süd-Berlin losliessen und dabei 3 Sprengbomben in 150 m Entfernung um das Sarre'sche Haus streuten. Das war hauptsächlich deshalb unangenehm, weil wir mit 3 kleinen Kindern und dem unbeweglichen Vater Sarre und Fruli im Keller sassen. Es geschah aber nicht viel, außer daß im ganzen Haus verstreut einzelne Scheiben herausgingen. Bis wir denn alles wieder aufgeräumt hatten und im Bett waren, war es ½ 6 und so fühlte ich mich heute unausgeschlafen, obwohl ich bis ½ 9 geschlafen habe. – Um 12 war Adam bei Peter und anschliessend kam Julius, mit dem wir bis jetzt – 6.30 – geredet haben. Er ist ein überzeugend guter Mann, der allerdings jetzt, wo Carlo fehlt,[5] doch sehr einseitig im rein Praktischen ist und die geistigen Kräfte sehr viel geringer wertet als ich.

Die jetzt beginnende Woche wird rasend viel Arbeit bringen. Ich sitze auf Bergen ungelesenen Papiers, und ich weiss noch nicht recht, wie ich dieses Papiers Herr werden soll. Aber da das bisher immer gelungen ist, wird es wohl auch weiter gelingen. Oxé ist rührend wie immer.

Übrigens, jetzt abends gehe ich noch zu Adam, wo ich mich mit Einsiedel treffe. Ich wollte Peter + Marion nicht damit belasten. So wird es wohl eine späte Nacht geben.

1 *2. Januar 1944:* irrtümlich „1943". 2 *Joel 2,21:* Fürchte dich nicht, liebes Land, sondern sei fröhlich und getrost; denn der Herr kann auch große Dinge tun. 3 *Frau Wolff:* offenbar vom Amt. 4 *Frau Tharandt:* auch vom Amt. 5 *Carlo fehlt:* Mierendorff war am 4. Dezember 1943 bei einem Bombenangriff auf Leipzig umgekommen.

Berlin, den 4. 1. 44[1]

Gestern habe ich wieder nicht geschrieben, weil über Tag keine Ruhe war und weil ich abends nur noch ein Ziel hatte: ins Bett zu sinken. Ich hatte überdies mit einem neuen Luftangriff gerechnet, und da die jetzt immer zu unmöglichen Zeiten stattfinden, so drängte ich sehr ins Bett. – Ich habe den ganzen Tag gestern im Amt gesessen und von früh an waren immerzu Leute da, sodaß ich zum ruhigen Arbeiten fast garnicht gekommen bin. Ich habe nur einiges lesen und einigen kleinen Mist erledigen können. Um 4 rief Hans an, der gerade aus Dornholzhausen gekommen war und den ich bei uns unterbringen konnte, da Eugen noch nicht da war. Er war nett und wohl ausgeruht. Heute abend fährt er nach Innsbruck zurück, wo sein Wagen steht, mit dem er über den Brenner bis Verona fährt. Die Bahn sei entzwei.

Das Telephönchen heute war ja sehr angenehm, zumal es eigentlich nur befriedigende Nachrichten enthielt. Wie schön, daß Du Deine beiden Söhnchen wieder gesund hast und wie schön, daß Weihnachten noch nachkam und daß Caspärchen nichts von dem Glanz vermisste. Das alles freute mich natürlich riesig. – Dumm, daß die Polen noch nicht da sind, denn wenn das Wetter jetzt noch offen ist, so hätten sie gut Zeit, im Walde Löcher zu machen. Hoffentlich ist Z. nur tüchtig dahinter her, damit das klappt.

Diesen Brief will ich Leoni[2] mitgeben, da Du sie ja am Donnerstag sehen wirst. Sie kommt heute um ½ 12 zu mir um die laufenden Sachen zu besprechen. Es wird da leider noch eine ganze Zeit lang viel geben.[3] – Mein Lieber, ich höre jetzt erst ein Mal auf, weil ich einige Sachen lesen muss, ehe ich in die Stadt fahre, hoffe aber dann weiterschreiben zu können.

So, jetzt habe ich noch 10 Minütchen Zeit. Ich bin sehr gespannt, wie lange es nun noch möglich sein wird, das relativ geordnete Leben zu führen, das wir führen. Hans war ganz erstaunt, was alles noch klappt, und meinte, in Italien sei das schon längst nicht mehr so: dort fahre eben kein Zug mehr und wenn man kein Auto habe, so sei man eben unbeweglich; es gebe auch nur verhältnismässig wenige Telephone, die funktionierten. Mailand sei auch viel zerstörter als Berlin, beispielsweise; im Ganzen sei also die Desorganisation viel ärger. Nun, das wird alles noch kommen. Man wird aber durch diese Gewissheit so dankbar für das, was es noch gibt: daß ich hier in einem geheizten Zimmer allein an einem sauberen Schreibtisch sitze und Dir schreiben kann, daß Licht durch die Scheiben fällt. Ich habe heute die ungestörte Nacht mit vollen Zügen genossen. Als ich um 2 erwachte und nun [?] auf die Sirene wartete, allerdings gleich wieder einschlief und dann um 6 Uhr wieder wach wurde, da war ich so dankbar, wieder ein Mal richtig ausgeschlafen zu sein. Der Tag sieht sich eben in ausgeschlafenem Zustand viel leichter an als sonst.

Gestern mittag habe ich bei Kiep in seiner neuen Wohnung, nicht weit von meiner neuen Dienststelle, gegessen. Es war nett und gemütlich. Es ist seit 22. 11. Kiep's 4te Wohnung: 3 sind über ihm zerstört oder mindestens schlecht bewohnbar gemacht worden. Das ist wirklich sehr unangenehm. Aber dadurch, daß sein eigenes Haus nicht gebrannt hat, sondern nur durch eine Sprengbombe innen und nach oben völlig ausgeblasen worden ist, hat er fast alles retten können und meint, daß, wenn er ein Notdach auf das Haus bekommt, auch der Großteil der Möbel sich würde retten lassen. – Dazu hat er noch Schwierigkeiten in Wedder[stedt?] wohin er Frau und Kinder evakuiert hat, weil der Gauleiter in Anhalt verlangt, daß der Harz von „Ortsfremden" geräumt wird und den lieben Dessauern und Magdeburgern vorbehalten bleibt. Das wird alles noch herrlich. Jedenfalls sehe ich immer wieder, daß die Verhältnisse bei uns in Schlesien doch angenehmer sind als sonst üblich.

Heute früh telephonierte ich mit Reichwein, der heute abend zu uns kommt. Er habe gestern starke Verspätung gehabt, sodaß er die Briefe nicht mehr habe abgeben können, erklärte er schuldbewusst und ohne daß ich ihn darauf angesprochen hätte.

1 *4. 1. 44:* irrtümlich 4. 1. 43 datiert; das Briefpapier ist die Rückseite einer Kartenskizze von halb Westeuropa und Nord-Afrika. 2 *Leoni:* s. 24. 11. 43, Anm. 1. 3 *viel geben:* Es handelte sich um die Regelung des Nachlasses von Hans-Carl und Editha von Hülsen, die in dem großen Luftangriff auf Berlin am 23./24. 11. 43 umkamen und fünf Kinder hinterließen – s. 24., 26. und 29. 11. 43.

Baruth, den 6. 1. 44

Seit gestern abend bin ich hier und fahre morgen früh wieder in die Stadt zurück. Dann hoffe ich, unsere Aktenführung wieder in Schuss gebracht zu haben und zu wissen, was da ist und was fehlt. Wir haben aber leider bei dem Brand doch grosse Kostbarkeiten verloren, die unersetzlich sind, insbesondere Schreiben und Gutachten von mir von etwa einem Jahr, vielleicht noch mehr. Was bin ich froh, daß ich wenigstens von den ersten Jahren das Duplikat in Kreisau[1] habe. Dadurch ist die Lücke immerhin nicht so gross, wie es sein könnte.

Gestern bin ich wenigstens mit der Lektüre all der aufgelaufenen Sachen fertig geworden und weiss nun, was zu tun ist. Es handelt sich im wesentlichen um 4 grosse Komplexe: Behandlung der Banden und Freicorps auf dem Balkan, dänische Fragen, italienische Fragen und die türkischen Sachen, die sich aus meiner Reise nach Istanbul ergeben. Danach gibt es einige Sachen aus dem Kriegsgefangenen- und Interniertenrecht. Jedenfalls sind das alles Dinge, die sich im Laufe der nächsten 14 Tage ein gut Stück weiterbringen lassen müssten.

Die Pläne sind jetzt zunächst so, daß ich am 21. 1. nachmittags nach Breslau fahre, dort übernachte und am 22. früh der Sitzung des Schiedsgerichts[2] beiwohne. Dann würde ich nach Hause kommen, also wohl im günstigsten Falle um 3 Uhr, vielleicht erst abends. In der Nacht von Montag zu Dienstag würde ich dann, von Oxé aufgerollt, nach Wien weiterreisen, Dienstag zu Mittwoch nach Agram, Donnerstag zu Freitag nach Klagenfurt, Freitag über Tag nach München und in der Nacht von Samstag auf Sonntag von München zurück nach Berlin. Damit würden für Kreisau 2, vielleicht 2 ½ Tage herauskommen. Im Februar gedenke ich dann eine Westtournee einzulegen und im März entweder nach Schweden-Norwegen oder nach der Türkei zu reisen. Mit diesen kleinen Abwechslungen hoffe ich, mich durch den Winter zu schlagen. Natürlich kommt es einem komisch vor, solche Pläne zu machen, wenn man vielleicht wenige Stunden später schon nicht mehr weiss, wo man schlafen soll, selbst wenn man noch lebt.

Gestern habe ich den ganzen Tag friedlich im Amt gesessen und gelesen. Oxé war da, Vesper[3] kam zu einer Besprechung, Ministerialrat Eckhardt desgleichen und um 4 erschien Peters. Der kommt jetzt voraussichtlich nach Lissabon als Gehilfe des Luftattachés.[4] Das wäre sehr nett für ihn. Seine Frau ist doch in einem Krankenhaus, seine Wohnung ist durch eine Mine unbewohnbar geworden, sodaß ihn hier nichts mehr hält. Er verehrt Salazar[5] und spricht portugiesisch, sodaß er sich dort sicher wohl und am rechten Platze fühlen wird.

Um 5 musste ich aufbrechen, packte zu Hause meine Sachen, ass noch ein wenig und fuhr dann mit Oxé um 5.25 ab. Leider hatten wir fürchterliche Verspätung und statt um 8 oder ½ 9 fertig und eingerichtet zu sein, erreichte ich dieses Stadium erst um ½ 11 und war dann zu müde, noch zu schreiben. Diese Steherei in mehr oder weniger kalten Zügen ist grässlich. – Ich wohne bei Postmeisters, einem älteren, kinderlosen Ehepaar, das sehr freundlich zu mir ist. Jedenfalls habe ich sehr nett Frühstück bekommen und gut und sauber geschlafen. Das ist schliesslich die Hauptsache. Diese Unglücksleute haben seit 4 Jahren von Kriegsbeginn fast dauernd Einquartierung gehabt. Wie sie mir traurig sagte: seit sie hier seien, wären sie noch niemals allein gewesen.

Der Solms'sche Betrieb[6] überschattet alles. Das Ganze macht einen arg reichsunmittelbaren Eindruck und was man so an Geschichten hört, ist nicht erfreulich. Aber an diesen Geschichten erbauen sich die Offiziere. Die Verwaltung ist in einem riesigen Gebäude untergebracht, in dem auch, in lauter verschiedenen Flügeln, der ehemalige Pfarrer, der fürstliche Baumeister und die Rendanten und anderen Beamten der Verwaltung wohnen. Oxé wohnt bei dem Baumeister und wird dort geradezu fürstlich versorgt: sie kocht, brät und bäckt den ganzen Tag für ihn. – Das Offizierskasino ist im neuen Schloss untergebracht, einem hübschen, zweistöckigen Gebäude, in dem eine Abwehrabteilung ihre Geschäftsräume hat. Das Essen ist mittelmässig.

Von der Gegend habe ich nur bei einem kurzen Spaziergang etwas gesehen. ...

1 *Duplikat in Kreisau:* Auch diese Duplikate müssen als verloren angesehen werden; F. M. konnte sie nicht, wie die Briefe und Kreisauer Texte, mitnehmen, als sie im Herbst 1945 Kreisau verließ. 2 *Schiedsgericht:* eine Angelegenheit der Familie Yorck. 3 *Vesper:* Kapitän zur See Karl Vesper, Sachbearbeiter für Marineangelegenheiten beim Sonderstab HWK. 4 *des Luftattachés:* Daraus wurde nichts. 5 *Salazar:* Antonio de Oliveira Salazar, portugiesischer Ministerpräsident, Außenminister und Kriegsminister. 6 *Solms'sche Betrieb:* der Besitz des Fürsten Friedrich zu Solms-Baruth.

Berlin, den 7. 1. 44

... Gestern habe ich bis etwa 8 gearbeitet und bin dabei ganz schön fertig geworden. Dann habe ich bei Oxé zu Abend gegessen und habe mich noch etwas mit ihm unterhalten. – Um ¼ 6 bin ich aufgestanden, weil wir um 6.15 weg mussten, um den um 6.44 gehenden Zug zu bekommen. Um 8.10 war ich zu Hause wo noch alles schlief. Ich habe dann noch ein Mal etwas gefrühstückt und um ½ 10 war ich im Amt. Da gab es nun eine endlose Kette von Besuchern: Herr Steinke,[1] Frl. Breslauer, Görschen, Carl,[2] Guttenberg[3] und 3 dienstliche Besprechungen. Es ging am laufenden Band und erst um 4.30 etwa kam ich zum Arbeiten. Wann ich eigentlich alle die Sachen tun soll, die geschehen müssen, weiss ich nicht. Die ganze nächste Woche ist schon bis Donnerstag besetzt. ...

Die ganze Welt surrt von Gerüchten über die kommende Invasion. Ich bin gespannt, ob das nun wirklich passieren wird. Ich habe immer noch das Gefühl, daß das noch einige Zeit auf sich warten lassen wird. Das ist zum Teil eine Frage der Nerven. Alle solche Operationen haben nur Sinn, wenn sie mit so überlegener Kraft geführt werden, daß von Anfang an am Ausgang kein Zweifel[4] sein kann. Solange das nicht der Fall ist, sollte eine solche Sache nicht gemacht werden.

Mein Lieber, wie mag es Euch gehen? Ob Du wohl bei Asta sitzt und Deine beiden Söhnchen oben wohl versorgt hast? Hoffentlich ist das Bild so friedlich, wie ich es mir vorstelle. Das ist mir ein ständiger Trost. Ach bliebe Euch dieser Friede doch noch einige Zeit erhalten. Gute Nacht, mein Lieber, hoffentlich können wir morgen telephonieren.

1 *Steinke:* Die Angelegenheit Kempinski bearbeitete M. sogar noch in der Haft – s. den Bescheid der Devisenstelle vom 15. 5. 44 betreffend „Übertragung der Aktiven und Passiven der O.H.G. M. Kempinski & Co., Berlin W. 8, auf Herrn Werner Steinke, Berlin, zwecks Entjudung..." in van Roon, Völkerrecht,

S. 308. 2 *Carl:* der Schwager Carl Deichmann. 3 *Guttenberg:* war jetzt in Agram stationiert. 4 *am Ausgang kein Zweifel:* vgl. den sehr ähnlichen Passus in dem Exposé vom Dezember 1943, 9. 12. 43, Anm. 2.

Berlin, den 8. 1. 44

... Morgen muss ich einen Arbeits-Sonntag einlegen. Früh gehe ich zu Julius, nachmittags kommt Haubach und dazwischen muss ich eine ganze Serie von Diktaten für Montag früh vorbereiten, denn die ersten 4 Tage der Woche sind schon mit Sitzungen vollkommen vollgelegt, sodaß ich nicht zu ruhigem Arbeiten kommen werde. Das ist sehr unangenehm, aber nicht zu ändern. Ich habe jedenfalls 14 arbeitsreiche Tage vor mir, ehe ich abfahren kann. ...

Vom Kriege gibt es nichts wesentlich Neues zu berichten. Im Osten haben die Russen eine neue Offensive im Süden des Südabschnittes begonnen; diese Offensive ist aber nicht das Wichtigste. Der Hauptkampf wird um die Orte Winniza & Schmerinka entbrennen, die nachschubmässig und als Rückzugslinie für die Heeresgruppe Manstein ausschlaggebend sein können.

Mein Lieber hier ist jetzt so rasend viel zu tun, daß vieles dabei nicht gut gemacht werden wird. Das ist mir schmerzlich, aber ich kann es einfach nicht ändern. Ich hoffe nur, dieser Zustand ändert sich bald, denn das ist so unangenehm. Ich hasse es, Schluderarbeit zu verrichten und kann es doch nicht ganz vermeiden.

Berlin, [Sonntag] den 9. 1. 44

Heute kamen Deine beiden Briefe vom 5., die ich aber erst um 4.30 gelesen habe, weil ich noch keinen Augenblick allein war. Wie freue ich mich jeden Tag darüber, daß Deine Söhnchen wieder gesund sind, und daß Ihr alle drei zufrieden seid. Wenn sich dieser Friede nur erhalten lässt.

Heute morgen, mein Herz, haben wir telephoniert. Ich hatte sehr auf Deinen Anruf gewartet. C. D.'s Zwillinge sind ja sehr lästig und ausgerechnet bei Margret etwas komisch. Hoffentlich geht es ihr nur gut. – Das was Du von Kreisau erzählst, klingt alles ganz gut. Sieh nur zu, daß Du rechtzeitig genügend Mist bekommst und nicht nachher mit strohigem, frischem Zeug vorlieb nehmen musst.

Heute früh habe ich erst ein wenig gearbeitet, habe dann mit Eugen gefrühstückt und bin um 10 zu Julius geradelt, bei dem ich bis 1 Uhr blieb. Es war ein nützlicher und im ganzen befriedigender Morgen. Ich werde mich aber nun neu anstrengen müssen, diesen Mann in unsere Bahnen zu lenken. Der Mann ist viel bäurischer als Carlo und mir viel weniger verwandt. Es wird also nicht die spontane Gleichrichtung geben, die uns Stabilität verliehen hat. Aber ich bin doch ganz hoffnungsvoll. Peter muss eben mehr ran und auch ein Mal die Woche hin.

Als ich um 1.30 zurückkam, war Theo bereits da und wir assen friedlich zu dritt. Das Gespräch beschäftigte sich sehr viel mit Carlo's Tod. Theo hatte eine sehr schöne Anzeige verfasst, die am 24. 12. in der D.A.Z.[1] erschienen ist: Dem Herrn über Leben und Tod hat es gefallen, Dr. C. M. aus diesem Leben abzuberufen. Er fiel bei dem Fliegerangriff auf Leipzig in der Nacht vom zum . Für die Freunde T[heodor] H[aubach]. – Die Anzeige hat auch bereits Erstaunen hervorgerufen und in der [Neuen] Zürcher Zeitung ist ein langer Nachruf erschienen. – Theo hat sich gut erholt und ist wieder imstande, sich der Zukunft zu widmen. Die Unterhaltung mit ihm und Eugen war fruchtbar und fördernd; eben sind beide weg und nun bin ich allein zu Hause und habe ein Riesenpensum Arbeit vor mir, das ich erledigen muss, koste es was es wolle.

Carl hat heute früh in den Trümmern der Derfflingerstr. herumgestochert. Er hat eine Möglichkeit, Möbel nach der Schweiz abzutransportieren und ich will ihm eigentlich unsere Sachen mit anbieten, falls er sie braucht. Ich versuche gerade, ihn telephonisch in Babelsberg zu erreichen, aber das Schnellamt meldet sich wie gewöhnlich nicht und der Hörer liegt neben mir und tutet.

Die nächsten Tage werden toll werden: ein Tag schlimmer als der andere. Ich bin jetzt bereits bis Donnerstag einschliesslich jede Stunde ausverkauft, habe aber die Hoffnung, daß dann der schlimmsten Arbeit das Rückgrat gebrochen ist, wenn nicht neue Sachen kommen. ...

1 *D.A.Z.:* Deutsche Allgemeine Zeitung.

Berlin, den 11. Januar 44

Gestern und heute waren pausenlose Tage und so komme ich erst jetzt am Abend zum Schreiben, hoffe aber noch ein Viertelstündchen vor mir zu haben, ehe Karl-Ludwig[1] kommt. Diese beiden Tage waren so pausenlos, weil ich fast garnicht oder jedenfalls nie allein an meinem Schreibtisch gesessen habe. Montag früh habe ich erst ein Mal meine Arbeit vom Sonntag herunterdiktiert. Dann war es 10 und es kam ein Mann von der Wehrmachtrechtsabteilung; mit dem ging ich fort und traf um 12 Frau Pick, um ½ 1 Hans und ass mit ihm und Mangoldt zu Mittag, ging dann mit Mangoldt zu Kempinski, von dort in die Hortensienstr. um nur rasch meine Sachen zu packen und nach Potsdam zu fahren, wo ich um ½ 8 ankam. Wir sassen bis ½ 12, es gab nachts ein Alärmchen und morgens zog ich gleich in eine Sitzung zu einer nach

Potsdam evakuierten Dienststelle und dann im Auto mit Vesper zu Admiral Groos, der in der Nähe von Potsdam sitzt, mitten in einem Tagesalarm mit fernerem Maschinengewehrfeuer und Kondensstreifen am Himmel. Von Groos, mit dem ich ass, ging ich zu Husen, der auch dort draussen sitzt und von diesem direkt im Wagen in eine Sitzung des A.A., von der ich gerade zurückkomme.

Hier fand ich Deine Briefchen vom 7. und 8. vor, also eine Verbesserung in der Zeit von einem Tag. – Ich habe nur erst zu einem früheren Brief von Dir noch etwas zu sagen, nämlich zur Frage der Form. Form ist absolut essentiell und nicht nebensächlich. Es ist eine deutsche Irrlehre zu glauben, es komme auf den Inhalt allein an. Ich will dabei den Inhalt garnicht schlecht machen. Aber die Form, insbesondere also das Dogma, ist die einzige Möglichkeit, den Inhalt genau zu erforschen; sonst bleibt es vage Mystik. Ausserdem, allgemein gesagt, ist die Form ein Hilfsmittel, um inhaltslose Perioden zu überbrücken. Sie kann nicht den Inhalt ersetzen, aber sie verhindert ein unzeitiges Eingeständnis der Inhaltslosigkeit. – Versteh' mich recht, ich will nicht die Form in den Himmel heben, ich will nur darauf aufmerksam machen, daß sie nicht etwa nutzlos und überflüssig ist; in der Meinung, man könne auf allgemeingültige Formen verzichten und sich seine Formen selbst machen, liegt eine Unbescheidenheit, die bedenklich und unklug ist. ...

Mirbachs ging es eigentlich gut. Sie leben wie immer, haben nichts weggepackt sondern sind entschlossen mit ihren Sachen zu leben, so lange es geht und sie dafür, wenn es sein muss, alle verbrennen zu lassen. Die Atmosphäre ist mir altbekannt, warm und herzlich und etwas melancholisch. Dieter[2] knurrig wie immer. Es gab fürstlich zu essen; sie bekommen anscheinend Zuschüsse von vielen Seiten, also Wernersdorf, Bresa, Jella und von einem Bruder von Max aus Holland. 68 ist Onkel Max und dafür doch erstaunlich rüstig. Es sind jetzt 20 Jahre her, seit ich bei ihnen gelebt habe.

Die Sitzung in Potsdam fand in einem requirierten Mendelssohnschen Hause statt, in dem ich früher getanzt habe. Ich habe das auch ganz schamlos zum besten gegeben. Glücklicherweise hat man dem Besitzer nichts getan; der lebt vielmehr in der Kutscherwohnung. Es ist ein prächtiges, niedriges, langgestrecktes Haus mit Blick auf den See und grossen Park und wunderschön eingerichtet. Es ist noch schön, weil die Leute erst ein paar Wochen drin sind, aber sie werden es schon verschandeln. Immerhin ist es ein kleiner Stab und vielleicht geht es daher.

Husen wohnt in einer prächtigen Kaserne; aber diese Existenz ist doch trostlos. Ciano ist heute früh hingerichtet[3] worden. Die [...?] scheinen einen Kriegsverbrecherprozess in Gang zu bringen gegen hohe

Offiziere, anscheinend um sich bei den Angelsachsen lieb Kind zu machen. In Norwegen ist wieder ziemlich viel los. Leider und ganz überflüssigerweise. Die finnisch-russischen Verhandlungsanfänge haben sich anscheinend zerschlagen.

So, mein Lieber, jetzt klingelt die Haustür. Das wird Karl-Ludwig sein.

1 *Karl-Ludwig:* Guttenberg. 2 *Dieter:* Sohn Mirbach. 3 *hingerichtet:* Mussolini ließ seinen Schwiegersohn erschießen, tat jedenfalls nichts, um ihn zu retten, nachdem in Verona ein aus zuverlässigen Faschisten zusammengesetztes Tribunal am 10. 1. die Mitglieder des Großrats abgeurteilt hatte, die im Juli 1943 gegen Mussolini gestimmt hatten.

Berlin, den 13. 1. 44[1]

... Gestern, mein Herz, habe ich auch nicht geschrieben. Um 9 kam ein Mann vom SD, der bis 12.30 bei uns sass, dann konnte ich nur das Allernotwendigste diktieren und musste um 2 bei einer Sitzung im A.A. sein; von der fuhr ich nach dem Botanischen Garten[2] um eine Schnitte zu essen, dann zurück ins Amt, um 6 zog ich zu Haubach, der bei Carlo's österreichischem Freund[3] wohnt, ass mit den beiden und dann gingen wir zu dritt zu Husen, wo wir um 12 aufbrachen. Heute fing der Tag mit Deinem Telephon an und nach einigen Diktaten ging ich um 11.30 zu einer Sitzung ins Institut, von der ich um ¼ 4 wieder auftauchte, um mich seit meiner Rückkehr ins Amt einem sehr wichtigen Schriftsatz zu widmen, den ich heute fertig machen muss. Um 6 kommt zu diesem Zweck Frl. Breslauer und um 8 soll ich bei Tante Leno in Potsdam sein. Jetzt habe ich an meinem Schriftsatz aufgehört, um Dir zu schreiben. ...

Der gestrige Abend war nett und sachlich befriedigend. Ich hoffe, daß der Versuch, insoweit Carlo's Erbe anzutreten, gelingen wird. Es wird allerdings viel Mühe und Arbeit kosten. Jedenfalls war Husen zufrieden und Theo und der andere auch. Husen und er sollen sich Sonnabend abend weiter angehen.

Marion ist sehr zufrieden wiedergekommen. Gesehen habe ich sie beide nur minutenweise, denn ich bin eigentlich ständig unterwegs. Peter kann ich nur mühsam über das unterrichten, was geschieht; das tue ich meist so 10 Minuten beim Frühstück. – Morgen fahre ich abends nach Zeppelin[4] und spreche Bü.[5] noch nachts. Damit hat er sich abgefunden, weil er Samstag zu seiner Familie fahren will. Damit gewinne ich den Samstagvormittag für Arbeit im Amt und den Samstagnachmittag gewinne ich dadurch, daß ich T. Leno[6] heute sehe. So habe ich eigentlich die Hoffnung, daß ich über das Wochenende ein gut Teil Arbeit hinter mich bekomme und dann in der nächsten Woche fertig werde.

Mein Lieber, ich muss an meinem Schriftsätzchen weiter arbeiten.

1 *13. 1. 44:* irrtümlich 13. 11. 2 *Botanischen Garten:* Hortensienstraße. 3 *Freund:* wahrscheinlich Heinrich Gleissner, vor dem Anschluß und nach 1945 Landeshauptmann von Oberösterreich. 4 *Zeppelin:* das Ausweichquartier bei Zossen. 5 *Bü:* Bürkner. 6 *T. Leno:* s. 22. 8. 39, Anm. 4.

Berlin, den 14. 1. 44

Heute kam Dein am 12. fertiggeschriebener Brief; wir sind also wieder auf der 2 Tage Tour. Das ist also ganz gut. – Eben kommt Eugen herein, um mir mitzuteilen, daß bereits Voralarm sei und ein grosser Angriff auf Berlin zu erwarten sei. Damit sind wir also wieder auf den frühen Alarmen, denn es ist jetzt erst kurz vor 7 Uhr. – Gestern abend war ich also bei Tante Leno in Potsdam und habe dann bei Mirbachs, sprich bei Onkel Max, gewohnt. Julima ist in Schlesien und Dieter hatte Brandwache in Berlin. Ich kam aber erst um 12 oder wenig vorher hin, denn so lange hatte es bei T. Leno gedauert. Wir haben alle die Kinder betreffenden Angelegenheiten durchgesprochen. Es ist noch vieles zu ordnen, aber langsam kommt doch so etwas Übersicht in die ganzen Angelegenheiten. Ich habe mit T. Leno verabredet, daß sie nach Kreisau kommt, um ihre Rechte gegen die Rentenannie selbst zu verteidigen, wenn sie von uns keinen anderen Bescheid erhält. – T. Leno ist gealtert, aber es geht ihr doch im ganzen recht gut, wenn man bedenkt, was für einen Schock[1] sie gerade zu überstehen hatte.

Heute früh bin ich um ½ 6 schon aufgestanden und war um ½ 8 in der Hortensienstr. wo ich frühstückte, um dann den ganzen Morgen im Amt zu sitzen und im wesentlichen zu diktieren. Es ist viel, sogar sehr viel zu tun. Hoffentlich kann ich es nur bis Mitte nächster Woche aufräumen. – Wir, Oxé und ich, sollten eigentlich heute zu Bürkner raus, aber Bü ist beim kleinen Matrosen[2] eingeladen und hat uns auf Montag früh in Berlin bestellt. Das passt mir natürlich viel besser, als diese grässliche Nachtfahrt nach draussen.

Jowo hat Frl. Breslauer angerufen und mir sagen lassen, er sei versetzt und müsse mich unbedingt sprechen. Er werde heute abend hier anrufen. Hoffentlich kommt er vor dem Alarm durch. Das Ganze sieht sehr übel aus. Wenn unser Jowöchen mit seiner mangelnden Erfahrung jetzt an die Front kommt, so sind die Chancen für ihn nicht gut.

Heute mittag waren C. D. & Einsiedel & 2 Freunde da, mit denen wir bis jetzt zusammengesessen haben. Auf Einsiedels Gebiet[3] sind dabei einige, nicht unerhebliche Fortschritte erzielt worden. – Ich bin rasend müde, leider, aber die letzten kurzen Nächte haben mich etwas mitgenommen. – Alarm, der jetzt zu Ende ist.

1 *Schock:* den plötzlichen Verlust ihres Sohnes und ihrer Schwiegertochter – s. 24. 11. 43. 2 *kleinen Matrosen:* Canaris. 3 *Einsiedels Gebiet:* Wirtschaftspolitik und -planung.

Reichswehrministerium Transportabteilung (T5) Abteilungsleiter
Berlin W 35, [Sonntag] den 16. Januar 1944

Meine Akten habe ich im Amt gelassen und da in diesen Akten sich auch die für Dich bestimmten Umschläge befinden, so muss ich Dir auf diesem komischen Bogen schreiben. Dein treuloser Ehewirt hat Dir gestern wieder nicht geschrieben, obwohl er am Abend noch Zeit dazu gehabt hätte, da um ½ 10 das Abendbrot fertig und abgespült war. Er beschloss aber ins Bett zu gehen und am Morgen zu schreiben und nun haben wir gerade telephoniert. ...

Freitag abend sollten Oxé & ich nach Zeppelin fahren; statt dessen kommt Bü.[1] morgen herein. So gab es den Samstagvormittag eigentlich zusätzlich. Das war riesig angenehm, denn ich hatte vieles aufzuräumen und fertig zu machen. So bin ich am Wochenende tatsächlich mit aufgeräumtem Schreibtisch angekommen. Um 12 kam Frl. Breslauer, der ich bis 10 vor 2 zu diktieren hatte, heute um 11 kommt Steinke mit dem ich bis Mittag so weit fertig zu werden hoffe, daß eine Besprechung, die in grösserem Kreis auf Montag 12 Uhr angesetzt ist, einen vorläufigen Abschluss[2] bringen kann. Ist das damit tatsächlich ausgestanden, so kann ich mich auf das Schiedsgericht vorbereiten und werde, wenn ich nach Agram abfahre, alles fertig haben, was zu machen war. Nur mit meiner Lektüre bin ich stark im Hintertreffen. Aber das ist ja nicht so schlimm. Jedenfalls bin ich riesig erleichtert endlich ein Ende zu sehen der Arbeitsreste [sic]. Es wäre mir nur sehr lieb, wenn es noch ein paar Nächte keine schweren Angriffe gäbe, denn die bringen immer so viel durcheinander, daß wieder neue Arbeitsreste entstehen.

Gestern mittag war Adam hier. Es geht ihm etwas schlecht und er hat anscheinend eine kleine Grippe und nimmt das sehr ernst und traurig. Er war jedenfalls riesig grantig und über alles ärgerlich, was uns sehr amüsierte, worüber er nur noch böser wurde. Um 4 zogen Eugen und ich ab, um Popitz[3] einen Besuch zu machen, der bis 8 dauerte. Ich habe mich dabei sehr gut unterhalten. Er ist ein kluger Mann, ein sehr gescheiter Mann und ein brillianter Debatter. Ich hatte den Eindruck, daß er auch im wesentlichen zufrieden war.[4] Ob sachlich etwas dabei herauskommt, weiss ich noch nicht, vielleicht aber doch. – Bis wir geabendbrotet und gespült hatten, war es ½ 10, wie ich oben berichtete.

Jowöchen ist also aus seinem sicheren Port aufgescheucht und wir müssen schnell eine neue Arbeit für ihn finden. Wenn es nicht schnell sein müsste, wäre das gewiss zu machen, aber ob es schnell möglich sein wird, ist mir leider sehr zweifelhaft. Ich habe jedenfalls gestern meine Telephonmöglichkeiten angespannt und habe mit Ost, Nord & West telephoniert. Vielleicht kann ich auch im Süden etwas für ihn finden, wenn ich nächste Woche hinfahre. Das Ganze ist deswegen so ernst, weil, wenn er jetzt falsch fällt, nicht zu erwarten ist, daß man ihn wieder ins rechte Lot bekommt. Jedenfalls werde ich heute weiter telephonieren. ...

Ich freue mich rasend auf das Wochende. Hoffentlich klappt es. – So, mein Herz, jetzt muss ich Frühstück machen und mit eigenen Händen schlechten Thee fabrizieren.

1 *Bü.:* Bürkner. 2 *Abschluß:* immer noch in Sachen Kempinski – s. 7. 1. 44, Anm. 1 3 *Popitz:* Johannes Popitz (1884–1945), seit 1923 Honorarprofessor; Staatssekretär im Reichsfinanzministerium 1925–29, Reichskommissar für Preußen 1932, preußischer Finanzminister 1933–44; seit 1938 an Umsturzplänen beteiligt. Am 21. 7. 44 verhaftet, am 2. 2. 45 hingerichtet. 4 *zufrieden war:* Ein Jahr davor hatte er das wenig erfolgreiche Treffen der Kreisauer und der Goerdeler-Gruppe angeregt – s. 9. 1. 43.

Berlin, [Sonntag] den 16. 1. 44

Der Tag ist um.[1] D. h. eine Besprechung mit Peter steht noch bevor, aber er ist doch im wesentlichen um und ich will ein stilles Minütchen benutzen, um Dir noch ein Grüsschen zu senden. Eugen ist zu Haeften gegangen. Peter & Marion machen einen Spaziergang, es ist ½ 7 und damit sicher noch ½ Stunde Zeit vor dem etwaigen Alarm, die meiste Arbeit des Tages ist getan.

Wie mag es jetzt bei Dir aussehen? Ob Deine Söhnchen jetzt ins Bett gehen? ob Du ihnen vorliest? ob Ihr sonst etwas unternehmt? ob es Asta wieder besser geht oder ob Du mit ihr Sorge hast? Ich hoffe nur, bei Dir ist Frieden aussen, aber vor allem innen. Mein Lieber, wenn wir die Kunst erlernen, uns den inneren Frieden zu erhalten, was immer um uns herum passiert, dann sind die traurigen Jahre für uns nicht vergeblich gewesen. Aber werden wir es lernen? Mir ist das so wichtig. Wenn ich das Gefühl habe, in Dir ist Frieden, dann bin ich schon halb befriedigt. Wenn ich das Gefühl habe, in Dir ist Unruhe, dann bin ich ganz beunruhigt. Mein lieber Friedenspol! Wo sonst wenn nicht bei Dir und Deinen Söhnchen kann es für Deinen Wirt Frieden geben? Was machen eigentlich die Leute, die das nicht haben und auch keine Mutter mehr haben? Wo haben die eigentlich ihre Würzelchen? – Morgen abend steht der Mond wieder so wie am 22. November und damit werden wohl wieder die grossen Angriffe anfangen und man denkt wieder daran, wie man sich darauf vorbereiten muss, wie man mit Frieden im Herzen abgeht, wenn man abgehen muss.

Heute morgen war ich im Amt, aber nur um mit Herrn Steinke die Sache Kempinski zu besprechen. Das war auch ganz erfolgreich und in 3 Stunden sind wir im wesentlichen fertig geworden. Aber es war mühsam. Immerhin, das ist so gut wie geschafft und morgen das wird hoffentlich nur eine Abschlussbesprechung sein. Mittags waren Poelchaus da. Nett wie immer, er so ausgeglichen und ruhig wie immer, beide voller netter Geschichten. Etwas Wesentliches kam im übrigen dabei nicht raus. – Anschliessend kam Delbrück, der auf die gemeinste Weise von seinem Amtschef rausgeworfen und zur Front abgeschoben worden ist, und zwar als Gefreiter. Die Tatsache ist nicht so schlimm wie die Methode. Ich hoffe aber, daß es uns noch gelingen wird, einiges für ihn zu tun.

Steltzer rief heute an, um mir zu sagen, daß das A.O.K. Norwegen Jowo anfordern wird. Ich hoffe, daß das stimmt und funktioniert. Ich lasse aber die anderen Sachen laufen. – Inzwischen haben wir zu Abend gegessen, immerzu telephoniert und Reichwein kam. Es ist 10 Uhr und ich steige ins Bett.

1 *Der Tag ist um:* an diesem Sonntag, dem letzten vor seiner Verhaftung, schrieb er zweimal.

Berlin, den 18. 1. 44

Gestern habe ich wieder nicht geschrieben. Das wächst sich zu einer Seuche aus. Es liegt aber zum Teil auch daran, daß, wenn ich abends nach Hause komme und es ist noch eine menschliche Zeit, dann muss ich erst etwas mit den anderen reden[,] während ich in der Derfflingerstr. eher Zeit hatte und alleine war. Der eigentliche Tag rast immer vorbei und der Abend ist soweit auch gefüllt. Dazu kommt die Notwendigkeit aufzuräumen und aufzuwaschen und auch das nimmt Zeit. So kommt es, daß ich manchmal eben zu meiner besten Tagesbeschäftigung, dem Brief an den Pim, nicht komme.

Der Montag fing mit riesig vielen Eingängen sofort knallig an; um 12 war ich im Büro, mit Herrn Steinke, von da ging ich in eine Sitzung im A.A. um 2 Uhr, die bis ½ 6 dauerte; dann musste ich noch ein Mal zu mir ins Amt, radelte nach Hause, wusch mich und fuhr ins Adlon, wo ich mit Görschen zum Essen verabredet war. Um 11 war ich zurück und traf Haeften noch an, mit dem wir noch ½ Stunde redeten. Heute sitze ich den ganzen Tag in meiner Schule und arbeite auf. Mein Schreibtisch ist faktisch leer, nur einige Sachen bedürfen einer Vorentscheidung durch Bürkner, der nachher kommen will. Ich hoffe, dann abends nichts mehr tun zu müssen, weil ich viel zu lesen habe.

Jowo's Sache steht, so scheint's mir, nicht schlecht. Steltzer hat eine Arbeit für ihn in seinem Stabe, D[...?] der Personalchef der Heeresgruppe Nord will sich gleichfalls um die Sache kümmern und ich hoffe, daß auch Busch noch wirken wird. So geht das Ganze vielleicht gut aus. – Reichwein war kurz da, ist aber inzwischen nach Kopenhagen abgereist. Er schien ganz munter und meinte, seine Familie sei in ganz gutem Zustande. – König war gestern mittag bei Peter als ich nicht konnte. Er wusste nichts Neues zu berichten war aber ganz guter Dinge. – Gegen Wengler ist wieder ein ziemlich gemeiner Schuss[1] gelandet worden, den wir jetzt abfangen müssen. Dieses Leben unter Räubern und Wegelagern ist wirklich witzig und nicht ohne Reize; es wird aber schön sein, wenn das mal aufhört.

Der Tod von Frantz ist wirklich traurig für die arme Dosy.[2] Da kann man nur sagen: Tu l'as voulu, Danton. Die Rücksichtslosigkeit von Männern ist in diesen Fragen doch erstaunlich. Da kann man nichts machen. Ich werde Dosy noch schreiben. – Morgen früh telephonieren wir ja und ich bin gespannt zu hören, ob Du neue Nachrichten von der Schlacht mit der Rentenannie hast.

Deinem Wirt geht es gut. Die Sache Kempinski ist fertig und unterschrieben. Es gibt jetzt noch einen Stoss Sachen für Hans Carl und Herrn Rottgart[?]. Wenn das unterschrieben ist, dann kann ich mich der Vorbereitung des Schiedsgerichts[3] widmen und dann wäre auch meine Büroarbeit für den Augenblick mal wieder geschafft, sodaß ich beruhigt abfahren kann. – Ob wohl noch eine Zeit kommen wird, bei der ich eine Arbeitsreserve habe und nicht immer nur mit hängender Zunge hinter der Arbeit herkomme? Das stelle ich mir doch sehr angenehm vor.[4]

Auf Wiedersehen, mein Herz, hoffentlich ganz bald. Lassen Sie es sich wohl ergehen, pflegen Sie sich, grüssen Sie Ihre Söhnchen und behalten Sie, bitte, lieb Ihren Ehewirt, Jäm.

1 *gemeiner Schuss:* Er war verhaftet worden. 2 *Frantz ... Dosy:* verschwägerte Verwandte von Carl Viggo von Moltke. 3 *Schiedsgerichts:* s. 6. 1. 44, Anm. 2. 4 *angenehm vor:* Am 19. 1. wurde er verhaftet und in die Prinz-Albrecht-Straße, das Hauptquartier der Gestapo, gebracht. Bezeichnenderweise begann sein langer autobiographischer Brief an seine Söhnchen aus dem Gefängnis des Reichssicherheitshauptamts: „Meine Lieben, da ich gerade Zeit habe, will ich Euch erzählen wie alles war, als ich klein war, denn vielleicht findet Ihr das schön ..." Es folgt eine herrliche Schilderung seiner Kindheit und Jugend – s. Moltke/Balfour/Frisby, Moltke, S. 9–28. Sie war zwar, wie am Ende steht, „geschrieben im Gefängnis Berlin Prinz-Albrecht-Strasse vom 28. 1.–5. 2. 44", aber sie atmet Freiheit und ist das Beste, was man über den jungen Moltke lesen kann.

Über das Jahr im Gefängnis
– 19. Januar 1944 bis 23. Januar 1945 –
schreibt Freya von Moltke:

Am 19. Januar 1944 wurde Helmuth verhaftet. Er hatte einen Bekannten – Otto Kiep – gewarnt, der mit einer Reihe von anderen Personen bei einer Teegesellschaft in Anwesenheit eines agent provocateur das Naziregime kritisiert hatte, daß sie vor ihrer Verhaftung stünden. Sie konnten sich der Verhaftung nicht entziehen. Als die Gestapo von der Warnung erfuhr, nahm sie auch Helmuth gefangen.

Obwohl die Gestapo auch ohne Helmuths Zutun herausbekam, woher die Warnung gekommen war, behielt sie ihn nun in Haft. Er war als Person verdächtig und auch die Abwehr, bei der er arbeitete, war der SS verdächtig. Er blieb im Gefängnisbau des Konzentrationslagers Ravensbrück bei Fürstenberg in Mecklenburg, etwa 100 km nördlich von Berlin, in „Schutzhaft". Ravensbrück war hauptsächlich ein KZ für Frauen. Das Gefängnis war für die Insassen gebaut, aber es diente dem SD nun auch für politische Gefangene.

„Schutzhaft" brachte Hafterleichterungen mit sich. Helmuth trug eigene Kleider; er arbeitete weiter für sein Amt; er durfte mir zweimal in der Woche schreiben; er erhielt laufend Briefe von mir. Alles ging natürlich durch die Zensur. Ich durfte ihn einmal im Monat besuchen. Ravensbrück war etwa eine Tagesreise von Kreisau entfernt, aber ich machte meistens Station bei den Yorcks in Berlin. Ich durfte Nahrungsmittel mitbringen. Besonders Tee und Kaffee, große Kostbarkeiten während des Krieges, waren ihm sehr nützlich. Wenn ich „Sprecherlaubnis" hatte, wurde Helmuth mit dem Auto in die Polizeischule Droegen gebracht, etwa 20 Kilometer südlich von Ravensbrück.

Wir trafen uns dann in dem Büroraum einer Baracke. Es gab dort eine Eckbank, davor ein Tisch. Helmuth brachte seinen Teetopf und Tee mit und bat die Wachen um kochendes Wasser, „um Tee für meine Frau zu machen". Der Wachposten saß an seinem Schreibtisch am Fenster und arbeitete, so konnten wir ganz ungestört sprechen. Ich brachte Betriebsbücher aus Kreisau mit. Unsere Landwirtschaft war als „kriegswichtig" anerkannt. Wir besprachen in den ein bis zwei Stunden, die wir meistens hatten, Fragen des Kreisauer Betriebs, aber noch sehr viel mehr. Die Wachen kannten mich aus meinen Briefen, die sie offenbar gerne lasen. Wie bedauerlich es sei, sagte einer von ihnen einmal zu mir, daß ich solches Pech mit meinen Gänsen gehabt hätte. Ich weiß nicht mehr, was für ein Pech das war, aber ich erzählte es Helmuth und meinte, das seien doch ganz nette Leute. Er erwiderte trocken: „Nur daß sie bei Vernehmungen den

Leuten die Fingernägel abreißen." Im Juli 44 erwog der SD, Helmuth zu entlassen und ihn in einer Munitionsfabrik arbeiten zu lassen, wogegen er gar nichts hatte.

Dann kam der Attentatsversuch von Claus von Stauffenberg am 20. Juli 1944. Seinem Mißlingen folgten Hunderte von Verhaftungen. Viele der Konspiratoren und ihre Freunde waren bekannt geworden, und endlose, teils grausame Vernehmungen ergaben weitere Verbindungen. Mitte August hatte der SD heraus, daß Helmuth dazu gehörte. Die Haftbedingungen wurden streng. Er trug nun die gestreifte Kleidung der KZ-Häftlinge, wurde nachts vernommen, allerdings nicht gefoltert.

Die Briefe blieben aus. Ich hörte nichts mehr. Anfang August, nach dem Attentat und vor der Entdeckung seiner Zugehörigkeit zum Widerstand, hatte ich Helmuth noch einmal in Droegen getroffen. Wir sahen natürlich, was drohte, und hatten eine Verschlüsselung verabredet: Helmuth würde mir sagen, wieviel von einem bestimmten Acker in Kreisau umgepflügt werden sollte. Das würde mir den Grad seiner Gefährdung anzeigen. Im letzten Brief stand, daß drei Viertel des Ackers umgepflügt werden sollten. Am 29. September fuhr ich aufs Geradewohl ohne Besuchserlaubnis wieder nach Droegen. Ich wurde mit der Nachricht empfangen, daß Helmuth am vorigen Tage in ein Berliner Gefängnis verlegt worden war, um vor Freislers Volksgericht zu kommen. Man übergab mir einen Koffer mit seinen Kleidern und Habseligkeiten, seinen Büchern, – allem; darunter waren auch zwei Heftchen mit Aufzeichnungen, wie ich dann später in Kreisau feststellte. In Berlin fand ich ihn im Gefängnis Tegel.

Tegel war das Gefängnis der Justiz (im Gegensatz zu einem SS-Gefängnis), in dem Harald Poelchau, unser Freund, seit 1933 Gefängnispfarrer war. Wie sich aus den Briefen ja schon ergeben hat, gehörte er zu unserer Gruppe von Gegnern der Naziherrschaft und hatte an dem ersten größeren Treffen in Kreisau Pfingsten 1942 teilgenommen. Während der ganzen Herrschaft der Nazis stand er ungezählten politischen Gefangenen aller Nationen zur Seite, begleitete sie in seiner nüchternen, furchtlosen Art – dabei voll tiefen Mitgefühls – bis zum Tod. Jetzt leistete er diesen Dienst seinen nächsten Freunden. In diesen Tagen vollkommener Hoffnungslosigkeit erschien so die beglückende Möglichkeit nahen Kontakts.

Poelchau begann Briefe zu befördern – rein und raus, fast täglich. Gefängnismauern – das lernt man – sind nicht undurchlässig. Fast vier Monate lang hatten wir Zeit, da zu viele Fälle vor dem Volksgerichtshof zur Verhandlung anstanden. Erst im Januar 1945 kam Helmuth mit mehreren seiner Freunde dran.

Im Gefängnis Tegel hat Helmuth dann noch einmal über seine Zeit in Ravensbrück berichtet. Hier folgt dieser Bericht:

[Tegel] 28. 11. 44

Eigentlich schulde ich Dir doch noch einen Bericht über den Sommer und ich will mal sehen, ob es mir gelingt. Am 6. Februar kamen wir nach Ravensbrück: Kiep, Bernstorff,[1] Scherpenberg,[2] Kuenzer,[3] Etscheit[4] und noch ein Mann in einer grünen Minna. Ich hatte in der P. A.[5] Herrn Witt zu meiner persönlichen Bewachung und Kiep hatte Herrn Motekus [?]. Die kamen beide mit. In Ravensbrück waren tags zuvor die in dieselbe Sache[6] verwickelten Frauen angekommen, von denen ich nur Hannah Kiep[7] und Frl. Zimmermann[8] kannte. Ich bekam meine Zelle 28 und neben mir war Kiep, auf der anderen Seite zwei SS-Aufseherinnen, über die ich ja in meinem Tagebuch berichtet habe. Als ich am 7. früh zum Ausgang kam, sah aus ihrem Zellenfenster Puppi[9] heraus und ihre Zelle war so nah an dem Ausgang, daß wir etwas reden konnten.

In der ersten Zeit war ich vorsichtig und zurückhaltend, weil wir erstens viel Überwachungspersonal hatten – 2 SS-Aufseherinnen, Frl. Meurer [?], die ich später für unseren internen Gebrauch „August" taufte, und eine andere, die beide zum Lager gehörten und dann für uns 6 Männer und 6 Frauen 3 SS-Untersturmführer und 4 weibliche Polizeibeamte – und weil auch unter den Gefangenen viele SS-Männer und SS-Mädchen waren. Mit Puppi wechselte ich aber täglich ein paar Worte durchs Fenster, d. h. sie durchs Fenster und ich vom Ausgehplatz her. Wir gingen damals jeder allein. Ab Mitte März durften wir dann mit anderen Häftlingen zusammen gehen, solchen, die nichts mit uns zu tun hatten und das arrangierte ich dann bald so, daß ich mit einem politischen Mädchen – Gerti – einer Düsseldorferin rauskam, die schon 2½ Jahre im Lager war, und die mir die ersten Lektionen über die diversen Insassen gab. Sie selbst war R. K. Schwester gewesen und war wegen eines politischen Witzes eingesperrt worden, war im Lager in das Revier als Pflegepersonal gekommen und hatte dort ein Verhältnis mit dem SS-Arzt gehabt, der deswegen zu Zuchthaus verurteilt worden war, während sie in den Zellenbau in Einzelhaft kam und zeitweise schrecklich gequält worden war: 21 Tage ohne Essen in einer Dunkelzelle krumm geschlossen, d. h. Hände und Füsse in eine Fessel geschlossen. Man hatte von ihr das Geständnis haben wollen, daß der Arzt bei ihr eine Abtreibung vorgenommen hatte.

Als Aufräumefrauen gab es 3 Bibelforscherinnen, die bereits 7, 7 + 3 Jahre saßen: eine nette dicke Ostpreussin, eine schlaue Berlinerin und eine sehr pfiffige und kluge Böhmin. Mit denen stand ich mich bald sehr zart. Gerti kam am Ostersonntag, 9. 4., weg, nach Auschwitz. Zu gleicher Zeit etwa kamen die weiblichen Polizeibeamtinnen weg, und

Puppi, die wegen eines Kassiber-Schiebens mit Langbehn[10] auf die Nordseite strafversetzt war, wo auch seit Anfang März Kiep hingekommen war, bekam die Zelle 26 neben mir. Ferner hatte ich mich mit Gertis Hilfe soweit orientiert, daß ich nun ganz sicher war und wusste, auf wen man sich verlassen konnte und auf wen nicht. So sind aus der Besatzung, die den Sommer verschönte, noch zu erwähnen: der 76er, Poseidon genannt, weil er das Giessen der Blumen hatte. Ein Mann, der für die Kriegsdauer saß, dem man aber nichts genaues nachweisen konnte. Er sass in Zelle 76, war nett und machte den Eindruck eines Technikers. Carmen, eine Schweizer Journalistin in meinem Alter, die für den S.D. gearbeitet hatte und nach dem Anschluss von dem S.D. abgefallen war. Sie lag schräg unter mir, bekam ein Mal 25 Schläge mit der Nagaika und erzählte herrliche Geschichten. Im Mai oder Juni kam sie wieder ins „freie" Lager,[11] wo sie im Revier tätig war. Sie kam aber meist oder häufig unter irgendeinem Vorwand wenn ich meinen Ausgang hatte und war für mich eine grossartige Informationsquelle. Sie heißt Mory und ist die Tochter eines Schweizer Arztes, war 1940 von den Franzosen zu Tode verurteilt. Unter mir lag „Schorsch", ein Gärtner von Siemens, der als freier Mann K.Z. Lager-Insassen Briefe und Sachen von ihren Frauen mitgebracht hatte, zu 2 Jahren K.Z. „verurteilt" worden war und dann im August, als ich schon eingekleidet worden war, ins „freie" Männer-Lager kam.

Mit unseren beiden Aufsichtsmännern Motekus und Witt und nachher Weber und mit den beiden SS-Mädchen hatten Puppi und ich ein ganz zartes, durch Lebensmittel stark untermauertes Verhältnis. Die beste von denen war „August". August war ursprünglich rauh und Puppi behauptete, sie sei tückisch, aber ich hatte mich sofort an sie attachiert und es stellte sich auch heraus, daß sie im Grund eine Perle war, wenn auch etwas mannstoll, was mir aber das Geschäft nur erleichterte. August war die Seniorin des Lagers, tüchtig und bei dem Lagerführer sehr beliebt; sie wurde immer mitgenommen, wenn neue Aufseherinnen geworben wurden und war den anderen Mädchen turmhoch überlegen. Wenn wir etwas haben wollten, dann bat ich immer August und 24 Stunden später hatten wir es. Mit August hatte ich ein Mal eine Unterhaltung über Kindererziehung – sie hatte 2 – und da stellte sich heraus, daß sie mit mir der Meinung war, daß es eine Kindererziehung ohne christliche Religion nicht gäbe, und daß sie deswegen ihre Mutter bei sich wohnen hatte, damit sie die Kinder nicht in den SS-Kindergarten geben müßte. Mit August also war ich ganz zart.

Dann gab es den „9er", der Zelle 9 hatte, sicher ein Mann der ehemaligen Sozialistischen Arbeiterjugend, der als Funker während der Zeit nach 33 durch die ganze Welt gekommen war und im Kriege über Sibirien nach Deutschland zurückgekehrt nach wenigen Wochen ins K.Z. wanderte und da nun das Kriegsende erwartete.

Dann gab es „Willi", einen Eisenarbeiter aus Graz, der den spanischen Bürgerkrieg auf kommunistischer Seite in der internationalen Brigade gekämpft hatte, dann nach Russland gegangen war und als russischer Agent an der Ostfront in unsere Hände gefallen war. Man liess ihn leben, weil er vor Kriegsausbruch bereits ausgebürgert worden war, also nicht als Deutscher in Russland gekämpft hatte.

Dann gab es noch eine Menge wechselnder Personen: russische Partisaninnen, Pflegepersonal der russischen Armee, Polinnen – zwei sehr nette Mädchen aus Warschau –, eine Ukrainerin mit Baby und Schwester, SS-Männer, SS-Aufseherinnen aller Art, die ich bald alle kannte oder vielmehr sie kannten mich, weil Puppi und ich nach Gerti's und Kieps Abgang die Senioren des Zellenbaus waren und überhaupt allerhand Vorrechte genossen. Aus dem freien Revier kannte ich Pela Potocka,[12] die auch im Revier arbeitete, und die ich durch Carmen aufgetan hatte, und eine ganze Reihe Polinnen aus der Küche, die sich manchmal mit mir unterhielten, wenn sie Essen brachten.

Eines Tages, ich glaube im Mai oder Anfang Juni kam ich mittags von meinem Rundgang herein und da stand: Isa Vermehren,[13] die gerade eingeliefert worden war, und der ich so wenigstens aufmunternd zulächeln konnte. Ich liess gleich durch die bohmische Bibelforscherin ermitteln, wo sie hingelegt wurde und es stellte sich heraus, daß sie schräg unter mir, also unter Puppi und neben Schorsch lag. Wir klopften sie dann raus und sie wurde erst ein Mal mit einem viertel Pfund Butter getröstet und in die Gemeinschaft aufgenommen.

Schliesslich kam Anfang Juli in eine der guten Zellen, eine der besten, 36, die Puppi früher bewohnt hatte, ein Mädchen in schwarzem Kleid und platinblondem Haar und mit geschminkten Lippen. Als ich mittags rauskam, nickte sie mir freundlich zu, aber ich konnte nicht daraus klug werden, wer sie war. Sie zeigte dann eine Zigarettendose, die ich kannte, aber die ich auch nicht gleich unterbringen konnte. Ich ging ganz voller Gedanken in meine Zelle zurück, denn es war ja sehr wichtig zu wissen, wer das neue Mädchen war. Plötzlich fiel mir ein, daß das die Zigaretten von Falkenhausen waren und daß dies die Prinzessin Ruspoli[14] sein musste, die nur so mitgenommen war, daß ich sie nicht erkannt hatte. Ich stürzte also an mein Fenster und pfiff laut Falkenhausens Lieblingssong: „dans un coin de mon pays" und in der Hälfte der ersten Strophe antwortete sie mit der zweiten Hälfte. Das war die Besatzung des Sommers bis 20. 7.

Wir auf der Südseite hatten alle unsere Fenster „in Ordnung gemacht", d. h. so eingerichtet, daß man sie rausnehmen und sich rauslehnen und sogar den Kopf zum Gitter hinausstrecken konnte. Wenn wir uns nun gegenseitig etwas mitzuteilen hatten, so pfiffen wir uns an und zwar hatte jeder seinen Pfiff. Meiner war „wem Gott will rechte Gunst erweisen", Isas „Die Gedanken sind frei", Elisabeth Ruspoli, genannt Mary „Dans un coin" usw. Puppi, genannt Erna, hatte keinen, denn die konnte ich ja rausklopfen.

Puppi hatte im April eine grässliche Krise und da haben wir häufig sehr traurig darüber gesprochen. Sie bekam dann von ihrem Vater eine reformierte Bibel und wir unterhielten uns eingehend über Bibeltexte. Ab Juni gingen wir auch immer zusammen zu unserem Rundgang raus und besprachen von der Bibel bis zu Ernährungsmassnahmen für Mitgefangene und Bestechungsmassnahmen für das Personal alles, agierten in diesen Dingen auch immer gemeinsam. Die Abendunterhaltung war aber meist über einen Psalm oder etwas ähnliches. Die drei, die unter uns lagen: Carmen, Schorsch und Isa ernährten wir tüchtig, denn die bekamen alle drei das schlechte Essen. Etwa Mitte Juni, nein Anfang Juni, erreichten wir, daß Isa rauf verlegt wurde und zwar neben Puppi in Zelle 27. Ich hatte Isa nun sehr zugeredet, doch zu singen und da begann sie dann erst vorsichtig und bald war es zu einer stehenden Gewohnheit geworden, daß sie abends nach Schluss, also nach 10 Uhr sang: erst italienische Volkslieder oder etwas Lustiges und zum Schluss geistliche Lieder: evangelische Kirchenlieder, „Der Mond ist aufgegangen" und katholische Kirchenmusik, wie vor allem den gregorianischen Lobgesang. Als sie das das erste Mal sang, seufzte ein schräg unter ihr liegender österreichischer SS-Mann laut auf und sagte: „10 Jahre habe ich das nicht gehört!"

Schliesslich im Juli – und das blieb so, bis ich neu vernommen wurde am 14. 8. – erreichten wir, daß Mary, Isa, Puppi und ich abends so gegen 9 Uhr immer noch ein Mal rauskamen, etwa eine Stunde lang. Manchmal gingen wir dann langsam erzählend auf und ab, manchmal sassen wir mit dem Personal und unterhielten uns, manchmal sang uns Isa was vor. Häufig war auch der 76er, manchmal der 9er dabei, manchmal noch der eine oder andere von der sonstigen Besatzung.

Unser Haupttrumpf war abgesehen von unserem, Puppi und meinem, Essensnachschub unsere Freundschaft mit August. Die anfängliche Ablehnung Augusts durch Puppi und Isa war, nachdem ich meine Unterhaltung über die religiöse Kindererziehung gehabt hatte, einer innigen Freundschaft gewichen und ab Anfang Juli hat August uns drei jeden Morgen je zwei in Fettpapier aufgebackene Semmeln mitgebracht und abends manchmal frische Pilze oder Bratkartoffeln gemacht. August hat also für unser Wohlleben sehr viel getan. Auch sonstige Einkäufe hat August für uns in der Stadt besorgt.

Das Essen spielte überhaupt eine grosse Rolle. Nachdem ich einen Tauchsieder zum Teekochen bei mir angeschlossen hatte, hatte Puppi sich eine Kochplatte kommen lassen und da wurden ganze Gerichte, z. B. herrliche Risottos gekocht. Aber auch Schinken und Wurst, von mir Speck zu Kartoffeln, alles spielte eine Rolle und Sonntags bekam die ganze Sonntagswache von uns Thee oder Kaffee.

In all dieser Existenz kamen dann immer wieder schreckliche Dinge vor: fast täglich bekam irgendeine Frau aus dem Lager 25 Hiebe mit der Nagaika. Das geschah in unserem „Zellenbau". Meine Freundinnen aus der Küche erzählten mir das immer tags zuvor, denn dann gab es für die prügelnden Häftlinge Fleischzulage. Die Frauen wurden nackt in Gegenwart von Lagerführer und Arzt festgeschnallt und von zwei Mitgefangenen geprügelt. Schräg unter mir lag ein Mal eine, die hatte 75 bekommen, in drei Raten. Der Rücken war ganz aufgeplatzt, aber es war erstaunlich, wie schnell sie sich erholte. Dann gab es Männer, die wurden plötzlich morgens aufgefordert, mal „einen Spaziergang ums Lager zu machen", d. h. erschossen zu werden. Das geschah einem in meiner Nähe liegenden Häftling Emil, der ein Verhältnis mit einer Aufseherin hatte und sich weigerte, deren Namen preiszugeben. 14 Tage nach seinem Tod lag das Mädchen in Zelle 24 neben mir, eine Österreicherin aus der Nähe von Wien, ich glaube Floridsdorf. Sie war aber eigentlich nur 7 Tage traurig und benommen und hatte sich dann sehr mit dem 9er angefreundet. – Dann kamen eines Tages 10 Häftlinge, die wegen eines Mordes an einem Mithäftling in Untersuchung gelegen hatten um 5 Uhr früh weg. An sich ganz nette Männer und wir dachten alle, der Kamin des Krematoriums, der meinem Fenster schräg gegenüber lag würde wie toll rauchen. Aber dann hörten wir nach einer Woche, daß sie heil in Oranienburg im Lager seien und dort arbeiten müssten. – Dann hatten wir einen englischen Fallschirmagenten, der wurde eines Morgens zum Erschossenwerden abgeholt. – Schliesslich war mit Schorsch zusammen ein Mann eingesperrt gewesen, der aus dem „freien" Lager ausgebrochen war; der wurde auch eines Morgens abgeholt und dann hörten wir, daß er mitten im Lager gehenkt worden war. – Zwei Russinnen, die nach Carmens Abgang in deren Zelle kamen, übrigens besonders hübsche Mädchen von 19 und 20 Jahren, denen wurde alle paar Tage eröffnet, sie würden nun erschossen, weil sie bei der Arbeit Sabotage geübt hätten. – An der Nordseite, wo Willi, der 9er, zeitweise Isa als Strafe für ein Kassibergeschäft mit ihrer Schwägerin[15] lagen, gab es täglich Prügelszenen und Strafestehen: die Frauen mussten bei jedem Wetter von morgens 5 Uhr bis abends 10 oder 11 Uhr still stehen.

Isa, die neben den 9er gelegt worden war, in Nr. 8, hatte mit diesem einen Morseverkehr und an unsere religiösen Unterhaltungen auf der Südseite gewöhnt, hatte sie gleich damit angefangen, ihn anzumorsen: „Glauben Sie an Gott?", worauf er prompt „Nein" erwidert hatte. Das war rasend komisch, denn Isa versuchte nun, ihn auf dem Morseweg zu bekehren und musste bald das Rennen aufgeben. Isa war auch entrüstet, daß Puppi, die ja katholisch war, Bibel las statt sich an das Messbuch zu halten und tat nun ihr Möglichstes, sie ganz auf das Messbuch festzulegen: daß die Bibel „schön" sei, fand sie ein Greuel; das war schon ketzerisch. – Ich merke, daß Elisabeth, sprich Mary, zu kurz kommt. Mir fällt auch gerade keine schöne Geschichte zu ihr ein, aber sie war durchaus zu gleich mit den beiden anderen Mädchen und eine grosse Bereicherung. Auch war sie besonders gut im Beschaffen von Nachrichten, weil sie sehr geschickt und ruhig zu fragen verstand.

Nachrichten waren für uns immer sehr wichtig. Vor allem war wichtig, zu erfahren, wer neu kam, wer in leere Zellen kam, wo Spitzel hingelegt wurden, warum Leute verlegt wurden, was bei Vernehmungen gefragt worden war. Dieser Nachrichtendienst hat sich nach dem 20. 7. sehr bewährt, denn so wurde ich wenigstens vor Überraschungen bewahrt. Peters[16] Ankunft erfuhr ich binnen 20 Minuten, auch daß Kleist[17] und Schwerin[18] mit ihm gekommen waren. Schacht und Popitz, Leber, Haubach, Leuschner, Maass, Wirmer[19] usw. waren uns innerhalb 24 Stunden angezeigt, sogar mit Zellennummer, obwohl alles getan wurde, es uns zu verheimlichen. Hassell,[20] der sehr schlecht behandelt wurde, bekam schon nach 48 Stunden seinen ersten Risotto durch die böhmische Bibelforscherin. Halder kam in Isas Zelle 27 neben Puppi und war ein sehr gelehriger Häftling.

Am 14. nachts um 11 Uhr wurde ich zur Vernehmung geholt und damit war klar, daß man mir ans Leben wollte. Bis zum 19. hat man es aber alles beim Alten gelassen, nur war ich kurz zuvor auf die Nordseite gelegt worden unter irgendeinem Vorwand. Und so habe ich mich in den Tagen vom 15. bis 19. noch von allen herrlich verabschieden können. Die drei Mädchen haben mir versprochen, Freya später zu besuchen und ihr zu erzählen, wie meine letzten Monate waren. Mary vor allem wollte direkt von Ravensbrück nach Kreisau kommen und sich von da mit Ansembourgs in Verbindung setzen. Am 19. 8. wurde ich dann eingekleidet und in eine dunkle Zelle der Nordseite gesperrt, ohne Buch, ohne Papier zum Schreiben, ohne eigene Sachen, ausser Socken und Taschentücher, mit schlechtem Essen und eine Woche lang ohne Ausgang. Trotzdem blieb ich nachrichtenmässig mit den anderen in Verbindung und wir sahen uns später, als ich rauskam, sekundenweise, weil ich, wenn ich rauskam, einen unserer Pfiffe losliess und dann, wenn die damals sehr strenge Bewachung nicht hinsah, schnell um die Ecke winkte. Wenn sie draussen waren und ich mich gemeldet hatte, pfiff Isa, die damals wieder auf die Südseite gekommen war, meine Lieblingslieder, lauter Mozartmelodien. Als ich schliesslich abfuhr, sah ich gerade Mary und konnte ihr auf Wiedersehen sagen und die Bibelforscherinnen und August sahen sehr traurig hinter mir her.

29. 11. 44 Fortsetzung

Zu meinem gestrigen Brief über Ravensbrück will ich nur noch nachtragen, wer noch so durchgelaufen ist und länger oder kürzer da war, ohne in meinem dortigen Leben eine erhebliche Rolle zu spielen. Aber vielleicht läuft Dir der eine oder andere mal über den Weg: Planck[21] hat noch eine Woche neben mir gelegen als ich auf der Nordseite war. Alvensleben-Neugattersleben[22] lag auf meiner anderen Seite, Pechel, der Herausgeber der Neuen Rundschau,[23] Suhrkamp, der jetzige Inhaber des Berman-Fischer Verlages, zwei Brüder, deren mir gerade entfallener Namen mit W anfängt, Verleger aus Berlin,[24] Frau Solf und ihre Tochter Gräfin Ballestrem,[25] Halder und Frau, er einige Zeit neben Puppi in Zelle 27, wo er ein sehr netter Nachfolger von Isa war. Isas Schwippschwägerin, die Schwester von Vermehrens Frau, deren Namen ich nicht wusste, Gisela heisst sie mit Vornamen, Frau Henschel, Frau des Legationsrats aus Ankara, erst putig, dann aber nett, Hermes,[26] Gescher [?][27] und Fehr [?],[28] die mit mir eingekleidet wurden, mit Peter zusammen Schwerin und Kleist; Leuschner und Maass und Leber und Dahrendorf,[29] ein Gewerkschaftssekretär Nuschke [?], ein Gewerkschaftssekretär Gross,[30] ein Marinepfarrer Kunkel. Eigentlich sind alle Männer ausser Popitz, Schacht, Halder und mir irgendwann ein Mal fürchterlich geprügelt worden. Bernstorff und Kuenzer lagen mehrere Tage im Bett. Am schlimmsten hat man Langbehn behandelt – jetzt zum Schluss, anfangs war er so ein Sonderfall wie ich und in der P.A. brachte ihm sein Diener jeden Morgen auf einem Tablett ein opulentes Frühstück; der wurde an Händen und Füssen gefesselt und sowohl in der Zelle wie bei der Vernehmung geprügelt ...

1 *Bernstorff:* Albrecht Graf von Bernstorff (1890–1945), Regimegegner von Anbeginn, nahm seinen Abschied vom Auswärtigen Dienst 1933, am 23. 4. 45 von SS ermordet. 2 *Scherpenberg:* Hilger van Scherpenberg, Legationsrat; er überlebte. 3 *Kuenzer:* Legationsrat im AA; Regimegegner, von SS in Berlin in der Nacht vom 23. zum 24. 4. 45 ermordet. 4 *Etscheit:* Alfred Etscheit, Berliner Rechtsanwalt, Regimegegner und Mitarbeiter der Abwehr seit 1939.

5 *P. A.:* Prinz-Albrecht-Straße, Sitz des Reichssicherheitshauptamts (RSHA) und der Gestapo, wo M. nach seiner Verhaftung am 19. 1. 44 bis zu seinem Abtransport nach Ravensbrück inhaftiert war und verhört wurde. 6 *dieselbe Sache:* die Teegesellschaft mit dem Spitzel. 7 *Hannah Kiep:* Frau von Otto Kiep, die auch an der Teegesellschaft teilgenommen hatte. 8 *Frl. Zimmermann:* nicht ermittelt. 9 *Puppi:* Marie-Louise Sarre. 10 *Langbehn:* s. Brief vom 21. 6. 41. 11 *„freie" Lager:* das eigentliche Konzentrationslager Ravensbrück, im Gegensatz zum danebengelegenen Zellenbau. Ravensbrück war hauptsächlich als K.Z. für Frauen bekannt. 12 *Pela Potocka:* Angehörige einer prominenten polnischen Adelsfamilie. 13 *Isa Vermehren:* s. Einleitung, S. 49. Nach dem Krieg Ordensfrau und Schulleiterin. s. auch Anm. 15. 14 *Ruspoli:* s. S. 488, 492[11], 539, 541[11] und 581. 15 *Schwägerin:* Isa Vermehrens Bruder Erich, Abwehrbeauftragter in Istanbul, war im Februar, als er nach Berlin zurückbeordert wurde, mit seiner Frau (geb. Elisabeth Gräfin Plettenberg) zu den Engländern übergelaufen. Die Folgen für Canaris und die Abwehr waren katastrophal: Canaris wurde vom Dienst suspendiert und unter Hausarrest gestellt. Es handelt sich hier wohl um eine Schwester von Frau Vermehren, d. h. die kurz darauf erwähnte „Schwippschwägerin". 16 *Peters:* Yorcks. 17 *Kleist:* Oberleutnant Ewald Heinrich von Kleist, Verschwörer, der zusammen mit Yorck in der Bendlerstraße verhaftet wurde. 18 *Schwerin:* s. 306[1] und 582. 19 *Wirmer:* Joseph Wirmer (1901–1944), Berliner Anwalt, Regimegegner von Anbeginn, als einer der Hauptverschwörer am 8. 9. 44 zum Tode verurteilt und hingerichtet. 20 *Hassell:* Ulrich von Hassell, s. 451[4] und 541[9]. 21 *Planck:* Erwin Planck, s. 97[4] und 488. 22 *Alvensleben-Neugattersleben:* Werner von Alvensleben (1875–1961), Berufsoffizier bis zum Ersten Weltkrieg, dann Bankier. Am 1. 2. 45 zu 2 Jahren Haft verurteilt. 23 *Rundschau:* Rudolf Pechel (1882–1961), Schriftsteller, bis zum Verbot 1942 Herausgeber der *Deutschen Rundschau*; am 1. 2. 45 vom Volksgerichtshof freigesprochen. 24 *aus Berlin:* der Verleger Paul Wasmuth und sein Bruder, der Schriftsteller war. 25 *Ballestrem:* Hanna Solf, die Witwe des Botschafters Wilhelm Solf, und ihre Tochter hatten beide an der heiklen Teegesellschaft teilgenommen. 26 *Hermes:* Andreas Hermes (1878–1964), Reichsernährungsminister 1920–1921, Reichsfinanzminister 1921–23, Vorsitzender des Deutschen Bauernbundes und der Arbeitsgemeinschaft der deutschen ländlichen Genossenschaften Raiffeisen; von den Verschwörern als möglicher Ernährungsminister vorgesehen; zum Tode verurteilt, aber Ende April 1945 freigelassen; nach dem Krieg CDU-Politiker. 27 *Gescher* [?]: nicht ermittelt. 28 *Fehr* [?]: nicht ermittelt. 29 *Dahrendorf:* Gustav Dahrendorf (1901–1954), Sozialdemokrat, Reichstagsabgeordneter 1932, Redakteur des *Hamburger Echo* 1924–33; nach dem Krieg wieder politisch tätig. 30 *Gross:* Nikolaus Gross, s. 599 und 604[16].

Die Briefe aus Tegel gibt es auch noch, seine und meine, und die gehören zusammen. Zuerst schrieb Helmuth sie mit gefesselten Händen. Diese Briefe haben mit seinem Tod, aber auch mit meinem weiteren Leben zu tun. Sie statteten mich für mein weiteres Leben aus, und die Gemeinsamkeit, die sie darstellen, dauert noch an. Wir hatten fast vier Monate, um Abschied vonein-

ander zu nehmen, ein Mann und eine Frau. Der Höhepunkt unseres gemeinsamen Lebens – die schwerste Zeit unseres gemeinsamen Lebens.

Als Helmuth von Ravensbrück nach Berlin kam, glaubten wir, nur noch wenige Tage zu haben. Wir zweifelten nicht, daß er zum Tode verurteilt würde, und die Todesurteile wurden damals noch am Tage der Verurteilung vollstreckt. Dann war uns doch mehr Zeit gegeben. Wir wußten nie mit Sicherheit wieviel. Würde die Verhandlung im November angesetzt werden – vor Weihnachten, hatten wir noch Zeit bis ins neue Jahr?

In den Tagen, die der Verlegung nach Berlin folgten, war Helmuth bereit zu sterben; er war ganz frei und in Frieden. Wir wußten immer, daß dieser Preis gefordert werden könnte, und Helmuth war bereit, ihn zu zahlen. Aber als die Tage vergingen, mehr Einzelheiten über die Verhandlungen bekannt wurden, als die Welt draußen, auch die Kriegslage, sich veränderte, begannen wir wieder zu hoffen. Zwei von Helmuths nahesten Freunden waren auch im Tegeler Gefängnis – Pater Delp und Eugen Gerstenmaier. Untereinander hatten sie immer wieder Verbindung: Helmuth wußte, daß beide an ihr Überleben glaubten (Pater Delp wurde hingerichtet; Eugen Gerstenmaier überlebte). Gab es vielleicht doch eine mögliche Linie der Verteidigung? Wie sollte man da herangehen? Neue Spannungen entstanden. Mit der neuen Hoffnung verlor Helmuth zeitweise die wunderbare Freiheit und den Frieden. Vom Gefängnis aus begann er an seiner Verteidigung zu arbeiten. Ungezählte Schritte mußten unternommen werden. Helmuth erdachte sie, ich führte sie aus. Ich war in diesen Monaten meistens in Berlin, wo ich bei Helmuths Vetter, Carl Dietrich von Trotha, wohnte. Einzelne Nächte verbrachte ich auch bei den Poelchaus. Haralds Frau, Dorothee Poelchau, teilte Mut und Einsatz ihres Mannes, denn wir Angehörigen der Gefangenen waren doch alle Personen, die zu meiden waren.

Freunde in anderen Gefängnissen mußten von Helmuths Verteidigungslinie unterrichtet werden, damit sie sie mit der ihrigen koordinieren konnten. Keiner der politischen Gefangenen durfte sich seinen Verteidiger wählen, statt dessen wurde ihnen nur wenige Tage vor dem Prozeßtermin ein Zwangsverteidiger zugeteilt.

Helmuth versprach sich etwas von einem Gespräch mit General Müller, Himmlers Stellvertreter. Also mußte ich in das Hauptquartier des SD in der Prinz-Albrecht-Straße gehen und mit Müller sprechen. Müller war höflich zu mir, fast freundlich. Er machte so etwas wie einen Versuch, mich auf seine Seite zu ziehen – gegen Helmuth. Dagegen habe ich mich wehren können. Aber Müller ließ keinen Zweifel aufkommen, daß er Helmuth nach dem Leben trachtete: „Nach dem Ersten Weltkrieg haben unsere Gegner die Herrschaft übernommen; sie hatten überlebt. Das wird uns nicht passieren.“ Helmuth hatte das Gespräch mit Müller, aber es nutzte nichts.

Freisler empfing mich auch. Er verkündete mir die fehllose Gerechtigkeit der Urteile seines Gerichts. Ich war auch in Verbindung mit Helmuths Staatsanwalt und mit Angestellten des Gerichts, und so erhielt ich wieder „Sprecherlaubnis". Viermal trafen wir uns im Gefängnis in Gegenwart des Gefängnisdirektors.

An Wochenenden fuhr ich mehrmals nach Kreisau, um Nachrichten von den Kindern und dem Betrieb und um Nahrungsmittel zu holen. Helmuths Schwester Asta hielt dort die Festung. Auch zu Weihnachten war ich in Kreisau.

Das alles ist Inhalt der Briefe. Aber da ist mehr. Da ist auch der Kampf, den Helmuth kämpfte, zwischen dem Bereitsein für den Tod und Hoffnung auf das Leben, und ich mußte ihn halten und doch frei geben. Die Spannung über so viele Monate hin war manchmal unerträglich, und doch freuten wir uns über jeden Tag, den wir noch hatten. Und Helmuth wuchs und wurde nicht schwächer. Wir blieben immer sicher, daß es sich lohnte, das Leben gegen das Übel des Nationalsozialismus einzusetzen. Wir versuchten bereit zu sein für Helmuths Tod und für sein Überleben. In alledem waren wir getragen von unserem Glauben, Glaube, der kam und ging wie Ebbe und Flut. Was vor uns lag, würde nicht nur entschieden werden durch Freisler und seine Leute.

Teil eines Briefes von Helmuth aus Tegel soll hier doch zu lesen sein, nicht etwa als typisches Beispiel der Briefe aus Tegel, sondern weil er vieles von den Monaten dort zusammenfaßt und eine Brücke zu den Briefen bildet, die die Gerichtsverhandlung schildern.

Tegel, den 28. 12. 44

... Ein merkwürdiges Jahr geht für mich zu Ende. Ich habe es eigentlich vor allem unter Leuten verbracht, die für einen gewaltsamen Tod präpariert wurden und viele von denen haben ihn inzwischen erlitten: Kiep, Frl. v. Thadden,[1] Langbehn, Hassell, Peter,[2] Schwerin, Schulenburg, Popitz (?), Maass, Leuschner, Wirmer, und sicherlich 10 oder 11 K.Z.-Häftlinge. Mit all diesen Leuten habe ich doch in einem Hause gelebt, an ihrem Schicksal teilgenommen, gelauscht, wenn sie zu Verhören weggeholt oder wenn sie ganz weggebracht wurden, fast mit allen über ihre Angelegenheit gesprochen und gesehen, wie sie mit allem fertig wurden. Und hier in Tegel sind auch schon, glaube ich, etwa 10 aus meiner Gruppe hingerichtet worden. Der Tod ist so ein Begleiter des ganzen Jahres geworden. Und wenn mich am Anfang die Aufforderung an „Emil" zu einem „Spaziergang ums Lager" riesig aufregte, so sind eben diese gewaltsamen Tötungen so zum Alltag geworden, daß ich das Verschwinden einzelner Männer traurig, aber doch wie ein Naturereignis hinnahm. Und nun, sage ich mir, bin ich dran. Kann ich es bei mir auch wie ein Naturereignis hinnehmen? In der Verfassung kam ich her; eigentlich war mir nur der Umweg über den V.G.H.[3] lästig und hätte mir jemand gesagt, Todesurteile können auf Antrag des Angeklagten auch durch Strafbefehl verhängt und dann auch gleich vollstreckt werden, so hätte ich Ende September den Antrag gestellt. So sehr war ich in der Atmosphäre befangen, daß man über das Hingerichtetsterben nur keinen „fuss"[4] machen dürfe. Und wo bin ich jetzt? Die Landschaft ist einfach nicht wiederzuerkennen. Jetzt will ich ganz definitiv nicht sterben, darüber ist gar kein Zweifel. Das ständige Arbeiten an den Argumenten, mit denen das zu vermeiden sei, hat in mir den Willen, um diese Sache herumzukommen, ganz mächtig angeregt. Wenn ich die vielen Schritte bedenke, die jeder in sich ganz unumwälzend waren, von denen eigentlich jeder – retrospektiv betrachtet – nur dazu gedient hat, die Argumente zu klären, so muss ich sagen, daß sie nachträglich eben einen sinnvollen Zusammenhang erweisen, und daß aus diesem allen jetzt eine Verteidigung erwachsen ist, die sich immerhin doch hören lässt (Ich bin gespannt, was Hercher[5] zu der neuen Version sagen wird). – Das alles ist ein Wunder, was nicht bedeutet, daß sich daraus Schlüsse auf die Zukunft ziehen lassen; davon bin ich, abgesehen von stundenweisen Schwächenanfällen weit entfernt. Aber aus einem psychologisch auf Nicht-Verteidigung eingestellten Angeklagten ohne ein ernsthaftes Argument zu seiner Entlastung ist ein Mann geworden, der entschlossen ist, alles zu tun, was seiner Verteidigung dienen kann, und dann hat er auch eine immerhin diskutable Verteidigungslinie, die ihm immerhin schon wieder soviel innere Sicherheit gegeben hat, daß er sich garnicht scheut, immerhin reichlich unverschämte Briefe an H. H.[6] zu schreiben.

So endet das Jahr, das ich in unmittelbarer und ganz vertrauter, ich möchte sagen vertraulicher Nachbarschaft mit dem Tode verbracht habe, in einem Widerstandswillen, der viel entschlossener ist, als er es auch nur am 19. Januar war, oder vielmehr am 24. 1. – Und trotzdem, mein Herz, muss ich jeden Augenblick freudig bereit sein zu sterben, dieses Gefühl, dafür bereit zu sein und sich ohne Widerstand gegen Gott darein zu schicken, wenn er es befiehlt, das muss ich mir erhalten. Nach dieser Zeit der Vorbereitung darf ich nicht plötzlich davon überrascht werden und wenn es dreist durch eine Bombe wäre. Darum ist eben der Mahnruf „wachet und betet" so nötig und doch versinke ich immer wieder in „Schlaf", wenn ich sehe, daß noch 8 oder 14 Tage bis zum Termin Zeit sind. Es ist eben tatsächlich auch für jemanden, der so viel Zeit daran wendet wie ich, einfach unmöglich, in jedem Augenblick die unmittelbare Gegenwart des Todes zu spüren. Dagegen lehnen Fleisch und Blut sich wild auf.

Ich denke jetzt manchmal – was ich seit Monaten nicht getan habe – darüber nach, wie alles wäre, wenn ich am Leben bliebe und wundere mich, ob ich das wohl alles wieder vergessen würde, oder ob man aus dieser Zeit doch ein reales Verhältnis zum Tod und damit zur Ewigkeit behält. Ich komme zu dem Ergebnis, daß auch da Fleisch und Blut alles dran setzen würden, die Erkenntnis wieder zu verdrängen, sodaß ein ständiger Kampf nötig wäre, um die Früchte dieser Zeit zu retten. Wir sind eben ein jämmerliches Geschlecht, darüber ist kein Zweifel, nur wissen wir es meist garnicht, wie jämmerlich wir sind. Jetzt weiss ich auch, warum Paulus und Jesaja, Jeremia und David und Salomo, Moses und die Evangelisten nie veralten: sie waren eben nicht so jämmerlich; sie hatten ein Format, das für uns unerreichbar ist auch durch Menschen wie Goethe ja selbst wie Luther nicht erreichbar. Was diese Männer erlebt und erfahren haben, das werden wir nie ganz verstehen. Man fragt sich nur, ob damals solche Männer vielleicht in grösserer Zahl existiert haben? Man muss doch annehmen, daß nur ein Bruchteil von dem überliefert ist, was existiert hat. Wie ist es aber möglich, daß solche Männer damals existierten? Die sind doch wie eine andere Spezies Mensch. Und warum unter den Juden? Und warum heute auch unter den Juden nicht mehr? . . .

1 *Frl. v. Thadden:* Elisabeth von Thadden (1890–1944), Gründerin und Leiterin eines evangelischen Landschulheims 1929–41; aus politischen Gründen entlassen, dann als Krankenpflegerin tätig bis zu ihrer Verhaftung, Folge der Teegesellschaft, in die sich ein Gestapospitzel eingeschlichen hatte. 2 *Peter:* Yorck. 3 *V.G.H.:* Volksgerichtshof. 4 *keinen „fuss“:* kein Aufhebens. 5 *Hercher:* sein Verteidiger. 6 *H. H.:* Heinrich Himmler.

Dann kamen die Tage der Gerichtsverhandlung. Helmuth kehrte an beiden Tagen wieder zurück nach Tegel und beschrieb die Verhandlung in zwei langen Briefen. Er wünschte, daß der Inhalt dieser Briefe bekannt würde. Sie wurden zum ersten Mal in England 1947 gedruckt.

Briefe 1945

Berlin, den 10. Januar 1945[1]

Mein Lieber, denk' mal, wie schön, daß ich noch ein Mal hier nach Tegel zurückgebracht worden bin, daß die Würfel, deren Fall schon genau feststeht, sozusagen auf der Kante noch ein Mal halten. So kann ich noch in Frieden einen Bericht schreiben.

Erst mal den Schluss vorweg: um 3 Uhr etwa verlas Schulze[2] der keinen üblen Eindruck macht, die Anträge: Moltke: Tod + Vermögenseinziehung; Delp: desgl.; Gerstenmaier: Tod; Reisert + Sperr:[3] desgl.; Fugger:[4] 3 Jahre Zuchthaus; Steltzer und Haubach abgetrennt.[5] Dann kamen die Verteidiger, eigentlich alle ganz nett, keiner tückisch. Dann die Schlussworte der Angeklagten, wobei Dein Wirt als einziger verzichtete. Eugen war, wie ich am Schlusswort merkte, etwas unruhig.

Nun kommt der Gang der Verhandlung. Alle diese Nachrichten sind natürlich verboten.[6]

Es war in einem kleinen Saal, der zum Brechen voll war. Anscheinend ein früheres Schulzimmer.[7] Nach einer langen Einleitung von Freisler[8] über Formalien – Geheimhaltung, Verbot des Mitschreibens etc. – verlas Schulze die Anklage, und zwar nur den kurzen Text, der auch im Haftbefehl[9] stand. Dann kam Delp dran, mit dem seine zwei Polizisten vortraten. Die Verhandlung spielte sich so ab: Freisler, den Hercher[10] sehr richtig beschrieben hat: begabt, genial und nicht klug, und zwar alles dreies in Potenz, erzählt den Lebenslauf, man bejaht oder ergänzt, und dann kommen diejenigen[11] Tatfragen, die ihn interessieren. Da schneidet er aus dem Tatbestand eben Dinge heraus, die ihm passen, und lässt ganze Teile weg. Bei Delp fing es damit an, wie er Peter und mich kennengelernt hat, was zuerst in Berlin besprochen ist, und dann kam Kreisau Herbst 42 dran. Auch[12] hier die Form: Vortrag von Freisler, in den man Antworten, Einreden, eventuell neue Tatsachen einbauen kann; besteht aber die Möglichkeit, daß man dadurch den Ductus stören könnte, so wird er ungeduldig, zeigt an, daß er es doch nicht glaubt, oder brüllt einen an. Der Aufbau für Kreisau so: zuerst waren es allgemeine Erörterungen mehr grundsätzlicher Art, dann wurde der praktische Fall der Niederlage erörtert, und zum Schluss wurden Landesverweser gesucht. Die erste Phase möge noch angehen, obwohl überraschend sei, daß alle diese Besprechungen ohne einen einzigen Nationalsozialisten stattfanden, dafür aber mit Geistlichen und lauter Leuten, die sich später am 20. Juli beteiligt hätten. – Die zweite Phase aber sei bereits schwärzester Defaitismus allerdunkelster Art. Und das dritte offene Vorbereitung zum Hochverrat. – Dann kamen die Münchener Besprechungen dran. Das stellte sich zwar alles als viel harmloser heraus, als es in der Anklage stand, aber es hagelte Pflaumen gegen die katholischen Geistlichen und gegen die Jesuiten: Zustimmung zum Tyrannenmord – Mariana;[13] uneheliche Kinder; Deutschfeindlichkeit u.s.w., u.s.w. Das alles mit Gebrüll mittlerer Art und Güte. Auch die Tatsache, daß Delp bei den Besprechungen weggegangen war, die in seiner Wohnung stattfanden, wurde ihm als „echt jesuitisch" zur Last gelegt: „Gerade dadurch dokumentieren Sie ja selbst, daß Sie genau wussten, daß da Hochverrat getrieben wurde, aus dem Sie gerne das Köpfchen mit der Tonsur, den geweihten heiligen Mann heraushalten wollten. Der ging derweil wohl in die Kirche, um dafür zu beten, daß das Komplott auch in Gott wohlgefälliger Form gelänge." – Dann kam Delp's Besuch bei Stauffenberg[14] dran. Und schliesslich die am 21. Juli erfolgte Mitteilung Sperr's davon, daß Stauffenberg ihm Andeutungen über den Umsturz gemacht habe. Diese beiden letzten Punkte gingen glimpflich ab. Bemerkenswert in der ganzen Vernehmung, daß ich in jedem zweiten Satz von Freisler irgendwie vorkam: „der Moltke-Kreis", „Moltke's Pläne", „gehört auch zu Moltke" u.s.w.

Als Rechtsgrundsätze wurden verkündet:

„Der Volksgerichtshof steht auf dem Standpunkt, daß eine Verratstat schon der begeht, der es unterlässt, solche defaitistischen Äusserungen wie die von Moltke, wenn sie von einem Mann seines Ansehens und seiner Stellung geäussert werden, anzuzeigen." – „Vorbereitung zum Hochverrat begeht schon der, der hochpolitische Fragen mit Leuten erörtert, die in keiner Weise dafür kompetent sind, insbesondere nicht mindestens irgendwie tätig der Partei angehören." – „Vorbereitung zum Hochverrat begeht jeder, der sich irgendein Urteil über eine Angelegenheit anmasst, die der Führer zu entscheiden hat." – „Vorbereitung zum Hochverrat begeht, der zwar[15] selbst jede Gewalthandlung ablehnt, aber Vorbereitungen für den Fall trifft, daß ein anderer, nämlich der Feind, die Regierung mit Gewalt beseitigt; dann rechnet er eben mit der Gewalt des Feindes." Und so ging es immer weiter. Daraus gibt es nur einen Schluss: Hochverrat begeht, wer dem Herrn Freisler nicht passt.

Dann kam Sperr. Der zog sich aus der Kreisauer Affäre – mit Recht ein wenig auf meine Kosten – einigermassen heraus. Es wurde ihm aber folgendes vorgehalten: „Warum haben Sie nicht angezeigt? Sehen Sie, wie wichtig das gewesen wäre: Der Moltke-Kreis war bis zu einem gewissen Grade der Geist des ‚Grafen-Kreises', und der wieder hat die politische Vorbereitung für den 20. Juli gemacht; denn der Motor des 20. Juli war ja keineswegs Herr Goerdeler, der wahre Motor steckte in diesen jungen Männern." Sperr im ganzen freundlich behandelt.

Nun Reisert. Er wurde sehr freundlich behandelt. Er hat drei Besprechungen mit mir gehabt, und es wurde ihm vor allem zur Last gelegt, daß er nicht schon nach der ersten bemerkt hätte, daß ich ein Hochverräter und schwerer Defaitist sei, und dann noch zwei andere Besprechungen mit mir gehabt hätte. Ihm wurde vor allem der Vorwurf gemacht, nicht angezeigt zu haben.

Schliesslich Fugger. Der machte einen sehr guten Eindruck. Er war eine lange Zeit elend gewesen und hatte sich nun wieder erholt, war bescheiden, sicher, hat keinen von uns belastet, sprach nett bayrisch und hat mir noch nie so gut gefallen wie gestern; ganz ohne Nerven, während er hier immer schreckliche Angst gehabt hatte. Er gab sofort zu, daß, nach dem, was ihm heute gesagt worden sei, ihm klar sei, daß er hätte anzeigen müssen, und er wurde so gnädig entlassen, daß ich gestern abend dachte, er würde freigesprochen werden.

Hingegen war auch in den anderen Vernehmungen der Name Moltke immerzu zu hören. Wie ein roter Faden zog sich das durch alles durch, und nach den oben angeführten „Richtsätzen" des V.G.H. war ja klar, daß ich umgebracht werden sollte.

Nun vielleicht eine kleine Einschiebung über das Bild:

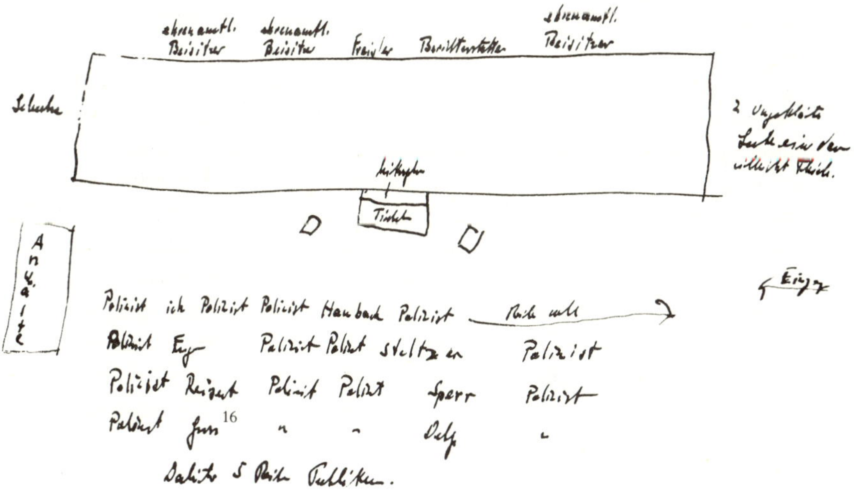

Die ganze Verhandlung wird durch das Mikrophon auf Stahlbänder für das Archiv aufgenommen. Du wirst sie Dir also, solltest Du Lust dazu haben, später ein Mal vorspielen lassen können. Man tritt vor den Tisch, die beiden Polizisten mit, die sich rechts und links auf die beiden Stühle setzen; für Reisert und mich wurde sofort und ohne daß wir fragten ein Stuhl[17] bereitgestellt. Schulze, Freisler + Berichterstatter in roten Roben. Typisch war ein Vorfall: aus irgendeinem Grunde wurde ein St.G.B.[18] gebraucht, weil Freisler etwas daraus vorlesen wollte. Es stellte sich aber heraus, daß keines aufzufinden war.

Nun kommt der zweite Tag. Da fing es mit mir an. In mildem Ton ging es los; sehr schnell, sozusagen rapid; Gott sei Dank, daß ich flink bin und F.'s Tempo spielend mitmachte; das machte übrigens sichtlich uns beiden Freude. Aber wenn er das bei einem Mann exerziert, der nicht ganz schnell ist, so ist der verurteilt, ehe er bemerkt hat, daß F. die Personalien hinter sich gelassen hat. Bis einschliesslich der Besprechung mit Goerdeler und meiner Stellung dazu durchaus glatt und ohne viel Aufhebens.

Dann[19] kam mein Einwand, Polizei und Abwehr hätten davon gewusst. Da bekam F. Tobsuchtsanfall Nr. 1. Alles, was Delp zuvor erlebt hatte, war einfach eine Spielerei dagegen. Ein Orkan brach los: Er hieb auf den Tisch, lief an so rot wie seine Robe und tobte: „So etwas verbitte ich mir, so etwas höre ich mir garnicht an." Und so ging das immer fort. Da ich ohnehin wusste, was rauskam, war mir das alles ganz gleich: ich sah ihm eisig in die Augen, was er offenbar nicht schätzte, und plötzlich konnte ich nicht umhin zu lächeln. Das ging nun zu den Beisitzern, die rechts von Freisler sassen, und zu Schulze. Den Blick von Schulze hättest Du sehen müssen. Ich glaube, wenn ein Mensch von der Brücke über dem Krokodilteich im Zoo hinunterspringt, so kann der Aufruhr nicht grösser sein. Na schön, damit war das Thema erschöpft.

Nun kam aber Kreisau, und da hielt er sich nicht lange bei den Präliminarien auf, sondern steuerte schnurstracks auf zwei Dinge los: *a*) Defaitismus, *b*) das Aussuchen von Landesverwesern. Über beides Tobsuchtsanfälle gleicher Güte, und, als ich mit der Verteidigung kam, das alles sei aus dienstlicher Wurzel hervorgegangen, dritter Tobsuchtsanfall: „Alle Behörden Adolf Hitler's arbeiten auf der Grundlage des Sieges, und das ist im O.K.W. nicht anders wie woanders; so etwas höre ich mir garnicht an, und selbst wenn es nicht so wäre, so hat[20] eben jeder einzelne Mann die Pflicht, selbständig den Siegesglauben zu verbreiten." Und so in langen Tiraden.

Nun kam aber die Quintessenz: „Wer war denn da? Ein Jesuitenpater! ausgerechnet ein Jesuitenpater! ein protestantischer Geistlicher, 3 Leute, die später wegen Beteiligung am 20. Juli zum Tode verurteilt worden sind! Und kein einziger Nationalsozialist! Kein einziger! Und da will ich doch nur sagen: nun ist aber das Feigenblatt ab!" ,,Ein Jesuitenpater, und ausgerechnet mit dem besprechen Sie Fragen des zivilen Widerstandes! Und den Jesuitenprovinzial kennen Sie auch! Und der war auch ein Mal in Kreisau! Ein Jesuitenprovinzial, einer der höchsten Beamten von Deutschlands gefährlichsten Feinden, der besucht den Grafen Moltke in Kreisau! Und da schämen Sie sich nicht! Kein Deutscher kann doch einen Jesuiten auch nur mit der Feuerzange anfassen! Leute, die wegen ihrer Haltung von der Ausübung des Wehrdienstes ausgeschlossen[21] sind! Wenn ich weiss, in einer Stadt ist ein Jesuitenprovinzial, so ist das für mich fast ein Grund, garnicht in die Stadt zu gehen! – Und der andere Geistliche, was hatte der dort zu suchen? Die sollen sich ums Jenseits kümmern, aber uns hier in Ruhe lassen. – Und Bischöfe besuchen Sie! Was haben Sie bei einem Bischof, bei irgendeinem Bischof, verloren? Wo ist Ihre Befehlsstelle? Ihre Befehlsstelle ist der Führer und die N.S.D.A.P.! Für Sie so gut wie für jeden anderen Deutschen, und wer sich seine Befehle in noch so getarnter Form bei den Hütern des Jenseits holt, der holt sie sich beim Feind und wird so behandelt werden!" – Und so ging das weiter. Aber das war in einer Tonart, der gegenüber die früheren Tobsuchtsanfälle noch wie das sanfte Säuseln eines Windchens waren.

Ergebnis dieser Vernehmung ,,gegen mich" – denn zu sagen ,,meiner Vernehmung" wäre Quatsch –: ganz Kreisau und jede dazu gehörige Teilunterhaltung ist Vorbereitung zum Hochverrat.

Ja, richtig, das muss ich noch sagen: nach diesem Höhepunkt ging es in 5 Minuten zum Schluss: die Unterredungen in Fulda und München, das alles kam überhaupt nicht mehr dran, sondern F. meinte, das können wir uns wohl schenken, und fragte: Haben Sie noch etwas zu sagen? Worauf ich nach einigem Zögern, leider, erwiderte: ,,Nein!" Und damit war ich fertig.

Nun geht es in der Zusammenfassung weiter: Wenn die anderen Leute, deren Namen vorgekommen sind – übrigens nicht in der Verhandlung, denn nachdem die Sache so lief, haben wir uns alle gehütet, auch nur noch einen Namen zu nennen –, noch nicht verhaftet sind, so vielleicht als *quantité négligeable*. Werden sie aber verhaftet und haben sie irgendeine Kenntnis gehabt, die über die rein gesellschaftliche Unterhaltung über solche Fragen hinausgeht oder die diese Fragen in Zusammenhang mit möglicher Niederlage bringen, so müssen sie mit Todesstrafe rechnen. Also das trifft vor allem Einsiedel. C. D. + Peters – der ganze wirtschaftliche Teil ist nicht vorgekommen und um Himmels willen darüber kein Wort – müssen von folgenden Dingen ganz fernbleiben: *a* Goerdeler-Kenntnis; *b* vorbereitete oder systematische Besprechungen;

c. Geistliche aller Art; *d.* Möglichkeit der Besetzung irgendeines Reichsteils, geschweige denn Niederlage; *e.* Besprechungen über irgendwelche organisatorische Fragen „Landesverweser" „Gewerkschaft" „Landkarte" u.s.w.

Einsiedel muss sagen: ihn habe nur das Problem Planwirtschaft interessiert, das er gegen allerhand Einwände vertreten habe und so sei er nur Oktober 42 dort gewesen, nachher habe er sich nur manchmal mit mir unterhalten, rein gesellschaftlich; auch in Kreisau sei er häufig so zur Erholung gewesen. Am besten war er auch Okt. 42 14 Tage auf Urlaub bei uns und da kamen die anderen. Das muss sehr sorgfältig überlegt werden, denn ich fürchte, daß Maass sich explicite geäussert hat. Das muss er alles rundweg bestreiten. Nach der auf uns angewandten Judikatur werden beide, C. D. + Einsiedel zum Tode verurteilt; denn auch C. D. hat wesentlich mehr gewusst und mitberedet als Reisert. Am besten übermalt Ihr diesen Absatz ganz dick, sobald Ihr ihn gelesen habt, denn der genügt ja als Beweismittel.

Letzten Endes entspricht diese Zuspitzung auf das kirchliche Gebiet dem inneren Sachverhalt und zeigt, daß F. eben doch ein guter politischer Richter ist. Das hat den ungeheuren Vorteil als wir nun für etwas umgebracht werden was wir *a.* getan haben und was *b.* sich lohnt. Aber daß ich als Märtyrer für den heiligen Ignatius von Loyola sterbe – und darauf kommt es letztlich hinaus, denn alles andere war daneben nebensächlich –, ist wahrlich ein Witz, und ich zittere schon vor dem väterlichen Zorn von Papi, der doch so antikatholisch war. Das andere wird er billigen, aber das? Auch Mami wird wohl nicht ganz einverstanden sein.

(Eben fällt mir noch etwas zum Tatbestand ein. Mich fragte er: „Sehen Sie ein, daß Sie schuldig sind?" Ich sagte im wesentlichen Nein. Darauf Freisler: „Sehen Sie, wenn Sie das immer noch nicht erkennen, wenn Sie immer noch darüber belehrt werden müssen, dann zeigt das eben, daß Sie anders denken und damit sich selbst aus der kämpfenden Volksgemeinschaft ausgeschlossen haben.")

Das Schöne an dem so aufgezogenen Urteil ist folgendes: Wir haben keine Gewalt anwenden wollen – ist festgestellt; wir haben keinen einzigen organisatorischen Schritt unternommen, mit keinem einzigen Mann über die Frage gesprochen, ob er einen Posten übernehmen wolle – ist festgestellt; in der Anklage stand es anders. Wir haben nur gedacht,[22] und zwar eigentlich nur Delp, Gerstenmaier & ich, die anderen galten als Mitläufer, und Peter & Adam als Verbindungsleute zu Schulenburg etc. Und vor den Gedanken dieser drei einsamen Männer, den blossen Gedanken, hat der N.S. eine solche Angst, daß er alles, was damit infiziert ist, ausrotten will. Wenn das nicht ein Kompliment ist. Wir sind nach dieser Verhandlung aus dem Goerdeler-Mist raus, wir sind aus jeder praktischen Handlung heraus, wir werden gehenkt, weil wir zusammen gedacht haben. Freisler hat recht, tausend Mal recht; und wenn wir schon umkommen müssen, dann bin ich allerdings dafür, daß wir über dieses Thema fallen.

Ich finde, und nun komme ich zum Praktischen, daß diese Sache, richtig aufgemacht, sogar noch ein wenig besser ist als der berühmte Fall Huber.[23] Denn es ist noch weniger geschehen. Es ist ja nicht ein Mal ein Flugblatt hergestellt worden. Es sind eben nur Gedanken ohne auch nur die Absicht der Gewalt. Die Schutzbehauptungen, die wir alle aufgestellt haben: Polizei weiss, dienstliche Ursache, Eugen hat nichts kapiert, Delp ist immer gerade nicht dabei gewesen, die muss man streichen, wie sie auch Freisler mit Recht gestrichen hat. Und dann bleibt übrig ein Gedanke: womit kann im Chaos das Christentum ein Rettungsanker sein? Dieser eine einzige Gedanke fordert morgen wahrscheinlich 5 Köpfe und später noch die von Steltzer & Haubach und wohl auch Husen. Aber dadurch, daß in dieser Verhandlung das Trio eben Delp, Eugen, Moltke heisst und der Rest nur durch ,,Ansteckung" [dies trägt?] dadurch, daß keiner dabei ist, der etwas anderes vertrat, keiner, der zu den Arbeitern gehörte, keiner, der irgendein weltliches Interesse betreute, dadurch daß festgestellt ist, daß ich grossgrundbesitzfeindlich war, keine Standesinteressen, überhaupt keine eigenen Interessen, ja nicht ein Mal die meines [Landes?][24] vertrat, sondern menschheitliche, dadurch hat Freisler uns unbewusst einen ganz grossen Dienst getan, sofern es gelingt, diese Geschichte zu verbreiten und auszunutzen. Und zwar m. E. im Inland und draussen. Durch diese Personalzusammenstellung ist dokumentiert, daß nicht Pläne, nicht Vorbereitungen, sondern der Geist als solcher verfolgt werden soll. Vivat Freisler!

Das auszunutzen ist nicht Deine Aufgabe. Da wir vor allem für den heiligen Ignatius sterben, sollen seine Jünger sich darum kümmern. Aber Du musst ihnen diese Geschichte liefern, und wen sie von Wurms Leuten zuziehen, ist gleich. Am besten wahrscheinlich Pressel. Ich berede das morgen noch mit P.[25] Kommt es raus, daß Du diesen Brief empfangen und weitergegeben hast, so wirst Du auch umgebracht. Tattenbach[26] muss das klar auf sich nehmen und im Notfall sagen, er habe es von Delp mit der letzten Wäsche bekommen. Gib dies Exemplar nicht aus der Hand, sondern nur eine Abschrift, und bei der muss sofort so übersetzt werden, daß es von Delp stammen kann, also bei ihm in der Ich-Form.

So, das ist dieser Teil; der Rest kommt gesondert. J.

Daß Konrad,[27] Dietz,[28] & Faulhaber, wohl auch [Wynken?],[29] unterrichtet werden müssen, ist klar. Lass das aber andere machen. Nichts

Derartiges ist Dein Geschäft. Wenn sie nicht gänzlich [verschreckt?] sind, sollten sie aus unserem Tode nett Kapital schlagen können.

1 *10. Januar 1945:* Zu dem knappen Jahr seit seiner Verhaftung s. Einleitung, S. 48 ff. 2 *Schulze:* Landgerichtsdirektor, Vertreter der Anklage. 3 *Sperr:* Franz Sperr (1878–1945), Oberst a. D., bayerischer Gesandter in Berlin 1932 bis 1934, dann oppositionell aktiv; hatte an Kreisauer Gesprächen in München teilgenommen und sich im Sommer 1944 mit Claus Stauffenberg getroffen. Er wurde zum Tode verurteilt. 4 *Fugger:* Josef Ernst Fürst Fugger von Glött, 1895 geboren, Großlandwirt, hatte an Besprechungen in München teilgenommen und war als möglicher Landesverweser vorgesehen. Er kam mit drei Jahren Gefängnis davon. 5 *abgetrennt:* Ihr Prozeß fand am 15. 1. statt. Sie wurden beide zum Tode verurteilt. Steltzer entging ihm durch Intervention skandinavischer Freunde. 6 *verboten:* Verfahren und Urteil waren ,,geheime Reichssache". Poelchau übermittelte den Brief. Text des Urteils in Bleistein, Delp, Bd. 4, S. 409–434 – wo es auf S. 409 statt ,,Reichsgesetze" Reichs*sache* heißen muß und auf S. 412, Anm. 11 statt ,,Richterbund" *Rechtswahrer*bund. 7 *Schulzimmer:* in der Bellevuestraße, nahe dem Potsdamer Platz. 8 *Freisler:* Roland Freisler (1893–1945), 1914 Fahnenjunker, 1915 in russischer Gefangenschaft, kehrte als Kommunist zurück. 1924 Rechtsanwalt in Kassel, 1925 Mitglied der NSDAP (1934 goldenes Parteiabzeichen), 1932 Reichstagsabgeordneter. 1933 Staatssekretär im preußischen, 1934 im Reichsjustizministerium. Seit 20. 8. 42 Präsident des Volksgerichtshofs. Er starb am 3. 2. 45 bei einem Bombenangriff auf Berlin. 9 *Haftbefehl:* Text in van Roon, Neuordnung, S. 594 f. 10 *Hercher:* sein Verteidiger. 11 *diejenigen:* davor, ausgestrichen ,,die Tat". 12 *Auch:* davor, ausgestrichen, ,,Daraus". 13 *Mariana:* Juan de Mariana (1536–1624), Jesuit, Historiker, Theologe. Er bejahte die Rechtmäßigkeit des Tyrannenmordes unter gewissen Umständen in seiner Abhandlung: De rege et regis institutione (1599). 14 *bei Stauffenberg:* Delp hatte am 6. 6. 44 Stauffenberg in Bamberg mit einigen Anliegen aufgesucht, die weder mit der Invasion noch mit der Verschwörung zu tun hatten – s. Bleistein, Delp, Bd. 4, S. 350 f. 15 *zwar:* davor, gestrichen, ,,Vorbereitungen für den Fall trifft". 16 *Gross:* Nikolaus Gross (1898–1945), katholischer Gewerkschaftsführer und Redakteur. Sein Fall wurde, mit denen von Haubach und Steltzer, abgetrennt. Hinrichtung 23. 1. 45. 17 *Stuhl:* Da er in der Haft Ischiasanfälle hatte, die ihm das Stehen schwer machten, hatte Freisler schon vor der Verhandlung den Stuhl zugestanden. 18 *St.G.B.:* Strafgesetzbuch. 19 *Dann:* davor, ausgestrichen ,,Und dann kam Kreisau". 20 *hat:* davor, ausgestrichen ,,hätte". 21 *ausgeschlossen:* davor, gestrichen, ,,nicht herangezogen werden". 22 *nur gedacht:* hiergegen argumentiert die Urteilsbegründung: ,,... er hat sich nicht nur Gedanken gemacht; sondern einen Kreis gesammelt, in ihm Pläne in Diskussionen zur Entwicklung gebracht und sich schließlich um Männer zur Durchführung umgesehen." s. Bleistein, Delp (wie Anm. 4), S. 416. 23 *Fall Huber:* Freisler hatte 1943, in München, auch die Prozesse gegen die Studenten der Weißen Rose – Hans und Sophie Scholl, Christoph Probst, Alexander Schmorell, Willi Graf – und ihren Professor Kurt Huber geführt. Er verurteilte sie alle zum Tode. Vgl. 18. 3. 43, Anm. 5, 3. 4. 43, Anm. 1 und 8. 6. 43, Anm. 20. 24 *[Landes]:* nicht mit Sicherheit zu entziffern. Es kann auch *Ladens* sein. 25 *P.:* Poelchau. 26 *Tattenbach:* Franz Graf von Tattenbach SJ (geb. 1910), der Delp besuchen durfte und ihm sogar die letzten Gelübde abnehmen konnte, nachdem die Gestapo versucht

hatte, Delp zum Austritt aus der Gesellschaft Jesu zu bewegen. S. Franz von Tattenbach SJ, Das entscheidende Gespräch. In: Stimmen der Zeit, Bd. 155 (1954/55), S. 321–329. Über seine spätere Tätigkeit in Südamerika s. Frankfurter Allgemeine Zeitung, 29. 11. 86. 27 *Konrad:* Preysing. 28 *Dietz:* Johannes Baptista Dietz (1879–1959), Bischof von Fulda. 29 *[Wynken?]:* wohl Heinrich Wienken (1883–1961), seit 1937 Koadjutor-Bischof und Generalvikar von Meißen, Leiter des Kommissariats der Fuldaer Bischofskonferenz in Berlin – der Verbindungsmann zu Kardinal Erzbischof Bertram.

Tegel, den 10. 1. 1945

Mein liebes Herz, zunächst muss ich sagen, daß ganz offenbar die letzten 24 Stunden eines Lebens garnicht anders sind als irgendwelche anderen. Ich hatte mir immer eingebildet, man fühle das nur als Schreck, daß man sich sagt: nun geht die Sonne das letzte Mal für Dich unter, nun geht die Uhr nur noch 2 Mal bis 12, nun gehst Du das letzte Mal zu Bett. Von all dem ist keine Rede. Ob ich wohl ein wenig überkandidelt bin, denn ich kann nicht leugnen, daß ich mich in geradezu gehobener Stimmung befinde. Ich bitte nur den Herrn im Himmel, daß er mich darin erhalten möge, denn für das Fleisch ist es sicher leichter, so zu sterben. Wie gnädig ist der Herr mit mir gewesen! Selbst auf die Gefahr hin, daß das hysterisch klingt: ich bin so voll Dank, eigentlich ist für nichts anderes Platz. Er hat mich die 2 Tage so fest und klar geführt: der ganze Saal hätte brüllen können, wie der Herr Freisler, und sämtliche Wände hätten wackeln können, und es hätte mir garnichts gemacht; es war wahrlich so, wie es im Jesaja 43,2 heisst: Und so Du durch Wasser gehst, will ich bei dir sein, daß dich die Ströme nicht sollen ersäufen; und so du ins Feuer gehst, sollst du nicht brennen und die Flamme soll dich nicht versengen. – Nämlich Deine Seele. Mir war, als ich zum Schlusswort aufgerufen wurde, so zu Mute, daß ich beinahe gesagt hätte: Ich habe nur eines zu meiner Verteidigung anzuführen: nehmen sie den Leib, Gut, Ehr, Kind und Weib, lass fahren dahin, sie haben's kein Gewinn, das Reich muss uns doch bleiben. Aber das hätte doch die anderen noch belastet. So sagte ich nur: ich habe nicht die Absicht [noch etwas?] zu sagen, Herr Präsident.

Es ist nun noch ein schweres Stück Weges vor mir, und ich kann nur bitten, daß der Herr mir weiter so gnädig ist, wie er war. Für heute abend hatte Eugen uns aufgeschrieben: Matthäus 14, 22–33.[1] Er hatte es anders gemeint; aber es bleibt wahr, daß dies für mich ein Tag eines grossen Fischzuges war und daß ich heute abend mit Recht sagen kann: „Herr, gehe von mir hinaus! Ich bin ein sündiger Mensch." Und was haben wir, mein Lieber, gestern Schönes gelesen: „Wir haben aber solchen Schatz in irdenen Gefässen, auf daß die überschwengliche Kraft sei Gottes und nicht von uns. Wir haben allenthalben Trübsal, aber wir ängsten uns nicht. Uns ist bange, aber wir verzagen nicht. Wir leiden Verfolgung, aber wir werden nicht verlassen. Wir werden unterdrückt, aber wir kommen nicht um. Und tragen allezeit das Sterben des Herrn Jesu an unserem Leibe, auf daß auch das Leben des Herrn Jesu an unserem Leibe offenbar werde." Dank, mein Herz, vor allem dem Herrn, dank, mein Herz, Dir für Deine Fürbitte, Dank allen Anderen, die für uns und für mich gebeten haben. Dein Wirt, Dein schwacher, feiger, „kompliziertér", sehr durchschnittlicher Wirt, der hat das erleben dürfen. Wenn ich jetzt gerettet werden würde – was ja bei Gott nicht wahrscheinlicher oder unwahrscheinlicher ist als vor einer Woche –, so muss ich sagen, daß ich erst ein Mal mich wieder zurechtfinden müsste, so ungeheuer war die Demonstration von Gottes Gegenwart und Allmacht. Er vermag sie eben auch zu demonstrieren, und zwar ganz unmissverständlich zu demonstrieren, wenn er genau das tut, was einem nicht passt. Alles andere ist Quatsch.

Darum kann ich nur eines sagen, mein liebes Herz: möge Gott Dir so gnädig sein wie mir, dann macht selbst der tote Ehewirt garnichts. Seine Allmacht vermag er eben auch zu demonstrieren, wenn Du Eierkuchen für die Söhnchen machst oder Puschti beseitigst, obwohl es das hoffentlich nicht mehr gibt. Ich sollte wohl von Dir Abschied nehmen – ich vermag's nicht; ich sollte wohl Deinen Alltag bedauern und betrauern – ich vermags nicht; ich sollte wohl der Lasten gedenken, die jetzt auf Dich fallen – ich vermag's nicht. Ich kann Dir nur eines sagen: wenn Du das Gefühl absoluter Geborgenheit erhältst, wenn der Herr es Dir schenkt, was Du ohne diese Zeit und ihren Abschluss nicht hättest, so hinterlasse ich Dir einen nicht konfiszierbaren Schatz, demgegenüber selbst mein Leben nicht wiegt. Diese Römer, diese armseligen Kreaturen von Schulze und Freisler und wie das Pack alles heissen mag: nicht ein Mal begreifen würden sie, wie wenig sie nehmen können!

Ich schreibe morgen weiter, aber da man nie weiss, was geschieht, will ich in dem Brief jedenfalls jedes Thema berührt haben. Ich weiss natürlich nicht, ob ich nun morgen hingerichtet werde. Es mag sein, daß ich noch vernommen, verprügelt oder aufgespeichert werde. Kratze, bitte, an den Türen; denn vielleicht hält sie das doch von zu argen Prügeln ab. Wenn ich auch nach der heutigen Erfahrung weiss, daß Gott auch diese Prügel zu nichts machen kann, selbst wenn ich keinen heilen Knochen am Leibe behalte, ehe ich gehenkt werde, wenn ich also im Augenblick keine Angst davor habe, so möchte ich das lieber vermeiden. – So, gute Nacht, sei getrost und unverzagt. J.

Hercher, der ja ein lieber Mann ist, war etwas chokiert über meine gute Laune; daran siehst Du, daß es garnicht zu unterdrücken war.

[Fortsetzung] 11. 1. 1945

Mein Lieber, ich habe nur Lust, mich ein wenig mit Dir zu unterhalten. Zu sagen habe ich eigentlich nichts. Die materiellen Konsequenzen haben wir eingehend erörtert. Du wirst Dich da schon irgendwie durchwinden, und setzt sich ein anderer nach Kreisau, so wirst Du das auch meistern. Lass Dich nur von nichts anfechten. Das lohnt sich wahrhaftig nicht. Ich bin unbedingt dafür, daß Ihr sorgt, daß die Russen meinen Tod erfahren. Vielleicht ermöglicht Dir das, in Kreisau zu bleiben. Das Rumziehen in dem Rest-Deutschland ist auf alle Fälle grässlich. Bleibt das dritte Reich wider Erwarten doch, was ich mir in meinen kühnsten Phantasien nicht vorstellen kann, so musst Du sehen, wie Du die Söhnchen dem Gift entziehst. Ich habe natürlich nichts dagegen, wenn Du dann auch Deutschland verlässt. Tu, was Du für richtig hältst und meine nicht, Du seiest so oder so durch irgendeinen Wunsch von mir gebunden. Ich habe Dir immer wieder gesagt: die tote Hand kann nicht regieren. – Geldliche Sorgen brauchst Du Dir auch nicht zu machen solange das Deichmannhaus zahlt und solange Du die Hypothek auf Kreisau behältst – wobei Du nur eisern dabei bleiben musst, daß sie mit Deinem Geld erworben, teils Erbschaft nach Grossmutter Schnitzler, teils Schenkung von Tante Emma[2] (Wodan) – wirst Du immer genug zum Leben haben und wenn auch beides wegfallen sollte, werden sich genug Leute finden, die Dir aushelfen.

Ich denke mit ungetrübter Freude an Dich und die Söhnchen, an Kreisau und all die Menschen da; der Abschied fällt mir im Augenblick garnicht schwer. Vielleicht kommt das noch. Aber im Augenblick ist es mir keine Mühe. Mir ist ganz und garnicht nach Abschied zu Mute. Woher das kommt, weiss ich nicht. Aber es ist nicht ein Anflug von dem, was mich nach Deinem ersten Besuch im Oktober, nein November war es wohl, so stark überfiel. Jetzt sagt mein Inneres: *a.* Gott kann mich heute genau so dahin zurückführen wie gestern, und *b.* und wenn er mich zu sich ruft, so nehme ich es mit. Ich habe garnicht das Gefühl, was mich manchmal überkam: ach, nur noch ein Mal möchte ich das alles sehen. Dabei fühle ich mich garnicht „jenseitig“. Du siehst ja, daß ich mich lieb mit Dir unterhalte, statt mich dem lieben Gott zuzuwenden. In einem Liede – 208,4 – heisst es „denn der ist zum Sterben fertig, der sich lebend zu Dir hält.“ Genau so fühle ich mich. Ich muss, da ich heute lebe, mich eben lebend zu ihm halten; mehr will er garnicht. Ist das pharisäisch? Ich weiss es nicht. Ich glaube aber zu wissen, daß ich nur in seiner Gnade und Vergebung lebe und nichts von mir habe oder von mir vermag.

Ich schwätze, mein Herz, wie es mir in den Sinn kommt; darum kommt jetzt etwas ganz anderes. Das Dramatische an der Verhandlung war letzten Endes folgendes: in der Verhandlung erwiesen sich alle konkreten Vorwürfe als unhaltbar, und sie wurden auch fallengelassen. Nichts davon blieb. Sondern das, wovor das dritte Reich solche Angst hatte, daß es 5, nachher werden es 7 Leute werden, zu Tode bringen muss, ist letzten Endes nur folgendes: ein Privatmann, nämlich Dein Wirt, von dem feststeht, daß er mit 2 Geistlichen beider Konfessionen, mit einem Jesuitenprovinzial und mit einigen Bischöfen, *ohne die Absicht, irgend etwas Konkretes zu tun*, und das ist festgestellt, Dinge besprochen hat, ,,die zur ausschliesslichen Zuständigkeit des Führer's gehören". Besprochen was: nicht etwa Organisationsfragen, nicht etwa Reichsaufbau – das alles ist im Laufe der Verhandlung weggefallen, und Schulze hat es in seinem Plaidoyer auch ausdrücklich gesagt (,,unterscheidet sich völlig von allen sonstigen Fällen, da in den Erörterungen von keiner Gewalt und keiner Organisation die Rede war"), sondern besprochen wurden Fragen der praktisch-ethischen Forderungen des Christentums. Nichts weiter; dafür allein werden wir verurteilt. Freisler sagte zu mir in einer seiner Tiraden: ,,Nur in einem sind das Christentum und wir gleich: wir fordern den ganzen Menschen!" Ich weiss nicht, ob die Umsitzenden das alles mitbekommen haben, denn es war eine Art Dialog – ein geistiger zwischen F. und mir, denn Worte konnte ich nicht viel machen –, bei dem wir uns beide durch und durch erkannten. Von der ganzen Bande hat nur Freisler mich erkannt, und von der ganzen Bande ist er auch der einzige, der weiss, weswegen er mich umbringen muss. Da war nichts von ,,komplizierter Mensch", oder ,,komplizierte Gedanken" oder ,,Ideologie", sondern: ,,das Feigenblatt ist ab". Aber nur für Herrn Freisler. Wir haben sozusagen im luftleeren Raum miteinander gesprochen. Er hat bei mir keinen einzigen Witz auf meine Kosten gemacht, wie noch bei Delp und bei Eugen. Nein, hier war es blutiger Ernst: ,,Von wem nehmen Sie Ihre Befehle? Vom Jenseits oder von Adolf Hitler!" ,,Wem gilt Ihre Treue und Ihr Glaube?" Alles rhetorische Fragen natürlich. – Freisler ist jedenfalls der erste Nationalsozialist, der begriffen hat, wer ich bin, und der gute Müller[3] ist demgegenüber ein Simpel.

Mein Herz, eben kommt Dein sehr lieber Brief. Der erste Brief, mein Herz, in dem Du meine Stimmung und meine Lage nicht begriffen hast. Nein, ich beschäftige mich garnicht mit dem lieben Gott oder meinem Tod. Er hat die unaussprechliche Gnade, zu mir zu kommen und sich mit mir zu beschäftigen. Ist das hoffärtig? Vielleicht. Aber er wird mir noch so vieles vergeben heute abend, daß ich ihn schliesslich um diese letzte Hoffart auch noch um Vergebung bitten darf. Aber ich hoffe ja, daß es nicht hoffärtig ist, denn ich rühme ja nicht das irdene Gefäss, nein, ich rühme den köstlichen Schatz, der sich dieses irdenen Gefässes, dieser ganz unwürdigen Behausung bedient hat. Nein, mein Herz, ich lese genau die Stellen der Bibel, die ich heute gelesen hätte, wenn keine Verhandlung gewesen wäre, nämlich: Josua 19–21, Hiob 10–12, Hesekiel 34–36, Markus 13–15 und unseren 2ten Korintherbrief zu Ende, ausserdem die kleinen Stellen, die ich auf den Zettel für Dich geschrieben habe. Bisher habe ich nur den Josua und unsere Korintherbriefstelle gelesen, die mit dem schönen, so vertrauten von Kind auf gehörten Satz schliesst: „Die Gnade unseres Herrn Jesu Christi und die Liebe Gottes und die Gemeinschaft des heiligen Geistes sei mit Euch allen. Amen." Ich habe das Gefühl, mein Herz, als wäre ich autorisiert, Dir und den Söhnchen das mit absoluter Autorität zu sagen. Darf ich da nicht den 118. Psalm, der heute morgen dran war, mit vollem Recht lesen? Eugen hat ihn sich zwar für eine andere Lage gedacht, aber er ist viel wahrer geworden, als wir es je für möglich hielten.

Mein Herz, darum bekommst Du auch Deinen Brief trotz Deiner Bitte zurück. Ich trage Dich mit hinüber und brauche dafür kein Zeichen, kein Symbol, nichts. Es ist nicht ein Mal so, daß mir verheissen wäre, ich würde Dich nicht verlieren; nein, es ist viel mehr: ich weiss es.

Eine grosse Pause, während derer Buchholz[4] da war und ich rasiert wurde, ausserdem habe ich Kaffee getrunken, Kuchen & Brötchen gegessen. Nun schwätze ich weiter. Der entscheidende Satz jener Verhandlung war: „Herr Graf, eines haben das Christentum und wir Nationalsozialisten gemeinsam, und nur dies eine: wir verlangen den ganzen Menschen." Ob er sich klar war, was er damit gesagt hat? Denk mal, wie wunderbar Gott dies sein unwürdiges Gefäss bereitet hat: In dem Augenblick, in dem die Gefahr bestand, daß ich in aktive Putschvorbereitungen hineingezogen wurde – Stauffenberg kam am Abend des 19. zu Peter –, wurde ich rausgenommen, damit ich frei von jedem Zusammenhang mit der Gewaltanwendung bin und bleibe. – Dann hat er in mich jenen sozialistischen Zug gepflanzt, der mich als Grossgrundbesitzer von allem Verdacht einer Interessenvertretung befreit. – Dann hat er mich so gedemütigt, wie ich noch nie gedemütigt worden bin, sodaß ich allen Stolz verlieren muss, sodaß ich meine Sündhaftigkeit endlich nach 38 Jahren verstehe, sodaß ich um seine Vergebung bitten, mich seiner Gnade anvertrauen lerne. – Dann lässt er mich hierher kommen, damit ich dich gefestigt sehe und frei von Gedanken an Dich und die Söhnchen werde,

d. h. von sorgenden Gedanken; er gibt mir Zeit und Gelegenheit, alles zu ordnen, was geordnet werden kann, sodaß alle irdischen Gedanken abfallen können. – Dann lässt er mich in unerhörter Tiefe den Abschiedsschmerz und die Todesfurcht und die Höllenangst erleben, damit auch das vorüber ist. – Dann stattet er mich mit Glaube, Hoffnung und Liebe aus, mit einem Reichtum an diesen Dingen, der wahrlich überschwenglich ist. – Dann lässt er mich mit Eugen & Delp sprechen und klären. – Dann lässt er Rösch[5] & König[6] entlaufen, sodaß es zu einem Jesuitenprozess nicht reicht und im letzten Augenblick Delp an uns angehängt wird. – Dann lässt er Haubach & Steltzer, deren Fälle fremde Materie hereingebracht hätten, abtrennen und stellt schliesslich praktisch Eugen, Delp & mich allein zusammen, und dann gibt er Eugen & Delp durch die Hoffnung, die menschliche Hoffnung, die sie haben, jene Schwäche, die dazu führt, daß ihre Fälle nur sekundär sind, und daß dadurch das Konfessionelle weggenommen wird, und dann wird Dein Wirt ausersehen, als Protestant vor allem wegen seiner Freundschaft mit Katholiken attakkiert und verurteilt zu werden, und dadurch steht er vor Freisler nicht als Protestant, nicht als Grossgrundbesitzer, nicht als Adliger, nicht als Preusse, nicht als Deutscher – das alles ist ausdrücklich in der Hauptverhandlung ausgeschlossen, so z. B. Sperr: ,,Ich dachte, was für ein erstaunlicher Preusse" –, sondern als Christ und als garnichts anderes. ,,Das Feigenblatt ist ab", sagt Herr Freisler. Ja, jede andere Kategorie ist abgestrichen – ,,ein Mann, der von seinen Standesgenossen natürlich abgelehnt werden muss", sagt Schulze. Zu welch einer gewaltigen Aufgabe ist Dein Wirt ausersehen gewesen: all die viele Arbeit, die der Herrgott mit ihm gehabt hat, die unendlichen Umwege, die verschrobenen Zickzackkurven, die finden plötzlich in einer Stunde am 10. Januar 1945 ihre Erklärung. Alles bekommt nachträglich einen Sinn, der verborgen war. Mami und Papi, die Geschwister, die Söhnchen, Kreisau und seine Nöte, die Arbeitslager und das Nichtflaggen und nicht der Partei oder ihren Gliederungen angehören, Curtis und die englischen Reisen, Adam und Peter und Carlo, das alles ist endlich verständlich geworden durch eine einzige Stunde. Für diese eine Stunde hat der Herr sich alle diese Mühe gegeben.

Und nun, mein Herz, komme ich zu Dir. Ich habe Dich nirgends aufgezählt, weil Du, mein Herz, an einer ganz anderen Stelle stehst als alle die anderen. Du bist nämlich nicht ein Mittel Gottes, um mich zu dem zu machen, der ich bin, du bist vielmehr ich selbst. Du bist mein 13tes Kapitel des ersten Korintherbriefes. Ohne dieses Kapitel ist kein Mensch ein Mensch. Ohne Dich hätte ich mir Liebe schenken lassen, ich habe sie z. B. von Mami angenommen, dankbar, glücklich, dankbar wie man ist für die Sonne, die einen wärmt. Aber ohne Dich, mein Herz, hätte ich „der Liebe nicht". Ich sage garnicht, daß ich Dich liebe; das ist garnicht richtig. Du bist vielmehr jener Teil von mir, der mir alleine eben fehlen würde. Es ist gut, daß mir das fehlt; denn hätte ich das, so wie Du es hast, diese grösste aller Gaben, mein liebes Herz, so hätte ich vieles nicht tun können, so wäre mir so manche Konsequenz unmöglich gewesen, so hätte ich dem Leiden, das ich ja sehen musste, nicht so zuschauen können und vieles andere. Nur wir zusammen sind ein Mensch. Wir sind, was ich vor einigen Tagen symbolisch schrieb, ein Schöpfungsgedanke. Das ist wahr, buchstäblich wahr. Darum, mein Herz, bin ich auch gewiss, daß Du mich auf dieser Erde nicht verlieren wirst, keinen Augenblick. Und diese Tatsache, die haben wir schliesslich auch noch durch unser gemeinsames Abendmahl, das nun mein letztes war, symbolisieren dürfen.

Ich habe ein wenig geweint, eben, nicht traurig, nicht wehmütig, nicht weil ich zurückmöchte, nein, sondern vor Dankbarkeit und Erschütterung über diese Dokumentation Gottes. Uns ist es nicht gegeben, ihn von Angesicht zu Angesicht zu sehen, aber wir müssen sehr erschüttert sein, wenn wir plötzlich erkennen, daß er ein ganzes Leben hindurch am Tage als Wolke und bei Nacht als Feuersäule vor uns hergezogen ist, und daß er uns erlaubt, das plötzlich, in einem Augenblick, zu sehen. Nun kann nichts mehr geschehen.

Mein Herz, die letzte Woche, vor allem der gestrige Tag haben sicher manche meiner Abschiedsbriefe überholt gemacht. Die werden sich demgegenüber lesen wie kalter Kaffee. Ich überlasse es Dir, ob Du sie trotzdem absenden willst, ob Du was dazu sagen oder schreiben willst. Daß ich die Hoffnung habe, daß die Söhnchen eines Tages diesen Brief verstehen werden, ist klar, aber ich weiss, daß es eine Frage der Gnade ist, nicht irgendeiner äusseren Beeinflussung. – Daß Du alle Leute grüssen sollst, ist auch klar, auch solche wie Oxé und Frl. Thiel und Frau Tharant. Ist es Dir ein Angang, sie anzurufen, so lass es; es spielt keine Rolle. Ich zähle sie nur auf, weil es so die äussersten extremsten Fälle sind. Da Gott die unglaubliche Gnade hat, in mir zu sein, so kann ich nicht nur Dich und die Söhnchen, sondern alle Lieben und unendliche, die mir viel ferner sind, mitnehmen. Das kannst Du ihnen sagen.

Jetzt noch eines. Dieser Brief ist in Vielem auch eine Ergänzung zu meinem gestern geschriebenen Bericht, der viel nüchterner ist. Aus beiden zusammen müsst Ihr eine Legende machen, die aber so abgefasst sein muss, als habe sie Delp von mir erzählt. Ich muss darin die Hauptperson bleiben, nicht weil ich es bin, nicht weil ich es sein will, sondern weil der Geschichte sonst das Zentrum fehlt. Ich bin nun ein Mal das Gefäss gewesen, für das der Herr diese unendliche Mühe aufgewandt hat.

Mein Herz, mein Leben ist vollendet, und ich kann von mir sagen: er starb alt und lebenssatt. Das ändert nichts daran, daß ich gerne noch etwas leben möchte, daß ich Dich gerne noch ein Stück auf dieser Erde begleitete. Aber dann bedürfte es eines neuen Auftrages Gottes. Der Auftrag, für den mich Gott gemacht hat, ist erfüllt. Will er mir noch einen neuen Auftrag geben, so werden wir es erfahren. Darum strenge Dich ruhig an, mein Leben zu retten, falls ich den heutigen Tag überleben sollte. Vielleicht gibt es noch einen Auftrag.

Ich höre auf, denn es ist nichts weiter zu sagen. Ich habe auch niemanden genannt, den Du grüssen und umarmen sollst; Du weisst selbst, wem meine Aufträge für Dich gelten. Alle unsere lieben Sprüche sind in meinem Herzen und in Deinem Herzen. Ich aber sage Dir zum Schluss, kraft des Schatzes, der aus mir gesprochen hat und der dieses bescheidene irdene Gefäss erfüllt:

Die Gnade unseres Herrn Jesu Christi
und die Liebe Gottes und die Gemeinschaft
des heiligen Geistes sei mit Euch allen. Amen.

J.

1 *Matthäus 14, 22–33:* am Rande hinzugefügt: „Ich sehe eben, es war gestern Lukas 5,1–11." 2 *Tante Emma:* Emma Schroeder, geb. Deichmann, Frau des Londoner Bankiers Bruno Schroeder. 3 *Müller:* SS-Obergruppenführer Heinrich Müller, Gestapo-Chef, der Freya erklärt hatte: „Wir werden nicht den gleichen Fehler machen, der 1918 begangen wurde. Wir werden unsere innerdeutschen Feinde nicht am Leben lassen." (s. Moltke/Balfour/Frisby, Moltke, S. 300). 4 *Buchholz:* Peter Buchholz, der katholische Gefängnispfarrer. 5 *Rösch:* wurde am 23. 1. verhaftet, überlebte aber. S. Bleistein, Rösch, S. 301–411. 6 *König:* konnte sich, gut versteckt, der Verhaftung entziehen, war aber schwer krank und starb 1946.

Die letzten Monate in Kreisau

Ein Bericht von Freya von Moltke aus dem Jahr 1961

Am 25. Januar 1945 fuhren Marion Yorck und ich von Berlin nach Kreisau. Edith und Henssel brachten uns an die Bahn. Sie hatten schönste Butterbrote für uns, Marion eine Flasche ganz alten Malaga. Die Flasche war in Papier oder in eine Serviette eingewickelt; es sah aus, als wäre es Milchkaffee. Marion und ich saßen dicht zusammen auf einem Zweierbänkchen der dritten Klasse. Wir fuhren gegen den Strom der Flüchtlinge und brauchten daher bis Kreisau genau 24 Stunden, aber in der Erinnerung ist es eine gute Fahrt. Ich glaube, wir waren ganz heiter. In Kreisau wußte noch niemand von Helmuths Tod. Asta hatte Wend da, und mit ihm waren acht oder neun Soldaten gekommen eine ganze Flak-Einheit. Frau Pick, Helmuths Wirtschafterin in Berlin, war beglückt damit beschäftigt, für alle diese Männer zu kochen. Ulla Oldenbourg mit ihrer Begleitung war schon seit Monaten bei uns, und außerdem Maria Schanda. Marion fuhr gleich weiter nach Nimptsch, wo Muto (Irene Yorck) dokterte, aber gerade mit Diphtherie im Bett lag. Mit Casparchen wurde es mir sehr schwer. Er lag in meinem Bett, wo er geschlafen hatte; ich saß auf dem Rand. Aber es ging vorbei, und am nächsten Morgen, als er sah, daß ich traurig war, sagte er: „Wegen dem Pa? Immer noch?!" Das war wirklich ein großer Trost.

Es war alles durcheinander. Die Russen drangen schnell nach Westen vor. Wir hatten das Haus und das Schloß und das Dorf schon seit mehreren Wochen voller Flüchtlinge von jenseits der Oder. Im Berghaus wohnten sie in den Wohnzimmern. Ihr Wagen stand ausgespannt am Haus, und unten stand der Hof voll von Treckwagen anderer Leute. Es mußte etwas unternommen werden, alle waren unschlüssig. Die Tage erscheinen mir rückschauend wie Wochen, bis die alten Schloßbewohner, die Kinder, die Zeumer-Töchter, die wie Asta ein Kind erwarteten, bis Ulla und ihre Begleiterin, bis Asta selbst mit dem Lazarettzug von Schweidnitz nach Westen abfuhren – es muß in den ersten Februar-Tagen gewesen sein. Wend und seine „Männerchen", wie Frau Pick sie nannte, waren schon weg. Seine kleine Einheit hatte ein besonders wertvolles „Gerät" zu schützen. Dieser Auftrag gab ihnen glänzend Gelegenheit, sich immer wieder aus dem Staube zu machen. Bei uns konnten sie ja sowieso nicht bleiben. Es lag Schnee, und wir fuhren in zwei Schlitten nach Schweidnitz, um die Reisenden, die mit dem Lazarettzug abfahren sollten, wegzubringen. Asta saß im ersten Schlitten rückwärts, ich saß im zweiten Schlitten vorwärts, und ich sehe noch ihr trauriges, stilles Gesicht. Immer wieder tauchte es auf, erfüllt von stummer Trauer. Was würde aus uns allen werden? – Dann zog der erste Schlitten an; Astas Gesicht verschwand. Zehn Minuten später holten wir auf, und wieder tauchte ihr Gesicht auf mit dem gleichen Ausdruck. Dann fuhren sie alle ab. Später, im April, bekam ich plötzlich eine Postkarte von ihr, als noch einmal Post aus dem Westen durchkam. Sie war zu den Wendlandschen Verwandten nach Mecklenburg gefahren und brach jetzt von dort nach Holstein auf, um bei Tante Leno ihr Kind zu bekommen.

Wenige Tage, nachdem dieser Schub von Frauen und Kindern aufgebrochen war, rief mich Zeumer am frühen Morgen vom Hof aus im Berghaus an: „Nun ist es soweit!" sagte er, „unser Dorf muß trecken!" Frauen, Kinder und Alte sollten in die Tschechoslowakei, Befehl der Partei. Ich war entschlossen, vorerst zu bleiben. Was sollten wir mitten im Winter auf der Landstraße? Noch waren die Russen ja nicht da. Auch hatte Helmuth mir geraten, so lange wie möglich zu bleiben. In Ravensbrück hatte er unsere Lage durch die Fenster mit General Halder besprochen, der in der Zelle neben ihm lag. Sie hielten beide unsere Gebirgsgegend für sicher und glaubten, die Russen würden sie in ihrem Drang, nach Berlin zu kommen, „links" liegen lassen. Außerdem hatte ich seit kurzem die alte Gräfin Yorck bei mir mit ihrer Tochter Do. Romai Reichwein wollte mit ihren Kindern, die noch im Schloß wohnten, auch bleiben.

Aber unten im Hof und auf der Dorfstraße bildete sich an diesem Morgen ein trauriger Zug. Frau Zeumer zog mit. Zeumer, Süßmann – der Gemeindevorsteher – und ich standen im Hof bei den sich bildenden Wagenreihen. Wir behielten nur die Milchwagenpferde und ein paar junge Fohlen – alle anderen Pferde zogen mit. Ich sehe noch unsere «Hofe-Leute» vor uns, Frau Meyer, die alte Frau Rose, Frau Kaiser und andere. Frauen mit Kindern waren schon im Trecker mit Anhänger weggefahren worden. Aber es lag Schnee auf den Eule-Pässen, die Straßen waren voll von Flüchtlingen, die Anhänger rutschten – wir durften sie nicht zu voll laden. Familie Stäsche, unsere merkwürdigen Gärtnersleute, die neben uns oben auf dem Berghaushügel wohnten, waren schon weg. Der invalide Stäsche mit seinem verzerrten Gesicht, der kaum sprechen konnte und schwer hinkte, versicherte immer wieder, er wolle nicht „gemetzelt" werden.

Schwester Ida mit ihren Kindern war am Morgen noch da. Ich hatte ihr zugeredet, sie solle nicht überstürzt mitziehen. Als ich am nächsten

Morgen ins Dorf kam, war sie mit allen ihren Pflegekindern weg. Sie hatte einen Sonderwagen der Armee bekommen und diese Gelegenheit ausgenutzt. Sie wurde von den Kreisauern getrennt, kam ziemlich schnell nach Bayern und hatte es im ganzen leicht in dieser wilden Zeit.

Aber mit ihr war die Seele des Dorfes weg. Es tat mir in den folgenden Monaten jedesmal weh, wenn ich an der leeren Spielschule vorüberkam. Wie oft war ich mit und ohne Helmuth bei ihr eingekehrt, hatte in ihren Korbstühlen in ihrem Zimmer gesessen und über die Sorgen des Dorfes gesprochen. Ich höre noch Helmuth „Schwesterchen" fragen, wie es im Dorf denn aussehe. Sie wußte alles. Mit Liebe und großem Verstand beeinflußte sie die Menschen, und mit strenger Hand und schriller Stimme regierte sie die Dorfkinder, die alle durch ihre Schule gegangen waren. Der Feldmarschall hatte die Spielschule gegründet, sie war vom Hof unterhalten worden, bis die große Wirtschaftskrise kam. Dann wurde sie vom Dorf übernommen, und der Gutsbetrieb zahlte nur als größter Steuerzahler weiter mit.

Schwester Ida war mit allen, auch mit den Moltkes, eng verbunden. Gekommen war sie, bevor Jowo geboren wurde. Wenn wir sie aufsuchten, schwätzten wir meist eine ganze Weile, während Kinder an der Tür kratzten und zur „Mamma" wollten – sie erhielt sich und ihren Haushalt durch Pflegekinder, die ihr vom Wohlfahrtsamt zugewiesen wurden –, und nur mit Mühe konnte sie die Kinder abhalten, ins Zimmer zu stürzen. Eines saß sowieso immer auf ihrem Schoß. In ihrem Zimmer lag immer alles in großen Stößen herum. „Gelt, hier sieht's lustig aus?" sagte sie dann und wischte mit ihrer blauen Diakonissenschürze über den Tisch – und wir setzten uns in die Korbstühle. Nun war sie weg, und die Spielschule blieb leer.

Aber ich hatte nicht viel Zeit, darüber nachzudenken, denn nach dem Abgang unserer Dorfbewohner kam fast sofort Davy Moltke mit dem Wernersdorfer Treck. Wernersdorf wurde von den Russen noch erobert, sie mußten also wirklich weg. Davy kam mit ihrem ganzen Cortège – auch von dem Yorckschen Haushalt waren viele bei ihr. Männa von Berlichingen kam, eine Tante der Yorcks, deren Anwesenheit unserem Hause wohltat, die alte Mademoiselle von Mirbachs, die Köchin und Jungfer der alten Gräfin Yorck, die Mamsell und der Hauslehrer der Wernersdorfer. Die Kinder waren schon alle in Mecklenburg. Als Davy mit ihrem Treck eben da war, kamen Marion und Muto aus Nimptsch an. Ich traf sie nahe beim Nieder-Gräditzer Hof. Da kamen sie zu Fuß gegangen, ein Auto hatte sie in der Nähe abgesetzt. Ich war so erleichtert und glücklich, sie zu sehen. Sie blieben in Kreisau. Das Dorf wurde nun auch von deutschen Truppen besetzt. Sie kamen aus Rußland und waren entschlossen, den Russen so wenig wie möglich zu hinterlassen. Aufs Berghaus kam niemand – es lag zu sehr abseits und sah von weitem so unscheinbar aus. Aber unten im Hof gingen die Wellen hoch. – Nach einer weiteren Woche entschloß sich der Wernersdorfer Treck, in die Grafschaft Glatz weiterzuziehen. Nur die alte Gräfin und Do blieben vorläufig bei uns zurück, aber nachdem Davy alle in der Grafschaft gut hatte unterbringen können, holte sie ihre Mutter nach, und wir waren wieder allein. Mir scheint, Marion und Muto kamen und gingen schon damals. Das Berghaus war ihr Hauptquartier. Auch uns bedrängte immer wieder das qualvolle Hin und Her der Frage: „Sollten wir auch trecken?" Die russische Front war etwa zehn Kilometer entfernt. Die Russen böllerten; tageweise war der Lärm beunruhigend und schien näherzukommen. Striegau wurde von den Russen genommen, Wernersdorf war russisch. Aber wir waren in Kontakt mit unserer deutschen Besatzung. Ein Major und ein Leutnant saßen im Blauen Haus an der Straße nach Gräditz, und im Schloß lag eine Verpflegungseinheit, von der die Front ernährt wurde. In allen unseren Scheunen wurde Verpflegung an die Fronttruppen ausgeteilt. Die Abordnungen kamen in ihren russischen Panjewagen und mit Panjepferdchen in schneller Fahrt die Dorfstraße herunter und holten sich im Hof ihre Vorräte. Im Keller, in der alten Küche des Schlosses hingen ganze Rinder, Schafe und Schweine, türmten sich die Würste. In der Halle lagerten Schuhe und Kleider. Das übrige Schloß war aus Respekt vor dem Namen des Feldmarschalls nicht belegt. – Die Kinder liebten die Verpflegungsbelegschaft, denn dort gab es Bonbons. Auch Zeumer war recht zufrieden, denn die Honoratioren der Einheit wohnten bei ihm und ernährten ihn vorzüglich. Diese Leute waren alle fett, vollgefressen und Nazis; sie schwatzten noch vom Sieg und einige Tage später davon, daß auf jeden Fall weitergekämpft werde.

Wir setzten den Feldmarschall und seine Frau in Helmuths und meinem leeren Grab bei. Der Sarg seiner Schwester verblieb alleine in der Kapelle, wo alle drei Särge frei nebeneinander gestanden hatten. Wir versuchten, ihren Sarg über den von Papi zu versenken, aber er ging nicht hinein. Acht Feldwebel in Stahlhelmen wurden abkommandiert, um die Särge herunterzutragen. Schmolke, Süßmann, Zeumer und ich waren zugegen, ebenso der Major und der Leutnant. Es war ganz feierlich und dabei doch so trostlos. Wir gingen oft ins Blaue Haus, um die militärische Lage zu erkunden und weil die Verbindung mit der Armee uns gegenüber der Partei stärker machte. Ein Bewohner des Blauen Hauses suchte uns eines Tages auf und fragte, ob wir bleiben oder wegziehen wollten. Er war entschlossen zu bleiben. Er war ein alter Gegner der Nazis und hatte durch seine Töchter Kontakt mit zwei russischen Arbeitern, die in Wirklichkeit russische Offiziere und Spione waren. Sie waren in Oberweistritz stationiert. Von diesen Russen hatte er ein Schutzschreiben.

Die Männer, soweit sie nicht längst eingezogen waren, blieben weiter im Dorf. Manche der Frauen kamen, als die Front sich nicht mehr in unserer Richtung bewegte, für kurz oder länger schwarz aus der Tschechoslowakei zurück nach Kreisau. Unsere Leute saßen nicht weit von Prag in der böhmischen Ebene in einem Dorf. Im Hof arbeiteten nur noch Polen.

Romai wohnte immer noch oben im Schloß, aber bei Wind und Wetter kam sie am Abend herauf ins Berghaus, um die englischen Nachrichten zu hören. Wir versuchten unseren eventuellen Rückzug für alle Fälle vorzubereiten. Wir lagerten eine Fuhre Kartoffeln, Mehl und ein paar Koffer in Michelsdorf in den Bergen, nahe der Weistriz-Talsperre. Das brachte uns weit in die Berge hinein mit dem Rade. Die Eule-Dörfer waren noch nicht evakuiert, aber in ständiger Sorge, ob es nicht heute, morgen oder übermorgen soweit sein würde. Die Schönheit des Landes genossen wir bei solchen Ausflügen immer wieder in vollen Zügen. Die Russen kamen mit einzelnen Flugzeugen und warfen Bomben. „Otto Müllers" nannten die deutschen Soldaten diese einzeln wie Mücken fliegenden Flugzeuge. Sie griffen hauptsächlich den Weizenrodauer Flugplatz an. Dort sah man sie von uns aus kreisen und auch Bomben abwerfen. Es sah wie eine Spielerei aus, nicht wie ernste Gefahr. Und doch kamen wir lustig radelnd, Marion, Muto und ich, als ob nichts los wäre, eines Morgens von Ludwigsdorf nach Leutmannsdorf, als dort gerade mehrere Bomben gefallen und mehrere Personen getötet worden waren. Ich sah den Körper einer Frau bei der oberen Mühle auf einem Dunghaufen liegen, und als wir zum Pfarrer kamen, fanden wir dort ein am Kopf schwer verletztes Kind im Sterben liegen. Schön und voller Weisheit wirkte das sterbende Kind; es röchelte, die Mutter weinte, der Pfarrer tröstete. Marion war tief beeindruckt. Wir hatten den Pfarrer nach Adressen von Leuten tiefer im Gebirge fragen wollen, bei denen wir unter Umständen mit den sechs Kindern Unterschlupf finden könnten. Frau Pick war sehr nervös und wollte weg. Sie konnte die Bomben nach ihren Berliner Erlebnissen nicht mehr ertragen und behauptete, genau zu wissen, welche Detonation von einem Geschütz und welche von einer Bombe herrühre. Sie wollte einmal weg, weg, weg, und wenn ich von Weggehen sprach, wollte sie bleiben, bleiben, bleiben. An den Kindern ging das Ganze vollkommen vorüber. Sie spielten, aßen, schliefen und waren völlig unbesorgt. Aber rückblickend erscheint es mir, als ob das alles auch an mir vollkommen vorübergegangen sei. Es ging weiter von Tag zu Tag, aber es war alles wie ein Traum.

Dann kamen ein paar strenge Warnungen von der Parteileitung in Gräditz, ich müsse umgehend Kreisau verlassen, und schließlich die Aufforderung, Kreisau binnen zwei Tagen zu verlassen, sonst würden wir von der Polizei von Ort zu Ort getrieben. Ich fuhr mit dem Rad nach Gräditz zur Parteistelle. Sie residierte gleich neben unserer Fleischerei, wo früher Herr Suhr und später ein junger Fleischer uns das Fleisch verkauft hatten, bis sie beide wegen Schwarzschlächterei zu langen Zuchthausstrafen verurteilt worden waren – sie waren beide keine Nazis. Die Parteistelle lag gegenüber der Ziegelei, in der zuletzt ein Lager von Juden gewesen war. Es herrschte dort ziemliche Unruhe, und der Ortsgruppenleiter sah mich gar nicht gerne. Der Fall Moltke war ihm ganz und gar unangenehm. Er versicherte mir, eigentlich freundlich, sechs Kinder in seiner „Zelle" seien völlig untragbar, aber Wierischau – das zweite Vorwerk von Kreisau – gehöre nicht mehr zu seiner Zelle und gehe ihn daher nichts an; eine Woche wolle er mir gerne noch geben. So zogen nach einer Woche alle Kinder mit Romai in zwei Zimmer des Wierischauer Gutshauses, das schon leer war. Das ging an sich nicht schlecht. Sie wohnten dort sehr zufrieden und kamen mich im Berghaus, wo wir auch Ostern feierten, oft besuchen.

Dann verlor ich doch die Nerven und beschloß, die Kinder wegzubringen. Romai hatte kurze Zeit zuvor ein leeres Bauernhäuschen in Pommerndorf über Hohenelbe im Riesengebirge, beinahe 1000 m hoch, aufgetan. Es lag aber auf der tschechoslowakischen Seite des Gebirges. Dorthin machten wir uns wirklich nach Ostern auf. Zwei Kastenwagen voller Gepäck, die sechs Kinder, das alte Fräulein Hirsch (die Tochter des Försters), Tante Lenos Bertha, Frau Pick, Romai und ich. Zwei Polen waren unsere Kutscher. Ich hatte immer das Gefühl, dieser Aufwand sei unnötig, hatte aber nicht die Nerven zu bleiben. Ich erinnere mich, daß ich zu Marion und Muto sagte, ehe sie abfuhren, um nach ihrer Familie in Mecklenburg zu sehen, ich müsse „in den falschen Apfel beißen". Und wir bissen. Am ersten Tag zogen wir bis Michelsdorf, am zweiten bis Friedland, am dritten bis Trautenau. Dort blieben die Kinder mit Frau Pick und Romai im Hotel und kamen am nächsten Tage mit der Bahn nach Hohenelbe nach. Hier herrschten noch geregelte Verhältnisse. Diese Gegend hinter den Bergen, schon in der Tschechoslowakei gelegen, war in jeder Hinsicht vom Kriege verschont geblieben. – Der Treck war schön. Der Frühling kam, das Wetter war trocken und sonnig. Langsam und sicher rollten unsere beiden Wagen hoch beladen durch die

Berge. Ich erinnere mich an eine besonders schöne Stelle zwischen Friedland und Schömberg, eine prächtige Paßstraße. Die Kinder blieben im Gasthaus unterhalb und aßen Kartoffelsuppe. Fräulein Hirsch und ich gingen mit einem Wagen und vier Pferden voraus. Dann kehrten die Pferde um und holten die Kinder und den zweiten Wagen, an den eine Kutsche für müde Kinder angehängt war. Wir warteten oben im Wald. Die Stunde dort ist mir unvergeßlich. Fräulein Hirsch schlief fest. Über den Paß hinweg öffnete sich der Blick auf das Riesengebirge. Es liegt im Herzen der schlesischen Mittelgebirge und hatte die ganze Schönheit dieser Landschaft, eine eigenartige Mischung von Zartheit und Strenge in Farbe und Form, von großer Weite und lieblicher Nähe. Wieder waren die Kinder völlig unbelastet und genossen das Ganze wie ein lustiges Abenteuer. Wir hatten große Mühe, die schweren Wagen den Berg über Hohenelbe hinaufzubekommen. Die Häuschen – es waren etwa zehn – standen hoch oben im Gebirge auf einer Bergwiese.

Die großen Kinder gingen dann bald bei einem Nazi in die Schule. Dem war die Gesamtlage aber doch schon so in die Glieder gefahren, daß er gerne unsere Kinder gut und freundlich behandelte. Wir vermehrten unsere Vorräte weiter, weil es in Böhmen noch unbeschränkt zu essen gab, und hatten doch schon viel Vorräte mitgebracht.

Nach drei Wochen verließ ich die Kinder, um nach Kreisau zu sehen. Ich fuhr mit dem Rad los. Eigentlich hatte ich nur bis Trautenau radeln wollen, das heißt aus dem Gebirge heraus und dann etwa drei Stunden lang nordöstlich. Man hat das Gebirge ständig zur Linken in voller Pracht. Ich fuhr durch das frühlingsgrüne, bäuerlich wohlhabende, österreichisch wirkende Land. In Trautenau – mittags um 1 Uhr – stellte ich fest, daß der nächste Zug erst am folgenden Morgen fahren würde. Es war noch früh, und ich fühlte mich ganz bei Kräften. So beschloß ich zu sehen, wie weit in Richtung Kreisau ich wohl noch kommen könnte. Alles war mir nun gut bekannt und in solcher strahlenden Frühlingsschönheit höchst beglückend. Als ich gegen fünf Friedland passiert hatte, wurde ich allmählich müde, und Helmuths Rad, auf dem ich von jeher am bequemsten radelte, wurde unbequem. Aber ich wußte, daß es von der Höhe des Reinsbachtales an, des sogenannten Schlesiertales, nur noch bergab ging. So fuhr ich weiter, fuhr und fuhr, sah die Eule von hinten, kam dann in ihren Schatten, fuhr das lange Wüstewaltersdorfer Tal entlang, bog bei Kynau in die Weistritz-Talsperre ein und fuhr die herrliche Talsperrenstraße entlang nach Oberweistritz herunter. Der Tag begann sich nun schon langsam zu neigen, aber meine Freude darauf, bald den Mühlberg und Kapellenberg am Horizont zu sehen und die wachsende Freude, wieder nach Hause zu kommen, beflügelten mich.

Ich ließ die Berge hinter mir und fuhr gegen Ludwigsdorf. Der Kapellenberg tauchte mit seinen Fichten auf, der Mühlberg mit seinem Akazien-Puschel, und nachdem ich den kleinen Ludwigsdorfer Rücken überstiegen hatte, lag Wierischau, lag Kreisau vor mir, winkte das Berghaus neben der großen Akazie. Es war zu schön, nach Hause zu kommen! Muto und Marion waren aus Mecklenburg zurück, hatten mich noch nicht erwartet und nahmen mich freudig in Empfang. Da war das Haus, mein Zimmer, mein Bett. Es war etwa halb acht, um halb zehn Uhr morgens war ich losgefahren, es müssen an die hundert Kilometer durch die Berge sein. Ich hatte an diesem Abend das Gefühl, daß sich in dieser Heimfahrt das ganze Glück und der ganze Reichtum unseres Kreisauer Lebens noch einmal in mir zusammenfand.

Drei oder vier Tage blieb ich in Kreisau. Ich habe sie in besonders glücklicher Erinnerung. Dann fuhr ich wieder los und kehrte zu den Kindern zurück. Das muß in den letzten Apriltagen gewesen sein, denn dann ging das Dritte Reich rasch zu Ende. Die Russen kämpften in Berlin. Hitler war eingeschlossen in der Reichskanzlei. Wir saßen auf unserem hohen Berg und versuchten, uns Nachrichten zu verschaffen. Ein Radio hatten wir nicht. Darum stiegen Romai und ich noch höher hinauf zur Baude von Reichweins altem Freund, durch den wir unsere Häuschen ausfindig gemacht hatten. Als wir dort ankamen, war eben zu hören, die Russen hätten Berlin erobert. Man glaube, Hitler habe sich in der Reichskanzlei das Leben genommen. Die Leute dort oben fragten: „Kann man das glauben?" Aber ich wußte sofort und mit Sicherheit: So war es. Das Dritte Reich war zu Ende! Nun würden die Russen Kreisau besetzen. Ich hatte die Vorstellung, es sei notwendig, dann da zu sein. Wieder ließ ich die Kinder bei Romai und Frau Pick. Dieses Mal kam Fräulein Hirsch mit mir zurück. Wir radelten wieder, übernachteten aber unterwegs. In Kreisau wartete ich gemeinsam mit Marion und Muto auf die Russen. Die deutschen Männer waren unruhig. Große Nazis hatten wir ja nicht im Dorf gehabt, aber die halben Nazis wurden jetzt nervös. Sie fragten mich, was sie tun sollten. „Bleiben", sagte ich, aber der Kaufmann Franke und der Gemeindevorsteher Süßmann verließen doch in diesen letzten Tagen Kreisau, kehrten aber einige Wochen später wieder zurück. Zeumer hatte einen guten Gedanken: „Jetzt, ehe es ganz zu Ende ist", sagte er, „muß der Dorf-Treck zurückgeholt werden. Nachher ist es vielleicht zu spät." Er war um seine Frau in Sorge. „Ich werde hinfahren und die Leute zurückholen." Und das unternahm er auch und verließ Kreisau. Selbst die Polen, die wir seit Jahren mit ihren Familien in Kreisau als Arbeiter im Hof gehabt hatten, wurden jetzt unruhig. „Wenn Sie bleiben", sagte einer von ihnen, „dann bleiben wir auch." An einem dieser Tage, als ich eben durchs Dorf ging, kam die Kirschallee herunter ein Motorrad mit einem russischen Soldaten drauf; hinter ihm saß ein Zivilist, vorne schmückte ein blühender Fliederzweig das Rad. Der Soldat hielt an, als er mich sah. Der Mitfahrer, ein Pole, wie sich zeigte, fragte mich in gebrochenem Deutsch, ob die Brücke über die Peile intakt sei, und als ich bejahte, fuhren sie über die Brücke zum Bahnhof und wieder zurück. Wenige Stunden später begann die russische Armee, sich durch Kreisau zu wälzen. Es war ein toller Anblick. Primitiv wirkendes Material, Wagen hoch mit Beute beladen, zerschunden auch die Fahrzeuge, aber die Männer waren kraftstrotzend, gesund, stark – siegreich. Ein Strom von Vitalität ergoß sich durch das kleine, abseits gelegene Dorf Kreisau, dessen unzerstörte Brücke wichtig geworden war. Marion, Muto und ich wollten uns dieses Schauspiel nicht entgehen lassen, aber wir gaben es bald auf, denn die russischen Soldaten waren hinter allen Frauen her, und wir hatten da ganz frei im Eingang zum Kreisauer Hof unter den beiden Gladiatoren auf den Säulen rechts und links gestanden, und das war nicht das richtige. Wir flohen und lernten in den nächsten Tagen die Kunst, uns zu verstecken. Wir schliefen auch nicht im Berghaus, sondern in der kleinen Scheune unseres Nachbarn auf dem Berghaushügel oder bei alten Leuten. In diesen Tagen fühlten wir uns zum ersten und einzigen Mal wirklich unsicher. Aber nachdem die Armee durchgezogen war, beruhigte sich alles, und nach einigen Tagen wagten wir uns sogar zu Fuß nach Schweidnitz. Wir hofften, von dem dortigen Kommandanten Schutz gegen männliche Angriffe zu erhalten. Wir drangen auch wirklich zu ihm vor und fragten, ob er wisse, wie sich die Russen ringsum benähmen. Er verstand gar nicht, was wir wollten, sagte nur freundlich, jeder Mann brauche eine Frau. Dies sei nun einmal so.

Noch ehe wir nach Schweidnitz gingen, war tatsächlich der Dorf-Treck zurückgekehrt. Ganz wohlbehalten, mit allen Pferden und allen Sachen, ungestört durch die in der entgegengesetzten Richtung ziehende russische Armee, die von uns aus die Tschechoslowakei besetzte. Die Russen hatten sie nur ermutigt, in ihre Dörfer zurückzukehren. Zeumer hatte zu schnellem Aufbruch gedrängt, hatte die Kolonne auf Nebenwegen geführt und die tschechisch-deutsche Grenze passiert, ehe die Tschechen selbst etwas zu sagen hatten. Es war nicht mehr das ganze Dorf versammelt, aber viele Bauernfamilien waren doch wieder da und alle unsere „Hofe-Frauen".

Ich machte mir Sorgen um die Kinder und wollte auch meinen kleinen Treck zurückholen. Zeumer gab mir ein Pferd, einen leichten alten Wagen und einen gutwilligen jungen Mann mit, der Bäcker war und von

Pferden so wenig verstand wie ich. Wegen schwerem Gelenkrheumatismus war er nicht Soldat geworden. Ein Russe hatte mir auf Russisch auf einen Zettel geschrieben: „Diese Frau ist unterwegs, um ihre Kinder nach Hause zu holen." Sonst nichts, vor allem kein Stempel. Ich weiß nicht mehr, ob es unterschrieben war. Wieder zog ich den schon so bekannten Weg über die Berge. Zwei Hindernisse hatte ich zu bestehen, nur zwei, obwohl uns nun schon wieder zurückflutende russische Soldaten unterwegs begegneten. Ich erinnere mich, wie ein junger Bursche an meinen Wagen herantrat, meinen Rucksack durchstöberte, alles untersuchte und besah und nur ein gutes Taschenmesser herauspickte und mitnahm. Das erste Hindernis war ein Pole, der uns mit einer Rotte Menschen entgegenkam. Er hatte Lust auf mein Pferd. Dann war es ihm aber nicht gut genug. Er versetzte ihm einen Hieb und ließ uns weiterziehen. Das zweite waren zwei Russen, die uns anhielten und offenbar wissen wollten, was wir vorhätten. Ihnen hielt ich meinen Zettel hin. Dem Wichtigeren von den beiden mißfiel er, aber der Unwichtigere redete ihm freundlich zu. Ich verstand nichts, aber es klang wie: „Ach, laß sie mal ruhig weiterziehen!" Und das tat er dann. So kam ich wirklich mit meinem Willy zu den Kindern. Dort fand ich alle Erwachsenen blaß vor. Etwas wirklich Schreckliches war passiert. Die Deutschen hatten im Riesengebirge in über 1000 m Höhe die sogenannten Wlassow-Russen in einem Lager gesammelt. Es waren Russen, die zum Kampf gegen den Kommunismus bereit waren und die dort übten. Diese Russen fürchteten ihre anrückenden Landsleute, und die Deutschen hatten im letzten Augenblick das Lager aufgelöst und die Leute bewaffnet entlassen. Das wichtigste war natürlich für diese Männer, ihre deutschen Uniformen loszuwerden und sich Zivilkleider zu beschaffen. Wenige Tage vor meiner Rückkehr hatte Renate Reichwein wie üblich am Morgen beim nächsten Bauern, der gleichzeitig unser Hauswirt war, Milch geholt. Der Hof lag ganz einsam, von unserer Halde durch einen Streifen Wald getrennt. Renate fand die Küche leer und suchte die Bäuerin im Haus und im Stall. Dort lag die vierköpfige Familie erschlagen. Russen auf der Suche nach Kleidern hatten sie alle umgebracht. An die Häusergruppe, in der wir wohnten, hatten sie sich nicht herangetraut.

Es war kurz vor Pfingsten. Romai schlug vor, erst nach Pfingsten die Rückfahrt anzutreten. Aber ich wollte keinen Tag mehr aufschieben. Wieder besorgten wir uns einen Zettel. Dieses Mal war er auf Tschechisch von einer dortigen Lehrerin geschrieben, und es stand mehr drauf. Dem Sinn nach: Diese Frauen, deren Männer vom nationalsozialistischen Regime zum Tode verurteilt und hingerichtet worden sind, ziehen mit ihren Kindern zurück in ihren Heimatort Kreisau in Schlesien. Und wieder leistete der Zettel gute Dienste. Leicht war der Treck zurück nicht. Wir nahmen nur noch einen Wagen mit und den kleinen Kutschwagen. Viel Gepäck ließen wir im Gebirge. Wir hatten nur drei Pferde. Ein Gespann hatte die ganze Zeit bei einem Bauern im Tal gestanden. Es war gut gefüttert, aber der Wagen war hoch getürmt mit Gepäck und Lebensmitteln unter der Plane, und die Pferde hatten es schwer. Ein Rad des Kastenwagens brach noch auf der tschechischen Seite vollkommen zusammen. Der Schmied, den ich herbeiholte, machte den Wagen wirklich mit einem alten Rad wieder flott, ohne daß wir alles abladen mußten – wir hatten beizeiten Holzblöcke unter das zusammenbrechende Rad schieben können. Er schüttelte den Kopf über uns. „Was seid ihr nur für seltsame Leute!" Keine Bauern offensichtlich, verstanden nichts von Pferd und Wagen, kein vernünftiger Mann dabei. Solche Trecks war er nicht gewohnt. Aber die sudetendeutschen Leute waren freundlich, und wir hielten die Strapazen alle gut aus. Die erste Nacht schliefen wir noch bei einem sudetendeutschen Bauern im Heu. Am nächsten Morgen kamen wir an die Grenze. Die Tschechen dort waren schon nicht mehr freundlich, aber der Zettel wirkte. Sie sahen uns kritisch und zweifelnd an, sie nahmen uns das dritte Pferd ab, das wir bergauf als Vorspann benutzt hatten. Mein Widerstand half nicht. Wir sollten froh sein, daß sie nicht mehr nähmen – und da hatten sie wohl recht, und wir zogen über die Grenze. Rechts und links von der Straße lagen deutsche Militärfahrzeuge im Graben, in den Büschen konnte man Bündel von deutschen Geldscheinen aufheben. Wir rührten nichts an, sondern fuhren weiter. Langsam kamen wir vorwärts, am Pfingstsonnabend bis zum Kloster Grüssau. Dort blieben wir über Nacht und hörten am Pfingstsonntag in der großen herrlichen Barockkirche das Hochamt. Die große Kirche war voll; es war sehr feierlich. – Dann ging es weiter. Hinter Grüssau, auf einem Hügel, als die Pferde ermattet waren, legte ich einen Stein unter eines der Räder, und mein rechter Ringfinger wurde eingequetscht. Nicht einmal sehr schlimm war es, aber doch so, daß die Pferde noch einmal anziehen mußten, um meinen Finger zu befreien. Kurz darauf wurde unser immer vernachlässigtes, aber geliebtes Hündchen Flitz, ein schwarzer Scotchterrier, der meistens mitgelaufen war, von einem russischen Lastwagen überfahren. Fräulein Hirsch blieb mit dem Rad ein Stückchen zurück und begrub das gute Tier. Das waren aber unsere einzigen Unglücksfälle, und es erscheint mir auch heute noch wie ein Wunder, daß die fünf Frauen, sechs Kinder und der halbe Mann wirklich heil wieder in Kreisau ankamen. Ich war ein bißchen stolz, als ich von Ludwigsdorf nach Wierischau hinunterfuhr, daß ich Zeumer sein Milchwagengespann, von dem er sich nach Ostern für uns getrennt hatte, wieder heil zurückbrachte.

Und nun begann der Sommer. Wir merkten am Anfang nicht viel von den Russen. Zunächst hatten wir nur eine kleine Besatzung, und die ließ uns im allgemeinen in Ruhe. Zuerst wollten sie mich zum Bürgermeister machen, aber ich wollte nicht, und wir bekamen statt dessen einen ordentlichen Kreisauer Mann, der sich sehr bewährte. So schnell wie möglich gingen wir alle an unsere Arbeit. Wir bestellten die Felder weiter. Die Zahl unserer Arbeitskräfte war beschränkt, wir hatten unsere Pferde, Maschinen und Kühe. Zwar war es nicht unsere eigene Herde; diese war Anfang Februar von der Partei abgeholt und nach Waldenburg in den Schlachthof getrieben worden. Zeumer hatte sich widersetzt, wurde aber schwer bedroht und mußte das Vieh abziehen lassen. Um die gleiche Zeit war im Chaos der Evakuierung der Dörfer in die Tschechoslowakei viel Vieh einfach losgelassen worden und stand brüllend in den Wiesen, weil es nicht gemolken wurde. Man konnte es gar nicht im Stich lassen, und bald stand unser ganzer schöner, großer alter Stall voll mit dieser zusammengewürfelten Herde. Die Tiere waren noch bei uns, als der Krieg zu Ende ging. Es war wohl manches etwas schwierig, aber wir kamen doch in Gang und bezahlten unsere Leute mit Lebensmitteln. Wir hatten alle genug zu essen, und hie und da schlachteten wir eine Kuh für das ganze Dorf. Ich fuhr mit dem Rad nach Schweidnitz und suchte unsere frühere Lehrerin, Fräulein Seiler, die Tochter des Photographen von Schweidnitz. Wir nahmen sie zu uns ins Berghaus und machten die Schule wieder auf. Romai zog mit ihren Kindern auch ins Berghaus. Wir hatten im Februar für den ersten Schub von Flüchtlingen die Wohnzimmer unten schon leer gemacht. Diese Zimmer übernahmen Reichweins. Ein volles, gut ausgenutztes Haus war den Russen gegenüber besser zu halten. Eines Tages kam auch Liesbeth aus Striegau zurück. Bei Schwester Ida erzogen, war sie bei uns Haus- und Kindermädchen gewesen. Als wir treckten, hatte sie beschlossen, zu ihrer Mutter zu gehen. Jetzt kehrte sie zu uns zurück. Muto und Marion machten zu Fuß eine große Erkundung nach Kauern und Klein-Öls, wobei sie einen Leiterwagen mit ihren Rucksäcken hinter sich herzogen. Später unternahmen sie es als erste, Schlesien nach der Eroberung zu verlassen und ihre Verwandten in Mecklenburg aufzusuchen. Aber sie kehrten immer wieder für längere Zeit im Berghaus ein.

Im Dorf, im Hof, im Berghaus lebten alle ein verhältnismäßig geordnetes, arbeitsames Leben. Den Kindern ging es ausgezeichnet. Der Haushalt lief; ich war viel im Hof, im Dorf und in der Gegend unterwegs, und wie zuvor fuhr ich wieder mit Zeumer über die Felder. In der ersten Zeit versuchten die Russen noch manchmal, abends ins Haus zu kommen, aber unsere Haustür hielt dem Ansturm immer stand, und wir schlossen abends sorgsam und fest alle Fensterläden und Türen. Aber es war kein angenehmes Gefühl, wenn ein Russe wie verrückt an der Türe rüttelte und mit der Klinke rasselte. Es war aber bekannt, daß solche Unternehmen von ihren Vorgesetzten nicht unterstützt wurden. Konnte man also von außen Hilfe holen, auch Deutsche, dann liefen die Russen weg. So saß ich dann mit dem Feuerhorn oben, um notfalls den Nachbarn Raschke herbeizuholen – aber es kam niemals soweit.

Die Russen klauten auch – aber in Maßen. Ich ertappte einmal einen Russen auf frischer Tat. Wenn man ihnen furchtlos begegnete, waren sie immer vernünftig, ja freundlich – nur Angst machte sie wild, die konnten sie gar nicht vertragen. Die Hühner – wir hatten nur noch etwa eine Mandel (ca. 15 Stück) – legten eifrig und waren für uns sehr wertvoll. Sie wohnten jetzt mit uns auf dem Berghaus. Früher waren sie dort nicht zugelassen gewesen. In Mami Moltkes Übung fortfahrend, hatte ich sie im Hof der Pflege der alten Frau Rose überlassen, die unweigerlich die frisch ausgekrochenen Küken einige Tage in ihrem Bett verwahrte. Frau Zeumer verachtete unsere unangemessene Haltung dem Hühnervolk gegenüber. Die gehörte sich nicht für eine schlesische Landfrau. Und es gingen wohl auch viele Eier zwischen dem Hof und dem Berghaus verloren. Aber mir genügte es, wenn Frau Rose jede Woche mit einer großen weißen Emailleschüssel voll Eier im Berghaus erschien und in der Küche bei Mamsell Kaffee trank. Nun war die unlängst noch stattliche Zahl von etwa einem Schock (60 Stück) schon sehr geschrumpft, und dieser Rest war in unserer Nähe besser behütet. Der Ruf: „Es ist ein Russe im Hühnerstall!" klang daher nicht erfreulich. Ich sehe noch sein lustiges Gesicht vor mir, als er ein Huhn nach dem anderen in einen Sack steckte. „Doch nicht alle" rief ich besorgt. Er schüttelte lachend den Kopf, zeigte sechs mit seinen Fingern und verschwand bald darauf mit seiner Beute.

Schwierig war die Verteidigung der Räder. Die wollten sie alle haben, und sie waren uns sehr wichtig. Einen Russen erwischte ich, als er meine letzte Reserve aus dem Berghaushöfchen führte. Ich versuchte, ihm zu erklären, wie wichtig ein Rad für uns sei. Er verstand mich ganz gut. Nach kurzer Zeit konnten die Russen eigentlich alle etwas Deutsch. Er werde das Rad am Abend wiederbringen, versicherte er. Das war die übliche Ausrede und jeder wußte, daß sie nicht wahr war. Darum lachte ich, da lachte auch er und ließ mir das Rad.

Im Laufe des Sommers wurde das Schloß mit einer ganzen russischen Kompanie belegt. Sie sollte unsere Ernte kontrollieren. Ganz unten im Schloß war Fräulein Hirsch wieder eingezogen. Sie hatte dort schon die Kriegsjahre mit ihrem Vater gewohnt, der dann starb. Der alte Hirsch kam als pensionierter Förster nach Kreisau. Gegen freie Wohnung ging er regelmäßig durch die verschiedenen „Büsche" und hielt den Kapellenberg mit der Grabkapelle des Feldmarschalls in Ordnung, wo auch die Familien-Grabstätte der Moltkes war. Auch ging er den Jagdpächtern zur Hand. Helmuth hatte die Jagd in den Jahren, als er Kreisau vor der Zwangsversteigerung zu retten suchte, an eine Gruppe von Schweidnitzer Ärzten verpachtet, und das blieb so bis zum Ende. Nach Hirschs Tod hatte die Tochter die Wohnung unten im Schloß behalten und außer der Betreuung des Kapellenberges auch noch die des Zimmers des Feldmarschalls übernommen. Dieses Zimmer hinter dem weiß-goldenen großen Eßzimmer war nach seinem Tode 1891 unverändert gelassen worden. Von dem Ständer für seine Perücke aus rosa Porzellan und der kleinen Waschschüssel bis zu den Filzpantoffeln und dem großen schwarzen Malteser-Mantel aus Moiré im Kleiderschrank, vom Federbusch-Helm bis zu dem die ganze Wand bedeckenden Stammbaum der Moltke-Familie war alles noch vorhanden. Es kamen laufend Pilger, die den Kapellenberg besuchten und das Zimmer zu sehen verlangten. Immer wieder machte ihnen die Bescheidenheit dieses Zimmers tiefen Eindruck, ganz besonders während der Nazi-Zeit. Das war also das Zimmer eines Generalfeldmarschalls! Meistens hatten die Tanten, wenn sie – im Sommer immer und manchmal auch im Winter – im Schloß wohnten, die Führung übernommen. Aber wenn sie nicht da waren, sprang Familie Hirsch ein. Als sich dann während des Krieges das Schloß bis zum Rande mit Flüchtlingen füllte – Familien aus Berlin, die den Bomben aus dem Wege gehen wollten, – war aus Fräulein Hirsch eine Art Schloß-Beschließerin geworden. Sie tat das mit Begeisterung und half mir viel. Sie war eine treue Seele. Für uns ging sie durch dick und dünn. Nach dem Treck hatte sie sich mit Tante Lenos berühmter Bertha unten im Schloß zusammengetan. Bertha war auch eine echt schlesische, tüchtige, patente Person. Sie hatte das Herz auf dem rechten Fleck. Als Tante Leno mit ihren Enkeln im Lazarettzug abfuhr, hatte sie beschlossen, „bei den Sachen" zu bleiben und sie für Tante Leno zu hüten. Als jetzt die russische Kompanie ins Schloß zog, fanden die beiden Frauen Arbeit und Nahrung. Fräulein Hirsch half in der Küche; Bertha nähte, hauptsächlich Büstenhalter. Die waren bei den Russinnen sehr gefragt – und es gab deren viele. Ich besuchte Fräulein Hirsch und Bertha alle paar Tage und ließ mir den neuesten Russenklatsch berichten. Was sie aßen, wieviel besser der Hauptmann lebte (der bekam die Kartoffeln nur in reiner Butter gebraten), die Weibergeschichten, in welchem schrecklichen Zustande die Klosetts seien (bald wurden sie aufgegeben, und die ganze Mannschaft einschließlich des Hauptmanns benutzte zwei Häuschen draußen). Von alledem flossen die beiden alten Fräuleins über, auch wollten sie sich mit mir beraten. Fräulein Hirsch war schüchtern, wenn sie auch im Grunde wußte, was sie wollte, Bertha aber ließ sich nichts gefallen und wurde allgemein respektiert.

Kurz nach der Besetzung waren wir aufgefordert worden, unsere Radios abzuliefern. Ich konnte mich nicht dazu entschließen, meines so ohne weiteres aufzugeben. Es war unsere einzige Verbindung mit der Welt, und sie funktionierte allabendlich, wenn wir die Nachrichten der BBC hörten. Hohe Strafen waren denjenigen angedroht, die der Ablieferungspflicht nicht nachkamen, aber wir nahmen das nicht so ernst. Zeumer hatte zwei Radios, und da er mit Recht nichts riskieren wollte, bot er mir sein zweites Radio zur Ablieferung an. Und so geschah es. Wir ließen unser Radio mit einem Tuch bedeckt im Wohnzimmer stehen. So offen, dachten wir, werde es sicher am wenigsten gesehen, und diese Praxis bewährte sich auch. Den ganzen Sommer hörten wir abends möglichst leise die englischen Nachrichten. Wir wurden schließlich in der Gegend unter Deutschen bekannt dafür, daß wir mehr wußten als andere Leute. Es kam öfters jemand, der wissen wollte, was in der Welt vorging und der Rat haben wollte, was zu tun sei, um so mehr, als es deutlich wurde, daß das Gebiet polnisch werden würde. Klar wurde das erst mit dem Potsdamer Abkommen zwischen den Alliierten. Kreisau liegt zwischen den beiden Neiße-Flüssen, der Glatzer Neiße und der Görlitzer Neiße, und selbst zu der Zeit, als das von den Russen geduldete Eindringen der Polen ganz offensichtlich war, blieb noch unbestimmt, ob dieses Gebiet wirklich polnisch werden würde. Die Polen wollten inzwischen Tatsachen schaffen. Zuerst wurden die Behörden in Schweidnitz polnisch. Wenn wir mit ihnen zu tun hatten, waren sie im allgemeinen nicht unfreundlich. Eines Tages erschien ein Deutscher, der von den Polen als Verwalter von Kreisau eingesetzt worden war. Es war ein Mann aus dem Osten, der mit ihnen zusammengearbeitet hatte, durchaus kein bösartiger Mann. Er beließ Zeumer in seinem Amt, war freundlich und zuvorkommend mit mir, besprach auch alle Betriebsangelegenheiten, sorgte für Brot, Butter und Milch in unserem Haushalt, und als er meinem Haushalt keine Milch mehr liefern durfte, beschaffte er uns eine Ziege. Zeumer, der gute Eigenschaften hatte, aber auch immer schwierig und eigensinnig gewesen war und den Helmuth sehr gut zu nehmen verstanden hatte, ärgerte sich allerdings gewaltig über diesen Mann. Er mußte ihm seine Wohnung überlassen, kam aber im Nieder-Gräditzer Gutshaus in einer unserer schönen, neuen Arbeiterwohnungen sehr gemütlich unter. Er war natürlich zum zweiten Mann im Betrieb geworden, und das wurde ihm schwer, wenn er auch klug genug war einzusehen, daß er noch verhältnismäßig gut wegkam. Diesem Verwalter lag es daran, zunächst alles in den bestehenden Bahnen weiterlaufen zu lassen, und damit fuhren wir alle nicht schlecht. Aber nun war es für Zeumer und mich Schluß mit den Fahrten über die Felder; sie endeten auf seltsam dramatische Art. Zeumer auf einer „Spinne“, einem zweirädrigen, leichten Wägelchen, vor das ein Pferd gespannt war, dieser Anblick war in Kreisau jedem geläufig. Es war ein gefährlich aussehendes Vehikel. Die Bank – immer wieder repariert – thronte ungeschützt hoch über den Rädern, und mit diesem Gefährt ging es ziemlich rücksichtslos gegenüber Pferd, Wagen und Mitfahrer über Böschungen, durch Gräben, über Stock und Stein, Äcker und Wiesen. Seit dem Beginn des Krieges fuhr ich mit Zeumer jeden Tag eine Runde, meistens von einer Arbeitspause bis zur nächsten, manchmal ganz früh, manchmal nach der Mittagspause, zu den verschiedenen Arbeiten. Manchmal blieben wir die ganze Zeit an einem Platze, meistens fuhren wir aber über einen großen Teil des ganzen Geländes. Asta, die in Kreisau seit Anfang des Krieges Trecker fuhr, um einer anderen Kriegsverpflichtung zu entgehen, sagte immer, es brauche nur etwas schiefzugehen, und schon tauche Zeumer auf seinem Wägelchen am Horizont auf. Auf seine spezielle Art war er ein sehr guter Verwalter. Ich aber war so in der Lage, Helmuth täglich genaue Berichte über den Stand der Arbeiten und die Lage im Betrieb zu geben, und so konnte er den ganz nahen Kontakt mit Kreisau immer aufrechterhalten. In diesen fünf Jahren fiel ich nicht ein einziges Mal von diesem Vehikel herunter. Ich erinnere mich, daß Carl Bernd das einmal bewunderte. Eines Tages nun in diesem Sommer, als wir wieder zusammen unterwegs waren, stolperte das Pferdchen bei der Abfahrt die Kirschallee hinunter. Es erschrak, ging durch, riß sich los, die Deichsel ging hoch, und der Wagen kippte hintenüber. Zeumer und ich flogen beide. Ich hatte mir nichts weiter getan, blieb aber ein Weilchen still liegen – eigentlich nur, weil ich so gut lag und mir der Kopf brummte. Leute kamen besorgt angerannt, mit Zeumer, dem auch nichts geschehen war. Ich stand auf, beruhigte die Leute, ging nach Haus und legte mich eine Weile auf mein Bett. Danach bot sich weder Zeumer noch mir je wieder eine Gelegenheit oder Möglichkeit, über die Felder zu fahren. Bei unserer letzten Fahrt – ohne zu ahnen, daß es die letzte war – fielen wir beide herunter!

Auch in den Bauernhöfen tauchten Polen auf, die die Höfe übernahmen, sich in des Bauern Bett legten und die Deutschen für sich weiterarbeiten ließen. So kam ein Hof nach dem anderen dran. Viele dieser Polen kamen aus den ostpolnischen Gebieten, die an Rußland abgetreten worden waren. Manche deutsche Bauern wurden wie Sklaven gehalten, andere vertrugen sich mit „ihren“ Polen, und fast alle wollten trotzdem so lange wie möglich zu Hause bleiben. Aber ab August begannen die Dorf-Evakuierungen. Wir hörten davon aus anderen Gegenden. Bei uns blieb es noch lange ruhig.

Nach Marion und Muto brach als nächste Romai zu einer Fahrt nach Berlin auf. Sie war einige Zeit weg und kam eines Tages mit Ausweisen für uns wieder, auf denen der Magistrat von Berlin – damals noch unter ausschließlich russischer Besatzung – in fünf Sprachen (Deutsch, Russisch, Polnisch, Englisch und Französisch) mit Stempel und Unterschrift aussagte, unsere Männer seien umgebracht worden, wir seien Opfer des Faschismus und daher gut zu behandeln. Sie hatte sich in Berlin umgesehen, aber vorläufig war noch keine Rede davon, daß sie Kreisau verlassen wollte. Wie üblich hatte sie unterwegs einiges erlebt, hatte sich von einem russischen Lastwagen mitnehmen lassen und war, als einer der Männer zudringlich wurde und sie ihn dafür in den Daumen biß, vom fahrenden Lastwagen heruntergeworfen worden. Glücklicherweise war bei alledem hinten auf dem Wagen soviel Geschrei und Gelärme entstanden, daß der Fahrer gebremst hatte und ganz langsam fuhr – so war ihr wirklich nichts geschehen. Der Lastwagen war einfach weitergefahren. Immerhin!

Anfang Juli geschah etwas Aufregendes: Die westlichen Alliierten zogen in Berlin ein, besetzten ihre jeweiligen Sektoren und begannen Berlin gemeinsam mit den Russen zu verwalten, um dort die Kontrollkommission für ganz Deutschland aufzubauen. Die Amerikaner und Engländer waren noch nicht lange in Berlin, als Marion und Muto von Kreisau kommend dort auch wieder auftauchten. Gleich am ersten Abend besuchten sie Freunde. Nach dem Abendessen klingelte es an der Haustür, vor der ein englischer Offizier stand. Warum er gerade in dieses Haus gekommen war, weiß ich nicht. Jedenfalls lag es ihm am Herzen zu erfahren, ob die Hausbewohner etwas von Helmuths Moltkes Frau und seinen Kindern in Schlesien wüßten. Als Muto und Marion sagten: „Wir kommen heute von dort!“, konnte er es kaum glauben. Er kam im Auftrage unserer Freunde in England, und dies war sein erster Versuch, etwas herauszufinden. Erst am nächsten Morgen, als die beiden Frauen ihn in seinem Büro aufsuchten und alle Aussagen noch einmal bestätigten, hielt er es wirklich für wahr – und damit war der Kontakt mit den englischen Freunden schon hergestellt.

Inzwischen hatte sich unsere russische Kompanie in Kreisau an uns und wir uns an sie gewöhnt. Wir kannten uns gegenseitig, aber die Russen sprachen im allgemeinen nicht mit uns. Sie wußten aber genau, wer wir waren. Einmal sagte einer der Soldaten zu Fräulein Hirsch, nur wegen unserer Männer ließe man uns so in Frieden. Die meisten Frauen und vor allem die früheren Feinen mußten auf den Feldern arbeiten. Ein freundlicher Russe in Uniform, der auch unsere Gurken anziehend fand, kam einmal mit seiner Freundin – auch in Uniform – und verlangte die „Grafina" zu sehen. Ich hatte ihm mit nackten Beinen in Gummistiefeln aufgemacht – ich hatte eben besagte Gurken gegossen und meine Haare mit einem Kopftuch zusammengebunden, sie waren frisch gewaschen. Er wollte mir unter keinen Umständen glauben, daß ich die „Grafina" sei und lachte mir einfach ins Gesicht. Ich rief Frau Pick und bat sie, sie möge dem Mann doch sagen, wer ich sei. Auch ihr glaubte er nicht. Schließlich holte ich meinen Paß. Der überzeugte ihn. Er kam dann noch ein-, zweimal wieder. Ob wegen der Gurken oder meinetwegen, blieb ungeklärt.

Ein paar Russen hatten unsere hübsche Liesbeth auf dem Feld arbeiten sehen und waren hinter ihr her. Liesbeth versteckte sich auf dem Boden unter großen Wäschekörben, als sie bei uns an der Tür klingelten. Es waren zwei sehr nette Burschen. Ich verhandelte mit ihnen. Sie sei nicht zu haben und nicht zu sehen, aber sie baten, nur *sehen* möchten sie die Liesbeth. Ob sie versprächen, dann wieder zu gehen. Ja, das versprächen sie fest. Also würde ich sie holen. Sie kam auch, nachdem ich ihr zugeredet hatte, langsam die Treppe herunter, auf der sie etwas höher, wie eine Prinzessin, stehenblieb. Die Russen strahlten, besahen sie ein Weilchen, redeten hin und her und zogen dann brav ab. Wir waren erfreut, daß alles so gut abgegangen war und schlossen die Haustüre hinter ihnen. Es war wohl so zwischen sieben und acht Uhr abends. Wie ich nun hinauf in mein Zimmer gehen wollte, kam mir der eine lachend die Treppe herunter wieder entgegen und verließ ein zweites Mal das Haus. Er hatte nur mal gezeigt, was er konnte, wenn er wollte! Er war außen an einer der Eisenstangen hinaufgeklettert, die das nicht schöne, aber für den Schutz des Eingangs sehr nützliche kleine Wellblechdach hielten. Dann war er in das offene Fenster des Kinderzimmers eingestiegen und durchs Haus heruntergekommen. Konrad, der oben schon im Bett lag, erinnert sich noch an den Russen, der durch sein Zimmer ging. Nein, sagt er auch heute noch, Angst habe er gar keine gehabt. Zu den Kindern waren auch alle Russen immer nur freundlich gewesen, und an Konrad bewunderten sie die schönen lockigen Haare, die kurz, aber in großen, weichen, dunkelblonden Wellen seinen Kopf umgaben. Die mußten sie immer streicheln, und so waren für die Kinder Russen keine Leute, vor denen man Angst hatte. Die beiden Burschen kamen dann noch mehrmals. Schließlich saßen sie sogar mit Liesbeth in der Küche und spielten mit ihr und Frau Pick „Schwarzer Peter". Der eine trug dazu einen Zylinder, den er bei uns gefunden hatte und den er wohl halb schön, halb komisch fand. Ich schenkte ihn ihm. Aber irgend jemand verbot ihnen die Besuche bei uns, denn sie kamen nach einiger Zeit nicht mehr. Vielleicht wurden sie auch versetzt, denn sie gehörten nicht zur Schloß-Kompanie.

Als Romai von Berlin zurück war und das Potsdamer Abkommen bekannt geworden war – unser Radio versorgte uns immer noch jeden Abend mit Nachrichten –, schien es an der Zeit, daß auch ich einmal nach Berlin ginge, um von dort Briefe zu schreiben, mit den dortigen Freunden zu sprechen und mich über die Zukunft zu beraten. So gut es uns bisher gegangen war, so sicher schien es doch, daß wir mit der Zeit wegmußten. Vom Westen waren wir ja vollkommen abgeschlossen. Zwar hatte ich Leuten, die von Schlesien nach Westdeutschland durchzukommen versuchten, immer wieder Nachrichten an meine Mutter mitgegeben. Aber wir hatten nichts gehört. Post gab es nicht, und Züge fuhren nur sehr unregelmäßig.

Aber ehe ich wegkam, hatte ich noch ein bezeichnendes Erlebnis. Die Polen hatten im Laufe des Sommers eine Art Miliz aufgestellt. Meistens rekrutierte sie sich aus Leuten, die in Deutschland als Zwangsarbeiter gearbeitet hatten. Es waren Menschen, die in Deutschland viel gelitten hatten, und der Haß stand ihnen im Gesicht geschrieben. Es war ein ganz anderer Typ als die Polen, die um uns herum das Land übernahmen. Die meisten waren wohl auch aktive Kommunisten. Sie waren es, die die Leute verprügelten, einsperrten und schikanierten. Die Deutschen klagten sehr über die Miliz, aber die Polen manchmal auch. So ein Milizer kam in diesen Tagen zu uns und verlangte in grobem und frechem Ton unsere Ausweise. Was mich an ihm so besonders ärgerte, weiß ich nicht, wahrscheinlich nur sein unverschämtes Auftreten. Ich sagte, so ließe ich mich in meinem Hause nicht anreden und wieso er dazu käme, unsere Ausweise zu verlangen. Wenn er sich nicht höflich benehmen könne, würde ich ihm überhaupt nichts zeigen, sondern mich über ihn beschweren. Er war wütend und bedrohte mich mit seinem Revolver. Aber ich wußte genau, daß er nicht schießen würde, und sagte: „Raus aus meinem Haus!" Ich habe noch Frau Picks leise gemurmeltes, entsetztes „Gräfin Moltke!" in den Ohren. Sie hatte diese Szene in der Küchentüre stehend miterlebt. Der Mann steckte seinen Revolver ein, gab mir eine schallende Ohrfeige und ging.

Mit einer roten und einer blassen Backe lief ich sofort ins Schloß zu dem russischen Hauptmann. Mir war es unheimlich, die Kinder polnischen Willkürakten ausgesetzt zurückzulassen. Ich müsse in Angelegenheiten meines Mannes nach Berlin, sagte ich dem etwas überraschten Hauptmann. Dies – auf die Backe zeigend – sei mir passiert. Ob ich die

Kinder und unser Haus seinem Schutz unterstellen dürfe, während ich weg sei, falls wieder Polen kämen? Das bejahte der Hauptmann ohne weiteres, und ich war wirklich erleichtert und beruhigt. Die Russen mochten die Polen nicht, hielten im Zweifel zu den Deutschen und behandelten die Polen schlecht. Und tatsächlich erwies sich der Schutz der Russen bald als wirkungsvoll. Es war weitaus das beste, von Waldenburg aus nach Berlin zu fahren. Aus dem Waldenburger Kohlenrevier fuhren nach Kriegsende die ersten mit Kohlen beladenen Züge nach Berlin. Wenn ein Kohlenzug zusammengestellt war, fuhr er ab. Hie und da wurden ein paar leere Güterwagen angehängt, weil Soldaten zu transportieren waren oder vielleicht auch, weil so viele Frauen und Kinder mitfahren wollten. Auf diesen Zügen waren die Eisenbahner noch Deutsche. Als Frau Raschke, unsere Nachbarsfrau und Bäuerin – das Berghaus gehört zu dem Ortsteil Nieder-Gräditz, deshalb hatten wir als unmittelbare Nachbarn auf beiden Seiten Bauern – hörte, ich wolle nach Berlin, bat sie, mitkommen zu können. Sie habe ihre Mutter in Berlin, nach der wolle sie gerne sehen. Mir war es recht.

Ich ließ die Kinder wohlbehütet im Berghaus zurück und machte mich mit Frau Raschke auf. In Waldenburg gelang es uns sogar, in einem geschlossenen Wagen unterzukommen, und schon am späten Nachmittag fuhr unser Zug ab. Aber auf halbem Wege, wohl hinter Görlitz in der Niederlausitz, wurden wir alle herausgeworfen: Der Wagen war für einen Russentransport eingesetzt. Da standen wir mitten in der Nacht, und es blieb uns nichts anderes übrig, als irgendwo auf die Kohlen zu klettern. Für uns war das gar nicht so schlimm, aber im Wagen waren Familien mit kleinen Kindern, Kinderwagen und Gepäck gewesen: sie mußten alle auf die Kohlen. Es war eine warme Augustnacht, heller Sternenhimmel und köstliche Luft, wir froren nicht. Wir beide fanden ganz vorne, ziemlich weit oben auf einem Kohlenhaufen Platz. Gegen Morgen wurden wir allerdings schläfrig; das war gefährlich, da man im Schlaf leicht von den Kohlen herunterfallen konnte. Es war aber aufregend genug, um nicht einzuschlafen.

Verantwortlich für den Zug war eine russische Wache. Sobald der Zug irgendwo hielt, sprangen sofort Diebe auf. Die Kohlen und das Gepäck der Reisenden, das war alles damals von großem Wert. Die Diebe warteten auf den Stationen auf diese Züge und machten dann Beute. Wir hörten sie öfters auch in unserer Nähe herumstöbern. Dann schrien und riefen die Leute auf den Kohlen, und die russische Wachmannschaft schoß als Antwort einige Male in die Luft. Das schien den Dieben nicht viel Eindruck zu machen, denn bald kratzte es wieder irgendwo, und die Sache fing von vorne an, mit dem Erfolg, daß wir wach blieben. Dann fuhren wir wieder ein Stück in die Morgendämmerung, und gegen sieben Uhr früh waren wir in Nieder-Schöneweide, einem Vorort von Berlin. Von dort konnte man die Stadtbahn nehmen – sie war in Betrieb.

In Berlin wohnte ich in der Hortensienstraße, in dem liebgewonnenen Häuschen von Peter und Marion. Zwar war das Haus von Bomben beschädigt, es ließ sich aber noch bewohnen. Die SS-Bewohner hatten alles stehen und liegen lassen, die Russenwelle war darüber hinweggegangen, und dann hatte ein älteres Klempner-Ehepaar, das für die Yorcks gearbeitet hatte, das Haus sofort bezogen. So kam es, daß alles noch unverändert schien. Viele praktische Utensilien waren wohl gestohlen worden, aber alles andere war noch da; so hatten wir doch gleich wieder ein richtiges Zuhause in Berlin. Marion und Muto waren unterwegs, und ich schlief im Wohnzimmer. Nun schrieb ich wieder an meine Mutter und erstmals auch an meinen Bruder Carl in der Schweiz, an Lionel Curtis in England und an Dorothy Thompson in den USA. Ich suchte die deutschen Freunde, die ich in Berlin glaubte, knüpfte mit den Engländern und Amerikanern Beziehungen an und bat sie, meine Briefe zu befördern. So kam ich in Verbindung mit der Dienststelle von Allen Dulles (OSS), die in Dahlem war, lernte ihn selbst, einige freundliche Offiziere und Gero v. Schulze-Gaevernitz kennen. Sie wußten alle von uns, ließen sich von den Verhältnissen in Schlesien berichten und waren recht skeptisch, als ich sagte, ich wolle noch einmal dorthin zurück. Ich hatte auch einen Auftrag an einen Kommunisten, der einer der Führer der Berliner Partei war. In einem unserer Nachbarorte, in Faulbrück, hatte ein alter Kommunist die Nazizeit überlebt. Der Mann hatte mich eines Tages aufgesucht, und wir hatten in den Monaten lose Verbindung gehalten. Er wollte nun von den Berliner Kommunisten wissen, wie man sich in Schlesien gegenüber den Polen und Russen verhalten solle, ob man bleiben oder gehen solle. Ich ging in das Parteigebäude der KPD in der Nähe des Spittelmarktes. Nach einer kleinen Wartezeit empfing mich der Mann und gab etwas zögernd Auskunft. Zögernd wohl, weil die Partei sich selbst noch nicht klar war wie sie sich verhalten würde, und die Evakuierungen aus Schlesien fingen eben erst an. Er sagte eigentlich nur, die Kommunisten sollten sich wie alle anderen verhalten.

Für alle Fälle meldete ich die Kinder und mich bei der Polizei in Berlin an – als wohnhaft in der Hortensienstraße 50. Dann war ich eigentlich für die Rückreise bereit. Ein Schwede hatte mir aber gesagt, unter Umständen könnten die Reichwein-Kinder bald nach Schweden, wenn sie wollten. Ich möchte doch noch den Bescheid abwarten. So gab ich noch einen oder zwei Tage zu. Ich hatte Sehnsucht nach der Poelchauschen

Wohnung in der Afrikanischen Straße in Tegel, erwartete aber nicht, Poelchaus in Berlin zu finden; sie hatten vorgehabt, das Ende bei ihren Freunden Truchsess in Nordbayern abzuwarten. Er, Truchsess, hatte auch in Tegel gesessen, und Harald hatte sich mit ihm angefreundet. Ich wollte nur nach dieser Wohnung sehen, die mir in den Monaten vor Helmuths Tod so lieb geworden war, wo ich fast „mit" Helmuth gelebt hatte. Es war noch etwas mühselig hin zu kommen, aber die U-Bahn fuhr schließlich bis Bahnhof Seestraße und dann auch eine Trambahn die Müllerstraße entlang. Ich stieg im Haus die vielen Treppen hinauf; Poelchaus wohnten ganz oben. Ich klingelte und wartete. Gertie Siemsen, eine Freundin von Poelchaus, machte mir auf. Sie wohnte dort mit ihrem Anfang Mai geborenen Baby. Sie sagte sofort: „Wissen Sie, wer bei mir wohnt?! Ihr Schwager Wend!" Man kann sich heute kaum vorstellen, wie erstaunlich es war, daß wir uns so fanden. Natürlich hatte ich nichts von ihm gehört oder gesehen, seitdem er Anfang Februar – jetzt war Ende August – aus Schweidnitz weggefahren war. Kurz darauf war er von einem deutschen Armeefahrzeug angefahren und verletzt worden, konnte nicht gehen und kam in ein Lazarett in der Lausitz. Dort überrollten ihn die Russen, die ihn nun vor kurzem aus dem Lazarett entlassen hatten – kranke Männer waren für sie nicht interessant. Er war nach Berlin gefahren und versuchte von dort zu Asta in „den Westen" zu kommen. Asta wußte von seinem Verbleib bisher noch nichts. Wir waren beide sehr froh und erleichtert, uns zu sehen. Wend besaß nichts und ich auch nichts, was ihm nützlich sein konnte, aber ein paar Strümpfe von Muto oder Marion kamen ihm sehr gelegen! Wir verbrachten den letzten Tag zusammen, und am nächsten Morgen brachte er mich mit Frau Raschke nach Nieder-Schöneweide, von wo die leeren Kohlenwagen nach Waldenburg zurückfahren sollten.

Die Amerikaner hatten mich mit US-Soldaten-Rationen ausgestattet. Sie waren ziemlich besorgt, daß ich wirklich zurück nach Schlesien wollte. Die Deutschen versicherten mir, es würde mir nicht gelingen, denn die Oder und die Görlitzer Neiße seien jetzt eine Landesgrenze, die Polen schmissen die Deutschen heraus und ließen bestimmt keine mehr herein. Sehr ermutigend waren diese Auskünfte nicht, aber meine Kinder zogen mich mit Macht, und Frau Raschke fühlte sich in der gleichen Lage.

So begann die abenteuerlichste Reise, die ich bisher erlebt habe. Und sie war auch bezeichnend für die damaligen Verhältnisse und die Menschen überhaupt, denn sie war voller unfreundlicher und freundlicher Erlebnisse zugleich. Darum ist sie wohl erzählenswert.

Die Reise dauerte drei Tage und drei Nächte. Zuerst ging es ganz glatt: leere offene Kohlenwagen, schönes warmes Wetter. Wir standen wohl hie und da eine Weile, aber nicht allzu lange. So kamen wir wohl gegen Mittag über die Grenze. Wir fuhren zunächst einfach hinüber. Aber einige Kilometer später hielt der Zug an einer Station. Polnische Miliz kam in die Wagen und warf alle Deutschen, mit Ausnahme der deutschen Soldaten, die aus dem Westen nach Schlesien entlassen worden waren, heraus; die ließ man seltsamerweise damals noch nach Hause fahren. Auf dem Bahnhof sammelte sich eine große Gruppe lamentierender Menschen, die nun von mit langen Peitschen knallenden Polen wie eine Herde abgetrieben wurden: zurück zur deutschen Grenze. Wir waren auch dabei. Ich überlegte mir, wie ich mich wohl bemerkbar machen könnte. Ich rief einen der Peitscher immer wieder an und sagte immer wieder: „Ich habe internationale Papiere!" Es stimmte zwar nicht ganz, aber es tat seine Wirkung. Er wurde aufmerksam und wies mich an einen jungen Leutnant der Miliz, der in der Nähe eine Art Büro hatte. So waren wir zunächst einmal aus der Menge heraus. Ich sah gleich, daß der Leutnant auch den haßerfüllten Ausdruck hatte, der so vielen dieser Milizleute eigen war. Ich zeigte ihm die schönen von Romai beschafften Papiere und eine weitere Bescheinigung des Berliner Magistrats, die ich mir noch besorgt hatte, ich sei in Angelegenheiten meines Mannes in Berlin gewesen und müsse nun zurück nach Schlesien zu meinen Kindern. Der Milizmann prüfte das alles, amüsierte sich köstlich und höhnisch über die heruntergekommene Grafina, überlegte etwas und sagte dann: Gut, ich könne weiterfahren, aber diese Frau – auf Frau Raschke zeigend –, die müsse zurück. Die gute Frau Raschke erhob sofort ein großes, verzweifeltes Geschrei: „Lassen Sie mich nicht im Stich, lassen Sie mich nicht im Stich, ich muß auch mitkommen!" Großer Lärm! Also sagte ich, wir müssen beide nach Schlesien. Wenn wir zusammenbleiben wollten, antwortete er, dann müßten wir eben beide zurück. Jetzt öffnete ich ziemlich verzweifelt meinen Rucksack und versuchte zu handeln: Proviant wollten sie nicht – hatten sie selbst –, aber sechs (!) amerikanische Zigaretten, die zu den Rationen gehörten, genügten. Ich bot ihm noch ein gelbes Regencape aus Plastik an und erinnere mich deutlich, wie ein älterer Pole in der Gruppe das Cape nahm, es sorgfältig faltete und hinter dem Rücken des Offiziers wieder in meinen Rucksack steckte. Wir konnten wirklich gehen; es war kaum zu glauben. So schnell wir konnten gingen wir zum Zug zurück, kletterten in einen Wagen und saßen dort erschöpft und still wie die Mäuschen. Kaum waren wir aber drin, kam eine weitere Polen-Razzia und schmiß uns wieder heraus – unser Reden nutzte nichts. Aber der Milizleutnant stand auf dem Bahnhof, erkannte uns und ließ uns wieder einsteigen. Nach einer Weile ruckte es heftig, und der Zug setzte sich wirklich nach Osten in Bewegung. Es war ein Himmelsgefühl. Wir glaubten nun, wir hätten alles hinter uns, aber so bequem war es doch nicht. In dem geschlossenen Güterwagen saßen außer uns und anderen Leuten auch zwei entlassene Soldaten. Der eine war Bankbeamter aus der Waldenburger Gegend, der andere war ein oberschlesischer Bauer. Der konnte polnisch. Wir waren zwar abgefahren und auch ein Stück vorwärtsgekommen, bald aber blieben wir wieder stehen. Während der Nacht, wenn wir hielten, kamen immer wieder dunkle Existenzen in unseren Wagen herein, suchten nach Sachen und leuchteten uns an. Dann sagte der Bauer immer wieder auf polnisch: „Wir sind Polen!" Damit war es gut. Die beiden Soldaten hatten sich mit uns zusammengetan, und wir reisten nun zu viert. Frau Raschke und ich waren übrigens so erschöpft, daß wir auf dem Boden des Wagens, den Kopf auf unseren Rucksäcken, ganz ruhig schliefen. Am nächsten Morgen entdeckten wir, daß wir erst in Sorau waren. Das liegt noch nördlich von Sagan, etwa zweieinhalb D-Zug-Stunden von Berlin entfernt auf der Strecke Berlin–Frankfurt/Oder–Liegnitz, auf der wir gewöhnlich nach Schlesien fuhren. Dort standen wir schon seit vielen Stunden. Man hatte den Eindruck, daß auf dieser jetzt eingleisigen, früher zum Teil viergleisigen Strecke – die Russen hatten in den ersten Monaten die Gleise alle abmontiert – sich ein Güterzug hinter dem anderen staute und daß wir noch nach Tagen dort stehen würden. Wir meinten, wir würden auf der Landstraße wahrscheinlich schneller von der Stelle kommen und beschlossen auszusteigen. Als wir nun auf der Landstraße von Sorau nach Sagan kräftig losmarschierten, überholte uns eine ganze Kolonne von leeren Pferdewagen mit russischen oder polnischen Panjepferdchen. Wir waren diese so östlichen Gefährte nun schon ganz gewohnt. Zuerst hatten die deutschen Soldaten sie benutzt, dann die Russen und hier die Polen; es sind im Gegensatz zu unseren schweren Ackerwagen ganz leichte, von ganz zierlichen Pferden gezogene Gefährte. Auf unseren Landstraßen tanzten sie – unbeladen – förmlich über die Straße im schnellen Rhythmus ihrer trabenden Pferdchen. Wir ließen die ganze Kolonne an uns vorüberfahren, bis wir schließlich bei einem der letzten Wagen den Mut hatten zu winken. Der polnische Kutscher hielt sofort; ohne viel zu sagen oder zu fragen ließ er uns vier aufsitzen, und wir fuhren schnell und vergnügt durch bis zum Bahnhof Sagan, wo nämlich die Wagenkolonne beladen werden sollte. Wir hatten in jeder Hinsicht Glück gehabt, denn zu Fuß wären wir wahrscheinlich von Polen aufgehalten und in Arbeitskolonnen gesteckt worden, die sie überall für Aufräumungsarbeiten einsetzten; wir passierten eine solche Sperre. Wer so aufgegriffen wurde, mußte dort manchmal wochenlang arbeiten, ehe er weiterziehen durfte. So kamen wir heil am Bahnhof Sagan an. Der stand genauso hoffnungslos voll mit Zügen wie der Bahnhof von Sorau: Güterzüge mit abmontierten Maschinen, alte Tanks usw., die nach Rußland transportiert werden sollten, aber auch voll besetzt mit Menschen. Wenige Deutsche, viele Russen und Polen, die noch aus Deutschland kamen und zurück in ihre Heimat wollten. Sie sahen uns böse an, wenn wir auch noch in die schon vollen Güterwagen steigen wollten, und verboten es uns. Und doch erinnere ich mich an ein kleines russisches oder polnisches Mädchen, das mir plötzlich von sich aus ein Stück Brot zusteckte. Wie wir nun so ratlos auf dem vollen Bahnsteig hin und her gingen, kamen zwei bewaffnete russische Soldaten stracks auf Frau Raschke und mich zu und winkten uns mitzukommen. Das war gar nicht schön, und unser Mut sank. Die beiden Soldaten kamen ungefragt und ungehindert mit uns. Wir gingen durch die Sperre. Was konnten wir anderes tun als folgen?! Warum hatten sie aus der anonymen Menge gerade uns ausgesucht? Was konnte das bedeuten? Das beunruhigte uns, während wir die Treppe hinunter und durch den Bahnhof und aus dem Bahnhof herausgingen. Sie führten uns ein paar Schritte das Bahnhofsgebäude entlang und dann an der Ecke des Gebäudes wieder in eine andere Tür hinein. Dort war ein Büro, und Frau Raschke und ich wurden durch Zeichen angewiesen, das Büro zu putzen. Frau Raschke machte das ausgezeichnet, ich weniger, aber doch nicht so schlecht, daß es den Russen aufgefallen wäre. Die beiden Soldaten polierten inzwischen an einem Motorrad herum, und nach einer Stunde etwa waren wir fertig. Die Russen waren sehr zufrieden und bedauerten, nichts für die Arbeit bezahlen zu können, teilten uns aber mit, welcher von den vielen Zügen zuerst abfahren würde, und das war eine wirkliche Hilfe. Auch dieser Zug war voller Menschen und Maschinen. Auf einem flachen Transportwagen, auf den ein Tank montiert war, stand ein russischer Leutnant, neben ihm eine junge russische Frau. Wir machten dem Russen bescheidene Zeichen, denn vorne vor dem Tank war ein hübsches leeres Plätzchen, wo wir alle vier gut hätten sitzen können. Der Russe war ablehnend, aber wir hatten offenbar in der Frau eine Fürsprecherin. Sie redete ihm zu, und schließlich nickte er mit dem Kopf, und wir stiegen dankbar auf. Wir hatten uns nun auch schon an das ganz andere Zeitgefühl des Ostens gewöhnt, das mit den Russen und den Polen auch in Schlesien eingezogen war. Warten gehörte zum Leben. Wir schickten uns geduldig in das Unabänderliche. Ich weiß also nicht mehr, wie lange es dauerte, bis der Zug abfuhr, nur erinnere ich mich, daß im letzten Moment ein russischer Soldat zu uns aufsprang und ein Stück mit uns fuhr. Er legte sich gleich hin, wickelte sich in seinen Mantel und schlief ein. Später erwachte er, zog aus der Manteltasche Brot und eine zerknitterte Tüte mit Zucker, aß beides zusammen und gab uns wortlos davon ab. Wir waren nicht weit gefahren, dann standen wir wieder, oft auf offener Strecke. Dann sprangen die Leute aus den Wagen, liefen in die Felder und suchten Kartoffeln. Mit Hilfe von Steinen machten sie kleine Feuerstellen längs des Zuges, kochten in Büchsen Wasser und brieten die Kartoffeln in der Asche. Wir machten das genauso und teilten unseren Proviant. Wenn der Zug weiterfahren konnte, pfiff er zweimal, ließ zwischen den beiden Pfiffen den Leuten Zeit, abzuräumen und einzusteigen, dann zog er an. Aber wir kamen an diesem Abend doch nicht bis Liegnitz. Wir mußten die Nacht über wieder auf einem Nebengeleise warten. Ich schlief hinter dem Tank. Da hatte ich mehr Platz, aber die Nacht war kühler, und gegen Morgen wurde mir flau. Ich fror erbärmlich. Da sah ich in der Nähe der Lokomotive ein großes, schönes Feuer. Mir war elend, ich wollte mich aufwärmen. So ging ich über Stock und Stein den Zug entlang bis zu dem Feuer. Dort saßen der Lokomotivführer – ein Pole – und ein riesengroßer einzelner russischer Soldat. Als sie mich so langsam daherkommen sahen, holten sie einen Holzkloben in die Nähe des Feuers, damit ich mich auch dorthin setzen konnte, gaben mir warme Kartoffeln und einen Tee, den der Pole mit dem Wasser der Lokomotive brühte, und waren sehr freundlich zu mir, ohne ein Wort mit mir sprechen zu können oder auch nur zu wollen. Das alles zusammen war so wohltuend, daß ich nach einiger Zeit wohl und gemütlich zu meinem Tankwagen zurückkehren konnte.

Es wurde dann hell, und wir standen immer noch an der gleichen Stelle, als plötzlich mit viel Geräusch und Pfeifen aus dem Nichts – so schien es uns – ein Personenzug erschien. Ganz voll zwar, aber er hielt, und schnell entschlossen stiegen wir um. Wir mußten allerdings aufs Dach eines Personenwagens klettern, denn an den Eingängen hingen die Leute schon in Trauben. Aber auf den Dächern war es noch leer, und wir fanden gar nichts dabei, nach oben zu klettern. Wieder schien die Sonne, und rasselnd und pfeifend, mit viel Rauch, fuhren wir durchs Land. Wir fühlten uns da oben wie Könige, zogen nur unter den Brücken vorsichtig die Köpfe ein und waren etwa nach einer Stunde in Liegnitz. Den Liegnitzer Bahnhof hatte ich seit Ende Januar nicht mehr gesehen. Er war in grauenhaftem Zustand – eine riesige Kloake. Wir hofften in Liegnitz auf weiteres Glück. Kein Mensch wußte aber dort, wann und wohin ein Zug abfahren würde. Es rangierten zwar ein paar Lokomotiven im Bahnhof, aber auch deren Führer wußten nicht, wohin sie schließlich geschickt wurden, und die wenigen, die abfuhren, gingen nicht in unsere Richtung. Von Liegnitz nach Kreisau sind es nur noch 56 Kilometer. Das konnten wir zur Not zu Fuß hinter uns bringen, aber wir hatten wieder viel Zeit mit Warten verloren, waren müde und wollten lieber noch eine Nacht schlafen. Wir kamen schlecht und recht in einem Haus unter, das zu einem Pfarramt gehörte. Wir wurden zwar aufgenommen, mußten aber alle vier auf dem Boden schlafen, und das war nun schon die dritte Nacht. Wir brachen also am nächsten Morgen sehr früh auf und gingen zu Fuß bis Jauer. Das dauerte mehrere Stunden. Wir hatten keine Hindernisse zu überwinden, nur war ich erschöpft und auch hungrig, denn ich hatte zwar noch eine kleine Reserve an amerikanischen Rationen, aber für drei Tage und drei Nächte waren sie nicht berechnet gewesen, und ich wollte nicht alles verbrauchen, falls ich noch länger aufgehalten würde. Ich blieb hinter den anderen etwas zurück und ging schließlich in ein Haus und fragte, ob ich etwas zu trinken bekommen könnte. Die Bauersfrau hatte noch die Reste vom Frühstück dort stehen und sagte, ich solle nur ruhig die Bratkartoffeln aufessen und dazu gab sie mir einen Kräutertee zu trinken, der noch warm im Topf auf dem Herd stand. Das belebte mich beides wie Götterspeise. Als wir aber auf dem Bahnhof Jauer ankamen, wollten wir doch lieber auf östliche Weise auf einen Zug warten, als weiterzulaufen. Wie die anderen Leute saßen wir auf dem Bahnsteig, ließen die Beine auf die Schienen baumeln und warteten. Es dauerte gar nicht sehr lange, da kam wirklich so ein schöner Personenzug. Wir konnten sogar glatt einsteigen und Platz finden und er fuhr tatsächlich ruhig und ohne viel zu zögern – da wir ja jetzt auf einer Nebenlinie waren – über Striegau, Königszelt und Schweidnitz und hielt auf seinem Weg weiter nach Kamenz brav in Kreisau an. So zwischen sechs und sieben Uhr abends kamen wir an. Alles war im schönsten Frieden. Als wir den Berghaushügel hinaufgingen, kam mir Caspar entgegengelaufen: „Ah, da bist du ja wieder, Reialie!" rief er vergnügt, als sei ich nur ein paar Stunden weggewesen, und das Berghaus erschien mir wie eine ruhige Insel in einem bewegten Meer.

Aber ganz ohne Schwierigkeiten war es doch auch dort nicht abgegangen. Die Polen waren zu viert wiedergekommen, und dieses Mal hatte ihnen Romai aufgemacht. Vorher hatte sie aber noch ihren Roland, der damals fast neun Jahre alt war, zu dem russischen Hauptmann ins Schloß geschickt. Er war zum Fenster hinausgesprungen und die fünf Minuten zum Schloß gerannt; nach weiteren zehn Minuten erschienen vier bewaffnete Russen, und die Polen zogen sich sofort zurück. Im Hof war inzwischen der erste Verwalter wieder verschwunden, und ein richtiger Pole, mit dem Zeumer es noch schwerer hatte, der sich aber uns gegenüber auch nicht unfreundlich benahm, war eingezogen. In Zukunft wurde das Gut als polnisches Staatsgut verwaltet.

Nach meiner Rückkehr aus Berlin erlebten wir noch eine schöne Geschichte mit unserem Hauptmann im Schloß. Anfang des Sommers hatte uns unser Wierischauer Bomben-Mieter, dessen große Familie auch schon Anfang Februar abgefahren war, seinen reizenden jungen, schwarzgelockten Spaniel gebracht, ehe er selbst seiner Familie nachzog. Dieses hübsche Tier mit seinen schwarzen Seidenlocken fanden die Russen wohl genauso schön wie Konrad mit seinen lockigen Haaren, und wir merkten bald, daß sie sehr hinter dem Hund her waren. Die Kinder liebten ihn aber auch, und wir paßten daher sehr gut auf ihn auf. Aber schließlich, am Ende des Sommers, war er doch eines Tages weg. Wo war er nur? Roland Reichwein entdeckte es bald: Im Schloß hatte es gebellt! Was sollten wir nun tun? Den Hauptmann wollten wir nicht ärgern, aber wir wollten uns auch den Hund nicht so einfach wegnehmen lassen. Romai und ich gingen zusammen ins Schloß und verlangten den Hauptmann zu sprechen. Wir warteten eine kleine Weile. Dann führte uns eine russische Zivilarbeiterin, die dolmetschen sollte, herauf. Oben im Saal saß der Hauptmann, wie man sich einen persischen Satrapen vorstellt, in dem riesigen goldenen, mit schwarzem Damast bezogenen Sessel, von dem man sich erzählte, daß der noch riesigere und sehr dicke Onkel Ludwig Moltke aus Wernersdorf sich ohne Hilfe nicht habe aus ihm erheben können. Da also saß der Satrap und sah finster aus, denn er wußte genau, wir kamen wegen des Hundes. Aber nun kam unser Trick, und er tat Wunder. Ich bat die Dolmetscherin, dem Herrn Hauptmann zu sagen, daß wir uns ein Vergnügen daraus machten, ihm den Hund zu schenken! Der Hauptmann sprang sofort auf, lächelte, freute sich, und wir mußten ihm den Namen des Hundes nennen. Rago, wiederholte er sorgfältig. Ob er auch einen Stammbaum habe, ob er zum Jagen dressiert sei. Ich erklärte ihm, daß sich höchstens in Wierischau noch ein Stammbaum finden könnte, und er verabredete sich mit mir, hinzufahren. Als er nun so sichtlich bester Stimmung war, fragte Romai, ob sie vielleicht, da es doch hieße, die Kompanie zöge bald nach Schweidnitz, zwei Betten, die ihr gehörten und die sie brauchte, aufs Berghaus holen könnte. Der Hauptmann ließ auf freundlichste Weise erwidern, sie zögen in den nächsten Tagen ab, es werde alles genauso stehen- und liegenbleiben. Dann könne sich Romai holen, was sie wolle. So besiegelte Rago die freundlichen Beziehungen, die wir zu „unserem Hauptmann“ in diesem Sommer gehabt hatten. Die Russen zogen auch in der Tat schon am nächsten Tag ab. Aber als wir hinterher ins Schloß kamen, war es total ausgeräumt. Außer zwei kleinen schönen Schränken aus dem 18. Jahrhundert, die Wend und Asta gehörten – den einzigen wirklich guten Stücken, die noch im Schloß gestanden hatten –, war nichts mehr da! Der Wind pfiff durch das leere Schloß!

In Berlin hatte mir Gero Gaevernitz erzählt, daß in seinem elterlichen Landhaus im Kreis Neurode, von dem er in den letzten Jahren nichts mehr gehört hatte, da er und seine Familie in die USA gegangen waren, noch eine Reihe von Menschen wohnen müßten, deren Wohlergehen ihm am Herzen liege. Er wollte gerne wissen, wie dort alles aussähe, wollte Grüße bestellt haben und seinen Freunden sagen lassen, sie möchten Schlesien verlassen. Er hatte mich gebeten, wenn möglich doch einmal dort nachzuschauen. Der Kreis Neurode liegt nicht wie der Kreis Schweidnitz vor dem Gebirge, sondern mitten drin. Eine Zugverbindung gab es nicht; mit dem Rad zu fahren, konnten wir nicht mehr riskieren. Die Räder nahmen jetzt nicht mehr die Russen, dafür aber die Polen weg, und inzwischen mußten alle Deutschen in Schlesien weiße Armbinden tragen. Wir taten das zwar nicht, riskierten aber dadurch, in Schwierigkeiten zu kommen. Einige Zeit nach meiner Rückkehr aus Berlin – Marion und Muto waren wieder einmal bei uns – wollten Marion und ich das Gaevernitzsche Haus besuchen. Auch diese Wanderung ist mir in schönster Erinnerung geblieben. Es war weit, weiter als wir erwartet hatten. Bei Sonnenaufgang waren wir aufgebrochen, und obwohl wir keine sehr langen Pausen machten, waren wir erst am späten Nachmittag dort. Wir fanden ein stattliches Herrenhaus in einem großen Park; Helmuth war dort früher mehrfach zu Gast gewesen. In dem großen Haus saßen Polen; die Menschen, die Gaevernitz wichtig waren, wohnten in den Nebenhäusern. Es ging ihnen leidlich. Sie hatten mit Russen und Polen ähnliches erlebt wie wir. Sie freuten sich über unseren Besuch und die Verbindung zu Gaevernitz. Wir übernachteten dort und gingen am nächsten Tag auf einem anderen Wege zurück. Insgesamt waren es 45 Kilometer, und unsere Füße nahmen es übel, innerhalb von zwei Tagen soviel laufen zu müssen. Sie waren trotz dicker Schuhe voller Blasen, aber sonst war uns der Ausflug gut bekommen.

Unsere Füße waren eben wieder heil, da kam Romai eines Tages ins Haus gestürzt, um uns zu sagen, es seien Amerikaner im Dorf, und sie wollten uns besuchen. Sie war ganz aufgeregt, und als wir aus dem Hause kamen, fuhr gerade ein großer amerikanischer Sportwagen vor, und heraus stieg Gaevernitz. Mit ihm kam als Chauffeur ein amerikanischer Soldat, der fließend Polnisch und Russisch sprach. Gaevernitz hatte sich von den Russen und Polen eine Erlaubnis verschaffen können, nach Schlesien zu fahren, und hatte beschlossen, selbst nach seinem Neuroder Haus zu sehen. Sie übernachteten bei uns, fuhren am nächsten Tag hinüber und kehrten abends wieder zurück. Die Amerikaner wollten möglichst viel über die Zustände in Schlesien erfahren. In Berlin hatten sie uns schon um einen genauen Bericht gebeten, an dem wir inzwischen gearbeitet hatten. Die systematischen Evakuierungen aus Schlesien waren in den letzten Wochen erst richtig in Gang gekommen. Jetzt wollte Gaevernitz sich selbst ein Bild machen. Er fragte, ob wir ihn am nächsten Tag nach Breslau begleiten könnten, wo wir Beziehungen zu katholischen und evangelischen Pfarrern hatten. Die Kirchen bildeten damals in Schlesien das einzige Netz, über das noch einigermaßen zuverlässige Nachrichten weitergeleitet und überhaupt Verbindungen zwischen einzelnen Orten aufrechterhalten werden konnten. Marion und ich freuten uns, mit dem Auto durchs Land zu fahren, es in Augenschein nehmen und Breslau sehen zu können. Unsere Eindrücke waren aber trostlos. Hinter der Front, an der die Russen bis zum Ende des Krieges haltgemacht hatten, war alles zerstört, zerschossen und verwüstet. Zwar sah man, daß auch hier Evakuierte zurückgekehrt waren und versuchten, in den Trümmern neu zu beginnen, aber die Zerstörung war gewaltig, das Land war nicht bestellt, auf den schönen Äckern wuchs hohes Unkraut. Jetzt sah ich zum erstenmal den großen Unterschied zwischen diesen beiden Zonen. Die Stadt Breslau war genauso erschütternd: von Süden hereinfahrend, sahen wir nur Trümmer, doch der Kern der Stadt war ziemlich gut erhalten. Wir trafen die Leute, an die wir verwiesen worden waren, besahen uns die zerstörte Stadt, in der nur ein paar Buden zu leben schienen, obwohl natürlich in Wirklichkeit noch Tausende dort wohnten, und fuhren am Nachmittag über Strehlen-Reichenbach wieder zurück. Es dunkelte schon, als wir Kreisau erreichten. Ehe wir an den Berghaushügel kamen, wurden wir von einigen Dorfbewohnern angehalten. Wir sollten vorsichtig sein, auf dem Berghaus seien Polen. Sie seien schon vor einiger Zeit mit einem leeren Kastenwagen hinaufgefahren. Russen seien auch oben. Den Amerikanern war dies nicht gerade angenehm. Aber sie verstanden, daß wir so schnell wie möglich hineinwollten, und waren auch gleich entschlossen, uns nicht im Stich zu lassen. Gaevernitz in einer schönen amerikanischen Oberstuniform war alles andere als ein Soldat; doch an diesem Abend benahm er sich wie ein Soldat. Ich sehe noch, wie er vor unserer Haustür tief Atem holte. Dann aber war er ausgezeichnet. Die Polen und Russen waren einfach baff, einen amerikanischen Offizier vor sich zu sehen. Tatsächlich war das ganze Haus voller Polen, die alles untersuchten. Die Kinder saßen zusammen mit Frau Pick in der Küche und wurden von einem russischen Soldaten mit einem großen Schnauzbart, der mit einem Gewehr in der Hand gemütlich auf dem Küchenstuhl saß, bewacht, das heißt beschützt. Muto und Romai waren im Haus beschäftigt. Folgendes war passiert: Die Polen waren gekommen und hatten gesagt, wir hätten Schätze unten im Hause eingemauert. Die wollten sie nun wegholen. Tatsächlich hatte ich mit Hilfe eines polnischen Maurers, der bei uns im Hof arbeitete – das war übrigens der Mann, der gesagt hatte, wenn ich bliebe, bliebe er auch – wegen des Ansturms zurückflutender deutscher Soldaten, die in so zerstörerischer Stimmung waren, Wäsche, Kleider, Silber und Bücher unter unserer Kellertreppe im Berghaus und unter der Kellertreppe im Schloß nicht nur für uns, sondern auch für die schon Abgereisten eingemauert. Das unter der Schloßtreppe liegt wohl heute noch dort und ist inzwischen längst vermodert. Im Sommer kochten nämlich die Russen lustig vor dieser Mauer und hatten nichts bemerkt, obwohl die Russen gewöhnlich ein Gespür für solche Tricks hatten. Sie hätten von dem Ausräumen auch nicht allzuviel gehabt, denn die Moltkes besaßen keine Schätze, und was ihnen kostbar war, hätte Russen und Polen doch nicht weiter interessiert. Im Berghaus hatten die Polen aber nun die Mauer eingeschlagen und alles nach oben transportiert, wo es in wilder Unordnung lag. Sie waren offenbar etwas enttäuscht über das Gefundene und wühlten oben noch in meinen Papieren herum.

Die Amerikaner waren gerade zur rechten Zeit gekommen. Sie hielten die Polen auf, und Gaevernitz machte ihnen mit Hilfe seines Dolmetschers deutlich, daß sie kein Recht hätten, uns unsere Sachen wegzunehmen, sie möchten gefälligst alles stehen- und liegenlassen und abziehen. Das machte Eindruck, aber es gab doch ein Hin und Her, und schließlich fuhr der Dolmetscher von Gaevernitz noch mit ihnen nach Schweidnitz zurück, woher sie kamen, um mit ihren Vorgesetzten dort noch einmal die Sache zu besprechen. Er kam etwa nach einer Stunde wieder. Ja, es sei in Ordnung, ich könne alles behalten. Meine Schreibmaschine war das schwierigste Objekt gewesen; um die hatten sie am längsten gekämpft. Das Radio hatten sie übrigens nicht bemerkt. Es überstand die Razzia an seinem gewohnten Platz. Nun aber hatte die Anwesenheit amerikanischer, uniformierter Soldaten in Schweidnitz Aufsehen erregt, und schon früh am nächsten Morgen kamen zwei Russen und verlangten die Ausweise der Amerikaner. Ich war im Zimmer, konnte natürlich nichts verstehen, sah aber meinen beiden Freunden an, daß sie sich gar nicht wohl fühlten. Die Russen prüften alles längere Zeit, es gab allerlei zu besprechen, aber schließlich gingen sie. Kaum waren sie aus dem Hause, gestand mir Gaevernitz, seine Genehmigung, nach Polen zu fahren, sei schon abgelaufen, er habe das mit dem Grenzbeamten zwar mündlich geregelt, aber außerdem sei die Erlaubnis gar nicht ihm, sondern einem anderen Offizier erteilt worden. Dieser Mann hatte die Fahrt nicht unternehmen können. Da hatte Gaevernitz die gute Gelegenheit benutzt und war unter falschem Namen gereist. Wenn das herauskam, konnte es für alle übel ausgehen. Also weg, so schnell wie möglich!

Damit die Schweidnitzer Russen keine Gelegenheit mehr hatten, die Papiere ein zweites Mal in Augenschein zu nehmen. Blaß und aufgeregt setzten sich die beiden in ihr schönes Auto. Ich gab Gaevernitz den ersten Packen von Helmuths Briefen mit, die so lange hinten in meinen Bienenstöcken vor den Nazis versteckt gewesen waren. Aus dem Auto lehnte sich Gaevernitz noch einmal zu uns heraus: „Ihr müßt hier alle weg", sagte er, „und so schnell wie möglich. Ihr sitzt hier auf einem Vulkan!" Damit fuhr er ab. Er und sein Begleiter sind ohne Hindernisse bis an die Grenze gekommen, haben sie glatt passiert und Berlin erreicht.

Aus allem Erlebten war deutlich geworden, daß wir auf die Dauer nicht in Schlesien bleiben konnten. Doch wir glaubten, es habe Sinn, die Stellung noch eine Weile zu halten, besonders da wir uns mit den vielen anderen Dorfbewohnern solidarisch fühlten. Daß aber das Kinderparadies dieses Sommers sich über den Winter nicht halten ließ, war sicher. Zwar hatte ich im Frühjahr nach Abzug der Schloßbewohner den ganzen dort noch vorhandenen Koks aufs Berghaus holen lassen, aber Nachschub war nicht zu bekommen. Also war es klüger, die Kinder beizeiten aus Kreisau wegzubringen. Zunächst machte sich Romai mit ihren vier Kindern auf. Sie ordnete, packte, bündelte und verteilte ihre Lasten und bürdete sich selbst unglaubliche Mengen auf. Mit ihrer unvergleichlichen Energie, mit der sie auch nach dem Verlust ihrer gesamten Habe in Berlin unter schwierigen und unbequemen Umständen einen neuen und schönen Hausstand im Schloß zusammengetragen hatte, mit der gleichen Kraft und Zähigkeit nahm sie jetzt den Transport ihrer Kinder und so vieler Sachen wie möglich auf sich. Es war vorgesehen, daß sie ihre Kinder gut unterbringen und dann selbst noch einmal nach Kreisau zurückkehren sollte, damit ich meine Kinder wegbringen konnte. Die Familie begab sich in unserer Begleitung auf den Bahnhof Kreisau und wartete geduldig, bis ein Zug kam. Mit Sack und Pack fanden sie Platz und verschwanden.

Nun war also unser Haushalt schon zusammengeschrumpft. Nach dem Besuch von Gaevernitz waren vielleicht ein bis zwei Wochen vergangen, da erlebten wir wieder etwas ganz Ungewöhnliches. Wir hatten gerade in Schweidnitz gegen polnisches Geld Waren verkauft. Deutsches Geld, das wir hatten, half uns nichts mehr. Wir konnten für längere Zeit ohne polnisches Geld nicht mehr auskommen. Aber wir hatten natürlich vielerlei zu verkaufen. Es waren wohl ein Stück Seide und ein paar Damenschuhe, die Carl Bernd mir aus Griechenland zum Aufbewahren nach Kreisau geschickt hatte, die zuerst dran glauben mußten. Marion begleitete mich wieder. Zu Fuß ist es nach Schweidnitz nur eine reichliche Stunde, wenn man querfeldein über den Mühlberg geht. Man hält immer auf den freundlich winkenden, hohen Turm der Schweidnitzer Hauptkirche zu. So wird einem die Zeit nicht lange. Das Erstaunliche war damals, wie schnell und wie stark sich Schweidnitz in den sechs Monaten nach dem Krieg verändert hatte. Es sah jetzt schon ganz polnisch aus. Und dies lag nur zum Teil an den neuen polnischen Aufschriften und Straßenschildern und an den Nachkriegsnöten aller Art. Es lag auch an den anderen Menschen auf der Straße und an dem vollkommen geänderten Lebensrhythmus, den sie mitbrachten. Ich hätte nie für möglich gehalten, daß sich ein Wechsel so schnell vollziehen kann. Wir erledigten unsere Geschäfte, wie wir fanden, sehr erfolgreich. Polnisches Geld „klimperte" in unseren Taschen, als wir nach Hause gingen. Auf dem Weg zum Berghaus durch den Hof riefen uns Leute an. Wir hätten wieder Besuch. Dieses Mal seien es Engländer. Ich wollte es nicht glauben, aber die Frau war ganz sicher. Doch, sie hätten sie persönlich nach dem Weg gefragt und seien nun oben. Wir machten lange Schritte, und in der Tat: Auf unserem schmalen Fahrweg stand ein kleiner, unverkennbar englischer Viersitzer; noch dazu mit einem britischen Fähnchen. Welch ein Anblick mitten in Schlesien zwischen Russen und Polen.

Drinnen im Hause fanden wir zwei ebenso unverkennbar englische Herren, die sich mit Muto bestens unterhielten: Mr. Hancock und Mr. Finch von der englischen Botschaft in Warschau. Wie mich nach all den Kriegsjahren diese Herren mit ihren englischen Hemden, englischen Röcken und ihrer englischen Art beeindruckten! Eine andere und mir doch so bekannte Welt schien aus den Wolken in unser Berghaus gefallen zu sein. Ihr Erscheinen war die Antwort auf meinen in Berlin an Lionel Curtis geschriebenen Brief. Er versuchte jetzt Himmel und Erde zu bewegen, um uns aus Kreisau herauszuhelfen. Er hatte sich an Ernest Bevin, den englischen Außenminister, gewandt. Bevin hatte Erkundigungen über uns eingezogen und war ausgerechnet an Con O'Neill im Foreign Office gekommen, der Helmuth von Berlin kannte und schätzte, so daß nach der Auskunft Bevin Montgomery in Berlin gebeten hatte, bei den Russen und Polen anzufragen, ob die Engländer uns aus Kreisau abholen dürften. Die beiden Engländer waren nach Kreisau gekommen, um mir dies mitzuteilen. Sie hatten noch weitere Geschäfte in der Liegnitzer Gegend und wollten dann möglichst schnell nach Warschau zurück. Sie blieben daher nur zum Mittagessen und redeten erst ernst mit uns: Sie wüßten nicht, ob die Abholung gestattet werde, sie hätten keine Möglichkeit, mir das Ergebnis der britischen Intervention mitzuteilen. Ich solle vier Wochen warten. Wenn bis dahin niemand gekommen sei, habe man das englische Gesuch abgelehnt, dann müsse ich versprechen, Kreisau auf eigene Faust zu verlassen. Ehe sie gingen, zog mich der Rangältere, Mr. Hancock, noch in eine Ecke. Wie ein Vater fragte er mich, ob ich genug polnisches Geld habe. Ich erklärte ihm, auf welche Weise ich es mir verschaffen könnte. Aber das erschien ihm nicht gut genug. Er gab mir den Gegenwert von fünfzig Pfund in Zloty, und ich stellte ihm eine Quittung aus auf die British Embassy, Warsaw. Ich konnte das dann später von England aus zurückzahlen, aber damals erschien es mir wie im Märchen. Dann fuhren unsere beiden Freunde wieder ab.

Jetzt verloren wir auch endlich das Radio, und zwar an den komischen Russen mit dem Schnauzbart, der während des Polenbesuches die Kinder in der Küche bewacht hatte. Herr Serpuchoff hatte damals einen tiefen Blick in unsere Speisekammer getan und entdeckt, daß wir eine Menge sehr guter selbstgemachter Marmelade hatten. Der Mann kam nun alle paar Tage und holte sich als Tribut ein neues Glas Marmelade. Sie schmeckte ihm offenbar ausgezeichnet, und sein Konsum war erheblich. Eines Tages kam er mit geheimnisvoller Miene. Er habe von den Polen gehört, daß es bei uns abends – wörtlich – türülürülü machte. Wir hätten also ein Radio! „Oben", sagte er und begab sich auf die Suche. Zuerst taten wir so, als verstünden wir ihn nicht, und überlegten inzwischen, wie wir uns aus der Affäre ziehen sollten. Der Russe machte drastische Zeichen: Radio, wenn nicht hergeben – rrr – die Gurgel durch, also besser hergeben! Wir wußten ja inzwischen, daß wir doch nicht bleiben konnten. War es besser, den Besitz des Radios zuzugeben oder das Ding heimlich in den Busch zu schaffen? Das war nicht so einfach, und wir berieten darüber, während der Russe oben das Haus durchsuchte. Da wollten wir es doch lieber ihm geben, weil wir ihn schon kannten und ihn nicht fürchten mußten. Wir holten ihn in die Küche. Er kam, sah es und war begeistert, strahlend, selig wie ein Kind. Als er es anstellte und wirklich Musik hörte, konnte er sich kaum fassen vor Vergnügen, tanzte förmlich in der Küche herum. Er faßte sich nach einiger Zeit wieder etwas und gab uns Anweisungen, es bis zum Abend wieder wegzustellen und zu verstecken. Nach Einbruch der Dunkelheit kam ein anderer, unbekannter Russe auf einem Motorrad. Er hatte mehrere Decken bei sich, in die er unser Radio sorgsam einwickelte. Dann schnallte er es auf und verschwand damit. Wir waren es auf die allerbeste Art, ganz unoffiziell, als private Russenbeute, losgeworden.

Nun kamen die letzten Wochen in Kreisau. Marion und Muto fuhren wieder nach Berlin. Dafür kam Davy über Kreisau nach Schlesien, ging zwar nicht zurück nach Wernersdorf, wo alles zerstört war, aber nach Bresa, wo sie noch viele Monate bis zur Evakuierung der ganzen Gegend blieb. Dann waren die Kinder und ich wieder mit Frau Pick und Liesbeth alleine. Es waren sehr friedliche und schöne Herbstwochen, ein sonniger, stiller Oktober. Ich hatte das Gefühl, die Zeit stünde noch einmal still. Nichts störte uns; wir hörten nichts und waren nicht beunruhigt. Mein rechter Zeigefinger war unangenehm entzündet und mußte in Schweidnitz im Krankenhaus geschnitten werden. Der Schnitt, der schlecht heilte, behinderte mich, und es war ganz unmöglich, mit den Kindern die Reise nach Berlin über die schwierige Grenze, wo den Leuten alles abgenommen wurde, zu unternehmen, bevor meine Hand wieder heil war. Man konnte nur warten, und es war wunderbar zu warten. Was ich im Hof noch wollte, weiß ich nicht mehr, denn ich hatte dort nichts mehr zu tun. Jedenfalls aber war ich im Nieder-Gräditzer Schweinestall gewesen und kam dort zur Türe heraus, als Caspar in den Hof gelaufen kam und mit seiner hellen Stimme rief: „Reialie, komm, wir müssen weg. Die Engländer sind da!“

Es waren auf den Tag vier Wochen vergangen, seitdem das Auto aus Warschau dagewesen war. Die Engländer waren mit einem großen Personenwagen und einem kleinen Lastwagen gekommen. Der Lastwagen war halb voll mit Notausrüstung. Der freundliche Major Caird und seine zwei Soldaten fühlten sich wie auf einer militärischen Expedition im Feindesland. Ich konnte sie nur mit Mühe dazu überreden, keine Zelte aufzuschlagen, sondern die Nacht ruhig in unseren Betten zu verbringen. Aber sie taten es schließlich, während ich packte. Es stand ja von dem Polenbesuch noch vieles in Koffern im Haus. Im Dorf verbreitete es sich wie ein Lauffeuer, daß wir nun gingen, und obwohl mir gesagt worden war, ich dürfe nur meine höchst eigenen Sachen mitnehmen, nahm ich doch eine ganze Reihe von anderen Koffern mit. Aber alles, was wir heute noch aus Kreisau haben, verdanken wir nur den Engländern.

Es wurmt mich heute noch, daß ich dem jungen Briefträger, Herrn Jung, versagt habe, sein riesiges Schifferklavier mitzunehmen, das er auf einem Leiterwagen brachte. Aber es waren zu viele Sachen unterzubringen, die damals wichtiger erschienen. Eigentlich sollten nur die Kinder und ich mitfahren. Aber der freundliche Major erbarmte sich dann doch der guten Frau Pick. Sie durfte mit uns kommen.

Früh am nächsten Morgen brachen wir auf. Das Haus blieb offen. Wir fuhren den Berghügel hinunter auf die Eule zu. Als der Wagen anfuhr, fragte ich Caspar: „Wann werden wir denn wohl wiederkommen?“ – „In einem Jahr!“ sagte er vergnügt und bestimmt. Wir fuhren den holprigen, schmalen Weg zum Bahnhof entlang, kamen beim Bahnhof auf die Dorfstraße, fuhren über die Peilebrücke, am Kapellenberg, an der Mühle, an der Schule, an Schwester Idas Spielschule vorbei, an der

Kuhstallmauer entlang, am Hoftor vorüber – man sah Hof und Schloß dort liegen –, dann weiter durch das Dorf bis Gräditz, wo wir auf die Chaussee nach Schweidnitz kamen. Sieben Stunden später waren wir in Berlin. An der Grenze grüßten die Polen, öffneten den Schlagbaum, und wir passierten ungehindert, dank der Freundschaft der Engländer, die von allen gefürchtete polnisch-deutsche Grenze.

Aus: Freya von Moltke, Michael Balfour, Julian Frisby, Helmuth James Graf von Moltke 1907–1945. Berlin 1984

Abkürzungen

AA	Auswärtiges Amt
Abw.	Abwehr
ADAP	Akten zur deutschen auswärtigen Politik
A. H.	s. Register
AHA	Allgemeines Heeresamt
AK	Armee-Korps
AO	Abwehroffizier
AOK	Armee-Ober-Kommando
AWA	Allgemeines Wehrmachtamt im OKW
C. B.	s. Register
C. D.	s. Register
C. V.	s. Register
F. H. Qu.	Führerhauptquartier
FM	s. Register
Gestapo	Geheime Staatspolizei
GFM	Generalfeldmarschall
gRs	geheime Reichssache (höchster nichtmilitärischer Geheimhaltungsgrad)
H. A.	s. Register
HGr	Heeresgruppe
HWK	Handelskrieg und wirtschaftliche Kampfmaßnahmen
Ia	Erster Generalstabsoffizier (Leiter der taktischen Führungsabteilung)
Ic	Dritter Generalstabsoffizier (Feindnachrichten, Abwehr)
Ic/AO	Abwehroffizier in der Abteilung Ic
IfZ	Institut für Zeitgeschichte
i. G.	im Generalstab
Kdo	Kommando
Kgf	Kriegsgefangener, Kriegsgefangene
KTB	Kriegstagebuch
KVR	Kriegsverwaltungsrat
Mil. Befh.	Militärbefehlshaber
Min. Dir.	Ministerialdirektor
Min. Dirig.	Ministerialdirigent
NS, n. s.	Nationalsozialismus, nationalsozialistisch
NSDAP	Nationalsozialistische Deutsche Arbeiterpartei
NSRB	Nationalsozialistischer Rechtswahrerbund
NSV	Nationalsozialistische Volkswohlfahrt
OB	Oberbefehlshaber
OKH	Oberkommando des Heeres
OKW	Oberkommando der Wehrmacht
RGBl.	Reichsgesetzblatt

SA	„Sturmabteilung“ der NSDAP
SD	Sicherheitsdienst RFSS (Reichsführer SS)
S. J.	Societas Jesu
SS	„Schutzstaffel“ der NSDAP
VfZ	Vierteljahreshefte für Zeitgeschichte
VGH	Volksgerichtshof
VO	Verordnung
WFSt	Wehrmachtführungsstab
WiRüAmt	Wehrwirtschafts- und Rüstungsamt im OKW
WR	Wehrmachts-Rechtsabteilung
Z.	s. Register
z. b. V.	zur besonderen Verwendung

Bibliographie

Aufgeführt sind nur die wiederholt zitierten Werke

Adam, Uwe Dietrich, Judenpolitik im Dritten Reich. Düsseldorf 1972, Königstein/Ts. – Düsseldorf 1979 (zitiert: Adam, Judenpolitik)

Adler, H. G., Der verwaltete Mensch. Studien zur Deportation der Juden aus Deutschland. Tübingen 1974 (zitiert: Adler, Mensch)

Adolph, Walter, Hirtenamt und Hitler-Diktatur. Berlin 1965 (zitiert: Adolph, Hirtenamt)

Adolph, Walter, Kardinal Preysing und zwei Diktaturen. Sein Widerstand gegen die totalitäre Macht. Berlin 1971 (zitiert: Adolph, Preysing)

Akten zur deutschen auswärtigen Politik 1918–1945. Aus dem Archiv des Auswärtigen Amtes. Serie D: 1937–41, Serie E: 1941–1945. Baden-Baden 1950 – spätere Bände Göttingen (zitiert: ADAP)

Balfour, Michael/Frisby, Julian, Helmuth von Moltke. A Leader Against Hitler. London 1972 (zitiert: Balfour/Frisby, Moltke)

Bethge, Eberhard, Dietrich Bonhoeffer. Theologe – Christ – Zeitgenosse. München 1967 (zitiert: Bethge, Bonhoeffer)

Bleistein, Roman, Alfred Delp. Geschichte eines Zeugen. Frankfurt 1989.

Bleistein, Roman (Hg.), Dossier: Kreisauer Kreis. Dokumente aus dem Widerstand gegen den Nationalsozialismus. Aus dem Nachlaß von Lothar König S.J. Frankfurt 1987 (zitiert: Bleistein, Hg., Dossier)

Delp, Alfred, Gesammelte Schriften. Herausgegeben von Roman Bleistein. Band 4. Frankfurt 1984 (zitiert: Bleistein, Hg., Delp)

Domarus, Max, Hitler. Reden und Proklamationen 1932–1945. Kommentiert von einem deutschen Zeitgenossen. München 1965 (zitiert: Domarus)

Gerstenmaier, Eugen, Streit und Friede hat seine Zeit. Ein Lebensbericht. Frankfurt/Main – Berlin – Wien 1981 (zitiert: Gerstenmaier, Streit)

Groscurth, Helmuth, Tagebücher eines Abwehroffiziers 1938–1940. Herausgegeben von Helmut Krausnick und Harold C. Deutsch unter Mitarbeit von Hildegard von Kotze. Stuttgart 1970 (zitiert: Groscurth, Tagebücher)

Halder, Franz, Kriegstagebuch. Band 1–3. Stuttgart 1962–1964 (zitiert: Halder, KTB)

Hassell, Ulrich von, Vom andern Deutschland. Aus den nachgelassenen Tagebüchern 1938–1944. Zürich 1946, Frankfurt/M. 1964 (zitiert: Hassell, Tagebücher)

Hermelink, Heinrich (Hg.), Kirche im Kampf. Dokumente des Widerstands und des Aufbaus in der evangelischen Kirche Deutschlands von 1933 bis 1945. Tübingen und Stuttgart 1950 (zitiert: Hermelink, Hg., Kirche)

Höhne, Heinz, Canaris. Patriot im Zwielicht. München 1976 (zitiert: Höhne, Canaris)

Hoffmann, Peter, Widerstand – Staatsstreich – Attentat. Der Kampf der Opposition gegen Hitler. Dritte, überarbeitete und erweiterte Ausgabe. München 1979 (zitiert: Hoffmann, Widerstand)

Hubatsch, Walther (Hg.), Hitlers Weisungen für die Kriegführung 1939–1945.

Dokumente des Oberkommandos der Wehrmacht. Frankfurt/M. 1962 und München 1965 (zitiert: Hubatsch, Hg., Weisungen)

Jacobsen, Hans-Adolf, Kommissarbefehl und Massenexekutionen sowjetischer Kriegsgefangener. In: Martin Broszat/Hans-Adolf Jacobsen/Helmut Krausnick, Konzentrationslager, Kommissarbefehl, Judenverfolgung. Olten und Freiburg i. Br. 1965 (zitiert: Jacobsen, Kommissarbefehl)

Jacobsen, Hans-Adolf (Hg.), Spiegelbild einer Verschwörung. Die Opposition gegen Hitler und der Staatsstreich vom 20. Juli 1944 in der SD-Berichterstattung. Geheime Dokumente aus dem ehemaligen Reichssicherheitshauptamt. 2 Bände. Stuttgart 1984 (zitiert: KB [= Kaltenbrunnerberichte])

Kettenacker, Lothar (Hg.), Das „Andere Deutschland" im Zweiten Weltkrieg. Emigration und Widerstand in internationaler Perspektive. Stuttgart 1977 (zitiert: Kettenacker, Hg., Das „Andere Deutschland")

Krausnick, Helmut, Judenverfolgung. In: Martin Broszat/Hans-Adolf Jacobsen/Helmut Krausnick: Konzentrationslager, Kommissarbefehl, Judenverfolgung. Olten und Freiburg i. Br. 1965 (zitiert: Krausnick, Judenverfolgung)

Krausnick, Helmut/Wilhelm, Hans-Heinrich, Die Truppe des Weltanschauungskrieges. Die Einsatzgruppen der Sicherheitspolizei und des SD. Stuttgart 1981 (zitiert: Krausnick/Wilhelm, Einsatzgruppen)

Kriegstagebuch des Oberkommandos der Wehrmacht (Wehrmachtführungsstab) 1940–1945. 4 Bände. Frankfurt/M. 1961–1965 und München 1982 (zitiert: KTB/OKW)

Malone, Henry O., Adam von Trott zu Solz. Werdegang eines Verschwörers 1909–1938. Aus dem Amerikanischen von Monika Malone. Berlin 1986 (zitiert: Malone, Trott)

Moltke, Freya/Balfour, Michael/Frisby, Julian, Helmuth James von Moltke 1907–1945. Anwalt der Zukunft. Stuttgart 1975 und Berlin 1984 (zitiert: Moltke/Balfour/Frisby, Moltke)

Ritter, Gerhard, Carl Goerdeler und die deutsche Widerstandsbewegung. Stuttgart 1954, München 1964 (zitiert: Ritter, Goerdeler)

Rösch, Augustin, Kampf gegen den Nationalsozialismus. Herausgegeben von Roman Bleistein. Frankfurt 1985 (zitiert: Bleistein, Hg., Rösch)

Roon, Ger van, Neuordnung im Widerstand. Der Kreisauer Kreis innerhalb der deutschen Widerstandsbewegung. München 1967 (zitiert: van Roon, Neuordnung)

Roon, Ger van, Graf Moltke als Völkerrechtler im OKW. In: VfZ 18 (1970), S. 12–61 (zitiert: van Roon, Völkerrechtler)

Roon, Ger van (Hg.), Helmuth James Graf von Moltke. Völkerrecht im Dienste der Menschen. Dokumente. Berlin 1986 (zitiert: van Roon, Hg., Völkerrecht)

Schmidt, Paul, Statist auf diplomatischer Bühne 1923–45. Erlebnisse des Chefdolmetschers im Auswärtigen Amt mit den Staatsmännern Europas. Bonn 1954 (zitiert: Schmidt, Statist)

Streit, Christian, Keine Kameraden. Die Wehrmacht und die sowjetischen Kriegsgefangenen 1941–1945. Stuttgart 1978 (zitiert: Streit, Keine Kameraden)

Sykes, Christopher, Troubled Loyalty. A Biography of Adam von Trott zu Solz. London 1968 (zitiert: Sykes, Trott)

Volk, Ludwig (Hg.), Akten deutscher Bischöfe über die Lage der Kirche 1933–1945. Band 5: 1940–1942, Band 6: 1943–1945. Mainz 1983 und 1985 (zitiert: Volk, Bischofsakten 5 und 6)

Volk, Ludwig (Hg.), Akten Kardinal Michael von Faulhabers 1917–1945. Band 2: 1935–1945. Mainz 1978 (zitiert: Volk, Hg., Faulhaberakten)

Volk, Ludwig, Katholische Kirche und Nationalsozialismus. Ausgewählte Aufsätze. Herausgegeben von Dieter Albrecht. Mainz 1987 (zitiert: Volk, Aufsätze)

Wengler, Wilhelm, Vorkämpfer der Völkerverständigung und Völkerrechtsgelehrte als Opfer des Nationalsozialismus: 9. H. J. Graf von Moltke (1907–1945). In: Die Friedenswarte, Jg. 48, 6 (zitiert: Wengler, Moltke)

Winterhager, Wilhelm Ernst (Hg.), Der Kreisauer Kreis. Porträt einer Widerstandsgruppe. Begleitband zu einer Ausstellung der Stiftung Preußischer Kulturbesitz. Berlin und Mainz 1985 (zitiert: Winterhager)

Yorck von Wartenburg, Marion, Die Stärke der Stille. Erzählung eines Lebens aus dem deutschen Widerstand. Aufgeschrieben von Claudia Schmölders. Köln 1984 (zitiert: Yorck, Stärke)

Register

Kursiv gesetzte Ziffern verweisen auf die Seiten (bzw. Anmerkungen), die biographische Informationen zu den betreffenden Personen enthalten.

Buchanzeige